Ernst Engelberg

Bismarck

Bismarck 1865
Auf die Aquarell-Skizze Menzels trifft offenbar nicht zu, was später Bismarck gegenüber Lucius v. Ballhausen meinte: Die Leute, welche ihn malten, machten alle den Fehler, ihm einen gewaltsamen Ausdruck zu geben, es existiere kein gutes Bild von ihm.– Er sei eigentlich eine träumerische, sentimentale Natur.

Ernst Engelberg

Bismarck

Urpreuße
und Reichsgründer

2., durchgesehene Auflage

Büchergilde Gutenberg

Meiner lieben Frau,
der selbstlosen Mitarbeiterin

»Das Interesse der Biographie...
scheint direkt einem
allgemeinen Zwecke gegenüber zu stehen,
aber sie selbst hat
die historische Welt zum Hintergrunde,
mit welchem das Individuum
verwickelt ist...« (Hegel)

Inhalt

Vorwort

Meine Beschäftigung mit Otto v. Bismarck geht Jahrzehnte zurück. Keiner, der sich mit der Geschichte des 19. Jahrhunderts befaßt, kann an dieser Gestalt vorbei. Doch aus historischer Notwendigkeit allein wendet man nicht so viel Zeit an etwas, wenn da nicht auch Faszination im Spiele ist.

Zunächst: Ich komme von der Gegenposition. Empörung gegen den Verfasser des Sozialistengesetzes bewegte mich, als ich an der Berliner Universität bei den Professoren Gustav Mayer und Hermann Oncken meine Dissertation über »Die deutsche Sozialdemokratie und die Sozialpolitik Bismarcks« schrieb. Davon habe ich nichts zurückzunehmen. Politische Haft und Emigration in der Zeit der nazistischen Gewaltherrschaft machten die Veröffentlichung meiner Dissertation unmöglich.

Nach dem Sieg über das völkerversklavende Regime waren alles Preußische und Preußen-Deutschland aus verständlichen Gründen Gegenstand ernstzunehmender Kritik. Man spürte jedoch mitunter auch antideutsche Selbstgerechtigkeit. All das drängte mich zu intensiverer Beschäftigung mit der Entstehung und Geschichte des untergegangenen Reiches. In den fünfziger und sechziger Jahren schrieb ich zwei Hochschullehrbücher, die sich mit der Geschichte Deutschlands von 1849 bis 1871 und von 1871 bis 1897 befaßten. Theoretische Abhandlungen über Probleme des Militarismus, des Bonapartismus, der politischen Strategie und Taktik führten mich immer wieder zur Auseinandersetzung mit Bismarck.

Deutlicher als früher erkannte ich, wie stark, vielschichtig-widerspruchsvoll und reich er als Persönlichkeit war und wie er sich dadurch als fähig erwies, die nach der gescheiterten Revolution von 1848 offenen Probleme auf seine Art von oben zu lösen. Das bestärkte mich in der Absicht, eine Biographie Bismarcks zu schreiben. Meinem Vorsatz kam die Nachricht sehr gelegen, daß in Friedrichsruh der umfangreiche Bismarck-Nachlaß neu geordnet worden sei. Hier und in anderen Archiven erschloß sich mir bisher unbekanntes Material, das alle Bedenken als unbegründet erscheinen ließ, ich könnte bei meinem Vorhaben nur Altbekanntes, wenn auch in anderer Sicht, wiederholen.

Was ich über die bewegenden Kräfte der Geschichte im 19. Jahrhundert erarbeitet und zu vermitteln versucht hatte, sollte zwar in die Biographie eingehen, aber nun wollte ich Bismarcks Persönlichkeit in den Mittelpunkt der Darstellung stellen, politisch, menschlich, möglichst allseitig. Dabei konnte ich seine Herkunft, Jugend und Frühzeit nicht summarisch abtun.

In der Familie mit ihren Traditionen und Eigenarten bildete sich zuerst seine Wesensart heraus, noch ehe er im gesellschaftlichen Leben zu agieren begann. Deshalb ging ich relativ ausführlich auf Großväter, Verwandte und Eltern Otto v. Bismarcks ein. Überdies erwies sich das Quellenmaterial in sozialgeschichtlicher und sozialpsychologischer Hinsicht als ungemein aufschlußreich. Auch von der Familiengeschichte her konnte ich jene Epoche einfangen, die um 1789 begann und 1871 endete.

Nicht zuletzt die archivalischen Quellen bestärkten mich in der Absicht, die historisch-gesetzmäßigen Tendenzen in den Handlungen von Menschen aus Fleisch und Blut zu zeigen, mit ihren Schwächen und Stärken, auch in ihren Widersprüchen, vielgestaltig wie das Leben selbst. Die Aufgabe, mich mit einer so geschichtsmächtigen Gestalt wie Bismarck auseinanderzusetzen, erschwerte sich mir zusätzlich durch eine weitere Erfahrung: seine Größe wie auch seine Grenzen vermochte ich nur dann richtig zu erfassen, wenn ich ihn in den Kreis seiner Zeitgenossen stellte, ihn von seinesgleichen, etwa vom Bruder, von Freunden, Bekannten, Vorgesetzten, von Mit- und Gegenstreitern abhob, die dann allerdings, wollte ich meinem Plane treu bleiben, auch nicht zu Ideenträgern oder historischen Sprachrohren degradiert werden durften. Dieses selbstgestellte Ziel war es, was mich alle Zeit- und Terminpläne überschreiten ließ und die Geduld meiner Freunde, Kollegen und Verleger strapazierte.

Da meine Darstellung auch auf unveröffentlichtem Quellenmaterial basiert, möchte ich zunächst den Archiven und ihren Verantwortlichen herzlich danken: Professor Werner Pöls, der auf Anregung seines früheren Lehrers, Walter Bußmann, in mühevoller Arbeit den Bismarck-Nachlaß in Friedrichsruh neu geordnet hat, verschaffte mir Zugang zum dortigen Archiv und gab mir wertvolle Hinweise; der inzwischen verstorbene Fürst Otto v. Bismarck, Enkel des Reichskanzlers, erteilte in großzügiger Weise die uneingeschränkte Benutzungserlaubnis; die Verwalter des Bismarck-Archivs in Friedrichsruh, die Herren Karl Plessow (†) und Kurt Reitsch, waren während meiner Besuche stets hilfsbereit und sorgten für eine freundliche Arbeitsatmosphäre.

In Moskau verdanke ich dem »Zentralen Staatlichen Historischen Archiv der UdSSR« die Benutzung von Kopierbüchern aus der Korrespondenz von A. M. Gortschakow und dem »Archiv für Auswärtige Angelegenheiten« die Einsichtnahme in Schriftstücke, die in der vielbändigen Quellenpublikation »Die auswärtige Politik Preußens 1858–1871« (1933–1945) nicht veröffentlicht worden sind.

In Bonn wurde im »Politischen Archiv des Auswärtigen Amtes« bereitwillig meinem Wunsch stattgegeben, Akten einzusehen, die sich insbesondere auf antipreußische Strömungen in den Jahren 1866–1870 bezogen. Im »Österreichischen Staatsarchiv« zu Wien machte ich mich vornehmlich mit noch unveröffentlichten, auf Preußen bezüglichen Aktenstücken aus den Jahren 1865 und 1866 vertraut. Gern und dankbar erinnere ich mich der Gastfreundschaft der Herren Professoren Mikoletzky (sen.) und Neck. Herr Dr. Richard Blaas gab mir Einblick in seine Forschungen über die venetianische Frage.

Freundliche Aufnahme fand ich auch im Zentralen Staatsarchiv zu Merseburg; dort habe ich Frau Dr. Kohnke für wertvolle Hinweise auf Bestände über die frühe Familiengeschichte der Bismarcks zu danken. Das Gutsarchiv der Bismarck-Briest mit Beständen, die sich auch auf Schönhausen beziehen, befindet sich in Wernigerode, einer Zweigstelle des Staatsarchivs Magdeburg. Die Herren Dr. Engelhardt (Magdeburg) und Oelze (Wernigerode) scheuten keine Mühe, um mir zu helfen. Das Staatsarchiv in Greifswald und die dortige Universitätsbibliothek haben mir neues Material über die pommerschen Pietisten zugänglich gemacht. Weiteres Material zu diesem Bereich fand ich im Wojewodschaftsarchiv zu Szczecin, wo mich Herr Dr. Frankiewicz unterstützte. Im Stadtarchiv zu Stendal wurde mir vor allem durch den umfangreichen Bestand älterer Bismarck-Literatur die Arbeit erleichtert: er stammt aus der Zeit, da die Honoratioren dieser Stadt dort ein Zentrum der Bismarckforschung errichten wollten und zu diesem Zweck bereits ein Gebäude projektieren ließen. Frau Zierowski zeigte sich stets entgegenkommend. Dankbar erwähnt seien auch das Staatsarchiv und Stadtarchiv zu Leipzig, die dortige Zentralstelle für Genealogie, das Staatsarchiv in Potsdam und das Stadtarchiv zu Berlin, schließlich das Seminar für Religions- und Geistesgeschichte an der Universität Erlangen-Nürnberg. Dr. Hartmut Harnisch machte mich auf interessante Archiv-Bestände aufmerksam und war so liebenswürdig, die agrarhistorischen Abschnitte meiner Arbeit kritisch durchzusehen.

Mein besonderer Dank gilt dem Zentralinstitut für Geschichte an der Akademie der Wissenschaften der DDR, das mir mehrere Studienreisen ermöglichte. Außerdem konnte ich in diesem Institut Anregungen geben und nehmen, nicht zuletzt auf dem Gebiet der Militär- und auch Preußengeschichte.

Ich bin Frau Margarete Bringmann herzlich verpflichtet, die seit vielen Jahren alle einschlägigen Schreibarbeiten mit technischer Sorgfalt und innerer Anteilnahme ausführt. Dr. Karl-Heinz Noack half mir bereitwillig bei der Literaturbeschaffung, bei der Auswahl der Illustrationen, der Kontrolle der Zitate, der Fertigstellung der Anmerkungen und erarbeitete das Register.

In meinen Dank an Institutionen und Personen seien auch die Verlage eingeschlossen. Der Akademie-Verlag hat dem Autor seit langem Verständnis und Geduld entgegengebracht; insbesondere Herr Dr. Bernhard Tesche zeigte in seinem editorischen Engagement stets freundliche Umsicht. Herr Wolf Jobst Siedler hat mit großer literarischer und verlegerischer Erfahrung das Manuskript voll unermüdlichen Interesses kritisch durchgearbeitet.

Aus tiefer Dankbarkeit widme ich diese Biographie meiner Frau, Dr. Waltraut Engelberg. Sie hat von Anfang an tätigen Anteil genommen, begleitete mich in die meisten Archive und arbeitete mit mir Bismarcks Werke durch, so daß ein ständiger, aufs Konkrete bezogener Gedankenaustausch möglich war. Für manche Zeitabschnitte, insbesondere für die dreißiger und vierziger Jahre, verfaßte sie Stoffsammlungen und Rohentwürfe. Auch zur sprachlichen Überarbeitung der Texte hat sie wesentlich beigetragen.

Es ist mein größter Wunsch, daß dieses Werk die Wissenschaft ebenso fördern möge wie die politische Bildung.

Januar 1985 Ernst Engelberg

I. Herkunft und Herkommen

Bekanntwerden mit Ahnen und Verwandten

Lange und sehr verschiedenartige Traditionen waren es, mit denen sich der am 1. April 1815 als viertes Kind des Gutsbesitzers Ferdinand von Bismarck und seiner Frau Wilhelmine geb. Mencken in Schönhausen bei der Elbe geborene Otto von Bismarck auf seinem Lebensweg auseinanderzusetzen hatte: er war väterlicherseits Sprößling eines alteingesessenen Adelsgeschlechts der Altmark, mütterlicherseits Abkomme einer Familie von Gelehrten und hohen Beamten. Im Geburtsjahr des preußischen Junkersohnes gründete der Wiener Kongreß der Kaiser, Könige, Fürsten und Aristokraten eben den Deutschen Bund, dessen Zerstörung Bismarck ein gutes halbes Jahrhundert später vollends bewirken sollte. Bismarcks Geburtstag, der 1. April, gab und gibt Anlaß zu noch weiteren historischen Bezügen; er fiel in jene Hundert Tage, da Napoleon, der Insel Elba entflohen und nach Paris zurückgekehrt, noch einmal versuchte, seine Herrschaft Frankreich und Europa aufzuzwingen. Der diktatorische Erbe der Großen Französischen Revolution und Herrscher über die deutsche Nation scheiterte endgültig just im Frühsommer 1815, da Otto v. Bismarck, der spätere königlich-preußische Testamentsvollstrecker der Revolution von 1848 und ihrer national-deutschen Forderungen, die ersten Lebenswochen verbrachte.

Sicherlich, um in der revolutionär aufgewühlten Epoche, in die Otto v. Bismarck hineinwuchs, eine Rolle spielen zu können, hatte er sich zunächst und vornehmlich mit seiner eigenen Zeit auseinanderzusetzen; dennoch stellt sich auch die Frage nach den familiär überkommenen Traditionen, die er aufzunehmen, produktiv zu verarbeiten oder zu überwinden hatte. Die Hinterlassenschaften in Gestalt von Gutshäusern, Möbeln, Ahnenbildern und Grabsteinen, Dorfkirchen unter gutsherrlichem Patronat, Urkunden und schriftlichen Zeugnissen aller Art vermittelten die feudalen Ursprünge in Fülle. Mündliche Überlieferung mit ihrer merkwürdigen Mischung von Legendärem und Authentischem spielte in der Vorstellung der Adligen über Wert und Abfolge ihres Geschlechts noch lange Zeit eine große Rolle. Darüber hinaus nahm das Bewußtsein von Gesellschaft und Adel im Laufe des 19. Jahrhunderts ideologisch bestimmtere Konturen an und trug so zur schärferen Herausbildung des aristokratischen Standesbewußtseins bei.

Die Kinder aus der Ehe Ferdinand von Bismarcks mit Wilhelmine Mencken gehörten mehr oder weniger nahe zu jenen Schichten, die die gesellschaftlichen und politischen Hauptstützen des altpreußischen Staates bildeten: es waren die in ihren Gutsbezirken über die Bauern herrschenden Junker und die auf das Königtum unmittelbar eingeschworenen Offiziere und Beamten; zwar fehlten Pastoren in der väterlichen und mütterlichen Geschlechterfolge, aber nicht Domherren und Senioren von Domkapiteln. Während die Geschichte der Menckens nur bis in das 17. Jahrhundert zurückzuverfolgen ist, kann man das Wirken der Bismarcks bereits im letzten Drittel des 13. Jahrhunderts nachweisen.

Wenn jede Gegenwart zugleich das Vergangene in sich aufbewahrt, zuweilen mit sich herumschleppt, so war die Problematik der mit Bismarck verbundenen Reichsgründungszeit in besonderem Maße durch die der vorangegangenen Jahrhunderte mitbestimmt, vor allem durch die vom Ausland her begünstigte Verfestigung der mit Glaubensspaltung gepaarten Kleinstaaterei. Wer in der Zeit des nationalstaatlichen Umbruchs Politik betreiben, ja nur mitreden wollte, hatte mit den überkommenen Beziehungen von Adel, Bauern, Städtebürgern und Landesfürsten untereinander, aber auch zu den europäischen Staaten und Völkern zu tun; nicht allein die Gegenwart, sondern auch eine lange Vergangenheit waren dazu angetan, dem handelnden Individuum sowohl subjektive Bindungen als auch objektive Zwänge aufzuerlegen. Erst die Zusammenhänge von Vergangenem und Gegenwärtigem schaffen in dieser oder jener Epoche das jeweilige historische Milieu einer Nation und Region und sind mitbestimmend für die sozialen Beziehungen eines Individuums.

Es wird sich zweierlei zeigen: Auch einem Otto v. Bismarck wurden – vom Standpunkt des Verhältnisses von Individuum und historischer Umwelt – die Gesetze, nach denen er angetreten, immer bewußter; das Fühlen, Denken und Handeln Bismarcks haben wir auch von der Vergangenheit her zu erfassen. Daß er die Familiengeschichte manchmal recht opportun auslegte, politisch zu aktualisieren und auszunutzen versuchte, steht auf einem anderen Blatt.

Kenntnisse von den Ahnen erwarb sich Otto v. Bismarck nicht durch systematisches Studium, am allerwenigsten durch selbständiges Erforschen der Familiengeschichte. Mit ihr machte er sich bekannt, wie es die Lebensumstände ergaben: zunächst durch die unmittelbare Anschauung des sozialen Umfeldes, in dem er sich bewegte, dann durch mündliche Überlieferungen; schließlich kam sporadisch die schriftlich aufgezeichnete Genealogie hinzu. Erst in den späteren Jahrzehnten seines Lebens und Wirkens hat Bismarck das von anderen Erforschte aufgenommen und sogleich genutzt für politische Zwecke und materielle Interessen, die er gerade verfolgte.

*

Otto v. Bismarck verbrachte seine frühe Kindheit in Pommern, seine Schulzeit bis zum Abitur in Berlin, sein Studium in Göttingen und wiederum in Berlin.

Während der ersten zwei Jahrzehnte seines Lebens hatte er zwar viel Berührung mit dem Land, aber wenig mit seinem Geburtsort und Geburtshaus. Im Frühjahr 1836 arbeitete er im Schönhausener Schloß an zwei Examensarbeiten, die er einzureichen hatte, um vom Justizdienst zur Verwaltung übergehen und Regierungsreferendar werden zu können. Im Brief an einen Studienfreund gefiel er sich bei der Beschreibung seines Geburtshauses darin, mit romantisch-spukhaften Vorstellungen zu kokettieren, so wenn er, Dichtung und Wahrheit mischend, als Studiosus, der für sein Examen büffelte, schrieb: »Seit vollen 4 Wochen sitze ich hier in einem alten verwünschten Schlosse, mit Spitzbogen und 4 Fuß dicken Mauern, einigen 30 Zimmern wovon 2 meubliert, prächtigen Damasttapeten, deren Farbe an wenigen Fetzen noch zu erkennen ist, Ratten in Masse, Camine, in denen der Wind heult, kurz, in ›meiner Väter altem Schloß‹, wo sich alles vereint, was geeignet ist, eine[n] tüchtige[n] Spleen zu unterhalten. Daneben ist eine prächtige alte Kirche, mein Schlafzimmer mit der Aussicht nach dem Kirchhof, auf der andern Seite einer jener alten Gärten mit geschnittenen Hecken von Taxus und prächtigen alten Linden.«[1] Herrschaftlich war

Schloß Schönhausen. Geburtshaus Otto von Bismarcks

schon der Park mit seinen Wassergräben und Hecken, mit Sandsteinfiguren und Lindenalleen. Durch eine dieser Alleen konnten die Besitzer – ungesehen von neugierigen Blicken der Dorfbewohner – ausfahren oder ausreiten.

Erbaut hatte das Schloß August v. Bismarck, der sich unter den Lehnsträgern von Schönhausen dort am damaligen Zentralsitz des Geschlechts 1695 niederließ. Von 1666 bis 1732 lebend, war er Gutsherr unter den zwei ersten preußischen Königen. Er ahmte das Repräsentationsstreben Friedrichs III., der dem Großen Kurfürsten 1688 gefolgt war – im dörflichen Maßstab, versteht sich –, durchaus nach. Das kleine Schloß in Schönhausen, Geburtshaus Otto v. Bismarcks, entstand in nahezu denselben Jahren, da in Berlin das große Schloß unter Beteiligung von Schlüter in ein Barockschloß umgebaut und das Zeughaus errichtet wurde. Der Bismarcksche Herrensitz nahm einst neben der alten Kirche den wichtigsten Platz von Schönhausen ein. Die etwas zurückgezogene und leicht erhöhte Lage war dazu angetan, vornehme Distanz und beherrschend-erhabene Stellung gleichermaßen zu bekunden.

Zum dreistöckigen Herrensitz führte einst der Weg durch ei-

Park Schönhausen
Zeichnung von Christian Wilhelm Allers
»Ich liebe die großen Bäume, das sind die *Ahnen.*«
(Bismarck, 2. Oktober 1887)

nen repräsentativen, von Säulen umgrenzten Eingang. Über der Tür zeigte die Jahreszahl 1700 das Ende der Bauzeit an; das war in jenen Monaten, da Kurfürst Friedrich III. die Königskrone für sich und seine hohenzollerschen Nachfolger erfolgreich anstrebte. Der Herrensitz glich einem mächtigen Würfel mit hohem Walmdach und dicken Mauern, die auch tiefe Fensternischen erlaubten. Von der geräumigen Flurhalle aus führte eine schwere und breite Eichenholztreppe in die oberen Stockwerke mit den großen und verhältnismäßig niedrigen Zimmern. Das Prächtigste, das sie enthielten, waren Stuckdecken, verzierte offene Kamine aus holländischen Fliesen, Bilderfriese und Ölgemälde von Ahnen und Landschaften. Das Mobiliar war einfach; einige barocke Stollenschränke zeugten mehr von Behäbigkeit als von adligem Prunk.[2]

Die »prächtige alte Kirche«, wie sie der junge Studiosus Bismarck empfand, war die größte Dorf- und Herrschaftskirche der ganzen Umgebung. Mit einem Turm, der sich wie ein festungsartiger Querbau erhebt, wirkt sie so trutzig, daß man immer noch

Schönhausener Dorf- und Herrschaftskirche
Noch heute zeigen Bewohner von Schönhausen auf den langen Mauerriß im Turm; die Spalte entstand, als gegen Ende des Dreißigjährigen Krieges die große Glocke vom brennenden Gebälk in die Glockenstube herabstürzte.

etwas von jenem militanten Kolonisations- und Missionsgeist Ostelbiens zu verspüren meint, der um die Wende vom 11. zum 12. Jahrhundert wohl noch lebendig war. Die turmartigen Querbauten, die nur ganz oben im Glockengeschoß Schallöffnungen haben, legen die Vermutung nahe, daß da eine Wehrkirche errichtet wurde. Wenn die breiten, dickwandigen und fensterlosen Westtürme, die bei den mittelalterlichen Dorfkirchen der Altmark vorherrschend sind[3], eine Funktion in kriegerischen Notzeiten hatten, dann war es die von Fluchtkirchen. Zugleich hatten diese schweren Westwerke, so scheint es, eine symbolische

Bedeutung.[4] Unter dem Schutz der Erzengel stehend, sollten sie gegen die Mächte der Finsternis gerichtet sein, deren Sitz die Himmelsrichtung des Sonnen*untergangs* andeutete. Auch die Bauweise zeigte an: Schönhausen war nicht nur topographisch, sondern auch historisch ein herber Boden. Gegen Ende des Dreißigjährigen Krieges ward das Dorf hart mitgenommen. In den breit gelagerten Turm seiner Kirche wurde eine klaffende Spalte gerissen, als die große Glocke vom brennenden Gebälk in die Glockenstube herabstürzte. Noch heute zeigen Bewohner von Schönhausen auf den langen Mauerriß, gleichsam wie auf eine Narbe, die blutige Zeiten vor über 300 Jahren zurückgelassen haben.

Von der inneren Ausstattung aus der mittelalterlichen Zeit ihrer Erbauung stammt nur das hölzerne lebensgroße Kruzifix, im Triumphbogen aufgehängt; es gilt als eines der bedeutendsten Werke der spätromanischen Plastik.[5] Sonst zeugt die barock geprägte Inneneinrichtung mit Altaraufsatz, Kanzel, Grabdenkmälern und Epitaphien vom Wirken der Bismarcks.

Künstlerisch und kulturgeschichtlich besonders bemerkenswert ist die Herrschaftsempore, die die Erbauer des Herrensitzes, August v. Bismarck und seine Frau aus dem Geschlecht der Kattes, an der Nordseite des Kirchenschiffes etwa zwei Meter über den Kirchenbänken errichten ließen. Sie ist eine reich ornamentierte Schnitzarbeit aus Eichenholz. Solide und zugleich prächtig sollte sie sein, mit zwei Wappen: links das Bismarcksche, das doppelte Dreiblatt; rechts das abstoßende Kattesche Wappen, die Katze mit der Maus im Maul. Der Logencharakter der Herrschaftsempore wurde noch dadurch unterstrichen, daß sie gegenüber der Kanzel in gleicher Höhe angebracht war; der Pastor, der schließlich unter gutsherrlichem Kirchenpatronat stand, sollte direkt und gut hörbar zu den Herrschaften sprechen.

An der Stirnseite des Kirchenschiffes, dort, wo draußen der turmartige Querbau beginnt, befindet sich über die ganze Breite hinweg eine einfache, fast grob gebaute Tribüne; dort hängt heute noch eine Gedenktafel für die Gefallenen von 1813, unter denen als erster Leopold v. Bismarck, jüngster Bruder Ferdinands und Onkel Otto v. Bismarcks, angeführt ist.

Das Kattesche Wappen auf der Herrschaftsempore, gleichberechtigt mit dem Bismarckschen angebracht, deutet darauf hin, daß August v. Bismarck mit Dorothea Sophie von Katte verheiratet war, der Halbschwester eines Landrats und eines Obersten,

Innenansicht der Schönhausener Kirche
Die Kanzel war in gleicher Höhe gegenüber der Herrschaftsempore angebracht; der Pastor sollte direkt und gut hörbar zu den Herrschaften sprechen.

die als Vertreter ihrer Jerichowschen Mitstände 1717/18 schwierige Verhandlungen mit den königlichen Räten zu führen hatten.[6]

Der neue König Friedrich Wilhelm I. hatte im Jahre 1717 die sogenannte Allodifikation der Lehen beschlossen; also die Ersetzung militärisch unbrauchbar gewordener Verpflichtungen der junkerlichen Rittergutsbesitzer durch eine jährliche, der Kriegskasse zugute kommende Geldabgabe. Die Junker opponierten nicht allein gegen eine neue Steuer; sie ließen sich auch noch von der Furcht leiten, die absolutistische Modernisierung des Vasallendienstes wäre der Anfang vom Ende jenes jahrhundertealten Privilegienbündels, das die Landtagsrezesse um 1653 zugunsten der adligen Grundbesitzer gleichsam verfassungsrechtlich festgelegt hatten: die Verfügung über die bäuerlichen Frondienste und Abgaben, ebenso die obrigkeitlichen Rechte über das Dorf. Die Junker betrachteten die Rezesse als ihre Magna Charta und bewahrten sie sorgfältig in ihren Gutsarchiven auf, wie auch heute noch ein kalligraphisch schönes Exemplar im

Wappen an der Herrschaftsempore
Eine reich ornamentierte Schnitzarbeit aus Eichenholz
Zeichnung von Christian Wilhelm Allers

Bismarck-Archiv zu finden ist.[7] Friedrich Wilhelm I. wurde mit der junkerlichen Opposition nur dadurch fertig, daß er sie aufspaltete. Er ließ die Verhandlungen mit den Ständen von Provinz zu Provinz einzeln durchführen.

Oberst Hans Heinrich von Katte verstand im Jerichowschen Kreise so gut zu vermitteln, daß er zum Generalmajor ernannt wurde. Kattes militärische Autorität, die er sich bei großen Kommandos während mehrerer Kavallerieübungen erwarb, seine Gutsherrenstellung und seine gesellschaftlichen Konnexionen, so auch mit dem alten Dessauer, dem engsten Freund des Königs – alles das festigte seine gesellschaftliche Position derart, daß ihr die Hinrichtung seines Sohnes, der in den Fluchtversuch des Kronprinzen eingeweiht war, im Jahre 1730 nichts anhaben konnte. Die Wegmarken der weiteren Karriere des alten Katte waren: 1731 Beförderung zum Generalleutnant, 1736 zum General der Kavallerie und 1740 (unmittelbar nach dem Tode Friedrich Wilhelms I.) zum Generalfeldmarschall und Erhebung mit seiner Familie in den Grafenstand. Mit dieser Standeserhöhung wollte offensichtlich Friedrich II. bereits in den ersten Wochen seiner Regierung das väterliche Unrecht an dem vor seinen Augen in Küstrin hingerichteten Jugendfreund in demonstrativer Weise postum wieder gutmachen. Hans Heinrich Graf v. Katte starb bereits 1741.[8]

August v. Bismarck stand auch nach den ständischen Auseinandersetzungen von 1717 mit seinem Schwager Hans Heinrich v. Katte in persönlichem und schriftlichem Kontakt und war dadurch über viele interne Vorgänge der Provinz- und Landespolitik unterrichtet; als einer der ersten unter den altmärkischen

Adelsfrondeuren, wenn er je einer war, gab er nach und konzentrierte sich auf das Wesentliche seiner landjunkerlichen Interessen, die anzutasten der König nie im Sinne gehabt hatte. Er blieb auch – im Unterschied zu einigen anderen Adligen – in seinem Amt als altmärkischer Landrat, zu dem ihn König Friedrich I. schon 1710 ernannt hatte. Wenn dessen Nachfolger, eben Friedrich Wilhelm I., der »Soldatenkönig«, grimmiger Absolutist und rigoroser Pietist, 1722 in seiner berühmten und vielzitierten »Instruckcion«[9] für seinen Nachfolger auch die Bismarcks zu den widerwilligen und – man bemerke! – leichtfertigen Adelsfamilien der Altmark zählte, dann hatte er wohl weniger August, den Schönhausener Gutsherrn und altmärkischen Landrat, im Auge als vielmehr dessen Vetter Ludolf August; der hatte nämlich als Regimentskommandeur zu Magdeburg – es muß um das Jahr 1722 gewesen sein – im Zorn seinen Bedienten erstochen.[10] Mehrmals vom pietistischen Soldatenkönig beim Avancement übergangen, trat Ludolf August schließlich in russische Dienste.

Einzelheiten der Familiengeschichte und Staatspolitik um August v. Bismarck kannte sein Nachfahre, der junge Otto v. Bismarck, sicherlich nicht, aber er bewegte sich in eben dem Schloß, das August hatte bauen lassen. Dort und in der Patronats- und Dorfkirche sah er genügend Zeichen und Wappen, Bilder und Denkmäler, die von familiären Konnexionen und geschichtlichen Bezügen zeugten. Wurde diese historische Zeichen- und Bildersprache noch durch die beim Adel stets lebendige Familienüberlieferung ergänzt, so zeichneten sich deutlich genug die Grundlinien im nicht immer lichtvollen Verhältnis von Adel und Königtum ab.

Dies alles mag in das Bewußtsein des Herrn Referendarius Otto v. Bismarck noch nicht sehr tief gedrungen sein, aber es war dennoch latent vorhanden, konnte jederzeit aktiviert werden – selbst in den folgenden zehn Jahren voller Unrast und Unruhe im Persönlichen und Beruflichen.

So berief er sich im März 1847 in einem Brief an Johanna voller Stolz auf das »langjährige Walten des conservativen Prinzips hier im Hause, in welchem meine Väter seit Jahrhunderten in denselben Zimmern gewohnt haben, geboren und gestorben sind, wie die Bilder im Hause und in der Kirche sie zeigen, vom eisenklirrenden Ritter [bis] auf den langgelockten zwickelbärtigen Cavalier des 30jährigen Krieges, dann die Träger der riesenhaften Allonge-Perrücken, die mit talons rouges auf diesen Dielen einherstolzirten, und den bezopften Reiter, der in Friedrichs des Großen Schlachten blieb, bis zu dem verweichlichten Sprossen, der jetzt einem schwarzhaarigen Mädchen zu Füßen liegt.«[11]

Der »bezopfte Reiter« August Friedrich, der Urgroßvater Ottos, war der älteste Sohn August v. Bismarcks und bereits 1711 im 16. Lebensjahr als Kornett in das Kürassierregiment geschickt worden, das damals Hans Heinrich v. Katte als Oberst befehligte. Unter Friedrich II. führte ihn bereits der erste Schlesische Krieg zu militärischem Ruhm und tragischem Ende. In der Schlacht von Mollwitz (1741) war er als Oberstlieutnant Kommandeur von fünf Eskadronen; wenige Tage danach zeichnete er sich zusammen mit dem damaligen Oberstlieutnant v. Ziethen durch ein solches Bravourstück aus, daß er mit dem ein Jahr vorher gestifteten Orden »Pour le mérite« und mit hohen materiellen Vergünstigungen ausgezeichnet wurde. Ein Jahr nach der Ruhmestat in Schlesien mußte August Friedrich v. Bismarck sein Regiment nach Böhmen führen, wo er in der kriegsentscheidenden Schlacht von Czaslau-Chotusitz schwer verwundet und danach auf dem Transport in das relativ nahe Kuttenberg von österreichischen Husaren überfallen und erschossen wurde.[12]

Die Familienüberlieferung erscheint glaubwürdig, wonach Friedrich II., der seine Offiziere noch kannte, diesen Bismarck, der ein Hüne an Gestalt und ein Mann von derb-dreister Lebensart und bravouröser Kampfeslust war, bei verschiedenen Gelegenheiten zu rühmen wußte.

Während August Friedrich, beschienen von der Gunst des großen Preußenkönigs Friedrich II., als ruhmvoller Zeuge des Bismarckschen Geschlechts in dessen Gedächtnis verblieb, geriet der Bruder Karl Ludolf nahezu in Vergessenheit. Karl Ludolf v. Bismarck wurde durch seinen Sohn aus erster, als unebenbürtig geltender Ehe der Stammvater der rheinisch-süddeutschen Linie, das heißt, er war der Großvater jenes württembergischen Grafen, Kavalleriegenerals, Militärschriftstellers, Mitglieds der schwedischen Akademie der Kriegswissenschaften, Diplomaten und Napoleon-Enthusiasten Friedrich Wilhelm v. Bismarck, der von 1783 bis 1860 lebte[13] und seinen Namen spätestens ab 1815 mit einfachem k schrieb, um sich von den preußischen Bismarcks zu unterscheiden. Dieser württembergische, später badische Bismarck war nicht allein zeitlebens Verehrer des Empereurs, sondern beteiligte sich auch an dessen Feldzügen, wurde von ihm persönlich mit dem Orden der Ehrenlegion ausgezeichnet und dann während der Völkerschlacht in Leipzig von den antifranzösischen Alliierten gefangengehalten – in den gleichen Tagen, da der preußische Major Leopold v. Bismarck, der Onkel Otto v. Bismarcks, nach seiner schweren Verwundung bei Möckern im nahen Halle verstarb.

Die Vermehrung des Adels und die Verzweigung seiner Geschlechter führten nicht allein zu wunderlichen Kontrasten in der Entwicklung menschlicher Schicksale, sondern auch zu Teilungen des gutsherrlichen Grundbesitzes, selbst einzelner Güter. Das Auseinanderdriften der Personen in verschiedene Lager geschah in der Turbulenz weltpolitischer Zeitläufe und der territorialstaatlichen Zersplitterung Deutschlands; das Teilen von Grund und Boden vollzog sich dagegen in der Friedlichkeit, aber nicht immer Freundlichkeit von Erbauseinandersetzungen und ökonomischen Transaktionen. Im Testament bestimmte August v. Bismarck die Teilung »meiner mir von Gott verliehenen Güter«.[14] Der älteste der vier Söhne, also der im ersten Schlesischen Krieg gefallene, erhielt die pommerschen Güter; dem zweitjüngsten Sohn, dem schon erwähnten Stammvater der rheinisch-süddeutschen Linie, fielen zunächst die linkselbischen Güter Üngligen und Bündfelde zu. Unter den anderen beiden Söhnen wurde das Stammgut Schönhausen geteilt – zu ungefähr gleichen Teilen.[15] Nach dem Tod eines kinderlosen Sohnes August v. Bismarcks kam im Jahre 1767 eine solche Transaktion zustande, daß von jenem Zeitpunkt an neben dem Gut Schönhausen I ein größer gewordenes Schönhausen II existierte, das nach 1830 in das Eigentum eines Bürgerlichen kam, des Stadtrats Gaertner aus Magdeburg, der es seinem Sohn vermachte. Als im Jahre 1885 aus Anlaß des 70. Geburtstags Otto v. Bismarcks eine in der Öffentlichkeit höchst umstrittene Sammlung eine beträchtliche Summe zum Ankauf von Schönhausen II erbrachte, wurden die beiden Güter zu einem einzigen Stammgut wieder vereinigt.

Das Leben August v. Bismarcks und die von ihm gegründete Familie eröffneten gleichsam die neuere Geschichte der Schönhausener Linie des Geschlechts. Otto v. Bismarck bewegte sich in dem, was dieser Ahnherr materiell hinterlassen hatte: im Schloß, in der von diesem mitgeprägten Patronatskirche, auf den Fluren von Schönhausen I und auf den Deichen der Elbe. Je stärker er jedoch als Abgeordneter und Diplomat ins politische

Leben hineingezogen wurde, desto mehr kamen Bismarcks aus anderen Linien in seinen Gesichtskreis. Das wiederum verwies ihn auf die ältere Geschichte, ja auf die Ursprünge seines Geschlechts.

Während der Revolution von 1848/49 galt Otto v. Bismarck als »Adjutant« jener Kamarilla von alten Herren um die Gebrüder Gerlach, die König Friedrich Wilhelm IV. konterrevolutionär inspirierten. Im Februar 1849 als Abgeordneter in die Zweite Kammer des Preußischen Landtags und ein Jahr später noch ins Erfurter Unionsparlament gewählt, bekämpfte Bismarck in beiden Parlamenten jene kleindeutsch ausgerichtete Unionspolitik, die in den Augen der Konservativen die preußische Monarchie in Gefahr brachte, von Liberalen und Demokraten abhängig zu werden und in kriegerischen Gegensatz zu den konservativen Mächten Österreich und Rußland zu kommen. Als Anerkennung für diese Haltung wurde er im Sommer 1851 als preußischer Bundestagsgesandter nach Frankfurt a. M. berufen.

In der Zweiten Kammer des Preußischen Landtags saß außer »v. Bismarck-Schönhausen, Preußischer Gesandter am Bundes-Tage« noch ein »von Bismarck-Briest, Deichhauptmann«. Dieser 1803 geborene und 1877 verstorbene Wilhelm August v. Bismarck war seit 1847, siebenmal gewählt, konservativer Abgeordneter des Preußischen Landtags, auch Mitglied des konstituierenden und dann des ordentlichen Reichstags des Norddeutschen Bundes, schließlich bis 1873 des Deutschen Reiches. Es gibt keinen Briefwechsel, der darauf schließen ließe, daß Otto v. Bismarck mit seinem zwölf Jahre älteren Vetter, dem konservativen Dauerabgeordneten, näheren Kontakt gehabt hätte. Offensichtlich hat er sich um die linkselbischen Bismarcks wenig gekümmert, ungeachtet der Existenz eines Familienverbandes, der auch aus besitzrechtlichen Gründen die Bismarckschen Häuser aus den linkselbischen Flecken Briest und Welle, Döbbelin und Ünglingen und aus den rechtselbischen Schönhausen und Fischbeck umfaßte.

Diese Häuser hatten offenbar nicht nur jedes für sich Allodialbesitz, sondern Lehnbesitz, der »allen Gebrüdern und Gevattern von Bismarck und ihren rechtlichen männlichen Leibes- und Lehnerben« zu »gesamter Hand« zugesprochen worden war. Das geht aus einem »Lehnbrief« hervor, der 1831 nach dem Ableben des Onkels Otto v. Bismarcks, des Generalleutnants Friedrich v. Bismarck, dem nachfolgenden »Senior des von Bismarckschen

Geschlechts«, nämlich dem »Königl. Regierungs-Präsidenten und Domherrn Levin Friedrich Christoph August von Bismarck auf Briest und Welle« vom Magdeburger Oberlandesgericht im März zugestellt wurde.[16] (Dieser Domherr und Gutsherr von Briest und Welle war übrigens unter Jérôme zur Zeit des »Königreichs Westphalen« vom Juli 1809 bis zu seinem Zusammenbruch 1813 von hoher Hand eingesetzter »Maire« von Stendal.[17])

Da von den zuständigen Gerichten als Senior des Familienverbandes nur der tatsächlich Älteste der jeweils »noch lebenden Mitglieder der von Bismarckschen Familie« anerkannt wurde, wollte es der tückische Zufall, daß im Juli 1849, also inmitten der antirevolutionären Welle, ein persönlich und sozial Entgleister des Geschlechts ihr Senior wurde, nämlich *Heinrich* Friedrich Wilhelm Achatz von Bismarck.[18] Das »Stammbuch« registriert unter Nr. 261 mit der ihm eigenen Nüchternheit: »Letzter Erbherr auf Birkholz und Hirschfelde. War zuerst Leutnant im Garde du Corps-Regiment, später vielfach in ausländischen Diensten.« Mit sechzehn Jahren Leutnant, quittierte er, halb gezwungen, halb freiwillig, wegen Schuldenmacherei den Dienst des vornehmen preußischen Regiments. In seinem ferneren Leben erwies er sich als ein Mensch, der sich in den Zeitläufen hin und her reißen ließ und es fertigbrachte, in napoleonischen Diensten wie auch bei den Lützowern Gastrollen zu spielen. In der Reaktionszeit der fünfziger Jahre veröffentlichte Heinrich Achatz von Bismarck ein Erinnerungsbüchlein voller unkontrollierbarer Anekdoten aus seinem unkonventionell-dubiosen Leben.[19] »Ein ganz schamloser Lump«, notierte der Bundestagsgesandte Otto v. Bismarck in einer zornigen Marginalie zu diesem Büchlein[20]; doch hatte dieser Heinrich Achatz auch gutmütige Züge und ließ sich bisweilen selbst betrügen. Verarmt und heruntergewirtschaftet, hatte er 1835 eine schöne Magdeburgerin geheiratet und lebte nun schlecht und recht. Nachdem ihm 1849 die Seniorschaft des Bismarckschen Geschlechts zugesprochen werden mußte, lebte er bis zu seinem Tode 1856 von einer kleinen Rente, die er der Gnade seiner Verwandten verdankte. Seine antigouvernementalen Lästerreden, die er einmal in seiner Jugend gehalten haben soll, waren politisch kaum ernst zu nehmen; aus all den Untersuchungen im Jahre 1821 »wegen Verdachts der Teilnahme an demagogischen Umtrieben und sträflichen Verbindungen« ergaben sich keine stichhaltigen Anhaltspunkte.[21] Auch war er weder eine katilinarische Existenz noch ein unbändiger Kondottiere, wie ihm Journalisten andichteten[22]; nicht einmal ein richtiger Schurke war er, sondern nur ein gewöhnlicher Liederjan, ein Erwachsener mit schlaumeierischen Kinderlaunen.

Dem verkrachten »Leutnant a. D.« Heinrich Achatz von Bismarck folgte als Senior des Geschlechts der Bismarcks ein Mann von ganz anderem persönlichem und sozialem Zuschnitt: Es war Graf *Theodor* von Bismarck-Bohlen, Rittergutsbesitzer zu Karlsburg, Generalmajor a. D. – in allen Adern seines Wesens Offizier und Landaristokrat. Aus der Schönhauser Linie des sogenannten ersten Anteils der Familienbesitzungen stammend, gehörte er als Sohn des ältesten Onkels Otto v. Bismarcks zum engsten Verwandtenkreis der Bismarck-Mencken; bereits im Jahre 1818 erhielt er auf Wunsch seines Schwiegervaters, »der keine männliche Deszendenz hatte«[23], das Recht, den Doppelnamen v. Bismarck-Bohlen zu führen, und wurde in den Grafenstand erhoben. Während der Befreiungskriege zweimal schwer verwundet, einmal bei Groß-Görschen und das andere Mal am Montmartre, brachte er es dann im aktiven Friedensdienst bis zum Oberstleutnant. Von 1828 ab, nach seinem erbetenen Abschied von der Armee, widmete er sich der Modernisierung vor allem der Karlsburger Güter seines Schwiegervaters. Seine ökonomische und soziale Stellung war so erstarkt, daß Theodor v. Bismarck-Bohlen 1842 »zum Landtagsmarschall des Herzogtums Pommern und des Fürstentums Rügen« ernannt wurde. Während der Mobilmachung von 1850, als Preußen am Rande eines Krieges gegen Österreich stand, wurde er noch einmal einberufen und verließ die Armee erst wieder 1854, nun Generalmajor. In dieser Zeit befand sich sein Sohn Graf *Friedrich* von Bismarck-Bohlen als »Kommandeur der Leibgendarmerie« und als »Kommandeur des Gardehusarenregiments« in nächster Nähe Friedrich Wilhelms IV.[24] und konnte seinem Vetter, dem Bundestagsgesandten Otto v. Bismarck, über den Gesundheitszustand des Königs und das höfische Getriebe nützliche Informationen schicken.[25]

Theodor v. Bismarck-Bohlen schrieb es offen, daß er das Seniorat für »unbedeutend« halte;[26] in der Tat konnte der Familienverband weder materiell noch moralisch-politisch besonderen Einfluß nehmen. Bestenfalls war er ein zusätzlicher Rahmen, in dem sich verwandtschaftliches Zusammengehörigkeitsgefühl in nützlichen Verbindungen manifestieren konnte.

Otto v. Bismarck selbst pflegte Beziehungen nur zu engeren Blutsverwandten, aber nicht zu jenen De-jure-Verwandten aus den verschiedenen Bismarck-Linien, die von einem geschlossenen Familienkreis früherer Jahrhunderte ausgegangen waren. Für die frühe Zeit seines Geschlechts interessierte er sich nur insofern und insoweit, als sie für seine gesellschaftliche Stellung und seine politischen Zwecke auszunutzen war. Ein Beispiel: Im Oktober 1850, also noch vor seiner Gesandtenzeit am Frankfurter Bundestag, wurde er zur Hofjagd nach Letzlingen eingeladen, nach jenem weitgestreckten Waldrevier der südlichen Altmark, das den schloßgesessenen Bismarcks zu Burgstall von 1345 bis 1562 gehört hatte. Als er jedoch als wohlbestallter Bundestagsgesandter bei solchem Anlaß übergangen worden war, reagierte er empfindlich. So schrieb er an den Generaladjutanten Leopold v. Gerlach im Oktober 1855: »Ich ärgre mich, daß ich garnicht mehr zur Letzlinger Jagd eingeladen werde, die doch zumeist auf unserm uns vor 300 Jahren per nefas genommnen Stammbesitz stattfindet.«[27]

Bei allem hier ersichtlich werdenden höfisch-gesellschaftlichen Interesse Otto v. Bismarcks an der Frühzeit seines Geschlechts kam es ihm nicht in den Sinn, selbst in alten Familienpapieren, genealogischen Tabellen oder gar in staatlichen Akten zu kramen. Dafür interessierten sich andere von dem Zeitpunkt an, da Bismarck eine historisch bedeutsame Figur geworden war. Kaum hatte Otto v. Bismarck die Bahn des historisch Außergewöhnlichen betreten, so veröffentlichte der grundgelehrte Historiker A. F. Riedel die Schrift über die »Geschichte des schloßgesessenen adeligen Geschlechts von Bismarck bis zum Erwerb von Crevese und Schönhausen«. Bis zum heutigen Tag müssen alle Untersuchungen über die Frühgeschichte Bismarcks von dieser 1866 vom Verein für die Geschichte der Mark Brandenburg herausgegebenen Studie ausgehen. Wenige Jahre später wurde sie von George Hesekiel unter dem Titel »Das Buch vom Grafen Bismarck« popularisiert. Aus diesen literarischen Huldigungsgaben entnahm Otto v. Bismarck einige Grundtatsachen aus der Frühgeschichte seines Geschlechts in seinen geistigen Besitz.

Möglicherweise waren die Bismarcks ursprünglich Ministeriale, also unfreie Dienstleute des brandenburgischen Markgrafen. Beurkundet sind sie als führende Mitglieder der Gewandschneidergilde und des Stadtrats von Stendal, die als Tuchgroßhändler ihren Reichtum mehrten und während der antikurialen Bewegung im Deutschland der dreißiger und vierziger Jahre des 14. Jahrhunderts Politik und Geschäft ebenso geschickt wie bedenkenlos miteinander verbanden.[28] Sie scheuten in ihrem lokal- und landespolitischen Vorgehen auch nicht die Exkommunikation durch die katholische Kirche. Herausragende Figur der Stendaler Patrizier wurde Klaus v. Bismarck, der den wittelsbachischen Kaiser Ludwig den Bayern und seinen Sohn Ludwig, Markgraf von Brandenburg, beide im Banne des Papstes stehend, politisch und finanziell unterstützte. Die Stendaler Patrizier wurden in ihren Finanzoperationen immer gewagter, schanzten dem Markgrafen Geldzuschüsse auch noch aus der Stadtkasse zu und zogen aus dieser Hilfe große Gewinne.

Klaus v. Bismarck wurde eine besondere Gunst erwiesen: Der Markgraf belehnte ihn, den städtischen Patrizier, mit dem landesherrlichen, im Süden der Altmark gelegenen Schloß Burgstall mitsamt feudalen Rechten und Einnahmen. Das war den Stendaler Handwerkern und Krämern denn doch zuviel! Sie, die Privilegien als gottgewollte Institution der mittelalterlichen Gesellschaft durchaus hinnahmen, waren hell empört ob solcher Schiebung mit Steuergeldern, ob all der Geldsäckelei, der Pfründenwirtschaft und der Standeserhöhung des Klaus v. Bismarck zum schloßgesessenen Herrn. Die Unzufriedenheit wurde auch noch von den Klerikalen geschürt, die den Bau einer von St. Nicolai unabhängigen Schule nicht vergessen hatten. Ein Volksaufstand im Sommer 1345 führte zur Vertreibung der am meisten begünstigten Patrizierfamilien aus der Stadt Stendal, damit auch der Bismarcks.

Burgstall wurde Zufluchtsort und zugleich Zentralsitz Klaus v. Bismarcks, der über weite feudale Besitzungen und Gerechtsame in zahlreichen Dörfern der näheren und weiteren Umgebung verfügte. Außerdem erstreckten sich von Burgstall aus umfangreiche Waldreviere, vor allem der schon erwähnte Letzlinger Forst.

Klaus v. Bismarck verstand in den Wirren der kommenden Jahrzehnte und unter dem neuen, das Papsttum sowohl unterstützenden als auch ausnutzenden Kaiser Karl IV. seine Schloßgesessenheit zu verteidigen, ja er brachte sogar das politische Kunststück fertig, 1361 unter einem neuen Erzbischof von Magdeburg Stiftshauptmann zu werden, also die höchste weltliche Stellung des ausgedehnten Landgebiets einzunehmen, das dem Magdeburger Erzbistum angehörte. Der Magdeburger Erzbischof war der wichtigste Wegbereiter Kaiser Karls IV. bei dessen Streben nach der unmittelbaren Herrschaft über die Mark Brandenburg; Klaus v. Bismarcks Interesse ging mehr danach, von der Position des Stiftshauptmanns aus seine Burgstaller Schloßgesessenheit diplomatisch zu sichern.

Die Nachkommen des Klaus v. Bismarck genossen, möglichst fern von allen politischen Händeln der kleinen und großen Welt, den Schloßsitz mit seinen feudalen Gerechtsamen – bis die Wirren der fürstlichen Nachreformation dem allem ein Ende bereiteten. Da warfen Kurfürst und Kurprinz ihr begehrliches Auge auf Burgstall mit seinen reichen Wald- und Jagdrevieren.

Es gab in dem Jahrzehnt nach dem Augsburger Religionsfrieden von 1555 Gründe genug, die den Brandenburger Kurfürsten veranlaßten, das Burgstaller Grenzgebiet zu Magdeburg hin fest in seinen Machtbereich zu bringen. Über sieben Jahre zog sich das Locken und Drohen des brandenburgischen Kurprinzen gegenüber den Bismarcks hin, die sich bereits in eine ältere und eine jüngere Linie geteilt hatten, aber in erzwungener Eintracht noch gemeinsam auf Burgstall hausten. Da im Zuge der nachreformatorischen Säkularisation Kirchengüter frei wurden, konnte der Kurprinz mit Tauschangeboten herausrücken.

Im Dezember 1562 berief er die Bismarcks allesamt nach Letzlingen, um einen Vertrag mehr oder weniger zu diktieren.[29] Das ältere Brüderpaar, Heinrich und Friedrich, erhielt für seinen Anteil an Burgstall die Propstei Krevese. Die jüngeren Brüder, Jobst und Georg, wurden mit den Dörfern Schönhausen und Fischbeck, die dem Bistum Havelberg gehört hatten, entschädigt. Da Jobst und Georg kinderlos starben, wurde der Herr von Krevese, Friedrich I., im Jahre 1589 auch noch Herr von Schönhausen. Zwar starb er vier Monate später im gleichen Jahr, aber er gilt als Stammvater aller späteren Bismarcks: Er erhielt, da er 1562 in den Auseinandersetzungen mit den Vertretern des Kurprinzen angeblich der Wortführer gewesen war, den Beinamen Permutator (Vertauscher).

Die Permutation der Bismarckschen Herrensitze im 16. Jahrhundert sollte sich im biologischen wie materiellen Sinn als ein Neuanfang in der Familiengeschichte erweisen, als Beginn ihrer mittleren Periode. Damals nahmen die Bismarcks de facto den Status von Landjunkern an, auch wenn ihnen der Rang der Schloßgesessenheit de jure erst hundert Jahre später, 1662, abgesprochen wurde.[30]

Alles in allem: Die Bismarcks waren Opfer des sich in der Fürstenreformation früh abzeichnenden Absolutismus; jedenfalls hatte er sich in Einzelaktionen schon recht robust und reichlich skrupellos betätigt. Andererseits war der neue Hauptsitz des Geschlechts weder ökonomisch armselig, noch geographisch und historisch abgelegen. Das rechtselbische Schönhausen, nicht weit von Stendal und der West-Ost-Verbindung der Mark Brandenburg entfernt, und Fischbeck, eine Art rechtselbischen Brückenkopf von Tangermünde bildend, hatten schon im 16. Jahrhundert eine lange, bis ins Jahr 948 reichende Geschichte mit all ihren Stürmen hinter sich.

*

Die Hofjagden im Letzlinger Forst hatten Otto v. Bismarck schon unmittelbar nach der Revolution von 1848/49 auffallend interessiert. Jahrzehnte später sprach er dem Journalisten Moritz Busch gegenüber salopp vom »Butterbrot«, mit dem seine Vorfahren abgefunden worden seien.[31] In einem familiengeschichtlichen Exposé schrieb dann der allseits Erhöhte mit feierlicher Genugtuung am 19. November 1871: »Seine Majestät der König hat die Gnade gehabt, mich am 16. September 1865 nach der Huldigung in Lauenburg in den Grafen- und am 22. März 1871 in den preußischen Fürstenstand zu erheben. Durch die mir 1866 und in diesem Jahre verliehenen Dotationen bin ich zu einem Grundbesitz gelangt, welcher wenigstens in räumlicher Ausdehnung den seit 300 Jahren von allen Mitgliedern unserer Familie mit Recht so schmerzlich empfundenen Verlust von Burgstall ersetzt.«[32] Merkwürdig, daß Otto v. Bismarck es gerade auf dem Höhepunkt seines politischen und persönlichen Erfolges für angebracht hielt, zum ersten Mal in seinem Leben ein familiengeschichtliches Exposé zu verfassen. War er nicht ganz unempfindlich gewesen gegenüber zeitgenössischen Stimmen, die vom Parvenühaften seiner fürstlichen Standeserhöhung sprachen? Jedenfalls wollte er jetzt erst recht das Uralte und Schloßgesessene seines Geschlechts beweisen und die ihm verliehene Dotation an Grundbesitz als Wiedergutmachung eines früheren Unrechts kennzeichnen.

Auch wenn über dreihundert Jahre hinweg bei den Bismarcks wegen des erpreßten Tausches ihrer Güter im 16. Jahrhundert der moralische Groll währen sollte, vergaßen sie nicht jene politische Lehre, wonach sich die Landaristokratie bei der Verteidigung ihrer gutsherrschaftlichen Rechte und Vorteile niemals auf eine längere Fronde gegenüber dem Fürsten einlassen dürfe, der trotz allem ihr Haupt war und blieb. Einem August v. Bismarck hat die politische Erfahrung dieses Grundprinzip eingepaukt, und ebenso beherzigte es sein Nachkomme Otto v. Bismarck bei verschiedenen Gelegenheiten sehr bewußt.

War die Permutation in der Geschichte der Bismarcks ein Ereignis, das sie zu verwinden und möglichst zu verdrängen hatten, so war ihr Wirken und vor allem das des Klaus v. Bismarck während der ersten drei Viertel des 14. Jahrhunderts so bemerkenswert und facettenreich, daß diese Ahnen des Reichskanzlers im späteren preußisch-deutschen Reich zu verschiedenen Zwecken ins politische Bühnenlicht gerückt werden konnten.

Wenn Otto v. Bismarck als Gesandter 1859 aus Petersburg einem der damaligen Alvensleben launig schrieb, er könne doch von ihm »landsmannschaftliches Wohlwollen für einen burggesessenen Altmärker« erwarten[33], dann war dies noch persönliche Romantik, in der er sich im Verkehr mit Gleichrangigen gefiel. Er wußte jedoch aus der früheren Familiengeschichte gerade die Stendaler Ereignisse von 1345 der politischen Öffentlichkeit in Erinnerung zu bringen. Als der Magistrat von Stendal dem zum Fürsten und Reichskanzler erhobenen Bismarck Anfang des Jahres 1872 das Ehrenbürgerrecht erteilte, meinte dieser in seinem Dankschreiben: »Meine Vorfahren haben lange im Rate der Stadt gesessen zu der Zeit, als Stendal in seiner höchsten Blüte stand. Wenn meine Väter durch Unruhen, deren damalige Ursachen mit den die jetzige Zeit bewegenden Gegensätzen in folgerechter Beziehung stehen, vor 500 Jahren aus der Stadt vertrieben wurden, so können diese geschichtlichen Erinnerungen den Dank des Enkels nur erhöhen, der jetzt durch den einstimmigen Beschluß der Behörde wiederum Aufnahme in den uralten landsmännischen Verband findet.«[34]

Worauf Otto v. Bismarck hinauswollte, ist nicht schwer zu erkennen: er wollte in recht gewagter Weise eine Beziehung herstellen zwischen den Kämpfen des 14. Jahrhunderts und seinen eigenen Auseinandersetzungen im letzten Drittel des 19. Jahrhunderts, sowohl mit der Arbeiterbewegung als auch mit dem katholischen Klerikalismus, also mit dem, was die Bismarcksche Presse eine Zeitlang in grobschlächtiger Demagogie als Verschwörung von roter und schwarzer Internationale denunzierte.

Gleichfalls im Jahre 1872 leistete ein liberaler Verleger seinen

Beitrag zum »Kulturkampf« gegen den katholischen Klerikalismus, indem er eine Broschüre mit dem Titel »Vier Herren von Bismarck im Kirchenbann« herausbrachte.[35] Als dann aber der Reichskanzler Bismarck dabei war, den Kulturkampf zu liquidieren und seinen 70. Geburtstag politisch vorzubereiten, wollte er sich im Frühjahr 1884 an ein 1872 geführtes Gespräch mit dem märkischen Geschichtsforscher Riedel erinnern, der den Magdeburger Erzbischof Dietrich von Portitz als Onkel des Klaus v. Bismarck mütterlicherseits, ja vielleicht sogar als direkten Bismarck-Abkömmling bezeichnet haben soll[36]; eine nahe Verwandtschaft dieses bedeutenden Ahnen mit einem prononcierten Klerikalen hätte sich unter den neuen politischen Auspizien im zweiten Jahrzehnt des Deutschen Kaiserreichs nicht schlecht ausgenommen und wäre agitatorisch gut zu verwerten gewesen. Die zu diesem Zweck vom Reichskanzler über den Generaldirektor der königlich-preußischen Staatsarchive Heinrich von Sybel veranlaßten Nachforschungen haben zwar nichts Bestimmtes ergeben,[37] aber in höchsten Archivkreisen waren die Wunschvorstellungen Otto v. Bismarcks soweit bekannt, daß Sybels Nachfolger Reinhold Koser die Idee der Zusammenarbeit aller honorigen Kräfte der Gesellschaft bei der historisch-politischen Konzipierung einer der Denkmalgruppen der berühmt-berüchtigten Siegesallee in Berlin berücksichtigte.[38]

Es war Kaiser Wilhelm II., der sie per Kabinettsorder 1895 anregte; der Bau einer Prunkallee sollte brandenburgisch-preußisches Geschichtsbewußtsein pflegen und zugleich den Monarchen als Kunst-Mäzen erweisen. Eine Denkmalgruppe stellte als einen der Herrscher über die Mark Brandenburg Kaiser Karl IV. mit seinen zwei angeblich wichtigsten Helfern, Erzbischof Dietrich v. Portitz und Klaus v. Bismarck, dar; diesen konnte der Beschauer in Uniform und mit Marschallstab bestaunen. Das Ganze war eine wunderliche Mischung von Dichtung und Wahrheit im Interesse klerikal-konservativer Sammlungspolitik. Wilhelm II. verlieh dieser Denkmalgruppe innerhalb der Siegesallee insofern eine erhöhte Bedeutung, als er sie am gleichen Tag und in derselben Stunde wie die Friedrichs des Großen enthüllte – mit militärischem Zeremoniell der Leib- und Ehrenkompanie und in Gegenwart Herbert v. Bismarcks.[39]

Noch vor dem ersten Weltkrieg braute dann der Friedrichsruher Hauslehrer und Archivverwalter Walter Flex in seinem markig-hyperpatriotischen Drama »Klaus von Bismarck – Eine

Denkmal Kaiser Karls IV. mit dem Hofmeister Klaus von Bismarck und dem Magdeburger Erzbischof Dietrich von Portitz – eines der 32 Denkmäler der Berliner Siegesallee, die alle brandenburgisch-preußischen Herrscher darstellen sollten. Die Siegesallee, im Tiergarten um die Jahrhundertwende nahe dem Brandenburger Tor errichtet, wurde im zweiten Weltkrieg weitgehend zerstört, ihre Reste beseitigt.

Kanzlertragödie« eine ganz andere Mischung von Wahrem und Falschem zusammen: da wurde der Böhmenkönig und klerikale Kaiser Karl IV. als Vergewaltiger der Mark, gar als Anstifter zum Mord verteufelt, was so wenig mit der Wirklichkeit zu tun hatte wie das Lobpreisen des wittelsbachischen Markgrafen.[40]

Ohne Zweifel pflegte Otto v. Bismarck sehr gern die Akzente seines jeweiligen Geschichtsbildes nach politischem Bedarf zu setzen; doch tat er dies mit talentierter Umsicht. Dafür war ein Musterbeispiel jener berühmte Brief, den er 1870 über die Kaiserfrage an den Bayernkönig richtete und in dem er auch an das »besondere Wohlwollen« erinnerte, »welches die bayrische Dynastie zu der Zeit, wo sie in der Mark Brandenburg regierte (Kaiser Ludwig), während mehr als einer Generation meinen Vorfahren bethätigt habe«.[41] Mit diesem »argumentum ad hominem« verdunkelte der Kanzler die historische Tatsache, daß die Wittelsbacher in der Mark viel mehr von Klaus v. Bismarck abhängig waren als dieser von ihnen.

Die Geschichte seines Geschlechts, mit der sich Otto v. Bismarck im Laufe der Jahrzehnte näher bekannt machte, erschien ihm in drei Hauptabschnitten: Der erste begann mit dem Stendaler Patriziertum, das durch die Schloßgesessenheit auf Burgstall gekrönt wurde; diese Frühgeschichte der Familie hing mit dem zusammen, was gelegentlich als die Zeit der Vor-Reformation[42] bezeichnet wurde. Die zweite Periode der Familiengeschichte nahm ihren Auftakt mit der erzwungenen Übersiedlung der Bismarcks nach Krevese und Schönhausen, mit der sogenannten Permutation. Sie war eine unmittelbare Wirkung der fürstlichen Nach-Reformation und des territorial-staatlichen Früh-Absolutismus. Die dritte Periode begann mit August v. Bismarck (eigentlich August II.), der erfolgreich bemüht war, die letzten Schäden des Dreißigjährigen Krieges zu beseitigen und vom Kurs der ersten preußischen Könige zu profitieren.

Von August v. Bismarck aus ging die Schönhauser Linie über August Friedrich, den im ersten Schlesischen Krieg Gefallenen, zu Karl Alexander v. Bismarck. Dieser Großvater Otto v. Bismarcks starb 1797, der mütterlicherseits, Ludwig Anastasius Mencken, im Jahre 1801. Sie konnten also keinen persönlichen Einfluß auf die Enkel ausüben; dennoch liegt die Annahme nahe, daß beide Männer, die so eng und lebhaft mit der preußischen Geschichte verbunden waren, über Familienangehörige in der einen oder anderen Weise geistigen Einfluß auf die jüngere Generation auszuüben vermochten. So ist es sinnvoll, sich mit dem bekannt zu machen, was die Großväter und ihr familiärer Kreis zur Zeit der revolutionären Zeitenwende fühlten, dachten und taten.

Die junkerlichen Bismarcks und der höfische Mencken in revolutionärer Zeitenwende

Es war Zufall, daß Karl Alexander v. Bismarck im Jahre 1775 das Gut von Schönhausen übernahm – in jenem Jahr also, da der Befreiungskampf der Nordamerikaner gegen England begann, der wie eine »Sturmglocke« (Marx) die weltgeschichtlich aufrüttelnden Revolutionsjahre in Frankreich nach 1789 ankündigte; aber es war kein Zufall, daß sich dieser Karl Alexander, wie viele seiner adligen Zeitgenossen, auf eine gemäßigte Aufklärung einstimmte.

Die Hauptländer Europas und Nordamerikas waren politisch und sozial, in Frieden und Krieg untereinander so eng verbunden und verbandelt, daß sie auch in der damals allgemeinen Krise der feudalen Gesellschaftsformation einen »Kosmos«, einen »Körper« bildeten, um mit Karl Marx zu sprechen. Der vom Selbsterhaltungswillen ausgehende Leistungsvergleich der französischen mit der englischen Nation bildete eine bedeutende Komponente im Vorwärtstreiben hin zur Großen Revolution. In das Wettbewerbs-, ja Konkurrenzstreben bürgerlicher Kräfte diesseits und jenseits des Kanals verflocht sich der Machtkampf des französischen Absolutismus mit der Handels- und Kolonialmacht England – um so mehr, als dieses die industrielle Revolution einleitete und zu gleicher Zeit einen weithin wirkenden Umschwung in der landwirtschaftlichen Betriebsweise herbeiführte.

In Frankreich und in den anderen feudalen Ländern des Kontinents behaupteten sich zäh die feudal-absolutistischen Institutionen, zu denen nicht zuletzt die katholische Kirche und ihr religiöser Einfluß gehörten; bevor das alles im Gefolge einer politischen Revolution beseitigt oder zumindest in der Macht eingeschränkt werden konnte, mußte sich die ideologische Revolution weiter entfalten. Innerhalb dieser Aufklärungsbewegung bildeten sich in der vorrevolutionären Zeit vor allem die bürgerlich-ökonomischen Interessen besonders prägnant heraus.

Zu den aufklärerischen Grundwerten von Freiheit, Gleichheit und Toleranz gesellten sich die der Gerechtigkeit, des Vertrags und der Vernunft – alle wechselseitig aufeinander einwirkend. In ihrem Zusammenspiel wurde als zentraler Wert die menschliche Vernunft erkannt und anerkannt. Sie war so stark zum allgemeinen Bezugspunkt geworden, daß Schiller gelegentlich von der »Monarchie der Vernunft«[43] sprach.

War die Aufklärung in den Bedürfnissen und Interessen des Besitzbürgertums begründet und vom Bildungsbürgertum geschaffen, so wirkte sie auch auf den sich an ökonomische und politische Entwicklung anpassenden Absolutismus, auf Aristokraten und Fürsten; erst zuallerletzt auf die unteren Schichten in Stadt und Land.[44] Indem sich die Aufklärung verbreitete, differenzierte sie sich zugleich – sozial und national, im territorial und kirchlich zerrissenen Deutschland auch regional; damit unlöslich verbunden war die Vielfalt der behandelten und auf die verschiedensten Lebens- und Bildungssphären (Religion, Erziehung, Staat, Ökonomie und Kunst) bezogenen Themen.

Die »Monarchie der Vernunft« war keineswegs unbeschränkt; vielmehr verband sich die Aufklärung mitunter mit der vielberedeten Empfindsamkeit. Aber auch diese war vielgestaltig in ihrer Qualität, ihrer Entstehung und Wirksamkeit: Es gab da zuweilen viel Suchen nach der schönen Seele mit all ihrer moralischen Rührseligkeit, die bis zur Selbstquälerei gehen konnte, zu tränenseligem Freundschafts- und Liebeskult wie auch zu übersteigerter Naturschwärmerei; die Skala seelischer Äußerungen reichte von modisch-konventionellen, oft recht femininen Empfindeleien bis zu jenen starken Empfindungen, aus denen im Bunde mit klarsichtigen Verstandeskräften Werke der Dichtung, Musik, Ästhetik und Gesellschaftskritik hervorgingen. Mit der Ausbildung der Vernunft und des Empfindungsvermögens erweiterten sich zugleich die Varianten des Humanitätsideals.

Wenn sich auch die empfindsame, moralistische Haltung bürgerlicher Vertreter vor allem gegen die Sittenverderbnis des höfischen Absolutismus wandte, so gab es doch auch Tendenzen, die Aufklärung in Übereinstimmung mit Stimmungen in Fürstenhäusern und bei Aristokraten zu bringen. Dafür war die Familie des Karl Alexander v. Bismarck in manchem recht typisch.

*

Als Gutsherr hatte dieser Bismarck neben manchem Stallärger mit dem lieben Vieh und manchen Sorgen mit den Bauern und Kossäten auch seine Freude an Pferden und noch mehr an der Jagd, wie seine zahlreichen Briefe bezeugen. In dieses ländlich-gutsherrliche Leben bezog Karl Alexander, der Großvater Otto v. Bismarcks, aber auch die Lektüre der neuen schönen Literatur und den Genuß der Hausmusik ein. Er hinterließ mannigfache Exzerpte aus deutschen und französischen Dichtungen und versuchte sich sogar selbst in poetischen Produktionen; verschiedene Familienereignisse gaben dazu Anlaß. Immer in der Beschränktheit der gutsherrlich-ländlichen Lebenssphäre und ihres Erlebnisbereiches, war der Haus- und Gutsherr bemüht, das Wahre und das Gute, die Erkenntnis und das moralische Tun miteinander zu verbinden.

Nach dem Tode seiner Frau, die eine Tochter und sechs

Karl Alexander von Bismarck (1727–1797). Großvater

Söhne (von denen zwei schon im Säuglingsalter starben) zur Welt gebracht hatte, widmete er ihr, einer geborenen Schönefeld und Urenkelin Derfflingers, eine Gedächtnisschrift, die in dem ins Weltlich-Sentimentale übertragenen Stil jener Leichenpredigten gehalten war, die lutherische Pastoren in einem gottselig-theologischen Schwulst vortrugen und auch im Auftrag ihrer adligen Herrschaften drucken ließen.[45] Karl Alexander überließ das öffentliche Gedenken an die Verstorbene keinem Pastor, sondern übernahm selbst diese Pflicht; darin lag Aufklärerisches, wenn es auch recht rührselig geriet. Im ganzen legt sein Schriftchen Zeugnis ab für den Zeitgeschmack dilettierender Empfindsamkeit.[46]

Die vier verbliebenen Söhne traten alle in frühem Alter in die Armee ein, in der allerdings nur zwei bis zu ihrem Lebensende verblieben, nämlich Friedrich und Leopold. Je jünger die Brüder waren, desto robuster, aber auch banaler waren sie. Ferdinand, der Jüngste, Vater des späteren Reichsgründers, war seinem Charakter nach ein handfester, im familiären Bereich gutmütiger, sonst aber auf seinen Vorteil bedachter Junker.

Der Älteste, *Ernst* Friedrich Alexander v. Bismarck (durch seinen Sohn der Begründer der Linie Bismarck-Bohlen), hatte etwas sympathisch Exaltiertes an sich; als Zwanzigjähriger schrieb er in idealischem Anflug und mit dem respektvollen Sie der Anrede an seinen Vater[47]: »Ich soll auf die Jagd gehen, und finde kein Vergnügen mehr an Morden ... Das Lesen ist noch mehr nach meinem Geschmack, und müssen es Bücher sein, die mit der jetzigen Verfassung meines Gemüts übereinstimmen. Um Gotteswillen nichts vom siebenjährigen Kriege, ich bin nie ein größerer Feind von Kanonen und Musqueten gewesen, als eben jetzt; statt der Geschichte der wilden Eroberer, schicken Sie die sanftere Julie von Rousseau, und sollte sich der Werther in Ihrer Bibliothek befinden, so bitte ich ihn mir ebenfalls aus.« Unüberhörbar ist dieser Brief noch auf die modische Welle der Empfindsamkeit und damit der Ablehnung des rauhen Kriegerhandwerks eingestimmt.

Der zweitälteste Sohn des Karl Alexander war *Friedrich* Adolf Ludwig v. Bismarck, der spätere Generalmajor und preußische Militärgouverneur von Leipzig im Jahre 1814/15. Friedrich wurde schon mit fünfzehn Jahren in die Armee geschickt, zunächst – wie üblich für junge Adlige – als Fahnenjunker, dann als Kornett; in Salzwedel war er stationiert. Von dort aus berichtete »der ewig gehorsame Sohn« mit einigem Fleiß seinem Vater über das Garnisonsleben. Der junge Herr konnte kaum verbergen, daß ihm die gelegentlichen Manöver willkommene Abwechslung vom Stumpfsinn des Exerzierplatzes boten; das Sensationsthema erster Ordnung bezog sich immer auf Desertionen.[48] Ferner berichtete er von allerhand Offiziersklatsch, zu dem auch Amouröses gehörte, oder etwa die Pikanterie, »daß der Lieutnant Winterfeldt heyratet, eine Mamsel Krügern mit 30tausend Reichsthalern.«[49]

Kurze Bemerkungen, die dem jungen Herrn während des langen Briefwechsels fast jedes Jahr in die Feder flossen, verrieten die argwöhnische Besorgnis von Vater und Sohn über das Verhalten der Bauern und Kossäten, so etwa der Satz: »Die Bauern führen [sich] dieses mahl wider ihrer sonstigen Gewohnheit sehr gut.“[50] Im übrigen wußte Friedrich v. Bismarck seinem Vater nach einem Besuch auf den Gütern von Charlottenhof und Ünglingen zu vermelden, daß »die Pferde in capitalem Zustand« waren.[51]

Über das praktische Leben in Garnisonen und Gutshöfen hinaus zeigten die Briefe des jungen Friedrich, der nach vier Jahren Dienst Offizier wurde, viel Bildungsbeflissenheit: Er lernte Flöte spielen, aber auch französisch sprechen und schreiben, was ihn zehn Jahre später zu langen Briefen in dieser Sprache befähigte. Mit seinem Vater tauschte er Bücherkataloge aus; eine Rechnung[52] vermerkte Ewald von Kleists Werke, Mendelssohns Philosophische Schriften, Übersetzungen von Torquato Tassos Dichtungen (wahrscheinlich die von W. Heinse 1781 herausgebrachten) und Stolbergs Gedichte.

Die Aufführungen einer in Salzwedel für einige Zeit gastierenden Schauspieltruppe erweckten Interesse bei dem jungen Offizier.[53] Offenbar verstanden die Komödianten, im empfindsamen Stil jener Zeit die Herzen zu bewegen: »Neulich führten sie ein Trauerspiel … auf und machten es so gut, daß fast alle Anwesenden bis zu Thränen gerührt wurden.« Und dennoch provozierten diese »ehrlichen Leute«, wie Friedrich im Gegensatz zu gängigen Vorurteilen gegenüber »Komödianten« sie nannte, auch abergläubische, gläubige Gegnerschaft: »Es giebt hier eine gewiße Art Leute, die das Commödien gehen für eine große Sünde halten, und diese behaupten daher steif und fest, das jetzt einfallende regen Wetter, sei eine Strafe von Gott, um die Leute deswegen zu züchtigen. Einige von Ihnen die schwarze Röcke tragen, eifern auch öffentlich dagegen, sogar von der Kanzel herab. Es hat neulich einer ihres Gelichters behauptet, es könnte gar nicht fehlen, daß alle diejenigen, welche die Commödie besuchten, eben so graden Weges in der Hölle eingehen müßten. Die armen Komödianten hatt er sehr sinnreich mit den Türstehern der Hölle verglichen, die immer bemüht wären, die Seelen in das Verderben und in den ewigen Pfuhl zu ziehen. Sie kennen diesen schwarzen Mann nicht, lieber Vater, und eben so wenig unseren Türsteher, aber dessen ohngeachtet wollte ich darauf wetten, daß Sie lieber mit mir in einer gute Komödie gingen, als in dieses sauberen Mannes saubere Predigt.«

Frömmlerisch waren diese Bismarcks also nicht. Und diese laxe Haltung gegenüber der Religion und vor allem der Kirche ging auch auf die nächste Generation der Familie über, jedenfalls auf Otto v. Bismarck. Der junge Friedrich hatte überdies das Bedürfnis, seinem Vater fast genüßlerisch mitzuteilen[54], was in

Offizierskreisen über die Sterbestunden Friedrichs II. kursierte: »Nahe vor seinem Tode, hat sich noch ein Geistlicher, auß Podzdam bey ihm melden laßen, um ihn zu bekehren. Als der Verstorbene Herr, sein Anliegen erfahren, ist er sehr zornig geworden, und hat gesagt, er solle sich zum Henker scheren. Hierauf ist der bekehrungslustige abgewiesen worden.« Mag sich das so verhalten haben oder nicht[55], es sagte jedenfalls Interessantes über den Briefschreiber und seine Kameraden aus, zumal der junge Herr, der antikirchlich, wenn auch königstreu dachte, im gleichen Brief Bemerkungen machte, die schon das politisch Sündhafte streiften: »Das Gedicht von Schubarth in den Intelligenzen werden Sie wohl gelesen haben. Ist das nicht recht schön? nur schade, daß dieser gute Mann nun schon 10 Jahr im Gefängnis sitzt, weil er eine Satire auf seinen Landesherrn gemacht hat.« Das gelegentliche Genießen verbotener Früchte der Literatur war eine Gewohnheit, die übrigens Friedrichs Neffen Otto später auch nicht fremd sein sollte.

Doch ungeachtet des unterschwelligen Spotts über den vom preußischen König abgewiesenen Pastor und der Sympathien mit dem eingekerkerten Dichter im Schwabenland, ein Rebell war der junge Friedrich v. Bismarck natürlich nicht. Auch er ließ die Kirche im Dorf; seinem Vater hatte er schon drei Wochen vor diesen kritischen Ausflügen versichert, auch wenn die meisten Offiziere fast täglich das Theater besuchten, so würden sie dennoch nicht »lauter Heiden« werden, wie es der Superintendent behauptet hatte. »Denn wir gehen eben so fleissig in die Kirche, zwar nicht bei dem Herrn Superintendenten, sondern bei einem Prediger, der erst hierher gekommen ist und ein trefflicher Mann ist. Die Kirche ist immer gestopft voll. Dahingegen der Superintendent in der Wüste predigt.«[56]

Zum engeren Kreise seiner sowohl Schauspiel wie Kirche besuchenden Kameraden gehörten junge Adlige, die mit Friedrich v. Bismarck als Fahnenjunker ins Regiment eingetreten waren, nämlich ein Stülpnagel, ein Kleist, ein Schulenburg, ein Borstel und ein Malzahn.[57] Wer weiß, ob der Predigtbesuch dieser jungen, im Gamaschenknopfdienst eingezwängten Offiziere mehr durch ihr Bedürfnis nach Abwechslung als durch das nach religiöser Besinnung motiviert war? Am Ende entsprang alles, die Kirchengängerei mit ihrer fast demonstrativen Bevorzugung des einen Predigers gegenüber dem anderen wie auch die vielen Schauspielbesuche, demselben Bedürfnis, der geistigen Eintönigkeit des Land- wie auch Kasernenlebens durch ein provinziell abgeblaßtes und ideologisch verschwommenes Aufklärertum zu entgehen.

Bedeutungsvoller für die revolutionären Reformen künftiger Zeiten war jene steigende Zahl von etablierten Adligen im Zivil- und Militärdienst (von den neuen Bürgern gar nicht zu reden), die sich über das Provinzniveau der meisten Landadligen hinaushoben. Es gab also genügend Gründe, warum die Antiaufklärer unter dem Nachfolger Friedrichs II. eine kirchen- und kulturpolitische Reaktion in Gang setzten, wenn auch ohne durchschlagenden Erfolg.

Dem neuen König Friedrich Wilhelm II. hielten seine von ihm gewählten Inspiratoren, die Rosenkreuzler Wöllner und Bischoffwerder, vor, daß sein Vorgänger »den Hauptgrund zur Freidenkerei und zur Verachtung der christlichen Religion« gelegt habe. In der Öffentlichkeit jedoch rechtfertigten sie ihre Religions- und Zensuredikte von 1788 mit der »wundersamen Mär« (wie sich der sonst hohenzollerntreue Reinhold Koser ausdrückte), Friedrich II. habe zuletzt bereut und bekannt: gern gäbe er seine schönste Bataille dafür zurück, daß er die Liebe zur Religion und die Moralität wieder so allgemein machen könnte, wie er sie bei seinem Regierungsantritt gefunden hätte.[58]

Alles in allem: wenn auch reaktionär, historisch sinnlos waren die restriktiven Religions- und Zensuredikte am Vorabend der Großen Französischen Revolution nicht. Subjektiv waren sie inspiriert vom Charakter und der Mentalität des neuen Königs und seiner Ratgeber; der König selbst vereinigte in sich weiberlüsterne Liederlichkeit und frömmlerische Geisterseherei. Objektiv hatten die Edikte die Funktion, die Aufklärung in ihrem Entstehungs- und Verbreitungsgebiet zu unterdrücken; sie sollten sowohl das aus dem Bürgertum herausgewachsene als auch das auf das Terrain des (vor allem im Zivil- und Militärdienst tätigen) Adels hinüberwuchernde Aufklärertum ausjäten. Die durch die Religions- und Zensuredikte von 1788 neu eingeleitete Reaktionspolitik war auch eine ideologische Vorbereitung auf den Kampf gegen die Revolution, die ein Jahr später in Frankreich ausbrechen sollte.

In diesem politisch und geistig großmächtigen Land prägten sich die Interessenkonflikte, ob sie ökonomisch, politisch-sozial oder institutionell waren, an Breite und Tiefe so stark aus, daß sie zur Revolution trieben. Die neue Technologie der von England ausgehenden, gleichsam stummen Industrie- und Agrarrevolution war in der internationalen Handelskonkurrenz nicht mehr zu übersehen und für Frankreich schon bedrohlich geworden. Die Manufakturproduktion und das feudal-absolutistische Herrschaftsgefüge zeigten sich dem heraufkommenden Industrie- und Agrarkapitalismus nicht mehr gewachsen. Solche Widersprüche provozierten außen- und innenpolitische Krisenerscheinungen, zu denen nicht zuletzt die finanziellen Nöte gehörten.

Die Französische Revolution von 1789 bis 1794 ging in das Geschichtsbewußtsein als die »Große« ein, weil sie sich als eine »Totalität von Kollisionen« und als weltgeschichtliche Wende erwies; sie eröffnete eine Epoche von Kriegen, Revolutionen, nationalen Bewegungen, agrar- und industriekapitalistischen Umgestaltungen – eine Epoche, die in der Zeit der Bismarckschen Reichsgründung von 1866 bis 1871 zu Ende ging. Alle in diesen Jahrzehnten entstehenden Parteiungen knüpften in Opposition oder Affirmation an Ereignisse und Ergebnisse der einen oder anderen Phase im Ablauf der Großen Französischen Revolution an. Selbst Konservative, fundamentale Revolutionsgegner, sympathisierten mit dem ständisch-adligen Antiabsolutismus. Die Liberalen waren noch am ehesten einverstanden mit dem Stadium von 1789 bis 1792; in dieser Zeit sollte ja eine konstitutionelle, also bürgerliche Monarchie gegründet werden. Radikale Demokraten und (demokratische) Sozialisten nahmen vieles von dem auf und an, was die revolutionär-demokratische Jakobinerdiktatur 1793 hervorgebracht hatte; zu ihrer bleibenden Leistung gehörte das Dekret über die vollständige und entschädigungslose Abschaffung der adligen Feudalrechte.

Die vom Geist der Aufklärung inspirierte Losung von der »Freiheit, Gleichheit, Brüderlichkeit« schien Wirklichkeit zu werden und erfaßte die von feudalen Fesseln befreiten Bauern, die die zahlreichste Klasse des französischen Volkes ausmachten. Zusammen mit den städtischen Handwerkern und Plebejern kämpften sie entschlossen gegen die Interventionstruppen der feudalen Kontinentalmächte, hinter denen die kapitalistische Konkurrenzmacht England stand.

Als am 9. Thermidor (27. Juli) 1794 die Bourgeoisrepublikaner die Jakobinerdiktatur stürzten, wollten und konnten sie keineswegs das ancien régime restaurieren. In diesem Sinn waren die Thermidorianer nicht Konterrevolutionäre, sondern antifeudale Bourgeoisdiktatoren. Die Große Revolution der Franzosen[59] pervertierte bis zur Alleinherrschaft Napoleon Bonapartes und zum bürgerlichen Hegemoniestreben der grande nation.

Was auch an Antidemokratischem und Imperialistischem im Frankreich der nächsten Jahre und Jahrzehnte aufleben mochte, die Ergebnisse der revolutionären Befreiung von feudalen Fesseln in Stadt und Land blieben bestehen, die Einheit der Nation wurde gefestigt und ihre Unabhängigkeit gesichert. Alle diese großen Fragen bestimmten in dieser oder jener Form den Widerstreit der Klassen und Staaten Europas bis ins letzte Drittel des neunzehnten Jahrhunderts und werden uns deshalb als Leitmotive in unserer Darstellung begleiten.

*

Nachdem sich die feudalen Kontinentalmächte Preußen und Österreich mit der kapitalistischen Inselmacht England gegen Frankreich verbündet hatten, kam die Familie Bismarck durch den Koalitionskrieg in handfeste Verbindung mit der französischen Revolution. Die Söhne, vom ältesten abgesehen, mußten in den Krieg ziehen. Merkwürdigerweise liegen von ihnen wenige Feldpostbriefe vor, von Ferdinand, dem Jüngsten, überhaupt keine, obwohl er geschrieben haben muß. Jedenfalls bezeugt dies die umfangreiche Korrespondenz seines Vaters, des Karl Alexander, gerade aus den Jahren 1793 bis 1795.

Im ersten Brief vom Februar 1793 an den Sohn Ferdinand[60] zeigte er sich als streng Konservativer: »Vielleicht macht der Hunger Frieden. Was sagst Du zu dem Tode des Königs von Frankreich. Er hat sich als ein standhafter Mann aufgeführt und seine Gegner als schlechte Kerls – ohne Gerechtigkeit und ohne Großmut. Man sagt, die französischen Linientruppen wären sehr unzufrieden damit. Der Himmel geb es.« Mit diesen Worten gab Karl Alexander die allgemeine Meinung und Hoffnung der europäischen (natürlich auch der französischen) Konterrevolution ziemlich genau wieder. Doch seine Hoffnung trog; einige Monate später, schon im Mai[61], hielt er es für nötig, seinen anscheinend einmal hitzköpfig gewordenen Ferdinand zu politischer Vernunft und moralischer Einsicht zu mahnen: »Ich glaube es wol, dasz ihre [die französische] Armee aus unansehnlichen Leuten besteht; desto mehr ist es aber zu verwundern, dasz diese Leute den Disciplinirtesten Truppen von Europa Wiederstand thun. ... Hältst Du diese Leute für unwürdig, etwas von ihnen anzunehmen. Was haben Sie gethan? Sie wurden äußerst gedrückt. Sie wünschen Verbesserung ihres Zustandes. Wer konnte ihnen das Verdencken?« Der konservative Briefschreiber erkannte schon einiges, wenn er auch von »Bösewichtern« schrieb, die dieses Volk irregeleitet hätten, und fuhr fort: »Dafür musz man dieses beklagen, aber nicht haszen ... Man musz niemanden und also auch dem Demokraten nicht mehr Übell anthun als notwendig ist. Einen überwundenen Feind niederzuhauen ist niedrig und ungroszmüthig; und Edelmuth und Groszmut sollte doch wol eine Haupteigenschaft eines Officiers sein. Das gegentheil macht die Menschen zu Thieren (Nur Tieger geben keinen Pardon) ...«

Je länger der Krieg dauerte, desto größer wurden die Sorgen des Vaterherzens um Gesundheit und Leben der Söhne, besonders um Leopold[62], der sich im Unterschied zum kaum beförderten Ferdinand vor Strapazen nicht drückte.[63] Mit den Sorgen wuchsen auch alle Sehnsüchte nach Frieden, zumal sie noch durch recht materielle Interessen motiviert waren. Schon im Juni klagte der Gutsherr von Schönhausen: »Ich wollte dasz Friede würde; auch wegen meinen Weizen, der dann wol nach Frankreich gehen würde. Ich habe ihn nun von 2 Jahren vorräthig.«[64]

Zu der Kampagne in Frankreich kamen die Operationen zur Besetzung und Niederhaltung Westpolens, die den Karl Alexander zu recht unfreundlichen Bemerkungen veranlaßten: »Ich mögte nicht bei den neuen Regimentern in Pohlen stehen. Denn wenn man auch etwas avancirt; so würde es mir doch sehr unangenehm sein, meine meiste Lebenszeit in diesem uncultivirten Lande mit uncultivirten Leuten zuzubringen.« Wenn es über diese unangenehmen Gefühle hinaus auch noch politische Differenzen zwischen dem preußischen König und dem Kaiser in Wien wegen der Aufteilung der polnischen Beute gab, so habe der König nach der Meinung des Briefschreibers dennoch »nicht die geringste Ursache«, seine »Aliirten zu verlaszen und das teutsche Reich blosz zu stellen«.[65]

Aus den Briefen des Jahres 1794 sprachen manche Bitterkeit, viel Unruhe und wachsendes Verlangen nach Frieden, das nicht allein familiärem Sicherheitsbedürfnis entsprang; auch politische Überlegungen drängten sich Karl Alexander auf, der befürchtete, daß ein guter Teil der preußischen Armee nach den Niederlanden gehen müsse, wo England, Holland, Österreich noch nicht Herr über die Sansculotten werden könnten; schließlich schärfte er seinem Sohn ein: »Ihr steht [nun] einmal im Solde der Seemächte, wo die euch hinschicken wollen, dahin müßt Ihr gehen.« Als sich dann drei Monate nach diesem Brief die Blicke des Schönhausener Gutsherrn vom Westen erneut nach Osten wandten, war sein gelegentlicher Anhauch von Reichspatriotismus wie weggewischt.[66] Er glaubte etwas von preußischen Friedensfühlern in Paris zu wissen und kommentierte: »Verdencken könnte man es dem Könige nicht, wenn er suchte, seine Armee wieder nach seinen Ländern zurück zu ziehen. Ein Jeder ist sich doch selbst der nächste.« Wiederum schob sich in das politische und militärische Kalkül die Polenfrage ein, da auch in Süd-Preußen revoltiert wurde.

Selbst in den Urgebieten des brandenburgisch-preußischen Staates waren die Adligen ihres angestammten Volkes nicht mehr ganz sicher. Bislang Unerhörtes glaubte Karl Alexander seinem Ferdinand schon im Juli berichten zu müssen: »So lange die Preuszische Armee zusammen bleibt, fürchte ich nichts. In Stendal hatte man noch eine üble Nachricht. Es wäre eine Art von Meuterey in der Armee gewesen. Die Leute hätten Englischen Sold verlangt und sich beschwert, dasz sie sich von Officieren die noch Kinder wären müszten Befehlen lassen, und verlangt sich selbst ihre Officiere zu wählen. Es wären 25 deswegen erschoszen worden. Ich wünsche, dasz dies ... unwahr sein möge.«[67] Die bis jetzt von der Forschung erschlossenen Quellen haben diese Nachrichten nicht bestätigt. Aber wo Rauch, ist auch Feuer (und sei es noch so verdeckte Glut), und wo ein Gerücht, ist auch Unruhe, selbst wenn sie sich nicht in dramatischer Weise zeigt.

Schon im Spätherbst wußte man aus Schönhausen von einer Art »altmärkischen Revolution« zu berichten.[68] »Ich glaube man hat in dem Drömling colonisten ansetzen wollen; die Drömlinger haben ihr bisheriges Eigenthum dazu nicht hergeben wollen, und glaube ich, auch eine schon aufgebaute Scheune abgebrandt; oder das Haus des Graben Inspectors? Nachdem man aber ein Depot Bataillon und ein Commando Cavallerie dahin rücken laszen, haben sich die Leute zum Gehorsahm bequemt, und werden auch das abgebrannte Gebäude wieder aufbauen.« Leicht beruhigt hieß es dann im nächsten Brief: »Die Altmärkschen Unruhen sind nach der Heutigen Mode sehr vergröszert worden. Die Drömlinger haben sich etwas grob und wiederspänstig bezeigt, weil sie dafür, daß man ihren Morast uhrbar gemacht, zu Ansetzung einer Anzahl Kolonisten und vielleicht auch zur Unterhaltung des Grabens etwas abtreten sollen. Sie haben sich aber wie sie den Ernst gesehen gleich zum Ziel geleget und man hört nichts mehr davon.«[69] Wie drei Wochen vorher, bezog sich der Briefschreiber noch einmal auf die Nachricht, »daß einige Dörfer nicht mehr hätten Dienste thun wollen«. Manches ist recht wirr, was Karl Alexander zu berichten wußte, doch abschließend wollte er beschwichtigen: »Hier in unserer Gegend ist alles ruhig.«

Es gab für Karl Alexander v. Bismarck zu Schönhausen der Gründe genug, um ein Friedensarrangement des Königs von Preußen mit der Republik Frankreich herbeizuwünschen: persönliche Sorgen um die im Felde stehenden Söhne, materielle Interessen am möglichst ungestörten Getreidehandel, die wachsende Erkenntnis von der Unmöglichkeit der Wiederherstellung eines vorrevolutionären Frankreich und von der Indienstnahme der preußischen Armee durch das subsidienzahlende England; schließlich wollte man bei der Verteilung der polnischen Beute dabei sein. Ähnlich wie der Schönhausener Bismarck fühlten und dachten vermutlich viele Landadlige, Beamte und Offiziere. Korrespondenzen zwischen den Alten drinnen in Land und Stadt und den Jungen draußen auf den Kriegsschauplätzen gab es nicht nur von und nach Schönhausen; die brieffreudige Zeit förderte auch in Junkerkreisen sehr übereinstimmende Meinungs- und Willensbildung, die bis in die hohen und höchsten Sphären der Residenz reichte.

Friedensarrangement also mit Frankreich, aber wie? Noch während der Jakobinerdiktatur meinte Karl Alexander v. Bismarck: Man solle »die Rasenden unter sich guillotiniren laszen, wie sie wollen«.[70] Mit dem Anbruch des Thermidor mahnte der Schönhauser Gutsherr erst recht zum Abbruch des Krieges: »In Frankreich hat ja nun die gemäszigte Partei wieder die Oberhand; vielleicht ist diese auch mehr zum Frieden geneigt als die Jacobiner, und die alliierten Mächte werden vermutlich die Seyten nun auch nicht so hoch spannen als im Anfang, da die Einführung der Königlichen Gewalt in Frankreich immer unmöglicher zu werden scheint.«[71]

Sollte ein Frieden mit Frankreich tatsächlich im Gleichklang mit den Alliierten möglich sein oder doch nur im Alleingang Preußens, wie der Briefschreiber schon vorher angedeutet hatte?

In der Tat konnte sich Preußen dem konterrevolutionären Abenteuer nur durch einen Separatfrieden entziehen – durch den ebenso notwendigen wie schmachvollen Baseler Frieden vom 5. April 1795. Preußen verzichtete praktisch auf seine linksrheinischen Gebiete und verschaffte sich eine allerdings nur zehn Jahre dauernde Ruhe durch eine von den Franzosen zu respektierende Demarkationslinie, die an der ostfriesischen Küste begann, südwärts bis an den Main und von da ostwärts bis Schlesien, verlief, also ganz Nord- und Mitteldeutschland von Süddeutschland abgrenzte, das jetzt erst recht zum Kriegsgebiet werden sollte. Das war nun weit weg von Ostelbien. So atmete Karl Alexander v. Bismarck auf und sah seine Sehnsüchte erfüllt.[72]

Nicht minder als Karl Alexander fühlten sich bei Kriegsende seine vier Söhne erleichtert, die draußen im Heer als Offiziere dienten. Leopold, der pflichtbewußteste und ausdauerndste Soldat unter ihnen, war zugleich darüber enttäuscht, daß sein Regiment nicht demobilisiert, vielmehr in Westfalen in Alarmbereitschaft gehalten wurde. Darauf reagierten viele ungeduldig gewordene Soldaten mit Desertionen.

»Unsere Leute liegen alle«, so schrieb er im August 1796[73], »in diesen ungeheuer zerstreuten Ortschaften, so daß mir ordentlich bange wird, sie wieder zusammenzufinden.« Im gleichen Brief stöhnt er: »Wozu die hier stehende Armee noch gebraucht werden soll, das erfährt kein Mensch ... Wir haben eine Art Vorposten Chaine ziehen müssen, um die Desertion von der hinter uns stehenden *Infanterie* zu verhindern.« Ernst Friedrich v. Bismarck, der älteste der Söhne Karl Alexanders, wurde durch das entsetzliche Auspeitschen nach mißlungenen Desertionen aus seinem bereits in Salzwedel garnisonierten Regiment nicht allein dienstlich, sondern auch moralisch belastet, wie wir aus einem ausführlichen, französisch geschriebenen Brief erfahren können.[74] Friedrich Adolf, der Zweitälteste, ließ gleichfalls aus Salzwedel vernehmen, daß er sich einige Tage im Hannoverschen aufgehalten und »zwei hübsche Kerls angeworben« habe[75] – wohl als Ersatz für Desertierte. In seinen Briefen befleißigte auch er sich jetzt des Französischen, geschrieben wie gestochen – als habe er eine Schulaufgabe zu absolvieren. Gelegentlich unterliefen diesem preußischen Offizier recht unmilitaristische Stoßseufzer, wie etwa: »La guerre – un fléaux« (»Der Krieg – eine Geißel«). Solche Regungen, die bei einem Friedrich v. Bismarck durch militärische Haltungsmoral gebändigt wurden, nahmen bei Ferdinand, dem jüngsten der Brüder, schon die Form von Drückebergerei an. Vom Vater über die internen Friedensgerüchte schon Ende 1794 unterrichtet, bereitete er seine Verabschiedung aus dem Heeresdienst vor, die ihm drei Monate nach Abschluß des Baseler Friedens gewährt wurde – allerdings keineswegs in wohlwollender und ehrenvoller Weise; erst 1802 erhielt er die Erlaubnis, die alte Armee-Uniform wieder anzulegen, und bis 1815 mußte er auf die Verleihung des Titels eines Rittmeisters a. D. warten. Nach seiner Entlassung aus dem Heer machte sich Ferdinand auf dem Gut seines – zugegeben – schon recht kränklichen Vaters nützlich.

1806 heiratete Ferdinand v. Bismarck die Tochter eines hohen preußischen Beamten, Wilhelmine v. Mencken; aus dieser Ehe entsproß als viertes Kind Otto v. Bismarck.

*

Während des späteren Reichkanzlers Großvater väterlicherseits und dessen Söhne den Krieg gegen das revolutionierte Frankreich beobachtend oder aktiv teilnehmend als einfache Junker oder Offiziere kennenlernten, war der Großvater mütterlicherseits in den hohen Sphären des Staates mit all ihren Tücken und Ränken den Fragen von Krieg und Frieden, von Revolution und Gegenrevolution konfrontiert. Es war der Königliche Kabinettsrat Anastasius Ludwig Mencken, geboren 1752 als Sohn des Braunschweigischen Hofrats und Professors Gottfried Ludwig Mencken zu Helmstedt.

Die Helmstedter Menckens sind mit jenen Leipziger Gelehrten gleichen Namens verwandt, die die Acta Eruditorum (die erste kritische Gelehrtenzeitschrift auf deutschem Boden), 1682 begründet, monatlich herausgegeben und über zwei Generationen fortgesetzt haben. An diesen Acta, auch als patriotische Unternehmung im Wettbewerb mit dem bereits seit 1666 erschienenen »Journal des Savans« gedacht[76] und mit weltbürgerlichem Bemühen geführt, beteiligten sich Frühaufklärer wie Tschirnhaus, Bernouilli, Wolff, Seckendorff und Leibniz, der darin 1684 und 1686 seine Entdeckung der Differentialrechnung veröffentlichte. Die Nebenlinie, die von den Leipziger Menckens ausging, wirkte an der Helmstedter Universität; dort war der schon erwähnte Gottfried Ludwig Mencken als Jurist tätig. Der Siebenjährige Krieg, in dem Helmstedt Durchzüge von Truppen, auch von französischen, zu erleiden hatte, brachte manche Aufregung. Fa-

Anastasius Ludwig Mencken (1752–1801)
Bismarcks Großvater mütterlicherseits

miliäres Mißgeschick kam noch hinzu, um den ständig kränkelnden Mann zu erschöpfen; im Alter von nur fünfzig Jahren starb er im Jahre 1762. Aus seiner Ehe mit der Tochter eines Gandersheimer Domherrn und Stiftsseniors entsproß als ältester Sohn Anastasius Ludwig Mencken, der Großvater Otto v. Bismarcks mütterlicherseits.[77]

Nach dem Willen der Mutter, deren Ehrgeiz sich im Rahmen des braunschweigischen Duodezfürstentums bewegte, sollte ihr Anastasius Ludwig in die Fußstapfen seines Vaters treten und sich in die wohlgeordnete Laufbahn professoraler Juristerei einordnen. Manche Freunde der Familie, wohlbestallte Professoren zumeist, nahmen es dem jungen Mencken übel, daß er das geordnete Studium eines Faches mied, aus dem der Duodez-Absolutismus die letzten Lebenssäfte herausgepreßt hatte; er zog es vor, sich auf das schöngeistige, selbst poetische Gebiet zu begeben, viele Romane und Schauspiele zu lesen und Verse in deutscher und französischer Sprache zu verfassen. Weil es ihn anwiderte, das dem Absolutismus gemäße Juristenzeug zu büffeln, und er sich vor dem Examen drückte, hielt man ihn gelegentlich für willensschwach; doch dagegen spricht, daß er willensstark genug war, sich aus Helmstedt und mütterlicher Bevormundung davonzumachen und heimlich nach Berlin zu fliehen, also sich von engen in weitere Verhältnisse zu begeben.

In Preußens Hauptstadt verschafften wohlwollende Bekannte dem jungen Mencken Verbindung zu Regierungskreisen, die die Besonderheiten seiner geistigen Qualitäten erkannten; seine Sprachgewandtheit, seine historisch-politische Belesenheit und Schöngeisterei waren so offenkundig, daß der Minister des Auswärtigen, Graf Hertzberg, den braunschweigischen Asylsuchenden auf den Diplomatendienst vorbereiten ließ. Bald wurde er als Legationssekretär nach Stockholm geschickt, wo er nach wenigen Monaten sogar den preußischen Gesandten zu vertreten hatte. Diese angesichts der haßerfüllten Zerstrittenheit im schwedischen Königshaus schwierige Mission erfüllte Mencken zu solcher Zufriedenheit, daß Friedrich II. sofort zustimmte, als die Minister Graf Hertzberg und Graf C. Wilhelm von Finckenstein den so früh bewährten, erst dreißigjährigen Mencken zum Kabinettssekretär für auswärtige Angelegenheiten vorschlugen. Wie es diesem Amt zukam, war er zunächst mit dem anstrengenden Chiffredienst beschäftigt; er wurde aber bald zusätzlich zu Entwürfen für Kabinettsordres und Depeschen herangezogen.

In dieser Zeit einer ebenso ehrenvollen wie strapaziösen Tätigkeit im fast täglichen Kontakt mit dem König lernte er die Witwe des Direktors der Königlichen Tabakfabrik zu Potsdam, des Pierre Schock, kennen; mit ihr vermählte sich Mencken Ende 1785. Der Vater des verstorbenen Schock, aus der Schweiz stammend, hatte 1738 das staatliche Privileg zur Begründung einer Tabakfabrik auf eigene Rechnung erhalten. Sie gedieh als Musterbetrieb und wurde wenige Jahre nach dem Siebenjährigen Krieg durch Friedrich II. in königliche Verwaltung unter Ernennung Schocks zum Directeur en chef de la fabrique royale du tabac genommen.[78] So hatte die Schocksche Tabakfabrik den gleichsam preußischen Weg vom halbwegs selbständigen zum absolutistisch vereinnahmten Unternehmen eingeschlagen. Die Witwe Schock selbst war die Tochter eines pommerschen Forstmeisters und Gutsverwalters.

In welche familiären Verzweigungen wir auch blicken mögen, nirgends finden wir selbstbewußte Bürger; wir können sie nur als Nicht-Adlige bezeichnen, die an das System des Absolutismus sozial und politisch gebunden waren. Soweit, durch die Verhältnisse provoziert, diese Nicht-Adligen kritisches Bewußtsein aufbrachten, zielte es nicht auf die Überwindung, sondern Reformierung des Absolutismus ab. Das Ehepaar Mencken-Schock, nicht einmal im nachhinein mit dem Adels-Prädikat geschmückt, wuchs in das höhere Beamtentum der jungen Großmacht Preußen hinein.

Die Menckens mußten alle intrigenreichen Wechselfälle der höfisch-ministeriellen Existenz durchstehen. Mencken gehörte zu den Kriegsgegnern und wurde deshalb Ende Mai 1792 von einem der Schulenburgs dem von kriegerischem Furor erfaßten König gegenüber als »frondeur« denunziert[79] und von anderen sogar als Jakobiner beargwöhnt. Mit solchen Verdächtigungen war man leicht bei der Hand und fand dafür die fadenscheinigsten Vorwände. Natürlich war Mencken nie Jakobiner; mit literarisch geschliffener Schärfe verwahrte er sich dagegen: es sei ein Niederträchtiger, der das dem König gesagt habe, ein Schwacher, der es glaube, und ein Feiger, der es besser wisse und dem nicht widerspreche.[80] Der dermaßen Angefeindete war dennoch während des Feldzugs von 1792 im preußischen Hauptquartier zu finden, zumal ihn der König da besser als in Berlin unter Kontrolle zu halten glaubte.

Mencken hat jedoch die königliche Bewährungsprobe nicht bestanden; wie glaubhaft berichtet wurde, war der Wechsel seiner Stimmung von bitterem Unmut zu sarkastischem Spott für die Lauscher so unverkennbar, daß ihm am Ende des Jahres befohlen wurde, nach Berlin zurückzukehren, wo ihm während der nächsten Jahre kein Amt mehr aufgetragen wurde. In dieser Zeit der erzwungenen Ruhe und königlichen Ungnade hatte der durch das Vermögen seiner Frau materiell unabhängig gewordene Mencken von seinem heute noch bestehenden ehemaligen Wohnsitz aus[81] Kontakt mit jenen Männern der Aufklärung, deren »Berlinische Monatsschrift« unter der Herrschaft des königlich-preußischen Justizministers Wöllner ihr Erscheinen einstellen mußte.[82]

In einem Brief Menckens an einen Helmstedter Kirchenhistoriker aus dem Jahr 1795 wird seine rationalistische Religionsphilosophie ungeachtet aller diplomatischen Gewundenheit des Stils deutlich[83]; es ist recht aufklärerisch, wenn er schreibt: »Bis jetzt hatte ich es noch nicht gewagt, in dieses unselige Labyrinth der menschlichen Torheit hinabzuschauen«, wie es die Kirchen-

Potsdamer Eisenhartstr. 9
Das Haus der Familie Mencken
Straße und Haus sind heute noch erhalten.

geschichte darstelle. An die Auferstehung Jesu kann Mencken offenbar auch nicht recht glauben, denn er fragt den Verfasser der Kirchengeschichte, ob das darüber Gesagte wirklich seine Überzeugung »oder in einer sehr zu *billigenden* Rücksicht auf herrschende Meynungen« geschrieben sei. Zum Schluß bekennt er: Hier weiter zu insistieren, frommt »meiner armen Seele« nicht, »da ich ziemlich im Gegensatze meiner Herren Namensverwandten, der Anastasiorum, des Glaubens bin und bleibe, daß ein jeder nur nach dem Maße seines Erkenntnißvermögens und seiner ehrlichen Erkenntniß verantwortlich werden kann«. Mit diesen Worten berief sich Mencken, ganz Mann der Aufklärung, auf die Autonomie und Entscheidungsgewalt der Vernunft.

Ein Jahr nach dem Frieden von Basel, der den Bankrott der preußischen Interventionspolitik besiegelte, erinnerte sich Friedrich Wilhelm II. wieder an Mencken. Das war nach der dritten Teilung und völligen Auflösung Polens und nachdem aus dessen

Gebieten links und rechts der Warthe bereits 1793 die Provinz Südpreußen gebildet worden war. Mencken sollte eine »Instruktion für die Kommission zur Organisation der Finanzadministration in Südpreußen« verfassen.[84] Diese amtliche Ausarbeitung, an der wahrscheinlich auch die Minister Struensee und Suarez mitgewirkt oder wenigstens mitberaten haben, war von humanitären und freihändlerischen Gedanken geleitet und zeigte Abneigung gegen eine Besiedlung der neuen slawischen Gebiete durch deutsche Kolonisten. Einer der schwierigsten Punkte war angesichts des einflußreichen Katholizismus die Kirchenpolitik; der klerikale Eifer der 109 Mönchs- und 23 Frauenklöster in Südpreußen und dazu der in Dorf und Stadt herrschenden Weltgeistlichen sollte ohne Einbuße an aufklärerischer Toleranz gemeistert werden, was für absehbare Zeit einer Quadratur des Kreises nahekam. Die Menckensche Instruktion wurde bürokratisch erdrosselt; sie ist, wie ihr Verfasser später sarkastisch feststellte, »mit Enthusiasmus aufgenommen, von dem König persönlich eingeschärft, hiernächst mit Stumpfsinn beherzigt, mit Einseitigkeit debattiert, mit Ränken eludiert und zum Schluß mit keiner Silbe erfüllt worden«[85].

Friedrich Wilhelm II. siechte im selbstverschuldeten Elend seines zerrütteten Körpers und Geistes dahin und endete im November 1797; ihm folgte Friedrich Wilhelm III., der schon als Kronprinz von Mencken ein Gutachten über die Reorganisation des Kabinetts erbeten hatte, das dieser noch kurz vor dem Tod des Königs einreichen konnte. Das Gutachten[86] enthält eine harte Kritik der Regierungsgrundsätze und -praktiken Friedrichs II. – nicht in der impressionistischen Manier eines Mannes, der seine Erfahrungen bloß wiedergibt, sondern in theoretischer Verdichtung und pointierter Formulierung; man spürt, daß Mencken in der Zeit erzwungener Ruhe philosophische Literatur durchgearbeitet hatte. Friedrich II. habe sich strenge Grundsätze gebildet, »unter welchen die Geschäfte sich biegen mußten«. Die Grundsätze konnten das Ganze in unverrückter Ordnung erhalten, doch litt »manches einzelne Geschäft dabei offenbar Gewalt, sowie die Wohlfahrt manches Individui«. In früheren Zeiten sei Friedrich II. »öfters zu einer Modification des Grundsatzes« bereit gewesen. Später dagegen machte »Rauheit des Alters, Mißtrauen in die Menschen ... seine Grundsätze eisern, und er suchte die Wahrheit nicht mehr im *Detail* der Sache, sondern im Grundsatze«.

Mencken kennzeichnete den Geschäftsgang, jene »sklavische Ordnung«, der sich der König selbst unterwarf; bei aller Ordnung in der Administration und der Schnelligkeit in der Ausführung waren die Nachteile groß. »Manche Sachen wurden durch die zu rasche Behandlung unvollkommen geendet und nicht immer in dem erforderlichen Zusammenhang bearbeitet. Die Gesichtspunkte der Staatsleitung lagen ausschließlich im Kopf des Königs, die Staatsdiener mußten sie erraten und vieles oftmals falsch.« Die Minister und Präsidenten »sollten bloß handeln und ausführen, und selbst in der Ausführungsart ließ er ihnen selten die Hände frei«. Die Schäden dieser Geschäftsführung seien insbesondere in den letzten Jahren des Königs offenbar geworden: »Seine Grundsätze reichten für die sich mehrenden *Complicationen* der Staatsmaschine nicht mehr hin, zum Teil waren sie auch für den Geist der Zeit und der Menschen, die sich bereits merklich zu verändern anfingen, zu alt und zu rauh.« Die Menschen fingen an, sich zu verändern? Das war erklärlich genug durch ökonomische Strukturen, die bereits über den Manufakturkapitalismus und erst recht den feudalen Landwirtschaftsbetrieb hinauswiesen, und dementsprechend auch durch Veränderungen ideologischer Verhaltensweisen, die sich in der variationsreichen Aufklärung und individualistischen Humanitätskultur manifestierten.

Im Kern redete Mencken dem sogenannten Beamten-Absolutismus das Wort. Dieser bewegte sich in einem inneren Widerspruch. Einerseits sollten die Beamten in die hierarchische Struktur als Staatsdiener eingefügt werden, andererseits aber selbständig denkende und handelnde Fachmänner sein. Aus dieser Doppelfunktion entstanden immer wieder Kollisionen mit den Interessen ihrer sozialen Umgebung. Nachdem die Beamten gerade in der Krisenzeit um die Wende vom 18. zum 19. Jahrhundert auf den Universitäten oder anderen höheren Fachschulen mehr oder weniger vom Geist bürgerlichen Reformdenkens beeinflußt worden waren, wurde es ihnen oft genug schwer, nur im Sinne der Landadligen oder des Königs zu handeln. In diesen Friktionen stand auch Mencken, der Großvater Otto v. Bismarcks mütterlicherseits, für den der Enkel später allerdings wenig Interesse zeigte.

Der neue König berief Mencken, obwohl sich dieser für andauernde Arbeit gesundheitlich nicht mehr fähig hielt, an die Spitze des Kabinetts. Friedrich Wilhelm III. war kein großes Kirchenlicht, aber doch von so viel Wohlanständigkeit, daß er die anstößigsten Intriganten und Maitressen nicht mehr am Hofe duldete. Bischoffwerder wurde mit kleiner Pension entlassen; das Vermögen der Gräfin Lichtenau wurde eingezogen und Wöllner zum Rücktritt gezwungen. Die Kabinettsordres, die eine Korrektur ihrer administrativen und kulturpolitischen Praktiken zum Ziel hatten, waren von Mencken entworfen, jedenfalls beeinflußt. Neben jener Kabinettsordre, die von der Verwaltung Fleiß, Sachlichkeit und pflichttreue Strenge verlangte, wurde diejenige am bekanntesten, die das Religionsedikt Wöllners von 1788 verwarf. Dem von Wöllner seit jener Zeit geleiteten Departement für geistliche Angelegenheiten wurde nichts weniger als Heuchelei vorgeworfen. Die Religion sei Sache des Herzens, des Gefühls und der eigenen Überzeugung und dürfe nicht zu einem gedankenlosen Plapperwerk herabgewürdigt werden. In deutlicher Anlehnung an Gedanken der Aufklärung hieß es dann weiter: »Vernunft und Philosophie müssen ihre unzertrennlichen Gefährtinnen seyn; dann wird sie durch sich selbst feststehen, ohne die Autorität derer zu bedürfen, die es sich anmaßen wollen, ihre Lehrsätze künftigen Jahrhunderten aufzudringen und den Nachkommen vorzuschreiben, wie sie zu jeder Zeit denken sollen.«[87]

Haben wir Mencken in seinen privaten und amtlichen Schreiben als einen Mann kennengelernt, der sich von aufklärerischer Denkungsart und kritischem Scharfsinn im Dienste königlich-preußischer Staatsräson leiten ließ, dann zeigen sich beim Durchblättern des Tagesjournals seiner Amtstätigkeit die Kehrseiten seines eingeschliffenen Pflichtbewußtseins. In den sechs Bänden, die die Überschrift »Minutes und Extrakte von verschiedenen Ordres«[88] tragen, sind alle Tageseingänge und Tagesentscheidungen regestenhaft verkürzt eingetragen; die notierten Angelegenheiten, große und kleine, waren kunterbunt: Unterstützungen, Begnadigungen, Huldigungsfragen, Hoftitel, Pensionsgesuche, Straferlasse, die Seehandlung, Akademie der Wissenschaften, Kunstpflege, Zeitungswesen, Jagdrecht, Meliorationen, Bauhilfsgelder, Armenanstalten, Schauspielverbote, Torfgräberei, Judenschutzgelder, Gesuche um Erlaubnis von Gewerken, Bauerlaubnisse, Porzellanmanufaktur, Druck einer täglichen Hofgastzeitung und noch viel des Kleinkrams bis zum Kröpfen von Bäumen.

Das vom November 1798 bis 1800 reichende Tagesjournal zeigt auch, daß die kleinen Leute aus Stadt und Land in großer Zahl sich mit ihren Sorgen, Nöten und Kümmernissen an die oberste Staatsspitze wandten; so stark war noch das Vertrauen ins Königtum. Die Antworten, die rasch erfolgten, waren mit den stereotypen Verben »abgewiesen« und »abgeschlagen« versehen. Der Königsdiener Mencken notierte in seinen »Minüten« alles aufs gewissenhafteste, dabei treu, wie der Gesetzgeber es befahl, herzlose Abweisung und bürokratische Präzision verbindend. Allein aus der Ablehnungsliste eines einzigen Tages, des 27. Mai 1799[89], erfahren wir: Der Vorschuß wird einem Tuchmeister versagt; sieben Kolonisten werden mit ihrem Gesuch um Ackerland aus dem Gemeindeanger abgewiesen; Ackerleute werden mit ihrer Beschwerde »zur Ruhe verwiesen«; die Unterstützung eines Invaliden zu einem Hausbau wird ebenso abgeschlagen wie die Bitte eines Schauspielers zum »Schauspielern in den kleinen Städten der Neumark und Vorpommerns«; das Begnadigungsgesuch eines Schuhmachers trifft auf Ablehnung, ebenso das Versorgungsgesuch eines Hauptmanns, die Unterstützung eines Accise-Stadt-Inspektors zu einer Badereise, die Bitte eines Landschmiedemeisters um Gesellen und Lehrburschen, und so weiter und so fort; dutzendweise erfolgen die abschlägigen Bescheide an einem einzigen Tag!

Man wird an Hebbel erinnert: »O rühre nimmer an den Schlaf der Welt.« Alles ist auf kleinliches Konservieren des status quo ausgerichtet, selbst bescheidene Regsamkeit des Bürgertums bei Baugewerken wird gedrosselt. Unter dem Stichwort »Bürgerschaften«[90] finden wir eine Reihe abgewiesener Anträge auf Pflasterung verschiedener Straßen Berlins; manchmal geschieht das in milder Form, indem man bittet, »sich zu beruhigen«, sich »bis zum Eintritt günstiger Zeiten zu gedulden«, während man sich um die Instandhaltung von Chausseen übers Land eher kümmert.

Zum ängstlichen Erhalten des status quo gehörte unter Umständen auch repressives Vorgehen; so vermerkten die »Minüten« Menckens, daß der König am 31. August 1800 den Obristen von Leblow lobte, weil er »durch ein angemeßenes Benehmen die widerspänstigen Bauern im Amte Bütow zum Gehorsam zurückgeführt« habe, und zugleich dem Kammerpräsidenten von Ingersleben zu Stettin befahl, »die Rädelsführer, besonders den allgemein als den Rädelsführer bezeichneten Reckowski zur Untersuchung zu ziehen, solche möglichst zu beschleunigen und für deren exemplarische Bestrafung Sorge tragen zu lassen«[91].

Unmöglich zu übersehen: In der Tretmühle der bürokratischen Arbeit des Königsdieners Mencken, seines Zeichens Kabinettschef, tat sich eine Diskrepanz auf zwischen den humanitätsbeflissenen, aufklärerischen Feiertagsbekundungen und den amtlichen Werktagsentscheidungen. Offensichtlich bildete sich schon früh jene Beamtenmentalität heraus, die auch bei kritischem Scharfsinn ihre Pflichterfüllung nach der bestehenden Ordnung ausrichtete; später sollte dann das Argument hinzukommen, Schlimmeres verhüten zu müssen.

Geheuchelt hat Mencken nicht, wenn er einmal in einer Art Credo schrieb: »Ich bin nie gekrochen, habe mich nie weggeworfen, allein ich habe mich in Rücksicht meiner politischen Lage immer in den Verhältnissen eines Menschen betrachtet, der als Passagier eine Seereise macht. Er wird es vermeiden können mit den Matrosen zu fluchen und mit den Schiffern zu saufen, auch dem eingebildeten Steuermanne seine Unwissenheit vorzuwerfen, die ihm nur Grobheiten zuziehen würde; denn er muß durchaus lernen seine Bewegungen den Schwankungen des Schiffes anzupassen, sonst fällt er sicher und erregt Schadenfreude. Dieß letztere habe ich sorgfältig beobachtet und ich bin nicht gefallen; wäre ich gefallen, so hätte ich selbst die Hand dessen, der mir ein Bein gestellt, nicht verschmäht, um mich daran aufzurichten. Aber geküßt hätte ich sie nimmermehr.«[92]

Nicht ohne Schwermut gab sich hier ein geistreicher Mann Rechenschaft über sein inneres Verhalten, zu dem er durch die äußere Situation eines altersstarren Staatssystems immer wieder gezwungen wurde. Was wir einem Geheimrat Goethe an Anpassungsgeist zugute halten, ist einem weit weniger bedeutenden Mann wie Mencken auch zuzubilligen – zumal die Vermutung keineswegs abwegig ist, daß der preußische Kabinettsrat bei einem längeren Leben zum Kreise der Reformer um Freiherr vom und zum Stein gehört hätte. Immerhin hat später Stein bei aller Kritik an den von Mencken zu wortreich und philanthropisch gefaßten Kabinettsordres anerkannt, daß er vielleicht als einziger ein redlicher Ratgeber des Königs gewesen sei und durch Verbreitung von Aufklärung und Anwendung liberaler, menschenfreundlicher Grundsätze das Wohl seines Vaterlandes zu befördern bestrebt war.[93]

Mangel an »schöpferischem Zorn«, an einem starken Willen überhaupt haben Historiker wie Erich Marcks Mencken vorgeworfen und dabei übersehen, daß Preußen erst zu retten war, als es durch den napoleonischen Sturm verloren schien; erst damals kamen die Reformer zum Zuge. Im Lichte dieser historischen Erfahrung mag es auch ein politischer, nicht nur persönlicher Fehler gewesen sein, daß Mencken um die Jahrhundertwende angesichts seiner gesundheitlichen Schwäche und entgegen seinen eigenen Bedenken die Bürde eines Schreibers – mehr wurde er nicht – im Dienste seines königlichen Herrn übernahm. Damals schon lag der Todeskeim in ihm; wie sein Vater starb er fünfzigjährig, im August 1801, und hinterließ eine Tochter, die spätere Gattin Ferdinand v. Bismarcks, die Mutter Otto v. Bismarcks.

*

Was der spätere Reichskanzler aus der väterlichen und was er aus der mütterlichen Ahnenreihe geerbt haben mochte – darüber sind schon viele Spekulationen angestellt worden; Betrachtungen darüber seien erst später gewagt. Doch schon jetzt ist ein abschließender Vergleich der beiden Großväter herausgefordert; er zeigt frappierende Unterschiede im Bildungsgang, in der geistigen Schulung und beruflichen Existenz. Aber es gab auch genug Gemeinsamkeiten. Wir stocken schon, wenn wir in der Nachfolge früherer Forscher beim Betrachten der beiden Ahnenreihen, die der Bismarcks und die der Menckens, einen strikten Gegensatz von adlig und bürgerlich feststellen sollen. Im Laufe des 18. Jahrhunderts richteten sich beide Familien mehr und mehr auf ein und dasselbe Gesellschafts- und vor allem Staatssystem aus. Sie wurden so oder so Diener des königlich-preußischen Absolutismus. Statt von einem Gegensatz sollten wir eher von einer Zuordnung sprechen, und zwar in dem Sinne, daß die Bismarcks einerseits und die Menckens andererseits zwei aufeinander angewiesene Pole verkörperten, nämlich die Herrschaftsgewalt auf dem Lande und die von der Residenz ausgehende. Auch Otto v. Bismarck sollte sich zeit seines Lebens und Wirkens zwischen Land und Residenz bewegen. Da jeder der Bismarcks und Menckens, ob von der agrarischen, militärischen oder höfischen Position aus, an den Absolutismus gebunden war, gab es zwischen ihnen bei allen qualitativen Unterschieden des Denkens, Sprechens und Schreibens gerade während der revolutionären Zeitenwende eine Übereinstimmung in der Ideologie: Sie ließen sich von Anschauungen der Aufklärung leiten, so gemäßigt und kompromißlerisch sie auch sein mochten; auf ihre Weise waren sie Menschen des aufgeklärten Absolutismus, die sich in jenem Widerspruch bewegten, den Friedrich II., der »Philosoph von Sanssouci«, klar gesehen und unerschrocken ausgesprochen hat.

In einer Schrift aus dem Jahre 1777 hatte er postuliert, kein Mensch sei dazu geboren, der Sklave von seinesgleichen zu sein. »Mit Recht verabscheut man diesen Mißbrauch und meint, man brauche nur zu wollen, um die barbarische Unsitte (!) abzuschaffen. Dem ist aber nicht so; sie stützt sich auf alte Verträge zwischen den Grundherren und Ansiedlern. Der Ackerbau ist auf der Bauern Frondienste zugeschnitten. Wollte man diese widerwärtige Einrichtung (!) mit einem Male abschaffen, so würde man die ganze Landwirtschaft über den Haufen werfen. Der Adel müßte dann für einen Teil der Verluste, die er an seinen Einkünften erleidet, Entschädigung erhalten.«[94] Die »widerwärtige Einrichtung« der Frondienste wurde zwar in der Französischen Revolution »mit einem Male« und in der radikalsten Form abgeschafft, aber damit keineswegs die »ganze«, sondern nur die feudal geordnete Landwirtschaft über den Haufen geworfen. Die Aristokraten in Preußen und den übrigen feudalen Ländern konnten den Widerspruch zwischen aufklärerischer Moral und ökonomischer Tatsache nur ertragen, indem sie ihn aus dem Bewußtsein möglichst verdrängten oder in der Theorie neu rechtfertigten und in der Praxis zu mildern versuchten. Die robusten Gemüter unter ihnen taten so, als ob nichts geschehen wäre und nichts Neues zu geschehen hätte. Zu diesen Gemütern gehörte Ferdinand v. Bismarck, der der ungebildetste unter seinen Brüdern und reichlich indolent in seiner moralischen Statur war.

Ferdinand v. Bismarcks Gutsherrschaft und Familiengründung

Das von Karl Alexander v. Bismarck hinterlassene Gut Schönhausen I übernahm, wie erwartet, sein jüngster Sohn Ferdinand. Die Erbauseinandersetzungen scheinen nicht allzu schwierig gewesen zu sein, wenn auch nicht ganz ohne Friktionen. Der älteste Bruder, Ernst Friedrich Alexander, hatte seinen Herrensitz in Ünglingen, die beiden anderen Brüder, Leopold und Friedrich v. Bismarck, blieben Berufsoffiziere ohne sonderlichen Gutsbesitz. Friedrich, der inzwischen in das Regiment Garde du Corps nach Potsdam gekommen war, muckte mitten in den Abwicklungsgeschäften des Jahres 1798 etwas auf; Anfang September machte er in einem Brief an Bruder Ferdinand[95] »wegen der Verlosung der Güter« recht hintergündige Bemerkungen. Sechs Wochen später wurde er deutlicher und meinte in kaustischer Weise, man möge ihn in Zukunft mit der Lektüre von Rechnungen verschonen, »denn da ich nicht daraus klug werden kann, so muß ich mir doch gefallen laßen, daß ihr mir ein X für ein U [vor]macht und [mich] über den Ungarischen Löffel balbiert. ... Verflucht wenig habe ich von den Capitalien erhalten, das muß wahr sein und Euch rühmlich nachgesagt werden.«[96]

Friedrich v. Bismarck war in Potsdam offensichtlich Kompaniechef geworden, also nach alter, aber keineswegs guter Sitte preußischer Institutionen so etwas wie Militärunternehmer, der aus einer ihm vorgeschossenen Pauschalsumme für Wäsche, Uniform und Unterkunft seiner »Leute« aufkommen mußte, wobei allerdings in der Garde du Corps Gewehrgelder wegfielen. Trotz allen Stöhnens über die Schwierigkeiten, sich »endlich durchzuarbeiten«, bemerkte Friedrich am Jahresende halbwegs zufrieden: »Einnehmen tue ich genug; monatlich nahe an 600 Reichstaler; wenn nur das verfluchte Ausgeben nicht wäre. Eben trägt mein Quartiermeister 112 Reichstaler 17 Silbergroschen zu morgen weg; daß macht die verteufelte Kasernenwirtschaft. Da muß man Holtz, Licht, Betten, Tisch, Stüle, Leinengeräth als Überzüge, Tisch- und Handtücher, Eimer, Töpf und Schüßeln, kurz was in einer completten Wirtschaft gehört, anschaffen und halten; dazu kommt noch das Koch, Wasch und aufwarte Geld an die Weiber. Ja, ja, mein guter Nante, die Wirtschaft geht ein wenig ins Große. Ich weiß auch öfters nicht, wie mir der Kopf steht.«[97] Schließlich »arbeitete er sich durch« und konnte ein gutes halbes Jahr später seinem Bruder gegenüber mit burschikoser Zufriedenheit feststellen: »Siehst Du, das habe ich alles aus der Compagnie herausgeschindert.«[98]

All diese Kasernenwirtschaft haben die menschlich nicht einmal schlechtesten Offiziere halb verflucht, halb ausgenutzt. Unter diesen Umständen hielten es nur moralisch rigoros Denkende für ihre Pflicht, den Soldatenstand zu verlassen, selbst auf die Gefahr hin, an ihrer Unbedingtheit früher oder später zu zerbrechen. Heinrich v. Kleist nahm 1799 seinen Abschied von der preußischen Armee, weil er den Zweifeln entrinnen wollte, ob er »als Mensch oder als Offizier« handeln müsse; »denn die Pflichten beider zu vereinen«, hielt er »bei dem jetzigen Zustande der

Armee für unmöglich«. Militärunternehmertum und Exerzierdrill, die Kleist als »lebendiges Monument der Tyrannei«[99] empfand, konnten in der Tat in dieser revolutionär wie kriegerisch aufgewühlten Zeit in Preußen nicht mehr lange bestehen; das ganze altpreußische Militärsystem brach im napoleonischen Sturm von 1806 zusammen.

In den wenigen Jahren des trügerischen Friedens nach der Jahrhundertwende war auch die altfeudale, bereits von Friedrich II. moralisch in Frage gestellte Gutsherrschaft dem Untergang geweiht, mochte er sich auch nach 1807 in Etappen vollziehen. Noch regierten die Bismarcks als Gutsherren über ihre Untertanen, wenn auch mit wachsenden Schwierigkeiten konfrontiert.

Ferdinand v. Bismarck fühlte sich ebenso berechtigt wie bemüßigt, auf den Schönhausen I zugehörigen Gutsländereien ab und an obrigkeitlich dreinzufahren. Kurze Zeit nach dem Tod seines Vaters entzog er sieben Kossäten ihr von alters her ausgeübtes Recht, gegen geringes Pachtgeld und Ableistung von Hofdiensten eine kleine Fläche auf dem herrschaftlichen Acker zur Aussaat von zusätzlichem Brotgetreide zu nutzen. Gegen Ferdinands Aufkündigung, die an neue, gut kehrende Besen erinnert, legten die Kossäten beim königlichen Gericht zu Stendal Beschwerde[100] ein, indem sie, offensichtlich durch einen geschulten Rechtsvertreter unterstützt, auf das Besondere ihrer Notlage hinwiesen: »Da nun unser Eigentum, etwa in 4 Scheffel Aussaat bestehend, nicht hinlänglich ist, unsere Familien zu ernähren, zugleich auch praestanda zu praestiren, so bitten wir Eure Majestät fußfälligst, den Allerhöchsten Befehl gnädigst zu erteilen, daß wir entweder in die Lage unserer Vorfahren versetzt und für unsere Hofedienste uns Acker zu 1/2 Wispel Aussaat pro Scheffel 10 gr accordiert, oder wir, den andern gleich gegen jährliche Bezahlung von 6 rt, von Hofediensten frei gelassen werden ...« Doch das Gericht wies schon nach knapp zwei Monaten ihr gegen den »Rittmeister v. Bismarck« gerichtetes Ansuchen zurück.[101] Die Kossäten hätten ihren »Natural Hof-Dienst« auch dann zu leisten, wenn ihnen kein herrschaftlicher Acker zur Verfügung gestellt werde. »Es bedürfe nur wenig Überlegung, um einzusehen, daß es auf freier Willkür der Obrigkeit beruhe, ob und unter was für Bedingungen sie ihren Ritteracker verpachten wolle.« So bestand die junkerliche wie staatliche »Obrigkeit« mit Nachdruck auf ihrer formal-juristisch gerechtfertigten »freien Willkür«, ungeachtet der Härte gegen die Kossäten.

Fünf Jahre nach diesem staatlichen Gerichtsspruch ließ sich Ferdinand v. Bismarck aus eigener Machtvollkommenheit vernehmen. Am 15. März 1803, wahrscheinlich nach seinem üblichen Winteraufenthalt in der Residenz und vor der Frühjahrsbestellung, verfaßte er eine gutsherrschaftliche Verordnung.[102] Er leitete sie mit einer bemerkenswerten Feststellung ein: »Mit welcher Unordnung der Hofedienst in den verwiesenen Jahren von meinen Untertanen ... getan ist, brauche ich nicht zu sagen, und daß ich verlangen kann, daß derselbe ins künftige pflichtmäßiger geleistet wird, sieht ein jeder vernünftige Mensch ein. Ich will es aber hierdurch nochmals bekannt machen, wie ich es ins künftige gehalten haben will, damit derjenige der seine Pflicht nicht tut und in Strafe verfällt, sich nicht mit der Unwissenheit entschuldigen kann.« Unter Punkt 1 verlangte Ferdinand v. Bismarck, »daß ein jeder, der den Abend zuvor angesagt worden, sich den andern Tag zur angesagten Arbeit unfehlbar stellt, im Ausbleibungsfall habe ich meinem Verwalter befohlen, für den Fehlenden sogleich einen Tagelöhner zu nehmen ...« Das dafür ausgegebene Geld solle, »wenn es nicht mit Güte wiedergegeben wird, durch Auspfändung« beigetrieben werden. »Derjenige, welcher sich hierdurch in Unkosten und Unannehmlichkeiten bringt, hat es sich lediglich allein zuzuschreiben, denn ich verlange nicht mehr als Pflicht ist.« Ferdinand v. Bismarck ging nicht nur mit denen ins Gericht, die bei der Arbeit ausblieben, sondern auch mit jenen, die zur unrechten Zeit zur Arbeit kommen wollten; unter Punkt 2 fixierte er: »Wer unangesagt zum Dienst kommt, wird jedes Mal wieder zu Hause geschickt, indem es sich oft trifft, daß ich den Tag keine Leute gebrauche.« Unter Punkt 3 macht der Gutsherr mit Nachdruck seine Eigentumsrechte geltend: »Soll sich keiner unterstehen, er mag sein wer er will und unter welchem Vorwand es sei, ohne Vorwissen des Verwalters [etwas] mit zu hause zu nehmen, indem dieses so unverschämt gemacht ist, daß ich es überdrüssig geworden bin, und nicht mehr leiden will.«

Das Abrechnungssystem im Gutsbereich Ferdinands zeigte noch recht urtümliche Züge. Unter Punkt 4 wurde bestimmt: »Sollen die getanen Tage nicht mehr von Neumann, sondern von dem Verwalter in die *Kerbstöcke* eingeschnitten werden.«

Insgesamt wurde dem Verwalter alles zugewiesen, was Arbeitskontrolle, Strafe, kurz, die unmittelbare Herrschgewalt betrifft. Der Gutsherr gibt die Anweisungen und läßt es sich wohl auch zuzeiten angelegen sein, bei schwierigen Familienverhältnissen patriarchalisch etwas abzulassen. »Daß ich diejenigen höre und nachsehe, deren häusliche Lage es unmöglich oder nur sehr schwer macht, ihre Hofetage pflichtmäßig zu tun, habe ich wohl im vergangenen Jahre hinlänglich bewiesen« – so schließt die gutsherrschaftliche Verordnung.

Aus den Jahren unmittelbar vor dem Zusammenbruch Preußens besitzen wir keine Dokumente über die Abgaben und Dienste, die die Bauern, Kossäten und Gärtner in abgestufter Weise an die Gutsherrschaft von Schönhausen I im einzelnen zu leisten hatten. Doch ist uns ein detailliertes Bild über die Verhältnisse auf dem Bismarckschen Gut zu Krevese überliefert; der frühere Pfarrer Hieronymus Georg Theodor Danneil begann 1866 eine Chronik von Krevese im dortigen Kirchenbuch niederzuschreiben. Er forschte mit großer Sorgfalt an Ort und Stelle.[103] Auch wenn sich die Bilder von Krevese und Schönhausen nicht im einzelnen gleichen mögen, lohnt es doch, das näher anzusehen, was aus einem Ort der ländlichen Kerngebiete Brandenburg-Preußens[104] über das ausgebildete System der feudalen Natural- und Geldabgaben, der Spann- und Handdienste und der Beschränkungen der persönlichen Freiheit berichtet worden ist.

Greifen wir aus den peinlich-genauen und listenlangen Festlegungen nur einige Beispiele heraus. Da gibt es unter den Naturalabgaben das Pachtkorn, die Abgabe von Hühnern, den Fleischzehnt und den Getreidezehnt. Alles war säuberlich unterschieden und abgestuft: Acht Scheffel Roggen, zwei Scheffel Gerste und zwei Scheffel Hafer – das hatten die Vollbauern (mit ihren Hofstellen von zwei Hufen) zu entrichten, die Halbackerhöfe die Hälfte und die Großkossäten ein Viertel davon. Da wurde noch manch anderes eingeteilt, abgeteilt und unterteilt. Vergessen wir bei all den Pachtkörnern nicht das Pachthuhn, das jeder Hof abzuliefern hatte. Doch so absolut war auch hier wieder nicht die Gleichmacherei; sie widersprach ohnehin feudalem Leben, Schaffen und Denken. Modifizierend wurde bestimmt: Manche an den Dorfenden gelegenen Höfe hatten mehr Hühner zu geben, weil sie größere Wurthen, also eingezäunte Feldgärten mit Grasflächen besaßen. Überhaupt das Vieh! Da hatten die Bauern ihren Zehnt entweder in Fleisch oder Geld zu entrichten. Lämmer und Gänse waren stets in natura abzuliefern. Kaum etwas, was da kreucht und fleugt, wurde vergessen; selbst von den Bienen wurde der Zehnt verlangt.

Die Geldabgaben waren spezifiziert. An Dienstgeld bezahlten die vollen Ackerhöfe jährlich 12 Taler, die Halbackerhöfe 7 und die Kossätenstellen je nach ihrer Größe 6 oder 5 Taler. Der Hauszins war eine Feudalabgabe, womit bis in die Hofstelle oder die ärmlichste Kate hinein die Gutsuntertänigkeit der Dorfbewohner demonstriert wurde. Selbst das Dorfvergnügen war gutsuntertänig; die Spielleute hatten die Musikinstrumente von der Gutsherrschaft zu pachten – entweder für das ganze Jahr oder für das einzelne Fest, etwa die Bauernhochzeit, wo Dorfmusikanten aus der näheren Umgebung zusammenkamen, um zum Tanz aufzuspielen. Bei besonderen Ereignissen in der Bismarckschen Familie, bei Geburten, Hochzeiten und Begräbnissen, hatten die vollen und halben Ackerhöfe, auch die Kossätenstellen ihren Obolus, wenn auch nur in Groschen- und Pfennighöhe, zu entrichten. Zu den Abgaben kamen bei solchen Gelegenheiten auch noch besondere Dienste. War jemand von der Gutsherrschaft gestorben, so mußten Dorfbewohner die Leiche bewachen und drei Wochen das Trauergeläut besorgen.

Der feudale Gutsbetrieb war als technisch-organisatorische Einheit unvollständig; er hatte für die Bewirtschaftung seiner relativ umfangreichen Bodenflächen zu wenig Zugvieh. In den Stallungen des Gutshofs standen Kühe und Schafe, auch einige Pferde für den herrschaftlichen Wagen, aber keine oder nur wenige Ackerpferde oder Zugochsen. Dieses lebende Inventar eines landwirtschaftlichen Betriebes, aber auch manches tote Inventar, wie Pflüge, Eggen und Fahrzeuge, wurden dem Gutsbetrieb kraft der herrschaftlichen Gewalt über die Dörfer ohne Entgelt zugeführt. Es waren die spannfähigen Bauern, die all das mitbringen und für den Gutsbetrieb – wiederum ohne Entgelt – werken mußten.

In der Gemeinde Krevese hatten die Vollhöfe insgesamt 7 ganze, die Halbhöfe 7 halbe Tage zu pflügen; während diese pflügten, mußten die Lehnschulzen eggen. Dazu kamen die Verpflichtungen, das Getreide einzufahren und die Heufuhren zu besorgen, alles nach Ackerfluren und Wiesen säuberlich eingeteilt und verteilt. In einer bestimmten Reihenfolge mußten die Dörfer das zumeist im Winter ausgedroschene Korn nach der Stadt fahren. Wer je in Guts- oder Gerichtsakten schaute, weiß, daß Klagen über zu weite Fahrten, die Roß, Wagen und Fuhrwerker über Gebühr strapazierten, immer wiederkehrten.

Die vielfältigen Spanndienste konnten nur diejenigen Bauern

leisten, die auch Zugvieh, geeignete Arbeitsgeräte und Fuhrwerke besaßen. Zu den Spanndiensten kamen die wiederum genau geregelten Handdienste; die Bauern mußten mähen, binden und heuen. Beim Trocknen des Heues hatten auch die Kossäten mitzuhelfen, die außerdem in jeder Woche zu zwei Tagen beliebiger Arbeit im Hofdienst verpflichtet waren. Selbst die Kinder der Untertanen hatten sich beim »gnädigen Herrn« vorzustellen, sobald sie herangewachsen waren; die Tauglichen wurden zum Zwangsgesindedienst ausgehoben.

Wenn der Guts-Herr die Bauern zum Arbeits-Dienst auffordern ließ, gewöhnlich vom Inspektor, dann hatten sie sich mit bespanntem Pflug oder mit bespannter Egge im Gutshof einzufinden, oft schon im Morgengrauen, und hinaus ging's auf die Felder. In der Erntezeit waren neben den Spanndiensten etwa zu Heufuhren die Handdienste der kleinen Leute für die Arbeit auf den Herrenländereien unentbehrlich; da kamen die Kossäten und die noch ärmeren Gärtner zu Fuß mit Spaten oder Hacke auf den Gutshof, um sich ihre Arbeit anweisen zu lassen. Aus der uns bekanntgewordenen Mahnung Ferdinand v. Bismarcks vom März 1803 können wir entnehmen, daß die zur Fron beorderten Menschen alles andere als freudig bewegt waren. Aus diesen und ähnlichen Erlebnisbereichen mag der Ausdruck von der verdammten Pflicht und Schuldigkeit stammen. Das Zwangsgesinde wurde in der Haushaltung des gnädigen Herrn ernährt und bekam so viel Geld in die Hand gedrückt, daß Unabdingbares wie etwa Schuhwerk oder ähnliches angeschafft werden konnte.

Innerhalb des Frondienst- und Abgabengetriebes gab es höchstwahrscheinlich zwischen den zwei zu vergleichenden Dörfern Unterschiede im einzelnen, zumal die Gemarkung und die Bevölkerung von Krevese wesentlich kleiner waren als die von Schönhausen.[105] Aber was dieses Dorf betrifft, so vermerkte der Auseinandersetzungs-Rezeß noch vom Jahre 1852[106], daß dem »Geheimen Legationsrath Otto von Bismarck« als Besitzer des Ritterguts I »bestimmte Abgaben in Gelde, als Dienstgeld, Schoß, Baudienstgeld, Zehntgeld, Annahmegeld, Grundzins, Rente für aufgehobene Hütung, ferner verschiedene Abgaben in Roggen zu entrichten« seien. Die »einzelnen Handdienste« waren damals bereits in »eine jährliche feste Geldrente« umgewandelt. Erwähnt wurde auch die entschädigungslose Aufhebung der Verbindlichkeit, alljährlich die zehnte Gans zu liefern, Hede unentgeltlich zu spinnen und jährlich drei Tage ein Kind von mindestens 6 Jahren im Gutsgarten leichte Arbeit verrichten zu lassen. Also selbst in der ersten Hälfte des 19. Jahrhunderts, da sich die Fronhofswirtschaft in Schönhausen auflöste, gab es dort noch so viele feudale Verpflichtungen, daß sie sich in ihrer Gesamtheit wie gelichtetes Abgabengestrüpp aus den früheren Jahrzehnten von Krevese ausnehmen.

*

Wenn man heute vom nahen Tangermünde kommt, angetan von seiner einprägsamen, türmereichen Stadtsilhouette, seinem Rathaus, seiner Burg und den Überresten mittelalterlicher Befestigungsanlagen und noch beeindruckt von der romanischen Klosterkirche im benachbarten Jerichow, dann findet man zunächst wenig in Schönhausen, was zum Verweilen einlädt. Schlichte, niedrige Häuser umsäumen die breite Dorfstraße, die als Teilstrecke der Verbindung von Genthin bis Havelberg erst seit 1838 einen befestigten Untergrund besitzt. Vorher war sie in regnerischen Jahreszeiten aufgeweicht und bei trocknem Wetter sandig, so daß eine behäbig dahertrabende Schafherde eine dichte Staubwolke aufwirbeln konnte. Erst bei genauerer Umschau im Dorf erkennen wir die 1212 eingeweihte romanische Basilika mit ihrem festungsartigen Turm.

Zwischen dem Dorf und der Elbe erstrecken sich einige Ackerfluren und weite Wiesenflächen.[107] Wald gibt es wenig, im Unterschied zu früheren Zeiten, als noch bedeutende Waldungen von Eichen, Bruchhölzern und Kiefern den Ort umgaben. Im 18. Jahrhundert wurden die Bestände an Eichen ausgerodet und um 1830 auch die Kiefernforsten der beiden Rittergüter sehr gelichtet; nach der Gemeinheitsteilung haben auch die Ackersleute den in Einzelbesitz übergegangenen Wald stark reduziert. »So steht nun unser Ort gegen früher«, wie der Schönhausener Chronist Lindstaedt Mitte der fünfziger Jahre des vorigen Jahrhunderts feststellte, »aller Waldung beraubt, entblößt da.«[108] Immerhin gab es 1804 noch »1350 M Holz der Güter, 744 M der Gemeine«.[109] Damals umfaßte die ganze Ackerflur 63 $^{3}/_{4}$ Hufen, dazu kamen in einem östlichen Zipfel der Gemarkung in Richtung Rathenow noch zwei Abzweigungen von Gutshöfen, Vorwerke genannt, mit 8 Feuerstellen und 56 Menschen. Im Ort waren zwei Rittergüter, mit je einem schloßartigen Herrensitz.

Nach der offiziösen Statistik von 1804 zählte man in Schönhausen 865 Einwohner und 154 Feuerstellen. Inwieweit die letzte Zahl auf Grund von Doppelzählungen, beispielsweise von Handwerkern, Kossäten und Büdnern, zu hoch gegriffen wurde, sei dahingestellt. Die Statistik von 1804 gab auch Auskunft über den Umfang der Gemarkung, aber keine über den Viehbestand; nur in den internen Akten befindet sich eine »General-Tabelle vom Viehstande in der Kurmark im Jahre 1803«[110] mit Unterteilung nach Kreisen, nicht mehr nach Dörfern. (Schönhausen gehörte zum Kreis Tangermünde.) Darin war jeweils die Zahl der Pferde, des Rindviehs, der Schafe und der Schweine aufgeführt.

Welches war nun die soziale Zusammensetzung der 865 Einwohner von Schönhausen? Es gab 39 Ganzbauern und 3 Halbbauern. (Ganz-, Halb- und Viertelbauern – das stufte sich meist nach der Zahl der Zugpferde ab: etwa acht Pferde, wenn es hoch kam, ansonsten vier oder auch zwei Pferde.) Die Kossäten, 91 an der Zahl, waren in Schönhausen besonders stark vertreten. Dann folgten 48 Büdner, die sich von den Bauern und Kossäten dadurch unterschieden, daß sie neben ihren Häuschen oder Katen nur gerade soviel Land besaßen, um eine Kuh halten zu können. Sie waren auf Nebenverdienst angewiesen, den sie mitunter bei einem Großbauern erarbeiteten oder durch anderweitige Hilfsdienste erwarben. Auch sie hatten auf den Gutswirtschaften Handdienste zu leisten, im Sommer auf dem Felde, im Winter beim Getreidedreschen. Die eigentlichen Landarbeiter waren die 47 Einlieger, die überhaupt kein Grundstück besaßen, ein paar Schweine hielten und zur Miete wohnten, meist wohl in gutsherrlichen Behausungen, die so kümmerlich waren, daß sie den Namen Wohnung nicht verdienten. Nach den Einliegern folgten in der Statistik elf Leineweber, zwei Rademacher, ferner Leute in der Ziegelei, in der Schmiede, in den drei Windmühlen und ein Wirt im »Krug«. Auf den zwei Vorwerken, wo relativ viel Wald stand – »800 M Holz« –, haben sechs Büdner und ein Mann am Teerofen ihr Tagewerk verrichtet.

Die Häuschen der Dorfbewohner waren einstöckig, ohne Fundament, oft auch ohne Schornstein[111]; der wurde in alten Statistiken nicht gezählt, sondern nur die offene »Feuerstelle«, von der der Rauch seinen Weg durch einen Abzug im Strohdach und die Haustür finden mußte. Die Haustür wiederum war in Ober- und Untertür geschieden. Die Fenster waren klein. Hausflur und Küche hatten einen Lehmboden, und nur in der Wohnstube war eine grobe Holzdiele gelegt. Dem allen entsprach das Primitiv-Grobklotzige des Mobiliars mit Tisch, Stühlen, Hockern und

Dorfstraße in Schönhausen
Zeichnung von Christian Wilhelm Allers
Es gehört in das Reich überhitzter Phantasiegebilde, wenn der englische Historiker Edward Crankshaw in seiner Bismarck-Biographie schrieb: »Schönhausen wurde von russischen Truppen niedergebrannt.« (Deutsche Ausgabe, S. 496).

Wandbank. Die tägliche Kost bestand aus dem, was Viehstall und Geflügelhof, was Garten und Feld im Kreislauf der Jahreszeiten hergaben – gebacken, gebraten, gesotten oder gekocht, wie es überkommen war und wie es die knappe Zeit den Bäuerinnen oder Mägden erlaubte. Nicht selten wurde das Essen für mehrere Tage vorbereitet.

Nach der uns überlieferten Statistik zeigte sich Schönhausen als ein nach Umfang, Art und Güte des Besitzes seiner Einwohner, auch nach ihrem sozialen Ansehen, recht vielgliedriges Dorf. Doch alle waren sie der Herrschaft eines der beiden adligen Güter unterworfen; diese umfaßten höchstens die Hälfte der genutzten land- und forstwirtschaftlichen Fläche des Dorfes. Allerdings bleibt die Frage offen, wie viele der in Schönhausen ansässigen Ganzbauern, Halbbauern, Kossäten, Büdner und Einlieger dem einen oder anderen der beiden Rittergüter zugeteilt, ihm untertan und zu Fronden verpflichtet waren.

Das Leben und Werken im Dorf war in hohem Maß auf Dienst bei der Herrschaft ausgerichtet. Was auch die Bauern, Kossäten und Büdner auf ihren Hofstellen und Fluren für ihren eigenen Unterhalt zu tun hatten, stets gingen die Herrendienste allen andern voran. Je mehr um die Wende vom 18. zum 19. Jahrhundert dieses Herrschaftsverhältnis moralisch und politisch, auch hinsichtlich seiner ökonomischen Zweckmäßigkeit in Frage gestellt wurde, desto eindringlicher beriefen sich die Gutsherren auf ihr althergebrachtes Recht als Obereigentümer des Bauernlandes; *sie* seien es, die Entgelt in Form von Abgaben und Diensten (eben den Fronden) mit gutem Grund verlangen könnten. Die Krönung der Gutsherrschaft waren die Polizeigewalt, die Gerichtsbarkeit und das Kirchenpatronat der Junker; so waren die Dorfbewohner in der Tat Untertanen an Leib und Seele.

Als Besonderheit muß erwähnt werden: Im Rahmen der Gutsuntertänigkeit hatten die Dorfbewohner eine wohlabgegrenzte Selbständigkeit. Aus späteren Mitteilungen ist zu entnehmen, daß es in Schönhausen eine Gemeinde der Bauern, davon getrennt auch eine Gemeinde der Kossäten gab.[112] Sie hatten in den Gemeindeversammlungen hauptsächlich Angelegenheiten der Feldgemeinschaft zu behandeln, die die Ackerwirtschaften der Bauern und Kossäten untereinander verband; man denke nur an die gemeinsame Bewältigung der Gemengelage der verschiedenen Ackerstücke, wenn es zu säen oder zu ernten galt; man denke ferner an die Gemeinschaftrechte in Wald und Weide. Diese »Realgemeinde«, eine dorfgenossenschaftliche Form der landwirtschaftlichen Produktion, war zugleich ein Überrest uralter Gemeinschaftsformen.

Wie überall, wo im Dorf Bauern und Kossäten lebten, gab es auch in Schönhausen einen Schulzen. Dieser war Beauftragter zur Durchsetzung des herrschaftlichen und feudalstaatlichen Willens und zugleich Funktionsträger der bäuerlichen Gemeinde. Eine solche Doppelfunktion war dann besonders schwierig, wenn die Gemeinde bei diesen oder jenen Gelegenheiten dem Gutsherrn gegenüber selbstbewußt und entschieden auftrat.

Die Einheit von Guts-Besitz und Guts-Herrschaft drückte sich in dem Begriff des Ritterguts aus. Ursprünglich hervorgegangen aus der Lehnsverfassung, wo der Ritter dem Landesherrn Roßdienste zu leisten und dafür – um bestehen zu können – eine Grundherrschaft mit einem (meist kleinen) Gutsbetrieb als Mittelpunkt erhalten hatte, war der Name »Rittergut« über die Jahrhunderte hinweg gebräuchlich; er war in der uns jetzt interessierenden Zeit gang und gäbe, als es keine mittelalterlichen Ritter und Lehnsverfassung mehr gab und der zu einer Gutsherrschaft ausgeweitete Gutsbetrieb in die Marktbeziehungen integriert war. Der Name »Rittergut« mit seiner Aura des Vasallentums nach oben (zum Fürsten hin) und des patronalen Herrschens nach unten (gegenüber den Bauern) hat seinen Nimbus und damit seine gesellschaftliche Lebenskraft behalten. Der »Ritter« war nicht mehr, wie zur alten Zeit der Markgrafen, der begüterte und privilegierte Nachbar der Bauern, sondern der fast unumschränkte Herrscher in der Reichweite der dörflichen Gemarkung. Die Kurfürsten (später die Könige) redeten wenig in diesen Herrschaftsbereich hinein. Die Junker wiederum, die von altem Schrot und Korn, betrachteten sich in der Tat bis weit ins 19. Jahrhundert hinein als »kleine Könige«, wenn sie auch den Hohenzollern-Königen gegenüber ritterschaftliches Vasallentum in einer merkwürdigen Mischung von echtem Gefühl und theatralischer Demagogie gelegentlich zu bekunden für gut befanden.

Ferdinand v. Bismarck gerierte sich, wie wir wissen, in seinem Gutsbezirk Schönhausen I den murrenden Bauern gegenüber als »kleiner König«, während er von der großen Residenz aus kaum königliche Gnade und damit auch kein sonderliches Sozialprestige innerhalb des märkischen Landadels genoß. Die 1802 gewährte Erlaubnis zum Tragen der alten Armee-Uniform war keine Gunstbezeugung, die imponieren konnte. In der statistisch-topographischen Beschreibung von 1804 figurierte Ferdinand als einfacher »Lieutnant von Bismarck«, während in derselben Rubrik der Eigentümer von Gut Schönhausen II, der aus einer anderen Linie stammende, allerdings um zweiunddreißig Jahre ältere August Adam Heinrich von Bismarck, der Chef des Leib-Carabinier-Regiments im nahen Rathenow gewesen war, als Generalmajor angeführt ist. Das waren militärische und auch gesellschaftliche Rangunterschiede, die nicht nur auf gedrucktem Papier, sondern auch im dörflichen und gutsherrschaftlichen Leben als beachtlich empfunden wurden.

Der Gutsherr von Schönhausen hatte also allen Grund, von seinem Landsitz aus die Verbindung zur Doppelresidenz Berlin–Potsdam zu pflegen. Ob Ferdinand v. Bismarck in Berlin, wie manchmal behauptet wird, kameradschaftlichen Kontakt mit dem Prinzen Louis Ferdinand hatte, ist mehr als fraglich; für die Annahme eines solchen Kontakts mit dem preußisch-patriotischen Idol[113] gibt es nicht einmal ein Indiz, geschweige denn einen schlüssigen Beweis.[114]

Geradezu grotesk wäre die Vorstellung, daß Ferdinand, der nicht einmal das bildungsbeflissene Provinzniveau seines Vaters und seines Bruders Friedrich erreichte, zusammen mit dem exzentrischen Prinzen die Berliner Salons jener Jahre aufgesucht hätte – den Salon der Rahel Levin oder der Henriette Herz oder der Herzogin von Kurland, wo sich Juden und Christen, Gelehrte und Standesherren, Damen des hohen Adels und Schauspielerinnen trafen[115] und im Geiste der Toleranz philosophische und literarische Fragen diskutierten, aber auch eine beschwingte Geselligkeit mit all ihrem Individualitätskult pflegten, wobei sich ihrem Denken und Fühlen die mannigfachen Erscheinungen der sozialen, politischen, nationalen, auch moralischen Krise aufdrängen mußten, in die Deutschland geraten war und immer weiter geriet.

Parallel zu diesen sozusagen zivilen Salongesprächen diskutierten aufgeschlossene und gebildete Offiziere, voran Scharnhorst, Clausewitz, Boyen und andere in der »Militärischen Gesellschaft« und in der »Akademie für junge Offiziere« die vielfältigen Probleme der Heeresreform. So unverbindlich das Disputieren in den gebildeten Kreisen der preußischen, insbesondere der Berliner Gesellschaft auch war – in gewissem Sinne hat es doch die Reformzeit vorbereitet. In all diesen Kreisen sich zu bewegen, mitzureden und mitzutun lag außerhalb des Verlangens und Vermögens eines Ferdinand v. Bismarcks, sooft und solange er sich auch in der Winterzeit in Berlin aufgehalten haben mochte; nicht einmal ins Theater, das damals seine große Zeit hatte, scheint er gegangen zu sein.

Potsdam zog den Gutsherrn aus Schönhausen viel stärker an; die zweite Residenz war damals alles andere als finster und streng; sie hatte vielmehr ihre Festivitäten und Aventüren, die sicher nicht besonders anspruchsvoll waren, aber von den Bürgern, Offizieren und Beamten gerne wahrgenommen wurden. Dort wohnte Ferdinands Bruder Friedrich, der immerhin als Gardeoffizier gelegentlich beim König vorsprechen konnte.[116] So teilte er Ende 1803 seiner Schwägerin Louise, der Frau seines ältesten Bruders Ernst, mit: »Ich habe mich heute beim König gemeldet und auch bei ihm gegessen; wovon sich aber nichts sagen läßt, da alles wie gewöhnlich war und indifferente Fragen und Gespräche niemanden interessieren können«[117] – was bei dem einsilbigen und verkrampften Friedrich Wilhelm III. ohne weiteres zu glauben ist. Zu ihm hatte Friedrich v. Bismarck, der auch in der Familie Mencken verkehrte, noch gleichsam indirekte Beziehungen; im heute noch existierenden Haus und dem schönen Garten (Eisenhartstraße 9) der Menckens hielten sich des Königs Söhne, der Kronprinz Friedrich Wilhelm und Prinz Wilhelm (der spätere preußisch-deutsche Kaiser), als Spiel- und Jugendkameraden der Louise Wilhelmine Mencken des öfteren auf[118]; das alles war vom König gebilligt und durch den Prinzenerzieher und Freund des Hauses Mencken, Johann Friedrich Delbrück, vermittelt.

Louise Wilhelmine, begabter als ihr älterer Bruder, war aufgewachsen in der kulturvollen Atmosphäre des Hauses Mencken mit seinen Beziehungen zu aufklärerischen Erziehern und gelehrten Pastoren der reformierten Gemeinde Potsdams. Als das schöne Mädchen ins heiratsfähige Alter kam, baten Friedrich v. Bismarck und mit ihm sein Bruder Ferdinand um ihre Hand. Die Version der offiziösen Genealogen will glauben machen, daß das Herz der Umworbenen für den Jüngeren der Brüder entschied. Das alles könnte arglos hingenommen werden, wenn nicht zwei merkwürdige Umstände kritischen Verdacht erregten. Einmal gingen gerade jene Aufzeichnungen Delbrücks verloren, die den Abschnitt vom Mai bis August 1806, also die Zeit der Verlobung und der rasch folgenden Hochzeit der auch von ihm bis dahin behüteten Louise Wilhelmine, betrafen.[119] Zum andern wurde das Tagebuch, das diese seit früher Jugend geführt hatte, nach ihrem Tode – wie mehrfache Aussagen bezeugen – von ihrer Familie in Schönhausen verbrannt.[120] Beide Umstände hat der Historiker zur Kenntnis zu nehmen; aber es ist ihm dann wohl erlaubt, in der Verlobungs- und Hochzeitsangelegenheit weniger die offiziöse als jene bereits 1875 veröffentlichte Version anzunehmen, wonach die junge Schöne »die schwärmerische Leidenschaft ihres Bewerbers nicht erwidert und nur auf Zureden ihrer Familie ihr Jawort gegeben« habe.[121] Die Trauung der Siebzehnjährigen mit dem Fünfunddreißigjährigen fand am 6. Juli 1806 in der Königlichen Hof- und Garnisonkirche statt.

Durch Zureden der Familie? Wir kennen das Porträt der Mutter Mencken; hier schaut uns eine ebenso hübsche wie energische Frau an, mit hellwachen und recht unsentimentalen Augen. Ihr traut man zu, daß sie Familienpolitik zu machen verstand; diese Mutter Mencken, Tochter eines pommerschen Forstmei-

Johanna Elisabeth Mencken (1755–1818)
Bismarcks Großmutter mütterlicherseits
Als geborene Boeckel war sie Tochter eines pommerschen Forstmeisters und Gutsverwalters; in erster Ehe war sie mit dem Direktor der Königlichen Tabakfabrik zu Potsdam, Pierre Schock, bis zu dessen Tode verheiratet. Vermählung mit Mencken Ende 1785.

sters und Gutsverwalters, zweimalige Witwe von Männern, die den Wechsel von Gunst und Ungunst am und um den königlichen Hof erfuhren, konnte einem jungen Mädchen von siebzehn Jahren durchaus die nüchtern-realpolitische Seite einer Ehe klarmachen. Hätten Herz und Verstand der Tochter vielleicht doch den intellektuellen Gardeoffizier Friedrich v. Bismarck seinem landjunkerlichen Bruder vorgezogen? Es wäre nicht verwunderlich gewesen. Aber die Mutter sah ihre Tochter Angelique aus erster Ehe bereits mit einem Gardeoffizier, dem Major Gustav Friedrich von Kessel, ehelich verbunden[122], einem gesellschaftlich reputierten Mann, der im Februar 1806 zum Kommandeur der Königlichen Leibkompanie ernannt wurde. Sollte nun noch ein zweiter Gardeoffizier in die Familie hineinheiraten und damit die mit diesem Beruf verbundenen höfischen Unwägbarkei-

Vater Karl Wilhelm *Ferdinand* von Bismarck (1771–1845)

ten verdoppeln? Da war doch wohl zu berücksichtigen, daß die Partie mit einem Gutsherrn so etwas wie bodenständige Sicherheit brachte, gerade in einer Zeit, in der ohnehin der Drang nach Besitz von Grund und Boden recht verbreitet war. Es ist kaum zu übersehen: die Potsdamer Familie drängte nach dem anscheinend sicheren Grundbesitz, die Bismarcks wiederum – und hier waren sich die beiden Brüder, die freundschaftlich miteinander verbunden blieben, wohl einig – suchten einen zusätzlichen Rückhalt in der verwandtschaftlichen Beziehung mit königsnahen Gesellschaftskreisen. In dieser neuen Ehe verbanden sich zwei Menschen von sehr verschiedener Wesensart und Bildung; sozial gesehen, liierten sich adliger Landbesitz und königliche Residenz. Das waren zwei verschiedene Welten, aber nicht entgegengesetzte, sondern miteinander korrespondierende.

Von einer Bismarck-Biographie in die andere schleppte sich die vereinfachte, zu falschen Schlußfolgerungen führende Vorstellung, daß sich bei der Potsdamer Trauung, der zwei Tage später eine kirchliche Feier in Schönhausen folgte, eine bürgerliche Demoiselle mit einem Mann aus märkischem Uradel verband;

Mutter Wilhelmine Louise von Bismarck, geb. Mencken
(1789–1839)

tatsächlich waren die Menckens so wenig bürgerlich selbstbewußt, daß sie nicht nur, wie manche Bürgerliche[123], ihr Kapital in Grundbesitz anlegen, vielmehr auch sozial in das Milieu des mit dem Absolutismus verbundenen Landadels eindringen wollten; andererseits trachteten die adligen Bismarcks mit Hilfe der nicht-adeligen Menckens danach, von der Aureole preußischen Königtums beschienen zu werden. Immerhin stand Louisens Mutter, die bis 1818 lebte, dem preußischen König so nahe, daß sie 1812 die Krongüter Königs Wusterhausen und Hohenlehme gepachtet und deren Verkauf an ihren Sohn und dessen Ernennung zum dortigen Oberamtmann bewirkt haben soll.[124] Ferdinand v. Bismarck ging mit Louise Wilhelmine Mencken keine Mesalliance ein, nicht einmal eine bloße Alliance, sondern eine soziale Symbiose; der Gutsherr, der in Schönhausen nur Leutnant a. D. war, gewann mit dieser Heirat an sozialem Ansehen, das allerdings durch die Katastrophe, in die Preußen und seine Monarchie wenige Monate später geriet, nicht recht zur Geltung kommen konnte.

Preußens Zusammenbruch und Aufbruch

Seit dem Frieden von Basel änderte sich in Preußen nichts Wesentliches an den überkommenen Verhältnissen, nicht einmal am Militärsystem, dessen Brüchigkeit in allen Kriegen, die der feudale Kontinent gegen das bürgerliche Frankreich geführt hatte, offenbar geworden war. Innerhalb der europäischen Staatenkoalition blieb Preußen passiv, während die Großmächte England, Österreich und Rußland in kriegerische Konflikte verwikkelt waren. Das Dreieck Berlin–Weimar–Königsberg machte deutlich: Preußen und mit ihm ganz Norddeutschland waren gedankenreich, aber tatenarm.

In Preußen blieb es bei der Befreiung von etwa 50 000 spannfähigen Domänenbauern von den Frondiensten, bei ihrer Lösung aus dem Erbuntertänigkeitsverhältnis; zu weitergehenden Reformen kam es nicht. Preußens innere und äußere Politik war ein Fortwirtschaften ohne Perspektive, ein Beharren auf alten Gewohnheiten des Regierens und Reglementierens der Untertanen, ein eigensinniges Festklammern an alte Privilegien, so fragwürdig sie geworden sein mochten – wie dies am kleinen Schönhausen illustriert werden konnte. In der Außenpolitik gab es nichts als unsicheres Ausschauhalten, wo etwas zu erraffen wäre oder etwaige Gefahren drohten, nicht um sie zu überwinden, sondern um sich an ihnen vorbeizudrücken.

Napoleon, der 1799 als Erster Konsul die diktatorische Gewalt an sich gerissen hatte, erzwang durch seine Siege in Oberitalien den Frieden von Lunéville (1801) mit Österreich und zu Amiens (1802) mit England. Damals wurde die Abtretung des linken Rheinufers an Frankreich erneut festgelegt. Auf dem rechten Ufer wollte Napoleon die kleinen, österreichfreundlichen Reichsstände (vor allem Bistümer und Reichsstädte) beseitigen und solche Mittelstaaten schaffen, die als mögliche Gegner Frankreichs zu schwach, aber stark genug als Gegengewicht zu Österreich sein sollten. Mit diesem Grundgedanken variierte Napoleon entsprechend dem neuen Revolutionszeitalter ein altes Projekt der französischen Diplomatie, das der Reichsdeputationshauptschluß von 1803 verwirklichte. Es entstanden nämlich solche vergrößerten Mittelstaaten wie Baden, Württemberg und Bayern. Diese Vereinfachung der politischen Landkarte beseitigte zwar die schlimmsten Auswüchse der deutschen Kleinstaaterei, doch der Partikularismus wurde damit von der Position der

Napoleon I.
Gemälde von Jean Dominique Ingres
Von der demokratischen Revolution zur imperialen Hegemonie

Krähwinkelei auf die des Mittelstaates gehoben, das heißt wieder lebensfähig gemacht, modernisiert.

Der Friedenszustand nach Lunéville und Amiens erwies sich als trügerisch. England geriet indirekt durch Hannover schon im Mai 1803 wieder in Feindseligkeiten mit Frankreich. Mit den alten Mitteln der Subsidienzahlungen verstand der Inselstaat erneut, sich Verbündete auf dem Festland zu schaffen und im Jahre 1805 die dritte Koalition zustande zu bringen, das heißt, Rußland und Österreich wiederum in einen Krieg gegen Napoleon zu ziehen. Auch den dritten führte Österreich mit den gleichen Methoden wie die beiden ersten.

So mußte der Krieg von 1805 enden, wie er geendet hat – mit einer schmählichen Niederlage des Habsburgerreiches. Der Frieden von Preßburg leitete auch die Schlußetappe der Auflösung des deutschen Reiches ein: Man rundete die Mittelstaaten auf Kosten des Habsburgerreiches und durch die Mediatisierung der kleinen weltlichen Fürsten noch einmal territorial ab, erklärte sie für souverän, das heißt für unabhängig vom deutschen Kaiser, und faßte sie zum Rheinbund zusammen; die Unabhängigkeit vom deutschen Kaiser wurde durch eine weit ausgeprägtere Abhängigkeit von Napoleon erkauft, der sich Anfang Dezember 1804 zum »Kaiser der Franzosen« gekrönt hatte. Der vom Papst gesalbte Empereur war nicht nur seinem offiziellen Titel nach Protektor der Rheinbundstaaten, sondern tatsächlich ihr oberster Souverän.

Der Schlußpunkt unter die Auflösung des Heiligen Römischen Reichs deutscher Nation war der Verzicht des Habsburgers Franz II. auf die deutsche Kaiserkrone. Von nun an führte er den Kaisertitel nur noch für sein habsburgisches Erbreich weiter. Das war die Konsequenz einer seit dem Mittelalter währenden Schwächung der kaiserlichen Reichsgewalt.

Aber Deutschland war im Sommer 1806 nicht vollständig unter der Herrschaft Napoleons; noch hatte er Preußen zu überwinden. Geboren aus der inneren und äußeren Schwäche dieses Staates, verstrickte sich Berlins Diplomatie 1805 und 1806 immer mehr in ein Netz von Dummschlauheit und Doppelzüngigkeit. Das feudale und absolutistische Preußen lavierte zwischen allen Seiten, unentschlossen und innerlich zerrissen, nie sicher, ob nicht ein anderer als der eben eingeschlagene Weg vielleicht doch der bessere sei – und dieses Schwanken währte bis in den Aufmarsch, sogar noch mitten in den Kampf hinein. In der Doppelschlacht von Jena und Auerstedt vom Oktober 1806 brachte Napoleons Heeresmacht den preußischen Armee-Einheiten die entscheidende Niederlage bei, manövrierte sie weiter auseinander und verfolgte sie bis an die äußerste Grenze des Landes. »Jena« wurde im Parteienkampf des 19. Jahrhunderts zum Symbol für das schmähliche Zusammenbrechen der altpreußischen Armee; sie hatte während der Herbst- und Winterkampagne von 1806/07 nur vereinzelt militärische Tüchtigkeit und moralische Kraft, wie bei der Verteidigung von Kolberg, an den Tag gelegt.

Nachdem dann Napoleon noch die russische Armee als Verbündeten Preußens in der Schlacht von Friedland im Juni 1807 geschlagen hatte, hielt er es im Interesse der vollständigen Isolierung Englands für opportun, mit Rußland und unmittelbar danach, am 9. Juli 1807, mit Preußen den Frieden von Tilsit zu schließen. Das Zarenreich mußte sich auf eine wirksame Beteiligung an der Kontinentalsperre gegen die Inselmacht verpflichten. Rußlands Verbündeter, Preußen, blieb als Staat erhalten, verlor jedoch alle Gebiete links der Elbe, die dem neugegründeten Königreich Westfalen unter Napoleons jüngstem Bruder Jérôme zugeschlagen wurden.

Schon rein territorial wurde Preußen von der kleinsten Großmacht Europas auf eine Mittelmacht, und noch dazu eine versklavte, reduziert. Ein solcher Sturz war für jeden Urpreußen schwer zu ertragen, wie das auch Friedrich von Bismarck in einem sechzehnseitigen Brief vom Juli 1807 zum Ausdruck brachte. Die Kriegsereignisse hatten ihn und sein Gardekorps bis in die Nähe von Tilsit verschlagen, von wo aus er an seinen ältesten Bruder Ernst über seine Erlebnisse und Beobachtungen berichtete.[125] Dabei enthielt er sich jeden Versuchs, sich über die tieferen Ursachen der preußischen Katastrophe und über die Mittel und Wege ihrer Überwindung klarzuwerden. Fest standen für ihn, den Gardeoffizier, die Treue zum Königshaus und die Bereitschaft, auch dann durchzuhalten, wenn »Preußen wahrscheinlich lange Zeit eine subordinierte Rolle zu spielen« habe. In der Verbundenheit mit der Monarchie im Glück und Unglück waren sich alle Offiziere einig; ohne diese gemeinsame Ausrichtung auf die Dynastie wären weder die militärischen noch zivilen Reformen möglich geworden.

Gleich zu Beginn des Krieges bekam es Friedrich v. Bismarck zu spüren, daß es »immer ein unangenehmes Verhältnis« sei, »wenn Garden ohne König ins Feld rücken«, was »zu manchen Kollisionen Anlaß« gäbe. Die Garden wurden schließlich einem preußisch-polnischen Kontingent unter dem Befehl des Generalleutnants L'Estocq unterstellt, den Scharnhorst als einen »alten, betäubten, gedächtnislosen, schwachen Mann« anklagte.[126] Friedrich v. Bismarck wiederum hatte sich zwar vorgenommen, seiner Darstellung nichts von »eigenem Räsonnement« hinzuzufügen; aber seine Erlebnisse waren so stark, daß er bittere Worte über zahlreiche »Ungereimtheiten« nicht unterdrücken konnte, über militärische Mißgriffe, die »unglückliche Schlachtopfer«

auszutragen hatten – Schlachtopfer, »die nicht einmal die Beruhigung mit ins Grab nehmen, durch ihren Tod zum Erfolge eines notwendigen guten Zwecks beigetragen zu haben«. Nüchtern wollte der Briefschreiber auch über das Treiben nach dem Waffenstillstand, über die Begegnungen zwischen Napoleon, dem Zaren und dem Preußenkönig, über all die militärischen Zeremonien und billigen Großmutsgesten des Siegers berichten. Die preußische Königin würde im Stabe Napoleons mit ausgesuchten Honneurs und mit gemimter Begeisterung über die »belle reine de Prusse« empfangen. Doch, so setzt Friedrich v. Bismarck hinzu: »Trotz aller dieser Höflichkeiten ist das Ende der Geschichte ganz schlecht für uns!«

»Das härteste von Allem«, was festzustellen war, die Elbe bildete eine Grenze. »Verloren ist Magdeburg, Halberstadt, Hannover, Hildesheim, Münster, Westphalen, Ostfriesland, diese so reichen zum Handel so wohl gelegenen Provinzen und ach, unser Vaterland, die gute Altmark! Es ist schrecklich und ganz niederdrückend; zerrissen, der preußische Staat gekränkt, gedemütigt alles was Preußisch heißt, gesunken der preußische Ruhm, sonst der Stolz von ganz Europa!«

Natürlich wußte Friedrich v. Bismarck von den Requirierungen durch die Franzosen, den Plünderungen durch Baschkiren und Kalmücken zu erzählen; die »Kanaillen« von Asiaten hätten »auch ganz infam musiziert und gesungen« – »so ein Lied, das Stein' erweichen und Menschen rasend machen kann!« Aber die Truppen des Zarenreichs waren wenigstens im Abmarsch und hatten die preußischen Lande bald verlassen, wohingegen eine französische Armee von 150 000 Soldaten und 50 000 Pferden in dem stark reduzierten Staatsgebiet noch über ein weiteres Jahr verblieb.

Das verheerte und demoralisierte Land mußte Mann und Roß ernähren, bekleiden, fouragieren, remontieren und einquartieren.[127] Jede Klasse und Schicht hatte dabei ihren besonderen Packen an materieller Belastung und moralischer Demütigung zu tragen. Die Bauern waren durch unzählige Vorspannleistungen und sonstige Dienste gepeinigt, die Beamten wiederum durch die französischen Besatzungsbehörden gegängelt, geschurigelt und zum Eintreiben der von Provinz zu Provinz wechselnden Kriegsauflagen angehalten; die Regierung schließlich war durch die Verhandlungen über die Höhe der dem Gesamtstaat aufzuerlegenden Kriegskontribution in nervenzerreißender

Spannung gehalten – bis die Unterhändler den Betrag im September 1808 auf 140 Millionen festsetzten, die französischen Truppen daraufhin abzogen und der preußische Monarch mit seinen Ministern von Königsberg, das allein mit seiner weiteren Umgebung schon 1807 besatzungsfrei war, nach Berlin umsiedeln konnte.

Wie die Dinge lagen, sind die Bedrückungen der kleinen Leute zahlenmäßig nicht auf die Nachwelt gekommen; die Gutsherren notifizierten die Belastungen.

Der Junker v. d. Marwitz, in die Geschichte als namhaftester Sprecher und Protestierer seiner Klasse eingegangen, hat noch später, als er über den »Zustand des Vermögens der Grundbesitzer in der Mark Brandenburg« schrieb, an die erste Stelle seiner Klagepunkte »Lieferungen und Contributionen für den Feind. Lieferungen und Ausrüstungen für das Vaterland« gesetzt.

Ferdinand v. Bismarck in Schönhausen trat zwar nicht an die Öffentlichkeit, aber er konnte rechnen und still und zäh seine Interessen, so wie er sie verstand, vertreten. In einer »Specification« stellte er unter dem Datum »Schönhausen, 4. Dezember 1809« alles das auf, »was mir die Franzosen für Unkosten verursacht«.[128] Da ist als erster Posten angeführt: »Fourage, Hafer, Heu und Stroh« und mit dem hübschen Betrag von 756 Reichstalern bewertet. Andere Posten, wie Festungsverpflegungssteuer oder Fleischgeld, sind wesentlich geringer veranschlagt. Der kleinste Betrag auf dieser »Specification« figuriert mit etwas über 4 Reichstalern, und zwar für »gestohlen sein sollende Sachen«; aber dafür schwillt das, »was ich bei der Plünderung verloren«, auf den dicken Batzen von über 2504 Reichstalern an. Dann wird noch die Rechnung für die diversen Einquartierungen in recht verquerer Weise aufgemacht: »Ich habe 1052 Tage *einen* Offizier, ich bin nehmlich fast beständig mit 3 bequartiert gewesen« à 3 Reichstaler pro Tag, was summa summarum 3106 Reichstaler ausmachte; eine Madame Imbert war 100 Tage im Schönhausener Herrensitz, für sie forderte Ferdinand v. Bismarck nur 2 Reichstaler pro Tag, und für einen »Domestique«, der dort 509 Tage seine Dienste verrichtete, waren 12 Groschen, also ein halber Reichstaler pro Tag gefordert. Alle Posten zusammengenommen machten den Betrag von über 6925 Reichstalern aus. Dazu kam noch die Kriegssteuer, die im Jahre 1807 in einer Höhe von über 1071 Reichstalern noch nach dem westelbischen Tangermünde bezahlt wurde.[129]

Was da im einzelnen auch zu berichtigen wäre, das Angeführte stimmte im Kern mit den sonst bekannten Besatzungs-Plackereien überein. Jedenfalls schlugen sich die Weltbegebenheiten bei Ferdinand v. Bismarck, wie wohl bei allen Junkern, auch in nüchternen und abrechenbaren Daten nieder. Aber was hier in der Quantität harter Forderungen im Gedächtnis und auf dem Papier festgehalten wurde, war Ausdruck der Staatskrise auf Leben und Tod, in die Preußen geraten war: sein Territorium nahezu halbiert und ökonomisch wertvoller Provinzen beraubt, das stehende Heer – sein wichtigstes und traditionelles Machtmittel – deroutiert, der Kriegsschatz aufgebraucht und ausgeraubt, die Steuermittel der Einwohner durch eben die Kontributionen und allerlei Brandschatzungen zusammengeschmolzen.

Die akute Lebenskrise des preußischen Staates erforderte Reformen von tiefgreifendem Charakter. Diese waren nur möglich, wenn der preußische König in die ihm noch verbliebenen Machtpositionen jene Männer berief, die schon vor der Katastrophe von 1806 durch ihre auf zivile und militärische Reformen abzielenden Vorschläge alle Kräfte des Volkes zusammenfassen wollten, damit Preußen und im Laufe der Bewegung auch Deutschland der napoleonischen Beherrschung entgehe.

Karl August Freiherr v. Hardenberg, Kabinettsminister und späterer Reformminister, hatte in einer Denkschrift vom 12. September 1806, also noch vor Amtsantritt Steins als leitender Minister, auf die Umwälzung von 1789 verwiesen: wie die Revolution in Frankreich alle schlummernden Kräfte geweckt, das Alte und Abgelebte zerstört habe, wie aller Widerstand dagegen fruchtlos gewesen sei, die neuen Grundsätze vielmehr eine solche Gewalt entfalteten, daß der Staat, der sie nicht annehme, untergehen oder sich die Annahme aufzwingen lassen müsse. Er forderte deshalb »eine Revolution im guten Sinne« die »durch Weisheit der Regierung und nicht durch gewaltsamen Antrieb von Innen und Außen« vollzogen wird.[130] Kurz: Hardenberg wollte eine Revolution von oben. Es war allerdings eine Selbsttäuschung (oder bewußte Täuschung des Königs), wenn er so tat, als ob die ins Auge gefaßte Revolution von oben nicht durch gewaltsamen Antrieb – also Druck – von außen in Gang gesetzt würde; angesichts der seit langem währenden Unzufriedenheit des preußischen Volkes, insbesondere der Bauern, erfolgte auch ein Druck von innen. Indem mit Jena und Tilsit die Lebenskrise des preußischen Staates bedrückend und bedrängend wurde, gab es zu ihrer Überwindung nur eine Chance: Bündnis zwischen Regierung und Nation, wie eine damals nicht selten gebrauchte Formel hieß.

Aber was war die Nation? Sie konnte unter den damals gegebenen Verhältnissen nur durch ein antinapoleonisches Zusammenwirken von Adel, Bürgertum, Bauernschaft und Kleinbürgertum in Erscheinung treten. Die schmerzlich erlebte Zeitgeschichte paukte vielerorts Dialektik ein; es wurde erkannt, daß die militärische Invasion nur dann rückgängig gemacht werden könne, wenn die nicht zuletzt von Frankreich ausgehende geistige Invasion verarbeitet und fruchtbar gemacht werde. Und dies geschah seit dem Ende des 18. Jahrhunderts und weiterhin nach 1807, auch wenn bei weitem nicht alle Früchte reiften.

Die Militärreformer hatten schon seit der Jahrhundertwende in kleinen Zirkeln Fragen der strategisch-taktischen Umwälzungen diskutiert und waren also nach 1807, als sie aus der erzwungenen Zurückgezogenheit hervorgeholt werden mußten, wohl vorbereitet für ihr großes Werk, das auch in Preußen-Deutschland die militärische Revolution einleitete. Und zur Agrarreform gab es seit der Französischen Revolution in Preußen eine umfangreiche Literatur, die über eine bloße Besserung im Rahmen der bestehenden Verhältnisse hinaus nach einer Beseitigung ihrer wirtschaftlichen und moralischen Unverträglichkeiten tendierte.[131]

Aufgeklärte Menschlichkeit nahm die Gestalt politischer Programmforderungen an. Diese waren auch erfüllt von der Kantschen Lehre über den Rechtsstaat und der physiokratischen und Adam Smithschen Theorie über die freie wirtschaftliche Konkurrenz. Aber nicht nur die produktiven Auseinandersetzungen mit der ausländischen Wissenschaft und Publizistik bereiteten die Stein-Hardenbergsche Staats-, Wirtschafts- und Agrarreform vor, sondern auch die zahlreichen Informationsreisen nach Frankreich, vor allem aber nach England. Als Freiherr vom Stein noch nicht der große Reformer und Inspirator war, hielt er auf Reisen in England Umschau in Fabriken und Bergwerken.

Gedrängt durch die Nöte der Staatskrise und die Widersprüche in der Land- und Gewerbewirtschaft, flossen manche durch lebendige Anschauung und wissenschaftliche Vernunft gewonnenen Erkenntnisse in das Reformwerk Preußens ein. Es wurde eingeleitet durch das Oktoberedikt von 1807. Vorbereitet und weitgehend verfaßt von jenen reformfreudigen, wenn auch nicht immer gleichgestimmten Männern der bereits im Juli eingesetzten Kommission für bürgerliche Angelegenheiten[132], war es dennoch das Werk des Freiherrn vom und zum Stein. Er sorgte dafür, daß das Edikt nicht durch allzu viele Klauseln und nicht durch Einschränkung auf einzelne Provinzen seiner vorwärtsweisenden Kraft beraubt wurde.

Das Oktoberedikt brachte die allgemeine Freigabe des vorher dem Adel vorbehaltenen Rechts auf Bodenbesitz; der Bürger und der Bauer konnten von nun an auch adlige Güter erwerben, wie umgekehrt jeder Adlige ein bürgerliches Gewerbe ergreifen und bürgerliche oder bäuerliche Besitzungen kaufen durfte. (Die erste Festlegung sei auch im Hinblick auf spätere Besitzveränderungen Bismarckscher Güter im Auge behalten.) Die für die Bauernbefreiung entscheidende Bestimmung war diese: Vom Martini-Tage 1810 ab durften die Bauern als freie Leute vom Gut wegziehen und heiraten, wie sie wollten; der Zwang zum Gesindedienst und zur Übernahme eines fronbelasteten Bauernhofs entfiel. Als drückende Lasten blieben vorerst noch die Hand- und Spanndienste, die Gefälle und Zinszahlungen, womit sich ein wesentlicher Unterschied zu dem zeigte, was die Jakobinerphase der Revolution den französischen Bauern brachte.

Nehmen wir das Oktoberedikt als Ganzes, das die Freiheit sowohl im Besitz als auch im Gebrauch des Grundeigentums und die Befreiung der Bauern von der Gutsuntertänigkeit oder Leibeigenschaft postulierte, dann schält sich sein historischer Wesenskern heraus: Mit dem Edikt waren zwischen den Klassen jene ständischen Schranken gefallen, die die Angehörigen einer ständischen Klasse, schon von Geburt an auf eine privilegierte oder unterprivilegierte Rechtsstellung im Staat festgelegt, bei ihrer gesellschaftlichen Entfaltung einengten.

Mit dem Abbau dieser Schranken waren die Grundlagen gelegt für die Reformen der nächsten Jahre: die Gewerbefreiheit; die Selbstverwaltung der städtischen Gemeinden und mit ihr die Reform der obersten Staatsbehörden; die Säkularisation der geistlichen Güter in den katholischen Provinzen; die Judenemanzipation; die Heeresreorganisation, ferner die Edikte und Deklarationen, die die wirtschaftliche und soziale Entwicklung auf dem Lande (auch dem ostelbischen) im Sinne des Kapitalismus während der nächsten vierzig Jahre bestimmten. Nach 1807 wirkten in Preußen große Volkserzieher, Erwecker und Förderer des bürgerlichen Nationalbewußtseins, und mit der Gründung der Berliner Universität 1810 bildete sich ein Sammelpunkt dessen heraus, was Friedrich Engels die »ideologische Revolution« nannte.

Nach dem Oktoberedikt gingen die ständischen Klassen des Feudalismus in die mobilen Klassen des Kapitalismus über: Die Aufhebung der Gutsuntertänigkeit beseitigte den Status der Bauern als ständische Klasse. Auch die adligen Gutsbesitzer waren handlungsfähiger geworden; wir übersehen oft, daß auch sie in ihrer Art schollenpflichtig gewesen waren. Und was das Bürgertum betrifft, so war seine Umwandlung aus einer ständischen Klasse in eine kapitalistische nicht allein bedeutsam für die Entwicklung der Gewerbefreiheit, sondern für die damals lebenswichtige Militärreform. Im alten Preußen bis Jena – Auerstedt waren die Bürger und viele gelernte Arbeiter vom Militärdienst befreit. Mit diesen im Interesse der gewerblichen Produktion stipulierten Exemtionen verband sich zugleich eine Art Wehrunwürdigkeit. Jetzt wurden sie freie Bürger, die das Vaterland verteidigen durften und mußten.

Allerdings: Die preußischen Reformen, so revolutionär sie im gesamten sein mochten, beseitigten die feudalen Stände nicht in explosionsartiger Form; es blieben da noch manche gesellschaftlich althergebrachten und juristisch im preußischen Allgemeinen Landrecht fixierten Schranken einige Zeit weiter bestehen.[133] In die Ungleichheiten zwischen Adel und Bürgertum, Adel und Bauern schoben sich einige Vorrechte der Bauern gegenüber anderen Dorfeinwohnern und einiger bürgerlicher Schichten (Beamte und Akademiker) gegenüber den Handwerkern, aber auch gegenüber manchen Vertretern des sogenannten Besitzbürgertums. Beispielsweise waren für die privilegierten oder »eximierten« Bürger nicht die ständischen und regionalen Gerichte, sondern die staatlichen Obergerichte zuständig. Doch setzte sich die durch die Reformgesetzgebung verfügte Gleichberechtigung auf wirtschaftlichem Gebiet derart durch, daß das Privilegiengeflecht in den folgenden Jahrzehnten allmählich verschliß und der Kapitalismus sich in allen Bereichen der Gesellschaft durchsetzen konnte.

Mit dem Auflösungsprozeß der feudalständischen Klassen änderten sich nicht allein die Struktur-, sondern auch die Bewegungsformen der Klassen. Indem die Klassenbasis der Gesellschaft einen qualitativen Umschlag erfuhr, nahmen auch die Provinzialstände im politischen Überbau einen anderen Charakter an. Ihre Standschaften waren nicht mehr von der adligen Geburt abhängig, sondern an den Grundbesitz geknüpft und auf städtische und bäuerliche Grundbesitzer ausgedehnt worden.[134] Dem Namen nach alt, der Sache nach neu, waren die Provinzialstände nach 1807 im Kern Interessenvertretungen von werdenden Agrarunternehmern, in deren Köpfen noch manche feudalen Vorstellungen spuken mochten. Die junkerliche Opposition gegen die seit dem Oktoberedikt eingeleiteten Agrarreformen war nur der Form nach feudal, ihrem objektiven Wesen nach vielmehr ein agrarkapitalistischer Verteilungskampf um möglichst lukrative Ablösung des adlig-feudalen Obereigentums und um möglichst günstige Gestaltung der Besitzverhältnisse, schließlich um Sicherung der Arbeitskräfte.[135]

Die Junker hielten zwar bis unmittelbar nach der Revolution von 1848/49 an solchen feudalen Vorrechten wie der Patrimonialgerichtsbarkeit, am Kirchenpatronat und dergleichen verbissen fest; aber das waren überkommene Machtpositionen, die es ihnen erleichterten, die neuen Auseinandersetzungen zu bestehen. Für diese Grundhaltung sollte Otto v. Bismarck im Jahrzehnt des Vormärz ein Musterbeispiel geben. Tatsächlich hätten die Junker ohne die aus dem Feudalismus stammenden Machtpositionen in ihren Gutsbezirken nicht die großen materiellen Gewinne bei der konkreten Realisierung der Agrargesetze erzielen können.

Wenige Monate nach dem Oktoberedikt und den ersten Reformmaßnahmen schrieb Friedrich v. Bismarck zunächst an Bruder Ernst nach Ünglingen bei Stendal, dann auch an Ferdinand nach Schönhausen. Der erstere war schon »Westphalinger«; bei ihm weilte damals der verwundete Theodor. Durch die Tilsiter Grenzziehung war die Familie staatlich auseinandergerissen. Die Elbe war Grenzfluß zum Königreich Westfalen geworden, und Schönhausen mit dem Bismarckschen Stammgut wurde ein preußischer Grenzort; die nahen Städte Tangermünde und Stendal, westlich der Elbe gelegen, waren schon nicht mehr preußisch, gehörten zu Jérômes Königreich.

Dem Bruder Ernst gegenüber machte Friedrich schon zu Beginn des Briefes[136] in burschikosem Ton geltend, er sei ein »alter Stabsoffizier, der gleich auf den Commandeur folgt und bei der Majestät gut angeschrieben steht«. Er fährt dann stoßseufzend fort: »Es ist erschrecklich, wie sich in so kurzer Zeit die ganze Welt verändert hat!« und stellt die bange, in allen Krisenzeiten immer wieder auftauchende Frage: »Wenn die wilde Jugend Confusionen macht, soll man sie denn gar nicht reprimandieren?« Konkreter wurde Friedrich, als er nach Vorgängen auf dem Lande fragte: »Du sollst ja ... von einem Tisch [aus] ein ganzes Feld voll Bauern harangiert haben. Wie war denn das? Ich bitte mir hiervon eine umständliche Beschreibung ...«. Und als ob der junkerlich versippte Stabsoffizier nicht allein murrende Bauern im Auge gehabt hätte, sondern auch aufmüpfige Kleinbürgersöhne, ermahnte er seinen Bruder Ernst, sich mit dem Hofmeister seines Sohnes (des nachmaligen Begründers der Linie Bismarck-Bohlen) »auf einen etwas ernsthafteren und bestimmteren Fuß einzurichten« und mit ihm nie Karten zu spielen. Alle Fragen und Ermahnungen blieben in Andeutungen, die dennoch einiges vom sozialen Kriseln und Knistern enthüllten.

Es ist nicht zu übersehen: Friedrich v. Bismarck, der im Briefwechsel mit seinem Vater aufklärerische Redensarten geführt und sich wie seinesgleichen im Widerspruch zwischen moralischem Bekenntnis und praktischer Haltung bewegt hatte, geriet nach 1807 bisweilen in arge Beunruhigung. Jedenfalls war nach seiner Sicht darüber zu wachen, daß die in Gang gekommene Revolution von oben, für die er ohnehin kein tieferes Verständnis aufbrachte, nicht in eine Revolution von unten überging.

Über das Oktoberedikt schrieb er kein Wort. Ob es ihm überhaupt bekannt war? Von Scharnhorst wußte er nur zu berichten, daß dieser bald Kriegsminister werde, was auf die »Einführung eines neuen militärischen Geschäftsganges« hinweise. Als ob es nicht um mehr gegangen wäre! Immerhin hatte Friedrich in Memel Oberst von Bülow getroffen, der ihm in »scherzhafter Weise« gesagt hatte, er sei dabei, »die Regimenter und Bataillone zu desorganisieren«; so wurde die Mühsal der Reorganisationsarbeit durch saloppen Offiziersjargon überspielt. Oberst Bülow saß auch in dem »Kriegs-Gericht, welches alle nur irgend verdächtige Handlungen im Laufe dieses unglücklichen Krieges untersucht und darüber strenge und gerecht erkennen soll. Das ist sehr gut! es führt zur Bestrafung der Bösewichte und zur Rechtfertigung und zum Trost des redlichen, unerkannten und verläumdeten Mannes.« Sonst erwähnte Friedrich noch die Kürzung der »Revenuen« in den Regimentern, die die Offiziere zum Verkauf von Pferden unter ungünstigen Bedingungen zwang, und erging sich in manchem Regimentsklatsch und vielerlei Skandälchen.

Während Friedrich v. Bismarck in seinem Brief an Bruder Ernst trotz aller Neigung zum unmittelbar Impressionistischen des Alltags auch Blicke auf allgemeine Fragen von Staat und Gesellschaft lenkte, enthielten die nur zwei Tage später an Bruder Ferdinand gerichteten Zeilen[137] bezeichnenderweise nur Themen, die diesen in seinem Gutsbereich berühren und bedrücken mochten. Friedrich kannte seinen Ferdinand nur zu gut. Sicherlich mußte der aus dem fernen Ostpreußen schreibende Bruder beredten Anteil nehmen an dem Brandunglück, das Ferdinand in seinem Schönhausen widerfuhr: zwanzig Häuschen brannten nieder, zwanzig Familien wurden obdachlos – und das mitten in der auch durch Kontributionen vermehrten Not der ersten Nachkriegszeit. Zwei Seiten des vierseitigen Briefes waren mit teilnehmenden Worten und guten Ratschlägen dem Dorfunglück gewidmet, aber er endete mit Betrachtungen über das Glück, ein starkes und gesundes Pferd zu besitzen, das auch noch allerhöchstes Geschenk war: »Daß Dir der König den Hengst geschenkt hat, freut mich sehr. Es ist gewiß ein charmantes, angenehmes Pferd, denn ich kenne Deinen Geschmack.« Offenbar überließ der König während seiner Flucht vor Napoleon, also nach dem Übergang über die Elbe bei Tangermünde (etwa 19. Oktober 1806)[138], dem Schönhausener Gutsherrn, der wenige Monate zuvor Wilhelmine Mencken, die dem Königshaus wohlbekannte Potsdamerin, geheiratet hatte, ein Pferd als huldvoll zurückgelassenen Ballast. Ob dieses Glücks im Unglück ergeht sich Friedrich redselig in fachmännischen Betrachtungen über den Tritt, den Trab und Galopp seines eigenen Pferdes und vergißt auch nicht dessen »Hinterteil« als »superbe« zu preisen. So schließt denn der Brief mit Erörterungen über etwas ganz Junkergemäßes: das Pferd.

Die Knebelung und Halbierung Preußens war eingeordnet in die Weltpolitik Napoleons, deren Dominante der seit dem 17. Jahrhundert währende Gegensatz zwischen Frankreich und England war – eine Rivalität, die jetzt ihren Höhepunkt erreichte. Noch bevor der Feldzug von 1806 in preußischen Landen beendet war, erließ Napoleon im November von Berlin aus das Dekret, das die Blockade über die britischen Inseln erklärte und jeden Handelsverkehr mit ihnen verbot.

Durchschlagenden Erfolg konnte die Kontinentalsperre nicht haben, auch wenn sie ein Industrieschutz für Frankreich und einige seiner Satellitenstaaten, beispielsweise für Sachsens Baumwollindustrie, sein mochte; zu sehr lastete die Sperre vor allem auf den agrarischen Ländern des Ostens, auf Preußen und Rußland. Sie mußten in immer bestimmterer Weise danach trachten, sich dem von Napoleon auferlegten Handelsverbot mit England zu entziehen.

In der Politik des Papstes, der ja auch weltlicher Herrscher des Kirchenstaates war, verbanden sich ökonomisches Interesse, klerikales Machtbewußtsein und religiöse Überzeugung; darum verweigerte er an der Küstenstrecke seines Kirchenstaates die Verhängung der Kontinentalsperre und opponierte gegen das innenpolitische System des napoleonischen Empire mit seiner Zivilehe und noch mehr mit seiner notwendigen Rücksichtnahme auf die zahlreichen Protestanten in seinem neugewonnenen Machtbereich.

Es folgten Schlag und Gegenschlag: Der Kirchenstaat wurde aufgelöst und der Papst ins Exil gebracht. Von Priestern angeführt, erhob sich das spanische Volk gegen die Fremdlinge und Aufklärer im Dienste des französischen Imperators; England bekam die Möglichkeit, Truppen unter dem Befehl des Generals Wellington in Spanien zu landen. Österreich hielt jetzt unter dem Einfluß des Erzherzogs Karl und anderer Josefiner den Augenblick für gekommen, um zu einem durch Heeresreform vorbereiteten Befreiungskampf gegen Napoleon aufzubrechen. Aber nach dem großen Schlachtenerfolg bei Aspern im Mai 1809 wurde die habsburgische Macht dann doch bei Wagram geschlagen und konnte nur durch weitere Verluste an Territorien und das Ertragen der napoleonischen Kontrolle über Österreichs Küstenbesitz an der Adria einen prekären Frieden erringen.

Von Preußen aus kam 1809 militärisch auch einiges in Bewegung, als der tapfere, aber politisch wirre Major Schill mit seiner Freischar die östlichen Grenzgebiete des Königreichs Westfalen gegen die napoleonische Fremdherrschaft aufzuputschen versuchte; er scheiterte nicht zuletzt an dem Widerspruch zwischen seinem konservativen Denken und rebellischen Tun.[139] Das allerdings wurde durch seinen Heldentod im Straßenkampf zu Stralsund im Bewußtsein der Zeitgenossen und Nachfahren verklärt.

Am Rebellenzug Schills nahm auch ein Bismarck als Leutnant teil, und zwar ein Heinrich *Friedrich* (der spätere Besitzer von Schönhausen II). Bei Tangermünde brachte er den schwerverwundeten Major v. Lützow über die Elbe und ließ ihn, auch mit Hilfe Ferdinand v. Bismarcks, in Schönhausen ärztlich versorgen und dann weiter ins Preußische hinein transportieren, von wo aus er nach Dänemark flüchten konnte.

Die Niederlage der habsburgischen Kaisermacht, der Tiroler Bauern und der Schillschen Freischaren mußten den preußischen Reformern erneut die Lehre aufdrängen, daß die Befreiung von der Fremdherrschaft nur durch eine umsichtige und umfassende Reformarbeit im militärischen, staatlichen und gesellschaftlichen Bereich möglich war, nicht zuletzt unter Berücksichtigung der weltpolitischen Entwicklung. Je mehr die Spannungen zwischen dem napoleonischen Empire und dem Zarenreich wuchsen, desto schwieriger wurde die Lage der notgedrungen lavierenden Hohenzollern, zumal Österreich und Großbritannien im Interesse ihrer europäischen Gleichgewichtspolitik ein zu enges Bündnis zwischen Preußen und Rußland auch nicht wünschten.[140]

Im Herbst 1811 brach für die Patrioten eine herzzerreißende Zeit an. Der Hoffnung auf ein vaterländisches Aufraffen folgte die Enttäuschung: Scharnhorsts im Oktober zu Petersburg abgeschlossene Militärkonvention blieb in Berlin unbeachtet, und Gneisenaus Mahnung, daß Napoleons Macht ihre Grenzen habe und die Zeit für die Erhebung des Volkes gekommen sei, tat der König als »Poesie« ab. Der mit Gneisenau persönlich bekannte Heinrich v. Kleist, der Dichter des »Prinz Friedrich von Homburg« und der »Hermannsschlacht«, wurde nach seinem Angebot, die Dienste als Offizier wieder aufzunehmen, vom König hingehalten. In materielle, seelische und geistige Konflikte unlösbar verstrickt, wählte er verzweifelt im November 1811 den Freitod. Als dann Ende Februar 1812 der preußische König für den von Napoleon vorbereiteten Krieg gegen Rußland Waffenhilfe zugestand und Österreich einige Wochen später dasselbe tat, verließen Gneisenau und seine Freunde unter Protest den preußischen Dienst. Viele von ihnen gingen nach Rußland, wo sich eine deutsche Legion sammelte. Auch Freiherr vom Stein fand sich im Hauptquartier des Zaren ein.[141]

In den deutschen Ländern schien hinfort alles seinen napoleonischen Gang zu gehen; Zuversicht in die Allmacht des französischen Kaisers herrschte vor und Ruhe, die nicht als Ruhe vor dem Sturm empfunden wurde. In dieser Atmosphäre trat das Ehepaar Ferdinand und Wilhelmine v. Bismarck mit Dienstmädchen, Kutscher, eigenem Wagen und Pferdegespann eine Sommerreise an, die sie über Eger nach Karlsbad führte.[142] Ein Stück kleine und große Welt jener Tage und Wochen eröffnete sich ihnen. Während der Durchreise in Leipzig Ende Juni besuchten die Bismarcks den »G. R. [Geheimrat] Frege«, danach hielten sie sich vom 5. bis 22. Juli in Eger auf und im nahen »Kaiser Franzensbad«, wo sie mit »Banq.[uier] Frege nebst Schwägerin« und anderen Bankleuten, aber auch Rittmeistern Ferienbekanntschaft pflegten. Der Leipziger Großbankier Frege spielte stets auch eine politische Rolle; so hatte er um die Wende 1806/07 im Namen des sächsischen Königs mit den Repräsentanten Napoleons um die Höhe der Kriegskontributionen verhandelt und dafür im Jahre 1808 den Titel »Königlich Sächsischer Kammerrat« erhalten. Zufällig war es wohl kaum, daß sich die patrizisch-adlige Feriengesellschaft 1812 just an dem Tage in Eger einfand, da das Kaiserpaar von Österreich mit der Tochter Marie-Luise, die seit 1810 zweite Gattin Napoleons und damit Kaiserin von Frankreich war, »mit einem ungeheuren Tross« ankamen und mit »gewaltigem Vivat« empfangen wurden.

Es muß in der Tat ein »ungeheurer Tross« durch die Stadt gezogen sein, da 300 Vorspannpferde herbeigeschafft worden waren, »wozu die ganze Gegend bis Töpl in Anspruch genommen wurde«, wie eine Chronik von Eger berichtete.[143] Die Abrechnung aller Unkosten dieses Besuches zog sich auf dem mühevollen Weg einer peinlich genauen Bürokratie bis 1828 hin, zumal über die Rechnungen der Pferdehalter, die sich über die Strapazierung der Pferde wegen der zu schnellen Fahrten beschwerten, ganze Protokolle angelegt wurden.[144] So läßt sich die Größe des kaiserlichen Schaugepränges, das unter vielen auch das Ehepaar Bismarck genießen konnte, gleichsam quantitativ an der Höhe der Unkosten und der Länge des Abrechnungsweges messen.

Bieder bemerkte Ferdinand v. Bismarck: »Der Kaiser ist, seit ich ihn in Hochheim anno 1794 sah, sehr alt und mager geworden. Es ist ihm seit dieser Zeit auch so manches durch den Kopf gegangen, daß es nicht verwunderlich ist.« Doch: »Die Kaiserin von Frankreich haben wir viel hübscher empfunden, als wir sie uns dachten. ... sie zeigte sich sehr viel und ging zu Fuß um alles zu besehen.« So atmete der Tagebuch-Bericht doch eitel Wohlgefallen am kaiserlichen Abglanz in dieser Welt.

Von Prag kommend, passierten die Majestäten Eger und Franzensbad, nachdem sie sich vier Wochen vorher in Dresden aufgehalten hatten, wo Napoleon vor seinem Aufbruch in den russischen Feldzug wie ein Beherrscher aller Herrscher im sommerlichen Sonnenglanz und bei nächtlicher Illumination – bis dahin einzigartig in Deutschland – Kaiser und Kaiserinnen, Könige und Königinnen, Erzherzoge, Großherzoge und Herzoge mit militärischem und zivilem, männlichem und weiblichem Gefolge um sich versammelt hatte. Zu all diesen mit Besuchen und Verhandlungen vermischten Festlichkeiten hatte sich etwas verspätet der König von Preußen in Begleitung des fast siebzehnjährigen Kronprinzen (des späteren Friedrich Wilhelm IV.) und des Staatskanzlers Hardenberg gesellt.[145] Dieser festlich-fürstlichen Ouvertüre zum napoleonischen Katastrophengang durch Rußland in Dresden folgte eine Zugabe für die kleinen Aristokraten und Patrizier in der nordwestböhmischen Provinzstadt Eger. Sie genossen das Nachspiel wohlgefällig, aber auch selbstgefällig. So vermerkte der Tagebuchschreiber Ferdinand v. Bismarck, daß er mit seiner Wilhelmine jene »belle Etage« des Hotels »Zwei Herzoge« (allerdings wegen der hohen Kosten nur zwei Tage) bewohnte, in der gelegentlich der Großherzog von Würzburg, der Bruder des Kaisers Franz, untergebracht war.[146]

In diesen Wochen also, da meteorologisch und politisch noch der heitere Sommer vor dem düsteren Herbst und eisigen Winter herrschte, war das ländliche Junkerpaar aus Schönhausen mit dem großstädtisch-patrizischen Bankier und Geheimrat aus Leipzig beisammen – wohl im Geiste gläubiger Anpassung an das europäische Machtgefüge, das Napoleon geschaffen hatte und zu dessen Vollendung in Rußland er eben zu seiner Grande Armée geeilt war. Warum sollte das alles dem »Unüberwindlichen«, wie er auf Triumphbögen apostrophiert worden war, nicht gelingen? Ob mit lauen oder warmen Sympathien, an ihn glaubten kleine und große Geister, kannegießernde Badegäste und Johann Wolfgang v. Goethe, Geheimrat und Dichterfürst in Weimar.[147] Doch auch im Olymp des Geistes zeigte sich wie im Lager der preußischen Reformer rebellischer Trotz: Eine Woche vor Napoleons politischer und militärischer Heerschau in Dresden setzte Ludwig van Beethoven auf die Partitur seiner VII. Symphonie das Datum des »13. May« als Beginn ihrer Niederschrift, die er vielleicht im August zu Franzensbad beendete.[148] Es ist jenes Werk, das in seinem zweiten Satz der Klage von Millionen ergreifenden Ausdruck gibt und im Finale den Siegesjubel rhythmisch vorwegnimmt.

Die Flammenzeichen des Jahres 1812, als Napoleon nach Rußland einfiel, waren die Schlacht von Borodino, der Brand von Moskau und der Rückzug über die Beresina. Der Katastrophe des Angreifers folgten die Rebellion preußischer Militärs und schließlich das Bündnis zwischen Preußen und Rußland. Das seit 1807 geschundene und doch auch wieder geistig-moralisch vorwärtsstrebende Preußenvolk brach in einen »halben Insurrektionskrieg« (Engels) aus. In der Tat, die allgemeine Volkserhebung in Berlin, in Schlesien, in den drei Provinzen der Monarchie rechtfertigte den emphatischen Ruf: Das Volk steht auf, der Sturm bricht los! Zu den Linientruppen stießen die freiwilligen Jäger und die Landwehr.

Aus jenen Monaten hinterließ Leopold von Gerlach, der nach seinem Bruder Ludwig 1848 politischer Mentor Otto v. Bismarcks, dann sein Mitspieler und schließlich Gegenspieler werden sollte, einen Bericht aus dem Breslau des Jahres 1813. Er schrieb über die Begeisterung unter den Kriegsfreiwilligen, über die herrlichen Zeiten, in denen alles wieder auflebe und auf einen großen Zweck hin wirke.[149] Seine Impressionen gaben auch die politischen Farben wieder, die er in dem wuselnden Leben auf Gassen und in Wirtshäusern zu erkennen glaubte. Er stellte drei Richtungen unter den Freiwilligen fest: die Aristokraten, die Demokraten und die Anarchisten. Wer Leopold v. Gerlach von seiner politischen Hoch- und Endzeit her kennt, wird mit einiger Verwunderung vernehmen, daß er die Aristokraten als »ohne alle Position und Kraft« abtat. Dieses Urteil scheint um so dunkler gefärbt, als der junge und hochgemute Leopold auf die Demokraten, die »Ausgezeichnetsten und Kräftigsten unseres Landes«, recht helles Licht warf. Sie seien »ganz aus der Zeit der französischen Revolution, Feinde des Adels, des Feudalismus, der Frondienste, der Leibeigenschaft, der Patrimonialgerichtsbarkeit, der Stifte u. s. w.« Er setzte dann hinzu, daß »fast alle was getan, was erlebt haben, in vielen Verhältnissen waren und daher in Rang und Würden stehen«. Doch die hier Gekennzeichneten waren wohl keine Demokraten, sondern Liberale.

Aber wie sah Leopold v. Gerlach die sogenannten Anarchisten? Sie seien »von solchen Dingen« wie Rang und Würden entfernt und wüßten nicht, »wie es in der Welt steht«. Dieses abschätzige Urteil, das zwar manche illusionäre Züge von Enthusiasten richtig treffen mochte, war doch wieder nicht allzu ernst zu nehmen, weil es immer mehr zur formelhaften Redewendung der Konservativen wurde; stets meinten sie, ihre gesellschaftlichen Antipoden und politischen Gegner würden die Welt nicht kennen. Auch ein Otto v. Bismarck gefiel sich zur Zeit der 48er Revolution in dieser Haltung.

Die sogenannten Anarchisten nun, so fuhr Leopold v. Gerlach fort, »sind Studenten, Doktoren, Buchhändler u. s. w., die nach Studentenmanier über alles hinwegsehen. Ihr Anführer ist Jahn, der nicht so zu sein scheint mit seinem kahlen Kopf und schönen Gesicht. Mir kam er einfach, reell und praktisch vor, doch mag er wohl im Grunde mit den Andern gleicher Gesinnung sein.«[150] Ob man die junge Intellektuellenschar jener Zeit schlechtweg unter die Anarchisten rubrizieren kann, mag bezweifelt werden. Wenn man die weitere Entwicklung der Parteiungen in den Jahrzehnten des Vormärz im Auge behält, dann könnte man eher von Demokraten sprechen, die sich in einer noch recht unausgegorenen, anarchistelnd-illusionären, deutschtümelnden Verfassung des Herzens und des Verstandes befanden.

Was uns Leopold v. Gerlach aus jenem Breslau von 1813 überlieferte, war zwar nur eine Momentaufnahme, aber eine repräsentative. Wenn man seine drei Richtungen des damaligen politischen Preußens soziologisch auf den Begriff bringt, dann kann man von Adel, Bürgertum und dem die Bauern mitvertretenden Kleinbürgertum[151] sprechen, also von drei Klassen, die in einem antinapoleonischen Bündnis vorübergehend zusammenwirkten. Und dieses klassensolidarische Zusammenwirken von 1813 war ebenso die negative Reaktion auf das fremdländische Joch wie die positive Auswirkung jener bürgerlichen Reformen in Wirtschaft, Gesellschaft, Staat und Kultur, die seit 1807 vorangekommen waren.

Auch Schönhausen war von gesamtnationaler Aufbruchstimmung durchweht. Der damals zweiundvierzigjährige Ferdinand v. Bismarck zog zwar nicht ins Feld, aber er soll daheim den Landsturm organisiert haben.[152] Im Unterschied zu den Jäger- und Landwehrformationen kam der Landsturm, Ende April 1813 als eine Art Partisanentruppe konzipiert und ohnehin nur als latente Organisation in Reserve gehalten, im Befreiungskrieg kaum zum Zuge. In der Hauptsache scheiterte er am Widerstand adliger, aber auch bürgerlicher Ordnungshüter, die eine heillose Angst vor urtümlicher Turbulenz hatten.[153] So brauchte Ferdinand v. Bismarck seinen Kampfesmut nicht unter Beweis zu stellen; dennoch beschien etwas vom vaterländischen Kriegesruhm auch sein Haupt. Im Mai 1813 lagen in Schönhausen unter

Jahns Führung die Lützower Jäger; in der alten Kirche schworen die neueingetretenen Freiwilligen den Kriegseid und sangen die Kampfeslieder Arndts und Luthers.[154] Im Pfarrhaus wohnte, wie man aus einer Eintragung weiß, Theodor Körner.[155]

Was sich während des preußisch-deutschen Frühlings um das Schönhausener Gut zutrug, kam dem sozialen Prestige Ferdinand v. Bismarcks zugute; unter dem Datum des 2. April 1815 kündigte er in Berliner Zeitungen in getrennten Anzeigen nicht allein die Geburt seines Sohnes Otto an, sondern auch die Tatsache, »daß des Königs Majestät aus Allerhöchst-eigenem Bewegsgrunde geruhet habe, mir den Johanniter-Orden und den Charakter als Rittmeister allergnädigst zu erteilen«[156].

Der zweitjüngste der Brüder, Leopold, nahm als Major im Husarenregiment des Herzogs von Mecklenburg-Strelitz am Herbstfeldzug des Jahres 1813 teil. Nach einem Bravourstück beim Übergang über die Elbe erhielt er das Eiserne Kreuz I. Klasse. Während der Völkerschlacht bei Möckern schwer verwundet, wurde er nach Halle gebracht, wo er verstarb. Drei Tage vor seinem Tode schrieb er mit fester Hand einen erschütternden Brief an seinen älteren Bruder[157]: »Mein schrecklichster Zustand besteht darin, daß ich mich durchaus gar nicht im mindesten bewegen kann, sondern den ganzen Tag und Nacht ohne mich zu rühren auf einem Fleck still liegen muß.« Er habe »die langen Nächte mit den schrecklichsten Schmerzen zu kämpfen«. Und in Sehnsucht nach dem Leben seufzte der Sterbende ohne Heldenpose: »Meine gesunden Glieder wären mir aber doch lieber gewesen … als das Eiserne Kreuz.« Noch heute ist auf einer Gedenktafel an der Empore der Schönhausener Kirche der Opfertod des Leopold v. Bismarck mit den Namen anderer Gefallener des Ortes ehrenvoll verzeichnet.

II. Bismarcks Werden und Suchen im historischen Umfeld

Frühe Kindheit auf dem Lande und Schuljahre in der Residenz

Im Sterben und Werden eines alten und kräftigen Geschlechts ward Otto v. Bismarck an der Wende eines Zeitabschnitts geboren: Die napoleonischen Erschütterungen und Kriege gingen zu Ende; das europäische Staatensystem war entsprechend der Veränderung in den Kräfteverhaltnissen zwischen den Klassen und Staaten neu zu gestalten. Das war die Aufgabe des vom September 1814 bis Juni 1815 tagenden Wiener Kongresses. Zur territorialen und politischen Neuregelung in Europa gehörte auch die innerhalb Deutschlands.

England war der Hauptsieger in dem Jahrhundertkampf, der 1688 nach der glorious revolution begonnen, 1763 die Hegemonie der Bourbonen überwunden und mit der Niederwerfung Napoleons geendet hatte. England stärkte seine Stellung als erste Industrie- und Kolonialmacht Europas. Österreich zog sich vom Rhein zurück, nicht allein durch die Preisgabe Belgiens, sondern auch des Breisgaus, und baute dafür in Venetien seine italienische Stellung aus; Österreich wurde stärker als vorher eine Südost- und Donaumacht, ohne auf hegemoniale Aspirationen in Deutschland zu verzichten. Rußland rückte durch die Annexion von Zentral-Polen weiter nach Westen vor. Frankreich, wo das bourbonische Königtum wieder eingesetzt wurde, verlor nur Savoyen und Nizza, behielt jedoch Elsaß und Lothringen. Preußen schließlich konnte sich zwar halb Sachsen, die Rheinprovinz und Westfalen einverleiben; aber sein Territorium blieb nach wie vor unzusammenhängend, durch Hannover und Hessen-Kassel getrennt.

In der Reichsgründungszeit hatte sich Otto v. Bismarck nahezu mit all diesen territorialen Regelungen, die in seinem Geburtsjahr getroffen wurden, direkt oder indirekt auseinanderzusetzen, erst recht mit dem in Wien abgeschlossenen Bundesvertrag. Dieser war eine einzige Desavouierung aller nationalen Hoffnungen, da er weder eine Bundesregierung noch ein Bundesparlament brachte.

Das zentrale Organ des Bundes mit dem schönfärberischen Namen Bundestag und seinem Sitz in Frankfurt am Main war eine Konferenz von Gesandten, die an die Instruktionen ihrer Regierungen gebunden waren. Die Souveränität der deutschen Fürsten, Ergebnis eines halben Jahrtausends deutscher Geschichte, war geblieben.

Auf der Protagonistenebene des Wiener Kongresses waren die nationalpolitischen Gegensätze in Freiherrn vom Stein und Staatskanzler Metternich personifiziert.

Metternich siegte über Stein, weil er sich sowohl auf die partikularistische Niedertracht ehemaliger Rheinbundstaaten, wie Bayern und Württemberg, der stabilsten Hinterlassenschaften Napoleons auf deutschem Boden, als auch auf das Interesse der Großmächte an einem schwachen Deutschland durchaus verlassen konnte.

War Metternich der Planer und Gründer des antinationalen Fürstenbundes, genannt Deutscher Bund, so machte sich Zar Alexander daran, politisch das Zusammenwirken der Monarchien, insbesondere Mittel- und Osteuropas, zu fördern und diese ideologisch vom aufgeklärten Absolutismus mit seiner auch für die Monarchen gültigen Vertragslehre abzubringen. Stattdessen wollte er die Lehre vom Gottesgnadentum und von der Legitimität neu beleben und begründen. Diese Prinzipien der zaristisch inspirierten Heiligen Allianz sollten die Monarchien gegen das bürgerliche Streben nach konstitutionellen Verfassungen und nationaler Staatenbildung geistig besser rüsten, als dies nach Meinung der Neo-Konservativen die Anpassung ans Aufklärerische vermochte. Nach dem Zustandekommen der Heiligen Allianz, deren Kern der russische Zar, der habsburgische Kaiser und der preußische König bildeten, schien sie fähig zu sein, Geist und Macht der kommenden Jahrzehnte zu bestimmen. Tatsächlich vermochte sie es aber nicht, trotz Karlsbader Beschlüsse mit ihrer Vorzensur, dem Verbot der Burschenschaften, der Entlassung unliebsamer Lehrkräfte, wie unter anderen Ernst Moritz Arndt, und der Überwachung der Universitäten. So wie in dem antinapoleonischen Unabhängigkeitskrieg Reaktionäres mit dem Streben nach preußisch-deutscher Regeneration zusammenwirkten, so war der Rückschritt der von der Heiligen Allianz geprägten Restaurationsperiode gepaart mit dem Fortschritt, der sich ökonomisch-sozial, geistig und politisch auf die bürgerliche Nation hinbewegte. Das nährte auch mannigfache Widersprüche innerhalb der ideologischen Systeme und verschärfte die Auseinandersetzung zwischen ihnen.

Für Bismarck war sein Geburtsjahr in doppeltem Sinne von gesellschaftlichem Gewicht: Einmal hat ihn jener in der Kindheit und Jugend vermittelte Erlebnisbereich der unmittelbaren Vergangenheit in hohem Maße geprägt, zum anderen wurde damals gesellschaftlich und staatlich der Rahmen und Inhalt für das geschaffen, was er in der Zukunft zu bewältigen hatte.

Es konnte kaum anders sein, als daß der heranwachsende Knabe gleichsam Stück für Stück und mit den Jahren immer eindringlicher von all dem erfuhr, was Eltern, Verwandte, Freunde und Lehrer von ihrem Stand und Standort aus erlebt und verarbeitet hatten: Vom Vorfeld der Großen Französischen Revolution bis zum Interventionskrieg der alten Mächte; vom Sonderfrieden Preußens 1795 bis zum Zusammenbruch der vom Alten Fritzen überkommenen Armee 1806; von den Bedrückungen der Fremdherrschaft bis zu den Taten und Opfern des Befreiungskrieges, aber auch von dem wenig heldenhaften Hin und Her des diplomatischen Spiels um die Siegesfrüchte Preußens.

Über die Grenzziehungen und Annexionen der großen und kleinen Länder Europas werden sich die Gemüter in der Familie Bismarck kaum erhitzt haben, nicht einmal über die Bildung des Deutschen Bundes, der nur ein loser, die Souveränität der deutschen Fürsten wahrender Staatenbund wurde. Interesse dürfte schon eher die Frage gefunden haben, ob Sachsen ganz oder teilweise von Preußen annektiert wird. Immerhin war seit dem November 1814 als Nachfolger des russischen Obersten Prendel Generalleutnant Friedrich v. Bismarck, also »Onkel Fritz«, Stadtkommandant von Leipzig. Dort mußte er mit dem der Familie wohlbekannten Sächsischen Kammerrat und Großbankier Frege zu tun haben, der als Mitglied des Rats der Stadt seit der Völkerschlacht verantwortlich für die Leipziger Lazarette war.[1] Diese Beziehungen mögen erklären, warum Frege unter den Paten Otto v. Bismarcks figurierte, wenn auch im Taufregister der Schönhausener Dorf- und Herrschaftskirche vom 15. Mai als abwesend notiert. Es will so scheinen, als ob bereits an der Wiege Otto v. Bismarcks die Diplomatie mit im Spiel war – eine Diplomatie,

Friedrich v. Bismarck (1766–1830). Generalleutnant. Bismarcks „Onkel Fritz“

Jägerstraße und Gendarmenmarkt, heute Otto-Nuschke-Straße und Platz der Akademie. Von Friedrich August Calau

die die Widersprüche zwischen aristokratisch-patrizischer Solidarität und staatlicher Interessenlage mitunter auszugleichen hatte.

Was Otto v. Bismarck von seinen Eltern und Ahnen an körperlich-nervlicher Konstitution und charakterlicher Wesensart geerbt haben mochte, verband sich organisch mit der von ihm gleichsam eingesogenen Lebensatmosphäre der ganzen Familie, mit ihren ökonomisch-politischen Interessen, individuell und sozial bestimmten Empfindungen, Denk- und Lebensgewohnheiten, ihren gesellschaftlichen Konnexionen und zeitgeschichtlichen Verstrickungen.

Otto von Bismarck verbrachte die ersten Jahre seiner Kindheit nicht in seinem Geburtsort; bereits im Frühjahr 1816 übersiedelte sein Vater Ferdinand v. Bismarck mit der Familie nach Pommern in das neuerworbene Gut Kniephof, ohne daß er Schönhausen aufgab.

Wie überall tat man sich schwer in bezug auf Umwandlung der Besitz- und Nutzungsrechte der Bauern und Kossäten an ihren Grundstücken in ihr volles Eigentum und Ablösung ihrer Frondienste und Natural- wie Geldabgaben. Das relativ weitgehende Agrar-Edikt von 1811 wurde nie und nirgends angewandt, ja vielfach – wie interne Berichte zugaben – nicht einmal veröffentlicht. 1815 formell suspendiert und durch die Deklaration von 1816 ersetzt, also durch ein ganz neues Gesetz, das die Möglichkeit einer Eigentumsverleihung gegen Landabgabe an die Gutsherrn auf die spannfähigen Bauern einschränkte. Erst das Gesetz vom März 1850 erklärte alle Bauern für regulierungsfähig.

Den Schwierigkeiten der Regulierungen und Separationen konnte ein Gutsherr in einem vielgliedrigen Dorfe kaum ausweichen, wie dies in einer kleinen Siedlung möglich war. Anders als Schönhausen bestand Kniephof nur aus einem Herrensitz, dem Vorwerk und wenigen Feuerstellen.[2] Das mag hinlänglich erklären, warum Ferdinand v. Bismarck den pommerschen Besitz als Wohnsitz wählte und es seinem Inspektor Bellin überließ, mit den Bauern und ihren Streitereien an der altmärkischen Elbe fertig zu werden. Der neue Besitzer von Kniephof hatte das Gut von der Witwe seines Vetters mit den benachbarten Gütern Jarchlin und Külz samt totem und lebendem Inventar zu äußerst günstigen Bedingungen erworben. Zum lebenden Inventar gehörten – wie der schriftliche »Vergleich« auswies[3] dreißig Kühe und ein

Bulle. Es war dafür eine Entschädigung von 890 Reichstalern ausgesetzt; als Gegenleistung für die Güter stipulierte der »Vergleich«, der eben kein Kaufvertrag war, die Verpflichtung, daß »der Herr Rittmeister von Bismarck aber ohne Verrechnung das Agio für das Geld und die Pfandbriefe«, die als Hypothek auf den Gütern eingetragen waren, übernahm; desgleichen sollte er »die Kriegs-Schäden aus dem Jahre 1807 und die Meliorationen vergütigen«. Bemerkenswert ist noch, daß »als Beistand« dieses merkwürdigen Vergleichs Karl Wilhelm Zitelmann figurierte, nämlich ein Verwandter jenes gleichfalls aus Stettin stammenden Zitelmann, der in den fünfziger Jahren Pressegehilfe und in den sechziger Jahren Chef des geheimen Nachrichtendienstes Otto v. Bismarcks war.[4] So gab es im vertraulichen Dunkel der Geschäfte eine gleichsam parallel laufende und zugleich aufsteigende Kontinuität von den Alten zu den Jungen. Vater Ferdinand jedenfalls, so simpel und phlegmatisch er sein mochte, bewies bei dieser Transaktion ebenso wie bei seiner Heirat zehn Jahre vorher, daß er des Lebens günstige Gelegenheiten zu nutzen verstand; er konnte warten, bis die Umstände das Handeln erlaubten. Eine solche Eigenschaft sollte auch seinem Sprößling Otto später nicht fremd sein.

Die pommerschen Güter Külz, Jarchlin und Kniephof lagen nahe beieinander an einer etwa zehn Kilometer langen Strecke. Im Eigentum einer und derselben Familie, wenn auch nicht immer der gleichen Familienmitglieder, unterstanden sie einer gemeinsamen Patrimonialgerichtsbarkeit und einem einzigen Kirchenpatronat, wobei die drei Güter in Jarchlin eingepfarrt waren, wo auch die alte, relativ kleine Kirche stand. Das nahe Naugard, Sitz des junkerlichen Landrats, des herrschaftlichen Justitiars und des ritterschaftlich beherrschten Kreistages, hatte nicht den patrizisch-bürgerlichen Charakter wie Tangermünde und Stendal, sondern war von Institutionen der Junker und ihren gesellschaftlichen Vorstellungen in hohem Maße beherrscht.

Wollte man von Naugard aus das Bismarcksche Kniephof besuchen, stieß man zunächst auf Külz, wo eine doppelreihig mit Eichen bepflanzte Allee den Blick auf das Gutshaus zugleich freigab und begrenzte. Nach Kniephof hin zweigte von der Hauptstrecke eine auch mit Eichen umsäumte Straße ab, die zu zwei Dritteln aus einem gepflasterten Teil bestand, zu einem Drittel aus einem ungepflasterten, gleichsam danebenliegenden Weg, der Pferdehufen angemessen war.

Gutshof Kniephof
Zeichnung Bernhard von Bismarcks

Kniephof war kein Dorf; da gab es nicht wie in Schönhausen Bauernhäuser und eine Dorfstraße, die sich da und dort verzweigte, keine trutzig-ehrwürdige Dorfkirche. Das Gutshaus war der bestimmende und beherrschende Teil des Fleckens. Eingangssäulen kurz vor seinem Hauptgebäude bildeten, wie übrigens auch in Külz, das Wahrzeichen herrschaftlichen Besitzes. Dem durch die Eichenallee auf das Herrenhaus Zufahrenden boten sich rechts die Wirtschaftsgebäude und Wohnungen der Gutsleute dar, links erstreckte sich der feudale Park- und Waldbesitz.

Der Herrensitz bestand aus einem Mittelbau von zwei Stockwerken und zwei einstöckigen Anbauten mit Dachstuben in den Seitengiebeln. Auf der Rückseite des Gutshauses befand sich eine Gartenstube mit Veranda. Im rechten Anbau wohnte die Dienerschaft, in einfachen, geweißten Stuben. Der Hausflur war ziegelsteingepflastert, also weniger für den Empfang von Gästen vorgesehen, sondern zum Abstampfen von Acker-, Wald- und Stallstiefeln. Ausmaß und Einrichtung des Herrenhauses waren von solchem Zuschnitt, daß es niemandem in den Sinn kam, es als Schloß zu bezeichnen.

Schon ein flüchtiger Vergleich mit Schönhausen läßt dort das stattliche Dorf als relativ selbständigen Teil erkennen, während in Kniephof alle Bauten – das Wirtschaftshaus, die Stallgebäude, Scheunen und Kornböden, die Brennerei, die Schmiede und die elf einstöckigen, vornehmlich mit Lehmwänden hergestellten Fachwerkhäuser für je vier Familien unter einem Dach – dem Gut gehörten und auch räumlich dem junkerlichen Gutshaus zu- und untergeordnet waren. Das alles gibt eine erste, ahnende Vorstellung vom pommerschen Patriarchalismus, von der materiellen Not und geistigen Erniedrigung des Hausgesindes und der Landarbeiter. Nur die fabrikähnliche Schnapsbrennerei, ebenfalls rechtsseitig vor dem Gutshaus gelegen wie die meisten anderen Bauten, wirkt etwas klotzig-befremdlich, als aufdringliches Zeichen willkommener Geldeinnahmen und zugleich als Einbruch des Kapitalismus in den patriarchalisch verbrämten Feudalismus.

Ferdinand v. Bismarck schien sich mit dem mehr und mehr kapitalistisch werdenden Wirtschaften einigermaßen anzufreunden. Im November 1821 wartete er in einem Brief aus Kniephof an den Herzoglich-Meiningischen Kammerpräsidenten von Bibra[5], einen Kurbekannten aus Bad Liebenstein, mit konkreten Zahlen auf, die sich auf die Güter von Kniephof und Schönhausen zusammen wie auf eine Wirtschaftseinheit bezogen. Norddeutsche Maßeinheiten verwendend, machte er folgende Angaben: »Mein Einschnitt ist in Schönhausen und hier (die Mandel zu 15 Bund) 1750 M. Weitzen, 5920 M. Roggen, 1800 M. Gerste, 4000 M. Hafer ... und 400 Fuder Wiesenheu gewesen.« Auf den beiden Gütern bestand das lebende Inventar aus 38 Ackerpferden, 65 Ochsen, 3 Zuchttieren, 53 Kühen, 74 St. Jungvieh und 3250 Schafen. Ferdinand v. Bismarck beklagte sich darüber, daß die Kornpreise »äußerst schlecht« seien und das Kornbrennen »wegen der hohen Abgaben wenig Vorteil« bringe. »Ich habe zwei Ziegeleien, wo in der zu Schönhausen 224 000 und in der hiesigen 110 000 Steine gebrannt worden sind ...« Dem ganzen Gutsgetriebe standen drei Inspektoren vor.

Einige Jahre später disponierte der Gutsherr in Kniephof hinsichtlich einiger Produktionsvorhaben um; in einem amtlichen Bericht an das Oberpräsidium zu Stettin über die gutsherrlichen und bäuerlichen Verhältnisse in der Provinz Pommern[6] hieß es: »Bemerkenswert ist, daß der Gutsbesitzer v. Bismarck die Idee gefaßt hat, den Kornbau bis auf eigene Konsumtion zu beschränken und die andern Grundstücke nur zur Weide und zum Futterbau für Schaafe zu benutzen. Kuhvieh soll auch nur soviel als zum Wirtschaftsbetriebe nötig, gehalten werden.« Mit diesem Umdisponieren der landwirtschaftlichen Produktion reagierte Ferdinand v. Bismarck auf die von ihm bereits 1821 brieflich erwähnte Senkung der Getreidepreise, die um die Mitte der zwanziger Jahre etwa auf die Hälfte des Durchschnitts der vorhergegangenen dreißig Jahre heruntergingen, ähnlich wie die Fleischpreise. Nur die Wollpreise blieben einigermaßen stabil; offensichtlich lockte der Stettiner Wollmarkt, von wo aus der Export nach England lief.[7]

Hier breitete sich mitten im patriarchalischen Pommernland in Nachahmung der englischen Landwirtschaft langsam aber sicher kapitalistisches Wirtschaften aus. Für den heranwachsenden Otto v. Bismarck hingegen wurde Kniephof für einige Jahre zum Knabenparadies. Pommern war es, das Otto v. Bismarcks Erlebnisbereich nachhaltig prägte, weitaus mehr als die Altmark. Immer galt seine größere Liebe jenem Flecken Erde, auf dem er in früher Ungebundenheit umherstreifen konnte. Auch der zum Manne gewordene Bismarck liebte den waldigen, leicht hügeligen Bereich um Kniephof herum weitaus mehr als die Flußniederungen bei Schönhausen. Er mochte den schönen, in Wald übergehenden Kniephofer Park mit seinem in sanftem Bogen geschwungenen Weg, seinen Lichtungen, den Fischteichen und nicht zuletzt den alten Eichen. Alles bot zudem willkommene Gelegenheit zum Reiten und Jagen. Landschaft und Herrschaft waren hier in eins verwoben.

*

Ende 1821 nahte die Zeit, da der junge Otto die ländliche Idylle und häusliche Nestwärme mit der Erziehungsanstalt im fernen Berlin vertauschen mußte. Der fast fünf Jahre ältere Bruder Bernhard war dort schon in Vollpension untergebracht, etwa seit einem Jahr. Junkersöhne auf dem Lande einzuschulen konnte der Familie gar nicht in den Sinn kommen. Dazu waren die vermittelten Kenntnisse zu dürftig. Außerdem sollte sich ein junger Herr mit den Dorfjungen und -mädchen nicht so gemein machen beim Herumstreifen in Wald, Flur und Stallungen; erst recht aber gehörte er nicht mit ihnen in denselben Schulraum. Und was für Räume waren das! – Am schlimmsten sogar in Pommern, wo es oft genug ein zähes Gefeilsche gab, wer denn den Bau von Schullokalitäten zu finanzieren oder für deren Instandhaltung aufzukommen habe. Es gab noch in den vierziger Jahren Gutsbesitzer, die allen Ernstes erklärten, sie würden wegen der Beisteuerung zu Schulkosten verschulden – worauf allerdings die Regierung antworten mußte, daß ihr bislang kein einziger derartiger Fall bekannt geworden wäre.[8] Ein entnervender Kleinkrieg war da selbst um die kleinsten Verbesserungen zu führen, etwa um das Ersetzen von Lehmböden durch Holzdielen in den Schulzimmern. Diese sollten nach dem Willen zahlreicher, von Junkern beherrschter Schulgemeinden möglichst so geräumig sein, daß darin ein Lehrer »selbst 100 und mehr« Schüler unterrichten könne. Auf diese Weise sollte die »Unterhaltung mehrerer Schulklassen, und also mehrerer Schullehrer und deren Familien«, vermieden werden.[9]

Angesichts des pädagogischen Fortschritts und der Fülle des Unterrichtsstoffes erschien es auch nicht mehr angängig, einen alles unterrichtenden Hauslehrer zu halten; vielmehr drängte die bildungsbeflissene Mutter Wilhelmine als Mencken-Tochter darauf, daß ihre Söhne in einer renommierten Schule der Residenz untergebracht würden; dort hatten die Bismarcks ohnehin eine Stadtwohnung, die sie nach alter Gewohnheit im Winter aufsuchten.

Es war bekannt, daß die Anstalt des Pädagogen Johann Ernst Plamann die Schüler nach Methoden Pestalozzis, verbunden mit eifriger Pflege des Turnens und körperlicher Abhärtung, bis zur Tertia-Reife des Gymnasiums unterrichtete. Zu der Zeit, da der junge Otto v. Bismarck Schüler in der Plamannschen Lehranstalt wurde, waren ihre berühmtesten Lehrer dort schon nicht mehr tätig: Christian Wilhelm Harnisch leitete von 1822 ab in Weißenfels jenes Lehrerseminar, das den Namen »Das Schulmeisterhauptquartier« bekam; der Mathematiker, Kartograph und Mitbegründer des deutschen Turnens, Karl Friedrich Friesen, war als ein Führer der Lützowschen Freischar im März 1814 gefallen; der Turnvater Friedrich Ludwig Jahn, als »Demagoge« verdächtigt und verhaftet, hatte eine Festungsstrafe abzusitzen. Nur Ernst Wilhelm Eiselen war noch als Mathematiker, Turn- und Fechtlehrer am Plamannschen Institut tätig, das er jedoch 1825 verließ, um eine eigene Turnanstalt, später auch für Mädchen, zu gründen.

In den Jahren unmittelbar nach dem Befreiungskrieg herrschte im Institut »ein Geist des frischesten Lebensmutes, der freudigsten Hoffnung, der hingebenden Vaterlandsliebe, der ungeheuchelten Gottesfurcht und Frömmigkeit und des wissenschaftlichen Lerneifers«, so schrieb der Nachfolger Friesens, Karl Friedrich von Klöden, in seinen Jugenderinnerungen.[10] Doch je mehr die Reaktion in Staat und Gesellschaft an Boden gewann, desto mehr wurde bei Plamann Pestalozzis Methode, wahrscheinlich auch falsch verstanden, verselbständigt und nicht mehr belebt durch die innere Begeisterung für menschlich-gesellschaftlichen Fortschritt und nationale Erneuerung. Gegen eine solche Erstarrung lehnten sich – allerdings vergeblich – die pädagogisch und wissenschaftlich ehrgeizigsten Lehrer auf.[11]

Der alte Geist der Freudigkeit und des gegenseitigen Wohlwollens zwischen Lehrer und Direktor wie zwischen Lehrer und Schüler ging in den von Plamann immer unsachlicher geführten Auseinandersetzungen unter; an die Stelle der fast familiären Verbundenheit unter den Schülern trat eine rüde Art des Miteinanderumgehens, die als biedere Deutschtümelei hingenommen wurde.[12] Wie die Methode des Unterrichts veräußerlichte sich auch die Ordnung des Instituts. Was dem Unterricht dienen sollte, wurde ein selbständiger Wert, treudeutsch und bieder. Überdies ängstigte sich Plamann, ob er seine Lehranstalt noch lange aufrechterhalten könne. Das war die Lage, als der junge Otto v. Bismarck ihr anvertraut wurde.

Schon der Tagesplan und das Ordnungsgebaren der Erziehungsanstalt spiegeln in manchem den Geist der Verhärtung und Existenzangst wider[13]: Punkt 6 Uhr war Wecken; das Frühstück bestand aus Milch und Brot; um 7 Uhr sollten die Schüler mit einer religiösen Erbauung und einer Ansprache des Direktors auf die Lehrstunden eingestimmt werden; um 10 Uhr folgten eine halbe Stunde Erholung und das zweite Frühstück, bestehend aus trockenem Brot; um 12 Uhr teilten die Frau Direktor Plamann und ihre Nichte jedem Lehrer und Schüler die ihnen zukommende Portion des Mittagessens selbst aus. »Wer seine Portion nicht aufessen wollte oder konnte, mußte nach Tische im Garten auf der Terrasse mit seinem Teller so lange stehen, bis der Rest vollständig verzehrt war.« Täglich sollen 3 bis 4 Schüler auf diese sinnige Weise bestraft worden sein.

Was der Reichsgründer Otto v. Bismarck noch nach Jahrzehnten über das »künstliche Spartanertum« bei den Plamanns erzählte, ist so kräftig anschaulich und mit dem von anderen Mitgeteilten konform, daß man ihm glauben kann; immer habe es im Institut »elastisches Fleisch gegeben, nicht gerade hart, aber der Zahn konnte damit nicht fertig werden. – Und Mohrrüben – roh aß ich sie recht gern, aber gekocht und harte Kartoffeln darin, viereckige Stücke.«[14] Das Abendbrot bestand in der Regel aus Warmbier oder belegten Butterbroten. Hungrig vom Schwimmunterricht, so erinnerten sich ehemalige Schüler Plamanns, hät-

Garten der Plamannschen Lehranstalt in Berlin
Damals am Rande der Innenstadt, heute angezeigt durch eine Erinnerungstafel in der Stresemannstraße 30.

ten die Söhne wohlhabender Eltern nicht verschmäht, auf der damaligen Köpenicker Flur vom Feldhüter ein paar Kohlrabi zu erbetteln und sie gierig zu verschlingen. Niemals, so versicherte der alte Bismarck, habe er sich bei Plamanns satt gegessen.

Das Institut des immer griesgrämiger werdenden Plamann war in seiner Mischung von Strenge, Glauben und Knickerei ein christlich-germanisches Pädagogik-Unternehmen – eine zivile Kadettenanstalt, verwaltet nach Prinzipien ähnlich denen der alten Kompaniewirtschaft; die Verlust- und Gewinnrechnung wurde auf Kosten der ärmlich bezahlten Lehrer[15] und der schlecht ernährten Schüler ausbalanciert. Der humane Geist eines Pestalozzi und der deutsch-patriotische Elan waren weitgehend einer altpreußischen Devise gewichen: Gelobt sei, was da hart macht! Diese sicherlich so nicht formulierte, aber energisch praktizierte Haltung schreckte jedoch jene adligen Gutsbesitzer nicht ab, die ihre Sprößlinge zu Plamann schicken wollten. In seinem Institut fanden sich deshalb junge Herren ein wie die v. Puttkamer, v. Wolzogen, v. Balan, v. Bredow, v. Hagen und andere.[16] Manche dieser Mitschüler kreuzten später die Wege Otto v. Bismarcks und leisteten ihm bisweilen kleine Dienste.

An der Ehrlichkeit des lebenslangen Grolls Bismarcks gegen Plamanns Erziehungsanstalt kann nicht gezweifelt werden. Keudell gegenüber äußerte er im Juni 1864: »Meine Kindheit hat man mir in der Plamannschen Anstalt verdorben, die mir wie ein Zuchthaus vorkam.«[17] Bis zum sechsten Jahr wäre er in Kniephof fast immer in freier Luft oder in den Ställen gewesen. Nach dieser Ungebundenheit auf dem väterlichen Hof erschütterte die Berliner Pension das kindliche Gemüt: »Wenn ich aus dem Fenster ein Gespann Ochsen die Ackerfurche ziehen sah, mußte ich immer weinen vor Sehnsucht nach Kniephof«, so berichtete Bismarck weiter. »In der ganzen Anstalt herrschte rücksichtslose Strenge. ... Mit der Turnerei und Jahnschen Reminiszenzen trieb man ein gespreiztes Wesen, das mich anwiderte. Kurz, meine Erinnerungen an diese Zeit sind sehr unerfreulich. Erst später, als ich aufs Gymnasium und in eine Privatpension kam, fand ich meine Lage erträglich.« Noch im Jahre 1876, also ein halbes Jahrhundert nach seiner ersten Schulzeit, sprach Bismarck gegenüber Lucius von Ballhausen recht bitter über das Plamannsche Institut.[18]

Bismarck hat in seinen Lebenserinnerungen all seine Kindheitserfahrungen politisch zugespitzt, aber menschlich zurückhaltend resümiert. Die deutsch-nationalen Eindrücke, die er von Plamann mitbrachte, seien »im Stadium theoretischer Betrachtungen« geblieben und »nicht stark genug« gewesen, um »angeborene preußisch-monarchische Gefühle« auszutilgen.[19] Hinzu kam, daß der Wert des bei Plamann vermittelten Wissens und Könnens im Hinblick auf die Vorbereitung für das Gymnasium gerade von Lehrern angezweifelt wurde.[20] Wie dem auch sei, alle bildungsmäßigen Vorzüge im Unterricht wurden von der Aversion, die die Erziehungsmethode dem jungen Bismarck einflößte, so überschattet, daß sich im Verlaufe seines Lebens nur die Schatten verlängerten.

Alle Bemühungen apologetischer Schriftsteller, das Plamannsche Institut nachträglich zu glorifizieren, als hätte sich dort die soldatische Natur Bismarcks entfaltet, treffen nicht dessen Empfindungsart, die sich stets militärischer Disziplinierung entzog. Da tönte es wenige Jahre später in einem Studentenbrief[21] forsch und frei daher, er hätte »dem zuletzt ziemlich kategorischen Drängen« seiner Eltern, »Soldat zu werden, mit siegreicher Festigkeit widerstanden«. Die Legende von seiner frühmilitärischen Größe mißbilligte Bismarck selbst; er wollte – wie Erich Marcks im Gespräch von ihm erfuhr[22] – seine Schuljahre »nicht heroisiert« sehen.

Nach dem Worturteil im Zeugnis über seinen Schulbesuch im Winter 1825/26 waren seine Leistungen, außer im Lernen der Geschichtszahlen, als gut anzusehen, aber er neige im Arbeiten, Denken und selbst im Turnen zur Übereilung. Sein »natürlicher Frohsinn« sollte ihn darüber wachen lassen, »daß jedes seine rechte Stelle habe, der Ernst bei der Arbeit, und die Fröhlichkeit im geselligen Leben«.[23] Aus dem Jahre 1826 stammt ein vom Berliner Maler Franz Krüger angefertigtes und immer wieder reproduziertes Porträt Otto v. Bismarcks. Wie es einem Plamannschüler geziemte, zeigte er sich im altdeutsch geschneiderten Schnürrock und Schillerkragen. Ein kecker Junge schaut da in die Welt, man glaubt ihm, daß er sich zu wehren weiß; seine Augen sind wach und klug, sein kritischer Blick ist auffallend und vom Maler als wesensbestimmendes Merkmal erfaßt.

*

Angehende Offiziere wurden damals erst mit fünfzehn Jahren aus dem Hause geschickt und dann möglichst in Regimenter, die von Verwandten oder Bekannten befehligt wurden. Bismarck hatte schon mit sechs Jahren in eine fremde Schule einer fremden Stadt zu gehen. Möglicherweise begründete nicht zuletzt die allzu frühe und jahrelange Disziplinierung ohne häusliche Wärme das gestörte Verhältnis Bismarcks zu seiner Mutter, zumal diese nervöse, immer kur- und gesellschaftsbedürftige Dame ihren Jungen auch in den Ferien gern zu Onkel Fritz nach Templin bei Potsdam schickte, dorthin, wo heute das Forsthaus steht.

Ottos Bruder Bernhard gegenüber brachte es die Mutter im Frühjahr 1825 sogar fertig, Strafen anzudrohen, die ihren persönlichen erzieherischen Einfluß noch mehr einschränkten. So schrieb sie: »Ich muß es dir vorher sagen, daß, wenn dein Zeugnis zu Michaelis nicht vorzüglich gut ausfällt, du für den kommenden Winter nicht bei uns wohnen, und auch nur selten, und

Der elfjährige Otto von Bismarck
Von Franz Krüger
Das Bild entstand, nachdem Krüger 1825 preußischer Hofmaler geworden war.

nie ohne H. Plamanns Erlaubnis uns wirst besuchen dürfen.«[24] Die sonst so Reisefreudige bemühte sich nicht um eine persönliche Aussprache mit dem Sohn, sondern verlangte von ihm, er solle auf ihren Anklagebrief »Punkt für Punkt« antworten.

Fünf Jahre später legte sie in einem Ermahnungsbrief ihr geistiges Credo ab: »Wer nicht mit dem Geiste lebt, wie soll der den Geist vervollkommnen? Was Andere uns zu geben vermögen in dieser Art ist gering, nur unser eigenes Streben gewinnt uns diese Güter, sonst bleiben sie uns ewig tod.«[25] Jede »geistige Anstrengung« zu scheuen, warf sie Bernhard vor, berief sich auf ihr »Recht auf seine herzliche Zuneigung« und schrieb über ihren ebenso sehnsuchtsvollen wie resignierenden Ehrgeiz: »... ich dachte es mir als das größte Glück für mich, daß ich erreichen könnte, einen erwachsenen Sohn zu haben, der unter meinen Augen gebildet mit mir übereinstimmen würde, aber als Mann berufen wäre viel weiter in das Reich des Geistes einzudringen, wie es mir als Frau vergönnt ist. Ich freute mich auf den Austausch der Ideen, die wechselseitige Anregung die ein geistiges Streben giebt, und das befriedigende Gefühl, solche Genüße im Umgang mit meinem Sohn zu finden, der meinem Herzen schon durch das Band der Natur am nächsten war, und womöglich mehr noch durch die Verwandtschaft des Geistes sich mir nähern sollte. Die Zeit, die diese Erwartungen erfüllen sollte ist da, aber sie selbst sind verschwunden, und leider muß ich mir sagen, für immer.«[26]

Alle diese vorwurfsvollen, bitteren und letztlich erfolglosen Beschwörungen offenbarten das Unvermögen der Mutter, den Geist mit dem tätigen Leben zu verbinden und die andere Wesensart der Söhne zu erkennen. Mit den Erwartungen der bildungsbeflissenen Tochter eines ebenso höfisch wie intellektuell gewandten Vaters wollte sie Kinder haben, die sich in gehobenen Sphären der Gesellschaft um ihren Platz bemühten. Doch selbst Otto, begabter und sensibler als Bernhard, war von Natur aus schon so früh geprägt, daß es ihm unmöglich war, sich vom Lebensnahen und Erdverbundenen zu entfernen und im Schöngeistigen zu verlieren. Das Wesen ihrer Kinder mißverstehend und Maßstäbe anlegend, die ihrer Art nicht entsprachen, wirkte die Mutter – aus der Ferne – mit lehrhafter Penetranz. Das ständige Mahnen ließ Herzenswärme trotz aller Beteuerungen mütterlicher Liebe vermissen. Das war es, worunter der junge Otto litt und wogegen er sich jungenhaft wehrte.

Um ein abgeklärtes Urteil bemüht, schrieb er später, im Februar 1847, an seine Braut Johanna über das Verhältnis zu seiner Mutter: »Sie wollte, daß ich viel lernen und werden sollte, und es schien mir oft, daß sie hart und kalt gegen mich sei: als kleines Kind haßte ich sie, später hinterging ich sie mit Falschheit und Erfolg.« Und wenn er versöhnlich gegenüber der Mutter konzedierte, »die mittelmäßigste Mutterliebe mit allen Beimischungen mütterlicher Selbstsucht« sei »doch ein Riese gegen alle kindliche Liebe«, so schrieb er auch zerknirscht an Johanna weiter: »Ich habe mich vielleicht nirgends schwerer versündigt als gegen meine Eltern, gegen meine Mutter aber über alles.«[27]

Wenn Bismarck seiner Mutter noch nachträglich das absprach, was der Berliner »Gemüt« nennt, dann stimmte dies mit dem Urteil einer Verwandten und Spielgefährtin seiner Jugend überein: »In meiner Erinnerung lebt des Fürsten Mutter fort als eine kalte, sich wenig an die Menschen um sie her anschließende Frau. Irgendeiner herzlichen Äußerung gegen einen von uns wüßte ich mich nicht zu erinnern.« Wohl aber sei sie »viel elend und dann teilnahmslos« gewesen. »Das heute so allgemeine Wort ›nervös‹ habe ich, als ich erwachsen war, zum erstenmal über diese Frau aussprechen hören. Allgemein sagte man, sie mache sich selbst durch Nervosität das Leben schwer und mehr noch ihrem Mann und den Kindern.«[28]

Zum Vater hatte der Sohn Otto noch am ehesten eine emotionale Bindung; denn Ferdinand v. Bismarck war gutmütig, ließ den Jungen, wie dieser selbst schrieb, »nachsichtig gewähren« und kümmerte sich herzlich wenig um seine geistige und seelische Entwicklung. Mit simplen, im eigenen Leben gewonnenen Erfahrungen wußte er zwar aufzuwarten, etwa, daß man sich das Geld nicht abborgen lassen solle, das mache nur Feinde. Aber außer der pragmatischen Forderung an die Söhne, sie möchten am Ende in einem rechten Beruf Fuß fassen – Otto zum Beispiel sollte vor der Übernahme der Güter das Assessorenexamen machen oder sonst die militärische Laufbahn einschlagen –, ließ Ferdinand v. Bismarck die Söhne unbehelligt und die Erziehungsmethoden von seiner geistig regen Frau bestimmen.

Doch auch das Verhältnis Otto v. Bismarcks zu seinem Vater war nicht unbelastet – es litt am Widerspruch zwischen emotionaler Bindung und andererseits Schamgefühl und verletztem Stolz, wenn der Vater sich wieder einmal zu ungeschliffen benahm. So heißt es in dem erst 1968 ungekürzt veröffentlichten Brief vom 23. Februar 1847 an die Braut: »Meinen Vater liebte ich wirklich, wenn ich nicht bei ihm war, fühlte ich Reue über mein Benehmen gegen ihn, faßte ich Vorsätze, die wenig standhielten; denn wie oft habe ich seine wirklich maßlose, uninteressierte, gutmütige Zärtlichkeit für mich mit Kälte und Verdrossenheit gelohnt, und noch öfter aus Abneigung, die mir anständig erscheinende Form zu verletzen, ihn äußerlich geliebt, wenn mein Inneres hart und lieblos war über anscheinende Schwächen, deren Beurteilung mir nicht zustand und die mich doch eigentlich nur ärgerten, wenn sie mit Formverletzung verbunden waren. Und doch kann ich die Behauptung nicht zurücknehmen, daß ich ihm gut war im Grunde meiner Seele.«[29] Das wirft in der Tat ein bezeichnendes Schlaglicht auf den Vater wie auf den Sohn. Otto v. Bismarcks Formgefühl, das früh entwickelt war, reagierte äußerst sensibel auf des Vaters oft ungehobelte Art.

Das Urteil des Sohnes über seinen Vater wurde in schlichter Erzählung, ohne reflektierende Betrachtung von der Kusine Hedwig v. Bismarck bestätigt, die in ihren Erinnerungen dem »Onkel Ferdinand« ein gutes Gedächtnis bewahrte: er »hatte für uns immer ein freundliches Wort oder einen heiteren Scherz, besonders wenn Otto und ich auf seinen Knien ritten«. Sie erinnerte sich aber auch mit »gelindem Schauder« seiner unverblümten Äußerung, als er 1816 die pommerschen Güter Kniephof, Jarchlin und Külz nach dem Tode eines entfernten Verwandten erwarb; da meinte er, daß »ein kalter Onkel mit einer Gütersauce ein ganz annehmbares Gericht sei«.[30] »Dergleichen drastische Äußerungen«, so fährt sie fort, »waren ihm überhaupt eigen, und er wurde oft damit geneckt, daß er in das Fremdenbuch eines Gasthofs unter die Rubrik ›Charakter‹ geschrieben hatte: ›niederträchtig‹.«

Bei dem intellektuell und charakterlich ungleichen Elternpaar ermangelte dem heranwachsenden Jungen Wesentliches: die mütterliche Wärme, die erst den tieferen Zugang zu Herz und Verstand des Kindes erschließt, und der väterlich-besonnene Ernst, der Rat und Achtung vermitteln kann.

Die wenigen schriftlichen Bemerkungen, die sich Ferdinand v. Bismarck mitunter abrang, halten mit dem flüssigen Stil seiner Frau keinen Vergleich aus. In unfreiwilliger Komik schreibt Ferdinand v. Bismarck etwa: »Heute ist Ottos Geburtstag. Die Nacht ist uns ein schöner Bock krepiert. Welch niederträchtiges Wetter.«[31]

Otto v. Bismarck urteilte daher später in seinem Werbebrief um Johanna v. Puttkamer über sein Elternhaus mit gemessenem Abstand: »Ich bin meinem elterlichen Hause in frühster Kindheit fremd und nie wieder völlig darin heimisch geworden, und meine Erziehung wurde von Hause her aus dem Gesichtspunkt geleitet, daß alles der Ausbildung des Verstandes und dem frühzeitigen Erwerb positiver Kenntnisse untergeordnet blieb.« Im gleichen Zusammenhang heißt es weiter: »Noch nicht voll 17 Jahre alt ging ich zur Universität nach Göttingen. In den nächsten 8 Jahren sah ich mein elterliches Haus selten; mein Vater ließ mich nachsichtig gewähren, meine Mutter tadelte mich aus der Ferne, wenn ich meine Studien und Berufsarbeiten vernachläßigte, wohl in der Meinung, daß sie das Übrige höherer Führung überlassen müsse.«[32]

Die Ehe der Eltern Otto v. Bismarcks war zwar nicht sozial, aber sicher menschlich eine Mesalliance. Alle von uns festgestellten Indizien vom Sommer 1806 mit ihren verdachterregenden Quellenlücken sprechen ja dafür, daß die Potsdamerin im Alter von siebzehn Jahren von ihrer höfisch liierten Familie gedrängt worden war, den fünfunddreißigjährigen Landjunker zu heiraten. Auch wenn Ferdinand alles andere als ein Tyrann war und seiner Frau in vieler Hinsicht freie Hand ließ, waren sein sozialer Umkreis und geistiger Horizont viel zu eng, als daß sie sich menschlich und geistig in dieser Ehe hätte entfalten können. Wilhelmine v. Bismarcks Versuche, in der ihr nicht vertrauten Landwirtschaft verbessernd und erneuernd einzugreifen, scheiterten zudem kläglich an der Diskrepanz zwischen ihrem bildungsbeflissenen Wollen und ihrem tatsächlichen Können. Daher verirrte sich ihre intellektuelle Aufnahmebereitschaft schließlich in manche jener mystischen Vorstellungen, die der Restaurationszeit eigen waren. Je deutlicher sie mit den Jahren erkennen mußte, daß ihr Bildungsideal von den Söhnen unerfüllt, ihr gesellschaftlicher Ehrgeiz unbefriedigt bleiben mußten, desto bitterer wurde sie, desto mehr litt sie auch körperlich. In einem Brief an den Sohn Bernhard heißt es einmal, sie müsse ihre Gesundheit, die »ohnehin genug durch den Kummer mancherlei Art«[33] leide, vor schmerzlichen Szenen bewahren; »Kummer mancherlei Art« – das sagt wenig und doch genug über die Tragik ihres Lebens.

Otto v. Bismarcks Kindheit war sicherlich nicht unglücklich, obgleich er im Beziehungsgeflecht von Familie, Schule und Gesellschaft mancherlei Spannungen ausgesetzt war. Im gesellschaftlichen Leben jedenfalls war er so vorgeformt, daß das Bürgertum ihn nicht von seinen inneren Bindungen an die langen Traditionen des Junkerlebens und des Preußentums abbringen konnte. Eine jahrhundertealte Ahnenreihe, selbst wenn er sie im einzelnen nicht kannte, beeindruckte ihn, und was die Lebenden betraf, so gab es unter den Verwandten und Bekannten durchaus einige das kindliche Gemüt ansprechende Junker und Offiziere, wie etwa Gustav Friedrich v. Kessel, der in die Mencken-Familie hineingeheiratet hatte und als Generalleutnant und Kommandant des Invalidenhauses zu Berlin im Herbst 1827 verstarb[34], und vor allem den immer hilfsbereiten, erzählfreudigen Onkel Fritz, dessen Bildung nicht lebensfremd wie die der Mutter war, vielmehr aus dem reichen Erfahrungsschatz einer militärischen und politischen Karriere schöpfen konnte. Von des Onkels Wohnsitz aus, am Ufer des Templiner Sees gelegen, konnte der Junge die Nikolai-Kirche und die Dächer des Stadtschlosses von Potsdam sehen; es war, als ob sich auf diesem kleinen Erdenflekken die wesentlichen Herrschgewalten der preußischen Monarchie dem Auge darboten: königliche Nebenresidenz und junkerliches Land.

*

Nach den harten sechs Jahren bei Plamann kam für Otto v. Bismarck auf den beiden Gymnasien in Berlin eine Schulzeit von lockerer Gangart. Von 1827 bis 1830 besuchte er das Friedrich-Wilhelm-Gymnasium in der Friedrichstraße, von 1830 bis 1832 das des Grauen Klosters in der Klosterstraße. Mühe haben diese beiden hohen Schulen ihm nicht gemacht, aber er hat sich auch nicht sonderliche Mühe gegeben. In jener Zeit war er im schönsten Flegelalter, in dem Reiten Spaß machte, zumal es entgegen dem stadtbürgerlichen Plamannschen Geräteturnen als ein freier, adelsgemäßer Sport empfunden wurde. Schließlich hatten gelegentliche Reitunfälle auch ihre schönen Seiten: Hinken nach einem solennen Sturz vom Pferd galt als mannhaft und gab oft genug Vorwand für das Fernbleiben vom Schulunterricht. Darum hieß es im Entlassungszeugnis[35] für den noch nicht siebzehn Jahre alten »Sohn des Gutsbesitzers auf Kniephof in Pommern« unter der Rubrik Fleiß: »War zuweilen unterbrochen, auch fehlte seinem Schulbesuch unausgesetzte Regelmäßigkeit.«

Die mathematischen Kenntnisse des Schülers wurden nur als befriedigend beurteilt, merkwürdigerweise auch die in Geschichte und Geographie; hier war das Pauken der Geschichtsdaten offensichtlich die schwache Seite. Das Griechische schob er auch gerne von sich und bezeichnete es später als unnötig. Anders verhielt er sich gegenüber dem Latein, der europäischen

Gymnasium zum Grauen Kloster in Berlin
Während des zweiten Weltkrieges zerstört. Kirchenruine noch in der Klosterstraße.

Schlüsselsprache. Damals wurden die Schüler in antiker Geschichte lateinisch gefragt und mußten lateinisch antworten. Der junge Bismarck konnte dies geläufig in Wort und Schrift; in seine späteren Reden und Gespräche flocht er gerne lateinische Sentenzen und Wendungen ein. Was die neueren Sprachen betraf, so wurde ihm bezeugt, daß er »die französische und englische Sprache mit besonderem Erfolg« betrieben habe. Damit wurde der Grund dafür gelegt, daß er als Erwachsener Französisch und Englisch völlig beherrschte; Russisch sprach er ausreichend, Italienisch und Polnisch leidlich und etwas Spanisch, Holländisch und Dänisch. Im Deutschen, so hieß es im Zeugnis, besaß er »eine sehr erfreuliche Gewandtheit«. Sie bildete er weiter aus, lesend, schreibend und durch empfindungsstarkes Beobachten im täglichen Leben, nicht zuletzt durch Aneignen der drastischen Anschaulichkeit des ländlichen Vokabulars; so wurde er zu einem bis heute noch als glänzend empfundenen Stilisten.

Es spricht für das hohe Niveau der Ausbildung und der Schüler in diesen Berliner Gymnasien, daß der angehende Studiosus Otto v. Bismarck, den die Lehrer als einen »fähigen und wohlvorbereiteten Jüngling« ansahen, im Zensurendurchschnitt beim Abitur nur der fünfzehnte unter achtzehn Schülern war.

Nach dem Leben im kasernenmäßigen Internat der Plamannschen Lehranstalt schuf das private Wohnen des jungen Otto v. Bismarck während seiner Gymnasialzeit vom Herbst 1827 bis zum Frühjahr 1832 neue Voraussetzungen für jene menschlich-geistige Entwicklung, die ihm keine Schule vermitteln konnte. Zunächst lebte Otto in der Berliner Stadtwohnung, die seine Eltern – zweieinhalb Jahre lang – für sich und die Kinder in der Behrenstraße 53 unterhielten. Während des Winters lebten sie alle zusammen; im Sommer, da sich die Eltern in Kniephof aufhalten wollten, wirtschafteten die Herren Söhne insofern allein, als sie nur von einer Haushälterin verpflegt und versorgt und jeweils von einem Hauslehrer recht und schlecht überwacht wurden; des Hauslehrers wertvollster Erziehungsbeitrag war der zusätzliche Unterricht in Französisch und Englisch.

Der alternde Friedrich v. Bismarck, der pensionierte Generalleutnant und Templiner »Onkel Fritz«, wohnte während des Winters und im Frühjahr gleichfalls in der Behrenstraße 53, wurde dort im Kreise von Bruder, Schwägerin und Neffen versorgt und konnte diesen wiederum in seiner Eigenschaft als militärisch wie politisch verdienter General eine honorige Stellung in der offiziös-hauptstädtischen Gesellschaft verschaffen, so wie er seinerzeit, ein gutes Vierteljahrhundert vorher, seinem Bruder Ferdinand Zugang zu einigen höfischen Kreisen in Potsdam, damit auch zur Familie Mencken, ermöglicht hatte. Onkel Fritz leistete noch andere Dienste in der hauptstädtischen Wohngemeinschaft. Da gab es manche Zusammenstöße zwischen der nervös unausgeglichenen Mutter und ihren mehr selbstbewußten als menschlich reifen Söhnen. Vater Ferdinand konnte da kaum etwas ausrichten, vielmehr mußte sein Bruder Friedrich zwischen Mutter und Söhnen vermittelnd eingreifen. Im Dezember 1829, knapp vier Monate vor seinem Ableben, schrieb er an seine Neffen: Sie müßten ihren Platz für sich haben, nicht zu nahe der zarten, von Schlaflosigkeit geplagten Mutter, »zwei Nachbarn wie meine werten Neffen, mit Trompetenlungen und Posaunenstimmen, die nur sehr laut mit dem Vater sprechen können, die im Ulanenschritt gehen, von Ulanen usw. des Morgens besucht werden, die schon früh umherpoltern müssen ...«[36]

Natürlich ging es hier nicht allein um das jugendliche Ungestüm, das die Ruhe der Mutter störte; es konnte gar nicht anders sein, als daß zwischen ihr und ihren Söhnen die alten Gegensätze in Lebensart und Geisteshaltung immer wieder aufbrachen.

Friedrich v. Bismarck starb in der Berliner Stadtwohnung seines Bruders am 2. April 1830, einen Tag nach dem Geburtstag des fünfzehn Jahre alt gewordenen Otto. Wenige Wochen danach zogen die Eltern nicht nur, wie alljährlich im Frühsommer, nach Kniephof, sondern gaben ganz und gar das Berliner Domizil auf. Sohn Bernhard studierte in Leipzig, Otto wurde als Pensionär bei Professor Prévost untergebracht und ein Jahr darauf im Hause von Dr. Bonell, dem Direktor des Friedrich-Wilhelm-Gymnasiums.

Im Familienkreis der Berliner Stadtwohnung war »Onkel Fritz« moralisch-geistig die beherrschende Figur. Die Behrenstraße 53 besuchten die Prinzen Karl und Albrecht, ebenso der Erbgroßherzog Paul Friedrich zu Mecklenburg-Schwerin, auch Offiziere und »alte Herrn mit Ordenssternen«, natürlich auch Landjunker, die dann und wann in die Residenz kamen. Die Bismarcks wiederum waren zu Gast bei Soireen in Häusern hochgestellter Herrschaften, so auch beim erzkonservativen Innen- und Polizeiminister Schuckmann. Doch von den Hofgesellschaften schien die ehrgeizige Frau Wilhelmine ausgeschlossen; es fehlte ihr, wie mit spitzer Frauenzunge über sie geredet wurde, zweierlei: das »von – vor dem Namen und das … noch wichtiger erklärte argent in der poche«.[37]

Otto v. Bismarck hat nie berichtet, was ihm in der Familie von den Soireen und Besuchen zu Ohren kam. Bemerkenswertes scheint sich nicht im Gedächtnis festgesetzt zu haben, aber es müßte seltsam zugegangen sein, wenn der hellwache Junge nicht gesprächsweise einiges vom Gerede über den Hof, die Verwaltung, das Heer, über Avancement oder Zurücksetzung mitbekommen, nicht kritische Worte über Gesellschafts- und Staatszustände, auch hochgestellte Personen gehört hätte. Die Landjunker, die die Bismarcks in der Berliner Stadtwohnung aufsuchten, waren keineswegs immer hochgestimmt, sondern murrten und knurrten herum, auch wenn es ihnen durchaus nicht so schlecht ging, wie sie vorgaben. Manche unter den Landadligen und Stadtaristokraten mochten auf die eine oder andere Weise politische Erfahrungen austauschen, die sie nicht zuletzt aus der Geschichte ihrer Geschlechter zogen. Auch Herrschen will schließlich gelernt sein. Und in der Gegenwart war das Umgehen mit den Bauern problematischer geworden; die betriebs- und marktwirtschaftlichen Fragen komplizierten sich zusehends. Mit Geld gingen die Adligen seit Jahrhunderten um, aber jetzt erhielt es eine bedrohliche, fast das ganze Leben beherrschende Gewalt. Die Bürger drangen in alle Poren der Gesellschaft ein, erschlichen sich auch manche Positionen im Staat und zersetzten ihn zudem mit ihren letzten Endes immer noch aufklärerischen Ideen.

Wie konnte es anders sein, als daß die engere und weitere Familie dem jungen Otto im aufnahmefähigen Alter von zehn bis fünfzehn Jahren von der dramatisch zugespitzten Zeitgeschichte mehr vermittelte, als es die Schule je tun konnte und wollte. Diese brachte ihm etwa über den Befreiungskrieg in präzeptorhafter Weise bei: »Der König rief und das Volk stand auf«; die Soldaten marschierten, die Feldherren lenkten und mit ihnen der liebe Gott, die Schlachten tobten und alle siegten über das napoleonische Ungeheuer, den »Unüberwindlichen«, wie es noch 1812 hieß. Es waren verschiedene Kanäle, über die Otto v. Bismarck eingehender erfuhr, was nicht nur auf offener Szene der Weltgeschichte, sondern auch hinter den Kulissen vor sich gegangen war und ging, wie in aristokratischer Kumpanei Konnexionen geschaffen, zerrissen und wieder geknüpft wurden, wie im stillen mit und ohne Augenzwinkern verhandelt und gehandelt wurde.

Darum darf man dem alten Bismarck glauben, wenn er in seinen Lebenserinnerungen schrieb, daß er mit siebzehn Jahren von den historisch gewordenen Lebensverhältnissen »mehr zu beobachten Gelegenheit gehabt hatte als die meisten jener durchschnittlich älteren Studenten«.[38]

Bei aller ironischen Distanz zum Leben und Treiben um ihn herum festigte sich Otto v. Bismarcks aristokratisches Lebensgefühl. Andererseits gab es in seiner ideologischen Physiognomie manche Züge, die nicht recht übereinstimmten mit dem, was sich in der Geistesverfassung der preußischen Gesellschaft seit der sogenannten Restaurationszeit entwickelt hatte und weiter entwickelte. So ließ der junge Bismarck den Religionsunterricht und mit sechzehn Jahren die Konfirmation durch keinen Geringeren als Schleiermacher über sich ergehen, doch nach reiflicher Überlegung unterließ er dann das abendliche Gebet »wissentlich« über ein Jahrzehnt lang. Das war weder im Sinne der offiziellen Kirche noch des damals heraufkommenden Pietismus, der in den vierziger Jahren für ihn menschlich und politisch so bedeutungsvoll werden sollte.

Viele Gebildete der alten Generationen wußten die ersten

Sätze von Bismarcks »Erinnerung und Gedanke« auswendig daherzusagen: »Als normales Produkt unsres staatlichen Unterrichts verließ ich 1832 die Schule als Pantheist, und wenn nicht als Republikaner, doch mit der Überzeugung, daß die Republik die vernünftigste Staatsform sei, und mit Nachdenken über die Ursachen, welche Millionen von Menschen bestimmen könnten, Einem dauernd zu gehorchen, während ich von Erwachsenen manche bittre oder geringschätzige Kritik über die Herrscher hören konnte.« Aber die verschiedenen Einflüsse »waren nicht stark genug, um angeborne preußisch-monarchische Gefühle auszutilgen. Meine geschichtlichen Sympathien blieben auf Seiten der Autorität. Harmodius und Aristogiton sowohl wie Brutus waren für mein kindliches Rechtsgefühl Verbrecher und Tell ein Rebell und Mörder.« Der alte Bismarck mochte das, was der junge gefühlt und gedacht hatte, mit einiger Übertreibung gekennzeichnet haben – aber es war im Blick auf eine skeptische Grundhaltung doch richtig. Nur schien er den Einfluß der Schule zu überhöhen. Ein solch »normales Produkt« des »staatlichen Unterrichts«, wie er dies in den neunziger Jahren politisch zweckbewußt, vielleicht auch polemisch zielgerichtet niederschrieb, war er wohl doch nicht; seine Behauptung steht auch im Widerspruch zu dem, was er sonst über seine innere Verfassung und Lebenserfahrung nach der Absolvierung des Gymnasiums zu berichten wußte. Und dann: War der »staatliche Unterricht« – in der Restaurationsperiode – wirklich so penetrant aufklärerisch-liberal? Hat er ihn überhaupt über das Sprachlich-Pragmatische hinaus sonderlich ernst genommen? Da waren die familiären (die Bismarckschen wie die Menckenschen) Traditionen doch wirksamer, die gerade in Fragen der Religion und der Staatsauffassung – stimmungsgemäß jedenfalls – im aufgeklärten Absolutismus wurzelten.

Der Hegelianismus, der im Berlin der zwanziger Jahre unter den Studenten und jungen Intellektuellen zu florieren begann, drang kaum in die Stadtwohnung der Bismarcks. Vielleicht haben sie mit den Jahren einiges von dem vage mitbekommen, was Hegel bereits in seiner Antrittsvorlesung vom Oktober 1818 mit innerer Begeisterung vortrug: Staatsstolz, der sich vornehmlich auf Preußen bezog, und Vertrauen auf die Macht jenes Geistes, der über manches Platte der Aufklärung hinausgehen wollte. »Und es ist«, so hatte Hegel erklärt, »insbesondere dieser Staat, der mich nun in sich aufgenommen hat, welcher durch das geistige Übergewicht sich zu seinem Gewicht in der Wirklichkeit und im Politischen emporgehoben, sich an Macht und Selbständigkeit solchen Staaten gleichgestellt hat, welche ihm an äußeren Mitteln überlegen gewesen wären. ... Auf hiesiger Universität, der Universität des Mittelpunktes, muß auch der Mittelpunkt aller Geistesbildung und aller Wissenschaft und Wahrheit, die Philosophie, ihre Stelle und vorzügliche Pflege finden.«

Alles, was da atmosphärisch auch zum jungen Otto v. Bismarck über den einen oder anderen Lehrer dringen mochte, reichte nicht so weit, daß er sich je der Anstrengung der hegelianischen Begriffswelt unterzogen hätte; allenfalls erfüllte er später auf diesem Gebiet einige Pflichtaufgaben. Zu den Kreisen der Wissenschaftler und Künstler besaß die Familie Bismarck ohnehin keine gesellschaftlichen Beziehungen. Schleiermacher war für sie ein standesgemäßer Seelsorger, mehr nicht; und der war ohnehin ein Gegner Hegels, dem er zusammen mit Savigny durch einen intrigantenhaften Coup die Aufnahme in die königlich-preußische Akademie verwehrte.[39] Was sonst noch die Künstler betraf, so hatte man dem Maler Franz Krüger einen standesgemäßen Auftrag gegeben; darüber hinaus gab es mit ihm keinen geistigen Kontakt.

Ob die Herrschaften von der Behrenstraße 53 die städtebaulichen Veränderungen, die sich in ihrer unmittelbaren Nähe vollzogen, mit innerer Anteilnahme wahrgenommen haben, ist sehr zweifelhaft angesichts der auffallenden Gleichgültigkeit, die Otto v. Bismarck zeitlebens gegenüber der Architektur an den Tag legte. Und immerhin waren 1818 die Neue Wache, 1821 das Schauspielhaus, 1829 das Alte Museum vollendet worden – alle im klassizistischen Stil von Karl Friedrich Schinkel entworfen. Der Bildhauer Rauch schuf eine Reihe von Denkmälern, die Feldherren von 1813 darstellten.

Die Erweiterung der hauptstädtischen Architektur, die Machtbewußtsein und Repräsentationsbedürfnis des königlichen Auftraggebers verkörperte, beeindruckte durchaus die Besitz- und Bildungsbürger. Anders reagierten manche Landadlige auf den Baueifer in der Residenz. Da kritisierte wieder einmal von der Marwitz, daß der König im Gegensatz zu früheren Jahren Geschmack an Kunstsammlungen gefunden habe und die ankaufen ließe; vor allem mißfiel dem opponierenden Junker der Bau des Alten Museums »mitten in der Spree, wo Millionen in den Grund gerammt wurden«. Und dann das »ungeheure Komödienhaus, in welches ein ganz kleines Theater appliziert wurde«! Im ganzen, so meinte v. d. Marwitz, entstand »der ärgerliche Kontrast, daß, während das Land arm wurde und zugrunde ging, in der Hauptstadt die größte Opulenz zur Schau getragen wurde, mit welcher nur der Luxus und die Verschwendung der Beamten, der Juden, Wucherer und Spekulanten gleichen Schritt hielt«[40]. Damit war das Bürgertum angegriffen, das gerade zu jener Zeit in Annäherung an den klassizistischen Stil die Wohnkultur des bescheidenen Biedermeier pflegte. Auch hervorstechende Züge im zeitgenössischen Bildungsideal hatte Marwitz zu beanstanden; nichts wollte er wissen vom »Irrlicht der Philosophie«[41], verlangte vielmehr von seinen Söhnen, daß sie »ordentlich Mathematik, Sprachen, Geschichte und Erdkunde lernen« und »Gott, welcher höher ist als aller Menschen Wissen und Vernunft, beständig vor Augen und im Herzen haben«.[42] Dieser Empfindungs- und Bildungswelt stand auch der heranwachsende Bismarck trotz seiner religiösen Lauheit näher als dem ganzen Hegelianismus.

Politisch war es um 1830 die französische Julirevolution, deren Fernwirkungen ihn über die interessierte Mutter erreichten. Sie schickte ihn, wie er selber erzählte, als Primaner während ihres Sommeraufenthalts in Berlin einige Male ins Café Josty, damit er möglichst neue Pariser Zeitungen hole und ihr vorlese. Diese Botengänge haben zwar den jungen Aristokraten unangenehm berührt, ihm aber auch Informationen verschafft, was es mit der Rebellion und Autorität auf sich habe. Skepsis in Religion und Politik konnte sich ein Aristokrat allemal leisten, sie mochte ihn sogar vor Erstarrung schützen, aber wenn es ernst wurde mit der gesellschaftlichen Erschütterung – und es wurde ernst auch in deutschen Landen –, dann zog er sich auf sein ureigenes Interessen- und Lebenszentrum zurück. Das wurde auch bestimmend für Otto v. Bismarcks Haltung während des Studiums.

Bismarcks Universitäts- und Referendarzeit

Während der europäischen Turbulenzen nach der französischen Julirevolution von 1830 verbrachte der junge Bismarck auf den Gymnasien seine letzten und auf der Universität seine ersten Jahre. Ob er die Zeitungslektüre, zu der er als Vorleser für seine Mutter angehalten war, weiter fortsetzte, ist zweifelhaft. Immerhin wurde es ihm gewiß, daß die konservativen Mächte nicht mehr imstande waren, die Einsetzung des Bürgerkönigtums unter dem Orleanisten Louis Philippe und die Ersetzung des weißen Lilienbanners der Bourbonen durch die Trikolore der großen Revolution von 1789 zu verhindern. Auch die nationale Revolution in Belgien konnte nicht mehr unterdrückt werden, und die Aufstände in Polen und Italien wurden nur mit Mühe niedergeschlagen.[43] Selbst wenn Bismarck die kleinstaatlichen und lokalen Unruhen in Sachsen, Kurhessen, Braunschweig und Hannover in jugendlicher Sorglosigkeit nicht näher verfolgt haben sollte, so mußte er doch einiges von jenen Tumulten mitbekommen haben, die sich Ende September 1830 in der Berliner Innenstadt, nicht weit von seinem Gymnasium und seiner Pensionswohnung, abgespielt hatten – es waren Bewegungen, die unter der Losung »Konstitution und Pressefreiheit« standen. Das im Mai 1815 juristisch verbindlich gegebene Verfassungsversprechen König Friedrich Wilhelms III. wurde bis zur Revolution von 1848/49 nie eingelöst; die Herrschenden empfanden die Angst vor legalen, mit dem Verfassungsleben verbundenen Parteibildungen weit stärker als die Schande eines königlichen Wortbruchs. Die Frage der Verfassung aber wurde zu einem der Leitmotive im preußischen Parteienstreit des Vormärz.

In der partikularistisch gespaltenen Volksbewegung in Deutschland gipfelten die immer wieder gleichen oder ähnlichen Forderungen, wie Abschaffung der drückendsten Steuern und der innerdeutschen Zölle, Gründung von Bürgerwehren, Wahl von Gemeinderäten anstelle obrigkeitlicher Magistrate, stets in der Generalforderung nach einer Repräsentativverfassung für die einzelnen Länder und Pressefreiheit.

Wenn in den fünfziger Jahren ehemalige Studienkameraden Bismarcks daran erinnerten, daß er im Jahre 1833 die Konstitution als unvermeidlich angesehen habe[44], dann war diese Vorstellung damals – entgegen der gewöhnlichen Interpretation – zunächst keine prophetische Voraussicht, sondern ein Nachhall der Unruhen in deutschen Ländern – eine politische Lehre, die er während der Diskussionen mit Kommilitonen, vornehmlich ausländischen, gezogen haben mag.

In der Dynamik der Volksbewegung nach 1830 lag auch die Tendenz zu gesamtnationalen und entschiedeneren Organisationen und Kundgebungen, in denen sich der bisherige Differenzierungsprozeß zwischen Liberalismus und Demokratie klarer zeigte. Die akademische Jugend, die seit dem Wartburgfest von 1817 und trotz Auflösung ihrer Burschenschaft in den zwanziger Jahren der Hauptträger nationaler Aspirationen in Deutschland war, organisierte sich neu. Manches, was in der gesamtpatriotischen Begeisterung der Urburschenschaft noch gärend und verschwommen war, klärte und verdichtete sich in programmatischen Äußerungen und organisatorischen Gestaltungen, als im Winter 1827/28 die Allgemeine Deutsche Burschenschaft neu begründet wurde; sie einigte sich auf die Formel, ihr Ziel sei »die *Vorbereitung* ... eines ... in Volkseinheit bestehenden Staatslebens ... mittels sittlicher, wissenschaftlicher und körperlicher Ausbildung auf der Hochschule«[45]. Dieses auf die Erziehung Nachdruck legende und in der Politik – wenn auch verschleiert – auf den konstitutionellen Liberalismus hinauslaufende Programm wurde zunächst von der weitaus größten Zahl der Burschenschafter anerkannt; sie gehörten der Richtung der »Arminen« an, die aber in Gegensatz zu den »Germanen« gerieten. Der Streit zog sich hin und erreichte seinen Höhepunkt auf dem Burschenschaftstag im Herbst 1831 zu Frankfurt am Main; dort siegten die »Germanen«, indem sie im Programm den Begriff der Vorbereitung eines in Volkseinheit bestehenden Staatslebens durch den der Herbeiführung ersetzten. Damit politisierte und radikalisierte sich die Burschenschaft; ein Jahr später, im Dezember 1832, formulierte der Burschentag in Stuttgart als seinen ersten Grundsatz »die *Erregung* einer Revolution, um durch diese die Freiheit und Einheit Deutschlands zu erreichen«[46]. In dieser revolutionären Zielsetzung irrlichterte allerdings der Geist des Putschismus, der sich oft genug in Großsprechereien studentischen Halbstarkentums äußerte; fürstenmörderisch grölten die Burschen daher: »So woll'n wir nimmer ruh'n, bis daß am letzten Pfaffendarm der letzte König hängt.«[47]

Zur ersten Grundsatzerklärung in Stuttgart kam der weitere Beschluß, die Allgemeine Burschenschaft solle sich dem Vaterlandsverein anschließen. Dies war zunächst der Reflex auf die Erstarkung der Presse- und Volksvereine und auf das Hambacher Fest im Mai 1832 und zugleich ein Anzeichen dafür, daß die Studentenbewegung nicht mehr der Vortrupp der gesamtnationalen Bestrebungen war.

Die Weiter- und Höherentwicklung der nationalrevolutionären Bewegung im Laufe von einundeinhalb Jahrzehnten läßt sich durch den Vergleich des Wartburgtreffens von 1817 mit dem Hambacher Fest von 1832 veranschaulichen: Auf der Wartburg traf sich ein halbes Tausend Studenten und Professoren, die der Befreiungstat der Schlacht bei Leipzig und der weltgeschichtlichen Größe der Lutherischen Reformation – immer mit dem Blick auf die noch zu erkämpfende Einheit und Freiheit der deutschen Nation – gedachten. In alles Klarsichtige und Vorwärtsweisende mischte sich eine Menge nationalistischer Franzosenfresserei, christlich-germanischer Selbstgerechtigkeit und Überheblichkeit. Aber ungeachtet manchen Gefühlsschwulstes und der lächerlichen Szene demonstrativer Verbrennung reaktionärer oder angeblich undeutscher Bücher und Insignien war das Wartburgtreffen 1817 die erste Demonstration deutschen Nationalbewußtseins, die weithin nachhallte. Auf der Hambacher Bergfeste versammelten sich 30 000 Handwerker, Handwerksgesellen, auch Bauern und einige Burschenschafter. Die sich chauvinistisch abschließende Deutschtümelei von 1817 wurde in Hambach 1832 zurückgedrängt durch den Geist des solidarischen Kampfes der europäischen Völker gegen die Heilige Allianz; in Deutschland selbst wurde der von Österreich und Preußen beherrschte Bundestag als die der staatlichen Einheit und bürgerlichen Freiheit schlechthin feindliche Institution ins Visier genommen.

Die Kampfziele nahmen konkretere Umrisse an, die Zahl der Patrioten war mächtig angewachsen; die Redner und Führer waren in erster Linie nicht mehr Professoren und Studenten, sondern Advokaten und Journalisten, die durch ihre berufliche Tagesarbeit wirklichkeitsnäher und politisch versierter waren. Aber mit der sozialen Breite der Bewegung wuchsen auch die Differenzen darüber, auf welchen Wegen und mit welchen Mitteln das allgemeine Ziel der Einheit und Freiheit des deutschen Vaterlandes verwirklicht werden solle.

In den Jahren nach 1830 vollzogen sich also Entwicklungen, die der angehende Studiosus Bismarck bei manchen seiner Entscheidungen in Rechnung zu stellen und die er in Studentendomizilen, weniger in den Hörsälen und Seminarräumen, geistig zu bewältigen hatte.

Zunächst war zu entscheiden, wo und was er studieren sollte. Bislang war sein geistiger Entwicklungsweg stets nach dem Ermessen und Willen der Mutter gelenkt worden; das betraf sowohl die Wahl der Plamannschen Erziehungsanstalt wie des Friedrich-Wilhelm-Gymnasiums und des »Grauen Klosters«; es bezog sich auch auf die Hauslehrer, die, nicht immer mit glücklicher Hand, von ihr für Otto und den Bruder Bernhard gewählt wurden. Nun, bei der wichtigen Entscheidung über die Studienrichtung und eine geeignete Universität für den Sohn Otto war sie wieder eifrig beim Recherchieren. Vielerlei scheint erwogen und wieder verworfen worden zu sein. Zunächst bot sich fast wie selbstverständlich, da weder eine militärische noch irgendeine naturwissenschaftliche Richtung von Ottos Veranlagung her ernsthaft in Frage kam, das Rechtsstudium an, das den Weg in die Staatslaufbahn eröffnete. Nur diese konnte ein Junkerssohn ins Auge fassen, da für ihn die Tätigkeit als Advokat nicht in Betracht kam – vor allem nicht in einer Zeit, da aus diesem Beruf auffällig viele liberale Rechtsmahner und Konstitutionsfanatiker oder gar demokratische Aufwiegler hervorgingen.

Wegen des Studienorts war mancherlei zu bedenken. In Heidelberg, so soll seine Mutter befürchtet haben, könne er sich »das ihr widerwärtige Biertrinken angewöhnen«[48]. Soll es nur das Biertrinken gewesen sein, das von Heidelberg abschreckte? Konnte diese Universität in Baden mit seinen Landtagsdebatten, seiner Pressefreiheit, seiner Liberalität im gesellschaftlichen Leben überhaupt eine richtige Vorbereitung und Empfehlung für den Staatsdienst in Preußen bieten? Der Sohn Otto soll bedauert haben, daß auch Bonn verworfen wurde, wo er Landsleute getroffen hätte. Das waren noch jungenhafte Wünsche, während für seine Ratgeber die erst 1818 wiedergegründete Universität ihre gesellschaftliche Honorigkeit und wissenschaftliche Solidität noch nicht bewiesen haben mochte. Auf Anraten eines Verwandten, des Geheimen Finanzrats Kerl, den Mutter Wilhelmine als Autorität in gelehrten Dingen ansah, zog sie dann Göttingen vor.

Der Finanzrat Kerl mußte natürlich wissen, daß sich diese Stadt und ein beträchtlicher Teil ihrer Universität Anfang 1831 recht aufrührerisch benommen hatten.[49] Damals bewaffneten sich die Bürger und Studenten von Göttingen, organisierten nach der Besetzung des Rathauses eine Nationalgarde und ließen tags darauf durch eine Bürgerversammlung einen provisorischen Gemeinderat wählen. Erst nach acht Tagen konnten die Regierungstruppen die Stadt wieder besetzen. Die radikalen Führer, die promovierten Juristen und Universitätsdozenten Rauschenplat und Schuster, konnten entfliehen; die Universität wurde bis Ostern geschlossen, und die Studenten wurden ausgewiesen. Auf jeden Fall galten 1832 Stadt und Universität als wieder »beruhigt«. Das alte Göttingen mit seinem einstigen Ruf als »hohe Schule weltmännisch-geschäftsmännischer politischer Bildung«[50], mit seinem Blick nach England, dessen Dynastie sich in Personalunion mit Hannover befand, schien wiederzuerstehen. Mit der Wahl Göttingens als Studienort konnte Mutter Wilhelmine preußische Staatsloyalität mit einem unter Umständen geheimen Wunsch vereinen, nämlich ihren Sohn Otto in die Fußstapfen ihres Vaters treten und Diplomat werden zu lassen.

Am 10. Mai 1832, kurze Zeit vor dem Hambacher Fest, immatrikulierte sich Bismarck als »Studiosus der Rechte und der Staatswissenschaften«. Eben siebzehnjährig, fühlte er sich endlich frei von aller Aufsicht. Zunächst traf der Neuimmatrikulierte eine im Grunde politische Entscheidung, die durchaus im Sinne seiner Mutter und des familiären Studienberaters, des Geheimrats Kerl, liegen mußte. Vor die Frage gestellt, ob er in eine Burschenschaft oder in ein landsmannschaftliches Corps eintreten sollte, entschloß er sich zugunsten des letzteren. Anders konnte er sich schwerlich entscheiden. Der Aristokratensohn, der in den Staatsdienst als Richter, als Verwaltungsbeamter oder als Diplomat (auch dies spukte schon in seinem Kopf!) treten wollte, mußte berücksichtigen, daß solche Pläne aufs höchste gefährdet wären, wenn er in eine der Burschenschaften einträte, die ein Jahr vorher in Göttingen selbst das Gegenteil von Staatsloyalität an den Tag gelegt und in der Allgemeinen Deutschen Burschenschaft im Herbst 1831 einen radikalen Kurs beschlossen hatten. Der junge Bismarck konnte zwar nicht voraussehen, daß zwei Jahre später der Deutsche Bundestag den Eintritt ehemaliger Burschenschafter in den Staatsdienst verbieten würde, aber er war helle genug, um zu spüren, wohin die herrschenden Mächte steuerten. Der strebsame Amerikaner und Sprößling einer gutbürgerlichen Familie, John Lothrop Motley, der Bismarcks Studienfreund werden sollte, bezeichnete die Göttinger Burschenschaften in einem Brief vom 1. Juli 1832 überdies als »Abschaum der Universität«[51]. Offenbar empfand der junge Bismarck nicht viel anders.

Der alte Bismarck hat in seinem Erinnerungswerk staatsmännisch gemessener und politisch vorsichtiger formuliert. So schrieb er, daß er am Anfang der Universitätszeit »zunächst zur Burschenschaft in Beziehung gerieth«, da sein deutsches Nationalgefühl stark war und diese »die Pflege des nationalen Gefühls als ihren Zweck bezeichnete«. Nachdem er aber dann persönliche Bekanntschaft mit den Mitgliedern gemacht habe, hätte ihm »ihre Weigerung, Satisfaction zu geben, und ihr Mangel an äußerlicher Erziehung und an Formen der guten Gesellschaft«[52] mißfallen. Es ist bemerkenswert und psychologisch interessant, daß Bismarck, um seine Ablehnung der Burschenschaft zu begründen, selbst noch in seinem von vielerlei Nebenabsichten gelenkten Erinnerungswerk an erster Stelle die Verweigerung des Duells nennt, also ein typisches Kriterium der Korpsstudenten geltend macht. Dann mißfielen ihm bei den Burschenschaftern die »Extravaganz ihrer politischen Auffassungen«, die er auf einen »Mangel an Bildung und an Kenntnis der vorhandenen, historisch gewordenen Lebensverhältnisse« zurückführte. Die »historisch gewordenen Lebensverhältnisse« bedeuteten für den jungen Bismarck im Kern die Traditionen der landadligen Gutsherrschaft und der preußischen Monarchie – Traditionen, die er in der Tat »mehr zu beobachten Gelegenheit gehabt hatte« als die »durchschnittlich älteren Studenten« aus dem vornehmlich bürgerlichen Milieu.

Alle Überlegungen und Empfindungen widersprachen einem Eintritt Bismarcks in eine der Burschenschaften, vielmehr schloß er sich in erstaunlicher Eile den Korpsstudenten an. Nach der Immatrikulation am 10. Mai wurde er bereits am 6. Juli im Korps »Hannovera« vorläufig und nach der ersten Mensur im August endgültig aufgenommen. Dieses gehörte, nach dem Urteil Motleys, der das Duellieren einen albernen Gebrauch nennt, »der nur in Deutschland möglich ist«, auf diesem Gebiet zu den »hervorragendsten«. In engem Konnex mit seinen Kommilitonen aus der »Hannovera« pflegte Otto v. Bismarck nun keineswegs die »Formen der guten Gesellschaft«, deren Verletzung er den Burschenschaftern vorwarf, sondern gab sich intensiv einem flotten, rauf- und trinkfreudigen Studentenleben hin. In drei Semestern stand er in Göttingen fünfundzwanzigmal auf der Mensur und stritt sich noch als Reichskanzler – wie Erich Marcks berichtet[53] – mit einem ehemaligen Kontrahenten über die Rechtmäßigkeit einer ihm beigebrachten Narbe.

Die Universitätsbehörden versuchten zwar, gegen die schlimmsten Auswüchse vorzugehen, doch scheint es ihnen nur schwer gelungen zu sein, dem Treiben Einhalt zu gebieten. Die nach Provinzen benannten Landsmannschaften, in denen das Duellieren zum Ehrenkodex gehörte, waren die standesbewußte-

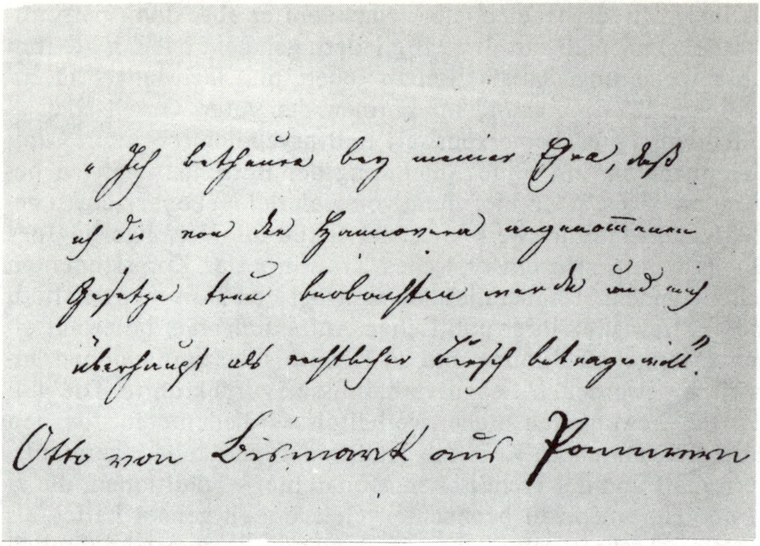
„Ich beschwöre bey meiner Ehre, daß ich die von der Hannovera angenommenen Gesetze treu beobachten werde und mich überhaupt als rechtlicher Bursch betragen will."

Otto von Bismarck aus Pommern

Unterschrift des Korpsstudenten

sten der akademischen Jugend.[54] Ihr geld- oder geburtsaristokratischer Dünkel und eine elitesüchtige Korpsmentalität, die Karzerstrafen als Kavaliersdelikte ansah, machten alle Maßnahmen wirkungslos. Wenn Bismarck in Göttingen gleich zu Beginn in extravagantem äußerem Habitus, in hellem Schlafrock oder langem, apfelgrünem Frack, und begleitet von einem riesigen Hund zu provozieren versuchte, so sprach sich in dieser Manier, die sich in rebellischer Aufsässigkeit gefiel, keineswegs ein progressiver Zug der Zeit aus, sondern adelsstolzes Selbstbewußtsein, das sich renommierend bestätigen wollte.

Weder im Duellieren noch beim Trinken, weder beim Absitzen von Karzerstrafen – die letzte aus Göttingen mußte er noch in Berlin absolvieren – noch bei der ausgefallenen Art der Kleidung unterschied sich Bismarck von anderen Studenten seiner Richtung. Das bestätigte wieder einmal der kritisch-beobachtende Blick des amerikanischen Kommilitonen John Lothrop Motley, der nach Hause berichtete[55]: »Die Universitätsstädte sind das Heim aller Übertreibungen. ... Man begegnet auf der Straße kaum einem Studenten, dessen Anzug nicht wo anders einen Pöbelauflauf verursachen würde. ... Jedermann folgt seinem eigenen Geschmack und modelt sich nach seinem Schönheitssinn.« In der Vielfalt der Formen zeigte sich die Gemeinsamkeit der Renommiersucht.

Ein gutes Dutzend Jahre zuvor hatte schon Heinrich Heine das Studententreiben in Göttingen kritisch beobachtet; er sah dort ein buntes Gemisch aller deutschen Stämme, die »sich ewig untereinander herumschlagen, in Sitten und Gebräuchen noch immer wie zur Zeit der Völkerwanderung dahinleben und teils durch ihre Duces, welche Haupthähne heißen, teils durch ihr uraltes Gesetzbuch, welches Komment heißt und in der legibus barbarorum eine Stelle verdient, regiert werden.« Auch goß Heine 1824 in der »Harzreise« weidlich seinen Spott über Göttingens Philister aus, die ihn 1819 schon so gereizt hatten, wie sie reichlich 12 Jahre später den jungen, aus ganz anderem Milieu kommenden Bismarck aufbrachten.

Bei seinem lockeren Leben unterschied sich Bismarck von anderen noch am ehesten durch seine Briefe aus dieser Zeit, die, burschikos geschrieben und mit absichtsvollen Zynismen durchsetzt, die Kraftmeierei dieser Jahre mit entwaffnender Ehrlichkeit wiedergeben und frühe Neigungen zu zweckbedingtem diplomatischem Manövrieren verraten. So liest man etwa in einem Brief an den Göttinger Studienfreund Scharlach vom 14. November 1833[56]: »Willst Du diesen Brief in derselben Stimmung lesen, in welcher er geschrieben ist, so trinke erst 1 Fl. Madera. Ich würde mich wegen meines langen Stillschweigens entschuldigen, wenn Dir nicht meine angeborene Tintenscheu bekannt wäre, und wenn Du nicht wüßtest, daß ich in Göttingen lieber 2 Fl. Rheinwein trank, als einen Brief schrieb, und daß ich beim Anblick einer Feder Convulsionen bekam.« Er gestand: Es »fanden sehr unangenehme Szenen zwischen mir und meinem Alten statt, der sich weigert, meine Schulden zu bezahlen; dies versetzt mich in eine etwas menschenfeindliche Stimmung, ungefähr wie Charles Moor, als er Räuber wird; doch tröste ich mich...

Der Mangel ist so arg noch nicht, weil ich ungeheuern Credit habe, welches mir Gelegenheit giebt, liederlich zu leben; die Folge davon ist, daß ich blaß und krank aussehe, welches mein

Alter, wenn ich Weihnachten nach Hause komme, natürlich meinem Mangel an Subsistenzmitteln zuschreiben wird; dann werde ich kräftig auftreten, ihm sagen, daß ich lieber Mohammedaner werden, als länger Hunger leiden wolle, und so wird sich die Sache schon machen.« Blaß und krank soll Bismarck ausgesehen haben? Jedenfalls zeigt das Bleistiftkonterfei, das sein Freund Scharlach von ihm machte, einen spindeldürren, hochaufgeschossenen, etwas stutzerhaften Studiosus.

Bismarck wird den Eltern kaum auch nur annähernd Einblick in sein Göttinger Treiben gegeben haben, zumal der Vater wegen der Geldausgaben schon murrte. Vielmehr gab er seinem Bruder Bernhard, der Leutnant war, den famosen Ratschlag: »Schreibe nicht zu grob nach Hause! Der Kniephofer Hof ist für diplomatische List und Lüge zugänglicher als für die grobe Soldateska.«[57]

Mit solchen losen Redereien dem älteren Bruder gegenüber zeigte sich Otto listig-berechnend, obwohl er selbst den mannigfachen Verlockungen eines scheinbar freien Studentenlebens kaum gewachsen war. Es war ja in erster Linie landsmannschaftlich »commentmäßiges« Verhalten, nach dem er sich richtete. Es gestattete ihm durchaus, beim Umtrunk eine Flasche zum Fenster hinauszuwerfen und den Universitätsrichter, der ihn deswegen zu sich beorderte, mit seinem Hund zu erschrecken; es erlaubte ihm eine ganze Skala von Unbotmäßigkeiten, nicht aber »tumultuarische Eingriffe in die staatliche Ordnung«. Und dazu gehörten auch die Demonstrationen für staatliche Einheit und bürgerliche Freiheit auf der Hambacher Bergfeste; den gegen den Bundestag gerichteten Sturm auf die Frankfurter Wache konnte Bismarck um so leichteren Herzens als »Putsch« abtun, als seine Teilnehmer ihm sozial und politisch ohnehin fremd waren.

Fremd aber war dem jungen Bismarck keineswegs die Erwartung, daß eine staatliche Einigung Deutschlands in absehbarer Zukunft doch möglich sei. Eine darauf bezügliche Wette mit dem amerikanischen Kommilitonen Coffin aus dem Kreise Motleys[58] erwähnte Bismarck in seinem Erinnerungswerk; ausführlich sprach er darüber mit dem Journalisten Busch, der Bismarcks Bemerkungen wörtlich aufzeichnete: »Ich erinnere mich, vor dreißig und mehr Jahren, in Göttingen, da wettete ich einmal mit einem Amerikaner, ob Deutschland in zwanzig Jahren einig sein würde. Wir wetteten um fünfundzwanzig Flaschen Champagner, die der geben sollte, der gewänne. Wer verlor,

Otto von Bismarck als Korpsstudent
Zeichnung seines Jugendfreundes Scharlach

sollte über's Meer kommen. Er hatte für nicht einig gewettet, ich für einig. Darauf besann ich mich 1853 und wollte hinüber. Wie ich mich aber erkundigte, war er tot ... Das Merkwürdigste dabei ist, daß ich damals – 1833 – schon den Gedanken und die Hoffnung gehabt haben muß, die jetzt mit Gottes Hilfe wahr geworden ist, obwohl ich damals mit den Verbindungen, die das wollten, nur im Gefechtszustande verkehrte.«[59]

Bismarcks Sehnen nach deutscher Einheit war offenbar sozial und politisch anders motiviert und darum auch anders geartet als das der radikal-bürgerlichen Burschenschafter, mit denen er »im Gefechtszustand verkehrte«. Man wird an die Einheitsvorstellung eines Friedrich August Ludwig von der Marwitz erinnert, über dessen eingefleischte Junkergesinnung im Denken und Fühlen kein Zweifel bestehen kann; nach dem ersten Sieg über Napoleon empörte er sich darüber, daß viele Deutsche die Vereinigung mit Preußen nicht viel weniger als die mit Frankreich zu fürchten scheinen.[60] Doch: »Ebenso unzerstörbar hat aber auch Wurzel gefaßt die Idee eines *gemeinsamen teutschen Vaterlandes!* Wer sich dieser Idee bemächtigen wird, der wird herrschen in Teutschland, denn Er wird der lichte Punkt sein, nach dem Alle sich hinwenden werden in trüben Zeiten.«

Wenn Otto v. Bismarck 1833 in jugendlichem Ungestüm eine Wette wagte, die für spätestens 1853 ein einiges Deutschland voraussagte, wollte sich der im Jahre 1814 etwa siebenunddreißigjährige Ludwig von der Marwitz verbürgen, »daß, ehe 50 Jahre vergehen, der König der Teutschen, außer Preußen, Brandenburg und Sachsen auch Franken, Schwaben, Rheinland usw. in seinem Titel führen würde.« Beide, durch eine ganze Generation voneinander getrennte Urpreußen, von der Marwitz und v. Bismarck, gingen im gleichen Geiste an die deutsche Frage heran, nämlich im Geiste der königlich-preußischen Vorherrschaft in Deutschland. Andererseits warben bereits in den dreißiger Jahren auch Liberale in Denkschriften und Publikationen für die Einigung Deutschlands unter der Hegemonie der preußischen Krone.[61] Schriftsteller wie Heinrich Heine und Ludwig Börne glaubten zwar nicht an eine liberale Entwicklung der Hohenzollerndynastie und orientierten auf eine bürgerlich-demokratische Revolution, die Liberalen aber setzten nicht allein auf eine politische Vereinbarung mit der Krone Preußens, sondern mehr noch auf dessen ökonomische Potenz, die sich dann in der Tat in dem von ihm initiierten und am ersten Januar 1834 ins

Leben getretenen Zollverein zeigte. Erst nach Jahrzehnten innerer und äußerer Kämpfe konnten sich zwei verschieden bedingte und motivierte Hegemoniegedanken, der königlich-preußische und der bürgerlich-liberale, in einem eigenartigen Kompromiß miteinander vereinigen und dadurch den deutschen Nationalstaat möglich machen. Das war im Grunde das »Merkwürdigste«, wie sich Bismarck 1871 ausdrückte.

Die hochgemute und oft genug hochmütige Ausgelassenheit, der sich Bismarck in Göttingen hingab, erlaubte kein regelmäßiges, geschweige denn intensives Studium. Mit der Juristerei beschäftigte sich der junge Herr schon gar nicht; aber da er als Studienfach auch »Staatswissenschaft« angab, könnte man meinen, daß er sich für die Vorlesungen des ständisch-liberal gesinnten Historikers Dahlmann interessiert hätte – für jenen gelehrten Politiker, der wenige Jahre später, 1837, zu den gegen den königlichen Verfassungsbruch protestierenden »Göttinger Sieben« gehörte. Doch nach dem Zeugnis eines solchen Kenners wie Erich Marcks ließ Bismarck über Dahlmann kein Wort verlauten. Hingegen kam der schon betagte Historiker Arnold Heeren, der eine allgemeine Länder- und Völkerkunde vortrug, Bismarcks Wesensart und frühen Neigungen entgegen. Später berief er sich auf ihn.[62] Auch Motley wird wohl einer der Hörer in den Vorlesungen Heerens gewesen sein, zumal dieser in England und Frankreich, vor allem aber in Amerika, einen stärkeren Widerhall fand als in Deutschland selbst.[63] Heeren, Sohn einer Bremer Kaufmannsfamilie, war von den Ideen des Adam Smith so sehr durchdrungen, daß er auf recht moderne Weise den Zusammenhang von Politik, Verkehr und Handel bei den Völkern der Alten Welt darstellte. Diese wechselseitige Abhängigkeit zwischen Güterproduktion, Warenaustausch und internationalen Beziehungen sah dann Heeren auch in der Geschichte des europäischen Staatensystems und seiner Kolonien.[64]

Was den jungen Bismarck wohl ansprach und auf ihn nachhaltig wirkte, das mußten zwei Grundthemen sein: einmal die ökonomischen Erwägungen über das Wirken materieller Interessen, zum andern die Berücksichtigung der wechselseitigen Abhängigkeit im Völker- und Staatensystem bei seinen mitunter tiefgreifenden Veränderungen. Bismarcks Interessen für weltweite Beziehungen zeigten sich in seiner frühen Gewohnheit, auf seinem Arbeitstisch mit Landkarten und Atlanten zu hantieren. Sein Drang nach lebendiger Anschauung fremder Welten und anderer

Wesensarten führte ihn zu Bekanntschaften mit angelsächsischen Kommilitonen, denen er, wie dem Amerikaner Motley, freundschaftlich verbunden blieb; gleiche Beziehungen knüpfte er mit baltischen, dem Zarentum verpflichteten Standesgenossen an, den Grafen Hermann und Alexander Keyserling.

Über all dem lockeren, draufgängerischen und schuldenmachenden Studententreiben des jungen Herrn v. Bismarck dürfen auch ernstere Züge seines Göttinger Lebens nicht übersehen werden: vor allem reiften bei ihm in dieser Zeit Vorstellungen über seinen zukünftigen Beruf in der Diplomatie heran. »Ich hatte, so lange ich in dem damaligen Alter an eine Beamtenlaufbahn ernstlich dachte, die diplomatische im Auge ...«, schrieb der alte Bismarck in seinem Erinnerungswerk. Und das entsprach der Wahrheit.[65]

Was Mutter Wilhelmine mehr im Stillen erträumen mochte, das ging dem Herrn Sohn leichten Herzens von der Zunge oder floß ihm mit flinker Hand in die Feder. Jeder, der es wissen wollte, wußte es: Diplomat will er werden. Seinem Corpsbruder Gustav Scharlach gegenüber schrieb er schnoddrig vom »Portefeuille des Auswärtigen«[66], und später meinte er gleichfalls ihm gegenüber, Scherz und Ernst mischend: »Mein Plan ist nun, hier noch ein Jahr zu verweilen; dann zur Regierung nach Aachen zu gehen, nach Verlauf eines zweiten Jahres das diplomatische Examen zu machen, und mich der Huld des Schicksals zu empfehlen, wo es mir dann vor der Hand gleichgültig sein wird, ob man mir Petersburg oder Rio Janeiro zum Aufenthalt anweist.«[67] Sein Corpsbruder konnte ihn mit ernstem Unterton anulken, daß er dereinst als zweiter Talleyrand oder Metternich glänzen werde.[68]

Den Brief, in dem er seine Absicht erwähnte, nach etwa zwei Jahren ein »diplomatisches Examen« abzulegen, schrieb Bismarck von Berlin aus, wenige Tage vor seiner offiziellen Immatrikulation an der dortigen Universität. So spricht einiges dafür, daß er schon in jenen Wochen beim damaligen preußischen Außenminister Ancillon seine »Meldung« machte; von seiner Seite habe er allerdings, wie er in »Erinnerung und Gedanke« berichtet, »wenig Ermutigung gefunden«.[69] Der Minister gab ihm deutlich zu verstehen, daß der »hausbackene preußische Landadel« nicht als das geeignete Reservoir für zukünftige Diplomaten galt, von denen man einen weiten Horizont und geistige Gewandtheit erwartete. Allenfalls könnten Sprößlinge aus dem Landadel Gesandtenposten an deutschen, aber nicht an europäischen Höfen erwarten. Immerhin riet ihm Ancillon, das Examen als Regierungs-Assessor zu machen und dann auf dem Umwege durch die Geschäfte des vor wenigen Monaten ins Leben gerufenen Zollvereins den Eintritt in die deutsche Diplomatie Preußens zu suchen.

Über die Gründe, die Bismarck veranlaßten, die Universität zu wechseln und von Göttingen nach Berlin zu ziehen, können wir mehr vermuten als Sicheres sagen: Unstimmigkeiten im und um das Korps »Hannovera« scheinen schwer erträglich geworden zu sein, mehr aber noch die Schulden, die ihn noch lange verfolgten; seine Mutter stellte ihm Ende Dezember 1833 in Kniephof, als er wieder einmal spät aufgestanden war, die bohrende Frage[70], ob er denn überhaupt weiter studieren wolle, wozu er doch gar keine Neigung zeige? Bismarck wohnte bereits im Winter 1833/34 in Berlin, obwohl er im September Göttingen nur mit einem vorläufigen Abgangszeugnis verlassen hatte und sich in der neuen Universitätsstadt erst im Mai 1834 immatrikulieren konnte. Seine finanzielle und moralische Krise brachte ihn zur Einsicht, daß er nicht mehr weiter so »liederlich leben« könne wie bisher.

In Berlin dachte er zwar auch an kein systematisches Studium, aber dort setzte er seine Freundschaft mit dem bildungsbeflissenen, diskutierfreudigen, von Göttingen bereits früh enttäuschten[71] John Lothrop Motley fort; der zweite Freund in Berlin war Graf Alexander v. Keyserling, dessen Bruder schon vorher in Göttingen mit Bismarck bekannt war. In seiner krisenhaften Situation waren Keyserling und Motley seine guten Geister. Alle drei Freunde wohnten in der Stadtmitte nahe beieinander im Umkreis von Friedrichstraße, Behrenstraße und Leipziger Straße. »Wir, Motley, Keyserling und ich«, schrieb Bismarck später, »lebten daselbst in innigstem Verkehr miteinander, indem wir unsere Mahlzeiten und Übungen gemeinschaftlich hielten«.[72] Sie erweiterten bei gemeinsamer Lektüre vor allem von Shakespeares und Byrons Werken ihre Englischkenntnisse. Das führte sie auch zu Debatten über weltanschauliche Fragen, besonders über Religion. Bismarck bekundete dabei »seinen radikalen Unglauben«[73] und war »skeptisch bis zum Extrem«[74].

Zur literarischen Kultur und zum Ringen um weltanschauliche Grundfragen kam noch die Musik. Bismarck liebte es, wie zuverlässig bezeugt, dem Klavierspiel Keyserlings zu lauschen.

Mit Sicherheit verhielt er sich den Berliner Freunden gegenüber ganz anders, als es der Göttinger Kommilitone Scharlach im üblichen Korpston von ihm vernahm: »... des Abends betrage ich mich im ersten Range der Oper so flegelhaft als möglich.«[75] Die freimütigen Aussprachen mit den nicht korpsgebundenen Freunden sind Bismarck in so wohltuender Erinnerung geblieben, daß er auch in späteren Jahrzehnten als Reichskanzler gerade in kritischen Situationen danach verlangte und die Freunde wiederholt zu sich einlud, dabei eifrig unterstützt von seiner Frau Johanna, die sehr wohl spürte, daß er solcher ungezwungenen Geselligkeit bedurfte.

Der aus dem amerikanischen Großbürgertum stammende John Lothrop Motley wurde schon 1841 amerikanischer Gesandtschaftssekretär in Petersburg, veröffentlichte bereits in diesem Jahrzehnt sein erstes historisches Werk, dem in den fünfziger Jahren seine dreibändige »Geschichte des Entstehens der Holländischen Republik« und in den sechziger Jahren die vierbändige »Geschichte der Vereinigten Niederlande« folgte. In den Jahren 1861–1868 war Motley Gesandter der USA in Wien und 1869/70 in London. Anders als Otto v. Bismarck war Motley ein wissenschaftlich systematisch arbeitender Student, der deshalb schon früh diplomatische Tätigkeit und historische Forschung miteinander zu vereinen imstande war. Ein Empfehlungsbrief an Savigny, das berühmte Haupt der historischen Rechtsschule, führte ihn 1834 in die Berliner Gesellschaft ein. Er sah sich, wie es seine Angehörigen von ihm erwarteten, die Sehenswürdigkeiten der preußischen Hauptstadt an, suchte Potsdam und Sanssouci auf und lernte Land und Leute kennen, immer vom Standpunkt eines konservativen Liberalismus urteilend, mit dem sich nun auch in vielen Debatten Otto v. Bismarck auseinanderzusetzen hatte.

Besonders befremdend wirkte auf den aufgeschlossenen Amerikaner das Feudalwesen in Deutschland, die »adelsstolze Klasse«, die er für »absolut radikal« hielt. »Man kann die Deutschen füglich in zwei Klassen teilen: Die Von's und die nicht Von's«, so schrieb er aus Berlin am 4. November 1833. »Diejenigen, welche so glücklich sind, die drei magischen Buchstaben VON vor ihren Namen zu haben, gehören zum Adel und sind demzufolge höchst aristokratisch. Ohne diese drei mögen die Anderen sämtliche Zeichen des Alphabets in jeder möglichen Zusammensetzung haben, sie bleiben dennoch Plebejer.«[76]

Der unbefangen-kritische Blick des Studienkameraden auf die preußischen Verhältnisse konnte zwar Bismarcks Preußentum nicht erschüttern, ihn aber doch zum Nachdenken bringen und sein eigenes Urteil über viele Erscheinungen schärfen. Motley bezeichnete sich zu dieser Zeit selbst als »Republikaner«; einen Beweis für seinen Einfluß lieferte Otto v. Bismarcks Brief an Scharlach vom 14. November 1833, also genau zehn Tage nach der Abfassung jenes Briefes von Motley, in dem dieser die »adelsstolze Klasse« der »VONs« rügt. Da spottet Bismarck in deftigen Worten über einen adligen Bekannten, einen schlanken »Freiheitsbaum der Aristokratie«, »dem zum Menschen alles, zum Kammerherrn nichts fehlt, als ein Schloß vor's Maul. Er lebt hier in seeliger Gemeinschaft mit 30 Vettern, denen er allen nichts vorzuwerfen hat, und von deren Beisammensein eine polizeiwidrige Anhäufung von Dummheit die einzige Folge ist; ›sie essen nicht, sie trinken nicht‹, was thun sie denn? Sie zählen ihre Ahnen.«[77] Dieser Spott äußert sich in Briefen an Scharlach – besonders im April 1834! – geradezu in literarischer Satire, als Bismarck für sich das Zukunftsbild eines »fettgemästeten Landwehroffiziers« zeichnet, der auf seinen Gütern herumsäuft, seine Launen prügelnd an Dienstboten ausläßt und fortschreitend verdummt.[78] Bezeichnenderweise fällt in ebendiesem Brief wie auch in dem kritischen vom 14. November 1833 der Name Motley!

Wenn auch Motleys äußerst kritischer Brief über Preußen vom 18. November 1841 einige Jahre nach seinem Studienaufenthalt in Göttingen und Berlin geschrieben wurde, so konnten die in ihm vertretenen Ansichten schwerlich auf einer bloßen Durchreise auf dem Wege nach Petersburg gewonnen worden und lediglich das Produkt der Verärgerung über bürokratische Schwierigkeiten sein, die er mit seinem Paß hatte.

Preußen habe eigentlich keine Geschichte: »... die regierende Familie ist zwar eine alte, aber der Staat ist neu, ein künstliches Flickwerk ohne natürlichen Zusammenhang, mosaikartig zusammengewürfelt aus gekauften, gestohlenen und geplünderten Provinzen, die nur durch Druck zusammengehalten werden.«[79] Zu Beginn des Jahrhunderts wäre dann das so klug zusammengebrachte Königreich durch Napoleon völlig ausgesaugt, doch später vom Wiener Cabinet wieder hergestellt worden. »Seitdem ist Preußen ein Feldlager, und seine Bevölkerung mit dem Bajonett gedrillt. Es ist zwar Mode, seine gute Verwaltung zu loben, doch ich hege keine Sympathie mit sogenannten guten Verwaltungen.

In Preußen herrscht ein milder Despotismus, das ist wahr. Gleichsam homöopathische Tyrannei – in kleinen Dosen beständig eingegeben, dabei strenge Diät und ein strenges Regiment. Aber was am meisten verdrießt, ist gerade dies ewige Administrieren, diese beständige Folge kleiner Regierungsmaßregeln, die der Patient wie Pillen jeden Augenblick schlucken muß.«

Nicht nur der vom Feudalismus unbelastete Amerikaner Motley, auch Alexander Graf von Keyserling, von anderen gesellschaftlichen Verhältnissen geprägt, bewahrte politisch stets kritische Distanz gegenüber Preußen. Die Großeltern und Eltern der Keyserlings hatten Beziehungen zur Petersburger Akademie; Kant soll auf dem ostpreußischen Gut der Familie Hauslehrer gewesen und in dauernder Verbindung mit ihr geblieben sein. In ihr herrschte eine Geistigkeit von unvergleichlich höherem Rang, als es selbst in den besten Zeiten bei den Bismarcks, ja selbst bei Großvater Mencken der Fall war. Der im selben Jahr wie Bismarck geborene Graf Alexander v. Keyserling zeichnete bereits 1839 als Mitherausgeber des ersten Bandes eines Werkes über die »Wirbeltiere Europas«, das durch seine synthetische Darstellungsmethode als bahnbrechend galt. Während seiner besten Mannesjahre (1856–1862) wirkte Keyserling als Ritterschaftshauptmann, der die Beziehungen zur russischen Staatsregierung vermittelte; an der Spitze der estländischen Verwaltung stehend, war er ein liberaler ständischer Konservativer. In relativ freier Selbstverwaltung wußte die estländische Ritterschaft ihre Rechte sowohl gegen die Krone wie auch gegen die Bürokratie zu behaupten. Keyserlings Liberalismus war demzufolge nicht bürgerlich-konstitutionell wie der westeuropäische, aber selbst von konservativer Basis aus stark genug, um einer ihm 1834 angebotenen Karriere in Preußen zu widerstehen.

Das Zusammensein mit den Berliner Studienfreunden war von unschätzbarem Wert für die weitere Entwicklung Bismarcks. Sicherlich war er seinen Göttinger Kommilitonen an geistreichem Witz überlegen. Aber die ausländischen Freunde in Berlin bannten die von ihm selbst gefühlte Gefahr des Versinkens in platten, gelegentlich sich extravagant gebärdenden Pragmatismus. Von weitreichender Wirkung für sein Leben sollte werden, daß sie ihn auch mit einigen Richtungen des Liberalismus vertraut machten, für die er in diesem Kreise größere Aufnahmebereitschaft zeigte. Nach dem Hambacher Fest und dem Frankfurter Putsch, so schrieb Bismarck in seinem Erinnerungswerk, sei er von Göttingen aus nach Berlin »mit weniger liberaler Gesinnung zurückgekehrt«, als er es verlassen hätte; diese Reaktion habe sich wieder abgeschwächt, nachdem er »mit dem staatlichen Räderwerk in unmittelbare Beziehung getreten war«[80]. Nicht unwesentlich beigetragen zu diesem Prozeß haben sicherlich die Debatten in Berlin, in denen er sowohl verteidigen als auch kritisch assimilieren mußte.

Jeder aus dem freundschaftlichen Trio war schon ausgeprägt in seinem Arbeiten und Streben; Motley und Keyserling richteten sich auf wissenschaftliche Forschungen aus und legten daher auch Eifer im systematischen Studieren an den Tag; Bismarck war nicht geist-, aber wissenschaftsfremd. Seine Haltung war zwiespältig: Einerseits war er vom Typ jener jungen Aristokraten des 17. und 18. Jahrhunderts, die sich gewissermaßen auf Kavaliersreisen Bildungs- und Welterfahrung aneignen wollten, andererseits mußte er angesichts der Erfordernisse einer immer stärker werdenden Bürokratisierung des Staates sein Brotstudium absolvieren, das hieß, wie für viele andere, mit Hilfe von Repetitoren den Prüfungsstoff bewältigen, um rasch zu einem Abschluß zu kommen. Der Brotstudent Bismarck kam mit der ihm eigenen Energie, ohne sonderliche Schwierigkeiten, ans Ziel. Für ernsthaftes Bemühen wert hielt er allerdings die Ausbildung in Sprachen und die für einen zukünftigen Diplomaten praktikablen Wissensbereiche wie Geschichte und Erdkunde. Die Konzentration auf ein solches Bildungsvolumen, vermehrt durch schöne Literatur, war durchaus im Sinne vieler Aristokraten.[81]

Heinrich Heine unterschied in seiner 1840 veröffentlichten Streitschrift gegen Ludwig Börne »Menschen mit ascetischen, bildfeindlichen, vergeistigungssüchtigen Trieben, oder Menschen von lebensheiterem, entfaltungsstolzem und realistischem Wesen«[82]. Zu den letzteren gehörte Otto v. Bismarck, und wenn er gelegentlich und schon früh übermächtigen Entfaltungsstolz spürte, dann konnte es in hemmungsloser Großsprecherei gegenüber dem Göttinger Kumpan Scharlach aus ihm herausbrechen: »... ich werde entweder der größte Lump oder der erste Mann Preußens.«[83]

Der amerikanische Freund Motley lernte offensichtlich auch einiges von dem kennen, was im jungen Bismarck brodelte. Er schilderte ihn nämlich als »Otto von Rabenmark« in seinem 1839 erschienenen Jugendroman »Morton's Hope« – sicherlich in idealisierter Übertreibung, aber doch mit einigen realistischen Zügen.[84] Otto von Rabenmark treibt es toll in der Kneipe und auf der Straße; in seinem Zimmer, inmitten der Pfeifen und Silhouetten, wirft er die Narrenmaske ab und redet mit Morton »vernünftig«. Sein Auftreten habe seinen Zweck gehabt: jung und fremd, habe er sich so in die beste Landsmannschaft eingeführt, durch Beleidigung, Kampf und Sieg; durch wilde Extravaganz habe er seine Gefährten übertrumpft; und auf die Frage, ob ihn dies Leben befriedige, antwortet er: O, es ist Kinderei, aber ich bin an Jahren ein Kind. Ich habe einige Zeit. Die Universität ist mir eine Schule des Handelns.

Schule des Handelns, das sind geradezu die Schlüsselworte für den Entfaltungssüchtigen, dessen romanhafte Schilderung um so bemerkenswerter ist, als sie, geschrieben Jahrzehnte vor Bismarcks staatsmännischem Wirken, nicht unter dem Verdacht der Apologetik stehen kann. Ein solch geartetes Naturell ließ sich auch nicht in die Disziplin einer Offizierslaufbahn einzwängen. Davor schreckte Bismarck, seine mangelnde Eignung sicher einschätzend, stets zurück. Als seine Mutter Ende 1833 jene bohrende Frage an ihn richtete, ob er denn wirklich Neigung zum Studieren habe, hätte sie es gern gesehen, wie er seinem Bruder berichtete, wenn er »den blauen Rock anzöge und vor dem Halleschen Tor das Vaterland verteidigte«[85]. Dieses massive Ansinnen der Eltern mußte er noch einmal mit Entschiedenheit zurückweisen. »Nachdem ich dem zuletzt ziemlich kategorischen Drängen meiner Eltern, Soldat zu werden, mit siegreicher Festigkeit widerstanden hatte«, so heißt es im Brief an Scharlach, »setzte ich mich vermittelst angestrengter Arbeit, mit Hilfe der heiligen Jungfrau, in den Stand, den sehr achtungswerthen Charakter eines Rechtskandidaten mit dem eines kgl. Beamten, dh. Referendar beim Berliner Stadtgericht zu vertauschen ...[86]«

Wie viele Umwege Bismarck auch noch machen wird, um zu einem ihm gemäßen Platz und Ziel in der Gesellschaft zu gelangen, wie viele Möglichkeiten er auch erwägen und erproben mag, die der militärischen Laufbahn schließt er von vornherein und mit aller Entschiedenheit aus – trotz aller späteren gegenteiligen Behauptungen, mit denen er vor Wilhelm, dem preußischen König und deutschen Kaiser, besonders gern aufwartete. Er, unter dessen Herrschaft sich später der preußisch-deutsche Militarismus entfalten sollte, widerstrebte innerlich und äußerlich dem militärischen Drill, erfüllte nur höchst ungern und immer so spät wie möglich seine militärischen Verpflichtungen[87]; er versuchte zudem bei befreundeten Offizieren unterzukommen, um sich Erleichterungen zu verschaffen. Bismarck liebte das Herrschen, aber nicht das Beherrschtwerden, er sehnte sich nach Macht, sofern er sie handhaben konnte und sich ihr nicht unterwerfen mußte.

Der äußere Ablauf der ersten zwei Jahre seiner praktischen Ausbildung als Beamter ist rasch notiert: Im März 1835 ließ er sich von der Berliner Universität exmatrikulieren (Motley hatte schon vorher Deutschland verlassen!); im Mai bestand er beim Kammergericht das erste juristische Examen und wurde wenige Tage danach als »Kammergerichts-Auskultator« mit Protokollarbeiten beschäftigt. Schon im Januar 1836 bat er den Regierungspräsidenten Graf v. Arnim um die Erlaubnis, das zum Übertritt von der Justiz zur Verwaltung nötige Examen in Aachen ablegen zu dürfen. Der dortige Regierungspräsident übersandte daraufhin bereits Mitte Februar dem Stadtgerichts-Auskultator Otto v. Bismarck die von der Prüfungskommission ausgewählten Themata für die beiden vorgeschriebenen Probearbeiten, die sich – kurz gefaßt – auf »die Natur und Zulässigkeit des Eides« und zum andern auf die »Sparsamkeit im Staatshaushalt« bezogen. Die von Bismarck ganz im Stile examenstaktischer Zweckmäßigkeit geschriebenen Arbeiten erhielten das Prädikat »sehr gut« und »gelungen«. Es lohnt sich nicht, aus dem Vorgelegten, wie gelegentlich versucht, das Bismarckisch-Originelle herauszudestillieren. Die mündliche Prüfung erbrachte ebenso das Urteil »Sehr gut befähigt«, worauf Bismarck zum Regierungsreferendar befördert und Anfang Juli 1836 vereidigt wurde.

Äußerlich schien alles erfolgreich vonstatten zu gehen; aber schon auf dem Berliner Kammergericht war es Bismarck innerlich nicht sehr wohl zumute. Da schrieb er an Freund Scharlach: »Mein Leben ist wirklich etwas kläglich, bei Lichte gesehen; am Tage treibe ich Studien, die mich nicht ansprechen, Abends affektiere ich in den Gesellschaften des Hofes und der Beamten ein Vergnügen, welches ich nicht Schulenburg genug bin zu empfinden oder zu suchen. Ich glaube schwerlich, daß mich die vollkommenste Erreichung des erstrebten Zieles, der längste Titel und der breiteste Orden in Deutschland, die staunenswertheste Vornehmheit, entschädigen wird für die körperlich und geistig eingeschrumpfte Brust, welche das Resultat dieses Lebens sein wird.«

Das sind harte, fast verzweiflungsvolle Urteile eines jungen, entfaltungswilligen Menschen, der seiner Klage einen hoffnungsvollen Seufzer hinzusetzt: »Öfters regt sich noch der Wunsch, die Feder mit dem Pflug, und die Mappe mit der Jagdtasche zu vertauschen; doch das bleibt mir ja immer noch übrig.«[88] Tatsächlich versuchte Bismarck zunächst einen Ausweg eben nach Aachen, in die linksrheinische Bäderregion, und ging vom Justizdienst in den Verwaltungsdienst über. War es ein Ausweg?

Ausbrechen aus der Enge

Bismarck fuhr im Frühsommer 1836 mit erstaunlicher Unbekümmertheit nach Aachen, wo ihn immerhin die mündliche Prüfung erwartete. Seine Reise ging keineswegs direkten Weges dorthin, sondern auf dem genußreichen Umweg über Leipzig, Frankfurt, Wiesbaden, Rüdesheim und Binger Loch, auf dem Rhein »mit Dampf und a very strong english party« nach Köln und dann schließlich zum neuen Ort seiner Tätigkeiten und – Abenteuer. Dort empfing ihn der Aachener Regierungspräsident Graf Arnim-Boitzenburg, der ihm die nötigen juristischen Bücher gab, aus denen der Examenskandidat »in den 8 Tagen vor dem Examen noch büffelmäßig geochst« hat. Im preußischen und französischen Recht sei er sehr scharf examiniert worden, berichtete er seinem Bruder.[89] Er mußte unvorbereitet lateinische und griechische Texte übersetzen, lateinisch sprechen und sich über Geschichte und philosophische Systeme auslassen. Das alles schaffte er mit glänzendem Erfolg; das Prüfungsprotokoll stellte seine vorzügliche Urteilskraft, Schnelligkeit der Auffassung und Gewandtheit im Ausdruck fest.[90]

Im gleichen Brief an den Bruder schlug der junge Bismarck eines der Generalthemen der nächsten Jahre an: sein exorbitanter Lebensstil zwingt ihn zum Schuldenmachen und zu Geldbetteleien. Mit einer ans Naive grenzenden Offenheit teilt er seinem Bruder mit: »Die Reise hat mir viel Vergnügen gemacht, aber auch viel Geld gekostet«; er rechnet ihm vor, was alles ihm zusätzliche und natürlich unerwartete Kosten verursacht habe, und kommt zu dem unabweislichen Schluß: »Wenn man sich zu Hause nicht erweichen läßt, mir eine Gratification zukommen zu lassen, so sehe ich noch gar nicht ein, wie dies vernünftig ablaufen kann; denn ohne bares Geld hier zu leben, ist schlechthin unmöglich, und hier etwas zu erhalten, undenkbar: nous verrons.« Im übrigen würde er sich langweilen, »wie der Satan im Himmel«.

Vorerst mochte alles gut gehen: den Eltern gegenüber konnte er die Geldforderung mit dem Hinweis auf ein überaus gutes Prüfungsergebnis verbinden, das den jungen Bismarck auch ins beste Licht bei seinem neuen Chef rückte – eben beim Grafen v. Arnim-Boitzenburg, der als einer der reichsten Majoratsherren in der Mark zu den Spitzen der preußischen Aristokratie und Bürokratie gehörte. Er, der in seinem Aussehen und Auftreten mehr einem englischen Lord als einem märkischen Junker glich und als unnahbar galt, begünstigte den Regierungsreferendar Bismarck durch fördernde Aufmerksamkeit. »Ich mußte es schon im Sommer für eine Auszeichnung halten, daß ich der Einzige war, dem er zuweilen tête à tête seine Sünden vorhielt (er ist immer sehr gut unterrichtet, aber sehr vorurteilsfrei) und gute Ratschläge gab.«[91]

Darüber hinaus wurde Bismarck mit den verschiedenen Sparten der Verwaltung sehr rasch hintereinander bekannt gemacht. Er wurde im Juli der Domänen- und Forstabteilung, im August dem Militär- und Kommunaldepartement gleichzeitig überwiesen, und zwar, wie die Akten ausweisen, mit der Begründung, er werde »wegen Verfolgung der diplomatischen Laufbahn nicht wie die anderen Regierungsreferendarien die ganze Dauer der Referendariatszeit hier zubringen«[92]. Der Wunsch Bismarcks, Diplomat zu werden, war nicht mehr allein Gegenstand von Gesprächen mit Studienfreunden oder auf höherer Ebene mit dem Außenminister selbst, sondern auch in der Verwaltung bekannt, von ihr akzeptiert und in einer Art Ausbildungsplan berücksichtigt.

Der Start ließ nichts zu wünschen übrig, und alles war dergestalt vorgegeben, daß nichts hätte schieflaufen können, so wie auch Bismarcks befreundeter Altersgenosse von Savigny, der Sohn des großen Berliner Gelehrten, gleichfalls in Aachen ausgebildet, auf vorgezeichneter Bahn das diplomatische Examen ansteuern und erfolgreich hinter sich bringen konnte. Doch Bismarcks Naturell gestattete keine solche friktionsfreie Laufbahn; erstaunlich rasch geriet er in Konnexionen, die ihn zunächst einen gesellschaftlichen und persönlichen Höhenflug erträumen ließen, tatsächlich aber in neue Bedrängnisse brachten. Bereits am 10. August, fünf Wochen nach seiner Vereidigung, bekannte

Otto seinem Bruder Bernhard, daß er in einem Grade verliebt sei, »zu dessen Bezeichnung die kühnste Hyperbel des Orients ein unzulängliches Maaß bleiben würde.« Es sind zwei Engländerinnen, »mit denen ich täglich diniere und denen es täglich mehr gelingt, meine Aufmerksamkeit mit den chef d'œuvres eines ausgezeichneten Koches zu teilen.« Seine jetzige Tischgesellschaft bestünde aus 17 Engländern, 2 Franzosen und »meiner Wenigkeit; oben am aristokratischen Ende sitzen wir, d. h. duke and duchess of Cleveland, dessen Nichte Miss Russel (hinreißend liebenswürdig) ... dann ein Schwanz von echten Britten, die mich sämtlich auf Commando lorgnettirten, als His grace of Cleveland zum ersten Mal um die Ehre bat, ein Glas Wein mit mir zu nehmen und ich mit der mir eigentümlichen Würde und Eleganz eine halbe Gallone Sherry hinter meiner Binde verschwinden ließ.«

In diesem Aachen, damals noch Bäderstadt von europäischem Rang, genoß der aristokratische Referendarius aus den altpreußischen Regionen vieles in einem: exquisites Essen und Getränk; Flirt mit Engländerinnen, der zur Schwärmerei, ja Leidenschaft wurde; eine Tischgesellschaft, die ihm das Gefühl vermitteln mochte, aus der landjunkerlich-pommerschen und altpreußisch-bürokratischen Enge in die Weite der hocharistokratischen Insel- und Weltmacht getreten zu sein. Streifte er nicht alles ab, was ihm in den Augen seiner Exzellenz v. Ancillon für eine großzügige und womöglich steile Karriere in der Diplomatie hätte hinderlich sein können? Darauf richtete sich sein Sinnen und Trachten.

In diesem hocharistokratisch-weltmännischen Gemütszustand hatte er nur Verachtung für die ihn umgebenden Rheinländer übrig: »Mit der eingeborenen Canaille gebe ich mich durchaus nicht ab, denn die Männer sind filzig und roh, ohne Erziehung und élévation d'âme, und die Weiber sind fett und kleinstädtisch, und durchgängig mit ... étouffantem Geruch behaftet.«[93] Diesem abschätzigen Urteil fügte er, schon wieder in den Stil studentischer Renommiersucht verfallend, die Bemerkung hinzu: »Ich lebe daher lediglich mit Engländern und Franzosen, und ich finde durchschnittlich, daß die Natur den Weibern jener beiden Nationen ein treffenderes Urteil über die mir eigentümlichen Vorzüge verliehen hat, als unsern Landsmänninnen.« Von Aachen ließ er nur »eine recht gute Oper« gelten, zumal er für eine Vorstellung ein Billett von »my friend the durchess« erhielt.

Aachen, Elisenbrunnen um 1830
Aachen, schon zur Römerzeit Badeort, war besonders in der ersten Hälfte des 19. Jahrhunderts einer der Treffpunkte der europäischen Hocharistokratie.

Der Dom mit seinen mittelalterlich-kaiserlichen Reminiszenzen wird in den Briefen nicht ein einziges Mal erwähnt.

Was Bismarck über die »eingeborene Canaille« – ein Kraftwort, das Bruder Bernhard in seinem Antwortbrief[94] beifällig aufnahm – mit bösem Blick und scharfer Zunge schrieb, enthüllte nur einen Teil seiner Abwehrhaltung. Es kam ihm nicht in den Sinn, weder zu Beginn seines Aachener Aufenthalts noch nachher, sich für das zu interessieren, was sich in der rheinischen Bourgeoisie regte – auch nicht für jene schon damals aktiv werdenden Industriellen und Bankiers um David Hansemann, die mit einem konstitutionellen, monarchischen Preußen eine Reform des Deutschen Bundes anstrebten. Deren Kritik am bürokratischen Absolutismus war nicht identisch mit der seinigen. Ihm ging es immer noch und noch lange Zeit um die Freiheiten und Privilegien der Junker und nicht zuletzt um seine persönliche Bewegungsfreiheit, also nicht um die Freiheit des Bürgertums und die Realisierung des königlichen Verfassungsversprechens von 1815.

Nachdem er einen »pommerschen Ritter« offenbar auf dessen Wunsch im Gefühl landsmannschaftlicher Verpflichtungen »in sämtlichen Fabriken« Aachens und teilweise der Nachbarorte umhergeführt hatte, ließ er sich über das Gesehene mit keiner

Silbe aus; vielmehr machte er sich über das anscheinend hinterwäldlerische Benehmen seines Pommern im Kreise seiner englischen Freunde lustig.[95] Für den angehenden Diplomaten war unter dem Gesichtspunkt gesellschaftlicher Normen die Welt der englischen Hocharistokratie, nicht aber die des rheinischen Industriebürgertums Vergleichsmaßstab. Der junge Bismarck erhielt zwar äußerlich Einblick in die Fabrikwelt, ohne daß sie innerlich Eindruck auf ihn machte. Dem aufkommenden Industrialismus verschloß er sich noch lange.

War der Brief von Anfang August 1836 noch im Ton des verliebten Lebemanns gehalten, so wurde Ottos nächstes Schreiben vom 30. September an Bruder Bernhard zu einer Beichte und einer Offenbarung. Er bekennt, daß er mit Lady Russel, angeblich der Nichte des duke (Herzogs) von Cleveland, »so gut wie versprochen« sei. Doch bei aller leidenschaftlichen Neigung zu der schönen Engländerin und bei allem Hoffen auf Erfüllung seiner Lebenssehnsucht nach Weite der gesellschaftlichen Welt, die er in der »haute volée von London«[96] sieht, fühlt er sich recht bedrückt. Der »Umgang mit reichen Leuten«, so bekennt er dem Bruder, hat ihn veranlaßt, »mehr auszugeben als gut war«. Die Bedürfnisse, die er nicht befriedigen konnte, verführten ihn dann eines Tages zum Roulettespiel, auf das er sich mit verzweifelter Leidenschaft stürzte, hoffend, vielleicht mit diesem Mittel seine Finanzen aufbessern zu können. Vergebens – seine Spielverluste, Reue, Verdruß und die Notwendigkeit, dem Vater dieses »factum von so betrübender Natur« mitteilen zu müssen, bringen ihn an jenen gefährlichen Punkt, an dem er sogar mit dem Gedanken des Selbstmordes spielt: »... ich ... setzte mich zu diesem Behuf in den Besitz eines Stranges von gelber Seide, den ich mir pour la râreté du fait aufheben werde«; aus dieser Lebenskrise rettete ihn ein Sturz mit dem Pferde, die dadurch gegebene Nötigung zur Ruhe und schließlich die Lektüre von Ciceros »de officiis« und Spinozas »Ethik«.

Bei verschiedenen Gelegenheiten erwähnt Bismarck Spinoza. Man kann ihm glauben, wenn er in einem Friedrichsruher Tischgespräch des Jahres 1890 sagte, er habe sich von Hegel nur das angeeignet, was er für das Examen brauchte, während er Spinoza mit deutschen Hilfsbüchern im lateinischen Text studiert habe.[97] Studieren hieß aber bei Bismarck kaum gründliches Auseinandersetzen mit einem System, sondern Aufnehmen solcher Grundgedanken, die seinem Naturell und seinen jeweiligen inneren Bedürfnissen entsprachen – etwa der Spinozistische Gedanke, daß Handeln gemäß der eigenen Natur als Freiheit erscheint und ein solches nur dann möglich sei, wenn sich der Mensch als Geschöpf und Teil der Natur begreife, einer pantheistisch gefaßten Gott-Natur; »so hat auch das betrachtende Leben in der Natur mehr Einfluß auf mich gehabt als die Philosophie«, meinte Bismarck in dem erwähnten Tischgespräch. Seinem sozialen Selbstverständnis gemäß hielt er auch für erwähnenswert, daß Spinoza »ein aristokratischer Jude« gewesen sei, wie sich ja überhaupt die holländischen Juden vorwiegend aus dem portugiesischen Judenadel rekrutiert haben. Was Bismarck von Ciceros »de officiis« übernommen haben mochte? Müßig, darüber zu spekulieren, aber vielleicht hat die von ihm in den fünfziger Jahren polemisch formulierte Amtsauffassung, über die noch zu sprechen sein wird, ihre Quelle auch in Ciceros Alterswerk.

Nach Bismarcks krisenhaft aufgewühlten Tagen des Herbstes 1836 hat ihn die Erde wieder; als heilsame Wirkung sieht er jetzt seinen neuerweckten Arbeitseifer an, mit dem er »das Vorgefallene auf Zeiten zu vergessen« versucht; aber das gelingt ihm nur »auf Zeiten«. Die Clevelands sind wieder abgereist, wollen aber im nächsten Sommer wieder nach Aachen kommen. Bismarck ist tief beunruhigt und innerlich zerrissen. Es überfällt ihn das Gefühl der Reue, daß er das Heiratsversprechen nicht definitiv gemacht habe; dann scheut er wieder vor einer ernsthaften Bindung zurück, nicht zuletzt wegen seiner prekären Finanzlage. Der Zustand des Verheiratetseins erscheint ihm in seinem Alter und seinen Verhältnissen monströs; es ist »peinlich«, wenn man einer reichen Frau gar nichts zubringt als sehr große Aussichten.

Große Aussichten? Die Fragen der zukünftigen Karriere werden nun drängender für ihn. Gegen die Diplomatie, so bekennt er dem Bruder, spricht zunächst der »Mangel an Bekanntschaften mit den Leuten an der Spitze«. In demselben Brief[98] ruft er besorgt aus: »Wenn mir nur Ancillon nicht einen Querstrich macht!« und bittet den Bruder, in Erfahrung zu bringen, »wie Ancillon jetzt über Zulassung neuer Kandidaten denkt« und ähnliches mehr. Bismarck spekuliert auch darüber, ob nicht Arnim (sein Aachener Vorgesetzter) Minister des Auswärtigen werden könne, »da Alvensleben jetzt definitiv Finanzier ist«. Der Herr Referendar wünscht Ancillon, der schon sein Alptraum geworden ist, zwar alles Gute, aber dieser könne »doch nicht ewig leben«. Arnims wiederum, den er schon als Ancillons möglichen

Nachfolger ansieht, ist sich der junge Herr und Diplomatenaspirant auch nicht sicher. Seine Fähigkeiten wird Arnim mit scharfem und unbestechlichem Blick ohne Zweifel anerkennen; aber wird der Unbestechliche und stets gut Informierte die Spielbankaffären übersehen? Wird er den englischen Konnexionen, die ja zur großen Beunruhigung des Verliebten und Karrieresüchtigen noch gar nicht fest und endgültig geknüpft sind, das nötige Vertrauen schenken oder sie gar als einen personal- und staatspolitischen Gewinn betrachten, etwa im Sinne der bereits von Ancillon im Berliner Gespräch entwickelten Maximen?

All diese Zweifel drängen Bismarck noch zu anderen Kombinationen; er macht seinen Bruder auf Bonin, den pommerschen Oberpräsidenten zu Stettin, aufmerksam: »Durch seine Verwandtschaft mit Kamptz, verbunden mit seiner eigenen Stellung, ist er vielleicht derjenige Präsident, dessen Protection (!!) die wirksamste sein würde auf die Länge; und bei unseren Verhältnissen würden wir ihm so nahe stehen können, wie irgend jemand. Ich glaube noch immer, daß ich mehr Aussicht unter seinen Auspizien haben würde als unter Ancillons.« Die hier erwogene Kombination Bonin–Kamptz als mögliches Protektorenpaar ist schon deswegen politisch und psychologisch interessant, weil der Quasi-Liberale Bismarck nicht davor zurückschreckte, sich unter Umständen Karl von Kamptz, einem der Demagogenverfolger und damaligen Justizminister für Gesetzesrevision, anzuvertrauen.

Der junge Bismarck ist jedoch nicht allein durch den »Mangel an Bekanntschaften mit den führenden Leuten an der Spitze« gehemmt, sondern auch – das immer wiederkehrende Thema – durch seine äußerst prekären Vermögensverhältnisse und »dadurch zu großer Gêne in pecuniärer Hinsicht genötigt«. Wohin er nur schauen mag, sei es eine mögliche Heirat, sei es die Frage nach dem künftigen Beruf, überall machen ihn seine finanziellen Verhältnisse unfrei.

Gerührt und dankbar kann er schließlich am 2. November 1836 dem Bruder berichten, daß der Vater, ohne Vorwürfe zu machen, geholfen hat. Das veranlaßt ihn im Brief an den vermittelnden Bruder zu detaillierter Rechenschaft über die Verwendung von 200 Reichstalern, die ihn zwar aus ärgster Verlegenheit erlösten, aber seine Finanzen noch nicht sanieren konnten. Gleichwohl, er freut sich, jetzt zu einem guten Teil entlastet zu sein und wieder Lust und Kraft zum Arbeiten zu haben; im Winter will er durch Sparsamkeit noch einiges erübrigen. Nur mit dem Vorschlag, nach Stettin zu gehen, kann er sich nicht vertraut machen: »... ich muß die Residenz oder das Land haben«, meint er. Zwischen diesen beiden Polen haben viele Bismarcks seit dem 17. Jahrhundert mehr oder weniger gependelt. Für Otto v. Bismarck sollten »die Residenz *und* das Land« zur Wirklichkeit werden.

Die Dinge scheinen allmählich ins Lot zu kommen, da treffen ihn hart und unerwartet Neuigkeiten über die Herkunft seiner englischen Freundin, die diese noch immer erträumte Verbindung mit all ihren gesellschaftlichen Ambitionen abrupt zunichte machen. Es ist der Brief vom 3. Dezember 1836, in dem er dem Bruder Enthüllungen macht – kaum zu verkraften für den Adelsstolz eines Otto v. Bismarck!

Aus ganz unbefangener Quelle kam ihm zu Ohren, daß seine englische Angebetete weder die Nichte noch die illegitim geborene Tochter des Herzogs von Cleveland ist, sondern wahrscheinlich die Frucht eines zweifelhaften Gewerbes ihrer Mutter, die sich erst seit zwei Jahren in den reputierlichen Stand einer duchess (Herzogin) versetzen konnte. Das ist zuviel für den sehr standesbewußten Bismarck. Die empfindliche Verletzung seiner Gefühle und die Befürchtung, seine Neigungen seien von anderen manipuliert worden, bringen ihn zu ebenso spontanen wie jugendlich-ergrimmten Reaktionen gegen die angebliche Trunkenheit der Liebe.

Die tiefe Mißstimmung, die ihn jetzt befällt, rührt vor allem daher, daß ihm »der Gedanke sehr fatal« ist, »gleich einem Bären am Honig, wohlbedächtig eingefangen zu werden«. Nichts könnte seinen unbändigen Stolz, der auch nicht die mindeste Nichtachtung erträgt, tiefer treffen, als vielleicht dem Eigentümer einer Lorgnette mit der Bemerkung gezeigt zu werden: »... look there that tall monster, that is the silly german baron, whom they have caught in the woods, with his pipe and his seal-ring.«

Angesichts der stets übersensiblen Reaktionen Otto von Bismarcks selbst auf geringfügige Antastungen seines Selbstgefühls ist eines klar: diese sarkastische Selbstverspottung zeigt das unwiderrufliche Ende einer Liaison an. Was er später, etwas ruhiger geworden, noch darüber schreibt, sind nur noch Reflexionen über eine abgetane Episode in seinem Leben, mehr abgetan auf jeden Fall als die Finanzsorgen, die ihn noch ein gutes Stück Weges begleiten werden. Und während die Gläubiger, wie er feststellt, aus der Erde wachsen »wie Nachtwächter bei der Notpfeife«, konstatiert er noch einmal grollend: die meisten Forderungen, von »Schuster, Schneider, Wirtshaus, Kutscher, alten Darlehen und Spielschulden« herrührend, »tragen ein Datum aus der Zeit der Anwesenheit Clevelands (noch eine der vielen Vorzüge des Verliebtseins) und sind daher schon zu alt, um meinem Credit nicht nachteilig zu sein.«

Auch der Dezember 1836 findet ihn noch »in der hundsföttischsten pecuniären Lage von der Welt; für jemand, der weniger daran gewöhnt wäre als ich il y aurait de quoi perdre courage« (zum Mut verlieren also). Nein, so versichert er dem Bruder, er werde nicht heiraten, »eine Leidenschaft vergißt sich, wenn auch spät; ich tauge jetzt nicht zum Familienvater; ich habe noch zu viel Unabhängigkeitssinn, u. welch schrecklicher Gedanke, von dem zu leben, was ein Fremder, der nicht einmal meiner Frau Verwandter sein würde, dessen Kinder sie verächtlich ansehn würden, ihr aus gutem Willen giebt.«[99] Ja, so steht es mit dem jungen Bismarck; »arm am Beutel, krank am Herzen«, wie es im »Schatzgräber« heißt, sieht die Welt mitunter recht trübe aus.

Doch bald wird sie wieder etwas Farbe gewinnen. Das Finanzdefizit läßt sich gegen Jahresschluß mit 90 Rth. ziemlich genau fixieren.[100] Das zwingt Otto, den Bruder Bernhard daran zu erinnern: »Zu Neujahr fürchte ich werden die Leute dringlich werden« – die Leute, das sind jene Gläubiger, die aus der Erde wachsen wie »Nachtwächter bei der Notpfeife«. Da könnte er »mehr und schlimmere Erscheinungen haben als Richard der III.« Im darauffolgenden Brief[101] fühlt er sich – vorübergehend, wie sich bald zeigen wird – nicht »in Bedrängnis«, wenn er auch einer Reform des Budgets von Grund auf bedürfe. Er fühlt sich erleichtert und ist voller guter Vorsätze. Auch seine Aussichten auf die diplomatische Karriere erscheinen ihm hoffnungsvoller. Sein Bruder konnte ihn wohl über die Haltung Ancillons beruhigen; sein unmittelbarer Vorgesetzter Arnim ermahnt ihn gelegentlich, fördert ihn aber offensichtlich: Bismarck arbeitet »im Communal-, im Militär-, katholischen und evangelischen Cultus-Departement zugleich, soll mit allen 4 bis Ostern fertig sein«, nebenbei noch »fürchterlich umfassende Ausarbeitungen« machen, die Arnim mit ihm durchspricht.

Der besorgten Caroline v. Bismarck-Bohlen, der früher angebeteten Cousine »Lienchen«, die ihrerseits ein gutes Herz für Otto bewahrt hat, läßt er durch Bruder Bernhard im Januar[102] versichern, daß er sich entgegen allem Berliner Klatsch über seine »hiesige Conduite« in guter Gesellschaft befände, zumal er »recipiertes Mitglied der hiesigen englischen Colonie« sei.[103] Was seinen einundzwanzigjährigen italienischen Freund betreffe, mit dem er »schon seit langer Zeit sehr viel und hauptsächlich« umgehe, so sei er nicht von zweifelhafter Herkunft, sondern zweifelsfrei »cavaliere Don Horatio Barone, figlio del Marchese di Montebello, nipote del Duca di Cerifano«; außerdem sei sein »stimatissimo amico« ein »chevalier de Malte et garde-du-corps Sr. Maj. des Dom Siciles«. So viel romanischer Wohlklang mußte fast noch mehr imponieren als die Versicherung, sein Freund sei durch »unzählige Briefe von seinen Eltern mit den Stempeln von Neapel und Palermo« als unverdächtiger Mensch ausgewiesen.

Im gleichen Brief vom Januar 1837 gewinnt stellenweise der alte schnoddrige Studentenjargon mit ironischen Selbstverspottungen, zur Schau gestellter Kaltbültigkeit und jugendlichen Zynismen wieder die Oberhand; so, wenn der nun ach so liebeserfahrene Otto v. Bismarck dem älteren Bruder Bernhard in puncto Heirat Ratschläge erteilt. Notwendig sei, wie er mit Überlegenheitspose ausführt, »den pecuniären Verhältnissen bei Bestimmung Deiner Wahl ein großes Gewicht beizulegen; nach meinen Ansichten, die indeß, wie ich weiß, nicht ganz die Deinen sind, würde ich sagen, ein entscheidendes Gewicht«. Und nun wird Bernhards »gute Partie« ökonomisch durchgerechnet, das Vermögen »des Alten« in Reichstalern abgeschätzt, seine Pacht kalkuliert und die Ausstattung, die er den Töchtern zu geben habe. Allerdings müsse die Umworbene neben dem finanziellen auch das »andre Haupterfordernis« erfüllen, »daß sie nicht dumm und ungebildet sei, sonst langweilt sie Dich zu Tode«. Da auch der präsentable Name vorhanden ist, sind alle Voraussetzungen erfüllt.

Im nächsten Brief vom März 1837[104] spielt Otto dem Bruder Bernhard gegenüber wiederum den sachkundigen Eheberater, »denn der Schritt in die Ehe ist zu entscheidend für das ganze Leben, um ihn zu tun, ohne über alle seine Folgen sicher zu sein. Faßt man dabei einen Strickbeutel statt des Geldsackes, so ist man nichtsdestoweniger damit abgefunden, und ohne Mittel, den Fehlgriff wieder gut zu machen, da man leider nur eine Frau nehmen darf.« Und nun wägt Otto v. Bismarck den Bruder auch noch nach seinem steigenden Tauschwert; er solle seine Neigungen zum häuslichen Teetisch noch bekämpfen: »... wenn Du Dich leidlich conservierst, so bleibst Du wenigsten noch 10 Jahre ein willkommner épouseur, und bist Du erst Landrat oder auch nur Assessor, oder hast eines von Vaters Gütern übernommen, so erhöht dies Deine Ansprüche an eine gute Partie um wenigstens 75 %.« Und wo der Heiratsmarkt am besten bestückt ist, weiß Otto auch sehr genau: Das Angebot soll in Belgien recht gut sein. Otto v. Bismarck nennt Namen und gibt die entsprechenden Werte in Francs und Reichstalern an. Eine junge Demoiselle aus Brüssel, 19 Jahre alt, wie man ihm sagte »hübsch, schlau und von der feinsten Bildung«, die es sich in den Kopf gesetzt hat, »nur einen Deutschen von gutem Adel und protestantischen Glaubens zu heiraten, ist mit 10 000 frcs. unschwer zu haben und würde nach dem Tode der bejahrten Mutter 50 000 frcs. = 13 333$^1/_3$ Rth. P.c. Reven.« dazubekommen. Eine andere, einzige Tochter und Erbin eines Grafen, wird auf 89 000 frcs. Rev. geschätzt. Belgien, das wäre »das gelobte Land für den heiratslustigen gentleman; ein reicher Adel und keine Majorate.« In diesem Ton wird weiter ironisch recherchiert und kalkuliert.

Freilich, die sonderbare »Mönkguther Art zu werben« und all diese Erwägungen eines knapp Zweiundzwanzigjährigen, der – wie man bald sehen wird – durchaus noch die Fähigkeit besitzt, im Ansturm der Gefühle alle Berechnungen über den Haufen zu werfen, braucht man nicht allzu ernst zu nehmen. Schon jetzt plagt ihn ein wenig das Gewissen wegen der Engländerin, die er wiedersehen wird: »... was muß die arme Laura von mir denken, wenn ich mich in sie als die Nichte eines Herzogs verliebe, ihr aber den Rücken drehe, sobald ich höre, daß sie das Unglück gehabt hat, so und so zur Welt zu kommen.« Freilich nennt er sich damit ironisch »auf dem besten Weg zur Romantik«, und der hatte er ja erst vor kurzem so grimmig abgeschworen. Doch der Bruder möge nicht befürchten, so heißt es in der Schlußpassage dieses Briefes, »daß ich mich der Romantik mit Consequenz hingebe, denn auf der andern Seite widerstrebt es meinen Neigungen und müßten sehr gewichtige Gründe hinzukommen, wenn ich eine andere als die legitime Tochter eines Edelmanns heiraten sollte.« Und diesen letzten Satz allerdings sollte man ernst und wörtlich nehmen, denn er bezeichnet ein tief verwurzeltes, im Lebensbereich der Bismarcks lebendiges Grundprinzip.

Ungeachtet dessen wurde es dem jungen Bismarck recht schwer, sich von seiner Laura auch innerlich loszureißen; er hatte eben, wie sich die Herren auszudrücken beliebten, »noch zuviel Romantik im Leibe«. Darum bekennt er zwischendurch: »Die M. R. Geschichte macht mich bisweilen recht niedergeschlagen, bis ich es wieder dahinbringe, mich selbst auslachen zu können.«[105] Doch dieser Bismarck tröstet sich nicht bloß auf philosophische Art, etwa mit Hilfe Spinozas – auch nicht nur durch Arbeit, sondern durch neue Abenteuer. Gleich zu Beginn des Jahres 1837 brüstet er sich mit einem alle gesellschaftlichen Wirkungen berechnenden Lebemannsstil: »Jetzt habe ich mich von Neuem, und mehr mit Berücksichtigung der Umstände verliebt, in eine femme de qualité von 36 Jahren [Bismarck ist zu dieser Zeit noch nicht 22 Jahre alt!], verheiratet, sehr gut conserviert, und coquette mit Geschmack, eine Leidenschaft, die ich für sehr instructiv halte. Deshalb rechne ich mir auch die dazu erforderliche Zeit als auf meine Bildung verwandt an, und berücksichtige diese Beschäftigung in der regelmäßigen Einteilung meiner Stunden, zumal die französische Sprechübung zugleich damit verbunden ist. Außerdem gibt eine Leidenschaft der Art sehr gutes Ansehn in der Gesellschaft, und ich bin deshalb vollkommen zufrieden mit ihr und mit mir.«[106] Schon zu Beginn seines Briefes meint er seinem besorgten Bruder gegenüber, daß der Ruf eines ehemaligen Bonvivant in der Carrière nicht hinderlich sei, wenn man es dabei möglich mache, seine berufliche Schuldigkeit zu tun.

Otto v. Bismarck kannte die Spielregeln seiner Welt: Erotische Libertinage wird hingenommen, macht sogar interessant – solange sie nicht das Prestige Gleichrangiger berührt. Diese Grenze respektierte Bismarck, der sonst als junger Mann in der Liebe zum Weibe, wie der alte Keyserling[107] rückerinnernd niederschrieb, dem Naturtrieb ohne große Skrupel folgte. Selbst in Beziehungen, wo zweifellos die Neigung gegenseitig war, wahrte er, so schwer es ihm ankam, Zurückhaltung und wußte zu verzichten – so in seinem Verhältnis zu »Lienchen«, der Verlobten des v. Malortie; dann zu Marie v. Thadden-Blanckenburg und später zur Fürstin Orlowa.

All seine »bêtisen« als Bonvivant waren nicht durch Moral gehemmt, sondern durch Mangel an Geld, das er in Momenten schlimmster Finanznöte als »schändliche Erfindung« verfluchen konnte. Ohne finanzielle Erwägungen, wie er eventuell seinen Lebensstil ökonomischer gestalten könne, geht kaum ein Brief an den beim Vater vermittelnden Bruder mehr ab. Mitunter glaubt Otto v. Bismarck, mit Quartalsanweisungen vielleicht rascher Schulden abzahlen zu können. Es bleibt eine fortdauernde Überschattung aller Verhältnisse durch Geldmangel, ein ständiger Zwang zu allen möglichen Winkelzügen, um aus der Klemme herauszukommen.

Schon wenige Monate später, wie der Brief an Bernhard aus Aachen vom 19. Juli 1837 verrät, hat Otto v. Bismarck erneut »Feuer gefangen«. Wieder ist es eine Engländerin, die ob ihrer Schönheit allerseits bewunderte siebzehnjährige Isabella Loraine-Smith, die alle seine Vorsätze über den Haufen wirft. Es wiederholt sich bei ihr, die pikanterweise noch die Freundin von Bismarcks ehemaliger Angebeteten, Miss Laura Russel, ist, so ziemlich alles, was Otto v. Bismarck schon einmal durchlebte und was er weise hinter sich gebracht zu haben wähnte. Mit einem Unterschied: Alles nimmt noch größere Dimensionen an, auch der Grad seines inneren Engagements, das ihn bei dieser Verbindung dazu bringt, gegenüber Karl Friedrich v. Savigny schon von seiner »Familie«, seinen »Angehörigen«, seinem »Schwiegervater« und seiner »definitiven Verehelichung, die wahrscheinlich im Ende März zu Scarsdale in Leicestershire stattfinden wird«, zu sprechen.[108] Isabella Loraine-Smith war die Tochter des anglikanischen Hauptpfarrers von Passenham mit dem respektablen Titel eines Rektors. Die Loraines hatten ihrem Namen das Smith angehängt, als sie ein Baronat und ein Familiengut in Enderbery in Leicestershire erbten[109]; sie gehörten also dem englischen Landadel an, und Isabellas Vater war kein Landgeistlicher im Sinne eines ostelbischen Pastors, der sich gegenüber dem gutsherrlichen Patronatsherrn in untergeordneter Stellung befand.

Bismarck folgt – ohne genehmigten Urlaub – seiner geliebten Isabella nach Wiesbaden, reist mit den Engländern herum, geht großspurig mit Geld um, so etwa für Champagner-Diners bei Mondschein, macht unvermeidlich Schulden, sucht diese mit Spielgewinnen auszugleichen und verspielt – wie er seinem Freund Savigny gesteht – »exorbitant viel«, über 1700 Taler.[110] Sein Fiasko ist ungeheuerlich; er, der »von jeher einen gefährlichen Hang« hat, mehr auszugeben, als er einnimmt, so heißt es in einem späteren Bekenntnis gegenüber seiner Cousine, kann es beim Zusammensein mit seinesgleichen schwer ertragen, »in irgend einer Beziehung hinter jemand zurückzustehen«[111]. Daher ist der Umgang mit den wohlhabenden Briten eine folgen-

Isabella Loraine-Smith

schwere Versuchung für ihn. Einerseits schmeichelt seiner Verliebtheit und seinem Selbstgefühl der Besitz einer Engländerin »von blondem Haar und seltener Schönheit«, andererseits treibt ihn diese Familie weiter in eine demütigende Finanzmisere. Und schließlich geht die im wahrsten Sinne des Wortes teuer bezahlte und den Freunden schon angekündigte Verbindung wieder in die Brüche.

Warum, weswegen? Man kann es nicht eindeutig sagen. Denkbar ist, daß sich vielleicht auch die Engländer für den finanziellen Status des Freiers interessiert haben und ihnen da einiges zu Ohren gekommen ist. Umgekehrt stellte auch Bismarck Betrachtungen über die Vermögensverhältnisse des Hauptpastors von Passenham an und bekundete einige Ängste, sich »in das Fegefeuer einer genierten bürgerlichen Ehe zu begeben«. Mister Loraine, in drei Grafschaften wählender Grundbesitzer, schien selbst nach englischen Begriffen wohlhabend zu sein, doch mußte »sein Einkommen hauptsächlich in einer bedeutenden Pfründe« bestehen, deren Rente mit seinem Tode erlosch. »Bei dem großen Mangel von fonds auf meiner Seite glaube ich nicht, daß ich eine Frau unter 1000 l. St. jährlich nehmen kann, und ob L[oraine] soviel zu geben auf die Dauer willens und imstande ist, weiß ich nicht.«[112] In seiner oft genug entwaffnenden Offenheit setzte der Briefschreiber noch hinzu: »Wie gefallen Dir diese Berechnungen von der Feder Jemandes, der sich selbst für sehr verliebt hält?« Manches läßt also darauf schließen, daß beide Seiten, der junge Bismarck und der alte Loraine, finanzielle Überlegungen angestellt haben, die am Ende eine Ehe ausschlossen – am Ende einer Reise, die ihn mit Isabella und ihrer Familie von Wiesbaden aus über Frankfurt und Mainz den Oberrhein hinauf, nach Straßburg hinüber und weiter in die Schweiz führte.

Den ursprünglich für vierzehn Tage bewilligten Urlaub überzog Bismarck unerlaubterweise um Monate und machte sich erst im Herbst von Bern aus seiner vorgesetzten Behörde zu Aachen in einem leicht zerknirschten Ton und überdies mit nicht sehr wahrheitsgemäßen Begründungen bemerkbar.[113] Nach seinem formellen Gesuch um die Verlängerung seines Urlaubs um weitere zwei Monate[114] wies der Regierungspräsident v. Arnim in der ebenso zurückhaltenden wie bestimmten Sprache aristokratischer Diplomatie den disziplinlosen Bonvivant zurecht und zurück: die Verlängerung des Urlaubs erscheine »nicht mehr angemessen«; man könne vielmehr den von Bismarck selbst »ausgesprochenen Entschluß, zu einer der königlichen Regierungen in den altpreußischen Provinzen überzugehen, um zu einer angestrengteren Tätigkeit in den Amtsgeschäften zurückzukehren, nach welcher Sie bei den gesellschaftlichen Verhältnissen in Aachen vergeblich strebten, nur ganz billigen ...«[115]

Es folgten dann etwa fünf Monate angeblich angestrengter Arbeit bei der Regierung in Potsdam und dann der nicht mehr zu umgehende Militärdienst als Einjährig-Freiwilliger bei den Garde-Jägern zu Potsdam, später bei den Pommerschen Jägern in Greifswald. Um von diesem einjährigen Militärdienst freizukommen, hatte er einen »letzten Versuch« unternommen, »und zwar auf Grund einer Muskelschwäche, die ich infolge eines Hiebes unter dem rechten Arm bei Aufheben des letzteren zu verspüren behaupte (!); leider ist er nicht recht tief genug«[116]. Bismarck scheute also nicht vor dem Versuch zurück, sich mit Hilfe solch billiger, tausendfach ausprobierter Tricks vor einem leicht zu ertragenden Dienstjahr zu drücken.

Mitte der vierziger Jahre bekannte Bismarck seinem Studienfreund Scharlach, daß er am Beginn einer »glänzenden Carrière« gestanden habe, »und vielleicht hätte der Ehrgeiz, der damals mein Lotse war, noch länger und für immer mein Steuer geführt, wenn nicht eine bildschöne Engländerin mich verleitet hätte, den Cours zu ändern, und 6 Monate ohne den geringsten Urlaub auf ausländischen Meeren in ihrem Kielwasser zu fahren. Ich nötigte sie endlich zum Beilegen, sie strich die Flagge, doch nach zweimonatlichen Besitz ward mir die Prise von einem einarmigen Obristen mit 50 Jahren, 4 Pferden und 15 000 rl. Revenuen wieder abgejagt. Arm am Beutel, krank am Herzen, kehrte ich nach Pommern heim.«[117] Doch heiratete Isabella Loraine-Smith auch diesen Mann mit festem Einkommen nicht, sondern den neunundzwanzigjährigen Bankier Richard Lee Bevan aus Harrow.[118]

Und als die »projektirte Verbindung ganz und unwiderruflich abgebrochen ist«[119], bleibt neben der »Erinnerung an 4 sehr glückliche Honig-Monate« ein bedeutendes Finanzloch, das Otto v. Bismarck noch auf Jahre zu schaffen machen wird. Mit seinen Schulden verbinden sich Plackereien und Drohungen durch die Gläubiger. Diese sind, wie ein Freund berichtet, derart »aufgebracht«, daß sie sich an Arnims Nachfolger, an den Präsidenten von Mallinckrodt wenden wollen, der seinerseits darauf drängen muß, daß alle Schulden »ohne weiteres« bezahlt werden. Immer wieder stehen die Wirtsrechnungen obenan in der Schuldenliste und beweisen einmal mehr Bismarcks Drang, in Gesellschaft den Großzügigen zu spielen, ungeachtet seiner realen Finanzlage und leichtsinnig-verwegen die Folgen mißachtend. Schließlich steht es so kläglich um ihn, daß auch ein Betrag in Anrechnung gebracht werden muß, der von den »durch die Motten beschädigten und von dem Gerichtsvollzieher verkauften Kleidungsstücke(n)« herrührt.[120]

Nach mühevollen Schuldenliquidierungen im Februar 1839 zu Aachen folgen bereits im Oktober des gleichen Jahres erneut höchst unerquickliche Briefe eines älteren Gönners aus Wiesbaden[121], der Bismarck freundschaftlich und dringend rät, seine Verpflichtungen mit dem Bankier Berlé zu regulieren und sich mit diesem in Verbindung zu setzen; auch hier treibt die notorische Zahlungsunfähigkeit Bismarcks die Dinge so weit, daß im September 1840 sein Gönner, der Oberst a. D. von Hagen, warnen muß[122], wie »höchst unangenehm« es sei, wenn Berlé seine Drohung realisieren sollte und »dann die Sache durch den Preußischen Bundestagsgesandten in Frankfurt betreiben« lasse.

Peinlichkeiten über Peinlichkeiten also, Bedrängungen von allen Seiten, drohende und wohlwollende. Kein Wunder, wenn der Gönner, ein erfahrener Lebemann, auf einen probaten Ausweg sinnt und Bismarck eine junge Dame anpreist, die er »nach dem Tode der Eltern« auf »mindestens 80 000 f. Revenuen« taxiert. Seiner Berechnung nach »ist sie 22 Jahre alt, soll etwas dificilen Kopf haben und bedarf eines Mannes der Haare auf den Zähnen hat«. Noch steht sie im Angebot, doch der besorgte Freund treibt etwas zur Eile an, denn »daß sich zu einem solch fetten Braten Liebhaber finden, läßt sich denken«. Dergleichen Kalkulationen waren Bismarck keineswegs fremd, aber letztlich sträubten sich sein Stolz und sein Gefühl dagegen, sich einen »Goldfisch« zu angeln. Zwar konnte er so schreiben, doch so konnte er nicht handeln.

Es war also gekommen, wie es kommen mußte: Die wiederholten Demütigungen verletzten den unbändigen Stolz Bismarcks schwer; es kann kein Zweifel darüber bestehen, daß sein Entschluß im Herbst 1837, Aachen zu verlassen und nach Potsdam zu gehen, ein Ausweichen vor dem persönlichen Kontakt mit zahlreichen Gläubigern war. Dies gestand er zehn Jahre später seiner Braut Johanna unumwunden ein.[123] Wie er sich nach dem Aachener Referendariat auch entscheiden mochte, ob für den Staatsdienst oder nicht, eines wurde damals offenbar: Seine jugendlich unreifen, leidenschaftlich bewegten, halb unbewußten und halb rebellischen Versuche, mit Hilfe des Einheiratens in die englische Aristokratie aus der preußischen Enge auszubrechen, waren gescheitert.

Mit diesem Scheitern geriet er erst recht in Zwänge, in denen er gar nicht anders entscheiden konnte, als er tatsächlich entschied. Hatte ihn die Finanznot der Familie bereits bei der englischen Brautwerbung behindert, so drängte sich jetzt die Einsicht auf, daß nur bei einer Sanierung der Familiengüter in Pommern und an der Elbe Aussicht auf Abtragung des Schuldenberges bestand. Eine solche Sanierung war von der in der Landwirtschaft kostenaufwendig dilettierenden und immer kränker werdenden Mutter nicht zu erwarten, und der Vater, der dem Landleben um vieles näher stand als seine Frau, ließ alles beim Alten und kümmerte sich wenig um modernere und rationellere Formen des Wirtschaftens. Seinem stets hilfsbereiten Bruder konnte Otto v. Bismarck auch nicht alles überlassen, vielmehr mußte er in Gemeinschaft mit ihm die väterlichen Güter Kniephof, Külz und Jarchlin bewirtschaften.

Nachdem er also während seiner militärischen Dienstzeit in Greifswald die nahe gelegene Landwirtschafts-Akademie zu Eldena besucht hatte, traf er im Spätsommer 1838 endgültig die Entscheidung, den Staatsdienst aufzugeben und Gutsherr zu werden. Das rief Verwandte auf den Plan, die zwar einiges von seiner Leichtlebigkeit, aber kaum etwas von seinem riesigen Schuldenberg wußten; sie beschworen ihn, doch einen solch folgenschweren Schritt zu unterlassen. Zu ihnen gehörte »Lienchen«, die Cousine Caroline v. Malortie, geborene Bismarck-Bohlen; in einem Brief vom August 1838[124] führte sie alle Argumente der Moral, des Patriotismus und des praktischen Nutzens an, um ihren Otto, der ihr keineswegs gleichgültig war, zu bewegen, seine Entscheidung rückgängig zu machen: »Sie haben vorzügliche Sprachkenntnisse; Geographie, Statistik sind Ihre Lieblingsfächer, folglich können Sie dereinst Ihrem Vaterland sehr nützlich werden ...«. Und dann fragte sie vorwurfsvoll: »Wozu haben Sie alle Ihre klassischen Studien getrieben, wenn Sie sie nicht im Leben anwenden sollen!« Da sie von dem finanziellen Zwang, unter dem Bismarck stand, kaum etwas wußte, mußte aller moralische Appell wirkungslos bleiben; auch alles, was sie ihren Mann im gleichen Sinn in einem Nachwort anfügen ließ.

Der Brief der Cousine, die in Bismarck mehr angelegt sah als nur das Landjunkerleben, beeindruckte ihn zu sehr, als daß er ihn hätte unbeantwortet lassen können; auch mag er die Pflicht gefühlt haben, der Familie und den nächsten Anverwandten über seine Lebensentscheidung Rechenschaft abzulegen. Daher ließ er die Antwort an die Cousine abschriftlich im September 1838 auch dem Vater zukommen; außerdem bekam sein Bruder Bernhard die lange Epistel zur Kenntnis und, neun Jahre später, seine Braut Johanna. Schon die Tatsache, daß er diesen Brief an mehrere Adressaten richtete, macht ihn zu einem Schlüsseldokument seiner Entwicklung, erst recht aber sein Inhalt; es ist ein Meisterwerk familiärer Diplomatie. Mit subtiler Argumentation, die auch liberale Tendenzen zu assimilieren versteht, ohne seine individuelle Eigenständigkeit preiszugeben, in einem kunstvollen Geflecht von Dichtung und Wahrheit, von echter und geschickt arrangierter Überzeugung, pariert er die bekümmerte Mahnung der Cousine. Er legt überzeugende Gründe in Fülle dar, letztlich verschweigt er auch keinen, aber er erwähnt den wichtigsten Grund, nämlich daß seine Finanzlage ihn schlechterdings zwingt, zunächst seinen Besitz wieder profitabel zu machen, nur in verdeckter Weise; erst seiner Braut gegenüber gesteht er Anfang 1847, daß die »ganz enorme Summe von Schulden«, die er in ihrem Ausmaß dem Vater verschwieg, »ein Hauptgrund« für seinen Weggang aus Aachen gewesen sei.

Bei aller Vertuschungsabsicht und zweckbedingter Diktion des Briefes enthalten die politischen Ausführungen recht aufschlußreiche Wahrheiten über Bismarcks Charakter und geistige Physiognomie. Er begegnet den Vorhaltungen offensiv mit der Erklärung, daß ihm »von Hause aus die Natur der Geschäfte und der dienstlichen Stellung unsrer Staatsdiener nicht zusagt«, und bekennt, daß sein »Ehrgeiz mehr danach strebt, nicht zu gehorchen, als zu befehlen«, das seien Fakten, für die er außer seinem Geschmack keine andere Ursache anführen könne. Vom subjektiven Empfinden auf die allgemeine gesellschaftliche Situation des Staatsdieners überleitend, fährt er fort: »Die Wirksamkeit des einzelnen Beamten bei uns ist wenig selbständig, auch die des höchsten, und bei den andern beschränkt sie sich schon wesentlich darauf, die administrative Maschinerie in dem einmal vorgezeichneten Geleise fortzuschieben. Der preußische Beamte gleicht dem Einzelnen im Orchester; mag er die erste Violine oder den Triangel spielen: ohne Übersicht und Einfluß auf das Ganze, muß er sein Bruchstück abspielen, wie es ihm gesetzt ist, er mag es für gut oder schlecht halten. Ich will aber Musik machen, wie ich sie für gut erkenne, oder gar keine.«

Gerade das Argument der Nivellierung seiner Persönlichkeit kehrt mehrfach wieder: man müsse, »um an den öffentlichen Angelegenheiten Theil nehmen zu können, besoldeter und abhängiger Staatsdiener sein; man muß vollständig der Beamtenkaste angehören, ihre falschen und richtigen Ansichten theilen und jeder Individualität in Meinung und Handlung entsagen.« Die herrschbedürftige Mentalität Bismarcks kollidiert hier mit dem Einordnungszwang, den der bürokratische Apparat verlangt. Diesem Konfliktstoff gibt er schließlich dadurch die staatspolitische Weihe, daß er sich als Anhänger eines Regierungssystems bezeichnet, das »dem von unserm Gouvernement anerkannten wesentlich zuwiderläuft.«[125] Worin, wodurch, in welcher Richtung, so möchte man fragen. Doch darauf sind die Antworten spärlich, allgemein und unbestimmt gehalten. »In einem Staate mit freier Verfassung«, so erfährt man bestenfalls, »kann ein jeder, der sich den Staatsangelegenheiten widmet, offen seine ganze Kraft an die Verteidigung und Durchführung derjenigen Maßregeln und Systeme setzen, von deren Gerechtigkeit und Nutzen er die Überzeugung hat, und er braucht diese letztre einzig und allein als Richtschnur seiner Handlungen anzuerkennen, indem er in das öffentliche die Unabhängigkeit des Privatlebens hinübernimmt.«

Ins öffentliche Leben die Unabhängigkeit des Privatlebens hinübernehmen, wer konnte das zu jener Zeit? Am ehesten noch jene sich selbst verwaltende Ritterschaft, die Bismarck aus den Schilderungen Keyserlings kannte und die auf Grund besonderer estnischer Verhältnisse ihre Rechte sowohl gegen die Krone wie auch gegen die Bürokratie zu wahren gewußt hatte. Man täusche sich nicht: was sich hier in liberalen Anklängen zu erkennen gibt, ist bestenfalls ein liberal eingefärbter feudaler Konservatismus, mehr nicht.

Von der Unabhängigkeit des Privatlebens allerdings hatte Bismarck eine sehr hohe Meinung, und zwar sein ganzes Leben lang. Junkerlich und nach Kräften solide gegründet, gab es ihm einmal die Möglichkeit, gesellschaftlich standesgemäß aufzutreten, und zum anderen die Freiheit, jederzeit ein Amt aufzugeben, wenn es mit seiner Überzeugung und seinem Geschmack in Widerspruch geriet. Bismarck weiß sehr wohl, daß die Beamten häufig in Dienst gehen, »um einen anständigen und sicheren Broterwerb zu haben, und weil ihnen Mangel an Capital nicht erlaubt, ein andres honettes Geschäft anzufangen«[126]. Ihm aber gab die Rückendeckung durch seine Güter äußere und innere Entscheidungsfreiheit, ermöglichte ihm, um ein Wort Schillers abzuwandeln, seinen Junkerstolz vor Königsthronen.

Dem jungen Bismarck war zwischen dem 20. und 25. Lebensjahr merkwürdig viel fehlgeschlagen. War dies nur persönlich bedingt? Oder lag in der subjektiven Unvernunft seines Handelns auch eine objektive Vernunft? Warum konnte ein mit so großen Fähigkeiten ausgestatteter junger Mann seinen Platz in der Gesellschaft nicht finden? Varnhagen von Ense, ein Autor, den Bismarck nicht liebte, aber doch als Zeitchronisten anerkannte, schrieb im Herbst 1836: »Das Schlimmste in Preußen ist, daß alles stockt, daß keine Richtung lebendig und eifrig verfolgt wird, daß auf keiner Seite entschiedener Vorteil, frischer Gewinn ist, daß auch die am meisten Begünstigten ohne freudigen Trieb und kräftigen Genuß bleiben. Was gedeiht, gedeiht aus ganz allgemeiner Lebenskraft, ohne Absicht und Bewußtsein, gleichsam nur als Stoff eines künftigen Genusses und Zustandes.«[127] Auch Karl Gutzkow, eines der Häupter der literarischen Richtung »Junges Deutschland«, urteilte in seinen autobiographischen Aufzeichnungen über jene Zeit sehr hart: »Berlin gehörte dem Militär, den Beamten, den Geistlichen«, die alle einen »steifen, zugeknöpften, monotonen, ganz den Sonntagspredigten hingegebenen«[128] Geist schufen. Weniger entschieden äußerte sich Felix Mendelssohn-Bartholdy über das »Berlinische Zwitterwesen«. »Es ist hier nicht deutsch und doch nicht ausländisch, nicht wohltuend und doch sehr gebildet, nicht lebhaft und doch sehr aufgereizt ...«[129]

Was in Berlin und Preußen lebendig und zukunftsweisend war, steckte gegen Ende der dreißiger Jahre noch in den Anfängen oder war im Hintergrund, fast im Untergrund. Erst in den vierziger Jahren offenbarte sich die Fortschrittsdynamik eines August Borsig, der 1836 die Eisengießerei und Maschinenbauanstalt gründete, aber auch die Kraft des Aufbruchs jener Junghegelianer, die sich als Dozenten und Literaten im »Doktorklub« lose zusammenfanden; zu Bruno und Edgar Bauer, Adolf Rutenberg und Friedrich Koeppen gesellte sich im Sommer 1837 der junge Studiosus Karl Heinrich Marx aus Trier, dem Koeppen 1840 seine »Jubelschrift«: »Friedrich der Große und seine Widersacher« freundschaftlich widmete. Schon fester umrissen zeigte sich jener Hegelianismus, der sich in den durch Arnold Ruge gegründeten »Halleschen Jahrbücher[n] für deutsche Wissenschaft und Kunst« zu Wort meldete. Hegels Geist war noch nicht erloschen – gerade weil er von rechts angefeindet und von links kritisch weitergeführt wurde.

Bismarck gehörte zweifellos im Varnhagenschen Sinne zu den »am meisten Begünstigten«, und an Energie, Durchschlagskraft, Eigeninitiative hat es ihm nie gemangelt. Aber wohin damit, wenn im offiziellen Preußen »alles stockt«, »keine Richtung lebendig und eifrig verfolgt wird« oder – um mit sinngemäß parallellaufenden Bemerkungen Bismarcks zu reden – die »administrative Maschinerie« nur »in dem einmal vorgezeichneten Geleise fortzuschieben« war? Wohin sollte er also gehen, wenn nicht auf die väterlichen Güter? Die kapitalistische Rationalität der landwirtschaftlichen Produktion war ihm seit dem gelegentlichen Besuch der Landwirtschaftsschule von Eldena nicht ganz fremd, und ganz sicherlich war ihm der Gedanke des großen Agrarwissenschaftlers Albrecht Thaer vertraut, wonach die Landwirtschaft ein Gewerbe ist, »welches zum Ziel hat, durch Produktion (zuweilen auch durch fernere Bearbeitung) vegetabilischer und tierischer Substanzen Gewinn zu erzeugen oder Geld zu erwerben«[130].

Es war innerer und äußerer Zwang, der Bismarck Ende der dreißiger Jahre zum Leben und Wirken auf dem Lande trieb. Aber war damit eine unwiderrufliche Lebensentscheidung getroffen? Gerade in der Zeit seines Übergangs zur Landwirtschaft bildete sich in der Industrie und bürgerlichen Ideologie jene Konfrontation heraus, die Bismarck in den vierziger Jahren auf den Plan rufen sollte und ihm im antirevolutionären Kampf seinen Platz zuwies. Das hat er im Herbst 1838 freilich noch nicht geahnt, aber er hat erstaunlich genau gewußt, unter welchen Umständen sein Ehrgeiz entfacht werden könnte. Weniger auf dem »breitgetretenen Wege, durch Examen, Connexionen, Actenstudium, Anciennität und Wohlwollen« seiner »Vorgesetzten« würden ihn Erfolge reizen, so meint er, wohl aber würden »manche Auszeichnungen« und unter anderem die *»eines Mitspielers bei energischen politischen Bewegungen«* auf ihn »eine, *jede Überlegung ausschließende Anziehungskraft ausüben, wie das Licht auf die Mücke.*«[131]

Aufs pommersche Land: Beruf ohne Berufung

In den Monaten der Aufbruch- und Abbruchstimmung des jungen Bismarck – weg vom bürokratischen Dienst, hin zur gutsherrschaftlichen Unabhängigkeit – verschlimmerte sich die Krankheit der Mutter. Solange Otto bis in den September 1838 hinein noch in Potsdam war, besuchte er sie öfters in Berlin, wo sie in ärztlicher Obhut war und auch von den Kessels, vor allem von ihrer Halbschwester aus der Böckel-Menckenschen Linie, betreut wurde. Wie die Briefe an Vater und Bruder bezeugen, war Otto aufrichtigen Herzens besorgt, der Mutter ihr Los zu erleichtern und ihr in ruhiger Aussprache seinen Überdruß an bürokratischer Arbeit und seine berufliche Entscheidung zu erklären; sie erfuhr kaum etwas von seinen höchst persönlichen Schuldennöten, aber sie wußte einiges von der prekären Lage, in die die pommerschen Familiengüter durch die intellektuell und physisch schwachen Kräfte ihres Mannes geraten waren. Da mag es ihr tröstlich gewesen sein, daß die beiden Söhne mit vereinter und frischer Kraft den Gutsbetrieb weiterbringen wollten; auch konnte er ihr wahrheitsgemäß sagen, daß er sich vom Staatsdienst ja nur habe beurlauben lassen, denn in der Tat hat er erst im Oktober des darauffolgenden Jahres, 1839, um seine Entlassung nachgesucht. Ohne Not Brücken abzubrechen war ohnehin nie seine Sache.

Bernhard, der in Kniephof die Erbangelegenheiten und die finanziellen Fragen überdachte und brieflich erörterte, unterrichtete seinen jüngeren Bruder Otto auch über die gerade in Pommern noch häufig bestehenden lehnsrechtlichen Bindungen der Familiengüter, die käuflichen Erwerb und die Erbfolge komplizierten. Da lag es nahe, den geschickteren Otto aufzufordern, mit der Mutter darüber zu reden, was in ihrem Sinne noch zu regeln sei. »Du hast in letzter Zeit wohl öfters mit ihr über diese Gegenstände conversiert und weißt, wie sie das überdenkt, stehst Dich überhaupt immer sehr gut mit ihr ...«[132] So konnte sich Wilhelmine von Bismarck-Mencken zumindest im Ausklang ihres Lebens dem jüngeren, begabteren und um sein »Lebensglück«[133] besorgten Sohn stärker verbunden fühlen, zumal sie aus eigener Erfahrung wußte, was ein unerfülltes Leben bedeutete. Am 1. Januar 1839 erlöste sie der Tod von den Qualen eines Krebsleidens. Knapp fünfzig Jahre alt war sie geworden, so, wie die Lebenskraft ihres Vaters und Großvaters auch nur die Halbjahrhundertgrenze erreicht hatte. Die Menckens besaßen nicht die physische Robustheit der Bismarcks.

Mit der Übersiedlung Bismarcks Ostern 1839 nach Kniephof in Pommern wurde die Alternative »die Residenz oder das Land« zugunsten des letzteren entschieden – jedenfalls vorläufig. Die Erwartung, selbständig als unternehmerischer Landwirt handeln und überdies aus den materiellen Nöten herauskommen zu können, mochte ihm den Abschied von Potsdam und Berlin leicht gemacht haben. Für ein energisches Mittun im gesellschaftlichen, politischen, ja selbst höfischen Leben der beiden Residenzstädte eröffnete sich damals keine Aussicht, und Berlin als Stadt war ihm gleichgültig, obwohl es damals noch als schön galt.[134] Mit vielen Junkern – denken wir an Marwitz – war Bismarck von früh an und zeitlebens gleichgestimmt in seiner Haltung zu einigen Künsten: zu manchen Bereichen der Literatur zog es ihn hin; für Musik hatte er ein Ohr, für Bauten kaum ein Auge und für Museen keinen Sinn.

In Kniephof gab es nach wie vor keine Bauern[135], neben dem Hausgesinde nur Instleute, auch Einlieger genannt. Das in Ostelbien nach 1815 mit dem Fortschreiten der Agrarreform sich weithin ausbildende Instverhältnis war insofern eine Übergangserscheinung, als der Instmann nicht mehr erbuntertäniger Büdner, aber noch nicht jener oft genug den Arbeitsplatz wechselnde Landarbeiter aus der Zeit etwa nach 1870 war. Dem Gutsherrn gegenüber war der Instmann für mehrere Jahre verpflichtet, seine und seiner Familie Arbeitskraft zu verdingen. Ob dies mündlich verabredet oder schriftlich festgelegt war, sei dahingestellt. Jedenfalls gewährte ihm der Gutsherr freie Unterkunft in den strohbedeckten, aus Lehm gebauten Fachwerkkaten, Heizmaterial, etwas Gartenland, die Ernte eines schon vorher bestimmten Landstriches und einen Anteil am Getreide, das im Winter ausgedroschen wurde. Der Geldlohn war im allgemeinen so minimal, daß Beamte darüber von Zeit zu Zeit an die übergeordneten Behörden zu berichten für notwendig befanden.[136] Feudale Schollenpflicht gab es nicht mehr, aber ein vorfristiges Wegziehen aus dem Gutsbezirk in die Stadt war ein Kontraktbruch, den sich ein Landarbeiter nur bei günstiger Wirtschaftskonjunktur erlauben konnte. Im übrigen waren die Abmachungen mit dem prozentual festgelegten Anteil am Getreideerdrusch so gestaltet, daß der Instmann materiell an den Gutsbesitzer durch gleiches Interesse an hohem Ernteertrag, an gutem Erdrusch und an hohen Preisen gebunden war. Unter solchen Verhältnissen schleppten sich die seit Jahrhunderten eingefleischten Gewohnheiten im Gutsbezirk weiter; Unterwürfigkeit und patriarchalische Gebundenheit fanden nicht so rasch ihr Ende, zumal die Gutsbesitzer ihre Herrschaft als Inhaber der Polizeigewalt, als Herren des Patrimonialgerichts und als Kirchenpatrone weiterhin ausüben konnten. Gegen alle Tendenzen, diese feudalen Institutionen abzuschaffen, sollte Otto v. Bismarck im kommenden Jahrzehnt verbissener als viele seiner Standesgenossen ankämpfen.

Nicht allein, daß der Gutsherr in Kniephof weniger mit Bauern zu tun hatte als mit den einsam beim Gutshof hausenden Instleuten, auch diese bewegten sich nur im engen Kreis des gutsherrschaftlichen Bereichs. Das nächstgelegene Dorf war Jarchlin, wo Ferdinand v. Bismarck die Regulierung der bäuerlichen Eigentumsverhältnisse und Festlegungen über Ablösungsbeträge an Geld und Land zu seinen Gunsten bereits 1818 abgeschlossen hatte.[137] Gutssiedlungen wie die in Kniephof waren in Pommern häufig anzutreffen,[138] wie überhaupt diese Provinz zu den am wenigsten bäuerlichen und am meisten junkerlichen Distrikten Preußens gehörte.

Das Zurückdrängen der Bauernhöfe hatte hier schon sehr früh eingesetzt. So behauptete ein solch kundiger Mann wie der Landesökonomierat Hering in seiner zu Berlin 1837 veröffentlichten Schrift, daß in der Provinz Pommern seit dem Jahre 1628 ungefähr »Zwölf Tausend Bauernhöfe eingegangen« seien.[139] Auch die bäuerlichen Kulturflächen verminderten sich hier am meisten, nämlich um 13,2 v. H., in ganz Preußen hingegen nur um 5,1 v. H.[140] Das alles rührte daher, daß »nur der vierte Teil der Gutsbesitzer die Rentenentschädigung gewählt, der übrige dagegen die Land-Abfindung vorgezogen«[141] hatte. Überdies waren die Bauernhöfe in Hinterpommern noch kleiner als in Vorpommern.[142]

Nennenswerten Zuwachs an Land erhielten die Bauern lediglich durch die sogenannten Gemeinheitsteilungen, also aus jenen bislang von Junkern, Bauern und Kossäten gemeinsam benutzten Waldungen und Weideflächen. Aber auch hier kamen die Bauern schlecht davon; die Bauern erhielten aus den Landflächen, die in diese Separationen einbezogen wurden, als Entschädigung nur knapp 14 v. H. So war es in ganz Preußen, in Hinterpommern werden diese Vorgänge wahrscheinlich noch ungünstiger für die Bauern abgelaufen sein. Nimmt man die Regulierung der Eigentumsverhältnisse, die damit verbundenen Ablösungsabschlüsse über bäuerliche Geldzahlungen und Landabtretungen und die Gemeinheitsteilungen zusammen, so erhielten die Bauern unkultiviertes Land (Hutungen u. a.), während sie wertvolles Kulturland (Äcker, Wiesen) den Junkern zu überlassen hatten.[143]

Was uns die Statistiken an Erkenntnissen vermitteln, wird durch die Aktenvorgänge bestätigt. Nachweisungen und Verwaltungsberichte über die Durchführung und Auswirkungen der Agrarreformen von 1811, 1816 und 1821 mußten in Pommern alljährlich von der Generalkommission in Stargard an das Innenministerium, und zwar an dessen Abteilung für Gewerbe- und

Landwirtschafts-Angelegenheiten, nach Berlin gesandt werden.[144]

In allen Provinzen existierten solche Generalkommissionen, die die Dienst- und Servitutsablösungen mit Hilfe der vor Ort agierenden Spezialkommissionen und Ökonomiekommissare durchzuführen hatten. Zunächst ging es bei allen Verfahren zwischen Bauern und Gutsherren um die Rechtsqualität des Bauernlandes und die anzuwendenden Gesetze, dann um die Entschädigungsansprüche der Gutsherrschaft und um eventuelle Gegenansprüche der Bauern, die sich auf Forst- und Weidenutzung bezogen. Bei der Separation, die früher oder später auch unter den Bauern und Kossäten angängig war, mußten andere Streitpunkte geregelt werden: die Feststellung der Bodenklassen und ihrer Qualitätsmerkmale, die Berechnung ihres Wertverhältnisses und die Bestellung der Feldmesser, die Quantität und Qualität der ab- und zugeteilten Bodenflächen.

Diese Vorgänge bei der Umstellung der feudalen Eigentumsverhältnisse auf bürgerliche waren aber keineswegs nur technischer Natur; hier hatte man es mit Menschen zu tun, mit Menschen unterschiedlicher Bildung und Temperamente, oft entgegengesetzter, jedenfalls unterschiedlicher Interessen, also mit Gutsbesitzern, Bauern, Kossäten, Pfarrpfründnern, Mühlenbesitzern und anderen. Indem sich alle auf die für sie auslegungsfähig gewordenen Edikte von 1807, 1811 und deren Deklarationen von 1816 und 1821[145], aber auch auf die aus dem Feudalismus stammenden, manchmal von Provinz zu Provinz verschiedenen und oft verwickelten Rechtsbestimmungen so oder so beriefen, waren langjährige, ja mitunter jahrzehntelange Rechtsstreitigkeiten unvermeidlich.

Diejenigen, die mit den Tücken der Objekte, mit den juristischen Verwicklungen und den Leidenschaften der Menschen an Ort und Stelle auf dem flachen Land zu tun hatten, waren die den Generalkommissionen unterstellten Ökonomiekommissare. Aber wer war schon für ein solch dorniges und neuartiges Amt vor- und ausgebildet? Die im herkömmlichen Sinn ausgebildeten Beamten drängten sich kaum danach; so zog man als Ökonomiekommissare Menschen verschiedenster Ausbildung und Lebensschicksale heran. Man fand unter ihnen, wie der Landesökonomierat Hering berichtete, bankrotte Kaufleute und Apotheker, Doktoren der Philosophie, Feldmesser, Wirtschaftsinspektoren, Referendare, Kandidaten der Theologie, Justizkommissare, bankrotte Pächter, Gutsbesitzer und andere mehr.[146] Doch diese mehr in den Wechselfällen des Lebens als in den starren Gleisen der Beamtenlaufbahn geschulten, nicht festangestellten Staatsdiener haben sich mit der Zeit in die Schwierigkeiten ihrer Stellung und ihrer Aufgaben eingearbeitet.

Immerhin war es der erfahrene Regierungsrat Haese, der diese Ökonomiekommissare in den dreißiger Jahren nachdrücklich verteidigte.[147] Sie sind mit den Bauern und Gutsbesitzern auf die Dorffluren gegangen, um über Bodenqualitäten, Verlegung von Ackerstücken und Landabgaben zu verhandeln und zu streiten, wonach das Geschimpfe und Gekeife in den Amtsstuben fortgesetzt wurde. Regierungsrat Haese meinte: »Es gibt wenig Fälle und kann sie nach der Natur der Geschäfte nicht geben, wo der Kommissarius es so sehr vielen Parteien, als es bei den Regulierungen und Gemeinheitsteilungen an jedem Orte gibt, recht machen kann. Es gehört ein hoher Grad von Geduld und auch Einsicht dazu, Grobheiten, Unwissenheit und Anmaßung zu ertragen.«

Auch mußten die Kommissare den größten Teil des Jahres außerhalb ihres Wohnortes zubringen, also von ihrer Familie getrennt leben, was ihren Lebensunterhalt verteuerte, zumal sie, namentlich in den Bauerndörfern, nicht immer ein angemessenes Unterkommen fanden und, auf den Besichtigungsreisen jeder Witterung ausgesetzt, auch zusätzliche Kleidungsstücke brauchten. Überdies waren sie einer ständigen Kontrolle unterworfen und zu fast täglichen Berichten gezwungen. Mit den Jahren, die ins Land gingen, eigneten sie sich neben Fachkenntnissen auch eine gewisse Pfiffigkeit im Lavieren zwischen den Parteiungen und im Beschwätzen der Menschen an.[148]

Die Übervorteilung der Bauern haben beamtete und fachlich ausgebildete Generalkommissare und Regierungsräte, die in Stargard saßen, offen ausgesprochen. Gegenüber der interessenbestimmten Einseitigkeit der Junker waren sie eher fähig, die Situation der bestehenden Gesellschaft und des preußischen Staates ins Auge zu fassen. Die Beamten warnten, abgesehen von ihrer geheimen Angst vor einer sozialen Polarisierung auf dem Lande, in erster Linie vor den ökonomischen Folgen der allzu starken Sucht der Junker, die Bodenflächen ihrer Gutsbetriebe auf Kosten der Bauernländereien zu erweitern. Die Vergrößerung der junkerlichen Bodenflächen verlangte den Ankauf von totem und lebendem Inventar, aber auch neue Wirtschaftsgebäude. Das alles wiederum trieb zum Schuldenmachen. Statt dessen sollten die Junker, so meinten die Generalkommissare, von den Bauern nicht vornehmlich Land, sondern eher nach und nach abzuzahlende Geldrenten nehmen. Doch auf solche Ratschläge gingen die pommerschen Junker am wenigsten ein. So ist es erklärlich, daß die doch keineswegs junkerfeindlichen Regierungsräte und Generalkommissare in ihren Berichten nach Berlin von Zeit zu Zeit recht offene, auch bittere Worte fanden.

Da schrieb der Generalkommissar von Brauchitsch an das Ministerium bereits 1814 unter anderem: »Es ist keinem Zweifel unterworfen, daß allenthalben, wo Regulierungen geschehen sind, die Gutsbesitzer auch gewonnen haben. ... Wie allenthalben wird auch hier dem, der hat, gegeben. Der wohlhabende Besitzer gewinnt, der arme verliert noch mehr; denn er vermag nicht, die ihm gebotenen Vorteile zu benutzen, die damit verknüpften Nachteile unschädlich zu machen.«[149] Und im Oktober 1817 bekräftigte von Brauchitsch seine Meinung: »Jeder Gutsbesitzer sucht vor allen Dingen sich so viel wie möglich der Bauern zu entledigen, und wirklich kommen sehr viele der Bauern, die mit ihren Nachkommen sonst ruhig in den Höfen gewohnt haben würden, durch die Deklaration vom 29. Mai 1816 um den Besitz, und die gehabte Absicht, den Bauernstand zu heben, wird zu einem sehr bedeutenden Teile vereitelt, und die Zahl der Bauern vermindert.«[150] Zunächst fühlten sich viele Junker durch die Regulierungen nicht allein in ihrem Herrenstolz getroffen, sondern auch verärgert über die Schwierigkeiten des Umstellens auf eine technisch neue und kapitalistische Betriebsweise.[151]

So viele alteingefahrene Lebensgewohnheiten des feudalen Dorfpatriarchalismus und so viele herrschaftliche Rechte der Gutsbesitzer noch weiterwuchern sollten, es kam diesen doch schwer an, mit dem immer nüchterner werdenden (wenn auch durchaus vorteilhaften) Verhältnis von Lohnarbeit und Kapital auf einem vergrößerten und inventarreichen Landareal fertig zu werden. Immerhin gab es Gutsherren, welche »8000 bis 10 000 Morgen und mehr eingezogen haben und einziehen«[152]. Erst allmählich machte sich eine immer größere Anzahl von Junkern mit den unabwendbar gewordenen sozialen Beziehungen und betriebswissenschaftlichen Erfordernissen vertraut; in den Berichten der Regierungsräte wurden dann auch Meinungen von Gutsbesitzern wiedergegeben, die nicht mehr »in das vorige Verhältnis zurückzutreten wünschen«[153].

Seit dem großen Edikt von 1811 verging ein Vierteljahrhundert, in dem durch die dörflichen und gutsherrlichen Auseinandersetzungen so viel von den Agrarreformen verwirklicht wurde, daß sich einiges von ihren ökonomischen und sozialen Auswirkungen abzeichnete. Über sie geben zwei Reiseberichte des über siebzigjährigen Regierungsrats Haese aus den Jahren 1835 und 1837 wertvolle Aufschlüsse. Er war ein staatstreuer Beamter, der sowohl für den ökonomischen Fortschritt als auch für den sozialen Frieden eintrat; er bejahte den kapitalistischen Prozeß, in den nicht allein die Junker, sondern auch möglichst viele Bauern, ja selbst Kleinstellenbesitzer einbezogen werden sollten. Von dieser Grundanschauung aus war Haese unbestechlich. Er berichtete zwar nicht über den Naugardschen Kreis, in dem die Bismarckschen Güter lagen, aber zeitlich lagen Haeses Berichte sehr nahe dem Jahr, da Otto v. Bismarck nach Pommern kam und Gutsherr wurde. Das gestattet es, Analogien zu ziehen.

Einer der Impulse für Haeses Inspektionsreise war sein Mißtrauen gegenüber dem ganzen Berichtswesen. So sprach er offen aus: »... leider werden die höchsten Behörden sehr oft durch unvollständige oder wohl gar auf ganz unrichtigen Angaben beruhende Nachrichten der Unterbehörden, welche ihrerseits nicht genaue Details prüfen, getäuscht. Denn diese betrachten solche Nachrichten als eine überflüssige Formalität. Dergleichen Nachrichten sind denn auch unter dem richtig bezeichnenden Namen ›Lügentabellen‹ bekannt genug.«[154] Haese wollte in jenen Bezirken nach dem Rechten sehen, die er – wie er versichert – seit 1781 sehr genau kenne und deren Entwicklungsetappen er zu vergleichen imstande wäre. Der Regierungsrat führte ein jeweils des Abends während der Reise niedergeschriebenes Tagebuch, so daß sein langer Bericht eine ergiebige Fundgrube agrarökonomischer Fakten und Daten enthält, wie etwa die Vergrößerung des Ackerareals und seine intensivere Ausnutzung durch das Liquidieren des für die Dreifelderwirtschaft charakteristischen Brachlandes; das zunehmende Anpflanzen von Raps und Klee; die bessere Düngung, unter anderem durch Verwendung von Mergel; der verstärkte Anbau von Kartoffeln und ihre Verwendung als menschliches und tierisches Nahrungsmittel und als Rohstoff für Schnapsbrennereien; die Umwandlung der beständigen Weiden in Wiesen durch Be- und Entwässerung; schließlich der Aufschwung der Schafzucht und die Einführung von Edelrassen.[155]

Auf diese Themenkomplexe bezog sich jene von Haese mitverfaßte »Instruktion«, die nach seiner ersten Inspektionsreise von der Stargarder Generalkommission an die Ökonomiekommissare verschickt wurde.[156] Hier kam der optimistische Beamtenliberalismus noch unverhohlener zum Ausdruck, als in den eher nüchternen und manchmal recht kritischen Berichten Haeses. Ohne die agrarische Gesetzgebung seit 1807, so heißt es in der »Instruktion«, würden die einzelnen Grundbesitzer, ob große oder kleine, »noch lange gegen unwürdige Fesseln zu kämpfen gehabt haben«. Schließlich erhofften die Verfasser der »Instruktion« von den Fortschritten des Chauseebaus und der Erweiterung der Wasserverbindungen den Anschluß der pommerschen Grundbesitzer an den »großen Markt des deutschen Zollverbandes«[157], also den von Preußen 1834 initiierten Zollverein. Im Geiste dieses Fortschrittsstrebens berichtete Haese, auch kritisch, über alles, was für ihn auf seinen Reisen augenfällig und rechnerisch feststellbar war. Er sprach von der Zunahme »des allgemeinen Wohlstandes in allen Städten des platten Landes«[158].

Allerdings gab es auch bei den Bauern konservativen Widerstand gegen den ökonomischen und sozialen Fortschritt. »Es ist kaum glaublich«, so berichtete Haese, »welcher Widerwille noch unter den meisten bäuerlichen Wirten wider alles, was Gemeinheitsteilung heißt, herrscht.« Diese Scheu war zurückzuführen einerseits auf die Schwierigkeiten der Umstellung vom Weiden zur Stallfütterung, andererseits auf Neid und Eifersüchtelei unter den Dorfbewohnern selbst. Gemeinheitsteilungen, aus denen auch kleine Landwirte Boden erhielten, gab auch den Büdnern und Kossäten die Chance, ihre selbständig gewordene Hofstelle zu entwickeln. Das war aber nicht nach dem Sinn der »eigentlichen Bauern«, die nach den Worten Haeses »eine Art Aristokratie bilden« und »verächtlich auf Büdner und Kossäten herabsehen«; »sie sind neidisch, wenn letztere auch mehr erwerben wollen«. Die Bauern könnte man eigentlich als »Ultrakonservative« bezeichnen.[159] Diese Spannung innerhalb der Dorfbevölkerung sollte im Revolutionsjahr den Junkern durchaus nutzen. Vorerst führte sie dazu, daß die Gemeinheitsteilung zwischen den Junkern und den dörflichen Landwirten leichter und oft wesentlich früher zu bewerkstelligen war als unter diesen selbst. Mit der Gemeinheitsteilung kam eben nicht allein der Besitzstand, sondern auch der soziale Status im Dorf in einige Bewegung.

Kritisch behandelte Haese vor allem den Schuldenstand auf dem Land. Da stellte er zunächst fest, daß das bäuerliche Besitztum entweder gar nicht oder unbedeutend verschuldet sei. »Der Bauer scheut die Schulden, und wenn er sie hat, sucht er sie bald abzubürden. Daher scheut er auch jede Abgabe und hat, vorzüglich aus diesem Grund, es oft abgelehnt, die Ländereien gegen Rente zu behalten.«[160] Insofern kamen also die Bauern dem Verlangen der Gutsbesitzer nach möglichst viel Landerwerb durchaus entgegen. So wurde die Bodenakkumulierung der großen Güter aus ganz verschiedenen Motiven gefördert.[161]

Ganz anders war die Ausgangslage und der Umfang der junkerlichen Verschuldung. Haese ging davon aus, daß die Gutsherren vollständig abgefunden worden seien, »indem sie für die Bauernländereien mehr, fast das Doppelte bekommen haben, was ihnen die größeren Besitzungen gekostet oder eingebracht haben«. Überdies hat eine bemerkenswerte Anzahl von adligen Familien beispielsweise im Jahre 1812 ihren »Besitz für so geringe Preise angetreten, daß derselbe mit dem wirklichen sonst auch wohl gangbaren Wert und Preis, in keinem Verhältnis steht ...«[162] Solche Feststellungen erinnern auch an den günstigen Kauf Kniephofs durch Ferdinand v. Bismarck im Jahre 1815.

Trotz aller für die Junker äußerst vorteilhaften Erwerbungen von Ländereien waren ihre Güter hoch verschuldet. Im Regenwaldschen Kreis befände sich, wie Regierungsrat Haese feststellte, »kaum eine nennenswerte Zahl von Gütern, welche *nicht* hypothekarisch« belastet seien.[163] In gemessener Form, aber entschieden in der Sache trat er gegen die von den Junkern vertretene Ansicht auf, ihre prekäre Finanzlage sei durch die vom Edikt von 1811 ausgegangene Regulierung herbeigeführt worden.[164] Er blieb auch in einem gesonderten Verwaltungsbericht bei der Ansicht, daß die Güter »übergroß« seien und immer noch durch zugekaufte Bauernhöfe weiter vergrößert würden.[165]

In die ökonomischen Überlegungen mengten sich auch solche sozialer Art. Soweit ging der Beamtenliberalismus nicht, daß er eine Spannung zwischen den Gutsherren und der Dorfbevölkerung in Kauf nahm oder gar herbeiwünschte; vielmehr wollten die Herren Regierungsräte durch ihre ständige (manchmal vorwurfsvolle) Mahnung, die Gutsherren sollten ihr Drängen nach möglichst viel Landerwerb auf Kosten der Bauernhöfe mäßigen, eine solche Spannung vermindern. Immer wieder stellte die Generalkommission an ihre untergeordneten Stellen die besorgte und antwortheischende Frage, ob sich durch die »Freiheit und das Eigentum« der regulierten Bauern »ihr Betragen gegen die Gutsherrschaft nachteilig verändert« habe.[166] Bei der Sorge um das Verhältnis der Gutsbesitzer zu den Bauern im einzelnen ging es im Grunde um die Beziehung der Klassen zueinander.[167] Dafür hatten konservative Beamte (mehr als liberale) ein besonders starkes Gespür. In einer das Alte verklärenden und um das Neue besorgten Denkschrift wurde zwar zugegeben, daß »viele Gutsbesitzer in den neueren Zeiten ... ihre Herrschaft in Willkür und Härte« hätten ausarten lassen, dennoch war der Autor bestrebt, die Dienstbarkeit und intellektuelle Unterordnung der Bauern als »notwendig bedingt« darzustellen, die bäuerlich-junkerlichen Beziehungen überhaupt als »inneren geistigen und organischen Zusammenhang« im patriarchalischen Sinne zu poetisieren. Mit dem Fortschreiten der Regulierungen auf dem Lande höre die durch Zeit und Gesetze gebildete »Autoritaet« der Junker über die Bauern zu wirken auf. Mit der Auflösung dieser »Autoritaet« (die der Beamte in seiner Denkschrift mit großen lateinischen Buchstaben heraushob), würde »die ganze Klasse der Bauern nunmehr sich selbst ohne ein leitendes höheres Element, ohne irgendeine Vertretung und Schutz, allen ihren eigenen Verirrungen, den Verführungen der Juristen, Advokaten und Ränkemachern ... preisgegeben sein«[168].

Hier war der entscheidende Punkt getroffen: Da mit der Umwandlung der feudalen Produktionsverhältnisse in kapitalistische die patriarchalischen Bande sich lockerten und schließlich rissen, drohte ein neuer politischer Hegemon auf dem Lande ins Spiel zu kommen, eben die intellektuellen Vertreter des Bürgertums. Darauf mußten sich die Junker insbesondere in den vierziger Jahren in ihrem moralisch-politischen Verhalten einstellen.

*

Auf diesem allgemeinen Hintergrund der agrarischen Verhältnisse in Preußen, insbesondere in Pommern, sind die weiteren Ausführungen im Brief Bernhard v. Bismarcks an seinen Bruder Otto vom Oktober 1838 zu sehen. Bernhard ging nicht allein auf die Erbschaftsfragen ein, sondern auch auf die finanzielle Lage der neu in Besitz zu nehmenden Güter. In einer Nachschrift gab er zwar selbst zu, daß seine Darlegungen »etwas konfus geschrieben« seien. Doch soviel wird klar, daß Vater Ferdinand 9000 Taler Hypothekenschulden eingetragen und 6000 Reichstaler gegen

Schuldschein uneingetragen geliehen hatte. Die Gläubiger waren allem Anschein nach vornehmlich Verwandte und Bekannte. Darüber hinaus erwähnte Bernhard auch sogenannte Meliorationsgelder, von denen er meinte, der König sei »sehr leicht gnädig bei diesen Kapitalien in Gewährung von Moratorien«. Wie diese Schulden auch im einzelnen sein mochten und die beiden Brüder »diese Pest« etwa 1844 loszuwerden hofften – ein Ausnahmefall waren, wie bereits festgestellt wurde, solche Lasten und Manipulationen keineswegs in Ostelbien.

Im gleichen Brief vom Oktober 1838 berichtete Bernhard ausführlich über den guten Stand der Ernte. Vom Roggen dachte er, »so Gott will, doch 2000 Scheffel verkaufen zu können«. Und volle Zufriedenheit äußerte er über die »sehr gute Ernte« an Erbsen, Wicken und Grünfutter. Ebenso habe es »mehr Heu gegeben als voriges Jahr, und wissen sich die ältesten Leute nicht zu entsinnen, daß früher so viel Futter gewonnen wäre als dieses Jahr«. Mit spürbarem Stolz erwähnte er die Vermehrung der Schäferei um 300 Schafe, die im gesamten die Zahl 3300 erreichten; die hohe Qualität der durch ausländische Rassen veredelten Schafe auf den Gütern Kniephof, Jarchlin, Külz, auch Kummerow, Trieglaff und andern wurde bereits in früheren Verwaltungsberichten gerühmt.[169] Und wenn Bernhard noch über die neu in Gang gekommene Brennerei, über die Instandsetzung der Rieselwiesen zu berichten wußte, rundete sich das Bild einer gut florierenden Wirtschaft ab. Sie zeichnete sich auch durch Vielseitigkeit der Produktion aus und damit durch eine Abkehr von jener Praxis, sich im wesentlichen auf Schafzucht und auf den Verkauf von Wolle zu konzentrieren. Offenbar wollten die Bismarcks auf das große Geschäft mit dem Roggen nicht verzichten.

Ansonsten hatte Bernhard über die Schulden hinaus »manche Defekte und restierende Zahlungen« in der väterlichen Wirtschaft entdeckt. Sparen war also am Platze, weshalb Bernhard den Rechnungsführer mit seinem Gehalt von 100 Reichstalern und 100 Reichstalern Unterhaltskosten zum Neujahr kündigte. Aber jene später vom Fürsten Bismarck gesprächsweise vorgebrachte asketische Lebensführung, die sich sogar aufs Essen erstreckt haben soll – Hering und Kartoffeln seien auf dem Tisch der Gutsherren gewesen –, läßt sich aus Zeitdokumenten nirgends belegen und dürfte der absichtsvollen Phantasie Bismarcks zuzurechnen sein, die den reformerischen Wandel im Agrarbereich recht verdüstert zeigen wollte.

Bruder Bernhard von Bismarck (1810–1893)
Otto von Bismarck hatte seinen Bruder Bernhard in schwierigen Lagen auch als Freund und Vertrauten kennengelernt.

Schulden waren nun einmal nichts Außergewöhnliches in der junkerlichen Wirtschaft. Davon abgesehen fand Otto v. Bismarck, als er nach Pommern kam, einen trotz allem eingespielten Landwirtschaftsbetrieb vor. Bernhard, der ihm hier gut vorgearbeitet hatte, unterschrieb seine Briefe an Otto manchmal mit »Freund und Bruder«. Sicherlich war er kein solch geistiger Partner wie Motley oder Keyserling, aber er zeigte sich in der Tat brüderlich hilfsbereit und brachte viel Nachsicht und Verständnis auf für Ottos mitunter tolle Eskapaden. Letztlich war dieser Fleisch von seinem Fleisch und Blut von seinem Blut, und Bernhard erfaßte darüber hinaus instinktsicher und ohne Neid, daß sein jüngerer Bruder ihm in seiner persönlichen Eigenart und in geistiger Potenz überlegen war. Er nahm das gutmütig und weitherzig hin, auch wenn er den Jüngeren bisweilen ärgerlich anfuhr. Otto wiederum hatte seinen Bruder in recht heiklen Lagen als Freund und Vertrauten schätzen gelernt.

So waren alle Voraussetzungen dafür geschaffen, daß die Brüder von Kniephof aus die pommerschen Güter etwa zwei Jahre bis 1841 gemeinsam leiteten. Auch als Bernhard im nahen Naugard Landrat und Otto selbständiger Gutsherr von Kniephof wurde, setzten sie ihre Zusammenarbeit fort. Otto führte die Geschäftsbücher anstelle des von Bernhard entlassenen Buchhalters. Im übrigen waren Verwalter und Inspektoren, die die Gutsbetriebe schon zu Vater Ferdinands Alleinherrschaft in Gang gehalten hatten, weiter am Werk.

Otto interessierte sich spätestens seit Greifswald für die landwirtschaftliche Literatur. Da das systematische Einarbeiten in wissenschaftliche Bücher nicht seine Sache war, studierte er sie selten im strengen Sinne des Wortes, sondern schöpfte aus ihnen je nach Bedarf und Laune die ihm nützlich erscheinenden Informationen; selbst ein solch verehrungssüchtiger Biograph wie A. O. Meyer stellte bei der Durchsicht der im Schönhausener Schloß noch aufbewahrten »kleinen Fachbibliothek« fest, daß nicht alle Bücher »sichtbare Lesespuren« aufwiesen [170], allenfalls waren in einer Anleitung zum praktischen Wiesenbau zahlreiche Anstreichungen von Bismarcks Hand zu bemerken. Weit mehr wird er sich mit seinem quicken und frischen Verstand gesprächsweise von seinen Gutsleuten und -nachbarn Kenntnisse erworben haben. Er tat sich auch im nahen Regenwalde in der Pommerschen Ökonomischen Gesellschaft um, wo im Agrarökonomischen und Agrartechnischen manches zu erfahren und zu lernen war. Auf diese Weise brachte es Otto v. Bismarck bald so weit, daß er nicht allein als Gutsherr reden und mitreden, sondern auch die stumpferen Gemüter seiner pommerschen Nachbarn in Erstaunen versetzen konnte; was er da alles wußte über die Bodenqualitäten, über die Wertverhältnisse von Grundstükken und Gütern, wie er mit Flurkarten umzugehen verstand, was er da alles aus dieser oder jener ausländischen Zeitschrift herausholte – das konnte ihm schon Achtung verschaffen.

Die Zeit des vielfach gehemmten und dennoch spürbaren Wandels auf dem flachen Land stellte, wie auch die Beamten immer wieder besorgt bemerkten, an die Gutsherren neue Anforderungen im Umgang mit den Menschen, die ihnen innerhalb des Gutsbereichs unterstanden. Otto v. Bismarck war politisch klug und menschlich einfühlsam genug, mit seinen Instleuten und Schäfern nicht stiefelstampfend, fluchend und schimpfend umzugehen; vielmehr war er zugänglich, jovial und, falls zurechtweisend, dann in ländlich angepaßter Derbheit. In solchem Umgang besann er sich auch wieder auf das Plattdütsch.

Zunächst genoß er das freie Disponieren auf eigenem Grund und Boden. Nicht mehr im bürokratischen Getriebe gelenkt zu werden, sondern selbst schalten und walten zu können, war stets seine Sehnsucht gewesen. Aber dieses selbständige Agieren auf dem platten Land war belastet, weil bei der Übersiedlung Bismarcks 1839 nach Pommern der äußere Zwang, seine Schulden abzutragen, von Anfang an stärker war als der innere Antrieb, etwa auf dem Gebiet der Landwirtschaft den ihm gemäßen Wirkungsradius zu suchen.

Blieb er aber nicht sein Leben lang mit dem Land eng verbunden? In der Tat war das so, obwohl er sich dabei von zwei verschiedenen Motiven leiten ließ. Da war zunächst das materielle Interesse an Gütern, die ihm aristokratischen Wohlstand und persönliche Unabhängigkeit garantierten. Bis in seine Ministerzeit hinein überwachte er sie, lenkte von ferne und vermittels anderer etwa nach der französischen Maxime: Rien faire et tout faire. Tout faire faire et rien laisser faire.

In Bismarcks Charakter steckte jedoch nicht allein geschäftlicher Aktivismus, sondern auch ein sentimentaler Quietismus. So war er weniger und zugleich mehr als ein Landwirt; wie dieser war er mit Land und Natur verbunden, doch aus ihrem Leben und Weben vermochte er mit dem Naturell des musischen Menschen die Bildkraft seiner Sprache zu schöpfen. Das Durchstreifen von Flur und Wald, beobachtend und grübelnd, entsprach viel eher seinem inneren Bedürfnis als das Sichverlieren in der Geschäftigkeit eines junkerlichen Betriebes. Im September 1843 verspottete Otto v. Bismarck sich selbst wegen seiner »krankhaften Faulheit«, an der er seit langem leide.[171] Und auch später noch erzählte er, daß er bodenlos faul gewesen sei, ein Bummler, der nichts getan habe, als mit der Flinte im Arm auf der Jagd herumzustreifen.[172] Scherzhafte Übertreibung? Mag sein, aber in jeder echten Karikatur wird ein gutes Stück Wahrheit ausgedrückt; es darf jedoch nicht übersehen werden, daß Bismarck in den Tagen und Stunden seiner »Faulheit« die Art seines Schauens, Redens und Schreibens naturhaft ausbildete, er also doch produktiv war.

In all den Jahren seines Pommernaufenthalts, wo ihn sein Beruf immer weniger befriedigte und ihn immer mehr in eine innere Vereinsamung brachte, hatte Bismarck dennoch politische und gesellschaftliche Kontakte, die das Gefühl ständischer Zusammengehörigkeit bei ihm lebendig erhielten. Da traf er sich zu Kränzchen, Bällen, Theateraufführungen, Teenachmittagen in Seebädern, Garnisonstädten und auf Gütern mit seinesgleichen, den von Dewitz, Bülow und Blanckenburg, von der Osten, von der Marwitz, v. Wartensleben, Senfft v. Pilsach und später v. Thadden.

Die politische Betätigung des Kniephofer Gutsherrn war im Rahmen junkerlicher Selbstverwaltung seines Naugarder Kreises recht bescheiden. Als dortiger Kreisdeputierter vertrat er manchmal seinen Bruder Bernhard in den landrätlichen Geschäften für kürzere oder längere Zeit. Wenn es hoch kam, dann figurierte er auch auf den Stettiner Provinziallandtagen. Gelegentlich tauchte er auch in der Pommerschen Ökonomischen Gesellschaft zu Regenwalde auf. Doch mit dem dort tätigen Generalsekretär Philipp Carl Sprengel hat Bismarck kaum Kontakte gehabt. Zwar finden sich die Fachbücher dieses Mannes, der Begründer der »Allgemeinen landwirtschaftlichen Monatsschrift« war und heute mitunter in seiner Bedeutsamkeit für die Agrarwissenschaften neben Liebig und Thaer genannt wird, in Bismarcks Bibliothek.[173] Aber zu mehr als flüchtiger Kenntnisnahme scheint es nicht gekommen zu sein. Entscheidend dafür war, daß Bismarcks Interesse für die Landwirtschaft nicht so tiefgründig war, daß ihm an näherer fachlicher wie persönlicher Bekanntschaft gelegen gewesen wäre. Vielmehr zog es ihn zu jenen adligen Gutsherren, die ihn über das Agrarische hinaus nachhaltig beeinflußten und später auf Lebensbahnen lenkten, die seinem politischen Betätigungsdrang weitere Perspektiven eröffneten.

Die belebenden Junkergestalten in der Regenwalder Ökonomischen Gesellschaft waren ebenso tüchtige Landwirte wie pietistische Eiferer: die Schwäger Adolf v. Thadden auf Trieglaff und Ernst v. Senfft-Pilsach auf Gramenz, dann der Großgrundbesitzer, Agrarpolitiker und Publizist Ernst v. Bülow-Cummerow. Es waren Männer, die in den Jahren des unmittelbaren Vormärz und in der Revolution von 1848 auf unterschiedlichen Gebieten und auf verschiedene Weise für die gemeinsamen Junkerinteressen eintraten. Der religiöse Erweckerkreis um v. Thadden bewegte sich im Moralisch-Politischen, von Bülow-Cummerow im Ökonomisch-Politischen.

Von Bülow-Cummerow war Gutsnachbar der Bismarcks und hatte sich schon für die Gymnasiasten Bernhard und Otto interessiert.[174] Ferdinand v. Bismarck half 1833 seinem Gutsnachbarn mit einer ansehnlichen Summe aus, um dessen finanzielle Notlage zu überbrücken. Da sich dann die Begleichung der Schuld verzögerte, gab es im Bismarckschen Familienkreis manch unfreundliche und mißtrauische Bemerkungen; auch der junge Studiosus Otto v. Bismarck, der in Fragen des Schuldenmachens und -bezahlens ja kein Muster von Korrektheit war, lästerte mit. Doch als er 1838 nicht nur in materiellen, sondern auch in moralischen Nöten war, stand ihm Bülow-Cummerow bei und unterstützte seinen Entschluß, dem Staatsdienst den Rücken zu kehren. Der ratlose Vater Ferdinand schrieb damals seinem Sohn, Bülow sei der Meinung, »daß Du besser tust, ein Gut zu bewirtschaften, als im Staatsdienst zu bleiben«[175]. Der Staatsdienst sei nur etwas für reiche Leute, für Vermögenslose bedeute er Schulden und Verzicht auf Familienglück. Hier meldete sich gegenüber vorwurfsvollen Mahnungen von Verwandten die Stimme des über Pommern hinaus bekannten Gutsnachbarn, die für Vater Bismarck beruhigend und für Sohn Otto willkommen sein mußte – mit Argumenten allerdings, die merkwürdige Relationen zwischen arm und reich in den junkerlichen Vorstellungen der damaligen Übergangszeit durchschimmern ließen.

Im kommenden Jahrzehnt verband ein recht widerspruchsvolles Verhältnis Otto v. Bismarck mit dem um vier Jahrzehnte älteren Ernst v. Bülow-Cummerow, der sich um den jüngeren, als begabt erkannten Mann bemühte. Es schien sich eine engere Zusammenarbeit mit einem Mann anzubahnen, der Otto v. Bismarck als politischer Mentor unter Umständen hätte förderlich sein können. Woher kam er, und was wollte er?

Aus dem weitverzweigten mecklenburgischen Geschlecht der Bülow stammend, siedelte der dreißigjährige Ernst v. Bülow, nachdem er im hannoverschen Heer gedient, in Rostock und Jena studiert hatte und im revolutionär aufgewühlten Frankreich herumgereist war, in das preußische Pommern über und erwarb dort im Frühjahr 1805 Landgüter in und bei Kummerow.

Förderte er durch Modernisierung der Landwirtschaft und durch Entwicklung der ländlichen Industrie, des Kredit- und Verkehrswesens all das, was die Gutswirtschaft in den kapitalistischen Markt einbezog, so bestand er auf der andern Seite doch auf einem vom Feudalismus überkommenen, wenn auch modernisierten Patriarchalismus mit seiner Polizei- und Gerichtsgewalt. Trat er schon angesichts des Mangels an junkerlichem Investitionskapital im Interesse der Kreditgewährung von seiten städtischen Kapitals für eine ständische Monarchie ein, bekämpfte er doch eine zum bürgerlichen Liberalismus hin tendierende, konstitutionell-parlamentarische Verfassung. Bekundete er oft genug Junkerstolz vor Königsthronen, wußte er andererseits, daß die Junker gegenüber den heraufkommenden Kräften des Bürgertums einen starken König brauchten, demzufolge auch eine von Bülow-Cummerow sonst bekämpfte Bürokratie. Widersprüche auf Widersprüche!

Der Widerspruch zwischen seinen vielfältigen Plänen für einen zeitentsprechend ökonomischen Fortschritt auf dem Land und dem starken Verhaftetsein in überkommenen ländlich-aristokratischen Denkgewohnheiten und Vorstellungen führte mitunter zu Vorschlägen, die uns heute als grotesk erscheinen. So hielt er den von ihm befürworteten, wirtschaftlich mobilisierend wirkenden Eisenbahnbau für dann am effektivsten, wenn – Pferde statt Lokomotiven den Transport bewerkstelligten. Doch eine nur persönliche Marotte war dieser Vorschlag auch wieder nicht; manch andere Junker und auch Beamte schlugen zuvörderst die Einführung eines »eisernen Fahrgeleises« vor, wie es beispielsweise der Vortragende Rat Christian Friedrich Scharnweber schon in einer Denkschrift von 1814 getan hatte[176], und lenkten damit ihre fortschrittsbeflissene Aufmerksamkeit zunächst auf die Verbesserung der holperigen, lehmigen oder sandigen Transportwege, dann erst auf die Zugkraft.[177]

Es zeugte von seinem politischen Eifer, daß der bereits in seinem siebenten Lebensjahrzehnt stehende Bülow-Cummerow gerade während der krisenhaft sich zuspitzenden vierziger Jahre eine publizistische Tätigkeit in hektischem Tempo entfaltete. Das Zwiespältige seiner Schriften rief bei vielen, gleich welcher Klasse oder Gruppe sie angehörten, einen dementsprechenden Widerhall hervor. So meinte der Propagandist kapitalistischer Industrialisierung und Eisenbahnpolitik, Friedrich List: »Bülow-Cummerow ist ein ehrenwerter, kräftiger alter Haudegen, reich begabt mit gesundem Menschenverstand, tüchtiger Urteilskraft, insoweit sie nicht durch Standesvorurteile getrübt ist, von unabhängiger Gesinnung und politischer Courage, ein Marschall Vorwärts der norddeutschen Landjunkerei. ... An seiner Nationalökonomie haben wir ... auszusetzen, daß er die Welt noch immer zu viel von seiner pommerschen Ackerfurche aus betrachtet.«[178]

In ähnlicher Weise reagierte der rheinische Großkaufmann

David Hansemann auf Bülow-Cummerow. Als die beiden Mitte der vierziger Jahre in der Grundsteuerfrage öffentlich miteinander polemisierten, war es mehr als taktische Finesse, wenn Hansemann seinen junkerlichen Gegner als »Fortschrittskollegen« ansprach und ihm bescheinigte, daß er trotz allem unter den brandenburgisch-pommerschen Rittern wie ein weißer unter den schwarzen Raben sei.[179]

Ernst von Bülow-Cummerows Buch aus dem Jahr 1842 »Preußen, seine Verfassung, seine Verwaltung, sein Verhältnis zu Deutschland« war in Otto v. Bismarcks Bibliothek vorhanden, teils unaufgeschnitten, teils gelesen.[180] Daß er es im wesentlichen zur Kenntnis genommen hat, liegt bei seinem damaligen sachlichen Interesse für diese Problematik ebenso nahe wie aus Gründen der persönlichen Bekanntschaft mit dem Autor. Was künftig bei der Entwicklung der eigenen politischen Konzeption Bismarcks relevant werden sollte, das kleindeutsche Programm, das das Schicksal Deutschlands von Preußen abhängig machte und Österreich als nicht interessengleich mit den deutschen Staaten ausschloß, hier bei Bülow-Cummerow fand er es schon vorgedacht. Überlegungen in dieser Richtung waren die logische Konsequenz der Vorstellungen, die sich an den Zollverein knüpften. Er sollte alle Barrieren im Innern der deutschen Staaten niederreißen[181], eine freiere Entwicklung der materiellen Interessen gewährleisten und von dieser Stelle her alle Tendenzen eines Zusammenschlusses des engeren Deutschland fördern.

Von dieser Konzeption ausgehend, verlangte Bülow für Preußen ein »stets schlagfertiges« Heer, »welches der Wirklichkeit nach an Stärke keinem der europäischen Reiche nachgibt«[182]. Eine solche Forderung drängte sich um so mehr auf, als sich 1840 während der europäischen, vor allem englischen Abwehr der Orientpolitik Frankreichs in der Pariser Deputiertenkammer Stimmen erhoben, die die Aufkündigung der Verträge von 1815 und die Wiederherstellung der Rheingrenze verlangten. Dieser französische Chauvinismus rief in weiten Teilen Deutschlands eine patriotische Bewegung hervor, die ihren stärksten Ausdruck in dem rasch berühmt gewordenen Lied Nikolaus Beckers gefunden hatte: »Sie sollen ihn nicht haben, den freien deutschen Rhein«. Und das in jenen Tagen entstandene Lied Max Schnekkenburgers »Wacht am Rhein« sollte dann 1870 zum nationalen Kriegsgesang der Deutschen werden. Jedenfalls: Was das Volk 1840 im Westen und Süden Deutschlands bewegte, fand seinen literarischen Widerhall in Pommern und nährte dort preußisch-hegemoniales Denken.

In Bülow-Cummerows publizistischem Werk fand sich auch der Gedanke, den Bismarck 1862 dem österreichischen Botschafter, dem Grafen Károlyi gegenüber unverfroren aussprach, die Donaumonarchie möge ihren Schwerpunkt von Deutschland weg nach Ungarn verlagern und mehr nach dem Orient schauen. Es war durchaus im Sinne Bülows, Österreich aus Deutschland auszustoßen, es aber sobald wie möglich durch ein Bündnis zu binden.[183] Später war auch für Bülow-Cummerow das Frankreich Napoleons III. eine konterrevolutionäre Ordnungsmacht, die Preußen in das politischen Kalkül durchaus einbeziehen und nicht im Sinne der preußischen Legitimisten und Pietisten vom Schlage der Gerlachs als Gottseibeiuns betrachten sollte.

So kam Bismarck schon wenige Jahre vor und nach der 48er Revolution mit Auffassungen kleindeutscher Politik in Berührung. Auf jeden Fall, er kannte sie, wenn er sie vorerst auch noch nicht anerkennen mochte. Allerdings jenen Teil der politischen Gedankenwelt Bülows, der auf eine einseitige Westorientierung und Frontstellung gegen Rußland hinauslief, machte sich Bismarck nie zu eigen. Überhaupt: wir dürfen den Einfluß konzeptioneller Vorstellungen Bülows auf Bismarck nicht allzu einsträngig sehen; Bismarck entnahm vielerlei Gedanken einem breiten Spektrum junkerlicher Meinungen, manche aktivierte er erst in späteren Jahren im Lichte neugewonnener Erfahrungen.

Der unmittelbare Einfluß Bülow-Cummerows auf Bismarck darf schon deswegen nicht überschätzt werden, weil dieser stets kritisch ihm gegenüber war; seinem ausgeprägten Scharfblick für die Schwächen der Menschen entging nicht manches Illusionistische an dem älteren Nachbarn. Bismarck mißtraute dem, was er einmal dem preußischen Ministerpräsidenten Otto v. Manteuffel gegenüber, nur scheinbar lobend, Bülows »rastlose geistige Lebendigkeit« nannte.[184] Ernst v. Bülow-Cummerow hingegen scheint in Bismarck schon früh einen fähigen jungen Mann erkannt zu haben, dessen Abneigung gegen den bürokratischen Staatsdienst Ende 1838 er um so mehr billigte, als er ihn auf eine wirtschaftspolitische Tätigkeit in Pommern hinlenken wollte. Aus diesem Grund riet er ihm im Januar 1844 auch ab, abenteuerliche ägyptisch-indische Reisepläne zu verwirklichen. Pommern liege noch in »tiefem Schlaf«[185], so meinte er, und hätte Not an tatkräftigen Männern, die es erwecken sollten.

Bülow-Cummerow verkannte jedoch Bismarcks innerstes Streben, das über dieses Adelsland weit hinausreichte, sosehr es ihm Existenzbasis und Heimatboden war und blieb. Überdies wollte sich Bismarck noch keiner der beiden Fraktionen des Junkertums (weder der ökonomistischen noch der pietistischen) anschließen, von denen jede an der Heranbildung des jungen Mannes für ihre Zwecke interessiert war. Der krisenhafte Reifeprozeß in und um Bismarck war noch längst nicht abgeschlossen.

*

Bülow-Cummerows publizistischer und politischer Aktivismus war nur eine besondere Ausdrucksform im Widerstreit all der sozialen und politischen Parteiungen, die seit Beginn der vierziger Jahre Altes aufnahmen und zu Neuem ausbildeten. Das eher schulterklopfende als kritische Reagieren solcher Männer wie Friedrich List und David Hansemann auf Bülow-Cummerow zeigte an, was und wer damals in Preußen-Deutschland auf dem Vormarsch war. Am Anfang der neuen Etappe ökonomisch-sozialer Entwicklung stand der von Preußen initiierte Zollverein, der teilhatte am Aufschwung von Industrie und Handel, so in der Roheisenproduktion, in der Anzahl der in Betrieb genommenen Dampfmaschinen, in der Einfuhr von Baumwolle und in dem fast sensationellen Ausbau der Eisenbahnen.

Alles in allem, die industrielle Revolution war auch in Deutschland in eine unumkehrbare Bewegung gekommen; Begleiterscheinung und Folge war die Agrarrevolution. Ihr paßten sich die großen Landgüter in Produktion und Distribution an.

Die industrielle Revolution stärkte nicht nur die bürgerliche Fabrikantenwelt, zugleich führte sie zur Herausbildung jener Arbeiterheere, die an die Stelle der Gesellen- und Lehrlingsscharen des alten Zunft- und Manufakturwesens traten. Am Ende dieses komplizierten Prozesses stand das Proletariat und ein ökonomisch-sozial zersetztes Kleinbürgertum. Mit diesen neuen Klassenbildungen und -umbildungen nahmen die überkommenen, also liberalen, demokratischen und konservativen Parteiungen ideologisch-politisch und organisatorisch immer festere und zugleich differenziertere Gestalt an – bis in die Revolutionszeit hinein.

Von diesen neuen Parteiströmungen war die literarische und philosophische Entwicklung nicht zu trennen. Die Junghegelianer konzentrierten ihre Aufmerksamkeit auf die Kritik der Religion, die sie als Hauptelement der feudalen Reaktion betrachteten. Unter diesem Blickpunkt zog die Religionskritik auch die Kritik am preußischen Staat und an der bestehenden Gesellschaft nach sich. Standen solche Junghegelianer wie die Brüder Bruno und Edgar Bauer und Max Stirner noch auf dem Boden des Hegelschen Idealismus, so brach der früher den Junghegelianern nahestehende Ludwig Feuerbach[186] mit ihm. Sein 1841 erschienenes Werk »Das Wesen des Christentums« knüpfte wieder an den englisch-französischen Materialismus des 18. Jahrhunderts an. Die Konsequenz dieses Denkprozesses war durch die Notwendigkeit des praktischen Kampfes gegen die bestehenden Religionsvorstellungen und kirchlichen Institutionen gegeben, wobei diese wiederum mit dem Staat so oder so verbunden und teilweise an ihn gebunden waren.

Ökonomische, politische und ideologische Prozesse können mitunter durch einzelne Ereignisse beschleunigt werden und neue Formen annehmen. Ein solches Ereignis war der Thronwechsel im Sommer 1840; nach dem Tode von Friedrich Wilhelm III. kam sein Sohn Friedrich Wilhelm IV., fünfundvierzigjährig, auf den Thron. Von diesem neuen König, der sich von seinem einsilbigen, gehemmten, oft genug nur in Infinitiven redenden Vater durch virtuose Wortgewandtheit und den Charme seines Auftretens unterschied, erwarteten viele die Einlösung des 1815 gegebenen Versprechens.

Schon als junger Kronprinz war Friedrich Wilhelm durch Romantiker und Pietisten für das Ständewesen eingenommen worden, das Korporationsrechte, Privilegien und Monopole kennt, aber keine allgemeinen und staatsbürgerlichen Rechte, geschweige denn Menschenrechte im modernen Sinn. Friedrich Wilhelms IV. Vorstellung vom Ständewesen hatte eine Tendenz zur Auflösung des zentralisierten Staates; hinzu kam, daß der König den Willen hatte, gegenüber Modernisierungsbestrebungen nicht illiberal und gewaltsam zu sein. Auf der anderen Seite wollte der Monarch seine absolute Gewalt als König von Gottes Gnaden nicht beschränkt haben. Das eine war so romantisch wie das andere. Darum sprach der junge Engels vom »juste-milieu-Mittelalter«[187] des christlich sein sollenden Staats, der schon in seinem System inkonsequent, schwankend und haltlos sein mußte – gerade angesichts der heraufkommenden Welt der Industriebourgeoisie und des Proletariats.

Auf der traditionellen Erbhuldigung, an der auch Otto v. Bismarck und sein Vater teilnahmen, konnte Friedrich Wilhelm IV. vor dem Berliner Schloß von der vergoldeten Treppe des festlichen Throngerüstes aus mit flammenden und für den Moment herzbewegenden Worten die Versammelten – es waren vornehmlich adlige Honoratioren – zum Begeisterungsrausch und tausendstimmigen Treuegelöbnis hinreißen. Aber was blieb? Wie auf dem vorangegangenen Huldigungslandtag in Königsberg beharrte der neue König zunächst stillschweigend, dann immer beredter auf der Weigerung, eine gesamtstaatliche Verfassung einzuführen. Nur der gleichfalls allgemein erhobenen Forderung nach Pressefreiheit gab er insofern nach, als die Zensur vorübergehend gelockert wurde.

Der Thronwechsel hatte Hoffnungen geweckt, aber er brachte bald Enttäuschungen. Mit ihnen wuchs die Ungeduld in der bürgerlichen Opposition und im ganzen Volk. Ihren stärksten Ausdruck unter den zahlreichen Schriften fand sie in der des Königsberger Arztes Johann Jacoby: »Vier Fragen, beantwortet von einem Ostpreußen«. Das war keine Petition und keine Denkschrift, sondern ein Pamphlet, das die Teilnahme des Volkes an den Staatsangelegenheiten nicht mehr wie bisher als eine Gunst erbat, sondern als erwiesenes Recht forderte.[188] Schon das Verbreiten dieser Schrift – dem Verbot zum Trotz – stärkte die Verbindungen unter den entschieden liberalen Parteigängern. War in der ostpreußischen Krönungsstadt Königsberg ihr Organ die »Hartungsche Zeitung«, so in der Rheinmetropole Köln die »Rheinische Zeitung«, die wenige Monate nach ihrem Erscheinen im Jahre 1842 bis zu ihrem Verbot Ende März 1843 von dem jungen Karl Marx geleitet wurde. Notgedrungen ging er insofern weiter als seine junghegelianischen Kampfgefährten, da er als Redakteur auf die konkrete Wirklichkeit eingehen mußte; dabei war Marx bestrebt, »die Religion mehr in der Kritik der politischen Zustände, als die politischen Zustände in der Religion zu kritisieren«[189]. Die »Rheinische Zeitung« war in ihrem kurzen Wirken für die oppositionelle Bewegung so folgenreich, weil sie, wie der liberale Unternehmer Gustav Mevissen einige Jahre später zugab, »zuerst das Leben mit der Wissenschaft sichtbar vermittelte«[190].

Mit dem Jahr 1840 trat in der Tat »die preußische Bourgeoisie an die Spitze der Bewegung der deutschen Bourgeoisie«[191]; ihre Ideologen übertrafen an geistiger und zukunftsweisender Kraft alles, was der bislang führende Liberalismus Süddeutschlands etwa im »Staats-Lexikon« der Rotteck und Welcker hervorbrachte.[192] Die Universität Berlin wurde zu einer »Arena geistiger Kämpfe«, in denen die offiziell berufenen Ideologen, wie der alte Friedrich Wilhelm Schelling und der junge Julius Stahl, gegenüber den immer noch wirkenden Hegelianern, wie Marheineke und v. Henning, unterlegen und von der Studentenschaft isoliert waren.

Darüber berichtete auch Friedrich Engels, der Barmer Kaufmannssohn und Einjährig-Freiwillige bei der Garde-Fußartillerie zu Berlin, als Hospitant Vorlesungen besuchend, an die »Rheinische Zeitung«. Für ihn war es »der Ruhm der Berliner Universität, daß keine so sehr wie sie in der Gedankenbewegung der Zeit« stand. Berlin zählte »Vertreter aller Richtungen unter seinen akademischen Lehrern« und machte »dadurch eine lebendige Polemik möglich, die dem Studierenden eine leichte, klare Übersicht über die Tendenzen der Gegenwart verschafft«.[193] Dabei zeigten sich die junghegelianischen Bürgersöhne durchaus preußenbewußt, wenn auch in anderer Weise als die Adligen. In einem weiteren Bericht über Berliner Dozenten und Studenten erklärte der junge Engels: »Preußens Basis, ich sage es noch einmal, sind nicht die Trümmer vergangener Jahrhunderte, sondern der ewig junge Geist, der in der Wissenschaft zum Bewußtsein kommt und im Staat seine Freiheit sich selber schafft.«[194] Auch wenn eine solch stolze Auffassung von Preußens Mission nur ein Durchgangsstadium in der geistig-politischen Entwicklung von Friedrich Engels war, so ist sie schon deswegen bemerkenswert, weil sie dem Preußentum des aristokratischen Otto v. Bismarck diametral entgegenstand; er war ja doch, wenn auch mehr unbewußt, im Geist der historischen Rechtsschule befangen.

Je weiter sich das an sich kompromißbereite Bürgertum von der Monarchie distanzieren mußte und je stärker die Opposition immer breiterer Schichten wurde, um so mehr scharten sich die konservativen, meist pietistischen Berater um den König. Da waren der Generaladjutant Leopold von Gerlach und sein Bruder Ludwig, der magdeburgische Gerichtspräsident; einflußreichster Kabinettsminister wurde Friedrich Wilhelms alter Adjutant, der gleichfalls pietistische General von Thile. Auch den katholischen General von Radowitz zog er an sich heran, der als preußischer Militärbevollmächtigter am Bundestag wirkte. Der gelehrte Diplomat Josias v. Bunsen, ab 1842 Botschafter in London, bestärkte den König in seiner Vorliebe für alles Altertümlich-Konservative im englischen Staats- und Kirchenwesen.

*

Diese personelle und ideologische Konstellation an der Spitze der Monarchie sollte für Otto v. Bismarck nach einigen Jahren in dem Moment relevant werden, als er zu entscheiden hatte, wo, wie und mit wem er in den politischen Kampf eintreten wollte. Auch wenn er in das Tun und Treiben eines pommerschen Landwirts hineingewachsen war, wurde ihm dieser Wirkungskreis nach zwei Jahren zu eng, wie er seinem Jugendfreund Scharlach später bekannte. In der Zeit von 1839 bis 1841 hatte es ihn befriedigt, seine Güter wirtschaftlich zu sanieren und innerlich seine Aachener Fehlschläge zu überwinden. Aber dann lag über diesem Landjunkerdasein nicht mehr der »schöne blaue Dunst ferner Berge«[195].

Zum Ungenügen seines beruflichen Lebens in Hinterpommern kam eine neue persönliche Enttäuschung. Bismarcks Werbung um die Hand eines Fräulein Ottilie v. Puttkamer wurde durch die Mutter der Gutsbesitzerstochter in kränkender Weise zurückgewiesen. Das Bewußtsein, daß er – nahe der Dreißig – nach drei unglücklichen Liebesgeschichten immer noch als problematische Partie galt, mußte ihn deprimieren. Daher bemerkte er ein Jahr später seinem Jugendfreund v. Klitzing gegenüber: »Obgleich ich an Dich und andre glücklich Verheiratete nicht ohne einen Anflug von Neid denke, so sind mir doch zur Zeit die Freiersfüße gänzlich erfroren, und ich kann mir gar nicht denken, wie das Wesen beschaffen sein müßte, welches mich in Versuchung führen sollte, mich um ihre Hand zu bewerben. Ich liebe zwar weiblichen Umgang sehr, aber Heiraten ist doch eine zu bedenkliche Sache und meine Erlebnisse haben mich nachdenklich gestimmt.«[196] Noch einige Jahre lang bohrte in ihm das Gefühl des Alleinseins bisweilen so stark, daß er drauf und dran war, sich ohne tiefere Neigung dennoch zu verheiraten. Unter den liebevoll-gönnerhaften und humoristisch-schwadronierenden Briefen an seine zwölf Jahre jüngere Schwester Malwine ist auch einer, in dem er freimütig seinem tiefen inneren Verlangen nach dem Ende seiner Einsamkeit Ausdruck gibt: »Ich muß mich übrigens, hol mich der D ..., verheiraten, das wird mir wieder recht klar, da ich mich nach Vaters Abreise einsam und verlassen fühle, und milde feuchte Witterung mich melancholisch, sehnsüchtig, verliebt stimmt. Mir hilft kein Sträuben, ich muß zuletzt doch noch Helene E. heiraten ...« Sie ließe ihn zwar kalt, zumal er seine Neigung für die »ungetreue« Ottilie noch nicht überwunden habe. Aber das sei »eine Schwäche«, um derentwillen er anfange, sich zu achten; »es ist hübsch, wenn man seine Neigungen nicht mit den Hemden wechseln kann ...«[197]

Nachdem sein Werben um Ottilie von Puttkamer im Frühjahr 1842 endgültig gescheitert war, unternahm er, um seinen großen Kummer »in fremden Climaten auszudünsten«[198], in den Monaten Juli bis September eine Reise nach England, Frankreich und in die Schweiz. Flüssiges Geld war vorhanden, da er angefangen hatte, in seinen pekuniären Verhältnissen »allmählich ... einen Grund zu finden«[199], und die Gutswirtschaft war so weit eingespielt, daß er abwesend sein konnte. Ein Tagebuch führte Bismarck nicht auf seiner Reise, so daß wir auf die wenigen Briefe an den Vater angewiesen sind. Er berichtete da etwa über die englische Gastronomie, von der er nicht allzuviel hielt, und wie immer hatte er einen sicheren Blick für die Eigenart der Landschaft und Landwirtschaft. In York fiel ihm – trotz seines sonst schwach entwickelten Sinnes für Architektur – das »imposant schöne Münster mit vielen alten Denkmälern«[200] sehr wohl in die Augen. Mehr Aufmerksamkeit widmete er den Kasernen und Ställen des Husarenregiments, deren Offiziere ihm alles mit größter Höflichkeit zeigten und ihn auch zum Mittagessen einluden.

In Manchester war es ihm durch Vermittlung möglich, »die größte Maschinenfabrik der Welt und andere interessante Manufakturen« zu besichtigen. Wie seinerzeit in Aachen, übersah er die soziale Seite des Fabrikwesens, obwohl gerade damals Manchester die Hochburg der Chartistenbewegung war. Er erwähnte dies mit keinem Wort. Wenn auch die Streikbewegung in Manchester und Umgebung erst im August[201], also nach der Abreise Bismarcks aus England, ihren Höhepunkt erreichte, so bleibt doch ein bezeichnendes Zusammentreffen bemerkenswert: Während der pommersche Großgrundbesitzer Otto v. Bismarck offenbar nur für die technische Novität Neugierde zeigte, aber interesselos und darum blind war gegenüber dem sozialen Geschehen, bewegte sich in eben diesen Monaten der gleichaltrige Kölner Großkaufmann Gustav Mevissen mit hellem Sinn durch das englische Industriegebiet und berichtete über die Chartistenbewegung in drei Septembernummern der »Rheinischen Zeitung«.[202]

Blieben Bismarck die massiven Klassenkämpfe zwischen Proletariat und Bourgeoisie auch fremd, so faszinierte ihn dort – wie schon in Aachen – die hohe Aristokratie. Im House of Lords bemerkte er mit Sympathie die Mischung von Zeremoniell und Ungezwungenheit; auch verfolgte er in seiner Lektüre, mit welchen Methoden Peel die Torys in eine konservative Partei umwandelte.[203] In Norderney, wo er zwei Jahre später seine Ferien verbrachte, schloß er sich gern jener Gesellschaft an, die aus dem hannoverschen Kronprinzen und seiner Frau, der Herzogin von Dessau, mit ihrer Tochter und verschiedenen Hofchargen bestand.[204] Es hatte den Anschein, als wollte Bismarck erneut aus der pommerschen Enge in die Hocharistokratie flüchten und jene gesellschaftliche Gewandtheit üben, die zum Lebenselement der damaligen Diplomatie gehörte. Nahezu mit Sicherheit ist anzunehmen, daß er seine ursprünglichen Berufspläne, die auf eine Diplomatenlaufbahn abzielten, nie ganz vergaß.

Dieser dunkle Drang ließ ihn all das Banal-Bornierte im pommerschen Land- und Junkerleben erst recht mit quälender Intensität spüren, er verstärkte sein Bedürfnis nach ausgedehnter Lektüre, der er sich in der Einsamkeit hingab. Wenn damals, wie vielfach bezeugt, Lord Byron sein Lieblingsdichter war, so hat ihn wahrscheinlich dessen leidenschaftlicher Unabhängigkeitssinn und weltschmerzlicher Protest gegen Heuchelei und Arroganz berührt. Vielleicht waren es auch seine einsam-verzweifelten Helden von bonapartischer Statur, die Verwandtes in ihm zum Klingen brachten und damit Kräfte weckten, die sich erst in den sechziger Jahren entfalten konnten; doch sie schlummerten schon seit der Studentenzeit in ihm, als er – nochmals sei daran erinnert – renommierend verkündete: »Ich werde entweder der größte Lump oder der erste Mann Preußens.«[205]

Neben der englischen Romanliteratur und der zeitgenössischen Lyrik machte sich Bismarck mit der bibel- und religionskritischen Theologie und Philosophie, vornehmlich mit den Schriften der David Friedrich Strauß, Bruno Bauer und Ludwig Feuerbach, bekannt.[206] Die Frage der Religion beschäftigte ja den preußisch-deutschen Adel, auch die Bismarcksche Familie, seit der Aufklärung im 18. Jahrhundert, und Bismarck konnte und wollte bei einer oberflächlichen Skepsis nicht stehenbleiben.

Seine Lektüre konnte seine Kenntnisse vermehren, seine Gefühlswelt bereichern und seiner stilistischen Gewandtheit zugute kommen. Auch seine Reisen bildeten ihn, natürlich – wie bei allen Menschen – entsprechend der persönlichen Mentalität und dem sozialen Horizont; sie brachten zudem Erholung, auch Ablenkung von den Kümmernissen über ungelöste Lebensprobleme, aber sie vermochten diese nicht zu lösen.

Mit den sich oft bis zum Lebensüberdruß steigernden Depressionen häuften sich im Briefwechsel die Bemerkungen, in denen er über Langeweile klagte: »Ich langweile mich zum Hängen«, teilte er am 1. Oktober 1843 seinem Vater mit. »Mir geht es so mitten in der Welt«, hieß es am 31. Oktober 1843 in einem Brief an Oskar v. Arnim, »wenn ich allein bin, langweile ich mich einigermaßen, was glaube ich jedem wohlerzognen jungen Menschen so gehn muß, wenn er auf dem Lande unverheirathet lebt und auf den Umgang einer mehr zahlreichen als interessanten clique von pommerschen Krautjunkern, Philistern und Ulanenoffizieren beschränkt ist.«[207]

Das Ungenügen am pommerschen Landleben, das seinen Kräften und Fähigkeiten zuwenig Spielraum und Betätigung bot, brachte Bismarck so weit, daß er einmal den abenteuerlichen Gedanken erwog, für »einige Jahre Asiat zu spielen, um etwas Veränderung in die Dekoration meiner Komödie zu bringen, meine Zigarren am Ganges statt an der Rega zu rauchen«[208]. Diese Unausgefülltheit seines Lebens, deren er sich in zunehmendem Maße bewußt wurde, stürzte ihn in eine Lebenskrise, die ihn ab 1842 quälte und aus der er im Herbst 1844 noch keinen Ausweg gefunden hatte. Was manchmal in seinen Briefen anklingt, das ist nicht nur resignierende Müdigkeit und entnervende Langeweile, das grenzt mitunter schon an Lebensüberdruß und gibt sich nur nach außen hin noch schnoddrig, mitunter mit hintergründigen Witzeleien über sein Pommern, wenn er es zum »Brennpunkt europäischer Zivilisation« erklärt oder er umgekehrt nicht »für einen so ausgebildeten Pommern« gelten will, daß von ihm »die unter civilisierten Volksstämmen gebräuchlichen Reste der Höflichkeit nicht mehr zu erwarten wären«.[209]

Über fünf Jahre Landjunkerdasein seit 1839 zieht er in einem Schreiben an Scharlach ein schier verzweiflungsvolles Resümee: »Ich habe seitdem 5 Jahre allein auf dem Lande gelebt und mich mit einigem Erfolg der Verbesserung meines Wechsels gewidmet, kann das einsame Landjunkerleben aber nicht länger aushalten und kämpfe mit mir, ob ich mich wieder im Staatsdienst beschäftigen oder auf weit aussehende Reisen gehen soll. Einstweilen habe ich mich vor 4 Monaten wieder bei der Regierung anstellen lassen, 6 Wochen gearbeitet, die Leute und Geschäfte grade so schaal und unersprießlich gefunden, wie früher, und bin seitdem auf Urlaub, treibe willenlos auf dem Strom des Lebens ohne anderes Steuer als die Neigung des Augenblickes, und es ist mir ziemlich gleichgültig, wo er mich an's Land wirft.«[210]

Noch ausführlicher berichtet Bismarck dem Freund am 9. Januar 1845[211] über seinen »sechswöchentlichen Versuch, eine andere Krankheit, eine an Lebensüberdruß grenzende Gelangweiltheit durch alles, was mich umgiebt, zu heilen, indem ich mich durch besondere Vergünstigungen eines unserer Minister als Volontär wieder im Staatsdienst beschäftigen ließ, und die angestrengte Arbeit in der insipiden und leeres Stroh dreschenden Schreiberei unserer Verwaltung als eine Art von geistigem Holzhauen betrachtete, um meinem theilnahmlos erschlafften Geist wieder etwas von dem gesunden Zustande zu geben, den einförmige und regelmäßige Thätigkeit für den Körper herbeizuführen pflegt. Aber theils war mir die krähwinklige Anmaßung oder lächerliche Herablassung der Vorgesetzten nach langer Entwöhnung noch fataler als sonst, theils nöthigten mich häusliche Vorfälle, Unordnungen in meiner Verwaltung, Verlust meines bisherigen Administrators u. s. w. nach meiner Rückkehr von Norderney, die Verwaltung meiner Güter wieder selbst zu übernehmen. Seitdem sitze ich hier, unverheiratet, sehr einsam, 29 Jahre alt, körperlich wieder gesund, aber geistig ziemlich unempfänglich, treibe meine Geschäfte mit Pünktlichkeit, aber ohne besondere Theilnahme, suche meinen Untergebenen das Leben in ihrer Art behaglich zu machen und sehe ohne Ärger an, wie sie mich dafür betrügen. Des Vormittags bin ich verdrieslich, nach Tische allen milden Gefühlen zugänglich. Mein Umgang besteht in Hunden, Pferden und Landjunkern, und bei Letzteren erfreue ich mich einigen Ansehens, weil ich Geschriebenes mit Leichtigkeit lesen kann, mich zu jeder Zeit wie ein Mensch kleide, und dabei ein Stück Wild mit der Accuratesse eines Metzgers zerwirke, ruhig und dreist reite, ganz schwere Cigarren rauche und meine Gäste mit freundlicher Kaltblütigkeit unter den Tisch trinke ...«

Selten hat Bismarck Rechenschaft über seinen inneren Zustand mit solch harter Kritik am bürokratischen Getriebe und an seiner pommerschen Umgebung verbunden wie hier in diesen beiden Briefen, in denen er von »leeres Stroh dreschender

Schreiberei«, »geistigem Holzhauen« und der »krähwinkligen Anmaßung oder lächerlichen Herablassung der Vorgesetzten« mit dem ihm eigenen Sarkasmus schreibt und bei der Bezeichnung seines Umgangs »Hunde, Pferde und Landjunker« in einem Atemzug nennt.

Sein ungenutzter Wirkungsdrang entlud sich mitunter in recht geschmacklosen Streichen, die ihm den Ruf des »tollen Bismarck« einbrachten, ein Urteil, das zwar fromme Pietistenseelen schrecken konnte, das aber der gewiß nicht bismarck- und preußenfreundliche Franz Mehring wesentlich verständnisvoller interpretierte: »Sieht man die Dinge nicht mit philisterhaft-professoralen Augen an, so erscheint das wilde Leben, das Bismarck in dieser Zeit geführt hat, doch nur als ein Zeugnis dafür, daß ihm das dumpfe und stumpfe Dasein seiner Altvordern nicht mehr als der Güter höchstes erschien, daß die Saat, die seine Mutter in seinen Geist zu säen versucht hatte, doch nicht ganz auf steinigen Boden gefallen war.«[212]

Mehrere ernsthafte Versuche, Fuß zu fassen in der Gesellschaft, waren Bismarck fehlgeschlagen: 1835 mißlang ihm, mit Fleiß und Energie »im Staatsdienst zu reussieren«. 1838 schien für ihn, der liberalen Überzeugungen Verständnis entgegenbrachte, nur im Landjunkerleben individueller Betätigungsdrang und soziale Selbständigkeit realisierbar. Ab 1842 war ihm klar, daß sich auch dieser Weg als trügerisch, dieses Leben als Scheinlösung seiner Lebensproblematik erwiesen hatte.

Bismarck stand, dreißigjährig und unverheiratet, immer noch am Anfang; seine soziale und persönliche Mentalität brachte ihn in zahlreiche Widersprüche. Er war preußischer Monarchist, aber scheute den Militärdienst und verabscheute die bürokratische Arbeit; er war Junker und fühlte sich nicht heimisch in den üblichen Landjunkerkreisen. Sein geistiger Radius und sein Wirkensdrang reichten beträchtlich über das Niveau seiner Standesgenossen hinaus. Ein Theodor Fontane hatte zwar in jüngeren Jahren den märkischen Adel geliebt und ihn idealisierend verklärt, der kundige Otto v. Bismarck aber hat das in bezug auf den Landadel Pommerns wie auch den der Altmark nie getan. Was sollte er nun anfangen, um sein träge dahinschaukelndes Lebensschiff endlich ins strömende Wasser zu bringen? Diesmal kamen die Verhältnisse in der großen und kleinen Welt Bismarck entgegen.

Seine pietistischen Nachbarn, besonders die Familie v. Thadden-Trieglaff und der Jugendfreund Moritz v. Blanckenburg, zogen ihn in ihre Kreise und bemühten sich, einen Proselyten aus ihm zu machen, wahrscheinlich mit dem richtigen Instinkt für seine ungenutzten Möglichkeiten. Viele und vielerlei Fragen drängen sich auf. Woher kam der Pietismus? Was wollte er? Wodurch und wieweit fand er sozialen Wurzelgrund in diesem Hinterpommern? Was für Menschen waren diese Pietisten? Waren sie in ihrer gleichen Glaubensweise auch aus gleichem Holz geschnitzt? Suchte Bismarck im Kontakt mit ihnen, wie es oft genug dargestellt wird, die Gemeinschaft mit Gott? Oder wollte er sie mit Menschen?

Der Pietistenkreis in Pommern

Der Patriarch der pommerschen Pietisten, Adolf v. Thadden, schrieb als zwanzigjähriger Premierleutnant an seine Mutter: »Der Umgang mit der Natur, die Landwirtschaft spricht mich am meisten an. Wie herrlich denke ich mir einen Gutsbesitzer, der ein kleiner König seines Dorfes ist, im Frieden der Vater, im Kriege der Anführer, in der Not der treueste Freund seines Völkchens, dazu ein holdes Weib, die Königin und Mutter des Dorfes. Ein tüchtiger Geistlicher und ein Schullehrer müßten für geistige, soviel ein Landmann braucht, und für körperliche Bildung durch gymnastische Spiele sorgen. Gemeinsame Liebe und Eintracht, Kraft für das Gute und Schöne müßte sich in religiösen Volks- und Familienfesten verherrlichen.«[213]

Um dieses Idealbild in der sozialen Welt verwirklichen zu können, nahm Thadden seinen Abschied von der Armee, in die er als Sohn des Obersten und Flügeladjutanten Ernst Dietrich v. Thadden nach dessen frühem Tod schon als sechsjähriger Kadett hatte eintreten müssen. Vom Dienst entlassen, ging er in die Landwirtschaftsschule nach Möglin bei Wriezen zum berühmten Professor Albrecht Thaer, dann nach Schlesien, wo er besonders auf den Gütern des Grafen Haugwitz sein praktisches Jahr machte. Im September 1820 vermählte er sich mit Henriette v. Oertzen, deren Vater in der Völkerschlacht bei Leipzig gefallen war. Indem Thadden das alte Oertzensche Gut von Trieglaff übernahm, in das er übrigens sein Vermögen einbrachte, erfüllte sich sein Sehnen, »kleiner König« zu werden.

Aber welche Positionen bezog v. Thadden in diesen Jahren der religiösen und kirchlichen Wandlungen? In Berlin hatte er Schleiermacher gehört, von dem er damals sagte, dieser habe ihn »aus dem Tierreich ins Menschenreich versetzt«[214]. Bald jedoch rückte Thadden kritisch von dem so dankbar und drastisch gepriesenen Theologen ab. In einem Karfreitagsbrief von 1818 lobte er den um ein Jahr älteren Ludwig v. Gerlach wegen seiner Abkehr von der »Schleiermacherschen Ketzerei«, zu der »besonders die seelenmörderische hochmütige Lehre von der Kongruenz der Vernunft und Gnade (oder des Heiligen Geistes)« gehöre; auf der andern Seite warf er Gerlach vor, daß er »das Christentum viel zu objektiv« ansehe. Indem Thadden seinen Glauben recht subjektiv auffaßte, konnte sich sein Erweckungseifer mit geistiger Welt- und Weitsicht verbinden; so berief er sich, in eben jenem Karfreitagsbrief, auf den anglikanischen Erweckungstheologen Josef Milner, der seine Kirche nicht »etwa nur in besonderen Parteien, Sekten, Meinungen usw. suchte, er sucht sie gewiß überall auch in den verwickeltsten Verhältnissen, unter Ketzern, Weltleuten, Päpsten, Fürsten heraus«[215]. Eine solche Sicht auf den himmlischen Gott, das menschliche Individuum und die weite Welt konnte im kleinen Kreis eine geistig aufgeschlossene Atmosphäre schaffen, aber auch Aktivwerden in der hohen Politik erlauben. Manche der Entfaltungsmöglichkeiten, die in der eben erworbenen Anschauungsweise des noch jungen v. Thadden angelegt waren und sich dann erfüllten, zogen später einen Otto v. Bismarck an.

Doch zunächst lenkte Thadden den fast gleichaltrigen Ludwig v. Gerlach auf die neupietistische Erweckungsbewegung hin, die aus der christlichen Sünden- und Gnadenlehre alles Rationalistische verbannen wollte; Sünde und Gnade sollten vielmehr erkannt werden durch die starke Gefühlserregung des Subjekts, durch sein Versenken in die eigene Brust, die ein immer gründlicheres Erlebnis der eigenen Sündhaftigkeit, aber auch die Gewißheit des Heils, der Gnade Gottes, vermitteln würde.[216] Die sogenannte Erweckung betrachtete man als den Beginn des emotional und vom einzelnen (also subjektiv) erfaßten Glaubens, der durch ein erschütterndes Erlebnis, auch durch eine Predigt ausgelöst werden konnte.[217]

Ludwig v. Gerlach, der 1819 endgültig zum Pietisten geworden war, beschrieb später in seiner Familiengeschichte die pietistische Grundauffassung in antithetischer Form: Hervorgetreten sei »Buße, lebendiger Herzensglaube, brüderliche Liebe, Pflicht zu bekennen, liebender, proselytenmachender Aggressions- und Eroberungstrieb und ein starker sittlicher Ernst«; zurückgetreten dagegen »dogmatische Bestimmtheit, Theologie als Wissenschaft, der Herr als König, sein Reich als Königreich, die Kirche als gegliedertes Volk dieses Königreiches, Gottesdienst als solcher, alles Liturgische, christliche Kunst und noch mehr Recht und Staat.« Gerlach setzte hinzu: »Man verwarf dies alles nicht, aber man duldete es mehr, als daß man es anerkannt hätte, sah es gelegentlich als mehr äußerlich scheel an und setzte sich wohl auch etwas darüber hinweg.«[218]

Diese neupietistische Grundhaltung entsprach in vielem dem alten Pietismus, dessen Reformziele gleichfalls die Konzentrierung der Theologie und des Theologiestudiums auf die kirchliche und religiöse Praxis verlangten, ebenso die Verbesserung der Predigt, die Aktivierung der Laien und die intensive Beschäftigung mit der Bibel. Doch während der alte, um die Wende des 17. und 18. Jahrhunderts entstandene Pietismus, vor allem von Spener in der Nikolai-Kirche zu Berlin und von August Hermann Francke in Halle vertreten, im Kampf gegen die kirchlich erstarrte Orthodoxie in mancher Hinsicht der Aufklärung nahestand und dann den Absolutismus von Friedrich Wilhelm I. unterstützte, nahm der nach 1815 sich entwickelnde Neopietismus eine historisch entgegengesetzte Stellung ein: Er strebte eine Abwendung vom Absolutismus insofern und insoweit an, als dieser durch sein Beamtentum Konzessionen an das heraufkommende bürgerliche Zeitalter machte und die unmittelbare Machtausübung des Junkertums in seinen Gutsbezirken schwächte. Die Abwendung von der Aufklärung drückte sich bei den Neupietisten manchmal recht drastisch aus, so wenn Gustav v. Below einmal schrieb, man müsse den »gewaltigen Teufel von geistiger Verstandeshoffart« bekämpfen.[219]

Gegen den Absolutismus wandte sich der Neopietismus sowohl staats- wie kirchenpolitisch. Die adligen Pietisten fühlten sich durch die privatrechtliche Staatstheorie Karl Ludwig v. Hallers bestätigt, die ihnen mit der Aufgliederung einer Vielzahl autonomer Macht- und Herrschaftsbereiche ihr patrimoniales Regime der »kleinen Könige« zusicherte. Neben der sozialen Bestätigung kam ihnen die religiöse Rechtfertigung ihrer Gutsherrschaft entgegen. Denn was von Gott kommt, darf weder von oben, vom König, noch von unten, vom Volk, genommen werden; soziale Forderungen sind, so gesehen, Abfall vom Christentum! Gerade in dieser Richtung verstärkten die Pietisten den regressiven Charakter der Hallerschen Lehre.

Kirchenpolitisch verfolgten sie bald auch die mehr oder weniger ausgeprägte Tendenz, sich von der im Jahre 1817 inaugurierten Kirchenunion zwischen den Lutheranern und den calvinistisch ausgerichteten Reformierten zu »separieren«, wie es damals in gängiger Ausdrucksweise hieß. Ihrer historischen Stellung nach gehörte die Kirchenunion, die in den zwanziger Jahren sukzessive in den verschiedenen Provinzen Preußens eingeführt wurde, tatsächlich zum königlich-preußischen Absolutismus, der sich wieder neu einzurichten suchte.

Im übrigen ging jener sich im agrarischen Pommern konzentrierende Pietismus von den junkerlicherseits gern perhorreszierten Städten aus. Thaddens Frau Henriette war beim Prediger Hermes am Spittelmarkt in Berlin religiös zur Schule gegangen. Die christliche Tischgesellschaft, die sich nach den Befreiungskriegen von 1813–1815 in der Berliner »Schloßfreiheit« beim Wirt Mai zusammenfand und sich deshalb auch den Namen »Maikäferei« zulegte, bildete eine wichtige Keimzelle des späteren Pietismus in Pommern und am Hof. In diesem ersten Sammlungspunkt kamen zurückgekehrte Kriegsteilnehmer und Junkersöhne zusammen, unter anderen v. Alvensleben-Erxleben, Gustav und Heinrich v. Below, Leopold und Ludwig v. Gerlach, Cajus Stolberg, Graf Voss, Götze, gelegentlich auch Adolf v. Thadden und nicht zuletzt der Kronprinz, der spätere König Friedrich Wilhelm IV.

Innerhalb der Erweckungsbewegung nach 1815 gab es noch einen anderen, gewöhnlich übersehenen Kreis, in dem sich besonders Intellektuelle von bürgerlicher Herkunft zusammenfanden. Die in ihm versammelten jungen Männer beriefen sich, anders als die Landadligen, nicht allein auf das Erlebnis des Befreiungskriegs, sondern auch auf den Geist der Reformzeit. Das geistige Haupt dieser Kreise der Erweckten war Moritz August v. Bethmann Hollweg. Er kritisierte bereits als Zeitgenosse die »Maikäferei«, deren bisweilen vulgärer Ton dem in der kaufmännischen Aristokratie von Frankfurt am Main aufgewachsenen, von dem genialen Geographen Carl Ritter erzogenen Weltmann zuwider war. Vor allem aber stieß ihn ab, daß das fromme Interesse schon frühzeitig mit den politischen Tendenzen des Hallerschen Systems vermengt wurde.[220] Später sprach Bethmann Hollweg von der »religiös gefärbten Selbstsucht«[221] der Gerlachs. Da aber jede Erweckungsbewegung die Tendenz hat, nicht nur innere Frömmigkeit, sondern auch Verchristlichung der Welt anzustreben, mußte auch er politisch wirken. Bethmann Hollweg entschied sich dabei im Sinne des konservativen, vornehmlich merkantilen Großbürgertums. Radikale Konsequenzen lehnte er ab; er wollte weder Rechtsbruch im Sinne der Demokraten noch im Sinne ihrer reaktionären Widersacher, weder Revolution von unten noch Verfassungsbruch von oben.[222] Der werdenden konservativen Partei war Bethmann Hollweg 1848 ehrlichen Herzens beigetreten. Doch seine Trennung von den Gerlachs 1851 war vorgezeichnet und wurde mit der Gründung der liberal-konservativen »Wochenblatt-Partei« im gleichen Jahr besiegelt. So gerieten die pietistischen Erweckungsbewegungen auseinander, in jedem Fall Hegels Ansicht bestätigend, daß Religion und Politik allemal unter einer Decke stecken.[223]

Erhellendes Beispiel dafür war auch der Streit um die Neubesetzung der 1825 vakant gewordenen Pfarrstelle bei Thadden in Trieglaff.[224] Adolf v. Thadden nahm in seiner Eigenschaft als gutsherrlicher Kirchenpatron für sich in Anspruch, einen ihm genehmen Geistlichen zu bestimmen, ohne Rücksicht auf die Wünsche der einheimischen Bauern. Er drohte sogar, dem Gottesdienst fernzubleiben, wenn der von den Dorfbewohnern in Eingaben vorgeschlagene Kandidat von den Behörden bestätigt würde. Es reizte ihn, daß seinem patronalen Anspruch, das geistliche Amt des Dorfes zu besetzen, selbst in seinem unmittelbaren Einflußbereich Widerstand entgegengesetzt wurde.[225]

Der König wollte sich auf salomonische Weise aus der Affäre heraushalten, indem er die Regierung in Stettin anwies, neue Vorschläge zu machen. Dieses königliche Ausweichen ermutigte aber Thadden und seine Freunde, die Stettiner Regierung unter Druck zu setzen. Sie erhielt im November 1827 ein grollendes Schreiben, das nicht allein von Adolf v. Thadden unterschrieben wurde, sondern auch von seinen Schwägern Senfft v. Pilsach und Ernst Ludwig v. Gerlach.[226] Nachdem bei zwei Terminen das Stimmenverhältnis gegen den junkerlichen Gutspatron ausfiel, woraufhin dieser damit drohte, daß die Dorfbewohner »noch in ein paar Jahren keinen Prediger bekommen sollten«, wurde die ganze Angelegenheit vom König so beschieden, daß der Minister Altenstein und in dessen Gefolge der Oberpräsident Sack in Stettin und der dortige Generalsuperintendent Ritschl zurückwichen und v. Thadden sich schließlich durchsetzte.[227]

In solchen Streitfragen waren die Zentralbehörden, die schon auf den pietistisch eingestellten Kronprinzen Rücksicht nahmen, zum lavierenden Einlenken eher bereit als die mittleren und unteren Instanzen der Bürokratie, die den Widrigkeiten zwischen den Anmaßungen der Gutsherren und den sich dagegen auflehnenden Bauern und Gemeindemitgliedern eher ausgesetzt waren. Die unteren Behörden erkannten, daß das »Bekenntnis nicht der Grund« war für jenes Vorgehen junkerlicher Pietisten, das einer Separation von der Landeskirche schon gleichkam: »Auf eine bestimmte, dogmatisch ausgeprägte Lehre kommt es ihnen weniger an ... Das ganze Schisma hat in der Hauptursache die Diener der Kirche, die Geistlichkeit zum Gegenstande«, so schrieb der Landrat von Selchow an die Regierung in Köslin.[228] Im pietistischen Sinne sollte also die Wahl der Geistlichen von dem bisherigen Verfahren abweichen: Nicht positives Wissen, sondern »schlichte« Gläubigkeit sollte das entscheidende Kriterium für die Befähigung eines Pastors sein.[229] Vom Gesichtspunkt der Machtausübung gesehen, ging es um die Streitfrage, ob junkerlich-pietistische oder im Sinne der Landeskirche beamtete Pastoren eingestellt werden sollten.

Von Thadden und seine Freunde führten viele religiöse Handlungen und Andachten selbst durch, außerhalb der Kirche und Kirchenräume. So reichte v. Thadden bereits 1821 dem beamteten Ortsgeistlichen eine Liste derjenigen Personen ein, die zwei Tage vorher im Gutshaus das Abendmahl empfangen hatten. Zu ihnen zählten Heinrich v. Puttkamer und Frau, die späteren Schwiegereltern Otto v. Bismarcks.[230] Wie es in dem Schreiben hieß, hätten die aufgeführten Gläubigen, ausschließlich Gutsherren und ihre Ehefrauen, es nicht vermocht, am Altar der Landeskirche das Sakrament zu empfangen, sondern wollten sich gleich den ersten Christen »in die Enge des Hauses« zurückziehen. Thadden und sein Kreis liebten es selbst, Anklänge an die Verfolgung der Urchristen aufkommen zu lassen. Die Beschwerde des der Landeskirche treuen Ortspfarrers und sein Verweis auf die verletzten Paragraphen des allgemeinen Landrechts fruchteten nichts. Hausversammlungen wurden zwar verboten, weshalb die Thaddenschen Akten aus den Jahren 1829 und 1830 Strafverfügungen in Menge enthielten.[231] Der fromme Widerstand jener erweckten Aristokraten war jedoch keineswegs so kühn, wie es den Augenschein hatte. Der Unterstützung durch den Kronprinzen konnten sie sicher sein; in einem Schreiben an den Minister Altenstein vom 2. Mai 1830 erklärte er nämlich: »Das Betragen der Regierung ist so ungeheuer dumm, daß es zum Erbarmen ist.«[232]

In ihren Hausversammlungen ließen die pietistischen Gutsherren mitunter einen Knecht oder Handwerker aus dem Gutsbetrieb in freier Selbstbetätigung die Bibel ausdeuten. So konnte sich das Hausgesinde auch einmal auf abgesteckter Weide in geistiger Scheinfreiheit tummeln. Der ob seiner drastisch-bildkräftigen Ausdrucksweise von Freund und Feind vielzitierte Adolf v. Thadden wollte es so: »Seinem Nächsten in wahrer Liebe dienen, indem man sich in der siegreichen Gewohnheit des Herrschens behauptet.«[233] Zu dieser Herrschgewohnheit gesellte sich als Pendant patriarchalische Fürsorge gegenüber frommen Untertanen. Thaddens Landarbeiter erhielten in Trieglaff einen relativ hohen Lohn. Das hielt sie aber nicht davon ab, besonders zahlreich ab- und auszuwandern, um sich in Übersee eine ungebundenere Existenz aufzubauen. Die pietistische Art, das Verhältnis von Herr und Knecht zu gestalten, entsprach immer weniger der sozialen Dynamik und dem Geist der Zeit.

Da das Laienpriestertum keine überzeugenden Erfolge hatte, mußten die »kleinen Könige« danach trachten, ihren Einfluß auf möglichst viele Pastoren auszudehnen. Darum hielt v. Thadden seit 1829 mit wachsendem Erfolg Konferenzen zu Trieglaff ab. Hier betätigte sich – um noch einmal an Ludwig v. Gerlach zu erinnern – der »proselytenmachende Aggressions- und Eroberungstrieb« der Pietisten. Die »Trieglaffer Konferenzen« weiteten sich besonders 1843 und 1844 aus und führten pietistische Pastoren verschiedener Provinzen zusammen. 1844 trafen sich 108 Personen, darunter 6 Superintendenten, 64 Prediger, Rektoren und Kandidaten.[234]

Eine anschauliche Schilderung der Atmosphäre dieser Begegnungen geben die Lebenserinnerungen des Generalsuperintendenten Büchsel, der seinerzeit als junger Landgeistlicher an einer »Trieglaffer Konferenz« mit Begeisterung teilgenommen hatte. »Wenn auch der Gutsherr und Patron seine ihm von Gott gegebene Stellung verkennt«, so schreibt er, »und sie gar mißbrauchen sollte, so darf doch der Pastor deshalb sich nicht in eine falsche Haltung hineindrängen lassen. Ein schlechter König bleibt doch König im Lande, und ein gottloser Patron bleibt doch Patron der Gemeinde und muß als solcher geehrt und geachtet werden.«[235]

In Pommern ging es den pietistischen Junkern zudem, wie die Akten zeigen, um Eingriffe in das Schulwesen.[236] Ihre Einflußnahme lief letztlich auf eine Reduzierung der ohnehin kärglichen Schulbildung auf dem Lande hinaus, wo die saisonmäßig gebrauchten Arbeitskräfte, zu denen auch die schulpflichtigen Kinder gehörten, bei einem Minimum an Kenntnissen lieber auf dem Felde als im Schulraum gesehen wurden. Noch wichtiger für die Pietisten war es, das ganze flache Land durch einträchtiges Zusammenwirken von Kirchenpatronen, die vornehmlich Junker waren, Pastoren und Lehrern geistig zu beherrschen. Darum der Kampf um den ihnen genehmen Pastor, und darum auch der um führende Positionen bei der Ausbildung der Dorfschullehrer. Zu einer Art Demoskopie gehörte die Untersuchung des Gottesdienstbesuchs. Dieser war in Vorpommern schlecht, aber im westlichen Hinterpommern gut – dort also, wo die Pietisten besonders rege waren.[237]

Trotz solcher Erfolge der Erweckten behielt die Kirchenunion das Übergewicht. Die 4500 Kirchenaustritte von Pietisten und Lutheranern in den vierziger Jahren bedeuteten wenig im Vergleich zu der reichlichen Million Protestanten in der ganzen Provinz Pommern im Jahre 1843.[238]

Auch waren nicht wenige der Gutsherren beunruhigt, daß durch das religiöse Eiferertum der Pietisten angesichts der vielen noch ungelösten Agrarfragen zusätzliche Spannungen im Dorf entstünden. Zudem: mochte einem Thadden selbst »jakobinische Vermischung der Stände« ein Greuel sein, so warfen ihm seine Gutsnachbarn gerade dies vor, wenn er mit Schäfern, Tagelöhnern, Dorfschmieden und Gutsdienern gemeinsame Andachten veranstaltete.[239] Selbst die aus Mecklenburg stammende Frau Henriette mußte sich erst an die patriarchalische Gemeinsamkeit mit den Untergebenen gewöhnen.

Die Bauern selbst wollten auch keine Standesvermischung in ihrem Lebensbereich, nicht bei den Mahlzeiten in der Stube, nicht im Konfirmandenunterricht und nicht in der Kirche. Bei religiösen Veranstaltungen war die Sitzordnung genau geregelt: »Obenan saß der Sohn des Schulzen und Kirchenvorstehers«, so berichtete Büchsel in seinen Lebenserinnerungen, »dann folgten die Bauernsöhne, dann die Büdnersöhne usw., der letzte war des Deckers Sohn ... Der Unterschied zwischen Bauern, Büdnern und Tagelöhnern wurde auch stets in einer merkwürdigen Weise von der einen Seite geltend gemacht und von der anderen Seite respektiert. Das zeigte sich besonders bei allen festlichen Gelegenheiten, und auch die Sitzplätze in der Kirche waren danach verteilt.«[240]

Die pietistische gleichmachende Schwärmerei mochte im höheren Interesse patrimonialer Gewalt in hinterpommerschen Gutssiedlungen gerade noch angehen, wurde aber in Dörfern schon fragwürdig. Auch mußten viele Landadelige und Bauernhonoratioren feststellen, daß die Erweckungsbewegung unter den nicht zum Hausgesinde gehörenden Tagelöhnern, deren Anzahl und Elend mit den Fortschritten der Agrarrevolution zunahm, entweder nichts ausrichtete oder radikalisierend wirkte. Nach der Revolution von 1848 haben die pietistischen Junker solche Vorhaltungen eingesehen, wahrten jedoch ihr Gesicht insofern, als sie zu den Alt-Lutheranern innerhalb der Kirchenunion übergingen.

*

Bismarck war in einen tiefen Widerspruch geraten: im Adelsland Pommern war er einerseits endgültig wurzelfest geworden, andererseits fühlte er sich zunehmend unzufrieden mit dem ländlichen Dasein und seinem Beruf. Sein ruheloses Hin- und Herpendeln in verschiedenen Gruppierungen der Gutsbesitzer, seine verschwommene Zwischenstellung in Fragen der Weltanschauung – alles drängte zur Entscheidung. Weder konnte er, wie es seinem Vater durchaus noch möglich war, den lieben Gott einen guten Mann sein lassen und in Formen konventioneller Frömmigkeit und staatlicher Ergebenheit selbstzufrieden ein Krautjunkerleben führen, noch vermochte er auf die Dauer in geistig regsameren Adelskreisen eine Randfigur abzugeben. Manches Unbestimmte seiner Position war nicht nur für ihn selbst zermürbend, sondern auch hinderlich für seine gesellschaftliche Karriere. Um voranzukommen, mußte er sich irgendwo anschließen; um gefördert zu werden, bedurfte er der Gönner ebenso wie des politisch-sozialen Rückhalts. Die Verbindungsfäden zu Bülow-Cummerow waren stets locker gewesen und rissen 1847 ab. Zu den Pietisten trat er im Frühjahr 1843 in Beziehung. Was sich ihm bot, war nicht gering: Erlösung aus mancher Vereinsamung, menschliche, weltanschauliche und politische Bindung – Bindung allerdings, wie er sie wünschte, nach eigener Façon.

Mit wie vielen inneren Vorbehalten er sich auch allmählich

einer weiteren und engeren Gemeinschaft anschloß, es war ein Wegzeichen gesetzt, als er seinen ersten Zeitungsartikel am 8. Februar 1843 Adolf v. Thadden vorlas.[241] Bei ihm konnte er sicher sein, mit seiner hitzigen Verteidigung der junkerlichen Jagdprivilegien Gehör und volles Verständnis zu finden; und jener wiederum billigte ihm bei anderer Gelegenheit auch bereitwillig zu: »Freund und Feind haben mir das Zeugnis gegeben, daß ich den Gegnern so grob gekommen bin wie kein anderer. Mit Bismarck will ich mich natürlich nicht messen ...«[242] Offensichtlich wollte man in Sachen Politik zusammenarbeiten: zu mehr ist es weder beim jüngeren Bismarck noch beim älteren Thadden gekommen.

Menschlich ernsthaftere und bedeutsamere Beziehungen wurden in jener Zeit mit Thaddens Tochter Marie geknüpft. Am 7. Februar berichtete sie ihrem Verlobten Moritz v. Blanckenburg von einem Gespräch, das sie am Vortage mit Bismarck gehabt hatte: »Ich habe noch nie Jemanden seinen Unglauben oder vielmehr Pantheismus so frei und klar auseinandersetzen hören ...« Mit Erschrecken vermerkt sie Bismarcks »stete bodenlose Langeweile und Leere« und sein offenbar mit Leidenschaft hervorgebrachtes Bekenntnis: »Wie kann ich denn glauben, da ich doch einmal keinen Glauben gehabt habe: der muß entweder in mich hineinfahren oder ohne mein Zutun und Wollen in mir aufschießen! Er war sehr aufgeregt, wurde manchmal dunkelrot, konnte aber doch nicht fortkommen.«[243] Was Marie mit menschlicher Sympathie und in pietistischer Sorge um das Seelenheil des Gesprächspartners mitzuteilen wußte, ist überraschend. Ungewöhnlich erregt schien er aus sich herausgegangen zu sein, der doch sonst geneigt war, Glaubensfragen mit leichter Zunge abzutun – weshalb er schon früher »für einen gottlosen Spötter«[244] gehalten wurde. Bereits aus der Aachener Referendarzeit stammte jedoch eine frappierende Aussage: »Ich bemerke nur«, schrieb er damals an Bernhard[245], »daß Du mir zu wenig Besonnenheit zumutest, wenn Du mich für einen Atheisten hältst.« Bismarck beruft sich hier auf eine Eigenschaft, die praktische Vernunft hinsichtlich der Religion geltend macht. Er verwahrt sich gegen eine Position, die ihn zu weit vom Überkommenen wegführen könnte. Man erinnert sich dabei an jene Briefe, die Friedrich v. Bismarck, Ottos »Onkel Fritz«, als junger Offizier an seinen Vater nach Hause schrieb und in denen er nach antipfäffischen und aufklärerischen Bemerkungen beruhigend hinzufügte, daß er dennoch den Kirchenbesuch nicht vernachlässige.[246]

Für die Fährnisse eines tiefergehenden weltanschaulichen Standortwechsels hatte Otto v. Bismarck einen sicheren Instinkt. Gewisse Ungläubigkeiten konnte er sich leisten, warum auch nicht? Er lebte in einer Zeit rationalistischer Christus- und Bibelanalysen, die sein ausgeprägt kritisches Gespür fürs Menschlich-Allzumenschliche auch im Religiösen sehr ansprachen. Er mochte die menschliche Erkenntnismöglichkeit göttlichen Willens bezweifeln, mochte kritisch sein ob der »Auslegungen« des Gotteswortes, sofern sie aus menschlichen Überlegungen kamen. Dennoch, er hütete sich davor, religiöse und damit letztlich auch soziale Grundpositionen zu verlassen. Die Existenz Gottes negierte er nicht, selbst nicht in seiner ungläubigsten Periode. Auch die erschrockene und besorgte Marie v. Thadden schrieb an jenem 7. Februar 1843 mit einem Funken Hoffnung für ihn, er habe »doch noch eine gewisse Scheu vor dem blauen Dunstgebilde von Gott, was er sich gemacht hat«.[247] Ein »blaues Dunstgebilde« also, »Deismus« und »pantheistische Beimischung« – das konnte der Christ wohl Unglauben nennen, aber doch nicht Atheismus. Bismarck wies diesen Vorwurf mit Recht zurück. Sein erster Kontakt mit den Pietisten zeigte: mit ihnen gab es von vornherein und ohne weiteres in mehr als einer Hinsicht Bundesgenossenschaft. Doch im Religiösen war die Brücke zu ihnen noch schmal und schwach, auch wenn sie im Sinne einer eigenständigen, persönlich gefärbten Beziehung zu Gott ohne Priestervermittlung zu einem partiellen Anschluß verlocken konnte. Aber noch war es nicht soweit.

Moritz v. Blanckenburg bemühte sich in redseligem und schreibwütigem Bekehrungseifer um Bismarcks ungläubige Seele. Keiner aus dem Kreise pommerscher Pietisten schien für diese Aufgabe so geeignet zu sein wie eben Blanckenburg, der älteste von Bismarcks Jugendfreunden, einst Mitschüler aus dem Berliner Gymnasium zum Grauen Kloster, Gutsnachbar auf Zimmerhausen und Cardemin und als zukünftiger Schwiegersohn Adolf v. Thaddens ganz erfüllt vom Enthusiasmus des Neubekehrten. Die beiden trafen sich um Ostern 1843, und am 1. Mai eröffnete Blanckenburg unter der Überschrift »Freunde sind Menschen, die sich stets aus Liebe die Wahrheit sagen«, seine an Bismarck gerichtete Briefkanonade voller selbstgerecht eifernder Ergüsse.[248] Innerhalb von vier Wochen erhielt Bismarck gleich drei, zunächst unbeantwortete Bekehrungsschreiben, deren religiös schwärmerischer Grundton ihm mit Sicherheit fremd bleiben mußte.

Einen Monat später rühmte sich Moritz v. Blanckenburg, er habe »mit kühner Hand und mutiger Zuversicht eine Million Laststeine« in Bismarcks Herz geworfen. Sie sollten »auf dem rechten Flecke drücken« und »selige Erkenntnis« bringen. Er wiederholte einen schon mündlich vorgetragenen Versuch seelischer Erpressung, indem er beteuerte, eine ihm eng vertraute, vom Tode gezeichnete Verwandte könne erst dann ruhig sterben, wenn sie ein sicheres Zeichen von Bismarcks Bekehrung habe. So solle, heißt es im Beschwörungs- und Bekehrungsbrief, »das Bild recht klar aufsteigen von der sterbenden Seele, die im Todeskampfe liegt bis sie Dich selig macht ...« Im Juli 1843 läßt Blanckenburg eine andere, Bismarcks Wesen fundamental verkennende Tirade los: »O Otto, Otto – es ist jedes Wort in Deinem Briefe wahr und so muß Alles sein, so mußt Du die Welt ansehen, so mußt Du von Gott reden, den Du nicht kennst, so mußt Du das elende Getreibe dieser Welt verachten.« Und während Moritz v. Blanckenburg noch meint: Du kannst »die Liebe fast mit Fäusten greifen, geliebte Seele«, muß Otto v. Bismarck ob der Briefe schon recht der Überdruß angekommen sein, so wie ihre Lektüre noch heute in ihrer pathetischen Exaltiertheit beschwerlich ist.

Bismarck leugnete auch jetzt nicht einen »sich selbst bewußten Gott«, aber er wies die Vermessenheit der Christen zurück, die Gott zu kennen vorgaben, führte die Vielfältigkeit der Bekenntnisse ins Feld und kritisierte die Rechtfertigungslehre des Christentums.[249] Moritz ersetzte seine Hilflosigkeit durch pharisäisches Predigen und Mitleidsbekundung gegenüber dem armen Sünder. Es wurde allmählich so schlimm, daß Bismarck schließlich den geistlichen Briefwechsel abbrach. Der Sturm auf seine Seele war gescheitert.

Anders aber verhielt es sich mit Beziehungen, die sich allmählich zur Verlobten Moritz v. Blanckenburgs, Marie v. Thadden, entwickelten. Sie führte mit ihren gleichfalls im Pietismus verwurzelten Jugendfreundinnen einen sentimental-verschwärmten Briefwechsel. Zu diesem Kreis gehörte Elisabeth v. Mittelstädt, die Tochter des Stettiner Konsistorialpräsidenten, Hedwig v. Blanckenburg und nicht zuletzt Johanna v. Puttkamer, die spätere Frau Otto v. Bismarcks und in Herzensangelegenheiten sogar eine besondere Vertraute Maries. Die adligen Fräulein, unausgefüllt vom Leben auf dem Lande, suchten sich ihre literarischen Ideale, mit denen sie sich dann in ihren Briefen auseinandersetzten.

Da nahm Jean Paul einen besonderen Stellenwert bei ihnen ein. Sie lasen gemeinsam den »Titan«, der schon so etwas wie eine weltliche Bibel für sie wurde.[250] Es war nicht im geringsten der Jean-Paulsche Enthusiasmus für die Französische Revolution, der sie ansprach, er blieb auch zu abstrakt und utopisch, um sie irritieren zu können. Was sie, bei gründlichem Mißverständnis der sozialen Aussage ihres Lieblingsautors, bei ihm herauslasen, waren tränenreiche Empfindeleien, Schwelgen in Freundschaft und Liebe, Gefühlsüberladenheiten und weibliche Reinheitsideale, wie sie auch der sittenstrenge Ludwig v. Gerlach (ihr »Onkel Ludwig«) haben wollte. So ergingen sie sich in ihrem Briefwechsel in einer romantischen Farbensymbolik, mit der sie einen rechten Kult betrieben: Echte Liebe, Treue, Feuer für den Kern der Existenz, so setzte Marie 1844 Johanna auseinander[251], bedeute Blau. Lebensvolles Ringen nach jeder Blüte und Frucht bedeute Rot, Weiß sei die heilige Flamme reiner und unsterblicher Liebe. Das von Jean Paul entlehnte Ideal der »hohen Frau« (Idoine im »Titan«), die sich durch ihr reformerisches Wirken als Herrscherin von Hohenfließ hervortut, konnten sie durchaus in Einklang bringen mit der Verklärung ihrer späteren Gutsherrinnenstellung.

Otto v. Bismarck, der in ihrem Briefwechsel als interessanter Mann eine Rolle spielte und der bei Marie v. Thadden und Johanna v. Puttkamer unter literarischen Decknamen auftauchte, bezogen sie gern in ihre Schwärmereien von Glück und Liebe, reiner Seelengemeinschaft und religiöser Fürsorge ein. Doch gerade zur Teilnahme an dieser Lektüre vermochten sie ihn nicht zu verlocken, wie er sich auch energisch sträubte, sich à la Jean Pauls Gestalten zu kleiden.

So gaben sich denn die adligen Gutstöchter ihren sentimentalen Verklärungen der Wirklichkeit hin, teilten sich empfindsam all ihre Seelenregungen mit, träumten wohl auch davon, als Gutsherrinnen dereinst wohltätig von oben zu wirken, während die Männer ihren Platz im praktischen und politischen Leben suchten. Mit dieser Art pietistischer Seelenschwärmerei war Bismarck kaum zu gewinnen, wohl aber war er nachhaltig zu beeindrucken über sich entwickelnde menschliche Sympathien

Marie von Thadden (1822–1846), seit 1844 verheiratet mit Moritz v. Blanckenburg

mit der einundzwanzigjährigen Marie v. Thadden[252], einer üppigschönen, jungen Frau mit Herzenswärme und trotz aller Gebundenheit in den Lebens- und Glaubensformen pietistischer Frömmelei nicht ohne Sinnenfreude. Der wachsame Inquisitorblick Ludwig v. Gerlachs vermerkte gerade in der Zeit ihrer Bekanntschaft mit Bismarck kritisch ihre Hinneigung zum Weltlich-Sinnlichen, und Marie selbst flüchtete sich mitunter mit spürbarer Angst davor unter den Schutzmantel religiöser Ergebenheit und beschwor geradezu die Sicherheit, die ihr von ihrem »guten Moritz« gegeben werden sollte.

Eins stellte sich nur allzubald heraus: Zwischen Marie v. Thadden und Otto v. Bismarck entwickelten sich Affinitäten, die beiden glückvoll und leidvoll zu schaffen machten. Bismarck war tief berührt von der liebevollen Teilnahme der jungen, bereits Moritz v. Blanckenburg versprochenen Frau und konnte sich nicht versagen, immer wieder ihren Umgang zu suchen, ihr Verständnis, ihre Neckereien, ihren weiblichen Charme. Das Verhältnis wird besonders von Maries Seite in zahlreichen Briefen beleuchtet, die in offener und häufig auch verdeckter Weise ihre Faszination von Bismarcks Persönlichkeit widerspiegeln.

Mitunter klagte sie sich ob ihrer lebenszugewandten Neigungen in Briefen an die Freundin Johanna v. Puttkamer selbst an[253]: »... aber jetzt, bei mir die Liebe zur Welt und ihren Freuden, der Zauber des Lebens, die Töne und Funken, Farben! – Alles reizt, lockt, verführt Geliebte, ... in der Sehnsucht nach Genuß des Lebens sind wir nur zu verwandt. Es wäre mir schrecklich schwer, wenn Du noch später näher bekannt würdest u. Du ihn (Otto v. Bismarck) abhieltest vom Suchen nach Frieden, und ihn bestärktest in dem süßen Leichtsinn der Jugend. Es kommt mir ganz sonderbar vor, daß ich Dir das sage, und doch kann ich es nicht lassen.«

Die mädchenhafte Verwirrung, in die die junge Frau durch Bismarck geraten ist, schlägt hier um in eine mit leiser Eifersucht beschworene fromme Ermahnung an Johanna. Mitunter aber verraten Maries Briefe geradezu einen Aufruhr der Gefühle, den sie vor sich und anderen als Sorge um Bismarcks religiöse Bekehrung zu begründen und zu bändigen versucht – bangend davor, sich dessen voll bewußt zu werden und insgeheim doch wissend. Wäre ihr Verlobter, der »gute Moritz«, nicht so besessen gewesen von religiösem Bekehrungseifer, er hätte es merken müssen, wie es innerlich um sie stand. So aber schien er, da Marie seinen Bekehrungswillen anspornte, nicht einmal zu ahnen, daß Bismarck nur ihretwegen seine aufdringlichen Ergüsse so lange ertrug, ehe er um Abbruch bat.

Otto v. Bismarcks schwermütige Stimmungen wurden durch die von verhaltener Liebe erfüllte Teilnahme Maries an seinem

Geschick noch verstärkt. Es machte den eigenen Reiz ihrer Beziehungen aus, daß beide die untergründigen Sehnsüchte und Affinitäten ihrer Herzen und Sinne ahnten. Selbst wenn man den empfindungsüberladenen Stil, dessen sich die Frauen der pommerschen Pietistenkreise bedienten, als Ausdruck ihrer besonderen Mentalität ansieht, Maries Beschäftigung mit Otto v. Bismarck, seiner seelischen Verfassung und seinem überirdischen Wohl ist so intensiv und häufig, daß sie verräterisch wird für die höchst irdische Anziehungskraft, die dieser Mann auf sie ausübte. Neben einer Fülle von Stoßseufzern, mit denen sie Erlösung aus seinem Unglauben für ihn erflehte, oder aufmerksamem Registrieren von Veränderungen bei ihm, von der bestürzten Schilderung seiner offen bekannten Unfähigkeit zu glauben im Brief an Moritz vom 7. Februar 1843 bis zur Nachricht an Johanna[254] am 11. September 1846, daß er nun »mit Ernst zu suchen« scheint, »wirklich die Bibel zu lesen, und nicht blos mit dem Verstand zu grübeln«, stehen Äußerungen wie die vom 9. Februar 1843 an Moritz, daß Bismarcks »einnehmende Persönlichkeit« sie gar zu sehr »besticht«, so daß sie »immer nicht recht an sein wüstes Leben glauben« könne, wenn sie ihn sehe.

Dann wieder schreibt sie, sich selbst beruhigend, im Brief an eine Freundin, Elisabeth v. Mittelstädt[255], im Frühjahr 1843: »Moritz hat ganz recht, ich kann ihm wohl vertrauen, denn ich bin ihm heilig.« Und: »Mir ist der Abend sehr lieb gewesen, weil mir nun die gefährliche Glätte an diesem großen interessanten Weltmann etwas genommen ist.« Der nichtsahnende Moritz ermunterte sie noch »zu mehr Liebe und Teilnahme für Otto«, und so tröstete sich Marie, »er liebt ihn sehr und macht mich ganz sicher, daß ich nie einen Hauch von seinem Glatteis zu befürchten habe.« Harmlosigkeiten also?

Dann dürfte jene überaus brisante Briefstelle[256] nicht sein, in der Marie am 9. Mai 1843 bekennt: »Otto B. läßt sich nicht mehr in Zimmerhausen blicken: sehr gut, denn den Vergleich könnte der gute M. nicht aushalten. Daß er aus Edelmut fortbleibt, glaube ich aber nicht, sondern weil er gerade etwas anderes vorhat.« Es ist nicht zu verkennen, daß Marie sich der Unterschiede in den menschlichen Dimensionen zwischen Otto und ihrem Moritz gefährlich bewußt ist. Ihr »guter Moritz« ist treusorgend, fromm und zärtlich bis zur Wehleidigkeit, Bismarck aber ist voller Kraft und Leidenschaft, ein schwelendes Feuer, faszinierend für sie. Marie bangt um ihn, »wenn er nur nicht in der Flachheit,

Gewöhnlichkeit Pommerns (!) und in den Genüssen des Lebens untergeht«, der Herr möge sich doch seiner erbarmen und ihn zum Frieden führen. Dann wieder bekennt sie in einem – undatierten – Brief aus dem Jahr 1845 Elisabeth v. Mittelstädt: »Otto ist mir in diesen Tagen viel näher getreten, als sonst in Wochen: wir haben uns die Hände gereicht, und ich glaube, daß es nicht eine vorübergehende Berührung gewesen sein wird ... Du hast es nie begreifen können, daß wir hinter seiner oft kalten Eleganz so viel suchen, und so mag es Dir auch lächerlich sein, daß ich nach solcher Freundschaft gegriffen habe; aber es beschäftigten mich die letzten Tage noch zu sehr, um sie schweigend übergehen zu können. Vielleicht ist mir diese Äußerung einer persönlichen Freiheit, diese Freundschaft mit einem hinterpommerschen Phönix, der für einen Ausbund von Wildheit und Arrogance gilt, auch so anziehend gewesen ...«[257]

Selbst kleine weibliche Eitelkeiten sind hier im Spiel, ein halbbewußtes Verstecken hinter ihrem Mann, dem sie den Haupteinfluß auf Bismarck zuschieben will, aber auch Selbstbestätigung in der Herausnahme einer persönlichen Freiheit, die nicht des prickelnden Reizes eines Spiels mit dem Feuer entbehrt. Da gibt es Scherze und Neckereien, ernste Sorge und Fürsorge, sinnliche Anziehungen und zarte Lenkungsmanöver, eifrige Hilfsbereitschaft und Eifersucht, kurz gesagt: verhaltene, oft religiös verbrämte und mit Anstrengung gebändigte Liebe.

Sie enthüllt sich dort am meisten, wo ein literarischer Bezug auch gewisse Verhüllungen zuläßt. Von besonderer Aussagekraft sind die Stellen, die Marie v. Blanckenburg bei der Lektüre von Goethes »Dichtung und Wahrheit« berühren. Da verweist sie im Brief an Johanna[258] auf die »Geschichte mit Lili« und schreibt: »... es zog mich wunderbar an« ... eine »Menschenkenntnis so viel Verwandtes, Bekanntes, ich konnte mich nicht losmachen, ohne doch zu wissen, warum ich gefesselt war. Lies es, – – auch von Friederike ... und ... von der Entstehung und Veranlassung zu Werther, einzig schön, doch sehr arrogant und kalt.«

Folgt man ihrer Aufforderung zur Lektüre, so stößt man gerade bei der an erster Stelle genannten »Geschichte mit Lili« auf eine Vielzahl von inneren Bezügen, die Marie bei Goethes Liebe zu Lili Schönemann verwandt berührt haben müssen. Das Erlebnis innerer Gemeinsamkeit und Nähe zwischen zwei Menschen im Kreis allgemeiner Geselligkeit konnte sie durch den Umgang mit Otto v. Bismarck nachfühlen. Und wie sollte Marie v. Blanckenburg nach ihren häufigen Gesprächen mit Bismarck nicht Goethes Frage verstehen: »Wie wollte man sich aber von dem Innern unterhalten, ohne sich gegenseitig aufzuschließen?«[259] Auch das Goethesche Erlebnis mit Friederike Brion, der Sesenheimer Pfarrerstochter, tangiert bei Marie ähnliche Seelenbereiche.

An anderer Stelle spricht Marie v. Blanckenburg von den »Wahlverwandtschaften«, anschließend an Meditationen über »die Unreinheit und dann wieder die Untreue der menschlichen Liebe« – ein Problem, das sie – wie es an Johanna am 25. Januar 1845 heißt[260] – »sehr beschäftigt«. Sie gesteht es erschrocken: »Ich habe die Wahlverwandtschaften in der Hand gehabt und sie halb gelesen, d. h. das Ende, wie eine finstere dämonische Welt stehn sie mir vor, – ich habe sie fortgelegt, weil sie doch leicht über mich Gewalt bekommen könnte.« Man gewahrt, wie Marie mit ihren Gedanken und Gefühlen zu kämpfen hat; in freudigem Wiedererkennen erlebt sie zwar Verwandtes und Bekanntes aufkeimender Liebe in der Literatur, aber sie weicht angstvoll zurück, wenn ihr die Tragik unerfüllter Verbindungen begegnet.

Maries Wesen ist beziehungsreicher als das Johannas, nicht nur in der Aufgeschlossenheit gegenüber Beethoven, zu dem die Freundin vorerst noch keinen Zugang hat, sondern auch in der zu Shakespeare, bei dem sich die Geister wiederum scheiden. Johanna sieht in »Romeo und Julia« offenbar leicht rügend »flackernde Leidenschaft«, wo Marie »blaue Tiefe« erkennen will, und darunter versteht sie, wie sie wörtlich Jean Pauls »Titan« entnimmt[261], »die Treue, die rechte, die keine Tugend und keine Empfindung ist, sondern das Feuer selber, das den Kern der Existenz ewig belebt und erhält«. Dabei ist sich Marie ihres für ihre pietistische Gottergebenheit zu leidenschaftlichen Temperaments wohl bewußt und zitiert reumütig den Vorwurf, den ihr die frömmelnde Elisabeth v. Mittelstädt macht: »Wenn Dir der unbeschreibliche Gottes Segen Deiner Führung doch immer recht vor Augen stände, Du müßtest stiller und klarer sein, mehr Frieden haben, nicht in alle Himmel ›greifen‹ –«, und Marie fügt diesen betschwesterlichen Ermahnungen schuldbewußt hinzu: »Ach, Johanna, wie wahr, wie wahr.«[262]

Was sie lust- und leidvoll bewegt, bezeichnet sie selbst einmal als »Erdenlust«[263], offensichtlich in naiver Unkenntnis dessen, daß diese ihr besonderen Reiz verlieh. Nicht eine blaustrümpfige Landpomeranze hätte auf Bismarck auch als Gesprächspartnerin so anziehend wirken können, wohl aber eine junge Frau, die wissensdurstig an ihre Freundin Johanna schreiben konnte: »Daß Ihr in Carlsbad so einsam lebt ..., tut mir sehr leid. Daß die Reddentiner niemand kennen lernen, finde ich sehr einseitig. Ich habe in Bädern eine wahre Wuth auf junge Mädchen gehabt, namentlich Ausländerinnen, und manche Bekanntschaft mit Haaren herbeigezogen. Ich finde, man wird im gewöhnlichen heimatlichen Ideenkreise unvermerkt so eng, daß man herzlich froh sein sollte, fremde Eigentümlichkeiten und Ansichten kennen zu lernen.«[264]

Im Kern wird hier das auch von Bismarck lebhaft empfundene Sektenwesen der Pommerschen Pietisten kritisiert, ihre geistige Abgeschlossenheit; in Gesprächen mit Marie wird er gewahr, daß sie im Regionalen, Moralischen und Religiösen über die allzu eng gezogenen Schranken hinausdrängt. Es rührt ihn an, was seinem Charakter verwandt ist.

Auffällig ist, wie Marie v. Blanckenburg immer wieder angezogen und erregt wird von Problemen unerfüllter Liebesbeziehungen zwischen den Menschen. So berichtet sie im Juli 1845, also nach ihrer Verheiratung, ihrer Freundin Johanna[265] über »warme verwandte Gespräche« mit Zitelmann, Moritzens Freund. Er »sprach viel Heidnisches aus, weil er kein Christ ist«, meinte sie entschuldigend, »aber ein durchgehendes Verstehen verband uns«. Es gäbe, so habe Zitelmann gesagt, viele Menschen, die lange dahinlebten, ohne eine tiefe Liebe zu empfinden, die zu lieben glaubten, ja heirateten, ohne sie zu kennen. Aber wehe, wenn noch nach geschlossener Ehe die wahre Wesenserfüllung ihnen entgegentrete, dann fingen sie erst an zu leben, dann rühre sich der höhere Pulsschlag ihres Wesens – aber um für ewig unglücklich in der Ehe zu werden. »Schauderhafte, doch anziehende Wahrheit, – in dieser Ansicht«, so fügte Marie hinzu, und: »Ich sprach von der Kraft der Religion, solcher Versuchung zu widerstehen, fand aber wenig Verständnis. ... Romeo und Julia, das ist der Ausdruck der Liebe, die er meint.«

Im gleichen Brief erzählt Marie, daß sie ausgerechnet Romeo und Julia im geselligen Kreis mit Bismarck gelesen habe. »Kannst Du es glauben? Ademar – das ist in Jean-Paulscher Namensverschlüsselung das Deckwort für Otto v. Bismarck – las den Liebhaber gegen mich, ich glaube nicht, daß es Bosheit des Wirts war, sondern Zufall.« Und offenbar ist Marie dabei so in innere Bewegung geraten, daß sie der Freundin hinterher berichten muß: »Ich hatte so viele Wahrheiten zu sagen, die mir aus der Seele kamen, mit so viel Mutwillen, daß ich Alles vergaß was mich hätte verlegen machen können; sogar die sehr unanständigen Stellen, die wir gegenseitig durch Moritz's Vermittlung verabredetermaßen ausließen.«

Das ist ein geradezu kühnes Bekenntnis der jungen Frau; hier klingen Töne an, die die sonstigen jean-paulisierenden Seelenergüsse der beiden Freundinnen durchbrechen. Die Liebe bringt es an den Tag: Maries leidenschaftliches Wesen, ihr Sehnen nach einer stärkeren Beziehung, nach »Erdenlust« trotz allen Mühens um fromme Gottergebenheit. Sie spürt und weiß, daß ihre Ehe mit dem frömmelnden Moritz nicht jene Lebenserfüllung bringen wird, die bei jenem anderen, dem »Platonischen« – das ist Bismarck –, möglich wäre.

Maries Herz scheint am meisten bewegt, als sie sich bemüht, Otto v. Bismarck der Freundin zuzuführen, das heißt, ihm und seinen Gefühlen für sie zu entsagen. Daher ist sie hilfreich und doch dabei leidend, voller Freundschaft für Johanna und doch nicht ohne Eifersucht, liebend und lenkend, aber auch aufgewühlt und zur Vorsicht gezwungen. Ein Hauch von Tragik wird spürbar: eine größere Lebenserfüllung für Marie schwindet dahin, eine, die sie ahnte und die ihre Phantasie lebhaft beschäftigte, die ihr das Leben aber versagte.

Otto v. Bismarck, zu dieser Zeit beruflich unausgefüllt, einsam in persönlicher und auch weltanschaulicher Beziehung, auf der Suche nach rechter Betätigung und Bestätigung, hat Maries Empfindungen tief gefühlt. Immer wieder zog ihn die Gesellschaft dieser Frau unwiderstehlich an. Seine häufigen Besuche wurden allmählich mißbilligend von der Umgebung registriert, und noch während der von Marie arrangierten Harzreise im Sommer 1846 vermerkte Elisabeth v. Mittelstädt, die Bismarck nicht sonderlich leiden konnte und ihn »einen sehr von der Welt ausgekälteten, recht pikanten, sehr gescheuten, völlig reizlosen Mann«[266] nannte: »Mariechen war öfter mit Bismarck, sonst kann man nicht sagen, daß Absonderungen vorfielen. Er saß neben ihr im Wagen, wenn sie sich nicht besonders zu mir setzte …« Es ist Marie v. Blanckenburg, die jenes Scherzgedicht Bismarcks aus Kniephof im April 1846 provozierte, in dem er auf ihre Neckereien in Reimform Bescheid gab[267]:

»Am letzten Dienstag sagten Sie,
Es fehlte mir an Poesie.
Damit Sie nun doch klar ersehn,
Wie sehr Sie mich da mißverstehn,
So schreib' ich Ihnen, Frau Marie,
In Versen, gleich des Morgens früh.«

Auf dem Umschlag vermerkte er, er schicke ihr »viel Bücher und wenig Äpfel« und kommentierte neckend:

»Wenn ich bis jetzt vergebens suche
Nach Herrn Sartorius' frommem Buche,
So muß Sie Solches nicht erschrecken;
Ich werde wohl es noch entdecken.
Von Rückert hab' ich nur 4 Bände,
Die ich anbei mit übersende.
Ein liberaler Lieutenant,
Herr Friedrich von Sallet genannt,
Schrieb auch Gedichte, einen Band,
Die Ihnen wohl noch nicht bekannt.
Den Freiligrath hab' ich verliehn,
Wie auch den Anastasius Grün,
Und Lenau, den ich nicht gefunden,
Wird grade, glaub' ich, eingebunden.
Sobald ich wieder sie erblicke,
Sein Sie gewiß, daß ich sie schicke.«

Die recht weltliche Lektüre der Marie v. Thadden, auf die Bismarck Bezug nahm, bekundete jene Liberalität, die auch ihr Vater als junger Mann gegenüber verschiedenen Gestalten der Geschichte und Kultur an den Tag gelegt hatte.[268]

Mit einer auf einen geplanten Leseabend über »Julius Cäsar« anspielenden Wendung, indem er, »Casco der Verschwörer«, als »untertänigster Verehrer« grüßt, beendete Bismarck sein launiges Intermezzo. Es kennzeichnete keineswegs seine Grundstimmung in jenen Jahren, die trotz galgenhumoriger Briefe an die ihm sehr nahestehende Schwester Malwine und an den Jugendfreund Scharlach meist unbefriedigt-düster war. Marie v. Thadden jedenfalls, die es aus persönlichem Umgang wissen mußte, schrieb oft von seiner Schwermut und seiner »tiefen Melancholie«. Mit prickelndem Schaudern berichtete sie Johanna davon, daß Bismarck »in einer gemütlichen Teestunde« sogar »laut für Byron, für seine phantastischen schwarzen großartigen finstern Helden« geschwärmt habe.[269]

Die Vermutung drängt sich auf, daß der seinem Wesen nach aktive, in diesen Jahren aber gleichsam brachliegende Bismarck durch seine platonischen Beziehungen zu der reizvollen Marie in weltschmerzlichen Stimmungen sogar noch bestärkt wurde. Hier begegnete dem allzu lange schon suchenden, etwa dreißigjährigen Mann nun eine junge Frau, deren weiblicher Charme, Sinn für Häuslichkeit, adlige Herkunft und fromm-weltliche Neigung seinem Frauenideal so überaus entsprach, und gerade sie war gebunden. Doppelt gebunden, so könnte man sagen, denn einmal waren in dieser Sphäre Scheidungen – schon wegen der damit verbundenen Schwierigkeiten hinsichtlich der landwirtschaftlichen Besitzverhältnisse – kaum üblich, und sie waren erst recht unmöglich bei Pietisten, deren Verlöbnis miteinander zugleich ein Versprechen vor Gott war.

Wenn Bismarck im tätigen Leben empfand, daß er einen Platz besser als andere ausfüllen konnte, pflegte er entschlossen darum zu kämpfen. Was aber sollte er hier, im Spannungsfeld der Gefühle, tun? Marie hätte trotz aller unterschwelligen Zuneigung für ihn, trotz jener heiklen Vergleiche zwischen ihm und ihrem Mann, die der »gute Moritz« so wenig aushielt, die schwere Sünde des Treuebruchs wohl kaum begangen. Die für sein weiteres politisches Fortkommen so ersprießlichen Kontakte mit den pommerschen Pietistenkreisen wären äußerst gefährdet gewesen, hätte Bismarck sich bei der Tochter des bekannten Adolf v. Thadden nicht zurückgehalten. Er wäre erneut und – schlimmer als zuvor – in Isolierung geraten. So blieb ihm nur, was seiner Natur am wenigsten entsprach: Resignation, Verzicht auf Marie.

1846 entschloß er sich, nach Schönhausen überzusiedeln. Dort traf ihn die Nachricht vom Tode Marie v. Blanckenburgs am 10. November 1846. Sie hatte ihre kurz zuvor an einem epidemischen Fieber erkrankte Mutter verloren und sich bei deren Pflege selbst eine tödlich verlaufende Gehirnentzündung zugezogen. Am 18. November schrieb Bismarck darüber der Schwester unter dem Eindruck schmerzlicher Erschütterung: »Du weißt ungefähr, auf welchem Fuß ich mit dem Cardeminer Hause stand und wie schwer mich der neuerliche Todesfall deshalb trifft. Wenn noch etwas gefehlt hat, um mir den Entschluß, Pommern zu verlassen, leicht zu machen, so war es dieß. Es ist eigentlich das erste Mal, daß ich jemand durch den Tod verliere, der mir nahe stand, und dessen Scheiden eine große und unerwartete Lücke in meinen Lebenskreis reißt. Der Verlust der Eltern steht in einer andern Kategorie; er ist nach dem Laufe der Natur vorauszusehn, und der Verkehr zwischen Kind und Eltern pflegt nicht so innig und das Bedürfnis desselben, auf Seite der Kinder wenigstens, nicht so lebhaft zu sein, daß wir bei ihrem Tode nicht eher Mitleid und Wehmut als heftigen Schmerz, über den eignen Verlust, empfänden. Mir wenigstens war dieß Gefühl der Leere, dieser Gedanke, eine mir teuer und notwendig gewordne Person, deren ich sehr wenig habe, nie wiederzusehn und zu hören, dieß war mir so neu, daß ich mich noch nicht damit vertraut machen kann und mir das ganze Ereignis noch nicht den Eindruck der Wirklichkeit macht. Beneidenswert ist mir die Zuversicht der Verwandten, mit der sie diesen Tod als kaum etwas andres wie eine Vorausreise betrachten, der ein fröhliches Wiedersehn über kurz oder lang folgen muß.«[270]

Vergessen hat er sie sein Leben lang nicht, die frühverstorbene Marie v. Thadden. Als er sich, schon Ehemann und Familienvater, aber nicht unempfindlich gegen weiblichen Charme, 1862 auf einer Erholungsreise in Frankreich in die russische Fürstin Orlowa verliebte, da bekannte er seiner klug tolerierenden Johanna, daß es auch »ein Stückchen Marie Thadden« wäre, das ihn anzöge. Und noch im hohen Alter äußerte er, als ihm eine ihrer Nichten vorgestellt wurde: »Was sieht mich aus diesen Augen alles an!«

Marie v. Thadden hat viel für ihn getan. Sie war es, die ihn, unterstützt von Moritz, auf die Freundin Johanna v. Puttkamer hinlenkte. Schon bei der Blanckenburgschen Hochzeit war absichtsvoll das erste Zusammentreffen zwischen Otto v. Bismarck und Johanna vorbereitet worden; doch bei Bismarck schien kein Funke zu zünden. Was bei jener Hochzeitsfeier am 4. Oktober 1844 in Trieglaff zündete, das waren Raketen, mit denen der Brautvater das Ereignis freudig illuminieren wollte, die aber einen Großbrand verursachten und das Dorf und die Wirtschaftsgebäude in Schutt und Asche legten, lediglich das Wohnhaus konnte gerettet werden. Beherzt griff Bismarck bei den Löscharbeiten zu, lehnte untätig-frommes Beten ab und half mit Energie und Umsicht. Geradezu blasphemisch erschien ihm fatalistisches Verhalten, wo Aktion, Eingreifen, Hilfe vonnöten war.[271]

Doch jenes Fräulein v. Puttkamer, das er bei der Hochzeitsfeier zu Tisch geführt hatte, hinterließ trotz Moritzens überdeutlicher Hinweise keinen sonderlichen Eindruck auf ihn. »Komm und sieh«, hatte Moritz humorvoll geschrieben: »Willst Du sie nicht, dann nehme ich sie zu meiner zweiten Frau.«[272] Es vergingen noch fast zwei Jahre, ehe Otto v. Bismarck in ein näheres Verhältnis zu Johanna v. Puttkamer kam.

III. Im Kampf gegen die Revolution

Vom Gutsherrn zum Politiker

»Ich freue mich unendlich, Otto zu sehn«, schrieb Ferdinand v. Bismarck im September 1845, acht Wochen vor seinem Dahinscheiden.[1] Otto fand seinen Vater in einem leidvollen Zustand vor und vergalt dessen Anhänglichkeit mit sorgsamem Überwachen seiner Pflege und Abschirmen vor zudringlichen und ermüdenden Besuchern. Trotz Bernhards Mahnung, nach Kniephof zu den dortigen Geschäften zurückzukehren, blieb Otto bei seinem Vater; Sohnespflicht und Mitleid überwogen: »Denn es wäre doch traurig für den alten Herrn, wenn er vielleicht seine letzten Wochen ganz einsam oder doch ohne ein Glied seiner Familie zubringen sollte. Meine Ankunft freute ihn außerordentlich, und ebenso würde ihn meine Abreise verletzen.«[2]

Des Vaters Tod am 22. November 1845 empfand Otto v. Bismarck nicht als ein tragisches Ereignis[3], dennoch war er ein Einschnitt in seinem Leben, der ihm gewichtige Entscheidungen abverlangte. Die Erbauseinandersetzungen zwischen den drei Geschwistern, eigentlich den beiden einmütig vorgehenden Brüdern und der jungen, wohlverheirateten und begüterten Malwine v. Arnim, zogen sich zwar über ein Jahr hin, aber von vornherein war festgelegt worden, daß Bruder Bernhard, der Landrat in Naugard war, das dieser Kreisstadt nächstgelegene Külz mit Jarchlin vereinigen und in Pommern bleiben sollte, während für den nichtbeamteten Otto weiterhin das pommersche Kniephof und dazu noch Schönhausen vorgesehen waren. Aber was zwang ihn zur Umsiedlung dorthin? Hatte sein Vater den Stammsitz Schönhausen nicht über zwei Jahrzehnte lang der Verwaltung anderer überlassen? So unbefriedigend das Landleben in Hinterpommern für Otto v. Bismarck auch war, sollte er ohne Not die freundschaftlichen Beziehungen mit pietistischen Familien aufgeben und seine unumstrittene Stellung in der Kniephofer Gutssiedlung vertauschen mit der Gutsherrschaft in einem großen, sozial differenzierten Dorf wie Schönhausen, wo überdies ein Bürgerlicher, der Stadtrat Gärtner, ein noch umfangreicheres Gut bewirtschaftete?

Da gab es vieles zu bedenken; nicht verwunderlich also, daß Bismarck noch im Jahre 1846 zwischen Schönhausen und Kniephof hin und her pendelte. Schritt für Schritt regelte er seine Angelegenheiten, wie schon 1839, als er nach Pommern übergesiedelt war und den Staatsdienst formell erst später aufgekündigt hatte. 1845/46, als er das dreißigste Jahr überschritten hatte, war er erst recht nicht mehr der Mensch, der schnelle Entscheidungen traf und sich von Leidenschaften im Stile der Aachener Referendarzeit hinreißen ließ. Was später bisweilen als rasche Entschlossenheit erschien, war tatsächlich das Ergebnis langen Hineindenkens in eine jeweilige politische Materie. Bismarck war aktiv und ruhebedürftig, zupackend und zögernd zugleich.

All das, was ihn bis in das Jahr 1846 hinein bewegte, mündete in die entscheidende Lebensfrage, von welchem gutsherrschaftlichen Bereich aus sich ihm am ehesten der Weg in die höheren Ebenen gesamtpreußischer Politik eröffnen könnte. So merkwürdig es erscheinen mag: um das Jahr 1845/46 wurde Bismarck der Entschluß auch deshalb schwer, weil er jetzt im Unterschied zu 1839 ein Umworbener war. Drei Männer bemühten sich um ihn: der vierzig Jahre ältere v. Bülow-Cummerow, ferner Senfft v. Pilsach und Ludwig v. Gerlach, beide zwanzig Jahre älter als Otto v. Bismarck.

Bismarcks Bindungen an v. Bülow-Cummerow waren nie sonderlich stark gewesen, so daß dieser ihn als Mensch und Politiker kaum bewegen konnte, in Pommern zu bleiben; nur um die Jahreswende 1846/47 kam es zwischen den beiden Männern politisch zu einem kurzen Zusammenspiel, das aber mit Ärger endete, wie noch zu berichten sein wird. Anders entwickelten sich die Beziehungen zu jenen beiden Pietisten, die über Pommern hinaus auf den König weit stärkeren Einfluß ausübten als dies der Nicht-Pietist v. Bülow-Cummerow je vermochte. Senfft v. Pilsach, der Gutsherr von Gramenz, war seit April 1845 Geheimrat in Berlin und vom König mit der Anlage von Entwässerungen in Preußen beauftragt. Ludwig v. Gerlach, aus einer Familie mit langen Traditionen königlich-preußischen Beamtentums stammend, kam mit pommerschen Adelskreisen erst durch seine Vermählung mit Auguste v. Oertzen (der Schwägerin Adolf

v. Thaddens) und nach ihrem frühen Tod mit Luise v. Blanckenburg in nahe Verbindung und Bindung. Als Präsident des Oberlandes- und Appellationsgerichts zu Magdeburg seit 1844 war er von Schönhausen aus relativ leicht zu erreichen.

Für Bismarck mußte vor allem von Interesse sein, daß der Magdeburger Gerichtspräsident außerdem noch Mitglied des Staatsrats und der Savignyschen Gesetzgebungskommission war und über seinen Bruder Leopold, den Generalmajor in Berlin und langjährigen Freund Friedrich Wilhelms IV., auch persönlichen Einfluß auf den König ausüben konnte. Die stets herbeigesehnte Kombination »Land und Residenz« schien jetzt für den entfaltungssüchtigen Otto v. Bismarck Realität zu werden. Zunächst lernte er Ludwig v. Gerlach als Marie v. Thaddens »Onkel Ludwig« 1845 in Trieglaff kennen; im darauffolgenden Jahr kam er zum erstenmal mit dessen Bruder Leopold zusammen.

Den pietistischen Konservativen näherte sich Otto v. Bismarck zunächst auf politischem und sozialem Gebiet und nicht auf religiösem.[4] Ihr soziales Credo kam seinen Interessen entgegen, da war Übereinstimmung leicht. Vergegenwärtigt man sich noch einmal die innere und äußere Situation, in der er sich befand, da er weder im Staatsdienst noch als relativ unabhängiger Grundherr seine Befriedigung gefunden hatte, und er auf der Suche war nach neuen Möglichkeiten, die seinen Kräften, Fähigkeiten und Neigungen entsprachen, so wird einem deutlich: Bismarck wäre nicht Bismarck gewesen, sondern geradezu mit Blindheit geschlagen, wenn er seine Chancen bei den pietistischen Konservativen nicht erkannt hätte. Verband ihn doch so vieles und, von seiner Position her gesehen, sogar Entscheidendes mit ihnen.

Trotz aller liberalistisch anmutenden und gelegentlich auch oppositionellen Regungen war er sich stets bewußt geblieben, daß die materielle Basis seiner beruflichen Entscheidungsfreiheit sein Landbesitz war. Nie ist ihm auch nur im Traum eingefallen, sich diesen sicheren Rückhalt im geringsten schmälern zu lassen. Im Gegenteil: In den Jahren 1839–1841 wandte er besonders viel Energie, Umsicht und auch Kenntnisse darauf, seine Position materiell zu stärken, und man geht sicherlich nicht zu weit in der Annahme, daß die für seine Güter aufgewandte Arbeitskraft und Mühe auch die Bindungen an seinen Besitz vertiefte.

Selbst seine liberalistischen Eskapaden und geistigen Ausflüge in unjunkerliche und sogar materialistische Bereiche – man denke an seine Lektüre von Strauß, Feuerbach und Bauer – gestattete er sich auf der Grundlage seiner grundbesitzenden Existenz. Der Anschluß an die pietistischen Konservativen brachte somit, was den sozialen Umgang betrifft, kein neues Element in sein Leben; sie wußten wohl, daß sie sich um einen Menschen ihres Schlages bemühten. Mit dem Anschluß an diese Kreise verstärkte Otto v. Bismarck nur eine Lebenskomponente, die immer bei ihm vorhanden war.

Da war also Ernst Senfft v. Pilsach, mit einer v. Oertzen verheiratet und deshalb Schwager sowohl Ludwig v. Gerlachs als auch Adolf v. Thaddens. Über ihn schrieb Bismarck, der sonst eher einen überkritischen Blick für die Schwächen der Menschen hatte, im Jahre 1845 an seinen Vater: »Er wird gewiß über kurz oder lang Ober-Präsident, wenn nicht mehr; übrigens ist er auch ein Mann von ganz außerordentlichen Fähigkeiten und ein bessrer Präsident, als 20 examinierte Assessoren sein würden.«[5] Schon von dieser anerkennenden Haltung her darf man Einflußmöglichkeiten von Senfft auf Otto v. Bismarck voraussetzen. In der religiösen Erweckungsbewegung stand Ernst Senfft v. Pilsach ganz und gar neben Adolf v. Thadden. Sein vielfach bezeugtes Predigertalent, das er in Hausandachten und darüber hinaus in Versammlungen betätigte, brachte ihm sogar die Bezeichnung eines »Scheunenpredigers« ein, wie seine umfangreichen landwirtschaftlichen Meliorationsarbeiten ihn als »Riesler« bekannt werden ließen. Überhaupt machten ihn seine ökonomischen und, in hohem Maße daraus resultierend, seine politischen Aktivitäten zum linken Flügelmann der Pietisten.

Gerade seine durchaus zeitgemäße Modernisierung der Wirtschaft ließ ihn in den Augen der Gerlachs als zu stark weltlichem Getriebe verhaftet und religiös nicht prinzipientreu genug erscheinen. Daher verzögerten sie seine Berufung als Oberpräsident von Pommern bis September 1852. Vielleicht war es den Gerlachs noch suspekter, daß Senfft v. Pilsach eine Politik empfahl, die das aufkommende Industriebürgertum und dessen Handel einbezog. Immerhin hatte er bereits im Februar 1840 dem künftigen König Friedrich Wilhelm IV. in einem Brief geschrieben: »E. K. H. werden mir ohne Versicherung glauben, daß die materiellen Interessen in meinem Herzen nicht die höchste Stelle einnehmen, daß mir vielmehr die einseitige unheimliche Weise, in der man jetzt dieselben verfolgt, sehr betrübt und bedenklich ist. Nichtsdestoweniger bin ich davon durchdrungen, daß auch dieses Treiben seine gute Seiten hat und richtig *geleitet* recht nützlich werden kann. Vor allem scheint es wichtig zu sein, daß man sich der materiellen Interessen als eines *Mittels* bedient, um die mächtige Klasse der Industriellen mit dem Thron zu verbinden und sie konservativ zu machen.«[6]

Diesen Grundgedanken führte er noch weiter aus und warnte davor, die bürgerlichen Klassen durch Engstirnigkeit in eine »Umwälzung« zugunsten einer »konstitutionellen Regierungsform« zu treiben. »Gott gebe«, so seufzte Senfft v. Pilsach, »daß ich zu schwarz sehe, aber ich meine einen Abgrund zu gewahren, der sich weiter und weiter öffnet!« Er schlug schließlich dem König vor, daß dieser sich mit einem Experten auf dem Gebiet der Industrie, insbesondere des Handels, umgebe und sich von ihm beraten lasse. Dieser konkrete Vorschlag erscheint heute wie eine Ankündigung dessen, was der König im Dezember 1848 in weitergehendem Sinne realisierte, als er das »Ministerium für Handel, Gewerbe und öffentliche Arbeiten« gründete. Aber 1840 war die viel bescheidenere Vorstellung Senffts so gewagt, daß er den Kronprinzen bat, sein Schreiben dem Feuer zu übergeben, was dieser glücklicherweise unterließ.

Otto v. Bismarck wußte sicherlich nichts von diesem Brief, aber es ist kaum denkbar, daß Senfft v. Pilsach in Gesprächen nicht diesen oder jenen seiner politischen Gedanken geäußert haben sollte. So wie Bismarck ökonomische und politische Vorstellungen eines v. Bülow-Cummerow kennenlernte, hat er mit Sicherheit auch von denen eines Senfft v. Pilsach erfahren. Mag er sie nicht immer gleich akzeptiert haben, sie waren ihm nicht mehr fremd, so daß sie weiterwirkend bei späterem Durchdenken im Licht eigener Erfahrungen in seine politische Konzeption einfließen konnten. Wenn ihm im Laufe der fünfziger und erst recht der sechziger Jahre die Notwendigkeit immer deutlicher wurde, der Industrie den ihr gebührenden ökonomischen Spielraum zu geben, so erkannte er, über Senfft v. Pilsach hinausgehend, daß es nicht anginge, die Industriellen durch geschicktes Verhalten zu Konservativen zu machen; vielmehr zwang die Dynamik der ökonomischen und politischen Verhältnisse Bismarck zu dem ihm von den Urkonservativen schwer verübelten Sündenfall des Kompromisses mit dem bürgerlichen Liberalismus. Noch war diese Problematik um die Mitte der vierziger Jahre nicht aktuell, aber latent war sie durchaus vorhanden.

Senfft v. Pilsach bemühte sich, den politisch hoffnungsvollen

Mann erneut im Staatsdienst unterzubringen und ihm darin Perspektiven für seine Karriere zu eröffnen. Zwei Briefe Ottos an Bruder Bernhard vom Anfang und Ende Februar 1846 bezeugen dies.[7] Bismarck sollte Königlicher Kommissar für ländliche Meliorationsarbeiten in Ostpreußen werden. Er selbst war überzeugt, daß dieses Amt »gute Aussichten für die Zukunft« haben würde. Aber er glaubte, es wäre »ein Narrenstreich«, die beiden Güter, nämlich Kniephof und Schönhausen, liegenzulassen und ein drittes Domizil zu gründen. Diese Schwierigkeiten führte er auch als Grund für seine Ablehnung der Senfftschen Vorschläge an.

Im Entscheidungszwang, als er »zwischen für und wider wie ein Uhrpendel« hin- und herschwankte, waren überdies noch andere Überlegungen und Lockungen ausschlaggebend. Bei einer endgültigen Übersiedlung nach Schönhausen konnte er an der mittleren Elbe Deichhauptmann werden, vielleicht auch den kränklichen und unfähigen Landrat, einen Alvensleben, ablösen, jedenfalls von der neuen Gutsherrschaft aus auf die größere Bühne gesamtpreußischer Politik treten, und zwar nicht als Staatsbeamter, sondern als Kämpfer für die sich herausbildende konservative Partei.

Hier trafen sich die Interessen Otto v. Bismarcks mit denen Ludwig v. Gerlachs, die beide ihre Verbindungen gerade im Februar 1846 fester knüpften. Ludwig v. Gerlach, der damals in der Vormärzzeit mit der antiliberalen Kräftesammlung begann, hatte einen ausgeprägten Blick für die Fähigkeiten junger Leute; er wußte, wo ungenutzte Möglichkeiten vorhanden waren, wo Ratschläge und Förderung sich zu lohnen versprachen. So bemühte er sich intensiv um den jungen Hans v. Kleist-Retzow und nahm ihn in seine Schule. Er hatte auch mit Bismarck immer häufiger Debatten und arbeitete mit ihm in der Frage der Patrimonialgerichtsbarkeit zum erstenmal politisch zusammen. Gerlach zog Stahl heran, den theoretischen Kopf des konservativen Kreises, und aus seiner Schule kam auch Hermann v. Wagener, der Redakteur der späteren »Kreuzzeitung«. So wirkte Ludwig v. Gerlach überaus rege als konservativer Parteibildner.

Otto v. Bismarck hatte für dies alles ein Gespür und vertraute sich einem Mann an, der über jene schon erwähnten Verbindungen Personen lancieren und protegieren konnte. So wurde die Umsiedlung nach Schönhausen im Februar 1846 eine beschlossene Sache. Im Juni gab Bismarck seinen Bauern und Tagelöhnern den Antrittsschmaus im Schloß, übernahm die Polizeigewalt und ließ sich von dem keineswegs geschätzten Landrat für allerlei Verwaltungsgeschäfte verwenden.[8]

Schönhausen hatte sich in den vergangenen Jahrzehnten zu einem reichgegliederten Gemeinwesen von annähernd 2000 Einwohnern entwickelt, das fast schon den Charakter eines Agrarstädtchens annahm. Es war aus verschiedenen Ansiedlungen zusammengewachsen; das sogenannte Altdorf war der westliche Teil des Orts und am niedrigsten gelegen, östlich war das Neudorf, der Hauptteil von Schönhausen, ihm schloß sich das frühere Behrensfelde an, in den vierziger Jahren auch offiziell »kleines Ende« genannt.

Die gesamte Feldmark von Schönhausen mit den Acker-, Garten-, Wiesen- und Waldflächen umfaßte nahezu 17 000 Morgen, von denen fast sechstausend Morgen dem großen Rittergut des Stadtrats Gärtner und nahezu zweitausend Morgen dem kleinen (also Bismarckschen) Gut gehörten. Die Ackerleute und Kossäten besaßen nahezu 9000 Morgen.[9] An den bedeutenden Waldungen von Eichen, Bruchhölzern und Kiefern, die den Ort noch im Anfang des 18. Jahrhunderts umgaben, haben sowohl die Gutsbesitzer und später auch die Ackerleute erheblichen Raubbau betrieben. »Die westlich, nordwestlich und nordöstlich gestandenen Eichen«, so berichtet der Chronist, sind »bis zum Anfang dieses Jahrhunderts ausgerodet, so daß nun jede Spur der Eichwälder verschwunden ist.« In der Tat hat Ferdinand v. Bismarck noch 1812 Eichenholz verkauft.[10] »Auch die Kiefernforsten der Rittergüter«, so fuhr der Chronist in den fünfziger Jahren fort, »wurden etwa vor 20 Jahren durch Abholzen gelichtet, und nach der Beendigung der speziellen Separationen der Ackerleute sind auch viele Kiefern im Süden von Schönhausen ausgerodet. So steht nun unser Ort gegenüber früher aller Waldung beraubt, entblößt da.«[11]

Zu den natürlichen Bedingungen Schönhausens gehörte die etwa zwei Kilometer entfernte Elbe. Vom Ort bis zum Strom erstrecken sich zunächst Äcker und dann ein breites, niedrig gelegenes Wiesengelände. Im Jahre 1845 zeigte die Elbe, daß sie auch eine gewaltige Zerstörungskraft entwickeln kann. Nachdem die Gegend von Überschwemmungen vierzig Jahre lang verschont und »in den letzten 20 Jahren«, wie der Chronist berichtete[12], die Deiche »verstärkt und erhöht« worden waren, erlebte das Dorf die bis dahin größte Überschwemmung. Nach den

Deichbrüchen bei Neuermark, Hohengöhren und Fischbeck, das vollständig überflutet wurde, drangen die Wassermassen bis zum Altdorf vor. »Die südöstliche Ecke des Bismarckschen massiven Gebäudes auf der Schäferei war so im Grunde ausgespült, daß eine Steinmasse von mehr als 6000 Mauersteinen von dem Gebäude in den Abgrund stürzten, ... in den Wohnungen vieler Familien im Altdorfe schwammen die Stuben- und Küchengeräte, die wegen der überraschenden Überflutung nicht hatten herausgeschafft werden können ... Das Wasser stand in dem Bismarckschen Garten bis an die zweite Stufe an der steinernen Treppe« der Terrasse.

Otto v. Bismarck war damals nicht in Schönhausen; politische Freunde aber ließen in den folgenden Jahren seine Tat als Lebensretter drei Jahre vor der Schönhausener Katastrophe und seine spätere Tätigkeit als Deichhauptmann derart überhöhen, daß es schon auf Legendenbildung hinauslief. Darum brachte es selbst der konservative Chronist nicht über sich, eine korrigierende Bemerkung zu unterdrücken: »Es wird viel über Otto v. Bismarck und seine Rettung des Reitknechts geschrieben. Es gab aber damals noch andere Männer, die Taten, würdig eines Hoheliedes vom braven Mann zeigten.« Der sonst bescheidene Chronist ging aus sich heraus und schilderte die schier übermenschlichen Anstrengungen in der entscheidenden Nacht vom 4. zum 5. April 1845. In jenen Stunden »war die Not groß auf dem kleinen Ende des Dorfes. Der Notdeich an der Nordseite, an dem unaufhörlich unter Anleitung des Herrn Münch gearbeitet wurde, drohte jeden Augenblick zu durchbrechen. Ich eilte, den Geängstigten mit Rat und Tat beizustehen. In dem westlichen Teile des Dorfes herrschte eine Totenstille, denn die Menschen waren durch die großen Anstrengungen ermattet und ermüdet, und dennoch mußten dieselben wieder zu neuer anstrengender Arbeit geweckt werden. Ich übernahm das Geschäft des Herrn Münch ... Lief nach gemachter Anordnung zum Stürmen, um die Schlafenden zu wecken; forderte laut auf den Straßen zur Hilfeleistung auf und bestellte selbst auf den Gütern und durch den Schulzen Cunow Fuhrwerke zum Erdefahren, und so hatten wir die Freude, daß mit Tagesanbruch die Gefahr beseitigt war.«

Diese in den fünfziger Jahren niedergeschriebene Schilderung der Vorgänge während der großen Überschwemmung ist frei von Vorwürfen über Versäumnisse beim Deichbau während der vorangegangenen Jahre und Jahrzehnte. Anders war das bei Otto

v. Bismarck, der im Oktober 1845, also noch kurz vor dem Tode seines Vaters, an die Magdeburger Regierung eine fünf Folioseiten umfassende Eingabe richtete.[13] Sie war mit dem Scharfsinn des Anklägers und der Kraft eines zielbewußten und federgewandten Menschen geschrieben. Auch wenn sie von der patrimonialen Sorge um finanziell belastete Fischbecker Ackerleute ausging, zielte sie deutlich genug auf die Absetzung des angeblich pflichtvergessenen Jerichower Deichhauptmanns und auf eine eigene Ernennung hin. Absichtsvoll berief er sich auf ein altmärkisches Reglement von 1776, das im Ernstfall die unmittelbare Aufsicht eines der Schönhausener Gutsbesitzer vorsah.

Das Magdeburger Regierungspräsidium nahm in seiner Antwort vom Februar 1846 den von Bismarck beschuldigten Buhnenmeister in Schutz, mißbilligte die »Energielosigkeit« des Deichhauptmanns und genehmigte dessen Entlassungsgesuch, zögerte aber, den allzu drängenden und in Schönhausen immer noch nicht fest beheimateten Bismarck an seine Stelle zu setzen. Als verantwortlicher Deichhauptmann für die rechtsseitige Elbstrecke von Jerichow bis Sandau wurde er erst im Spätherbst 1846 ernannt und am 2. Dezember vereidigt.[14] Es war sein erstes selbständiges öffentliches Amt.

Verglichen mit Kniephof, das er Ende des Jahres verpachtete, änderte sich in seinem unmittelbaren Umkreis in Schönhausen kaum die patriarchalische Atmosphäre. So bekannte er, das Gesinde sei alteingesessen, Inspektor, Ziegelmeister, Schäfer, Gärtner dienten den Bismarcks seit Jahrzehnten und in der zweiten Generation.[15] Stärker als zehn Jahre vorher, da er als Examenskandidat im Schloß hauste, spürte er, daß »seit Jahrhunderten« seine Ahnen hier gewohnt hatten, hier geboren und gestorben waren. Dem Gutsherrenbewußtsein verband sich mehr denn je sein Ahnenstolz.[16]

Ähnlich wie in Pommern, hatte Bismarck seine Verbindungen mit Standesgenossen wie etwa dem Grafen Wartensleben-Carow oder Schierstädt-Dahlen. Auf der anderen Seite der Elbe traf er sich in Ünglingen bei Stendal mit den ihm verwandten Bismarck-Bohlen, die ihm in den kommenden Jahrzehnten auch politisch willkommene Dienste leisteten. Noch etwas weiter in die Altmark hinein, auf Erxleben, residierte Graf Albrecht v. Alvensleben, der als Finanzminister in den Jahren 1835 bis 1842 aus preußischem Staatsbewußtsein heraus viel für die Förderung des Deutschen Zollvereins getan hatte.[17] Albrecht v. Alvensleben stand zwar den Gerlachs nahe, war aber ähnlich wie Senfft v. Pilsach aufgeschlossen gegenüber den »materiellen Interessen« des heraufkommenden Industriebürgertums, nahm also eine Haltung ein, die auch auf Bismarck letzlich nicht ohne Einfluß sein konnte. Mit dem Schönhausener Gutsnachbarn, dem Stadtrat Gärtner, hatte Bismarck über das geschäftlich Notwendige hinaus keine gesellschaftlichen Beziehungen; vielmehr schien er nicht unberührt davon, daß ein Bürgerlicher ein noch größeres, aus dem ehemaligen Besitzstand der Bismarcks stammendes Gut sein eigen nannte.

Dem Bismarckschen Gut waren vornehmlich Kossäten, 22 an der Zahl, dann 5 Ackermänner und 5 Büdner zugeordnet; sie alle hatten bis 1852 ihre verschiedenen Verpflichtungen aus der Zeit des Feudalismus zu erfüllen: Abgaben in Geld, und zwar als Dienstgeld, Schoß, Baudienstgeld, Zehntgeld, Annahmegeld, Grundzins, Rente für aufgehobene Hütung; ferner hatten sie Abgaben in Roggen zu entrichten, alljährlich die zehnte Gans zu liefern, Hede (Leinen) unentgeltlich zu spinnen und jährlich drei Tage ein Kind von mindestens sechs Jahren im Gutsgarten leichte Arbeit verrichten zu lassen.[18]

Im Vormärz hatte sich jedoch eine bemerkenswerte Veränderung ergeben: die früheren Handdienste waren in eine jährliche feste Geldrente umgewandelt worden. Das bedeutete, daß die Arbeiten auf dem Gut vornehmlich Tagelöhner verrichteten, womit ein weiterer Schritt zum kapitalistischen Gutsbetrieb getan war.

Den beiden Rittergütern waren insgesamt 36 bewohnte Ackerhöfe, von denen 7 parzelliert waren, zugeordnet, ferner 67 volle und zwei halbe Kossätenhöfe und schließlich 80 Grundsitzer (Büdner oder Häusler).[19] Der Besitzstand der Ackerleute, also der eigentlichen Bauern, war wiederum recht unterschiedlich; er schwankte zwischen rund 60 Morgen einerseits und rund 130 Morgen andererseits. Der größte Teil des Besitzes bestand aus Ackerland, nicht Wiesen.[20] Bei den Kossäten waren die Unterschiede im Besitzstand noch größer als bei den Ackermännern.

Was den Viehbestand betrifft, so zählte man im Jahre 1851 im Ort ungefähr 350 Pferde, 930 Rinder, 5000 Schafe und 111 Ziegen; Schweine wurden jährlich 280 Stück geschlachtet.[21] Nach der Aufhebung der Hütegemeinschaften in den vierziger Jahren hatte sich die Gänsezucht sehr vermindert.

An den Staat hatte Schönhausen im Jahre 1843 insgesamt

1157 Reichstaler Grundsteuer, 1080 Reichstaler Klassensteuer und 94 Reichstaler Gewerbesteuer zu zahlen; im Jahre 1852 kamen zu diesen Abgaben die jährlichen Rentenzahlungen an die Rentenbank für die Ablösung der Verpflichtungen gegenüber den zwei Rittergutsbesitzern, und zwar in Höhe von 1534 Reichstalern.[22]

Im Jahrzehnt von 1836 bis 1846/47 vollzogen sich in Schönhausen wichtige Veränderungen im Agrargefüge, es erfolgte die »spezielle Separation« zwischen den Kossäten und den Ackerleuten.[23] Die sogenannte Vorseparation (oder »Hauptseparation«, wie sie auch manchmal von den Rittergutsbesitzern genannt wurde) war bereits im Jahre 1812 vorbereitet und 1818 vollzogen worden. Damals kündigten die Gutsherren die sogenannte Gemeinheit auf, wobei es im wesentlichen um das bislang unverteilte Wald- und Weiderevier ging, die frühere Allmende. Nachdem die Junker schon früher alles getan hatten, um ihr Ackerland aus der Gemengelage mit dem der Bauern und Kossäten herauszubringen und durch Umtausch ihr Gutsareal zu arrondieren, trennten sie nun aus dem mit den Dorfbewohnern gemeinsam besessenen und genutzten Weide- und Waldrevier den meist besten Boden ab und schlugen ihn zum Gutsareal. Inwieweit die beiden Schönhausener Gutsbesitzer die mit der weiteren Arrondierung ihres Areals gegebenen Möglichkeiten genutzt haben, eine höhere Betriebsform zu entwickeln, kann nicht gesagt werden; jedenfalls machten sie nicht derart von sich reden wie die auch betriebswirtschaftlich energischen Gutsherren vom Schlage eines Senfft-Pilsach oder Bülow-Cummerow.

Vom Zeitpunkt der sogenannten Vorseparation an, im Jahre 1818, bestanden in Schönhausen neben den beiden »separierten« Rittergütern vier Wirtschafts- und Hütungsgemeinden, nämlich die der Ackerleute und Kossäten des jeweils »kleinen und großen Endes«.[24] Im Bereich dieser Gemeinden gab es auch fortan, wie seit altersher und überall, eine verteilte und eine unverteilte Feldmark.

Bei der verteilten Feldmark war die Flur je nach Bodenbeschaffenheit, Abdachungen, Himmelsgegend, Höhenlage und Entfernung vom Dorf in Gewanne eingeteilt, von denen jeder Boden- und Wiesenbesitzer durch Erbteilung oder auch Kauf verschieden große Parzellen hatte und damit je nach Größe seiner Parzelle entweder Ackermann (Bauer) oder Kossät war. In diesen Gewannen bestand Flurzwang, also Zwang zur gleichzeitigen Bestellung und Ernte der Felder. Seine Abschaffung war im Zusammenhang mit der Beseitigung der letzten Reste der Gemengelage und der Anlegung von Feldwegen nur dann möglich, wenn Schluß gemacht wurde mit der gemeinsamen Stoppel-, Vor- und Nachweide. Da in Schönhausen immer noch Dreifelderwirtschaft existierte, also die Einteilung in Winterfeld, Sommerfeld und Brache (die man allerdings schon »zu drei Viertel mit Erbsen, Wicken, Klee, Kartoffeln usw.« bestellte[25]), war genau geregelt, wann und wie nach eingebrachter Ernte die Pferde, Kühe, Ochsen, Kälber, Schafe und Gänse auf die Stoppeln gebracht und durch gemeinschaftliche Hirten gehütet wurden. Ähnlich war die Behütung auf den sogenannten Grund- und Feldwiesen festgelegt.[26]

Bei der unverteilten Feldmark gab es ein aus der Allmende hervorgegangenes gemeinsames Land, bestehend aus Weiden, Wiesen, Holzungen und Moorgründen; hier hatten die Dorfbewohner, ob Bauern, Kossäten oder Büdner, Weiderechte, die zum Teil ebenfalls durch gemeinschaftliche Hirten wahrgenommen wurden. Darum gehörten zum Gesamtvermögen gerade der Akkerleute die Hirtenhäuser und eine Schmiede.[27] Der Wald, soweit er um Schönhausen noch bestand, wurde nicht forstmäßig genutzt. Das in den sogenannten Bergen befindliche Holz hat die Gemeinde nach ihrem Beschluß »gehauen und sodann verkavelt«, also anteilmäßig auf die Berechtigten zu deren freier Verfügung aufgeteilt; es wurden »nach Belieben der Gemeinde Reviere mit Kiefern besät, eine unbestimmte Zeit geschont, und dann wieder behütet«[28]. Wie die Jagd übten die Güter auch die Fischerei aus.[29]

All die Verflechtungen auf der verteilten und unverteilten Feldmark waren im Interesse der rationelleren und individuelleren Wirtschaftsführung auf den Hofstellen der Bauern und Kossäten nur dann zu entwirren, wenn auseinanderliegende Parzellen ausgetauscht[30] und zusammengelegt, die sogenannten Gemeinheiten aufgelöst, ihr gemeinsamer Grund und Boden aufgeteilt und damit die Hofstellen vergrößert wurden. Das alles geschah, wie bei der Ablösung der Feudallasten, nicht auf einmal, sondern in Etappen. Am häufigsten folgten die verschiedenen Separations- und Dismembrationsverfahren, wie schon gesagt, im Jahrzehnt zwischen 1836 und 1846/47 aufeinander.

Im Jahre 1847, also in der Zeit, da Otto v. Bismarck in Schönhausen seinen festen Wohnsitz genommen hatte, war die Auflösung der Wirtschaftsgemeinde der Ackerleute »vom großen Ende« soweit abgeschlossen, daß die neuen Besitzverhältnisse auf einer Vermessungskarte[31] aufgenommen werden konnten. Sie zeigte die bis heute charakteristischen Merkmale des Dorfes: relativ viele Bauerngehöfte mit ihren Stallungen und Nebengebäuden längs der Dorfstraße; das Bismarcksche liegt etwas abseits mit seinen Gebäuden, die Wiesen sind vorzugsweise in der Dorfnähe gelegen. Die Ackermänner verfügen zu beiden Seiten der Chaussee in Richtung des Dorfes und an den Triften über stattliche Landstücke, von denen immer eines neben dem anderen liegt, in kleinerem Handtuchformat wiederholt sich das bei den Kossäten. Beachtlichen Landbesitz in umittelbarer Dorfnähe hat sich die Pfarre zu sichern gewußt.

Die Ackerflächen der Ackermänner und Kossäten liegen nicht mehr im Gemenge; beide Gruppen haben ihre Fläche in getrennten Nutzungskomplexen. Die jeweilige soziale Schicht ist immer beieinander, dann schließt sich die folgende an. Wo die Streifen der Ackermänner einmal schmaler werden, da reduzieren sich in der Nähe auch die Landstreifen der Kossäten. Das große Rittergut hat beträchtlichen Landbesitz nördlich des Dorfes.

Die säuberlich abgeteilten Landstücke lassen kaum noch etwas erkennen von den jahrzehntelangen Kämpfen, die darum entbrannt waren, von Gerichtsprozessen über Landverteilung, Wegerechte und mancherlei Streitigkeiten, sowohl zwischen den Dorfbewohnern wie auch zwischen ihnen und den Gutsbesitzern.[32] Bismarck berichtete im Frühjahr 1847 seiner Braut, wie er »zwischen 41 übermüthigen Bauern, von denen jeder Einzelne erbitterten Haß gegen die andern 40« gehegt hätte, einen Vergleich zustande brachte. »Mein Vorgänger hatte diese Sache über 4 Jahre lang hingeschleppt und wahrscheinlich als melkende Kuh benutzt, um bald vom Einen, bald vom Andern Geschenke zu nehmen, unzählige Termine waren gehalten, zum Teil so tumultuarische, daß es nicht ohne Thätlichkeiten abging, und die Leute verklagten und verbissen sich bei allen möglichen Behörden. Nach 4stündiger Arbeit, bei der ich mit schmeichelnder Liebenswürdigkeit und klotziger Grobheit wechselte und selbst einigemal in effectiven Zorn gerieth, hatte ich sie zusammen und der Augenblick, wo ich mit den Unterschriften in der Tasche wieder in den Wagen stieg, war einer der wenigen freudigen, die ich bisher meiner amtlichen Stellung zu verdanken habe.«[33]

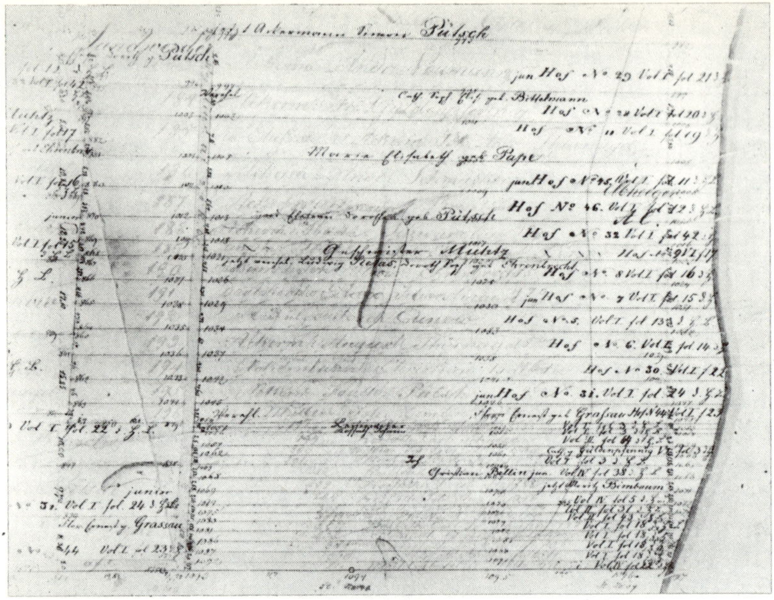

Ausschnitt aus einer Schönhausener Flurkarte von 1846
Die Gemarkung des Orts reicht bis unmittelbar an das Ufer der Elbe. Die »Ackermänner und Kossäten« haben ihre landwirtschaftlichen Flächen in getrennten Nutzungskomplexen. Die jeweilige soziale Schicht ist beieinander, dann schließt sich die folgende an.

Die Schönhausener Vermessungskarten von 1846/47 verraten nichts von der jeweiligen Bodenqualität, also von den Ackerklassen (Bonitäten), die eingeteilt waren in Weizland, Gerstland, Haferland, Roggenland, Ackerholz, Misch- und Grundwiesen. Die Landstücke erscheinen auf der Karte als geographische Demonstration des Grundsatzes: Gleich und gleich gesellt sich gern, Ackermänner zu Ackermännern und Kossäten zu Kossäten. Fahrwege und Gräben überziehen die Landschaft, die im Zeichen des Elbstromes steht und einen Elbdeich als Schutz gegen Überschwemmungen nötig macht. Der Deichhauptmann mußte aus dem Kreis der Gutsbesitzer kommen, die Dorfbewohner selbst konnten nur zur Deichwartung herangezogen werden.

Die Arbeitsteilung war im Dorf sehr ausgeprägt;[34] da gab es 10 Schneider, 4 Tischler, 3 Schuhmacher, 1 Schuhflicker, 2 Böttcher, 2 Schmiede, 1 Schlosser, 2 Schlächter, 12 Leineweber, 1 Zimmermeister und 10 Zimmergesellen, 3 Maurergesellen, 1 Pantoffelholzmacher und 2 Korbmacher. Beide Rittergüter besaßen je eine Ziegelei. Am Rande des Dorfes gab es 4 Windmüller, von welchen jeder 1 Mühle besaß; sie hatten den geringsten Besitz an Acker- und Wiesenland, meist nur etwa 20 Morgen.[35] Den 4 Windmüllern am Rande des Dorfes schlossen sich 14 Bienenzüchter an. Zu den gewerblichen und agrarischen Produzenten gesellten sich 2 Kaufleute und 7 Krämer; Schönhausen war eben zu einem Marktflecken geworden. Wie bedeutend der Ort war, zeigt sich auch darin, daß ein Arzt und ein Tierarzt ansässig waren.

Früher bestanden auf den beiden Rittergütern Bierstuben oder Schenken, in denen sich die verheirateten Männer trafen. Auf den Rittergütern wurde jedoch sowohl die Brennerei als auch die Brauerei aufgegeben. Das Bier kam jetzt aus dem nahen Tangermünde. Nach der Einführung der Gewerbefreiheit entstanden und vermehrten sich private Bier- und Branntweinstuben, so daß in den vierziger Jahren in Schönhausen vier Schankwirtschaften und zwei Gasthöfe existierten, die jedoch sozial nicht einheitlich waren, weshalb der Chronist über sie vermerkte: »Jede Klasse der Einwohner findet und hat nun ihren Sammelplatz, was sonst nicht der Fall war.«[36] Überdies erwähnte der Chronist, daß in dem neugebauten Tanzsaal an den dortigen Vergnügungen die jungen Leute aus dem Stand der eigentlichen Bauern gewöhnlich nicht teilnahmen. Auch aus anderen Orten wurde ähnliches berichtet.

So schrieb Graf Carl v. Voss, der seine große Besitzung in Buch bei Berlin hatte, an Leopold v. Gerlach über einen Vorfall in Blankenburg, wo es einen Streit über ein Tanzfest an den Ostertagen des Jahres 1841 gab. Damals sollen die Töchter der Bauern, namentlich die der Schulzen, verlangt haben, daß die Dienstmädchen von der Teilnahme ausgeschlossen werden sollten. Wenn auch das vom Schulzen ursprünglich ausgesprochene Verbot der Tanzveranstaltung auf Beschwerde des Krügers aufgehoben wurde, so blieb doch die Spannung unter den verschiedenen Schichten des Dorfes. Graf Voss meinte schließlich: »Die Bauern und die Bauernmädchen wollen also nicht mehr die Standgleichheit mit den Dienstmädchen anerkennen ... Das ist eine große Revolution in den Sitten des Bauernstandes.«[37]

Es scheint, daß sich nach 1815, insbesondere in den vierziger Jahren, innerhalb der Dörfer neue soziale und psychologische Entwicklungen vollzogen haben. Je mehr die verschiedenen

Hand- und Spanndienste der Bauern, Kossäten und Büdner auf dem herrschaftlichen Gut durch bäuerliches Land abgelöst oder – wie etwa auf dem Bismarckschen Gut – in Geldrente umgewandelt wurden, desto mehr lockerte sich die dörfliche Interessengemeinschaft gegenüber dem Gutsbesitzer. So unterschiedlich die Hand- und Spanndienste für die einzelnen auch bemessen sein mochten, ihre Ableistung entfiel langsam aber sicher in den Jahrzehnten vor 1848, und damit mattete auch das Gemeinsamkeitsgefühl gegen die Gutsherrschaften ab, zumal die Auseinandersetzungen bei der Auflösung der Wirtschafts- und Hütungsgemeinschaften Streit und Mißgunst unter den Dorfbewohnern selbst aufbrechen ließen. Immer klarer prägte sich im Dorf die kapitalistische Differenzierung aus, und daraus erwuchs ein manchmal feudal anmutender Standesdünkel der reicheren Bauern.

So übertrieben die Worte des Grafen Voss-Buch erscheinen mögen, eine stille Revolution vollzog sich doch im Dorf, deren Schwerpunkt im Sozialen lag. Die ideologischen Prozesse waren ohnehin recht widersprüchlich und heterogen; einerseits schien sich feudaler Standesdünkel bei bäuerlichen Schichten zu verstärken, andererseits schwächten sich überkommene Sitten und Gewohnheiten ab. Der Schönhausener Chronist stellte fest: »An den Sonntagen sieht man sehr oft viele leere Kirchenplätze, und die Zeit ist nicht mehr, wo man sich sonntäglich zahlreich zur Erbauung hingezogen fühlte und versammelte.«[38] Er fügte noch hinzu, daß der zweite Gottesdienst an den Festtagen »höchstens von 15–30 Personen (vor allem Schulkinder)« besucht sei, so daß derselbe Gefahr laufe, ganz einzugehen.

Hatte das Erkalten religiösen Denkens und kirchlichen Praktizierens etwas mit der Religionskritik der Hegelianer zu tun? Selbstverständlich gab es hier keine bewußten Beziehungen, aber unbewußte Zusammenhänge. Selbst wenn die auch einen Otto v. Bismarck berührende Religionskritik nur mit überlieferten Gedankenfäden und -materialien weiterzuweben schien, so war sie undenkbar und unerklärlich ohne die lauten und stillen Revolutionen, die sich im Ökonomischen, Sozialen und Politischen seit vielen Jahrzehnten vollzogen. Wiederum gehörten die Konterrevolutionen zu den Revolutionen; jene agierten ja nicht, sondern reagierten nur auf diese. Darum schämten sich intelligente Junker keineswegs, übereinstimmend mit den Liberalen ihre Haltung bisweilen selbst als »Reaktion« zu bezeichnen. Auch die pietistische Gottseligkeit war ja im Kern eine Abwehrreaktion auf aufklärerische Gottesverleugnung in ihren verschiedenen Schattierungen.

Die stille Revolution im Ideologischen zeigte sich auch im vielfältig vertretenen Bildungsstreben. Die neue Zeit der materiellen Produktion und sozialen Kommunikation verlangte auch auf dem flachen Lande ein höheres Maß an Wissen und Können als in den Jahrhunderten zuvor. Es gehörte zur antinapoleonischen und zugleich bürgerlichen Reformzeit, daß ab 1811 eine ältere Verordnung über den Schreib- und Rechenunterricht aller Kinder schärfer und ernster durchgesetzt wurde. Im Jahre 1819 hatte nur ein Viertel der Schönhausener Konfirmanden schreiben gelernt. Erst nach der Wirksamkeit unseres Chronisten, der bis in die fünfziger Jahre hinein einziger Lehrer in dem Dorf war, nahmen alle Kinder vom 5. bis 14. Lebensjahr an allen Unterrichtsfächern teil. Sie bezogen sich auf »Religion, biblische Geschichte, Kopf- und Tafelrechnen, Lesen, Schreiben und Sprachlehre«. Die erste Klasse empfing im Winterhalbjahr wöchentlich 30, im Sommer 24 Unterrichtsstunden; die zweite Klasse erhielt im Winter 24 und im Sommer 12 Stunden Unterricht; je älter die Kinder, um so nutzbringender waren sie in der Landwirtschaft. In den Jahren zwischen 1844 und 1846 bewegte sich die Anzahl der schulpflichtigen Kinder um 240.

Im übrigen war der Schulunterricht keineswegs unentgeltlich. Die Eltern hatten pro Kind und Jahr 1 Reichstaler und 10 Silbergroschen zu zahlen; der Lehrer erhielt davon den Taler, die Groschen flossen in die Schulkasse. Das Schulhaus bestand aus einem ausgebauten Stall und einer kleinen Scheune.[39]

Später stellte der Chronist und Lehrer mit einiger Befriedigung fest: »Bei weitem die Mehrzahl der aus der Schule entlassenen Kinder lernte ziemlich gut lesen, schreiben und rechnen; nur diejenigen Kinder, deren Eltern zu gleichgültig gegen allen Unterricht waren, blieben darin zurück; doch lernte wohl jedes Kind, notwendig seinen Namen schreiben und notdürftig lesen.«[40]

In die Frage des Schulgeldes und der Schulversäumnisse griff der neue Gutsherr, Otto v. Bismarck, mit energischer Hand ein und zeigte sich auch als Gerichtsherr. Ende August und Anfang September 1846 ließ er sich eine Liste sowohl der Säumigen bei der Bezahlung des Schulgeldes, als auch der für die Schulversäumnisse verantwortlichen Eltern auf den Tisch legen.[41] Die er-

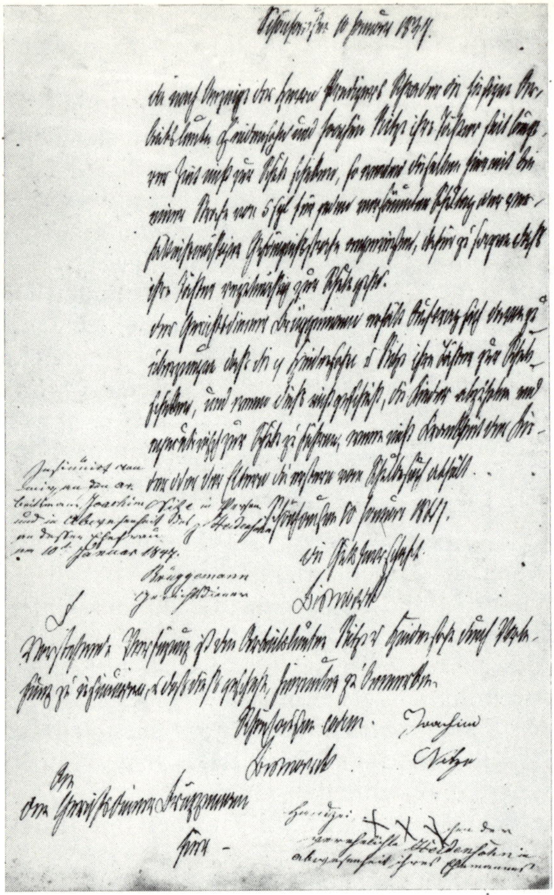

Protokoll einer Patrimonialgerichtsverhandlung, von Bismarck handschriftlich ausgefertigt, von einem der Betroffenen mit Kreuzen unterzeichnet.

ste Liste enthielt 14, die zweite 24 Namen. Unter die Liste der Schulgeldrestanten schrieb Bismarck mit eigener Hand: »... an den Gerichtsdiener Brüggemann, mit dem Auftrag, die Säumigen zur Zahlung der vorstehend verzeichneten Schulgeldreste aufzufordern, und wenn dieser Aufforderung nicht in 3 Tagen genügt wird, die Exekution zu vollstrecken. In 8 Tagen wieder einzureichen.« Unterzeichnet wurde mit: »Schönhausen, 11. September 1846 – Die Gutsherrschaft Bismarck«. Unter dem Verzeichnis der 24 Verantwortlichen für die Schulversäumnisse stand die Bemerkung des beauftragten Schulzen Cunow: »Am Sonntag früh um 9 Uhr sind Vorstehende vorzuladen, beim Herrn von Bismarck zu erscheinen.« Hier ging es offensichtlich zunächst um Ermahnungen, die jedoch nicht bei allen fruchteten. So bestimmte Bismarck, wiederum in einem Handschreiben (vom 10. Januar 1847), daß zwei Arbeitsleute, die einer Anzeige des Predigers Schrader zufolge ihre Töchter seit »längerer Zeit« nicht zur Schule geschickt hätten, mit »5 Silbergroschen für jeden versäumten Schultag oder verhältnismäßiger Gefängnishaft« bestraft und angewiesen werden sollen, »dafür zu sorgen, daß ihre Töchter regelmäßig zur Schule gehen«. Andernfalls sollten die Kinder abgeholt und zur Schule gebracht werden.

Am 6. Februar 1847 fand eine regelrechte Verhandlung statt, deren protokollarische Zusammenfassung nicht der Gerichtsdiener, sondern Bismarck selbst in seiner typisch steilen Schrift schrieb. Einige der Vorgeladenen konnten plausible Entschuldigungen vorbringen; viele unterschrieben bezeichnenderweise mit drei Kreuzen, die Bestätigung erfolgte durch den Gerichtsdiener. Zwei Sünder wurden mit zehn Silbergroschen Strafe belegt oder, wie wiederum von Bismarcks Hand geschrieben steht, es drohte ihnen »im Falle des Unvermögens 24 Stunden Gefängnisstrafe«. Es fällt auf, daß beim Vorladen der Eltern oder gar bei den patrimonialen Gerichtsverhandlungen zwar der Prediger, der Dorfschulze und der Gerichtsdiener eine Rolle spielten, aber nicht der Schullehrer. Warum wird zweimal die Anzeige des Predigers erwähnt, aber nichts vom Lehrer gesagt? Hatte der Prediger kraft seiner Stellung von alters her mehr Durchschlagskraft beim Guts- und Gerichtsherrn als der Lehrer? Die Fragen seien gestellt, auch wenn sie nicht beantwortet werden können. Vielmehr ergibt sich aus den Einzelfragen das grundsätzliche Problem der Patrimonialgerichtsbarkeit in der Krisenzeit der letzten Jahre des Vormärz.

*

Das später nie wiederholte Dreinfahren Bismarcks in die Angelegenheit der Schulversäumnisse und der Schulgeldrückstände drängt die Frage auf, ob es ihm dabei so lebhaft um die Schule oder nicht vielmehr um eine Belebung der Patrimonialgerichtsbarkeit zu tun war. Im gleichen Monat Februar nämlich, wo er sich als Richter und Protokollant in einem betätigte, klagte er gegenüber Ludwig v. Gerlach, diese Gerichtsbarkeit sei »jetzt thatsächlich selten etwas Andres, als ein Flicken auf dem Mantel eines Königlichen Richters, in dessen stattlichem Faltenwurf sie für gewöhnlich verschwindet ...«[42]. Ludwig v. Gerlach erfuhr sicherlich zu seiner großen Zufriedenheit, daß Bismarck einer solchen Entwicklung entgegensteuern wolle. Wenn die Patrimonialgerichtsbarkeit, so meinte dieser, »ein lebendiger Theil unserer Verfassung sein soll«, so müßte der Patrimonialrichter »wesentlich und ausschließlich, so lange er seine Stelle hat, ständischer, ritterschaftlicher Beamter sein«. Angesichts des Mangels an »Corporations-Geist und ständischem Leben in unsrer kornbauenden Ritterschaft« will sich Bismarck vor einer neuen gesetzlichen Regelung einstweilen bemühen, die Idee, daß »Königliche Richter nicht zugleich Patrimonial-Richter sein« sollen, »hier in Bezug auf Schönhausen, Fischbeck, Wust, Hohengören, Libars, Neuermark, Scharlibbe etc. ins Leben zu führen«. Daher lieferte er eben in Schönhausen wohl in Sachen Schule ein Exempel.

Da Bismarck in dieser Weise um eine ständisch-junkerliche Sammlung bemüht war, nimmt es wunder, daß er Ende des Jahres 1846 die Auffassung seines pommerschen Nachbarn v. Bülow-Cummerow unterstützte, die der Staatsbürokratie entgegenkommen und die richterlichen Bindungen an die Gutsbesitzer lockern wollte.

Vertrauensvoll und in der Annahme, mit Bismarck im Grundsätzlichen übereinzustimmen, berichtete v. Bülow-Cummerow im Laufe des Jahres 1846 von allen Schritten, die er zur Durchsetzung seiner Vorschläge einleitete. Recht befriedigt eröffnete er ihm, daß der ständisch orientierte Plan des Präsidenten Ludwig v. Gerlach zurückgewiesen worden sei, und bereitete mit verstärktem Eifer seine Eingabe für eine weniger ständisch und mehr staatlich ausgerichtete Kreispatrimonialgerichtsbarkeit vor.[43] Am 29. Dezember 1846 unterzeichneten neben Bülow-Cummerow auch Otto v. Bismarck und Dewitz-Wussow das Dokument.[44] Doch schon nach vier Monaten rückte Bismarck nach heftigen Auseinandersetzungen vom alten Bülow-Cummerow ab und nahm erneut Partei für Ludwig v. Gerlach, mit dem er übrigens in dieser ganzen Zeit ständigen Kontakt gepflegt hatte.

Was bedeutete dieses Schwanken zwischen dem ständisch gesinnten Ludwig v. Gerlach und dessen reformbereiterem Kontrahenten v. Bülow-Cummerow? Handelte Bismarck ausschließlich aus Gründen der Opportunität? Oder hatte er einen prinzipiellen

Standpunkt in der umstrittenen Frage? Zweifellos war er von Anfang an darauf bedacht, sich nicht in frontalen Gegensatz zum königlichen Ministerium zu bringen und interessierte sich daher ständig für alle Personen, Machinationen und Konstellationen. Andererseits wollte er auch die Tuchfühlung mit jenen pietistischen Parteibildnern nicht verlieren, die ihm ermöglichten, aktiv im politischen Spiel zu bleiben, ja, es gegebenenfalls nach seinen Vorstellungen und Überlegungen zu lenken. Eins nämlich steht fest: wie ein Leitmotiv kehrt bei ihm die Ansicht wieder, daß er nicht gewillt sei, »althergebrachte Rechte der Ritterschaft« schmälern zu lassen.[45] Unmißverständlich hatte es schon am 7. Januar 1847, acht Tage nach der Unterzeichnung des Bülowschen Dokuments, aus Schönhausen getönt: »Übrigens glaube ich ... die Ansicht der Mehrzahl meiner Mitstände zu teilen, wenn ich die Ernennung einer großen Zahl der richterlichen Beamten für ein wichtiges und ehrenwertes ständisches Recht halte, welches dem Stande der Rittergutsbesitzer ein materielles und noch mehr ein moralisches Gewicht in unserer Verfassung gibt, das schwer zu ersetzen sein möchte, und das ich entschlossen bin, freiwillig nicht aufzugeben.«[46]

Von dieser tiefverwurzelten Grundhaltung her stand Bismarck, wie schon der Februarbrief 1846 an Ludwig v. Gerlach erkennen ließ, diesem von vornherein näher als v. Bülow-Cummerow, mit dem er nichtsdestoweniger Verbindungen brauchte. Galt es doch zu eruieren, inwieweit die Verhältnisse und Machtkonstellationen innerhalb der regierenden Staatskreise Konzessionen zwingend machen würden oder nicht. Sobald Bismarck Anfang 1847 von Schönhausen aus mit Ludwig v. Gerlach zu der Überzeugung kam, daß doch nicht alles verloren sei für die Junkerprivilegien, steuerte er ein größtmögliches Festhalten am alten an.[47]

Was für Bismarck neben der Verteidigung seiner Standesinteressen dabei heraussprang, war im Hinblick auf seine künftige Laufbahn nicht wenig. In enger Tuchfühlung mit einer einflußreichen Fraktion der Grundherren konnte er sich als einer ihrer energischsten und initiativreichsten Vertreter erweisen, als ein junger Mann mit hoher Befähigung, die überkommenen Rechte wirkungsvoll zu verteidigen.

Im allgemeinen wird der Beginn von Bismarcks politischer Tätigkeit vom Mai 1847 an datiert, als er Abgeordneter auf dem Vereinigten Landtag wurde. Wie das zustande kam, berichtete er

Ernst *Ludwig* von Gerlach (1795–1877)
»Wenn nur Bismarcks deutsche Politik nicht überhaupt wurzelfaul und ohne gesunde Rechtsideen, namentlich aber unbußfertig wäre. Er sagte von mir, ich trüge die Dogmatik in die Politik; aber gerade da gehört sie hin.« (4. September 1863)

selbst[48]: »Einer unsrer Abgeordneten, Brauchitsch, ist so erkrankt, daß er den Verhandlungen nicht mehr beiwohnen kann ... Nun haben indessen die Magdeburger Stände, als unter den 6 Stellvertreterposten der *erste* vacant wurde, anstatt, wie es sonst üblich ist, den zweiten u. s. w. jeden eine Stelle vorrücken lassen und den sechsten neu zu wählen, ausnahmsweise mich, der ich ganz neu in der Provinz und garnicht einmal Stellvertreter war, sofort zum Ersten von den Sechsen erwählt ...« Diese Umstände machten es ihm unmöglich, wie er hinzusetzte, den Ruf abzulehnen, »ohne die Magdeburger Stände entschieden zu beleidigen und mir jede Aussicht für die Zukunft, die sich auf ständische Verbindung gründet, zu verderben«.

So bezeichnete Bismarck selbst unmißverständlich das Sprungbrett seiner politischen Karriere: die ständische Verbindung. Sie bringt ihn im Mai 1847 schließlich auf die politische Bühne, ein Resultat langwirkender Betätigung, umsichtiger Vorbereitungs- und Sondierungsarbeit – zumindest ab Frühjahr 1846. Die Beraterrolle des Magdeburger Gerichtspräsidenten Ludwig v. Gerlach ist mit den brieflichen Belegstellen, die man dafür findet, bei weitem nicht erschöpft, weiß man doch, daß es eingehende Aussprachen, nicht zuletzt in Zimmerhausen bei den Blanckenburgs und bei Besuchen Bismarcks in Magdeburg gab. Der Einfluß des politischen und juristischen Mentors ist schon deshalb ziemlich hoch zu veranschlagen, weil Gerlach neben Senfft v. Pilsach der einzige Mann in seiner Umgebung war, dessen Fähigkeiten Bismarck achtete. In vorbehaltloser Anerkennung schrieb er im März 1847: »In einer mehrstündigen Geschäfts-Conferenz hatte ich Gelegenheit, Gerlach wieder zu bewundern, der nicht bloß geistreich wie immer, sondern auch der practische Jurist in seltner Gesetz- und Weltkunde war.«[49]

Die Briefe Bismarcks an Senfft v. Pilsach und Gerlach[50] lassen manche dieser verdeckten Sondierungen und offenen Aktivitäten erkennen. In Sachen Patrimonialgerichtsbarkeit war er offensichtlich von ungemeiner Regsamkeit; so schrieb der inzwischen Verlobte an seine Braut Johanna v. Puttkamer am 4. März 1847: »Am Montag, den 8., muß ich in Magdeburg sein, wo ich mit Gerlach zu thun habe. Drei langwierige Termine hier in der Gegend und ein Geschäft mit dem Justiz-Minister, welches einige Tage Aufenthalt in Berlin nötig machen wird, sind zwar verschiebbare, aber immer unausweichbare Hindernisse, die mich, wenn ich sie jetzt unberücksichtigt ließe, nach dem 20. um so länger von Dir entfernt halten würden. Außerdem habe ich ziemlich weitaussehende schriftliche Arbeiten zu machen, da mich die Stände mehrerer Kreise der Provinz mit der Bearbeitung eines vor drei Monaten von mir angeregten Planes, wegen Umgestaltung unserer Gerichtsverfassung, beauftragt und zu ihrem Abgeordneten in dieser Sache nach Berlin gewählt haben, ein sehr ehrenvolles, aber auch sehr lästiges Amt.«[51]

In welch politisch unruhvoller Situation Bismarck seine Energie auf die Erhaltung der Patrimonialgerichtsbarkeit richtete, das lassen seine Briefe erkennen. So berichtete er seiner Braut aus Kniephof am 28. April 1847: »In Cöslin war Aufruhr, noch nach 12 die Straßen so gedrängt voll, daß wir sie mit Mühe und nur unter dem Schutz einer Abtheilung der einbeorderten Landwehr passirten. Bäcker und Schlächter wurden geplündert, 3 Häuser von Kornhändlern ruinirt, Scheibenklirren u. s. w. Ich wäre gern da geblieben.« Seinem Brief fügte Bismarck die Bemerkung bei: »In Stettin ist starker Brodaufstand; angeblich 2 Tage scharf geschossen; Artillerie aufgefahren, wird wohl etwas übertrieben sein.«[52] Auch in Angermünde muß er, wie er am 2. Mai 1847 der Braut meldete, länger bleiben, um die »Schwester während der Abwesenheit Arnims zu schützen, da man stündlich den Ausbruch eines Aufstandes besorgte«[53].

So zeigten sich in diesen Wochen allerorten in Deutschland Auswirkungen der Wirtschaftskrise von 1847, brachen überall Revolten und Unruhen aus. Auf den ersten Blick ist es sonderbar, daß Bismarck in dieser Situation nichts Wichtigeres vorzuhaben scheint, als sich in Patrimonialgerichtsangelegenheiten zu engagieren.[54] Sieht man jedoch die Frage von der Karriere Bismarcks her, so ergibt sich, daß er eben in seinem Kampf um längst Untergangsreifes jene ständische Verbindung bekam, auf die er, wie er seiner Braut erklärte, seine Zukunft gründen wollte. In jenen für ihn entscheidenden Tagen vollzog sich der schon erwähnte Bruch mit Bülow-Cummerow. An seine Braut schrieb er am 8. Mai: »Am Donnerstag kam ich hierher und habe gestern und vorgestern sehr angreifende fast 8stündige Conferenzen mit Rathmann (wegen der Patri[monial] Gerichte) gehabt, bei deren zweiter uns Bülow ohnmächtig wurde und ich selbst vor Aufregung und Hunger Kopfschmerzen bekam.«[55] Aber sein »eifriger Wunsch, Mitglied des Landtages zu sein«[56], hatte sich erfüllt. So brach jene 1838 herbeigesehnte Zeit an, da er Mitspieler »bei energischen politischen Bewegungen« sein konnte.[57]

Zur gleichen Zeit, da sich Bismarck von Pommern äußerlich löste, band er sich innerlich an Menschen von dort. In den Monaten erfolgreichen Suchens und Findens eines politischen Aktionsfeldes gewann er eine Lebensgefährtin, die ihm in den kommenden Jahrzehnten heimische Wärme und Geborgenheit in der Mühsal seiner öffentlichen Kämpfe gab.

Wir wissen es: Die Beziehungen Otto v. Bismarcks zu Marie v. Blanckenburg-Thadden, der Frau des Freundes Moritz, hatten zuletzt eine Intensität erreicht, die auf die Dauer nicht ohne Gefahren für beide Partner bleiben konnte. Tiefe menschliche Sympathie füreinander und mühsam gebändigte Zuneigung konnten eines Tages die selbstgesetzten Grenzen durchbrechen. Erkannte Marie v. Blanckenburg doch bereits, daß ihr angetrauter Moritz einen Vergleich mit Bismarck kaum aushielt, und Bismarck war auf der Suche nach einer Gefährtin. All diese inneren Spannungen wollte Marie v. Blanckenburg mit Hilfe ihrer pietistisch-frommen Freundin Johanna v. Puttkamer aus dem Bereich eigener Anfechtbarkeit bringen.

Daher wohl auch die von Marie arrangierte Harzreise des pietistischen Freundeskreises um das junge Ehepaar Blanckenburg Ende Juli und Anfang August 1846. Bei dieser absichtsvoll herbeigeführten Gelegenheit sollte Otto v. Bismarck die jetzt zweiundzwanzigjährige Johanna besser kennenlernen. Er selbst konnte sich von seiner weltmännischen Seite zeigen, auch wenn er zum Mißfallen der jungen Damen nachlässig gekleidet war. Den Champagner ließ Bismarck »in Strömen« fließen, er »bezahlte, besorgte alles äußere, die andern hatten vollkommene Ruhe ...«[58]. Bisweilen ward er in religiöse Gespräche gezogen, zeigte sich dann nachdenklich und nahm Moritzens aufmunternde Hinweise auf Fräulein Johanna freundlich auf. In der Tat scheint Bismarck nach der Reise ein näheres Verhältnis zu Johanna ersthaft erwogen zu haben, Immerhin richtete er bereits am 5. September an Moritz in lateinischer Sprache die Frage: »Quid tibi videtur de parentibus?«, die Moritz dahingehend beantwortete, daß christliche Eltern dem aufrichtig Suchenden die Tochter nicht verweigern könnten.[59] Was aber hielt Bismarck, der schon jahrelang eine Gefährtin suchte, so lange ab, das entscheidende Wort an Johanna zu richten? War es sein empfindlicher Stolz, der sich gegen das Arrangement durch die Blanckenburgs wehrte? Attraktiv auf den ersten Blick war sie sicher nicht, jene hinterpommersche Pietistin, von der die Schönhausener Bauern bei ihrem Einzug gesagt haben sollen: »... von's schöne Geschlecht ist unsere junge Gnädige aber nicht«, ein Urteil, das eine Verwandte Bismarcks »begreiflich« fand, aber hinzusetzte, daß Johanna schließlich »durch eigentümliche Freundlichkeit« gewann.[60]

Marie v. Blanckenburg-Thadden war gewiß die anziehendere der beiden Frauen; wie Bismarck liebte sie die Musik Beethovens, zu der Johanna erst später Zugang fand. Marie war weltlicher in ihren Interessen und Sehnsüchten, ging gern ins Theater, träumte von Reisen, spürte tiefer den Reiz des Lebens und zog Bismarck wohl auch durch jene prickelnde Mischung von sinnenhafter Weltfreude, erotischem Reiz, neckischem Humor und Bändigung ihres Übermuts durch pietistisch-frommes Streben an. Johanna war in jeder Hinsicht biederer, aber auch – was Marie sehr deutlich erkannte – gefühlsintensiver: »... daß Du lieber haben kannst als ich (d. h. stärker lieben – E. E.), daß Du weißt, was Selbstverleugnung ist, und ich nicht – das weiß ich«, so schrieb ihr Marie am 11. September 1846, wohl erkennend, daß Bismarck in Johanna eine treu ergebene Gefährtin haben könnte.[61] Auch Bismarck sah das ein, etwas später als seine die Schicksalsfäden spinnende Freundin, dafür aber mühte er sich schließlich mit aller ihm eigenen Kraft um eine echte menschliche Gemeinsamkeit mit seiner künftigen Frau Johanna v. Puttkamer. Das scheint ihm – so merkwürdig und auch mißverständlich das klingen mag – angesichts seiner tiefen Erschütterung bei Maries frühem Tod am 10. November leichter geworden zu sein, da sein Herz von ihrem irdischen Reiz nicht mehr beunruhigt werden konnte.

In eigentümlicher Verflochtenheit bewirkte Maries Tod im Leben Bismarcks neben einem schmerzlichen Abschied zugleich ein neues Beginnen. Der Erschütterung über ihren Verlust folgte sein entschlossenes Bemühen, Johanna v. Puttkamer zu gewinnen, auf die ihn Marie – behutsamer als Moritz – hingelenkt hatte. Was ihn innerlich bewog, mit Verzögerung, dann aber mit ganzem Einsatz um die weder schöne noch weltgewandte, weder geistsprühende noch reiche oder einflußreiche Johanna zu werben, kann man aus seinen bisherigen Lebenserfahrungen und seiner damaligen Lebenssituation erahnen. Hatte er doch dereinst bittere Erlebnisse gehabt mit seinen englischen Schönheiten in Aachen, die entweder den reicheren Freier vorgezogen oder Bismarcks Mißtrauen erweckt hatten, er solle sie durch Heirat standesgemäß machen. Auch eine später ausgewählte Ottilie aus preußischem Adel hatte sein Selbstgefühl verletzt, indem sie ihm einmal, beeinflußt von ihrer Mutter, den Laufpaß gab – eine Laune, die er ihr nicht verzieh. Nun aber, nachdem die menschliche Begegnung mit Marie v. Thadden unwiederbringlich dahin war, sollte er sich mit reichlich dreißig Jahren, am Beginn einer politischen Karriere, erneut auf unbestimmte Abenteuer einlassen?

Er sehnte sich nach Häuslichkeit, Familie und Geborgenheit, er brauchte einen Menschen, dem er bedingungslos trauen konnte. Und er wußte: auf Johanna und ihre unerschütterliche Liebe und Treue würde er sich verlassen können. Sie erschien ihm auch bildungsfähig, für seine Bedürfnisse formbar, »facile à vivre, wie ich nie ein Frauenzimmer gekannt habe«, schrieb er einmal dem Bruder.[62] Das mußte seine eigenen Gefühle für sie wecken. Doch wollte er nicht, wie Johanna später einmal im Scherz sagte, »korbbeladen« abziehen, und ein Nein der frommen Eltern riskieren, so war auch eine »religiöse Erweckung« vonnöten. Und sie kam bei Bismarck, wenn auch etwas zu präzis gerade in der Zeit, da er sie brauchte – teils gewünscht, gesucht und gewollt, teils ehrlich erlebt. Gesucht und gewollt? Wir werden es sehen.

Am 14. Dezember 1846, einen Monat nach Maries Tod, sprach sich Bismarck mit Johanna v. Puttkamer in Cardemin aus, und um den 21. Dezember 1846 richtete er den berühmten Werbebrief an ihren Vater.[63] Als Kenner pietistischer Wesensart und ihr gemäßer Reaktionsmöglichkeiten leistete ihm Moritz v. Blanckenburg bei der Gewinnung Johannas wertvolle Dienste. Er gab Regieanweisungen, überaus nützliche Ratschläge und Interpretationen, war auch der Zensor des Werbebriefes. Als eben der Suchende, dem Moritz Hoffnung gegeben hatte, zeigt sich Bismarck in diesem Brief, und er legt um so ausführlicher Rechenschaft über sein bisheriges Leben ab, als ihm Moritz verraten hatte, ein schlechter Freund hätte Herrn v. Puttkamer bereits darüber unterrichtet, es bedürfe also einer Aussprache.[64]

Der erste Eindruck, der sich bei der Lektüre aufdrängt, ist der einer großanlegten Auseinandersetzung mit dem Christentum, geführt von einem, der von höherer Warte aus auf überwundene Positionen zurückblickt. Ohne Umschweife erklärt Bismarck schon im ersten Satz seines Briefes dem frommen Herrn v. Puttkamer den Zweck seines Schreibens, er bitte um die Hand seiner Tochter. Es mag dreist erscheinen, fährt er fort, nach sparsamer Begegnung bereits den stärksten Vertrauensbeweis zu fordern, aber – so steuert er bereits im dritten Satz zügig auf das Haupthindernis zu, das sich seinem Wunsch bei der frommen Denkart der künftigen Verwandten entgegenstellen muß – es bleibt beim Einsatz eines »so theuren Pfandes« ja ohnehin »durch Vertrauen auf Gott das (zu) ergänzen, was das Vertrauen auf Menschen nicht leisten kann«.

Diese Argumentation, die Bismarck übrigens gegen Ende des Briefes noch einmal aufnimmt, ist taktisch geradezu meisterhaft gewählt. Da er weiß, welchen zweifelhaften Ruf er als »toller Junker« genießt und daß der fromme Schwiegervater in spe von seiner Person »viel Übles und wenig Gutes« (wie Bismarck selbst am 31. Januar 1847 seinem Bruder schreibt[65]) gehört hat, entkräftet er wirkungsvoll dessen Bedenken mit dem Hinweis auf Gottvertrauen, das ohnehin ergänzen müsse, was Vertrauen auf Menschen nicht leisten könne. Der fromme Mann in Reinfeld kann schwerlich geltend machen, daß er doch mehr vom Vertrauen auf Menschen ausgehen möchte. Bismarck hat für Pietisten unwiderleglich argumentiert. Doch er geht weiter, schiebt alles, was Herr v. Puttkamer über ihn ohnehin schon erfahren hat oder leicht in Erfahrung bringen kann, rigoros beiseite und nimmt in couragiertem Generalangriff die Hauptbarriere: »Wie hältst du's mit der Religion?« Er spricht, wohlgemerkt – nicht über sein Verhältnis zum Pietismus, sondern zum Christentum allgemein.

Weit ausholend, von der elterlichen Erziehung an, umreißt er seinen religiösen Werdegang in den Hauptzügen durchaus zutreffend – wie aus Briefen und Zeugnissen seiner Umgebung nachgewiesen werden kann. Daß er gewisse Nuancen verschweigt, wer wollte ihm das verübeln, wo es um eine Lebensfrage für ihn geht. Im Grundsätzlichen ist, um einen Ausspruch von ihm frei zu variieren, ehrliches Bekenntnis eine der verführerischsten seiner Künste. Es gibt seinem Brief Überzeugungskraft, und es sichert ihm zudem die Hilfe von Moritz v. Blanckenburg, der genug von ihm weiß, um offensichtliche Verletzungen des Wahrheitsgehalts erkennen zu können. Bismarck zeichnet also seinen Entwicklungsgang nach, der ihn, »von keinem Glauben getragen«, durch die Studienjahre bis hin zu den

Jahren ruheloser und unbefriedigter Selbstbesinnung auf seine Landgüter führte. Er blieb nicht unberührt von materialistischen Einflüssen, wie er Herrn v. Puttkamer mit Hinweis auf die Schriften von Strauß, Feuerbach und Bruno Bauer freimütig bekennt. Der Bibel legte er als Menschenwerk keine Beweiskraft bei; Moritzens Bemühungen vor einigen Jahren hatten keinen Erfolg, da ihm der rechte Glaube fehlte.

Erst der Trieglaffer Kreis habe ihn tiefer berührt. Bismarck spricht in diesem Zusammenhang auch von Marie v. Blanckenburg und nennt das Familienleben, das ihn dort mit eingeschlossen hätte, »fast eine Heimath«. Es war die Nachricht von der tödlichen Erkrankung Maries, die ihm das erste »inbrünstige Gebet« entrang. Und das habe er seitdem neu gewonnen: er könne Gott täglich mit bußfertigem Herzen bitten, in ihm Glauben zu wecken und zu stärken; auch sei der Zweifel an einem ewigen Leben von ihm gewichen. Gewiß, das sind neue Momente in Bismarcks Leben. Aber für ausreichend dürften sie dem künftigen Schwiegervater ohne beredte Fürsprecher kaum erschienen sein, selbst wenn Bismarck noch als praktischen Schritt hinzufügt, er sei entschlossen, zum heiligen Abendmahl zu gehen.

Erneut greift er seine klugen Argumente vom Beginn des Briefes auf. Nicht in der Unzuverlässigkeit des menschlichen Herzens liege die Bürgschaft für das Wohl des »Fräulein Tochter«, sondern nur im Gebet um den Segen des Herrn. Dagegen kann Herr v. Puttkamer wiederum nichts einwenden, aber sollte ihm doch noch einiges einfallen, so bittet Bismarck vor allem darum: »... daß Sie mir die Gelegenheit nicht versagen wollen, mich über solche Gründe, die Sie zu einer abschlägigen Antwort bestimmen könnten, meinerseits zu erklären, ehe Sie eine definitive Ablehnung aussprechen.«

Auf jeden Fall will er einer endgültigen negativen Entscheidung vorbeugen, die ihm den weiteren Kampf, zu dem er entschlossen ist, verbieten könnte. Die Möglichkeiten müssen zumindest offen bleiben, so leicht steckt ein Bismarck nicht auf. Damit hat der kluge Werber vorgesorgt, soweit es in seinen Kräften steht. Johanna ist persönlich gewonnen, Moritz v. Blanckenburg vermittelt nach Kräften, die Gretchenfrage nach der Religion ist nach den Worten der Engel in Goethes Faust beantwortet: »Wer immer strebend sich bemüht, Den können wir erlösen.«

Man sagt nicht zuviel, wenn man den Werbebrief ein diplomatisches Meisterwerk nennt, dessen sublimste Diplomatie in weitgehender Ehrlichkeit beruht. Authentisches und zweckdienlich manipuliertes Bekenntnis, Religiöses und Weltliches verbinden sich zu jenem Ganzen, das viel von Bismarck gibt, ohne alles zu geben, und in dem der Autor in kluger Voraussicht davon Abstand nimmt, sich weiter auf den dünnen Boden seiner neuerworbenen christlichen Konfession zu wagen, als die Decke tragen kann.

Zunächst war Heinrich v. Puttkamer über diese Werbung so erschrocken, daß er im Zimmer auf und nieder lief und ausrief: »Es ist mir wie dem Ochsen, den der Fleischer mit dem Beile vor den Kopf schlägt.«[66] Reichlich verworren war auch die briefliche Antwort des alten Herrn, vor der Bismarck einigermaßen ratlos stand; nur Moritz v. Blanckenburg wußte sie recht zu deuten.[67] Nein, eine Absage wäre es nicht, die »Not des alten Herrn« sei »wahrlich begreiflich«.

Das übrige erledigt daraufhin Otto v. Bismarck in energischer und im wahrsten Sinne des Wortes zupackender Weise allein. Langwierigen Verhandlungen und Anstalten der Schwiegereltern, ihm religiös noch mehr auf den Zahn zu fühlen, kommt er in Reinfeld dadurch zuvor, daß er »eine entschlossene accolade« seiner Braut »gleich beim ersten Anblick« riskierte, zum »sprachlosen Staunen der Eltern«. Das hätte, wie er dem Bruder Bernhard aus Schönhausen Ende Januar 1847 berichtet[68], die Sache »in ein anderes Stadium gerückt, ... in welchem binnen fünf Minuten alles in Richtigkeit geriet, so daß Tags darauf, bei einem zufälligen Diner die offne Erklärung, wiederum unter großem Staunen der Anwesenden stattfand«. Allein dieses Kabinettstückchen eines mit aller Sorgfalt und Umsicht eingeleiteten Werbemanövers, dem schließlich ein entschlossener Überraschungsangriff zu schnellem Erfolg verhilft, zeigt Bismarcks Souveränität gegenüber den neuen Verwandten.

Am 12. Januar hatte er die Schwester Malwine mit einem knappen »all right« vom guten Verlauf der Dinge informiert, und einige Tage später verspricht er ihr: »Alles Nähere, das maßlose Erstaunen der Cassuben, von denen die, welche nicht gleich rundum überschlugen, noch immer haufenweise auf dem Rücken liegen, den Verdruß der alten Damen, daß auch keine sagen kann, ich habe eine Silbe davon geahnt, usw. will ich Dir mündlich erzählen.«[69] Am 14. April 1847 aber hat er sich schon so weit im neuen Kreis der Seinen in Reinfeld umgetan, daß er der Schwester respektlos berichtet: »Die Einsamkeit hier ist immer groß, bei dem jetzigen Zustand der Wege aber total, und das ist mir lieb, denn die umwohnenden Cassuben mit ihrem Gebell haben wenig, was die Last ihrer Geselligkeit erträglich machte. Ihre Conversation besteht darin, daß sie in abgemessenen Perioden ein klagendes Geheul ausstoßen, eine Gefühlsäußerung, die ich durch den Zustand ihrer Personen und ihres Landes vollkommen gerechtfertigt finde, und der ich meine Theilnahme nicht versage, ohne auf die Dauer lebhaft davon unterhalten zu werden. Für den Sprachkundigen mag in ihren unartikulierten Tönen etwas wie Niedergeschlagenheit über die letzten 6 Aerndten und Besorgnis vor der dießjährigen liegen.«[70]

Es wäre unsinnig, die burschikos-saloppe Spötterei, die sich unter Geschwistern eingespielt hat, mit dem ehrerbietigen Ton vergleichen zu wollen, den Bismarck dem künftigen Schwiegervater gegenüber anschlägt. Er hält zu Johanna, bleibt im Kreis pommerscher Freunde und pietistischer Förderer; diese neuen Bindungen, zu denen eine weltanschauliche Annäherung die Brücke bot, hat Bismarck mit allen Kräften seines Willens erstrebt. Er hat den Sprung aus der Einsamkeit in die engere und weitere Gemeinsamkeit bewußt vollzogen; was die Heilige Schrift anbelangte, so »mit entschiedner Gefangenhaltung einstweilen des eignen Urteils«, wie er Herrn v. Puttkamer schrieb. Diese Worte stehen in innerem Zusammenhang mit jenem zutiefst enthüllenden Satz, mit dem er später dem Freund Keyserling auf die Frage antwortete, wie er den »radikalen Unglauben jüngerer Jahre« losgeworden sei: »Den Vortrupp meiner Zweifel, der sich zu weit hinaus wagt, rufe ich zurück.«[71]

Bismarcks von allen bezeugte Entscheidungskraft setzte seiner Zerrissenheit bei der ersten sich bietenden Gelegenheit ein Ende, zugleich aber sagte ihm sein ausgeprägtes Gespür, daß er sich mit der neuen Bindung nicht fesseln dürfe. Daher kommt er dem ihn religiös bedrängenden Schwiegervater kein Jota mehr entgegen, als er es im Werbebrief im Dezember 1846 bereits tat: »Ich kann für jetzt meinem Bekenntniß, soweit ich es in meinem vorigen Schreiben ausgesprochen habe, nichts hinzufügen«, so schreibt er ihm Anfang Januar 1847.[72] Sein Verhältnis zu Gott ist von Anfang an eigenständig, in jedem Fall aktiv und jeder Form passiver Gottergebenheit geradezu feind. Dem Bruder gegenüber hat er es am 31. Januar 1847, als er über sein Verhältnis zu Johanna schrieb, am deutlichsten gesagt: »In Glaubenssachen gehn wir, mehr zu ihrem als zu meinem Leidwesen, etwas auseinander, wenn auch nicht so sehr als Du meinesteils glauben magst, denn mancherlei innre und äußre Ereignisse haben in letzter Zeit Veränderungen in mir hervorgebracht, durch die ich mich, was früher, wie Du weißt, nicht der Fall war, berechtigt halte, mich den Bekennern der christlichen Religion beizuzählen. Wenn ich auch in vielen Lehren, vielleicht in denen die jene für die Hauptsache halten, soweit ich mir selbst klar bin, lange nicht auf gleichem Gesichtspunkt mit ihnen stehe, so ist doch stillschweigend eine Art von Passauer Vertrag zwischen uns zustande gekommen.«[73]

Passauer Vertrag, das bedeutet – auch nach Bismarcks Auffassung – Konzessionen zum Zwecke der Übereinkunft auf beiden Seiten. Selbst Erich Marcks gesteht zu, daß Bismarck trotz des entscheidenden Wandels, sich jetzt den Christen »beizählen zu dürfen«, dabei »sehr ausdrücklich sich selbst« behauptet.[74] Auch A. O. Meyer stellt fest, daß Bismarck im Trieglaffer Kreis nicht zum Pietisten geworden sei.[75] Schon polemisch legt dann Reinhold v. Thadden-Trieglaff, ein Nachfahre der Thaddens im 20. Jahrhundert, in einer Studie[76] dar, Bismarck wäre kaum ein lebendiges Glied der »Gemeinde« der evangelischen Kirche gewesen. »Worauf er den größten Wert legt«, so heißt es weiter, »ist die Distanz und überhaupt: seine Verbindung mit Gott hat und behält von der ersten Stunde an einen merkwürdigen ›privaten‹ Charakter. Jede Einflußnahme von christlicher Seite auf seine Entscheidungen hat sich Bismarck sein Leben lang auf das entschiedenste verbeten.« Nur bis Ende der vierziger Jahre scheine er am ehesten das Bedürfnis gehabt zu haben, sich des christlichen Einverständnisses seiner Gesinnungsgenossen zu versichern.

Verfolgt man in diesen Jahren die Briefe, die Bismarck nun in reicher Fülle an seine Braut schickte, so fällt auf, daß er sich wirklich mit der Bibel auseinandersetzt, sich aber zugleich bemüht, Johannas pietistische Enge zu kritisieren und ihren Horizont zu weiten. Schon am 7. Februar 1847, einen knappen Monat nach ihrer Verlobung, bekommt sie von ihm, dessen Stolz sie offenbar mit dem Geständnis verletzt hat, sie hätte ihn »korbbeladen abziehen lassen«, wenn sich Gott nicht seiner erbarmt und ihn »wenigstens durch das Schlüsselloch seiner Gnadentür« hätte sehen lassen, zu erfahren: »Wie habt Ihr doch meist so wenig Vertrauen in Euern Glauben und wickelt ihn sorgfältig in die

Baumwolle der Abgeschlossenheit, damit kein Luftzug der Welt ihn erkälte, Andre aber sich an Euch ärgern und Euch für Leute ausschrein, die sich zu heilig dünken, um von Zöllnern etc. berührt zu werden. Wenn jeder so dächte, der das Wahre gefunden zu haben glaubt, ... zu welchem pensilvanischen Zellengefängnis würde Gottes schöne Erde werden, in 1000 und aber 1000 exklusive Coterien durch unübersteigliche Scheidewände eingeteilt.«[77]

Nach reichlichen Hinweisen auf Bibelstellen, die er ihrer Aufmerksamkeit empfiehlt, gerät er unversehens in jene Art des religiösen Diskutierens, die er im Werbebrief als Ausdruck einer überwundenen Periode ansehen wollte. In bemerkenswertem Anklang an seine frühere Vorstellungswelt gibt Bismarck Johanna zu bedenken: »Welcher Auslegung ist nicht das Wort Glauben in sich und in bezug auf das, was die Schrift zu glauben befiehlt, in jedem einzelnen Falle, wo sie das Wort gebraucht, fähig. Ich gerathe wider Willen in geistliche Diskussion und Streitfragen. Bei den Katholiken wird die Bibel von Laien garnicht oder mit großer Vorsicht gelesen, ausgelegt nur von Geistlichen, die sich lebenslänglich mit dem Studium der Quellen beschäftigt haben. Auf die Auslegung kommt zuletzt alles an.«

Das ist keineswegs eine spontane Meditation, wie sie im persönlichen Briefwechsel wohl einmal mit unterlaufen kann, sondern – wie wir noch sehen werden – Ausdruck einer tieferen Überzeugung. Aufschlußreich ist auch der Brief vom 28. Februar 1847 an die Braut, in dem es heißt: »Ein Glaube, der dem Gläubigen von seinen irdischen Brüdern sich abzusondern gestattet, so daß er sich mit einer vermeinten isolirten Beziehung zu dem Herrn allein in reiner Beschaulichkeit genügen läßt, ist ein toter Glaube, was ich, wenn ich nicht irre, in einem frühern Briefe als Quietismus (von quiës, die Ruhe) bezeichnete, ein meines Erachtens irriger Weg, auf den der Pietismus leicht und häufig führt, besonders bei Frauen.« Bismarck erwähnte dann »das Bedürfnis, sich in Freundschaft oder durch andre Bande einem der sichtbaren Wesen enger anzuschließen als bloß durch die Bande der allgemeinen Christlichen Liebe«.[78]

Hier geht es sichtlich darum, Johanna auch mit religiöser Motivierung noch enger an sich zu binden. Wenn er auch in den Briefen an den Schwiegervater Wohl und Wehe seiner Verbindung mit Johanna Gott anheimstellen wollte, im irdischen Leben soll seine Frau ihm persönlich an- und zugehören; daher appelliert er an ihre Toleranz, wenn er vorsichtig Unterschiede in ihrem Verhältnis zur Religion andeutet.

Am 4. März 1847 fühlt er sich nach einem Brief Johannas beruhigt, weil, so schreibt er wörtlich[79]: »Du deutlich und entschieden Deine Nachsicht und Duldung für meine etwaigen Glaubensschwächen und Zweifel aussprichst und daß Du mich doch lieben willst, wenn auch Gott unsre Herzen verschiedne Wege führen sollte. In keinem Felde ist wohl der Spruch ›richtet nicht, so werdet Ihr nicht gerichtet‹ anwendbarer als grade in Glaubenssachen. ... Ich weiß nicht, ob ich Dir etwas Neues sage, wenn ich erkläre, daß auch ich nicht *Alles* bisher habe annehmen können, was in der Bibel geschrieben steht. Ich glaube zwar, daß sie Gottes Wort enthält, aber nur so, wie es uns durch Menschen, die, wenn auch die heiligsten, doch der Sünde und dem Mißverständniß unterworfen waren, hat übermacht und mitgetheilt werden können. ... Ich habe das Vorstehende bloß um der Offenheit willen ausgesprochen und nicht als ein Resultat, welches ich im Glauben gewonnen hätte, sondern als eine Station, auf der ich mich grade befinde und von der mir Gott weiter helfen wird, wie er mir bisher geholfen hat. Aengstige und bekümmere Dich daher um nichts, was Dir etwa verletzend oder ungläubig in jenem Bekenntniß erscheinen möchte; dadurch würdest Du schon anfangen, mich zu richten, sondern denke lieber zurück, wie es an jenem Pfingsttage mit mir aussah, wo wir in Cardemin zusammen am Fenster standen, und welche Aenderung seitdem in mir vorgegangen ist.« Bismarck mutet hier Johannas Toleranz so viel zu, daß ihm am Ende selbst ein wenig bange wird und er zu ihrer Beruhigung auf den Prozeß seiner religiösen Entwicklung verweist.

Dabei sei auch sein gelegentliches Bemühen nicht zu übersehen, sich innerlich auf christlich-soziale Wesensart einzustellen. Mit Entzücken weist die apologetische Bismarckliteratur auf jene Briefstellen hin, in denen er bekundet: »Ich habe mich in diesem Winter etwas mehr um die hiesige Armenpflege bekümmert, und, wenn nicht in meinen Dörfern, so doch in der benachbarten Stadt Jerichow, Elend gefunden, wie es nicht schlimmer sein kann. Wenn ich bedenke, wie 1 Thaler einer solchen hungernden Familie über Wochen hinweghilft, so ist es mir fast wie ein Diebstahl an den Armen, die hungern und frieren, wenn ich 30 ausgebe, um die Reise zu machen. ... Es ist dieß ein sehr kitzliches Thema, inwieweit ich mich berechtigt halten kann, das, was

Gott meiner Verwaltung anvertraut hat, zu meinem Vergnügen zu verwenden, so lange es Leute gibt, die vor Mangel und Frost krank sind, in meiner nächsten Nähe, deren Betten und *Kleider* in Versatz sind, so daß sie nicht ausgehn können, um zu arbeiten. Verkaufe, was Du hast, gib es den Armen und folge mir! Wie weit kann, wie weit soll das aber führen? Der Armen sind mehr, als alle Schätze des Königs speisen können. Nous verrons, wie es kommen soll.«[80]

Nach dieser Eskapade vom 17. Februar 1847, die ganz sicherlich ein fremder Tropfen in Bismarcks Blut ist, folgt vier Tage später die knappe Notiz: »Meine sentimentalen Tiraden in Bezug auf arme Leute und Reisekosten werden wahrscheinlich Redensarten bleiben, und meine Tugend wird nicht auf die Probe gestellt werden, da der Dienst mich vermuthlich nicht vor Mitte März freilassen wird, abgesehn von allen verschiebbaren Terminen.«[81] Bismarcks eigenständige Wesensart ist viel zu stark, um Überfremdungen – gleich auf welchem Gebiet – lange ertragen zu können. Immer wieder bricht seine selbstbewußte Landjunkernatur mit elementarer Gewalt durch. Er assimiliert im Grunde nur, was in Richtung des Gesetzes liegt, nach dem er angetreten.

Im Verhältnis zu Johanna lassen die Brautbriefe von 1847 vor allem den Ernst erkennen, mit dem Bismarck eine tiefere Gemeinsamkeit mit seiner künftigen Gattin erstrebt. Sie soll ihren Lebensgefährten verstehen, also übersendet er ihr freimütig Briefe aus früheren Jahren, zum Beispiel, mit einem wesentlichen Kommentar versehen, einen Auszug aus jenem Brief von 1838, in dem er seiner Cousine den Austritt aus dem Staatsdienst begründete.

Bismarck fügt seinen Briefen auch oft Gedichte bei, die Johanna sagen sollen, was ihn in den zurückliegenden einsamen Jahren bewegte und die indirekte Selbstaussagen sind, selbst wenn er einmal einschränkend erklärt, daß »fast alle Poesie nicht geeignet« sei[82], aufs eigne Leben übertragen zu werden und die »own little perversities damit zu bedecken«; nicht selten sind die Gedichte auch ein Mittel zur geistigen Auflockerung Johannas. In geradezu erheiternder, leicht durchschaubarer Absichtlichkeit fügt Bismarck dem Brief vom 17. Februar 1847[83] drei Gedichte bei, von denen er meint, daß Johanna aus dem ersten »mit Widerwillen entnehmen« werde, »wie ein Franzose die Friedlosigkeit des irdischen Daseins auffaßt«. Der keß-französischen Gotteslästerei, die Bismarck bestimmt nicht mit Widerwillen, sondern mit einigem Vergnügen gelesen hat – warum sollte er sie ansonsten auch für Johanna erst abschreiben? –, fügt er dann als »Gegenstück und Beruhigung nach dieser Blasphemie« auf dem Umschlag »ein nicht grade hervorstechendes, aber hierzu passendes Gedicht von Chatterton» bei, das Johannas empörtes Pietistenherz wieder besänftigen soll. Ein Vierzeiler, den er Béranger entnimmt, und viele andere mit den Mitteln der Poesie dargebrachte Zeugnisse seiner Zuneigung – alles ist dazu angetan, Johanna eng an sich zu binden und in bestimmtem Maß für sich zu formen. Daß er sie um Französischstudien für die Bedürfnisse der Welt und um das Reitenlernen bittet, damit sie seinen Neigungen näherkommt, sei nur am Rande bemerkt, gehört jedoch auch zu seinem Bemühen, mit lenkender und leitender Hand seine Partnerin für seine Lebenssphäre heranzubilden. Seiner Schwiegertochter hat der spätere Altreichskanzler einmal bekannt: »Man glaubt gar nicht, wie schwer es mir wurde, aus einem Fräulein v. Puttkamer eine Frau v. Bismarck zu machen; ganz ist es mir erst nach dem Tode der Eltern gelungen.«[84]

Es ist nicht daran zu zweifeln, daß Otto v. Bismarck einen hohen Begriff von der ehelichen Gemeinsamkeit hatte. »Behalte *nicht* Deine trüben Gedanken für Dich ..., sondern theile mir in Wort und Blick mit, was Du im Herzen hast, mag es Segen oder Leid sein«, so bittet er seine Braut am 21. Februar 1847.[85] Bismarck, der nach eigenem Urteil[86] »sonst fast Keinem ohne die schlagendsten Beweise traute«, hatte zu Johanna »ein unerschütterliches und unerschöpfliches Vertrauen«. Er durfte es haben, das hat sie ihm ein Menschenleben lang bewiesen; sie gab ihm die Wärme und Häuslichkeit, nach der er sich sehnte, den Ruhepol in seinem spannungsreichen Leben, dessen er bedurfte. Sie sorgte für ihn, ängstigte sich um ihn, war stets für ihn da. Sie kannte ihn als treusorgenden Gatten, als guten Familienvater.

Wußte sie aber genau, mit wem sie verheiratet war? Wohl kaum, sie kannte weder die Abgründe seiner Seele, noch verstand sie im geringsten etwas von der Lebenssphäre, die immer dominierender bei ihm wurde: der Politik. In bedingungsloser Ergebenheit haßte sie, was er haßte, begrüßte sie, was er billigte. »Right or wrong, my husband« – damit könnte man ihr Verhältnis zu ihm am besten kennzeichnen. Alles, was den Frieden des von ihr gehüteten Familienlebens bedrohte, konnte ihr frommes Pietistengemüt mit erbittertem Haß erfüllen. Während des Krieges von 1870 litt sie an »ihrem grimmigen Hasse gegen die Gallier, die sie samt und sonders totgeschossen und -gestochen sehen möchte, bis auf die kleinsten Kinder, die doch nichts dafür könnten, daß sie so scheußliche Eltern hätten«, so erzählte es Bismarck mit Ironie dem Prinzen Albrecht.[87]

Der scheinbar paradoxe Schluß drängt sich auf, daß hier eine Ehe die Erwartungen beider Partner erfüllte, weil die Frau in biegsamer Anpassungsfähigkeit an die häuslichen Bedürfnisse des Partners ihm den Frieden der kleinen Welt verschaffte und den Kämpfen der großen Welt, die den andern mitunter in wesentlich ungünstigerer Beleuchtung gezeigt hätten, absolut fernstand. Wenn ihm zuweilen nach ungezwungener Aussprache und Disputation zumute war, lud Frau Johanna in ihrem sicheren Instinkt für Bismarcks Bedürfnisse einen seiner Freunde, Motley oder Keyserling, ein, die ihr die Aufgaben abnahmen, denen sie nicht gewachsen war. So war es möglich, daß ihr das Bild ihres Mannes nach der familiären Erfahrung stets in jener einhellig positiven Sicht erschien, die Bismarck für die Ruhe und den Frieden seines Zuhause brauchte.

Die Ehe Bismarcks, im Juli 1847 geschlossen, war in hohem Maße auf Harmonie im familiären Zusammenleben gegründet und ganz nach den Bedürfnissen des Hausherrn gestaltet, der der weitaus führende, aktive, spannungsreiche Partner war, während Johanna sich im engen Bereich anpassungsfähig und unkompliziert erwies, ständig besorgt um ihn und die Kinder, ohne Anspruch auf eigene Lebensgestaltung, »facile à vivre«, wie Bismarck einst dem Bruder geschrieben hatte.

*

Im vollen Bewußtsein, eine politische und familiäre Heimat gefunden zu haben, stürzte sich Otto v. Bismarck mit Feuereifer in den öffentlichen Kampf. Der Erste Vereinigte Landtag, durch königliches Patent vom 3. Februar 1847 einberufen und am 11. April feierlich eröffnet, bot ihm dazu Gelegenheit. Nach dem im Mai 1815 durch Friedrich Wilhelm III. gegebenen, aber nie eingelösten Verfassungsversprechen ging die königliche Huld nur soweit, 1823 Provinzialstände zu schaffen; das waren nicht durch allgemeine Wahlen zustande gekommene Volksvertretungen der jeweils acht preußischen Provinzen, sondern nur Versammlungen von Abgeordneten, die die 3 Stände (Ritterschaft,

Eröffnung des 1. Vereinigten Landtages durch Friedrich Wilhelm IV.
Karikatur von Friedrich Engels

Städte und Landgemeinden) getrennt gewählt hatten; überdies hatten diese Stände über den Kleinkram der provinzialen und kommunalen Angelegenheiten hinaus keinerlei Entscheidungsrechte. So blieb es bis in die vierziger Jahre hinein. Als dann um die Jahreswende 1846/47 die preußische Regierung eine Anleihe für den Bau einer Eisenbahn von Berlin nach Königsberg aufnehmen wollte, erinnerten die Bankiers an das Staatsschuldengesetz von 1820, wonach eine größere Anleihe nur unter der Bürgschaft sogenannter Reichsstände aufgenommen werden dürfe. Ihr Garantieverlangen zielte – ob gewollt oder ungewollt – auf eine Konstitution, die dem Bürgertum nach seinem ökonomischen und sozialen Gewicht auch staatsrechtlichen Einfluß gewährte.

Friedrich Wilhelm IV., der »Romantiker auf dem Thron«, suchte in dieser Zwangslage den Ausweg in der Einberufung eines Landtags, der aus der Vereinigung der acht Provinziallandtage (der Kurie der drei Stände) und der Herrenkurie (der Repräsentation der Prinzen, Fürsten und Grafen) bestand. Der feudalständischen, überdies einen normalen Beratungs- und Geschäftsablauf erschwerenden Konstruktion des Landtags sah man an, daß schwierige Auseinandersetzungen innerhalb der Hof- und Regierungskreise und nicht minder schwierige Konsultationen mit Nikolaus I. in Petersburg und Metternich in Wien vorangegangen waren.[88]

Die Liberalen waren sich darüber einig, daß mit dem Patent vom 3. Februar das Verfassungsversprechen des vorherigen Königs nicht erfüllt worden war; uneinig waren sie sich jedoch über die einzuschlagende Taktik. Zugespitzt gesagt, liefen die taktischen Varianten auf die Alternative hinaus: entweder Boykott des Vereinigten Landtags oder von seinem ungenügenden Rechtsboden aus Fortführung des Kampfes um eine bürgerliche Verfassung. Diese zweite Variante war die Position der rheinischen Großbourgeoisie, die sich innerhalb der in Entstehung begriffenen liberalen Partei durchsetzte. Unter ihnen war David Hansemann der energischste; er prägte in seiner Rede zu den Vorlagen der Regierung über neue Anleihen und Steuern jenen in den Schatz der geflügelten Worte eingegangenen Satz: »Bei Geldfragen hört die Gemütlichkeit auf.«

Aber es ging nicht nur um Geldfragen; da bei der Eröffnung des Landtags der König in seiner Thronrede erklärte, keine Macht der Welt solle zwischen ihn und sein Volk ein Stück Papier, eine Verfassung bringen, war von ihm selbst die staatsrechtliche Grundfrage der Epoche gestellt, die Frage nach der konstitutionellen, zentralisierten (die provinziellen Unterschiede einebnenden) und schließlich laizistischen Monarchie. Unter solchen Umständen waren Adressen, Anfragen und Amendements trotz aller Restriktionen und Geschäftsordnungstricks unvermeidlich und damit Debatten über die mit einer modernen Monarchie zusammenhängenden Fragen.[89]

Otto v. Bismarck trat am 17. Mai 1847 erstmalig als junger, neugewählter Abgeordneter auf dem Ersten Vereinigten Landtag mit spektakulärer Unverfrorenheit dem Abgeordneten v. Saucken entgegen, der die Verfassungserwartungen der liberalen Opposition aussprach. Beleidigend ironisch und zugleich mit Demagogie negierte er anhand seiner Interpretation der Volksbewegung von 1813 alle Ansprüche auf eine Konstitution.[90] Wenige Tage nach seiner ersten öffentlichen Rede simplifizierte der unbeugsame Vorkämpfer der Krone die jahrzehntelangen Forderungen des Bürgertums – wie es in einem Brief an Johanna geschah – als banal aufgeputzte »Phrasen der rheinischen Weinreisenden-Politik«. Nach einer pauschal-negativen Ablehnung und moralischen Diffamierung der Opposition gestand er Johanna, daß ihn die »politische Aufgeregtheit ... über Erwarten heftig gepackt«[91] habe. Schon vorher hatte er ihr geschrieben: »Ich werde mich bald in derselben Aufregung befinden wie Thadden, der des Nachts unruhig aus Träumen auffährt, die ihn in den Landtag versetzten, und bei Tage das Essen darüber vergißt. Man wird um so ungeduldiger, da man fast nie dazu kommt, seine Meinung sagen zu können, nachdem man 6 Stunden lang alle Schamlosigkeiten angehört hat, und kommt man endlich dazu, so haben nach der Sache, gegen die man sprechen will, schon 20 andere Redner geredet, und sie ist vergessen.«[92]

Am liebsten hätte es Bismarck, wenn der König den Landtag sofort auflöste, sobald er für die Regierung ungünstige Entscheidungen trifft. Sein radikal-royalistischer Standpunkt kommt noch ausgeprägter in seiner Rede vom 1. Juni 1847 zum Ausdruck, die er Johanna gegenüber selbst »eine etwas heftige« nennt, »die bei meinen politischen Freunden Beifall fand und mir den Namen des Vinckenfängers zuzog«[93]. Die gegen Georg v. Vincke, den Abgeordneten aus der Grafschaft Mark, gerichteten Ausführungen Bismarcks laufen auf eine bedingungslose Absage an jegliche liberale Ansprüche hinaus. Das englische Volk hätte sich 1688 in einer ganz andern Lage als das preußische befunden, meinte Bismarck, ein Beispiel aus der Geschichte nach seinen Absichten verdrehend, »es war durch ein Jahrhundert von Revolution und Bürgerkrieg in die Lage gekommen, eine Krone vergeben zu können und Bedingungen daran zu knüpfen, die Wilhelm von Oranien annahm. Dagegen waren die preußischen Monarchen nicht von des Volkes, sondern von Gottes Gnaden im Besitz einer faktisch unbeschränkten Krone, von deren Rechten sie freiwillig einen Teil dem Volke verliehen haben: ein Beispiel, welches in der Geschichte selten ist!« Und weiter heißt es: »Der König hat wiederholt gesagt, er wünsche nicht gedrängt und getrieben zu werden; ich frage die Versammlung, was tun wir anders als daß wir ihn drängen und treiben, wenn wir jetzt schon dem Throne mit Bitten um Abänderung der Gesetzgebung nahen?«[94]

Nachdem er in dieser Weise royalistisch Tritt gefaßt hat, ist es nur konsequent, daß auch die anderen Reden Bismarcks, die vom 7. und 8. Juni über die Aufnahme einer Eisenbahn-Anleihe und die zur Judenfrage auf den gleichen Grundton gestimmt sind. In geradezu unangenehm überzogener Art setzt er alles, was den Wünschen der Regierung nicht entgegenkommt, moralischen Verdächtigungen aus, eine Methode, die nicht immer so grobschlächtig wie hier bleibt, deren er sich aber im Prinzip gern bedient. Seine Rede »Zur Judenfrage«, mit maliziösen Invektiven gespickt, bewegt sich auf der Ebene der christlichen Staatsauffassung, die den Pietisten geläufig ist: »Als Gottes Willen kann ich aber nur erkennen, was in den christlichen Evangelien offenbart worden ist, und ich glaube, in meinem Rechte zu sein, wenn ich einen solchen Staat einen christlichen nenne, welcher sich die Aufgabe gestellt hat, die Lehre des Christentums zu realisieren ...«[95] Hier argumentiert Bismarck ganz schulgerecht gerlachisch-pietistisch. In diesem Geist grenzt er sich von Humanitätsbegriffen ab, die er seinen Zwecken gemäß demagogisch verdreht. Entzieht man dem Staat, so meint er, die religiöse Grundlage, »so behalten wir als Staat nichts als ein zufälliges Aggregat von Rechten, eine Art Bollwerk gegen den Krieg Aller gegen Alle, welches die ältere Philosophie aufgestellt hat. Seine Gesetzgebung wird sich dann nicht mehr aus dem Urquell der ewigen Wahrheit regenerieren, sondern aus den vagen und wandelbaren Begriffen von Humanität, wie sie sich gerade in den Köpfen derjenigen, welche an der Spitze stehen, gestalten. Wie man in solchen Staaten den Ideen z. B. der Kommunisten über die Immoralität des Eigentums, über den hohen sittlichen Wert des Diebstahls als eines Versuchs, die angeborenen Rechte der Menschen herzustellen, das Recht, sich geltend zu machen, bestreiten will, wenn sie die Kraft dazu in sich fühlen, ist mir nicht klar; denn auch diese Ideen werden von ihren Trägern für human gehalten, und zwar als die rechte Blüte der Humanität angesehen.«

Das Gespenst des Kommunismus, von dem Marx im Kommunistischen Manifest wenig später erklärte, daß es umgehe in Europa, es ist also auch einem Otto v. Bismarck schon erschienen. Originalschriften sozialistischer und kommunistischer Publizisten wird Bismarck kaum gelesen haben, auch nicht Proudhons Sensationsschrift »Eigentum ist Diebstahl!«, aber er scheint das eine oder andere aus Lorenz Steins 1842 erschienenem Werk »Der Sozialismus und Kommunismus des heutigen Frankreich« herausgelesen zu haben.

Es kann kein Zweifel bestehen: Bismarck ist zu dieser Zeit politisch am Zuge. »Überhaupt bin ich wohl und ruhiger als Anfangs, weil ich thätigeren Anteil nehme«, berichtet er am 8. Juni 1847 zufrieden seiner Johanna.[96] Und im gleichen Brief erzählt er ihr auch, »die Verhandlungen sind jetzt sehr ernst, indem durch die Opposition alles zur Partheifrage gemacht wird, auch die jetzt vorliegende Eisenbahnsache. Ich habe mir viel Freunde und viel Feinde erworben, letztere mehr in-, erstre mehr außerhalb des Landtages. Leute, die mich früher nicht kennen mochten, und auch solche, die ich noch nicht kenne, überschütteten mich mit Zuvorkommenheit, und ich bekomme manchen gutgemeinten Druck von unbekannter Hand. ... Etwas angreifend sind die politischen Abendversammlungen außerhalb des Landtages; mit der Dunkelheit komme ich vom Reiten, dann geht es gleich ins englische Haus, ins Hot[el] de Rome, und man spricht sich so eifrig fest in die Politik hinein, daß man selten vor 1 zu Bett kommt.«

Bismarck steht jetzt mitten im politischen Getriebe, er agiert mit allen Kräften, weitet den Kreis seiner Einflußmöglichkeiten vor und hinter den Kulissen des Vereinigten Landtages aus und entdeckt sich mit Freuden selbst auf der politischen Kampfebene, die sein Leben lang die ihm gemäße bleiben wird. Er weiß und findet es mit Befriedigung bestätigt, daß er aufgefallen ist; bei seinen politischen Gegnern im Landtag wegen seiner polemischen Dreistigkeit, bei den Radikalen seines Standes ob seines Beispiels, wie man mit der Opposition verfahren und umspringen sollte. Von den verschiedenen Methoden, mit einer politischen Krisensituation fertigzuwerden, hat sich Bismarck für die des harten Zugriffs entschieden, den er dieses Mal allerdings – daher sein grimmiger Ärger! – aus der Defensive heraus praktizieren muß.

Doch Bismarck erkennt angesichts der liberalen Opposition, die im Vereinigten Landtag den Absolutheitsansprüchen der herrschenden Clique entgegentritt, daß er mehr zuwege bringen muß als nur scharfe Einzelattacken. Mit allem Eifer sucht er daher weitere Verbindungen und ist überaus rege in der antiliberalen Sammlungsbewegung, in der Ludwig v. Gerlach weiterhin eine bedeutsame Rolle spielt. Über diese Aktivitäten schreibt Bismarck an Johanna: »Die letzten Tage der Versammlung gaben noch harte Gefechte, besonders die Wahlen; Sitzungen und außer ihnen Umtriebe jeder Art, Clubs, Diners, Zeitungssachen, Königliche Einladungen, Conferenzen, Abschiedsbesuche, Rechnungen bezahlen, und was die Schändlichkeiten für Namen haben, wirbelten mich umher, bis ich grade am Montag ... bis Genthin fuhr, von dort sogleich nach Carow zu einer Conferenz mit verschiednen Junkern in Patrimonial-Gerichts-Sachen; am Dienstag 8stündige Verhandlung über dieselbe Sache mit einem Commissar des Ministers, und gestern fuhr ich wieder in derselben Sache mit gedachtem Commissar und unserm Freunde Gerlach nach Erxleben zum Minister Alvensleben. Wir sprachen uns heiser, schrieben sehr viel, wurden uns am Ende klar, daß wir von Hause aus ziemlich einig gewesen waren, dinirten sehr und tranken viel. ... Nun habe ich gefrühstückt, bin etwas schläfrig, soll um 2 Uhr bei Gerlach essen, um Zeitungsprojecte zu besprechen, und um 6 besteige ich die Eisenbahn, um endlich nach Schönhausen zu gelangen.«[97] Daneben aber kann sich Bismarck jetzt auch der Gunst des Königs rühmen. Am 22. Juni 1847 schreibt er an Johanna: »Vorgestern waren wir bei unserm Freunde dem Könige, und wurde ich von den hohen Herrschaften sehr verzogen ...«[98]

Ende Juni gingen die Sitzungen des Vereinigten Landtags ohne das vom König gewünschte Resultat zu Ende. Der Landtag lehnte die Ostbahn-Anleihe mit Zweidrittelmehrheit ab, also auch mit den Stimmen der Junker-Liberalen, beispielsweise Ostpreußens. Die Ablehnung wurde damit begründet, daß ihm das Recht auf Periodizität, also auf regelmäßiges Zusammentreten, wie es ordentlichen Reichsständen zusteht, vom König verweigert worden sei.

Wenn auch in den von der Regierung vorgegebenen Sachfragen ergebnislos verlaufen, war der Vereinigte Landtag politisch dennoch bedeutungsvoll. Er war der Ausgangspunkt für den weiteren Kampf um eine Lösung der Verfassungsfrage. Ungeachtet seiner äußerlich feudal-ständischen Konstruktion führten seine Debatten zu einer Herausbildung von losen und umrißhaften Parteifraktionen, die als konservativ und liberal bezeichnet werden können. Die ökonomisch-soziale Entwicklung in Preußen, demonstrativ gefördert durch die Reformgesetzgebung nach 1807, hatte dazu geführt, daß im Landtag allem protokollarischen und zeremoniellen Ablauf zum Trotz schon nicht mehr feudale Geburtsstände, sondern die dem heraufkommenden Kapitalismus angepaßten Besitzstände vorherrschend waren; deshalb konnten sie in ihrer Mehrheit jenem gemäßigten, preußisch-staatsfrommen, aber eine Konstitution anstrebenden Liberalismus zuneigen, der vornehmlich von den rheinischen Bourgeois getragen und vorangetrieben wurde.

Vier Tage, nachdem der preußische König den Landtag ohne

das erwartete Resultat und deshalb tief verärgert hatte auflösen müssen, erschien am 1. Juli in Heidelberg die »Deutsche Zeitung«. Redigiert von den süddeutschen Liberalen Gervinus, Häusser, Mathy und Mittermaier, war sie auch beraten von den Vertretern der liberalen Opposition im Vereinigten Landtag, wie Auerswald, Vincke und nicht zuletzt Hansemann. Hier wirkten süddeutsche und norddeutsche Liberale von großbourgeoisem Gewicht im Interesse der »Gemeinsamkeit und Einheit der deutschen Nation«, wie es im Programm der »Deutschen Zeitung« hieß, zusammen.[99] Synchron mit ihrem Erscheinen konferierte Bismarck mit Ludwig v. Gerlach wegen eines Zeitungsprojektes, das am 17. Juli 1847 in einem von ihm unterzeichneten programmatischen Rundschreiben angekündigt wurde. Indem sich das Blatt als Organ der konservativen Partei, die sich jetzt abzeichnet, ausweist, will es von Anfang an Angriffe auf den bestehenden Rechtszustand abwehren, »mögen sie von der Tagespresse, der Bürokratie, oder von ständischer Opposition ausgehn«[100].

Man sieht: Die Reaktion folgte dem allgemeinen Zug der Parteien- und Zeitungsgründungen, die immer konkretere Gestalt annahmen. Grund genug für die gegenrevolutionären Kräfte, sich noch besser und umfassender zu formieren. Dabei fand Bismarck 1847 den ihm gemäßen politischen Wirkungskreis. Durch sein Auftreten im Landtag befriedigte er die Erwartungen der rechtesten Cliquen vollauf. Er konnte mit einigem Stolz Johanna berichten: Es ist »mir gelungen, einigen Einfluß auf eine große Anzahl oder doch einige Abgeordnete der sogenannten Hof-Parthei und der sonstigen Ultra-Conservativen von mehreren Provinzen zu gewinnen, den ich benutze, sie soviel wie möglich vom Durchgehn und ungeschickten Seitensprüngen abzuhalten, was ich, nachdem ich meine Richtung unumwunden ausgesprochen, auf das Unverdächtigste tun kann«[101].

Doch über den engen Kreis des Landtags und der Konservativen hinaus reichte der Ruf Otto v. Bismarcks noch nicht. Es mag nicht weiter verwundern, daß die radikalsozialistische Monatsschrift »Das Westphälische Dampfboot« in ihren zusammenfassenden Berichten über den »Vereinigten Landtag« den Abgeordneten aus Schönhausen nicht erwähnenswert fand;[102] da springen andere Matadoren parlamentarischer Redeschlachten in die Augen, wie v. Vincke, v. Beckerath, v. Saucken, Camphausen und natürlich Hansemann. Das für die damaligen Verhältnisse große und traditionsreiche Organ, die Augsburger »Allgemeine Zeitung«, das regelmäßige und ausführliche Berichte über die Debatten in Berlin brachte, erwähnte nur kurz Bismarcks Auftreten im Vereinigten Landtag, einmal in sechzehn Zeilen seine Rede vom 1. Juni 1847, zum anderen Mal in einer spöttischen Notiz ein Bismarcksches Kraftwort von der »Erpressung« aus seiner Rede vom 7. Juni.[103] Der Berliner Korrespondent der Augsburger Zeitung hatte entsprechend der Richtung seines Blattes vornehmlich Interesse für die Reden der Liberalen. Aufmerksamkeit fand natürlich Thaddens Rede, »welche sich in so eigentümlicher Weise« bewegte, daß »deren vollständige Mitteilung für nötig« erachtet wurde. Inhalt und Stil seiner Ausführungen seien in diesem Zusammenhang nur angedeutet; er beendete sie unter »allgemeinem Gelächter« mit dem Schlachtruf: »Krieg den parlamentarischen Tyrannen.«[104]

Immerhin, Otto v. Bismarck hatte nun, mit 32 Jahren – wenn auch publizistisch noch wenig beachtet – seinen Platz im öffentlichen Leben gefunden. In der relativ kurzen Zeitspanne der letzten $1^1/_2$ Jahre hatte er viel erreicht und durfte, zu politischem Selbstbewußtsein gelangt, ferneren Kämpfen erwartungsvoll entgegensehen.

Vor und nach dem März 1848

Vom Spätsommer 1847 bis zum Frühjahr 1848 nahm in West-, Mittel- und Südeuropa die Bewegung im Volke deutlich an Breite, Kraft und Vielfalt der Formen zu. Der Nährboden für all das, was rumorte und rebellierte, war die Wirtschaftskrise. Die in ihr wirkende, von England ausgehende Dynamik der kapitalistischen Entwicklung wurde potenziert durch jene dem Feudalismus eigenen, seit Jahrzehnten immer noch ungelösten Widersprüche, deren es genug gab, ökonomisch-soziale und politische. Darum richtete sich die Opposition verschiedener Klassen und Schichten vordringlich gegen alle feudalen Herrschgewalten und verlangte, kurz und formelhaft gesagt: ökonomische Entlastung, bürgerliche Freiheit und nationalstaatliche Einheit.

In Preußen schien nach der Schließung des Vereinigten Landtags die Politik zunächst einen ruhigeren Gang einzuschlagen, so daß Otto v. Bismarck in unbeschwerter Stimmung Urlaub von ihr nehmen konnte. Am 28. Juli 1847 fand die Trauung mit Johanna v. Puttkamer in der hinterpommerschen Dorfkirche zu Altkolziglow statt, weitab vom Weltgetriebe. Bald danach fuhren die Neuvermählten über Kniephof nach Schönhausen, wo das Dorfvolk ihren Einzug ins Schloß als Gelegenheit zu festlichem Trubel gern wahrnahm. Nach einigen Tagen der Ruhe brachen Herr und Herrin zur Hochzeitsreise auf. Johanna lernte eine Welt kennen, die ihr bis dahin unbekannt geblieben war; sie wurde überwältigt durch die Vielfalt landschaftlicher Schönheit und altehrwürdiger Kultur. Da ging's zunächst elbaufwärts ins Böhmerland, schließlich ins goldene Prag und weiter nach Wien, das in seiner geschichtsgesättigten Pracht als kaiserliche Residenz die sittsame Frau aus dem Hinterpommerschen bezaubern mußte; alle ihre Sinne seien wie berauscht, schrieb sie an ihre Eltern.[105] Und für glücklich Reisende schien dort die Welt immer noch heil. Von Wien aus nahm das junge Paar auf einem Donaudampfer Kurs nach Linz, von dort reiste es ins Salzkammergut, dann durch Tirol und über den Brenner nach Oberitalien, das im ursprünglichen Reiseplan nicht einbezogen war. Bismarck entschloß sich, über Meran hinaus weiterzufahren, da das Reisegeld, über dessen Ausgabe er in Briefen an die Schwiegereltern und an den Bruder stets Rechenschaft ablegte, noch ausreichte und er doch »viel Vergnügen« hatte, »namentlich durch Johanna's totale Unblasirtheit, die niemals über den Harz und Carlsbad hinausgewesen war«.[106] Er selbst schien sich gerade deshalb etwas blasiert geben zu wollen, wenn er im Brief an seine junge Schwester meinte: Für mich »scheint die Zeit vorbei zu sein, wo man begierig ist, sich von neuen Anblicken imponieren zu lassen, so daß ich mich mehr durch den Reflex von Johanna gefreut habe«.[107]

Aber Venedig rang ihm doch das Geständnis ab: »Die Stadt übertraf meine Erwartungen.«[108] In ihr wehte ihn auch die Politik vorübergehend an; das junge Paar traf dort auf den preußischen König, der »sehr gnädig« gegen beide war, aber nur den Neuvermählten »zur Tafel zog«.[109] Der vorsichtige Friedrich Wilhelm IV. sprach mit Bismarck allein und bekundete diesem royalistischen Heißsporn im Hotelzimmer zu Venedig eine Gunst, die er ihm in Berlin während der Hoffestlichkeiten zur Zeit des Landtags verweigert hatte. Aus Angst, allzu parteiisch zu erscheinen, hatte er ihn damals augenfällig gemieden: Majestät liebte das ihm ergebene Eiferertum, zeigte sich aber nicht gern mit dem Eiferer. Alles, was Bismarck beunruhigt haben mochte, konnte im fernen Venedig geklärt und, soweit nötig, beigelegt werden. Aber ganz wolkenlos war die Ferienatmosphäre in der Adria-Stadt auch wieder nicht. Bismarck vermerkte seinem Bruder gegenüber kurz: »Hier stehn enorm viel östreichische Truppen und kommen immer noch mehr.«[110] Die im September 1847 gemachte Beobachtung versah er noch ohne Kommentar; aber es mußte ihm doch zu denken geben, daß die erfahrene und durch Spitzel unterrichtete Kaisermacht militärische Vorsorge traf, um Volksaufständen begegnen zu können, die dann tatsächlich Anfang Januar in ganz Italien ausbrachen – sechs Wochen vor der Pariser Februarrevolution, die zwar das weithin hallende, aber weder das erste noch das einzige Signal für die internationale Revolution von 1848/49 war.

Schon der Sonderbundskrieg zwischen den protestantisch-radikalen und katholisch-konservativen Kantonen der Schweiz im November 1847 endete mit einem Sieg über den klerikalen Partikularismus und eröffnete den Weg zu einem liberalen Bundesstaat. Sechs Wochen vor diesen blutigen Geburtswehen der modernen Schweiz reisten die Bismarcks, wahrscheinlich ohne zu ahnen, was sich hier entwickelte, quer durch dieses Land – vom calvinistischen Genf aus am See entlang und hinein in die ebenso imposanten wie jesuitisch beherrschten Urkantone bis nach Zürich, das noch vom Geiste Zwinglis und Huttens mitgeprägt war. Unter den Reisestationen fehlte auch nicht die Seefeste Chillon, die Bismarcks Neugierde schon durch Byrons Heldenepos erweckt hatte.

Im Oktober war das junge Ehepaar wieder in Schönhausen. Jetzt erst machte sich Johanna den Gutssitz als kramende und ordnende Hausfrau zu eigen, zunächst mit dem kiebitzenden Beistand ihrer Mutter aus Reinfeld, was Otto mit spöttischem Humor ertrug. In den ersten Januartagen 1848 reiste Bismarck nach Berlin, wo die im Juni 1847 begonnenen Besprechungen über die Gründung einer konservativen Zeitung wieder aufgenommen wurden. Aber das weltanschauliche und politisch-taktische Spektrum des Konservatismus – vom »katholischen Element« über den ständisch gesinnten Pietismus bis zu Konstitutionsfreundlichen reichend – war zu breit, als daß noch vor Revolutionsausbruch ein tragfähiges Zeitungsprogramm zustande kommen konnte. Da gab es noch zuviel »Unvereinbarkeit« der Ansichten, wie Bismarck meinte. Er vor allem stieß sich an denjenigen, »die … Protest, durch gesetzliche Wege, Constitution, periodische Steuerbewilligung etc. wollen (Friesen) was doch nichts andres heißt, als den Landtag mit dem Daum(en) auf dem Beutel an Stelle des Königs setzen.«[111] Offensichtlich bezeugte Otto v. Bismarck auch privat, eben im Brief an den Bruder Bernhard, einen Royalismus von extremster Couleur. Ein solcher Rigorismus war damals noch kein Beitrag zur konservativen Parteibildung, so daß es nicht verwunderlich ist, wenn Bismarck in der ersten Februarhälfte feststellen mußte: »Von Berlin höre ich gar nichts.«[112]

Die Konservativen waren in einer verzwickten Lage. Einerseits mußten sie erkennen, daß es in der geschichtlichen Welt neben der militärischen Staatsgewalt und offiziellen Staatsräson noch eine elementare Kraft des Volkes gibt, die durch materielle Nöte und geistig-politische Leitmotive bewegt wird. Andererseits waren sie zur notwendigen Selbstverständigung und damit zur beachtenswerten Parteibildung im Volke noch nicht imstande. Sie vertrauten angesichts der Massenbewegung mehr auf die militärische Repressions- als auf die geistige Überzeugungskraft. In dieser Hinsicht waren und blieben sie gegenüber der gesamten Linken im Hintertreffen, auch wenn diese darüber stritten, wie die allgemeinen Forderungen nach wirtschaftlicher Entlastung, bürgerlicher Freiheit und nationalstaatlicher Einheit konkret zu verwirklichen seien.

*

Differenzierungen innerhalb der antifeudalen Opposition hatten sich spätestens seit der Julirevolution von 1830 in verschiedenen Bereichen des öffentlichen Lebens bemerkbar gemacht, in der Literatur, in der Philosophie, in der Publizistik, in junghegelianischen Kreisen wie etwa den »Berliner Freien«, schließlich in der auf Deutschland wirkenden Emigration der radikalen Intellektuellen und Handwerksgesellen. Das alles nahm im Herbst 1847 festere und umfassendere Formen an, und zwar zunächst im deutschen Südwesten[113], wo die lebhaftere Parteienbewegung ihren wesentlichen Grund keineswegs in einer besonders starken Entwicklung der Industrialisierung hatte, vielmehr zurückzuführen war auf die napoleonische Revolution von oben und ihre besondere Art von Staatengründungen.

Nachdem in den Jahren 1802 bis 1810 das Großherzogtum Baden durch Annexion verschiedener Herrschaftsgebiete (Bistümer, Abteien, fürstliche und gräfliche Standesherrschaften, reichsunmittelbare Städte, versprengte Lehen von Nachbarstaaten) an die vereinigten altbadischen Markgrafenschaften entstanden war, konnte dieses Konglomerat nach Napoleons Sturz nur durch die ein Staatsbewußtsein schaffende Verfassung von 1818 einigermaßen fest zusammengehalten werden.[114] Ihre modernste Institution, die zweite, indirekt gewählte Kammer, sollte in den kommenden Jahrzehnten ein parlamentarisches Leben erwekken, das »das Samenkorn, das in den deutschen Verfassungen lag, nicht einschlummern und verfaulen ließ«, wie der junge, sonst gegenüber dem süddeutschen Liberalismus äußerst kritische Friedrich Engels 1842 in der »Rheinischen Zeitung« anerkannte.[115] Jedenfalls waren am Vorabend der 48er Revolution die politische Parteienbildung und die organisatorisch vielfältige Formierung des Volkes in der südwestlichen Region Deutschlands besonders günstig

Am 12. September kamen im zentral gelegenen Offenburg badische Demokraten zusammen, die das Auftreten der Liberalen in der zweiten Kammer der Karlsruher Ständeversammlung an dem maßen, was den in Bewegung geratenen Handwerkern und Arbeitern am dringendsten not tat. Seit langem schon sprachen die Kritiker der Liberalen gern von den »Kammermandarinen«, den »Maulliberalen«, den »Paradehelden« und »Schwätzern«. Ganz so scharf waren die in Offenburg Versammelten nicht, aber im Widerspruch zu dem verächtlich »Bourgeoisliberalimus« genannten Parlamentariertum formulierten sie unter dem Titel »Die Forderungen des Volkes« ein gemäßigt demokratisches Programm, das durch die Presse und als Flugblatt in vielen deutschen Staaten verbreitet wurde.[116] Am weitesten ging das Verlangen nach einer »Vertretung des Volks beim deutschen Bund«. Dem Deutschen solle »ein Vaterland und eine Stimme in dessen Angelegenheiten« werden, und der Nation gebühre »Gerechtigkeit und Freiheit im Innern« und »eine feste Stellung dem Ausland gegenüber«.

Hier sprachen nicht allein Demokraten, sondern auch Bürger eines jahrhundertelang nahezu schutzlos ausgelieferten Grenzlandes mit seinen sichtbaren und unsichtbaren Erinnerungen an das Zerstörungswerk französischer Soldateska von Ludwig XIV. bis Napoleon. Eine kräftige und freiheitliche Nation verlange, so heißt es weiter in dem programmatischen Dokument, eine »volkstümliche Wehrverfassung« mit »waffengeübten und bewaffneten Bürgern« ebenso wie Wahlgleichheit, Bildungsgleichheit und progressive Einkommensbesteuerung. Im Geiste sozialreformerischer Eintracht war auch die Rede vom Ausgleich »der Mißverhältnisse zwischen Arbeit und Kapital«.

Selbst wenn die Gründung einer Partei nach den bestehenden Gesetzen nicht möglich war, so hat die Verabschiedung und überregionale Verbreitung des Programms die Demokraten noch enger zusammengeführt und sie angespornt, das Volk in Schützenvereinen, Lesegesellschaften, Bildungsvereinen, Sänger- und Turnvereinen zu organisieren.

Da war es für die Liberalen höchste Zeit geworden, nach den Demokraten gleichfalls programmatisch hervorzutreten. Sie taten es vier Wochen nach der Offenburger Tagung im hessischen Heppenheim an der Bergstraße, das aber nicht weit vom badischen Mannheim und Heidelberg gelegen war. David Hansemann war schon im Sommer 1847 bei der Gründung der in Heidelberg erscheinenden »Deutschen Zeitung« Mitwirkender; jetzt trat er im Herbst bei dieser Heppenheimer Zusammenkunft als Initiator auf. Die Mehrheit der hier versammelten Bourgeoisliberalen stellte gegenüber dem Vorschlag im Offenburger Programm, beim Deutschen Bund eine sogenannte Volksvertretung einzuberufen, kritisch fest, »daß von der Bundesversammlung, wie sie gegenwärtig besteht, nichts Ersprießliches zu erwarten sei. Diesselbe hat ihre in der Bundesakte vorgezeichnete Aufgabe, soweit sie die Herstellung landständischer Verfassungen, freien Handels und Verkehrs, der Flußschiffahrt, des freien Gebrauchs der Presse usw. betrifft, nicht gelöst; die Bundesmilitärverfassung hat weder eine allgemeine Volksbewaffnung noch ein gleichmäßiges organisiertes Bundesheer geliefert. Dagegen ist die Presse unter Zensurzwang gestellt, sind die Verhandlungen der Bundesversammlung in Dunkel gehüllt. ... Das einzige Band gemeinsamer deutscher Interessen, der Zollverein, wurde nicht vom Bunde, sondern außerhalb desselben, durch Verträge zwischen den einzelnen Staaten geschaffen ...«[117]

Lief das Offenburger Programm trotz mancher Verschwommenheiten auf das Verlangen nach einer Republik hinaus, so hatte die Heppenheimer Erklärung die konstitutionelle Monarchie im Auge und ließ durch die Ablehnung des Bundestags und die Hervorhebung des Zollvereins das Streben nach preußischer Hegemonie, also auch einen Kompromiß mit der Hohenzollern-Monarchie erkennen. In der positiven Bewertung des Zollvereins gegenüber dem negativ beurteilten Bundestag sollte schon nach wenigen Jahren Otto v. Bismarck mit den Liberalen den Ansatzpunkt einer Übereinstimmung finden, die national- und wirtschaftspolitisch (nicht staatsrechtlich) immer bewußter und umfassender wurde.

Der Südwesten Deutschlands war, verglichen mit Rheinpreußen, Sachsen und Berlin, industriell wenig entwickelt; so war auch der Antikapitalismus hier nicht so stark ausgeprägt. Ein irgendwie gearteter Kommunismus fand da keinen besonders geeigneten Boden. Das schloß aber nicht aus, daß Marx-Freunde aus Westfalen gelegentlich meinten: »Nur einmal soviel Freiheit wie in Baden, nur eine Offenburger Versammlung, und die Sachen ständen anders.«[118]

In der Tat unterschied sich der Ende 1847 gegründete »Bund der Kommunisten« von den demokratischen und liberalen Organisationen allein schon durch die Art seiner Entstehung, seine Zusammensetzung und sein Aktionsfeld. Hervorgegangen war er aus dem »Bund der Gerechten«, in dem sich verproletarisierte Handwerksgesellen aus deutschen Ländern in Frankreich, der Schweiz, in England und in ihrem Heimatland selbst seit 1836 insgeheim organisierten und sich ideologisch zunächst vom Arbeiterkommunismus eines Wilhelm Weitling leiten ließen. Sie verfolgten das Aufbegehren des Proletariats in Frankreich und England und waren 1844 tief beeindruckt vom Weberaufstand im schlesischen Peterswaldau und Langenbielau,[119] wo sich die Lohnweber vor allem gegen die Unternehmer erhoben, sich nicht an feudalen Gutsakten, sondern an kapitalistischen Geschäftsbüchern vergriffen. Explosionsartig war auch in dem immer noch stark feudal-bürokratischen Preußen der neue Gegensatz zwischen Bourgeoisie und Proletariat aufgebrochen.

Aber gerade die Unterdrückung des Aufstandes durch Regierungstruppen machte deutlich, daß die Proletarier es in ihrem Kampf gegen die Fabrikherren auch mit dem feudal-bürokratischen und militärdespotischen Regime zu tun hatten. Welche allgemeinen Schlußfolgerungen sollten aus solchen konkreten Erfahrungen gezogen werden? Sollte eine sich bildende Partei des Proletariats ihren Kampf ausschließlich oder zumindest vordringlich gegen die Bourgeoisie führen? Etwa so, wie es dem sektiererischen Eiferertum »wahrer Sozialisten« oder Weitling vorschwebte? Im Suchen nach einer Antwort auf solche drängenden Fragen kamen viele im »Bund der Gerechten« zu der Überzeugung, daß man die bürgerliche Revolution nicht überspringen könne. Der Kampf um den Sozialismus mußte mit dem Streben nach bürgerlicher Demokratie verbunden werden. Das sollte sich später, in der Zeit der Bismarckschen Reichsgründung, wieder als höchst aktuell erweisen.

Das Sehnen der proletarischen Vorhut um Joseph Moll und Karl Schapper nach politisch-geistiger Selbstverständigung[120] und der intellektuellen Elite um Karl Marx und Friedrich Engels nach volksverbundener Aktion sollte um die Jahreswende 1847/48 in seltener Symbiose Erfüllung finden; so entstand ein Dokument von weltgeschichtlicher Kraft und weltliterarischer Bedeutung: Das Manifest der Kommunistischen Partei. Verglichen mit dem Offenburger Programm und der Heppenheimer Erklärung führte es zunächst ein publizistisches Schattendasein. Doch was vorerst unscheinbar anmutete, sollte später kräftig und weltweit ausstrahlen. Schon in den sechziger Jahren machte der Schlachtruf »Proletarier aller Länder, vereinigt Euch!« in der I. Arbeiterinternationale Geschichte. Ende Mai 1871, nach dem vertraglich dokumentierten Sieg über Frankreich und der Niederschlagung der Pariser Kommune, hörte ein Otto v. Bismarck im Reichstag von August Bebel Worte im Geiste des »Manifests«, die für den Kanzler des neuen Reichs, nach seinem späteren Eingeständnis, denkwürdig bleiben sollten.

Nach der höchst bescheidenen Verbreitung des Kommunistischen Manifests, das die historischen Bedingungen der revolutionären Arbeiterbewegung programmatisch skizzierte und als Fernziel die Befreiung der Menschheit von jeglicher Klassenherrschaft und des Individuums von allen entfaltungshindernden Fesseln proklamierte, bezeichneten die Ende März erschienenen »Forderungen der Kommunistischen Partei in Deutschland« jene Nahziele, die in der bürgerlich-demokratischen Revolution erkämpft werden sollten. Voran stand die radikal-jakobinische Formulierung des nationalstaatlichen Ziels: »Ganz Deutschland wird zu einer einigen, unteilbaren Republik erklärt.« Nicht allein, daß diese im Unterschied zum Offenburger Demokratenprogramm ohne Rücksicht auf die Legalität ganz offen gefordert wurde, die Republik war überdies für »ganz Deutschland« gedacht. Das setzte die Zerstörung der preußischen und habsburgischen Monarchien und die Verschmelzung der deutschsprechenden Teile der Habsburger Monarchie mit den übrigen Teilen Deutschlands voraus. Die »einige, unteilbare« Republik bedeutete die Beseitigung der Kleinstaaterei und den zentralisierten

Nationalstaat. Mag man die radikale Form der nationalstaatlichen Forderung im Aktionsprogramm der Kommunisten als Utopisterei abtun – eins ist unleugbar: Sie war die rücksichtsloseste Kampfansage an den deutschen Partikularismus, der noch in der Reichsgründungszeit unheilvoll wirken und sogar in den achtziger Jahren die demokratische Parteienentwicklung behindern sollte.[121]

Die seit dem Herbst 1847 entstehenden Parteien und Organisationen der Bourgeoisie, des Kleinbürgertums und des Proletariats, die sich als Klassen und Schichten selbst wieder in einem strukturellen Übergangsprozeß befanden, hätten im Vorfeld der Revolution und in ihr selbst ohne die elementare Volksbewegung kaum einen Einfluß ausüben können. Die Spontaneität der Bewegung in verschiedenen Phasen der revolutionären Entwicklung war unverkennbar ein Zeichen dafür, daß das Streben nach bürgerlich-demokratischer Freiheit und nationalstaatlicher Einheit tiefe und feste Wurzeln geschlagen hatte.[122] Demgegenüber waren die Konservativen in geistig-politischer Hinsicht hilflos und zerfahren.

*

Wie so oft seit 1789, gab wieder einmal Frankreich das entscheidende Signal zur revolutionären Bewegung in Deutschland. Da die Franzosen in den Jahren 1789–1794 alles Feudale in Gesellschaft und Staat gründlich genug abgeschafft hatten, waren der Sturz des Bürgerkönigtums am 24. Februar 1848 und die Errichtung der Republik eine Nachfolge-Revolution von eigener Art; sie war eine konvulsivische Anpassung der Staatsform an neue Kräfteverhältnisse unter den verschiedenen Fraktionen der Bourgeoisie, des Proletariats und des Kleinbürgertums – vor allem im Zeichen des sich entwickelnden Industriekapitalismus, der eben seine erste große Krise durchzustehen hatte. Die französische Revolution von 1848 mobilisierte überall den Widerspruch gegen die feudalen Zwänge und den Widerstand gegen die Fremdherrschaft; sie belebte das Verlangen nach nationalstaatlicher Einheit in Mittel-, Südost- und Südeuropa. Überall wurden die Massen revolutionär aufgewühlt und der Adel alarmiert.

Auch das Besitzbürgertum war durch die Pariser Proletarier und deren erste Vertretung in der Provisorischen Regierung aufgeschreckt und in seinen Bemühungen um reformerische Vereinbarung mit Fürsten und Aristokraten recht empfindlich gestört; ein solch gebildeter Bourgeois wie Gustav Mevissen warnte seinen Parteifreund David Hansemann bereits am 28. Februar vor »den Wühlereien der Kommunistencliquen«[123]. Ebenso zeigte sich Bismarck trotz spöttischen Anflugs einigermaßen konsterniert, als er am 1. März von Schönhausen aus seinem Bruder berichtete: »Meine Damen sind in händeringender Aufregung über die allerdings sehr unerwarteten Nachrichten aus Frankreich.« Er hielt es nicht für ausgeschlossen, ausrücken zu müssen, wenn die Preußen »nach dem Rhein marschiren sollten«.[124] In ähnlicher Stimmung befanden sich rheinisch-westfälische Bourgeois; August v. d. Heydt, der Elberfelder Bankier, befürchtete ein »engeres Schutz- und Trutzbündnis der Heiligen Allianz«, und Mevissen erwartete gar »die Mobilmachung der Armee« und als patriotische Begleiterscheinung wie anno 1813 das Zusammentreten der Stände.[125]

Sprachen die besitzenden Kreise der preußischen Gesellschaft, um den Krefelder Großkaufmann Hermann v. Beckerath und den Kölner Bankier Ludolf v. Camphausen zu zitieren, von der »Katastrophe von Paris« und davon, daß »die Ereignisse in Frankreich wie Blei auf allen Sinnen« lägen,[126] so reagierten die Massen ganz anders. Schon am 27. Februar 1848 fand in Mannheim eine große Volksversammlung statt, auf der neben Volksbewaffnung, Pressefreiheit und Schwurgerichten die »sofortige Herstellung eines deutschen Parlaments« gefordert wurde. Ähnliches geschah am gleichen Tag in München; danach folgten Volksversammlungen in Stuttgart, Mainz, Hanau und anderen Städten. Die revolutionäre Bewegung in den größeren und mittleren Städten verbreitete sich rasch in nördlicher und östlicher Richtung, nach Hannover, Braunschweig, Sachsen und Thüringen. In Köln brachte am 3. März die kleine Gruppe des »Bundes der Kommunisten« bereits die Kraft auf, vor dem Rathaus eine große Kundgebung zu organisieren und dem Gemeinderat radikal-demokratische Forderungen zu unterbreiten. Damit war auch politisch der Boden vorbereitet, auf dem Karl Marx, Friedrich Engels und ihr ganzer Stab vom Sommer ab in der »Neuen Rheinischen Zeitung« weit über den lokalen Rahmen hinaus im Sinne der radikalen Demokratie und »roten Republik« wirken konnten.[127]

Nicht nur die Volksmassen in den Städten waren in Bewegung geraten, auch die Bauern im Südwesten Deutschlands, in Baden und Württemberg begannen in den ersten Märztagen sich recht unehrerbietig zu rühren; ähnliches geschah noch in anderen deutschen Staaten.[128] Als da und dort die Bauern, mit Sensen, Heugabeln und Beilen bewaffnet, die Schlösser stürmten und große Scheiterhaufen aus Feudal-Urkunden und -Folianten errichteten, erinnerte das alles an den Bauernkrieg von 1525.

Um welches Gebiet der fälligen Umgestaltung von Gesellschaft und Staat es sich auch handelte, überall, auch in Preußen, gab es zwischen Besitzbürgern, Adligen und regierenden Beamten ein hartnäckiges Ringen um die bestmögliche Art, mit der revolutionären Bewegung fertig zu werden: durch merkliche Zugeständnisse, rücksichtslose Unterdrückung oder eine wohldosierte Mischung beider Taktiken. Zu den Teilsiegen des Volkes in den kleinen und mittleren Staaten gehörten die Aufhebung oder Lokkerung der Zensur, die Aufnahme von Liberalen in Regierungsämter oder ihre Entsendung als Bundestagsgesandte nach Frankfurt. Schon in der ersten Hälfte des März wurde klar, daß die Liberalen nur auf Grund der Verständigungsbereitschaft der Obrigkeit imstande waren, die Radikalisierung der Volksbewegungen zu verhindern und sie im Geiste gemäßigter Freiheitsrechte und konstitutioneller Vereinbarungen mit den Dynastien zu kanalisieren.

Es schien, als ob die Teilsiege der Volksbewegungen in den kleinen und mittleren Staaten notwendig gewesen wären, um einmal dem Volk in Preußen und Österreich die nötige Zuversicht zum Generalangriff auf die zwei festesten Bollwerke des Absolutismus zu geben, zum andern der Staatsbürokratie die nötige Zuversicht in die Haltbarkeit der bestehenden Ordnung zu nehmen.

Zuerst begann der Sturm auf die absolutistische Festung in Wien, das eine Stadt der Barrikaden wurde; in der Nacht vom 13. zum 14. März kam die Entscheidung: Metternich und der Erzherzog Albrecht mußten fliehen, aber die kaiserliche Regierung blieb vorläufig. Das Volk hatte sich die Freiheit zur politischen Organisation und militärischen Formierung erkämpft. Die Bürger bildeten die Nationalgarde, die Studenten die Akademische Legion.

Am 15. März erfuhr Berlin, was sich in Wien ereignet hatte. Schon vorher hatten sich fast täglich Handwerker, Arbeiter, Studenten und junge Kaufleute versammelt, vor allem an der beliebten Vergnügungsstätte »In den Zelten« des Tiergartenviertels. Immer nachhaltiger versteiften sich die Berliner auf zwei Forderungen: auf die Einberufung des Vereinigten Landtags und auf den Abzug des Militärs, das wie eine feindliche Ordnungsmacht in den Berliner Straßen herumstreifte, kontrollierend und provozierend. Friedrich Wilhelm IV. war in seinem autokratischen Gottesgnadentum befangen und gefangen. In der ersten Märzhälfte ließ er sich nur solche Konzessionen abringen, die der Stimmung im Lande schon nicht mehr entsprachen und also zu spät kamen. Immer noch vertraute er in erster Linie der Armee, die er selber nicht mit fester Hand zu führen imstande war. Einerseits halsstarrig, andererseits innerlich zerrissen, weil verschiedenen Einflüssen ausgesetzt, manövrierte sich der Monarch in eine solche Lage, wo Demütigungen und Anbiederungen gegenüber dem verachteten Straßenvolk unvermeidlich wurden, wenn anders er nicht vom Thron gestürzt werden wollte.

Am 17. März forderten Volks- und Bürgerversammlungen anstelle der aus der Hauptstadt abzuziehenden Linientruppen die Organisation einer bewaffneten Bürgergarde und die Gewährung der Pressefreiheit. Das alles enthielt nichts Republikanisches, nichts Umstürzlerisches. Etwas Derartiges lag nicht einmal in dem Plan, am folgenden Tag vor dem Schloß zu demonstrieren, um den Forderungen Nachdruck zu verleihen. Die Masse des Volkes, die am 18. März zum Schloß strömte, war so vertrauensselig, daß sie die Patente, die der König am Mittag verkünden ließ, zunächst beifällig aufnahm: Das eine verkündete die Aufhebung der Zensur, das andere die Einberufung des Vereinigten Landtags für den 2. April. Das vom König, selbst vom Prinzen von Preußen und sämtlichen Ministern unterschriebene Verlangen nach Umwandlung Deutschlands von einem Staatenbund in einen Bundesstaat und nach Einführung einer konstitutionellen Verfassung in allen deutschen Ländern versetzte die Stadt in patriotischen Enthusiasmus, der republikanische Träume schwerlich aufkommen ließ.

Aber die vor dem Schloß Versammelten waren in den vergangenen Wochen vom Militär zu sehr als »Bürgerkanaille« bevormundet und schikaniert worden, als daß man die Forderung nach seinem Abzug vergessen hätte; darüber stand nichts in den königlichen und regierungsamtlichen Patenten. Als dann die plötzlich mißtrauisch gewordene Menge überdies Truppen im Schloßhof bemerkte, wurde das, was noch tags zuvor eine Forderung war, ein heftiger Protest: »Die Soldaten fort! Das Militär zurück!«

Barrikadenkämpfe in Berlin. März 1848

Statt dessen rückte das Militär vor. Zunächst trabten Dragoner auf die versammelten Menschen zu – mit der Absicht, wie es hieß, den Platz friedlich zu räumen. Die gezogenen Säbel der uniformierten Bauernsöhne erschienen jedoch der hauptstädtischen Volksmenge als recht unfriedlich. Als dann noch irgendwo im wogenden Durcheinander zwei Schüsse fielen, steigerten sich die Proteste in eine nach Rache dürstende Wut. Im wirren Ineinandergreifen von Mißverständnissen und Provokationslust draußen um das Schloß und im Durcheinander der Entschlüsse, der Ordres und Kontreordres drinnen in den königlichen Beratungszimmern entluden sich die Spannungen der letzten Wochen – Spannungen bei der durch die Truppen gedemütigten Bevölkerung, aber auch bei den Militärs, die die Feindseligkeit der Zivilisten täglich stärker gespürt hatten.

Die spontane Volksbewegung, die in den letzten Monaten und Wochen angewachsen war, zeigte in den Stunden des Aufstands eine kaum glaubliche Improvisationskunst. In kürzester Zeit wurden Barrikaden errichtet; Männer, Frauen und Kinder stiegen auf die Dächer und in die obersten Stockwerke, von wo aus sie die Truppen mit allem bewarfen, was ihnen in die Hände kam. Aus der Masse ragten kühne und entschlossene Gestalten heraus. Bis in die Nacht hinein dauerten die Kämpfe an, die dem Militär Vorteile brachten, aber keinen Sieg.

Über die inneren Entscheidungskämpfe und -krämpfe des Königs ist auch von den Verteidigern des Monarchen viel Abschätziges gesagt und geschrieben worden; dergleichen Kritik diente den Militärs, von ihrem eigenen Mangel an Überblick, von ihrer Unüberlegtheit gerade zu Beginn der Auseinandersetzungen abzulenken – auch von all ihren Tücken während der Verhandlungen im Schloß.[129]

Am Morgen des 19. März waren die Truppen ziemlich erschöpft und litten bereits unter Nahrungsmangel, während das Volk in den entfernten Straßen und Vorstädten zum weiteren Kampf bereit stand. Ungeschlagen waren auch die Borsig-Arbeiter in der Oranienburger Vorstadt, deren Ingrimm über die Entlassung von 400 ihrer Kollegen in den ersten Märztagen sich eher gegen den sichtbaren Militärdespotismus als gegen die unsichtbare Dynamik der Industrialisierung richtete. Selbst der Kommandierende General v. Prittwitz mußte feststellen, daß die Leistungen der Truppe hinter seinen Erwartungen zurückblieben und ihre Disziplin sich zu lockern begann.[130] Konnten da die Kämpfe nicht in ein Fraternisieren der Soldaten mit den Volkskämpfern übergehen?

Nach der Lage der Dinge mußte das oberste Gebot des Monarchen sein: Sichern der militärischen und moralischen Kampfkraft der preußischen Kernregimenter. Das erforderte, ihre Feindberührung mit dem aufständischen Volk zu beenden; so ergab sich gleichsam zwangsläufig der teils vom entnervten Friedrich Wilhelm, teils vom trotzigen General v. Prittwitz an die Truppen ergangene Befehl, sich aus der Hauptstadt zurückzuziehen. Der König blieb und ließ sich im Schloß bereits vom 19. März an von einer Bürgergarde bewachen. Wie in Wien nach dem 13. März Metternich und ein Erzherzog gehen mußten, leistete man auch in Berlin nach dem 18. eine politische Opfergabe ersten Ranges: Prinz Wilhelm, der Repräsentant der Militärpartei am Hofe und präsumtive Thronfolger, erhielt vom König einen politischen Scheinauftrag an die Königin von England und

Aufständische am Palais des geflüchteten Prinzen Wilhelm. Berlin, Unter den Linden, Ecke August-Bebel-Platz

verließ fluchtartig mit einem Boot über die Havel das Land.[131] Doch wie alle seine Zugeständnisse vor dem 18. März war auch diese Konzession Friedrich Wilhelms IV. ungenügend.

Am 19. März wurde der König gezwungen, mit der Königin am Arm im Schloßhof den dort aufgebahrten Leichen der gefallenen Barrikadenkämpfer entblößten Hauptes seine Reverenz zu erweisen. Dieser Demütigung wurde am gleichen Tag noch eine zweite hinzugefügt: die Truppen zogen unter Beschimpfungen der Berliner aus der Hauptstadt nach Spandau und Potsdam. Sollte das preußische Königtum das alles hinnehmen, ohne an einen Gegenschlag zu denken? Sollten nicht etwa die abgezogenen Truppen und unverbrauchte, von Stettin aus befehligte Einheiten Berlin umzingeln, militärisch besetzen und dort der »Schlange der Revolution« den Kopf zertreten? Friedrich Wilhelm IV. als sichtbares Haupt der preußischen Krongewalt hätte den formellen Oberbefehl übernehmen müssen. Wie ernsthaft dieses und ähnliches ins Auge gefaßt wurde,[132] zeigen nicht zuletzt die Anstalten zur Flucht des Königs in der Nacht vom 19. auf den 20. März und ein dritter Versuch in der Nacht vom 20. zum 21. März.[133] Doch Friedrich Wilhelm schreckte vor der Ausführung der Pläne, zweimal sogar in letzter Minute, zurück. Aus

Aufstellung der Särge der Märzgefallenen auf dem Gendarmenmarkt vor dem Deutschen Dom, heute Platz der Akademie
Auf dem Platz fand zunächst ein feierlicher Akt statt. Dann setzte sich ein gewaltiger Zug durch das Spalier der Bürgerwache in Bewegung: Die Särge wurden von Bürgern getragen. Die Handwerkerinnungen eröffneten mit ihren Emblemen und Fahnen den Zug. Unter den Honoratioren der Stadt auch die Professoren der Universität, unter ihnen Alexander von Humboldt. Es folgten bewaffnete Studenten, dann die Fabrikarbeiter, vor allem die Maschinenbauer, angeführt vom Gründer der Lokomotiven- und Maschinenfabrik August Borsig, nicht zuletzt die Polen mit ihrer rotweißen Fahne und die Italiener, zum Teil Sänger der Oper, mit ihrer grünweißroten Nationalfahne, dann Gymnasiasten und sonstige Deputationen.

Ängstlichkeit? Wie dem auch sein mochte, bei seinem Verhalten waren wohl auch politische Skrupel im Spiel, die vor allem vom Ministerpräsidenten, dem Grafen Arnim v. Boitzenburg, ausgingen.[134]

Allen Stimmungen des Königs zum Trotz mußte sich ihm die Leben oder Tod der Monarchie berührende Alternative aufdrängen: Kann die am 18. März vollzogene und immer noch von der erregten Masse getragene Revolution militärisch niedergeschlagen, oder soll sie vielmehr in Zusammenarbeit mit kompromißbereiten Liberalen entradikalisiert, kanalisiert und später vielleicht irgendwie rückgängig gemacht werden? In dem wirren Hin und Her der Gefühle und Gedanken entschied er sich für das letztere; er zog es vor, den Gefahren mit politischer Mimikry zu begegnen. Mochte Friedrich Wilhelm IV. sonst leicht die Nerven verlieren, so zeigte er doch Mut, wo er seine rhetorische Begabung zeigen konnte. Am 21. März proklamierte er sich in einem Aufruf »An die Deutsche Nation« als »konstitutionellen Fürsten«, zugleich als »Führer des gesamten Deutschen Volkes« und bekräftigte diese Selbsternennung in einem theatralischen Umritt hoch zu Roß mit einer schwarz-rot-goldenen Binde am linken Arm und mit wiederholten Ansprachen im repräsentativen Zentrum Berlins. Der Demütigung vom 19. März folgte an diesem 21. die öffentliche Verleugnung innerster Überzeugungen.

Zum ersten Male in der preußischen Geschichte wurde die organisierte Militärmacht durch das Volk besiegt – durch das Volk im engsten Sinne des Wortes: vornehmlich durch Handwerksgesellen und Arbeiter, wie die soziale Zusammensetzung der im Friedrichshain bestatteten Märzgefallenen zeigt.[135] Das war ein bis dahin nie für möglich gehaltener Vorgang, der in das radikaldemokratische Bewußtsein des Volkes, insbesondere der hauptstädtischen Arbeiter, einging.

Überall in den deutschen Ländern hatte sich das Volk bürgerliche Freiheiten erkämpft; es konnte sich in politischen Organisationen, ja teilweise in bewaffneten Formationen zusammenschließen und frei agitieren. Vertreter der liberalen Großbourgeoisie kamen an die Spitze der verschiedenen Regierungen – in Preußen nach einem zehntätigen Übergangskabinett die rheinischen Großkaufleute Camphausen und Hansemann. Das preußische und das österreichische Heer hatten Niederlagen erlitten und waren für einige Zeit geschwächt. Die Märzbewegung vermochte aber weder die Staatsbürokratie zu beseitigen noch die monarchische Spitze abzuschlagen. Es formierte sich sogar ein konterrevolutionäres Zentrum in Form der Kamarilla beim preußischen König. Bei den gegebenen Machtverhältnissen lief alles auf die Frage hinaus, ob die halbe Revolution weitergeführt oder in eine ganze Konterrevolution übergehen werde.

*

Grabplatten Märzgefallener im Friedrichshain
»Gestern war ich mit Malle (seiner Schwester – E. E.) im Friedrichshain, und nicht einmal den Todten konnte ich vergeben, mein Herz war voll Bitterkeit über den Götzendienst mit den Gräbern dieser Verbrecher, wo jede Inschrift auf den Kreuzen von ›Freiheit und Recht‹ prahlt, ein Hohn für Gott und Menschen. Wohl sage ich mir, wir stecken alle in Sünden ... und Christus unser Herr ist auch für jene Meuterer gestorben; aber mein Herz schwillt von Gift, wenn ich sehe, was sie aus meinem Vaterlande gemacht haben, diese Mörder, mit deren Gräbern der Berliner noch heut Götzendienst treibt.«
Bismarck an seine Frau (Brief vom 16. September 1849)

Hier ruht in Gott
Georg Schubach

DEN AM
MAERZ 1848
GUSTAV
VON LENSKI
GEWIDMET VON

F. WERPEL
Arbeitsmann
28 Jahr
aus Berlin.

HERRMANN
SCHULZ.
Lehrling.
15 Jahr.

Entschiedene Demokraten wie energische Royalisten waren herausgefordert. Die Stunde des Handelns schlug nun auch für Otto v. Bismarck. Von den Ereignissen des 18. und 19. März erhielt er erste Kunde im Hause seines Gutsnachbarn, des Grafen v. Wartensleben auf Karow, zu dem sich Berliner Damen geflüchtet hatten. Noch nach über vierzig Jahren meinte Bismarck in »Erinnerung und Gedanke« über dieses Erlebnis: »Für die politische Tragweite der Vorgänge war ich im ersten Augenblick nicht so empfänglich wie für die Erbitterung über die Ermordung unsrer Soldaten in den Straßen.«[136] Nach seinem adlig-royalistischen Empfinden waren die Soldaten nicht im Straßenkampf gefallen, sondern »ermordet« worden. Wenn ihn die Wiener Straßenkämpfe, wo schon am 13. März die Bürger und Studenten gesiegt und Metternich, diese Symbolfigur eines ganzen Zeitalters, verjagt hatten, bereits radikalisierten, so empörten ihn erst recht parallele Ereignisse in Berlin.

Am 20. März meldeten sich in Schönhausen Deputierte aus dem dreiviertel Meilen entfernten Tangermünde mit der Aufforderung, auf dem Turm die schwarz-rot-goldene Fahne aufzuziehen. »Ich fragte die Bauern«, so berichtete später Bismarck, »ob sie sich wehren wollten: sie antworteten mit einem einstimmigen und lebhaften ›Ja‹, und ich empfahl ihnen, die Städter aus dem Dorfe zu treiben, was unter eifriger Betheiligung der Weiber besorgt wurde. Ich ließ dann eine in der Kirche vorhandene weiße Fahne mit schwarzem Kreuz, in Form des eisernen, auf dem Thurme aufziehen und ermittelte, was an Gewehren und Schießbedarf im Dorfe vorhanden war, wobei etwa fünfzig bäuerliche Jagdgewehre zum Vorschein kamen. Ich selbst besaß mit Einrechnung der alterthümlichen einige zwanzig und ließ Pulver durch reitende Boten von Jerichow und Rathenow holen.«[137]

Bismarck fuhr mit seiner Frau auf umliegende Dörfer und fand viele Bauern bereit, dem König nach Berlin zu Hilfe zu eilen. Nur ein Nachbar sympathisierte mit der Berliner Bewegung, warf seinem Gutsherrn vor, »eine Brandfackel in das Land zu schleudern, und erklärte, wenn die Bauern sich wirklich zum Abmarsch anschicken sollten, so werde er auftreten und abwiegeln«. Da replizierte der von Bürgerkriegsstimmung erfaßte Bismarck mit der Bemerkung, den aufmuckenden Bauern gegebenenfalls niederschießen zu wollen.

Man wird Bismarck dieses Draufgängertum, mit dem er sich – nur in anderer Form – schon 1847 öffentlich auf dem Vereinigten Landtag eingeführt hatte, ebenso glauben dürfen wie das Eingeständnis, daß er für die politische Tragweite der Vorgänge im ersten Augenblick nicht so empfänglich war. Beides schließt sich geradezu nahtlos an die unerbittliche Haltung an, mit der er ein Jahr zuvor ans Niederschlagen der Hungerrevolten gedacht hatte.

Otto v. Bismarcks Reaktion auf die erste Kunde von den Märzereignissen setzte sich sofort in Handlungsbereitschaft um. In der Tat gab es in der Landbevölkerung noch viel naiven, traditionell bestimmten Monarchismus; auch ließen sich manche antistädtische Gefühle beleben, zumal durch die Umwandlung der Fronden in Geld- und Naturalrente während der vergangenen Jahrzehnte frühere Spannungen zwischen Bauern und Gutsherrn gemildert worden waren und diese deshalb mehr durch Überredung als durch Befehl etwas ausrichten konnten. Dennoch hat Bismarck wohl in seiner Schilderung der Vorgänge vom März 1848 einiges allzu überhöht dargestellt oder absichtsvoll vereinfacht. Sollte sein Gutsnachbar der einzige gewesen sein, der ihn des Spielens mit dem Feuer verdächtigte? Wie mögen sich die Kossäten und Büdner in Schönhausen und in den Nachbardörfern wirklich verhalten haben?

Immerhin vermerkte der staatsfromme Konrektor Lindstaedt in seiner in den fünfziger Jahren niedergeschriebenen Dorfchronik: »In dem unglücklichen Jahre 1848 wurde auch ein Teil der Einwohner von dem Strom der Zeit mit fortgerissen, wozu die Hoffnung auf Abgabenerleichterung, überhaupt Gewinnsucht die Handlungsweise leitete. Die ruhigeren Gemüter hofften nur eine mehr geregelte Lasten- und Abgaben-Verteilung. Bei weitem die Mehrzahl schaarte sich um die Preußische Fahne.« Bekümmert setzte der gute Mann jedoch hinzu: »Auswärtige Sach- und Menschenkenner wollen gefunden haben, daß Schönhausen nicht mehr in dem guten Rufe steht, als vor etwa 30 bis 40 Jahren … Das Jahr 1848 hat … nicht vorteilhaft auf den geselligen Ton eingewirkt. Durch die verschiedenartigen politischen Ansichten entstanden Spannungen, Mißtrauen und Parteien.«[138]

Wenn Bismarck auch in den ersten Tagen nach dem 18. März seine über die Aussichten der haupstädtischen Revolution noch unsicheren Bauern überreden konnte, sich für einen Zug nach Berlin zur Befreiung des Königs unter Umständen bereit zu halten – die Probe aufs Exempel brauchte der Schönhausener Gutsherr nicht zu machen. Wer weiß, wie viele Leute sich im Ernstfall aus der Affäre gezogen hätten? Zunächst fuhr Bismarck allein nach Potsdam, um in Augenschein zu nehmen, was sich da wirklich abspiele. Allzubald erfuhr da der royalistische Heißsporn einige Ernüchterungen. Als erstes machte ihm General v. Prittwitz klar, daß er seines Bauernaufgebots nicht bedürfe. Die militärischen Kraftreserven lagen immer noch bei den Truppen, die in Spandau und Potsdam konzentriert waren und für einen Marsch gegen das revolutionierte Berlin in Bereitschaft gehalten wurden. Der in der Politik noch unerfahrene Bismarck gehörte zu dieser Zeit entgegen mancher apologetischer Überhöhung, die sein Wirken von späterer Sicht her erfahren hat, keineswegs zu den Hauptagierenden, sondern wurde lediglich als nützlicher Kundschafter benutzt. Nur von dieser Tätigkeit aus rückte er bisweilen vom Rande des Geschehens in dessen Zentrum.

General v. Prittwitz wollte weder eine Insubordination begehen, noch Zwist in die Generalität tragen und deshalb nicht ohne Befehl aus königlichem Haus zur Einschließung Berlins und seiner Wiedereroberung durch die Armee schreiten. Hier übernahm Bismarck einige Missionen, die allerdings sämtlich scheiterten. Zunächst bemühte er sich, offenbar instruiert von General v. Prittwitz, einen Angriffsbefehl bei den noch in Potsdam verbliebenen Prinzen zu erreichen; er fühlte bei dem jungen Prinzen Friedrich Karl vor, schließlich auch beim Prinzen Karl, der ihm aber lediglich ein offenes Schreiben übergab, das ihm Zugang beim König selbst verschaffen sollte.[139] Im Schloß in Berlin wurde Bismarck jedoch nicht vorgelassen, und der Brief, den er an den König richtete und in dem er ihn der Unterstützung des Landes versicherte, blieb vorerst unbeantwortet. Auch eine nochmalige Intervention beim Prinzen Karl nach seiner Berlinreise hatte keinen Erfolg.[140]

Bismarck, nicht so leicht zu beirren, suchte noch am gleichen Abend des 21. März den zurückgetretenen Innenminister v. Bodelschwingh in Potsdam auf. Der habe schon im Bett gelegen und weinend über den Fall des Vaterlandes den König einen falschen Feigling genannt, den er nie wieder zu sehen wünsche. Durch v. Bodelschwingh wurde der Besucher, wie es scheint, in die Fluchtpläne des Königs eingeweiht; über Bismarck erfuhren die anderen Junker, mit denen er in Potsdam und Berlin zusammentraf, daß die Flucht des Königs aus Berlin und die gewaltsame Niederschlagung der Revolution vereinbart waren und daß die Generäle unter Leitung von Prittwitz alle Vorbereitungen zu einer bewaffneten Konterrevolution getroffen hätten, nur fehle der direkte Befehl dazu.[141]

Da von den noch in Potsdam anwesenden Prinzen des Hohenzollernhauses kein Marschbefehl zu erhalten und der König persönlich nicht zu erreichen war, übernahm Bismarck noch einen weiteren Auftrag, nämlich ein Sondierungsgespräch mit dem Magdeburger General Hedemann. Der Test, ob jener bereit wäre, sich im Ernstfall Prittwitz' Plänen eines militärisch organisierten Gegenschlages zu unterstellen, drohte übel auszugehen, so daß sich der übereifrige Bismarck, dem sogar mit Verhaftung gedroht wurde, zurückziehen mußte. Nur sein Vertrauter, den er zum kommandierenden General nach Stettin schickte, kam mit einem positiven Bescheid zurück. Der dort residierende General v. Wrangel ließ mitteilen: »Was Prittwitz thut, thue ich auch.«[142]

Erst nach diesen meist erfolglosen Sondierungen suchte Bismarck als Vertreter einer Junkerdeputation die Prinzessin Augusta auf. Ermuntert wurde dieser Besuch durch einen Wink des indiskreten Prinzen Karl; ihm zufolge hatte Prinz Wilhelm von Preußen vor seiner Flucht nach England einen schriftlichen Einsatzbefehl für den Fall eines Sturzes Friedrich Wilhelms IV. hinterlassen.[143] Offensichtlich wollte Bismarck von der Prinzessin den von ihrem geflüchteten Gemahl hinterlassenen Einsatzbefehl herauslocken; dieser hätte die hohen Militärs um den General v. Prittwitz für einen Marsch nach Berlin recht und schlecht autorisiert – aber mehr schlecht als recht, denn Friedrich Wilhelm IV. war zwar im Berliner Schloß von der Bürgergarde immer noch bewacht, aber als König mitnichten abgesetzt. Das entscheidende Kriterium, um den Einsatzbefehl des geflüchteten Thronfolgers in die Tat umzusetzen, war also gar nicht gegeben. Auch war Augusta so weit unterrichtet, daß Friedrich Wilhelm IV. bei all seinen Schwankungen die Pläne der militärischen Hitzköpfe nicht billigte, vielmehr die Liberalen gegen die Demokraten ausspielen wollte, um sich Bewegungsfreiheit zu verschaffen. Zudem mißtraute sie dem Intrigantentum des Prinzen Karl, ihres Schwagers.

Es gab also für Prinzessin Augusta Gründe genug, um das Ansinnen Otto v. Bismarcks zurückzuweisen und noch am gleichen Tag ihrem Gemahl unter einer Deckadresse über die merkwürdige Junkerdeputation zu berichten: »Ich beschränkte mich darauf, Herrn v. Bismarck-Schönhausen zu sprechen, dem ich sagte, daß, da Du das Beispiel der treuesten Ergebung und Gehorsams gegeben hättest, jede Maßregel gegen die Beschlüsse des Königs Deiner Ansicht widersprechen würde. Ich ließ mir sein Ehrenwort geben, daß weder Dein Name noch der unseres Sohnes bei einem solchen Reaktionsversuch kompromittiert werden würde.«[144] Wie wenig die von der Prinzessin nicht vorgelassene Deputation eine bloße Staffage war, zeigt eine Notiz Ludwig v. Gerlachs vom gleichen Tag: »Ich wünschte ein konservatives Zentrum: Bismarck-Bindewald.«[145]

Einen Tag nach der Aktion Bismarcks erfuhr am 24. März die Prinzessin Augusta vom Fürsten Radziwill, dem Haupt der katholischen Hofpartei, daß der Schönhausener Gutsherr beim König hatte vorsprechen wollen und zurückgewiesen worden war.[146] Und so wie der hohe Herr die hohe Frau unterrichtete, hat wohl auch sie Informationen an den König weitergegeben. Warum war Fürst Radziwill überhaupt am 24. März in Potsdam, und weshalb suchte er die Prinzessin auf? In solchen Zeiten machte man kaum private Ausflüge. Hatte die Reise von Radziwill vielleicht auch etwas mit jenen Abmachungen zu tun, die am Tag zuvor im Berliner Schloß zwischen Otto Crelinger, einem Führer der Berliner Liberalen, und dem König getroffen wurden? Die Vermutung liegt nahe, daß Crelinger in dieser Audienz den König an die sogenannten Wedeke-Dokumente[147] erinnerte, die dynastische Intrigen, heikle Einflüsse von Freimaurerlogen, nicht zuletzt auch Grundstücks- und Eisenbahnspekulationen von königlichen Prinzen auch in der Öffentlichkeit enthüllen konnten.

Bald wurde offensichtlich, daß sich der König verpflichtete, seine Generale zu zügeln, während die Liberalen ihrerseits die Demokraten und alle anderen Radikalen bekämpften. Nach diesem Pakt, der auch die liberale Bürgerwehr in einem Patent vom 25. März legalisierte, konnte sich der König für einige Stunden nach Potsdam begeben und schließlich drei Tage später gänzlich dorthin übersiedeln.[148] Das waren auch die Vorbedingungen für die Ablösung der Regierung von Arnim-Boitzenburg durch die rheinischen Liberalen Camphausen–Hansemann.

Am 25. März nachmittags erschien in Potsdam zur Überraschung vieler der König selber. Vor dem Stadtschloß war das gesamte Offizierkorps der Gardetruppen versammelt, ohne Mannschaften. Man hatte also keine Parade vorgesehen, was ungewöhnlich erscheinen mußte; neu war auch, daß zur Ansprache des Königs im Marmorsaal sämtliche Offiziere befohlen wurden, nicht nur die hohen Chargen. Sein Hauptanliegen konnte nur sein, sie alle, die mit Gedanken eines Coups gegen das rebellische Berlin spielten, abzuwiegeln.

In der Tat begann Friedrich Wilhelm IV. seine kurze Rede mit folgenden Worten: »Ich bin nach Potsdam gekommen, um meinen lieben Potsdamern den Frieden zu bringen und ihnen zu zeigen, daß ich in aller Beziehung ein freier König bin, den Berlinern aber auch zu beweisen, daß sie von Potsdam aus keine Reaktion zu befürchten haben, und daß alle die beunruhigenden Gerüchte darüber durchaus unbegründet sind.«[149] Er beschwor die Offiziere, sich aller Äußerungen zu enthalten, die jene Gerüchte unterstützen könnten, als ob unter den Truppen, namentlich unter den Offizieren, eine Diversion gegen Berlin beabsichtigt sei. Die Lage in Berlin sei zwar nicht normal, die Arbeit liege darnieder, aber: »Ich bin niemals freier und sicherer gewesen als unter dem Schutze meiner Bürger. – Was ich gegeben und getan habe, das habe ich aus vollster und freier Überzeugung getan und längst vorbereitet; nur die großen Ereignisse haben den Abschluß beschleunigt und keine Macht kann und wird mich bewegen, das Gegebene zurückzunehmen, auch habe ich die Überzeugung gewonnen, daß es zu Deutschlands Heil notwendig, mich an die Spitze der Bewegung zu stellen.«[150]

Diese für die Offiziere fast unfaßbaren Worte haben unter den Versammelten eine Reaktion hervorgerufen, die alles andere als freundlich gegenüber dem Monarchen war. Selbst wenn das von Bismarck in seinem Erinnerungswerk Berichtete, wonach »ein Murren und Aufstoßen von Säbelscheiden« der Offiziere vernehmbar gewesen sei,[151] wohl als Legende zu bewerten ist, so hat doch auch Albrecht v. Roon, 1848 noch im Range eines Majors, den Eindruck der Königsrede auf die versammelten Offiziere in einem noch am selben Tag an seine Frau geschriebenen Brief gekennzeichnet: »Die finsteren Gesichter hellten sich nicht auf, der Ausdruck der Trauer und des Schmerzes war nicht vertilgt.«[152]

Bismarck, der übrigens in Potsdam bei Roon wohnte, erlitt am 23. und 25. März zwei politisch-moralische Niederlagen, die ihm zu denken geben mußten. Was ihm am 23. März in der Unterredung mit der Prinzessin Augusta widerfuhr, war kein einmaliger Mißerfolg in der konkreten Frage des geheimen Marschbefehls, sondern die Trübung seiner Beziehungen zu einer hochgestellten Person der Dynastie. Das mußte er spüren, auch wenn er nicht voraussehen konnte, daß ihm hier auf Jahrzehnte Vertrauen entzogen wurde und daß er von der späteren Königin und Kaiserin immer wieder Schwierigkeiten zu erwarten haben würde.[153] Die Königsrede am 25. März wiederum vermittelte ihm die Lehre, daß die Taktik des militärischen Kampfes gegen die Revolution vorläufig zu ändern sei; zudem erinnerte ihn Friedrich Wilhelms Auftreten an die grundsätzliche Erfahrung seiner Familie, sich an keiner Adelsfronde gegen den König zu beteiligen. Gerade weil führende Pietisten in ihrer religiös-politischen Rigorosität eine Fronde zumindest nicht ausschlossen, mußte Bismarck insbesondere während der Wochen nach dem 25. März in seinen Beziehungen mit ihnen vorsichtig auf Selbständigkeit achten.

Ludwig v. Gerlach arbeitete bereits einen Tag nach der Königsrede, am 26. März, einen Aufruf aus, der das junkerliche Panier erheben sollte.[154] Er verschickte ihn zur Begutachtung und Mitunterzeichnung an seinen Bruder Leopold, außerdem an Bismarck und andere. Durch ihre zustimmende Erklärung sollte der Aufruf zu einem ständischen Bekenntnis des Konservatismus werden. Er protestierte gegen die welsche Tyrannei der Umwälzung, stellte ihr den preußischen Staat, das deutsche Recht und die deutsche, das heißt die ständische Freiheit entgegen.

Man müsse den Schwerpunkt auf den einzuberufenden Vereinigten Landtag legen als zunächst einzige Tribüne zur politischen Propagandatätigkeit des Konservatismus im Rahmen der Gesamtmonarchie, seine Beratungen allerdings vor »revolutionärer Gewalt«, vor den »tobenden Pöbelmassen« schützen. Hier vollzog Ludwig v. Gerlach eine taktische Kursänderung. Während die Einberufung des Landtags vor dem 18. März eine von den Liberalen lancierte, populäre Forderung war, verlangten danach viele Volksversammlungen an seiner Stelle die Wahl eines verfassunggebenden Gremiums, einer Konstituante. Nach dem überraschenden Sieg der hauptstädtischen Bevölkerung über die Armee am 18. März entsprach ein Vereinigter Landtag nicht mehr dem Stand der revolutionären Entwicklung. Gerlach und seine intimsten Anhänger wollten den Vereinigten Landtag zu einem konservativen Refugium und Instrument ihrer Propaganda machen. Auf diesem Gebiet hatten die Konservativen ohnehin gegenüber den Liberalen und Demokraten vieles aufzuholen und mußten sich endlich auch der Presse bedienen, um – wie es im Gerlachschen Aufruf hieß – »der Welt zu zeigen, daß sie das freie Haupt vor wüstem Radikalismus, vor frechem Aufruhr nicht gebeugt hätten und nicht beugen würden«.

Dieses Programm wurde selbst von Pietisten mit gemischten Gefühlen aufgenommen. Sie spürten seine kompromißlose, teilweise provozierende Enge. Wenn Gerlach »deutsche Verfassung« und »deutsche Freiheit« pries, dann meinte er den mehr oder weniger engen Zusammenschluß deutscher Dynastien, also jenes »Alt-Deutschland«, das die übergroße Mehrheit der Deutschen wie Heinrich Heine in seinem Weberlied von 1844 endlich ins Leichentuch packen wollte. Bismarck unterzeichnete den Aufruf, änderte aber einiges an ihm. Mit der taktischen Grundlinie, den Vereinigten Landtag auszunutzen, war er zu diesem Zeitpunkt einverstanden, nachdem er wenige Tage vorher dem zuständigen Oberpräsidenten von Bonin mitgeteilt hatte, daß er »auf einem in *Berlin* abzuhaltenden Reichstage nicht erscheinen werde, weil dort unter den jetzigen Umständen eine freie Berathung unmöglich ist, und der Landtag nur zu völliger Vernichtung der Monarchie und des Gesetzes seinen Namen zu leihen gezwungen sein wird«[155]. Das schrieb Bismarck auf dem Höhepunkt seines konservativen Ingrimms. Nach dem 25. März schwenkte er nicht allein in der Landtagsfrage um, sondern legte sich noch weitere Mäßigung auf. Er dämpfte Gerlachs ständischen Übereifer, zumal auch andere aus dem Pietistenkreis meinten, daß »die Stände nicht zu halten und Census das einzig mögliche sei«[156].

Bismarck hob außer den im Aufruf angeführten inneren Gefahren noch eine andere hervor, die sich in diesen Tagen erneut vom Rheinland her abzeichnete: das »preußische Gebiet wird mit Zerstückelung bedroht«. Aus der Königsrede vom 25. März hörte Bismarck die Konzessionsbereitschaft an die gemäßigten Liberalen heraus. Anstatt sich zu empören, informierte er sich darüber, daß Vertreter der rheinischen Handels- und Industriewelt, also die Oppositionellen des Ersten Vereinigten Landtags, an die Türen der Ministerzimmer klopften und einen Chefsessel begehrten. Im übrigen konnten ihm die konstitutionellen Bewegungen außerhalb Preußens kaum entgangen sein. Darum redigierte Bismarck in den Aufruf den Satz hinein, daß die Junker weit entfernt von »irgendwelchen reaktionären Bestrebungen« seien. Nachdem er die Gerlachsche Vorlage im Sinne der neuen Taktik des Königs umgeändert hatte, setzte er seine Unterschrift unter das programmatische Dokument.

Adolf v. Thadden-Trieglaff, der Patriarch der pommerschen Pietisten, stimmte jedoch dem unverfälschten Aufruf Gerlachs zu. Wie es sich mit der Zustimmung Leopold v. Gerlachs und v. Voss-Buch verhielt, ist unbekannt. Die anderen Freunde lehnten es ab zu unterschreiben. Bis Monatsende wußte Ludwig v. Gerlach dies von v. Alvensleben, v. Gneisenau und v. Senfft-Pilsach. Der Aufruf, in welcher Fassung auch immer, wurde nie veröffentlicht; doch mochte er als Dokument der ersten Selbstverständigung im innersten Kreis der werdenden konservativen Partei dienen.

Kaum daß Otto v. Bismarck das Gerlachsche Schriftstück so weit gemildert hatte, daß es weder als Provokation gegen die Massen, noch als Fronde gegen den König aufgefaßt werden konnte, schrieb er am 28. März an den Bruder Bernhard: »Für ein deutsches Parlament am Bundestage ist man übrigens hier allgemein, sogar in der Ritterschaft portirt. Ich weiß nur nicht, wie Oestreich sich dazu stellen sollte. Der König hat sich privatim ebenfalls sehr friedfertig geäußert.«[157]

Am 30. März sandte er an die »Magdeburgische Zeitung« eine Erwiderung auf angeblich ungerechte Angriffe; im politisch bedeutungsvollen Teil dieser Zuschrift schlug er ungewöhnlich gemäßigte Töne an. Er will da glauben machen, daß »die Mehrzahl der Ritterschaft« in einer Zeit, wo es sich um das soziale und politische Fortbestehen Preußens handle, wo Deutschland von Spaltungen in mehr als einer Richtung bedroht sei, »weder Zeit noch Neigung« habe, ihre Kräfte »an reactionäre Versuche oder an Vertheidigung der unbedeutenden, uns bisher verbliebnen gutsherrlichen Rechte zu vergeuden«; vielmehr seien die Gutsherren gern bereit, »diese auf Würdigere zu übertragen, indem wir diese als untergeordnete Frage, die Herstellung rechtlicher Ordnung in Deutschland, die Erhaltung der Ehre und Unverletzlichkeit unsres Vaterlandes aber als die für jetzt alleinige Aufgabe eines jeden betrachten, dessen Blick auf unsre politische Lage nicht durch Parteiansichten getrübt ist«[158]. Auch hier enthielt sich Bismarck also jedes auftrumpfenden Bekenntnisses zu konservativen Prinzipien, warb vielmehr um Vertrauen und wies auf innere und äußere Gefahren hin. Am gleichen 30. März, als der Schönhausener Gutsherr dies alles zum Abwiegeln der revolutionären Unruhe nach Magdeburg schrieb, notierte Ludwig v. Gerlach wie sieben Tage zuvor in sein Tagebuch, er denke an Bismarck als an den von ihm »in Aussicht genommenen Kernpunkt der Bewegung«[159], die sich als entschiedene Antwort auf die revolutionären Ereignisse und Märzerrungenschaften verstehen sollte. Dabei ging er von der Überzeugung aus: »Die conservative Partei muß den Sieg des Rechtes vorbereiten, indem sie jeden Balken des zertrümmerten Schiffes, jeden Fetzen des Königlichen Purpurs festhält.«[160] Er wie Thadden, den er als den »treuesten Freund« ansah, wollten »in der einen Hand die Zukkerrübe, in der andern den Degen«[161] zum Kampf antreten und die Ihren anspornen.

*

Teils präzeptorhaft, teils von der Furcht geplagt, daß selbst die engsten Gefährten des Pietistenkreises unsicher geworden seien und »ohne Kraft zum Kampfe« sprechen und handeln könnten, schrieb Gerlach seinem, wie er glaubte, politischen Zögling Bismarck die entscheidenden Punkte vor[162], die dieser auf dem bevorstehenden Vereinigten Landtag vorbringen sollte. Zunächst bemühte sich Bismarck, dem Ansinnen Gerlachs in der Schönhausener Niederschrift seines Redekonzepts[163] gerecht zu werden. Darin sah er für die Versammlung die Forderung vor, »daß S. K. H. nach Preußen zurückkehre«, womit der auf den Prinzen Wilhelm bezogene Punkt 3 der Gerlachschen Vorschläge erfüllt gewesen wäre. Im Schönhausener Manuskript wurde auch das Heer gepriesen, das »die Waffen in der Hand, den Zorn im Herzen« unter Schmähungen militärisch eine gelassene Haltung bewahrt hätte. Das entsprach Punkt 1 der Gerlachschen Disposition. Aber damit brach er im Konzept plötzlich ab, vermutlich in der bei der Ausarbeitung wachsenden Erkenntnis, daß er nicht alle in der Gerlachschen Disposition aufgeführten Punkte ausführen könne; es erschien ihm zudem unmöglich, gemäß Punkt 2 alle Verhandlungen der »Revolutions-Minister« mit städtischen Deputationen und Clubs über die Staatsverfassung zurückzuweisen und, wie unter Punkt 4 gefordert, an den »staatsrechtlichen Grundlagen der bestehenden Verfassung« festzuhalten, also praktisch alle konstitutionellen Tendenzen abzulehnen. Bismarck spürte, daß ein Konservatismus in dieser Form und zu dieser Zeit keine Resonanz im Landtag finden könne, erst recht nicht in der öffentlichen Meinung.

So ist es nicht verwunderlich, daß Ludwig v. Gerlach, nachdem er in Begleitung Thaddens Bismarck vor Eröffnung des Zweiten Vereinigten Landtags am 2. April aufgesucht hatte, ins Tagebuch notieren mußte: »... er war etwas spröde gegen mich und nicht sehr mutig; ich gab aber die Hoffnung nicht auf.«[164] Doch selbst Gerlachs geringe Hoffnung erfüllte sich nicht. Bismarck ließ sein Schönhausener Konzept sozusagen in der Rocktasche und brachte während seines Auftretens in den Debatten nicht eine einzige der von seinem Mentor in vier Punkten fixierten Thesen zur Sprache. Aus dem Konzept benutzte er nur die bittere Formulierung, daß niemand mehr die begrabene Vergangenheit erwecken könne, »nachdem die Krone selbst die Erde auf ihren Sarg geworfen hat«.

Bismarcks Reden waren in der Tat, wenn man von der über die Finanzen absieht, auffallend matt. Da fielen Ausdrücke wie »Besonnenheit«, »Regeln der Schicklichkeit«, »geordneter und gesetzlicher Zustand«, »Ordnung im Innern«, »Besorgnis«. Mit ungewohnter Bedenklichkeit erklärte Bismarck am 5. April zweimal, er möchte der Regierung jetzt nicht »Verlegenheiten« oder »Schwierigkeiten« bereiten und ziehe es daher vor zu schweigen. Sicherlich vermochte er der an den König gerichteten Adresse, die den Dank für liberale Zugeständnisse aussprechen sollte, nicht zuzustimmen; dazu bedauerte er viel zu stark, daß die Vergangenheit eben begraben sei.[165] Doch kein aggressiver Ton, wie ansonsten, kam über seine Lippen, er gab nur Bedauern, Reserve und eine Haltung des Abwartens zu erkennen. Überdies erwähnte er in seiner kurzen Rede nicht weniger als dreimal die Umstände, die ihn den Status quo akzeptieren ließen. Das erste Mal rief das sogar »Gelächter« der Versammelten hervor, denen die anscheinende Ratlosigkeit Bismarcks neu war. Abschließend erklärte er: »Wenn es wirklich gelingt, auf dem neuen Wege, der jetzt eingeschlagen ist, ein einiges deutsches Vaterland, einen glücklichen oder auch nur gesetzmäßig geordneten Zustand zu erlangen, dann wird der Augenblick gekommen sein, wo ich dem Urheber der neuen Ordnung meinen Dank aussprechen kann; jetzt aber ist es mir nicht möglich!«[166]

Über seinen Versuch eines diplomatisierenden Alleingangs schrieb Bismarck in erstaunlich sachlicher Einschätzung dessen, was er tat, am 2. April 1848 an Johanna: »Ich bin viel beruhigter, als ich war; mit Vincke ein Herz und eine Seele.«[167] Ausgerechnet mit Vincke, dem altliberalen Oppositionssprecher auf dem Ersten Vereinigten Landtag im Jahr zuvor? Spielte Bismarck vielleicht im Geiste seiner taktischen Wendung auf eine vorübergehende Annäherung an jenen Mann an, den er später als einen »ungemein streitsüchtigen Menschen«[168] verketzerte? Immerhin hatten die Altersgenossen Savigny und Canitz in einem Gespräch am 29. März Bismarck geraten, allen die Hand zu bieten, auch den Feinden vom Vorjahr, seien es selbst Vincke oder Hansemann, und »leidenschaftslos die Umstände [zu] erwägen«.[169]

Nach dem 25. März haben Bismarck, wie er sich seiner Johanna gegenüber ausdrückt, »Freunde jeder Art« überlaufen, um ihm »ihre politische Weisheit beizubringen«[170]. Unbeeindruckt blieb er da nicht, auch wenn er ihnen »einige Resistenz« entgegensetzte, also seine Selbständigkeit wahrte. Nachdem Ludwig v. Gerlach hatte erleben müssen, daß Bismarck während seines parlamentarischen Auftretens am 2. April die Vier-Punkte-Direktive unberücksichtigt ließ, suchte er ihn erneut auf und sagte ihm einige kritische Worte. Bismarck drückte das recht drastisch aus: »Gerlach war 2 Tage hier und übte mit Thadden das Executorenamt an mir.«[171] Er habe sich aber nicht aus dem Geleise bringen lassen, so fügte er beruhigend für die geplagte Johanna hinzu, die ihn beschwor: »Du geliebtes Herz, laß Dich doch nur von (Oskar) Arnim, Thadden und Gerlach nicht anstecken. Bekomme doch nur ja nicht die schreckliche Reaktionskrankheit!«[172]

Während des Zweiten Vereinigten Landtags trat Bismarck noch mit zwei kurzen Anfragen zur schleswig-holsteinischen Frage am 4. April 1848 und einer zur polnischen Frage am 5. April 1848 auf, in der er die »polnisch-nationale Entwicklung des Großherzogtums Posen« als Gefahr für Preußen aufzeigen wollte. Auch bei diesen außenpolitischen Problemen war er um ein vorsichtiges Auftreten bemüht. Zweimal versicherte er der Regierung, daß er ihr keineswegs Schwierigkeiten machen wolle.

Von ganz anderer Art war seine Finanzrede vom 10. April 1848. In einer königlichen Botschaft vom 4. April wurden die zum Zweiten Vereinigten Landtag versammelten Stände aufgefordert, ihre Zustimmung zu erteilen, daß u. a. die »zur Wiederherstellung des Kredits und zur Aufrechterhaltung der Industrie erforderlichen Geldmittel erhoben oder beschafft werden dürfen, sei es mittels neuer oder zur Erhöhung älterer Steuern, oder durch rechtsgültig zu kontrahierende Anleihen.« Diese ökonomischen Fragen gingen Bismarck unmittelbar an den Nerv. Gegen Geldmittel zugunsten der Industrie entrollte er das Banner im Namen des platten Landes und der kleinen Städte, hingegen hatte er gegen 15 Millionen für die Mobilmachung der Armee nichts zu bedenken.

Sein Protest erwuchs aus der vorgegebenen Befürchtung, »daß das leitende System der Finanzen die Zustände unsres Vaterlandes mehr durch die Brille des Industrialismus auffaßt, als mit dem klaren Auge des Staatsmannes, der alle Interessen des Landes mit gleicher Unparteilichkeit überblickt; ich fürchte deshalb, daß bei der neuen Belastung die Last hauptsächlich auf das platte Land und auf die kleinen Städte gewälzt wird, und daß die Verwendung der aufgebrachten Mittel überwiegend der Industrie und dem Geldverkehr der größeren Städte zugute kommen wird«[173]. Nach dieser Verteidigung der ökonomischen Interessen der Gutsbesitzer fügte er noch das politische Argument hinzu, die Regierung wolle die Bevölkerung der größeren Städte durch »eine neue Konzession für Ruhe und Ordnung« gewinnen.

Unverhohlen redete sich Bismarck in einem Brief an Albert v. Below am 12. April 1848 seinen Ärger über Hansemanns Begünstigung der Industrie und den eigenen Mißerfolg von der Seele: »Vorgestern war die letzte Sitzung; nachdem ich allein protestirt, und eine lange Verwahrung im Namen des platten Landes gegen Hansemanns Verschwendungen für den panier percé der Industrie eingelegt hatte, votirte die Versammlung, durch eine sehr gute Rede von Vincke fortgerissen, mit großer Majorität einen Credit von 40 Mill[ionen] ...« Damit habe Hansemann »die Allgewalt über den Beutel der Steuerpflichtigen« erhalten. Notgedrungenes Lob der Rhetorik Vinckes und der Erfolg des Ministers – beides machte verständlich, warum sich Bismarck »noch im frischen Ärger der Politik« befand.[174]

Plattes Land und kleine Städte kontra Industrie und große Städte, das ist ein Gegensatz, den er auch in einem zwischen dem Zweiten Vereinigten Landtag und den Wahlen zur Nationalversammlung verfaßten Zeitungsartikel behandelte: »Wir leben in der Zeit der materiellen Interessen, und nach Feststellung der neuen Verfassung, nach Beruhigung der jetzigen Gährung, wird sich der Kampf der Parteien darum drehen, ob die Staatslasten gleichmäßig nach dem Vermögen getragen, oder ob sie überwiegend dem immer steuerbereiten Grund und Boden aufgelegt werden sollen, der die bequemste und sicherste Erhebung gestattet und von dessen Umfang nie etwas verheimlicht werden kann. ... Ebenso hören wir mit Bezug auf indirekte Besteuerung mehr von dem Schutzzollsystem zu Gunsten inländischer Fabrikation und Gewerbe sprechen als von dem für die ackerbautreibende Bevölkerung nöthigen freien Handel ...«

Städter, insbesondere die Advokaten, seien bestrebt, »die bisherige Ritterschaft als solche Leute zu bezeichnen, die den alten Zustand erhalten und zurückführen wollen, während die Rittergutsbesitzer wie jeder andre vernünftige Mensch sich selbst sagen, daß es unsinnig und unmöglich wäre, den Strom der Zeit aufhalten oder zurückdämmen zu wollen. ... Man täuscht den Landmann darüber, daß er mit dem Rittergutsbesitzer das gleiche Interesse des Landwirthes und den gleichen Gegner in dem ausschließlichen Industriesysteme hat, welches seine Hand nach der Herrschaft in dem preußischen Staate ausstreckt; gelingt diese Täuschung, so wollen wir hoffen, daß sie nicht lange dauert, daß man ihr durch eine schnelle, gesetzliche Abschaffung der bisherigen politischen Rechte der Rittergüter ein Ende mache ...«[175]

Dieser Artikel lag nur im Konzept vor, als ihn Bismarck in seinem Erinnerungswerk veröffentlichte. War er überhaupt je veröffentlicht worden? Oder diente er nicht vielmehr der Selbstverständigung, die Bismarck nach den Erfahrungen auf dem Zweiten Landtag nötig hatte? In der vorliegenden Form hätte er ihn nicht veröffentlichen können, ohne eine Entfremdung von den Gerlachs zu riskieren, denn alles, was er niederschrieb, geschah im Geiste der Entideologisierung, die dem Haupt der Pietisten ganz und gar zuwider war. Zum Kreis der Altliberalen um v. Vincke, mit dem er doch vorübergehend geliebäugelt hatte, konnte er auch nicht übergehen, dazu verband ihn zu viel, persönlich und gesellschaftlich, mit den pommerschen Pietisten, die über die Kamarilla den König beeinflußten.

Hier ging es schon nicht mehr um die Alternative Feudalismus oder Kapitalismus, sondern um den jeweiligen Anteil der Landwirtschaft und der Industrie am Reichtum der Nation, um in der Sprache von Adam Smith zu sprechen. Bismarcks Redensart vom »Strom der Zeit«, den man nicht aufhalten oder zurückdämmen könne, war schon eine heraufkommende Erkenntnis, die zumindest in allgemeiner Form einigen Grundtendenzen der historischen Entwicklung entsprach. Und wenn er die »schnelle, gesetzliche Abschaffung der bisherigen politischen Rechte der Rittergüter« zugestand, dann war dies kaum als Heuchelei anzusehen, obwohl er noch ein Jahr vorher die Patrimonialgerichtsbarkeit einträchtig mit Ludwig v. Gerlach verteidigt hatte. Einiges hatte Bismarck aus den Märzereignissen doch gelernt.

Bismarcks Hinweis auf die »Zeit der materiellen Interessen«

entsprach einer Ausdrucksweise, deren sich damals viele konservative Publizisten und Politiker bedienten. Schon deswegen ist es abwegig, seine Denkweise in die Nähe der ökonomischen Geschichtsauffassung bringen zu wollen, wie dies gelegentlich geschah.[176] Aber er verfügte über eine nüchterne, ideologisch kaum verbrämte Erkenntnis seiner junkerlichen, schon nicht mehr feudalen Einzelinteressen. Darum muß man das ernst nehmen, was der liberale Abgeordnete Victor v. Unruh im Frühjahr 1849 aus dem Munde Bismarcks gehört haben wollte: »Ich bin ein Junker und will auch Vorteile davon haben.« Kommentierend setzte Unruh hinzu: »Ich glaubte ihn richtig zu verstehen, daß er nicht sowohl pekuniäre Vorteile als solche der Stellung und des Einflusses meinte. Deshalb antwortete ich ihm: ›Dann ist mit Ihnen zu reden und zu verhandeln. Mit den Herren von der Rechten, welche immer das Staatswohl im Munde führen und die ganz Uneigennützigen spielen, ist kaum zu sprechen‹.«[177]

Bei der Verteidigung der »materiellen Interessen« ging es Bismarck tatsächlich nicht mehr (jedenfalls nicht mehr in erster Linie) um die Restbestände feudaler Privilegien. Bereits am 19. April 1848 beklagte er in einem Brief an seinen Bruder[178], dem gegenüber er stets freimütig war, »die unglücklichen Rentenverhältnisse«. Jetzt war der adlige Gutsbesitzer nur noch darum besorgt, daß seine Rentenansprüche nicht ohne Entschädigung aufgehoben würden und sein Grund und Boden ihm erhalten bliebe. In der Sorge um das »Eigentum« schlechthin gab es mit dem städtischen Besitzbürgertum bis in die Wortwahl hinein gleichgestimmte Interessen, aber mit Blick auf die wirtschafts- und staatspolitischen Konsequenzen erhebliche Diskrepanzen. Auf das letztere verwies der General Leopold v. Gerlach, als er am 30. März in einer Tagebuchnotiz eine junkerliche Meinung wiedergab, wonach man sich begnügen müsse, »dem Könige den Thron und uns das Eigentum zu erhalten«.[179] In diesen beiden Stichworten sind Kernpunkte und wesentliche Zusammenhänge all der Auseinandersetzungen zwischen Junkertum und Bürgertum während der kommenden Monate, Jahre, sogar Jahrzehnte bereits angezeigt. Das klang gleichfalls in der Polemik Bismarcks gegen Hansemann auf dem »Sterbelandtag« gar kräftig an.

*

Es folgten die Wahlen zur Preußischen Nationalversammlung, die in der Singakademie zu Berlin tagen sollte, und zur Deutschen Nationalversammlung, die in der Paulskirche zu Frankfurt zusammentrat. Beide Wahlen vollzogen sich aufgrund des allgemeinen, gleichen, allerdings vielfach indirekten Stimmrechts. Sie brachten sowohl für Frankfurt als auch für Berlin eine liberale Mehrheit zustande. In der preußischen Regierung achteten auch die Vertreter des bürgerlichen Unternehmertums Camphausen und Hansemann darauf, daß sich die Berliner Nationalversammlung der in Frankfurt niemals unterordnete.[180] Im Streben nach staatlicher Einheit vornehmlich des Zollverein-Deutschlands ging auch das rheinische Bürgertum von einem großpreußischen Partikularismus aus. Dieser wiederum war eine Brücke zur Krone und den hinter ihr stehenden sozialen Kräften. Politisch folgenschwer war jedoch der Grundsatz der Vereinbarung einer Verfassung mit der Krone, auf den sich die liberalen Minister festlegten. Danach war die Berliner Nationalversammlung keine Konstituante im strengen Sinn des Wortes, leitete also ihren Ursprung nicht aus der Märzrevolution, sondern aus der Rechtskontinuität mit den überkommenen Institutionen her; sie sollte die Verfassung nicht kraft der Volkssouveränität, sondern kraft und behufs einer Vereinbarung mit dem König beraten und beschließen.

Am 1. Mai 1848 wurden die Wahlmänner, am 8. die Abgeordneten zur Berliner Nationalversammlung gewählt. Bismarck hätte sich gern zur Wahl gestellt. Aber wie er am 19. April seinem Bruder schrieb[181], hatte er »wenig oder gar keine Aussicht gewählt zu werden«; er setzte hinzu, »es ist mir Gewissenssache, mich mit allem Nachdruck um die Wahl zu bewerben.« Aber er tat es dann doch nicht – auch nicht in seiner engeren Heimat, wo noch vier Wochen vorher angeblich ein ganzer Bauernhaufen bereit gewesen wäre, mit ihm nach Berlin zur Rettung des Königs zu ziehen. Bismarck versicherte zwar seinem Bruder: »In unsrer Gegend ist alles ruhig«, aber die Stimmung war ihm, dem adligen Heißsporn, offenbar doch nicht günstig. Das schien ein Reflex jener Bewegung in den ostelbischen Landgebieten zu sein, die gerade im Monat April begann. Damals wurde man dort gewahr, daß die Märzereignisse keine vorübergehenden Revolten waren, vielmehr zur Bildung einer nicht mehr ausschließlich adligen Regierung führten, ferner zu Wahlen und damit zu einer aufrüttelnden Agitation. Auf diesem Gebiet waren die Konservativen an Anzahl, Erfahrung und programmatischer Geschlossenheit den Liberalen und Demokraten gegenüber immer noch beträchtlich unterlegen, sie fühlten sich der neuen Regsamkeit in den Dörfern nicht immer gewachsen;[182] das ostelbische Land, seit Jahrhunderten zwar dann und wann widersetzlich, aber nicht aufständisch, schloß sich jetzt, im April 1848, aus der allgemeinen Bauernbewegung nicht mehr aus wie anno 1525.

Otto v. Bismarcks Bruder Bernhard schilderte einige Jahre später in einer Aufzeichnung den »Hergang und Zusammenhang der politischen Bewegung im Naugarder Kreise im Jahre 1848«.[183] Danach war es im Umkreis der Bismarckschen Güter in Pommern recht lebhaft zugegangen. Bernhard übertrieb kaum, wenn er schrieb: »Die Aufregung daselbst war ähnlich wie überall, bei der Wahl zur National-Versammlung behielten die Tagelöhner und Handarbeiter die Oberhand, und es wurde ein einfacher Landmann gewählt. In Naugard wurde ein sogenannter konstitutioneller Club gegründet, der alle Fragen des öffentlichen Rechts und der Staatsorganisation in seine Beratungen und Debatten zog. Die Mehrzahl der Beamten des Gerichts, der Post, der General-Commission, Ärzte und Kaufleute, auch Gutsbesitzer usw. betheiligten sich daran im liberalen Sinne. Ich suchte das conservative Element darin zur Geltung zu bringen und es gelang mir wenigstens extravagante Beschlüsse und Handlungen des Clubs im liberalen Sinne zu verhindern, was mir viele Anstrengungen kostete, da ich in dem damaligen Führer des Militärkommandos zu Naugard dem Pr. Lieutenant Steffens (?) vom 34. Reg. einen gewandten Gegner hatte, der sich zum Sprecher und Vorkämpfer der liberalen Partei aufgeworfen hatte. Diese verfolgte mich mit Angriffen und Verdächtigungen. Beamte der Post verbreiteten durch die Postboten schändliche Pamphlete auf dem Lande und das Gericht verschleppte aus Furcht und Teilnahme für die Delinquenten die deshalb von mir beantragte gerichtliche Untersuchung.«

Im Vergleich zu dem agitatorischen Trubel, in den sich Bernhard v. Bismarck in seinem westlichen Hinterpommern mischte, tat Otto in der aufgeregten Zeit nach dem Zweiten Vereinigten Landtag bis in den Monat Juni hinein merkwürdig wenig. In einem Brief vom 9. Mai[184] bat er General v. Prittwitz um eine Darstellung der Berliner Ereignisse, weil die Landbevölkerung beginne, den durch die Presse und »Emissäre« verbreiteten Entstellungen Glauben zu schenken. Dieser einen Tag nach der Wahl zur Berliner Nationalversammlung geschriebene Brief stellte mehr ein Bemühen um ein Fazit des Wahlkampfes als ein aktives Eingreifen in das politische Geschehen dar. Eine Antwort des Generals liegt nicht vor. Auch Bismarcks Polenaufsatz vom 20. April, den er in der »Magdeburgischen Zeitung« veröffentlichte[185], war mehr eine politische Konzeption für die Zukunft als ein Dokument, das schon in der Gegenwart wirkte.

Meistens wird die geringe Aktivität Bismarcks von Ende April bis Ende Juni 1848 darauf zurückgeführt, daß die Gerlachs und Thadden sich von ihm fernhielten. Sicherlich waren sie verärgert darüber, daß er einen »Rückzug« angetreten hatte. Aber kann nicht auch Bismarck es persönlich und politisch für klug gehalten haben, seinerseits auf Distanz zu gehen? Er wollte sich eben im Falle seiner Nichtwahl zur Nationalversammlung nicht nur in den großen Stuhl legen, sondern auch »die 2 bis 6 Monate Sitzungszeit« beobachtend verbringen.

Vor einem neuen Tatendrang, so dünkte ihm wohl, schien eine Zeit der Besinnung angebracht zu sein. Keine Zweifel duldete er allerdings an solchen Grundpositionen wie der Verteidigung der materiellen Interessen seines Standes, einer möglichst günstigen Vereinbarung mit den Bauern in der Frage der Renten und Gutsbesitzerprivilegien, eines Bündnisses mit ihnen unter dem ideologischen Zeichen der »Interessengleichheit« der gesamten Landbevölkerung gegen die Stadt, der Stärkung der Krongewalt und ihrer Armee zum Zwecke der Abwehr städtisch-industrieller Herrschaft im Staat.

Auf »deutsche Phantastereien«, wie sie mancher Konservative vom Schlage eines Radowitz hegte, ließ sich Bismarck nicht ein. Trotz gelegentlicher Beteuerungen, die zur Not als deutschpatriotisch verstanden werden konnten, interessierte er sich im Grunde genommen in diesem Revolutionsjahr nur für sein Preußen. Konnte er aber die Interessen des Bürgertums ganz und gar negieren? Immerhin drängte sich ihm gerade in den Wochen und Monaten nach dem 18. März die Alternative ständische oder konstitutionelle Monarchie als Problem stark auf; neben der nationalen Frage rückte sie in den Mittelpunkt der Diskussionen unter den Konservativen, aber auch zwischen den Konservativen und Liberalen. Nirgends herrschte Klarheit darüber, was unter konstitutioneller Verfassung zu verstehen sei.[186] Sollte sich der Konstitutionalismus von der Legislative auch auf die Exekutive erstrecken? War eine solche Ausdehnung mit der Stärkung der

Krongewalt zu vereinbaren? Diese Fragen wurden in den folgenden Monaten nicht theoretisch, sondern praktisch geklärt. Vorläufig war Bismarck nur Beobachter der preußischen Regierung, in der Vertreter des liberalen Großbürgertums mitredeten.

Das großbürgerliche Konzept der Vereinbarung einer Verfassung mit der Krone, einer, wie Hansemann sich ausdrückte, »Transaktion mit der Krone«, bestimmte die weitere Politik der Regierung. Diese bedeutete: Zurückdrängen der Volksbewegung, Erhaltung und Benutzung des traditionellen Machtapparates, Schonung der besitzenden Klassen. Die Vereinbarungspolitik beeinflußte auch die Auseinandersetzungen mit dem Parlament, etwa über die Rückkehr des Prinzen von Preußen, über das Recht der Gesetzesberatung und der formellen Anerkennung der Revolution, das heißt der Verdienste der »Revolutionshelden des 18. und 19. März um das Vaterland«.

Mit der Politik, einerseits antijunkerliche Gesetze vorzubereiten und die konstitutionelle Regierungsweise schüchtern auszubauen, andererseits die Volksbewegung zurückzudrängen und zu schwächen, entfremdete sich die Regierung Camphausen-Hansemann nahezu von allen: vom König, der sie ohnehin nur gezwungenermaßen duldete; von der Nationalversammlung, die zwar in ihrer liberalen Mehrheit bei entscheidenden Abstimmungen dem Druck der Regierung nachgab, aber zusehends bemerkte, daß großbourgeoise Sonderpolitik nicht dem liberalen Gesamtinteresse entsprach; schließlich vom Volk, das die Märzerrungenschaften nicht abgebaut, sondern ausgebaut haben wollte. Sein Ingrimm entlud sich im Sturm auf das Zeughaus am 14. Juni, um die verwehrte Volksbewaffnung zu erzwingen. Aber diese »zweite Revolution« – spontan und ohne Führung, wie sie war – blieb ohne Resultat. Nur Camphausen, der sechs Tage danach zurücktreten mußte, gab sie den letzten politischen Stoß.

Ihm folgte am 25. Juni das »Ministerium der Tat« Auerswald–Hansemann, das aber kaum zu vorwärtsweisenden Taten kam. In dieser Regierung galt Hansemann als der starke Mann, der reformerische Gesetzesentwürfe vorlegte. Hand in Hand mit diesen Vorlagen ging der polizeiliche und politische Kampf gegen die »Anarchie«, womit sowohl die spontane wie die organisierte Volksbewegung beargwöhnt wurde. Die Reformen bürgerlichen Charakters bezogen sich auf eine neue Gemeindeordnung, die Einführung von Geschworenengerichten, auf Regulierung der Feudallasten und auf Steuerregulierungen. Auch jetzt war keine

Klasse recht befriedigt über das, was vorgelegt und teilweise beschlossen wurde.

Vor allem der Adel war in hellwacher Opposition. Er mochte die unentgeltliche Aufhebung kleinlichster, aus dem tiefsten Mittelalter stammender Abgaben, wie Allodifikationszins, Sterbefall, Besthaupt, Kurmende, Schutzgeld, Blutzehnt, Bienenzehnt und ähnliches mehr, noch hinnehmen, um sich nicht der Lächerlichkeit preiszugeben. Überdies konnte er mit dem Wegfall solch feudaler Groschenabgaben seine gutsherrlichen Notifikationen vereinfachen. Hinnehmen wollte er die entschädigungslose Ablösung von Fronen aber nicht, die entweder noch real zu leisten oder bereits in Geldsummen umgewandelt worden waren.

Die Regierung schob alles, was da gesetzlich zu regeln war, vor sich her und sah den Loskauf von diesen feudalen Lasten erst für einen späteren Zeitpunkt vor, was bedeutete, daß die Bauern, die ihre Leistungen in den ersten Monaten der Revolution eingestellt hatten, wieder in ihre Pflicht genommen werden konnten. Das war eine politische Dummheit, durch die das Bürgertum die Bauern als Bündnispartner verlor; diese wurden entweder radikalisiert oder auf ein Arrangement mit den adligen Grundbesitzern geradezu verwiesen. Auf die härteste Junkeropposition stießen die Gesetzentwürfe über die Aufhebung der Klassen- und Grundsteuerbefreiungen. Sie erschienen als eine solche Maßnahme, die am Ende zur Verarmung des Adels oder sogar zur Aufteilung des Junkerlandes führen würde. Die Vorschläge der Minister fanden keine Mehrheit in der Nationalversammlung, zumal auch die Linken der Regierung keine finanziellen Hilfsquellen für deren antipopuläre Repressionsmaßnahmen erschließen wollten.[187]

Das »Ministerium der Tat« führte zu zwei entgegengesetzten Entwicklungen: Wie in ganz Deutschland wurden immer mehr Schichten des Volkes in die politische Bewegung hineingezogen und schlossen sich zusammen. Aber auch die Konservativen, die Großgrundbesitzer vor allem, wurden aktiviert – zumal sie gesamteuropäischen Aufwind verspürten.

Für Wiedererstarken der Krongewalt und ihrer Armee, gegen liberale Mitregierung und demokratische Volksbewegung

Es war ein schlechtes Omen für den Fortgang der europäischen Revolutionen von 1848, daß die radikale Demokratie schon früh ihre erste und nachhaltige Niederlage in jenem Land erlitt, von dem die politische und soziale Erschütterung des Kontinents ökonomisch ausgegangen war.

Am 10. April scheiterte in London eine geplante Demonstration der Chartisten, die mit der Forderung nach allgemeinem, gleichem, geheimem und direktem Wahlrecht vor das Parlament ziehen wollten. Ihre Aktivität hatte bereits Anfang der vierziger Jahre die Aufmerksamkeit hellsichtiger Beobachter auf sich gezogen. Zu ihnen gehörte der Kölner Bankier Gustav Mevissen, der seine Berichte in der »Rheinischen Zeitung« veröffentlichte, kurz nachdem auch Otto v. Bismarck England bereist hatte. Im Frühjahr 1848 gelang es der Regierung, die Macht der Chartisten zu brechen; das sollte auch das revolutionäre Geschehen auf dem Kontinent negativ beeinflussen. Das zaristische Rußland im Osten blieb ohnehin die revolutionsbedrohende Macht. Petersburg fühlte sich noch aktionsfähiger, nachdem im Mai preußische Truppen den polnischen Aufstand im Großherzogtum Posen niedergeschlagen hatten; ein Übergreifen der dortigen Unruhen auf den zaristisch beherrschten Teil Polens blieb damit für längere Zeit unwahrscheinlich.

Und so wie die Februarrevolution das große Signal für den Aufbruch der politischen, sozialen und nationalen Umsturzbewegungen in Deutschland und ganz Mitteleuropa gewesen war, so machte die Niederschlagung des Juni-Aufstandes der Pariser Arbeiter durch Truppen unter dem Oberbefehl des Generals Cavaignac den Konservativen in ganz Europa Mut und ließ das Großbürgertum noch kompromißbereiter werden. Cavaignacen wurde damals im politischen Sprachgebrauch zu einem Verb, das massenhaftes Niedermetzeln des rebellierenden Volkes in offenen Straßenschlachten und unter dem Feuer von Hinrichtungspeletons kurz und bündig ausdrücken sollte.

Nach der Juni-Tragödie von Paris begann die Phase der Niederwerfung der demokratischen und nationalrevolutionären Bewegung in Italien durch österreichische Truppen unter dem

Befehl des alten Feldmarschalls Radetzky. Wie es einem musikalisch traditionsreichen Habsburgerreich zukam, wurde der Radetzky-Marsch zur Marseillaise der Konterrevolution. Die Lombardei mit der Hauptstadt Mailand kam wieder unter österreichische Herrschaft, wenn auch nur noch für zehn Jahre. Mit diesem Erfolg rückte das Habsburgerreich bald wieder in die Position eines der großen Zentren der europäischen Gegenrevolution, woraufhin man auch in Preußen daran denken konnte, von der Defensive in die Offensive überzugehen. In welchem Tempo und Rhythmus konnte dies geschehen? Wie wirkte innerhalb und außerhalb Deutschlands die Dynamik der gesellschaftlichen und politischen Kräfte und staatlichen Mächte bis in den Spätherbst hinein?

Da war die Deutsche Nationalversammlung in der Frankfurter Paulskirche.[188] Dieses im Mai gewählte und eröffnete Parlament, das den Auftrag hatte, eine neue, ein deutsches Reich begründende Verfassung auszuarbeiten, fand im Kreis um die Gerlachs und auch bei Bismarck zunächst wenig Beachtung. Zu sehr waren diese auf ihr Preußen ausgerichtet und darauf konzentriert, dort ihre Kräfte zu sammeln und zu aktivieren. Aber der Hohenzollern-König konnte nicht unbeachtet und unbeobachtet lassen, was in Frankfurt vor sich ging. Sein Vertrauter, General von Radowitz, saß in der Paulskirche auf der Rechten, in jener kleinen Fraktion, die so wenig hochkonservativ im Sinne der Gerlachs war, daß in ihr auch Georg Freiherr v. Vincke, der im Vereinigten Landtag an der Spitze der Liberalen gestanden hatte, maßgeblichen Einfluß hatte. Für Radowitz und Vincke waren die Zeiten des alten Absolutismus oder auch des Gerlachschen Ständetums vorbei. Sie näherten sich der Erkenntnis, daß sich die neuen ökonomischen Strukturen in Industrie und Landwirtschaft durchsetzten und die konservativen Kämpfe um feudale Gerechtsame und Institutionen teils Rückzugsgefechte, teils Flankenschutz bedeuteten, um ein Übergewicht der industrialisierten Stadt über das agrarische Land zu verhindern. Die Macht der Krongewalt sollte quasi parlamentarisch kontrolliert, aber im Kern nicht angetastet werden. Indem sich die Fraktion der Rechten gegen jede sogenannte Zuständigkeitsüberschreitung der Nationalversammlung und gegen jede Exekutive am Sitz des Parlaments wandte, hatten für sie die Grundinteressen der bestehenden Dynastien den unbedingten Vorrang.

Die demokratische Linke war allenfalls für die Tolerierung der

Einzelstaaten, lehnte jedoch das Prinzip der Vereinbarung von Verfassungen mit den Dynastien ab. Zum Kernpunkt der demokratischen Staatsauffassung gehörten die parlamentarische Regierungsform und das allgemeine, gleiche, geheime und direkte Wahlrecht. Der linke Flügel der demokratischen Fraktion, etwa vierzig Abgeordnete umfassend und meist aus Baden, der linksrheinischen Pfalz und Sachsen kommend, war im Interesse des strikten Prinzips der Volkssouveränität durchaus zu einer neuen gewaltsamen Erhebung bereit.

Die übergroße Mehrheit der Nationalversammlung bildeten die gemäßigten Liberalen, die als rechtes Zentrum figurierten. Ihre soziale Basis war die sich zur bürgerlichen Klasse formierende Gruppierung von größeren und mittleren Unternehmern, Großkaufleuten, Bankiers und Manufakturbesitzern. Parlamentarische Repräsentanten waren vornehmlich Intellektuelle: Rechtsanwälte, Richter, höhere Beamte, Lehrer und Hochschullehrer. Ihr starkes Übergewicht gegenüber den unmittelbaren Interessenten in Gestalt von Fabrikanten und Kaufleuten gehörte zur traditionellen Rollenverteilung, die aber schon deswegen im Interesse der Gesamtklasse des Bürgertums wirkte, weil der Kern des rechten Zentrums aus einem Zusammenschluß südwestdeutscher, meist in Heidelberg und Mannheim residierender Politiker mit Vertretern des rheinischen Großbürgertums und einer Gruppe norddeutscher Professoren bestand. Im Grunde knüpfte diese maßgebliche Gruppe an das Heppenheimer Programm von 1847 an.

Den Mittelpunkt des »rechten Zentrums« in der Paulskirche bildeten die Rheinländer Hermann v. Beckerath und Gustav Mevissen, die man auch als Adlaten ihrer engeren Landsleute, der preußischen Minister Camphausen und Hansemann, betrachten konnte, dann die badischen Kammerpolitiker Mathy, Bassermann und Karl Theodor Welcker, schließlich die norddeutschen Historiker Dahlmann, Waitz und Droysen; letzterer ist auch deswegen erwähnenswert, weil er fünfzehn Jahre später, zur Zeit der unmittelbaren Vorbereitung des Krieges gegen Österreich, Bismarck entschieden unterstützte.

Männer wie Ernst Moritz Arndt, Ludwig Uhland und Jakob Grimm verkörperten in der Paulskirche geschichtliche und intellektuelle, bis in die Zeit der Befreiungskriege zurückreichende Traditionen und produzierten in Glanzauftritten patriotische und freiheitliche Sentenzen; nur – Führer waren sie nicht.

Die Nationalversammlung wählte mit großer Mehrheit Heinrich v. Gagern, der als Leiter des Märzministeriums im Großherzogtum Hessen bereits bekannt geworden war, zu ihrem Präsidenten. Sein soziales und politisches Ziel formulierte er ziemlich präzis: es ginge darum, »den überwiegenden Einfluß« des besitzenden und gebildeten Bürgertums »im Staat zu sichern«, zumal ein solches Ziel »die Richtung unserer Zeit« sei.[189]

Gagern, ein trickreicher Taktiker und wortgewandter Rhetoriker, galt als Galionsfigur des Liberalismus; sein konzeptioneller Denker im Verfassungsausschuß des Frankfurter Parlaments war jedoch Friedrich Christoph Dahlmann. Als gelehrter Historiker und dazu bewährter Kämpfer gegen Fürstenwillkür aus dem Kreis der Göttinger Sieben des Jahres 1837 brachte er sowohl die wissenschaftliche als auch die moralisch-politische Autorität mit, die ihn in jenem Gremium erheblichen Einfluß gewinnen ließ.

Innerhalb des sogenannten rechten Zentrums der Paulskirche wurde immer mehr die kleindeutsch-propreußische Richtung dominierend. Sie setzte der proösterreichisch eingestellten Gruppe des rechten Zentrums um A. v. Schmerling die Konzeption eines Bundesstaates mit einem höheren Zentralisationsgrad und konstitutionell stärkerer Ausprägung entgegen.[190] An der Spitze eines konstitutionalisierten Preußens sollten bürgerliche Reformen durchgeführt werden und ein monarchischer Bundesstaat entstehen. Das war ein Programm, das in seiner liberalen Reinheit die preußische Krone einerseits nicht annehmen, andererseits auch wieder nicht unberücksichtigt lassen konnte. Der soziale und politische Einfluß des Bürgertums war nun einmal im Anwachsen und gehörte, wie Gagern sagte, zur Richtung jener Zeit.

Damit waren die traditionellen Kräfte des preußischen Staates in den folgenden Monaten, Jahren und Jahrzehnten bis zum Abschluß der Reichsgründung gezwungen, Wege zu einem neuen staats- und nationalpolitischen Ziel zu finden. Sie begaben sich da, nicht ohne Hadern unter sich, auf langwierige Wege, Irrwege und Umwege, brachen zu Kämpfen auf und traten Rückzüge an, um erneut vorwärts zu schreiten – bis sie einen solchen Staat in Preußen und Deutschland schufen, der konstitutionelle Einrichtungen mit der Unabhängigkeit der Krone und ihrer Armee, deutsche Einheit mit großpreußischem Partikularismus zu vereinen vermochte.

Noch war der preußisch-deutsche Liberalismus nicht bereit, in einem Bündnis mit der Krone auf einen wenn auch begrenzten Führungsanspruch zu verzichten. Doch er zeigte in der Verfolgung eines solchen Zieles bereits im Ansatz eine entscheidende Schwäche. Indem die von gemäßigten Liberalen beherrschte Nationalversammlung in Frankfurt, ähnlich wie die Preußische in Berlin, sich vom Prinzip der Verständigung (oder Vereinbarung) mit den Fürsten und den hinter ihnen stehenden Kräften leiten ließ, mußte sie in entscheidenden Situationen auf die Unterstützung durch die Volksbewegung verzichten, ja sich sogar gegen sie – mitunter auch mit repressiven Methoden – wenden. Damit beraubte sie sich jener Kraft, die die Durchsetzung eines ungebrochenen Konstitutionalismus und einer liberalen Hegemonie im Bündnis mit der Krone hätte möglich machen können.

Das auf mehr oder weniger freiwillige Zugeständnisse der Dynastien vertrauende Verständigungsprinzip führte bei der Entscheidung unumgänglicher Tagesfragen immer wieder zu neuen Schwierigkeiten, zu provozierenden Kompromissen, die im Kern schon Niederlagen waren.

Einen solch blamablen Kompromiß ging die liberal beherrschte Mehrheit der Nationalversammlung bei der Frage der Zentralgewalt ein. Demokraten wie Robert Blum wollten sie auf die dem Parlament vom Volk übertragene Souveränität gründen, die Liberalen auf eine Vereinbarung mit den Regierungen der Einzelstaaten. In der Tat wählte Ende Juni eine große Mehrheit der Paulskirchen-Abgeordneten einen Reichsverweser aus einem Fürstenhaus. Es war der habsburgische Erzherzog Johann, der schon wegen seiner Verheiratung mit einer Postmeisterstochter als volkstümlicher Hocharistokrat angepriesen werden konnte. Aber was half in der Sache selber der österreichische Charme des Erzherzogs? Der Reichsverweser hatte ein Reichsministerium zusammenzustellen, das in der Mehrheit aus Männern des liberalen Zentrums bestand, aber ohnmächtig war gegenüber den Einzelstaaten. Ohne Armee, Polizei und Beamte war die Zentralgewalt mit all ihren Reichsministern ohne Gewalt. Der Bundestag erklärte recht hintergründig das »Ende seiner bisherigen (!) Tätigkeit« und übertrug seine Kompetenzen auf den Reichsverweser. Die Vereinbarung war perfekt, die Kontinuität gewahrt und das Wiederaufleben des Bundestags auch völkerrechtlich offengehalten.

Was bei der Installierung der Zentralgewalt wie ein Erfolg aussah, war tatsächlich eine Niederlage der radikal-demokratischen und nationalrevolutionären Bewegung; aber niedergeschlagen war sie noch lange nicht. Die Massen festigten und vervielfachten ihre Organisationen und Publikationsorgane – je nach allgemeinen und spezifischen Interessen, auch nach regionalen Besonderheiten. Die rheinische Demokratie kam durch die ab 1. Juni erscheinende »Neue Rheinische Zeitung« unter den Einfluß des Kreises um Karl Marx und Friedrich Engels; das waren die beiden Häupter der »Kommunistencliquen«, wie Mevissen sich auszudrücken pflegte, wobei er ihre hohe Intellektualität schon seit der Zeit seiner Mitarbeit an der »Rheinischen Zeitung« von 1842 genau kannte. In Schlesien wiederum bildeten sich neben städtischen Organisationen auch Rustikalvereine von ausgeprägt demokratischem Charakter. In Sachsen setzten sich ähnlich wie in Baden und der Pfalz kleinbürgerlich-republikanische Vaterlandsvereine durch. Im August trat die »Arbeiterverbrüderung« ins Leben, in der Massen von Arbeitern ihre organisatorische Heimat fanden und eine Schule der politischen Erfahrungen durchmachten.

*

Seit dem Hochsommer traten die preußischen Konservativen in vielfältigen Formen an die Öffentlichkeit und gingen dabei immer stärker zur Offensive über. Sie war in mancher Hinsicht durch die Haltung des Königs und das Wirken der Kamarilla vorbereitet. Bald nachdem Friedrich Wilhelm IV. am 25. März in seiner Potsdamer Rede die Offiziere vor dem Risiko eines militärischen Schlags gegen die Revolution vom 18. März gewarnt und wenige Tage danach die Regierung Camphausen–Hansemann berufen hatte, bildete sich diese Kamarilla, die den Charakter einer Neben- oder Gegenregierung annahm. Leopold v. Gerlach nannte sie deshalb ministère occulte. Über diese Institution ist schon viel geschrieben, aber wenig Gesichertes erforscht worden. Das liegt in der Natur der Sache; diejenigen, die damals im geheimen handelten, haben wenige Spuren hinterlassen oder sie weitgehend verwischt.[191] Fest steht, daß sich die Kamarilla aus dem Kreis der Generaladjutantur gleichsam als Überwachungsinstanz gegenüber dem offiziellen Ministerium bildete, in dem sie keine »Vertreter des reinen monarchischen Prinzips« sahen.[192] Da aber die Krongewalt nicht allein auf die Armee angewiesen war und umgekehrt, sondern auch im Gesamtinteresse der Grundbesitzer gestärkt werden sollte, liefen über den General Leopold v. Gerlach die Fäden zu seinem Bruder Ludwig, also zu den beamteten und junkerlichen Hochkonservativen.

Drei Grundaufgaben stellte sich das »ministère occulte«. Es wollte die Königstreue des bürgerlich geleiteten Ministeriums überwachen, ferner eine Änderung der preußischen Verfassung nach französischem Zuschnitt verhindern. Nicht zuletzt aber wollte es in engem Kontakt zum Hof in St. Petersburg bleiben, um konterrevolutionäre Maßnahmen nach Bedarf abstimmen zu können.[193] Das erklärt, warum der alte General v. Rauch, lange Zeit preußischer Militärbevollmächtigter am Zarenhof, bis weit in das Jahr 1849 hinein eine beherrschende Stellung in der Kamarilla hatte und die Immediatvorträge beim König hielt.[194]

Während der ersten Monate der etablierten Kamarilla war Otto v. Bismarck von ihr ferngehalten. Zunächst mußte er in der verstärkt anhebenden Partei- und Öffentlichkeitsarbeit das seit Anfang April bei den Gerlachs erschütterte Vertrauen wieder zurückgewinnen. Schon bei der Vorbereitung der »Kreuzzeitung« im Sommer 1848 wirkte er aber zusammen mit seinem Bruder Bernhard mit. Darüber berichtete dieser einige Jahre später: »Obgleich die pecuniäre Lage und der Credit der Gutsbesitzer damals auf schwachen Füßen stand und der meinige vorzugsweise, so gelang es mir doch durch Wort, Schrift und Beispiel Fonds zur Unterstützung der conservativen Presse zu sammeln. Durch einen Wechsel über einige Tausend Thaler deckte ich mit meinem Bruder und Kleist-Retzow gemeinschaftlich die Caution für die Kreuzzeitung, welche sonst wahrscheinlich hätte bald nach ihrem Entstehen wieder eingehen müssen.«[195]

Nachdem sie dann am 1. Juli zum ersten Mal erschienen war, sandte Bismarck wenige Tage später von Reinfeld aus, dem hinterpommerschen Gut seiner Schwiegereltern, an den Redakteur Hermann Wagener ein Schreiben, in dem er ein kurzes, kräftiges Lob mit sehr bestimmt formulierten Ratschlägen verband. Man hätte sich in der ländlichen Einsamkeit an den ersten Nummern, »an den metallischen Körnern, gefreut, die sie in den Brei und Schmutz der Tagespresse geworfen«.[196] Dann folgte sofort der »Vorwurf« an das Blatt, daß es zuwenig Annoncen und Familien-Anzeigen enthalte, an denen den Frauen gelegen sei; auch würden eine »auszugsweise Liste der angekommenen Fremden« und »nach Art der Zeitungshalle eine Eisenbahntabelle« fehlen. Im Interesse der schon mit dem modernen, also ka-

Zeitgenössische Karikatur aus der »Leipziger Illustrierten Zeitung« 1849
Revolution und Konterrevolution: Leser der Neuen Rheinischen Zeitung (Chefredakteur Karl Marx) und der konservativen »Neuen Preußischen (Kreuz-)Zeitung«.

pitalistischen Marktgetriebe verbundenen Gutsbesitzer wünschte Bismarck »mehr Handels- und Börsenberichte«.

»Klappern gehört zum Handwerk«, meinte der Briefschreiber und brachte sich auch als Aktionär in Erinnerung: »Mir ist bei jetziger Geldklemme lieb, wenn meine Zeichnung einstweilen als eine subsidiäre, aber jedenfalls feststehende, betrachtet wird, wogegen ich auf Zinsen usw. oder gar Dividende durchweg verzichte.« Hatte Bismarck in diesem Schreiben vom 5. Juli mehr das Unternehmerische der konservativen Zeitung im Auge, lag ihm im Brief vom 25. August das Politische am Herzen. Er vermißte immer noch seine Artikel über die durch die Hansemannschen Gesetzesentwürfe aufgeworfenen Themen: die Grundsteuer und die Rentenablösung.[197] Es handle sich doch »in diesen Fragen nicht nur buchstäblich um die Existenz eines großen Teils der konservativen Partei, sondern darum, ob der König und die Regierung, am Scheidewege stehend, sich der Revolution in die Arme werfen, sie für permanent erklären und auf das soziale Gebiet übertragen wollen, oder ob sie den Weg Rechtens, so gut es sich thun läßt, gehn wollen; ob sie den Besitzenden den Krieg erklären oder nicht.«

Otto v. Bismarck wollte jedoch nicht allein die »Kreuzzeitung« fördern, sondern auf allen entscheidenden Ebenen konservativer Aktivitäten mitwirken. Am 21. Juni teilte er seinem Bruder mit, daß er für etwa zwei Tage nach Potsdam fahre; »politische Umtriebe« setzte er stichwortartig und rätselhaft hinzu.[198] Am 3. Juli wurde in einem längeren Schreiben an Alexander v. Below-Hohendorf einigermaßen klar, was es für eine Bewandtnis damit gehabt hatte: »Ich bin in voriger Woche in Potsdam gewesen und habe die hohen und höchsten Herrschaften entschlossener und über ihre Lage aufgeklärter gefunden, als man nach dem was geschieht und geschehen ist glauben sollte. Auch habe ich mich, zum Theil aus vertrauten Schreiben des Kaisers selbst, die ich gesehen, für meine Person überzeugt, daß die Furcht vor einem Kriege mit Rußland, solange nicht bei uns der Bürgerkrieg offen ausbricht, oder unsere Krone die Hülfe des Kaisers anruft, eine durch und durch chimärische ist. Das Nähere mündlich.«[199] Offensichtlich war es Bismarck gelungen, wieder Kontakt mit dem König und seiner Umgebung aufzunehmen und recht vertrauliche Informationen zu erhalten. Damit hatte er nach vielen Wochen der Inaktivität auf höchster Ebene erneut Anschluß an das Zentrum der Entscheidungen gefunden.

Im gleichen Brief vom 3. Juli warb Bismarck für den »Verein für König und Vaterland«, der just an diesem Tag in Nauen ins Leben gerufen wurde. Selbst wenn er bei der Gründungsversammlung nicht zugegen war, kann man sagen, hier machte Bismarck schon von Anfang an mit. Merkwürdig verdeckt, elitär-geheimnisvoll sollte es zugehen; so berichtete er, einstweilen wolle man »auf die zeitraubende und unsichere Bildung neuer Filialvereine über das ganze Land verzichten; die Zahl der Mitglieder unseres Vereins auf 10 bis 20 in jeder Provinz beschränken. Jedes Mitglied würde dann in seiner Umgebung womöglich Mitglied schon bestehender Vereine oder neu sich bildender werden, und auf und durch diese Vereine im übrigen Einfluß zu gewinnen suchen, und selbständig Verbindungen anzuknüpfen, ohne irgend jemand mitzutheilen, daß er *unserem* Verein angehört. Jedes Mitglied steht dann mit dem Central-Comité zu Berlin in Correspondenz, gibt dem letzteren laufende Nachrichten über die Vorgänge seines Bezirks, den Stand der Parteien, die Operationen der Wühler pp., empfängt dagegen aus Berlin Kenntniß über das Dortige in gleicher Art, die Absichten und Pläne der Radicalen, des Ministeriums, die Stimmung des Hofes (mit Discretion wegen der Post), so daß der ganze Verein durch alle Provinzen über Berlin in Zusammenhang steht, nach Erforderniß gleichartige Demonstrationen und Adressen aus allen Gegenden provociren kann, die je nach dem Einfluß, welchen seine Mitglieder in ihren Kreisen besitzen, mehr oder minder gewichtig ausfallen werden.«

Schien Bismarck schon in diesen Zeilen in mancher Hinsicht das helle Licht öffentlichen Agierens zu scheuen, so schlüpfte er im folgenden erst recht in die Charaktermaske des Konspirateurs. Das Central-Comité habe »vorzügliche Polizeikräfte zur Disposition, und würde seinen Mitgliedern schon durch gute und frühe Nachrichten Einfluß auf ihre Umgebung sichern«. Allerdings brauche es mehr »Geldkräfte«, um seine Mittel unter anderem zur Bezahlung von »Spionen im feindlichen Lager zu vermehren«. Beim Beschaffen der monatlichen Beiträge müsse so verfahren werden, daß »das für eine ungehinderte Bewegung und für die Stellung unsrer innersten Verzweigungen *nöthige* Geheimnis der centralen Verbindung« nicht bloßgelegt werde.

Mag Bismarck in all diesen Ausführungen auch das Konspirative übertrieben haben; es wird doch offensichtlich: Der »Verein für König und Vaterland« betrachtete sich von vornherein als Zentral- oder Leitverein für all die konservativen Organisationen, die geschäftige Leute im Sommer 1848 mit mehr oder weniger Erfolg gründeten, etwa die Preußenvereine für konstitutionelles Königtum, Veteranenvereine, konstitutionelle Vereine, patriotische Vereine, konservative Handwerker- und Bauernvereine und ähnliches mehr. Nichts von alledem, was da ins Leben gerufen wurde, sollte zusammengeschlossen oder gar annektiert, aber doch ideologisch und politisch auf ein zentrales Ziel hingelenkt werden. Von dieser Sicht her war die Bezeichnung »Verein für König und Vaterland« ziemlich aufschlußreich. In dem öffentlich bekannten Vorstand saßen Männer wie der konservative Theoretiker Friedrich Julius Stahl, Moritz August v. Bethmann Hollweg und der Kreuzzeitungsredakteur Hermann Wagener – alles Männer, die verschiedene Varianten konservativer Politik vertraten. Ab Januar 1849 gesellte sich zu diesem Gremium Friedrich Karl v. Savigny, der Sohn des großen Gelehrten und Jugendfreund Bismarcks.

Ludwig v. Gerlach dominierte im geheimen Komitee[200], das sich bemühte, die Verbindung sowohl nach oben, zur Kamarilla und damit zum Hof, als auch nach unten, das heißt über den offiziellen Vorstand zu den Gliederungen des »Vereins für König und Vaterland«, und anderen Organisationen herzustellen. Otto v. Bismarck hatte also allen Grund, sein gestörtes Verhältnis zu Ludwig v. Gerlach zu bereinigen. Deshalb schickte er am 7. Juli von Reinfeld aus dem konservativ-pietistischen Gralshüter einen kurzen Reuebrief. Da schrieb der Bußfertige: »Was Sie mir über den letzten Sterbe-Landtag wieder vorrücken, trifft eine wunde Stelle. Ich habe mir noch über keine Handlung meines Lebens so viel Vorwürfe gemacht, als über meine damaligen Unterlassungen. Ich wollte, wie Sie mir schon sehr richtig in Magdeburg sagten, zu klug sein und was noch schlimmer war, ich ließ mich von Freunden, theils klugen, theils feigen influenzieren und die Rede, welche ich geschrieben, von Schönhausen mitbrachte, die mit dürrer Schärfe Alles berührte, was nachher überschmiert wurde, blieb in meiner Tasche. Der Moment bleibt verloren, aber die Lehre für mich nicht, und der bittere Sporn, den Rest von bescheidner oder blöder Unselbständigkeit abzuschütteln, in welche mich zehn Jahre geistig trägen Landlebens eingeschnürt haben.«[201]

Politisch Substantielles oder gar programmatisch Bindendes enthielten diese Zeilen überhaupt nicht. Sie waren dennoch für Gerlach akzeptabel, zumal er in der Offensive des Konservatismus alle Kräfte brauchte. Für Bismarck wiederum war das, was er aus der pommerschen Welt des Pietismus schrieb, das Eintrittsbillet für die Kamarilla. Ohnehin hatte er sich kurz zuvor als eifriger Royalist beim König in Erinnerung gebracht. Wie sehr er die Unabhängigkeit seines Denkens und Handelns trotz allem wahrte, zeigte er in den folgenden Wochen.

*

Im Juli hatten sich in der Buchenlaube am Gutssitz von Bismarcks Schwiegereltern zu Reinfeld drei Adlige aus der gleichen Generation getroffen: Hans v. Kleist-Retzow, Alexander v. Below-Hohendorf und eben Otto v. Bismarck.[202] Es war Below, der den Gedanken einer Versammlung von Gutsbesitzern aus allen Pro-

Hans Hugo von Kleist-Retzow (1814–1892)
»Ohne straffe, selbst strenge Hand
kommt das Volk außer Rand und Band.«
(Gereimt von Kleist-Retzow für seine Tagelöhner)
»Die Rheinprovinz wird sich nicht provozieren lassen, sie wird auch diesen Prokonsul zu ertragen wissen.« (»Kölnische Zeitung« im Juli 1851 über die Ernennung Kleist-Retzows zum Oberpräsidenten)
Moritz von Blanckenburg im Juli 1870 zu Kleist-Retzow über seine konservativen Parteigenossen: »... die scheinen sich vor Dir etwas zu graulen.«

vinzen vortrug. Sie sollten gegen die von der Regierung Auerswald–Hansemann geplanten Reformen, vor allem gegen die (keineswegs unentgeltliche) Ablösung der Reste feudaler Verpflichtungen und namentlich gegen die Abschaffung der Grundsteuerbefreiungen protestieren und geeignete Kampfmaßnahmen beschließen.

Die Initiative zu weithin vernehmbaren Protestaktionen, die im sogenannten Junkerparlament vom 18. und 19. August gipfelten, ging also von einem kleinen Kreis von Gutsbesitzern aus, die Pietisten waren oder, wie Bismarck, diesen persönlich und politisch nahestanden. Die drei Verschworenen kamen überein, den greisen Bülow-Cummerow als Hauptredner vorzusehen. Seit Jahrzehnten als publizistischer Vorkämpfer für die ökonomisch-sozialen Aspekte innerhalb der junkerlichen Gesamtinteressen bekannt, war er überdies ein echter Landwirt mit engen Beziehungen zum agrarwirtschaftlich und -wissenschaftlich regsamen Regenwalde. Bülow-Cummerow war mithin ein Mann, der selbst indolente Junker in der umstrittenen Sache zum Aufhorchen und Mitmachen veranlassen konnte.

Den Vorschlag der relativ jungen Männer aus seinem Hinterpommern aufgreifend, ging v. Bülow-Cummerow mit der Vorbereitung des Junkerparlaments auch daran, den »Verein zur Wahrung der Interessen des Grundbesitzes und des Wohlstandes aller Volksklassen« ins Leben zu rufen[203]; in der saloppen Umgangssprache hieß er schlechtweg »Bülow-Verein«. Er war auch geeignet, während des antigouvernementalen Kampfes um »materielle Interessen« eine weitverbreitete antipietistische Stimmung aufzufangen. So kirchlich-konventionell die Junker auch waren, die fromm-eifernden Pietisten betrachteten sie oft genug als sektiererische Störenfriede. Da schien es ratsam zu sein, einen Bülow-Cummerow in den Vordergrund zu schieben, ohne daß die Pietisten allzuweit im Hintergrund blieben.

Vor allem v. Kleist-Retzow entfaltete rege Aktivität schon vor dem großen Treffen in Berlin – als Artikelschreiber in der »Kreuzzeitung« und Teilnehmer an mobilisierenden Provinzversammlungen. Das alles lohnte sich. Kleist-Retzow, der dogmatisch hartgesottene Musterschüler Ludwig v. Gerlachs, erhielt auf dem Junkerparlament den Vorsitz und zugleich den Auftrag, die Rede des stimmschwachen Bülow-Cummerow zu verlesen.

Seine Ansprache war auf ein gängiges Leitmotiv eingestimmt, nämlich auf die angebliche Gefährdung jeglichen Eigentums durch die Hansemannschen Gesetzentwürfe, die das junkerliche Eigentum antasteten. Die Vorlagen über die Rentenablösungen nähmen den Eigentümern nutzbare Rechte teils ganz, teils gegen zu geringe Entschädigungen. Im Vergleich zu seiner Kritik an der Art der Rentenablösung, deren letzte Etappe man vielfach auch von junkerlicher Seite aus als fällig ansah, war Bülows Protest gegen die Grundsteuervorlage demagogisch vollends überspitzt: die Aufhebung der Grundsteuerbefreiung greife in noch größerem Maßstab in das Kapitalvermögen einzelner ein, fordere den Guts- und Hausbesitzern nicht eine Steuer, sondern ihr ganzes Vermögen ab; sie lähme zugleich in höchst beunruhigender Weise den Betrieb des Ackerbaus und raube der ganzen Bevölkerung des Landes und der in ihm zerstreut liegenden Städte ihren Erwerb. So malte Bülow ein Bild der Finsternis und des Ruins. Er forderte jedoch die Versammlung auf, sich von allen politischen Debatten fernzuhalten, um Konflikte zu vermeiden, die zu Trennungen führen könnten. Sollte sich auch diese Mahnung bereits während der Debatten als unwirksam erweisen, so wurde zu ihrer Maxime, was Bülow am Schluß seiner Rede formulierte: »Die materiellen Interessen haben eine Bedeutung, die alle anderen überwiegen; indem wir sie verfolgen, behalten wir stets einen festen Boden unter uns.«[204]

Der Ton der Debatte auf dem Junkerparlament stand in erheblichem Widerspruch zur aristokratischen Erscheinung der Teilnehmer. Etwa vierhundert Landadlige und ein Dutzend Bauern hatten sich in Berlin versammelt. Konnte man auch keine gelehrten Diskussionen erwarten, so waren die demagogischen Übertreibungen und bitteren Schmähungen doch überraschend vulgär. Senfft-Pilsach blieb noch im Rahmen einer politischen Polemik, die das Maß wahrte; er forderte eine offene Rechtsverwahrung gegen die Tätigkeit, die sich die Nationalversammlung eigenmächtig angemaßt hätte. Auch Graf Arnim und Bismarck bestritten der Kammer das Recht zu Finanzbeschlüssen. Massiv wurde Kleist-Retzow, der die geplante Grundsteuer rundweg als Kapitalberaubung denunzierte. Andere Redner verlangten, daß man den Minister Hansemann als dem ganzen Lande gefährlich brandmarken und seine Entfernung verlangen sollte. Ein Junker namens Karbe erklärte schließlich, wenn die Wirtschaft so weiter gehe, so würde im Winter aus Not eine verzweifelte Menge die blutrote Fahne der Plünderung mit der Inschrift Brot oder Tod erheben müssen. Wiederum ein anderer Diskussionsredner machte die Rechnung auf, wonach den Großgrundbesitzern zehn Prozent geraubt und den Bauern geschenkt würden, deren Verhältnisse oft viel besser seien. Zu solch einer Schenkung liege nicht der geringste Grund vor, bestätigte auch Bismarck.[205]

Bismarck nahm überhaupt regen Anteil sowohl am Plenum als auch in den Ausschußsitzungen; er griff bei allen Themen ein. Am eindringlichsten sprach er zur Grundsteuerfrage; er schlug vor, daß man sich mit der Sache unter Umgehung der Minister direkt an den König wenden solle, der, wenn auch konstitutionell unverantwortlich, doch verantwortlich vor Gott sei. Auch in der Nationalversammlung säßen doch immerhin verständige Leute.[206] Man muß festhalten: Bismarcks politische Spitze richtete sich zunächst gegen das liberal geführte Ministerium, noch nicht gegen die Nationalversammlung.

Ein von Bülow vorgeschlagenes Gremium sollte ständig in Berlin residieren und sich mit der Abwehr aller »Eingriffe in das Eigentum«, wie er immer wieder demagogisch zugespitzt formulierte, befassen, dabei wiederum alle spezifisch politischen Fragen ausklammern.

Gerade auf diesen Gesichtspunkt ging aber Ludwig v. Gerlach in seiner Intervention kritisch ein und betonte gegenüber allen pragmatischen Tendenzen: »Eigentum ist selbst ein politischer Begriff, ein Amt von Gott gestiftet, um Sein Gesetz und das Reich Seines Gesetzes dem Staat zu erhalten; nur in Verbindung mit den darauf haftenden Pflichten ist das Eigentum heilig; als bloßes Mittel des Genusses ist es nicht heilig, sondern schmutzig. Gegen Eigentum ohne Pflichten hat der Kommunismus Recht. Darum dürfen wir die jetzt bedrohten Rechte: Patronat, Polizei, Gerichtsbarkeit nicht aufgeben, denn sie sind mehr Pflichten als Rechte. ... Bloß konservieren – diese negative Haltung, die Front gegen den Mist, den Rücken gegen den Ansprüche machenden Staat – das ist eine Stellung, die allenfalls dem Bauer verziehen werden kann und jetzt auch ihm nicht mehr. Aufopfern, zu Felde ziehen, erobern (ohnehin die stärkste Form der Verteidigung), den Rücken gegen den Mist, die Front gegen den Feind – das ist adelig.«[207] Gegenüber der schwärmerisch-doktrinären Auffassung Gerlachs von den Pflichten des Adels wollten immer mehr Landadlige Kirchenpatronat, Polizei und Gerichtsbarkeit als unbequem abschütteln, und selbst pietistische Glaubensbrüder wie Bethmann Hollweg bekämpften diese Institutionen als veraltet.

Ludwig v. Gerlach argumentierte politisch prinzipieller als Bülow-Cummerow, engte aber gleichzeitig durch die pietistische Verklärung der Eigentumsinteressen die Basis seiner öffentlichen Wirksamkeit selbst in Kreisen des Landadels ein. Im übrigen mißbilligten die Gerlachs auch bei Otto v. Bismarck anläßlich seiner »maßlose(n) Klagen über das Jagdgesetz«, daß ihm »Privatrecht heiliger« sei »als der Staat«.[208]

Otto v. Bismarcks organisatorische und agitatorische Verdienste um das Zustandekommen des Junkerparlaments sind unverkennbar. Bruder Bernhard war in seiner hinterpommerschen

Umgebung gleichfalls rührig: »Ich bewog«, schrieb er in seinem Bericht von 1856, »neben mehreren Gutsbesitzern auch 2 Schulzen des Kreises mit mir nach Berlin zu reisen zum sogenannten Junkerparlament ... die Reise geschah theilweis auf meine Kosten.«[209]

Nachdem es zu Ende gegangen war, konnte Otto v. Bismarck mit sich und seiner Sache zufrieden sein. Unter seinen Standesgenossen war er noch mehr als vorher bekannt geworden. Er hatte ihre Interessen mit Eifer zu vertreten gewußt – auch mit Talent, selbst wenn manchem die stockende und suchende Art seiner Redeweise mißfiel.

Es war aber noch nicht recht klar, wo Bismarck denn innerhalb des vielgliedrigen Konservatismus seinen Platz finden werde. In der Nachschrift zu dem Brief vom 25. August an Hermann Wagener berief er sich in eigenartiger Weise auf Ludwig v. Gerlach, der (auf dem Junkerparlament) gesagt habe: »... es ist ein Kriterium des Adels, daß er dem Lande umsonst dient; um das zu können, muß er aber ein eigenes Vermögen haben, von dem er leben kann, sonst geht die Sache absolut nicht. Daher müssen wir schon so materiell sein, unsere materiellen Interessen zu verteidigen.«[210] Mit dieser Auslegung Ludwig v. Gerlachs begab er sich im Grunde auf die pragmatische Position Bülow-Cummerows.

Tatsächlich war Bismarck in seinem Jerichower Kreis wohl der führende Kopf des Bülow-Vereins. Anders als durch Appellieren an die unmittelbaren, zutage liegenden Interessen konnte er seine Junker nicht in Bewegung bringen und sie nicht veranlassen, ihn als ihren Vertreter zu fördern. Bismarck brauchte sowohl eine Basis unten als auch die Gunst von oben.

Aber sich ganz an Bülow-Cummerow binden, das konnte er mitten in der Revolutionszeit ebensowenig wie vorher. Bülow proklamierte doch eine Abstinenz von der Politik, die er, wie sich noch zeigen wird, in den kommenden Monaten selbst nicht durchhalten konnte. Schon auf dem Junkerparlament wurde der innere Widerspruch seiner Forderung offenbar. Was Ludwig v. Gerlach betrifft, so war das Doktrinäre seines Wesens einem Bismarck sicherlich auch fremd. Doch spürte dieser, daß mit dieser Überspanntheit vom Standpunkt der junkerlichen Allgemeininteressen ein realistisches Streben verbunden war.

In dieser Revolutionszeit mußte die vielberufene Machtfrage mit aller Schärfe ins Auge gefaßt und mit unerbittlicher Energie verfolgt werden. Inwieweit mit Hansemann über seine Gesetzentwürfe Kompromisse sachlich möglich waren, erschien in jenem Moment vollkommen gleichgültig. Zunächst mußten diese bürgerlichen Herrschaften von den Regierungshebeln verdrängt und die Macht der Armee mitsamt der Krongewalt gesichert werden. Gerade Bismarck lehnte Appelle an die liberalen Minister ab. Es ging ihm nicht allein darum, alles von der Regierung Vorgeschlagene abzuwehren, sondern früher oder später auch jene aus der Regierung zu manövrieren, die solche Gesetze produzierten. In einer solchen Lage riefen Doktrinäre wie Ludwig v. Gerlach mit voller Brustgewalt nach dem Staat – dem Staat, dem Staat! War dieses vergötterte Gebilde gerettet im Sinne der traditionellen Machthaber, dann ließen sie allenfalls mit sich reden und waren auch zu Zugeständnissen bereit – häppchenweise und immer zur Zurücknahme geneigt. So vollzog sich die Politik des offiziellen Preußens in den nächsten Monaten und Jahren.

Unter den Hochkonservativen gab es noch taktische Überlegungen besonderer Art. Sie diskutierten darüber, inwieweit sie den Liberalen nach deren Verlust der regierungsamtlichen Mitverantwortung verfassungs- und wirtschaftspolitische Konzessionen machen sollten, um ihnen – wer konnte es wissen? – alle Gelüste nach einem Bündnis mit den Demokraten zu nehmen. Gelegentlich tauchten bei den Aristokraten schon 1848/49 Überlegungen auf, wie Demokraten zu ködern wären. Jedenfalls wollte man eine umfassende Zusammenarbeit von Liberalen und Demokraten verhindern, wobei sich solche taktischen Überlegungen auf die Frage nach Sinn, Form und Maß des Konstitutionalismus konzentrierten.[211]

*

Im Juli und August 1848 war Otto v. Bismarck für die unmittelbaren Grundbesitzerinteressen tätig und um Sicherung dessen bemüht, was ihm vorerst am nächsten lag. Da wirkte er als Organisator und Agitator. Im September erweiterte er seinen Aktionsradius. Statt seine Kraft ausschließlich darauf zu richten, die Grundbesitzer auf dem Land in organisierte Bewegung zu bringen, tat er sich jetzt in den Kreisen des Hofes und damit auch der Kamarilla hervor.[212]

Seiner politischen Fähigkeiten war er sich bereits bewußt geworden, und so kann man der Tagebuchnotiz Ludwig v. Gerlachs sicherlich glauben, daß am 9. September 1848, zwei Tage vor dem Rücktritt des Kabinetts Auerswald–Hansemann, Bismarck den Eindruck erweckte, er »biete sich quasi zum Minister an«[213]. In Bismarcks Briefen häufen sich ab September Bemerkungen wie die, daß er in »politischen Umtrieben« unterwegs sei, daß er »wühlen« und »intriguieren« müsse und ähnliches mehr. Ludwig v. Gerlach, mit dem er schon acht Wochen vorher wieder Frieden geschlossen hatte, bezeichnete ihn zu dieser Zeit als den »sehr tätigen und intelligenten Adjutanten unseres Kamarilla-Hauptquartiers«.[214] Dennoch behielten die strengen Pietisten ein gewisses Mißtrauen ihm gegenüber; sein Jugendfreund Moritz v. Blanckenburg meinte in den Tagen der Ministersuche, er traue Kleist mehr als ihm.[215] Das schloß nicht aus, daß Bismarck bisweilen auch über die beiden Gerlachs Zugang zum König hatte. So lernte er am 11. September an der königlichen Tafel Meyendorff, den russischen Gesandten, kennen und gewann in dieser Zeit auch Kontakt mit dem englischen Gesandten.[216] Es ging damals nicht allein um Gespräche über neue Ministerkandidaten, sondern um die alle Gemüter aufregende Schleswig-Holstein-Frage, die seit dem Frühjahr anstand und jetzt im Spätsommer zur Lösung drängte. Wie sollte sie gelöst werden?

Schon wenige Tage nach den Märzaufständen in Wien und Berlin hatte sich gegen den Machtanspruch des dänischen Königs, der Schleswig von Holstein trennen und Dänemark einverleiben wollte, in Kiel eine provisorische Regierung für beide Provinzen gebildet. Sie stand unter der populären Losung »Up ewig ungedeeld!«, organisierte Freiwilligentruppen und forderte zugleich Waffenhilfe vom Bundestag. Da dieser seit der Märzbewegung vorwiegend aus liberalen Bundestagsgesandten bestand, beschloß er in der Tat eine bewaffnete Bundesexekution gegen Dänemark; mit ihr wurden Hannover und vor allem Preußen beauftragt.

Eben mit diesem Auftrag geriet die preußische Monarchie in eine widerspruchsvolle Lage. Auf der einen Seite bot der Krieg gegen das militärisch schwache Dänemark Gelegenheit, die Truppen fern von Berlin, in dem sie doch kurz vorher eine schwere Niederlage durch das aufständische Volk erlitten hatten, zu reorganisieren und moralisch zu stärken; Preußen konnte auch die Aura eines Vorkämpfers für die nationale Würde, Freiheit und Einheit der Deutschen politisch wiedergewinnen. Andererseits mußten sich der König und seine Kamarilla sagen, daß dieser antidänische Krieg eine Sache der Revolution sei, eine

Fortsetzung des schleswig-holsteinischen Aufstandes gegen einen Monarchen von Gottes Gnaden. Und das unter dem Beifall der Liberalen und Demokraten in ganz Deutschland!

Zur innerpolitischen Problematik, die schon vertrackt genug war, gesellten sich außenpolitische Schwierigkeiten. Die antidänische Kampagne war geeignet, einen Gegensatz zu zwei Mächten heraufzubeschwören, mit denen die preußische Monarchie am wenigsten verfeindet sein wollte: mit England und vor allem mit Rußland. Das Vorrücken preußischer Truppen, hinter denen die Sympathien des von der revolutionären Bewegung mitgerissenen Volkes standen, war für England und Rußland durchaus alarmierend. Keine der beiden Mächte wollte, wenn auch im einzelnen verschieden motiviert, die Durchfahrtsstraßen zwischen der Ostsee und der Nordsee irgendwie unter der Kontrolle eines geeinten und auch noch revolutionären Deutschland sehen.

Unter diesen Auspizien behielt das zaristische Rußland die von Lamartine ausgesprochenen Bündnisangebote der französischen Bourgeoisie ernstlich im Auge.[217] Aber Eile war für Zar Nikolaus nicht geboten. Vorerst vertraute er noch auf die Einflüsse, die er in Berlin ausüben konnte. Es war für Nikolaus politisch risikoloser, den Krieg gegen Dänemark von innen her, vom preußischen Führungsstab aus, zu sabotieren und auch von dort aus Druck auf die Parteien in Deutschland auszuüben.

Die Deutsche Nationalversammlung, schon rein völkerrechtlich als Nachfolgeinstitution des Bundestags moralisch-politisch verantwortlich für die Geschicke Schleswig-Holsteins, tat für diese beiden Länder deklamatorisch sehr viel, aber praktisch empörend wenig. Sie vermochte es nicht, die gesamten nationalen Energien im Falle der Einmischung der revolutionsfeindlichen Großmächte, vorab Rußlands und Englands, zu mobilisieren. In diesem historisch-politischen Zusammenhang ist begreiflich, warum Marx im Juni 1848 einen Krieg des revolutionären Deutschland gegen die Bedrohung und Einmischung durch das zaristische Rußland forderte. Gegenüber den aufrüttelnden Artikeln vom Juni in der »Neuen Rheinischen Zeitung«[218] sei nochmals an jene Bemerkungen Bismarcks erinnert, in denen er Anfang Juli in Kenntnis vertraulicher Schreiben des Zaren »die Furcht vor einem Kriege mit Rußland, solange nicht bei uns der Bürgerkrieg offen ausbricht«, als schimärisch bezeichnete.[219] Da äußerten sich, der eine öffentlich, der andere privat, zwei Politiker aus der gleichen Generation, aber diametral verschiedenen

Lagern. Hier ging es um die auf internationale Ebene transponierte Alternative: Revolution oder Konterrevolution.

Schreckte das liberale Bürgertum davor zurück, die revolutionäre Volksbewegung im Kampf gegen die einheimischen Dynastien zu unterstützen oder gar zu führen, so erst recht, als es galt, Widerstand gegen Einmischungsversuche von Regierungen großmächtigen Zuschnitts zu leisten. Unter diesen Umständen konnte die preußische Monarchie die Sache Schleswig-Holsteins und der deutschen Nation aufgeben und am 26. August den Waffenstillstand von Malmö abschließen; er stand in eklatantem Widerspruch zu den militärischen Erfolgen Preußens. Hatte schon diese Handlungsweise der preußischen Führung die Volksmassen erbittert, so tat die Frankfurter Nationalversammlung das ihrige, um die allgemeine Erregung noch zu steigern. Am 5. September verwarf zwar das Parlament den preußisch-dänischen Waffenstillstand, nahm ihn aber dann am 16. September nach dem Hin und Her der Debatten und Abstimmungen doch noch an. Zwischen diesen beiden Abstimmungstagen fand am 9. September eine Unterredung zwischen Ludwig v. Gerlach und dem König statt, in der dieser »die russische Allianz als letztes Refugium« nannte.[220] Und am 11. September, als an der königlichen Tafel Otto v. Bismarck mit dem russischen Gesandten zusammensaß, wird man sich nicht nur unverbindlich über den »Festtag des russischen Kaiserhauses« unterhalten haben.[221]

Der Waffenstillstand von Malmö wurde weithin als niederträchtig empfunden. Bauern, Kleinbürger, Arbeiter und Studenten strömten in Frankfurt zusammen; Protestversammlungen, Demonstrationen und Deputationen bildeten einen vielstimmigen und doch einmütigen Protest. Angesichts dieser Unruhe konzentrierten sich österreichische und preußische Truppen, die das sogenannte Reichsministerium angefordert hatte. Bei solchem Aufmarsch der Kräfte und Gegenkräfte war der bewaffnete Aufstand des Volkes in Frankfurt am Main unvermeidlich; noch am gleichen Tag, am 18. September, wurde er niedergeschlagen.

Die Frankfurter Ereignisse fanden ihren Widerhall in anderen Gebieten Deutschlands: in Baden, dort sogar in einem Aufstandsversuch, dann in Rheinpreußen, teilweise in Sachsen und Württemberg. In Wien und Berlin blieb alles ruhig. Die »zweite Revolution«, die die »Neue Rheinische Zeitung« als Losung ausgab, erwies sich als unmöglich, hatte aber eine vorwärtsweisende Kraft für die energischsten Teile der Arbeiterklasse und des

Kleinbürgertums, deren revolutionäres Traditionsbewußtsein für die kommenden Jahrzehnte gestärkt wurde. Insgesamt mußte der offene Kampf, der in Frankfurt zwischen dem liberalen Bürgertum und dem Volk ausgetragen wurde und zur Niederlage der Demokratie führte, die Kraft der Revolution weiter schwächen.

In Berlin hatte die Gegenrevolution schon vor dem Frankfurter Debakel ihren Erfolg. Nachdem in der Berliner Nationalversammlung ein Antrag angenommen worden war, der im Kern auf eine Schwächung der Krongewalt über die Armee hinauslief, sah sich das Ministerium Auerswald-Hansemann am 11. September gezwungen zurückzutreten. Immer noch hielt der König aber die Zeit nicht für gekommen, auf liberale Minister in der Regierung verzichten zu können. Wie es scheint, ließ er sogar Bismarck als »Ministerimpresario« mit Liberalen, und zwar mit v. Beckerath und Mevissen, also wiederum Rheinländern, verhandeln. Tatsächlich war Bismarck ein Gegner dieser Kandidaturen, und da die beiden allzu liberale Forderungen stellten, mußte ein Übergangs- und Verlegenheitskabinett gebildet werden.[222]

Das neue Ministerium stand unter General v. Pfuel, der weder willens noch stark genug war, um auf einen starren Konfrontationskurs mit der Nationalversammlung einzugehen. Sogar in Sachen der Armee schloß er einen Kompromiß; ein Erlaß wies die Offiziere an, allen reaktionären Bestrebungen fernzubleiben, Konflikte jeder Art mit der Zivilbevölkerung zu vermeiden, also sich bürgeroffen zu zeigen. Das waren allerdings nur Worte, die nichts galten gegenüber den Tatsachen, die das preußische Oberkommando schuf. General v. Wrangel wurde aus Schleswig-Holstein zurückberufen, zum Oberbefehlshaber in den Marken ernannt, und eine Truppenmacht von 50 000 Mann wurde in der Umgebung Berlins zusammengezogen. Es kam also jene Zernierung zustande, vor der der König in den Tagen nach dem 18. März zurückgeschreckt war. Alles war bereit für die entscheidende Auseinandersetzung mit dem immer noch liberalisierenden Ministerium[223], dann aber auch mit der Preußischen Nationalversammlung. Es kam nur auf den geeigneten Moment an.

Wie sich die Stimmung innerhalb der Kamarilla gegen das neue Ministerium bis zur Unversöhnlichkeit steigerte, drückte Otto v. Bismarck einige Wochen nach dessen Sturz brieflich gegenüber seinem Bruder unverhohlen aus: »Jedes einzelne Mitglied des Ministeriums Pfuhl (Pfuel – E. E.) halte ich, zunächst nach dem Premier Auerswald, für den lügenhaftesten Schurken und Verräther zwischen Tilsit und Trier; ich sage das ohne die Absicht zu beleidigen, als ruhiger Beobachter.«[224]

Die Schärfe dieser Worte ist nur aus bitterer Enttäuschung zu verstehen. Betrachteten die Kamarilla und die ihr Nahestehenden Pfuels Zugeständnisse an die Nationalversammlung anfänglich nur als hinhaltende Manöver, so enthüllten sich bald Pfuels wirkliche Absichten. Danach sollte die Monarchie, nachdem sie die liberalen Minister aus der Regierung verdrängt hatte, nicht darauf hinsteuern, auch noch die Nationalversammlung aufzulösen. Vielmehr wollte Pfuel mit ihrer Mehrheit aus Liberalen und Demokraten, wie im Sommer proklamiert, tatsächlich eine Verfassung vereinbaren. Doch inzwischen sahen sich der König und die Kamarilla nicht mehr genötigt, das risikoreiche Spiel mit dem liberalen Konstitutionalismus fortzusetzen, das zu einer bürgerlichen Repräsentativverfassung hätte führen können. Die Zeit eines solchen Lavierens war vorüber und die des entschlossenen Handelns gekommen, wenn es sein mußte des »inneren Krieges«, wie es Ludwig v. Gerlach insgeheim formulierte.[225] Bismarck hatte eine solche Erwartung noch drastischer ausgedrückt, als er während der letzten Tage des Ministeriums Pfuel seiner Frau schrieb, daß wohl bald »Blut fließt«.[226] Unverrückbares Ziel blieb jetzt erst recht: Zu-Tode-Hetzen der Nationalversammlung, der »abscheulichen Konstituante«[227], und Stärkung der Krongewalt. Dann konnte sie Konzessionen gewähren, brauchte sie aber nicht zu vereinbaren.

Jene Wochen brachten eine weitere Entfremdung Otto v. Bismarcks von Bülow-Cummerow, der am 9. September (also zwei Tage vor dem Rücktritt des Ministeriums Auerswald-Hansemann) in einem Brief an den König eine ganz andere Politik umrissen hatte. Ihr Ziel sollte sein, »die besitzenden Klassen mit dem Mittelstande und dem intelligenteren Teile der Nation zu verbinden und so eine kompakte Masse denen gegenüber zu bilden, welche nicht die soziale Reform, sondern die soziale Revolution wollen«[228]. Mochte Bülow auf dem Junkerparlament Hansemanns Gesetzentwürfe noch so hart bekämpft haben, er wollte dennoch eine grundsätzliche Verständigung der Grundbesitzer mit dem Besitz- und Bildungsbürgertum, das für ihn der »Mittelstand« im Sinne der englischen middle-class war. Und diese Verständigung lief auf einen Machtausgleich innerhalb des Staates hinaus, ähnlich wie es Pfuel vorzuschweben schien.

Bülow-Cummerow war auch in den Oktobertagen Gegner aller Staatsstreichpläne. Dessen wurde sich Bismarck allmählich bewußt, der gelegentlich seinem ganzen Ingrimm Luft machte: »Der alte Bülow hat auch stets seine persönlichen Intriguen unter dem Deckmantel des Junkervereins, den er schnöde mißbraucht. Er war vor 2 Monaten der eifrigste Gegner des jetzigen Ministeriums und schwärmte für eine Combination von Grabow-Unruh-Rodbertus etc., wobei er den Finanzminister weislich verschwieg. Ich traue ihm nicht über den Weg, so alt er ist, und war sehr erfreut, als es mir gelang, ihm in Potsdam alle Thüren zu schließen; er bringt die ungewaschensten Pläne vor und spricht dabei stets im Namen der Ritterschaft aller Provinzen.«[229] Hier war nun der endgültige Bruch mit Bülow-Cummerow vollzogen.

*

Wie im März der Aufstand in Wien dem in Berlin vorangegangen war, so gab es vom Oktober bis Anfang November einen noch engeren Zusammenhang zwischen den dramatischen Ereignissen in Österreich und Preußen. In Wien erhob sich am 6. Oktober das Volk und verhinderte den Abmarsch von Truppen der dortigen Garnison gegen das aufständische Ungarn. Bis Ende Oktober hielt sich die revolutionäre Hauptstadt des habsburgischen Vielvölkerstaates; dann erlag sie der Übermacht des Kaiserlichen Heeres, das unter dem Befehl des Fürsten Windischgrätz stand. Politisch war sein Sieg auch dadurch möglich geworden, daß die Habsburger die Völker ihres Reichs gegeneinander ausspielen konnten. Die Konterrevolution nahm zum erstenmal demonstrative Rache und provozierte vorsätzlich die Frankfurter Nationalversammlung. Ihr demokratischer Abgeordneter Robert Blum, der nach Wien gekommen war, wurde standrechtlich erschossen.

Das aufständische Wien hatte der Berliner Nationalversammlung, die inzwischen ihre Sitzungen von der Singakademie in das Schauspielhaus verlegt hatte, insoweit Mut gemacht, daß sie am 12. Oktober bei der Festlegung der Titulatur des Königs für den Wegfall der Formel »Von Gottes Gnaden« stimmte. Noch am Tag, da Windischgrätz mit seinen Truppen unmittelbar vor Wien stand, also am 31. Oktober, erklärte das Parlament in Berlin den Adel für abgeschafft. Solche Beschlüsse reizten allenfalls Männer wie Bismarck, konnten sie aber nicht erschüttern. Seinem Bruder gegenüber bemerkte er mit ironischem Unterton, die

Der Adel wird abjeschafft!

Stiebel Du mußt sterben!

Eine Dodt-Erleichterungs-Predigt

von

Aujust Buddelmeier, Dages-Schriftsteller mit'n jroßen Bart.

(Preis 1 Sgr.)

Flugblatt nach dem Beschluß der Nationalversammlung vom 31. Oktober 1848

Frau seines Gutsverwalters, »die Bellin weint wie außer sich, daß – der Adel abgeschafft sei. Wenn das auch durchgeht, was können sie da abschaffen?«[230].

Den radikalen Beschlüssen der Preußischen Nationalversammlung fehlte jedoch die innere Konsequenz. Das zeigte sich bereits beim Antrag des demokratischen Abgeordneten Waldeck, das Staatsministerium solle zum Schutz der in Wien gefährdeten Volksfreiheit alle zu Gebote stehenden Mittel schleunigst aufbieten. Um diesen merkwürdigen Antrag, wonach die königlich-preußische Regierung der Revolution in Wien gegen die kaiserlich-österreichische Regierung zu Hilfe kommen solle, gab es viel Aufregung innerhalb und außerhalb des Parlaments. Am Ende all der Krawalle war der Moment gekommen, da das Ministerium Pfuel zurücktreten und damit der offenen Gegenrevolution die Bahn eröffnen mußte. Das geschah am 1. November 1848.

Am 2. November teilte Otto v. Bismarck seinem Bruder voller Tatendrang mit, daß er noch am selben Abend nach Berlin auf-

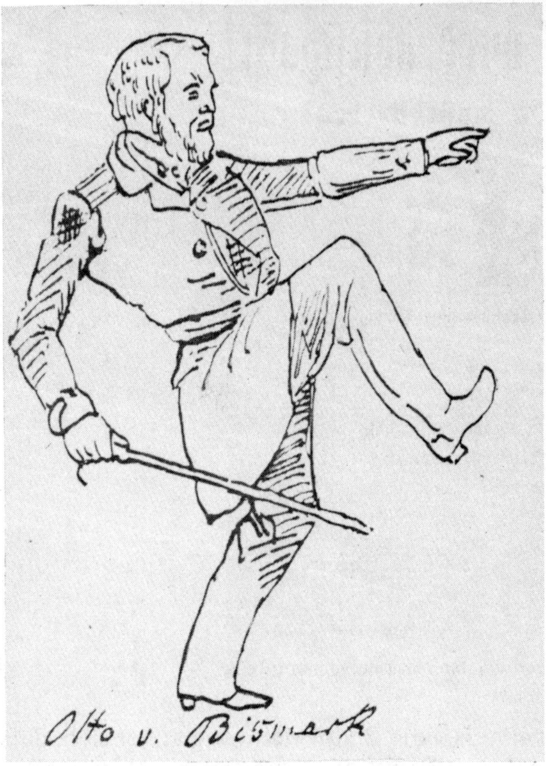

Der Junker
Die erste Karikatur aus dem Jahre 1848

breche – »als Deputirter der hiesigen Ritterschaft, die mir ganz landtagsmäßige Diäten zahlt, so oft ich hinreise, den Bülowschen Verein oder die Leute in Potsdam mit meiner Weisheit zu erleuchten«. Bismarck agierte also nicht allein aus privatem Eifer, sondern als Vertreter seiner heimatlichen Junker im Jerichower Kreis. Seiner Mitteilung an Bruder Bernhard setzte er hinzu: »Dießmal denke ich, daß ich wieder etwas erleben werde. Die Flüchtlinge aus Wien, die sonstigen Leiter der Barrikadisten, häufen sich in Berlin, und die Wiener Frage wird von ihnen bei der Schauspielhausbande in einer Weise gedrängt, daß sie wohl nur noch auf die polnischen spadastino aus Wien warten, um die neue Ministerkrise zu einem letzten Versuch ihrerseits zu benutzen. Sie fürchten sonst doch, daß Clubs und Wühlereien unterdrückt werden, die Zustände sich consolidiren, nachdem die

Wiener Affaire unsrer Castratenregierung Muth gemacht haben wird.«[231]

Am 9. November wurde das Ministerium unter dem General Friedrich Wilhelm Graf von Brandenburg und ihm zur Seite der erfahrene Bürokrat Otto v. Manteuffel eingesetzt. Am 10. November rückte der General v. Wrangel, ohne sonderlichen Widerstand zu finden, mit seinen Truppen in Berlin ein; am 11. November erklärte er die Bürgerwehr für aufgelöst und verkündete tags darauf den Belagerungszustand. Die Nationalversammlung wurde zunächst vertagt und von Berlin in die Provinzstadt Brandenburg abgeschoben.

Otto v. Bismarck übernahm in diesen Tagen die Rolle eines Ministerimpresarios des Königs – diesmal jedoch nicht wie im September sabotierend, sondern zum Erfolg drängend. Trotz wochenlanger, vor allem durch den Generaladjutanten Leopold v. Gerlach betriebener Unterminierungsarbeit gegen die Regierung Pfuel war es am Ende keineswegs leicht, geeignete Minister zu finden. Als Hans v. Kleist-Retzow vor einem Ministerposten wegen seiner zu geringen Geschäftskenntnis zurückscheute, soll ihm Otto v. Bismarck auseinandergesetzt haben, es komme zur Zeit nur auf Entschlossenheit an. Ein diese voll besitzender Sekondeleutnant mit einem Trommler als Adjutanten sei die geeignetste Vertretung der Regierung der Nationalversammlung gegenüber.[232] In diesem November 1848 handelte Bismarck als ein Mann, der bei aller gelegentlichen Neigung zu meditativer Zurückgezogenheit in entscheidenden Momenten die Fähigkeit entwickeln konnte, mit bedingungsloser Konsequenz zu agieren. Diese von Zweifeln und Skrupeln gänzlich freie Entschlossenheit verlieh ihm gesteigerte Durchschlagskraft.

In seinem Erinnerungswerk berichtete Bismarck über ein Gespräch, das er mit dem Grafen v. Brandenburg geführt habe. Dessen Sorge richtete sich darauf, geeignete und genehme Kollegen zu gewinnen. »In einer Liste, welche dem Könige vorgelegt wurde, fand sich auch mein Name; wie mir der General Gerlach erzählte, hatte der König dazu an den Rand geschrieben: ›Nur zu gebrauchen, wenn das Bajonett schrankenlos waltet.‹ Der Graf Brandenburg selbst sagte mir in Potsdam: ›Ich habe die Sache übernommen, habe aber kaum die Zeitungen gelesen, bin mit staatsrechtlichen Fragen unbekannt und kann nichts weiter thun, als meinen Kopf zu Markte tragen. Ich brauche einen ‚Kornak', einen Mann, dem ich traue und der mir sagt, was ich thun kann. Ich gehe in die Sache wie ein Kind in's Dunkel, und weiß Niemanden als Otto Manteuffel (Director im Ministerium des Innern), der die Vorbildung und zugleich mein persönliches Vertrauen besitzt, der aber noch Bedenken hat‹.«[233] Bismarck übernahm es dann, Manteuffel zu überreden und ihn zur Zustimmung zu bewegen. Dies gelang ihm, nachdem er »von 9 Uhr bis Mitternacht in ihn eingeredet« hatte. Mit General Leopold v. Gerlach, der »die Mine« gelegt hatte, eng zusammenarbeitend, hat Bismarck also das Seinige getan, um das Staatsstreichministerium zustande zu bringen.

Am 11. November, am Tag der Auflösung der Bürgerwehr, berichtete Bismarck aus Potsdam seinem Bruder: »Im Übrigen ist hier in den höchsten und hohen Stellen Alles fest entschlossen, den betretenen Weg auf jede Gefahr hin zu Ende zu gehn, da man die Überzeugung hegt, daß jeder Gedanke an Umkehr den unvermeidlichen Untergang des Thrones und der gesetzlichen Ordnung herbeiführen würde. Die Sache steht auf der Degenspitze.«[234] Einige Tage später war Bismarck vom König ins Stadtschloß »zu einer stundenlangen Audienz« gerufen worden. »Er sagte unter andern und beauftragte mich, dieß allen Wohlgesinnten mitzutheilen, daß er zwar seine Versprechungen, richtige und thörichte, unverbrüchlich halten werde, ohne den mindesten Doppelsinn, daß er aber die Rechte der Krone auf dem jetzt betretenen Wege consequent durchführen werde, so lange er noch Einen Soldaten und Einen Fußbreit preußischer Erde habe.« Es sei seine »innigste Überzeugung«, daß »jeder Versuch zur Umkehr und Vermittlung, jedes Schwanken auf dem für recht erkannten Wege ihn und das Land unrettbar in den Abgrund der Anarchie stürze«[235].

Die Mehrheit der Nationalversammlung schien gegen ihre Vertagung Widerstand zu leisten[236]; an mehreren Tagen hintereinander kam sie zusammen, jedesmal in einem andern Sitzungssaal und jedesmal wieder auseinandergesprengt. Aber appellierte sie zu ihrer Unterstützung an das Volk? Am 15. November, bevor sie endgültig vor den Bajonetten Wrangels kapitulierte, beschloß sie die Steuerverweigerung; die Regierung sollte nicht mehr berechtigt sein, Steuern zu erheben und über sie zu verfügen. Das Nichtzahlen von Steuern blieb noch im Rahmen des passiven Widerstands, den die Nationalversammlung durch ihren liberalen Präsidenten v. Unruh einer Arbeiterabordnung gegenüber erklären ließ. Sie tat nichts, um all die Protestaktionen gegen den

Staatsstreich in Stadt und Land zu koordinieren und für den Übergang vom passiven zum aktiven Widerstand geeignete Formen zu finden. Bismarck höhnte, der »passive Widerstand« der Demokraten sei »nur ein zeitgemäßer Ausdruck für das, was man sonst Angst nannte«.[237] Einige Monate später war Ferdinand Lassalle vor Gericht veranlaßt, in geistreichem Sarkasmus den »duldenden Widerstand, den nicht widerstehenden Widerstand, den Widerstand, der kein Widerstand ist«, zu brandmarken.[238]

Es ist unleugbar: Weite Teile des Volkes bekundeten ihre Bereitschaft, die Nationalversammlung zu unterstützen; das geschah durch Volksversammlungen, in Vereinen der verschiedensten politischen Richtungen, Bürgerwehren, Gemeinderäten, Stadtverordnetenversammlungen, Magistraten und in städtischen Behörden; auch viele Landgemeinden und kleinere Städte in Brandenburg, Schlesien, Westfalen, der Provinz Sachsen und der Rheinprovinz, selbst in Pommern, schlossen sich der antigouvernementalen Protestbewegung an. Sie erstreckte sich, wie nie zuvor, auf die verschiedensten Schichten und Klassen, von den hauptstädtischen Arbeitern bis zu Honoratioren in Landgemeinden.

Wie weit die Empörung reichte, zeigten wiederum die Vorgänge im pommerschen Naugard, wo Bernhard v. Bismarck immer noch Landrat war. In seinem privaten Bericht an Bruder Otto aus dem Jahr 1856 schilderte er, was sich dort nach der Bildung des Ministeriums Brandenburg und der Terrorisierung der Nationalversammlung abspielte: »Die Aufregung vom Constitutionellen Club in Naugard wurde groß bei dieser Nachricht, mehrere einflußreiche Persönlichkeiten, namentlich auch Beamte, schlugen um, gingen zur liberalen Seite über, man faßte den Beschluß, die National-Versammlung in ihrem Widerstande zu unterstützen. Der Aufruf derselben zur Steuerverweigerung wurde mit einem passenden Nachtrag gedruckt und über Nacht in den Straßen angeklebt, es wurde beschlossen, sofort eine Volksversammlung nach Naugard zu berufen und eine Belobigungs-Adresse für die National-Versammlung votiren zu lassen. Der Leiter aller dieser Tätigkeit war wieder der nachher aus dem Dienst entlassene Pr. Lieut. Steffens, welcher auch den damaligen 1ten Kreisdeputirten Steffenhagen und noch einen Gutsbesitzer des Kreises überredete, die Einladungsschreiben zur Volksversammlung zu unterzeichnen.«[239]

Bernhard v. Bismarck fühlte sich zu einer Gegenaktion aufgerufen, die über den lokalen Umkreis hinaus wirken sollte. Jetzt, so fuhr er in seinem Bericht fort, »war nach meiner Meinung der entscheidende Punkt in unserer Revolutionsgeschichte eingetreten, um mit einer energischen Reaction den Versuch zu machen, wenn nicht Alles unwiderbringlich bergab gehen sollte. Der Erfolg war immer sehr zweifelhaft, doch Eid und Pflicht forderten mein entschiedenes, offenes Auftreten gegen die Democratie gebieterisch.«

Er schilderte dann im einzelnen, wie er die angehefteten Plakate selbst abriß und durch Gendarmen abreißen ließ. Auch schickte er seinerseits »Boten an alle Konservative der Umgegend und bat um möglichst zahlreichen und sicheren Zuzug«. In der Tat kam eine größere Zahl seiner Anhänger aus der konservativen Partei zur angekündigten Volksversammlung; unter ihnen waren, wie der Verlauf der Versammlung zeigen sollte, auch Leute, die sich als Claqueure und Schläger durchaus eigneten. Bernhard v. Bismarck gab der Versammlung dadurch eine Wende, daß er den Vorsitzenden, der eine vorher ausgearbeitete Adresse vorlas, »durch ein Lebehoch auf den König« unterbrach. Die 800 bis 900 Menschen, die Kopf an Kopf im Saal standen, waren trotz aller Protesthaltung gegen den Staatsstreich so weit königstreu, daß sie in das Hoch einstimmten. »Die Democraten riefen mit, wenn auch mit verblüfften Gesichtern. Sie schilderten den König als übel berathen und hintergangen durch seine Umgebungen von der Junkerparthei. Ich suchte in einer Rede das Unwahrscheinliche dieser Behauptung darzuthun, las meine Loyalitäts-Adresse vor und legte sie im Nebenzimmer zur Unterschrift aus, da im Saal kein Platz war.

Die andere Parthei gab ihr Spiel noch nicht verlohren, sondern unterschrieb ihre Adresse und sammelte Unterschriften. Zwei Gutsbesitzer aber, welche auf den Tisch sprangen, um dazu aufzufordern, wurden nunmehr heruntergerissen von meinen Anhängern und die Sache fing an, tumultuarisch zu werden. Ich sprach beruhigend, um Excesse zu vermeiden, da aber die Gegenparthei nicht abließ mit Reden und Aufforderungen zur Unterschrift ihrer Adresse, so riß meinen Anhängern die Geduld, der Tisch des Vorsitzenden, worauf seine Adresse lag, ward umgestoßen und die Gegenparthei unter Stößen und Schlägen durch Thüren und Fenster herausgetrieben. – Der Tag war unser, die Democratie war mit ihrem unerwarteten Angriff glänzend zurückgeschlagen – im ganzen Kreise und noch in weite-

Bekanntmachung.

Nachbenannte Blätter:

1) die Reform,
2) die Zeitungshalle,
3) die Locomotive,
4) die Republik,
5) die Volksblätter,
6) die ewige Lampe,
7) der Krakehler,
8) Kladderadatsch,

sind während der Dauer des Belagerungs-Zustandes suspendirt.

Berlin, den 13. November 1848.

Der Oberbefehlshaber der Truppen in den Marken.
General der Kavallerie

von Wrangel.

Verbot von Zeitungen während des Belagerungszustandes in Berlin 1848

ren Umkreisen unterblieb nun jede Demonstration derselben, die Autorität des Königs war neu begründet.«

Diese Vorgänge in der pommerschen Kreisstadt Naugard erhellen verschiedene Seiten der politischen Lage: Beachtliche Teile der besitzenden und beamteten Klassen bis in Kreise der Gutsbesitzer hinein waren beunruhigt und abgestoßen von dem durch den Staatsstreich vollzogenen Rechtsbruch, den Ferdinand Lassalle 1849 in seiner Rede vor Gericht mit juristischem Scharfsinn offenlegte – einem konterrevolutionären Rechtsbruch, der vielleicht zu einem solchen der »zweiten Revolution« führen konnte. Bernhard v. Bismarck auf der andern Seite demonstrierte auf seine Weise und im Kleinen, wie aktiver Widerstand aussehen konnte. Überdies verhehlte er auch nicht, daß er Taschenpistolen zu seiner »Sicherheit geladen« bei sich hatte.

Mitte November 1848, zu eben der Zeit, da in Berlin das »Standrecht proclamirt« war, befürchtete Otto v. Bismarck, »die Sache läßt sich grade so an, wie in der Woche vor dem

18. März«[240]. Er mobilisierte großbäuerliche Reserven auf dem Land und instruierte Bruder Bernhard[241]: »Die Bauern aus dem Teltower, Zauch-Belziger, Havelländischen Kreise haben dem Könige ihre Hülfe mit Lebensmitteln und bewaffnetem Zuzug angeboten und erklärt, sie hielten treu wie ihre Väter an ihm und seinem Hause und glaubten all den Lügen der Demokraten nicht. Laß doch das schleunigst dort auf dem Lande bekannt werden, durch Kreisblatt oder sonstwie; auf die Schwankenden wirken Beispiele ihrer Genossen.« Und an gleicher Stelle heißt es auch: »Sieh doch ja, daß von dort schleunige Adressen mit Billigung der Verlegung (der Nationalversammlung nach Brandenburg) an das Ministerium und an die Berliner Zeitungen gehn, *recht viel einzelne Adressen,* wenn auch jede nur wenig Unterschriften hat, womöglich von jeder Stadt, wenn auch nur mit 1 Unterschrift, letztere werden nicht mit abgedruckt; Klappern gehört zum Handwerk.«

Selbst Johanna wurde in dieser Zeit mit eingespannt; Bismarck bat sie im Brief aus Potsdam vom 16. 11. 1848[242]: »Sieh doch zu, daß das Predchen (Prediger Schrader) seine Adressen schleunigst losläßt, und lieber 6 Adressen, jede mit 6, als eine mit 36 Unterschriften, aber bald; auch bei Andern, die Du etwa siehst, purre an, daß sie sich gegen das Ministerium aussprechen. Die Demokraten lassen alle Minen springen, um die Meinung des ›Volkes‹ als dem König feindlich darzustellen, hunderte von fingirten Unterschriften; frage doch den Stadtrath, ob in Magdeburg denn nicht einige vernünftige Leute sind, denen ihr Hals mit Ruhe und Ordnung lieber ist als dieß Geschrei der Straßenpolitiker und die aus Magdeburg eine Gegenadresse an den König richten.« Obwohl Bismarck das Land und die Bauernschaft höchst bewußt als reaktionäres Kräftereservoir benutzen wollte, lag es nicht in seiner Macht, zu verhindern, daß sich auch im märkischen Bereich Veränderungen vollzogen, die gerade ihm Schwierigkeiten bereiteten. So war er im Jahr 1848 bei den Wahlen zur Berliner Versammlung ohne alle Chancen geblieben.

Das politische Reagieren der verschiedenen Klassen und Schichten auf den ersten Gewaltstreich gegen die Nationalversammlung und die Einsetzung des Ministeriums Brandenburg–Manteuffel zeigte dem König, daß teils Festigkeit, teils Vorsicht und Umsicht geboten waren. Mochten sich auch die liberalen Führer auf den passiven, den »nicht widerstehenden« Widerstand eingeschworen haben, unten in Stadt und Land war der Ingrimm gegen die nun offen agierenden Militärs und Junker so stark geworden, daß Liberale und Demokraten vielerorts wieder zusammenrückten. Vielleicht zum aktiven Widerstand? Vielleicht auch gegen den bis dahin geschonten König? Angesichts einer sich derart abzeichnenden Entwicklung im Kräftespiel der Klassen und Parteien mußte der Staatsstreich auf solche Weise zu Ende gebracht werden, daß die Liberalen beschwichtigt und erneut ans Königtum gebunden werden konnten.

Nachdem die von einem Sitzungslokal zum andern vertriebene und bis zur Beschlußunfähigkeit dezimierte Nationalversammlung zum befohlenen Termin am 27. November im Dom zu Brandenburg zusammengekommen war, konnte sie leichter Hand aufgelöst werden. Auf die geschlagene Wunde kam sogleich ein milderndes Pflaster. Am 5. Dezember wurde »die neue Preußische Verfassung, gegeben seinem Volke von Friedrich Wilhelm IV.«, verkündet und danach in einer säuberlich gedruckten Broschüre verbreitet.[243]

Die oktroyierte Verfassung war im Widerspruch zu ihrer Herkunft recht liberal, ausgestattet mit einigen in der Frankfurter Nationalversammlung beschlossenen Grundrechten und auch mit Artikeln des preußischen, unter dem Einfluß der Linken zustande gekommenen Verfassungsentwurfs. Da fielen auf: das allgemeine und indirekte Wahlrecht, wenn auch erst ab einer bestimmten Einkommensgrenze; Presse-, Versammlungs- und Vereinigungsfreiheit und überhaupt viele Freiheiten, die jedem Liberalen Ehre machten; Aufhebung der Gerichtsherrlichkeit auf den Gütern und der gutsherrlichen Polizei, überhaupt der Standesvorrechte; schließlich auch die Ministerverantwortlichkeit.

Sollte man angesichts von so vielem königlich-preußischen Liberalismus noch weiter aufwiegeln, vom passiven gar noch zum aktiven Widerstand übergehen? Das liberale Bürgertum war unter diesen Umständen leicht geneigt, klein beizugeben, wenn es auch Grund genug hatte, mißtrauisch zu sein. Alle Artikel, die die absolute Macht des Königs über die Armee und sein Entscheidungsrecht über Krieg und Frieden fixierten, waren klar und deutlich – im Gegensatz zu jenen verfassungsrechtlichen Fallstricken, die auf dem weiteren Gang der liberalen Politik gefährlich werden konnten. Da gab es eine Klausel, die es dem noch zu wählenden Parlament vorbehielt, die Verfassung zu revidieren und zu bestätigen. Aber unter welchen allgemeinen und besonderen Bedingungen sollte es gewählt werden?

Ludwig v. Gerlach wollte den Staatsstreich nicht durch die Oktroyierung einer Verfassung, sondern durch die Wiederberufung des Vereinigten Landtags krönen.[244] Schon im Sommer fand in den ersten Nummern der »Kreuzzeitung« eine Diskussion zwischen Gerlach, dem Verfechter der ständischen Monarchie, und Stahl (St. Ahl, wie der »Kladderadatsch« spottete) über das Problem eines konservativ gestärkten Konstitutionalismus statt.[245] Und das fand unter Absicherung der Krongewalt seinen Niederschlag in der Verfassung vom 5. Dezember. Nach allen öffentlichen und internen Diskussionen über diese prinzipiellen Fragen wollte der König sich nicht mehr der Mühsal unterziehen, all das mit der Kamarilla bis zur Entscheidung zu besprechen. Er oktroyierte die Verfassung, ohne vorher seinen Generaladjutanten Leopold v. Gerlach[246] informiert zu haben. Nach der Bildung der Regierung Brandenburg-Manteuffel wollte und konnte er zwar die Kamarilla nicht beiseite schieben, sie aber bisweilen übergehen und sich auf die verantwortlichen, absolut königstreuen, aber undogmatischen Minister stützen.

An den theoretischen Diskussionen über eine nach unten abgesicherte konstitutionelle Monarchie oder über Ständetum mit monarchischer Spitze hat sich Otto v. Bismarck nie beteiligt. Er neigte aus praktisch-politischen Überlegungen bereits im September »zum Oktroyieren einer Charte, nach Auflösung der Versammlung«.[247] An dieser Meinung hielt er fest, gleichgestimmt mit den neuernannten Ministern Brandenburg und Manteuffel, die zunehmend empfindlich reagierten auf das Dreinreden der Kamarilla. Bismarck hatte sicherlich auch nichts gegen das im Dezember 1848 neu besetzte »Ministerium für Handel, Gewerbe und öffentliche Arbeiten«, das in den nächsten Jahren bei mancher Engherzigkeit im einzelnen das Konzessionswesen im Interesse der werdenden Bourgeoisie liberaler handhabte und Gesetze vorbereitete, die die kapitalistische Industrialisierung förderten. Wenn er auch ein Bündnis mit den Liberalen, zu dem die Politik Bülow-Cummerows tendierte, entschieden ablehnte, so richtete er wie dieser seinen Blick auf das neue Zeitalter der »materiellen Interessen«. Das erforderte nicht allein Verteidigung der Grundbesitzeranliegen, sondern auch materielle Konzessionen an das Besitzbürgertum. Man durfte es nicht nur mit liberalen Verfassungsartikeln abspeisen, sondern mußte ihm auch handfeste Institutionen bieten – zumal die »materiellen Interessen« auch außenpolitische Aspekte aufwiesen.

Alle diese Zugeständnisse an das Besitzbürgertum förderten nicht allein dessen Industrie- und Handelsinteressen, sondern stärkten zugleich auch die Macht der preußischen Monarchie, denn »ohne Industrie und Handel war selbst der hochnasige preußische Staat jetzt eine Null«[248], wie der Unternehmersohn aus Barmen und im internationalen Geschäftsgetriebe sich auskennende Friedrich Engels mit gutem Grund bemerkte. Im übrigen stammte der Leiter des Ministeriums für Handel und Gewerbe aus Barmens Nachbarschaft, es war der Elberfelder Bankier v. d. Heydt, den der König aus der frühen Kronprinzenzeit her kannte. Selbst bei dieser personellen Entscheidung spielte die machtmäßige Sicherung der Krongewalt eine Rolle. Ansonsten waren sich der König und die nicht von Gerlach indoktrinierten Konservativen bereits Ende 1848 darüber im klaren: Auch die Konterrevolution konnte nicht vollständig siegen, nie ganz den Status quo ante wiederherstellen.

Bismarcks politische Aktivität während des Revolutionsjahres von 1848 hatte im November ihren Höhepunkt erreicht. Er war damals sicher nicht mehr der spontane und hitzige Draufgänger wie in den ersten Tagen nach der Märzrevolution, sondern arbeitete mit Umsicht und Energie zugleich, in enger Tuchfühlung mit seinen Junkern in der Provinz und als deren Beauftragter, aber auch im Kontakt mit der einflußreichen Kamarilla. Selbst wenn gelegentlich politische Diskrepanzen, beispielsweise über das Jagdgesetz oder über die Verfassungsfrage mit den Gerlachs auftauchten, wurden sie überspielt und zurückgestellt angesichts der gemeinsamen gegenrevolutionären Aktionen. Er wirkte als Ministermacher mit und hütete sich, schwerwiegende Friktionen mit dem König aufkommen zu lassen. Im Unterschied zu seinen Kamarilla-Vertrauten hat er sich über das Unschlüssige und Unzuverlässige in dessen Verhalten nie beklagt. Im Gegenteil, nach vollzogenem Staatsstreich war er seinem Bruder gegenüber voll des Lobes: »Der König allein hat nie den Muth und nie das Ziel aus den Augen verloren, seit ich ihn um Johanni zuerst wiedersah, obschon man jede Mine gegen ihn springen ließ und keine Lüge schonte, um ihn einzuschüchtern.«[249]

Im gleichen Brief schrieb er aus Schönhausen: »... sonst bin ich seit dem September wie ein Perpendikel zwischen hier und Berlin, Potsdam und Brandenburg hin- und hergegangen, so daß ich die Genthiner Chaussee nicht mehr von Weitem sehn mag. Indessen schmeichle ich mir nicht ohne Nutzen, die Schwanzklemmer mitunter gepfeffert zu haben, und sehe mit Befriedigung auf mein Tagewerk zurück«. Im November hatte er seiner Frau Johanna berichtet: »Politisch geht mir bisher alles sehr nach Wunsch, und ich bin Gott recht dankbar, daß er mich gewürdigt hat, der guten Sache wieder mehrmals und heut noch erhebliche Dienste zu leisten.«[250] Tatsächlich hatte Bismarck am Ende des ereignisreichen Jahres alle Ursache, mit dem Verlauf der Dinge und der politischen Stellung, die er sich dabei erworben hatte, zufrieden zu sein.

Die »abscheuliche Konstituante« in Gestalt der Nationalversammlung war auseinandergejagt und die Macht der Krongewalt demonstrativ vor Augen geführt, aber der König von Gottes Gnaden konnte seiner Sache immer noch nicht sicher sein. Die in der oktroyierten Verfassung vorgesehene Zweite Kammer war durch das Volk zu wählen, nach annähernd gleichem, jedoch indirektem Wahlrecht. Am 22. Januar 1849 sollten die »Urwähler« die Wahlmänner, im 2. Wahlgang am 5. Februar schließlich die Wahlmänner die Abgeordneten für die Zweite Kammer wählen. Dieses Dazwischenschalten relativ weniger Wahlmänner schuf Gelegenheit für mancherlei korrumpierende und einschüchternde Beeinflussung. Dennoch: Ob direkte oder indirekte Wahl, Ruhe im politischen Leben war noch nicht eingekehrt, so schnell, nach wenigen Wochen, konnte der Staatsstreich im Volksbewußtsein nicht vergessen sein.

Die durch die preußische Konterrevolution geschaffene Regierung hatte auch das außenpolitische Kräftespiel in Rechnung zu stellen. In Frankfurt am Main tagte immer noch die Deutsche Nationalversammlung und beriet über eine Verfassung. Im Königreich Sachsen bereitete eine kleinbürgerlich-demokratische Landtagsmehrheit der Regierung große Schwierigkeiten. Die Habsburger Monarchie, die sich damals keinen österreichischen Charme leistete, vielmehr mit Infanterie und Artillerie, mit Hängen und Exekutionen auf ganz kommun bürgerkriegsmäßige Weise vorging, hatte immer noch mit der nationalen Revolution in Ungarn zu schaffen. In Italien, vor allem in der Toskana und in Rom, war der republikanische Aufruhr in vollem Gange. In Frankreich sammelte sich das demokratische Kleinbürgertum gegen die bürgerliche Regierung und den Kronprätendenten Prinz Louis Bonaparte. Angesichts dieser europäischen Revolutionsbewegungen und ihrer gegenseitigen Beeinflussungen konnten auch in Preußen antiabsolutistische Energien lebendig gehalten oder, soweit Resignation um sich gegriffen hatte, neu belebt werden.

Die Konservativen hatten sich in einem immer noch revolutionär aufgewühlten und umbrandeten Land der Volksmeinung zu stellen. Die Zeit war vorüber, da »die Macht des Königthums allein die Ordnung schirmte«, wie sie es formulierten.[251] Den Vorsprung der Liberalen und Demokraten im Vereins- und Pressewesen hatten die Konservativen trotz aller ihrer Fortschritte, auch unter den zünftlerisch eingestellten Handwerkern, noch längst nicht aufgeholt. Stärker als ihre Gegner waren sie in verschiedene Fraktionen gespalten. Sie reichten von den Rechten der Berliner Nationalversammlung bis zur Kreuzzeitungsgruppe, den Männern des »Vereins für König und Vaterland«.

So war für die Leitung der Wahlen ein Zentralkomitee aller Konservativen in Berlin geboten. Außerdem bildete der »Verein für König und Vaterland« noch »ein besonderes Comitee für diese Angelegenheit«. In ihm war neben den bekannten Mitgliedern des Vorstandes (Bethmann Hollweg, Friedrich Julius Stahl, Hermann Wagener, Karl v. Savigny) auch Bismarck-Schönhausen. Von diesem Komitee ging ein spezielles Zirkularschreiben aus,[252] in dem es hieß: »Die politische Gesinnung, die unser Comitee erfüllt, ist eine ungetheilte und ist vielleicht in mehreren Stücken schärfer gezeichnet als bei einigen anderen Fractionen der conservativen Seite. Sie besteht darin, daß wir *keinerlei Transact mit der Revolution* eingehen.« Von diesem auch graphisch hervorgehobenen Kernsatz ließ sich die konservative Gruppe in voller Übereinstimmung mit der Kamarilla bis in die Tage der Punktation von Olmütz Ende 1850 leiten. Man bekannte sich zur konstitutionellen Monarchie, soweit sie »die volle Integrität und Würde des Königtums« zu wahren imstande war, und leitete daraus die Forderung ab nach »Handhabung des Gesetzes gegen den Mißbrauch der neuerteilten Freiheiten und anarchisches Treiben«. Nicht zuletzt in Anlehnung an den »Bülow-Verein« trat man im Zirkularschreiben für den »Schutz der materiellen Interessen und Neugestaltung der gegliederten Verhältnisse in Gemeinde, Kreis und Provinz« ein. Seine Verfasser hielten sich durch solche politischen Anleihen bei anderen konservativen Gruppen wohl zur Erklärung berechtigt, ihre Gesinnung sei »kein Extrem, ... vielmehr die wahre und gesunde Mitte«. Diese im Vordergrund agierenden Wahlstrategen vom »Verein für König und Vaterland«, hinter denen Ludwig v. Gerlach stand, bildeten in Wahrheit nicht die Mitte im Chor der Konservativen, sondern ihre äußerste Rechte.

Der zu wählenden Zweiten Kammer war die formelle Aufgabe zugefallen, zusammen mit der kaum beachteten Ersten Kammer der Hoch- und Geldaristokraten über die Annahme der oktroyierten Verfassung vom 5. Dezember zu entscheiden. Im Kern ging es um mehr bei den Wahlen, nämlich um die Frage, ob doch noch ein bürgerliches Repräsentativsystem, eine liberalkonstitutionelle Monarchie sich bilden oder ob sich das Bündnis von Krone und Adel in einem staatlichen, von Armee, Bürokratie und Kirche gestützten Herrschaftssystem wieder einigermaßen festigen könnte. Jedenfalls wußten politisch klarsehende Konservative, daß der Staatsstreich zwar eine bedeutsame Ausgangsposition für ihren weiteren Kampf geschaffen, aber das Angestrebte noch nicht gesichert hatte. Die Erhaltung »des jetzigen Ministeriums ... gegen innre Krankheiten und äußre Angriffe, namentlich gegen die Frankfurter«[253] – das war immer noch Bismarcks Sorge. So trieb es ihn, nach Erlaß des Wahlgesetzes für die Zweite Kammer in einem Wahlkreis zu kandidieren. Aber konnte er das, was er wollte?

Anfang Januar schrieb er aus Schönhausen, er habe hier »gewühlt«; aber die »Rentenfrage« sei ihm hinderlich. »Einige wohlgesinnte Träumer haben mich hier auf die Candidatenliste gebracht, aber ohne die mindeste Aussicht auf Erfolg; eher geht es vielleicht in Brandenburg (Westhavelland und Zauche) aber ich glaube nicht daran.«[254] Es war schon peinlich für ihn, daß ihm eine Kandidatur in seiner engeren Heimat als aussichtslos erscheinen mußte. Auch in und um Brandenburg konnte er sich zunächst nur mit wenig Hoffnung auf Erfolg zur Wahl stellen. Dort war seine vorerst einzige Stütze Johannas Nichte, die mit dem Strafanstaltsdirektor Barschall verheiratet war.

Nachdem die Urwahlen vom 22. Januar 1849 in ganz Preußen nicht sonderlich günstig für die Konservativen ausgefallen waren, dachte Bismarck an eine Doppelkandidatur. Gelang es ihm, sich auch noch in dem für die Konservativen günstigen Wahlkreis zu Teltow aufstellen zu lassen, dann erhöhte sich seine Chance, in den Landtag gewählt zu werden. Um dieses Ziel zu erreichen, scheute er nicht davor zurück, an den früheren Minister v. Bodelschwingh einen Brief zu schreiben, in dem er sich nach wohlüberlegter Windung und Wendung unverhohlen selbst anbot. »Sollten Ew. Excellenz indeß in Folge einer Doppelwahl

Das Ehepaar Bismarck im Jahre 1849

oder sonst auf die Candidatur in Teltow verzichten, so wage ich, im Vertrauen auf das ermutigende Wohlwollen, welches Sie mich in frühern Zeiten haben empfinden lassen, Ew. Excellenz zu bitten, die Aufmerksamkeit der Teltower Wahlmänner auf den Professor *Stahl* zu Berlin, oder wenn dessen scharf ausgeprägte kirchliche Richtung an einer oder der andern Stelle Anstoß erregen sollte, eventuell auf mich selbst geneigtest lenken zu wollen. Ich habe vollen Grund anzunehmen, daß Ew. Excellenz Empfehlung in solchem Falle entscheidend wirken würde.« Am Schluß des Briefes gestand Bismarck auch Bodelschwingh gegenüber, daß er »ohne sonderliche Hoffnung auf Erfolg« sei, »da die Verdächtigung durch die vage Bezeichnung als Reaktionär an mir besonders zu haften scheint«.[255]

Der Ruf als Reaktionär mußte ihm in der Stadt Brandenburg doppelt hinderlich sein, weil sein Konkurrent der Oberbürgermeister Franz Ziegler war, »ein sehr gewandter fähiger Mann«, wie der sonst mit Lob stets geizende Bismarck seinem Bruder gegenüber eingestand.[256]

Franz Ziegler hatte sich in der Preußischen Nationalversammlung dem rechten Zentrum angeschlossen und den Steuerverweigerungsbeschluß mitgemacht, verlor deshalb in der Reaktionszeit sein Amt und wurde zum Verlust der Nationalkokarde und sechsmonatiger Festungshaft verurteilt. In den sechziger Jahren arbeitete er mit Ferdinand Lassalle freundschaftlich zusammen. Jahrzehnte später hat Franz Mehring dem »altpreußischen Demokraten« Franz Ziegler einen ebenso warmherzigen wie scharfsinnigen Gedenkartikel gewidmet.[257] Ab 1848, heißt es da, »gehen die Wege der Bucher, Rodbertus, Jacoby, Waldeck, Ziegler wunderlich durcheinander; vom Junkertum bis zum Proletariat, vom Feudalismus bis zur Sozialdemokratie streifen sie alle möglichen Parteien; einen sicheren Kurs finden sie niemals mehr«.

Was zog diese Männer in den sechziger Jahren teils zu Ferdinand Lassalle oder, wie bei Jacoby, zu Liebknecht und Bebel, andererseits aber sogar zu Bismarck? Wie Franz Mehring wohl richtig sah, ließen sich die altpreußischen Demokraten vom Widerwillen gegen den immer flacher werdenden Liberalismus leiten; auch ihre ästhetische, historische und philosophische Bildung war es, die die Ziegler, Bucher, Rodbertus »turmhoch über die geistlosen Freihandelshausierburschen stellte, in deren Hände die bürgerliche Opposition mehr und mehr geriet«.

Wenn ein Charakter wie Franz Ziegler einem Bismarck Respekt abnötigen konnte, so läßt das ahnen, warum später zwischen einigen aus diesem Kreis altpreußischer Demokraten und Bismarck menschliche Affinitäten entstehen konnten, die sich auch politisch auswirkten. Bei Bucher ging es bis zur vertraulichen Zusammenarbeit mit dem Reichsgründer, und bei diesem wiederum ward die Bereitschaft erleichtert, im April 1866 in der Wahlrechtsfrage Gedankengut altpreußischer Demokraten zu übernehmen. So mag es begreiflich sein, daß Ziegler am Vorabend des Krieges von 1866 die berühmt gewordene Parole ausgeben konnte: Das Herz der Demokratie ist da, wo die preußischen Fahnen wehen.

Während des Wahlkampfes Ende Januar 1849 trat Bismarck in der Form milde und in der Sache zurückhaltend auf. Sein Ruf als Reaktionär ließ dies für angebracht erscheinen. Er erklärte sich scheinbar ohne Vorbehalt für die Verfassung vom 5. Dezember und sprach von der Gleichheit vor dem Gesetz, aber natürlich gegen die Abschaffung des Adels, »gegen Abschaffung geldwerther Rechte ohne Entschädigung, gegen Verminderung des stehenden Heeres«. Als forscher Konservativer zeigte er sich noch am meisten, wenn er sich »für strenge Preß- und Clubgesetze etc. etc.« aussprach.[258]

Im Brief an seinen Bruder, in dem er über seine Wahlkampfforderungen berichtete, gestand er aber, daß er »die Mängel der Verfassung« doch ausbessern, also diese revidieren wolle, sobald »die Angriffe der Anarchisten« abgewehrt seien. Damit kündigte er bereits sein ultrakonservatives Auftreten im kurzlebigen Landtag vom Frühjahr 1849 an. Gegenüber seinem Gegner Franz Ziegler kam er nur mit knapper Mehrheit durch – dank des indirekten Wahlrechts, also der Beeinflußbarkeit der Wahlmänner in den Landgebieten. In seinem Heimatkreis, so mußte er seinem Bruder Bernhard berichten, waren die Wahlen für die Konservativen schlecht ausgefallen, »theils durch die Rentbauern, theils durch den Unsinn der Vermittlungsparthei, welche die Vorsitzungen immer mit den Demokraten gemeinschaftlich abhalten ließ«; so kamen »2 ultrademokratische Assessoren und ein leidlich constitutioneller Bauinspektor« durch.[259]

Die Anzahl der der Kamarilla nahestehenden Abgeordneten, die am 5. Februar 1849 in die Zweite Kammer gewählt wurden, war gering. Der General Leopold v. Gerlach mußte in sein Tagebuch notieren: »Von zuverlässigen Leuten, die wir so nennen können, ist gewählt Bismarck, Kleist, ich will annehmen Professor Keller. Es wäre wichtig, diese in einer Contreopposition zu organisieren.«[260] Die neugewählte Kammer wurde erst am 26. Februar von Friedrich Wilhelm IV. eröffnet. Das Wahlergebnis konnte er nicht als überzeugenden Vertrauensbeweis für seine Politik werten[261]; denn in der Zweiten Kammer waren die Rechte und die Linke ungefähr gleich stark. Dabei waren die konservativen Rechten keineswegs Gerlachianer. Die Bismarck und Kleist waren in der Zweiten Kammer fast ein verlorenes Häuflein. Um so hartnäckiger vertraten sie den royalistisch-junkerlichen Standpunkt. Es war für Bismarck selbstverständlich, daß er gegen die Aufhebung des Belagerungszustandes plädierte, gegen die Amnestie der »Märzrebellen« auftrat und ebenso wie Kleist[262] wenige Tage vor Auflösung der Zweiten Kammer gegen die Annahme der deutschen Kaiserkrone durch den König von Preußen polemisierte.

In der Session des »kurzlebigen Landtags« – so ging er in die

Geschichte ein – wurde eine Stellungnahme zur deutschen Verfassungsfrage unabweislich. Viele Abgeordnete des Frankfurter Parlaments mochten wohl lange von der Vorstellung beherrscht gewesen sein, sie würden eine Reichsverfassung selbständig erarbeiten können und nicht mit den Regierungen vereinbaren müssen. Aber kaum war das Verfassungswerk vollendet, zeigte es sich, daß die Nationalversammlung ohne ein Verhandeln mit den Regierungen nichts zum Abschluß bringen konnte. Obwohl sie ein Kind der Volksrevolution vom Frühjahr 1848 war, verzichtete sie auf die weitere Mobilisierung des Volkes und wurde gerade dadurch abhängig von den Dynastien, insbesondere von den beiden deutschen Hauptmächten Österreich und Preußen. Was vor 1848 zurückgedrängt war, nämlich der österreichisch-preußische Dualismus, brach jetzt, da man die nationalstaatliche Einheit Deutschlands begründen wollte, vehement auf.

Nach dem Sieg über das revolutionäre Wien wurde Fürst Schwarzenberg Ministerpräsident. Alles Streben im Habsburgerreich nach Föderalismus und provinziellen Verfassungen wurde mit dieser Ernennung in das Reich der politischen Träume verwiesen. Im energischen und rücksichtslosen Kampf gegen alles Antiabsolutistische und Nationalrevolutionäre konnte Schwarzenberg den schwachsinnigen und durch liberale Versprechungen belasteten Kaiser nicht mehr gebrauchen. Ferdinand I. mußte abdanken zugunsten des achtzehnjährigen Franz Joseph, der bis in den ersten Weltkrieg hinein der k. u. k.-Monarchie vorstand und unter den vielen Titeln auch den der Apostolischen Majestät trug. Der Gegensatz zwischen dem Katholizismus der Habsburger und dem Protestantismus der Hohenzollern war bis in die Reichsgründungszeit hinein ein Element der mitteleuropäischen Politik. Fürst Schwarzenberg machte am 17. Januar 1849 den Versuch, Preußen zu einer gewaltsamen Niederwerfung des Frankfurter Parlaments mit sich fortzureißen; in diesem gegenrevolutionären Furor steckte, kaum verhüllt, die Absicht, jegliche Hegemonialpläne der Hohenzollerndynastie zu durchkreuzen.

Da konnte der Preußenkönig Friedrich Wilhelm IV., der – wie die Kamarilla ihm immer wieder vorgeworfen hatte[263] – »voller Deutschheitspläne« war, nicht mitmachen. Andererseits war er Gefangener seines Legitimismus; er erkannte die Volkssouveränität nicht an und wollte eine deutsche Krone ohne Zustimmung der andern Fürsten nicht annehmen. An diesem grundsätzlichen Standpunkt hielt er fest, in allen geheimen und nicht geheimen Verhandlungen, die bereits seit November 1848 geführt wurden. Darum konnte Otto v. Bismarck wenige Tage nach Eröffnung der Zweiten Kammer in Berlin seine Frau beruhigen, indem er schrieb: »Die Thronrede habt Ihr wegen der deutschen Frage, wie mir scheint, mißverstanden; sie ist darin ganz correct und frei von revolutionärer Beimischung; wenn der König dabei bleibt, nicht ohne Beistimmung *aller* deutscher Fürsten vorzugehn, womit ich einverstanden bin, so bleibt natürlich Alles beim Alten, denn Östreich und andre lassen sich auf die Frankfurterei niemals ein.«[264]

Die beiden deutschen Großmächte standen in ihren Machtinteressen gegeneinander, aber in ihrem dynastischen Egoismus gemeinsam gegen alle Parteien, die einen der Volkssouveränität allzu sehr verhafteten Bundesstaat anstrebten. Den großdeutschen Republikanern, deren konsequenteste Vertreter außerhalb des Parlaments Marx und Engels waren, die die einheitlich zentralisierte Republik unter Beseitigung aller Bundesstaaten, also auch der beiden deutschen Großstaaten, anstrebten, blieben nur noch geringe Chancen.

Die großdeutschen Föderalisten – vorwiegend Deutsch-Österreicher, süddeutsche Partikularisten wie die Bayern und auf andere Art die Schwaben – wollten ein größeres Deutschland, dessen Reichsspitze jedoch nur schwach ausgebildet sein sollte. Der Realität der politischen Kräfteverhältnisse am nächsten kam die Konzeption der sogenannten Kleindeutschen; sie konnten auch an die Existenz des Deutschen Zollvereins anknüpfen. Ihr Ziel war das kleinere Deutschland mit Preußen an der Spitze und dem preußischen König als erblichen Kaiser. Darum nannte man sie auch die Erbkaiserlichen. Dieser »engere Bund« sollte sich dann, wie Heinrich v. Gagern vorschlug, in einem »weiteren Bunde« mit Österreich völkerrechtlich vereinen.

Diese Idee eines engeren und weiteren Bundes lehnte jedoch Fürst Schwarzenberg ab. Es wurde schon jetzt deutlich, daß die Lösung all dieser Widersprüche nur durch Gewalt möglich war. Vor einem Krieg gegen Österreich, in den mit großer Wahrscheinlichkeit das Rußland Nikolaus I. eingegriffen hätte, schreckten jedoch der preußische König, erst recht die Kamarilla und viele Konservative zurück. Aber die Spannung zwischen gegenrevolutionärer Solidarität und dynastisch-staatlichen Interessengegensätzen prägte sich als politisches Leitmotiv in den Beziehungen zwischen Österreich und Preußen nun stärker aus denn je.

In den Märztagen des Jahres 1849 wurde in Frankfurt der Verfassungsentwurf endgültig verabschiedet. Er sah einen Bundesstaat vor mit konstitutionellem Ministerium, einem Reichstag aus zwei Häusern, einem Staatenhaus und einem Volkshaus. Die der Verfassung vorangestellten Grundrechte enthielten alles, was bis zum heutigen Tag die demokratisch-parlamentarischen Verfassungen charakterisiert. Am 27. März 1849 nahm die Frankfurter Nationalversammlung mit 267 gegen 263 Stimmen die Verfassung an, und tags darauf wurde Friedrich Wilhelm IV. zum deutschen Kaiser gewählt. Die fünfzehn Abgeordneten der Rechten, die für das preußische Erbkaisertum gestimmt hatten, erklärten unter Führung von Radowitz, daß eine endgültige Festlegung der Verfassung und eine Übertragung der Krone nicht einseitig durch das Parlament erfolgen könne. Nur bei Zustimmung deutscher Regierungen sei dies rechtsverbindlich.

Damit klang schon an, was dann aus Berlin noch offiziell zu hören war. Am 3. April empfing König Friedrich Wilhelm IV. die Deputation der Frankfurter Nationalversammlung, der auch Arndt und Dahlmann angehörten. Er gab ihr eine diplomatisch gefaßte Ablehnung, indem er die Annahme der Kaiserkrone als von der freien Zustimmung sämtlicher deutscher Regierungen abhängig erklärte.

Schon vor dieser Audienz war Otto v. Bismarck über das informiert, was geschehen würde. Bereits am 29. März schrieb er seiner Frau Johanna: »Nach Angabe der nächsten Umgebung des Königs wird er höflich ablehnen, seinen Dank und die Hoffnung aussprechen, daß dieses Ereigniß die Aussicht auf eine Einigung mit den deutschen Fürsten verstärken könne usw. Das Ministerium hatte gestern noch eine ganz vernünfige Anschauung, möge Gott sie ihm erhalten.«[265]

Da die Ablehnung durch Friedrich Wilhelm IV. bei aller Höflichkeit hinhaltend war, ging die Diskussion über die Haltung Preußens zum deutschen Einheitsverlangen weiter, in der Öffentlichkeit wie auch im Landtag. Gerade das machte Bismarck unwillig. So schrieb er am 18. April seinem Bruder: »Die deutsche Frage präoccupirt jetzt alle Gemüther; sie wird durch dringliche Anträge wieder und wieder angebracht, für jetzt hauptsächlich, um das Ministerium zu stürzen. Dieses wird aber nicht gehn, auch nicht auflösen, sondern die Adressen als Papier verbrauchen, wie ich hoffe; unsre Auflösung wird *nach* diesem allerdings nicht in sehr weiter Ferne stehn können. Der Schwindel der Paulskirche hat auch die hiesigen ergriffen, bei Vincke ist das nicht wunderbar, daß aber selbst Leute wie Arnim-Boitz[enburg] und Schwerin jetzt dafür sind, die Frankfurter Verfassung nude crude anzunehmen, nachdem die Leute dort jede Verständigung von sich gewiesen haben, und uns ihre offizielle Anarchie par droit de souverain octroyiren wollen, das ist ein Zeichen des wahnsinnigen Contagiums, mit dem der Satan die Luft geschwängert hat.«[266]

Offensichtlich bezog sich Bismarck hier auf Vorgänge in der Zweiten Kammer des Preußischen Landtags. Rodbertus hatte am 13. April die Annahme der Frankfurter Reichsverfassung durch Preußen gefordert, und am 21. April empfahl v. Vincke die Annahme der Oberhauptswürde durch den König. Der Ministerpräsident Graf Brandenburg verteidigte die bedingte Annahme, das heißt die verklausulierte Ablehnung der Kaiserkrone durch den König von Preußen. Überdies verurteilte er die öffentliche Meinung, deren Sprecher im Parlament die Abgeordneten Rodbertus und Vincke waren. Sowohl Kleist-Retzow als auch Bismarck ergriffen die Gelegenheit, um gegen die Annahme der Frankfurter Verfassung und für die Erhaltung des traditionellen Preußen zu plädieren.

Bismarck formulierte, wie es scheint bewußt, recht provozierend.[267] So sprach er von den »Oktroyierungsgelüsten« der Nationalversammlung in Frankfurt und kümmerte sich wenig um die Unterbrechung durch die Glocke des Präsidenten. Erbost war der Redner auch über die Zustimmung von »achtundzwanzig Regierungen«, die sich für die Frankfurter Verfassung erklärten. Er sprach von den Ministern, die »ihre märzerrungenen Stellungen mittels der konstituierten Anarchie, welche von Frankfurt aus dargeboten wird, unter Dach und Fach bringen wollen«.

Drei grundsätzliche Einwände brachte Bismarck zur Sprache. »Die Frankfurter Verfassung veranlaßt den König, seine bisher freie Krone als Lehen von der Frankfurter Versammlung anzunehmen, und wenn diese Volksvertreter es dreimal beschließen, so hat der König und jeder andere Fürst, der Untertan des engeren Bundesvolkes geworden ist, aufgehört zu regieren.« Der zweite Vorwurf bezog sich auf die direkten Wahlen mit allgemeinem Stimmrecht. Das dritte Übel der Frankfurter Verfassung wäre die jährliche Bewilligung des Budgets. Durch diesen Paragraphen sei es in die Hände derjenigen Majorität, »die aus dem Lottospiel dieser direkten Wahlen hervorgehen wird«, gelegt, »als Konvent die ganze königliche und jede andere Macht im Staate« zu neutralisieren. Hier waren die Farben so dick und dunkel aufgetragen, als ob an Bilder jakobinischer Willkürherrschaft erinnert werden sollte.

Am aufregendsten war Bismarcks Darstellung der Schleswig-Holstein-Frage. Es habe »die Unterwürfigkeit gegen Frankfurt doch schon zu der wunderlichen Erscheinung geführt, daß königlich preußische Truppen die Revolution in Schleswig gegen den rechtmäßigen Landesherrn verteidigen, daß unsere östlichen Provinzen ... zum zweitenmal durch die Blockade ruiniert werden, während die Herren in Frankfurt gemütlich von den Taten unsrer Krieger in den Zeitungen lesen, wie weit hinten in Dänemark die Völker aufeinanderschlagen.« Damit entfernte sich die urpreußisch-junkerliche Demagogie von dem Fühlen und Denken des preußischen und deutschen Volkes in geradezu grotesker Weise – so weit, daß der Abgeordnete v. Vincke, mit dem Bismarck ein Jahr vorher im Zweiten Vereinigten Landtag gelegentlich zusammengegangen war, von »antediluvianischen Anschauungen« sprach.

In der Tat, antediluvianisch im Inhalt, doch von bleibender Bildkraft in der Form war Bismarcks Rede. Sie endete mit den Worten: »Die Frankfurter Krone mag sehr glänzend sein, aber das Gold, welches dem Glanze Wahrheit verleiht, soll erst durch das Einschmelzen der preußischen Krone gewonnen werden, und ich habe kein Vertrauen, daß der Umguß mit der Form dieser Verfassung gelingen werde.« Alles, was Bismarck sagte, bildete die Ouvertüre für das, was sich wenige Tage danach abspielte. Nachdem die Zweite Kammer dem Antrag von Rodbertus auf Annahme der Frankfurter Verfassung zugestimmt hatte, löste die preußische Regierung den Landtag wegen dessen angeblicher Kompetenzüberschreitung auf und lehnte diese Verfassung endgültig ab.

Die gesamtdeutsche Protestbewegung der liberalen, demokratischen und Arbeitervereine gegen die fürstliche Sabotage und die Agitation für die Reichsverfassung steigerten sich zu Aufständen in Dresden und im Wuppertal, schließlich in der ganzen Pfalz und im Großherzogtum Baden. Während der Aufstand in Dresden und im Wuppertal nach wenigen Tagen zusammenbrach, konnte er sich in der Südwestecke Deutschlands über ein

Prinz Wilhelm von Preußen im Jahre 1849

geschlossenes Gebiet ausbreiten. Dies war vor allem deswegen möglich, weil die reguläre stehende Armee Badens zum revolutionären Volk überging. Ähnlich wie in der französischen Revolution entstand dort eine Volksarmee aus dem Amalgam von drei militärischen Formationen; aus dem revolutionierten stehenden Heer, aus den Volkswehren und aus zahlreichen Freikorps. Der aus dem Lande geflohene Großherzog von Baden ersuchte Preußen um Hilfe. Zwei Armeekorps unter dem Oberbefehl des Prinzen Wilhelm, des späteren Königs von Preußen und deutschen Kaisers, marschierten auf. Dem Prinzen hatte das Ministerium für Auswärtige Angelegenheiten Karl v. Savigny, einen der Jugendfreunde Bismarcks, als Berater und Verbindungsmann beigegeben.[268]

Etwa 60 000 preußische Soldaten wurden der ungefähr 25 000 Mann zählenden, in der Pfalz und in Baden operierenden Volksarmee entgegengestellt. Trotz ihrer Übermacht konnten die Interventionstruppen die badische Revolution erst Ende Juli 1849, als die Festung Rastatt kapitulieren mußte, endgültig niederschlagen. Die Hohenzollern ließen in Mannheim, Freiburg, vor allem aber in Rastatt, gefangene Revolutionäre, Freischarführer, Offiziere, aber auch wahllos einfache Soldaten exekutieren. Das alles wurde mit der Unerbittlichkeit gegen Verletzer sakrosankter Staatsräson gerechtfertigt. Tatsächlich nahmen hier bornierte Selbstgerechtigkeit und aufgescheuchter Machtinstinkt blutige Rache.

Auf beiden Seiten war mit großer Erbitterung gekämpft worden. Die Truppen, hergeholt aus den rückständigsten Gegenden, wurden mit der Parole aufgeputscht, ihre Gegner seien Verbrecher. Auf der andern Seite wußten die Männer der Volksarmee, was sie von der Gnade oder Ungnade preußischer Militärs zu gewärtigen hatten. Davon zeugt ein Momentbild, das Gottfried Keller, Dichter und Demokrat, seinen Angehörigen in der Schweiz nach der Niederlage der badischen Volksarmee am 24. Juli 1849 vermittelte: »Wenn man nur ordentlich umgeht bei Euch mit den badischen Soldaten; denn es sind brave Kerle. Besonders die badenschen Kanoniere haben sich heldenmäßig gehalten. Sie arbeiteten, da es sehr heiß war, im bloßen Hemd, wie die Bäcker vor dem Backofen, bei ihren Kanonen und waren noch forsch und wohlgemut dabei. Ihre Verwundeten haben sie selbst völlig totgeschossen, damit sie den Preußen nicht in die Hände geraten.«[269] Kein Geringerer als Friedrich Engels, der mit Spott und Hohn über alles Spießbürgerliche in der badischen Erhebung nicht gespart hatte, stimmte in den Racheschwur aller Revolutionäre ein: »Dieselben Krieger, die auf dem Marsch oder dem Schlachtfelde mehr als einmal von panischem Schrecken ergriffen wurden – sie sind in den Gräben von Rastatt gestorben wie die Helden. Kein einziger hat gebettelt, kein einziger hat gezittert. Das deutsche Volk wird die Füsilladen und die Kasematten von Rastatt nicht vergessen; es wird die großen Herren nicht vergessen, die diese Infamien befohlen haben«.[270]

Das menschlich und historisch tragische Geschehen außerhalb seines Preußens verfolgte Otto v. Bismarck, nach seinem Briefwechsel zu urteilen, ohne sonderliches Interesse. Wahrscheinlich fühlte er sich sicher in der Meinung, daß die preußischen Militärs den, wie er sich später einmal ausdrückte, fauligen Sumpf süddeutscher Zuchtlosigkeit trockenlegten. Erst in den Herbsttagen des Jahres 1849, als er zusammen mit seiner Schwester Malwine die Gräber der Märzgefallenen im Friedrichshain der Neugierde halber aufsuchte, brach all sein Groll gegen die Revolutionäre aus ihm heraus. »Gestern war ich mit Malle im Friedrichshain«, so schrieb er an Johanna, »und nicht einmal den Todten konnte ich vergeben, mein Herz war voll Bitterkeit über den Götzendienst mit den Gräbern dieser Verbrecher, wo jede Inschrift auf den Kreuzen von ›Freiheit und Recht‹ prahlt, ein Hohn für Gott und Menschen ... Mein Herz schwillt von Gift, wenn ich sehe, was sie aus meinem Vaterlande gemacht haben, diese Mörder, mit deren Gräbern der Berliner noch heut Götzendienst treibt«.[271] Solche haßerfüllten Zeilen konnte nur ein Mann schreiben, der sich in seiner materiell-sozialen Existenz und geistig-moralischen Lebenswelt durch die Revolution bedroht gefühlt hatte und noch immer ihre Nachwehen zu spüren bekam.

Das Olmütz-Erlebnis: Vom preußischen Unionsversuch zum österreichisch-russischen Diktat

Friedrich Wilhelm IV. konnte die Kaiserkrone ablehnen, auch mithelfen, das liberale Verfassungswerk der Paulskirche zunichte zu machen, in seinem eigenen Staatsbereich den preußischen Landtag auflösen und Armeekorps gegen die letzten Volkserhebungen in den Südwesten Deutschlands schicken. Aber das Jahr 1848 hatte so viel demokratisches Verlangen geweckt, daß es in Zukunft schwer sein würde, es niederzuhalten. Das sollte auch Bismarck in seinem engeren Aktionsbereich erfahren. Im Vertrauen auf das demokratische und nationaldeutsche Gefühl in der »Kur- und Hauptstadt« Brandenburg verbreitete die Linke Bismarcks provozierende Rede vom 21. April, in der er sein Preußentum dem Anliegen der Paulskirche entgegengestellt hatte, als Flugblatt unter dem Titel »Enthüllte Absichten der Reaktion«.[272] Eine solche Rede erschien den Demokraten geradezu als Selbstentlarvung.

Angesichts der Volksstimmung erschien es dem König entgegen manchen Einflüsterungen politisch und moralisch zu riskant, die Verfassung gänzlich aufzuheben. Es war ihm trotz aller Erfolge nicht möglich, seine Verfassungsversprechen und nationalen Verheißungen für null und nichtig zu erklären.

In der äußeren und inneren Situation, in der er sich befand, ließ er eine neue Kammer wählen, die die oktroyierte Verfassung revidieren sollte. »Revidieren« gehörte damals zu jenen politischen Zauberworten, die das schrittweise und scheinfriedliche Vorantreiben der Konterrevolution umschreiben sollten. In einem entscheidenden Punkt wurde die Revision der Verfassung noch vor der Kammerwahl dem Volk aufgezwungen; nach einem juristisch zweifelhaften Verfahren verwandelte man das allgemeine, gleiche und geheime Wahlrecht in das Dreiklassenwahlrecht, das in Preußen bis zur Novemberrevolution 1918 unrühmlichen und heftig umstrittenen Bestand haben sollte. Dabei wurden die Wähler entsprechend der Höhe der von ihnen zu zahlenden direkten Steuern in drei Klassen eingeteilt, so daß die kleine Zahl der höchstbesteuerten Wähler in der ersten Klasse genauso viele Abgeordnete wählen konnte wie die große Masse des Volkes in der dritten. Das Dreiklassenwahlrecht bedeutete, daß die Höhe des Einkommens für den politischen Einfluß des einzelnen entscheidend war. Überdies vollzog sich die Dreiklassenwahl indirekt und öffentlich.

Gegen die Oktroyierung dieses Wahlmodus protestierte in Preußen die bürgerliche Demokratie mit den Mitteln der Presse und mit Hilfe der »Vereine zur Wahrung der Volksrechte«, die schon unmittelbar nach der Verfassungsoktroyierung vom 5. Dezember 1848 in den größeren Städten gegründet worden waren. Aus Deputierten dieser Vereine hatte sich sogar im Juni 1849 ein provisorisches Zentralkomitee gebildet, das allerdings eine Agitation für die Nichtteilnahme an den Wahlen begann. Eine Wahlbeteiligung hielten die Demokraten für gleichbedeutend mit einer Anerkennung des oktroyierten Wahlgesetzes.

Wirtshaus in Rathenow. Stätte von Wahlversammlungen 1849

Die »leichtsinnige Enthaltsamkeit«[273] der Demokraten bei den Wahlen, so höhnte Bismarck einige Wochen später, machte seine Neuwahl aber kaum leichter. Sein Hauptgegner wurde jetzt der gemäßigte Liberalismus, der ihm die Ablehnung des Kaisertums vorwarf. Daher hoffte Bismarck auf die Kleinstädte mit ihren zünftlerisch eingestellten Handwerkern und auf das Land. Aber auch dort schreckten manche Bauern vor ihm zurück. Wenn sein Name im Dorf genannt werde – so berichtete man ihm –, »so gehe einem ordentlich ein ›Grusel‹ von oben runter, als wenn man gleich ein Paar ›altpreußische Fuchtelhiebe‹ übergezogen erhalten sollte«.[274] In der Stadt Brandenburg mußte der preußisch-patriotische Verein aus wahltaktischen Gründen behaupten, Herr von Bismarck sei konstitutionell und keineswegs reaktionär. Was heißt da schon konstitutionell? Solche schillernden Versicherungen nützten ihm in dieser aufgeklärten Stadt nichts; nur das Land und Rathenow verschafften ihm eine bescheidene Mehrheit.[275]

Die neugewählte Zweite Kammer, die im August 1849 eröffnet wurde, sollte auch Stellung nehmen zur deutschen Frage, die Friedrich Wilhelm IV. nun zugunsten der preußischen Dynastie

Joseph Maria von Radowitz, Generalleutnant (1797–1853)
Radowitz, aus ungarisch-katholischer Familie, betrieb nach der Ablehnung der Kaiserkrone durch Friedrich Wilhelm IV. auf illusionäre und Preußens Macht bedrohende Weise die Bildung eines deutschen Bundesstaats (Unionspolitik). Von Bismarck tief gehaßt. Nach der Entlassung von Radowitz als Außenminister im November 1850 schrieb Bismarck an Hermann Wagener: bin »vor Freude auf meinem Stuhl rund um den Tisch geritten …«

zu lösen versuchte. In einer Proklamation vom 15. Mai 1849 hatte er verkündet, das zu Frankfurt begonnene Verfassungswerk sollte wieder aufgenommen werden und ein Reichstag aus allen deutschen Staaten eine Verfassung mit den Fürsten vereinbaren.[276]

Die Leitung dieser Angelegenheit erhielt Generalleutnant v. Radowitz, der, ohne Ministeramt, in einer außerordentlichen Vertrauensstellung mit dem König und seiner Regierung zusammenzuwirken hatte. Radowitz gehörte zur Generation der Gerlachs. Er war 1797 als Sohn einer ungarischen Adelsfamilie geboren, kam bereits mit elf Jahren auf die Militärschule von Charleroi, dann auf die Polytechnische Schule in Paris. Als westfälischer Artillerieleutnant führte er 1813 eine Batterie und wurde bei Leipzig verwundet und gefangen, ging dann in den kurhessischen und 1823 in den preußischen Dienst über. Bereits 1830 hatte er die Stellung eines Generalstabschefs der Artillerie inne. Im dreizehnten Lebensjahr durch die Entscheidung seines Vaters zur katholischen Kirche übergetreten, hielt er an diesem Glauben mit Überzeugung fest. Als gläubiger Katholik war Radowitz im Haß gegen jegliche Revolution und im Streben nach ständischer Monarchie mit den protestantisch-pietistischen Eiferern um Thadden-Trieglaff und die Gerlachs verbunden. Die Julirevolution zwang diese Hochkonservativen, deren Zusammenhalt Anfang der zwanziger Jahre etwas loser geworden war, wieder enger zusammenzurücken und ließ sie in Berlin das »Politische Wochenblatt« gründen, an dem auch Radowitz mitarbeitete. In der neuen Reaktionsperiode, im Jahre 1836, wurde er preußischer Militärbevollmächtigter in Frankfurt am Main.

Friedrich Wilhelm IV. stand Radowitz, wie allen Männern des sogenannten christlich-germanischen Kreises[277], weltanschaulich sehr nahe; auch mochte sich der König darin gefallen, nicht allein mit Protestanten, sondern auch mit Katholiken in engem Vertrauensverhältnis zu stehen. Überdies gehörte Radowitz im preußischen Militärapparat einer Gruppe an, die ihn gleichsam von Amts wegen dazu bestimmte, in deutschen Angelegenheiten eine zentrale Beraterrolle beim König zu übernehmen. Neben der Generaladjutantur, die – vom Militärbevollmächtigten am Zarenhof abgesehen – für innere Angelegenheiten zuständig war, hatte sich die Gruppe der »Offiziere von der Armee« mit allen äußeren Angelegenheiten ziviler und militärischer Art zu beschäftigen. Während es unter diesen Offizieren, meist im Range von Generalmajoren, Experten für deutsche Mittelstaaten, für süddeutsche Staaten und so weiter gab, war Radowitz Experte für Österreichfragen und alle Bundesangelegenheiten.[278] Aus der Sicht dieses Aufgabenbereichs war Radowitz im Einvernehmen mit dem König schon vor der Märzrevolution von der Notwendigkeit einer Bundesreform überzeugt.

In den zwei Nachrevolutionsjahren 1849/50 mußte es sich zeigen, ob dies von den politisch-moralischen Grundpositionen der christlich-germanischen Partei, auf denen beide, der König und sein Berater, nach wie vor verblieben, überhaupt möglich sei. Radowitz arbeitete eine provisorische Unionsverfassung aus. Sie sah in dem engeren Bund, der Österreich nicht einschloß, neben dem Reichsoberhaupt (ohne Kaisertitel) den Reichstag vor, bestehend aus dem Staatenhaus und dem Volkshaus. Letzteres sollte, wie in Preußen die Zweite Kammer, nach dem indirekten Dreiklassenwahlrecht gewählt werden; dem Staatsoberhaupt stand gegenüber den Parlamentsbeschlüssen ein absolutes (nicht bloß aufschiebendes) Veto zu. Allerdings war das Staatsoberhaupt, also der dafür vorgesehene preußische König, insofern nicht so absolut, als er die Gesetzgebungsgewalt gemeinsam mit seinem sechsgliedrigen Fürstenkollegium auszuüben hatte. Der preußische König konnte sich besten- oder schlimmstenfalls auf die Macht seines Heeres stützen, das allerdings eine reale Verfassungsgewalt bekommen konnte.

Von vornherein stieß der Radowitzsche Verfassungsplan auf teils verdeckte, teils offene (und immer offener werdende) Opposition von seiten jener sozialen Kräfte und Mächte, die eben die schlimmsten Erschütterungen ihrer Gesellschafts- und Staatsordnung überstanden hatten. Der konservative Adel sah in der vorgesehenen Verfassung zu viele Konzessionen an alles Liberal-Parlamentarische; die außerpreußischen Dynastien fürchteten die hegemoniellen Tendenzen des Hohenzollern-Staates, hingegen glaubten die preußischen Hochkonservativen, der im Vergleich zur Frankfurter Reichsverfassung weit ausgeprägtere monarchische Föderalismus könnte Preußens Macht und Glorie schaden.

Ende Mai 1849 vereinbarte Radowitz mit den Unterhändlern von Sachsen und Hannover das sogenannte Dreikönigsbündnis, das den engeren Bund mit der vorgeschlagenen Unionsverfassung begründen sollte. Aber die beiden mit dem König von Preußen liierten Könige aus Sachsen und Hannover stellten das hochgepriesene Einigungswerk durch Vorbehalte in Frage, nicht zuletzt dadurch, daß sie die Verwirklichung der Union von der Zustimmung aller anderen deutschen Fürsten abhängig machten. Zunächst schien alles hoffnungsvoll, da nach und nach alle Staaten dem Dreikönigsbündnis beitraten – allerdings mit Ausnahme von Bayern, Württemberg und Holstein. Die beitrittswilligen Fürsten orientierten sich nicht zuletzt wegen der revolutionären Unruhen in ihren Staaten zeitweilig auf Preußen.

Die äußerliche Anlehnung mancher Bestimmungen der Unionsverfassung an die der Frankfurter Nationalversammlung verfolgte auch propagandistische Zwecke. Es sollte nicht nur der

Marschtritt der konterrevolutionären Heere gehört, sondern auch ein pseudonationales Programm vernommen werden, das aus der bürgerlichen Front die Kompromißbereiten und Schwankenden wieder stärker an die Seite der etablierten Mächte zu ziehen vermochte. In der Tat kamen am 28. Juni 1849, noch während die demokratischen Revolutionäre in Baden kämpften und manche von ihnen unter den Exekutionssalven der Preußen zusammenbrachen, in Gotha zahlreiche Mitglieder der liberalen Erbkaiserpartei zusammen und stimmten der geplanten Unionsverfassung zu. Die rechten Liberalen wurden von nun an Gothaer genannt, bis weit in die sechziger Jahre hinein der Inbegriff des liberalen Verrats an der Volksbewegung. Die Union entsprach im großen und ganzen den Interessen der preußisch orientierten Großbourgeoisie, die dafür liberale, erst recht demokratische Rechte opferte und auf ihre unmittelbare Machtausübung verzichtete.

Zunächst schien die neugewählte Kammer des Preußischen Landtags, die ihre Session im August begann, ohne Widerstand die regierungsamtliche Unionspolitik zu akzeptieren. Die auf sie eingeschwenkten Gothaer bildeten den Kern der liberalen Opposition, die nur um weniges schwächer als die konservative Regierungspartei war. Die äußerste Rechte repräsentierte wieder einmal der Abgeordnete v. Bismarck-Schönhausen. Nachdem die Staatsregierung durch Radowitz über den Stand der deutschen Verfassungsangelegenheit informiert und eine Kommission der Kammer die Frage nach der Übereinstimmung der preußischen Verfassung mit der künftigen Verfassung des deutschen Bundesstaats geprüft hatte, trat Bismarck am 6. September mit einer denkwürdigen Rede über das spezifische Preußentum hervor.

Er ließ sich darüber in der Schlußapotheose seiner Rede recht theatralisch aus. Das »schwarz-weiße Banner« gegen das der »dreifarbigen Begeisterungen« erhebend, tönte er: »Es war der Rest des verketzerten Stockpreußentums, der die Revolution überdauert hatte, die preußische Armee, der preußische Schatz, die Früchte langjähriger intelligenter preußischer Verwaltung und die lebendige Wechselwirkung, die in Preußen zwischen König und Volk besteht. Es war die Anhänglichkeit der preußischen Bevölkerung an die angestammte Dynastie, es waren die alten preußischen Tugenden von Ehre, Treue, Gehorsam und die Tapferkeit, welche die Armee, von deren Knochenbau, dem Offizierskorps, ausgehend bis zu den jüngsten Rekruten durchziehen.«[279]

Einen tieferen Einblick in die damalige Denk- und Empfindungswelt Bismarcks gewährt uns das, was er über die Revolution von 1848 und über die aktuellen Aspekte der Politik Friedrichs II. zu sagen wußte. Er war in einer Parlamentsrede der Ansicht, »daß die ›bewegenden Prinzipien‹ des vorigen Jahres viel mehr sozialer als nationaler Natur waren; die nationale Bewegung wäre auf wenige, aber allerdings hervorragende Männer in engeren Kreisen beschränkt geblieben, wenn nicht dadurch der Boden unter unseren Füßen erschüttert wurde, daß das soziale Element in die Bewegung hineingezogen, daß durch falsche Vorspiegelungen die Begehrlichkeit des Besitzlosen nach fremdem Gute, der Neid des Minderbegüterten gegen die Reichen aufgestachelt wurde und diese Leidenschaften nur um so leichter Boden gewinnen, je mehr durch eine langjährige, von oben genährte Freigeisterei (Murren auf der linken Seite) die sittlichen Elemente des Widerstandes in den Herzen der Menschen vernichtet waren.«[280]

Bismarcks Erregung über die »Begehrlichkeit des Besitzlosen nach fremdem Gute« nahm vorweg, was er in der gleichen Zweiten Kammer Ende November 1849 über den Gesetzentwurf betreffend die Ablösung der Reallasten, die Regulierung der gutsherrschaftlich-bäuerlichen Verhältnisse und die Errichtung von Rentenbanken darlegte. »Durch die Versprechungen von Grundeigenthum sind damals in treugesinnten Provinzen Wahlen, beispielsweise die des Abgeordneten Bucher und seiner politischen Freunde, möglich geworden. Diese Bestrebungen sind keineswegs tot; diese Leute haben keineswegs auf diese Aussicht verzichtet, sie halten sie mit der Zähigkeit fest, welche dem gemeinen Manne bei einmal gefaßten Ansichten eigen ist.«[281]

Selbst die Herausgeber der Friedrichsruher Ausgabe meinten, daß sich Bismarck hier der Regierung »als schroffer Reaktionär und geschädigter Gutsbesitzer« entgegenstellte.[282] Merkwürdig: Materielle Interessen seines Standes, das bedeutete für ihn zugleich Kampf um junkerliche Vorrechte; materielle Interessen von unten her wurden kaum zugestanden; da sah er nur Begehrlichkeit, angestachelt und hineingetragen durch Propagandatricks von Demokraten und Demagogen. Besessen von dieser Auffassung, betrachtete und beurteilte er die ganze Revolution nur unter diesem Gesichtspunkt.

Wie Bismarck geschichtliche Phänomene des vorangegangenen Jahrhunderts zweckgerecht aktualisierte, demonstrierte er in seinen September-Äußerungen über Friedrich II. Er erging sich in Spekulationen darüber, wie jener sich wohl in einer Krisensituation ähnlich der von 1848 verhalten hätte. »Er würde gewußt haben«, so hieß es da, »daß noch heute, wie zu den Zeiten unserer Väter, der Ton der Trompete, die zu den Fahnen des Landesherrn ruft, seinen Reiz für ein preußisches Ohr nicht verloren hat, mag es sich nun um eine Verteidigung unserer Grenzen, mag es sich um Preußens Ruhm und Größe handeln. Er hätte die Wahl gehabt, sich nach dem Bruch mit Frankfurt an den alten Kampfgenossen, an Österreich, anzuschließen, dort die glänzende Rolle zu übernehmen, welche der Kaiser von Rußland gespielt hat, im Bunde mit Österreich den gemeinsamen Feind, die Revolution, zu vernichten.« Wie Bismarck hier Österreich, »den alten Kampfgefährten«, schönfärberisch erwähnte und was er über die Niederschlagung der Revolution sagte, war sicherlich im Sinne aller Konservativen. Auf viele von ihnen mußte jedoch schockierend wirken, was er über die andere Möglichkeit friderizianischen Vorgehens zu spekulieren wagte. Nach ihm hätte es Friedrich II. »freigestanden, mit demselben Recht, mit dem er Schlesien eroberte, nach Ablehnung der Frankfurter Kaiserkrone den Deutschen zu befehlen, welches ihre Verfassung sein solle, auf die Gefahr hin, das Schwert in die Waagschale zu werfen. Dies wäre eine nationale preußische Politik gewesen. Sie hätte Preußen im ersten Falle in Gemeinschaft mit Österreich, im andern Falle durch sich allein die richtige Stellung gegeben, um Deutschland zu der Macht zu verhelfen, die ihm in Europa gebührt.«[283] Das alles war weder im Sinne von Radowitz noch von Ludwig v. Gerlach. Was einen Radowitz in der Aktion früher oder später lähmen mußte und einen Gerlach von vornherein zur nationalpolitischen Passivität zwang, waren ihre vom Legitimismus herkommenden ethischen Prinzipien, die eine friderizianische oder bismarcksche Eroberungspolitik ausschlossen.

In diesem Sinne meinte Radowitz: »Die Einheit der deutschen Nation schätzt Preußen sehr hoch, aber Recht und Ehre noch höher, so spreche ich und dies aus meiner tiefsten Überzeugung.«[284] Sicherlich sprach auch Bismarck nach der konventionellen Sprachregelung des Royalismus immer wieder über Könige von Gottes Gnaden, über angestammte Herrscher und ähnliches mehr; bei ihm jedoch waren solche Begriffe nicht durch ein theoretisches System des Legitimismus begründet, selbst wenn er sie mit polemischer Vehemenz gegen Liberale und Demokraten ins Feld führte. Bismarck war auch in seinem Royalismus Pragmatiker. Es ging ihm kurzweg darum, zum Schutze der vielseitigen Interessen des Adels die Macht der Krongewalt zu stärken – punktum, ein weltanschaulich-ethisches Begründungssystem konnte seinen politischen Handlungsraum nur einengen. Im Kern trennte er Royalismus und Legitimismus; wer als Abgeordneter über den Friderizianizismus so redete und spekulierte, wie er es tat, war kein Legitimist, sondern ein nur auf Preußen eingeschworener Royalist.

Bismarcks Rede vom 6. September stand taktisch auch unter dem Eindruck der Veränderung internationaler Kräfteverhältnisse zuungunsten der preußischen Unionsbemühungen. Im Sommer 1849 hatte Österreich Preußens Diplomatie gegenüber eine abwartende, wenn auch keineswegs wohlwollende Haltung eingenommen. Es war durch die Fortdauer des nationalrevolutionären Aufstandes in Ungarn noch zu sehr in Anspruch genommen, um offensiv reagieren zu können. Das Jahr 1849 schien zu einem Jahr der Hegemonie Preußens zu werden. Nachdem Österreich dank der russischen Hilfe einen Sieg über die ungarischen Freiheitskämpfer errungen hatte, gewann es seine politische Handlungsfreiheit gegenüber seinem preußischen Rivalen wieder zurück. Auch wenn der österreichische Ministerpräsident, Fürst Felix zu Schwarzenberg, aus taktischen Gründen verschiedene Pläne zur politischen Reorganisation Deutschlands und Mitteleuropas diplomatisch ins Spiel brachte – im Kern setzte er dem preußischen Unionsplan die Forderung nach Einberufung des alten vormärzlichen Bundestags unter der Präsidialmacht Österreich entgegen.

Am 27. August 1849 wurde Schwarzenberg deutlich. Als Baden und Hessen-Darmstadt die geplante Unionsverfassung anerkannten, erklärte er sie für unvereinbar mit der Bundesakte von 1815. Schwarzenberg konnte die zweideutige Erklärung, mit der der alte Bund im Jahre 1848 seine Kompetenzen der Nationalversammlung in Frankfurt überantwortet hatte, so auslegen, als ob der allseits verhaßte Bund völkerrechtlich immer noch fortbestünde. Der offenkundig gewordene Widerspruch Österreichs gegen die Union und seine Sprache als Großmacht belebten insbesondere in den deutschen Mittelstaaten versteckte oder offene Renitenzen der herrschenden Kreise gegen Preußens Hegemoniepläne. Dies wiederum machte die Minister in Berlin unsicher und verschärfte ihren Gegensatz zu Radowitz.[285]

All diese politischen Wandlungen blieben Bismarck nicht verborgen. So schrieb er eine Woche nach seiner Septemberrede in der Zweiten Kammer an Johanna: »Aus der deutschen Phantasie wird wohl nichts werden; ich werde Recht behalten; wir sind in lebhafter Unterhandlung mit Oestreich wegen Einsetzung einer gemeinschaftlichen Centralgewalt, dann zerfallen die Radowitz'schen Pläne von selbst.«[286] Und Anfang Oktober berichtete er dem Stadtverordneten-Vorsteher Mens zu Rathenow: »In der deutschen Sache sagen sich Sachsen und namentlich Hannover mit wachsender Entschiedenheit von dem Drei-Königsbunde los, und unsere Regirung steht noch zögernd mitten inne zwischen dem Wunsche, den einmal durch Herrn von Radowitz'schen Einfluß betretenen Weg ohne offenen Widerruf zu verlassen, und dem Bedürfniß, eine neue Centralgewalt für die Angelegenheiten von ganz Deutschland hergestellt zu sehen.«[287]

Welchen Einfluß Österreich, insbesondere durch seine demonstrative Erklärung vom 27. August 1849, gewann, zeigte sich im Oktober. Jetzt erklärten sich Sachsen und Hannover, die Ende Mai dem Dreikönigsbündnis beigetreten waren, gegen ein Parlament, das für das Gebiet des geplanten Bundesstaates nach Erfurt einberufen wurde. Ohne ihren Austritt aus dem Dreikönigsbündnis und damit ihren Verzicht auf die geplante Union offiziell zu erklären, zogen sie sich zurück, so daß Preußen bei der Vorbereitung des Erfurter Parlaments mit den kleineren Staaten allein blieb. Damit war offenkundig geworden, daß die deutschen Königreiche, von Österreich angetrieben, dem geplanten Bundesstaat nicht angehören würden. Trotzdem ließen Preußen und die ihm noch treu gebliebenen kleineren Verbündeten am 31. Januar 1850 die Wahlen zum Erfurter Parlament abhalten.

Das alles hatte Preußen in eine sehr unglückliche Situation manövriert. Wenige Tage vor den Wahlen schrieb Bismarck an seinen Bruder, ob Radowitz selbst wünsche, »daß aus Erfurt nichts wird, weil er sich und sein Kind, die Verfassung, dort blamirt, das weiß nur er, le mauvais génie de la Prusse, wie er hier heißt. Er hat Unglück mit Allem, was er anrührt«. Im gleichen Brief war Bismarck in Sorge, ob er in den bevorstehenden Wahlen als Kandidat erfolgreich sein würde. Daher seine Frage an den Bruder, ob er in Naugard für Erfurt gewählt werden könne, denn: »In meinem bisherigen Wahlkreis ist wenig Aussicht, da die Bauern jetzt dort bei dem Altenburg-Magdeburgischen demokrat[ischen] Volksverein affiliiert sind, der reißende Fort-

Erfurter Augustinerkirche
Sitz des Unionsparlaments 1850
Ehemaliges Augustinerkloster, in dem Martin Luther von 1505 bis 1508 weilte.

schritte auf dem Lande macht.«[288] Bismarck spürte offensichtlich, daß sein bereits Mitte Dezember 1849 verkündetes Programm wenig attraktiv war. Es gipfelte in drei Forderungen: 1. den Bestrebungen der demokratischen Partei mit voller Entschiedenheit entgegenzutreten; 2. eine neue Bundesverfassung in wahrhaft konservativem Sinne zu erstreben; 3. den Zweck des Bundesstaates möglichst vollkommen zu erreichen, aber nicht durch ausschließliche oder einseitige Verfolgung des Gedankens der deutschen Einheit die Stärke oder die Ehre Preußens zu gefährden.

Die letzte Forderung reduzierte Bismarck innerhalb und außerhalb des Erfurter Parlaments praktisch auf den Leitspruch, daß stets die Ehre, die Unabhängigkeit und die Kraft Preußens zu wahren seien. Im Grunde seines Herzens konnte er nicht an das Gelingen des Unionplanes glauben. In der Tat war das am 20. März 1850 in Erfurt zusammengetretene Unionsparlament mit seinen zwei Häusern schon deswegen zum Scheitern verurteilt, weil das Volkshaus nur in Preußen und in einigen Mittel-

und Kleinstaaten, nicht einmal mehr in den noch formal verbündeten Königreichen Sachsen und Hannover, geschweige denn Bayern und Württemberg gewählt worden war – überdies, wie immer beim Dreiklassenwahlrecht, bei schwacher Wahlbeteiligung.

Da die Demokraten angesichts des Dreiklassenwahlrechts die Wahlenthaltung propagierten, wählte man fast überall frühere Mitglieder der erbkaiserlichen Partei der Paulskirche, und ihr letzter Präsident, Eduard Simson, wurde auch Präsident des Erfurter Parlaments. So bildeten die Gothaer oder, wie Bismarck sie abschätzig nannte, die »Gothaer Schneider«, die große Mehrheit. Von der parteipolitischen Zusammensetzung und Besetzung her gesehen, hatte die kleine Gruppe der Konservativen um Bismarck, Kleist-Retzow, Stahl und Ludwig Gerlach keinen leichten Stand. Sie hatten es mit solchen parlamentarisch versierten und rhetorisch gewandten Liberalen zu tun wie v. Gagern, Bassermann, Sybel, Georg v. Vincke, Beckerath, Beseler, Harkort, Häusser, Duncker und Mathy.[289]

Bismarck wurde an der Seite des liberalen Präsidenten Eduard Simson Schriftführer der Versammlung. Diese Funktion betrachtete er keineswegs als eine Auszeichnung, dafür aber als besondere Gelegenheit, mißliebigen Pressevertretern die Arbeit zu erschweren. So untersagte er zwei Journalisten den Zutritt mit der Begründung, ihre Berichte trügen das Gepräge der Entstellung.[290]

Der 15. April 1850 war der große Tag grundsätzlicher Auseinandersetzungen zwischen den Konservativen und den Liberalen. Damals trat Ludwig v. Gerlach auch auf der parlamentarischen Rednertribüne auf. Der Radowitzsche Unionsgedanke war ihm so fremd, daß er die »Einigung von Österreich und Preußen in ihrer Einwirkung auf das gesamte Deutschland« für das »Wesen des Deutschen Bundes« erklärte. Damit nahm er Grundgedanken der Metternichschen Politik wieder auf. Die »Nationalität als oberstes Rechtsprinzip« bezeichnete er als einen »schlimmen Irrtum« und stellte über sie die »Obrigkeit von Gottes Gnaden«.[291] Der andere Prinzipiendenker der Konservativen, Friedrich Julius Stahl, sprach von den Gegensätzen »königlich und parlamentarisch« und perhorreszierte die im Menschengeschlecht angestrebte »Emanzipation von Gottes Ordnung«.[292]

Es war nicht Bismarcks Sache, den Liberalen, die vor allem die Idee deutscher Nationalität und Einheit verteidigten, mit theoretischen und theologisierenden Betrachtungen entgegenzutreten. Ihn schien vielmehr innerer Grimm zu leiten. So beschrieb der liberale Historiker Stenzel, Mitglied der Fraktion der Gothaer, als Augen- und Ohrenzeuge Bismarcks Auftreten. Er sei eine »lange, straffe, etwas feiste Gestalt, mit blondem Bart und spärlichem Haupthaar, er spricht nicht fließend, sondern stößt die Worte heraus wie mit verhaltener Wut über die Revolution und die revolutionäre Versammlung«[293]. Diesen Zorn verriet Bismarck auch, als er in seiner Rede von den Farben sprach, den schwarz-rot-goldenen nämlich, »die nie die Farben des Deutschen Reiches gewesen sind (Unruhe auf der Linken, Bravo! rechts), wohl aber seit zwei Jahren die Farben des Aufruhrs und der Barrikaden (Beifall auf der Rechten) ...«[294]

Immer wieder variierte er seine schon im Wahlkampf vorgetragenen Grundgedanken, die sich auf die Entmachtung oder, wie es damals hieß, Mediatisierung Preußens bezogen. Da wollte er seinen preußischen Landsleuten einreden, »daß unsere Nachbarn in Zukunft über uns regieren werden, daß in dem Fürstenrat eine Million Badener so schwer wiegen, wie sechzehn Millionen Preußen, daß im Staatenhause vier Preußen nötig sind, um den Einfluß eines Badeners resp. Nassauers aufzuwiegen«[295]. Dieses und ähnliches war wohlberechnete Stimmungsmache, aber keine ernsthafte Argumentation. Die mit ihm gleichgesinnten Preußen, so versicherte Bismarck, wollten zwar auch einen Bundesstaat, doch dies war ihm nicht so aus dem Herzen gesprochen wie der apodiktische Ausspruch, daß sie ihn »um den Preis dieser Verfassung« eben nicht wollten.

Wie machtlos die liberale Mehrheit des Erfurter Parlaments war und wie stark die konservative Minderheit Radowitz einengen konnte, zeigte sich in der Schlußsitzung der Erfurter Versammlung am 29. April. Radowitz zeigte sich außerstande, die Minister der Union zu benennen, war also gezwungen, die entscheidende Frage nach der Unionsregierung unbeantwortet zu lassen. Als er die Versammlung verabschiedete, erklärte er lediglich, »daß das Verfassungswerk in seiner Vollendung die Anerkennung finden möge, die es im wahren Interesse aller Teile in Anspruch zu nehmen hat«[296]. Diese gewundene Formulierung hatte ihm ausgerechnet Leopold v. Gerlach, des Königs Generaladjutant und Kamarillamann, vorgeschrieben.

Die sich aufdrängende und immer wieder behandelte Frage nach dem Verhältnis von Bismarck und Radowitz wird zumeist nach dem beantwortet, was beide voneinander sagten und schrieben. Kann man aber mit der Feststellung der gegenseitigen Aversion das zureichend erklären, was beide Männer – Verteidiger der preußischen Krongewalt – in einer immer noch nicht gänzlich überwundenen revolutionären Krise gegeneinanderbrachte? Was sich subjektiv äußerte, hatte objektive Gründe. Beide Politiker standen vor der Frage, was im Interesse europäisch-konservativer Solidarität und zugleich preußisch-dynastischer Staatsräson zu tun sei, um eine epochale Revolution von internationalen Ausmaßen beenden zu können. Indem sie im Grunde das gleiche Ziel auf verschiedenen Wegen verfolgten, offenbarten sich doch tiefgreifende Diskrepanzen der politischen Haltung.

Schon unmittelbar vor der Einleitung seiner sogenannten Unionspolitik schrieb Radowitz an seine Frau: »Mein leitender Gedanke ist immer gewesen, auch in der schlimmsten Zeit streng auf dem Rechtswege zu verharren.«[297] Man bedenke, daß Radowitz im Vergleich zum Staatenbund, wie er in Gestalt des Deutschen Bundes 1815 geschaffen und 1848 suspendiert wurde, etwas Revolutionäres anstrebte, nämlich einen Bundesstaat. Damit geriet er als Konservativer in eine tückische Dialektik: einmal wollte er die Revolution durch eine damals revolutionär wirkende Staatsinstitution beenden, zum andern diese Institution mit nichtrevolutionären Mitteln, eben »auf dem Rechtswege« durchsetzen. Eine solche politische Konzeption konnte angesichts der nichtpreußischen Dynastien innerhalb Deutschlands und der Interessen der europäischen Großmächte zu keinem Erfolg führen. War sie bereits im Denkansatz fragwürdig, so erst recht beim Versuch ihrer praktischen Durchsetzung. Es war ein leichtes, Radowitz nachzuweisen, daß er mit zu wenig Umsicht sowohl den von ihm angestrebten Bundesstaat als auch die Macht Preußens gegenüber dem Staatsegoismus der anderen Dynastien, nicht zuletzt gegenüber den Großmachtinteressen Österreichs und Rußlands, abgesichert hatte. Auch mochte er in der immer noch nicht ganz überwundenen revolutionären Krise die politischen Entfaltungsmöglichkeiten des Liberalismus und der Demokratie unterschätzt haben. Gerade wegen seiner ungenügenden Beachtung der politischen Gegebenheiten innerhalb und außerhalb Deutschlands brachte Radowitz selbst Otto v. Manteuffel, der kein Kamarillamann war, gegen sich auf.

Ohne den ganzen Komplex der preußischen Unionspolitik theoretisch durchdacht zu haben, führte sein politischer Instinkt Bismarck zur Ablehnung des Radowitzschen Projekts. Er spürte, daß man etwas Revolutionäres nicht ohne Rechtsbruch durchsetzen könne. Das ist weder in einer politischen Revolution von unten noch in einer von oben möglich. Wer so wie er in seiner Rede vom September 1849 über eine friderizianische Eroberungspolitik im Interesse der deutschen Einigung spekulieren konnte, ließ sich nicht von universellen Rechtsvorstellungen leiten, worin die Gerlachs und die Radowitz' übereinstimmten. Aber wie es allen abstrakten Rechts- und Gerechtigkeitsideen ergeht, können ihnen die verschiedensten politischen Bestrebungen subsumiert werden.[298] In den konkreten Bestrebungen gingen dann die Wege von Radowitz und den Gerlachs ganz und gar auseinander. Radowitz wollte seine allgemeine Rechtsvorstellung gemäß der historischen Entwicklung in der nationalen Idee verwirklichen. Die Gerlachs hingegen hielten das allgemein gültige Recht nur in der überkommenen, eben legitimen Ordnung für realisierbar.

Für Bismarck waren das alles Fiktionen. Da er aber in jenem historisch-politischen Zeitabschnitt den konkreten Zielvorstellungen der Gerlachs nahestand, richtete er sein Feuer gegen Radowitz, der ihm in seiner Grundhaltung und in seinem politischen Vorgehen schlechterdings auf die Nerven ging. Er konnte in ihm nur einen vielwissenden Einfaltspinsel sehen, der die Sache der Krone und der Aristokratie gefährdete.

So entstanden Briefe voller Sarkasmen über Radowitz. Im Juli 1850 schrieb Bismarck an seinen Jugendfreund Scharlach: »Wenn ich auch von ihm nicht sagen will, wie jener Preußische General von Napoleon: ›... uf Ehre ein seelensguter Kerl, aber domm, domm!‹ so ist doch Radowitz ein Mann, der sich in nichts über das Niveau der Gewöhnlichkeit erhebt, als in einem erstaunlichen Gedächtnis, vermöge dessen er brockenweis ein umfangreiches Wissen ... affectirt, und recht gute Reden für die Galerie und das Centrum auswendig lernt, auch hat er die schwachen Seiten unseres allergnädigsten Herrn gut studiert, weiß ihm durch Mienen und große Worte zu imponieren, und seinen Edelmuth und seine Schwäche auszubeuten. Im Übrigen ist R. als Privatmann eine anständige und vorwurfsfreie Persönlichkeit, ein vortrefflicher Familienvater, als Politiker aber ohne irgendeine eigene Idee, von kleinlichen Expedients lebend, nach Popularität und Beifall haschend, getrieben von einer immensen persönlichen Eitelkeit, von Zeitungsdeklamationen und von der sogenannten öffentlichen Meinung, die doch nichts ist, als die

Oberflächlichkeit derjenigen constitutionellen Schreier, die sich am unverschämtesten geltend zu machen wissen.«[299]

Müßig, auseinanderhalten zu wollen, was hier zutreffend und was verzeichnet ist. Wenn man aber weiß, daß Bismarck schon früh seinen Blick für die Schwächen seiner Mitmenschen geschärft hat, wird man nicht jegliche Kritik an Radowitz als Invektive ansehen können, wie dies liberale Historiker unbesehen tun. Radowitz wiederum hat sich zwar über Bismarck nicht so ausführlich geäußert, aber Freundliches auch nicht verlauten lassen. Der Gräfin Luise Voß gegenüber bezeichnete er seinen Gegner als »ungezogenen Buben, der seinen Geist in Schmähungen ausgibt für das, was er nicht versteht oder nicht kennt«[300].

Ungezogener Bube? Selbst Unverschämtheiten verstand Bismarck in geschliffener Form vorzutragen. Und was seine Schmähungen betrifft, so gab es in der Tat Bereiche, die er weder verstehen wollte noch konnte. Fast immer handelte es sich dabei um die sozialen Nöte der arbeitenden Klassen in Stadt und Land. Andererseits zeigte sich Bismarck von seinem Interessenstandpunkt aus und nach den Erfahrungen des Jahres 1848 in der Erfassung der politischen Kräftekonstellation ziemlich sicher, wenn er auch erst in der zweiten Hälfte der fünfziger Jahre eine politische Konzeption auszubilden vermochte. Jedenfalls war sein Denkansatz im Jahre 1850 ein ganz anderer als der der älteren Ideologen um Gerlach und Radowitz. Bei ihm bildete sich, an der Schwelle einer neuen Zeit stehend, auch eine neue Art heraus, die politischen Fragen geistig-praktisch zu bewältigen. Es waren die Jahre, in denen der Begriff »Realpolitik« entstand.

*

Das Erfurter Parlament ging ohne eine positive Nachwirkung auseinander. Die preußische Regierung hatte die Bildung einer Unionsregierung verhindert und die in Erfurt angenommene, dann revidierte, also im antiliberalen Sinne verschlechterte Verfassung der geplanten Union nie veröffentlicht. Es wurde deutlich, daß die Politik Preußens schon seit Monaten von dem Bemühen beherrscht war, unter passendem Vorwand und ohne Minderung des Ansehens der hohenzollernschen Monarchie das Unionsprojekt fallenzulassen. Aber die Donaumonarchie machte es ihr schwer, das Gesicht zu wahren. Auf Betreiben des Fürsten von Schwarzenberg konstituierte sich am 16. Mai 1850, wenige Wochen nach Beendigung des Erfurter Parlaments, das zwar noch unvollständige Plenum des Bundestags wieder in seiner alten Gestalt. Die vorerst der Union treu gebliebenen Staaten fehlten noch; auf Österreichs Seite hingegen waren die vier Königreiche Bayern, Württemberg, Sachsen und Hannover.

Zar Nikolaus hatte an sich nichts gegen eine Ausdehnung der preußischen Macht in Norddeutschland, sofern dies mit den alten Mitteln dynastischer Auseinandersetzungen und in Absprache mit den konservativen Großmächten geschah. Jedoch widersetzte er sich einer deutschen Einheitspolitik, die an nationale und liberale Aspirationen des Bürgertums anknüpfte. Seine Hilfe, so teilte er mit, würde er derjenigen Macht geben, die moralisch zum Angriff gezwungen worden sei, und ließ erkennen, daß für ihn ein Widerstand gegen die Wiedereinberufung des Bundestags Preußen moralisch ins Unrecht setzen würde.

Den ersten weithin sichtbaren politischen Rückzug trat Friedrich Wilhelm IV. auf einem wichtigen Teilgebiet der Deutschlandpolitik auf Druck des Zaren an: Er schloß am 2. Juli 1850 mit Dänemark Frieden und überließ die im nationalen Abwehrkampf stehenden Schleswig-Holsteiner ihrem Schicksal. Dänemark wurde der Besitz der beiden deutschen Herzogtümer in Aussicht gestellt und das Recht zugebilligt, zur Niederwerfung des immer noch unbezwungenen Aufstandes in Holstein und zur Wiedergewinnung dieser Provinz die Bundesexekution zu verlangen. Niedergeschlagen wurde vorerst das nationale Aufbegehren der Schleswig-Holsteiner, aber ihrem Freiheitsdrang nicht Genüge getan – auch nicht durch die Londoner Protokolle vom August 1850 und Mai 1852. Der schleswig-holsteinsche Brand schwelte weiter bis zur Bismarckschen Revolution von 1866.

Die Krise in den preußisch-österreichischen Beziehungen, deren Verlauf durch die vom Zaren angemaßte Schiedsrichterrolle mitbestimmt wurde, trat bald in ihr akutes Stadium. In Kurhessen lehnten sich die Bevölkerung, Teile der Bürokratie und selbst des Offizierkorps gegen einen eklatanten Verfassungsbruch des Kurfürsten auf; als dieser neue, unbewilligte Steuern forderte, empörte sich das ganze Land gegen ihn. Kurhessen war somit nach Holstein das zweite Land, das sich noch im Jahr 1850 als zur revolutionär-demokratischen Erhebung fähig erwies. Der Kurfürst mußte nach Frankfurt fliehen, wo der von Österreich wiederberufene (von Preußen noch nicht beschickte) Bundestag den Einsatz von Truppen gegen die protestierende Bevölkerung in Aussicht stellte. Nicht aus Sympathie für das Volk, sondern aus militärisch-strategischen Gründen mußte Preußen gegen den Kurfürsten Stellung nehmen; es besaß nämlich in Kurhessen zwei Heeresstraßen, die die Verbindung des westlichen mit dem östlichen Teil der preußischen Monarchie herstellten. Das politische Erstarken der Habsburger hatte zur Folge, daß ein vom Volk verhaßter Fürst nicht mehr, wie im Mai 1849, an die Hilfe Preußens appellieren mußte, sondern sich auf Österreich stützen konnte.

Der Machtkampf zwischen Preußen und Österreich drohte sich auf die militärische Ebene zu verlagern; beiderseits wurde gerüstet. In weiten Teilen der preußischen Bevölkerung wuchs die Kriegsbereitschaft, die aus dem Haß gegen die österreichischen und zaristischen Intrigen entsprang. Aber die hohenzollernsche Monarchie, die ein Jahr vorher Aufstände auch außerhalb des eigenen Landes niedergeschlagen hatte, konnte jetzt gegen Österreich nicht offensiv vorgehen. Mehr und mehr erschien den preußischen Beamten, Militärs und Adligen ein Krieg gegen Österreich und Rußland als Abenteuer. Er mußte bei der machtpolitischen Konstellation in Deutschland und Europa entweder verlorengehen oder unversehens in einen Volkskrieg umschlagen. Einflußreiche Minister und Offiziere vernachlässigten bewußt die militärischen Vorbereitungen und plauderten ihren Unwillen über einen Kampf mit Österreich den fremden Gesandten aus.

Friedrich Wilhelm IV. brach der Unionsverfassung ihr ohnehin schwaches liberales Rückgrat. Dem Druck der Kamarilla und dem Zaren nachgebend, sollte das zu wählende Parlament durch Delegationen der einzelstaatlichen Landtage ersetzt werden. Aber immer noch konnte sich der König nicht von allen Vorstellungen der Unionspolitik trennen; auch war er mit sich und seinen Ministern nicht einig über die verschiedenen Varianten preußischer Hegemonialpolitik in Deutschland und die einzuschlagende Taktik, insbesondere gegenüber Österreich. Anders kann man nicht verstehen, warum er am 14. September Radowitz zum Minister des Auswärtigen ernannte und ihm ein Amt gab, das der allseits Gehetzte nicht lange innehaben konnte.

Auf dem Weg zur Unterwerfung unter das Diktat Rußlands und Österreichs vollzogen sich zermürbende Kämpfe; ihnen unterlag ein Mann wie der preußische Ministerpräsident Graf Brandenburg auch physisch.[301] Einen Tag nach dessen plötzlichem Tod schrieb Bismarck am 7. November 1850 an Hermann Wage-

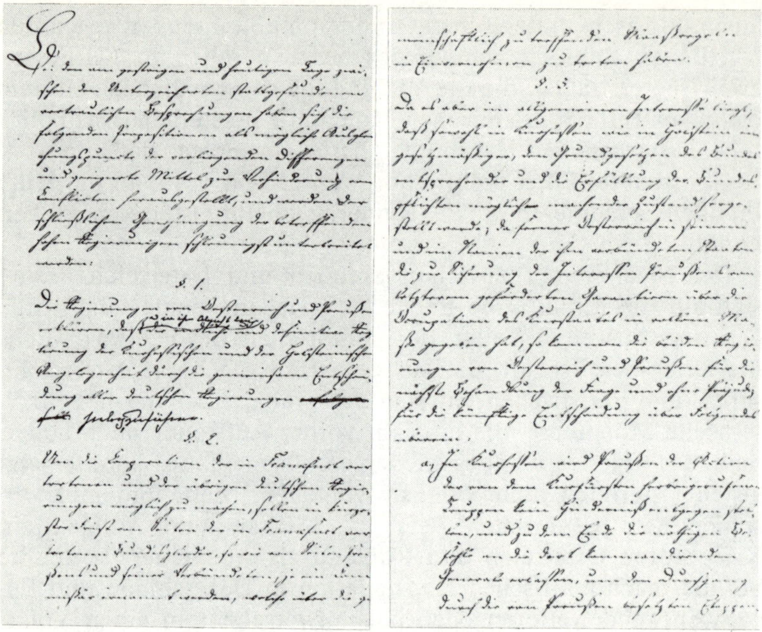

Olmützer Punktation: Kapitulation Preußens vor Österreich und Rußland

ner: »Sie glauben nicht, wie stark übrigens der deutsche Schwindel und die Wut auf Oesterreich hier selbst in den conservativsten Schichten um sich gegriffen hat.«[302]

Preußen erlitt gegenüber dem von Rußland unterstützten Österreich in der Warschauer Übereinkunft vom 28. Oktober, vor allem aber in der Olmützer Punktation vom 29. November 1850, eine schwere national- und staatspolitische Niederlage: Es mußte endgültig auf den von Radowitz konzipierten und inaugurierten Versuch verzichten, einen unter Preußens Vorherrschaft stehenden Bund aller deutschen Staaten unter Ausschluß Österreichs, die Union, zustande zu bringen. Um die Demütigung zu vervollständigen, hatte Preußen einzuwilligen, seine Truppen in dem für die Verbindung zwischen den westlichen und östlichen Teilen Preußens so wichtigen Kurhessen zurückzuverlegen und die gesamte preußische Armee einseitig auf den Friedensstand abzurüsten; schließlich mußte es endgültig darauf verzichten, den Unabhängigkeitskampf Holsteins gegen Dänemark zu unterstützen.

Auch wenn die Niederlage Preußens in Olmütz nicht der von Jena 1806 gleichzusetzen war, wie manche verkündeten, so wurde sie doch selbst von vielen Konservativen innerhalb und außerhalb der Regierung, nicht zuletzt vom Prinzen von Preußen, dem späteren König und Kaiser Wilhelm, damals und auch später als »Schmach« empfunden – gerade weil die Stellung Preußens als Großmacht auf dem Spiel stand. Als sich wenige Monate nach Olmütz aus einem innenpolitischen Anlaß ein gemäßigter Flügel vom Gros der Konservativen abspaltete und die sogenannte Wochenblatt-Partei entstand, veröffentlichte v. d. Goltz, einer der Führer dieser Fraktion, eine Werbeschrift, in der er die Außenpolitik in den Vordergrund stellte. Er schrieb damals, daß die Ereignisse seit dem November 1850 »einen tiefen Riß« innerhalb der konservativen Partei veranlaßt hätten und daß »nach außen Preußens Stellung als selbständige deutsche Großmacht und hiermit zugleich die nationale Zukunft Deutschlands gefährdet« seien.[303]

Die Liberalen, vor allem jene, die im Juni 1849 in Gotha zusammengekommen waren, um der geplanten Unionsverfassung zuzustimmen, waren ebenso enttäuscht wie empört, daß Preußen das recht bescheidene Stück Einigungswerk, das aus der politischen Konkursmasse der 48er Revolution in Gestalt der Unionsverfassung gerettet schien, auch noch kampflos preisgab. Dennoch blieben die Gothaer trotz dieser und auch späterer Renitenzen bis in die sechziger Jahre hinein der Inbegriff eines großbürgerlichen Opportunismus.

Otto v. Manteuffel, der nach dem Rücktritt von Radowitz als preußischer Außenminister die Olmützer Punktation unterschrieb und bald darauf als Nachfolger Brandenburgs noch Ministerpräsident wurde, rechtfertigte Preußens Kapitulation damit, daß ein Krieg gegen Österreich wegen der dazu nötigen Geldbewilligung die Krone in stärkere Abhängigkeit von den Kammern bringen und unter Umständen zwingen könne, an die Hilfe der nationalen und liberalen Kräfte in ganz Deutschland zu appellieren.[304] In einem Gespräch mit Leopold v. Gerlach meinte er zugespitzt, daß Preußen nichts anderes übrigbliebe »als die Wahl zwischen einer Allianz mit den großen europäischen Mächten oder mit der Revolution, und da schiene ihm die Wahl nicht zweifelhaft«[305].

Revolution war im Munde der Konservativen aller Länder ein recht unbestimmter Begriff. Leopold v. Gerlach subsumierte darunter recht Disparates, so den fürstlichen Absolutismus, den Bonapartismus, den liberalen Konstitutionalismus und jede Form der Demokratie.[306] Für ihn war die Revolution von oben fast ebenso ein Greuel wie die Revolution von unten. Gerlach, in seiner Stellung als Generaladjutant des Königs gerade damals wohl der einflußreichste Mann der Kamarilla, tadelte die ganze Literatur über die Krisis vom November bis Dezember 1850, weil in ihr »die Revolution in ihrer Beziehung zur auswärtigen Politik gänzlich ignoriert« werde.[307] In der Entscheidung für oder gegen Olmütz verflochten sich in besonders prägnanter Weise Innen- und Außenpolitik.

Tatsächlich: Die preußische Monarchie stand bei der Entscheidung für oder gegen Olmütz vor der Frage, entweder sich in der militärischen Abwehr der österreichischen und zaristischen Forderungen auf den liberalen und demokratischen Patriotismus zu stützen und die demokratischen Volkskräfte wieder zu beleben, damit die Chancen für einen bürgerlich-parlamentarischen Nationalstaat zu erhöhen oder eine machtpolitische Niederlage Preußens durch Österreich und Rußland hinzunehmen. Die Kamarilla entschied sich ohne langes Besinnen für das letztere; dabei forderte sie den politischen Tod eines Radowitz und nahm den physischen Tod eines Brandenburg hin.

Für die Konservativen war und blieb die nationalstaatliche Einigung unter liberalem oder gar radikal-demokratischem Vorzeichen der Inbegriff jener Revolution, die es kompromißlos zu bekämpfen galt. Diesen konservativen Grundsatz hatte Gerlach im Auge, als er später postulierte: »Man muß festhalten, daß die Revolution unser entschiedenster Feind ist, und daß daher das, was gegen sie geschieht, die Hauptsache ist.«[308] Das war auch Bismarcks Ausgangsposition, Grundprinzip seines politischen Fühlens, Denkens und Handelns, selbst wenn er sich bald den Weg für eine Revolution von oben freihalten sollte. Die Pflicht der Ratgeber des Monarchen ist, wie Bismarck in seiner berühmten Olmütz-Rede vom 3. Dezember 1850 ausführte, »die Krone vor Bundesgenossen zu sichern, welche gefährlicher sind als der Feind selbst; das preußische Banner davor zu schützen, daß es nicht, wider Preußens Willen, der Sammelplatz werde für diejenigen, die Europa ausgestoßen hat«[309]. An einer anderen Stelle wurde er noch deutlicher: »Ich suche die preußische Ehre darin, daß Preußen vor allem sich von jeder schmachvollen Verbindung mit der Demokratie entfernt halte.«[310] Schließlich warnte er vor einem »Prinzipienkrieg«, der das Preußen der Junker »zu schmachvollem Untergange, selbst im Siege«[311], führen könne. Das bedeutete für ihn nichts anderes als die Auslieferung dieses Staates an den Liberalismus und sein Einschmelzen in Deutschland. Ein preußischer König an der Spitze eines liberalen Gesamtdeutschlands war für Bismarck und seinesgleichen keine Garantie für die Aufrechterhaltung der ökonomischen und sozialen Machtpositionen des ostelbischen Adels. Die Warnung vor einem revolutionär-demokratischen Ausgang eines militärischen Machtkampfes Preußens gegen Österreich und Rußland war das Wesentliche der Bismarckschen Olmützrede.

Damit ist aber das Olmützerlebnis Bismarcks mit all den Schlußfolgerungen, die er daraus zog, noch nicht umrissen. Wenn er auch Ende 1850, noch unter den unmittelbaren Einflüssen der Kamarilla, die konservative Absicherung Preußens in Olmütz mit einem Prestige- und Machtverlust gegenüber Österreich akzeptierte, ganz unberührt war er im Stolz seines Stockpreußentums auch damals nicht. Noch am 19. November 1850 schrieb er in der »Kreuzzeitung«: »Solange Preußen, dem schwarzweißen Preußen, nicht die mit Oesterreich überall gleiche und vor allen übrigen bevorzugte Berechtigung in Deutschland durch klare und vollgültige Verträge gesichert ist, so lange wollen auch wir Krieg.«[312] Leopold v. Gerlach hat in seinem Tagebuch vom 22. November 1850 schon ein erstes Widersprechen Bismarcks ärgerlich festgehalten: »Abends Kleist und Bismarck bei mir; in entschiedener Opposition gegen das Ministerium wollten sie in der Kammer gegen die Räumung von Hessen auftreten. Ich wurde ganz heftig, da ich mich nun auf der Bresche von Allen verlasse sehe.«[313] Erst durch die eindeutige Alternative: Manteuffel oder Gotha, konnte der aufsässig Gewordene wieder zur Raison gebracht werden, und er propagierte dann auch mit gewünschter Entschiedenheit, was sein Gönner von ihm erwartete.[314]

Aber in seinem Innern blieb bei Bismarck aus der politischen Krisenzeit vom November und Dezember 1850 doch mehr zurück, als der abendliche Zusammenstoß mit Leopold v. Gerlach vermuten läßt. Immerhin entschlüpfte ihm noch ein Jahr später in einem Bericht an den Minister v. Manteuffel die Bemerkung, daß man »das, was in der Unionspolitik an gesunden und praktischen Elementen lag«, auszubilden habe.[315] Und es mag schon jetzt vermerkt werden, daß Bismarck, der allgemein als unkriti-

Leopold von Gerlach (1790–1861)
General-Adjutant und Vertrauter Friedrich Wilhelms IV.
»Ein militärisches (reactionäres) Ministerium muß möglichst vermieden werden. Erst wenn man das souveräne Volk gecavaignact hat, kann so etwas angehen.« (20. Juli 1848). »Man muß festhalten, daß die Revolution unser entschiedenster Feind ist, und daß daher das, was gegen sie geschieht, die Hauptsache ist.« (16. Februar 1853)

scher Russophile galt, vier Jahre später in einem Privatschreiben ebenfalls an Minister v. Manteuffel es für notwendig hielt, zu betonen: »Ich gehöre nicht zu denen, welche die russischen Interessen mit den unsern identificiren; im Gegentheil, Rußland hat viel an uns verschuldet; auch mit der Revolution, wenigstens mit der eignen und der deutschen, werden wir ohne Rußland fertig, wenn wir wollen.«[316] Und in demselben Schreiben erinnerte er einige Absätze später, daß sich das Wiener Kabinett »Rußlands bediente, um auf unsre Stellung zu drücken«[317]. Das, was er hier geraume Zeit nach Olmütz feststellte, mochte er in der Zeit der äußeren Krise und der inneren Auseinandersetzung im düsteren November 1850 aus seinem Bewußtsein verdrängt haben – aber eben nur verdrängt. Schon in dem Politiker der Heiligen Allianz, als welcher Bismarck nach außen auftrat, steckte der Politiker der preußischen Hegemonie.

All die harten Auseinandersetzungen im internen Kreis der Hochkonservativen, manche Zerrissenheit in der inneren Seelenverfassung gerade der Machtbewußtesten unter ihnen, das fast gewaltsame Niederkämpfen aller inneren Zweifel, um desto forscher nach außen gegen die liberalen und demokratischen Gegner kämpfen zu können – das alles zeigt erneut: In der Olmützer Frage konzentrierte sich die spannungsgeladene Problematik von antirevolutionärer Gemeinsamkeit der konservativen Mächte Europas und Deutschlands und zugleich ihrer Interessengegensätze.

Olmütz Ende 1850 leitete die Schlußphase der Nachrevolutionszeit ein, und als dann ein Jahr später im Dezember 1851 Louis Bonaparte in Frankreich seinen Staatsstreich machte, war es aus mit allen revolutionären Aspirationen in Europa. Zwischen Olmütz, das den extremsten Flügel der Konterrevolution stärkte, und dem napoleonischen Staatsstreich begann die politische Generaloffensive gegen die noch legalen Organisationen der radikalen Demokratie und die illegal agierenden Gruppen des Bundes der Kommunisten.

Trotz aller Erfolge ließen sich nicht alle Zustände aus der Zeit vor der Revolution wiederherstellen. Einige Monate vor Olmütz, im März 1850, hielt es die Regierung Brandenburg-Manteuffel für notwendig, gegen den Willen der Kamarilla und auch Bismarcks das Ablösungsgesetz, das letzte dieser Art, durchzudrükken. Es kam dem Besitzbürgertum insofern zugute, als damit die Landwirtschaft endgültig in die Bahnen kapitalistischer Produktion gedrängt wurde. Der Ingrimm, mit dem in diesem Zusammenhang Ludwig v. Gerlach vom »Revolutionsgesetz«[318] sprach, war also sachlich keineswegs so abwegig, mochte Gerlachs persönliche Haltung auch etwas Närrisches an sich haben und seine ideologische Begründung reichlich antiquiert sein. Bei allen feudalen Reminiszenzen in der Vorstellungswelt und in den Herrschaftsmethoden wurde der ehemals feudale Junker mehr und mehr zum Agrarunternehmer und damit ein potentieller Bündnispartner in der kommenden Revolution von oben. Nach Olmütz beseitigte das Miteigentümergesetz vom Mai 1851 zudem wichtige Hemmnisse für die Entwicklung eines modernen Bergbaus und damit überhaupt der Schwerindustrie.

Insgesamt bildeten die Schläge gegen die demokratische Bewegung in Deutschland und Frankreich Anfang der fünfziger Jahre einen historischen Einschnitt, den Friedrich Engels vierzig Jahre später kurz und prägnant charakterisierte: »Die Periode der Revolutionen von unten war einstweilen geschlossen; es folgte eine Periode der Revolutionen von oben.«[319]

IV. Auf politischem Vorposten: Vor und nach dem Krimkrieg

Endlich auf ureigener Berufsbahn

Olmütz leitete die Zeit der antiliberalen Um- und Neubesetzungen im preußischen Staatsapparat ein. Anders als nach Jena 1806 wurde jetzt im reaktionären Sinne Personalpolitik betrieben; die außenpolitische Niederlage der preußischen Monarchie konnten die Konservativen in einen innenpolitischen Sieg über die Liberalen verwandeln. Das war der eigentliche Coup der Kamarilla. Ihre Männer ließen auch die Olmützrede Bismarcks in zwanzigtausend Exemplaren verbreiten. So hatten sich gegenüber dem Sommer 1849 die Zeiten geändert, als die Liberalen eine Rede des Abgeordneten aus Schönhausen zum Zweck seiner Entlarvung publik gemacht hatten.

Wer wie Bismarck erwartungsvoll seinem Einsatz auf höherer Ebene entgegensah, konnte nicht allein auf den Erfolg einer einzigen Grundsatzrede in der Kammer bauen; auch wenn er es nicht aussprach, mußte er wissen, daß in der Zeit, da es für ihn um eine Lebensentscheidung ging, ein Warten schlechthin nicht angängig war. Er mußte sich regen, Tag für Tag. So waren die ersten Monate des Jahres 1851 bei Bismarck voll eifriger Tätigkeit. Sitzungen, Besuche, Beratungen, Intrigen standen auf seinem Tagesplan, dessen Überfülle er in Briefen an Johanna beklagte.[1] Sein Rat war bei Personenfragen gesucht, seine Gegenwart notwendig bei »diplomatischen Abendkonspirationen«, so etwa beim Zusammentreffen mit dem neuen russischen Gesandten Baron v. Budberg, einem Deutschbalten, und dem österreichischen Gesandten Anton v. Prokesch-Osten; nicht zuletzt frequentierte er Hofbälle, die zum Parlieren mit dem König Gelegenheit gaben. Dieser konnte dabei aus sich herausgehen und dem Abgeordneten Bismarck zu seiner provokanten Kammerrede und dem dazugehörenden Ordnungsruf aus vollem Herzen gratulieren.[2] Auch hier hatten sich die Zeiten geändert; Majestät mied nicht mehr wie 1847 den royalistischen Scharfmacher in der höfischen Öffentlichkeit.

Der König verfolgte überhaupt interessiert die parlamentarische Aktivität Bismarcks, und dieser wiederum wußte, daß in jenen entscheidungsvollen Wochen und Monaten der Schwerpunkt seiner politischen Arbeit im Landtag liegen mußte. Hier tat er sich noch nach der Olmützrede durch mehrere Bravourstücke hervor, die höheren Orts wohlwollend vermerkt wurden. Obwohl nicht Mitglied der Kommission, die den Etat der »Seehandlung«, also einer Art Staatsbank, untersuchen sollte, fungierte Bismarck Ende März 1851 als ihr Berichterstatter im Plenum. Offensichtlich wurde er durch Manipulationen der Konservativen zum »Vertrauensmann« der Kommission deklariert und ihm erlaubt, die Bücher der »Seehandlung« und der Bank einzusehen und darüber zu berichten.[3] Es gehörte schon eine gute Portion Unverfrorenheit dazu, sich als Gutsherr aus Pommern und der Altmark die Befugnis anzumaßen, über die geschäftliche Tätigkeit eines großen Bankinstituts zu urteilen. Tatsächlich ging es ja auch nicht um das Kaufmännische, sondern um Politisches. Die Konservativen wollten die Stellung des Bankchefs Hansemann erschüttern, dem es in dieser Situation nichts nutzte, daß rheinische Abgeordnete für ihn eintraten. Zwei Wochen nach der Verhandlung in der Kammer wurde durch eine Kabinettsorder die Leitung der Bank umgestaltet und Hansemann gekündigt. Die politische Intervention Bismarcks und seiner Getreuen trug einen vollen Sieg davon.

Einen Monat vor dieser erfolgreichen Attacke legte sich Bismarck mit liberalen Verfassungsrechtlern in einer Rede vom 24. Februar 1851 an, in der er die zehn Jahre später im Heeres- und Verfassungskonflikt so viel strapazierte »Lückentheorie« zum erstenmal erörterte. Nach ihr schweige die Verfassung darüber, was geschehen solle, wenn das Etatgesetz nicht zustande komme. Entsprechend dem preußischen Geist der obersten Krongewalt habe die von ihr eingesetzte Regierung das Recht, ihre Auffassung gegen die Kammer durchzusetzen. Politisch und menschlich war es deshalb verständlich, daß Bismarck für diese Rede den besonderen Dank des Monarchen erntete, ebenso wie für die vom 11. März 1851. Darin bekämpfte er in betont royalistischer Weise alle Abstriche am Militäretat und postulierte seine Grundsätze über das Verhältnis von Parlament und Armee: diese dürfe niemals von Beschlüssen der Kammer abhängig werden, die in Militärfragen ohnehin sachunkundig sei; auf der Armee beruhe Preußens Großmacht, und die Armee stütze sich auf das Offizierskorps. Diese beiden Reden (vom 24. Februar und 11. März)[4] enthielten die Quintessenz der königlich-preußischen Konterrevolution von 1848/49 und schlugen bereits das Leitmotiv der zukünftigen Auseinandersetzungen an, in deren Verlauf Otto v. Bismarck 1862 Konfliktsminister werden sollte und jene Position erreichte, von der aus er – merkwürdige List der Geschichte – die preußische Revolution von oben und die deutsche Reichsgründung in die Wege leiten konnte.

Friedrich Wilhelm IV. erkannte, mit welchem Talent Bismarck für die Sache der Krongewalt zu streiten vermochte; eine solche Kraft wollte er in der Kammer nicht missen. Unter diesen Umständen zwang das königliche Wohlwollen den Höherstrebenden, vorerst noch im parlamentarischen Joch zu bleiben, auch wenn ihm ein Staatsamt übertragen werden sollte. Im Januar 1851 kam die wunderliche Idee auf, Bismarck als preußischen Staatsvertreter nach Bernburg ins Anhaltische versetzen zu lassen, dazu meinte er, »der Herzog ist blödsinnig, und der Minister Herzog«. Mit Ergebenheit gegenüber Gott und König erklärte er seiner Johanna: »Wenn der König es von mir *fordert,* so gehe ich hin, sonst nicht.«[5] Zwei Tage später gefiel er sich in romantischen Vorstellungen: »Es wäre recht hübsch dort, als unabhängiger Herzog (der wahre ist blödsinnig) und dicht im Harz, mit Viktorshöhe und das ganze Selkethal zu regieren, in Ballenstädt wohnend.«[6] Aus dem ganzen Projekt wurde natürlich nichts; man begriff, daß eine solche Mission Bismarck nicht zuzumuten war. Während des Januars 1851 kursierte auch der Plan, ihn anstelle von Kleist-Retzow als Landrat nach Pommern zu schicken. Dazu sagte er mit einem etwas bitteren Unterton: »nach Belgard mag ich nicht, das ist mir zu despectirlich, Landrath will ich nur in Schönhausen, Kniephof oder Reinfeld werden«[7]. Das alles konnte er nicht ernsthaft ins Auge fassen.

In der Zeit des Abwartens und auch Agierens kam ihm die hohe Politik zu Hilfe. Die zu Olmütz verabredeten »freien Konferenzen«, die von Ende 1850 bis Mitte Mai 1851 in Dresden tagten, führten zu keiner Einigung über die Neugestaltung des Bundestages. Das Mißtrauen der zwei deutschen Großmächte gegeneinander und das der Kleinstaaten gegen beide war zu groß. So blieb nichts anderes übrig, als zum vormärzlichen Bundestag zu Frankfurt am Main zurückzukehren. Wen sollte jedoch

Preußen als Vertreter dorthin schicken? Entweder hatten die Kandidaten, die ins Auge gefaßt wurden, keine Lust oder sie schienen ungeeignet. Während dieser personellen Erwägungen kam Leopold v. Gerlach Ende April auf den Gedanken, dem König den unentwegten Royalisten und Verteidiger des Vertrags von Olmütz als Bundestagsgesandten zu empfehlen.

Für Bismarck gab es dabei kein langes Überlegen. Am 25. April teilte er seiner Johanna mit: »Gestern Abend war ich noch spät bei Fradiavolo (also bei Otto v. Manteuffel – E. E.); sie haben wirklich die Absicht, mich irgendwie diplomatisch zu verwenden; indessen kann ich eine vollkommen selbständige (Stellung) meinem Urtheil nach nicht *sofort* annehmen, weil ich mich sonst wegen Unkenntniß der actenmäßig üblichen Formen blamieren würde, wozu ich keine Neigung habe.« Es sei möglich, »daß sich an diesen meinen Wünschen die Sache zerschlägt, was ich andrerseits bedauern würde, da schon meine und Hans's bloße Ernennung zu irgend etwas ein öffentliches Pfand sein würde, daß die Regierung wirklich und gänzlich der Revolution abgesagt hat«[8]. Der König schien Gerlachs Vorschlag so bereitwillig aufgenommen zu haben, daß er Bismarck sofort zum wirklichen Bundestagsgesandten machen wollte. So schnell ging es aber doch nicht, seine Berufung wurde dahingehend modifiziert, daß der fast siebzigjährige Generalleutnant Theodor v. Rochow, Gesandter in Petersburg, den Auftrag erhielt, in Frankfurt vorübergehend bis zur Einarbeitung Bismarcks die Leitung der Bundestagsgesandtschaft zu übernehmen.

Bereits am 8. Mai 1851 hatte Bismarck eine lange Abschiedsaudienz beim König, der ihn am selben Tag zum Geheimen Legationsrat ernennen ließ. Das war »eine Ironie«, wie Bismarck seiner Johanna schrieb, »mit der mich Gott für all mein Lästern über Geh. Räthe straft«.[9] Mitte Juli 1851 kehrte Rochow, wenn auch widerwillig, wie man sagte, nach Petersburg zurück. Dann konnte Bismarck, wie verabredet, das Amt eines bevollmächtigten Bundestagsgesandten antreten.

Die Ernennung erregte in der Öffentlichkeit wie auch in Hofkreisen einiges Aufsehen. Die liberale Presse nannte ihn einen »politischen Säugling«, was er wahrhaftig damals schon nicht mehr war. Eher verständlich war es, wenn man ihm vorwarf, er würde den Bundestag nur vom Standpunkt der Feuerlöschordnung ansehen und Preußen zuletzt alle Sympathien in Deutschland verscherzen. Der »Kladderadatsch« witzelte, Herr v. Bismarck-Schönhausen werde in Frankfurt schön hausen.[10] Prinz Wilhelm, vielleicht von seiner Frau Augusta beeinflußt, murrte im Potsdamer Kasinoton darüber, daß man »diesem Landwehrleutnant« eine so schwere Aufgabe anvertraue. Auch mochten viele höhere Beamte über das regelwidrige Berufungsverfahren einigermaßen erstaunt oder gar unwillig sein. Da erhielt immerhin ein Mann ohne die vorgeschriebene Beamtenausbildung einen höchst verantwortlichen Posten. Von diesen sachlichen Bedenken abgesehen, leisteten sich manche der alten Herren recht niveaulose Invektiven, so der verärgerte Rochow, dem nichts anderes einfiel, als Bismarck einen »versoffenen Studenten« und »pommerschen Schweinetreiber« zu titulieren.[11] Anders als sein Bruder Leopold hatte Ludwig v. Gerlach Bedenken, daß man es durch so »violente Beförderungen« zu weit treibe und einen Mann zum Bundestagsabgeordneten mache, »dessen amtliche Lebensstellung bisher nur die eines verdorbenen Regierungsreferendars war«.[12] Nur wenige von Bismarcks internen Widersachern ahnten oder begriffen gar, daß für ihn die Schule des halbwegs freien Lebens und der selbstgewählten Bildung bedeutungsvoller war als die der bürokratischen Routine.

Welches auch immer die Motive der Befürworter und Gegner dieser Berufung sein mochten, eines erwies sich von neuem: in außergewöhnlichen Situationen der Geschichte sind außergewöhnliche Ernennungen fast unvermeidlich. Das zeigt sich in der Revolution wie in der Konterrevolution. Der fünfundzwanzigjährige Napoleon wie der fünfunddreißigjährige Bismarck sind Beispiele dafür.

Mit dem Beginn einer beruflichen Laufbahn und politischen Wirksamkeit auf höherer Ebene mußte Bismarck seine Frau Johanna auf die Trennung von ihrer heimatlichen und familiären Umgebung in Pommern vorbereiten und sie mit dem Leben in einer größeren Stadt und im diplomatischen Milieu vertraut machen. Er wußte, daß er seiner Johanna zumutete, ihr »nettes Stilleben in Reinfeld ... mit dem Lärm der bundestäglichen Diplomatie« zu vertauschen.[13] Zunächst argumentierte er ganz weltlich, dann aber berief er sich auf den Willen Gottes: »Ihr habt Euch oft beklagt, daß man aus mir nichts machte von oben her; nun ist dieß über mein Erwarten und Wünschen eine plötzliche Anstellung auf dem augenblicklich wichtigsten Posten unsrer Diplomatie; ich habe es nicht gesucht, der Herr hat es gewollt, muß ich annehmen, und ich kann mich dem nicht entziehn, obschon ich voraussehe, daß es ein unfruchtbares und dornenvolles Amt sein wird, wo ich bei dem besten Bemühn die gute Meinung vieler Leute einbüßen werde. Aber es wäre feig, abzulehnen.«[14] Mochten Bismarck auch in jener Zeit religiöse Stimmungen erfaßt haben, wie es sich 1862 bei seiner Ernennung zum Ministerpräsidenten angesichts der auf ihn zukommenden Verantwortung wiederholen sollte, die Berufung auf Gott war auf jeden Fall für Johanna und ihre Angehörigen ein höchst überzeugendes Argument.

Es liegt viel Wahrheit darin, daß Bismarcks Briefe an Johanna von jenem Sommer 1851 einer zweiten Werbung gleichkamen. In ihr vermischte sich, ähnlich wie im berühmten Werbebrief von 1846, echtes Gefühl mit Diplomatie. Johanna war bereits Mutter von zwei Kindern; der älteste Sohn Herbert war Ende Dezember 1849 zu Berlin geboren. Die Liebe der Ehepartner zueinander war zweifellos echt; beide litten unter ihren vielfachen Trennungen und waren »sehnsuchtskrank«. Während der vergangenen Jahre, da sich Bismarck auf dem politischen Kriegsschauplatz befand, kam er wie ein Urlauber von Zeit zu Zeit zu seiner Johanna nach Reinfeld, ins Haus der Schwiegereltern. Sonst hielt er sich in Schönhausen oder Berlin auf. Nur fünf Monate lang, vom Oktober 1849 bis Februar 1850, lebten sie gemeinsam in Berlin. Zur Zeit des Erfurter Parlaments und danach, vom Januar bis Mai 1851, wohnte Bismarck als Strohwitwer mit dem Junggesellen Kleist-Retzow, Johannas Onkel, in Berlin zusammen.[15] Gemeinsamkeit genossen die Jungvermählten also nur in Abständen. Als dann die Übersiedlung nach Frankfurt zur Sprache kommen mußte, war es für beide noch ungewiß, wann und wie sie das alles realisieren würden. Für Johanna kam noch die bange Frage hinzu, ob sie sich in einer ihr unbekannten Stadt und der ihr fremden Welt der Diplomatie einleben könne.

Gerade durch die vielen und langen Trennungen der Ehepartner war sie immer noch mehr einzige Tochter im Elternhaus als Ehefrau des nunmehr avancierten Politikers. Briefe einer Pietistin, nämlich Hedwig v. Blanckenburgs, der Schwester von Bismarcks Jugendfreund Moritz, erhellen eindrucksvoll und überzeugend manches von der inneren Verfassung, in der sich Johanna im Sommer 1851 befand. Hedwig v. Blanckenburg kannte sie aus der Zeit der schwärmerischen Mädchenfreundschaften des Kreises um Marie v. Thadden und hatte auch jetzt Gelegenheit, die Lebenssituation der im hinterpommerschen Reinfeld allzu abgeschlossenen Johanna zu verfolgen. Sie erkannte sehr wohl die Problematik, die sich durch die vorerst erzwungene Trennung des jungen Paares ergab, verstand auch die Ursachen dafür, daß sich Johanna in ihren Briefen »immer so aufgeregt, fast gereizt« zeigte.[16] Kritisch wußte sie aber zu beurteilen, daß nicht alles nur der Unbill der äußeren Umstände zuzuschreiben war. Mit Besorgnis gewahrte Hedwig v. Blanckenburg, daß Johanna trotz ihrer Mutterschaft in ihrem Lebensverständnis kaum gereift war und ihren Gesichtskreis wenig erweitert hatte: »Mich reizt und lockt Deine jugendliche Schwärmerei für jedes kleine Gedicht, für jede Blume«, so schrieb sie ihr deshalb, »es freut mich, daß Dich ein dämmernder Morgen so begeistern kann, aber Eins quält mich dabei, nämlich, daß Du das Alles noch von demselben Standpunkt ansiehst, wie vor 5 Jahren und *das* begreife ich kaum. Mir kommt es manchmal vor, als ob der ungeheuer tiefe Ernst des Lebens unerfaßt von Dir vorüberzöge, als ob Du ihn nicht ergreifen könntest ... Alles was jener Zeit angehört, lebt noch in mir, aber jetzt habe ich anderes zu thun, was ernster ist, aber dennoch nicht des inneren Glanzes entbehrt, Johanna, liebe Johanna, wir können keine Kinder bleiben, die spielen und tändeln, wir müssen ernste Menschen werden, im Dienst des Herrn ...«

Hedwig v. Blanckenburg erinnerte an jene frühe Zeit, »wo ein Jean Paul oder Goethe ganze Tage, ganze Monate, fast Jahre ausfüllen konnte. Es war auch schön, *die* Blume blüht aber nur zu ihrer Zeit und wenn sie abgeblüht ist, dann muß man die Früchte, die sie trägt, reifen lassen. Auch Mariechen würde jetzt nicht mehr in jener Weise spielen und tändeln.«[17] Es ging Hedwig v. Blanckenburg vor allem darum, der Freundin vor Augen zu führen, daß ihr ehemals gemeinsamer Kult naturverbundener Empfindsamkeit, literarischer Beflissenheit und des gottseligen Pietismus mehr mit lebenszugewandtem Realismus verbunden werden müßte. So kam sie in ihrer religiös motivierten Weise, wahrscheinlich ohne es zu wissen, den Bemühungen Otto v. Bismarcks entgegen, Johanna aus ihrer provinziellen Enge und einseitigen Gefühlsbetontheit herauszuführen.

Bismarck ging sehr taktvoll und behutsam vor, um Johanna auf ihre künftigen Aufgaben als Gattin eines Diplomaten vorzubereiten. Aber französische Sprachübungen glaubte er ihr doch anraten zu müssen: »Lies französisch«, so bat er sie, »aber wenn Du mich lieb hast, nicht wenn Dir die Augen schmerzen; dann bitte lieber Mutter, daß sie Dir vorliest, denn das Verstehn ist fast schwerer als das Sprechen. Weißt Du irgend ein beliebiges Möbel, welches Du Dir zum Französischplappern in der Geschwindigkeit zulegen kannst, so nimm eine an, ich bezahle es gern. Du kommst hier doch in französisches Wesen und Reden hinein, es ist nicht zu vermeiden, daß Du Dich damit vertraut machst, so gut Du kannst.«[18] Offensichtlich folgte Johanna seinem Ratschlag, denn Hedwig v. Blanckenburg schrieb ihr im Juli 1851: »Wegen Deiner französischen Studien jammerst Du mich unbeschreiblich, mein armer Engel, doch denke ich, Du hast damit das schwerste überstanden und bist fleißiger gewesen wie ich im Winter.«

Seine Bitte, ihr Französisch zu üben, verband Bismarck mit der Versicherung, daß er dennoch keine oberflächlich parlierende und klugtuende Gesellschaftsdame wünsche: »Du bist *meine* Frau und nicht der Diplomaten ihre, und sie können ebensogut deutsch lernen wie Du französisch.« Das darauf folgende Bekenntnis Bismarcks zu seiner Johanna erreichte eine Gefühlsintensität, die sprachliche Bildkraft gewann: »ich habe Dich geheirathet, um Dich in Gott und nach dem Bedürfniß meines Herzens zu lieben und um in der fremden Welt eine Stelle für mein Herz zu haben, die all ihre dürren Winde nicht erkälten und an der ich die Wärme des heimathlichen Kaminfeuers finde, an das ich mich dränge, wenn es draußen stürmt und friert; nicht aber, um eine Gesellschaftsfrau für Andre zu haben, und ich will Dein Kaminchen hegen und pflegen und Holz zulegen und pusten, und schützen und schirmen gegen Alles Böse und Fremde, denn es giebt nichts, was mir nächst Gottes Barmherzigkeit theurer, lieber und nothwendiger ist als Deine Liebe und der heimathliche Herd, der überall auch in der Fremde zwischen uns steht, wenn wir beieinander sind.«[19] Viele Briefe Bismarcks an seine Frau sind von einem Zartgefühl, das man dem Mann mit den harten, energiegeladenen, sogar etwas wilden Gesichtszügen, die uns in der Daguerreotypie von etwa 1850 überliefert sind, kaum zutraut.

Neben Stellen, wo sich die Liebe zu Johanna mit frommen Empfindungen verbindet, findet man auch immer wieder solche, in denen Bismarcks herzhafte und kernige Art bei der Behandlung religiöser Fragen zum Ausdruck kommt, so wenn er über Predigten, die er gehört hat, berichtet. Da machte ihn mancher Eiferer, wie er versicherte, so mutlos, daß sein ganzes Christentum in Gefahr käme zu wanken, und er bäte dann Gott »um Kräftigung durch Seinen Geist, denn ich bin wie eine lahme Ente am Rande Seiner Wasser, das sehe ich klar, und kann mich doch nicht ermannen, daß es anders werde«.[20]

Bismarck war viel zu klug, um Johannas Wesensart verändern zu wollen. Er trachtete aber danach, wie das auch Hedwig v. Blanckenburg anstrebte, sie für das Leben zu kräftigen, in der Voraussicht, daß sie künftig umfassendere Aufgaben zu erfüllen haben werde. Sie sollte sich zumindest ein solches Maß an gesellschaftlicher Gewandtheit aneignen, das sie in den ihr bald eröffneten diplomatischen Kreisen nicht allzu linkisch und provinziell erscheinen ließ. Deshalb war ausreichendes Beherrschen der französischen Sprache vor Frankfurt dringlich geworden. In ihrer Brautzeit bereits hatte Bismarck etwas von ihr erbeten, was unmittelbar zum gehobenen adligen Lebensstil gehörte: »... *reiten mußt Du,* und wenn ich mich selbst in ein Pferd verwandeln sollte, um Dich zu tragen.«[21] Gelegentlich ermahnte er sie, in der Kleidung nicht so sparsam und bieder zu sein, mehr auf großstädtisch-patrizische Eleganz zu achten, denn darin war Bismarcks schöne und modebewußte Schwester Malwine von ganz anderem Zuschnitt. Es war schon so, wie er im Alter einmal seiner Schwiegertochter Marguerite sagte: »Man glaubt gar nicht, wie schwer es mir wurde, aus einem Fräulein von Puttkamer eine Frau von Bismarck zu machen; ganz ist es mir erst nach dem Tode der Eltern gelungen.«[22]

Johanna war keine Frau der großen, dafür aber der kleinen Gesellschaft. So gern sie jeden plausiblen Vorwand ergriff, um die Teilnahme an dieser oder jener Abendgesellschaft abzusagen, so glücklich, aufmerksam und großzügig war sie als Gastgeberin in ihrem eigenen Heim. Als John Lothrop Motley im Jahre 1851, da er in Deutschland seine Forschungen über den niederländischen Befreiungskampf begann, zum erstenmal seit der Studentenzeit seinen Jugendfreund Bismarck in Frankfurt besuchte, schrieb er seiner Frau: »Die Bismarcks sind so lieb wie immer, es gibt nichts offeneres und herzlicheres als sie. Ich bin den ganzen Tag über da. In ihrem Hause kann jeder tun was er will. ... In diesem Haushalt wird einem alles, was es auf Erden zu essen und zu trinken gibt, angeboten, Porter, Sodawasser, Dünnbier, Champagner, Burgunder, Rotwein, alles ist gleichzeitig zur Hand und ständig werden die besten Havannazigarren geraucht.« Über Johanna war Motley voll des Lobes: »Sie ist sehr freundlich, intelligent, ganz natürlich und behandelt mich wie einen alten Freund.« Bereits einen Tag nach diesem Brief schrieb er: »Sie ist so liebenswürdig, fein und in jeder Hinsicht angenehm, daß es mir vorkommt, als seien wir schon zehn Jahre miteinander bekannt. Sie und ihre Mutter haben mir immer wieder versichert, daß Bismarck ganz außer sich vor Freude war, als er meine Visitenkarte sah.«[23] Ihr Leben lang sah Johanna die Freunde ihres Mannes als die ihren an. In schwierigen Lebenssituationen war sie rührend bemüht, für ihn einen Freund als Gesprächspartner und Vertrauten einzuladen, was Bismarck erwiesenermaßen stets half.

Wie viele Tränen sie der Abschied aus der pommerschen Heimat und dem Elternhaus auch gekostet haben mag, die Frankfurter Jahre sollten zu ihren glücklichsten zählen. Für Bismarck war die Trennung von seiner engeren Heimat, ob von Pommern oder von der Altmark, zwar einschneidend, aber kein innerlich belastendes Problem; schon im Sommer 1849[24] hatte er sein Schönhausener Gut verpachtet, wie er das 1845 mit Kniephof getan hatte. Sein Herz hing ohnehin stärker an Kniephof, und nach 1848 war ihm Schönhausen noch ferner gerückt. Die Beobachtung des Chronisten Lindstaedt aus den fünfziger Jahren ist durchaus glaubwürdig: »Das Jahr 1848 hat ... auf den geselligen Ton eingewirkt. Durch die verschiedenartigen politischen Ansichten entstanden Spannungen, Mißtrauen und Parteien.«[25] Die letzten Rezesse, die die Ablösung der aus der Feudalzeit stammenden Verpflichtungen von Bauern und Kossäten regelten, wurden durch den Verwalter Bellin im Jahr 1852 verabschiedet.[26] Seit dieser Zeit hielt sich Otto v. Bismarck nie mehr längere Zeit im Schönhausener Stammsitz auf.

Als Bismarck die Politik zu seinem Beruf machte, trennte er sich vom Gutsbetrieb, aber nicht vom Gutsbesitz. Bis weit in die sechziger Jahre hinein ließ er sich von seinem Bruder über alles, was im Kniephofer Anwesen vor sich ging, detailliert berichten. Den Traditionen des Junkertums, ihren Lebensgewohnheiten und Neigungen entfremdete er sich niemals. Sein Konservatismus wäre nur oberflächlich erfaßt, wenn man ihn lediglich als politisches Credo verstünde, er ging tiefer bei ihm, durchdrang ganz private Lebensgewohnheiten, erreichte die Wurzeln seines sozialen Seins. So war er glücklich, daß sein erstes Heim in Frankfurt eine geräumige Villa war, die draußen vor der Stadt lag. Ein zweieinhalb Morgen großer Garten mit einem Treibhaus und dazu ähnliche Anwesen ringsum vermittelten ihm und den Seinen den Eindruck ländlicher Naturnähe. War er schon früher stolz auf das Walten des konservativen Prinzips in seinem häuslichen Bereich, wo das Gesinde von Generation zu Generation möglichst bei der Familie gehalten wurde, so achtete er auch in Frankfurt darauf, daß Kontinuität gewahrt wurde. Bereits im Mai hatte er an Johanna geschrieben: »Sieh doch ja zu, daß Du die Mädchen mit herbekommst oder, wenn sie durchaus nicht wollen, andre von dort, die man schon einigermaßen kennt; so einen Frankfurter Schnips mag ich nicht im Zimmer haben und bei den Kindern; oder wir müssen aus Hessen ein Mädchen mit kurzen Röcken und einer lächerlichen Kopfbedeckung nehmen, die sind noch halbwegs ländlich und rechtlich.«[27] Nachdem Bismarck seine Frau Johanna seelisch und geistig auf die Übersiedlung in die neue Umgebung vorbereitet hatte, konnte er ihr gegenüber seine preußisch-patriotische Verantwortung in der Bemerkung zusammenfassen, sie beide seien »auf politische Vorposten an den Rhein geschleudert«.[28]

Auf den ersten Blick hatte Bismarck im Sommer 1851 nun das erreicht, wovon er als Student geträumt hatte: er war Diplomat geworden. Aber seine Ernennung zum Bundestagsgesandten war kein Ende, sondern ein Anfang. Sie eröffnete ihm das Feld, auf dem er zu historischer Wirksamkeit gelangen konnte.

Erste Aktivitäten im Bundestag

Schon nach einer Woche in Frankfurt teilte Otto v. Bismarck Johanna seine ersten Eindrücke von den dort residierenden Diplomaten mit: »Ich habe nie daran gezweifelt, daß sie alle mit Wasser kochen; aber eine solche nüchterne einfältige Wassersuppe, in der auch nicht ein einziges Fettauge von Hammeltalg zu spüren ist, überrascht mich ... Kein Mensch, selbst der böswilligste Zweifler von Demokrat, glaubt es, was für Charlatanerie und Wichtigthuerei in dieser Diplomatie steckt.«[29] Ein anderes Mal meinte er: »Die Herrn hier sind unausstehlich. Sowie ich einen anrede, setzt er ein diplomatisches Gesicht auf und denkt nach, was er antworten kann, ohne zu viel zu sagen, und was er über meine Äußerungen nach Hause berichten kann. Die nicht so sind, conveniren mir noch weniger; sie reden Zweideutigkeiten mit den Damen, und letztre gehn ekelhaft darauf ein.«[30]

Hermann Wagener gegenüber hob er eher politische Aspekte hervor: »Ich langweile mich hier unglaublich; der einzige Mann, der mir gefällt, ist Schele, der hannöversche Gesandte. Die Oestreicher sind intriguant unter der Maske burschikoser Bonhommie, verlogen, stehlen Acten (selbst die Rechtlichsten unter ihnen), spielen, huren u. suchen uns bei kleinen Formalien zu übertölpeln, worin bis jetzt unsre einzige Beschäftigung besteht. Die von den kleinen Staaten sind meist carrikirte Zopf-Diplomaten, die sofort die Bericht-Physiognomie (aufstecken), wenn ich sie nur um Feuer zur Cigarre bitte, u. Blick u. Wort mit Regensburger Sorgfalt wählen, wenn sie den Schlüssel zum A- fordern. ... Über meinen Chef mag ich mich schriftlich nicht äußern; wenn ich hier selbständig werden sollte, so werde ich mein Feld von Unkraut säubern oder urplötzlich wieder nach Hause gehn.«[31]

Ende Juni 1851 ließ Bismarck in einem langen Brief an seinen Förderer Leopold v. Gerlach eine Reihe seiner Kollegen am Bundestag in sehr viel differenzierender Weise Revue passieren. So schrieb er über Herrn v. Marschall, er sei »ein kluger gewandter Mann, der viel Hinneigung zu Preußen an den Tag legt, fast zu höflich, aber ich ziehe ihn den übrigen Gesandten aus Süd- und Westdeutschland vor; betrügt auch er uns, so thut er es wenigstens mit Anstand«.[32] Oder: »Von den norddeutschen Gesandten kann ich die Herrn v. Schele und v. Oertzen beide als grade, ehrenwerthe gentlemen bezeichnen, Leute ohne Falsch, die das Beste wollen für das Ganze, aber treu ihren Fürsten; beide etwas zu peinliche Juristen für Politiker und nicht von sehr ausgedehntem Gesichtskreise, doch ist Schele der Bedeutendere von ihnen.«[33] Auch die Vertreter der norddeutschen Kaufmannsstädte erwähnte Bismarck: »Der Lübecker Gesandte Brehmer ist mir mit seinen banalen Gothaer Phrasen, die durch eine gewisse Meklenburgische Jactanz und Breitspurigkeit nicht genießbarer gemacht werden, eine ebenso incommensurable Erscheinung, als der Syndikus Banks durch angenehme Formen mit seiner kaufmännisch-mattherzigen Richtung in der Politik aussöhnt: indessen habe ich auch mit dem erstern in dienstlicher Heuchelei freundschaftliche Beziehungen angeknüpft.«[34] Den vielfachen Einzelcharakteristika folgt schließlich ein vernichtendes Gesamturteil: »Daß wir mit dieser ganzen Gesellschaft Deutschland reformiren und Europa durch die Regeneration unsres Vaterlandes staunende Theilnahme ablocken werden, glaube ich nicht. Es ist kein einziger Mann von geistiger Bedeutung darunter, die meisten sind wichtig thuende Kleinigkeitskrämer.«[35]

Natürlich drängte sich in der Bismarckforschung schon früh die Frage auf, ob und inwieweit er in diesen Briefen des Sommers 1851 Personen und Sachverhalte nicht vorschnell verzeichnet habe. Zum Vergleich wurde u. a. die »Vertrauliche Denkschrift für Minister von Manteuffel« vom Mai 1853 herangezogen.[36] In ihr habe Bismarck absprechende Urteile sehr stark eingeschränkt, von einer Reihe seiner Kollegen »mit hoher Achtung gesprochen und ihre Fähigkeiten anerkannt«.[37] Das liefe darauf hinaus, daß er nach zweijähriger Tätigkeit von voreiligen Urteilen oder gar Vorurteilen abgerückt wäre. Doch abgesehen davon, daß Bismarck bereits 1851 in seinen Genrebildern diese oder jene charakterlichen und geistigen Qualitäten einzelner seiner Bundestagskollegen durchaus gesehen und anerkannt hat, müssen auch die Unterschiede im Charakter der schriftlichen Zeugnisse berücksichtigt werden.

In der seinem Mitarbeiter Zitelmann diktierten Denkschrift mußte sich Bismarck amtliche Zurückhaltung auferlegen, auch wenn er unter den führenden Konservativen jener Jahre Manteuffel politisch am nächsten stand.[38] Überdies betrachtete Bismarck in der Denkschrift von 1853 seine Kollegen weit stärker und konsequenter als in den Privatbriefen von 1851 unter dem Gesichtspunkt, ob sie sich im Denken und Tun als propreußisch oder proösterreichisch erwiesen. Indem er 1853 seine Urteile und Diktion der Eigenart einer amtlichen Denkschrift anpassen mußte, kam in diese etwas Gezwungenes hinein. Das anscheinend Objektive gab die Wirklichkeit keineswegs so treffend wieder wie die subjektiv gehaltenen Privatbriefe, in denen die Personen viel umfassender gekennzeichnet werden, nämlich in ihrer körperlichen wie geistigen Physiognomie, gleichsam von außen wie von innen, in der Wechselwirkung von Gestik, Mimik, Geist und Moral, in dem Was und zugleich in dem Wie ihres Sprechens und Handelns.

Bismarcks Beobachtungsgabe und Charakterisierungskunst erfaßten die politischen Reaktionen und Meinungen seiner Bundestagskollegen ebenso wie ihre persönlichen Eigenarten und ihre Gepflogenheiten in den jeweiligen materiellen Umständen. Ihm nachweisen zu wollen, daß er hier und da nicht das Richtige getroffen habe, was übrigens niemandem gelungen ist, gleicht etwa jenem sonderbaren Bemühen, dem Maler Grünewald das ungenügende Beachten anatomischer Proportionen vorzuwerfen. Bismarck hatte in seiner Schilderung des Bundestags-Milieus, die oft genug literarischen Rang erreichte, im wesentlichen recht, mochte er im einzelnen hier und da irren.

Die entscheidend moralisch-politische Schwäche seiner brieflichen Informationen und amtlichen Berichterstattung liegt in etwas ganz anderem, nämlich in der prononciert antirevolutionären Sicht auf die soziale und politische Totalität des Zeitgeschehens. Da war und blieb Bismarck der Scharfmacher. Entsprechend dem Charakter seines Adressaten setzte er gerade im Brief an Leopold v. Gerlach 1851 starke revolutionspolitische Akzente. So warf er seinen Bundestags-Kollegen vor: »Die gemeinsame Gefahr von 1848, wenn sie auch auf der Zunge lebt, als gelegentliches Unterhandlungsmittel, im Herzen ist sie vergessen, und die gegenseitige Mißgunst und Susceptibilität wird schwerlich in irgend einer wichtigen Frage ein entschiednes und einheitliches Vorgehen des Bundes aufkommen lassen, solange neue Gefahren nicht ostensibel vor Augen treten.« Wenige Tage darauf nahm Bismarck im Brief an Ludwig v. Gerlach das Revolutionsargument noch einmal auf: »1848 ist vergessen, man giebt sich der arrogantesten Sicherheit hin und glaubt vielmehr zum Kampf gegen einander als gegen die Revolution hier zu sein.«[39]

Der preußische Bundestagsgesandte blieb auch in Frankfurt der erbitterte Gegner der revolutionär-demokratischen Bewegung, besonders wenn sie von Arbeitern oder Handwerksorganisationen getragen wurde. Er entfaltete geradezu eine initiativreiche Aggressionslust gegen alles, was ihm auch nur irgendwie revolutionsverdächtig erschien. Anarchistische Zündeleien kamen ihm sehr gerufen, um zuschlagen zu können. In einem Bericht vom 5. Juli 1851 über Vereine, Gesellenverbindungen und Verteilung von Druckschriften der Frankfurter Demokratie und die angebliche Passivität der dortigen Polizeibehörden meinte er zynisch: »Wenn irgend welche Aussicht vorhanden wäre, daß das revolutionäre Treiben hier zu Lande zu einer baldigen Eruption führen könnte, so würde ich nicht dafür stimmen, eine solche zu hindern oder durch Aufstellung von vermehrten Truppenmassen zu erschweren; wie aber die Sachen liegen, so handelt es sich lediglich um eine unter dem Gesetzes-Schutz der Märzerrungenschaften gefahrlos betriebene, langsame aber sichere Corruption der Massen zum Behuf künftiger Eventualitäten.«[40]

Mochte Bismarck auch übertreiben, im Jahr 1851 waren revolutionär-demokratische Organisationen in manchen Gegenden Deutschlands in der Tat noch recht lebendig, und eben dies ließ ihm eine »Eruption« weniger gefährlich erscheinen als eine »langsame aber sichere Corruption der Massen zum Behuf künftiger Eventualitäten«. Er wollte den Anfängen wehren, und daher begrüßte er, was ein polizeiliches oder gar militärisches Eingreifen provozieren und rechtfertigen konnte. In diesem Sinne waren anarchistische Abenteuer durchaus willkommen. Was er in den achtziger und neunziger Jahren in dieser Hinsicht dachte und tat, war im wesentlichen schon Anfang der fünfziger Jahre gedanklich angelegt. Die historische Entwicklung der Arbeiterbewegung verstand Bismarck zeitlebens nicht, aber er hatte von früh an ein wachsames Auge auf sie als auf eine politische Gefahr, die er bannen zu können glaubte.

Auf der anderen Seite hatte er schon damals einen scharfen Blick für Einseitigkeiten in der demokratischen Bewegung, die er gegen den Liberalismus ausnutzen konnte. So bemerkte er gleich in einem seiner ersten Berichte an Manteuffel, daß eine von ihm übersandte demokratische Broschüre *»vorzugsweise gegen die Bourgeoisie gerichtet«*[41] sei. Selbst wenn wir manche Anekdoten über persönlich freundliche Begegnungen Bismarcks mit Abgeordneten der äußersten Linken mit kritischer Vorsicht bewerten müssen[42], scheint er seiner Frau noch vor der Frankfurter Zeit über sein Verhältnis zu Demokraten im Kern wahrheitsgemäß berichtet zu haben, so am 25. Januar 1851: »Die Demokraten (Prutz etc.) spotten nicht über mich, Vater hat ganz recht; ich weiß nicht, warum sie mir schmeicheln, aber sie lieben uns von der äußersten Rechten warm, im Vergleich zu ihren Gefühlen gegen die Gothaer, denen sie Lüge und Halbheit vorwerfen und *auf deren Kosten sie uns in ihren Blättern herausstreichen.* Von mehreren der allerröthesten erhalte ich die respectvollsten Grüße gelegentlich aus In- und Ausland.«[43]

Hier deuten sich Entwicklungen an, die in den sechziger Jahren wirksam werden sollten. Bismarck erkannte in den Kämpfen, die einige Demokraten einseitig gegen die »Gothaer« geführt hatten, die Möglichkeit, nach bonapartistischer Methode oppositionelle Kräfte gegeneinander auszuspielen und sie auf die eine oder andere Weise auszunutzen. Das spätere Zusammenspiel mit Lassalleanern, mit Demokraten wie Franz Ziegler und das Überlaufen von Demokraten wie Lothar Bucher ins Bismarcksche Lager – das alles war im Bereich der politischen Taktik, nicht nur in dem persönlicher Affinitäten, schon früh angelegt.

Wenige Wochen vor dem Staatsstreich Louis Bonapartes im Dezember 1851 schrieb Bismarck an Minister v. Manteuffel über die Unsicherheit der jetzigen politischen Lage gegenüber der Revolution; diese gebiete eine Vertagung der zwischen Preußen und Österreich »unvermeidlich vorhandenen Streitfragen«.[44] Doch nach der Errichtung der bonapartistischen Diktatur, erst recht nach der Ausrufung des napoleonischen Kaisertums, veränderte sich für Bismarck die Kräftekonstellation. Sicherlich sah er, wie aus einem Brief an Leopold v. Gerlach vom 28. Dezember 1851 hervorging, im napoleonischen Staatsstreich einiges, was ihn beunruhigte. Innenpolitisch hegte er Bedenken wegen einer möglichen Stärkung der »liberalisierenden Bürokratie«, die nach seiner Ansicht, wenn auch in preußisch abgeschwächter Form, den Bonapartismus verkörperte. Außenpolitisch fürchtete er eine Stärkung Frankreichs. So meinte er: »Als Preuße kann ich mich nicht freuen über den 2. Dezember, weil ich nur einen Feind, der krank war, momentan erstarken sehe mit der beiläufigen Consequenz, daß ein leichtsinniger und lügenhafter Freund, Oestreich, einen Zuwachs von Unverschämtheit aus dieser Thatsache zieht.«[45]

Diese beiden Gefahren, die innen- wie außenpolitischen, zeichneten sich jedoch erst für die – wenn auch nahe – Zukunft ab. In der Gegenwart aber erschien der Mann des Staatsstreichs in Frankreich als endgültiger Überwinder der Revolution. Dies Leopold v. Gerlach klarzumachen, der den dritten Napoleon genauso als Erbe der französischen Revolution ansah wie den ersten, erwies sich für Bismarck schier als unmöglich. Es erschien ihm deshalb ratsam, auf den wesentlichen Punkt nicht direkt loszusteuern und sich zuletzt etwas gewunden auszudrücken. So schrieb er: »Wenn ich den Zustand der Französischen Bevölkerung nach der Analogie derjenigen Wirkungen beurteile, welche Französische Herrschaft und Nachbarschaft auf die Anwohner des Mittel- und Oberrheins geübt haben, so muß ich jede Hoffnung auf langehin aufgeben, daß eine andre als eiserne Gewaltherrschaft dort möglich sei.« Er wisse nicht, »wie dieses Volk anders regirt werden kann als mit dictatorischer Handhabung des eisernen Scepters, mit welchem die Hand des legitimen Königs von Gott und Rechts wegen unter sie schlagen würde, während Bonaparte dadurch, daß er Frankreich diesen nützlichen Dienst erweist, den Character eines unberechtigten aventurier's in meinen Augen nicht verliert«. Sieht man von den diplomatischen Floskeln dieser Zeilen ab, so wird deutlich, daß Bismarck jetzt die revolutionär-demokratische Gefahr für einige Zeit als gebannt ansah. Ein Jahr später, Anfang Januar 1853, beharrte er gegenüber Leopold v. Gerlach noch einmal darauf: »... die Zeit rother Cabinette ist nicht die heutige.«[46] Das trifft sich aufs überraschendste mit der späteren Bemerkung von Engels über das vorläufige Ende der Periode der Revolutionen von unten und den Beginn der Revolutionen von oben seit dem napoleonischen Staatsstreich.

Wenige Wochen nach dem Ende des Krimkrieges sah Bismarck in einem »Privatschreiben an Minister v. Manteuffel« deutlicher denn je den Zusammenhang zwischen der Errichtung der bonapartistischen Diktatur in Frankreich und der Niederlage der Demokratie in ganz Europa: »Im Jahre 1851, besonders zu Anfang, lagen die Gefahren eines Debordierens der Revolution aus Frankreich und Italien noch näher, und es war eine Solidarität der Monarchien gegen *diese Gefahr* vorhanden ...; eine ähnliche Situation würde erst wieder da sein, wenn das französische Kaiserthum gestürzt wäre. So lange es steht, handelt es sich nicht um Abwehr der Demokraten, sondern um Cabinets-Politik, bei der die Intressen Österreichs eben *nicht* mit den unsrigen zusammenfallen.«[47]

An diesen Bemerkungen ist dreierlei interessant: Einmal erklärte Bismarck hier auf seine Weise die spannungsgeladene Dialektik von konservativer Solidarität und preußisch-dynastischem Interessengegensatz, insbesondere zu Österreich. Zum andern zeigte er, daß er den Begriff der Revolution, im Gegensatz zu Leopold v. Gerlach, wesentlich einschränkte; dieser verstand unter Revolution wie schon gesagt, sowohl den Bonapartismus als auch alle Arten liberaler und demokratischer Konzeptionen, während Bismark als feindliche Macht mehr und mehr nur die demokratische Revolution von unten ins Auge faßte. Schließlich war er mit den Demokraten, wenn auch mit umgekehrtem Vorzeichen, in der Auffassung einig, daß Frankreich von neuem ein Signal für Revolutionen in Europa geben könnte. Auch aus der Sicht Bismarcks war also der französische Bonapartismus einer der Hauptfeinde der Demokratie. Und der blieb es bis zu seinem Sturz 1870.

So wie Bismarck als zuverlässigster Gegner alles Revolutionär-

Demokratischen nach Frankfurt am Main geschickt worden war, so galt er auch jetzt als Anwalt der Gemeinschaft Preußens mit Österreich, und zwar sowohl beim Generaladjutanten v. Gerlach wie auch beim König.[48] Der äußere Schein seines politischen Auftretens vor, während und nach der Olmützer Punktation schien diesen Ruf zu rechtfertigen. Doch Bismarck hatte in den Wochen der Olmützer Krise Ende 1850 sein preußisches Hegemoniestreben zugunsten der konservativen Solidarität nur verdrängt, nicht eigentlich aufgegeben. Anders ist es weder politisch noch psychologisch zu erklären, daß er schon nach knapp sechs Wochen seines Frankfurter Aufenthalts an Leopold v. Gerlach, an den Ministerpräsidenten v. Manteuffel und an seinen Bruder Briefe schickte, die von seinem wachsenden Unwillen gegenüber der Politik Österreichs zeugen. Und in den gleichen Tagen, nämlich am 26. Juni 1851, berichtete er seiner Frau: »Die Oestreicher wühlen in Berlin gegen meine Ernennung, weil mein schwarzweiß ihnen nicht gelb genug ist.«[49] Offenbar hielt Bismarck mit seinem Preußentum nicht hinter dem Berge.

*

Mit dem Verschwinden der akuten Revolutionsgefahr rückte für ihn der preußisch-dynastische Interessengegensatz zu Österreich immer mehr in den Vordergrund seines Denkens und Handelns. Einerseits machten die Jahre von 1848 und 1851 solidarisches Handeln der konservativen Mächte zu einer Lebensnotwendigkeit; andererseits wurden die in den letzten Jahrzehnten mehr verdeckten Interessengegensätze wieder ans Licht gebracht. Vor 1848 offenbarten sich diese vornehmlich außerhalb des Deutschen Bundes, insbesondere bei der Inaugurierung des von Preußen geführten Zollvereins im Jahre 1834, bisweilen auch in der Publizistik, etwa der eines Bülow-Cummerow, der aus der Sicht junkerlich-preußischer Hegemonialinteressen bereits 1842 ein kleindeutsches Programm[50] propagierte. Das war Bismarck bekannt, aber er nahm es damals und in jener Form nur wahr, griff es noch nicht auf. Innerhalb des Bundestags kam der preußisch-österreichische Dualismus vor 1848 kaum zum Ausdruck; der Geschäftsgang war auf die Partnerschaft zwischen den beiden deutschen Großmächten eingestimmt. Erst durch die Revolutionsjahre änderte sich vieles.

Mochten die Mächtigen der preußischen Kamarilla und die in

der Wiener Hofburg Ende 1850 aufatmen, daß sie durch Olmütz der Gefahr eines gefährlichen Machtgewinns der Liberalen und Demokraten entgangen waren, alles konnte doch nicht mehr auf den Stand des Vormärz zurückgebracht werden. Für die habsburgischen Notabeln war unwiderruflich die Zeit gekommen, ihren Nationalitätenstaat zum einheitlichen Zoll- und Handelsgebiet zu erklären, alle Beschränkungen der Freizügigkeit aufzuheben und möglichst bald wichtige Eisenbahnlinien zu bauen. Auch die Ablösung der bäuerlichen Feudallasten konnte nicht mehr revidiert werden. Aber dennoch setzte die Habsburgische Monarchie überraschend am 31. Dezember 1851, also nach dem napoleonischen Staatsstreich in Frankreich, im sogenannten Silvesterpatent die im März 1849 oktroyierte Verfassung außer Kraft.

Der alte Absolutismus mit seiner Dreiheit von Armee, Bürokratie und Klerus triumphierte. Doch gerade dadurch war die Hegemonie eines den modernen Strömungen am widerwilligsten folgenden, vom katholischen Klerikalismus durchsetzten Vielvölkerstaats über ein – von polnischen Landesteilen abgesehen – ethnisch einheitliches und zu fast zwei Dritteln protestantisches Deutschland immer unmöglicher geworden.[51] Bereits auf den Dresdener Konferenzen vom Frühjahr 1851 erlitt das habsburgische Hegemoniestreben eine Niederlage; das Bemühen Schwarzenbergs, den wiedererstehenden Bundestag zu einem Instrument Österreichs zu machen, blieb erfolglos. Das alte Prinzip der Einstimmigkeit der Beschlüsse, das Preußen vor österreichfreundlichen Mehrheitsbeschlüssen der Bundestagsgesandten schützte, wurde nicht aufgehoben. Damit verblieben dem in Olmütz gedemütigten Hohenzollernstaat die verfassungsrechtlichen Widerstandspositionen gegen die allzu drängende Habsburgermacht.

Preußen konnte nicht so tief sinken und sich ein für allemal zum Juniorpartner Österreichs herabdrücken lassen. Das wollten nicht einmal die Hochkonservativen um die Gerlachs, die ja gleichberechtigte Partnerschaft im Bundestagspräsidium verlangten. Immerhin hatte auch die Deutsche Nationalversammlung dem preußischen König zwei Jahre vorher, im Frühjahr 1849, die Kaiserkrone angeboten. Auch wenn Friedrich Wilhelm IV. die von Frankfurt nach Berlin gesandte Kaiserdelegation diplomatisierend abwies, das von ihr vertretene Besitz- und Bildungsbürgertum hatte dennoch gerade in Preußen aus der politischen Konkursmasse der Revolution wirtschaftspolitisch und verfassungsrechtlich einiges gerettet. Die Rechte mußte den großbürgerlichen Liberalen, um sie nicht zu Verbündeten der kleinbürgerlichen Demokraten werden zu lassen, Konzessionen machen, was dazu führte, daß die preußische Bourgeoisie wirtschaftlich größere Bewegungsfreiheit errang und so die sich wiederbelebende Konjunktur ausnutzen konnte.

Das Jahr 1851 stand nicht allein im Zeichen des Kurses auf den Bonapartismus in Frankreich und des Absolutismus in Österreich, sondern auch des Liberalismus in England und der Londoner Weltausstellung, die sechs Millionen Besuchern die zukunftsträchtige Gewalt des heraufgekommenen Industriezeitalters vor Augen führte.[52] Preußen und der von ihm geführte Zollverein hatten größere Chancen als das industriell zurückgebliebene Habsburgerreich, hier künftig mitzuhalten.

Auch staatsrechtlich errang Preußen einen Vorsprung. Die 1850 endgültig abgeschlossene Verfassung mit ihrem Dreiklassenwahlrecht begründete zwar keinen modernen, die Krongewalt einschränkenden Konstitutionalismus, aber die periodisch stattfindenden Wahlen zum Landtag und dessen Verhandlungen trugen doch zur politischen Belebung des Landes bei. Es bildeten sich Fraktionen und Parteien, und immer breitere Schichten der Bevölkerung wurden durch die Wahlen mobilisiert, vor allem in den sechziger Jahren. Alle diese ökonomischen und politischen Entwicklungen wirkten den Überresten des Feudalabsolutismus entgegen. Darum konnte ein Mann wie Constantin Frantz in seiner 1852 erschienenen und sogleich verbotenen Schrift »Die Staatskrankheit« unumwunden über die »Auflösung des Feudalismus« schreiben. Ausgerechnet dieser in mancher Hinsicht ketzerische Schriftsteller kam in jener Zeit in politischen Kontakt zum preußischen Bundestagsgesandten Otto v. Bismarck.[53]

Auch die preußische Monarchie, in deren Machtbereich die Industrialisierung so schnelle Fortschritte machte, der Liberalismus zwar zurückgedrängt, aber immer noch lebendig war und das vornehmlich protestantische Bildungsbürgertum die geistige Atmosphäre in Wissenschaft und Kunst bestimmte, sah sich nach 1850 neuen Herausforderungen gegenüber. Preußen konnte es sich bei allem Bemühen um konservative Solidarität nicht leisten, innerhalb eines unpopulären Bundestags eine Politik zu verfolgen, die am Ende auf eine Mediatisierung unter Österreich hinauslief. Es waren die Unterschiede in der ökonomischen, sozialen und politischen Entwicklung und damit in den Interessen

Die beiden Gegenspieler Anfang der fünfziger Jahre
am Bundestag zu Frankfurt am Main:

Graf Friedrich von Thun-Hohenstein (1810–1881)
Österreichischer Hocharistokrat
Nach einem Aquarell von Kriehuber

Otto von Bismarck 1850, der preußische Land-Adlige

Anton Prokesch von Osten (1795–1876)
Lithographie von Kriehuber
Nachfolger von Graf Thun als österreichischer Präsidialgesandter am Bundestag
»Ich adoriere, ich liebe Prokesch, aber machen Sie ihn zum türkischen Kaiser, so wird er nicht zufrieden sein; er ist exzentrisch und eitel.« (Metternich in seinen Tagebüchern, S. 82)
»Auffällig ist das militärische Ansehen, welches er sich gibt; er wird nie anders als in zugeknöpfter Uniform gesehen und legt in der Sitzung nicht einmal den Säbel ab.« (Bismark an Otto von Manteuffel, 12. Februar 1853)

der beiden deutschen Großmächte, die für die ständigen Reibereien innerhalb des Bundestags den Ausschlag gaben, nicht die verschiedenen Charaktere ihrer beiden Gesandten. Erst durch diese unterschiedlichen Interessenlager der beiden Staaten wirkten sich die charakterlichen Eigenheiten ihrer Vertreter unangenehm und erschwerend für den Geschäftsgang aus.

Der österreichische Bundestagsgesandte Thun-Hohenstein fungierte traditionsgemäß und juristisch als Präsident des Bundestags. Dieser »Präsidialgesandte« war ein Graf aus der öster-

Graf Johann Bernhard v. Rechberg (1806–1899)
Lithografie von Kriehuber
»... sieht mehr wie ein Kammergerichtsrat aus als wie ein Diplomat.« (Bismarck 1852)
Nach dessen Ernennung zum österreichischen Staatskanzler erklärte Bismarck: »Ich halte Rechberg für einen ungewöhnlich beschränkten Staatsmann.«
»Rechberg war im ganzen nicht übel, wenigstens persönlich ehrlich, wenn auch sehr heftig und aufbrausend, einer von den hitzigen Hochblonden.« (Bismarck später zum Journalisten Moritz Busch)

reichischen Hocharistokratie und nicht bloß, wie Bismarck, einfacher Landadliger. Auch hatte er, wiederum im Unterschied zu Bismarck, eine regelrechte Ausbildung und Laufbahn als Diplomat hinter sich[54]: Begonnen hatte er als Attaché im Haag, war anschließend drei Jahre Legationssekretär in Turin, arbeitete dann 1844 in der Wiener Staatskanzlei und wurde 1847 Gesandter in Stockholm, 1849 in München. Dann erst übertrug man ihm den so wichtigen Posten am erneuerten Bundestag. Graf

Thun war fünf Jahre älter als Herr v. Bismarck-Schönhausen und stand vierzehn Jahre länger im diplomatischen Beruf. Schließlich fühlte er sich als Repräsentant einer jahrhundertealten Kaisermacht.

Als Karrierediplomat war er nicht in die Parteienkämpfe, weder in den niederen noch in den höheren Regionen der Gesellschaft, verwickelt gewesen, nicht einmal während der Revolution. Er war gewöhnt, Instruktionen entgegenzunehmen und sie auszuführen. Je stärker die Persönlichkeit in der Wiener Staatskanzlei war, desto mehr unterwarf er sich ihrer Politik. Als Fürst Felix v. Schwarzenberg neben dem jungen Kaiser Franz Joseph die politischen Geschicke des Habsburgerstaates leitete und eine Politik der Offensive gegen Preußen betrieb, war Graf Thun sein Werkzeug, nicht selbständiger Mitarbeiter. Charakterlich eher geneigt, nach dem Grundsatz »leben und leben lassen« zu handeln, war er wie Wachs in den Händen seines Herrn und Meisters in Wien, dessen Politik er mit Intelligenz und Gewandtheit ausführte. Auf das diplomatische Handwerk verstand sich Thun und konnte seine Mit- und Gegenspieler mit ziemlicher Sicherheit erkennen; wie es zu seinem Metier gehörte, arbeitete er auch mit listenreichen Tricks und geschäftsordnungsmäßig getarnten Fallen. Wenn er auch keine politische Urkraft war, so vertrat er doch jenen Konservatismus, der einem Diplomaten des habsburgischen Kaisers und der Apostolischen Majestät anstand, mit deutlich katholisch-klerikalem Einschlag.[55]

Der österreichische Präsidialgesandte hatte es mit dem Urpreußen Bismarck zu tun, der zwar keine regelgerechte Ausbildung als Diplomat hatte, aber dafür über politische Erfahrungen aus den Kämpfen vor, in und nach der Revolutionszeit verfügte und sein Olmütz-Erlebnis nicht vergessen hatte. Letzteres machte ihn nicht weicher und geneigter, wie das bei seinem Vorgänger Rochow der Fall gewesen war, sondern bestärkte ihn im Willen, als Urpreuße auf der Bahn der Zugeständnisse gegenüber Österreich nicht weiterzugehen, vielmehr so rasch wie möglich aus der Defensive herauszukommen.

Graf Thun erkannte mit geübtem Blick Bismarcks Grundhaltung. Schon im September berichtete er dem Fürsten Schwarzenberg: »In allen prinzipiellen Fragen, die das konservative Prinzip betreffen, ist Herr v. Bismarck vollkommen korrekt und wird eher durch zu großen Eifer als durch Zögern und Unentschlossenheit schaden. – – Dagegen *scheint* er mir, so viel ich bisher urtheilen kann, derjenigen Partei ausschließlich anzugehören, die bloß die spezifischen Interessen Preußens im Auge hat und kein großes Vertrauen setzt in das, was durch den Bundestag erreicht werden kann.«[56] Thun schrieb dies wohl ohne Kenntnis dessen, was Bismarck bereits kurz nach seiner Olmütz-Rede in der »Kreuzzeitung« verlangt hatte: Preußen müsse überall die gleiche und vor allen übrigen deutschen Staaten bevorzugte Berechtigung mit Österreich erhalten. Wörtlich hieß es dann weiter: »Erreichen wir das nicht, dann muß auch unsre Partei mit dem Spruch unsrer Vorfahren rufen: – dat walde Gott un kold Isen!«[57] Von diesem Geist des Aufbegehrens, der auch vor militärischem Dreinfahren nicht zurückschreckte, war der Bundestagsgesandte Bismarck in wachsendem Maße erfüllt.

Mit drei Fragenkomplexen hatte sich Bismarck jetzt zu befassen: mit der Liquidation der deutschen Flotte, der Pressegesetzgebung und dem Zollverein.[58] Der Bundestag mußte über das Schicksal der deutschen Flotte entscheiden, die das Frankfurter Parlament des Jahres 1848 in der Hochstimmung des nationalbürgerlichen Aufschwungs und einer deutschen Seegeltung wegen gegründet hatte. Zur Finanzierung dieser Flotte sollten alle deutschen Staaten durch eine Umlage beisteuern. Doch nur wenige bezahlten ihre Beiträge. Zu den Säumigen gehörte auch Österreich. Preußen, das am meisten für die deutsche Flotte ausgegeben hatte, beantragte am Bundestag die Nachzahlung der ausstehenden Beiträge, zumal die Flotte auch in der Zeit Geld kostete, da über ihr Schicksal Ungewißheit herrschte. Bismarck vermied alles, was den Anschein erwecken konnte, als ob das bisher finanziell stark engagierte Preußen in der Verfolgung einer nationalen Sache lau geworden wäre, aber er wollte keine den Interessen Preußens zuwiderlaufenden Beschlüsse des Bundestags hinnehmen.

Die Meinungsverschiedenheiten über die finanzielle Regelung verschärften sich zum Streit, als der Bundestag in Abwesenheit Bismarcks eine neue Umlage beschloß und beim Bankhaus Rothschild eine Flottenanleihe aufnahm. Darin sah der preußische Vertreter eine Überschreitung der Bundeskompetenz, wenn nicht gar einen erneuten Versuch, Mehrheitsbeschlüsse zu fassen und das althergebrachte Prinzip der Einstimmigkeit aufzugeben. Unter allen Umständen und von vornherein wollte Preußen den Gefahren entgegentreten, unter die Abhängigkeit einer österreichfreundlichen Mehrheit des Bundestags zu geraten.

Im Prestigekampf der beiden deutschen Vormächte schlug Bismarck eine deutlich härtere Gangart an, nachdem er vom 8. bis 22. Januar 1852 als Manteuffels Gast in Berlin gewesen war, wo man offenbar alles besprochen hatte. Nach Frankfurt zurückgekehrt, drohte er in den Gesprächen mit Thun den Rückzug Preußens an. Höchstwahrscheinlich überschritt er damit seine Befugnisse; aber der Bluff tat seine Wirkung. Darüber hinaus lancierte Bismarck des Gerücht, der in Wien, besonders bei Schwarzenberg, verhaßte Graf Bernstorff könne sein Nachfolger in Frankfurt werden.

Der Flottenstreit nahm so dramatische Formen an, daß sich Zar Nikolaus I. veranlaßt sah, vermittelnd einzugreifen. Er fürchtete, daß eines der Resultate von Olmütz, nämlich die Wiedereinführung des Bundestags, zunichte werden könnte. Nikolaus schwebte immer noch die Politik friedlichen Gleichgewichts der beiden deutschen Großstaaten vor, bei der ihm die Rolle des Schiedsrichters zukommen würde. Juristisch konnte der Zar geltend machen, daß Rußland seit 1815 zu den Garantiemächten des Deutschen Bundes gehörte. So beauftragte er den Fürsten Gortschakow, den russischen Gesandten in Stuttgart und Bevollmächtigten am Bundestag, nach Frankfurt zu fahren, um durch Gespräche mit den Gesandten einen Bruch zwischen Preußen und Österreich zu vermeiden. Auf diese Weise lernte Bismarck erstmals jenen russischen Politiker kennen, der ab 1859 sein gewichtiger Mitspieler und später auch Gegenspieler wurde.

Bismarck ließ sich von Gortschakow nicht beeindrucken, geschweige denn belehren. Das konservative Moralisieren des russischen Diplomaten, das wir aus Thuns Berichten kennen, quittierte der scharfblickende und scharfzüngige Bismarck mit der Bemerkung: »G[ortschakoff] ist ein feierlicher, ungelenker Hans Narr, ein Fuchs in Holzschuhen, wenn er pfiffig sein will.«[59] Vor allem schien Bismarck die Ermahnung auf die Nerven zu gehen, er könnte es doch als eines der Häupter der konservativen Partei Preußens nicht verantworten, wenn durch seine Schuld eine Spaltung zwischen Österreich und Preußen entstünde. In seinen Berichten nach Berlin erwähnte er dies alles nicht. Er suchte sogar den Eindruck zu verwischen, Gortschakow habe ihm etwas Wesentliches zu der Angelegenheit sagen können. Eine wichtige Beobachtung aber hatte Bismarck gemacht: Hellsichtig erkannte er die Eitelkeit des Russen, die er später während seines Aufenthalts in St. Petersburg weidlich ausnutzen sollte.

Der ganze Streit über die Art der Liquidierung der deutschen Flotte endete mit einem Sieg für Preußen, das den österreichischen Versuch der Überrumpelung abgewehrt und die Anerkennung finanzieller Vorausleistungen Preußens durchgesetzt hatte; die Bezahlung weiterer Beiträge sollte nur gegen die Verpfändung von Schiffen möglich sein. Daraufhin faßte der Bundestag am 2. April 1852 den Beschluß, die deutsche Flotte aufzulösen. Nachdem sich Preußen vorab die besten Schiffe gesichert hatte, wurde der ehemals oldenburgische Staatsrat Hannibal Fischer beauftragt, die Flotte zu versteigern. Die Öffentlichkeit empfand dies als schändliche Preisgabe nationaler Interessen.

Ähnlich wie sich im Flottenstreit alle Querelen über materielle Interessen zu einem Prestigekampf zwischen Österreich und Preußen ausweiteten, gediehen die langwierigen Auseinandersetzungen über die Zähmung der Presse zu einem Zerwürfnis zwischen Wien und Berlin. Selbst auf diesem Gebiet, wo alle Länder des Deutschen Bundes gemeinsame Interessen zu haben schienen, wehrte sich Bismarck, dem wahrhaftig niemand freiheitliche Auffassungen nachsagen konnte, gegen eine bundesdeutsche Presse-Gesetzgebung. Durch seine Vertrauensmänner in den vorbereitenden Ausschüssen war er genügend darüber informiert, daß Österreich drauf und dran war, Preußen solche Bestimmungen aufzuerlegen, die es in seiner publizistischen Bewegungsfreiheit hinderten. Wie die Konservativen in Preußen 1848 begonnen hatten, in Nachahmung liberaler Methoden ihre Presse zu benutzen, so lenkte Bismarck nun Zeitungskampagnen gegen den Bundestag, sobald dieser zum Werkzeug Österreichs zu werden schien.

Unversehens wurden aus Beratungen Auseinandersetzungen, die sich über Einzelfragen hinaus auf das Prinzip der Bundeskompetenz konzentrierten. Preußen wollte eine schwache Bundesgewalt, Österreich hingegen eine starke. Was jetzt zur preußischen Staatsräson gehörte, kam bei Bismarck mit betonter, selbst- und machtbewußter Offenheit zum Ausdruck. Bereits im Juni 1851 schrieb er an Manteuffel: »... ich glaube mich nicht zu täuschen, wenn ich annehme, daß wir, abgesehn von dem außer der Berechnung liegenden Einfluß unvorhergesehener Ereignisse, über kurz oder lang dahin kommen werden, den Bundestag zwar als eine zweckmäßige Handhabe für gewisse allgemeine policeiliche und militärische Maßregeln zu betrachten, auf eine organische Entwicklung deutscher Politik in ihm aber zu verzichten, und eine Befriedigung unsrer Bedürfnisse in letztrer Beziehung mehr auf dem Wege der Separatverträge über Zölle, Gesetzgebung und Militärwesen zu suchen, innerhalb des uns durch die Natur angewiesenen geographischen Gebiets.«[60] Immer wieder ließ Bismarck den österreichischen Präsidialgesandten in Wort und Tat spüren, daß er vom Bundestag nicht viel hielt.[61] Das wurde mit den Jahren immer deutlicher – bis Bismarck offen zu dessen Vernichtung schritt.

Das Hin und Her der Bundestagsberatungen über die Presse dauerte bis zum August 1852. Zunächst wurde der Gedanke einer Gesetzgebung wegen Bismarcks Widerstand aufgegeben; statt dessen sollten nur allgemeine Richtlinien gegen den Mißbrauch der Pressefreiheit erlassen werden. Doch auch darüber kam es nur schwer zu einer Einigung. Österreich legte einen langen Entwurf mit vielen Paragraphen vor, während sich Preußen mit allgemeinen Leitlinien in elf Punkten begnügte. Der Hauptstreit ging um jene Paragraphen des österreichischen Entwurfs, die darauf abzielten, eine antihabsburgische Presse und Publizistik im ganzen Bundesgebiet zu verhindern. Nach diesen Paragraphen war jede Regierung verpflichtet, Schriften zu unterdrükken, die in diesem oder jenem Lande des Bundesgebiets, wozu natürlich Österreich gehörte, für strafbar erklärt wurden. Ferner waren Repressionen gegen Drucker, Buchhändler und Inhaber von Leihbibliotheken für den Fall vorgesehen, daß Angriffe erfolgten »auf den Bestand des Deutschen Bundes und auf das Ansehen und die Würde der obersten Bundesbehörde ..., Schmähungen, Entstellungen und Verspottungen der Staatseinrichtungen, Gesetze, Regierungsform und Verwaltungsmaßregeln«.[62] Mit Hilfe solcher Bestimmungen hätten Österreich und sein Bundestag jede Kritik abwehren können.

Während der Beratungen über solche und ähnliche Paragraphen sprach sich Bismarck mit einer Offenheit aus, die den Präsidialgesandten Thun und seine Kollegen aus den Mittel- und Kleinstaaten teils erstaunte, teils sogar erheiterte. So erklärte der konservative Preuße: »Ja, es ist eben in unserem Interesse, uns der Presse gegenüber, besonders der übrigen Staaten, den *Schein der Freisinnigkeit* zu wahren.«[63] Dann schlug Bismarck allen Ernstes vor, daß man aus dem Paragraphenwerk alle Repressivmaßnahmen gegen Angriffe auf den Deutschen Bund eliminieren solle. Die Bundesversammlung sei für Preußen keine Behörde, und ein Angriff auf sie sei keineswegs verpönt. Süffisant meinte er seiner Schwester gegenüber, man könnte das Heinesche Gedicht »Oh Bund, du Hund, Du bist nicht gesund ...« zum Nationallied der Teutschen erheben.[64]

Während der Beratung weiterer Paragraphen erklärte Bismarck unverdrossen: »Wir sehen gar nicht ein, warum wir Maßregeln zustimmen sollten, die uns möglicherweise genieren können. Nehmen wir z. B. den gegenwärtigen Fall der Handels- und Zollfrage. Es kann z. B. in Leipzig oder München über diese Angelegenheit eine Broschüre erscheinen, die den Ansichten der sächsischen oder bayrischen Regierung zuwider ist. Sie wird von der betreffenden Regierung verboten, für uns ist sie aber sehr willkommen, warum sollen wir sie also auch verbieten müssen?«[65]

Wenn er mit seiner den Bundestag im Grunde verachtenden Offenheit nicht durchdringen konnte, ging er mitunter zur Verschleierung über; indem er scheinheilig erklärte, man müsse ihm Zeit lassen, seinen allergnädigsten Herrn für eine bestimmte Entscheidung zu gewinnen. Preußen war so stark, daß es die von Österreich vorgeschlagenen Pressebestimmungen zu Fall bringen und alle Maßregeln abwehren konnte, die geeignet waren, das königliche Preußen dem kaiserlichen Österreich unterzuordnen.

Bei den Auseinandersetzungen um die Flotten- und Pressefrage, so heftig sie auch waren und so sehr sie mitunter auf Biegen und Brechen geführt wurden, handelte es sich um historisch kurzlebige Angelegenheiten. Als jedoch einige Monate nach Olmütz der Machtkampf zwischen Österreich und Preußen um den Charakter des zu erneuernden Zollvereins begann, ging es um eine politische Frage von Brisanz, die in die materiellen Interessen von Klassen und in die ökonomische Basis aller Staaten Mitteleuropas eingriff. Der Zollverein bestand jetzt fünfzehn Jahre und gewann in solchem Maße an Gewicht, daß er Entscheidungen von erstrangiger Bedeutung, wie eben die preußisch-deutsche Reichsgründung, vorbereiten half.

Von Anbeginn zeigten sich gravierende Widersprüche zwischen wirtschaftlichen und staatlichen Interessen. Einerseits vermochten die preußischen Agrarier, wie alle anderen landwirtschaftlichen Großproduzenten und die große Mehrheit der deutschen Unternehmer, den österreichischen Forderungen nach möglichst hohen Schutzzöllen nicht nachzukommen; andererseits konnte sich die österreichische Industrie nicht einem Zollverein anschließen, der nahezu freihändlerisch war. Durch hohen Schutzzoll wäre der freie Handel des Zollvereingebiets mit den westlichen Ländern nur erschwert worden; umgekehrt hätte ein Freihandelssystem, das Österreich einschloß, den Warenstrom nach dem Habsburger Staat anschwellen lassen und die zurückgebliebene und nicht sehr leistungsfähige österreichische Industrie gefährdet.

Die Möglichkeiten, die sich aus dieser Situation ergaben, erfaßte die preußische Regierung schnell; durch den Übergang zu einer Freihandelspolitik konnte sie Österreich ökonomisch aus dem deutschen Wirtschaftsgebiet drängen und so auch dessen politische Stellung innerhalb des Deutschen Bundes entscheidend schwächen. Auch war Österreich im Gegensatz zu Preußen außerstande, finanzielle Vorteile zu bieten, da seine chronischen und ständig wachsenden finanziellen Schwierigkeiten den Handel mit ihm unattraktiv machten. So erreichte Preußen, daß sich Hannover und Oldenburg durch einen Vertrag vom 7. September 1851 gegen die Zusage von Tarifermäßigung dem preußisch-deutschen Zollverein mit Wirkung vom 1. Januar 1854 anschlossen. Diese Arrondierung des Zollvereingebiets im Norden war unverhohlen offensiv; die deutschen Pläne Österreichs wurden damit empfindlich gestört.

Preußen konnte es sich jetzt leisten, den Zollverein zum 1. Januar 1854 zu kündigen und gleichzeitig seine Zollverbündeten zur Neuberatung des Tarifs einzuladen. Das Schwarzenbergsche Österreich fühlte sich immer noch in der Olmützer Siegesstimmung und glaubte jetzt die Zeit für gekommen, die teilweise dem Schutzzoll zuneigenden Süddeutschen vom Zollverein abzuziehen und die Zollfrage zu einer Angelegenheit des Deutschen Bundes zu machen. Der ökonomische Druck des Industriezeitalters war so stark, daß Fürst Schwarzenberg seinem jungen Kaiser die neuen Entwicklungen auseinandersetzen mußte: »Zu den wirksamsten Mitteln, welche der Regierung E.M. zu Gebote stehen, um ihren Einfluß im deutschen Bunde für die Dauer zu behaupten und zu vermehren, gehört ohne Zweifel eine thätige Betheiligung Oesterreichs an der Pflege der gemeinsamen materiellen Interessen Deutschlands. Die immer steigende Wichtigkeit dieser Seite des Staatswesens bringt es mit sich, daß für Oesterreich mit der Zeit auch die Aufgabe immer schwieriger werden müßte, seine politische Stellung als erste deutsche Bundesmacht, und damit einer der Grundfesten des ganzen europäischen Systems, mit Nachdruck und Würde aufrecht zu erhalten, wenn die Kaiserliche Regierung bei den allgemeinen deutschen Handels- und Verkehrsfragen auch in Zukunft unbetheiligt bliebe.«[66]

Das alles war in seiner prinzipiellen Allgemeinheit durchaus richtig; nur stimmten die konkreten Interessen der Klein- und Mittelstaaten im Deutschen Bund weit mehr mit Preußen überein als mit Österreich, ungeachtet dynastischer und manch anderer Sympathien für den Donaustaat. Sachsen beispielsweise war auf den Transithandel, den zollfreien Rohstoffbezug aus dem Norden und den zollbegünstigten Absatz im Zollvereinsmarkt angewiesen; Leipzig als Messezentrum konnte sich auf keine Spannung mit dem Zollverein einlassen. Wichtiger als einige Schutzzollinteressen in den süddeutschen Staaten waren die Kommunikationen ihres Handels, die in Richtung der Nordsee gingen. Da kam man um das preußische Territorium nicht herum.[67] Und der Rhein, der auf einer langen Strecke von Preußen beherrscht war, erwies sich im Vergleich zur Donau als weit verkehrsgünstiger.

Auch Bismarck machte im gleichen Jahr 1851 auf die »deutsch-materiellen Interessen« aufmerksam, die »der Mehrheit der Deutschen wichtiger« seien als ihm und seinem Briefpartner Leopold v. Gerlach; man sollte sie daher gegen Österreich nutzen.[68] Ein anderes Mal sprach er diesem gegenüber politisch konkret von der liberalen Bourgeoisie, die »ihren Blick mehr auf Preußen richtet, wenn auch über Gotha«.[69] Nicht verwunderlich also, daß in der ganzen Krisenzeit des Zollvereins der Denkschrifteneifer der mittelstaatlichen Ministerien von der öffentlichen Pressefehde zwischen den Parteigängern Österreichs und Preußens begleitet war.

In grotesker Verkennung der wahren Interessen- und Sachlage traf sich der österreichische Präsidialgesandte Thun Ende November 1851 mit Bismarck zu einem berühmt gewordenen Gespräch, über das dieser Minister v. Manteuffel in einem privaten Brief informierte.[70] Er habe Thun gegenüber »in der Form einer rein privaten Expectoration« die »beklagenswerthen Folgen entwickelt, welche die aggressive Politik Östreichs gegen den Zollverein nach sich ziehn müsse«. Dagegen sei vom Präsidialgesandten betont worden, seine Regierung setze alles daran, »um zu verhindern, daß Östreich in noch schrofferer Weise, als früher vom Zollverein, von einer neuen, das ganze übrige Deutschland umfassenden Corporation ausgeschlossen werde«. Thun hätte eingestanden, daß Österreich die Zoll- und Handelsgesetzgebung auf den Bund übertragen wolle und bedauere, »daß Preußen in dem Bunde nur ein Polizei- und Militär-Institut wolle«. Der überwiegende Einfluß Österreichs in Deutschland läge nun einmal »in der Natur der Dinge«, weshalb die partikularistische Eifersucht dazu führe, daß das gegenseitige Verhältnis von Österreich und Preußen nicht ein Friede, sondern ein Waffenstillstand genannt werden könne.

Beide Gesprächspartner waren, jeder auf seine Weise, von der Macht der Staaten erfüllt, die sie vertraten. Sie parlierten mit der Nonchalance von Kavalieren und in aufgeräumter Stimmung. Im Bericht nach Berlin war auch ein fast dramatischer Höhepunkt dieses in einem »mehr scherzhaften Tone« und in »freundschaftlicher Offenheit« geführten Gesprächs herausgearbeitet: Thun »sprach wie Posa und entwickelte großdeutsche Schwärmerei; ich vervollständigte seinen Ideengang dahin, daß die Existenz Preußens, und noch weiter der Reformation, ein bedauerliches Factum sei, wir beide könnten es aber nicht ändern, und müßten nach Thatsachen, aber nicht nach Idealen rechnen ...; denn ein Preußen, welches, wie er sich ausdrückte ›der Erbschaft Friedrichs des Großen entsagte‹, um sich seiner wahren providentiellen Bestimmung als Reichs-Erz-Kämmerer hingeben zu können, bestehe in Europa nicht, und ehe ich zu einer derartigen Politik zu Hause riethe, würde die Entscheidung durch den Degen vorhergehn müssen«.[71] Wiederum spielte also Bismarck wie in den Wochen um Olmütz auf die Möglichkeit kriegerischer Auseinandersetzungen um die Vormacht in Deutschland an. Schließlich betonte er: »Thun ist stets in seinen Meinungen das Daguerrotyp seines Chefs, und ich zweifle nicht, daß letzterer seine Politik in dem Sinne gegen Thun entwickelt hat, wie dieser heute gegen mich.«

Thuns Chef, Fürst Schwarzenberg, starb im April 1852 ganz unerwartet im Alter von erst einundfünfzig Jahren. Der draufgängerische Mann, der sich in Liebe und Politik überanstrengt hatte, war von der Vorstellung ausgegangen, die ökonomische Schwäche, die soziale Zurückgebliebenheit und nationale Zerrissenheit des Donaustaates, das Erbe von Jahrhunderten, ließe sich mit Härte und Umsicht in kurzer Zeit überwinden. Nach dem Sieg in Olmütz wollte er in politischen Verfolgungsgefechten Preußen zwingen, sein wichtigstes Machtgebilde in Deutschland, den Zollverein, aufzugeben. Das aber konnte schon deswegen nicht gelingen, weil dessen Ersetzung durch eine mitteleuropäische Zoll-Union im Sinne Schwarzenbergs den Interessen der Klein- und Mittelstaaten widersprach.

Preußen hielt an seinem Gegenvorschlag fest, der statt der Aufnahme Österreichs in den Zollverein einen Handelsvertrag vorsah. Dieser kam erst im Februar 1853 zustande, mit einer Laufzeit von zwölf Jahren und mit der Bestimmung, daß im Jahr 1860 über eine Zolleinigung oder wenigstens weitere Zollannäherungen zu verhandeln sei. Im darauffolgenden April wurde der alte, um Hannover erweiterte Zollverein erneuert. Beide Vertragswerke, die nach zahlreichen und schwierigen Verhandlungen zum Abschluß kamen, waren ein voller Erfolg Preußens. Österreichs politisches Höhenstreben scheiterte an seiner ökonomischen Atemnot.

*

Zu Beginn der Verhandlungsserien über die Zollfrage mit Österreich war auch Bismarck aktiv gewesen. Der König selber hatte ihn beauftragt, mit Schwarzenbergs Nachfolger, Graf Buol, zu verhandeln. Außerdem sollte er auch in anderen Fragen der Bundespolitik wenigstens die Voraussetzungen für eine bessere Zusammenarbeit zwischen den beiden Staaten schaffen. Der König gab Bismarck ein persönliches Handschreiben an Kaiser Franz Joseph mit, in dem er seinen Sonderbotschafter mit den Worten empfahl, er sei ein Mann, »der bei uns im Lande wegen seines ritterlich freien Gehorsams und seiner Unversöhnlichkeit gegen die Revolution bis in ihre Wurzeln hinein von Vielen geehrt, von Manchen gehaßt wird«[72]. Das Auftreten des preußischen Gesandten in Wien machte auf den zweiundzwanzigjährigen Kaiser Franz Joseph einen günstigen Eindruck. Aber dem Spätaufsteher Bismarck gefiel es nicht, daß der Kaiser »schauerlich matinös« war, da er schon um 5 Uhr aufstehe. Überrascht konstatierte Bismarck eine preußenfreundliche Haltung hoher Militärs in Wien: »Gestern Abend«, berichtete er am 11. Juni 1852[73], »habe ich in den Fürstinnen von Schönburg und Bretzenheim zwei überraschend liebenswürdige Schwestern des verstorbenen Fürsten Schwarzenberg im Hause der erstern kennengelernt. Ebenso den Feldmarschall Fürst Windischgrätz, der mich gleich bei seinem Eintritt auf den ganzen Abend in Beschlag nahm ...« Es war immerhin der Sieger über die Aufstände in Prag und Wien, der sich für Bismarck lebhaft interessierte und mit politischer Offenheit sprach, und zwar »mit Bitterkeit über die amtliche Revolutionierung des Landes durch die Gesetzgebung und über die Unmöglichkeit eines Systems ... welches sich nur auf Soldaten und Beamte von meistens wenig Bildung und Moral stützen wolle. Mit der größten Anerkennung und Freundschaft sprach er über alles Preußische. Letztres soll auch die Stimmung der höheren Militärs in der Nähe des Kaisers sein, der Generale Graf Grünne, Degenfeld, Heß und Andrer«.

Anders war die Atmosphäre bei den Vertretern der Wirtschaftspolitik. »Als Träger der feindlichen Richtungen gegen uns, besonders auf dem handelspolitischen Gebiet, bezeichnet man mir die vom verstorbnen Premier-Minister gehobene ›Juden-Clique‹ (Bach, Hock und jüdische Zeitungsschreiber, obschon Bach kein Jude ist).« Was den neuen Ministerpräsidenten und Außenminister, Grafen Buol, betraf, so warfen ihm Bismarcks Gesprächspartner Unbekanntheit mit dem Lande und den Geschäften vor. Das erschwerte in der Tat Bismarcks Verhandlungen, zumal Buol sich bemühte, seine Unkenntnis durch Arroganz zu verdecken. So hieß es denn in einem Bericht nach Berlin: »Ich möchte nur eine Stunde in meinem Leben einmal das sein, wofür er sich alle Tage hält, dann müßte mein Ruhm vor Gott und Menschen feststehn.«[74]

Auch wenn Bismarck während seiner Wiener Mission persönliche Erfolge hatte und einiges über die politischen Strömungen in der habsburger Monarchie in Erfahrung brachte, so scheiterte er im ersten Anlauf der Verhandlungen an der entscheidenden Zollfrage. Das lag in der Sache begründet, nicht in der Verhandlungsführung Bismarcks. Dennoch hatte seine Erfolglosigkeit ein unangenehmes Nachspiel für ihn; es gab genügend Gegner, die dem rasch Avancierten Überschreitung seiner Kompetenzen nachsagten und seinen Mißerfolg im Diplomaten- und Regierungsmilieu kolportierten; als kommender Ministerpräsident solle er sich sogar in Wien in Szene gesetzt haben.

Das war eine tückische Insinuation, die das Mißtrauen des ohnehin mißtrauischen Manteuffel beleben mußte. Bismarck reagierte auf all diese Attacken mit äußerster Empfindlichkeit, aber auch mit erstaunlicher Energie. In nicht weniger als drei Privatschreiben an seinen Chef Manteuffel an einem einzigen Tage, am 22. Juli 1852, brachte er die Angelegenheit mit der Bitte um Rehabilitierung in der Presse zur Sprache. Bereits einen Tag später rechtfertigte er sich vor dem Prinzen von Preußen, und noch am 7. August klang in einem nochmaligen zusammenfassenden Bericht an Manteuffel die Aufregung nach, in die Bismarck gebracht worden war: Man habe »eine künstlich combinirte Intrigue gespielt ..., um die conservative Partei in Preußen untereinander und namentlich um E. E. mit Ihren Anhängern zu entzweien«[75]. Hier kämpfte ein Mann, der sich zu wehren wußte und der schon jetzt schwer zu Fall zu bringen war.

Die Anschuldigungen gegen Bismarck trafen daneben; weder war er so einfältig, ausgerechnet in Österreichs Hauptstadt Ministerambitionen zu verraten, noch so unüberlegt, die Überantwortung eines Ministeramts forcieren zu wollen. Aber sein Ehrgeiz reichte in der Tat über die diplomatische Karriere hinaus. Das geht aus der ganzen Art seiner Berichterstattung und dem Charakter seiner Beziehungen nach Berlin hervor.

Von Anbeginn an war es seiner aktiven Natur geradezu unmöglich, sich auf die Ausführung von Instruktionen zu beschränken; im Gegenteil, er zeigte nach einem Jahr seines Frankfurter Aufenthalts geradezu Geringschätzung gegenüber seinem österreichischen Kollegen Thun, der sich selten bemühe, »Einfluß auf den Inhalt seiner Instruction zu üben«.[76] Thun würde ein bedeutender Mann sein, so schrieb Bismarck an Manteuffel, »wenn er eine starke, treibende politische Überzeugung hätte, die seiner Thätigkeit Richtung und Ziel consequent vorschriebe«.[77]

Diese Bemerkungen über Thun[78] sind nicht nur aufschlußreich, weil sie einen Gegenspieler charakterisieren, sie erhellen auch Bismarcks eigene Vorstellungen von den Aufgaben eines Diplomaten. Nie waren ihm spießerhaftes Verlangen nach Ruhe und Bequemlichkeit oder passives Sichabfinden mit Instruktionen eigen. In den vierziger Jahren kritisierte er an seinen Standesgenossen Mangel an Gemeinschaftssinn.[79] Als er seinen vorgesetzten Behörden in Berlin wieder einmal auf die Nerven gefallen und deshalb politisch ungenügend unterrichtet worden war, meinte er gegenüber Leopold v. Gerlach ironisch: »Es bleibt zuletzt nichts übrig, als in die Sitzungen zu gehn, meine Berichte darüber ohne Nebengedanken zu schreiben, mein Gehalt zu erheben und Frau und Kinder zu lieben, sobald sie wieder hier sind.«[80] Einige Jahre später, auf dem Höhepunkt seiner Auseinandersetzungen mit der österreichischen Präsidialmacht und der Mehrheit der Vertreter der Klein- und Mittelstaaten, schrieb er an Otto v. Manteuffel einen bitteren Brief über angebliche oder wirkliche Übergriffe seiner Gegner und über seine menschliche Isolierung. Tatsächlich hatte ihn seine Wesensart zum Außenseiter des diplomatischen Gewerbes gemacht: »Ich könnte mir dabei das Leben ebenso leicht machen, wie mein Vorgänger Rochow, und gleich den meisten meiner Collegen durch einen mäßigen und äußerlich kaum bemerkbaren Grad von Landesverrath mir eine friedliche Geschäftsführung und das Lob eines verträglichen Collegen erkaufen.«[81]

Bis in den Sommer 1854 betrieb Bismarck, viele Reisen nach Berlin nicht scheuend, manche politischen Geschäfte mit Leopold v. Gerlach hinter dem Rücken des Ministerpräsidenten. Es galt vor allem in den Tagen des Krimkonflikts den Krieg gegen Rußland zu verhindern.[82] In den Mai- und Juniwochen des Jahres 1854 erwogen und besprachen beide Gerlachs, ob sie nicht Bismarck zum preußischen Ministerpräsidenten machen sollten.[83] Doch dieser ging offensichtlich auf die wiederholten Angebote nicht ein. Nach einer Tagebucheintragung Ludwig v. Gerlachs erklärte ihm Bismarck bereits am 26. Oktober 1853, »bisher sei er ungesucht, durch Notwendigkeiten avancirt, so müsse es auch ferner gehen; Minister müsse er doch werden«.[84] Sein Grundsatz, er wolle durch Notwendigkeiten avancieren, konnte nichts anderes bedeuten, als daß er nicht Kandidat einer (wenn auch noch vorherrschenden) Fraktion des Konservatismus sein wollte; er wollte vielmehr abwarten, bis sich die verschiedenen, unter dem sprunghaften König einander befehdenden Richtungen des preußischen Konservatismus in der politischen Wirklichkeit bewährt oder abgewirtschaftet hatten.

Abwarten hieß aber nicht passiv sein; Bismarck versuchte im Laufe der Frankfurter Jahre immer wieder, Einfluß auf die Politik in Berlin zu nehmen, und überschritt mit seinen Vorschlägen, Empfehlungen, Ratschlägen und drängenden Bitten nicht selten die Grenzen seiner diplomatischen Stellung und Kompetenz. Nur notdürftig verhüllten mitunter höfliche Standardformulierungen der Diplomatie, mit welch energiegeladenem, nur mühsam gebändigten Aktionswillen er ins politische Geschehen einzugreifen strebte, wenn er »gnädigst anheimstellt«, »unmaßgeblichst zu bedenken« gibt, »Hochdero Ermessen«, »ehrerbietigst« vorschlägt, seine »unmaßgebliche Ansicht« unterbreitet oder versichert, daß er sein Verhalten »gewissenhaft nach der Allerhöchsten Willensmeinung einrichte«, aber dennoch nicht umhin könne, seine »eigene unvorgreifliche Meinung« nochmals auszusprechen.

Die in diesen Formulierungen zum Ausdruck kommende Vorsicht war durchaus geboten, weil sich die politischen und persönlichen Beziehungen in den Hof- und Regierungskreisen und damit auch im preußischen Konservatismus recht widersprüchlich gestalteten.

Krisenbedrohter Konservatismus und Bismarcks taktische Überlegungen

Preußens Sieg in der Handels- und Zollfrage war nicht das Werk der Konservativen; hingegen war ihr Anteil an seiner Niederlage in Olmütz beträchtlich. Aber nicht einmal gegenüber den Liberalen konnten die Gerlachs vollkommen durchdringen. Durch das Dreiklassenwahlrecht erhielten Vertreter des Besitzbürgertums Befugnisse, die ihre Mitwirkung bei der Gesetzgebung und Steuerbewilligung möglich machten. Die Bourgeoisie habe, meinte Engels, »einen, wenn auch bescheidnen, Anteil an der politischen Macht bekommen«[85]. Als im Mai 1851 die Regierung Manteuffel den »kleinen Staatsstreich« vollzog, indem sie im Widerspruch zur Verfassung die alten Provinzialstände wiederbelebte, um damit die Voraussetzung für eine eventuelle Reaktivierung des »Vereinigten Landtags« zu schaffen, trennten sich von der konservativen Partei Männer, die im Sommer 1848 zum engen Kreis des den Gerlachs nahestehenden »Vereins für König und Vaterland« gehört hatten. Es waren dies Moritz August v. Bethmann Hollweg und Robert v. d. Goltz, die bald darauf die liberal-konservative »Wochenblatt-Partei« gründeten.

Schon im Jahr 1848, als die konservative Bewegung allmählich zur Bildung einer Partei überging, war es für sie schwer gewesen, eine einheitliche Politik durchzusetzen; selbst der Beraterkreis um den König war nur für kurze Zeit auf die relativ homogene Kamarilla beschränkt. Nachdem die bürgerlichen Minister rechtsliberaler Couleur im Herbst 1848 aus der preußischen Regierung hinausgedrängt worden waren, erweiterte und differenzierte sich der antiliberale und antidemokratische Führungskreis. Zur ursprünglichen Kamarilla, die schon nicht mehr in alter Weise das Steuer führen konnte, kam die Gruppe der Staatsstreich-Minister um Brandenburg und Manteuffel; diese hatten alles, was sie taten und tun mußten, öffentlich zu verantworten. Mehr und mehr komplizierte sich die Situation, als

Friedrich Wilhelm IV. im Frühjahr 1849 den Generalleutnant v. Radowitz zu seinem Vertrauten in Sachen preußisch-deutscher Unionspolitik nach Berlin berief.

Als nach 1848/49 trotz des Rückschritts in der Politik der unaufhaltsame Fortschritt in der Ökonomie offensichtlich wurde, mußten innerhalb des Konservatismus notwendigerweise neue Meinungsverschiedenheiten in taktischen Fragen entstehen. Über die Methoden, das Tempo des Vorgehens und die Ziele gab es langwierige Auseinandersetzungen nicht nur zwischen den verschiedenen Fraktionen des Adels, sondern auch zwischen dem Adel und der staatlichen Bürokratie. Einig war man nur in der Feindschaft gegen die Volksbewegung und in der prinzipiellen Sympathie für ein »starkes« Königtum. Die staatliche Bürokratie stand mehr unter dem Einfluß der politischen Notwendigkeiten als viele der ostelbischen Junker.[86]

Das kabalenreiche Gegeneinander war einerseits bedingt durch die fraktionelle und selbst regional unterschiedliche Interessenlage des Adels, zum andern durch die Schwierigkeit, taktisch die Beziehungen zwischen den gesellschaftlichen Gruppierungen und den europäischen Ländern zu meistern. Cliquenkämpfe, Ränke am Hofe und ständige Auseinandersetzungen zwischen Ministerium und Kamarilla waren kennzeichnend für die Lage. Mögen die Tagebücher Varnhagen von Enses viel Klatsch der Berliner Gesellschaft enthalten, der historischer Kritik im einzelnen nicht standhält, im ganzen geben sie doch ein getreues Spiegelbild des Intrigenspiels in Berlin und Potsdam. Je mehr sich sein Beraterkreis differenzierte, desto tückischer wurde der König, der teils aus Abwehr, teils aus Laune die verschiedenen Gruppen immer wieder gegeneinander ausspielte.[87]

König Friedrich Wilhelm IV. war Treibender und Getriebener zugleich; seiner historischen Stellung und persönlichen Eigenart nach war er keine unbedingt zuverlässige Persönlichkeit für die Junkerpartei. So umstellte sie ihn mit jenen Männern der Kamarilla, deren Rat er einerseits suchte, dann aber auch immer wieder verabscheute, denen er vertraute und mißtraute zugleich, deren Sonderstellung er durch andere Günstlinge und Gegenspieler zu untergraben trachtete und letzten Endes dann auch wieder festigte. So schwankte der König haltlos zwischen den Fronten, entließ Minister und verriet hohe Beamte, um ihnen dann reumütig nachzutrauern.

Bismarck wollte in diesem Intrigenspiel zwischen König, Ministern und Partei nicht zerrieben werden. Darum drängte es ihn, dem es sonst an Selbstbewußtsein und Ehrgeiz wahrhaftig nicht mangelte, keineswegs danach, einen Ministerposten in Berlin zu übernehmen. Vielmehr wollte er sich dort noch seltener machen, indem er seine Tätigkeit als Abgeordneter der Zweiten Kammer im Herbst 1852 aufgab. In Frankfurt war er auf einem politischen Vorposten, der ihm selbständiges Handeln und Beobachten aus der Distanz gestattete. Er drückte diese Haltung gegenüber Leopold v. Gerlach mit Selbstironie aus: »Ich lebe hier wie Gott in Frankfurt, und dieses Gemisch von Regensburger Zopf, Eisenbahn, Landjunker (bei Bockenheim), diplomatischem Republikaner und kammermäßigem Bundestags-Gezänk, behagt mir so, daß ich auf dieser Welt höchstens mit meinem allergnädigsten Herren den Platz tauschen würde, wenn mich die Königliche Familie mit unerträglicher Dringlichkeit darum bäte.«[88]

Währenddessen verfolgte Bismarck sehr aufmerksam, was sich bei den Konservativen tat. Gab es doch genug Versuche, dem Durcheinander und Gegeneinander Einhalt zu gebieten. So schrieb Leopold v. Gerlach 1852 an seinen Bruder Ludwig: Wenn die »Kreuzzeitung« eingehen würde, so löste sich die konservative Partei »in Junker, Offiziere, Pietisten und Ultramontane auf, die gegeneinander manövrieren werden, mit deutscher Willkür und mit deutschem Ungeschick«[89]. In der Tat war Ludwig v. Gerlach als bekannter »Rundschauer« der »Kreuzzeitung« und Führer der Konservativen Fraktion im Preußischen Abgeordnetenhaus bemüht, den Konservativen durch eine geschlossene Weltanschauung haltzugeben.

Innenpolitisch war seine Vorstellung von der Lehensmonarchie so theokratisch gestimmt, daß er dem König, wenn dieser seine Krone vom Altar nahm und somit »Lehensträger Gottes« sei[90], absolute Gewalt über die Masse des Volkes zusprach; sie sollte nur ständisch beschränkt sein durch die Junker, die er seine ihm untergebenen Lehensträger nannte. Diese leisteten sich als Recken einer ständisch, also von ihnen kontrollierten Monarchie durchaus manche abschätzige Bemerkung über den Absolutismus. Nur im Hinblick auf die liberalen Bürger und erst recht auf die Kleinbürger und die Arbeiter waren sie wieder handfeste Absolutisten, die die Macht des Königs vor allem in seiner unbestrittenen Verfügungsgewalt über die Armee manifestiert sehen wollten.

Da die oktroyierte und später revidierte Verfassung Preußens diese königliche Befehlsgewalt nicht antastete, konnten die Hochkonservativen dem Ersatzkonstitutionalismus zustimmen. Im März 1851 trumpfte Ludwig v. Gerlach gegenüber seinen Gegnern auf: »Ohne das Institut des Lieutnants – so spottete neulich eine revolutionäre Zeitung – könnte nach der Meinung der Kreuzzeitungs-Partei der Preußische Staat nicht bestehen. Wir bekennen uns freudig zu dieser verspotteten Meinung. Die Lieutnants sind fundamentaler als die Kammern.« Die preußische Armee »muß eben, um Preußisch und um Armee zu bleiben, das Brod des Königs von Preußen essen und nicht das Brod der 2. Kammer«.[91] In diesem Verschworensein auf die Armee des Königs waren und blieben sich alle Konservativen einig, über alle Gegensätze hinweg.

Ludwig v. Gerlachs gedankliche Konstruktion einer theokratisch-aristokratischen Lehensmonarchie hatte noch andere Tükken. Indem er das Christentum mit seinen Zehn Geboten zur Norm der Gesetzgebung machte, war bei der Umsetzung der metaphysischen Abstraktheit in konkrete Wirklichkeit der interessierten Willkür des machtbesitzenden und machtbesessenen Adels Tür und Tor geöffnet; alle anderen Rechtssysteme ließen sich so als revolutionär denunzieren.[92]

Außenpolitisch sollte Ludwig v. Gerlachs Berufung auf die Kontinuität des Rechts jegliche Art von Revolution diffamieren, die die Heilige Allianz, den Deutschen Bund oder gar die bestehenden Staaten in Nationalitäten aufzulösen drohte. Die deutsche Nation existierte für Gerlach bestenfalls als geistige und kulturelle Einheit; politisch akzeptierte er die Teilung Deutschlands in historisch gewachsene und somit für ihn geheiligte Partikularstaaten. Das Zusammengehen mit Österreich und die Eintracht der Heiligen Allianz blieben ihm dabei unabdingbar.

Die Geschichte hatte Ludwig v. Gerlach allerdings soviel praktische Vernunft eingepaukt, daß er in den fünfziger Jahren als Fraktionsführer der Konservativen im Preußischen Abgeordnetenhaus einige Abstriche von seinem ständischen Repräsentativideal zugunsten eines Parlamentssystems machte, das die Königsgewalt nicht antastete. Gerlach bildete sich sogar ein, dem historischen Fortschritt gegenüber nicht blind zu sein. So sprach er in der Novemberrundschau der »Kreuzzeitung« 1848 von der fabrikmäßig betriebenen Industrie als einem mächtigen Faktor der Neuzeit. Und noch im Jahresprogramm der »Kreuzzeitung« vom

Jahre 1861 meinte er, es sei töricht, dem industriellen Aufschwung gram zu sein.[93]

Aber diese Anerkennung unleugbarer Tatsachen endete letztlich doch in ständisch-obrigkeitlicher Donquichotterie. Den Fabrikherrn wollte er zu einem Patronatsherrn machen, der seine Arbeiter in »gottgewollter Abhängigkeit« halten und mit christlicher Gerechtigkeit behandeln solle. Selbst ein solch liebevoller Betrachter Gerlachschen Gedankenguts wie Hans-Joachim Schoeps mußte zugeben, daß das Ideal einer ständischen Wirtschaftsordnung »im Zeitalter des fluktuierenden Kapitals«[94] illusionär war.

Hermann Wagener ehrte 1882 in einem Gedenkartikel Ludwig v. Gerlach als »Cato« der Konservativen Partei.[95] Es wäre angemessener, ihn ihren Don Quichotte zu nennen. Schon 1852 meinte Bismarck über seinen ehemaligen Mentor: »... er hat schon Anlage, die Welt und ihr Regiment über seine eigne Anschauung davon zu vergessen.«[96] Spätestens von 1858 ab hatte sich Ludwig v. Gerlach selbst vom Standpunkt der Konservativen aus überlebt.

Leopold v. Gerlach, seit 1850 Generaladjutant Friedrich Wilhelms IV., stimmte mit seinem Bruder in der prinzipiellen Grundhaltung überein: im Ideal des Ständetums, das jedoch mit einem starken, auf das Heer sich stützenden Königtum verbunden sein sollte; ferner gingen die beiden Brüder im Widerstand gegen jeglichen bürokratischen Absolutismus und in der Feindschaft gegen den Bonapartismus konform, im unentwegten Festhalten an dem außenpolitischen Prinzip der Heiligen Allianz, der Einigkeit gleichzeitig mit Rußland und Österreich. Das bedeutete überdies die Anerkennung der Legitimität der Partikularstaaten, die nur auf freiwilliger Basis zu einer Reform der deutschen Bundesverhältnisse bewogen werden könnten – ein Legitimitätsprinzip, dem Otto v. Bismarck 1866 einen entscheidenden Stoß versetzen sollte.

Der Gedanke einer Reform der Bundesverhältnisse unter der Führung eines möglichst konservativen Preußens war Leopold v. Gerlach früh deutlich geworden. So hatte er noch vor Olmütz, im April 1850, geschrieben: »Preußen an der Spitze von Kl. Deutschland ohne Österreich ist kein falsches Prinzip.«[97] Und am 27. Juli 1853 notierte er in seinem Tagebuch: »Ich habe Ludwig und allen tausendmal gesagt, die Wahrheit der Union sei, daß Preußen ein eigentümliches Verhältnis zu Deutschland und damit einen Anspruch auf ein Prinzipat, unabhängig von Österreich, habe.

Ebenso wichtig ist es, daß Preußen sich mit Deutschland vereinigen und in dieser Vereinigung erst sich mit Österreich vereinigen muß.«[98] Von dieser Sicht her betrachtete Leopold v. Gerlach den preußisch geführten Zollverein als »die wahrhaft deutsch-nationale Institution«.[99] Der königliche Generaladjutant v. Gerlach und der Bundestagsgesandte v. Bismarck waren sich einig, daß Österreich nicht in eine Zollunion aufgenommen werden solle.[100] In Gerlachs Tagebuch heißt es am 17. August 1852: »Die Zollgeschichte beweist, wie unentbehrlich Preußen für das übrige Deutschland ist, und wie Österreich außerhalb desselben steht.«[101]

Trotz dieses Bekenntnisses zum politischen und ökonomischen »Prinzipat« Preußens in Klein-Deutschland verteidigte Leopold v. Gerlach seine Unterwerfung unter das Diktat von Olmütz. Für ihn war entscheidend, daß eine Fortsetzung der Unionspolitik gegen die in Olmütz postulierten Forderungen Österreichs, hinter dem das zaristische Rußland stand, eine Sprengung der Heiligen Allianz bedeutet und die politischen Gewichte in Preußen zugunsten der Liberalen verlagert hätte. Doch auf die Dauer waren über dem abstrakten Ideal der Heiligen Allianz die Interessengegensätze der konservativen Großmächte nicht zu übersehen; und die beiden Gerlachs schienen hier blind zu sein.

Der Kreuzzeitungspartei am nächsten stand der Theoretiker Julius Stahl. Als konvertierter Jude suchte er das Prinzip der obersten Gewalt des preußischen Monarchen von Gottes Gnaden mit der politischen Anpassung an den sich entfaltenden Kapitalismus theoretisch zu rechtfertigen. So vertrat Stahl staatsrechtlich einen, wie er selbst formulierte, christlich-ständischen Konstitutionalismus. In seiner Rede am 24. 2. 1853 in der preußischen Ersten Kammer gab er zu, daß die Verfassung ihren Ursprung in den Barrikadenkämpfen von 1848 habe. Sie richte aber keinen Schaden an, da sie sich weitgehend selbst neutralisiere. Eine irgendwie ins Gewicht fallende Beeinträchtigung der königlichen Macht stelle sie nicht dar und sei auch für den Konservatismus eher ein Vor- als ein Nachteil. Die Verfassung könne zudem für die Stärkung der königlichen Gewalt nutzbar gemacht werden und der rechtlichen Macht der Krone »noch die moralische Macht des öffentlichen Eindrucks« hinzufügen. Die Kammern seien in der Lage, die öffentliche Meinung des Landes für den König zu mobilisieren. Außerdem böten sie dem Konservatismus eine Tribüne; durch die in der Verfassung festgelegten Rechtsgarantien erhielten alle Gesellschaftsschichten, also auch der Adel, einen Schutz gegenüber der Bürokratie.

1853 trat Stahl für die Erhaltung der Verfassung ein, weil keine Gefahr vorhanden sei, die ihre Abschaffung wünschenswert erscheinen ließe. Die Verfassung müsse jedoch abgeschafft werden, sobald die Parlamentsmajorität das Übergewicht über den König bekäme. Wörtlich sagte er: »Man kann sagen, unsere Verfassung ist in vieler Hinsicht nur dadurch *eine Möglichkeit,* daß sie *keine Wirklichkeit ist.*«[102] Vom liberalen Konstitutionalismus unterschied sich der christlich-ständische Stahl durch die Hervorhebung der Obrigkeit von Gottes Gnaden, des historischen Rechts und des christlichen Staatsideals, ferner durch eine solche Einrichtung des Wahlrechts, die die ständisch-aristokratische Zusammensetzung der Kammer sicherte. Eine ausgeklügelte Wahlkreisgeometrie und der Druck auf die Wähler halfen hier in den fünfziger Jahren nach.

Persönlich repräsentierte Stahl so etwas wie Hofjudentum in Sachen Ideologie. Kein Wunder, daß die Kamarilla um die Gerlachs ihn nur ausnutzte, aber sonst auf gemessenen Abstand hielt. In einer Stahl-Gedenkrede sagte Ludwig v. Gerlach 1862 mit subtil-anzüglicher Kritik: »Er hatte als Mann der Wissenschaft immer das Bedürfnis, was in der Zeit sich geltend machte und obenauf kam, sofort zu systematisieren. Es als doch vielleicht erst unreifen Anfang oder vorübergehende Phase zu fassen, wurde ihm schwer.«[103] Das fast mißtrauische Unbehagen, das der Kreis um Gerlach ihm gegenüber stets hegte, formulierte Ludwig v. Gerlach später im Licht der historischen Erfahrung ebenso unfreundlich wie deutlich. 1867 schrieb er an Heinrich Leo über Julius Stahl: »Seine Wissenschaft war schwach, und seine Füße hatten keinen Felsengrund unter sich, seine Gegner und seine tiefer stehenden Freunde sahen dies auch und hielten seine konservative Stellung für etwas relativ Zufälliges, er hätte allenfalls 1850 radowitzisch und 1851 bethmannisch sein können. – Vielleicht wäre er heute bismarckisch.«[104]

Bis zum Ende des Krimkrieges bildete sich um die Gerlachs der letzten Endes bestimmende Kern der Konservativen Partei, der auch den mitunter widerstrebenden König stets von neuem unter seinen Einfluß brachte. Aber in keiner Phase der Entwicklung konnten die Hochkonservativen selbst der kompromißbereitesten Bourgeoisie eine tragfähige Bündnispolitik anbieten; so-

Otto Freiherr von Manteuffel (1805–1882)
Im November 1848 wurde er preußischer Minister des Innern; als solcher war er an der Oktroyierung der Verfassung vom 5. Dezember wesentlich beteiligt. Gegner von Radowitz und seiner Unionspolitik. Von Ende 1850 bis Herbst 1858 Ministerpräsident, nach ihm die antiliberale »Aera Manteuffel«
In »Erinnerung und Gedanke« meinte Bismarck, Manteuffel habe »mehr defensiv als im Hinblick auf bestimmte Ziele« Politik betrieben.
Bismarck an Leopold von Gerlach: »Ich habe m. W. stets rechtsschaffen gegen letzteren (Manteuffel – E. E.) gehandelt, vielleicht mitunter superklug, aber nie bösen Willen gegen ihn gehegt, wenn ich ihm auch meine Seele nicht verkauft habe.« (18. Dezember 1853)

gar dort, wo sie ihr wirtschafts- und staatspolitisch entgegenkamen, lief letztlich doch alles auf einen feudalen Dogmatismus hinaus.

Aber auch auf Otto v. Manteuffel konnte sich das Bürgertum nicht orientieren. Der preußische Ministerpräsident, aufgewachsen und verdientermaßen rasch emporgestiegen im preußischen Staatsapparat, war seiner äußeren Stellung nach ein Staatsmann, tatsächlich aber doch eher ein routinierter Beamter ohne vorwärtsweisende Phantasie, ein verkniffener, mißtrauisch lauernder Unglücksmensch, der sich manchmal damit tröstete, seinem undankbaren und unsicher schwankenden König dennoch in rastlosem Arbeitseifer treu zu dienen. Mit diesem schwunglos werkenden Experten konnte keine bürgerliche Gruppe ins politische Geschick kommen.

Manteuffel war schließlich eine Randfigur der Konservativen Partei, gelitten, weil er tüchtig war in der Zurückdrängung des Liberalismus und der Demokratie, aber auch im Auf- und Ausbau eines relativ leistungsfähigen Staatsapparats; mochte er, teils seiner eigenen Überzeugung folgend, teils dem Druck der Kamarilla nachgebend, noch so viele reaktionäre Maßnahmen selbst initiieren oder durchführen lassen und auf seinem ureigenen Gebiet, der Beamtenpolitik, liberal gesonnene Beamte bei der Beförderung übergehen und manchen konservativen Beamtenschub durchführen[105] – der Kreis um die Gerlachs beargwöhnte ihn als Absolutisten und »Krypto-Bonapartisten«. Wahr an diesem Vorwurf war allenfalls dies: Manteuffel, der bei der Bekämpfung der Radowitzschen Unionspolitik mit den Gerlachs durchaus einig gewesen war, mußte deren interne Quertreibereien mehr und mehr als lästig und der gouvernementalen Autorität als abträglich empfinden. Aber frontal griff er die Kamarilla erst im März 1856 an, nachdem deren außenpolitische Stütze mit der Niederlage des zaristischen Rußlands im Krimkrieg zusammengebrochen war.

In einer ausführlichen Denkschrift über die innere und äußere Lage Preußens denunzierte Otto v. Manteuffel unverhohlen die »Umgebung« des Königs, »deren hervorragende Mitglieder man für die Träger eines konterrevolutionären Parteiregiments hält, von denen man mit Recht oder Unrecht annimmt, daß sie kein Mittel verschmähen, um ihre Pläne durchzusetzen, und die auch unmittelbar mit Personen, die den Ministern untergeben sind, in einem Verkehr stehen, der jedenfalls für die Disziplin mit den allerschwersten Nachteilen verbunden ist. Es ist diesen Umständen auch gelungen, die Regierung mehr und mehr im In- und Auslande mit einem Blatte (der »Kreuzzeitung« – E. E.) zu identifizieren, dessen offen hervorgetretene Tendenz, an die Stelle des preußischen Königtums von Gottes Gnaden ein Junker- und Pietistenregiment zu setzen, den allgemeinen Haß und Hohn der Nation auf sich geladen hat.«[106] Manteuffels Name und Politik waren zu sehr mit der Reaktionszeit, also der Periode der Konterrevolution verknüpft, als daß nicht mit dem Beginn der sogenannten Neuen Ära das Ende seiner politischen Laufbahn gestanden hätte.

Das erste deutliche Anzeichen einer Krise, der die von den Gerlachs beherrschte Konservative Partei entgegenging, war die Abspaltung der sogenannten »Wochenblatt-Partei« um Bethmann Hollweg im Jahr 1851. Dieser neuen konservativen Gruppierung gehörten Diplomaten, höhere Verwaltungsbeamte und Angehörige des Hochadels an – durchweg aus den fortgeschrittensten Provinzen Preußens stammend. Vor allem hatten sie Kontakt, auch durch eheliche Bindungen, mit der Großbourgeoisie und mit dem schlesischen Magnatentum. Sie waren gegen das Kleinkönigtum der ostelbischen Rittergutsbesitzer und sahen, daß eine reine Junkerherrschaft in Preußen auf die Dauer unmöglich sein müßte. Einer der kritischsten Köpfe der »Wochenblatt-Partei«, Pourtalès, mokierte sich darüber, daß in Berlin die hungrigsten und zudringlichsten Junker ihr Zelt aufgeschlagen hätten und den dürren Boden wie die Straßenhunde ihr Revier in Stambul bewachten.[107] Und was die Bourgeoisie betreffe, so meinte derselbe Pourtalès wiederum recht sarkastisch, der Bürger schäme sich jetzt – 1851 – seiner deutschen Begeisterung und sei gegen alles mißtrauisch geworden und werde von der Regierung mit dem Industrialismus geködert.[108] Dabei waren die neukonservativen Parteiträger durchaus für eine starke Königsmacht; besonders dieser Programmpunkt trug ihnen die Sympathien des Prinzen von Preußen ein. Aber eben im Interesse der Hohenzollernmonarchie hielten sie den Kompromiß, der sich zwischen den bürgerlich-liberalen »Gothaern« und der Regierung vor Olmütz deutlich abzeichnete, für unerläßlich und opponierten gegen das System der Verfassungsbrüche und Gesetzesverletzungen.

*

Der in Frankfurt auch die innenpolitische Szene beobachtende und kommentierende Bismarck meinte in einem Privatschreiben an Manteuffel vom 29. September 1851: »Eine konservative Opposition kann nur mit und durch den König geführt werden, ... nicht durch öffentliche Blätter, sondern durch persönliche Einwirkung am Hofe; jede andre hat bei uns keinen Boden, oder sie muß radikal werden ... Selbst das Junkerthum, welches durch seine Verzweigung im Grundbesitz, im Heer, in der Bürokratie sehr viel mächtiger ist, als diese rheinisch-conservativen Opponenten, kann einem entschlossenen Ministerium gegenüber nur dann mit Erfolg opponiren, wenn es die Person des Königs für sich hat.«[109]

Diese Grundauffassung, die sich durch Scharfblick und Unbefangenheit in der Beurteilung der sozialen und regionalen Schichtung innerhalb des preußischen Konservatismus auszeichnete, bekräftigte Bismarck einige Monate später wiederum in einem Privatschreiben an Manteuffel, datiert vom 23. April 1852. »Für eine Thorheit halte ich es, in Preußen eine conservative Adelsopposition im Widerstreit gegen die Krone zu machen. Dazu sitzt uns der Absolutismus zu sehr in succo et sanguine, und eine Entfremdung zwischen Krone und Ritterschaft kann nur dahin führen, einen gesunden, ehrlichen, altpreußischen Absolutismus für die Zukunft unmöglich zu machen und die Schreiber- und Gendarmen-Herrschaft nomine regis als einzigen Ausgangspunkt übrig zu lassen.«[110] Mit dem scheinbar liberalen Ausdruck »Schreiber- und Gendarmen-Herrschaft« wollte er ganz im Stile seines Wiener Gesprächs mit dem ultrakonservativen Feldmarschall Windischgrätz niemand anderen als die liberalisierende Bürokratie diffamieren.

Für Bismarck war entscheidend, daß König und Junkertum zusammenhielten; ja es war ihm sogar bewußt – und er hat es auch ausgesprochen –, daß das Junkertum trotz vielfältiger Machtpositionen letzten Endes doch vom König abhängig sei. Die ostelbische Gutswirtschaft wurde immer stärker den Gesetzen und Schwankungen der Weltwirtschaft, den Erfordernissen der Rentabilität ausgesetzt; der Weltmarkt, von dem der kaufmännisch versierte und vom britischen Empire aus beobachtende Friedrich Engels sagte, daß er vor 1848 »nur der Anlage nach bestanden hatte«[111], gefährdete ständig die Position der adligen Grundbesitzer. Überdies war abzusehen, daß diese gegenüber dem wachsenden Reichtum des industriellen Bürgertums auf die Dauer wirtschaftlich und sozial schwächer wurden. Die Ökonomie schuf harte Notwendigkeiten – dergestalt, daß die Landadligen auf eine starke Krongewalt angewiesen waren, wenn sie weiterhin privilegierte Stellen in Armee und Bürokratie, Steuervergünstigungen, staatliche Subventionen, billigen Landwirtschaftskredit und solche Machtbefugnisse (zum Beispiel in den Kreistagen) erhalten wollten, die auch wirtschaftliche Vorteile brachten. Alles in allem war es unerläßlich, daß eine Adelsopposition das königliche Regime – wie spannungsgeladen dann und wann die Beziehungen auch sein mochten – nicht ernsthaft gefährdete.

Bei all diesen Auseinandersetzungen innerhalb der herrschenden Kreise Preußens stand das Schicksal der oktroyierten und revidierten Verfassung auf dem Spiel. Bismarck trat keineswegs für ihre Totalrevision oder gar ihre Beseitigung ein. Sie habe »durch ihre Art, wie sie sich in den letzten beiden Jahren ausgebildet und interpretirt hat, aufgehört, das Regiren an sich zu hemmen, und wird mehr und mehr das Gefäß, dem erst die Persönlichkeiten, welche regieren, den Inhalt verleihen«.[112] So war für ihn die Einhaltung der Verfassung eine Frage der Nützlichkeit, keine Prinzipienfrage, wie für die Vertreter der »Wochenblatt-Partei«.

Parlamentarische Machtansprüche der Liberalen waren auf jeden Fall abzuwehren; und Bismarck hatte bereits im Dezember 1852 über die wirklich oder angeblich kursierende Meinung zu berichten, daß die preußische »Verfassung eine Lockspeise zwar für die Untertanen unserer Nachbarn, aber eine Schwächung der äußern und innern Kraft der Regierung sei«, er meinte, daß solche und ähnliche Argumente zu widerlegen seien, »wenn wir zeigen, daß die Regierung ihren Weg gehen kann auch ohne die Majorität«.[113] Mit dieser Ansicht traf er sich mit Friedrich Julius Stahl. Doch konnte die Macht der Regierung gegenüber liberalen Kammermajoritäten – nach der Auffassung Bismarcks – auf die Dauer nur behauptet werden, wenn sie überall dort offensiv vorginge, wo Liberale bereits Machtpositionen innerhalb des Staatsapparates besetzt hielten. Die Festigkeit des zivilen und militärischen Machtapparats war für Bismarck die praktische Basis seines politischen Handelns.

In einem Brief vom Februar 1853 an Leopold v. Gerlach kennzeichnete er die angeblich liberale Bürokratie als »den gefährlichsten Krankheitsstoff, der im Leibe Preußens steckt«[114]. Dieses Thema lag ihm so sehr am Herzen, daß er im September des gleichen Jahres in einer »Denkschrift an den Prinzen von Preußen«, also an den späteren König und Kaiser Wilhelm, ein groß angelegtes Abwehrgefecht lieferte gegenüber den »Bestrebungen, in den östlichen Provinzen eine neue Gemeinde-Ordnung einzuführen«. Im Kern ging es in dieser Denkschrift voller Sophismen und demagogischer Verdrehungen um die Verteidigung der junkerlichen Machtpositionen unten und oben, in den Gemeinden, Kreisen und im Regierungsapparat, um eine Philippika gegen die Ambitionen der liberalisierenden Bürokratie, der Bismarck mit allen Mitteln den Einfluß insbesondere auf dem Lande versperren wollte.

Er hob in seiner Denkschrift zum Beispiel den Landrat hervor. Sein Amt, »welches von allen die directesten Beziehungen und persönlichsten Berührungen mit den Regirten hat«, sei ein besonderer Vorzug Preußens. Dies stimmte insofern, als in der Tat diese Landräte ihren Bereich kannten und im Griff hatten, die Wahlen und das politische Klima entscheidend beeinflußten. Den Posten des Landrats sollten nur die »eingesessenen Grundbesitzer« einnehmen. Alle anderen Beamten setzte Bismarck geschickt lancierten Verdächtigungen aus: Kein tieferes Band verknüpfe sie mit dem Kreis, sie könnten von ihrem Gehalt nicht leben, dadurch wiederum entstehe die Versuchung der Bestechlichkeit; sie würden zu »andern Stellen befördert«, wenn sie kaum Fuß gefaßt hätten, und ähnliches mehr. Alles diente dem Ziel, ständische Einrichtungen zugunsten des Adels zu unterstützen – in Abwehr gegen die »Civil-Beamten, Advocaten, Juristen, Professoren«[115], kurz, gegen jene Kreise, die Liberalismus produzierten.

Aus dieser Feindschaft gegen die bürgerlichen Beamten heraus verteufelte Bismarck auch die »wissenschaftlichen Bildungsanstalten«[116], in denen die Beamten leicht fürs ganze Leben »ein Gepräge skeptischer Kritik« bekämen, »welches auf dem Gebiete der Religion zum Unglauben, auf dem der Politik zum antiken Republikanismus führt«.

Die königlich-junkerliche Machtfrage umriß Bismarck folgendermaßen: »Preußen ist keineswegs durch Liberalismus und Freigeisterei groß geworden, sondern durch eine Reihe von kräftigen, entschlossenen und weisen Regenten, ... Dieses System müssen wir auch noch ferner beibehalten, wenn die Monarchie zu einem haltbaren Abschluß gelangen soll. Der parlamentarische Liberalismus kann dabei als vorübergehendes Mittel zum

Zweck dienen, aber er kann nicht selbst der Zweck unseres Staatslebens sein.«[117] Auf die absichtlich schönfärberischen Urteile Bismarcks über die kräftigen, entschlossenen und weisen Regenten, die mit rücksichtslosem Mute europäische Politik gemacht hätten, verlohnt es sich nicht hier näher einzugehen, zumal Bismarck persönlich bestenfalls Friedrich II. gelten ließ. Bemerkenswert an diesen Ausführungen ist zweierlei: Einmal stärkte er bei dem zukünftigen Regenten Preußens dessen Bewußtsein vom Gottesgnadentum, zum andern deutete Bismarck jene bedeutsame Taktik an, der liberalen Bourgeoisie ihren Platz in Wirtschaft und Handel zu gewähren und sie als zeitweiligen Verbündeten im Kampf um die Hegemonie Preußens in Deutschland zu benutzen, die liberalisierende Bürokratie hingegen als potentiellen Revolutionsfaktor aus dem Staatsapparat zu verdrängen. Diesen »rein« zu erhalten war die unabdingbare Voraussetzung für eine gutsherrliche Bündnispolitik und dafür, daß die preußische Monarchie später die Revolution von oben wirklich beherrschen konnte.

In der dem Prinzen gewidmeten Denkschrift vom September 1853 legte Bismarck erneut Grundpositionen dar, die für sein ganzes Leben galten. Sie waren frivol-offen gegenüber v. Unruh bereits im Frühjahr 1849 geäußert worden: »Ich bin ein Junker und will auch Vorteile davon haben«[118]; sie erschienen im Ton sachlich und überzeugend in der Versicherung gegenüber Leopold v. Gerlach im Mai 1860[119], daß er im Auslande wie im Inlande in zweifelhaften Fällen mit den Augen seiner Standesgenossen, der Ritterschaft, sehe; und sie waren 1853 in dieser Denkschrift eingebettet in ein Gemisch aus adligem Standesegoismus, bewußter Demagogie und halbbewußtem Selbstbetrug. Es ist das soziale Credo eines Mannes, dessen politischer und diplomatischer Aufstieg im Junkerlichen seine Wurzeln hatte.

In seiner deutschen Politik ging Bismarck nicht von gesamtnationalen Volksinteressen, sondern von preußisch-junkerlichen Partikularinteressen aus. So schrieb er am 25. November 1853 an Leopold v. Gerlach: »Auch mit den übrigen Bundesstaaten würden wir besser auskommen, wenn wir uns im Ganzen kühler und freier zu ihnen stellten, ohne unsre Preußische und egoistische Politik mit dem räudigen Hermelin (des) Deutschen Patriotismus aufzuputzen.«[120] Und fast vier Wochen später hämmerte er ihm seine (Grund)auffassung noch einmal ein: »Der kurze Sinn, den ich mit all diesen Expectorationen verbinde, ist der: Wir müssen uns weder in eigenen noch durch fremde Phrasen über ›Deutsche Politik‹ fangen lassen, die gelten doch nur gegen, niemals für uns, sondern dreist eine specifisch Preußische Politik affichiren.«[121] Im übrigen reduzierte sich für Bismarck die deutsche Frage lange Zeit auf das Verhältnis zwischen Österreich und Preußen.

Von dieser Sicht her formulierte er einmal recht massiv: »Unsre Politik hat keinen anderen Exercierplatz als Deutschland, schon unsrer geographischen Verwachsenheit wegen, und grade diesen glaubt Oestreich dringend auch für sich zu gebrauchen; für beide ist kein Platz nach den Ansprüchen, die Oestreich macht, also können wir uns auf die Dauer nicht vertragen. Wir athmen einer dem andern die Luft vom Munde fort, einer muß weichen oder vom andern ›gewichen werden‹, *bis dahin* müssen wir Gegner sein, das halte ich für eine unignorirbare (verzeihen Sie das Wort) Tatsache, wie unwillkommen sie auch sein mag.«[122] Da mutete er seinem Briefpartner, dem General Leopold v. Gerlach, einem eingefleischten konservativen Dogmatiker der Heiligen Allianz zwischen Rußland, Österreich und Preußen, viel zu. Doch inmitten dieser harten Sprache ist für den historischen Nachbetrachter das unscheinbare »bis dahin« außerordentlich aufschlußreich und deutete schon im Keim jene Haltung an, die Bismarck 1866 in Nikolsburg einnahm. Seine spätere versöhnliche Haltung gegenüber Österreich, nachdem es als Rivale Preußens in Deutschland besiegt war, erklärte sich eben nicht allein aus momentanen taktischen Erwägungen und Befürchtungen; sie wurzelte auch in prinzipiellen Überlegungen der fünfziger Jahre.

Bereits 1852 unterschied Bismarck zwischen dem »notwendigen Verständnis beider Großmächte«, Österreich und Preußen, »in der Europäischen Politik« einerseits und der Tatsache andererseits, daß »unsre und die Oestreichische *Deutsche* Politik nothwendig incommensurabel« bleibe.[123] Diese Unterscheidung erlaubte es ihm, mit Österreich sowohl zeitweilige Bündnisse im europäischen Kräftespiel, beispielsweise im preußisch-dänischen Konflikt, abzuschließen als auch nach der Lösung der Hegemoniefrage ein dauerhaftes Freundschaftsverhältnis anzustreben. Doch eine solche Politik konnte in den fünfziger Jahren erst in Umrissen konzipiert werden.

Von der politischen Hauptstoßrichtung gegen Österreich her betrachtete Bismarck auch die Beziehungen Preußens zu den

Klein- und Mittelstaaten und dem Deutschen Bundestag. Der Zwang, die materiellen Interessen der Bourgeoisie zu berücksichtigen, führte auch zum politischen Gegensatz zwischen den Mächten, selbst den konservativen, wie sich dies beim Streit um den Zollverein zeigte. Wenn Bismarck solche Seiten des zeitgenössischen Staats berücksichtigte, dann war er wenig originell; eigenständig war jedoch die Fähigkeit, wirtschaftspolitische Konzesssionen in doppeltem Sinne auszunutzen. Einmal, um das Bürgertum an die Politik des preußischen Staates zu binden, ohne ihm sonderliche Macht zu geben; zum andern, um die Bourgeoisie in den Klein- und Mittelstaaten gegen eine österreichfreundliche Politik in Opposition zu bringen.

Zu dieser Politik des taktischen Ausnutzens von »materiellen Interessen« gehörte es auch, wenn Bismarck im Oktober 1852 vorschlug, ausgedehnte Verbindungen mit »einflußreichen und preußenfreundlichen Personen« anzuknüpfen. Er wollte »gleichsam ein Netz von Vertrauensmännern über Süddeutschland« ausspannen, »welches in Frankfurt seinen leitenden Mittelpunkt hat«. Diesen Mittelpunkt sollte die bereits bestehende »gewerblich-statistische Anstalt« bilden, »welche mit einem großen Teile der gewerbetreibenden Bevölkerung in Verbindung steht und imstande ist, in den verschiedenen Staaten die mit Gewerbevereinen, Kammermitgliedern sowie mit der süddeutschen Presse angebahnten Verbindungen durch eine energische Tätigkeit dem vorliegenden Zweck förderlich zu machen.«[124] Das war so etwas, was Leopold v. Gerlach die »praktischen Ideen« Bismarcks nannte.

Bismarck verfolgte noch von einem andern Blickpunkt aus einige Vorgänge in Süddeutschland. Während des badischen Kirchenstreits, der 1852 begann, mehrere Jahre währte und untergründig bis ins 20. Jahrhundert hinein schwelte, bezog er eine scharf antiklerikale Stellung. Fraglos war es der Freiburger Erzbischof v. Vicari gewesen, der den Streit provozierte, indem er den Geistlichen entgegen allen Überlieferungen die Abhaltung von Seelenmessen für den verstorbenen Großherzog, den protestantischen Ketzer, als kirchenrechtlich unzulässig und unter Androhung von Kirchenstrafen untersagte.[125] Das war nur der Auftakt für weitere Kampfmaßnahmen des Erzbischofs: Er besetzte Pfarreien ohne Rücksicht auf überlieferte Mitspracherechte des sonst finanziell ausgenutzten Staates; der große Kirchenbann gegen ungehorsame Mitglieder des katholischen Oberkirchenrats und aufwiegelnde Hirtenbriefe durften in einer Zeit des fernen Nachhalls von Reformation und Gegenreformation nicht fehlen.

Hinter dem Streit der Kompetenzen, den die Papstkirche unter der Flagge ihres Rechts auf Unabhängigkeit und Freiheit führte, verbarg sich das tiefere Verlangen nach gesamtgesellschaftlicher Macht. Der Klerus trachtete danach, die Seelen bis in die entlegensten Täler zu beherrschen; politisch wollte er die Revolution von 1848 auf seine Art liquidieren und das Wiederaufleben der nationalen Bewegung unter den Auspizien der Demokratie, des Liberalismus oder großpreußischer Hegemonieansprüche verhindern. Unter dem letzteren Gesichtspunkt nahm Österreich die Partei der Kurie, Preußen die der badischen Regierung. Es war Bismarck, der Anfang 1854 in offizieller Mission nach Karlsruhe reiste, wo er Erwägungen geltend machte, »welche dahin wirken konnten, der Haltung der Herzoglichen Regierung auch fernerhin Festigkeit und Ruhe zu verleihen, und von einem einseitigen und zu eifrigen Aufsuchen von Verhandlungen mit Rom abzuraten«[126].

Lange vorher hatte er in einem eigenhändigen Privatschreiben an den Ministerpräsidenten v. Manteuffel zunächst vor der »ultramontanen Partei« im preußischen Landtag gewarnt. Mit ihr sei kein sicherer Bund zu flechten, »da sie jede Concession, bis zur vollständigen Unterwerfung hin, nur als eine aufmunternde Abschlagszahlung annehmen wird«.[127] Als dann in Baden der Kirchenstreit seinem Höhepunkt entgegenging, war Bismarck über die klerikale Solidarität, die die »Kreuzzeitung« bekundete, ungehalten. Wenn er auch Preußen als »Schutzmacht des Deutschen Protestantismus« bezeichnete, argumentierte er gegenüber Leopold v. Gerlach hochpolitisch: Ich »halte es für Pedanterie und juristischen Zopf, das Recht eines *Gegners* nachweisen zu wollen, besonders eines solchen, ... dessen uns zu erwehren wir große Mühe haben«. Und »diejenige katholische Kirche, mit der wir Arm in Arm zum Himmel pilgern könnten, scheint am Oberrhein nicht Hütten zu bauen; ich betrachte diese ecclesia militans als unzweifelhaften ›Feind‹, der Preußen bis auf die Existenz selbst als ketzerischen Mißbrauch bekämpft. Ich finde, die Kreuzzeitung ist zu gut für *diese* Welt, wenn sie die Vertheidigung des Erzbischofs übernimmt.«[128]

Zwei Monate später formulierte Bismarck Leopold v. Gerlach gegenüber noch schärfer: »Zu einer der schwierigsten Pflichten meines Amtes rechne ich den unablässigen Kampf, der im

Dienste des Königs grade an dieser Stelle gegen die ecclesia militans der Katholiken zu führen ist. Ich wollte, daß solche geistige und christliche Streitkräfte wie die Ihres Bruders, auf unsrer Seite ständen, nicht im Kampf gegen das apostolische Fundament der katholischen Kirche, aber gegen die Befestigung und Angriffsmittel, mit welchen das Gebäude zum Dienste menschlichen Ehrgeizes und zur Verfolgung des reinen Evangelismus verunstaltet worden. Es ist nicht ein christliches Bekenntniß, sondern ein heuchlerischer, götzendienerischer Papismus voll Haß und Hinterlist, der hier im practischen Leben von den Cabinetten der Fürsten und ihrer Minister bis in die bettfedrigen Mysterien des Ehestandes hinab einen unversöhnlichen, mit den infamsten Waffen geführten Kampf gegen die protestantischen Regierungen und besonders Preußen, als die weltlichen Bollwerke des Evangeliums, unterhält. In der Stadt hier, in der Bundesversammlung, an den umliegenden Höfen ist Katholik und Feind Preußens gleichbedeutend, mögen sie ihren Haß gegen uns schwarz-gelb, Französisch oder demokratisch anstreichen oder an einer Vereinigung der beiden ersten Elemente arbeiten.«[129]

In den Wochen zwischen diesen beiden Privatbriefen berichtete Bismarck amtlich nach Berlin über Vorgänge in der Freien Stadt Frankfurt, deren Bedeutung über den lokalen Rahmen hinausgingen.[130] Unmißverständlich schätzte er die katholisch-österreichische Partei, die der sogenannten Schwarzen, für gefährlicher ein als die Demokratie, gefährlicher auch als die Gothaer, die er unter einer für ihn unabdingbaren Voraussetzung gegen die Schwarzen zu unterstützen für möglich hielt, dann nämlich, wenn »in Preußen selbst eine starke und zusammenhaltende Regierungsgewalt besteht, welche entschlossen und imstande ist, das preussische Königtum vor den Gefahren von seiten dieser Partei sicherzustellen«.

Diese Vorstellung sollte in den Augen Bismarcks noch durch Entwicklungen der Gothaischen Partei selbst ergänzt werden, natürlich im Sinne weiterer Annäherung an die preußische Staatsräson. Er vertraute hier darauf, »daß infolge der Erfahrungen der letzten Jahre die Gothaische Partei ... die zeitige Verwirklichung abstrakter Prinzipien größtenteils aufgegeben und sich auf den Boden der tatsächlichen Verhältnisse gestellt hat«.

In Bismarcks Kampfstellung gegen »die ultramontane Partei als unsern unversöhnlichsten und als einen unserer gefährlichsten Gegner«[131], als verlängerten Arm Österreichs und partikularistischer Interessen, kündigten sich bereits die Kulturkampfkonstellationen nach 1870 an.

Mit all seinen taktischen Reflexionen in der ersten Hälfte der fünfziger Jahre errang Bismarck eine selbständige Position gegenüber dem – so unterschied man damals – neuen wie dem alten Konservatismus. Mit den Männern, die zur »Wochenblatt-Partei« stießen, hatte er, wenn überhaupt, von jeher nur losen Kontakt. Politisch billigte er ihre Frontstellung gegen Österreich, nutzte sie gelegentlich auch aus. Aber ihre taktische Orientierung, die sich gegen Rußland richtete und für ein Zusammengehen mit England eintrat, war nicht Bismarcks Sache; vor allem fürchtete er, daß durch die »Wochenblatt-Partei« der Liberalismus an Einfluß gewinnen könnte.

In einer ganz anderen politischen und persönlichen Lage befand er sich dem Gerlach-Kreis gegenüber. Durch ihn war er in einer Krisenzeit in die Politik gekommen. Das damals erworbene antirevolutionäre Solidaritätsgefühl und nicht allein die Rücksichten, die Bismarck in seiner politischen Stellung als Bundestagsgesandter zur Zeit der Vorherrschaft der Gerlach-Fraktion zu nehmen hatte, erlaubten es ihm trotz innerer Distanz nicht, den äußeren Bruch mit ihr zu vollziehen. In der ins Weltanschauliche reichenden taktischen Frage, der Stellung zur Heiligen Allianz, genügte nicht der Austausch von Argumenten. Hier mußte Bismarck eine historische Erfahrung von europäischem Ausmaß zu Hilfe kommen. Und das war der Krimkrieg.

Krimkriegs-Erfahrungen

Am Vorabend des Krimkrieges schrieb Bismarck bildkräftig und borussisch herausfordernd: »Die großen Krisen bilden das Wetter, welches Preußens Wachstum fördert, indem sie furchtlos, vielleicht auch sehr rücksichtslos von uns benutzt werden ...«[132]

Im Juli 1853 brach zwischen Rußland und der Türkei der kriegerische Konflikt aus. So stark Rußland noch im Feudalismus stecken mochte, es war durch seine Gendarmenrolle 1849 und 1850 noch enger als früher in die ökonomischen und politischen Interessenzusammenhänge und -gegensätze Europas verflochten, das sich anschickte, Landwirtschaft und Gewerbe in schnellem

Tempo kapitalistisch umzugestalten und zu erweitern. Selbst ein solch aufgeblasener Hohlkopf wie Nikolaus I. merkte etwas davon, daß sich der Absolutismus bei Strafe seines Untergangs den vielberedeten »materiellen Interessen«, die eben kapitalistisch waren, anpassen mußte. Gerade deshalb war er angetrieben, die alten, auf Konstantinopel gerichteten Pläne Petersburgs zu verwirklichen. Er mußte danach trachten, die bisher offene Tür zu seinem Haus politisch so zu kontrollieren[133], daß er Herr über Aus- und Einfuhr blieb und sein Machtgebiet im Vorderen Orient und auf dem Balkan möglichst weit ausdehnen konnte.

Hinter der schwachen Türkei standen England und Frankreich, die Rußland im März 1854 den Krieg erklärten. Die Politik der beiden Westmächte, die selbst einander mißtrauten und sich überwachten, war das Ergebnis geheimer und offener Auseinandersetzungen innerhalb der verschiedenen Fraktionen der herrschenden Klassen und regierenden Cliquen; sie stimmten jedoch darin überein, daß die Abwehr der zaristischen Aspirationen die beste Sicherung ihres eigenen ökonomischen, politischen und militärischen Expansionismus sei. Marx und Engels enthüllten in ihren zahlreichen Artikeln die Heuchelei Englands und Frankreichs, die ihren »lokalen Krieg um lokaler Ziele« willen zu einem Kampf der Freiheit gegen die Despotie propagandistisch aufmutzten. In Wirklichkeit wollten sie den Zarismus nur eindämmen, nicht vernichten.

Österreich und Preußen waren vor die Frage gestellt, wie sie sich in dem Konflikt verhalten sollten. Bisher waren die beiden Großmächte des Deutschen Bundes und Mitgliedstaaten der Heiligen Allianz mit Rußland zusammengegangen. In Österreich trat jedoch eine einflußreiche Gruppe von gemäßigten Konservativen für ein Bündnis mit den Westmächten ein. Die österreichische Großbourgeoisie wollte sich auf dem Balkan feste Absatzmärkte sichern und die Donauschiffahrt in ihre Hand bekommen. Solche Bestrebungen kollidierten mit dem Vordringen Rußlands auf dem Balkan.

Auch in Preußen trat für den Anschluß an England und Frankreich vor allem jener Kreis adliger Diplomaten ein, der der »Wochenblatt-Partei« nahestand und bei dem das Streben nach einem Kompromiß zwischen Adel und Bourgeoisie am ausgeprägtesten war. Der Thronfolger, Prinz von Preußen und späterer König Wilhelm, schwankte, neigte jedoch stark zur »Wochenblatt-Partei«. Im Laufe der Zeit verschärften sich die Gegensätze zwischen dieser westlich orientierten Partei und der sogenannten »Russenpartei«.

Das augenfällige und in der historischen Literatur immer angeführte Schwanken Friedrich Wilhelms IV. war bei aller gesellschaftlichen Bedingtheit und individuellen Färbung letzten Endes auf die mannigfach sich durchkreuzenden Interessen und ständigen Kräfteverlagerungen in und um die beiden Großmächte des Deutschen Bundes zurückzuführen. Dazu kam, daß die spannungsgeladene Dialektik von konservativer Interessensolidarität einerseits und Interessengegensätzen andererseits gerade die Monarchen moralisch-politisch belastete.

Die internen Auseinandersetzungen in Preußen und Österreich um die außenpolitische Orientierung während des Krimkrieges fanden ihren Widerhall im Deutschen Bundestag zu Frankfurt. Beide Vormächte waren bemüht, die Mittel- und Kleinstaaten für ihre jeweilige Politik zu gewinnen, die sich in Verträgen, Noten, Punktationen, Sommationen und militärischen Demonstrationen niederschlug. Solche Vertragswerke wie das österreichisch-preußische Schutz- und Trutzbündnis vom April 1854 oder der erzwungene Beitritt des Deutschen Bundes zum österreichisch-preußischen Bündnis waren sofort Streitobjekt zwischen den Vertragspartnern wegen der Auslegung der verschiedenen Bestimmungen. Ähnlich ging es mit anderen Vereinbarungen; so mit der Triple-Allianz vom 2. Dezember 1854, die zwischen Frankreich, England und Österreich abgeschlossen wurde.

Obwohl Österreich formal neutral blieb, griff es – im Unterschied zu Preußen – in den Kampf insofern ein, als es durch eine energische Aufforderung, das heißt im diplomatischen Sprachgebrauch durch eine Sommation, Rußland zwang, die Donaufürstentümer, also einen Teil des heutigen Rumänien, zu räumen und schließlich selbst dort einrückte und die Kriegsrüstungen trotz seiner finanziellen Misere erhöhte. Dadurch fesselte es einen bedeutenden Teil der russischen Streitkräfte und erleichterte den Angriff der Westmächte auf Sewastopol. Kein Wunder, daß der Zar aufgebracht in einer Audienz mit dem österreichischen Gesandten das Vertrauen zwischen den beiden Monarchien für unwiederbringlich zerstört erklärte. Preußen, in dem die strikte Neutralitätspolitik die Oberhand gewann, wie auch die Mittel- und Kleinstaaten blieben auf der Hut; sie wollten von Österreich in keinen Krieg hineingezogen werden. Ihre

Interessen und Sorgen richteten sich, um es formelhaft zu sagen, nicht auf die Donau, sondern auf den Rhein. Bei dieser Sachlage waren die politisch-persönlichen Beziehungen zwischen den Gesandten Österreichs und Preußens bedeutungsvoller denn je.

*

Wenige Monate vor Ausbruch des Krimkrieges trat ein Wechsel auf dem Posten des Präsidialgesandten in Frankfurt ein. Graf Thun-Hohenstein war amtsmüde geworden. Die Wiener Staatskanzlei löste das Problem seiner Nachfolge, indem sie ihre Gesandten in Berlin und Frankfurt nach einigem Zögern austauschte: Graf Thun ging nach Berlin und Freiherr Anton Prokesch v. Osten von dort nach Frankfurt. Von welcher politischen und menschlichen Statur war der neue Mann an der Spitze des Deutschen Bundestags?

Als Sohn eines Grazer Beamten hatte er zunächst die militärische Laufbahn angetreten und sich als Offizier sowohl in der Armee wie in der Marine des Habsburger Reichs hervorgetan. Seine Fahrten auf den gefährlichen Katarakten des Nil oder sein Kampf mit den Korsaren des Mittelmeers brachten ihm Ruhm und das Flair extravaganter Tollkühnheit ein. Neben seinen dienstlichen Verpflichtungen unternahm er viele private Orientreisen, bei denen er es nicht unterließ, nach Wien davon zu berichten.

Der Prokesch väterlich zugetane Friedrich v. Gentz schrieb ihm im Jahre 1830: »Ich liebe Ihr mittheilendes Gemüth, Ihre großartige Toleranz, Ihre Nachsicht gegen menschliche Schwächen, Ihre eigenen, Ihren Leichtsinn, Ihren Wunsch zu gefallen, und vieles, was ich noch von sogenannten Fehlern an Ihnen zu entdecken hoffe.«[134] Metternich urteilte kurz und bündig: »Er ist exzentrisch und eitel.«[135] Obwohl man schon damals manche Charakterfehler des Grazer Beamtensohns erkannte, machte man aus Prokesch den Freiherrn Prokesch v. Osten, verlieh ihm also im Adelsprädikat einen symbolkräftigen Beinamen und schickte ihn als Gesandten nach Athen, wo er von 1834 bis 1849 abseits vom großen Geschehen blieb. Erst Fürst Schwarzenberg, selbst Typ des Draufgängers, holte ihn von diesem diplomatischen Nebenposten nach Berlin, wo er in der Zeit vor Olmütz die Geschäfte führte. Hier erwarb er sich allerseits einen schlechten Ruf, denn er galt als verlogen und intrigant.

Angesichts dieser Stimmung warnte Thun in einem langen

Schreiben an Buol[136] davor, Prokesch nach Frankfurt zu schicken – vergebens. Es kam, wie es kommen mußte: Die Kunde von Prokeschs Mission erschreckte in Frankfurt alle Bundestagsgesandten. »Die Ernennung von Prokesch«, schrieb Bismarck bereits Anfang Januar 1853 an Leopold v. Gerlach, »hat hier bei allen Diplomaten, Deutschen und Fremden, einen ungeheuchelten und unverkennbaren Schrecken verursacht.«[137] Sie waren empört darüber, daß ihnen dieser Mann als Präsidialgesandter zugemutet wurde. Nur Bismarck selbst freute sich, weil er die Wahl gerade dieses Mannes für einen »unbegreiflichen politischen Fehler« von seiten Österreichs hielt.[138]

Obwohl er in seiner Abneigung gegen Prokesch-Osten nicht allein stand, ja sich sogar in seltener Eintracht mit österreichfreundlichen wie -feindlichen Kollegen befand, haben Publizisten zu Beginn unseres Jahrhunderts Bismarck gehässiger Verzerrung bei der Beurteilung seines Kontrahenten bezichtigt und dessen Ehrenrettung versucht. Der Anthropologe Schemann sah in Prokesch-Osten »einen der reichsten, universellsten Geister des damaligen Europas«[139]. Wer die Geistesgeschichte des 19. Jahrhunderts auch nur oberflächlich kennt, wird diese Lobpreisung als maßlos empfinden. Sicherlich betätigte sich Prokesch-Osten als Dichter, Historiker, Geograph, Archäologe, Numismatiker, Kunstkritiker, Mathematikprofessor, Militärschriftsteller, Offizier in Heer und Flotte und schließlich als Diplomat. Aber selbst A. O. Meyer, der als Bismarckverehrer sichtlich bemüht war, unparteiisch zu sein, mußte zugeben, daß Prokesch-Osten die Kunst der Nachahmung verstand und nicht aus ursprünglichem Künstlertum produzierte.[140] Der gleichfalls wohlwollend gestimmte Stilkundler und Bismarckbiograph Ludwig Reiners analysierte Prokeschs Prosa und wußte mit Beispielen des Süßlich-Kitschigen aufzuwarten.[141] Prokeschs fünfbändige »Geschichte des Abfalls der Griechen vom türkischen Reich« sei im Stil des Thukydides geschrieben, so meinte A. O. Meyer, der bei diesem historischen Werk eher an eine Übersetzung aus dem Altgriechischen als an ein Original erinnert war.[142] Wenn tatsächlich der Stil der Mann ist, dann zeigt der Vergleich der Prosa von Bismarck und Prokesch den Unterschied beider Männer.

Sieht man das Wirken von Prokesch in verschiedenen Fächern der Altertumskunde näher an, so zeigt er sich mehr als Sammler denn als Forscher – ein Sammler von antiken Münzen (10 900 an der Zahl) und von altgriechischen Inschriften. Verständlich, daß bedeutende Althistoriker über diese Materialsammlungen erfreut, ja begeistert waren. Aber diese Anerkennung rechtfertigt nicht das überschwengliche Urteil, in ihm ein Universalgenie zu sehen. Sein lithographiertes Porträt enthüllt keinen durchgeistigten Humanisten, eher einen intelligenten Abenteurer.

Bismarck und der zwanzig Jahre ältere Prokesch-Osten hätten sich in manchem treffen können – in ihrer Ablehnung der Unionspolitik von Radowitz, im Antidemokratismus und Antiliberalismus. Doch hier gab es schon bezeichnende Unterschiede: Während der aus dem Landadel stammende Bismarck von unmittelbaren Existenzinteressen ausging und für ihn das Wissen aus Geschichte, Literatur und Religion praktikable Lebenshilfe war, verhielt es sich bei dem in der staatlichen Hierarchie arrivierten Grazer Beamtensohn ganz anders. Er machte sich eine wasserfarbene Geschichtsphilosophie zurecht, in der der Orient über den Okzident gestellt wurde,[143] und verhimmelte das Studium der Geschichte als »äußeren Gottesdienst«.[144] Eine solche Bildungsschwärmerei, die die Geschichtswissenschaft nur diskreditierte, kam Bismarck nie in den Sinn. Begreiflich, daß er Prokesch-Ostens Schriften, die er um seiner Information willen zur Hand nahm, rasch und unwillig wieder beiseite legte. Er spürte sofort das Hypertrophierte und die Scharlatanerie seines Kontrahenten. Für ihn war und blieb Prokesch-Osten ein »Brechmittel«.[145]

Der Vergleich zwischen diesen beiden Männern zeigt den Unterschied zwischen dem schillernd-bildungsbeflissenen Emporkömmling und dem sozial verwurzelten und traditionsbewußten Aristokraten. Prokesch-Osten bezeichnete sich gern als Orientalen. In der Tat hatte er sich manche Eigenschaften des Orientalismus angeeignet, jene Mischung von lässig-fatalistischer Toleranz und gelegentlich wild ausbrechendem Fanatismus. Diesen zeigte er insbesondere gegenüber dem Protestantismus. Im Jahre 1851 schrieb er an den französischen Diplomaten Piscatory: »Die Reformation ihrerseits hat zur politischen Revolution geführt. Diese führt mit der gleichen Notwendigkeit die soziale Revolution herbei, die den Ruin vollendet ...«[146] Die Ablehnung der Reformation und des Protestantismus bildete ein wichtiges Element in seinem Preußenhaß. Auf diesem Boden führte kein Weg zu Bismarck. Wenn die Bewunderer Prokesch-Ostens hervorheben, daß dieser ein Kind der Goethezeit gewesen sei, so ist das wiederum eine Verkennung wesentlicher geistiger Konstellationen, denn die deutsche Klassik in Kunst und Literatur ist ohne Reformation und Protestantismus überhaupt nicht zu begreifen.[147]

Prokesch-Osten paßte nicht mehr in die Zeit und die Welt seines Wirkens. Ohne polemische Übertreibung stellte Bismarck gegenüber Ludwig v. Gerlach bereits im Mai 1853 fest: »Seit Prokesch's Ankunft ist eine gewisse, in der abendländischen Diplomatie meines Erachtens veraltete und nutzlose Lügenhaftigkeit und mesquine Intrigue hierher verpflanzt worden, die das ohnehin geringe Vertrauen und damit den Fortgang der Geschäfte stört.«[148] Prokesch bereitete ihm manche Mühsal, ungewollt aber förderte er sogar Bismarcks Einfluß auf die mittel- und kleinstaatlichen Gesandten am Bundestag.

*

Österreich als Hauptfeind der preußischen Hegemonie in Deutschland, darum kreisten in allen Spekulationen und diplomatischen Fühlungnahmen Bismarcks über mögliche Allianzen immer wieder seine Gedanken. Bereits am 15. Juni 1853 schrieb Bismarck an Manteuffel: »Sobald Oesterreich nicht mehr mit Rußland geht, bin ich nicht zweifelhaft darüber, daß wir uns von ihm trennen sollten und daß wir, wenn wir überhaupt Partei ergreifen, mit Petersburg und nicht mit Wien gehen sollten.«[149]

Leopold v. Gerlach gegenüber sprach er im Februar 1854 von Bedingungen, unter denen sich Preußen mit Österreich arrangieren könnte; man müßte allerdings in Wien einsehen, »daß wir nur dann, aber auch dann gewiß, ein zuverlässiger und williger Bundesgenosse sind, wenn der gegenseitigen Rivalität in Deutschland dadurch ein Ende gemacht wird, daß wir durch ein bündiges, immerhin geheimes Arrangement festere Abgränzungen für die Wirkungskreise jeder der beiden Mächte zu gewinnen suchen, teils geographische, theils sachliche Gränzen, ...« Doch goß Bismarck in den Freundschaftstrank sogleich entwertendes Wasser; er meinte nämlich im Hinblick auf die Klein- und Mittelstaaten: »Eine nachhaltige Verständigung mit Oestreich, um diesem Coalitions- und Rheinbundschwindel ein Ende zu machen, wäre ein großes und leicht zu erreichendes Glück, wenn nur der Kaiserstaat nicht holter so sehr herunter wäre. Der Bankrott ist vor der Thür, und im Kriege werden außerhalb der Gränze nicht große Armeen verwendbar sein; ... Wir übernehmen also keine leichte Aufgabe, wenn wir Hand in Hand mit Oestreich unser Jahrhundert in die Schranken fordern.«[150] Bismarcks Gegenspieler Prokesch-Osten schien in jenen Tagen in einer Stimmung zu sein, die ernsthaften Verhandlungen förderlich war; Bismarck bemerkte burschikos: »Prokesch ist so zuthunlich und schwarz-weiß wie mein Stallkater.«[151]

Doch seine wahre Meinung drückte Prokesch vier Wochen später in einem Brief an Buol vom 22. März 1854 aus: »Ich habe nie ein redliches Spiel von preußischer Seite erwartet und frage mich oft, ob man eine Konstellation nicht herbeiwünschen, und wenn sie da ist, benützen soll, um Preußen mit Hilfe der Seemächte auf eine unschädliche Größe zu reduzieren. Wir werden den Rivalen nie los, solange er bei Kräften bleibt, und noch weniger, wenn er sie vermehrt. Die Politik Kaunitz' war gegen die Anmaßungen Friedrichs gerichtet, und das jetzige Preußen ist nicht anders als Friedrich.«[152] In dieser Auffassung ging Prokesch mit dem österreichischen Botschafter in Paris, Hübner, durchaus einig und fand auch Widerhall bei Buol, der sich gegenüber dem Grafen Leo Thun Anfang 1855 mit einer Unverfrorenheit ohnegleichen äußerte: »Kommt es zum Krieg, so ist es mir viel lieber, Preußen hält nicht mit uns. Ein Krieg mit Preußen gegen Rußland ist für uns eine große Verlegenheit. Hält dagegen Preußen mit Rußland, so führen wir mit Frankreich gegen Preußen. Da nehmen wir Schlesien; Sachsen wird wiederhergestellt, und wir haben einmal Ruhe in Deutschland. Um den Preis mag immerhin Frankreich die Rheinlande nehmen. Was liegt uns daran, ob sie deutsch oder französisch sind.«[153] Gewiß gab es in Wien noch andere Strömungen, repräsentiert durch den damaligen österreichischen Internuntius in Konstantinopel und späteren Finanzminister Bruck und auch durch eine Reihe gerade der konservativsten Generäle. Doch das Übergewicht erhielt in den herrschenden Kreisen der Habsburgischen Monarchie jene Politik, die bei allen taktischen Winkelzügen hinsichtlich der deutschen Hegemonie niemals zu Konzessionen gegenüber Preußen bereit war. Darüber gab es für Bismarck keinen Zweifel.

In seinen politischen Kombinationen ließ er gelegentlich sogar den Gedanken aufblitzen, Preußen könne Österreich gleichsam links überholen, den Liberalismus einigermaßen wiederbeleben und mit den Westmächten gegen Rußland gehen. Seine Erwägungen über ein mögliches Zusammengehen mit dem Liberalismus gegen Rußland – Erwägungen, die ihn eigentlich in das Lager der »Wochenblatt-Partei« hätten führen müssen – gingen nicht sehr tief; sie liefen in erster Linie darauf hinaus, daß Preußen vom klerikal-absolutistischen Österreich unter gar keinen Umständen abhängig werden und eine solche innen- und außenpolitische Wendung herbeiführen müßte, daß »Österreich sofort distanziert und in der deutschen Hegemoniefrage zur Defensive gezwungen sein würde«.[154]

Österreich in der deutschen Hegemoniefrage auf Distanz zu halten, dann in die Defensive zu drängen und schließlich niederzuringen – das war und blieb das außenpolitische Grundmotiv Bismarcks. Davon ließ er sich insbesondere in Krisenmomenten leiten, wie jetzt, als in den ersten Märztagen 1854 die Westmächte an Rußland ihre letzte Aufforderung richteten, die Donaufürstentümer zu räumen und auf alle Einmischungsversuche in die Angelegenheiten der Türkei zu verzichten. Sowohl die Westmächte als auch Österreich trachteten danach, Preußen auf irgendeine Weise in die antirussische Front zu ziehen. In Österreich, das die Hegemonie in Deutschland und in Italien bewahren wollte und darüber hinaus so etwas wie ein Protektorat über den Balkan anstrebte, waltete Verblendung; durch Fragen, ob die gleichzeitige Verfolgung dieser Ziele angesichts der ökonomischen Schwäche der Donaumonarchie und ihrer Bedrohung durch nationale Bewegungen die Kräfte nicht überfordere, ließ sich Wien nicht beirren. Jedenfalls wollten die gleichen Politiker, die Preußen haßten, es dennoch ausnutzen, um den Druck auf Rußland zu verstärken.

Wie nicht anders zu erwarten, stellten die Gerlachs, Hüter der konservativen Solidarität und Prinzipienpolitik, den Freundschaftsbund mit Petersburg über alles und wirkten in diesem Sinne mit den alten Mitteln der Kamarilla-Intrige am Hof. Sie riefen Bismarck zu Hilfe, der von Frankfurt nach Berlin reiste und dort mitwirkte, daß Preußen die Sommation der Westmächte in Petersburg Anfang März 1854 nicht unterstützte. Er hatte auch seinen Teil daran, daß der gouvernementale Einfluß der westorientierten »Wochenblatt-Partei«, der man den Namen liberale Kamarilla gab, gebrochen wurde. Ihre Männer, die auf verschiedene Weise ihre Kriegsziele verfolgten, gingen von der Vorstellung aus, Preußen könnte mit Hilfe der Westmächte Österreich aus dem deutschen Verfassungsleben hinausdrängen, vielleicht auch dadurch, daß das Habsburgerreich mit Territorien und Interessengebieten Rußlands entschädigt würde. Aber was da an Friedrich Wilhelm IV. herangetragen wurde, erschien ihm doch zu abenteuerlich. So war es nicht schwierig, ihn zu veranlassen, führende Männer der »Wochenblatt-Partei«, die Amt und Würde errungen hatten, zu entlassen – zuerst Pourtalès, der für kurze Zeit Unterstaatssekretär im Auswärtigen Amt geworden war, ebenso Bunsen, den Gesandten in London; einige Wochen später mußte auch der Kriegsminister Bonin zurücktreten, der im Landtag allzu spitze Bemerkungen gegen das Haus Romanow gewagt hatte.

Demonstrativ verließ der mit der »Wochenblatt-Partei« sympathisierende Thronfolger Prinz Wilhelm Berlin und fuhr nach Baden-Baden. Krieg im Sinne der liberalisierenden Politiker wollte auch er nicht gegen Rußland führen, sondern nur Druck ausüben auf das östliche Freundesland, um es von weiteren Kriegsabenteuern abzuhalten. Auch lag ihm daran, zu vermeiden, daß sich Preußen von der öffentlichen Meinung außerhalb Deutschlands, rußlandfeindlich wie sie war, isoliere.

Der König und die Regierung Manteuffel, die sich von den westlich orientierten Männern der »Wochenblatt-Partei« befreit fühlten, hielten es jetzt für möglich, mit allen im Orientkonflikt engagierten Hauptmächten guten Kontakt aufrechtzuerhalten; in diesem Geiste gaben sie dem Drängen Österreichs nach und schlossen mit ihm am 20. April 1854 ein Schutz- und Trutzbündnis ab. König wie Regierungschef glaubten der Neutralitätspolitik zu genügen, da der Vertrag den Eintritt der einen Macht in den Krieg an das Einverständnis der anderen band. Bismarck war sogleich rege, diese Klausel als Hemmschuh der antirussischen Politik Österreichs zu benutzen.[155]

Während der Märzkrise 1854 wirkte Bismarck wieder besonders eng mit den Gerlachs zusammen. Sie alle taten dasselbe, aber sie meinten nicht dasselbe. Für Bismarck war rußlandfreundliche Politik kein Glaubenssatz, sondern das Ergebnis interessengebundener Realpolitik, die mehr und mehr in eine politische Gesamtkonzeption integriert wurde. In klarer Einschätzung der wirtschaftlichen Schwäche Österreichs hatte er bereits im Februar davor gewarnt, daß Berlin seine »schmucke und seefeste Fregatte an das wurmstichige alte Orlogschiff von Östreich«[156] koppelte. Und in den gleichen Tagen meinte er gegenüber Leopold v. Gerlach, man solle sich auf »keine sentimentalen Bündnisse« einlassen, »bei denen das Bewußtsein der guten Tath den Lohn edler Aufopferung zu bilden hat«[157].

Sosehr Bismarck bemüht war, diplomatische oder gar militärische Konsequenzen des Bündnisvertrages aufzuhalten, so konnte er doch eine zusätzliche Vereinbarung zwischen Wien und Berlin, wonach beide Großmächte ihre Haltung in der orientalischen Krise dem Bundestag darlegen und diesen zum Anschluß auffordern sollten, nicht verhindern. Die Klein- und Mittelstaaten waren über diese Entwicklung keineswegs erfreut und fürchteten mit gutem Grund, daß Deutschland ohne Not in einen Krieg hineingezogen würde, der den französischen Truppen gestattete, wie seit zweihundert Jahren üblich, durch Süddeutschland zu ziehen – entweder als feindliche Macht oder als Rheinbund-Verbündete.

Nach langen Verhandlungen brachte man die Klein- und Mittelstaaten so weit, daß sie am 24. Juli 1854 im Bundestag doch noch dem Beitritt zum preußisch-österreichischen Aprilbündnis zustimmten. Bismarck war in seiner Eigenschaft als Gesandter Preußens verpflichtet, hier formell fördernd mitzuwirken. Noch am gleichen Tag wußte Prokesch-Osten in seinem zusammenfassenden Bericht nach Wien sehr wohl zwischen Bismarcks offizieller und wirklicher Haltung zu unterscheiden. Letzterer, so schrieb er, liege »weniger die Liebe zu Rußland als der Neid gegen Österreich, weniger ein konservatives Prinzip als der Heißhunger nach Machterweiterung in Deutschland zugrunde«[158]. Hier war also wiederum die deutsche Hegemoniefrage berührt, diesmal nicht von Bismarck, sondern von seinem Gegner.

Österreich verärgerte den Zaren durch seine Versuche, Preußen und die anderen deutschen Bundesstaaten auf die Bahn einer den Frieden bedrohenden Politik zu ziehen, es unternahm ohne vorherige Verabredung mit ihnen Schritte, die in antirussischer Feindseligkeit noch weitergingen. Am 3. Juni richtete es an Petersburg die drohende Aufforderung, die Donaufürstentümer von russischen Truppen zu räumen, und schloß am 14. Juni einen Vertrag mit der gegen Rußland kriegführenden Türkei, der den österreichischen Truppen gestattete, anstelle der Russen in die Moldau und Walachei einzurücken. Als dann österreichische Truppen im September 1854, etwa zur gleichen Zeit also, da die Engländer und Franzosen auf der Krim landeten, die Donaufürstentümer besetzten und die Russen zu kräftezehrenden Verteidigungsmaßnahmen zwangen, war dies alles ein die Zukunft des Habsburgerreiches belastender Sieg.

Wiens Feindschaft zum Zarismus begann unheilbar zu werden. Es kam zum Bruch der Heiligen Allianz, der sich erweiterte, als Österreich am 2. Dezember ein Schutz- und Trutzbündnis mit den kriegführenden Mächten Frankreich und England abschloß. Aber das war für Preußen und die deutschen Mittel- und Kleinstaaten dann doch zuviel. Hier verweigerten sie die Gefolgschaft, und nur dies hielt Österreich davon ab, Rußland mit Krieg zu überziehen, denn es war dazu schon finanziell im Alleingang gar nicht in der Lage. Freiherr Karl Ludwig v. Bruck – übrigens aus Elberfeld stammend – rief damals auf einem Bankett aus: »Gott erhalte die österreichische Armee, ich, der Finanzminister, kann's nicht mehr.«[159]

Der Stolz des alten Kaiserstaates ließ es jedoch nicht zu, allzu rasch auf halbem Wege stehenzubleiben. Nach mehreren Vorverhandlungen und gescheiterten Versuchen stellte Österreich im Januar 1855 in Frankfurt den Antrag auf Mobilmachung der halben Bundesstreitkräfte. Bismarck wußte, daß die Klein- und Mittelstaaten trotz ihrer Verärgerung und ihres Mißtrauens nicht den Mut aufbringen würden, Wiens Ansinnen ohne weiteres abzulehnen. So beantragte er unter Berücksichtigung einiger sachlicher Erfordernisse eine Kriegsbereitschaft, die er mit notwendiger Abwehr drohender Gefahren »in jeder Richtung« begründete.

Mit der Formel »in jeder Richtung«, nach Ost wie nach West, war dem österreichischen Anliegen die ausschließlich gegen Rußland gerichtete Spitze abgebrochen. Der habsburgische Präsidialgesandte mußte, um keine offene Niederlage im Bundestag zu riskieren, zähneknirschend dem in dieser Weise veränderten Antrag zustimmen.[160] Österreichs tiefere Absicht, den Deutschen Bund besitzergreifend zu umarmen und militärisch gegen Osten zu orientieren, war damit gescheitert. Dafür hatte sich Bismarck in Wien wie auch in Paris so verhaßt gemacht, daß Manteuffel, sein Chef in Berlin, ihn gegen französische Beschwerden in Schutz nehmen mußte.

Dennoch: der preußische Gesandte hatte sein diplomatisches Meisterwerk abgelegt; seine Lehrlings- und Gesellenzeit war vorüber. Prokesch-Osten mußte seinem Chef in Wien, dem Grafen Buol-Schauenstein, gestehen: »Österreich erscheint heute wie vom Bunde in den Bann getan, und es wird laut geprahlt, daß man es durch den Bund unter Preußens Führung zähmen und Schamade zu schlagen zwingen müsse. Die ›bewaffnete Neutralität‹ als eine Maßregel gegen Frankreich und Österreich wird als das non plus ultra der Weisheit gepriesen, und daß wir selbst dazu mithelfen, uns selbst dadurch binden, ist der Stoff der Erheiterung.«[161]

In diesem Zusammenspiel mit den Mittel- und Kleinstaaten gegen die habsburgische Vormacht hatte Bismarck die ersten großen, von Freund und Feind anerkannten Erfolge seiner diplomatischen Laufbahn errungen.[162] Er lieferte Kabinettstücke seines politischen Raffinements, indem er sich seiner lebendigen Anschauung von Personen und Verhältnissen bediente, seiner präzisen Beobachtungsgabe, mitunter auch des geschickten Experimentierens mit den gegebenen politischen Möglichkeiten.

Nachdem die Klein- und Mittelstaaten die Furcht verloren hatten, durch Österreich in einen Krieg gegen Rußland hineingezogen zu werden, mußte Bismarck von seiner preußischen Interessenpolitik aus eine veränderte Haltung ihnen gegenüber einschlagen, also wieder in die ursprüngliche Kampfstellung gegen sie treten, auf jeden Fall gab er das Werben um ihre Gunst von nun an endgültig auf.

Die militärischen und diplomatischen Niederlagen Rußlands zerrütteten die körperlichen und seelischen Kräfte des Zaren. Im Februar 1855 starb Nikolaus I. unerwartet; vielleicht flüchtete er auch in den Freitod, wie man gelegentlich munkelte. Sein ältester Sohn Alexander II., Enkel des preußischen Königs Friedrich Wilhelm III., wurde sein Nachfolger und übernahm die schwere Aufgabe, einen schon halbverlorenen Krieg fortzuführen.

Als Sewastopol nach langen, harten Kämpfen und großen Verlusten auf beiden Seiten am 11. September 1855 gefallen war, fand auch der Krieg bald sein Ende. Auf der Pariser Friedenskonferenz im Februar und März 1856 wurden Rußland schwere Bedingungen auferlegt. Die härteste und für eine Großmacht schier unerträgliche war das Verbot, im Schwarzen Meer eine Kriegsflotte zu halten und Küstenbefestigungen anzulegen. Außerdem mußte Rußland die »Freiheit der Donauschiffahrt« anerkennen und einen Teil Bessarabiens abtreten.

Seit der Niederlage im Krimkrieg büßte der Zarismus seine führende Stellung im Kreis der konservativen Mächte immer mehr ein. Die außenpolitische Niederlage verschärfte auch die inneren Gegensätze; der Zarismus mußte bald nach dem Krimkrieg die Leibeigenschaft aufheben. In der revolutionär-demokratischen Bewegung in Rußland erstand ein direkter Verbündeter der anderen freiheitlichen Bestrebungen in Europa. Mit dem Pariser Frieden wurde Frankreich für etwa ein Jahrzehnt zur ersten Macht auf dem europäischen Kontinent. Die Solidarität der Mächte der Heiligen Allianz war zu Ende, was wiederum auch

Preußen zwang, eine außen- und innenpolitische Neuorientierung zu suchen. Der Gegensatz zwischen Rußland und Österreich in der Balkanfrage ließ sich nicht mehr überbrücken, sondern vertiefte sich in der Folgezeit immer mehr.

Bismarck hatte von Frankfurt aus die Berliner Regierung davor gewarnt, allzu großes Verlangen nach Mitwirkung auf der Pariser Friedenskonferenz zu zeigen. Er fürchtete, Preußen müßte dort seine »bisherige freie Stellung« zwischen den Parteien aufgeben, »um unter den moralischen Druck« einer rußlandfeindlichen Majorität zu geraten. Dabei könnte es Gefahr laufen, »mit einem Schlage die Früchte zweijähriger Weisheit und Ruhe einzubüßen, wie sie sich in unsrer Einheit mit den deutschen Staaten, in unsern geschonten Beziehungen zu Rußland und in unsrer haltbaren und einflußreichen Position gegenüber den Kriegführenden darstellen ...«[163]

Vor allem auf Betreiben Englands wurde Preußen dann auch zur Eröffnung des Friedenskongresses in Paris gar nicht eingeladen und kam erst später bei der Beratung der Meerengenfrage an den Konferenztisch. Obwohl es hier nur eine untergeordnete Rolle spielen konnte, verschlechterte sich insgesamt seine außenpolitische Stellung nicht in so blamabler Weise wie die Österreichs, dessen Haltung während des Krimkriegs den Westmächten nicht Genüge tat und Rußlands Vertrauen verscherzte. Ein Olmütz in der alten Form war nicht mehr möglich.

Schon einige Monate vor dem Konferenzbeginn hatte Österreich wieder einmal seinen Präsidialgesandten gewechselt. Was sich bereits im Frühjahr 1855 ankündigte, wurde Anfang November realisiert. Prokesch-Osten ließ alle am Bundestag aufatmen, als er seinen Abschied nahm, um an den Ort seiner Sehnsucht, nach Konstantinopel, als Gesandter zu gehen. Es schien, als nähme er einen wichtigen Posten der habsburgischen Diplomatie ein; tatsächlich schied er aus einem zentralen Wirkungsbereich aus. Doch konnte er im damals noch nationalitätenreichen Konstantinopel, wunderbar gelegen, mit altehrwürdigen Monumentalbauten, märchenhaften Silhouetten, schattigen Cafés und Parks, jenen Orientalismus genießen, den Jahrzehnte später der große Sohn der Türkei, Kemal Pascha, im Interesse seiner Nation mit Ingrimm bekämpfte.

Der Emporkömmling Freiherr Prokesch v. Osten wurde in Frankfurt abgelöst durch den Grafen Johann Bernhard v. Rechberg, den Angehörigen eines uralten, früher reichsunmittelbaren schwäbischen Geschlechts, dessen Stammsitz auf dem Hohen-Rechberg gegenüber dem Hohenstaufen lag. Der altmärkisch-pommersche Landadel eines Bismarck war demgegenüber von bescheidenem Zuschnitt, auch wenn er bis auf das dreizehnte Jahrhundert zurückging. Die Erwartung seines künftigen Mit- und Gegenspielers wich bei Bismarck unverhohlener Enttäuschung, als ihm ein kleiner, bebrillter Mann mit dem Aussehen eines »Kammergerichtsrats« entgegentrat. Bereits diese ironische Kennzeichnung deutet an, daß Bismarck wieder wesentliche Züge des neuen Präsidialgesandten erkannte: Er war pedantisch, trocken, konventionell. Sein Gesicht verriet jedoch eine listenreiche Intelligenz, die in einer langjährigen diplomatischen Laufbahn ausgebildet worden war.

Rechberg, neun Jahre älter als Bismarck, fühlte sich einem Katholizismus zugehörig, der nicht ultramontan im Sinne des absoluten Gehorsams gegenüber dem Papst, sondern Bestandteil der habsburgischen Staatsrason war. Verglichen mit ihm, bewegte sich Bismarck in seinem Protestantismus freier und der geschichtlichen Entwicklung gegenüber bei aller Treue zur Hohenzollernschen Krongewalt und ihrer Armee offener und ungebundener. In seinem konservativen Starrsinn konnte Rechberg das Unkonventionelle im Bismarckschen Denken und Handeln nur oberflächlich erklären: Er habe eben nur eine ungenügende Ausbildung in der Diplomatie.

*

Nach den diplomatischen Erfahrungen des Krimkrieges war Bismarck in der so heiklen Frage des Verhältnisses zu Österreich, das die Grundfesten konservativer Solidarität berührte, noch entschiedener als zuvor. In dem berühmten »Prachtbericht«, der in der Form eines Privatschreibens an Manteuffel vom 26. April 1856 gehalten war, schrieb er – wohlverstanden, etwa vier Wochen nach Abschluß des Pariser Friedensvertrags – mit prinzipieller Deutlichkeit und Festigkeit: »Der deutsche Dualismus hat seit 1000 Jahren gelegentlich, seit Carl V. in jedem Jahrhundert, regelmäßig durch einen gründlichen innern Krieg seine gegenseitigen Beziehungen regulirt, und auch in diesem Jahrhundert wird kein andres als dieses Mittel die Uhr der Entwicklung auf ihre richtige Stunde stellen können. Ich beabsichtige mit diesem Raisonnement keineswegs zu dem Schlusse zu gelangen, daß wir jetzt unsre Politik darauf richten sollten, die *Ent-*

scheidung zwischen uns und Östreich unter möglichst günstigen Umständen herbeizuführen. Ich will nur meine Überzeugung aussprechen, daß wir in nicht zu langer Zeit für unsere *Existenz* gegen Östreich werden fechten müssen, und daß es nicht in unsrer Macht liegt, dem vorzubeugen, weil der Gang der Dinge in Deutschland keinen andren Ausweg hat.«[164]

Bismarcks geschichtlicher Exkurs mag dahingestellt bleiben, aber er läßt erkennen, daß er wiederum mit der Vorstellung einer naturnotwendigen Auseinandersetzung zwischen deutschen Partikularmächten operierte, insbesondere da sie in europäischen Staatensystemen Großmachtcharakter hatten. Nicht in einer gelegentlichen Erwägung, sondern in einem wohlüberlegten und berechneten Bericht wird die militärische Auseinandersetzung mit Österreich zur Lösung der Hegemoniefrage ins Auge gefaßt, wenn auch noch nicht unmittelbar geplant.

Die bereits im Ringen mit Österreich am Bundestag ausgebildete Konzeption zeigte Bismarck keineswegs unsicher zwischen zwei möglichen Wegen schwankend, ein Herkules, der sich am Scheideweg nicht entschließen kann; er reifte vielmehr zu einem Politiker heran, der sowohl die »materiellen Interessen« als auch die nationalstaatlichen Aspirationen des Bürgertums auszunutzen versuchte, wenn er auch alles tat, um nicht politisch von ihm abhängig zu werden.

Nicht zuletzt deshalb wollte er als weiteres taktisches Kampfmittel für die preußische Hegemonie in Deutschland die europäische Politik ausspielen. Zugespitzt formulierte er in einer Denkschrift an Manteuffel vom 18. Mai 1857: »Nur außerhalb Deutschlands bieten sich uns die Mittel, unsre Stellung im Interesse Deutschlands selbst zu konsolidieren.«[165] Bismarck war zwar mit den Brüdern Gerlach darin einig, daß das allianzähnliche Verhältnis zum zaristischen Rußland aufrechterhalten und gepflegt werden sollte; aber während die Gerlachs die Freundschaft mit ihm selbst nach dem Krimkrieg, als die Heilige Allianz zunichte geworden war, ausschließlich unter dem Blickpunkt der konservativen Solidarität und damit unter Einbeziehung Österreichs sahen, war Bismarck in Richtung und Ziel seiner Rußland-Politik recht undoktrinär; er versah sie mit einer Spitze gegen Österreich.

Als während des Krimkrieges »der Antagonismus von Wien und Petersburg sich hat schärfer und dauerhafter ausprägen können«[166] und Rußlands Sinnen, ob früher oder später, direkt oder indirekt auf Abrechnung mit Österreich immer offensichtlicher wurde, blieb für Bismarck Preußens Anschluß an Rußland von erstrangiger außenpolitischer Bedeutung. Mit den sich mehrenden Nachrichten über russisch-französische Kontakte festigte sich bei ihm ein längst gehegter Gedanke, den er unter anderem in einem Privatschreiben an den Ministerpräsidenten Manteuffel vom 13. Februar 1856, also sechs Wochen vor dem Abschluß des Pariser Friedensvertrags, erörterte: »Gen. v. Gerlach schrieb mir neulich über seine Besorgnisse in Betreff einer russisch-französischen Verbindung. Ich habe mich, da ich seine Gefühle und noch mehr die unseres Ag. Herrn respectire, in meiner Antwort darauf beschränkt, die Sache als unwahrscheinlich darzustellen. Die Äußerung aber, welche E. E. geehrtes Privatschreiben vom 9. über des Königs und über Ihre eignen Ansichten in dieser Beziehung enthält, ermuthigt mich zu dem Glaubensbekenntniß, daß ich eine solche Allianz, vorausgesetzt, daß wir mit beiden Füßen in dieselbe hineinspringen, mehr hoffe, als fürchte. Es ist das einzige Mittel, uns der Vormundschaft der Mittelstaaten und der östreichischen Umgarnung nachhaltig zu entziehn.«[167] Mit diesem »Glaubensbekenntnis« sprach Bismarck recht unverhohlen aus, welchen taktischen Zweck die Verbindung mit Rußland und die Orientierung auf Frankreich verfolgte. Sie war gegen den strategischen Hauptfeind gerichtet: gegen Österreich und die sich ihm politisch immer wieder nähernden Mittelstaaten.

So war die Weltausstellung 1855 in Paris für Bismarck ein willkommener Anlaß, Frankreich zu besuchen. Amtliche Rükkendeckung hatte er insofern, als ihn der preußische Gesandte Graf Hatzfeld angesichts der überfüllten Hotels als Gast aufnahm. Dieser enge Kontakt mit seinem Kollegen erleichterte es ihm, der englischen Königin Victoria vorgestellt zu werden, die durch einen Staatsbesuch das französisch-englische Bündnis demonstrativ feierte. Noch wichtiger war, daß Bismarck das französische Kaiserpaar kennenlernte und einen ersten Eindruck von ihm erhielt. Wieder einmal reagierte er mit raschem Blick für Physiognomien und pointiert formulierend: Napoleon III. »sieht gescheut aus in der Art wie ein Rattengesicht en face gesehn«[168]; sein Verstand würde jedoch auf Kosten seines Herzens überschätzt.

Für die architektonischen Monumente und städtebaulichen Ensembles der französischen Hauptstadt fand Bismarck kein Wort; nur die Seinelandschaft nahm er auf, fast mit dem Auge eines Malers. Das Landschaftliche war ihm nun einmal vertrauter als das Architektonische. In Paris zog ihn jedoch die »Physiognomie des Straßenlebens« an, und so urteilte er denn seiner Frau gegenüber: »Es ist eine wunderbare Stadt, dies Paris.«[169] Die Politik, Zweck seiner Reise, führte ihn zu mancherlei Gesprächen in Salons und Ministerialbüros. Befriedigt stellte er fest, »daß die Herrschaft von der July-Bourgeoisie auf die Armee übergegangen ist«. Aber außerhalb des staatlichen Repressionsapparats, so meinte er, wäre Geld in Paris alles, Marschälle seien Hunde neben den großen Finanzleuten.[170]

Über die vielen Polizisten und all die Reglements im öffentlichen Leben gab er seiner Spottlust freien Lauf. Sein Aperçu darüber nahm schließlich die Form der Groteske an: »Ich würde mich garnicht gewundert haben, beim Aufwachen des Morgens in ein Gesicht mit 3 Bärten und schiefem Hut zu blicken, welches mir mit der gelangweilten Höflichkeit eines Gefängnißschließers sagte: Pissez, s'il vous plaît, changez de chemise s.v.pl. Man hört auf, nach eignem Willen zu niesen oder zu schnauben, wenn man den Fuß in diese Tretmühle gesetzt hat ...«[171]

Den Kamarilla-Leuten in Berlin gefiel natürlich Bismarcks Reise nach Paris nicht. Da mußte er gegenüber dem königlichen Generaladjutanten Leopold v. Gerlach doch einiges zu seiner Rechtfertigung sagen; er tat dies mit der Nonchalance eines Grandseigneurs: »Sie schelten mich, daß ich in Babylon gewesen bin, aber Sie können von einem lernbegierigen Diplomaten diese politische Keuschheit nicht verlangen, die einem Soldaten wie Lützow, oder einem unabhängigen Landjunker so wohl ansteht; ich muß m. E. die Elemente, in denen ich mich zu bewegen habe, aus eigner Anschauung kennenlernen, soviel sich mir dazu Gelegenheit bietet. Fürchten Sie dabei nicht für meine politische Gesundheit; ich habe viel von der Natur der Ente, der das Wasser von den Federn abläuft, und es ist bei mir ein ziemlich weiter Weg von der äußern Haut bis zum Herzen. Ich habe an Vorliebe für den Bonapartismus nichts gewonnen; im Gegentheil, mir fiel es wie eine Last von der Brust, als ich die Gränze wieder hinter mir hatte; ... und sogar für zwei Pfälzische Fabrikanten, die mit mir im Wagen saßen, hatte ich eine Anwandlung landsmannschaftlicher Gefühle.«

Als Quintessenz seines Frankreichbesuchs brachte er die Überzeugung mit: »Solange Louis Napoleon lebt, glaube ich übrigens, daß er fest sitzt. Er hat in der Garde und in der zahllosen

Gensdarmerie zu viele gut bezahlte Leute, welche wünschen, daß alles so bleibe, wie es jetzt ist, und zahlreich genug sind, um Paris im Zaum zu halten.« Mit dieser Beobachtung stand für Bismarck Frankreich als ernst zu nehmender Posten in der internationalen Politik.

Bismarcks Vorstellungen, wie die Beziehungen Preußens zum Frankreich Napoleons zu gestalten seien, waren während der orientalischen Krise sicherlich noch nicht klar entwickelt; auch mag er gegenüber seinem Briefpartner Manteuffel und mehr noch gegenüber Leopold v. Gerlach in manch diplomatisierendem Versteckspiel seine wahren Gedanken verdeckt haben; auf jeden Fall wollte er verhindern, daß die offizielle Gegnerschaft Preußens gegen Frankreich »öffentlich einen Stempel der Unwiderruflichkeit« erhalte.[172] Auf Leopold v. Gerlachs Mentalität präzise abgestimmt, mimte er moralischen Schauer, als er diesen mit dem Gedanken einer eventuellen Allianz mit Napoleon vertraut machen wollte: »Ein Bündniß mit Frankreich können wir nicht ohne einen gewissen Grad von Gemeinheit eingehn. Bringen wir aber Rußland dahin, es zu thun, so kann uns die verkehrte Wiener Politik doch nöthigen, in diesem scheußlichen Bunde der Dritte zu sein, ehe es Oestreich wird. Sehr achtbare Leute, sogar mittelalterliche Fürsten, haben sich schon lieber durch eine Kloake gerettet, als daß sie sich prügeln oder abwürgen ließen.«[173] Diese Erörterungen eines möglichen Bündnisses Preußens mit Frankreich darf man sicherlich auch von der Sache her nicht allzu wörtlich nehmen. Es ging Bismarck damals und auch in den folgenden Jahren in erster Linie darum, mit Frankreich in eine nähere Beziehung ohne festere Bindung zu kommen.

Nach dem Krimkrieg wurden Bismarcks Vorstellungen vom Verhältnis Preußens zu Frankreich bestimmter. Seine Denkschrift an Manteuffel vom 18. Mai 1857 verfolgte den Hauptzweck, eine Annäherung Preußens an Frankreich von der Sicht beider Staaten her zu begründen. Die Vorsicht, so meinte Bismarck, gebiete Frankreich, »sich das russische Bündnis offenzuhalten, ohne durch auffällige Bemühungen deshalb sich England ohne Not zu entfremden. Der sicherste Mittelweg hierzu ist die Kultivierung der Beziehungen Frankreichs zu Preußen. ... Für Preußen liegt der Gewinn dabei vorzugsweise in Deutschland; denn, indem Frankreich mehr an *unserm* guten Willen als an dem der Mittelstaaten gelegen ist, wird den letztern die Rheinbundchance abgeschnitten, und sie sind an uns verwiesen, da sie bei Österreich allein sich nicht sicher und geschützt fühlen, solange dasselbe nicht mit Rußland verbündet ist.«[174]

Bismarck war fest davon überzeugt, daß Preußen im Vergleich zu Österreich »das kräftigere und zukunftsreiche Element in Deutschland« sei. Das Bündnis Rußland–Österreich war nach dem Krimkrieg nicht mehr möglich. Somit wurde die Frage, wie Preußen seine Beziehungen zu Frankreich gestalten solle, objektiv notwendig und zugleich subjektiv für Bismarck erleichtert.

Objektiv hatte sich der Gegensatz zwischen Rußland und Österreich in der Balkanfrage vertieft. Der Zarismus war durch seine Niederlage im Krimkrieg so geschwächt, daß die konservativ-reaktionären Parteien, insbesondere die Preußische Kamarilla, ihren wirksamen Rückhalt bei dem Gendarmen Europas nicht mehr finden konnten. Preußens außenpolitische Chancen verbesserten sich in der europäischen Mächtekonstellation, weil sich die seines österreichischen Hauptrivalen verschlechterten.

Subjektiv wurde Bismarcks Argumentation leichter, da sie durch den Auseinanderfall der Heiligen Allianz an Überzeugungskraft gewann. Das Festhalten an einer doktrinären Politik konservativer Solidarität – wie es beispielsweise Leopold v. Gerlach praktizierte – bekam Züge der Donquichotterie. Wollte die preußische Monarchie als Großmacht bestehen, so brauchte sie sowohl eine größere Selbständigkeit gegenüber Rußland als auch eine aktivere Politik gegenüber Österreich innerhalb des Deutschen Bundes. Im Innern Deutschlands, insbesondere im industriell entwickelten Preußen, zwang die Rivalität der beiden führenden Mächte des Deutschen Bundes jede Klasse, eine Antwort zu geben, wie die deutsche Frage zu lösen sei.

Bruch mit der Kamarilla

Für die Grundbesitzer faßte Bismarck Lösungsmöglichkeiten ins Auge, die es ihnen erlaubten, ihre Machtpositionen in Gesellschaft und Staat zu erhalten und dennoch die dringendsten Erfordernisse des Besitzbürgertums zu erfüllen. Die Kamarilla konnte mit ihrem rückwärtsgewandten Programm dem massiven Druck, der von der kapitalistischen Industrie und Landwirtschaft ausging, auf die Dauer weder im wirtschaftlichen noch im staatspolitischen Bereich standhalten.

Auf diesem Hintergrund spielte sich die berühmte Auseinandersetzung zwischen Bismarck und Leopold v. Gerlach im Jahre 1857 ab. Die beiden Briefe Bismarcks vom 2. und 30. Mai sind politische Dokumente, die alle bisherigen auf den Unterschieden der Traditionen, Erfahrungen und Denkweisen beruhenden Differenzen konzentriert und prägnant zusammenfassen, so die Hauptdiskrepanzen über sogenannte Prinzipien- und Interessenpolitik, über das Verhältnis zu Österreich und anderes mehr. Bismarck war sich des Gehalts und der historischen Bedeutung dieser Briefe wohl bewußt und nahm sie deshalb mit vollem Bedacht noch in den neunziger Jahren in seinen Erinnerungsband auf. Wenn man aus der Fülle der hier behandelten Fragen nur das herausgreift, was als auffallend neuer Zug erscheint, so ist es die wiederholte Forderung nach einem »*positiven* Plan« in der preußischen Politik.

Gleich am Anfang des ersten Briefes wirft er der Regierung vor: »Wir haben keine Bündnisse und treiben keine auswärtige Politik, d. h. keine active, sondern wir beschränken uns darauf, die Steine, die in unseren Garten fallen, aufzusammeln und den Schmutz, der uns anfliegt, abzubürsten wie wir können.«[175] An anderer Stelle spricht er von der »gänzlich passiven Rolle unsrer Politik«[176] und geht schließlich gegenüber seinem Briefpartner geradezu in die Attacke über: »Sie sind doch, verehrtester Freund, au fait von unsrer Politik; können Sie mir nur ein Ziel nennen, welche dieselbe sich etwa vorgesteckt hat, auch nur einen Plan auf einige Monate hinaus, grade rebus sic stantibus, weiß man da, was man eigentlich will? Weiß das irgend jemand in Berlin, und glauben Sie, daß bei den Leitern eines der andern großen Staaten dieselbe Leere an positiven Zwecken und Ideen vorhanden ist? ... Ich spreche nicht von der Gegenwart; aber können Sie mir einen *positiven* Plan (abwehrende genug), eine Absicht nennen, die wir seit dem Radowitzischen Dreikönigsbündniß in auswärtiger Politik gehabt haben?«[177]

Der Gedanke, daß Preußen eine planmäßige und aktive Politik betreiben müsse, war Bismarck so wichtig, daß er mit ihm seinen zweiten großen Brief vom 30. Mai 1857 abschloß: »Schlagen Sie mir eine andre Politik vor und ich will sie ehrlich und vorurtheilsfrei mit Ihnen discutiren, aber eine passive Planlosigkeit, die froh ist, wenn sie in Ruhe gelassen wird, können wir in der Mitte von Europa nicht durchführen, sie kann uns heut ebenso gefährlich werden, wie sie 1805 war, und wir werden Ambos, wenn wir nichts thun, um Hammer zu werden.«[178] Die Begründung einer aktiven Politik mit dem Hinweis auf die geopolitische Lage Preußens sei dahingestellt; aber Bismarck hatte als Vollblutpolitiker den untrüglichen Instinkt, daß eine Großmacht wie Preußen – gerade weil sie zu den kleinsten gehörte – nach dem Krimkrieg sich weder passiv noch planlos verhalten dürfte, waren doch alle Mächtebeziehungen in Fluß geraten, und im Innern regten sich die bürgerlich-liberalen Kreise erneut, vorerst noch schüchtern, mit ihrer Forderung nach Ersetzung des Staatenbundes durch einen einheitlichen, aktionsfähigen deutschen Staat.

Es ist oft bezweifelt worden, daß Bismarck seine Politik nach einem strategischen und taktischen Plan verfolgte. So wurde gesagt: »Die Vorstellung vom zielbewußten Reichsgründer ist schon deshalb verfehlt, weil es überhaupt nicht im Wesen von Bismarcks Realpolitik lag, der Erfüllung eines konkreten Programms in teleologischer Konsequenz zuzustreben.«[179] Hier wird Richtiges und Falsches verbunden. Richtig ist, daß Bismarck insofern kein konkretes Programm hatte, als er den Weg zu seinem Ziel im einzelnen nicht festlegte und auch nicht festlegen konnte. Unzutreffend ist dagegen die Annahme, er hätte über den allgemeinen Wunsch hinaus, die Macht seines preußischen Staates zu festigen, kein strategisches Ziel und keine grundsätzliche Vorstellung über die einzuschlagende Taktik gehabt.

Bismarck war sich spätestens in der zweiten Hälfte der fünfziger Jahre bewußt, daß am Ende dieses Weges, unter Berücksichtigung der nationalstaatlichen Bestrebungen des liberalen Bildungs- und Besitzbürgertums, die Hegemonie Preußens in Deutschland erreicht sein müsse. Wenn Bismarck einstmals mit den Gerlachs und mit Manteuffel zusammen die Radowitzsche Unionspolitik in ihrer taktischen Anlage und praktischen Durchführung heftig bekämpft hatte, so war ihm doch deren allgemeine Zielstellung, nämlich die Hegemonie Preußens in einem Klein-Deutschland, nie zweifelhaft gewesen. Und eben im Brief vom 2. Mai 1857 erwähnte er das Dreikönigsbündnis zustimmend als letztes Beispiel eines positiven Plans preußischer Außenpolitik. Konkret waren Bismarcks Zielvorstellungen insofern, als sie prinzipielle Festigkeit in der Verfolgung preußisch-konservativer Interessen mit Elastizität hinsichtlich der modernen Entwicklungen in der Wirtschaft und in der Gesellschaft verbanden. Die doktrinäre Politik der Gebrüder Gerlach gestattete keine solche Anpassung.

Aus der Erkenntnis, daß Preußen im Deutschen Bund durch Majorisierung Gefangener bleiben könnte, zog Bismarck den Schluß, engere Beziehungen außerhalb des Systems der deutschen Mächte zu suchen. Bei der gegebenen Interessenlage sah er die Möglichkeit freundschaftlicher Verbindungen außer in Rußland nur noch im napoleonischen Frankreich. Für ihn war Frankreich ein Gegengewicht gegen Österreich, gegen die Mittelstaaten, aber auch gegen England, von dem er behauptete, daß es Preußen »keine Chancen maritimer Entwicklung in Handel oder Flotte« gönne und »neidisch auf unsere Industrie« sei.[180] In einer »Dreierkonstellation« mit Rußland und Frankreich könne Preußen politisch so lavieren, daß es sein strategisches Hauptziel, die hegemonische Stellung in Deutschland, erreiche. Jedenfalls war Bismarck davon überzeugt: Wer Frankreich für sich hat, der hat die mittelstaatlichen Dynastien auf seiner Seite, die sich in äußersten Krisensituationen wie in Zeiten des Rheinbundes lieber unter den Schutz des neuen Napoleon begeben als sich auf den brüchigen Deutschen Bund verlassen würden.

Nur mit dem Blick auf die dynamischer gewordenen Beziehungen zwischen den Mächten in Europa und den Klassen in Deutschland wird verständlich, warum Bismarck mit dieser Eindringlichkeit immer wieder auf das Problem des Bonapartismus einging und Frankreich als möglichen Aktivposten in der preußischen Außenpolitik nicht missen wollte.

An den Antwortbriefen Gerlachs an Bismarck, die in Inhalt und Form gegenüber den kraftvoll-energischen Tönen seines Partners blaß und matt erscheinen, ist in diesem Zusammenhang interessant, was als Entgegnung auf Bismarcks Hauptanliegen, die Notwendigkeit einer aktiven und planmäßigen Politik Preußens, verstanden werden kann. Mit Anspielung auf Worte von Kaiser Franz auf dem Ungarischen Reichstag 1809 meinte Leopold v. Gerlach, die ganze Welt sei doch verrückt. »Österreich fürchtet mit Recht für sein Italien und verfeindet sich mit Preußen und Rußland, den einzigen Mächten, die es ihm gönnen; es nähert sich Frankreich, was seit dem 14. Jahrhundert lüstern nach Italien sieht, es treibt Sardinien auf das Äußerste, was die Türen und Eingänge Italiens in Händen hat, es liebäugelt mit Palmerston, der emsig bemüht ist, den Aufruhr dort zu erregen und zu erhalten. Rußland fängt an im Innern zu liberalisieren und macht Frankreich den Hof. – Mit wem soll man sich verbünden? Ist da etwas anderes als Abwarten möglich?«[181]

Diese resignierende Ratlosigkeit macht Leopold v. Gerlachs Unverständnis für die Entwicklung seiner Zeit deutlich, die im wahrsten Sinne des Wortes über seinen historischen Horizont hinausgewachsen war. Der lebendigere politische Instinkt, der einem Bismarck, einem Gortschakow und selbst einem Alexander II. ein partielles Verständnis für die historisch-politische Entwicklung verschaffte, fehlte in den Anschauungen Leopold v. Gerlachs völlig. So hielt er die Welt für verrückt und Abwarten in der Außenpolitik für das bestmögliche.

Selbst wo Gerlach und Bismarck in der Beurteilung einiger Erscheinungen durchaus konform gingen, wie hinsichtlich der Haltung Österreichs gegenüber Preußen oder des zu geringen Einflusses Preußens in Deutschland, differierten sie in der Beurteilung des Charakters dieser Erscheinungen und ihrer Ursachen. »In Deutschland ist der Preußische Einfluß so gering«, klagte Leopold v. Gerlach, »weil der König sich niemals entschließen kann, den Fürsten seinen Unwillen zu zeigen.«[182] Mit dieser royalistischen Interpretation der Dinge verkannte er nicht allein die Gesamtheit der Kräfteverhältnisse, sondern er übersah auch die Möglichkeiten für die preußische Monarchie, die liberale Bourgeoisie in ihren wirtschaftspolitischen und nationalen Aspirationen zu unterstützen und damit für Preußen zu gewinnen und zu benutzen – eine Taktik, die Bismarck schon Anfang der fünfziger Jahre erwog. Wenn Gerlach und Bismarck sich gegenseitig immer wieder beteuerten, daß sie doch im Kampf gegen die Revolution einig seien, so entfernten sie sich in den fünfziger Jahren, in denen sich die objektiven Verhältnisse weiterentwickelten, immer mehr voneinander, zunächst auf dem Gebiet der außenpolitischen Beziehungen.

Leopold v. Gerlach lehnte eine Zusammenarbeit oder gar ein Bündnis mit dem bonapartistischen Frankreich aus prinzipiellen Erwägungen des »Kampfes gegen die Revolution« ab. Eine solche Betrachtungsweise lag Bismarck fern, der denn auch mit vielen historischen Argumenten aufwartete: »Ich sehe nicht, daß vor der *Französischen* Revolution ein Staatsmann, sei er auch der christlichste und gewissenhafteste, auf den Gedanken gekommen wäre, sein gesamtes politisches Streben, sein Verhalten zur äußern wie zur innern Politik dem Principe des ›Kampfes gegen die Revolution‹ unterzuordnen und die Beziehungen seines Landes zu andern Staaten lediglich an *diesem* Probierstein zu prüfen; ...«[183] Zu Louis Bonaparte meinte er: »Weder die Erinnerung an die *Eroberungssucht* des Onkels, noch die Thatsache des *ungerechten Ursprungs* seiner Macht berechtigt mich also, den gegenwärtigen Kaiser der Franzosen als den ausschließlichen Repräsentanten der Revolution, als vorzugsweises Object des Kampfes gegen dieselbe zu betrachten. Den zweiten Makel theilt er mit vielen bestehenden Gewalten, und des erstern ist er bisher nicht verdächtiger als Andre.«[184] Überhaupt: »Die Revolution ist viel älter als die Bonapartes und viel breiter in der Grundlage als Frankreich. Wenn man ihr einen irdischen Ursprung anweisen will, so wäre auch der nicht in Frankreich, sondern eher in England zu suchen, wenn nicht schon früher in Deutschland ...«, eben in der Reformation.[185]

Die instruktivsten Argumente brachte Bismarck gleich zu Anfang des zweiten Mai-Briefs. Da war ein historischer Rückblick in zweierlei Hinsicht aufschlußreich. Einmal zeigte er, wie legitime Zustände als »eingealterte« Revolutionen zu betrachten seien, zum andern konnte der Rückblick zugleich einen Ausblick auf die nächste Zukunft eröffnen. So hieß es: »Wie viele Existenzen giebt es noch in der heutigen politischen Welt, die nicht in revolutionärem Boden wurzeln? Nehmen Sie Spanien, Portugal, Brasilien, alle Amerikanischen Republiken, Belgien, Holland, die Schweiz, Griechenland, Schweden, das noch heut im Bewußtsein in der glorious revolution von 1688 fußende England; selbst für das Terrain, welches die heutigen Deutschen Fürsten theils Kaiser und Reich, theils ihren Mißständen, den Standesherrn, theils ihren eigenen Landständen abgewonnen haben, und in unserm eigenen staatlichen Leben können wir der Benutzung revolutionärer Unterlagen nicht entgehn.«[186]

Fast drei Jahrzehnte später war es Friedrich Engels, der in einem Brief an August Bebel im Kern die gleichen Argumente anführte, die Bismarck hier geltend gemacht hatte. Engels schrieb Ende November 1884: »Der bestehende politische Zustand in ganz Europa ist das Ergebnis der Revolutionen. Der Rechtsboden, das historische Recht, die Legitimität, ist überall tausendmal durchlöchert oder ganz umgestoßen worden. Es ist aber die Natur aller durch Revolutionen zur Herrschaft gekommenen Parteien resp. Klassen, zu verlangen, daß nun aber auch der neue, durch die Revolution geschaffene Rechtsboden unbedingt anerkannt, heilig gehalten werde. Das Recht zur Revolution hat existiert – sonst wären ja die jetzt Herrschenden unberechtigt –, aber es soll von nun an nicht mehr existieren. – – In Deutschland beruht der bestehende Zustand auf der Revolution, die mit 1848 anfing und mit 1866 abschloß.«[187]

Bismarck hat spätestens seit Ende der fünfziger Jahre, allmählich immer deutlicher, erkannt, daß die ostelbischen Grundbesitzer in der zentralen Machtfrage den Liberalismus um so wirksamer bekämpfen könnten, je mehr sie ihn in einigen wichtigen ökonomischen und nationalstaatlichen Aspirationen unterstützten; er begann zu begreifen, daß die Gefahr einer Revolution von unten am besten durch eine Revolution von oben zu bannen sei. Die subjektive Entscheidung Bismarcks, die er mit der Festlegung seiner politischen Strategie und Taktik traf, war dazu angetan, später die objektive Kräftekonstellation so zu verändern, daß sich die sozialökonomische Gesetzmäßigkeit mit Hilfe merkwürdiger Demiurgen und in der für die Volksmassen ungünstigsten Form durchsetzte.

Einigkeit und Uneinigkeit zwischen Gerlach und Bismarck kamen auch in der durch dänische Verfassungsbrüche wieder aktuell gewordenen schleswig-holsteinischen Frage zum Ausdruck. Beide stimmten überein, daß die Lösung dieses Konflikts nicht mit einer Stärkung des Liberalismus verbunden sein dürfe, aber sie gingen auseinander in der außenpolitischen Taktik, wo sich Gerlach wiederum genötigt sah, Vorsicht gegenüber dem Bonapartismus zu predigen. Bismarck sah die schleswig-holsteinische Auseinandersetzung, die nach dem Krimkrieg die Gemüter erneut bewegte, selbstverständlich unter dem Blickpunkt seiner strategischen Hauptziele und taktischen Grundlinien.

Die Frage, inwieweit er gegenüber den deutsch-patriotischen Stimmungen innerlich kalt und unberührt gewesen sei, kann nicht so dezidiert beantwortet werden, wie dies manchmal geschieht.[188] Immerhin schrieb ihm sein Freund, der ostpreußische Gutsbesitzer v. Below-Hohendorf, im Herbst 1856 mit mahnendem Unterton: »Die Conservativen mußten 1848, 1849 und in den folgenden Jahren die deutschen nationalen Sympathien verleugnen, um stark zu bleiben wider die Fluctuationen der Revolution. – Jetzt ist es an der Zeit, in und durch die Holsteinsche Sache, künftigen revolutionären Agitationen das Fahrwasser abzuschneiden, indem die Conservativen sich selbst auf der schwellenden Fluth des verletzten Rechts und der gekränkten Nationalität einschiffen.«[189] Bismarcks Antwort liegt nicht vor, und der schon vorher an Below-Hohendorf abgesandte Brief ist heute in einem recht verstümmelten Zustand.

Gegenüber dem österreichischen Präsidialgesandten machte Bismarck jedoch »öfters« so hintergründige Bemerkungen über eine mögliche Erhebung der Holsteiner, daß sich Rechberg dazu gedrängt sah, in seinen Berichten nach Wien die Frage aufzuwerfen, ob am Ende dieser Preuße gar geheime Sympathien für die antidänische, in ganz Deutschland populäre Bewegung habe.[190] Rechberg machte sich Sorgen darüber, daß die liberale und kleindeutsche Geschichtsschreibung mit so viel Eifer und Talent im Interesse preußischer Hegemonie in Deutschland wirke.

Entscheidend für Bismarcks Ausarbeitung seiner späteren Taktik in der schleswig-holsteinischen Krise war dreierlei: erstens ein genaues Beobachten und Abtasten des diplomatischen Terrains, auf dem Frankreich für ihn eine Schlüsselstellung einnahm; zweitens sein Bemühen, Osterreich und die Mittelstaaten in alle Maßnahmen gegen Dänemark einzubeziehen, damit sich Preußen nicht allein exponiere und so eine Koalition auf sich zöge; drittens ein Distanzhalten zur Volksbewegung, ohne sich ihr ostentativ entgegenzustellen. Aus solchen Erwägungen schrieb Bismarck am 17. Juni 1858 an Manteuffel: »Jedenfalls würde ich ehrerbietigst vorschlagen, daran festzuhalten, daß weder Preußen noch Österreich eines ohne das andere bei der Sache beteiligt werden können.«[191] In dieser Bemerkung wird die Umsicht des Bundestagsgesandten, sein Staat möge vor dem Mißtrauen der argwöhnisch auf Preußen sehenden Großmächte verschont bleiben, mit der Absicht verbunden, seinen strategischen Hauptfeind, Österreich, als Aktivposten in sein taktisches Spiel einzubeziehen und auszunutzen. Diese Konzeption trug dann 1863–65, als der schwelende schleswig-holsteinische Konflikt mit seinen bundes- und außerdeutschen Ausweitungen und -wirkungen endgültig zur Lösung drängte, für Bismarck reiche Früchte. Die Bewältigung dieser wichtigsten Teilfrage der großen deutschen Frage führte ihn zu seinem entscheidenden Sieg von 1866.

*

Unerschütterlich blieb Bismarcks Leitmotiv im Denken und Handeln, daß die preußische Monarchie niemals wieder vor die politische Schicksalsfrage à la Olmütz gestellt werden dürfe: entweder vor der Übermacht europäischer Mächte zu kapitulieren oder in das Schlepptau der national-liberalen Bewegung zu geraten.

Seit der Auseinandersetzung mit der Radowitzschen Unionspolitik 1850 bis zum Konflikt des Deutschen Bundestages mit Dänemark um die Rechte Schleswig-Holsteins 1857/58 reifte Bismarcks Strategie und Taktik im wesentlichen aus. Er selbst war sich dessen durchaus bewußt und vermerkte im Begleitschreiben zu jenem berühmt gewordenen sogenannten »Kleinen Buch des Herrn von Bismarck« Ende März 1858 an den Prinzen von Preußen: »Ich habe in der Anlage diejenige politische Auffassung entwickelt, welche ich seit dem Antritt meiner hiesigen Stellung in Berlin befürwortet habe, theils in Briefen und vertraulichen Berichten an Herrn von Manteuffel, theils in der Privatkorrespondenz, welche ich mit dem General von Gerlach zu dem Zwecke unterhielt, den wesentlichen Inhalt meiner Schreiben durch ihn zur Allerhöchsten Kenntniß gebracht zu sehen.«[192]

Es handelt sich bei dieser umfangreichen Denkschrift in erster Linie um eine mit zahlreichen Beobachtungen und Detailkenntnissen versehene Anklage gegen Österreich, das in keinem Moment das Bewußtsein verliere, »mit Preußen um die Hegemonie von Deutschland zu kämpfen«.[193] Beim »spezifischen Preußentum« gibt es vom Anfang bis zum Ende der fünfziger Jahre eine bemerkenswerte Weiterentwicklung. Es gäbe nämlich, so liest man jetzt, »nichts Deutscheres als gerade die Entwickelung richtig verstandener preußischer Partikularinteressen«.[194] Diese weitere Sicht des großpreußischen Partikularismus war zugleich Ausdruck von Bismarcks subjektiver Entwicklung wie auch objektiv veränderter gesellschaftlicher und politischer Verhältnisse.

Bismarck weist hier entschieden die »Fiktion« zurück, daß der Bundestag und Deutschland identische Begriffe seien; er zeigt sich überzeugt, daß die Kämpfe widerstreitender Interessen den Bund »früher oder später« sprengen würden. Gedanken, die zwar in seinen Schriften schon früher gelegentlich auftauchen, die er aber gern auf der Ebene des Spekulativen oder auf der einer Drohung für äußerste Fälle hielt, werden jetzt näher ausgeführt und in einen großen Zusammenhang gebracht.

Man kann sogar sagen, daß er die Politik der moralischen Eroberungen in Deutschland, die in der Zeit der »Neuen Aera« zwar mit propagandistischem Aufwand, aber mit reichlicher Inkonsequenz verfolgt wurde, im voraus konzipierte. Recht schönfärberisch meinte er: »Der Grad von freier Bewegung, welcher zulässig ist, ohne die Autorität der Regierung zu beeinträchtigen, ist in Preußen ein viel höherer als im übrigen Deutschland. Preußen vermag seiner Landesvertretung und seiner Presse ohne Gefahr auch in betreff rein politischer Fragen einen freiern Spielraum zu gewähren, als bisher. ... Die Königliche Gewalt ruht in Preußen auf so sichern Grundlagen, daß die Regierung sich ohne Gefahr durch eine belebtere Tätigkeit der Landesvertretung sehr wirksame Mittel der Aktion auf die deutschen Verhältnisse schaffen kann.«[195] Auf diese Weise würde Preußen Kristallisationsprodukt für das übrige Deutschland, unbehindert durch das Präsidium Österreichs und die Majoritätstheorien der Bundesversammlung.

Manches aus dieser Denkschrift vom März 1858 lag bereits im Zuge allgemeiner Bestrebungen in den Kreisen um den Prinzen von Preußen. Insofern stand Bismarck durchaus nicht in voller Opposition zur politischen Kursänderung in der neuen Ära. Seine Entfremdung von Leopold v. Gerlach stand immerhin sachlich und zeitlich in Einklang mit der damals sich immer weiter ausbreitenden Erkenntnis, daß die Vertreter der engstirnigen Junker nicht mehr in der Lage waren, die preußische Monarchie zu regieren. Auf dem Gebiet der Innenpolitik hatte die Kamarilla wesentliche Punkte ihres Programms gegenüber dem übermächtigen Druck, der von der modernen Industrie und Landwirtschaft ausging, nicht mehr verwirklichen können, weder im wirtschafts- noch im staatspolitischen Bereich.

Prinz Wilhelm von Preußen hatte bereits seit 1857 als Stellvertreter für seinen Bruder, der an einer unheilbaren Geisteskrankheit litt, die Geschäfte des preußischen Staatsoberhaupts übernommen. Obwohl ihm manche Momente der bisherigen Außenpolitik und sogenannten deutschen Politik durchaus widerstrebten und unbehaglich waren, stimmte Prinz Wilhelm mit den Gedankengängen Bismarcks auch nicht überein. Zu viel Traditionsbewußtsein und sentimentale monarchistische Hemmungen hielten ihn davor zurück, schon jetzt die Sprengung des Deutschen Bundes, die Neuordnung der deutschen Verhältnisse unter der Hegemonie Preußens und distanzierte Beziehungen zu Österreich anzustreben. Gerade mit dieser Macht, der Prinz Wilhelm schon während des Krimkrieges innerlich näherstand als Rußland, wollte er ein gutes Verhältnis haben. Nahezu mit Sicherheit kann man annehmen, daß das »Kleine Buch des Herrn v. Bismarck« vom März 1858 ihn nicht so stark beeindruckte wie die militärische Denkschrift Albrecht v. Roons vom Juli 1858.

Diese entsprach seinen sachlichen Kenntnissen und politischen Interessen und legte die Grundlage für die spätere Heeresreorganisation. Wollte die preußische Monarchie ihre Machtpositionen im Innern und Äußern festigen, so mußte sie das Heerwesen erneuern. Seine Reform, Kernstück einer preußischen Regierungspolitik, war aber ohne bedeutende Geldmittel, über die die Bourgeoisie verfügte, nicht durchzuführen. Daher mußte Schluß gemacht werden mit der verfassungs- und gesetzwidrigen Willkür, die es dem Bürgertum schwermachte, der Monarchie eine weitergehende finanzielle Unterstützung zu gewähren. Diese notwendige Kursänderung, der die Kamarilla im Wege stand, war nur bei einem Monarchenwechsel möglich.

In der Zeit, da Prinz Wilhelm stellvertretend für den Monarchen amtierte, hatte sich Otto v. Bismarck durch seinen Vetter Friedrich v. Bismarck-Bohlen, seit 1856 Kommandeur der Leibgendarmerie und darum stets in nächster Umgebung Friedrich Wilhelms IV., über den Verlauf der Krankheit unterrichten lassen, auch durch den »dicken Freund G./erlach/«, der das Provisorium an der Spitze der preußischen Monarchie möglichst lange hinausschieben wollte.[196] Während des einjährigen Intrigenspiels um die Umwandlung der Stellvertreterschaft in die Regentschaft gehörte Bismarck zu jener Gruppe der Konservativen, die für klare Verhältnisse, also für eine endgültige Regelung der dynastischen Kompetenzen, eintrat. Prinz Wilhelms verfassungsmäßige Ernennung zum Prinzregenten zog sich schließlich bis zum 7. Oktober 1858 hin.[197]

Um den Erwartungen vor allem der Liberalen zu entsprechen, entließ der Prinzregent die Regierung Otto v. Manteuffels am 7. November 1858, nachdem bereits vorher der Innenminister v. Westphalen durch v. Flottwell ersetzt worden war. Die neue Regierung setzte sich aus gemäßigt-liberalen Aristokraten zusammen; an ihrer Spitze stand Fürst Anton v. Hohenzollern, dessen Stellvertreter, der Altliberale Rudolf v. Auerswald, das eigentliche Haupt der Regierung war. Der Führer der »Wochenblatt-Partei«, v. Bethmann Hollweg, erhielt das Kultusministerium. Handelsminister blieb v. der Heydt, der in der Zeit des Krimkrieges entlassene v. Bonin wurde wieder Kriegsminister. Dem Freiherrn v. Schleinitz, einem Vertrauten der Prinzessin Augusta, fiel das Außenministerium zu.

Auch wenn sich in der hohen Bürokratie nichts Wesentliches veränderte, waren doch einige Entlassungen und Neubesetzungen politisch auffallend. So wurde v. Kleist-Retzow als Oberpräsident der Rheinprovinz zur Disposition gestellt. Pourtalès dagegen avancierte zum Gesandten in Paris, v. d. Goltz kam nach Konstantinopel, und der langjährige Chefredakteur des Wochenblatts, Justus v. Gruner, wurde Unterstaatssekretär im Außenministerium. Die Glanzzeit der »Wochenblatt-Partei« schien also anzubrechen. Ein schwerer Schlag traf die Kamarilla mit der Ersetzung Leopold v. Gerlachs als Generaladjutant durch Gustav v. Alvensleben, der dieses Amt an der Seite des Prinzregenten übernahm.

Um das Bürgertum von der Echtheit eines politischen Kurswechsels zu überzeugen, mußten nach der Ernennung der Regierung auch Neuwahlen für das Preußische Abgeordnetenhaus angesetzt werden. Die Agitation dafür kam sehr rasch in Gang. Die Liberalen strebten einen »verfassungsmäßen Rechtsstaat« an, dessen Grundlage die geltende, also seinerzeit oktroyierte Verfassung sein sollte, über die keine ihrer Programmforderungen hinausging. Es kam den Liberalen vor allem auf die Beseitigung von Gesetzen aus der Reaktionszeit an und auf die Sicherung vor gesetzwidriger Willkür. Darüber hinaus forderten sie: Aufhebung der gutsherrlichen Polizeigewalt und der Grundsteuerfreiheit der Junker, Brechung der Herrschaft der lutherischen Orthodoxie, Freiheit der Wissenschaft und ihrer Lehre, eine uneingeschränkte Presse, Sicherung bürgerlicher Rechte in der städtischen Verwaltung, in der Justiz und bei den Wahlen. Die nationalstaatliche Einigung Deutschlands wurde jedoch im liberalen Aktionsprogramm nicht erwähnt.

Angesichts dieser und noch radikalerer Programmforderungen – wie sie etwa vom Königsberger Johann Jacoby ausgingen – hielt es der Prinzregent Wilhelm für notwendig, am 8. November 1858 mit einer Ansprache an die neue Regierung programmatisch an die Öffentlichkeit zu treten. Mit keinem Wort erwähnte er jene bürgerlichen Forderungen, die auf eine Beschränkung der junkerlichen Machtpositionen auf dem Lande hinzielten. Preußen solle, so meinte er, durch eine »weise Gesetzgebung« im eigenen Lande »moralische Eroberungen« in ganz Deutschland machen und »Einigungselemente« in der Art des Zollvereins fördern. Indem er über den Bundestag kein Wort verlor, kam er Gedankengängen von Politikern wie Otto v. Bismarck noch am nächsten. Der Zentralpunkt der Ansprache betraf die Reorganisation des preußischen Heeres. Dabei verhehlte der Prinzregent nicht, daß er dazu »ruhige politische Zustände und Geld«, das heißt das Bürgertum zur Finanzierung, brauche.

Den verklausulierten und dennoch hoffnungsvoll aufgenommenen Verkündigungen folgten Warnungen und Vorbehalte. Gegen die »absichtlich überspannten Ideen«, die er in einigen liberalen und demokratischen Forderungen zu sehen glaubte, kündigte der Prinzregent sogleich »gesetzliches und selbst energisches Handeln« an. Bei allen Reformen, die dem Bürgertum einiges konzedierten, durfte die monarchische Selbstherrlichkeit nicht leiden. Zwar sollte in Zukunft eine aktivere Deutschlandpolitik betrieben, aber gleichzeitig »überall das Recht geschützt«, also die Souveränität deutscher Fürsten geachtet werden. So war diese Politik von vornherein durch legitimistische Bedenken gehemmt, wie seinerzeit unter Radowitz. Und bei allem Bestreben, unabhängig vom Habsburger Reich zu handeln, konnte sich der Prinzregent von dem Gefühl konservativer Verbundenheit mit der anderen deutschen Hauptmacht nicht lösen.

Durch die Regentschaft und den Regierungswechsel waren jedoch die politischen Verhältnisse so weit aufgelockert, daß die Wahlen zum Preußischen Landtag nicht mehr in alter Weise von den konservativen Landräten beherrscht werden konnten. Ihr Ergebnis war nahezu die Umkehrung des bisherigen Kräfteverhältnisses zwischen Liberalen und Konservativen im Abgeordnetenhaus: Die Liberalen erlangten 147 Sitze gegenüber 36 in der im Jahre 1855 gewählten »Landratskammer«. Zusammen mit der ehemaligen »Wochenblatt-Partei«, der Fraktion Matthis, bildeten sie eine Mehrheit von 204 Abgeordneten gegenüber den Konservativen, deren Fraktion von 224 auf 60 Mitglieder zusammengeschmolzen war.

Auch wenn die Massen der Wähler noch über keine eigene Organisation verfügten und die Wahlbeteiligung zwar größer als früher, aber immer noch gering war, so begann mit diesem Spätherbst 1858 die erste Phase der neuen politischen Bewegung in Preußen-Deutschland – eine Bewegung, die ökonomisch in der Industrialisierung mit ihrer Weltwirtschaftskrise von 1857 wurzelte, in den folgenden Jahren immer vielfältiger und schließlich so kräftig wurde, daß Bismarck 1866 vor der Frage stand, entweder die Revolution zu erleiden oder sie selber zu machen.

*

Die personellen Veränderungen im Staatsgetriebe und die für viele bestürzende Wahlniederlage der Konservativen mußten Otto v. Bismarck tief beunruhigen. Unweigerlich drängte sich ihm die Frage auf, ob, wann und wie auf ihn eine Versetzung oder gar Entlassung zukommen könnte. Das bange Gefühl, daß die politischen Veränderungen persönliche Konsequenzen hervorrufen würden, ergriff die ganze Familie; vor allem fühlte sich natürlich Johanna »niedergedrückt von allen den politischen Ängsten«. Bismarck bemühte sich vergeblich, »ihr die gebührende Heiterkeit einzuflößen«.[198] Selbst den Geschwistern gegenüber versuchte er seinen eigenen politischen Ärger einigermaßen zu verhehlen.[199] Er stimmte einen etwas forcierten Ton humoriger Überlegenheit an, indem er die einschneidende Bedeutung einer möglichen Veränderung seiner Tätigkeit und sogar die Gefahr einer Entlassung untertrieb und sich auf sein sicheres Refugium auf dem Lande berief.

Seiner Natur gemäß vermochte er nicht passiv die Entscheidungen höheren Orts abzuwarten, er benutzte vielmehr einen Aufenthalt in Berlin, um zu recherchieren und zu intervenieren, was allerdings bei den gegen ihn gerichteten Aktivitäten seiner politischen Gegner immer schwerer wurde. Vor allem nutzten die österreichischen Diplomaten die Gunst der Stunde, um einen erwiesenen Gegner der habsburgischen Präsidialmacht angesichts des sich ankündigenden Konflikts zwischen Österreich und Frankreich in Oberitalien als politisch inopportun zu denunzieren. Auch der britische Gesandte, Lord Bloomfield, wünschte im Interesse eines besseren Einvernehmens zwischen Preußen und Österreich die Ablösung Bismarcks als Bundestagsgesandter in Frankfurt.

Erst im Januar 1859 entschieden dann die Verantwortlichen in Berlin, daß Bismarck nach Petersburg versetzt werden sollte; »kaltgestellt an der Newa«, so empfand er es.[200] Die Erschütterung seiner politischen und damit beruflichen Stellung und dadurch hervorgerufene Spannungen belasteten seine Nerven derart, daß er in den Januartagen 1859 nicht nur an Grippe erkrankte und für einige Tage das Bett hüten mußte. In Erkenntnis der wirklichen Ursachen schrieb er an den vertrauten Alvensleben, er hätte »Gallenfieber über Petersburg« bekommen. Versöhnend war ihm nur die Wahrnehmung, daß der Prinz gar keine Idee davon hatte, wie unlieb ihm der Wechsel sein könnte.[201] Dieser war in der Vorstellung des Prinzen immerhin mit dem Vertrauensbe-

Bismarck in Petersburg kaltgestellt (Karikatur)

weis verbunden, der in der Berufung Bismarcks auf den höchsten Posten der preußischen Diplomatie bestand – in der Ernennung »zum außerordentlichen Gesandten und bevollmächtigten Minister am Hofe zu St. Petersburg«.

Wer konnte hier von einem politischen Sturz reden? Gewiß, die österreichischen Diplomaten und ihre mittelstaatlichen Anhänger freuten sich, den, wie sie meinten, notorischen Störenfried der bundesrätlichen Eintracht endlich los zu sein, wie umgekehrt Bismarck sich sorgte, ob sein Nachfolger in Frankfurt nicht allzu willig der habsburgischen Politik folgen würde und Preußen zum Troßknecht Österreichs werden könnte. Aber ungetrübt war die Freude im Bundespalais und am Wiener Ballhausplatz auch nicht. Ganz ließ sich dort die bange Frage nicht verdrängen, ob der verhaßte Preuße in St. Petersburg nicht allzu rührig sein werde, die ohnehin lädierten Positionen Österreichs noch weiter zu verschlechtern.

Alles in allem gesehen: Bismarck war kein Gescheiterter, vielmehr ein Mann, der seine politische Meisterschaft errungen hatte. Manch anderer am Bundestag mochte die eingelernten und eingespielten Regeln diplomatischer Verhaltensweisen besser beherrschen als er; konventionelles Sprechen war ohnehin nicht seine Sache. Auch in späteren Jahren beobachteten seine diplomatischen Mit- und Gegenspieler Gereiztheiten und Unbedachtsamkeiten bei Bismarck ärgerlich oder amüsiert. Aber das war nicht entscheidend. Keiner übertraf ihn an Mut zum Umdenken und Neudenken, den er insbesondere in der Auseinandersetzung mit Leopold v. Gerlach gezeigt hatte, keiner erreichte seine scharfe Beobachtungsgabe und schöpferische Phantasie. Mehr noch: Bismarck hatte sich einen bemerkenswerten Denk-Stil zueigen gemacht. Sicherlich darf man in sein Denken nicht zuviel theoretisches Bewußtsein hineinlegen und sollte deshalb den anspruchsvolleren Begriff der Denk-Methode vermeiden; doch die Annahme, man könnte Bismarcks Herangehen an politische Fragen überhaupt nicht systematisieren, wäre falsch.

Es fällt auf, daß er in seinen Briefen und Berichten gar nicht selten von der »mathematischen Logik der Tatsachen« spricht oder von »politischer Naturnotwendigkeit«, von »Wahrscheinlichkeitsrechnungen«, von der »Natur der Dinge«, von den »in den Verhältnissen selbst liegenden Notwendigkeiten«, von »natürlicher Entwicklung« und ähnlichem, oder man stößt auf Ausdrücke wie »mathematisch klar« oder »klar wie ein Rechenexempel«. Bisweilen sieht er in der Politik »eine Wissenschaft des Relativen«[202]. Manchmal ist auch vom »Schachspiel der Politik« die Rede.

Der letzte Ausdruck deutet an, daß Bismarck eine Kampfsituation im Auge hat, in der die Stärke und Stellung der Figuren, aber auch die Geistesart und das Vorgehen seines jeweiligen Gegenspielers zu berücksichtigen sind. Bismarcks Stärke lag ja gerade darin, daß er als nüchtern kalkulierender Schachspieler auf dem überschaubaren Brett des diplomatischen Spiels europäischer Staatsinteressen durchaus einen Blick für die von der jeweiligen sozialen Position her politisch möglichen und notwendigen Züge zeigte. Wenn er vom »Schachspiel der Politik« sprach, dann kann man dies weder als rein bildhaft abtun noch als Ausdruck einer ausgearbeiteten Theorie ansehen. Jahrzehnte

Otto von Bismarck 1859

später arbeitete der weltberühmte Schachspieler Emanuel Lasker eine Spieltheorie aus, die er in ausdrückliche Beziehung zu Politik und Krieg, zu Strategie und Taktik im »Konflikt menschlicher Interessen und Tätigkeiten«[203] brachte. Die von ihm erarbeiteten und theoretisch fixierten Prinzipien zeigen, daß auch Bismarck gleichsam ein naturwüchsiger Spieltheoretiker in des

Wortes allgemeinster Bedeutung war.[204] Auf jeden Fall lebte er politisch keineswegs von der Hand in den Mund.

Die historisch-politischen Interessenlagen, mit denen er in der Praxis konfrontiert war, sah er einmal mit außerordentlicher Schärfe und praktischem Verstand, zum anderen aber wußte er die innere Konsequenz ihrer geschichtlichen Entwicklung gedanklich weiterzuverfolgen und für seine jeweiligen Zwecke zu nutzen. In der Auseinandersetzung mit Leopold v. Gerlach drängte er regelrecht darauf, daß die preußische Regierung einen »Plan« ihrer Politik ausarbeite.

Was hatte Bismarck in Preußen und in anderen Staaten in Rechnung zu stellen? Da waren ökonomische und finanzielle Interessen zu beachten, die konfessionellen, dynastischen und genealogischen Beziehungen, die Eigentümlichkeiten der Regierungsformen, Strömungen der Volksmeinung, die Bewaffnung der Heere und ihr gegenseitiges Stärkeverhältnis, ihre relative, besonders auf der Ausdehnung des Eisenbahnnetzes beruhende Beweglichkeit, wie überhaupt die geographischen Verhältnisse. Als Vollblutpolitiker entwickelte Bismarck für Machtkonstellationen viel Spürsinn. Er hatte, philosophisch ausgedrückt, nicht Wesensnotwendigkeiten, sondern finale Notwendigkeiten im Auge. Gegenüber jener Denk-Methode, die Karl Marx im Jahre 1859 in seinem berühmt gewordenen Resumée seiner theoretischen Grundauffassungen von den historischen Gesetzmäßigkeiten anwandte[205], blieb Bismarcks Denk-Stil ganz und gar dem Empirismus verhaftet. Aber eben von daher schätzte er für einen zeitlich und räumlich begrenzten Umkreis die Kräfteverhältnisse und die handelnden Menschen realistisch ein und konnte eine Strategie und Taktik entwickeln.

Das strategische Ziel der Innenpolitik blieb für Bismarck die Erhaltung und Stärkung des preußischen Königtums, das die ökonomische, soziale und politische Macht des immer mehr kapitalistisch wirtschaftenden Junkertums sichern sollte, negativ ausgedrückt: Niederhalten der Massen, insbesondere der immer selbständiger werdenden Arbeiterklasse, und die Abwehr aller jener liberalen und demokratischen Machtansprüche, die zum bürgerlichen Parlamentarismus führen könnten; dafür war er zu Konzessionen in wirtschafts- und nationalpolitischer Hinsicht bereit.

Diesen innenpolitischen Zielsetzungen waren die strategischen Ziele in der Außenpolitik eng verbunden: Hegemonie

Preußens in Deutschland, das heißt in dem durch die Zollunion abgegrenzten Deutschland, was auf den Ausschluß Österreichs aus diesem Deutschland hinauslief, und die Beseitigung des Deutschen Bundestags oder seine Unterwerfung unter Preußen. Nach 1866 rückte an die Stelle Österreichs das napoleonische Frankreich, das als Störfaktor für die nationalstaatliche Einigung Deutschlands unter preußischer Hegemonie entscheidend geschwächt werden sollte.

Diesen Hauptzielen war die Taktik untergeordnet, auch wenn sie von der Entwicklung der Kräfteverhältnisse in Deutschland und Europa abhängig blieb. So ergaben sich scheinbar paradoxe und prinzipienlose Kombinationen. Bismarck, der erklärte Feind des Liberalismus und der Demokratie, arbeitete partiell und auf Zeit als Bündnispartner mit ihnen zusammen, besonders im Kampf gegen den österreichischen Rivalen. Umgekehrt benutzte er Österreich, den außenpolitischen Hauptgegner auf der bundesdeutschen Arena, um den Liberalismus in Schach zu halten oder in der Verfolgung außenpolitischer Ziele, wie beispielsweise in der dänischen Frage, nicht von ihm abhängig zu werden. Selbst im außenpolitischen Kräftespiel konnte Österreich für Bismarck ein taktisches Gegengewicht bilden.

Die Freundschaft mit Rußland war eine konstante und gegen Österreich gerichtete Größe in Bismarcks diplomatischen Kombinationen.[206] Das schloß nicht aus, daß er dieses gelegentlich brauchte, um Preußen nicht von Rußland abhängig werden zu lassen. Selbst das napoleonische Frankreich, der Gottseibeiuns der Urkonservativen, war in der Vorstellung und in der praktischen Politik Bismarcks gegen Österreich auszuspielen, gegen die deutschen Mittelstaaten, die dann und wann Rheinbundgelüste verspürten, sowie gegen England, mit dem Bismarck nie fest rechnen konnte.[207]

In taktischer Hinsicht ließen sich auch die verschiedenen Teilprobleme der deutschen Frage ausnutzen, so die dänische und die kurhessische Frage; gerade dabei verfolgte er jene aus den Erfahrungen des Olmütz-Erlebnisses gewonnene Devise, es nie zur Übermacht einer Mächtekoalition gegen Preußen, zur Abhängigkeit vom Liberalismus oder gar von der Demokratie kommen zu lassen.

Seine politische Grundkonzeption, die sowohl die strategischen Ziele als auch die Grundzüge der Taktik enthielt, war spätestens 1858 ausgearbeitet. In welcher Form sie sich verwirklichen ließ, hing von der Dynamik einer komplizierten Kräftekonstellation ab, in die Bismarcks Denken und Wollen einbezogen war.

Wie er seine strategischen und taktischen Grundlinien durchsetzen kann, vermag kein Politiker im voraus eindeutig festzulegen und in diesem Sinne zu planen. Die jeweiligen Mittel, die einzelnen Etappen, die verschiedenen Wege und Umwege, das angemessene Tempo bei der Realisierung einer politischen Grundkonzeption – das alles gehört zu ihrer Form. Hier gibt es in der Tat verschiedene Varianten und eine verwirrende Fülle taktischer Kunstmittel. Von den taktischen Grundmethoden, die zwar verschieden anzuwenden, aber im Prinzip gar nicht vielgestaltig waren, müssen sowohl die taktischen Varianten als auch die Kunstmittel unterschieden werden, die Bismarck in schier unerschöpflicher Weise zu Gebote standen.

Die Wahrscheinlichkeit, daß sich Bismarck bei der Verfolgung seiner preußischen Hegemonialpolitik gegenüber Österreich und den Staaten des Deutschen Bundes des Mittels des Krieges bedienen würde, war von Anfang an sehr groß; er selbst sprach sich darüber mehrfach unumwunden aus. Aber die kriegerische Auseinandersetzung zwischen Preußen und Österreich gehörte nicht zur taktischen Grundlinie Bismarcks, sondern zu dem Bereich taktischer Varianten.

Dazu gehörten das Ausnutzen der Schwächen der anderen, wie überhaupt die Berechnung von Menschen, einmal verschlagene Lüge und dann wieder ganz unkonventionelle Offenheit; die Methode, den Gegner ins Unrecht zu setzen, um ihn zu isolieren. Auch hier bewährten sich Bismarcks scharfe Beobachtungsgabe und psychologisches Einfühlungsvermögen. Wesen und Charakter Rechbergs beispielsweise, einer seiner österreichischen Gegenspieler, hatte er in Frankfurt so ausgiebig beobachtet und analysiert, daß er dessen Schwächen, Angriffsflächen und Reaktionen genau kalkulieren konnte. Bismarck vermochte dessen konservatives Denkschema ebenso präzis einzuschätzen und demzufolge auszunutzen wie Napoleons Charakter und innenpolitische Lage, die er mit nicht geringer Intensität seit Jahren beobachtete.

Solche Methoden wandte Bismarck gegen Personen ebenso an wie gegen politische Strömungen und Richtungen, er handhabte sie, wenn er König Wilhelm für seine Politik bearbeitete und wenn er die Verhaltensweisen ganzer Kabinette in seine Taktik einbezog. Einer der Führer der »Wochenblatt-Partei«, Pourtalès, schrieb 1853 an Bethmann Hollweg: »Bismarck braucht und mißbraucht stets seine Parteigenossen. Sie sind ihm ... Postpferde, mit denen er bis zur nächsten Station fährt. ... Ihm gegenüber bin ich stets auf schwarzen Undank gesattelt.«[208]

Dergleichen bis ins Extreme betriebene Taktik konnte sich auch negativ auswirken. Sein durchdringender Blick für die Schwächen seiner Gegenspieler ging im Lauf der Jahre immer achtloser über die Eigenschaften hinweg, die sich politischer Ausnutzbarkeit, Manipulierung und erpresserischem Druck entzogen.

Die Größe Bismarcks liegt darin, daß er vieles von dem ausgeschöpft hat, was die illusionslose Erkenntnis der Wirklichkeit leisten kann; seine Grenze hängt mit der Schranke eben dieses letzten Endes bürgerlichen Empirismus zusammen. Insofern Bismarck jedoch dem Grundsatz huldigte, daß man mit Tatsachen und nicht mit ideologischen Fiktionen wirtschaften müsse, war er »bis 1871 nie ... konservativ«[209], wie Friedrich Engels in den achtziger Jahren meinte.

*

Im Leben Bismarcks gab es oft genug Zeiten, in denen er Trost im christlichen Vorsehungsglauben suchte. So haben ihn die Jahre des Heeres- und Verfassungskonflikts und der Reichsgründung am meisten dazu angehalten, in den religiösen »Losungen und Lehrtexten«, die ihm einst Hans v. Kleist-Retzow alljährlich schenkte, stärkenden Zuspruch zu finden.[210]

Bismarcks Religiosität war jedoch durch seinen Unabhängigkeitssinn bestimmt und daher von so eigener Art, daß er sich an den persönlichen Gott ohne priesterliche und sonstige kirchliche Vermittlungen zu wenden pflegte. Priesterherrschaft in Form des orthodoxen Luthertums und noch mehr des streitbaren Katholizismus war ihm ein Greuel. Sein Bedürfnis zum Kirchgang und zur Abendmahlsfeier ebenso wie sein Interesse an dogmatischen Fragen der Theologie waren gering; es sei darum erinnert, daß Männer, die in den Traditionen des deutschen Protestantismus aufgewachsen waren, dann auch publizistisch die Frage stellten, ob denn Bismarck überhaupt Christ gewesen sei.[211] Überdies war er mit der Bibel-Kritik der vierziger Jahre einigermaßen bekannt und wollte sich deshalb die »Heilige Schrift« nicht von sozusagen beamteten Priestern deuten lassen.

Weder für den Atheismus noch für den Kirchenglauben geschaffen, legte er sich sein eigenes Christentum für die praktischen Bedürfnisse seines persönlichen und politischen Lebens zurecht.

Je elementarer diese Bedürfnisse waren, desto stärker und echter kamen seine religiösen Gefühle zum Ausdruck: Die Erschütterung durch den Tod Marie v. Thaddens ließ ihn nach einem Jahrzehnt des wissentlichen Verzichts aufs Gebet zum ersten Mal wieder Frieden darin suchen. Eine ganz andere Unruhe erfaßte ihn, als er im Frühsommer 1851 zum Legationsrat mit der Aussicht auf den Posten des Bundestagsgesandten ernannt wurde. Das war so einschneidend in seinem Leben, voll von unbekannter Verantwortlichkeit, daß er zu besinnlicher Rückerinnerung bewegt wurde. Nachdem er im nahen Wiesbaden »mit einem Gemisch von Wehmuth und altkluger Weisheit die Stätten früherer Thorheit« aufgesucht hatte, brach in ihm manches auf, das nach seelischem Trost verlangte: »Möchte es doch Gott gefallen, mit seinem klaren und starken Weine dies Gefäß zu füllen, in dem damals der Champagner 22jähriger Jugend nutzlos verbrauste und schale Neigen zurückließ. Wo und wie mögen Isabella Loraine und Miß Russel jetzt leben; wie viele sind begraben, mit denen ich damals liebelte, becherte und würfelte, ... sollte ich jetzt leben wie damals, ohne Gott, ohne Dich, ohne Kinder – ich wüßte doch in der Tath nicht, warum ich dies Leben nicht ablegen sollte, wie ein schmutziges Hemde; ... Schließe nicht aus diesem Geschreibsel, daß ich gerade besonders schwarz gestimmt bin; im Gegentheil, mir ist, als wenn man an einem schönen Septembertage das gelbwerdende Laub betrachtet; gesund und heiter, aber etwas Wehmuth, etwas Heimweh, Sehnsucht nach Wald, See, Wiese, Dir und Kindern, alles mit Sonnenuntergang und Beethovenscher Symphonie vermischt.«[212]

Wer so schreiben konnte, war von echten Gefühlen erfüllt, übermannt vom Wunsch nach endlicher Geborgenheit im Familiären und Geistig-Moralischen, damit er all das bewältigen konnte, was auf ihn wartete, vielleicht auch lauerte. In dieser keineswegs hochgemuten Stimmung ging er seinem neuen Beruf entgegen, in dem sich sein Jugendtraum erfüllte.

Persönliche und politische Erfolge haben ihn nie in einen Zustand eitler Selbstzufriedenheit gebracht. So schrieb er seiner Frau im Juli 1864 aus Karlsbad, wo der König seine Verdienste hoch anerkannt hatte: »Er dankte mir beim Abschied sehr bewegt und mir alles Verdienst zuweisend von dem, was Gottes Beistand Preußen wohlgetan hat. Unberufen, Gott wolle uns ferner in Gnaden leiten und uns nicht der eignen Blindheit überlassen. Das lernt sich in dem Gewerbe recht, daß man so klug sein kann wie die Klugen dieser Welt und doch jederzeit in die nächste Minute geht wie ein Kind ins Dunkle.«[213]

Bismarck hat jedoch in dem von ihm sehr subjektiv gefärbten Christentum niemals weltabgewandte, fatalistische Züge gesehen oder gar gesucht. Als der Gutsbesitzer Andrae-Roman ihm im Dezember 1865 in aufdringlicher Weise christlich-sittlich ins Gewissen reden wollte, antwortete er ihm am zweiten Weihnachtstag – wohl in der Vermutung, daß dieser zu seiner Moralepistel von führenden Pietisten angestiftet worden war –: »Als Staatsmann bin ich nicht einmal *hinreichend* rücksichtslos, meinem Gefühl nach eher feig, und das, weil es nicht leicht ist, in den Fragen, die an mich treten, immer *die* Klarheit zu gewinnen, auf deren Boden das Gottvertrauen wächst.«[214]

Mit diesem Bekenntnis zur Klarheit, die erst Gottvertrauen schaffe, wird auf die Verbindung zwischen empirischer Analyse, politischer Aktivität und persönlicher Religiosität hingewiesen. Je klarer und nüchterner die Kräfteverhältnisse ein- und abgeschätzt werden, um danach die politischen und militärischen Dispositionen zu treffen, um so leichter ist Gottvertrauen zu gewinnen; immer aber erscheint es zugleich als notwendig, weil der Zufall im Geschehen nie auszuschließen ist.[215]

Was Bismarck also suchte, war Hilfe im Kampf auf der politischen Weltbühne, innere Gewißheit, daß Gott dem Aufstieg Preußen-Deutschlands gnädig gesinnt sei. Auf dieser höheren, wenn man so will historisch-politischen Ebene vor allem wünschte er sich eins zu fühlen mit dem Walten der göttlichen Vorsehung. Keinesfalls aber kam es ihm je in den Sinn, etwa im Geiste Ludwig v. Gerlachs christlich-ethische Normen in der Praxis des weltlichen Kräftespiels zu sehen und geltend zu machen.[216] Wo er dies am Anfang seiner politischen Laufbahn in Landtagsreden tat, da war es wahrhaft ein fremder Gerlachscher Tropfen in seinem Blut, von dem er sich zum Leidwesen seines Mentors nur allzu rasch befreite.

Die Grundzüge seines Denkens, Fühlens und Handelns waren am Ende der ersten Etappe seines politischen Wirkens so weit ausgebildet, daß sie sich nicht mehr veränderten, so mannigfaltig sie sich auch äußern mochten.

V. Der Staatskrise entgegen: Als Gesandter in Reservestellung

Der preußische Gesandte in Petersburg und der oberitalienische Krieg

Nachdem Bismarck Ende Februar 1859 am großen runden Tisch im Bundespalais seine Abberufung nur kurz und geschäftsmäßig zu Protokoll gegeben hatte, um damit eine feierlich-verlogene Verabschiedung unmöglich zu machen, verließ er bald darauf Frankfurt, nicht ohne Wehmut, die Familie vorläufig zurücklassend. Von Berlin legte er in sieben Tagen die Reise nach St. Petersburg zurück – mit der Eisenbahn bis Königsberg, von dort mit der Postkutsche bisweilen unter abenteuerlichen Umständen bis Pskow; erst dann konnte er wieder in geräumigeren Waggons die Glieder ausstrecken und schlafend die Fahrt fortsetzen bis zur Hauptstadt des Zarenreichs.

Am ersten April, seinem Geburtstag, überreichte Otto v. Bismarck dem Zaren sein Beglaubigungsschreiben; die Antrittsaudienz dauerte nahezu zwei Stunden. Schon in den ersten Tagen nach seiner strapaziösen Reise genoß Bismarck die Gunst des Hofes und der Kanzleien. Man wußte offenbar, daß ein politischer Freund gekommen war.

Mit dem russischen Außenminister, dem Fürsten Alexander Michailowitsch Gortschakow, war Bismarck schon früher bekannt geworden. Ihre Wege hatten sich gekreuzt, als Gortschakow von seinem Stuttgarter Gesandtenposten aus zugleich als Bevollmächtigter des Zaren am Deutschen Bundestag einige Male verhandelt und zwischen den Vertretern Österreichs und Preußens vermittelt hatte. Da der russische Staatsmann immerhin seit 1841 in Stuttgart Gesandter und von 1854 bis 1856, also mitten in der Zeit des Krimkrieges, Botschafter in Wien gewesen war, kannte er die deutschen Verhältnisse aus der unmittelbaren Anschauung eines agierenden Diplomaten, zumindest soweit sich die Politik in den Sphären der oberen Klassen abspielte.

Fürst A. M. Gortschakow (1798–1883)
Seit 1856 russischer Außenminister, seit 1862 Reichskanzler
Bismarck in seiner Petersburger Gesandtenzeit über Gortschakow: »Wir planten und plotteten« fast täglich zusammen.
Gortschakow damals über Bismarck: »Wir sind wie die Hand und der Handschuh.«

Gortschakow war siebzehn Jahre älter als Bismarck. Die Eitelkeit, die Russen wie Nichtrussen, Freunde wie Feinde ihm nachsagten und über die manche Passage diplomatischer Korrespondenzen geschrieben wurde, konnte sich bei ihm sehr wohl mit Bonhomie und Berechnung verbinden, so wenn er den jüngeren Preußen unter die politischen Fittiche nahm. Bismarck wiederum, der sich seiner selbst und seiner Fähigkeiten bereits sehr bewußt war, übte sich weiter in der Kunst, die Schwächen anderer aufzuspüren und auszunutzen.[1] Warum sollte er also nicht die Rolle des Famulus in wohlbemessener und -berechneter Distanz spielen? Die fünf Jahre zuvor über Gortschakow gemachten boshaften Bemerkungen[2] blieben diskret im Brief an Leopold v. Gerlach verborgen.

Relativ spät, mit achtundvierzig Jahren, war Gortschakow unter dem Herrscher Alexander II. russischer Außenminister geworden; es war kurze Zeit nach dem Ende des Krimkrieges. Konservativ gesinnt und auf das zaristische Selbstherrschertum eingeschworen, war er nie versucht, eine andere Politik als die von Nikolaus I. vorgeschriebene zu machen. Zunächst brauchte er sich auch nicht allzusehr zu engagieren, denn er stand lange Zeit auf keinem Hauptposten der Diplomatie. Erst als Botschafter in Wien kam er während des Krimkrieges an einen Platz, wo er den Zusammenbruch der konservativen Solidarität des östlichen Dreibundes von Rußland, Österreich und Preußen mit der Bitterkeit des unmittelbar Beteiligten erlebte.

Gortschakow wußte, was gespielt wurde, um so mehr mußte er nach der Neubeantwortung jener Fragen suchen, die die veränderte politische Situation aufwarf: Warum war die Gewalt der Interessen, vor allem auf dem Balkan, so stark geworden, daß die prinzipienstrenge Politik der Heiligen Allianz, die jahrzehntelang die zaristische Vorherrschaft in Mittel- und Osteuropa gesichert hatte, weder Österreich vor einer feindseligen Haltung gegenüber Rußland zurückhalten noch Preußens Schwanken verhindern konnte? Warum war das moralisch-politische Gewicht des konstitutionellen England und des bonapartistischen Frankreich in Europa größer geworden als das des absolutistischen Rußland? Mußte der Absolutismus nicht modernisiert und damit lebenskräftiger gemacht werden? Waren seine Innen- und Außenpolitik nicht neu zu orientieren und anders zu kombinieren? Wie stand es mit der alten Prinzipienpolitik und der neu propagierten Realpolitik?

Weder Gortschakow noch Bismarck waren so geartet, daß sie diese Fragen auf dem Wege der wissenschaftlichen Analyse zu beantworten versuchten und den Ehrgeiz hegten, darüber theoretische Abhandlungen zu schreiben; sie gingen von ihren praktischen Erfahrungen, ihren historischen Kenntnissen und Bildungserlebnissen aus, um in einer veränderten Welt neue Wege zu finden. Gortschakow wird dabei manche frühere Erfahrung aktiviert haben: so den aufklärerischen Adelsliberalismus seiner Jugendzeit, wo er gemeinsam mit Puschkin im Gymnasium saß, den aufgeklärten Absolutismus eines Grafen Kapodistrias, der ihn zu Beginn seiner Laufbahn förderte, ferner seine Verbindungen mit der napoleonischen Familie in Italien.[3]

Wollte der Absolutismus nicht Gefahr laufen, der revolutionär-demokratischen Bewegung im Innern früher oder später zu unterliegen und sich nach außen hin hoffnungslos zu isolieren oder gar der Großmachtstellung verlustig zu gehen, mußte er feudale Institutionen abbauen und bürgerlich-kapitalistischen Ansprüchen Konzessionen machen – wenn auch immer nur so weit, daß der Zar das Heft in der Hand behielt. Diesem politischen Ziel und Stil war Gortschakow durchaus zugetan; so berichtete auch Bismarck später über ihn: »Dem Fortschritte im liberalen Sinne ist auch er geneigt, nur mit mehr Mäßigung und Kenntnis des Möglichen und Nützlichen als der große Haufen.«[4]

Der vorsichtige Liberalkonservatismus Gortschakows orientierte sich allerdings nicht auf den englischen Konstitutionalismus, sondern mehr auf den französischen Bonapartismus, wenngleich mit diesem im Grunde bürgerlich-kapitalistischen Modell im vorwiegend feudalen Rußland noch nicht viel anzufangen war. Überdies entsprach die Überlegung, sich dem Frankreich Napoleons III. außenpolitisch zu nähern, dem Streben, dieses von England zu trennen und es zugleich in einen verschärften Gegensatz zu Österreich zu bringen. Darum empfand es Gortschakow als Genugtuung, daß der neue preußische Gesandte gegen Österreichs Vorherrschaft ankämpfte und der antinapoleonischen Stimmung im deutschen Volke Widerstand entgegensetzte.

Bismarck fühlte sich schon wenige Tage nach seiner Ankunft in Petersburg in seinem Antihabsburgertum bestätigt und konnte bereits am 4. April 1859 seiner Frau mit unverhohlener Befriedigung berichten: »Wie die Oestreicher hier drunten durch sind, davon hat man garkeine Idee; kein räudiger Hund nimmt ein Stück Fleisch von ihnen. ..., so sehr man auch friedlich spricht und so sehr ich pflichtschuldigst begütige, der Haß ist ohne Maßen und übersteigt alle meine Vermuthungen. Erst, seit ich hier bin, glaube ich an Krieg; die ganze russische Politik scheint keinem andern Gedanken Raum zu geben, als dem, wie man Oestreich ans Leben kommt. Selbst der ruhige, sanfte Kaiser gerät in Zorn und Feuer, wenn er davon spricht, auch die Kaiserin, die doch Darmstädter Prinzessin ist, und die Kaiserin Mutter hat etwas Ergreifendes, wenn sie von dem gebrochnen Herzen ihres Mannes spricht und von Frz. Joseph, den er als Sohn geliebt, ohne Zorn eigentlich, aber wie von einem der Rache Gottes Verfallnen.«[5]

Zweifellos bildete diese gemeinsame Feindschaft gegenüber

Österreich eine wesentliche Verbindung zwischen Bismarck und der Petersburger Gesellschaft. »Wir sind wie die Hand und der Handschuh«, schrieb Gortschakow bereits am 30. März 1859 über Bismarck an den russischen Gesandten Budberg nach Berlin.[6] Und Mitte April wußte wiederum Bismarck zu berichten, daß ihn Gortschakow »zwischen 11 und 1 fast täglich« zu sich zitiere.[7] So konspirierten sie denn nach Herzenslust miteinander in politischer Seelengemeinschaft. In origineller Weise schrieb Bismarck darüber seiner Frau: »Heut begruben oder leichenfeierten wir mit Kaiser und Parade 1 alten Fst. Hohenlohe. In der schwarzbehangenen Kirche, als sie leer war, blieb ich mit Gortschakow auf dem Katafalk und der Todtenkopfdecke von Sammet sitzen und politisirten, d. h. arbeitend, nicht schwatzend. Der Prediger hatte über den Vergänglichkeitspsalm (Gras, Wind, verdorrt) geredet, und wir planten und plotteten, als stürbe man nie.«[8] Drei Tage danach drängte es Gortschakow erneut, in einem Brief an Budberg zu bemerken, »daß wir uns mit Bismarck ausgezeichnet verstehen«[9].

Wie stand es aber mit dem Einfluß der miteinander fast Verschworenen im politischen Getriebe ihres Staates und Landes? Zwischen Gortschakow und Alexander II. bestanden sicherlich einige Unterschiede in der Art ihres Konservatismus, so daß Bismarck in einer Depesche vom 4. Mai 1859 an Schleinitz schreiben konnte: »Wenn der Zar dieselbe Abneigung gegen Österreich hegt, wie sein Minister, so erreicht die Vorliebe seiner Majestät für Frankreich allerdings nicht die gleiche Höhe wie die des Fürsten Gortschakoff.« Der ältere der beiden Lenker der russischen Außenpolitik, der Außenminister, war moderner als der jüngere, der Kaiser. Dieser blieb bei allem Reformertum der treue Sohn seines erzkonservativen Vaters Nikolaus I.[10] Dennoch – in den Krisenmonaten des Jahres 1859 fühlte sich Gortschakow in allen Fragen der politischen Taktik gleichgestimmt mit seinem Zaren, mit fast allen regierenden Kreisen Rußlands, mit der Petersburger Gesellschaft, mit den hauptstädtischen Journalisten – vor allem mit den verschiedenen Schattierungen des bürgerlichen Liberalkonservatismus.

Ganz anders war Bismarcks äußere und innere Stellung. Allein schon durch die Entfernung und die Beschwerlichkeit der zu überwindenden Reisestrecken war er in seiner Einflußnahme auf die Berliner Politik eingeschränkt. Was die unfreundliche Haltung gegenüber Österreich und die freundliche gegenüber Rußland betraf, so stimmte Bismarck mit seinem unmittelbaren Vorgesetzten, dem Außenminister Schleinitz, in der allgemeinen Gedankenrichtung überein; insoweit sah er ihn als »Repräsentant des gesunden Menschenverstandes« an.[11] Doch das Schwankend-Zögernde in der Politik von Schleinitz, wie sich bald zeigen sollte, konnte in einer Zeit, die von einer respekterwartenden Macht oder Partei Entschiedenheit forderte, Bismarck nicht befriedigen.

*

Als der neue preußische Gesandte in St. Petersburg seine diplomatische Tätigkeit aufnahm, zeichnete sich bereits die kriegerische Auseinandersetzung zwischen Frankreich und Sardinien einerseits und dem Habsburgerreich andererseits ab.

Angesichts der Weltwirtschaftskrise von 1857 schwand im Frankreich Napoleons III. die innere Sicherheit der bonapartistischen Diktatur; sie sollte durch Erfolge in der Außenpolitik wieder zurückgewonnen werden. Als Angriffsziele hatte Napoleon III. die oberitalienischen Besitzungen des Habsburgerreichs schon seit längerer Zeit ins Auge gefaßt.

Die Dynastie des Königreichs Sardinien-Piemont verstand es, die nationale Befreiungs- und Einheitsbewegung zur Ausdehnung ihrer Herrschaft möglichst über ganz Italien auszunutzen. Napoleon und der piemontische Ministerpräsident Cavour kamen überein, daß Italien bis zur Adria von der habsburgischen Herrschaft befreit und Sardinien-Piemont durch die österreichischen Provinzen in Oberitalien und die kirchenstaatliche Provinz Emilia zum Königreich Oberitalien vergrößert werden solle. Napoleon hingegen bedang sich als Gegengabe die Annexion von Nizza und Savoyen aus; seine Einmischung in die italienischen Angelegenheiten suchte er als Kampf für das Nationalitätenprinzip, für die Befreiung des Volkes von der habsburgischen Fremdherrschaft zu rechtfertigen. Tatsächlich wollte er anstelle der Vormacht Habsburgs die Vormacht Frankreichs in Italien errichten.

Auch wenn das napoleonische Frankreich kein einheitliches, noch weniger ein unabhängiges Italien wollte, konnte es beweglicher sein als das Habsburgerreich; denn dieses spürte zu sehr das unterirdische Grollen seiner zahlreichen Nationalitäten. Doch auch Napoleon versuchte, die politische Quadratur des Kreises zu finden, indem er das Hegemoniestreben Sardinien-Piemonts innerhalb Italiens und den Drang des italienischen Volkes nach nationalstaatlicher Einigung bis zu einem gewissen Grad unterstützen wollte, zugleich aber Sorge trug, den Katholizismus nicht durch allzu große Reduzierung des päpstlichen Kirchenstaates zu beeinträchtigen und die vom konservativen Europa anerkannten Souveränitätsrechte der italienischen Klein- und Mittelstaaten zu verletzen.

Siegte Napoleon in der bevorstehenden Auseinandersetzung mit Österreich, so mußte sich seine Position festigen und damit auch seine Annexionslust gegenüber den deutschen Rheinlanden größer werden. Dann wuchs die Gefahr für die nationale Integrität und Sicherheit Deutschlands, für sein Streben nach nationalstaatlicher Einigung und Unabhängigkeit.

Die Deutschen standen somit vor der Frage, ob sie sich in diesem oberitalienischen Konflikt neutral verhalten könnten. Die Antwort darauf war für den demokratisch gesinnten Teil der Bevölkerung äußerst schwierig; denn Deutschland schien in einem Krieg gegen Napoleon zugleich die österreichische Fremdherrschaft in Italien zu verteidigen.

Diejenigen Publizisten und Parlamentarier, die in den verschiedenen Parteien und Ländern Deutschlands die rechtzeitige Abwehr des in Richtung Rhein zielenden napoleonischen Expansionsdrangs forderten, waren in der Mehrheit – so unterschiedlich ihre Motivierung auch sonst war. Der nationale Abwehrwille war in den unmittelbar gefährdeten Gebieten, im Rheinland, in Baden, Bayern und Württemberg, am stärksten. Erinnerungen an die Erfahrungen von 1805/06 und an die Volkserhebung von 1813 wurden wach. Die Bevölkerung fürchtete auch, daß sich die Fürsten im Sinne des Rheinbundes zu Zeiten Napoleons I. an das bonapartistische Frankreich anlehnen könnten; besonders mißtrauisch war man in Württemberg, dessen König enge verwandtschaftliche und politische Beziehungen zum Zarenhaus hatte. Die Bewegung im Volk war so stark, daß die Fürsten nicht wagen konnten, sich offen zu einer napoleonfreundlichen Politik zu bekennen.[12]

Wie sich die deutschen Staaten auch im einzelnen verhalten mochten, ihr Eintritt in einen antibonapartistischen Krieg war vor allem von Preußen abhängig. Jedoch weit davon entfernt, sich zum Anwalt der nationalen Sache zu machen, ließ sich die preußische Regierung einerseits von ihrem Gegensatz zu Österreich und andererseits von der Furcht vor Rußland, das Napoleon im geheimen unterstützte, zu einer Politik schwankender Neutralität bestimmen. Das wiederum bewog viele preußische und preußenfreundliche Großbürger zu einem unfruchtbaren Abwarten, das auf eine Unterstützung der Neutralitätspolitik der Regierung hinauslief. Selbst einige norddeutsche Demokraten erklärten sich für eine Politik der Neutralität in Oberitalien, weil sie in Österreich das reaktionäre Prinzip schlechthin sahen. Zu ihnen gehörte auch Ferdinand Lassalle. In seiner Schrift vom Mai 1859 »Der italienische Krieg und die Aufgabe Preußens« forderte er, Österreichs Schwäche auszunutzen und Schleswig-Holstein zu annektieren. Hier zeichnet sich jene Taktik ab, die 1866 zu einer Unterstützung Preußens gegen Österreich führte.

Anders als in Preußen ließen sich große Teile des süddeutschen Besitz- und Bildungsbürgertums von der österreichischen Politik beeinflussen, deren zentrales Presseorgan die Augsburger »Allgemeine Zeitung« war. Diese versuchte das grundsätzliche Festhalten an den oberitalienischen Provinzen unter der Devise »Der Rhein muß am Po verteidigt werden« als notwendig darzustellen.

Mit diesem Schlagwort näherte sich das Bürgertum Süddeutschlands unwillkürlich den Positionen von Adel und Klerus. Der politische Katholizismus, vor allem in Bayern, wollte in Österreich nichts anderes als die katholische Vormacht mit ihrer hegemonialen Stellung in Italien und die Schutzmacht des süddeutschen Partikularismus verteidigen. In Preußen traten die Konservativen um die »Kreuzzeitung« zum hellen Entsetzen Bismarcks für den antinapoleonischen Kampf aus legitimistischer Solidarität mit dem absolutistischen Österreich ein.

Deutschland war in den ersten Monaten des Jahres 1859 politisch derart aufgewühlt, hatte es mit einer verwirrenden Fülle von Flugschriften zu tun[13] und stand vor so schwierigen politischen Entscheidungen, daß die revolutionären Repräsentanten der politisch noch nicht wieder formierten Arbeiter sich zu Wort meldeten. Auf Anregung von Marx veröffentlichte Engels bereits im März 1859 – zuerst noch anonym – die Broschüre »Po und Rhein«. Auch er war der Meinung, daß Napoleons Ziel »in letzter Instanz« die Rheingrenze sei, daß aber ein geeintes Deutschland für seine Verteidigung die oberitalienischen Gebiete nicht benötige. Da aber Deutschland im Jahre 1859 noch nicht geeint war und es in jenen Monaten für das deutsche Volk in erster Linie darum ging, den gefährlichsten äußeren Feind der deutschen

Einheit zu zügeln, ergab sich folgende Taktik: Es mußte »am Vorabend eines Kriegs wie im Kriege selbst« jede benutzbare Stellung besetzt bleiben, »von der aus man den Feind bedrohen und ihm schaden kann, ohne moralische Reflexionen darüber anzustellen, ob dies mit der ewigen Gerechtigkeit und dem Nationalitätsprinzip vereinbar ist. Man wehrt sich eben seiner Haut.«[14] Nur in diesem Sinne wollte Engels den »Rhein am Po verteidigen«. Niemals dagegen durften die Lombardei und Venedig etwa für einen zu integrierenden Teil eines geeinten Deutschlands gehalten werden.

Im Interesse des nationaldemokratischen Kampfes gegen Napoleon wollten Marx und Engels die österreichisch-preußischen Gegensätze nicht betonen oder gar unter irgendwelchen Vorwänden schüren, wie dies Lassalle getan hatte. Beide traten 1859 für einen Krieg gegen die gefährlichsten Feinde der Demokratie ein, das zaristische Rußland und das napoleonische Frankreich. Um dieses Krieges willen mißbilligte Marx den Vorschlag einiger süddeutscher Demokraten, nun das Reichsparlament einzuberufen. Er meinte, »daß jetzt Revolution in Deutschland – Desorganisation seiner Armeen nicht den Revolutionären, sondern Rußland und Boustrapa zugute kommen würde«[15]. Ein wie immer begonnener Krieg gegen Napoleon und den Zaren hatte, wie die konservativen Staatsmänner gerade der Großmächte sehr wohl erkannten,[16] durchaus die Chance, sich zu einem Volkskrieg zu entwickeln – zu einem Krieg, der über die deutschen Großmächte, Österreich und Preußen, hinweg zu einem einigen, demokratischen Deutschland führen könnte.

Wie man auch immer die Frage beanworten mag, ob Napoleon III. tatsächlich im Begriff war, Deutschland anzugreifen, die politische Logik läßt erkennen: Je stärker und überzeugender sich der Wille des deutschen Volkes zeigte, bonapartistische Einmischungsversuche und Annexionen rheinländischer Gebiete abzuwehren, desto geringer wurden diese Gefahren. Erwiesenermaßen schreckte Napoleon III. davor zurück, einen Nationalkrieg gegen Deutschland zu provozieren. Auch Bismarck hütete sich, seinen politischen Flirt mit dem annexionslüsternen Napoleonismus bis zur Kompromittierung zu treiben.

*

Wie verhielt sich nun der preußische Gesandte in Petersburg im weiteren Verlauf des oberitalienischen Konflikts? Bildete die gemeinsame Feindschaft gegenüber Österreich eine starke Verbindungsbrücke zur offiziellen russischen Gesellschaft, so hatte er es andererseits auch mit seinem Vorgesetzten in Berlin zu tun und, wie sich bald zeigen sollte, mit feindseligen Kollegen aus dem diplomatischen Korps.

Die politische Formel des preußischen Außenministers v. Schleinitz: »Keine Neutralität gegenüber Frankreich, keine Hilfe für Oesterreich«[17] verbarg hinter der pointierten Form Unklarheit und rief Unsicherheit hervor; eine Intervention gegen Frankreich war danach – insbesondere unter dem Druck jener öffentlichen Meinung, die damals in Preußen-Deutschland vorherrschte – durchaus möglich, und das hätte natürlich Hilfe für Österreich bedeutet. Bei den Gegnern von Schleinitz, besonders dem Gerlach-Kreis, der die konterrevolutionäre Gemeinschaft mit Österreich und die Erbfeindschaft gegen das napoleonische Frankreich propagierte, konnte Bismarck keinen Rückhalt finden. Er war mit seinen ehemaligen Parteifreunden damals derart überworfen, daß er am 1. Mai 1859 seiner Schwester schrieb, in der »Kreuzzeitung« lese er »alles Auswärtige seit Wochen nicht mehr, denn der vollendete Blödsinn hat nicht einmal mehr für den Arzt ein Interesse«.[18].

Mißtrauisch gegenüber seinen Berliner Vorgesetzten, zerstritten mit seinen konservativen Urverwandten, der zaristischen Regierung näherstehend als seiner eigenen, war ein solch aktives Naturell wie Bismarck teils zu losen Reden, teils zum Geheimbündeln mit den Regierenden an der Newa immer wieder geneigt.

Es vertrug sich noch mit der Loyalität des Staatsbeamten, wenn Bismarck nach einer wichtigen Unterredung mit Gortschakow im April 1859 seiner Frau schrieb: »Unsre Politik verstimmt mich; wir bleiben Treibholz, auf unsern eignen Gewässern planlos umhergeblasen von fremden Winden; und was für ruppige Winde, übelriechende! Wie selten sind doch Leute von eignem Willen in einer so achtbaren Nation wie die unsrige.«[19] Aber vierzehn Tage danach äußerte er sich in einem amtlichen Gespräch mit Gortschakow wie ein adliger Frondeur und nicht wie ein beamteter Diplomat. Vom russischen Außenminister über die wirkliche Meinung des Prinzregenten[20] befragt, der einmal für die Ablehnung der Hilfe für Österreich sei, dann wieder den Krieg gegen Frankreich für möglich halte, antwortete der preußische Gesandte unverfroren: Dies alles würde ihn nicht erstaunen, denn er kenne sehr wohl den Charakter des Prinzregenten, der stets dem Einfluß seines letzten Gesprächspartners unterliege. Der Prinzregent, der sich gern sprechen höre, werde am Morgen das Gegenteil von dem sagen, was er am Abend vorher gesagt habe.

Bismarck blieb nicht nur bei despektierlichen Reden über seinen königlichen Herrn; er gab sogar Ratschläge, wie sich die russischen Politiker gegenüber seinen preußischen Vorgesetzten verhalten sollten: »Ich erlaube mir mit Ihnen so offen zu sprechen, zunächst weil ich auf Ihre Diskretion rechne, ferner weil ich als guter Preuße darauf halte, daß wir in unserer gegenwärtigen politischen Linie, die allein der Ehre und der Würde meines Landes entspricht, fest bleiben. Solange man bei uns über die Haltung, die Rußland schließlich einnehmen wird, unsicher ist, wird man zögern, diese Politik zu verlassen, aber von dem Augenblick an, wo Sie die feste Zusicherung gegeben haben werden, daß Sie sich in keinem Fall gegen Oesterreich aussprechen werden, wird man diesem bei uns folgen; denn die Schwäche unseres gegenwärtigen Kabinetts wird sich, sobald es eine leichte und gefahrlose Aufgabe vor sich sieht, gerne und auf billige Weise eine germanische Aureole geben.«[21]

Diese Worte Bismarcks gab Gortschakow unmittelbar nach dem Gespräch in einem Immediatbericht an den Zaren mit der ausdrücklichen Feststellung weiter, daß er sie wörtlich wiedergebe. Dafür spricht auch die unverkennbar Bismarcksche Diktion. Die taktischen Ratschläge Bismarcks waren auf den Gesprächspartner wohl berechnet, denn Gortschakow wies seine Gesandten immer wieder an, daß Rußlands endgültige Entschließung in bezug auf Österreich im unklaren gehalten werden müsse.[22]

Die konkreten Fragen, mit denen sich die Diplomatie der europäischen Großmächte, aber auch der deutschen und italienischen Klein- und Mittelstaaten im Frühjahr 1859 zu beschäftigen hatte, betrafen die möglichen Folgen der kommenden kriegerischen Verwicklungen.

Nachdem sich Rußland mit Frankreich in einem Geheimvertrag am 3. März zur wohlwollenden Neutralität im österreichisch-französischen Kriegsfalle verpflichtet hatte, schlug Gortschakow am 21. März, also kurz vor der Abreise Bismarcks nach Petersburg[23], die Einberufung eines europäischen Kongresses zur Regelung der italienischen Verhältnisse vor. Der Kongreßvorschlag zielte darauf ab, sowohl Zeit für die Rüstung Napoleons zu gewinnen[24] als auch Rußland die Möglichkeit zu geben, sich wieder in den Vordergrund des diplomatischen Spiels der europäischen Großmächte zu bringen. Dabei wollte Gortschakow Österreich in eine solche Lage versetzen, daß es entweder durch Ablehnung des Vorschlags als Friedensbrecher dastehe oder auf einem solchen Kongreß zu mehr oder weniger großen Konzessionen gezwungen werde, die seine politischen Positionen in Italien schwächen mußten.

Sonderliche Sorgen scheint sich Bismarck über den Kongreß nicht gemacht zu haben; seine Berichte verraten keinerlei konstruktive Vorschläge und Initiativen. Als er am 6. April 1859 telegraphisch Instruktion von Schleinitz erhielt, er möchte gemeinsame Demarche Preußens, Rußlands und Englands in Paris vorschlagen, um über Napoleon III. Sardinien zum Verzicht auf Formierung von Freiwilligenkorps zu zwingen, die Wien besonders beunruhigten, da suchte er noch am gleichen Tag Gortschakow auf. Über dessen ablehnende Haltung berichtete Bismarck insgeheim frohlockend und ausführlich und setzte heuchlerisch hinzu, daß es nur zu einer unnützen Verlängerung der Depesche führen würde, wenn er seine Repliken und all den Aufwand an Eifer beschreiben wolle, mit dem er die Aufträge seiner Regierung zu erfüllen versucht habe.[25]

In diesen Wochen politischen Wetterleuchtens und Donnergrollens ging es Bismarck vorerst um die Zurückweisung aller konservativen Solidaritätsforderungen Österreichs. Schon im ersten ausführlichen Bericht an den Prinzregenten aus Petersburg verweist er auf die wiederholten Unterhaltungen mit dem russischen Außenminister, die bei ihm den Eindruck hinterlassen hätten, das Ressentiment gegen Österreich scheine die mächtigste, man könnte auch sagen, die einzige Triebfeder zu sein, die im Augenblick die politische Aktion des russischen Kabinetts bestimme.[26]

In einem zweiten Schreiben läßt Bismarck seinen Gesprächspartner Gortschakow über das Verhältnis von Preußen und Österreich, das der Mittelstaaten und Preußen, des Deutschen Bundes und der deutschen Nation mit einer solchen Präzision sprechen, die in Briefen und Erlassen des russischen Außenministers in den sechziger Jahren sonst nicht zu finden ist. Offensichtlich sprach hier Bismarck selbst mit fremder Zunge: In der »leonistischen Gesellschaft« habe Österreich gegenüber Preußen den Löwenanteil; überdies würde Österreich die Fiktion aufrechterhalten, Deutschland und der Bundestag seien zwei vollkommen identische Dinge. »Durch den einfallsreichen Gebrauch dieser verbreiteten Vorstellung«, so ließ Bismarck Gortschakow sagen, »sieht sich Preußen darauf beschränkt, seine Ansprüche auf den Respekt und die Anerkennung von seiten der deutschen Nation durch den Eifer zu rechtfertigen, mit dem es sich daran macht, seine Politik und seine Interessen der Weisheit einer Mehrheit zu unterwerfen, die sich Oesterreich zur Verfügung stellt – einer Mehrheit, die sich aus Regierungen ohne Armee und ohne europäische Verantwortlichkeit zusammensetzt.«[27] Gerade diese letzten Formulierungen waren wohl berechnet und geeignet, den Prinzregenten in seiner Offiziersehre zu treffen und seinen Großmachtegoismus anzustacheln.

Nachdem am 29. April 1859 österreichische Truppen ins Königreich Sardinien, das erwartungsgemäß das Wiener Ultimatum abgelehnt hatte, eingefallen waren und Frankreich unter der demagogischen Losung »Italien frei bis zur Adria« an der Seite Sardiniens in den Krieg eingetreten war, konzentrierte sich Bismarck erst recht auf den Kampf um die Neutralität Preußens.[28]

Auf Bismarcks offizielle Frage, ob Rußland verpflichtet sei, an einem Krieg zwischen Österreich und Frankreich teilzunehmen, hatte Gortschakow mit einem kategorischen Nein geantwortet. Aber diese Versicherung versah Bismarck im Bericht nach Berlin mit dem tückischen Zusatz, die Antwort »sagt im Grunde nicht sehr viel; ob die eventuelle Kriegserklärung durch eine geheime Festlegung vorgesehen oder das wahrscheinliche Ergebnis noch zu fassender Entschlüsse ist, die Unsicherheit bleibt die gleiche.«[29] Entgegen allem, was Bismarck seiner Frau mitgeteilt hatte, versuchte er im Schreiben an den Außenminister Schleinitz diesen bange zu machen: »Gortschakow hat mehr als früher Heimlichkeiten vor mir mit dem französischen Botschafter«.[30] Bismarck wollte also die Unruhe der Berliner Stellen über ein geheimes russisch-französisches Einverständnis absichtlich schüren. Damit schlug er jene mit Gortschakow abgestimmte Taktik ein, die preußische Regierung der »Neuen Aera« über die letzten russischen Absichten im unklaren zu lassen und damit in Schach zu halten – alles im Interesse einer österreichfeindlichen Neutralität Preußens.[31]

Bismarck wurde nicht müde, seine politischen Auffassungen »als verdammliche Ketzerei« vorzutragen. So verfaßte er auch jenes »Privatschreiben an Minister v. Schleinitz« vom 12. Mai 1859, das zu seinen berühmten politischen Memoranden gehört. Er resümierte: »Aus den acht Jahren meiner Frankfurter Amtsführung habe ich als Ergebnis meiner Erfahrungen die Überzeugung mitgenommen, daß die dermaligen Bundeseinrichtungen für Preußen im Frieden eine drückende, in kritischen Zeiten eine lebensgefährliche Fessel bilden, ohne uns dafür dieselben Äquivalente zu gewähren, welche Österreich, bei einem ungleich größern Maße eigner freier Bewegung, aus ihnen zieht.«[32] Bismarck sieht die mittelstaatliche Politik – hier schon tiefer lotend – keineswegs als »Produkt einzelner Umstände oder Personen«[33], betont vielmehr die objektiven Interessen, die die Beziehungen der deutschen Klein- und Mittelstaaten zu den beiden Großmächten im Deutschen Bunde bestimmen: »Ausbildung des Bundesverhältnisses mit oesterreichischer Spitze ist das natürliche Ziel der Politik der deutschen Fürsten und ihrer Minister«, so heißt es bei ihm, »sie kann in ihrem Sinne nur auf Kosten Preußens erfolgen und ist notwendig nur gegen Preußen gerichtet ...«

Wenn die Klein- und Mittelstaaten der kriegerischen Tagesstimmung folgten, bemerkt Bismarck sarkastisch, »so geschieht das vielleicht nicht ganz ohne tröstende Hintergedanken an die Leichtigkeit, mit der ein *kleiner* Staat im Fall der Not die Farbe wechseln kann«[34]. Bedeutung und Brisanz erhält die Denkschrift durch die Schlußfolgerungen, die Bismarck für die Zukunft der preußischen Politik zieht – und zwar hinsichtlich des Ziels und der Methode.

Das Ziel: »Das Wort ›deutsch‹ für ›preußisch‹ möchte ich gern erst dann auf unsre Fahne geschrieben sehn, wenn wir enger und zweckmäßiger mit unsern übrigen Landsleuten verbunden wären, als bisher; es verliert von seinem Zauber, wenn man es schon jetzt, in Anwendung auf seinen bundestäglichen Nexus, abnutzt.«[35] Damit faßt Bismarck, wenn auch vorsichtig umschrieben, die hegemoniale Stellung Preußens nach einer Neuordnung der staatlichen Verhältnisse Deutschlands ins Auge. Er ahnt wohl, daß sich dann die regierenden Kreise Preußens die Sprache des deutschen Patriotismus leisten könnten, ohne ihre Herrschaft zu gefährden.

Auch hinsichtlich der politischen Methode greift Bismarck

schon auf Künftiges vor: »Ich sehe in unserm Bundesverhältnis ein Gebrechen Preußens, welches wir früher oder später ferro et igni werden heilen müssen, wenn wir nicht beizeiten in günstiger Jahreszeit eine Kur dagegen vornehmen.« Ferro et igni, mit Eisen und Feuer – eine Vorwegnahme der Worte von »Eisen und Blut«, mit denen Bismarck am 30. September 1862 im Preußischen Abgeodnetenhaus ebenso programmatisch wie provokatorisch die militärische Abrechnung mit dem Bundestag und seiner Präsidialmacht Österreich ankündigte.

Seine kritische Grundhaltung gegenüber den deutschen Klein- und Mittelstaaten wirkte sich natürlich auch auf die Beziehung zu deren diplomatischen Vertretern in Petersburg aus. Über seine »hiesigen deutschen Kollegen« Graf Montgelas (München) und Graf Münster (Hannover) meinte er im Privatschreiben an Schleinitz vom 20./21. Mai, sie verträten »vollständig das Maß kriegerischen Eifers, welches ihren Regierungen eigen ist«[36]. Einige Tage später, am 30. Mai, wurde Bismarcks Berichterstattung über seine deutschen Kollegen noch ausführlicher und bissiger. Sie seien für ihn ein »chronisches Übel«. Da sie wenig Zugang zu Gortschakow hätten und dieser sich »auf große Politik mit ihnen nur in den engsten amtlichen Grenzen einläßt«, wären sie auf ihn, den preußischen Gesandten, angewiesen. Die Dreistigkeit, mit welcher die Herren den landsmannschaftlichen Anspruch erheben, die indiskretesten Fragen zu stellen, »übersteigt jede Voraussicht eines wohlerzogenen Politikers«. Was er auch sagen möge, er entgehe niemals dem Mißbrauch seiner Antworten. Wie zufällig kam Bismarck dabei auch auf den hannoverschen Gesandten zu sprechen, der ihm bald bittere Wochen und Stunden bereiten sollte.

Es wurde nämlich bald ruchbar, daß Graf Münster in Deutschland berichtet habe, Bismarck treibe in Petersburg »Politik auf eigene Hand«[37]. Ob der König von Hannover nun seinen Minister wirklich nach Berlin schickte, um Bismarcks »Abberufung als europäisches Bedürfniß zu verlangen«, wie dieser behauptete,[38] kann nicht nachgeprüft werden. Auf jeden Fall hat der Hannoveraner über Bismarcks Sonderpolitik keine Unwahrheit gesagt. Diese Tatsache konnte Bismarck durch Gegenvorstellungen und Gegenangriffe, wie in den Briefen vom 17. Juni an Gustav v. Alvensleben oder an den Minister v. Schleinitz vom 18. Juni, nur schlecht vertuschen; man wußte zudem schon, daß ihm nicht ganz zu trauen war.

Die von Bismarck mit aller Schärfe und sehr fragwürdigen Methoden erfolgte Zurückweisung der gegen ihn erhobenen Anschuldigungen war in diesen Junitagen eine politische Existenzfrage für ihn geworden. Zu Recht schrieb er an Alvensleben: »Ob ich deshalb noch lange hier Preußischer Gesandter bleiben kann, muß der Erfolg lehren; ich werde im July Urlaub erbitten, um entweder meine Frau herzuholen oder sie nach Schönhausen zu geleiten.« Ernsthaft stand damals für Bismarck die Frage, ob er weiterhin diplomatisch an einem der Brennpunkte europäischer Politik wirken könne oder auf ein tristes Junkerdasein in der provinziellen Altmark verwiesen werde.

In dieser prekären Lage wollte und mußte er beweisen, daß er als Gesandter am zaristischen Hofe der preußischen Monarchie ausgezeichnete Dienste leistete. In diesem Bemühen wurde er von Gortschakow und dem Zaren unterstützt, die mit ihm mehrere Gespräche in Zarskoje Selo führten. Darüber schickte Bismarck am 17. Juni auch an den Prinzregenten einen langen Immediatbericht[39], ein Meisterstück politischer Psychologie. Unverkennbar ist in ihm Bismarcks politisch überaus wichtige Vertrauensstellung bei den leitenden Personen des Zarenreichs deutlich gemacht; aber auch die auf die Mentalität des Prinzregenten wohlberechnete Akzentverschiebung in der politischen Argumentation verdient Beachtung.

Zunächst erwähnt Bismarck, daß das erste Gespräch mit Gortschakow in einer Atmosphäre leichter Verstimmung begann. Um so heller können neben diesem Wolkendunkel alle Vertrauens- und Gunstbezeigungen erstrahlen, über die er dann mit taktvoll dosierter Eindringlichkeit zu berichten weiß. Da bleibt nicht unerwähnt, daß ihm wichtige Briefe und Berichte aus der diplomatischen Kanzlei vertrauensvoll gezeigt wurden, der Zar selbst ihn empfing, ihm seine Auffassungen über die internationale Lage darlegte und ihm zur Arbeit sein Kabinett zur Verfügung stellte. Da ist die Rede von einem sehr internen Diner zu viert, mit dem Zaren, dem Fürsten Gortschakow, dem Gouverneur des Kaukasus, Fürst Bariatinski, und selbstverständlich Bismarck. Dies und ähnliches mehr wird mit der vornehm-lässigen Sachlichkeit eines Mannes berichtet, der sich bewußt ist und es auch bewußt machen kann, daß er Zugang zum engsten Kreis der russischen Staatsführung hat.

Dem russischen Außenminister und damit auch dem Zaren war die umstrittene Stellung Bismarcks innerhalb und außerhalb

Preußens also nicht unbekannt geblieben; sie zeigten sich politisch interessiert daran, ihn zu halten, indem sie zu verstehen gaben, daß seine Abberufung nahezu einem unfreundlichen Akt gegenüber der russischen Staatsführung gleichkäme.

Der Inhalt jener Gespräche auf höchster Ebene mußte den Prinzregenten mit Sicherheit berühren, denn Bismarck stellte nicht mehr das Antiösterreichertum heraus, sondern die Sorge des Zaren vor revolutionären Entwicklungen in Europa. Ein von Preußen angeführtes Deutschland, so fürchtete der Zar, könne durch eine Kriegserklärung an Frankreich Napoleon zwingen, in einem verzweifelten Existenzkampf nationalrevolutionäre Leidenschaften zu entfachen und eine allgemeine Verwicklung von Krieg und Revolution heraufbeschwören, über deren Ausgang niemand etwas voraussagen könne.

Schleinitz teilte Bismarck bereits am 24. Juni mit, daß sein Bericht vom 17. Juni »einen sehr guten« Eindruck auf den Prinzregenten gemacht habe.[40] Dieser mußte sich in der Tat fragen, ob es im Interesse der preußischen Monarchie sei, einen vom Zaren immer wieder ins Vertrauen gezogenen Mann in einem Augenblick abzuberufen, in dem die konservativen Gesamtinteressen der europäischen Großmächte vielleicht bald wieder einen Kompromißfrieden erheischten, wie es der Zar geschickt angedeutet hatte.

Allerdings mußte Schleinitz seinen Gesandten in Petersburg freundlich-verklausuliert warnen, indem er versicherte, daß er allen gegen ihn und seine amtliche Wirksamkeit gerichteten Insinuationen entgegengetreten sei: »Wenn ich mir nichtsdestoweniger die Bitte gestatte, daß Euer Hochwohlgeboren Sich auch in Ihren *außeramtlichen* Gesprächen und Beziehungen möglichst dem Standpunkt Ihrer Regierung conformiren möchten, so ist diese Bitte vielleicht ganz überflüssig, allein der Wunsch, den Angriffen der Gegner nach keiner Seite hin eine Blöße darzubieten, hat mich dennoch vermocht, sie Ihnen auszusprechen.«[41]

Nun konnte Bismarck wieder etwas beruhigter nach Berlin blicken, soweit das allerdings bei einer Regierung möglich war, zu der er kein volles Vertrauen hatte; am 1. Juli schrieb er seinem früheren Mitarbeiter in Frankfurt, Otto v. Wentzel, über seine Stellung am Zarenhof: »Der Kaiser zeichnet mich in einer Weise aus, die mir die Stellung eines Familiengesandten, wie zur Zeit seines Vaters, gewährt; ich bin der einzige Diplomat, der intimeren Zutritt zu seiner Person hat.«[42]

Die Angriffe auf seine Amtsführung hatte Bismarck im Verein mit seinem Freund Gortschakow erfolgreich abgewehrt, aber er mußte einen schweren Tribut an Körper- und Nervenkraft leisten. Sein jahrelang vergebliches Ringen um die Durchsetzung seiner politischen Linie, der Bruch mit der Kreuzzeitungspartei, seine Abberufung vom Frankfurter Posten als Bundestagsgesandter hatten an ihm gezehrt. Konflikte, in die er oft und schon in den fünfziger Jahren verwickelt wurde, riefen manche akute Krisen seines körperlichen und nervlichen Zustandes hervor. »Gallenfieber« und Erbrechen nach politischem Ärger erwähnte dieser leidenschaftliche Mann von Zeit zu Zeit – zuletzt Anfang Februar.

Zunächst war es in Petersburg mit Bismarcks Gesundheit »trotz einiger kleinen Leiden« recht gut gegangen: »Das gesellige Treiben«, so schrieb er am 8. Mai an seinen Bruder, »ist angenehm und wohlerzogen, und nach allen den Frankfurter Zänkereien ist es eine wahre Erholung, dienstlich nur mit liebenswürdigen Leuten und Formen zu thun zu haben.«[43] Und noch am 11. Juni strömt der Brief, den er nach der Rückkehr von einer Reise zum Fürsten Jussupow in Archangelskoe bei Moskau seiner Frau schrieb, volle Zufriedenheit aus. »Anstrengungen«, heißt es da, »bekommen mir stets vortrefflich, ich war lange nicht so wohl wie nach dieser Moskaufahrt«.[44]

Zwischen diesem Brief an seine Frau vom 11. Juni und jenem vom 18., in dem er ihr berichtet: »Man ist hier sehr gut für mich, in Berlin aber intriguirt Oesterreich und alle lieben Bundesgenossen, um mich hier wegzubringen«, liegen die sechs Tage, da das Intrigenspiel gegen ihn den Höhepunkt erreichte. Am 25. Juni schreibt Bismarck seiner Frau, daß er sich erkältet habe und auch durch »politischen Ärger« krank geworden sei; vier Tage später heißt es an seine Schwester ausführlicher und ernster: »Aerger, Klima und Erkältung trieben ein ursprünglich unscheinbares Gliederreißen vor etwa 10 Tagen auf die Höhe.« In den ersten Julitagen ist von »politischem Verdruß« die Rede und vom Lesen in der Bibel, um »die Politik aus dem sorgenvollen Herzen los zu werden«.[45] Mitunter treibt ihn seine pessimistische Stimmung zu einem gallig-bitteren Humor. Es sei doch gleichgültig, ob den Menschen das Fieber oder die Kartätsche die Maske der Heuchelei abreiße, »fallen muß sie doch über kurz oder lang, und dann wird zwischen einem Preußen und einem Oestreicher, wenn sie gleich groß sind wie etwa Schreck und

Rechberg, doch eine Aehnlichkeit eintreten, die das Unterscheiden schwierig macht; auch die Dummen und die Klugen sehn, proper skelettirt, ziemlich einer wie der andre aus.«[46]

Während Bismarck in »Erinnerung und Gedanke« nur die Erkältung erwähnt, zeigen zeitgenössische Briefe eindeutig, daß neben der Erkältung der politische Ärger – meist sogar vorrangig – das auslösende Moment der schweren Erkrankung war. Seine Lage wurde durch die Behandlungsmethoden uneinsichtiger Ärzte nicht leichter. Erst nachdem er »schon halb für eine bessere Welt gewonnen war«, so schrieb er seiner Schwester, konnte er die Ärzte überzeugen, daß seine Nerven durch achtjährigen ununterbrochenen Ärger und stete Aufregung geschwächt wären und weiteres Blutabzapfen ihn mutmaßlich typhös oder blödsinnig machen würde.[47]

Die Kenntnis der tieferen Ursachen seiner Krankheit hat Bismarck im wahrsten Sinne des Wortes das Leben gerettet, denn er setzte sich gegen die ihn nur weiter schwächenden Behandlungsmethoden der Mediziner zur Wehr. Nachdem er sich jedoch gegen die russischen Ärzte mit Erfolg verteidigt hatte und im wesentlichen wiederhergestellt war, richtete ihn ein deutscher Arzt, der ihm von der Großherzogin von Baden empfohlene Dr. Walz, fast zugrunde; dieser behandelte Bismarcks bei einer Jagd verletztes Bein mit einer wie Gift wirkenden Salbe, wodurch eine Vene im Kniegelenk zerstört wurde. Das geschah kurz vor Bismarcks Abreise nach Deutschland, von wo er Frau und Familie abholen wollte. Doch dort wurde der ärztlich falsch behandelte, nervlich überanstrengte und überarbeitete Politiker durch ein langes Siechtum festgehalten; auf der zu früh angetretenen Rückreise nach Petersburg im Spätherbst 1859 erkrankte er so ernst, daß er bei Elbing auf dem Gut Hohendorf seines Freundes Below festlag und wochenlang zwischen Tod und Leben schwebte. Erst im Juni 1860 konnte Bismarck seinen Posten in Petersburg wieder einnehmen.

*

Der letzte Brief, den Bismarck vor seiner Abreise von St. Petersburg an Schleinitz geschickt hatte, ist am 9. Juli 1859 geschrieben, einen Tag nach dem Waffenstillstand zwischen Frankreich und Österreich, der für fünf Wochen gelten sollte. Bismarck zeigte sich in dem Brief noch keineswegs überzeugt, daß Österreich den Krieg bald zu Ende führen werde. Vielleicht machte er auch in Zweckpessimismus, um die Berliner Staatsführung vor Rechberg zu warnen, der seit Mai 1859 nicht mehr Präsidialgesandter in Frankfurt, sondern Außenminister in Wien war. Dieser werde noch versuchen, »ob preußisches Blut Italien nicht wieder ankitten kann, ehe er es aufgibt«. Und dann fügte Bismarck bissig hinzu: »Ich fürchte, wenn wir Krieg machen, Oesterreichs Verrat mehr als Frankreichs Waffen.«[48]

Österreich hatte inzwischen militärische Niederlagen erlitten, die ebenso blamabel für die habsburgische Führung wie mörderisch für die Truppen waren. Das Frohlocken darüber und gleichzeitige Verherrlichen der französischen Armee nahm »in allen Ständen« Rußlands solche Formen an, daß dies sogar für Bismarck zuviel wurde.[49] Die beiden Hauptschlachten, bei Magenta am 4. Juni und bei Solferino am 24. Juni, brachten entsetzliche Verluste auf beiden Seiten.[50] Dem Schweizer Kaufmann und Schriftsteller Jean Henri Dunant bot sich unmittelbar nach der Schlacht bei Solferino ein Schreckensbild: dahingeraffte und zerrissene Leiber, das Röcheln der Dahinscheidenden, die Schreie der von Schmerzen, Durst und Todesängsten gequälten Verwundeten, der eklige Brodem von Leichen in sengender Hitze. In Erinnerung an dieses Elendstal geschundener und hilfloser Kreaturen, die kurz zuvor blühende Männer gewesen waren, entstand der Gedanke, eine Organisation von Helfern zu schaffen, die in Kriegszeiten Verwundete retten, Schmerzen lindern und Kranke pflegen sollten; und aus dem Gedanken Dunants erwuchs die Tat, das 1864 erkämpfte und geschaffene »Rote Kreuz«, das der Schweiz zur Ehre die Symbolik der eidgenössischen Nationalflagge – weißes Kreuz auf rotem Grund – umkehrte. Der Krieg in Oberitalien hatte durch die technischen Verbesserungen der Schußwaffen jene entsetzlichen Verluste gebracht, die Mahnzeichen für die Zukunft setzten.

Am 11. Juli 1859 kamen Kaiser Franz Joseph und Napoleon III. in Villafranca zusammen und schlossen jenen Vorfrieden ab, der am 10. November 1859 in Zürich zumindest in einer wesentlichen Bestimmung bestätigt werden sollte: Österreich mußte die Lombardei an Frankreich abtreten, das diese Provinz mit ihrer Hauptstadt Mailand seinem Verbündeten überließ. Somit schob Sardinien seine Ostgrenze bis an den strategisch wichtigen Mincio vor. 1860 heimste Napoleon dafür die beiden italienischen Provinzen Nizza und Savoyen ein.

Die Übereinkunft zweier Kaiser im Vorfrieden kam für viele

überraschend und verriet schon in der Form des Zustandekommens eine dynastische Kabinettsintrige. Der erfahrene Gortschakow erkannte das sogleich, wenn er am 17. Juli an seinen Wiener Gesandten Balabin »sehr vertraulich« schrieb: »Das Zusammentreffen von Villafranca muß seine geheime Geschichte haben.«[51] Und in der Tat agierten in diesem diplomatischen Vorspiel Prinz Alexander von Hessen, der Schwager des Zaren Alexander und zugleich Vertrauensmann des Kaisers Franz Joseph, auf französischer Seite der Außenminister Walewski und die Gesandten in London und Berlin, Persigny und Marquis de Moustier.[52] Napoleon zeigte in Villafranca seinem Verhandlungspartner, dem Kaiser Franz Joseph, Depeschen mit bewußt falschen Nachrichten. Danach sollten England und Preußen demütigende Friedensbedingungen für Österreich gewollt haben, von denen Frankreich aber aus Verständigungsbereitschaft und monarchistischer Solidarität wesentliche Abstriche zu machen gewillt sei. Daß diese diplomatische Falschmünzerei Franz Joseph tatsächlich überzeugte, ist kaum anzunehmen. So unerfahren war selbst der neunundzwanzigjährige österreichische Kaiser nicht mehr; und über den »Erzschuft Napoleon«, wie er noch am 1. Juli geschrieben hatte, machte er sich keine Illusionen.[53]

In Wirklichkeit ließ sich Franz Joseph in seiner verzweifelten Lage gern betrügen. Das Wechselspiel von Betrug und Selbstbetrug gab jenes Dekorum ab, das es den Kaisern gestattete, die wahren Gründe für diesen Kompromißfrieden unerwähnt zu lassen und vor anderen zu verbergen. Franz Joseph konnte das ganze Feuer der Entrüstung gegen seinen preußischen Nebenbuhler richten und so anfachen, daß er im Laxenburger Manifest verkünden konnte, er habe diesen Frieden schließen müssen, weil er von seinem natürlichen Bundesgenossen im Stich gelassen worden sei.

Der in Villafranca geschlossene Kompromiß war – entgegen der Meinung mancher Historiker[54] – das Ergebnis längerer Überlegungen und Diskussionen in Diplomatenkreisen. Noch Wochen vor den großen Schlachten bei Magenta und Solferino berichtete Bismarck am 19. Mai aus Petersburg, die Minciolinie zwischen Österreich und Sardinien-Piemont werde vom Fürsten Gortschakow in vertraulichen Reden als wahrscheinliches Ergebnis des Krieges bezeichnet. Sogar in Gegenwart des englischen Gesandten habe der französische Gesandte dieser Meinung zugestimmt. Auf die Frage Bismarcks, wie es denn um die feierlich proklamierte »Freiheit bis an das Adriatische Meer« bestellt sei, entgegnete der napoleonische Gesandte, Herzog von Montebello: »Es gibt Arrangements mit dem Himmel, warum sollten nicht solche mit den Losungen eines Manifestes möglich sein!«[55]

Das bonapartistische Regime hatte vor dem Krieg die »napoleonischen Ideen« der nationalen Befreiung proklamiert, sich mit dem Königreich Sardinien, dem Protagonisten der nationalen Einigung Italiens, verbündet, politische Agenten nach ganz Südosteuropa geschickt und mit Freikorps vor allem ungarischer Nationalität unter Kossuth konspiriert. Das österreichische Kaisertum gründete seine Politik auf andere ideologische Grundsätze; zwar verteidigte es »Recht und Gesetz«, das es völkerrechtlich in der Territorialordnung von 1815 sah, war aber durch die Macht der Verhältnisse gezwungen, nationale Reminiszenzen von 1813 zu wecken und im deutschen Volk an den Abwehrwillen gegen den napoleonischen Imperialismus zu appellieren. Als der österreichische Graf Karolyi in seiner von vornherein zum Scheitern verurteilten Sondermission in Petersburg an die alte Solidarität der konservativen Großmächte erinnerte, da bekam er auch den Vorwurf zu hören, Österreich würde in Deutschland die revolutionärsten Kräfte ermuntern und den Gegenschlag der nationalen Bewegungen auf dem Balkan und in Polen ungewollt provozieren.

Die nationalen Befreiungs- und Unabhängigkeitsbewegungen waren schon so weit verzweigt und entwickelt, daß jede konterrevolutionäre Macht bei der Frage nach partiellen Verbündeten der anderen mit einigem Recht vorwerfen konnte, sie würde den gemeinsamen Feind – die Revolution – fördern. Das war die List der Geschichte – historische Gesetzmäßigkeiten setzten sich immer wieder in vielfältigsten Formen durch.

Der in Oberitalien lokalisierte Krieg konnte leicht europäische Ausmaße annehmen, also die Großmächte auf den Plan rufen und zugleich alle jene Volkskräfte weiter aktivieren, die nach bürgerlicher Freiheit, nationaler Einheit und Unabhängigkeit drängten. Die in Piemont operierenden Freikorps Garibaldis und Kossuths hätten dann einen umfassenden Volkskrieg in Süd- und Südosteuropa eingeleitet. Konnten aber die nichtkriegführenden Hauptmächte Europas eine Zerstörung des Habsburgerreiches zulassen?

Selbst Bismarck, der bis zur Selbstverzehrung für eine antihabsburgische Neutralität eintrat und darum kämpfte, daß Österreich nicht »durch glänzende Siege in seinem Uebermut bestärkt« werde und Preußen »zum Schemel seiner Größe« mache[56] – selbst er wünschte keine Vernichtung Österreichs. Napoleon wiederum konnte keinen Kampf mit den Armeen ganz Deutschlands riskieren, hatte er doch schon erlebt, daß die österreichischen Truppen – wie es übrigens Bismarck Anfang Mai vorausgesehen hatte – nicht »mit einem Spatzirstock … aus der Lombardei zu jagen« waren.[57] Die Befürchtung eines erneuten Einmarsches deutscher Truppen in Paris, die den Sturz auch des dritten Napoleon herbeiführen könnten, erschien auch in der französischen Hauptstadt nicht so abwegig.[58] Ungeachtet aller Stimmungsschwankungen war der gegen Napoleon gerichtete Drang nach nationalstaatlicher Einheit und Unabhängigkeit zutiefst verwurzelt; gerade die revolutionären Kräfte ordneten daher in dieser Zeit alles dem antinapoleonischen Kampf unter.

Deutschland jedoch konnte keinen erfolgreichen Krieg gegen Frankreich ohne Preußen durchstehen. Und das wiederum wollte am allerwenigsten jetzt, in der tiefen Bedrängnis der habsburgischen Kaisermacht, den Krieg unter der Oberhoheit des Deutschen Bundes und damit in Abhängigkeit von Wien führen. Das ganze scheinbar kleinliche Herumklügeln über die juristische und tatsächliche Stellung des Deutschen Bundes zu den beiden Großmächten, insbesondere zum preußischen Prinzregenten, der den militärischen Oberbefehl hätte übernehmen sollen, entsprang der Grundfrage, ob die politische Hegemonie in Deutschland von Österreich mittels der Mehrheit des Bundestages ausgeübt oder von Preußen kraft seines militärischen Übergewichts errungen werden könne.[59]

In diesem Sinne hatte Bismarck schon Anfang Mai Alvensleben gegenüber eine fast visionäre Vorstellung entwickelt: »Die gegenwärtige Lage hat wieder einmal das große Loos für uns im Topf, falls wir den Krieg Oestreichs mit Frankreich sich scharf einfressen lassen und dann mit unsrer ganzen Armee nach Süden aufbrechen, die Grenzpfähle im Tornister mitnehmen und sie entweder am Bodensee oder da, wo das protestantische Bekenntniß aufhört vorzuwiegen, wieder einschlagen …«[60] Bismarcks »höheres Spiel«, sein Gedanke an ein militärisches Besitzergreifen Deutschlands, gleichsam ohne Berührung mit den in Oberitalien einander bekämpfenden Feinden, Österreich und Frankreich, war zugleich eine phantasievolle Widerspiegelung der Realität allgemeinen preußischen Strebens nach Vorherrschaft.

Dies wußte man natürlich in der Wiener Hofburg und im kaiserlichen Hauptquartier in Oberitalien; und daher konnte Österreich nach der Juni-Niederlage kein Interesse mehr daran haben, den Krieg an der Seite Preußens in der Voraussicht fortzusetzen, seine Vorherrschaft in Deutschland zu verlieren und dort dem nationalen Streben im Sinne des Bürgertums zum Siege zu verhelfen. Wien mußte damit rechnen, daß Preußen nicht zuletzt unter dem Druck Rußlands mit Napoleon im Zeichen der militärischen Mobilisierung und Integration der deutschen Streitkräfte genügend Übergewicht erringen würde, um den Deutschen Bund zu überspielen. In Sorge, die Hegemonie in Italien wie in Deutschland einzubüßen, wollte man an der Donau den Krieg gegen Napoleon nicht fortsetzen.

Trotz eingeschränkter Wirkungsmöglichkeiten tat auch Petersburg das Seine, um einen Kompromißfrieden herbeizuführen. Von allen neutralen Großmächten fühlte sich Rußland am meisten veranlaßt, auf revolutionäre Gefahren des kriegerischen Konflikts in Italien aufmerksam zu machen. Solche Befürchtungen bildeten den Tenor der vielen Ermahnungen, die Gortschakow in der verschiedensten Form und bei den unterschiedlichsten Gelegenheiten an die Adresse Preußens, der deutschen Mittel- und Kleinstaaten, Sardinien-Piemonts, selbst des Osmanischen Reichs und nicht zuletzt des bonapartistischen Frankreichs richtete.

Diese Furcht vor unabsehbaren Konflikten und den nationalrevolutionären Bewegungen in Europa war der entscheidende Beweggrund für Frankreich wie Österreich, den Kompromißfrieden von Villafranca abzuschließen.

Kontakte mit Männern des Nationalvereins

Etwa eine Woche nach Villafranca, am 17. Juli 1859, kamen ehemalige Demokraten der Frankfurter und Berliner Nationalversammlung – die meisten aus den thüringischen Staaten, wenige aus Preußen – in Eisenach und zwei Tage später Liberale – vorwiegend aus norddeutschen Klein- und Mittelstaaten – in Hannover zusammen, um über Weg und Ziel in der nationalen Frage zu beraten und Beschlüsse zu fassen. Der führende Kopf in Eisenach war Schulze-Delitzsch, einer der Begründer der Genossenschaftsbewegung, in Hannover war es Rudolf v. Bennigsen[61], der dort 1856 sein Richteramt aufgegeben hatte und in der Zweiten Kammer des Landtags Führer der liberalen Opposition geworden war.

Die Resolution von Eisenach enthielt zwei Grundforderungen: Anstelle des Deutschen Bundestags sollte eine feste, starke und bleibende Zentralregierung treten; ferner wollte man die Einberufung einer Deutschen Nationalversammlung[62], wobei Preußen die Initiative ergreifen sollte. Auf die Präzisierung der parlamentarischen Rechte verzichteten die in Eisenach versammelten Linksliberalen. Sie verlangten auch nicht ausdrücklich die Hegemonie Preußens und den Ausschluß Österreichs aus dem künftigen deutschen Nationalstaat, aber sie zielten indirekt darauf hin mit der Forderung, »bis zur definitiven Konstituierung der deutschen Zentralregierung die Leitung der deutschen Militärkräfte und die diplomatische Vertretung nach außen auf Preußen« zu übertragen. Mit diesen Deklarationen näherten sich die ehemaligen Demokraten der Position der Liberalen.

Die Liberalen hingegen hielten es, ähnlich wie manche Minister und Diplomaten konservativer Großmächte, für notwendig, mit warnendem Unterton auf die Alternative zwischen einer Revolution von unten und der von oben hinzuweisen. Solange das deutsche Volk, so hieß es in der hannoverschen Erklärung, »nicht allein von einer revolutionären Erhebung Rettung vor inneren und äußeren Gefahren sucht, ist der natürlichste Weg, daß eine der beiden großen deutschen Regierungen die Reform unserer Bundesverfassungen ins Leben zu führen unternimmt. Oesterreich ist dazu außerstande. Seine Interessen sind keine rein deutschen, können es auch niemals werden.«[63] Bei aller Mahnung, Preußen möge keine reinen Großmachtzwecke verfolgen, sprach es die Erklärung von Hannover deutlich aus: »Die Ziele der preußischen Politik fallen mit denen Deutschlands im wesentlichen zusammen.«

Die nationalpolitische Auffassung der liberalen Bourgeoisie war im preußisch-deutschen Zollverein begründet. Preußen sollte dieses Gebiet auch politisch einigen, um alle noch vorhandenen wirtschafts- und nationalpolitischen Hindernisse für die Entwicklung des kapitalistischen Marktes zu beseitigen und auch nach außen hin staatlichen Schutz zu gewährleisten.

Ende der fünfziger Jahre forderten die Liberalen, motiviert

von der weiteren ökonomischen Entwicklung, nationale Einigung von oben, Gewerbefreiheit, einen bürgerlichen Rechtsstaat mit klar formulierten Gesetzen, nach denen sich der geschäftetreibende Unternehmer im Alltag richten konnte – aber die großen, bewegenden Freiheits- und Humanitätsideale des 18. Jahrhunderts gaben sie auf. Der rechtsliberale Max Duncker nannte das jetzt: »Einheit von Macht und Freiheit, von Militär- und Verfassungsstaat.«[64]

Es entstand nun ein sehr spannungsvolles Verhältnis der bürgerlichen Liberalen, die sich mit der antiliberalen Monarchie verständigen wollten, zu den Massen. Diese waren als stimmabgebender, mitunter auch protestierender Chor der öffentlichen Meinung sehr willkommen, um die preußische Monarchie zu liberalen Zugeständnissen und zu nationaler Initiative zu veranlassen. Gern fühlten sich viele bürgerliche Politiker als linksliberale »Volksmänner« und Sprecher des Fortschritts – besonders dann, wenn sie beredt in Wahlversammlungen und bei Volksfesten auftraten. Sobald sich aber die Massen anschickten, den bürgerlichen Fortschritt durch außerparlamentarische Aktionen durchzusetzen, war man schnell dabei, abzuwiegeln und das Volk – um mit Heinrich Heine zu reden – als den großen Lümmel zu behandeln.

Aus dem mißtrauischen Unbehagen dieser bürgerlichen Politiker gegenüber den Massen, die bei selbstbewußtem Einsatz ihrer revolutionären Potenzen zu viele Rechte und zu viel Macht erringen könnten, erwuchs mehr und mehr die Sehnsucht nach dem »großen Mann«, der das Werk der bürgerlichen Umgestaltung und der nationalstaatlichen Einigung vollbringen sollte.[65]

Zu diesen Rufern nach dem starken Mann gehörte August Ludwig Rochau, der Verfasser der Schule machenden Schrift »Realpolitik«, die die Abkehr von den klassischen Humanitäts- und Freiheitsidealen begründete. Rochau meinte: »Weder ein Prinzip noch eine Idee noch ein Vertrag wird die zersplitterten deutschen Kräfte einigen, sondern nur eine überlegene Kraft, welche die übrigen verschlingt.«[66]

*

Einen Pfadfinder, der sich auf die Suche nach einem solchen Mann gemacht hatte, gab es schon 1859. Es war Hans Victor v. Unruh, der Bismarck in Berlin aufsuchte. Unruh war Sohn eines preußischen Generals, aber lange Zeit im preußischen Staats-

Hans Viktor von Unruh (1806–1886)
Ingenieur und Unternehmer, Liberaler
Er nahm schon 1859 politischen Kontakt mit Bismarck auf.

dienst als Ingenieur für Eisenbahnbau in Schlesien und Ostpreußen tätig gewesen und dann ins Privatgeschäft übergetreten. Ideologisch war er von der konstitutionellen Monarchie nach englischem Vorbild beeinflußt. Im Herbst 1848 hatte er als Vizepräsident, dann als Präsident der preußischen Nationalversammlung die Revolution abgewiegelt. Als Mitbegründer der »Deutschen Kontinental-Gasgesellschaft« in Dessau und ab 1857 als Generaldirektor der »Gesellschaft für Eisenbahnbedarf« in Berlin erkannte er immer mehr die zukunftsträchtige Bedeutung der Großindustrie. Dieser Unruh war geradezu die Personifikation des allmählichen Zusammenwachsens von Adel und Besitzbürgertum zu einer einzigen über das »unreife Volk« herrschenden Klasse, zu einer in sich zwar gegliederten, aber doch einheitlichen Elite in Gesellschaft und Staat.

Unruh, der »kleine Metternich der Bourgeoisie«, wie Zeitgenossen über ihn witzelten, kam Ende Juli mit Bismarck im »Hotel Royal« zusammen, wo dieser wegen seines kranken Beines noch bettlägerig war. Bismarck hatte die »Kreuzzeitung« in der Hand, so berichtete Unruh[67], und warf sie bei seinem Eintreten mit dem Bemerken aufs Bett, das Blatt habe keinen Funken preußischen Patriotismus. Österreich in diesem Kriege beizustehen, wäre ein politischer Selbstmord Preußens. In dieser antihabsburgischen Haltung fanden sich der preußisch-dynastische Großmachtpolitiker Bismarck und der kleindeutsche Bourgeoispolitiker Unruh Seite an Seite.

Zunächst war alles, was mit Bismarck besprochen wurde, politische Plauderei, die aber nützliche Übereinstimmung schuf. Eine sensationelle Wendung nahm das Gespräch erst, als Bismarck gleichsam versuchsweise eine politische Kombination anzeigte, die hellhörig machen mußte. Er erklärte nämlich, so viel stünde fest, daß Preußen vollständig isoliert sei. Es hätte nur noch einen Alliierten, wenn es denselben zu erwerben und zu behandeln verstünde. Auf die neugierige Frage, wer denn dieser Alliierte sei, antwortete Bismarck: »Das deutsche Volk!« Unruh will nach seinem Bericht »ein etwas verblüfftes Gesicht gemacht haben«[68]. Sollte aber die pseudodemokratische Antwort Bismarcks für Unruh, einen erfahrenen Politiker, so gänzlich unerwartet gewesen sein? Sein Besuch war doch nur dann sinnvoll, wenn er ein Hinausgehen Bismarcks über die übliche Junkerhaltung für möglich gehalten hatte. Und in der Tat erklärte Bismarck: »Nun, was denken Sie denn, ich bin derselbe Junker, wie vor zehn Jahren, als wir uns in der Kammer kennen lernten, aber ich müßte kein Auge und keinen Verstand im Kopfe haben, wenn ich die wirkliche Lage der Verhältnisse nicht klar erkennen könnte.« Die wirkliche Lage der Verhältnisse – das konnte doch nur bedeuten, daß die preußische Monarchie und die mit ihr verbundenen Landadligen mit der ökonomisch und sozial wachsenden Kraft des Bürgertums rechneten und in den großen Fragen der Zeit – der bürgerlichen Umgestaltung und der nationalstaatlichen Einigung – einen Kompromiß suchten, um Preußen als Großmacht zu erhalten.

Auf das verschlüsselte Angebot Bismarcks antwortete Unruh am Schluß des Gesprächs mit dem unverbindlichen Versprechen, ihn politisch unterstützen zu wollen. »Wenn Sie die gefährliche Situation Preußens so scharf aufzufassen vermögen«, bemerkte er, »und die geeigneten Mittel mit solcher Sicherheit angeben, dann wären Sie mir als preußischer Minister viel lieber als Herr von Schleinitz, den man nicht für energisch hält.« Damit endete die Unterredung; ein erster Pakt zwischen den beiden Gesprächspartnern war bei aller Übereinstimmung in einigen allgemeinen Zielvorstellungen noch lange nicht geschlossen. Die Stellung, die sowohl Bismarck als auch Unruh innerhalb ihrer Klasse und im preußischen Staatsgetriebe einnahmen, erlaubte ihnen keineswegs, verbindliche Absprachen zu treffen. Bismarck war als möglicher Kandidat für den preußischen Ministerpräsidenten noch nicht ernsthaft im Gespräch. Und Unruh nahm unter den führenden Köpfen des werdenden Nationalvereins stets eine Sonderstellung ein.[69]

Überdies: In Preußen herrschten weder beim Bürgertum noch beim Adel Klarheit und Einmütigkeit über die Art und Weise, wie ihr Staat mit dem Bundestag und mit der Präsidialmacht Österreich fertig werden und sein Verhältnis zu jedem der einzelnen Mittel- und Kleinstaaten gestalten solle. Über das Ausmaß und den Charakter gegenseitiger Konzessionen hatten die beiden besitzenden Klassen noch manches zu klären, auszutragen, ja auszufechten, bis die politischen Blütenträume aus dem »Hotel Royal« in Erfüllung gehen konnten. Aber der Kontakt zwischen Bismarck und Unruh war aufgenommen, und beide machten im engeren Kreise ihrer politisch Gleichgesinnten daraus kein Geheimnis.

Die bürgerlichen Initiativen von Eisenach und Hannover führten am 15. und 16. September 1859 in Frankfurt a/M. zur Gründung des Deutschen Nationalvereins; annähernd um die gleiche Zeit, vom 10. bis 22. September, hielten sich in Baden-Baden der preußische Prinzregent und wichtige Berater wie Schleinitz, Alvensleben, Edwin v. Manteuffel, Usedom, der Frankfurter Bundestagsabgeordnete, auf; auch Bismarck wurde nach Baden berufen.[70] Der hellwache v. Unruh schickte in diesen entscheidungsvollen Tagen der preußischen Politik am 12. September einen ausführlichen Brief an Bismarck[71]; er knüpfte darin an eine Depesche des habsburgischen Außenministers Rechberg an, die dieser wegen ihrer demonstrativen Gegnerschaft zur bürgerlichen Nationalstaatsbewegung absichtsvoll in die Öffentlichkeit dringen ließ.[72]

Die Depesche enthielt vor allem eine Zurechtweisung des Herzogs Ernst von Coburg, der in Beantwortung einer Adresse von

Gothaer Bürgern die Gründung einer großen nationalen Partei begrüßt hatte, die einen deutschen Bundesstaat unter der Führung Preußens, aber ohne Österreich, anstrebte. Unruh schrieb Bismarck unverhohlen, daß sich Rechberg den verletzenden und verweisenden Ton gegenüber Ernst von Coburg nicht erlaubt hätte, wenn er nicht auf »die Unentschlossenheit und Schwäche der preußischen auswärtigen Politik« mit Bestimmtheit rechnen könnte. Darum mahnte und drängte Unruh: »Die Herzen müssen durch energisches Auftreten Preußens in der nationalen Frage, durch sicheres Ergreifen jeder passenden Gelegenheit erobert werden. Diese Eroberung muß vollzogen sein, bevor eine internationale Krisis eintritt und Preußen die Hand an den Degen legt.« Unruh sprach zwar auch von der moralischen Eroberung, die Preußen in Deutschland machen müßte; aber er blieb dabei nicht stehen und übersah nicht die durch die deutschen und außerdeutschen Kräfteverhältnisse entstandene Alternative zur Lösung der deutschen Frage: entweder Volksrevolution oder preußischer Krieg. »Immer werden die preußischen Waffen den Ausschlag geben müssen ...« – darin stimmte Unruh mit Bismarck überein. Und die politische Grundproblematik der Kriege von 1866 und 1870 vorwegnehmend, formulierte er pointiert: »Oesterreich ist ganz außer Stande, ein mit der deutschen Nation moralisch geeintes Preußen anzugreifen. Den deutschen Volkskrieg unter preußischer Führung heraufbeschwören, wäre so gut der Untergang Louis Napoleons wie Napoleons I.«

Ob die deutsche Nation mit Preußen wirklich moralisch geeinigt war, wirft bereits Differenzpunkte kommender Jahre auf. Vorerst aber geht es Unruh noch um die nationalpolitische Ubereinstimmung; darum läßt er Bismarck gegenüber nicht unerwähnt: »Wie auch bei mir und meinen Freunden die nationale Frage ganz im Vordergrunde steht, jeden Hintergedanken ausschließt, können Sie daraus entnehmen, daß wir, auch *Herr v. Bennigsen,* uns aufrichtig freuen würden, wenn Ihre Ernennung zum Minister des Auswärtigen erfolgte.« Das war keine platte Schmeichelei, sondern ein fast mandatsgebundenes Angebot eines Kreises liberaler Großbürger an Bismarck. Und Unruh schloß den politischen Teil seines Briefes mit zwei Sätzen, die in fast wörtlichem Anklang schon bei Bismarck zu vernehmen waren: »Preußen bedarf jetzt mehr als je einer klaren, festen und kühnen Politik. Die kühnste ist die verhältnismäßig gefahrloseste.«

Offensichtlich war es Bismarck in Baden-Baden gelungen,

Graf Alexander von Schleinitz (1807–1885)
Aquarellskizze von Adolph Menzel
Preußischer Außenminister in der neuen Ära von 1858 bis 1861; später Minister des Königlichen Hauses und Vertreter der höfischen Opposition gegen Bismarck. Bismarcks zusammenfassendes Urteil: »Schleinitz ist ein Höfling, kein Staatsmann.« (XV, S. 141)

Schleinitz und mit ihm auch den Prinzregenten soweit zu beeinflussen, daß die preußische Regierung dem eben gegründeten Nationalverein gegenüber vorsichtiges Wohlwollen zeigte. Für offene und unumschränkte Zustimmung waren ohnehin die Voraussetzungen noch nicht gegeben. Wie weit Bismarck in künftigen Unterredungen mit Unruh gehen konnte, war ihm in der Stellungnahme von Schleinitz zu der gegen Ernst v. Coburg gerichteten Protestnote Rechbergs und in einer Antwort des Innenministers Graf v. Schwerin an Stettiner Bürger vorgezeichnet.[73]

Es mußte Bismarck recht sein, daß in beiden Dokumenten offiziell gegen den Nationalverein und seine Bestrebungen zumindest kein Widerspruch laut wurde und daß die Vereinbarungen von Olmütz nur als ein zeitweiliger Ausgleich, der wichtige Fragen ungelöst ließ, betrachtet wurden; es kam ihm auch gelegen, daß der Prinzregent noch keine Reform des Bundestags wollte und dadurch die Realisierung weitergehender Ziele nicht erschweren konnte. Bismarck ging es nämlich bereits um mehr: Er wollte nicht die Reform, sondern die Zerstörung des Bundestags; er wollte Recht und Gesetz nicht zur obersten Richtschnur eines unverrückbaren Legitimismus machen, sondern sie der preußischen Staatsräson unterwerfen, also sie verletzen dürfen. Die Haltung der preußischen Regierung, keine positiven »Vorschläge einer idealen Verfassung Deutschlands vorzulegen«[74], vielmehr alles offenzulassen, war von großem Vorteil für ihn. Das verschaffte ihm nicht allein Bewegungsfreiheit für seine Politik in der Zukunft, sondern ließ ihn auch Meinungsverschiedenheiten in der Gegenwart verdecken oder nur gelegentlich kurz sichtbar machen.

Bismarck berichtete Schleinitz über die Unterredung mit Unruh in fast verdächtiger Kürze; immerhin, so schrieb er, habe ihm sein »Freund Unruh« gesagt, daß die Antwort auf die Stettiner Adresse durchaus günstig gewirkt habe, daß »der sonst sehr avancierte Demokraten-Häuptling Metz aus Darmstadt« auf der Gründungsversammlung des Nationalvereins in Frankfurt unter dem »Beifall seiner Gesinnungsgenossen ausgerufen habe: Lieber das schärfste preußische Militärregiment als die kleinstaatliche Misere«.[75]

Trotz hoffnungsvoller Ansätze entwickelten sich die Beziehungen zwischen dem Nationalverein und Bismarck aber in den nächsten Jahren keineswegs günstig. An die Adresse von Unruh ließ Bismarck im darauffolgenden Sommer fast beschwerdeführend sagen, er habe »seit 9 Jahren, gegen Wind und Wetter, wenn auch mit conservativen Zielen und Grundlagen, doch einen parallelen Cours« mit dem Nationalverein, aus dessen Reihen er jetzt publizistisch angefallen werde, gesteuert.[76]

Bismarck war jetzt in seinem Verhältnis zum Nationalverein in doppelter Weise gehemmt: Einerseits konnte er sich dessen prononciert liberale Aspirationen, die sich vor allem in Süddeutschland bemerkbar machten, nicht aneignen, andererseits war es ihm von seiner amtlichen Position aus nicht möglich, die großpreußisch-nationalen Bestrebungen des Nationalvereins, mit denen er sympathisierte, offen zu billigen. Freiheit und Einheit wurden die Zeichen der Zeit; Bismarck stand vor der Frage, wie die nationalstaatliche Einheit zu verwirklichen sei, ohne durch die Gewährung von zu viel staatsbürgerlicher Freiheit die Macht der preußischen Krone zu schmälern. Nach der ersten Fühlungnahme mit v. Unruh und seinen innen- und außenpolitischen Erfahrungen der Konfliktzeit erkannte Bismarck, daß er sich auf die Liberalen stützen könne, wenn er von seiner staatspolitischen Position aus den Entscheidungskampf gegen den Bundestag und dessen Präsidialmacht Österreich aufnahm und Preußens Vormachtstellung in Deutschland sicherte.

Rückkehr nach Petersburg. Erregendes Italien

Im Frühjahr 1860 war Bismarck von seiner langen Krankheit so weit genesen, daß er nach Berlin fahren und an eine Rückkehr auf seinen Petersburger Posten denken konnte. Da hielt ihn der Prinzregent zurück, weil er eine Kabinettsumbildung erwog, bei der er vor allem den ständig zaudernden Außenminister v. Schleinitz durch eine energische Persönlichkeit ersetzen wollte. Der Monarch mutete seinem Gesandten, den er als Ministerkandidaten in die engere Wahl gezogen hatte, wahrlich viel zu; monatelang ließ er ihn warten, bis er sich doch gegen ihn entschied – vorläufig noch.

Nach elf Monaten Abwesenheit konnte Bismarck Anfang Juni wieder in sein Petersburger Haus mit Frau und Kindern ziehen und seine gewohnte Arbeit aufnehmen. Er hatte das Palais der Gräfin Stenbock im ehemaligen Diplomatenviertel am Englischen Kai gemietet. Es ist heute noch erhalten und steht unter Denkmalschutz. Im ersten Stock haben sich offensichtlich, erhellt von großen Fenstern, die von Bismarck mehrmals erwähnten drei geräumigen Säle befunden. Ein Giebel in der Mitte des Hauses gibt dem relativ langgestreckten Bau eine wohlproportionierte Erhöhung. Die vornehm gestaltete Fassade und ein breiter Treppenabsatz tun ein übriges, um den distinguierten Charakter des Gebäudes zu unterstreichen, das insgesamt elf weitere Räume barg und damit auch Platz für die Gesandtschaftskanzlei bot. Um es im Winter behaglich warm zu halten, mußte man »täglich ein Wäldchen in den riesigen Oefen« verbrennen, wie der Hausherr einmal schrieb.[77]

Vom Palais aus schweifte der Blick auf die breit dahinflie-

Blick auf das Newa-Ufer in St. Petersburg
Zeichnung von Eduard Gärtner (1801–1877), der auch gelegentlich vom Zaren eingeladen war. Rechts der Englische Kai, damals das Diplomatenviertel. Bismarck hatte dort das Haus des Grafen Stenbock-Fermor gemietet. – Heute heißt der frühere Englische Kai »Uferstraße der Roten Flotte«.

ßende Newa mit vielen Seeschiffen vor Anker, »die der West mit seinen feuchten Schwingen aus allen Herren Ländern bringt«[78]. Im Winter war der Fluß mit einem Eismantel bedeckt. Der für Naturerlebnisse empfängliche Bismarck beobachtete von seinem Domizil aus oft die Newa und beschrieb sie mit poetischer Bildkraft. Ein reichlich halbes Jahrhundert später, im Oktober 1917, sollte hier in der Mitte des Flusses, just vor seinem Haus, der Panzerkreuzer »Aurora« ankern und von dort jenen Schuß abfeuern, der das Signal zum Sturm auf das Winterpalais war. Nur wenige Schritte vom ehemaligen Stenbock-Haus entfernt ist diesem geschichtlichen Ereignis heute ein schlichtes Denkmal gesetzt.

Vom Englischen Kai aus führte im 19. Jahrhundert die Nikolaibrücke nach Wassily-Ostrow, wohin Bismarck gern ausritt. Dort boten ihm die kleinen Wälder, Parkanlagen und Reitwege Erholung von der nicht immer friktionslosen, umfangreichen Arbeit.

In der preußischen Gesandtschaft war Bismarcks nächster Mitarbeiter Kurd v. Schlözer, der Enkel August Ludwig v. Schlözers, des an der Petersburger Akademie im 18. Jahrhundert arbeitenden Historikers, der zu den Repräsentanten deutsch-russischer Geistesgemeinschaft gehört hatte. Anfangs war das Verhältnis des Gesandten zu seinem Legationssekretär ziemlich schwierig. Die beiden selbstbewußten Männer mußten sich erst näher kennenlernen und aneinander gewöhnen. Nach der Rückkehr 1860 berichtete Bismarck jedoch nach Berlin, daß er Herrn von Schlözer »in geschäftlicher Beziehung, besonders was Lokalkenntnis und Diensteifer für landsmännische Interessen anbelangt, das größte Lob erteilen« könne und seine anfängliche Verstimmung gegen ihn gänzlich verblichen sei. Ein Jahr später hielt er ihn für ganz unentbehrlich. Nachdem sie am Anfang in »offener Feindschaft« gelebt hätten, haben ihn seine Tüchtigkeit und Pflichttreue entwaffnet.[79] Schlözer seinerseits zeigte wachsende Bewunderung für den »höllischen Kerl« Bismarck, der es auch in der Geselligkeit verstand, den Russen zu imponieren[80], fühlte er sich doch in ihren aristokratischen Kreisen mit dem formvollendeten Umgangsstil und der Großzügigkeit der Bankette sehr wohl. Und in den weiten Urwäldern ergaben sich bei der Bärenjagd, deren Abenteuerlichkeit Bismarck reizte, weitere Gemeinsamkeiten feudaler Lebensart.

In der Gesandtschaft leistete Bismarck zusammen mit seinem Legationssekretär auch konsularische Arbeit. Anfangs hatte er vierzigtausend in Rußland lebende preußische Untertanen zu betreuen, dann fünfzigtausend, schließlich im Dezember 1860 sogar sechzigtausend. Er sei für sie »Gericht und Polizei, Bürgermeister, Vater, Mutter, Bundestag, Spediteur, Advokat, Bankier und vieles andere zugleich«, so meinte er. Jeder von ihnen habe eine persönlich von ihm ausgestellte Legitimation. »Wer nicht seinen gesandtschaftlichen Schutzschein aus der Tasche ziehen kann, läuft Gefahr, sich plötzlich mit einer Uniform bekleidet zu sehn und vor einem Schilderhaus in Astrachan darüber nachzudenken, wie er den urkundlichen Beweis führen könnte, daß er ein Preuße ist, und wenn ihm dies, wie vorauszusehn, seinem Unteroffizier gegenüber nicht gelingt, fünfundzwanzig Jahre lang Kaviar einsalzen zu sehn, ohne ihn essen zu dürfen. Das ist eine der vielen Formen, unter denen der harmlose Schwimmer auf dem russischen Ozean von einem der deutschen Sprache nicht mächtigen Schicksale mitunter am Bein gefaßt und spurlos unter Wasser gezogen wird.«[81]

Durch seine konsularische wie diplomatische Tätigkeit bekam Bismarck Einblick ins russische Leben – von der weiten Provinz bis in die Hauptstadt, von den Kanzleien über die Ministerien bis ins kaiserliche Kabinett. Er und sein Mitarbeiter waren über die Unruhen auf dem Lande Anfang der sechziger Jahre laufend unterrichtet, nicht durch offizielle Berichte, sondern durch persönliche Gespräche.[82] Bismarck selbst hielt einen Bauernkrieg für möglich.[83] Doch für die Probleme der Agrarreformen und die recht widersprüchlichen Meinungen darüber zeigte er kein tieferes Interesse. Sosehr er auch überzeugt war, daß etwas geschehen müsse, war es schließlich nicht seine Aufgabe, sich darum zu kümmern. Überdies sah er die »schwerste Krankheit des russischen Reiches ... in dem Heere der schlecht besoldeten und unredlichen Beamten«.[84] Dazu kamen die Finanzkrise und die vielen Gebrechen im Militärwesen. Immer wieder erstaunte ihn daher, daß die Bauernfrage das Interesse Gortschakows nach seinem Erachten allzu stark absorbiere.[85] Gegen Ende seiner Tätigkeit in Petersburg festigte sich seine Meinung: »für die nächste Zeit läßt sich voraussehen, daß die inneren Schwierigkeiten, und in erster Linie die finanziellen, das hiesige Kabinett von jeder aktiven Beteiligung an der europäischen Politik noch mehr als bisher zurückhalten werden.«[86]

In der unausgewogenen zaristischen Außenpolitik gab es für ihn eigentlich nur eine Konstante, nämlich die Gegnerschaft zu England, die sich allerdings auf Interessengebiete von der Adria bis zum Amur erstreckte. Als Bismarck im Frühsommer 1860, nach seiner Krankheit, wieder nach Petersburg zurückgekehrt war, fand er Gortschakow beherrscht vom Gegensatz zu England.[87] Rußland stieß bei seinem verständlichen Begehren, jene diskriminierenden Bestimmungen des Pariser Krimfriedens von 1856 zu revidieren, die sich auf die Entmilitarisierung des Schwarzen Meeres bezogen, auf den hartnäckigen Widerstand Englands, das Rußland als Seemacht im Nahen Osten so lange wie nur irgend möglich ausschalten wollte. Die beiden weiteren Vertragspartner, Österreich und Frankreich, konnten gegenüber Rußland stets auf die unbedingte Weigerung Großbritanniens verweisen. Das war nicht bloß ein demagogisches Ablenken des russischen Grolls auf England, sondern auch eine ehrliche Begründung dafür, warum weder die Donaumonarchie noch ihr Feind in Oberitalien sich imstande fühlten, dem Revisionsbegehren des Pariser Friedens irgendwie nachzugeben. Die Aufrechterhaltung jener dem Zarenreich im Pariser Frieden auferlegten Bedingungen, die seine Verteidigungsfähigkeit und militärische Beweglichkeit im Schwarzen Meer unmöglich machten, gehörte somit zu den Hauptgründen für die relativ enge Zusammenarbeit zwischen Rußland und Preußen während der sechziger Jahre.

Im Verhältnis dieser beiden Länder spielte die Polenfrage eine große Rolle. So wie das ganze Zarenreich, so war das ihm zugehörige Kongreßpolen mit dem Zentrum Warschau in politisches Fieber geraten. Damit waren unmittelbar innere Interessen Preußens wegen seiner polnischen Besitzungen um Posen berührt. Berlin bemerkte sehr wohl, daß einflußreiche Kreise Petersburgs einer Liberalisierung des unter zaristischer Herrschaft stehenden Polen das Wort redeten. Gortschakow neigte zeitweilig selbst einem liberalen Kurs zu.

Bismarck hingegen war von tiefer Feindseligkeit gegenüber Polen erfüllt. Es sei, so erklärte er gegenüber Gortschakow, »seit Jahrhunderten schlecht regiert worden und vielleicht gar nicht befähigt, eine gute Regierung zu tragen, am allerwenigsten eine nationale«[88]. Damit rechtfertigte er seine harte Repressionspolitik gegenüber der nationalen Bewegung der Polen. Im übrigen mußte Bismarck von seinem Gesprächspartner berichten: »Fürst Gortschakow sagte mir gestern, daß wir, die wir im eigenen Lande uns den Ruf des Liberalismus sorgfältig bewahrten, von Rußland nicht verlangen möchten, daß es für andere ›die Kastanien aus dem Feuer hole‹ und vor der öffentlichen Meinung allein die Rolle einer absolutistischen und gewalttätigen Regierung übernehme.«[89]

Die polnische Frage eröffnete noch andere außenpolitische Aspekte. Da das napoleonische Frankreich im Interesse seiner Expansionspolitik die Befreiung der Nationalitäten proklamierte, tatsächlich aber ihre Gängelung wollte, glaubten manche in Petersburg, daß die Gewährung einer gewissen Autonomie für Polen den französischen Bonapartismus befriedigen und zugleich in seinen Konspirationen mit der polnischen Emigration zügeln könnte; in Oberitalien hatte es sich ja 1859 gezeigt, daß Napoleon III. zu recht rigorosen Abstrichen an seinen nationalen Befreiungslosungen fähig war. So schien es denkbar, daß sich aus französischen und russischen Konzessionen in der Polenfrage ein französisch-polnisch-russisches Dreierverhältnis entwickelte, das für Preußen, ja ganz Deutschland gefährlich werden konnte.

Unabhängig von der Polenfrage gab es Kräfte in der zaristischen Diplomatie, die auf die Bemühungen Österreichs um Wiederherstellung des früheren Vertrauensverhältnisses mit Rußland eingehen wollten.[90] Bereits im Herbst 1859 berichtete Bismarck über den russischen Gesandten in Berlin: »Jemand bezeichnete mir in Petersburg die Wiederanknüpfung der Freundschaft mit Österreich als das Pferd, auf welchem Budberg hoffe in das Ministerium einzureiten!«[91] Daher tat Bismarck das Seinige, um die Zusammenkunft des preußischen Prinzregenten und des russischen Zaren in Breslau zu einer prunkvollen Demonstration preußisch-russischer Freundschaft zu machen.

Angesichts diplomatischer Einwirkungen von außen und verschiedener Parteirichtungen in den herrschenden Kreisen Rußlands glaubte Gortschakow manchmal lavieren zu müssen. Das veranlaßte Bismarck, insbesondere gegen Ende seiner Tätigkeit in Petersburg, Kritik am russischen Außenminister zu äußern. Er sei »zu lebhaft, um weitsichtige und verwickelte Pläne mit steter Erwägung aller einwirkenden Momente festzuhalten, und er wird von mannigfachen sich kreuzenden Einflüssen aus den Richtungen gedrängt, die er selbst vielleicht vorziehen möchte«[92]. Wie dem auch sein mochte, die preußisch-russische Freundschaft setzte sich durch und kam nach dem Machtantritt Bismarcks in Berlin erst richtig zur Wirkung.

Man brauchte die russische Unterstützung für das preußische Hegemoniestreben in Deutschland. Da aber der Zar am Legitimitätsprinzip festhalten und überdies auf seine verwandtschaftlichen Beziehungen zu Fürsten deutscher Mittel- und Kleinstaaten Rücksicht nehmen mußte, hatte er seine eigenen Vorstellungen davon. Er wollte kein Aufgehen des »dritten Deutschlands« in Preußen, sondern nur seine Unterordnung unter den Hohenzollernstaat. Ihm und Gortschakow schwebte eine deutsche Föderation vor mit dem Königtum Preußen als primus inter pares, fester verbunden als der Deutsche Bund von 1815, aber lockerer als das, was kommen sollte, nämlich das Deutsche Kaiserreich von 1871.[93] Bismarck, der mit diesen Gedanken bekannt wurde, war nun erst recht gedrängt, die Vorgänge in Italien kritisch zu beobachten und zu durchdenken. Es mußte ihn interessieren, ob sich der Friede von Zürich vom 10. November 1859 als tragfähig erwies. In ihm hatten sich Kaiser Napoleon III. und Kaiser Franz Joseph verpflichtet, die Konföderation aller italienischer Staaten unter Vorsitz des Papstes zu fördern; das war der ins Italienische übersetzte Deutsche Bund, der seine politische Ohnmacht und historische Überfälligkeit genügend unter Beweis gestellt hatte. Über ihn und ähnliche Anachronismen ging die italienische Einheits- und Unabhängigkeitsbewegung hinweg, indem sie die fürstlichen Herrscher von Habsburgs Gnaden in Parma, Modena und in der Toskana und die päpstlichen Statthalter in der Romagna verjagte.

Aus der traditionsreichen Bewegung Mazzinis, dem »Jungen Italien«, erwuchs ein Mann wie Garibaldi, der das Haupt der »Aktionspartei« wurde – im Unterschied zur »Diplomatenpartei«, deren Repräsentant Cavour war. Garibaldi, der sich bereits während der Operationen des Sommerfeldzugs von 1859 gegen die Österreicher hervorgetan hatte, verlangte, daß das italienische Volk selbständig handelte, ohne Rücksicht auf Napoleon, der durch den Waffenstillstand von Villafranca Italien verraten habe. Sicherlich wollte auch die »Diplomatenpartei« Tatsachen schaffen; deshalb unterstützte sie den Zusammenschluß der mittelitalienischen, von der Fürstenherrschaft befreiten Staaten, die sich entgegen dem Frieden von Zürich Sardinien-Piemont anschließen wollten.

Aber die »Diplomatenpartei« trat aus Rücksicht auf Napoleon dem Plan Garibaldis entgegen, die nationale Revolution von der Romagna, also von dem der Herrschaft des Papstes entrissenen Teil des Kirchenstaates aus, auf dem Landweg weiter nach Süden auszubreiten. Indessen brach Garibaldi im Frühsommer 1860 zu jener berühmten Fahrt übers Meer nach Sizilien auf und warf das neapolitanische Königreich beider Sizilien nieder.

Der Abfall der Romagna hatte dem Papst genügt, in der Reduzierung seiner weltlichen Macht eine Bedrohung der Religion und der alleinseligmachenden Kirche zu sehen.[94] Prompt schleuderten die Klerikalen den Rebellen der Romagna und ihren Helfern gewissenbedrückende Verwünschungen, Drohungen mit Acht und anderen geistlichen Zuchtmitteln entgegen, nicht zuletzt der piemontesischen Regierung. Ihre demagogischen Klagen und Anklagen waren jedoch außerhalb Italiens wirksamer als innerhalb des Landes, denn die Geistlichkeit in Mittel- und Oberitalien war zu sehr mit den Leiden und Kämpfen des Volkes verbunden, als daß sie sich ohne weiteres zum Werkzeug der päpstlichen und bischöflichen Hetze machen ließ.[95] Anders war dies in der katholischen Christenheit Deutschlands, Belgiens, Frankreichs und der Schweiz; dort wurde der Ultramontanismus genährt, fand aber im Liberalismus und Demokratismus seinen wachsenden Gegner.

Es war bereits unmöglich geworden, die Souveränität der mittelitalienischen Fürsten, über die die Volksbewegung hinweggegangen war, gewaltsam wiederherzustellen; Österreich und seine Verbündeten in Italien hatten dazu keine militärische Kraft mehr, und Napoleon konnte nicht wagen, sich in Italien politisch völlig zu isolieren und sich mit dem italienfreundlichen England zu überwerfen.

Wie aber reagierte Bismarck auf die Vorgänge in Italien? Schon Anfang Februar 1860, noch als Kranker, schrieb er vom Gut Hohendorf aus privat an Außenminister v. Schleinitz: »Für unsere natürlichen Bundesgenossen, ganz unter vier Augen gesagt, halte ich viel mehr Piemont, gegen Frankreich vorkommendenfalls ebenso wie gegen Österreich. Für Piemont, wenn es sich auf Preußen stützen könnte, würde Frankreichs Allianz aufhören, gefährlich und herrisch zu sein.«[96] Nach der Wiederaufnahme seiner Tätigkeit in Petersburg war die »brennende italienische Frage« immer wieder Gegenstand der politischen Gespräche Bismarcks mit Gortschakow.[97] Als dieser im Februar 1861 erwog, ob nicht Preußen angesichts der bevorstehenden Proklamation des Königreichs Italien die diplomatischen Beziehungen zu Sardinien abbrechen sollte, hielt sich Bismarck offiziell zurück, ohne seine entgegengesetzten persönlichen Ansichten geltend zu machen.[98] Selbst in seiner amtlichen Berichterstattung nach Berlin war er vorsichtig. Dies schien ihm um so ratsamer, als er keinerlei Sympathien für jene Herren der Petersburger Gesellschaft hatte, die nach preußischer »Elle gemessen, revolutionär, Italianissimi, Nationalitätsfanatiker für In- und Ausland« wären.[99] Im Grunde genommen distanzierte sich Bismarck von allen, die – zumindest unbewußt – der italienischen Aktionspartei zuneigten.

Zehn Tage nach seinen Bemerkungen über die Italianissimi trat Bismarck entschieden in einem Privatschreiben an Schleinitz für die Diplomatenpartei, also für Cavour, ein: »Ich befleißige mich in allen dienstlichen Leistungen, Ihnen gegenüber und hier, möglichster Objektivität und Korrektheit im Sinne unsrer anerkannten Politik; in diesen privaten Zeilen kann ich nicht umhin einzugestehn, was Ihnen ja nicht neu ist, daß meine Auffassungen tant soit peu, von den allerhöchsterseits gebilligten abweichen, und zwar nicht nach der Kreuzzeitungs-, sondern wunderlicherweise nach der italienischen Seite hin.«[100] Er wollte zwar nicht »in eine Art Spannung mit Rußland«, sei jedoch gegen eine Abberufung der preußischen Gesandtschaft aus Turin und empfehle, Berlin solle »Sardinien, ohne Ostentation prinzipieller Beteiligung an seiner Eroberungspolitik, doch überall ein freundlicheres Gesicht machen, als wir bisher ihm zeigen«[101].

Gegenüber den »im Strom der Geschichte untergegangenen Dynastien«, also den von Sardinien annektierten Fürstentümern, fühlte Bismarck keinerlei Verpflichtungen; unter außen- und innenpolitischen Gesichtspunkten schob er jegliche »legitimistische Doktrin« beiseite: »Ich kann mich in der Prämisse irren, daß es für Preußen heilsam sei, wenn sich im Süden zwischen Frankreich und Oesterreich ein kräftiger italienischer Staat bildet, aber ich bin von der Wahrheit derselben durchdrungen, und glaube, daß, ebenso wie eine solche Schöpfung die Sicherheit Preußens nach außen fordert, daneben die Gunst, welche wir derselben zuwendeten, einen im großen und ganzen wohltuenden Eindruck *innerhalb* Preußens und Deutschlands machen, die Uebereinstimmung zwischen Regierung und Unterthanen kräftigen würde.«[102] Und angesichts von Spekulationen einer »westmächtlichen Anlehnung« Österreichs »in bestem Stile Schwarzenberg-Buolscher Tradition« drückt Bismarck sein ceterum censeo in einer sehr aktuellen Variation aus: »Frankreich stellt sich schwerlich neben die Scheibe, nach der alle Geschütze der europäischen Nationalitäts- und Liberalitäts-Bestrebungen gerichtet sind, neben das Wiener Kabinett...«[103]

Bismarck bekennt sich zur »Partei-Felonie«, die sich nicht nur in der Politik gegenüber Italien von der Kreuzzeitungspartei entfernt, sondern anders als Kleist-Retzow und die Gerlachs nicht »von dogmatischen Grundlagen aus zu politischen Konsequenzen« gelangen möchte. In der Frage der Anerkennung des sich herausbildenden italienischen Staates wandte er sich Anfang 1862 an den neuen preußischen Außenminister, den Grafen Bernstorff, der Schleinitz im Oktober abgelöst hatte. Er sandte ihm gleichzeitig einen »vertraulichen Bericht« und ein »Privatschreiben«[104]. In ihnen verwies er erneut darauf, daß man sich zwischen der Anerkennung der Legitimität der »vertriebenen Dynastien« und der der »tatsächlichen Verhältnisse« vom »Standpunkte der politischen Zweckmäßigkeit« entscheiden müsse. Mehr denn je war er überzeugt, »daß die Schöpfung eines lebensfähigen italienischen Reiches ein für Preußen günstiges Ergebnis wäre«.

Unter dem Gesichtspunkt der außenpolitischen Dynamik, der

»breiten mächtigen Strömung« der Weltpolitik, betrachtete Bismarck das von ihm erneut aufgeworfene Thema: »In einem selbständigen Italien haben – m.E. – Preußen und England einen natürlichen Bundesgenossen zu gewärtigen. Das neue Reich würde jederzeit gegen Frankreich und Oesterreich auf seiner Hut und der Anlehnung an andre Mächte bedürftig bleiben. Frankreich und Oesterreich aber sind, jedes in seiner Art, berufen, der Regel nach Gegner Preußens zu sein, und werden hierzu nicht durch die Willkür ihrer augenblicklichen Machthaber, sondern durch die Schwerkraft dauernder geschichtlicher Verhältnisse bestimmt.«[105] In diesem Schreiben an Graf Bernstorff, der lange Jahre vor und nach seiner Tätigkeit als Außenminister im Inselreich preußischer Gesandter war und als anglophil galt, ist bemerkenswert: Es wurden nicht allein die beiden außenpolitischen Gegner, Frankreich und Österreich, ins Auge gefaßt, sondern auch jene Macht, die es für die kommenden Auseinandersetzungen zu neutralisieren galt, England.

Über den »Souveränitätsschwindel der deutschen Fürsten«

Die Gründung des Deutschen Nationalvereins rief die Mittelstaaten auf den Plan; ihre Vertreter traten Ende November 1859 in Würzburg zu einer Tagung zusammen. Diese »Würzburger« wollten dem verächtlichen Gebilde, das sich Bundestag nannte, mehr Ansehen durch größere Kompetenzen verschaffen, indem er Bestimmungen über Heimatrecht, Gerichtsstand und Vollstreckung gerichtlicher Urteile, über Zivil- und Kriminalrecht, gemeinsame Patente und gleiche Maße und Gewichte erlassen und nicht zuletzt ein Handelsgesetzbuch herausbringen sollte.[106] Auch die Reform der Bundesmilitärverfassung, insbesondere der Wahlmodus des Bundesfeldherrn, stand zur Debatte. Überdies strebten die Mittelstaaten danach, durch Koalitionsabsprachen zu einer dritten Kraft im Bundestag zu werden; in all diesem Bemühen lebten sie politisch schlechterdings über ihre Verhältnisse.

Das Beharren auf der klein- und mittelstaatlichen Souveränität begründeten die Fürsten juristisch mit dem Bundesrecht von 1815 und ideologisch entweder mit einem fast mystisch-christlichen Gottesgnadentum, wie beim König von Hannover, oder mit einem rationalistisch anmutenden, zynischen Staatsegoismus, wie beim württembergischen König, ihrem Nestor. Die Fürsten pochten auf die Landessouveränität wie die Spießbürger auf ihr Erbgut. Mochten sich manche mit respektablem Bildungsgut brüsten können und es ausbreiten wie Kronjuwelen; mochten andere wähnen, sie machten über ihre verwandtschaftlichen und sonstigen Konnexionen mit den kaiserlichen Höfen in St. Petersburg, Paris und Wien europäische Politik – ihr politisches Dasein bewegte sich auf dem Niveau deutschen Philistertums.

Sie waren unfähig zu historisch vorwärtsweisenden Initiativen, aber auch hasenherzig und mitunter repressiv bei der Abwehr der nationalen Bewegung selbst in der gemäßigten Form des Nationalvereins. In Mecklenburg und Kur-Hessen wurde er verboten; in zahlreichen anderen Ländern waren seine Mitglieder behördlichen Schikanen ausgesetzt, so auch in Sachsen. Beiden deutschen Großmächten mißtrauend, konnten manche deutsche Fürsten und deren Minister kaum ihre Gelüste verbergen, sich etwa in der Form des alten Rheinbundes an Frankreich anzulehnen. Der schäbigste Rheinbundpolitiker war der hessische Staatsminister Freiherr v. Dalwigk.

In Abwehrhaltung gegen alle, fehlte es den klein- und mittelstaatlichen Regierungen überall an wirklicher Durchschlagskraft. Wo Dynasten wie der Kurfürst von Hessen oder der König von Hannover glaubten, sie seien standhaft, waren sie nur starrsinnig. In ihrem historisch unschöpferischen Staats- und Herrschaftsegoismus waren die Fürsten hin und her gerissen zwischen dünkelhaftem Zynismus und christlich-germanischem Gottesgnadentum, zwischen Volksverrat und deutsch-nationaler Pose, zwischen niedrigster Kleinkrämerei und romantischem Höhenflug. Nur scheinbar entstand in den deutschen Residenzstädten und -städtchen eine Vielfalt von Ideen und Individualitäten, in Wirklichkeit herrschte unfruchtbarer Subjektivismus, der skurrile, ja sogar pathologische Formen annehmen konnte; man denke nur an den überspannten Bayernkönig Ludwig.

Die mittel- und kleinstaatlichen Diplomaten brachten nicht einmal die moralische Kraft auf, untereinander Einigkeit zu schaffen; die Katzbalgereien und Eifersüchteleien zwischen Dresden, das die ökonomisch und politisch stärkste Macht unter den Mittelstaaten repräsentierte, und München, welches die dritte Großmacht im Deutschen Bund sein wollte, hörten nicht auf. Es gab kaum einen deutschen Bundesstaat, der sich im Verhältnis zum anderen nicht von tückischem Mißtrauen leiten ließ – wie der Spießbürger, der über Wegerecht und Grundstücksbesitz sein Leben lang eifert, geifert oder gar herumprozessiert. Beust, der als Minister des sozialökonomisch relativ entwickelten Königreichs Sachsen noch am ehesten zwischen Aristokratie und Bourgeoisie lavieren, deutsche und europäische Diplomatie in pseudopatriotischen Festreden verbinden konnte, brachte es nicht fertig, das sogenannte dritte Deutschland zu einem festen Sonderbund im Deutschen Bund zusammenzuschließen. Die Idee der Trias, die den preußisch-österreichischen Dualismus ergänzen und aufheben sollte, war schon insofern verlogen, als der von Beust konzipierte Sonderbund ja doch geneigt war, sich in erster Linie an Österreich anzulehnen.

*

Im Jahr 1861, als Viktor Emanuel II. zum König des noch nicht vollkommen geeinten Italien proklamiert wurde, verfaßte man innerhalb der Regierungskreise der deutschen Staaten sehr eifrig Denkschriften und auch Aufrufe. Im Grunde lief es darauf hinaus, die nationale Bewegung durch Pseudoreformen des Bundestags aufzufangen und der Macht der Fürsten und Aristokraten wieder dienstbar zu machen, um sie nicht frontal niederwerfen zu müssen. Zeigten sich doch schon Symptome einer revolutionären Stimmung nicht allein in der Presse und in Volksversammlungen, sondern auch bei Anträgen auf ein Volksparlament in deutschen Kammern. Es stand die Frage, wer die Macht in einem stärker zentralisierten Deutschen Bund ausüben sollte, welche Großmacht, welche Kombination von deutschen Mächten, welche Klasse oder welches Klassenbündnis. Darauf gab es im Kreise der preußischen Monarchie und der ihr befreundeten Fürsten und Klassen keineswegs eine einheitliche Antwort.

Auf jeden Fall war die Regierung der »Neuen Ära« genötigt, zum Problem der nationalstaatlichen Einigung eine klarere Haltung als bisher einzunehmen. Ein Aufenthalt König Wilhelms in Baden-Baden im Juli 1861 sollte ausgenutzt werden, um darüber zu beraten. Kaum war Bismarck zu seinem Sommeraufenthalt in Berlin angekommen, ersuchte ihn der Außenminister v. Schleinitz, schleunigst nach Baden zu fahren.[107] Er nahm die Gelegenheit gern wahr, um darüber zu wachen, daß sich der König nicht allzusehr von den Ratschlägen seines Schwagers, des Großherzogs von Baden, beeinflussen lasse. Diese liefen, so war zu befürchten, auf zu viele Zugeständnisse an die Liberalen im Innern Preußens und an die Partikularinteressen der Klein- und Mittelstaaten hinaus. Bismarck wollte Sorge tragen, daß die nationalen Reformbestrebungen nicht die Machtinteressen der hohenzollerschen Monarchie gefährdeten, sondern sie stärkten.

Nach seinem mündlichen Vortrag beim König verfaßte Bismarck jene berühmte Baden-Badener Denkschrift vom Juli 1861, die neue Gesichtspunkte seiner preußisch-deutschen Politik darlegte. Lange Zeit war diese Denkschrift nur in einer Fassung bekannt; tatsächlich wurde sie später umgearbeitet. Die uns heute bekannten zwei Fassungen unterscheiden sich nicht in ihrem Wesenskern, jedoch in ihrer Bestimmung für verschiedene Adressaten. Die ursprüngliche, in Baden-Baden verfaßte Denkschrift paßt sich in einigen Passagen an die dort vorherrschende liberal-konservative Stimmung an, um desto wirksamer das preußische Staatsbewußtsein des Königs berühren und beeinflussen zu können.

Sie erinnert an Bismarcks Gespräch mit dem Liberalen v. Unruh im Sommer 1859. Die nationalstaatlichen Bestrebungen werden in ihr durchaus anerkannt. Es klingt fast liberal, wenn es heißt: »Die Tätigkeit des Bundes machte sich ziemlich ausschließlich auf dem Gebiete der Repression nationaler und revolutionärer Bewegung fühlbar.«[108] Auch »macht sich das Bedürfnis, die Kraftentwicklung des deutschen Volkes straffer und einheitlicher zusammengefaßt zu sehen, täglich mit wachsender Entschiedenheit geltend. Die in der gesamten Strömung der Zeit liegende Belebung des Nationalgefühls drängt, gleichzeitig mit dem Verlangen, gegen auswärtige Angriffe gesichert zu sein, nach dem Ziele engerer Einigung Deutschlands, mindestens auf dem Gebiete der Wehrkraft und der materiellen Interessen.«[109] Dann gestand Bismarck: »Die Unzufriedenheit der Bevölkerung mit dem Bestehenden ist ein natürliches und bis zu gewissem Grade berechtigtes Ergebnis dieser Zustände.« Und über den Weg zu einer größeren nationalstaatlichen Einigung meinte er: »Um einem solchen Ziele näherzutreten, erscheint viel mehr eine nationale Vertretung des deutschen Volkes bei der Bundeszentralbehörde als das wirksamste, vielleicht als das einzige und notwendige Bindemittel.«[110]

Damit aber nationale Reform- und Einigungsbestrebungen niemals der Führung durch die preußische Monarchie entgleiten, macht Bismarck folgende Vorschläge: konstitutionelle Ausgestaltung des unter Führung Preußens stehenden Zollvereins durch ein Zollparlament, Ausdehnung des in dem Coburger Vertrag eingeleiteten Systems der Militärkonventionen.[111]

Die zweite Fassung der Denkschrift hatte nicht mehr liberalkonservative Kreise im Auge, sondern die preußischen Ur-Konservativen, die den König wiederum auf eine Position konservativer Erstarrung gegenüber jeglicher nationalstaatlicher Einheitsbewegung festlegen wollten. Darum waren alle Passagen, die für konservative Ohren allzu liberal klangen, entweder weggelassen oder abgeschwächt zugunsten von Überlegungen, die sich auf das preußische Staatsinteresse an einer hegemonialen Stellung in Deutschland bezogen.

Bismarck mußte dem unpolitischen Draufgängertum der Kreise um die »Kreuzzeitung« im Interesse der konservativen Sache selbst entgegentreten. Im September 1861 hatten sie nämlich in Berlin den »Preußischen Volksverein« gegründet, der allzu vermessen als Gegengewicht zum Nationalverein gedacht war. In grobschlächtiger Weise formulierte der Volksverein solche Alternativen wie: »Ob Einigkeit unseres deutschen Vaterlandes in der Einigkeit seiner Fürsten und Völker, ob revolutionäre und verbrecherische Einheitsversuche und Bürgerkrieg; ob Heilighaltung des Staats- und Völkerrechts, ob Staatsräuberei und Nationalitätenschwindel.«[112] Gegen diesen bornierten Versuch, sich einer geschichtlich mächtigen Bewegung mit absoluter Verneinung entgegenzustellen, wandte sich nun der politisch erfahrener gewordene Bismarck. Seinem Freund v. Below-Hohendorf gegenüber, dem er den umgearbeiteten Entwurf der Baden-Badener Denkschrift übersandte, gab er jegliche diplomatische Zurückhaltung auf, indem er dem konservativen Schlagwort vom »Nationalitätenschwindel« den »ganz unhistorischen gott- und rechtlosen Souveränitätsschwindel der deutschen Fürsten« scharf entgegensetzte.[113]

In diesem polemisch zugespitzten Satz enthüllte sich der echte Bismarck, den einige Konservative schon damals mit gutem Grund als deutschen Cavour verdächtigten. Roon gegenüber war er darum in der Bekundung seines Antilegitimismus etwas vorsichtiger, als er ihm noch vor seiner Abreise aus Petersburg schrieb. Es war die Antwort auf einen aufgeregten Brief, in dem um Rat und Hilfe in der sogenannten Huldigungsfrage gebeten wurde, die damals die Gemüter in einer heute kaum nachzuvollziehenden Weise bewegte. Nachdem Friedrich Wilhelm IV. im Januar 1861 nach langjährigem Leiden gestorben war und der Prinzregent als Wilhelm I. den Thron besteigen sollte, ging es nun um die Art und Weise seiner Krönung. Die Frage, »zum Brechen scharf zugespitzt«[114], wie sich Roon ausdrückte, war, ob die Krönung im Stile der traditionellen Erbhuldigung mittelalterlicher Vasallen vor sich gehen sollte oder angesichts der bestehenden und beschworenen Verfassung nur in einem glanzvollen Zeremoniell vor den Repräsentanten eines immerhin moderner gewordenen preußischen Staates.

Bismarck nahm den ganzen »Huldigungsstreit« offenbar nicht so wichtig, wenn er auch mit den lehnsrechtlichen Vorstellungen Roons anscheinend sympathisierte. Nach wenigen Sätzen ging er jedoch, wohl wissend, daß seine Ministerpräsidentschaft wieder einmal ernsthaft erwogen wurde, auf das ein, was für ihn die Hauptsache war, nämlich »das Programm, auf dessen Boden wir zu wirtschaften haben würden«. So führte er aus: »Meinem Eindruck nach lag der Hauptmangel unsrer bisherigen Politik darin, daß wir liberal in Preußen und conservativ im Ausland auftraten, die Rechte unsres Königs wohlfeil, die fremder Fürsten zu hoch hielten. ... Von den Fürstenhäusern von Neapel bis Hannover wird uns keins unsre Liebe danken, und wir üben an ihnen recht evangelische Friedensliebe, auf Kosten der Sicherheit des eignen Thrones. Ich bin meinem Fürsten treu bis in die Vendée, aber gegen alle andren fühle ich in keinem Blutstropfen eine Spur von Verbindlichkeit, den Finger für sie aufzuheben. In dieser Denkungsweise fürchte ich von der unsres allergnädigsten Herrn so weit entfernt zu sein, daß er mich schwerlich zum Rathe seiner Krone geeignet finden wird.«[115] Bismarck verlangte von der preußischen Regierung eine »auswärtige Haltung«, die im Vergleich zur bisherigen »kräftiger und unabhängiger von dynastischen Sympathien« sein sollte.

Argumentation und Diktion dieses Briefes sind auf den preußischen Royalismus und das Großmachtbewußtsein Roons abgestimmt. In manchmal umschreibender Weise, mit pathetischen Eidesformeln, aber auch im saloppen Ton des Offizierskasinos wollte Bismarck Roon einen wichtigen Grundsatz seiner Strategie und Taktik nahelegen: Die Krone könnte den inneren Konflikt in Preußen, der sich an der Heeresreform entzündet hatte, zu ihren Gunsten nur durch eine Hegemonialpolitik nach außen lösen, die einige deutsche Fürsten nicht schont, wohl aber der liberalen Konzeption eines Klein-Deutschlands in den territorialen Umgrenzungen des Zollvereins weitgehend entgegenkommt.

Offenbar teilte Roon Bismarcks Kerngedanken seinem noch weiter rechts stehenden Freund Clemens Theodor Perthes mit. Denn dieser spielte später deutlich darauf an, als er an Roon schrieb: »Wenn aber Sie nicht, wen denn sonst könnte man als Führer für die nächste Zeit wünschen? Schwerlich einen Mann, der nach Außen revolutionär auftreten würde, um nach Innen conservativ sein zu können, der die deutschen Fürsten Preis gäbe, um den brandenburgischen Adel zu retten. Das Revolutioniren läßt sich nicht wie der Krimkrieg localisiren; es frißt um sich wie der Krebs.«[116] Diese scharf pointierte Gegenposition zu Bismarcks Gelüsten nach einer Revolution von oben entsprach natürlich mehr dem Geist eines König Wilhelm, der antilegitimistische Züge der Außenpolitik auch dann fürchtete, wenn sie der Krone in der Innenpolitik dienten. Aber für eine solche Außenpolitik als Ziel und als Mittel einer »königlich-preußischen Revolution von oben« (Engels) waren bereits solche einflußreichen Männer wie der Landadlige Below-Hohendorf und der Kriegsminister Roon gewonnen. Dieser schwieg sich gegenüber den Bedenken von Perthes aus[117] und betrieb weiter Bismarcks Ministerpräsidentschaft.

Auf den Krönungsfeierlichkeiten am 18. Oktober 1861 in Königsberg, die nicht nach dem lehnsrechtlichen Zeremoniell vonstatten gingen, erfuhr Albrecht v. Roon dennoch eine Genugtuung: Wilhelm I. begrüßte die Abgeordneten in provozierender Weise als bloße »Ratgeber« der Krone.[118] Der Streit mit dem Landtag über die Reorganisation des preußischen Heeres hatte schon Härte angenommen.

Um die Heeresvorlage. Bismarck fürs Kommende gerüstet

Da sich die europäische Staatenwelt seit dem Krimkrieg, dem Zusammenbruch der Heiligen Allianz und dem italienischen Konflikt neu zu formieren begann, war die Reform des Militärsystems im Deutschen Bund vordringlich geworden. Die Mittel- und Kleinstaaten schienen zunächst dem Druck sachlicher Notwendigkeiten und dem der öffentlichen Meinung nachzugeben und für eine Heeresreorganisation einzutreten. Doch die finanziellen Mittel reichten an allen Ecken und Enden nicht aus, um die in Organisation, Bewaffnung und Ausbildung rückständigen Heere zu reformieren. Zur ökonomischen Knappheit kam überall in den Mittel- und Kleinstaaten dynastische Angst vor der allgemeinen Wehrpflicht. Das Resultat des Ungenügends im Materiellen und Geistigen war Stückwerk im Großen und Großtun im Kleinen.[119] Der Anlauf zu einer Reform des Militärsystems kam bald ins Stocken; das selbstaufgerichtete Hindernis war der Partikularismus.

Preußen verlangte vor allem den Oberbefehl über sämtliche norddeutschen Kontingente. Natürlich ließ es sich dabei gleichfalls vom Partikularismus leiten. Nur war Preußen ökonomisch, militärisch und militärgeographisch in einer solchen Lage, daß es neben Annexionstendenzen auch Zentralisierungsziele verfolgen mußte und konnte. In diesem Sinne vermochte der großpreußische Partikularismus den Kampf um die politische und militärische Hegemonie in Deutschland mit größeren Aussichten auf Erfolg aufzunehmen als Österreich und früher oder später Verbündete in den Klein- und Mittelstaaten zu gewinnen.[120]

Waren diese auch militärisch hinter Preußen zurückgeblieben und hatten sich die vielen Gebrechen der österreichischen Armee während des oberitalienischen Feldzugs offenbart, so konnte doch auch die hohenzollernsche Monarchie mit ihrem Militärsystem und dem Ausbildungsstand der Truppen nicht zufrieden sein.

Die Denkschriften von 1858, vor allem die von Roon, und die Rede des Prinzregenten zeigten, daß die Verantwortlichen sich der Mängel in der preußischen Armee in hohem Maße bewußt waren, noch bevor die vorsorgliche Mobilmachung zur Zeit des oberitalienischen Konflikts die Schäden sichtbar machte. Die politischen Motive und Ziele, die bei der bevorstehenden Reorganisation des Heeres eine Rolle spielten, waren komplexer Natur.

Seit den Erfahrungen des Revolutionsjahres von 1848/49 galt ein politisches Grundprinzip im preußischen Staat als unverrückbar: die Sicherung der königlichen Kommandogewalt über das Heer und dessen Unabhängigkeit gegenüber Volk und Parlament. Deshalb griffen die Konservativen verstärkt die Landwehr an, die einen milizartigen Charakter hatte und dem historischen Selbstverständnis des Bürgertums, dem Stolz auf seinen Anteil am Befreiungskampf von 1813 entsprach. Wollte man das Heer

Albrecht von Roon (1803–1879)
Seit Dezember 1859 preußischer Kriegsminister; später Generalfeldmarschall; politischer Wegbereiter Bismarcks im Jahre 1862.

von allen liberalen oder gar demokratischen Einflüssen frei halten, dann erschien ein solcher General wie der landwehrfreundliche Kriegsminister Bonin als untragbar. An seine Stelle trat denn auch am 5. Dezember 1859 Albrecht v. Roon, der zum konservativen Kampfminister und zwei Jahre später zum politischen Wegbereiter Otto v. Bismarcks wurde. Diese Umbesetzung war der erste Einbruch in das Ministerium der Neuen Ära.

Diejenigen, die sich in der Reorganisationsfrage innerhalb der Generalität und im Staatsministerium durchgesetzt hatten, wollten über die innenpolitische Machtbehauptung hinaus Voraussetzungen für eine militärische Hegemonie Preußens wenigstens in Norddeutschland schaffen und ihm eine größere Handlungsfreiheit als Großmacht in Europa ermöglichen. Preußens nachdrückliches Verlangen nach dem Oberbefehl über die norddeutschen Kontingente war nur zu rechtfertigen, wenn das preußische Heer modernisiert wurde.

Roon übernahm die Verantwortung für die Heeresvorlage, die die Regierung im Februar 1860 im Abgeordnetenhaus einbrachte.[121] Es ging dabei um vier Fragen: die Landwehr; die dreijährige Dienstzeit; die Verstärkung des stehenden Heeres; die Erhöhung des Militäretats.

Die Landwehr, geschaffen im Befreiungskrieg von 1813, sollte von nun an nur noch zum Kriegsdienst in der Heimat – falls dies für notwendig erachtet wurde – verwendet werden. Man wollte ein Ende machen mit dem »Bürgerheer der Landwehr«, mit seinen eigenen, aus dem gebildeten Bürgertum stammenden Offizieren.

Die gesetzliche Bekräftigung der dreijährigen Dienstzeit, die seit langem durch vorzeitige Entlassungen aus dem aktiven Militärdienst faktisch auf zweieinhalb oder gar zwei Jahre reduziert worden war, hatte ausgesprochen politische Bedeutung. Verlängerte Dienstzeit sollte es möglich machen, die Rekruten im Geiste des Berufssoldatentums zu erziehen und sie gegen liberale oder gar revolutionäre Tendenzen zu immunisieren.

Die Vermehrung des stehenden Friedensheeres entsprach im großen und ganzen dem seit 1814 erfolgten Anwachsen der Bevölkerung in Preußen und gewährte damit die Möglichkeit einer konsequenten Durchführung der allgemeinen Wehrpflicht, die eine demokratische Forderung war. Doch die im Reorganisationsplan vorgesehene, sehr kostspielige Vermehrung der Garderegimenter und der hohe Friedenspräsenzstand der Gardebataillone (vier Jahre unter der Fahne und vier Jahre Reserve) betonten wieder einmal das höfisch-aristokratische Element im Heer und verstärkten die zum Bürgerkrieg geeigneten Truppen.

Die Kosten der Reorganisation, die dem Abgeordnetenhaus in

einem Nachtragsetat für das Jahr 1860 zur Bewilligung vorgelegt wurden, sollten rund sieben Millionen betragen. Auf die folgenden Jahre bezogen, hatte die Regierung neuneinhalb Millionen Taler als Mehrkosten veranschlagt.

In ihrer Opposition gegen die Heeresvorlage konnten die liberalen Abgeordneten der Unterstützung durch ihre Wähler sicher sein, da die Forderung nach zweijähriger Dienstzeit und nach Aufrechterhaltung der Landwehr ebenso populär wie die finanzielle Belastung durch die Heeresreform unpopulär war.

Für die Liberalen und Demokraten war die Heeresvorlage in puncto Landwehr insofern problematisch, als die neuen Bestimmungen einerseits ihren antiliberalen Charakter kaum verbergen konnten, andererseits einen militärorganisatorischen Fortschritt schufen. Die Feldarmee verjüngte sich, da der älteste Feldsoldat nur noch 28 Jahre alt war, statt früher 32; ihre Organisation vereinheitlichte sich, da die Landwehr aus ihr herausgenommen wurde; mit dieser Reorganisation wurden überdies die älteren Landwehrjahrgänge, die meist aus Familienvätern bestanden, entlastet. Es war also schwer geworden, der preußischen Monarchie, der gerade die Besitz- und Bildungsbürger die innen- und außenpolitische Führerrolle in Deutschland zugedacht hatten, ein schlagkräftiges Heer zu verweigern.

Aber war denn dieses Preußen ernsthaft geneigt, eine nationale Führerrolle zu spielen? Da der Prinzregent in einer Thronrede wenige Wochen vor der Heeresvorlage in dieser Hinsicht wenig Eifer gezeigt hatte, mußte die Hoffnung des Bürgertums auf die nationale Mission, die das preußische Heer in seinem Sinne erfüllen könnte, gerade damals sinken. Das wog um so schwerer, als in jenen Wochen die Napoleoniden die Annexion Savoyens an Frankreich besonders nachdrücklich mit der Theorie der natürlichen Grenzen begründeten und mit einem deutlichen Seitenblick auf den Rhein begleiteten.

Diesen napoleonischen Chauvinismus nahm die Regierung wiederum als Vorwand, um die liberalen Abgeordneten zu veranlassen, »für die fernere Kriegsbereitschaft und erhöhte Streitbarkeit des Heeres«[122] eine einmalige Summe in Höhe von neun Millionen Talern zu bewilligen. Die juristische Methodik des Vorgehens war recht simpel: Die Regierung zog ihren die Heeresreorganisation betreffenden Gesetzentwurf zurück, das Abgeordnetenhaus bewilligte statt dessen eine außerordentliche Geldausgabe, die zwar als Provisorium deklariert, aber von der Regierung dazu benutzt wurde, um definitiv und nicht nur provisorisch die von ihr gewünschten Veränderungen im Heer vorzunehmen, über die ein Gesetz nicht zustande gekommen war.

Die Regierung kam also auf einem Umweg in den Besitz des notwendigen Geldes. Die Liberalen aber wählten ihn als Ausweg, um sich vor einer klaren Entscheidung zu drücken. Sie hatten nicht den Mut, die richtigen und brauchbaren Elemente des Reorganisationsplans nüchtern einzuschätzen[123] und daraufhin Maßnahmen im Sinne etwa des Breslauer Neun-Punkte-Programms vom Oktober 1858 als Gegenleistung von der Regierung zu fordern. Die liberale Mehrheit des Abgeordnetenhauses gebrauchte ihr Ausgabebewilligungsrecht nicht als politisches Druckmittel, sondern gab es erst recht aus der Hand, als sie im Januar 1861 ein zweites Mal einem sogenannten Provisorium zustimmte.

Das löste allerdings eine Oppositionsbewegung innerhalb des Liberalismus aus, die sich schließlich in der Gründung der Deutschen Fortschrittspartei in Preußen im Juni 1861 manifestierte. Die neue Partei stellte als erste preußische Partei seit 1849 die nationalstaatliche Einigung an die Spitze ihres Programms. Dann folgten Forderungen wie die nach durchgreifender Reform des Herrenhauses, nach zweijähriger Dienstzeit und Aufrechterhaltung der Landwehr. Demokratisch wollte die neue Partei offenbar nicht werden, denn sie schwieg sich über das eingeschränkte Vereinsrecht und das allgemeine Wahlrecht aus. Der Verzicht auf diese letzte Forderung sollte weitere Parteibildungen in Preußen-Deutschland veranlassen. Die Gründung der Deutschen Fortschrittspartei war einerseits Ausdruck der Radikalisierung im Volk, andererseits der Versuch, diese im Zaum zu halten. Bei den Neuwahlen zum Abgeordnetenhaus im Dezember 1861 eroberte die Fortschrittspartei gleich 109 Sitze, die rechten sogenannten konstitutionellen Liberalen erhielten nur 95. Die Konservativen brachten es nur noch auf 15 Sitze.

Das Mandat, das die politisch aktivsten Schichten den Abgeordneten bei den Neuwahlen mit auf den Weg gegeben hatten, war in zwei wesentlichen Punkten unmißverständlich: Man erwartete größere Aktivität in der nationalen Frage und Beendigung des Provisoriums in der Heeresreorganisation. Im Abgeordnetenhaus zielten liberale Anträge in der deutschen Frage darauf hin, Preußen zu offener Proklamation kleindeutscher Unionspläne aufzufordern. Dies schien um so angebrachter, als im Februar 1862 die Mittelstaaten zusammen mit Österreich in identischen Noten Preußen alle Unionsversuche untersagt hatten, die der preußische Außenminister Bernstorff als sein Recht bezeichnet hatte. In der liberalen Presse wurde bereits der Ruf nach einem »Gesamtministerium« laut, das heißt, die konservativen Minister in der Regierung, vor allem Roon, sollten also Liberalen weichen. Das wäre natürlich ein Schritt hin zu einer direkt vom Parlament abhängigen Regierung gewesen. In diese Richtung ging auch der Antrag des Fortschrittlers Hagen auf Spezialisierung des Etats, die dem Ministerium eine Verschleierung von Ausgaben, speziell für das Militär, unmöglich machen sollte.

Die royalistische Militärpartei wußte, was machtpolitisch auf dem Spiel stand, und trat jetzt unter der Führung Roons nicht nur für den Widerstand gegen den liberalen Vorstoß, sondern auch für die endgültige Ablösung des liberalisierenden Ministeriums der »Neuen Aera« ein. Die gemäßigten Liberalen im Ministerium sahen sich nunmehr derartig zwischen zwei Fronten, nämlich zwischen Konservativen und Fortschrittspartei, daß sie um Entlassung baten. Der König löste aber zunächst im März 1862 das Abgeordnetenhaus auf, das eine stärkere Kontrolle verlangt hatte. Dann entließ er die altliberalen Minister der »Neuen Aera« und berief an ihre Stelle Konservative. Jetzt hatten die Liberalen ihr Gesamtministerium – aber es war ein konservatives.

Die »Neue Ära« war zu Ende. Das liberale Bürgertum erhielt die Quittung dafür, daß es durch die Bewilligung von Geldmitteln für die Heeresverstärkung in Form der zwei Provisorien das Königtum gestärkt und sein eigenes Machtmittel, das Budgetbewilligungsrecht, selbst aus der Hand gegeben hatte.

Der eindrucksvollste Beweis für die wahre Stimmung der Bevölkerung war das Ergebnis der Wahlen vom Mai 1862. Die Opposition gewann über 230 Mandate, das heißt zwei Drittel aller Sitze. Die Mandate für die Konservativen schmolzen auf 10 zusammen. Ihr politisches Gewicht schätzten auch solche Männer wie Roon nicht sehr hoch ein, hatte er doch schon im März an Perthes geschrieben: »Von der Flauheit und Selbstsucht der s.g. Konservativen erwarte ich nicht viel. ... Ich bin jetzt ein gefeierter Mann bei ihnen, obgleich ich wahrlich nicht ihretwegen mich bemühte; wenn man nun aber von ihnen etwas Anstrengung verlangt, so machen sie Ausflüchte.«[124] Die Konservativen waren, anders als das Militär, der aufsässigen Bevölkerung unmittelbar konfrontiert und spürten deren Haß. Die Liberalen wiederum waren teils vom demokratischen Geist der Massen in Furcht versetzt, teils in ihrer parlamentarischen Opposition zu einer Art Haltungsmoral gezwungen.

Gerade deshalb befürchtete Roon, wie er an Perthes schrieb, daß die »tendenziöse Opposition eines Unterhauses mit demokratischer Majorität« dem gegenwärtigen (rein konservativen) Ministerium das Regieren unmöglich mache. »Erst dann«, so fuhr er fort, »beginnt die *eigentliche, entscheidende* Krisis; erst dann wird es sich fragen, ob die Krone sich selber treu bleiben will –, sonst – hätte ich bisher umsonst gearbeitet und gerungen; denn eine Umkehr zu den Tendenzen des abgelebten Ministeriums wäre das Aufgeben des historischen Königtums in Preußen und die Inthronisation der Parlamentsherrschaft, die dann ohne Schwierigkeit mit klingendem Spiel als Siegerin einherziehen würde.«[125]

Der preußischen Krone verblieb ihre stärkste Stütze in der Armee; dazu kam das im konservativen Sinne einheitliche Gesamtministerium. In diesen Monaten war Albrecht v. Roon die zentrale politische Figur: Repräsentant der Armee, wichtigster politischer Berater des Königs und mächtigster Minister im Kabinett. Es zeugte für seinen historisch-politischen Sinn, daß er gelegentlich vom Parallelogramm der Kräfte und von den politischen Diagonalen, die zu berücksichtigen seien, sprach und dabei betonte, daß das meiste geworden sei »unter gleichzeitiger Tätigkeit verschiedener, oft kontrastierender Bestrebungen und Wirkungen, wie das meist überall bei allem historisch Werdenden und Gewordenen zu geschehen pflegt«[126].

Roon war ganz und gar der Welt der royalistischen Militärherrschaft verhaftet; ihren Interessen wollte er dienen und diente er auch, wenngleich er das im Staatsministerium und in der Auseinandersetzung mit dem Parlament nicht immer so tun konnte, wie es doktrinäre Eiferer von ihm verlangten. Gerade weil Roons Sinn für politische Kräfteverhältnisse durch die Praxis geschärft wurde, konnte ihn gelegentlich die Furcht befallen, bei längerem Verbleiben im Staatsministerium »würde die Armee an mir irre, und damit bin ich vernichtet«[127]. Diese innere Spannung und das damit verbundene Gefühl, der komplizierten politischen Situation doch nicht gewachsen zu sein, mochten auch das subjektive Motiv dafür sein, daß Roon die Berufung Bismarcks betrieb.

Damit hing der objektive Umstand zusammen, daß die Armee durch die starke Opposition im Lande unsicher war, ob es tun-

Preußische Botschaft in Paris

lich sei, die bereits 1861 ausgearbeiteten militärischen Pläne für einen Staatsstreich zu verwirklichen. Es schien gefahrloser und erfolgreicher zu sein, den offenen militärischen durch einen verschleierten politischen Staatsstreich zu ersetzen. Mehr denn je war es im Interesse der Krone notwendig geworden, alle Kräfte der staatlichen Exekutive, sei dies im militärischen oder zivilen Sektor, politisch zusammenzufassen und zu aktivieren. Dabei sollte die Außenpolitik in den Dienst der Innenpolitik gestellt werden, um über die Lösung der allmählich herangereiften Staatskrise hinaus der preußischen Krone die Hegemonie im sogenannten Klein-Deutschland zu sichern. Alle diese Aufgaben leitend zu bewältigen, traute Roon nur Bismarck zu.

Bismarck wurde als preußischer Gesandter von Petersburg abberufen und nach einigen Wochen des Hin und Her hinter den Kulissen Ende Mai 1862 in gleicher Eigenschaft nach Paris geschickt. Manches deutete darauf hin, daß in jenen Maitagen wichtige Vorentscheidungen hinsichtlich der Machtübernahme Bismarcks in Berlin getroffen wurden; denn sein politischer Wegbereiter Roon schrieb bereits am 23. Mai an Perthes: »Daß Bismarck Gesandter in Paris geworden, wissen Sie wohl schon aus den Zeitungen. Sehen Sie das immerhin als eine bemerkenswerte *Signatura* unserer Zukunfts-Politik an; wissen Sie aber auch, daß *er schwerlich lange auf dem dortigen Posten bleiben wird!*«[128] Das Ringen um staats- und personalpolitische Entscheidungen von weittragender Bedeutung dauerte also an.

Über die Abwehr aller parlamentarischen Machtansprüche gab es zwischen Bismarck und dem König sicherlich keine Meinungsverschiedenheiten, wohl aber über Ziele und Methoden der Außenpolitik. Nur so läßt sich der hinhaltende, von instinktsicherem Unbehagen geleitete Widerstand Wilhelms I. gegen eine Berufung Bismarcks zum preußischen Ministerpräsidenten voll erklären.

Wiederum benutzte Bismarck seine Berichterstattung, diesmal aus Paris, um seine Auffassungen über die einzuschlagende Strategie und Taktik an den Mann zu bringen. In einem Immediatbericht an König Wilhelm vom 7. Juni über ein Gespräch mit Napoleon unter vier Augen schrieb er, dieser habe geäußert, «daß die öffentliche Meinung eine jede Regierung nach der *Gesamtheit* ihrer Richtung beurteile; wenn diese der Nation sympathisch sei, so werde die Nützlichkeit und Gerechtigkeit *einzelner* Maßregeln nicht so genau auf die Waagschale gelegt, und selbst eine beträchtliche Einbuße an politischer Freiheit werde verschmerzt; im umgekehrten Fall dagegen werde den zweckmäßigsten und liberalsten Maßregeln jede billige Beurteilung versagt.«[129] Und in der Anwendung dieser allgemeinen Überlegung auf die preußischen Zustände soll Napoleon der Meinung gewesen sein, »daß im gegenwärtigen Augenblick nur eine Regierung, welche der nationalen Richtung der öffentlichen Meinung Hoffnung und Nahrung gebe, sich eine Stellung schaffen könne, in welcher sie den Kampf der Parteien im Innern beherrsche und den Kammern gegenüber dasjenige Maß von Macht und freier Bewegung gewinne, welches einem monarchischen Regiment unentbehrlich sei. Der Schwerpunkt unserer politischen Aufgabe liege deshalb in der auswärtigen und insbesondere in der deutschen Politik.«[130]

Napoleon solle auch von den Schwierigkeiten einer solchen Politik, die vor allem von der Mehrzahl der deutschen Fürsten ausgingen, gesprochen haben. Diese würden nur geringe Neigung zeigen, in Gemeinschaft mit Preußen Verbesserungen in der deutschen Bundesverfassung zu erstreben, »in welchen allein ihre eigenen Dynastien zuverlässige Bürgschaften der Zukunft

Napoleon III. (1808–1873)
Bismarck 1855 über den französischen Kaiser: »Nach allem, was ich über Louis Napoleons Charakter im Lauf der letzten Jahre durch Leute, die ihn seit einem Menschenalter kennen, gehört habe, ist der Reiz, gerade das zu tun, was niemand erwartet, beinahe krankhaft in ihm und wird von der Kaiserin täglich genährt.« (GW, Bd. 2, S. 41)
Mitte März 1870 meinte Bismarck: Napoleon werde nach innen immer unsicherer und mache in der inneren Politik Fehler aller Art, so daß die wachsende Unzufriedenheit der Bevölkerung ihn in einen Krieg hineinzwinge, um die Nation auf diese Weise abzulenken. (Schoeps, Bismarck über Zeitgenossen, 1981, S. 67)

finden könnten«. Wenn jedoch »nach dieser Richtung hin sich gar nichts tun lasse, so sei zu befürchten, daß Deutschland mit der Zeit in eine Gärung gerate, welche aus diesem sonst so ruhigen Lande einen Herd für europäische Wirren und Gefahren machen könnte«.[131]

Hat dies alles Napoleon wirklich gesagt? Hat er es vor allem so gesagt, wie es Bismarck berichtete? Die Annahme liegt sehr

Augusta, Enkelin Carl Augusts von Weimar
Preußische Königin und deutsche Kaiserin (1811–1890)
»Ihr Programm war: ein conservatives Regiment mit liberalen Ministern.« (Leopold von Gerlach am 7. Januar 1860) Um Augusta gruppierte sich die Hofopposition; sie unterstützte dabei alle potentiellen Gegner und Konkurrenten Bismarcks, unabhängig davon, welcher politischen Strömung sie angehörten.
Der Kronprinz notierte am Tage nach Bismarcks Ministerernennung: »Arme Mama, wie bitter wird gerade dieses ihres Todfeindes Ernennung sie schmerzen.«

nahe, daß Bismarck seine eigene Meinung mit verdächtigem Geschick Napoleon in den Mund gelegt hat. Wenn man von der auf den Adressaten abgestimmten Diktion dieses Immediatberichts absieht, so stimmen die darin formulierten Hauptgedanken ganz und gar mit jenen überein, die Bismarck elf Monate vorher von Petersburg aus im Privatbrief an Roon äußerte. Nur in einem Punkt unterscheidet sich der Immediatbericht von dem Brief: Das legitimistische Unbehagen des Königs berücksichtigend, stellte Bismarck – verräterischerweise – eine eventuelle Initiative des preußischen Königs in der Deutschlandfrage als im wohlverstandenen Interesse der anderen Fürsten liegend dar. Im politischen Schachspiel berechnete Bismarck voraus, daß er den zu erwartenden Widerstand der Fürsten gegen grundlegende Bundesreformen als beleidigende Undankbarkeit gegenüber dem Preußenkönig hinstellen könnte.

Nicht zuletzt an dem Punkt, der sich auf die Beziehungen zu den deutschen Fürsten bezog, setzte die Kritik der preußischen Königin Augusta bald nach diesem Immediatbericht ein – ob sie ihn nun kannte, sei dahingestellt.[132] Die Repräsentantin liberalisierender Hofkreise lehnte die Berufung Bismarcks als Ministerpräsident in einer schriftlichen Motivation vom Juli 1862 ab. Sie klagte den Ministerkandidaten darin an: »Als Bundestagsabgeordneter hat H. v. B. den *Preußen freundlichen* Regierungen stets Mißtrauen eingeflößt und auf die *Preußen feindlichen* Häuser nur mit Hilfe der politischen Anschauungen gewirkt, die nicht der Stellung Preußens in Deutschland, sondern seiner Stellung als drohender Großmacht entsprechen.«[133] Bei allen sonstigen Einwänden übersah die Königin, daß sie es nicht allein mit dem Gesandten und Ministerkandidaten Bismarck zu tun hatte, sondern in erster Linie mit der Elite der mächtigen Armee. Bismarck war ihr Kandidat und nicht der einer Partei. Damit war die Partie der Königin von vornherein verloren.

*

Mehr als einen Aufschub von Bismarcks Berufung nach Berlin konnte die Königin nicht erreichen. Der König wiederum mußte vor sich selbst und anderen rechtfertigen, warum er die Entscheidung immer noch vor sich herschob. Bismarck, so meinte er, solle überall »die einflußreichen Leute kennenlernen«[134], ehe man ihn zum Ministerpräsidenten mache. Nach einem Gespräch mit Napoleon III. bat Bismarck in der Tat bereits am Ende der dritten Woche seines Aufenthalts in der französischen Hauptstadt um Erlaubnis, die Weltausstellung in London besuchen zu dürfen, wobei es ihm vornehmlich um Kontakte mit führenden Politikern in London ging.

Er sprach dort mit dem Premierminister Lord Palmerston, Außenminister Lord John Russell und Oppositionsführer Benjamin Disraeli. Nützliche Eindrücke hat er dabei sicherlich gewonnen, mehr aber auch nicht. Die Londoner Politiker, in den Dimensionen des Empire denkend, zeigten wenig Verständnis für die politischen Probleme der preußischen Heeresreorganisation. Überdies waren die gleichen Herren, die sich für die nationale Unabhängigkeitsbewegung Italiens erwärmen konnten, recht kühl, wenn es um die deutsch-nationalen Bestrebungen der Schleswig-Holsteiner ging. Bei Fragen der Seeherrschaft in der Ost- und Nordsee waren die an der Umwälzung am Mittelmeer Interessierten durchaus dänische Legitimisten. Über die Unterredung mit dem konservativen Oppositionsführer Disraeli hat der damalige sächsische Gesandte in London, Graf Vitzthum v. Eckstädt, zwanzig Jahre später in seinen Erinnerungen reichlich überhöht berichtet; Bismarck solle, wie Disraeli ausgeplaudert habe, über seine Absicht, einen Krieg mit Österreich zu führen, den Deutschen Bund zu sprengen und Deutschland unter Preußens Führung zu einigen, allzu direkt und auftrumpfend gesprochen haben. Sicherlich konnte Bismarck, wie Kurd v. Schlözer einmal meinte, »fabelhaft offen« und »revolutionär« sein.[135] Aber es ist unwahrscheinlich, daß er sich gegenüber führenden Politikern in London, denen er sich angesichts einer noch ungewissen Berufung in die preußische Regierung vorstellte, so unumwunden geäußert hat.

Aus London zurückgekehrt, fand er in der beginnenden Ferienperiode kaum Gelegenheit, seiner diplomatischen Tätigkeit in Paris nachzugehen. Auch lastete auf ihm die Ungewißheit, ob seines Bleibens dort lange sein würde. Darüber schrieb er immer wieder und mit wachsender Ungeduld an seine Familie und nicht zuletzt an seinen politischen Freund Roon. Bereits Anfang Juni gestand er ihm, er habe »lebhafte Anwandlungen von dem Unternehmungsgeist jenes Thieres, welches auf dem Eise tanzen geht, wenn es ihm zu wohl wird«[136].

Gerade diese Bemerkung hat wohl Roon angespornt, in Berlin einiges zu tun, um »mehr Handlung ... in dies langweilige Ifflandsche Familiendrama zu bringen«, einen »Hauptsturm« zu wagen und selbst einen »Bruch« nicht zu scheuen.[137] Ein solches Draufgängertum konnte gerade einen unschlüssigen König, der nicht wußte, ob, wann und wie er Bismarck in die Regierung berufen solle, zu einem plötzlichen und irreparablen Entschluß verleiten und diesem den Weg zur Macht endgültig versperren; jedenfalls hätte der allzu drängende Roon jetzt manches gefährden können. Das veranlaßte Bismarck, vor Überstürzung zu warnen, vielmehr abzuwarten und die Dinge ausreifen zu lassen.

Am 15. Juli schrieb er an seinen Vorgesetzten v. Bernstorff und auch an Roon.[138] Zunächst ging es in beiden Briefen um die Genehmigung eines längeren Urlaubs in Frankreich, wo er einen »Vorrath an Gesundheit« sammeln wollte. Roon gegenüber erörterte Bismarck dann ausführlicher und offenherziger noch weitere Gründe: Er wolle dem König Zeit geben, »sich ruhig aus eigner Bewegung zu entschließen ...«, auf keinen Fall aber

Graf Albrecht von Bernstorff (1809–1873)
Aquarellskizze von Adolph Menzel
Zeitweilig Außenminister und Vorgesetzter Bismarcks, dann wieder Botschafter in London
Trotz aller Friktionen mit Bismarck dessen Gesamturteil: »Typus eines wahrhaft vornehmen Edelmannes.«

wünschte er wochenlang in Berlin wartend »vor Anker« zu liegen. Im übrigen hielt er die Vorstellung des Königs, ihn vielleicht als Minister ohne Portefeuille zu berufen, für unzweckmäßig und seiner unwürdig. Der Zeitpunkt einer Berufung erscheine ihm dann am günstigsten, wenn die Gegensätze zwischen dem Abgeordnetenhaus und der Regierung einen dramatischen Höhepunkt erreicht haben würden. Mit Lust gab er sich der Vorstellung hin, mit ihm solle ein neues Bataillon »in der ministeriellen Schlachtordnung« gezeigt werden, besonders wenn vorher »etwas mit Redensarten von Oktroyiren und Staatsstreicheln gerasselt wird, so hilft mir meine alte Reputation von leichtfertiger Gewaltthätigkeit und man denkt ›nanu geht's los‹.« So zeigte sich Bismarck in diesem bemerkenswerten Brief vom 15. Juli als überlegener Lenker im Vergleich zu der »instinctiven Natur« eines Roon.[139]

Der Ministeranwärter fuhr also keineswegs ohne eine politisch durchdachte und Roon dargelegte Taktik in die Ferien. Seine Reise führte ihn im Juli 1862 über Blois, Bordeaux, Bayonne und San Sebastian in Spanien nach Biarritz, wo er sich nahezu den ganzen August aufhielt. Sie endete mit einem Ausflug in die Pyrenäen Anfang September. Bismarck, der im allgemeinen leichter zur Natur als zu den Schöpfungen der Architektur Zugang fand, war am Beginn seiner Reise doch angetan von den Renaissanceschlössern an der Loire. Aber Reisebekanntschaften, die ihn interessierten, fand er zunächst kaum. Die Franzosen, denen er unterwegs und an den Hoteltafeln begegnete, waren familiär zu abgeschlossen. Erst Biarritz brachte für ihn eine glückliche Wende. Zunächst sagten ihm in der landschaftlich reizvollen Umgebung die Seebäder zu, von denen er täglich zwei nahm, morgens in den stürmischen Wellen und am Nachmittag beim Schwimmen in einer ruhigen Bucht. Mit Freude erlebte er, wie seine geschwächten Körperkräfte wiederkehrten; jeden Tag, so schrieb er an Johanna am 11. August, fühle er »ein Jahr weniger auf dem alternden Haupte«, und wenn er es auf 30 Bäder brächte, so sehe sie ihn als Göttinger Studenten wieder.[140]

In Biarritz ist er auch nicht mehr allein; die Orlows, ein russisches Ehepaar, aus Brüssel kommend, wo Nikolai Orlow Gesandter ist, haben sich Bismarck zugesellt. Die Bismarcks begegneten Orlow schon in Petersburg, aber nun lernt Otto auch die zweiundzwanzigjährige Katharina Orlow kennen, die »lustig, frisch und natürlich« ist. Sie teile Johannas Abneigung gegen Hof und Salon, so berichtet Bismarck seiner Frau, und ist »wie ein pommersches Fräulein mit grade genug Anflug der großen Welt«. Man ahnt es schon bei seiner Charakterisierung, noch ehe er es selbst ausspricht: »ein Stückchen Marie Thadden« ist es, was ihm wiederbegegnet. Diese Katharina Orlow, die für ihn zur Kathy und schließlich sogar vertraulich zur Kathsch wird, entzückt ihn, weil sie »lustig, klug und liebenswürdig, hübsch und jung« ist, und sie spielt ihm jeden Abend Beethoven und auch Mendelssohn vor.[141] Glücklich und intensiv erlebt Bismarck »dieses Stück Romantik in Berg, Wald, Wellen und Musik«, über das er freimütig seiner Johanna berichten darf, die sich – frei von Eifersucht – über sein Wohlbefinden herzlich freut. Es ist ihm geschehen, so kann Bismarck an die Schwester schreiben, »wie mir das gelegentlich zustößt«, er habe sich etwas in die niedliche principesse verliebt, »ohne daß es Johanna Schaden thut«.

Otto von Bismarck 1862

Und damit ist bereits der wesentliche Unterschied zu seinen Erlebnissen von einst genannt. Damals war er noch allein. Die Begegnungen mit den Engländerinnen in der Jugendzeit konnten für ihn wegbestimmend, ja schicksalhaft werden, sogar dann, als die Verbindungen zerbrachen und ihm nur ein gekränktes Herz und eine schwer abzutragende Schuldenlast blieben. Früher wurde Bismarck in seinen Grundfesten erschüttert und zunächst sogar aus seiner Lebensbahn geworfen. Auch die Bekanntschaft mit Marie v. Thadden machte ihm einst tief erregend und schmerzlich deutlich, daß eine für ihn passende und begehrenswerte Partnerin bereits vergeben war.

Hier aber, in der Landschaft des Südens, seiner Johanna in Liebe zugetan, brachte ihm die junge Russin seine »Heiter-

Johanna v. Bismarck (1824–1894)

keit«[142] zurück. Auch die fröhliche Gesellschaft trug zu seiner Gesundung bei, deren er so sehr bedurfte, um für seine schwere künftige Arbeit auch körperlich gerüstet zu sein.

Auf der Rückreise von seinen Ferien kam Bismarck am 12. September 1862 nach Toulouse. Von dort schrieb er an Graf Bernstorff und auch an Roon, Gewißheit verlangend, wo er nun sein Amt antreten solle, in Paris als Gesandter oder in Berlin als Minister. In Paris fand er schließlich eine Antwort von Bernstorff vor, der ihm gerade das empfahl, was Bismarck noch nicht wollte, nämlich den König in Berlin aufzusuchen.

Dort erreichte das politische Drama seinen erwarteten Höhepunkt. In der Zeit der parlamentarischen Auseinandersetzungen im Preußischen Landtag vom 11. bis 18. September 1862 versuchten die Abgeordneten Stavenhagen und Sybel vom linken Zentrum und Twesten von der Fortschrittspartei, durch einen Kompromißantrag den Konflikt zu lösen. Danach sollte der Landtag die Kosten für die Aufstellung neuer Regimenter bewilligen unter der Bedingung, daß der König die zweijährige Dienstzeit zugestehe.[143] Auf sie wollte aber der König nach wie vor nicht eingehen, wobei es ihm nicht mehr allein um den militärerzieherischen Sinn der dreijährigen Dienstzeit ging. In seinen Augen durfte sie überhaupt nicht mehr ein Verhandlungsobjekt zwischen Abgeordneten und der Krone sein, wenn man nicht eine Bahn beschreiten wollte, auf der am Ende aus dem Königsheer ein Parlamentsheer würde und die Krongewalt ihre Selbständigkeit verlöre. In diese Grundfrage mündeten alle militärorganisatorischen und budgetrechtlichen Streitfragen ein.

Nachdem die Abgeordneten, provoziert durch die intransigente Haltung des Königs, den Kompromißantrag Stavenhagen-Sybel-Twesten am 19. September mit großer Mehrheit verworfen hatten, kam die Regierung in die Lage, die für die weitere Heeresreorganisation nötigen Gelder nicht mehr legal verausgaben zu können. Darüber brach eine Krise des Ministeriums aus, einige Minister wagten nicht, gegen den nunmehr eindeutig erklärten Willen des Abgeordnetenhauses zu regieren. In den höchsten Kreisen der Monarchie zeigten sich Unsicherheit und Zerfahrenheit. Der Thronfolger und seine Frau waren für das Abgeordnetenhaus. Der König hingegen sprach von seiner Absicht abzudanken und rief den Kronprinzen telegraphisch nach Berlin, der jedoch auf eine Thronfolge verzichtete.

Die Militärpartei um den Kriegsminister Roon hatte Vorsorge getroffen. Von diesem war bereits am 18. September, ein Tag vor dem Kampfbeschluß des Abgeordnetenhauses, an Bismarck nach Paris das Telegramm mit der berühmt gewordenen Aufforderung abgegangen: »Periculum in mora. Depechez-vous!« – »Verzug bringt Gefahr. Beeilen Sie sich!« Am 28. September war Bismarck in Berlin. Jetzt war es so weit, daß der Kriegsminister Bismarck als Retter aus der Not präsentieren konnte. Und der König konnte sich den Vorschlägen des Schöpfers der Heeresreorganisation, des Vertrauensmannes der Armee, nicht mehr verschließen, ohne sich und seine Sache aufzugeben. Nur noch die von ihm angekündigte Abdankung wäre geblieben. So war die Berufung Bismarcks an die Spitze der preußischen Regierung zur Lösung der Staatskrise unabwendbar geworden.

VI. Der Konfliktsminister

Preußischer Verfassungskonflikt und bundespolitischer Zwist

Die entscheidende Unterredung zwischen dem König und Bismarck fand am 22. September 1862 im Schloß Babelsberg statt, dem gotisierenden Landsitz am Ufer der Havel zwischen Berlin und Potsdam. Es ist schwer zu sagen, wo bei den Gesprächspartnern das echte Gefühl aufhörte und die wohlberechnete Schauspielerei begann. Wer vermag mit Sicherheit zu sagen, ob Wilhelm I. ernsthaft zur Abdankung bereit war?[1] Auf jeden Fall eröffnete er das Gespräch mit der Erklärung, er habe sich zur Abdankung entschlossen, falls sich nicht ein Minister fände, der den Mut habe, für die dreijährige Dienstzeit zu kämpfen, notfalls auch durch ein budgetloses Regiment.[2] Die ebenso effektvollen wie effektheischenden Worte, mahnend unterstrichen durch die bereits aufgesetzte, aber wohlweislich noch nicht unterschriebene Abdankungsurkunde gaben Bismarck das Stichwort für seinen nicht minder auf Wirkung bedachten Einsatz. Wie in einem Königsdrama kam seine Antwort, die nicht nur den auf »Treu und Glauben« eingestimmten Wilhelm, sondern auch das Gros der Bismarckianer auf Jahrzehnte enthusiasmierte: »Ich fühle wie ein kurbrandenburgischer Vasall, der seinen Lehnsherrn in Gefahr sieht. Was ich vermag, steht Euer Majestät zur Verfügung.«[3]

Von da an lief die Szene geradezu nach inneren Gesetzmäßigkeiten ab. Der König erklärte es für seine Pflicht, unter diesen Umständen ausharren und den Kampf mit dem widerborstigen Parlament weiterführen zu müssen. Der hier geschickt anknüpfende »Vasall« hieb den »Lehnsherrn« sogleich übers Ohr, indem er sich der Festlegung auf ein bestimmtes Regierungsprogramm entzog. Er fasse seine Stellung nicht als die eines »konstitutionellen Ministers in der üblichen Bedeutung des Wortes«,

Babelsberg. Sommersitz Wilhelms I.
Dort fand die entscheidende Unterredung vor der Ernennung Bismarcks zum preußischen Ministerpräsidenten und Konfliktsminister statt.

sondern als die eines persönlichen Dieners des Königs auf. Die Alternative laute nicht »konservativ oder liberal«, sondern »Königliches Regiment oder Parlamentsherrschaft«; diese aber sei nur durch eine »Periode der Diktatur« abzuwenden.

Indem Bismarck von seiner seit langem ausgearbeiteten strategisch-taktischen Konzeption nur das innenpolitische Hauptziel, nämlich die Erhaltung und Stärkung des preußischen Königtums, hervorhob, das übrige aber verschwieg, schlug er bereits die erste Bresche für seine eigene Herrschaft. Ihr Charakter entwickelte sich erst allmählich, zumal Bismarck zunächst durch das Gewirr einer für ihn recht fragwürdigen Innen- und Außenpolitik hindurchgehen mußte. Es zeichnete sich jedoch Ende 1862 bereits das ab, was Constantin Frantz zehn Jahre früher umrissen hatte: »Links geht es in den Parlamentarismus, rechts in die Restauration, geradeaus in den Napoleonismus.«[4] Mag man dem letzteren Begriff (und seinen Synonymen Cäsarismus, Bonapartismus) auch skeptisch gegenüberstehen, eines kann nicht geleugnet werden: Der von Bismarck ins Auge gefaßte Staatstyp war weder feudaler Absolutismus noch bürgerlicher Parlamentarismus. Unter diesem Gesichtspunkt bildeten die Monate 1862/63 – entgegen neueren Meinungen[5] – doch eine bemerkenswerte Wende; im Zeichen des Übergangs vom Heeres- zum Verfassungskonflikt fiel mit der Berufung Bismarcks zum preußischen Ministerpräsidenten und Außenminister eine historische Vorentscheidung, die 1866/67 im Norddeutschen Bund staatsrechtliche Gestalt annahm.

Bismarcks sicherlich nicht unbeschränkte und mit nervenaufreibender Mühsal verbundene Herrschaft über den König wurde gerade von seinen liberalen Gegnern sowohl im Landtag als auch am Hofe durchaus bemerkt. Es ging das böse Wort um, daß das Ministerium Bismarck mehr hinter als vor dem Throne stehe.[6] Bismarck kannte das preußische Königtum im allgemeinen und König Wilhelm im besonderen zu gut, um nicht zu wissen, daß er die im Letzten illegitimen Ziele und Mittel des bevorstehenden Kampfes gegen Österreich und einige der Mittel- und Kleinstaaten vorerst verbergen mußte. Nur so konnte er den König für seine Absichten vorschieben und damit den Gegner täuschen.

Doch diesem Vorsatz zuwider unterlief Bismarck ein denkwürdiges Mißgeschick. In den ersten Tagen seiner Regierungszeit, am 30. September 1862, war er vor der Budgetkommission des Abgeordnetenhauses bemüht, dem Konflikt die Schärfe zu nehmen. Er wollte ihn nicht »zu tragisch aufgefaßt« sehen und zeigte als Friedenszeichen einen in Avignon gepflückten Olivenzweig. Nach beschwichtigenden Worten und Gesten aber ließ er sich hinreißen, den Schleier über den Zielen und Methoden seiner Deutschlandpolitik allzu unbekümmert zu lüften: »Nicht auf Preußens Liberalismus sieht Deutschland, sondern auf seine Macht. ... Preußen muß seine Kraft zusammenfassen und zusammenhalten auf den günstigen Augenblick, der schon einige Male verpaßt ist; Preußens Grenzen nach den Wiener Verträgen sind zu einem gesunden Staatsleben nicht günstig; nicht durch Reden und Majoritätsbeschlüsse werden die großen Fragen der Zeit entschieden – das ist der große Fehler von 1848 und 1849 gewesen –, sondern durch Eisen und Blut.«[7]

Auf dem Heimweg von der Kommissionssitzung meinte Roon besorgt und etwas vorwurfsvoll, solche »geistreichen Exkurse« seien der eigenen Sache wenig förderlich. In der Tat, was Bismarck erklärt hatte, erregte innerhalb und außerhalb der Parla-

Mitglieder der Budgetkommission (Ausschnitt). Franz Duncker (1), Verleger, in den Jahren 1859/60 auch einiger Schriften von Marx und Engels; Rudolf Virchow (2), Professor der Medizin an der Berliner Universität; Max v. Forckenbeck (3), Rechtsanwalt, im August 1866 Präsident des Abgeordnetenhauses; Karl Twesten (4), Jurist und Publizist; Heinrich v. Sybel (5), Historiker.
Vor ihnen hielt Bismarck am 29. September 1862 seine aufsehenerregende und denkwürdige Eisen-und-Blut-Rede.

mentskommission die Gemüter; bis zum heutigen Tag haften Bismarck die eingängigen Worte von »Eisen und Blut« an. In seinem Erinnerungswerk hat er bei der Darstellung der Vorgänge in der Parlamentskommission die Wortfolge umgekehrt und »Blut« an die erste Stelle gerückt, wodurch das Gesprochene für alle Zukunft noch martialischer wirkte.

Schon während der Beratung zeigte es sich, daß er durch die Aussicht auf eine forschere Politik gegenüber dem Bundestag und den Mittelstaaten die Liberalen nicht gewann, sondern erbitterte. Der berühmte Pathologe der Berliner Universität Rudolf Virchow, einer der Wortführer der Fortschrittspartei, sagte ihm auf den Kopf zu, der Ministerpräsident wolle offenbar im Interesse seiner innenpolitischen Ziele auf dem Felde der Außenpoli-

Karikatur des Wiener »Figaro« vom 11. Oktober 1862. »Die deutsche Frage kann nur durch Eisen und Blut gelöst werden.«

tik eine gewalttätige Machtpolitik beginnen.[8] Ein Jahr vorher hatte der badisch-liberalisierende Freiherr v. Roggenbach auf Bismarcks Baden-Badener Denkschrift mit dem bissigen Verdikt reagiert: »Ein grundsatzloser Junker, der in politischer Kanaillerie Karriere machen will.«[9]

Überhaupt bereitete ihm der großherzogliche Hof im liberalen Musterländle mancherlei Sorge. Dort hielt sich bei seinem großherzoglichen Schwager Wilhelm I. mit seiner Gemahlin, der erklärten Gegnerin Bismarcks, gerade in den Tagen auf, da dessen skandalerregende Bemerkungen in der Budgetkommission alle deutschen Zeitungen füllten. Der erst interimistisch zum preußischen Ministerpräsidenten Ernannte mußte befürchten, sein König könne während seines Aufenthalts in Baden erneut gegen ihn eingenommen werden. Daher beschloß er, ihm bei seiner Rückkehr bis Jüterbog entgegenzufahren. Tatsächlich, so berichtete er, fand er den König »in einem gewöhnlichen Coupé erster Klasse ... unter der Nachwirkung des Verkehrs mit seiner Gemahlin sichtlich in gedrückter Stimmung«[10]. Wie das Gespräch während der gemeinsamen Fahrt nach Berlin auch verlaufen sein mochte, in Bismarcks Schilderung werden Reminiszenzen an königliche Dramen von weltgeschichtlicher Größe erwähnt; auf jeden Fall aber muß er es doch verstanden haben, den hohen Herrn an seiner Offiziersehre zu packen und in ihm wieder trotzig-heitere Zuversicht zu erwecken. Und noch etwas anderes erreichte Bismarck: Bei der Ankunft in Berlin bemerkten die »empfangenden Minister und Beamte« das Zusammensein von König und Ministerpräsident und konnten daraus auf deren Eintracht schließen. Die negativen Auswirkungen rhetorischer Eskapaden auf Hof und Regierung waren paralysiert.

Bismarck vermochte sich jetzt auf die Offensive gegen die Opposition innerhalb und außerhalb des Parlaments zu konzentrieren und darauf, den Beamten politisch die Zügel anzulegen.

Nach einer Intervention des Abgeordneten Forckenbeck von der Fortschrittspartei hatte Bismarck bereits am 30. September unmißverständlich bekundet, daß er vor der Übernahme seines Amtes dem König notfalls auch Regieren ohne Budget zugesagt habe. Vierzehn Tage später, am 13. Oktober, schloß der König die Session sowohl des Abgeordnetenhauses wie des Herrenhauses und proklamierte das budgetlose Regiment; allerdings, so wurde erklärt, wolle die Regierung die Verfassung nicht umstürzen, sondern gegebenenfalls um eine nachträgliche Genehmigung ersuchen.

Ende Januar 1863 legte Bismarck vor dem wieder zusammengetretenen Abgeordnetenhaus die staatsrechtliche Begründung seines Vorgehens dar. Er sprach vom Gleichgewicht der drei gesetzgebenden Gewalten, des Königs, des Herrenhauses und des Abgeordnetenhauses. Das war der Ausgangspunkt für die Rechtfertigung seiner vielzitierten Lückentheorie: »Wenn eine Vereinbarung zwischen den drei Gewalten nicht stattfindet, so fehlt es in der Verfassung an jeglicher Bestimmung darüber, welche von ihnen nachgeben muß.«[11] Damit verweise die Verfassung auf den Weg der Kompromisse. Mit Recht konnte Bismarck daran erinnern, daß er bereits früher – im Jahre 1851 – auf die Lücke der Verfassung hingewiesen habe; diese Theorie war in der Tat »keine neue Erfindung«.[12]

Die in ihr liegende Tücke enthüllte Bismarck mit einer gegen das Abgeordnetenhaus gerichteten Argumentation: »Wird der Kompromiß dadurch vereitelt, daß eine der beteiligten Gewalten ihre eigene Ansicht mit doktrinärem Absolutismus durchführen will, so wird die Reihe der Kompromisse durchbrochen und an ihre Stelle treten Konflikte, und Konflikte ... werden zu Machtfragen; wer die Macht in Händen hat, geht dann in seinem Sinn vor, weil das Staatsleben auch nicht einen Augenblick stillstehen kann.«[13] Bismarck schloß seine Rede mit ebensoviel Demagogie wie Emphase: »Was die Verfassung Ihnen an Rechten zubilligt, soll Ihnen unverkürzt zukommen. Was Sie darüber hinaus verlangen, das werden wir ablehnen und Ihren Forderungen gegenüber die Rechte der Krone mit Ausdauer wahrnehmen ... Das Preußische Königtum hat seine Mission noch nicht erfüllt, es ist noch nicht reif dazu, einen rein ornamentalen Schmuck Ihres Verfassungsgebäudes zu bilden, noch nicht reif, als ein toter Maschinenteil dem Mechanismus des parlamentarischen Regiments eingefügt zu werden.«

Dieser Souveränitätserklärung der hohenzollerschen Krongewalt gegenüber erhob die von Virchow eingebrachte Adresse den Vorwurf des Verfassungsbruchs, den die Regierung und damit auch der sie stützende König begangen hätte; die Adresse wurde im Abgeordnetenhaus mit überwältigender Mehrheit angenommen, mit 255 Stimmen der Fortschrittspartei und des linken Zentrums gegen 68 Stimmen der Altliberalen, der Konservativen und der katholischen Fraktion. Besonders bemerkenswert war die bismarckfreundliche Abstimmung der katholischen Klerikalen, die offenbar durch die kirchenfremden und kirchenfeindlichen Liberalen Italiens in ihrem Antikonstitutionalismus[14] recht verhärtet, aber auch in Unkenntnis der wirklichen Haltung Bismarcks sowohl in der Italien- wie Deutschlandfrage waren.

Genau ein Jahr nach diesen Debatten und Abstimmungen im Preußischen Abgeordnetenhaus hielt es Bismarck für nötig, seine Grundpositionen in der Verfassungsfrage gleichsam in Merksätzen noch einmal klarzulegen und festzustellen: Bei dem Verfassungskonflikt gehe es um die Herrschaft über Preußen »zwischen dem Hause der Hohenzollern und dem Hause der Abgeordneten«.[15] Demagogisch zugespitzt meinte er, wenn man das Vertrauen des Abgeordnetenhauses erwerben solle, »so muß man sich Ihnen in einer Weise hingeben, wie es für die Minister des Königs von Preußen nicht möglich ist. Wir würden dann nicht königliche Minister, wir würden Parlamentsminister, wir würden Ihre Minister sein, ...«[16]

Den Kampf im liberalen Abgeordnetenhaus ergänzte Bismarck durch Repressionsmaßnahmen mancherlei Art. Ganz im Sinne der schon in den fünfziger Jahren konzipierten Abschirmung des Staatsapparates vor liberalisierenden Einflüssen wies der Innenminister, Graf Fritz v. Eulenburg, sicherlich in vollem Einvernehmen mit Bismarck, in einem Erlaß vom 10. Dezember 1862 die Beamten auf ihre Pflicht hin, »eine Stütze der verfassungsmäßigen Rechte des Thrones zu sein«. Es sei hierfür erforderlich, »daß in der Verwaltung überall Einheit des Geistes und Willens, Entschiedenheit und Energie auftrete«. Die königlichen Beamten dürften deshalb »das Ansehen, welches ihnen ihre Stellung verleihe, nicht zur Förderung politischer Bestrebungen mißbrauchen, welche den Anschauungen und dem Willen der Staatsregierung entgegenliefen«.[17] Bismarck benutzte also den Verfassungskonflikt, um den Verwaltungsapparat in seinem Sinne auszurichten, zu »disciplinieren«, wie er es nannte. Die Akten und Privatbriefe zeugen davon, mit welchem Eifer antiliberale Personalpolitik betrieben wurde,[18] von den Ministerien über die Oberpräsidenten, Regierungspräsidenten und ganz besonders die Landräte.

Bismarck ging so weit, »eine Cabinetfrage aus der Entlassung eines jeden Landrats« machen zu wollen, der nicht im konservativen Sinne wirkte.[19] Harte Worte fielen, und strenge Maßnahmen sollten folgen. So hatte es schon Ende November 1862 an Heinrich VII. Prinzen Reuß geheißen: »Im Innern werden wir nächstens eine scharfe Razzia unter Beamten aller Art veranstalten; ... ich bin dafür, die Kammer schonend zu behandeln, die Beamten aber um jeden Preis zur Disciplin zurückzuführen.«[20]

Mit äußerster Entschiedenheit ging Bismarck gegen die liberale und erst recht gegen die demokratische Presse vor. Die berüchtigte Preßordonnanz vom 1. Juni 1863 ermächtigte die Verwaltungsbehörden, Zeitungen und Zeitschriften allein schon wegen »der Gesamthaltung des Blattes« zu verbieten. Die Publizistik, in der sich der Liberalismus der konservativ-junkerlichen Richtung überlegen gezeigt hatte, sollte soweit wie möglich unwirksam gemacht werden. Zugleich konnte bei der Verfolgung der liberalen Presse der reaktionäre Schneid der Beamten getestet und erprobt werden. Die Preßordonnanz war in ihrer bürokratischen Willkür so infam, daß der liberalisierende Kronprinz fast über sich selbst hinauswuchs, als er bei einem Besuch in Danzig in einer Rede wider den Stachel löckte. Sein Auftreten zeigte weniger seine selbständige Kraft, auf die sich die Libera-

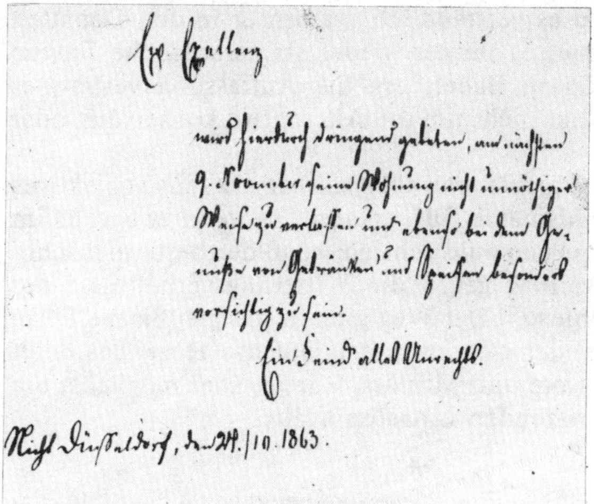
Ew. Excellenz

wird hierdurch dringend gebeten, am nächsten 9. November seine Wohnung nicht unnöthiger Weise zu verlassen und ebenso bei dem Genusse von Getränken und Speisen besonders vorsichtig zu sein.

Ein Feind alles Unrechts.

Nicht Düsseldorf, den 24./10.1863.

Drohbrief an Otto von Bismarck

len allenfalls hätten stützen können, als vielmehr das Vorhandensein einer höfischen Fronde, deren Haupt die Königin Augusta neben der Kronprinzessin Viktoria, der Tochter der englischen Königin, war.

Schließlich versagte das Abgeordnetenhaus der Preßverordnung auf Grund von Verfassungsbestimmungen die Genehmigung und zwang die königliche Regierung im November, sie aufzuheben.[21] Die Verfassung hatte sich doch nicht als bloßes Scheingebilde erwiesen; Liberale und Demokraten konnten triumphieren.

Mochten die Repressionsmaßnahmen und -versuche Bismarcks in vielem junkerlicher Restaurationspolitik ähneln, so lagen die Dinge historisch doch anders. Wenn Bismarck nämlich alle Pläne der sogenannten Staatsstreichpartei um Edwin v. Manteuffel, den Chef des Militärkabinetts, ablehnte, so ging es ihm nicht darum, die bestehende Verfassung abzuschaffen, sondern für seine Machtstellung auszunutzen. Er wollte nicht den offenen, sondern den verhüllten Staatsstreich. Einer im Sinne Edwin v. Manteuffels mit gänzlicher Abschaffung der Verfassung hätte die ausschließliche Diktatur einer Militär- und Adelskaste herbeigeführt. Bismarck strebte jedoch eine solche Herrschaft an, die den Liberalismus, zumindest seinen großbourgeoisen Flügel, in seine politischen Kombinationen einbeziehen wollte und mußte. Nur so wird es verständlich, warum er in den Debatten des Abgeordnetenhauses immer wieder staatsrechtliche Fragen erörterte und schon in Babelsberg die Auffassung vertrat, es ginge in dem Konflikt nicht um die Alternative konservativ oder liberal.[22]

Die List der Geschichte war aber stärker als sein subjektives Wollen. Das hatte Bismarck früh erkannt, so wenn er bereits im November 1860 an Auerswald schrieb, »daß der beste menschliche Wille nichts vermag gegen die Witterungsverhältnisse des politischen Horizontes«.[23] Der Weg ging in die preußische Form des Bonapartismus, der sich zwar stets auf das Heer, das heißt auf junkerliche Beamte und Militärs, stützte, aber möglichst die Interessen aller Besitzenden vertreten wollte.

*

Hier drängen sich einige über die Parlamentsarbeit hinausgehende Fragen auf. Wie stand es denn tatsächlich mit den Machtansprüchen des Besitz- und Bildungsbürgertums? Über welche Machtmittel verfügte es, und wie gebrauchte es sie?

Der Liberalismus des Bürgertums war sehr variationsreich; er reichte vom ökonomischen Pragmatismus bis zu ideologischen Doktrinen. Kompromißbereitschaft der Liberalen gegenüber den Dynastien und Mißtrauen gegenüber den Massen waren schon seit langem deutlich geworden. Die gewachsene ökonomische Macht des Bürgertums zeigte sich auch in gesellschaftlichen und politischen Organisationen, die seit dem Ende der fünfziger Jahre rasche Fortschritte machten. Da waren: der »Kongreß deutscher Volkswirte«, der alljährlich tagte und unter dem Zeichen von Freihandel und Gewerbefreiheit stand; der preußische und dann »Deutsche Handelstag«, der mehrere hundert verschiedene wirtschaftliche Interessenvertretungen unternehmerischer Gruppen, unter ihnen regionale und lokale Industrie- und Handelskammern, vereinigte; schließlich der »Verein für bergbauliche Interessen«. Darüber hinaus war das Bürgertum politisch in verschiedenen liberalen Parteien und Fraktionen organisiert. Sie konnten sich auf weitverbreitete Turn-, Gesang- und Schützenvereine sowie Wahlkomitees stützen. Der Nationalverein, der das nationalpolitische Programm vornehmlich der mittleren Unternehmer und der Intellektuellen vertrat,[24] war eine Honoratiorenorganisation, die bewußt Arbeiter und Studenten von sich fernhielt. Die liberale Presse erschien täglich in einer Auflage, die die konservative um das Fünffache übertraf, nämlich mit 250 000 Exemplaren gegenüber 45 000,[25] was die Proportionen der Anhängerschaften deutlich machte und damit die allgemeine Stimmung.

Seit der »Neuen Aera« wurden aber auch Arbeiterbildungsvereine von Arbeitern wie auch von Bürgern gegründet, die unabhängig etwa vom Nationalverein aus eigener Initiative handelten. Solche Vereine als politische Kraft zu nutzen, lag den Liberalen ebenso fern wie eine bürgerlich-demokratische Revolution. Das Bürgertum wollte eine nationalstaatliche Einigung unter der Führung Preußens, eines »liberalen wo möglich, eines wie immer beschaffenen im Notfall«, wie Friedrich Engels später präzise formulierte. Daher ging es beim Heeres- und Verfassungskonflikt letzlich um Charakter und Ausmaß des gegenseitigen Kompromisses.

Wichtige wirtschaftspolitische Konzessionen waren den Industriellen schon im Sommer 1862, also noch vor dem Machtantritt Bismarcks, gemacht worden. Damals wurde der Freihandelsvertrag Preußens mit Frankreich abgeschlossen und damit der Zollverein endgültig preußischer Führung unterstellt.

Als Bismarck an die Macht kam, hat er die von seinen Vorgängern eingeleitete Wirtschafts- und Handelspolitik nahtlos als einen wichtigen Teil seiner strategischen und taktischen Gesamtkonzeption weitergeführt. Schon in den ersten Wochen seiner Ministerpräsidentschaft, im Oktober 1862, billigte der »Deutsche Handelstag«, allerdings gegen eine starke Minderheit, den Freihandelsvertrag Preußens mit Frankreich. Neben dem »Kongreß deutscher Volkswirte« wurde auch der »Deutsche Handelstag«, in dem bislang starke schutzzöllnerische und österreichfreundliche Tendenzen vorherrschten, zum Bundesgenossen der preußischen Handelspolitik und damit auf einem wichtigen Teilgebiet zum Verbündeten Bismarcks.[26]

Konnte er auf dem Gebiet der Wirtschafts- und Handelspolitik frei und im Einklang mit den einflußreichen Kreisen der offiziellen Politik des preußischen Staates handeln, ohne den Zusammenhang mit seiner politischen Gesamtkonzeption zu offenbaren, so mußte er Weg und Ziel seiner großpreußischen Politik vorläufig noch verbergen. Aber gerade das ließ bei den Liberalen kein rechtes Vertrauen aufkommen, daß die preußische Monarchie die ihr zugedachte nationalstaatliche Mission im Interesse des Bürgertums erfüllen werde.

Das Besitz- und Bildungsbürgertum, in seiner Mehrheit irgendeiner Form des Liberalismus zugetan, bewegte sich besonders in Preußen während des Heeres- und Verfassungskonflikts in inneren Widersprüchen: Einerseits trat es für das Heer in der Hoffnung ein, dieses könnte bei einer günstigen internationalen Konstellation die Hegemonie der hohenzollernschen Monarchie in Deutschland errichten, andererseits scheute es vor Gewalt zurück, nicht zuletzt aus Angst vor unübersehbaren Konflikten auf der internationalen Arena. Es gab Liberale, die der Parole »Eisen und Blut« diejenige von »Eisen und Kohle« entgegensetzten. Diese seien die »bindenden Mittel, die ungenügenden Grenzen des preußischen Staates zu einen«.[27]

Ein anderer Widerspruch im Liberalismus war, daß er das Volk in begrenztem Maß und mit ängstlichem Herzen als Druckmittel gegen die Dynastien und ihre Ministerien benutzte, aber gleichzeitig gegen die Revolution von unten war, also gegen die Gewalt der Volksmassen. Diesen Zwiespalt der Liberalen hat der schwäbische Ästhetiker Friedrich Theodor Vischer ebenso übergescheit wie offenherzig Ende 1863 brieflich formuliert: »Wir setzen es nicht durch ohne etwas wie (!) Revolution ... Wir gewinnen es, wenn wir den Grad von Bewegung zustande bringen, welcher auf die Machthaber den Eindruck eines Erdbebens macht. Dann bricht ihnen der Hosenbändel. Dieser Eindruck (!) wird nur hervorgebracht, wenn alles bebt, wenn man auf den Straßen sieht, daß alles wuselt, und wenn dies aufgeregte Ganze drohend aussieht (!), ohne doch Exzesse zu begehen; so wird das Medusengesicht zuwege gebracht, das versteinernd auf die Regierungen wirkt.« Und in einer Nachschrift schrieb er noch deutlicher: »Nur irgend etwas Starkes, damit jetzt die Bewegung sich nicht an den halben Zusagen staut, aber auch, damit nicht die Viechkerle, die alles verderben, die roten Republikmacher über Nacht, uns die Sache mit Putschen ruinieren. In einer solchen energischen Szene (!) könnte ausdrücklich gesagt werden: man verlange rasches Handeln auch zur Verhütung von unbedachten Ausbrüchen der Volksstimmung.«[28]

Mit diesem von Vischer anschaulich offenbarten Zwiespalt hing noch ein dritter Widerspruch im Liberalismus zusammen: Einerseits erhob er den Anspruch, im Interesse des ganzen Volkes zu handeln, andererseits war er außerstande, selbst die Gegenwartsinteressen der Bauern und vor allem der Arbeiter konkret zu vertreten.

Schließlich sei noch ein vierter Widerspruch bei den Liberalen erwähnt: Sie standen in einem harten Kampf gegen das militaristische Gottesgnadentum der preußischen Monarchie, andererseits gaben sie vor, Partei ergreifen zu wollen zugunsten des Monarchen, gegen die Willkür der Regierung und gegen den Kastenegoismus der Junker. Waldeck, in manchem das liberale Pendant zu Ludwig v. Gerlach mit seinem närrisch gewordenen Dogmatismus, fabulierte sogar über die demokratische Monarchie, die im 18. Jahrhundert durch das aufgeklärte Beamtentum gestützt gewesen sei.[29]

So war das Bürgertum, was es Bismarck zu Unrecht vorwarf, nämlich politisch planlos. Überdies differenzierte es sich in wachsendem Maße, war stärker als je zuvor gespalten, einerseits in Ideologen und Politiker, die in Parlamenten, Zeitungsstuben und Versammlungen agierten, andererseits in geschäftstreibende Bourgeois, die in Fabriken und Handelskontoren wirkten. Diese aber nutzten den konjunkturellen Aufschwung der ersten Hälfte der sechziger Jahre und übten Druck auf ihre politischen Abgesandten aus, die auf liberalen Forderungen zu starr oder zu lange verharren mochten.

Im Unterschied zu den vierziger Jahren engagierten sich die Repräsentanten der rheinischen Großbourgeoisie nicht mehr im Parlament, wie überhaupt in Preußen im Durchschnitt nur acht Prozent der Abgeordneten Kaufleute, Industrielle und Gewerbetreibende waren.[30] Einer der Gegenspieler Bimarcks aus dem Jahr 1848, David Hansemann, ging so weit, die preußische Regierung davor zu warnen, »sich auf dem Narrenschiff des Nationalvereinsprogramms auf das Meer der großen Politik« zu wagen, weil diese Politik bei dem bestehenden Kräfteverhältnis unausweichlich zu einer Niederlage Preußens führen müsse.[31] Da die Groß- und Mittelbürger erkannten, daß das Ziel der nationalstaatlichen Einigung ohne eine Revolution, und sei sie von oben, nicht zu erreichen wäre, wollten sie eine Politik der kleinen Schritte, möglichst in Gestalt wirtschaftlicher Reformen. Das Zurückweichen vor den innen- und außenpolitischen Risiken jeglicher Revolution begründete David Hansemann mit realpolitischen Argumenten; Rudolf Virchow verbrämte das im Grunde genommen gleiche Zurückweichen in seiner Antwort auf die Eisen-und-Blut-Rede mit moralischer Empörung.

So läuft vieles auf die Frage hinaus, ob Bismarck stark wurde, weil seine liberalen Gegner schwach waren oder, anders formu-

Ferdinand Lassalle (1825–1864)
Lithographie nach einer Büste von Reinhold Begas, vermutlich von der Gräfin Hatzfeld in Auftrag gegeben.
Bismarck 1878: »Unsere Unterredungen haben stundenlang gedauert und ich habe immer bedauert, wenn sie beendet waren.«

liert, wie die Dinge bei einem entschieden liberalen Bürgertum gelaufen wären.

Im weiteren Verlauf des Konflikts mußte sich Bismarck auf der anderen Seite fragen, welche Basis seine Politik im Volk habe. Die Wahlen und viele andere Stimmungsbarometer zeigten ein beunruhigendes Tief; das konnten auch rabulistische Rechenexempel, die er im Abgeordnetenhaus anstellte, nicht verdecken.[32] Im Bestreben, sich in den Massen ein Gegengewicht zum liberalen Bürgertum zu erhalten, nahm Bismarck im Frühsommer 1863 seine Kontakte mit Ferdinand Lassalle auf[33]; dieser war im Begriff, den Allgemeinen Deutschen Arbeiterverein zu gründen und ihm eine so einseitig antiliberale Ausrichtung zu geben, daß das Bündnis einer selbständigen Arbeiterpartei mit der liberalen Partei zumindest im Heeres- und Verfassungskonflikt ausgeschlossen war. Eine solche Taktik kam Bismarck sehr gelegen und mußte ihn an die fünfziger Jahre erinnern, wo der einseitige Kampf der Demokraten gegen die liberalen Gothaer der preußischen Regierung sehr zugute gekommen war.

Die Gespräche mit Lassalle gingen um theoretische Gedanken über das soziale Königtum und um politische Erörterungen etwa über die Abschaffung der indirekten Steuern, von denen Bismarck zeitlebens nicht abzubringen war, dann in einem hohen Maß um das allgemeine, gleiche, geheime und direkte Wahlrecht, das damals aktuell und für die nächsten Jahrzehnte, unabhängig von den Motiven seiner Einführung, für die Mobilisierung der Arbeiter und die politische Erziehung des Volkes höchst wirksam werden sollte.

Der Kern dieser Gespräche betraf die taktische Orientierung Bismarcks in seiner Innenpolitik, sein Bemühen, die Arbeiter und ihre Führer gegen die Bourgeoisie zum Zwecke seiner eigenen Herrschaft auszuspielen. Das wurde zwar im Jahre 1863 noch nicht wirksam, aber am Vorabend des Krieges mit Österreich 1866 und danach sollte dies doch politischen Nutzen tragen. Damals bildeten sich im preußisch-deutschen Bonapartismus jene Züge heraus, die Karl Marx im Kaisertum Napoleon III. symbolhaft erkannt hatte: »Der Staatsstreich als Geburtsschein, das allgemeine Stimmrecht als Beglaubigung und der Säbel als Zepter.«[34]

*

In die Zeit des preußischen Regierungswechsels und der Berufung Bismarcks fiel auch die Auseinandersetzung mit dem österreichisch-mittelstaatlichen Antrag vom 14. August auf Einberufung einer Delegiertenversammlung, die sich zunächst einer Justizreform widmen sollte. Die Tücke dieses Anliegens lag gerade darin, daß es sich auf eine Teilfrage des staatlichen Lebens bezog. Kam nämlich eine Institution zustande, in der Preußen im Bereich des Zivilrechts von Österreich und seinen mittelstaatlichen Anhängern majorisiert werden konnte, dann war ein gefährlicher Anfang gemacht. Schon Bismarcks Vorgänger im Außenministerium, Bernstorff, war entschlossen gewesen, den österreichisch-mittelstaatlichen Vorstoß zurückzuweisen; erst recht fühlte sich Bismarck in seinem Element, wenn er jetzt seinen alten Kampf gegen Österreich von der Berliner Zentrale aus aufnehmen konnte.

In den Wochen um die Jahreswende 1862/63 führte Bismarck

eine harte Auseinandersetzung, die mit einer diplomatischen Offensive begann, mit scheinbaren Rückzügen fortgesetzt wurde und Ende Januar 1863 mit einem Sieg Preußens endete. Auf die Gespräche mit dem Grafen Károlyi, dem Hocharistokraten ungarischen Geschlechts und Gesandten der Wiener Hofburg, sich gleichsam einstimmend, schrieb Bismarck Ende November 1862 in einem Privatbrief an seinen Amtsvorgänger im Außenministerium, Grafen Bernstorff, er sei für »die Phrasen von ›Bruderkrieg‹ ... stichfest«, er kenne »keine andre als ungemütliche Interessen-Politik, Zug um Zug und baar.«[35] Tatsächlich schreckte Bismarck Károlyi am 4. Dezember[36] unverhüllt mit Krieg, falls sich die Beziehungen zwischen Österreich und Preußen nicht bessern sollten.

Zunächst bot er Österreich eine Teilung Deutschlands in zwei Einflußsphären an, wobei Preußen ausschließlich der Norden vorbehalten bleiben sollte. Die Versicherung, Preußen würde sich auf diesen Bereich beschränken, war schon insofern zu bezweifeln, als sich mit der Konzentration der Macht Preußens auf den Norden zwangsläufig auch sein Einfluß auf Süddeutschland erhöhte, zumal Bismarck forderte, Österreich solle sich aller Einmischung in süddeutsche Zollvereinsangelegenheiten enthalten. Der zukunftsträchtige Kerngedanke Bismarcks war sein Hinweis auf eine mögliche Verlegung des Schwergewichts der Monarchie in den südöstlichen Donauraum, in Richtung Budapest; erst auf dieser Grundlage zeigte er Allianzbereitschaft.

Zu weiteren diplomatischen Vorstößen Bismarcks gehörten Erlasse an verschiedene preußische Diplomaten und vor allem Sondierungen in Frankreich, wie es sich bei einem bewaffneten Konflikt zwischen Preußen und Österreich verhalten würde.[37] Die französische Antwort war für Bismarck nicht ermutigend. Sie sprach in tönenden und unheilschwangeren Worten von der Entscheidungsfreiheit des Kaisers in künftigen Situationen, in denen er nach Maßgabe des französischen Staatsinteresses und des europäischen Friedens handeln wolle.[38] Damals konnte Bismarck im Kriegsfall noch nicht mit einer Unterstützung durch das zaristische Rußland rechnen, das kein Interesse an der Veränderung des status quo in Mitteleuropa hatte.

Diese Haltung zweier entscheidender Großmächte veranlaßte ihn, eine taktische Wendung zu vollziehen. Das zeigte sich in seinen Anfang Januar geführten Gesprächen mit dem österreichischen Sondergesandten, dem Grafen Thun, den er von Frankfurt her kannte. Bismarck stellte plötzlich das preußische Interesse an einem Zusammengehen mit Österreich so stark heraus, daß er Thun überzeugte, ihm sei zwar am Bunde nichts gelegen, aber einen Bruch mit Österreich wolle er vermeiden. Thun war von Bismarcks Versicherung mit dem »heiligsten Ehrenwort« derart beeindruckt, daß er allen Ernstes den Konfliktstoff mit der Aufgabe des Delegiertenprojekts und der Justizreform für beseitigt hielt.

So erreichte Bismarck, nachdem er noch auf Hannover und Kurhessen Druck ausgeübt hatte, daß die Mehrheit des Bundestags am 22. Januar 1863 die Einberufung der einschlägigen Delegiertenversammlung ablehnte. Das war ein entschiedener Sieg Preußens über Österreich. Im Anschluß an die Abstimmung ließ Bismarck zur Überraschung aller eine Erklärung vorlesen, in der er allein durch eine aus direkten Wahlen hervorgehende Volksvertretung eine wirkungsvolle Bundesreform für möglich hielt.[39] Obwohl diese Prinzipienerklärung teils unglaubwürdig, teils provokatorisch wirkte, war sie doch so gehalten, daß er später wieder auf sie zurückgreifen konnte. Unter diesem Gesichtspunkt bekam auch die Unterhaltung Bismarcks mit Lassalle über das allgemeine, gleiche, geheime und direkte Wahlrecht ihr besonderes Gewicht.

Österreich orientierte sich immer wieder auf »das dritte Deutschland« der Mittel- und Kleinstaaten. Im Sommer 1863 unternahm es einen diplomatischen Vorstoß gegen Preußen, um die alten Bundesverhältnisse in neuer Form zu festigen. Für den 16. August 1863 lud es alle deutschen Fürsten zu einem Kongreß nach Frankfurt am Main ein, auf dem eine Reform des Deutschen Bundes Gegenstand der Verhandlungen sein sollte. Neben einem fünfköpfigen Direktorium, das aktionsfähig sein mußte, und einer Fürstenversammlung, die regelmäßig zusammenkommen sollte, schlug Österreich sein Lieblingsprojekt vom Vorjahr in erweiterter Form vor, nämlich ein Parlament aus Delegierten der einzelstaatlichen Landtage. Da jedoch der preußische König keineswegs Gefahr laufen sollte, der Mehrheit der Fürsten zu unterliegen, blieb er auf beschwörendes Anraten Bismarcks – es war die erste nervenzehrende Kraftprobe zwischen »Lehnsherr« und »Vasall« – von der Frankfurter Zusammenkunft fern, die ohne Ergebnis auseinandergehen mußte. Diese Autoritätsminderung Österreichs bei den Mittel- und Kleinstaaten des Deutschen Bundes kam einer politischen Niederlage gleich.

Die entscheidende Schwäche des österreichischen Reformprojekts erkennend, schlug Bismarck eine Bundesreform mit einem auf Grund des allgemeinen Wahlrechts vom *Volk* gewählten Parlament vor. Das war eine Erweiterung jener programmatischen Forderung, die er Ende Januar nach der Abstimmung über das österreichische Delegiertenprojekt vorgebracht hatte. Daß er damit weder Zustimmung noch Glauben finden würde, war von vornherein klar; aber er hatte nun Österreich ausmanövriert, das sich dem fortschrittlichen Vorstoß verweigern mußte.

Bezeichnend für die internationale Situation war es, daß Frankreich, Rußland und im wesentlichen auch England die Sabotage des Fürstentags durch Preußen billigten, weil allen Mächten an der Stärkung einer handlungsfähigen deutschen Zentralgewalt nicht gelegen sein konnte. Österreich war in Europa weitgehend isoliert und verlor auch bei den deutschen Mittel- und Kleinstaaten Autorität; Preußen hingegen sollte einen festen Rückhalt in Rußland bekommen und wieder über gute Beziehungen mit Frankreich und England verfügen. Das verschaffte Bismarck jene außenpolitische Manövrierfähigkeit, die er innenpolitisch noch nicht besaß.

Die polnische Frage. Krieg um Schleswig-Holstein. Beginn der liberalen Wende.

Unmittelbar nachdem es Bismarck gelungen war, das für Preußen gefährliche Projekt im Bundestag zu Fall zu bringen, brach Anfang 1863 im benachbarten Kongreßpolen der Aufstand gegen die russischen Garnisonen aus. In ihm entlud sich ein starker Drang nach nationaler Unabhängigkeit. Selbst wenn der polnische Aufstand politisch nicht einheitlich war und sich in ihm gemäßigte und radikale Kräfte zeigten, bedrohte er nicht zuletzt auch die preußische Herrschaft über polnische Landesteile.[40]

Vom preußischen Standpunkt aus sah Bismarck in Österreich zwar seinen außenpolitischen Hauptgegner im Kampf um die Hegemonie Preußens in Deutschland; ein wie auch immer beschaffenes Polen dagegen betrachtete er auf jeden Fall als Todfeind der preußischen Monarchie und des ostelbischen Landadels. Daher sollte die geteilte polnische Nation in einem solchen Zustand verbleiben, daß man mit ihr staatlich nicht mehr zu rechnen brauchte. Selbst eine nationale Autonomie im zaristischen Staatsverband, für die einflußreiche Kreise in Petersburg, in erster Linie der Bruder des Zaren, Großfürst Konstantin, und der Außenminister Gortschakow selbst eintraten, mußte für den landbesitzenden Adel der östlichen Landesteile Preußens ein Alptraum sein; konnte doch damit die Selbständigkeit Polens eingeleitet werden. Bismarck hatte schon als Gesandter in Petersburg mit seinen Warnungen vor zuviel Zugeständnissen in dieser Richtung den Unwillen Gortschakows und ihm nahestehender Kreise erregt.[41]

Nachdem jedoch der polnische Aufstand ausgebrochen war, erhöhte sich die Chance für Bismarck, gegen alle Kompromißabsichten in höfischen Kreisen Petersburgs erfolgreich anzukämpfen. Dem diente die Entsendung des Generaladjutanten des preußischen Königs, Gustav v. Alvensleben, zu dem Zaren; die Mission sollte monarchische Solidarität demonstrieren und den Unnachgiebigen in Petersburg den Rücken stärken. Alvensleben schloß nach telegraphischer Ermächtigung durch Bismarck jene berüchtigte Konvention ab, die bestimmte, daß auf Ersuchen der Oberbefehlshaber oder Grenzbehörden die russischen wie die preußischen Truppenführer ermächtigt werden, sich gegenseitig Beistand zu leisten und, wenn nötig, zur Verfolgung der in das Gebiet der anderen übertretenden Aufständischen die Grenze zu überschreiten.[42]

In Absicht und Wirkung waren die militärischen Stipulationen der Konvention nebensächlich, zumal diese im beiderseitigen Einvernehmen der Regierungen in Berlin und Petersburg nie bestätigt und völkerrechtlich in Kraft gesetzt wurden. Die Konvention hatte jedoch eine große politische Wirkung innerhalb und außerhalb Preußens. Die preußischen Liberalen und der deutsche Nationalverein griffen Bismarck heftig an; sie fürchteten ernsthafte, unter Umständen auch militärische Konflikte mit den Westmächten. Immerhin richtete sich die französische Pressefehde vor allem gegen Preußen. Während Revolutionäre wie Marx und Engels rückhaltlos für einen freien, demokratischen Nationalstaat Polen eintraten und die Versuche unterstützten, den polnischen Revolutionären durch die Aufstellung einer deutschen Legion zu helfen, forderten die Liberalen lediglich Neutralität. Angetrieben von der öffentlichen Meinung in ihren Ländern, protestierten die französische und die englische Regierung gegen die Unterdrückungsmaßnahmen des Zarismus in Po-

Gustav von Alvensleben (1803–1881)
Generaladjutant König Wilhelms I. von 1861 bis 1863, schloß im Februar 1863 während des polnischen Aufstands mit Billigung Bismarcks die nach ihm benannte Konvention mit Gortschakow.

len; England ließ sich zudem noch von seinem nah-östlichen Interessengegensatz zu Rußland leiten. Österreich, obwohl selbst Unterdrücker Polens, forderte gleichfalls in einer Note an Rußland die Gewähr für einen dauerhaften Frieden.

Die Zusammenarbeit zwischen dem napoleonischen Frankreich und dem zaristischen Rußland, die nach 1856 begonnen hatte und 1859 auf ihrem Höhepunkt war, geriet entgegen den Wünschen Gortschakows in eine Krise. Napoleons Politik gegenüber Rußland erwies sich als vielgesichtig und unzuverlässig, indem der französische Kaiser es zumindest zuließ, daß Mitglieder des kaiserlichen Hofes in Paris einmal mit polnischen Emigranten aristokratischer Couleur, zum andern auf katholisch-klerikaler Basis mit Österreich gegen Rußland intrigierten.[43] Nach dem

Versuch Napoleon III., den polnischen Aufstand für seine imperialen Zwecke auszunutzen, trat ein grundlegender Wandel in den Beziehungen zwischen Rußland und Frankreich ein; für lange Zeit waren alle Spekulationen und diplomatischen Bemühungen hinfällig geworden, ein Bündnis zwischen den beiden Ländern, in dem Preußen nur ein Anhängsel gewesen wäre, abzuschließen. Rußlands Gegensatz zu Österreich überwog bei weitem alle Bedürfnisse nach konservativer Solidarität und gelegentliche Versuchungen, mit ihm als Gegengewicht gegen andere Partner doch ins Geschick zu kommen.[44]

Auch wenn sich die beiden Westmächte mit Österreich über konkrete Schritte gegen Rußland nicht einigen konnten, so hatte Preußen mit der Konvention Alvensleben, ob sie nun in Kraft gesetzt wurde oder nicht, Petersburgs moralisch-politische Isolierung durchbrochen. Überdies hatte Rußland ja bei allen Verstimmungen, die es dann und wann gab, keine ernsthaften Gegensätze zu Preußen, das stärker denn je an Rußlands Seite rücken konnte, so daß auch offiziell manchmal von einer Entente gesprochen wurde.

Während sich Preußen bei kommenden Auseinandersetzungen mit Österreich auf Rußland verlassen konnte, hatte Österreich in keiner Großmacht mehr eine feste außenpolitische Stütze. Preußen konnte auch von der englisch-französischen Rivalität profitieren. Schon deshalb vermochte das napoleonische Frankreich die Pressekampagne von 1863 zu keiner politischen Offensive gegen Preußen, den antinapoleonischen Komplizen Petersburgs, weiterzutreiben. Napoleon kam es zudem schwer an, die Hoffnung aufzugeben, Frankreich werde im Falle einer nationalstaatlichen Einigung Deutschlands, wenn sie schon nicht zu verhindern sei, dann wenigstens mit Annexionen linksrheinischer Gebiete entschädigt werden. In diesem Sinne wollte er zu gegebener Zeit Schiedsrichter zwischen Preußen und Österreich sein – vorausgesetzt, daß dies die Deutschen, die bereits 1859 antinapoleonischen Kampfwillen gezeigt hatten, zuließen. In diesem Zeichen war das Jahr 1859 stets eine Hypothek, die auf der napoleonischen Deutschlandpolitik lastete. Das wußten die Hohenzollern wie die Habsburger; beide durften sich deshalb auf einen Länderschacher mit Napoleon nicht allzu ernsthaft einlassen, auch wenn sie gelegentlich damit kokettierten.

*

Die internationalen Spannungen nach dem Ausbruch des polnischen Aufstandes schienen Dänemark besonders günstig, um eigene Pläne zu verwirklichen. Am 30. März 1863 erließ der dänische König eine neue verfassungsrechtliche Verlautbarung für Holstein, die dessen besondere Verbindungen mit Schleswig endgültig abschneiden sollte; gleichfalls im Widerspruch zu den Londoner Protokollen von 1850 und 1852 verweigerte Dänemark Holstein immer noch die volle Autonomie. Das alles waren ganz offenkundig Maßnahmen, um die beiden Herzogtümer als dänische Provinzen der Gesamtmonarchie einzuverleiben. Diese Wünsche konnten möglicherweise realisiert werden, als im November 1863 nach dem Tod des kinderlosen Königs in Kopenhagen die vom zweiten Londoner Protokoll festgelegte Thronfolge eintrat. Danach war zugunsten einer einheitlichen, für die Gesamtmonarchie gültigen Erbfolgeordnung eine besondere Thronfolge in den Herzogtümern beseitigt. Jetzt wurde für Deutschland die Gefahr, Schleswig-Holstein endgültig zu verlieren, besonders groß und entschiedenes Handeln unausweichlich.

Überall entstanden Schleswig-Holstein-Vereine und -Komitees, die die völlige Unabhängigkeit der beiden Provinzen von Dänemark forderten. Große Volksversammlungen fanden statt, in denen zu Geldsammlungen und zur Bildung von Freiwilligenverbänden aufgerufen wurde. In der Tat zeichneten sich viele junge Männer, vor allem Turner, in die ausliegenden Freiwilligenlisten für eine schleswig-holsteinische Armee ein.

Auch in Schleswig-Holstein selbst wuchs nach dem Tod des dänischen Königs die nationale Befreiungsbewegung mächtig an. Fast alle Beamten in Holstein versagten dem neuen König die Eidesleistung; die schleswig-holsteinischen Soldaten in der dänischen Armee begannen den Gehorsam zu verweigern.

Die mittel- und kleinstaatlichen Fürsten setzten in die Volksbewegung die Hoffnung, daß unter dem fürstlichen Geschlecht der Augustenburger ein neuer, gegen Preußen gerichteter Mittelstaat Schleswig-Holstein entstehen könne. Der Sohn des Herzogs von Augustenburg hatte sich nämlich in diesem Monat nationalen Aufruhrs zu Wort gemeldet und erklärt, den Thronverzicht seines Vaters von 1852 niemals anerkannt zu haben und nun rechtmäßiger Herzog von Schleswig-Holstein zu sein.

Auch das Bürgertum unterstützte diese Ansprüche. Die deutschen Länder schien eine seltene Eintracht patriotischer Begeisterung zu durchwehen, vom einfachen Mann auf der Straße bis in die Salons der fürstlichen Schlösser. Die große Stunde war gekommen, doch nur Festredner, Aufmarsch-Enthusiasten und Geldsammler verstanden sie zu nutzen. Wie der badische Demokrat Ludwig Eckardt nachbetrachtend schrieb, machten die Liberalen »eine Frage des Schwertes zu einer des Klingelbeutels«.[45] Sie drückten alles auf das kleinstaatliche Mittelmaß herab. Schon aus Furcht, die Fürsten könnten erschreckt werden, bremsten die Liberalen die Wehrbewegung; wenn schon Freiwilligenformationen nicht zu verhindern waren, dann sollten sie sich nicht zu gleichsam garibaldischen Freischärlern entwickeln, sondern sich in den Dienst des Augustenburgers stellen. Das wurde jedoch im weiteren Verlauf der Dinge immer fragwürdiger.

Mit einer Stimme Mehrheit beschloß der Bundestag am 7. Dezember 1863 die Bundesexekution, um Dänemark zur Einhaltung der Verträge von 1851/52 zu zwingen, und nahm damit unausgesprochen Stellung gegen den Augustenburger; denn die Bundesexekution setzte die grundsätzliche Anerkennung des Londoner Protokolls und damit auch des neuen dänischen Königs und der Gesamtmonarchie voraus. Den Massen ging es jedoch nicht um die Einhaltung der im Grunde deutschfeindlichen Vertragswerke von 1851 und 1852, sondern um deren Beseitigung; niemals hatten sie sie anerkannt, nun erwarteten sie keine Sühnemaßnahme wegen Vertragsverletzungen, sondern die Befreiung der Herzogtümer.

Ende Dezember 1863 wurde auf einem Abgeordnetentag in Frankfurt am Main ein sogenannter Sechsunddreißiger Ausschuß, vornehmlich aus Liberalen, gebildet. Er war als ein »Mittelpunkt der gesetzlichen Tätigkeit der deutschen Nation für Durchführung der Rechte der Herzogtümer Schleswig-Holstein und ihres rechtmäßigen Herzogs Friedrich III.«[46] gedacht. Vorübergehend haben demokratische Gruppierungen auch den Augustenburger unterstützt, von dem sie sich aber sofort abwandten, als er Napoleon III. um Hilfe anging.[47] Die Demokraten radikalisierten sich bei der Gewinnung eigenständiger Positionen gegenüber den Liberalen zu einer Zeit, als der Höhepunkt der Schleswig-Holstein-Bewegung schon überschritten war und das Eingreifen der beiden deutschen Großmächte gegen Dänemark jegliche Aktion nationalrevolutionärer Freiwilligenformationen illusorisch machte.

Trotz solcher Schwächen und verpaßter Gelegenheiten entwikkelte die Volksbewegung um die Jahreswende 1863/64 höhere

Formen als die im Jahre 1859 während der oberitalienischen Krise. 1859 stand der publizistische Kampf in Zeitungen und Flugschriften im Vordergrund; Volksversammlungen waren damals Nebenerscheinungen im patriotischen Kampf der Deutschen. Ende 1863 hingegen gab es neben dem publizistischen Kampf unzählige Volksversammlungen, Komitees, Freiwilligenformationen und sogar Wehrübungen. Es zeigte sich, daß die politische Organisierung vielschichtiger und umfassender geworden war, angefangen vom bürgerlich-liberalen Nationalverein über die Turn-, Schützen- und Sängervereine bis zu Arbeiterorganisationen.

Angesichts dieser politischen Bewegung stand Bismarck – auch im weiteren europäischen Rahmen gesehen – vor folgender Entscheidung: entweder Preußen an die Spitze der nationalen Bewegung zu stellen, die durch die schleswig-holsteinische Frage neue Impulse gewonnen hatte, oder eine »waffenmäßige Großmachtpolitik« zu betreiben. Im ersten Fall wäre er Gefahr gelaufen, vom Liberalismus abhängig zu werden, und zwar um so stärker, je mehr sich die europäischen Mächte gegen Preußen zusammengetan hätten. Im zweiten Fall mußte er sich auf die Kraft des preußischen Heeres verlassen und versuchen, die großen Mächte auseinanderzumanövrieren. Mit anderen Worten: Auf einer höheren historischen Ebene hatte Bismarck eine erneute Olmützsituation zu vermeiden.

In diesem Zeichen stand Ende 1863 seine Auseinandersetzung mit dem preußischen Gesandten in Paris, v. d. Goltz. In einem Erlaß an diesen vom 20. Dezember 1863 arbeitete Bismarck prägnant das Spannungsverhältnis zwischen der inneren und der äußeren Problematik in der schleswig-holsteinischen Frage heraus, er schrieb unter anderem: »Ich glaube deshalb mehr Gewicht auf unsere Allianzverhältnisse mit den übrigen Großmächten als auf die Übereinstimmung mit der gegenwärtigen Richtung der öffentlichen Meinung legen zu sollen, und glaube, daß wir eher in der Notwendigkeit sein werden, uns auf einen offenen Kampf, als auf ein Bündnis mit der sich vorbereitenden nationalen und revolutionären Bewegung einzulassen.«[48]

In seinem Weihnachtsbrief 1863 an v. d. Goltz führte er seine politischen Überlegungen mit sarkastischem Nachdruck noch weiter: »Wenn wir jetzt den Großmächten den Rücken drehn, um uns der in dem Netze der Vereinsdemokratie gefangnen Politik der Kleinstaaten in die Arme zu werfen, so wäre das die elendeste

Lage, in die man die Monarchie nach Innen und nach Außen bringen könnte. Wir würden geschoben, statt zu schieben; wir würden uns auf Elemente stützen, die wir nicht beherrschen und die uns nothwendig feindlich sind, denen wir uns aber auf Gnade und Ungnade ergeben hätten. Sie glauben, daß in der ›deutschen öffentlichen Meinung‹, Kammern Zeitungen etc., irgend etwas steckt, was uns in einer Unions- oder Hegemonie-Politik stützen oder helfen könnte. Ich halte das für einen radicalen Irrtum, für ein Phantasiegebilde. Unsere Stärkung kann nicht aus der Kammern- und Preßpolitik, sondern nur aus waffenmäßiger Großmachtspolitik hervorgehen, und wir haben nicht nachhaltige Kraft genug, um sie in falscher Front und für Phrasen und Augustenburg zu verpuffen.«[49] Trotz aller Unterschiede der Zeiten bleiben in diesem Schreiben an v. d. Goltz jene Töne, die unüberhörbar in der Ölmütz-Rede Bismarcks vom Dezember 1850 zu vernehmen waren.

Wie aus dem Runderlaß an die Missionen bei den deutschen Höfen vom 31. Dezember 1863[50] hervorgeht, war der Ministerpräsident energisch darauf aus, alle Bewegungen von liberaler und demokratischer Seite her auszuschalten. Er wußte dabei wohl, daß auch er unter dem Druck der Volksbewegung stand. Später äußerte Bismarck gegenüber dem englischen Botschafter, Österreich und Preußen hätten zwischen der Invasion in Schleswig und der Revolution in Deutschland wählen müssen.[51]

Selbstverständlich wollte Bismarck mit solchen Bemerkungen das Streben nach preußischer Machterweiterung kaschieren; dennoch lag ihnen die Überlegung zugrunde, durch »waffenmäßige Großmachtpolitik« die Volksbewegung zu überspielen und außenpolitische Voraussetzungen für einen Kompromiß mit dem Liberalismus zu schaffen. Erst wenn er das Ruder fest in die Hände bekommen sollte, war er bereit, den Liberalen jenen Spielraum zu geben, den er ohne Gefährdung seiner Herrschaft zugestehen konnte und sogar mußte. Sein antidemokratischer und antiliberaler Furor zu Beginn und während des schleswigholsteinischen Konflikts stand deshalb keineswegs im Widerspruch zu seinen früheren Spekulationen über eine eventuelle Linksüberholung Österreichs und zu seiner späteren Zusammenarbeit mit dem Liberalismus.

In einer Situation, in der so viele innen- und außenpolitische Interessen aufeinanderstießen, war es eine Kardinalfrage für Bismarck, einen Verbündeten zu gewinnen, der als Partner gegen nationale und liberale Bewegungen ebenso gebraucht wurde wie als Mitagierender in der europäischen Politik und in der Bewältigung der schleswig-holsteinischen Frage. Obwohl die Gegensätze zwischen Österreich und Preußen gerade auf dem Fürstentag in Frankfurt am Main wieder hervorgetreten waren, gelang es Bismarck, seinen strategischen Hauptfeind als taktischen Verbündeten zu gewinnen. War dies nur, wie gelegentlich behauptet wird, der Bismarckschen Kunst der Menschenbehandlung zu verdanken? Natürlich verstand er es, die ihm bei Rechberg seit Jahren wohlbekannte »stete und aufgeregte Sorge vor revolutionären Umtrieben und Ausbrüchen«[52] auszunutzen. Zum anderen aber – und das war gewichtiger – konnte er gerade das Hegemoniestreben Österreichs seinen Zwecken dienstbar machen. Er wußte, daß Österreich seine Beteiligung an der Aktion gegen Dänemark »nach seiner Stellung in Deutschland als eine politische Notwendigkeit ansah«[53]. Das Habsburgerreich, das überdies aus seiner Isolierung unter den Großmächten heraus mußte, konnte nicht zulassen, daß ihm Preußen durch ein alleiniges Vorgehen gegen Dänemark den Rang in der öffentlichen Meinung ablief.

Angesichts der wachsenden ökonomischen, politischen und militärischen Kraft Preußens manövrierte Bismarck so, daß er in seinem Weihnachtsbrief an v. d. Goltz 1863 mit einigem Recht feststellen konnte: »Es ist noch nicht dagewesen, daß die Wiener Politik in diesem Maaße en gros et en détail von Berlin aus geleitet wurde.«[54] Selbst wenn dies zugespitzt formuliert ist, grundsätzlich verstand es Preußen, in der schleswig-holsteinischen Frage Österreich auf seine politische Plattform zu ziehen und ein Übergewicht an Macht zu gewinnen.

Dennoch befand sich Bismarck in einer schwierigen Lage. Das Preußische Abgeordnetenhaus opponierte gegen die Berufung Preußens und Österreichs auf die Londoner Protokolle von 1850/1852 in der Befürchtung, die beiden Großmächte würden die Herzogtümer später wieder an Dänemark ausliefern. In den regierenden Kreisen reichte die Fronde gegen Bismarck von der Königin Augusta, dem Hausminister v. Schleinitz, über das Kronprinzenpaar, die diplomatischen Vertreter Preußens in Paris und in London, v. d. Goltz und v. Bernstorff, bis zur hohen Ministerialbürokratie des Auswärtigen Amtes.[55] Die unmittelbare Umgebung des Königs und alte »Wochenblatt«-Parteigänger wurden politisch wieder rege, um Wilhelm I. zu bewegen, sich an die Spitze der patriotischen Bewegung und der mit ihr angeblich verbündeten Mittelstaaten (den »Würzburgern«) zu stellen und auf diesem Weg das Doppelziel zu erreichen: Hegemonie Preußens in Deutschland und Zurückdrängen der Revolutionsgefahr.

Auch die politische Taktik der Fronde setzte also voraus, daß sich Preußen von den berüchtigten Londoner Protokollen lossagte. Da Bismarck aber von letzterem vorerst nichts wissen wollte und sich mit Österreich gegen einen beachtlichen Teil der liberalisierenden Mittelstaaten zusammentat, meinten die internen Gegner des preußischen Ministerpräsidenten, er könnte die Revolution geradezu provozieren. V. d. Goltz, Hauptopponent und präsumtiver Nachfolger Bismarcks, überschätzte die innenpolitische Kraft und das außenpolitische Ansehen des deutschen »Bierhausenthusiasmus«, wie Bismarck verächtlich meinte; er unterschätzte indessen die für den Konservatismus gefährliche Möglichkeit, daß die preußische Monarchie durch die von der Fronde vorgeschlagene Bündnispolitik vom Liberalismus abhängig und von den Mittelstaaten majorisiert werden könnte.[56]

Um solche Gefahren zu vermeiden, wollte Bismarck das populäre Ziel der Lostrennung Schleswig-Holsteins von Dänemark allein mit den Mitteln diplomatischer Kombinationen erreichen. Seine Auffassung von der einzuschlagenden Strategie und Taktik war im preußischen Staatsgetriebe um so schwerer durchzusetzen, als er viele Absichten seiner Politik zunächst im dunkeln lassen mußte. Die vielfachen Widerstände seitens der dynastischen und diplomatischen Gegner wie auch seitens des Abgeordnetenhauses riefen schließlich jene Niedergeschlagenheit hervor, die in einem Brief an Roon Ausdruck fand: »Aber ich habe das Vorgefühl, daß die Parthie der Krone gegen die Revolution verloren ist, weil das Herz des Königs im andern Lager und sein Vertrauen mehr seinen Gegnern als seinen Dienern zugewandt ist. Wie Gott will. Nach ein bis dreißig Jahren ist es für uns gleichgültig, für unsre Kinder nicht. Der König hat befohlen, daß ich vor der Sitzung zu ihm komme, um zu bereden, was gesagt werden soll. Ich werde nicht viel sagen; einmal habe ich die Nacht kein Auge zugethan und bin elend, und dann weiß ich eigentlich nicht, *was* man den Leuten, die ja *jedenfalls* die Anleihe verwerfen, sagen soll, nachdem so gut wie klar ist, daß Se. Majestät doch auf die Gefahr hin, mit Europa zu brechen und ein schlimmeres Olmütz zu erleben, sich schließlich der Demokratie und den Würzburgern fügen will, um Augustenburg einzusetzen und einen neuen Mittelstaat zu schaffen. Was soll man da noch reden und schimpfen? Ohne Gottes Wunder ist das Spiel verloren, und auf uns wird die Schuld von Mit- und Nachwelt geworfen. Wie Gott will. Er wird wissen, wie lange Preußen bestehn soll. Aber leid ist mirs sehr, wenn es aufhört, das weiß Gott!«[57] Das war am 21. Januar 1864 geschrieben.

Noch am gleichen und darauffolgenden Tag fanden im Preußischen Abgeordnetenhaus Debatten über die Anleihe für den dänischen Krieg statt. Das Bismarcksche Preußen wollte ihn unter Ausschaltung des Bundestages allein mit Österreich führen, ohne die Befreiung der Herzogtümer als Kriegsziel öffentlich und in verpflichtender Weise zu nennen. Diese »waffenmäßige Großmachtpolitik«, die keineswegs der liberal geprägten öffentlichen Meinung entgegenkam, veranlaßte das im Verfassungskonflikt befindliche Abgeordnetenhaus, die geforderte Kredit-Anleihe abzulehnen.

Den hin und her gerissenen König hatte Bismarck immer wieder für seine Zwecke standfest machen müssen, so auch vor der entscheidenden Sitzung des Abgeordnetenhauses. Bismarck betonte in den Debatten absichtsvoll und mehrfach seinen Charakter als Minister des Königs und nicht des Parlaments. Gegenüber dem Altliberalen und früheren Minister Graf von Schwerin-Putzar trumpfte er auf: »Ich glaube, der Herr Redner kennt mich lange genug, um zu wissen, daß ich Furcht vor der Demokratie nicht kenne. Hätte ich diese, so stände ich nicht an diesem Platze oder würde das Spiel verloren geben. (Große Bewegung. Rufe: ›Ein Spiel! Ein Spiel!‹) Ich lasse mich auf Worte nicht ein; rechten Sie nicht über Ausdrücke, rechten Sie über die Sache! – Ich fürchte diesen Gegner nicht, ich glaube sicher, ihn zu besiegen (Oho!); ich glaube, das Gefühl, daß es so kommen werde, ist Ihnen nicht mehr ganz fern (Heiterkeit).«[58]

Wenn Bismarck sich vor der Demokratie tatsächlich nicht fürchtete, so beunruhigten ihn doch viele Gegner in den herrschenden Kreisen und intrigierende Parteigänger. Daraus erwuchsen mitunter müde und pessimistische Stimmungen, die aber seine dynamische Wesensart niemals ernstlich veränderten. Er fand um so leichter zu ihr zurück, als er die Zaghaftigkeit des liberalen Bürgertums spürte, das keinen rechten politischen Kampfplan hatte und es auf keinen Fall zu einer das Volk aufwühlenden Protestbewegung oder gar Revolution kommen lassen wollte. Es war die Furcht vor der Arbeiterklasse – immerhin waren gerade 1863 gleich zwei zukunftsträchtige Organisationen aus ihr hervorgegangen – , die das Bürgertum in allen Fragen außerparlamentarischer Aktionen vorsichtig, abwiegelnd und zweideutig werden ließ.

*

Am 1. Februar begann der preußisch-österreichische Krieg gegen Dänemark; am 18. April erstürmten preußische Truppen die Düppeler Schanzen; im Frühsommer suchten die europäischen Mächte auf der Londoner Konferenz erfolglos nach einer Kompromißlösung in der Schleswig-Holstein-Frage. Jetzt erst sagten sich Preußen und Österreich endlich vom umstrittenen Londoner Protokoll von 1852 los. Schließlich wurden die Kampfhandlungen wieder aufgenommen und führten zum Sieg über Dänemark. Im Frieden von Wien am 30. Oktober 1864 mußte Dänemark Schleswig-Holstein und Lauenburg an Österreich und Preußen abtreten, die diese Länder, ohne die Augustenburgischen Erbansprüche anzuerkennen, provisorisch gemeinsam in Besitz nahmen. Allein die Aufzählung dieser nüchternen Tatsachen wirft die Frage auf, wie sich Bismarcks Konzeption vom Ende der fünfziger Jahre mit dem vereinbarte, was 1864/65 realisiert wurde.

Es war ihm in der Tat gelungen, die Entente mit Rußland zu festigen und in der schleswig-holsteinischen Frage eine solche diabolische Kombination zustande zu bringen, die den strategischen Gegner Österreich vorübergehend zum taktischen Verbündeten machte. Mit Frankreich pflegte er zumindest passable Beziehungen, bei denen es ihm unter anderem darum ging, »dieselben gegen die dänenfreundlichen Tendenzen Englands nach Möglichkeit zu utilisieren«.[59] So nährte Bismarck die französischen Hoffnungen auf eine Entschädigung durch linksrheinische Gebiete.[60] Schließlich glückte es ihm, Dänemark in einem dynastischen Krieg beide Herzogtümer zu entreißen und eine solche Verwaltungskombination zu schaffen, die ihm zu jeder beliebigen Zeit die Möglichkeit zu weitertreibenden Konfliktsituationen mit Österreich bot.

Diese politische Leistung ist allein Bismarck zuzuschreiben, der die letzten Zielstellungen und Hintergründe allen gegenüber verschweigen mußte. Es gab für ihn auch nicht einen einzigen Vertrauten – eine schwer zu tragende Last! Man kann Herbert v. Bismarck glauben, der 1902 dem Historiker Erich Marcks zu bedenken gab,[61] daß sein Vater, »wie er selbst mehr als einmal erklärt hat, über seine wichtigsten Pläne und Wege, auf denen er sie zu erreichen hoffte, mit niemanden sprach und mit niemanden sprechen konnte, um sie nicht durch Indiskretionen oder Eigensucht compromittiert zu sehen«. Er hätte ihm gesagt, »es würde ihm nie gelungen sein, seine Politik zur Durchführung zu bringen, wenn er im Spätherbst 1863 Wilhelm I. gesagt hätte: ›Ich werde jetzt Oesterreich zur gemeinsamen Kriegsführung mit Dänemark bringen in der Erwartung, daß es später über Schleswig-Holstein zum Bruch mit Oesterreich kommen, und daß wir dann auf dem einzig möglich kriegerischen Wege die Suprematie Preußens über Deutschland herstellen.‹ So könnte ich noch Manches erzählen, wenn dies hier nicht zu weit führte.«

Bismarck hat sein politisch-strategisches Ziel, den Deutschen Bund zu sprengen und Österreich als hegemoniale Macht in Deutschland auszuschalten, nie aufgegeben. Die Verfechter der Meinung, er habe dies 1864/65 nicht mehr so strikt verfolgt, berücksichtigen weder die Rolle, die er Österreich im schleswig-holsteinischen Konflikt bereits 1857/58 zugedacht hatte, noch aufschlußreiche Bemerkungen, die er in den Jahren 1864/66 in mitunter geradezu verblüffender Unbefangenheit in seine Erlasse, Briefe und Gespräche einfließen ließ.

Die Spannungen zwischen Preußen und Österreich nahmen denn auch in der Tat bald nach dem Friedensschluß so zu, daß auch Wilhelm I. und die Mehrheit der Minister im Mai 1865 die Möglichkeit einer militärischen Auseinandersetzung und der Annexion der Herzogtümer ins Auge faßten. Der Vertrag von Gastein vom 14. August 1865 zwischen Österreich und Preußen war so abgefaßt, daß er den Krieg nur hinausschob. Die Umwandlung des Kondominiums in eine Verwaltungstrennung der Herzogtümer, wonach Österreich in Schleswig vollständig ausgeschaltet war, während Preußen in Holstein (zum Beispiel in Kiel) eine ganze Reihe von Rechten besaß, brachte Bismarck in der politischen Gesamtbilanz beachtliche Vorteile. Die Konflikte, die diese Teilung in sich barg, legten es ihm in die Hand, den Krieg in einem ihm günstig erscheinenden Moment beginnen zu lassen. Die Entrüstung der klein- und mittelstaatlichen Regierungen darüber, daß der Herzog von Augustenburg mit dem Vertrag von Gastein endgültig ausgeschaltet worden war, mußte Österreich mehr treffen. Hatte es doch die Mittelstaaten erneut enttäuscht, nachdem Rechbergs Rücktritt als österreichischer Minister des Auswärtigen im Oktober 1864 und seine Ersetzung durch den General Mensdorff das Ende jener Periode zu bedeuten schien, in der Wien das gemeinsame Handeln mit Berlin dem Einvernehmen mit den Klein- und Mittelstaaten vorzog.[62]

Während Bismarcks Haltung ihnen gegenüber konsequent blieb, zeigte Österreich ein aus den Verlegenheiten des Tages geborenes Hin und Her. Das schuf keine stabilen moralisch-politischen Voraussetzungen für eine entscheidende Auseinandersetzung mit Preußen. Was die sogenannte öffentliche Meinung betraf, so konnte Bismarck nach der Maxime handeln, ist der Ruf erst ruiniert, lebt man gänzlich ungeniert. Er konnte hier vorerst nichts verlieren, aber später nur gewinnen.

Bismarck hat den Vertrag von Gastein von Anfang an nur als ein Provisorium betrachtet. Am Tag seines Abschlusses schrieb er seiner Frau: »Ich habe einige Tage lang nicht Muße gefunden, um Dir Nachricht zu geben. Gr(af) Blome ist wieder hier, und wir arbeiten eifrig an Erhaltung des Friedens und Verklebung der Risse im Bau. Um nicht zu eifrig zu scheinen, habe ich vorgestern einen Tag der Jagd gewidmet.«[63] Zwei Tage danach, am 16. August 1865, ließ Bismarck nicht weniger als vier Schreiben verfassen, in denen er Gastein als Provisorium behandelte. Im Schreiben an v. d. Goltz hieß es unmißverständlich: »Die Situation ist, wie Ew. pp. aus meinem anderweiten Erlaß vom heutigen Tage ersehen, derart, daß zwar die Aussicht auf einen unmittelbaren, durch die augenblickliche Lage der Dinge in den Herzogtümern provozierten Konflikt mehr in die Ferne gerückt erscheint, daß aber die große Hauptfrage der definitiven Lösung und die entscheidende Auseinandersetzung mit Österreich nur vertagt ist.«[64] Eine knappe und prägnante Zusammenfassung der Gründe, die ihn zu dem Provisorium von Gastein bewogen haben, gab Bismarck im Erlaß vom 16. August an den Gesandten in Florenz, Graf v. Usedom: »Die Lage unserer finanziellen und militärischen Vorbereitungen, die Rücksichten, welche das Verweilen Seiner Majestät des Königs auf österreichischem Boden uns auferlegte, und die Ungewißheit, in welcher wir uns noch über die von Frankreich sowohl als von Italien einzunehmende Stellung befanden, machten es uns wünschenswert, den Bruch nicht *vorzeitig* zu einer unmittelbaren Notwendigkeit werden zu lassen.«[65]

Nach Bismarcks politischen Erfolgen vom Sommer 1864 hatte sich die Bereitschaft der Liberalen verstärkt, sich unter Umständen mit ihm zu verständigen, was allerdings einer Unterordnung nahe kam. Das wurde in den Diskussionen um das sogenannte Selbstbestimmungsrecht der Schleswig-Holsteiner deutlich. Führende Mitglieder des »Kongresses deutscher Volkswirte«, auch rheinische Großbourgeois, wie Gustav v. Mevissen, wollten die Augustenburgerei nicht mehr mitmachen, vielmehr die Liberalen zur inneren Logik ihrer Grundkonzeption von der Hegemonie Preußens zurückführen und darum die eroberten Provinzen in der einen oder anderen Form unter die Obhut des Bismarck-Staates bringen.[66]

Es waren Marx und Engels, die sehr bald die ersten Anzeichen taktischer Wendungen im Bürgertum erkannten. Empört schrieb Engels im September 1864 an Marx über das »liberale Saupack« und über die »Fortschrittsschweinehunde«.[67] In jenen Tagen verband sich mit dem Gefühl der Erschütterung über Lassalles Tod auch das Wissen, daß dieser alte Kampfgenosse von 1848/49 – bei all seinen politischen und persönlichen Fehlern und verhängnisvollen Entwicklungen – doch der »Feind unserer Feinde«, nämlich der Liberalen, war.[68]

Die Wortführer des liberalen Bürgertums waren publizistisch in den »Preußischen Jahrbüchern«, in dem »Grenzboten« und mehr und mehr in der »National-Zeitung« konzentriert. Wenn sie eine Versöhnung mit Bismarck anstrebten, dann ging es ihnen nicht in erster Linie darum, psychologische Schranken, die der immer noch schwebende Verfassungskonflikt aufgerichtet hatte, zu beseitigen; das Entscheidende war vielmehr die Klärung der politischen Grundfragen. Darum postulierten die »Preußischen Jahrbücher« Anfang 1865 in einer politischen Korrespondenz: »Zweck ist uns die nationale Einheit oder – was nur ein anderer Ausdruck für dieselbe Sache ist – die Machterweiterung des preußischen Staats. Der Weg ist uns gleichgültig, der dazu führt.«[69] Heinrich Treitschke war damals zur Überzeugung gekommen, daß Preußen nach der Einverleibung Schleswig-Holsteins gezwungen sein werde, deutsche Politik zu betreiben.[70] Er erkannte die Alternative: entweder Volkserhebung gegen die Dynastien oder Vergrößerung Preußens.[71]

Mochte auch das preußisch-deutsche Besitz- und Bildungsbürgertum alles Revolutionär-Demokratische ablehnen, so mußte es an dem Ziel festhalten, die kapitalistische Industrialisierung durchzusetzen und in einem Nationalstaat zu sichern.

VII. Im Vorfeld der Revolution von oben

Auseinandersetzungen in und mit den Parteien

Schon im Frühjahr 1862, als die »Neue Ära« zu Ende gegangen war, schrieb der sozialreformerische Demokrat Friedrich Albert Lange: »Die Ministerkrisis ist vorüber, die Volkskrisis beginnt.«[1] Die Volkskrisis trat im Herbst 1865 in ihr akutes Stadium, sie zeigte sich als Unmut in allen Schichten der Gesellschaft innerhalb und außerhalb Preußens, als Krise der Parteien, zugleich aber als Bemühen um stärkere Organisation im Kleinbürgertum und im Proletariat. Gerade nach Gastein fühlten alle, daß die politische Entwicklung historisch bedeutenden Entscheidungen entgegenreifte.

Demokratische Parteien bestanden vor allem in jenen Staaten, in denen Kleinbürgertum und Kleinbauerntum vorherrschten, in Württemberg, Baden, Hessen-Darmstadt und Thüringen.[2] In Nieder- und Oberbayern dagegen hatten die katholischen Klerikalen nach wie vor großen Einfluß auf den Mittelstand.[3]

Wirtschaftspolitisch hatte das Kleinbürgertum nahezu die gleichen Interessen wie die Bourgeoisie. Darum verlangten alle demokratischen Programme dieser Zeit Gewerbefreiheit und Freizügigkeit wie auch unbeschränktes Niederlassungsrecht: Die meisten Demokraten traten für Freihandel ein.[4] Die eigentlich politischen Forderungen nach Preßfreiheit, Vereins- und Versammlungsfreiheit, allgemeinem Wahlrecht und lokaler Selbstregierung stellten die demokratischen Kleinbürger energischer und umfassender als die liberalen Großbürger. Auch demokratische Persönlichkeiten und Presseorgane nahmen lebhaften Anteil an den ökonomischen und politischen Kämpfen der Arbeiter.

So übte Friedrich Albert Lange, der Anfang 1865 seine Schrift »Die Arbeiterfrage« publizierte[5], großen Einfluß auch auf andere Publizisten aus: auf Ludwig Eckhardt, den Herausgeber des

Mannheimer »Demokratischen Wochenblattes«, Ludwig Büchner, den Bruder des früh verstorbenen Dichters, und Guido Weiß, den Redakteur der »Berliner Reform« und journalistischen Lehrmeister von Franz Mehring. Im Kampf für soziale Demokratie setzten sie sich auch mit dem liberalen Postulat der Selbsthilfe auseinander und sympathisierten mit der von den Lassalleanern erstrebten Staatshilfe, die allerdings von einem demokratischen Staat gewährt werden sollte.

Der Prozeß der Annäherung zwischen Arbeitern und Kleinbürgern wurde Anfang September 1865 auf dem Arbeitervereinstag in Stuttgart offenkundig. Die Arbeitervereinler beschlossen dort die Agitation für das allgemeine Wahlrecht und ließen am Ende der Tagung ein »freies demokratisches Deutschland« hochleben. Mit dieser nationaldemokratischen Wendung gingen sie von ihrer bisherigen Position des bürgerlichen Liberalismus, der am Dreiklassenwahlrecht und am Wunsch nach einem von Preußen geführten Klein-Deutschland festhielt, auf die Seite der kleinbürgerlichen Demokraten über.

In den gleichen Tagen, da die bis dahin liberalen Arbeitervereinler in Stuttgart ihren Vereinstag abhielten, kamen in Leipzig einige Delegierte von oppositionellen Gemeinden im lassalleanischen Allgemeinen Deutschen Arbeiter-Verein (ADAV) zu einer Beratung zusammen.[6] Sie verabschiedeten ein »Manifest«, das als Bürgschaft gegen einen plebiszitären Mißbrauch des allgemeinen, gleichen und direkten Wahlrechts mit Nachdruck das »unverkümmerte Versammlungs- und Vereinsrecht« verlangte.

Seit dem Herbst 1865 entwickelte sich die Arbeiterbewegung derart, daß sie die gesamtdemokratische Bewegung in Deutschland stärken konnte.

Zwei Wochen nach dem Stuttgarter Arbeitervereinstag und dem Leipziger Delegiertentag der oppositionellen Lassalleaner trafen sich führende demokratische Wortführer aus fast ganz Deutschland in Darmstadt. Die Einberufung der Tagung stand offensichtlich unter dem Einfluß linker Demokraten wie Ludwig Eckardt und Ludwig Büchner. Wahrscheinlich fand sich aus diesem Grunde auch Wilhelm Liebknecht ein. Aber diesen Männern standen württembergische Demokraten wie Karl Mayer und Julius Haußmann entgegen, Vertreter einer breiten Schicht von wirtschaftlich relativ stabilen Handwerkerexistenzen, die sich auf die einflußreichste und kompakteste Landesorganisation ganz Deutschlands berufen konnten.[7] Ihr Interesse galt weder den Problemen der Industriearbeiter noch einer den Partikularismus überwindenden Nationalpolitik. Aus der Sicht der schwäbischen Demokraten wurde die Konstituierung Gesamtdeutschlands mehr und mehr zu einem fernen Endziel, das nur über den Weg einer Koalition der Mittel- und Kleinstaaten zu erreichen sei.

Die Kompromißformel für das nationalstaatliche Ziel lautete: »Keine preußische, keine österreichische Spitze; föderative Verbindungen der gesamten unter sich gleichberechtigten deutschen Staaten und Stämme, mit einer über den Einzelregierungen stehenden Bundesgewalt und Nationalvertretung.«[8] Die württembergischen Demokraten, die sich mit der Gründung von Volksvereinen begnügten, verhinderten in Darmstadt die Bildung einer gesamtdeutschen demokratischen Partei. Angesichts dieser Haltung sprach das größte demokratische Blatt, Leopold Sonnemanns »Neue Frankfurter Zeitung«, vom Verrat »an einer künftigen Revolution«.[9]

Diese Schwächen der bürgerlichen und proletarischen Demokratie traten aber nicht so kraß in das Bewußtsein; auch entstanden ja gerade jetzt, 1865, die ersten zentralen deutschen Gewerkschaften, und eine Leipziger Frauenkonferenz rief den Allgemeinen Deutschen Frauenverein ins Leben, der soziale Gleichberechtigung, gleiche Bürgerrechte und -pflichten für beide Geschlechter sowie Koalitionsfreiheit und gesetzlichen Arbeitsschutz für Frauen forderte.

Radikale Tendenzen des linken Flügels der Demokraten zeigten sich auch in der Publizistik. Seit dem 1. Oktober 1865 brachte Friedrich Albert Lange den »Boten vom Niederrhein« heraus.[10] Hier propagierte er vor allem ein sozialreformerisches Programm, das den Demokraten eine weitere Annäherung an die Arbeitervereine ermöglichen sollte; die neue Zeitung verfolgte aber auch nationalrevolutionäre Entwicklungen. Da konnte man beispielsweise lesen: »Glauben wir nun auch gerade nicht mit Heine an eine deutsche Revolution, wobei es ›krachen werde wie es noch niemals in der Weltgeschichte gekracht hat‹, so dürfte doch gerade für Deutschland die Zeit außergesetzlicher Erschütterungen und Schritte nicht zu umgehen sein. ... Daß uns ... Ereignisse von ungeheurer Tragweite über Kurz oder Lang bevorstehen, ist über allen Zweifel erhaben.«[11]

Am prägnantesten äußerte sich Ludwig Eckardt in seinem

Neujahrsartikel 1866 über die revolutionäre Alternative der kommenden Zeit. Gegenüber dem Partikularismus der schwäbischen Demokraten vertrat er die dezidierte Meinung, der Kampf um die Demokratie in Deutschland habe nur Sinn, wenn er durch die deutsche Einheit gekrönt werde; und diese sei nur auf dem Wege über eine Revolution zu erlangen. »Die Einheitsfrage wird mithin nur auf dem Wege der Gewalt, mit ›Blut und Eisen‹ gelöst werden können, entweder von oben herab, durch ein eroberungslustiges Herrscherhaus, oder von unten herauf, durch das Volk.«[12] Das hieß, mit bemerkenswerter Klarheit die politische Grundfrage im Preußen-Deutschland des Jahres 1866 zu umreißen.

Wie sie gelöst werden sollte, hing nicht allein von der geistigen und organisatorischen Kraft der bürgerlichen und proletarischen Demokratie ab, sondern auch von dem Willen und der Fähigkeit der Liberalen und Konservativen, sich neu zu orientieren.

*

Die Zersetzung des deutschen, insbesondere des preußischen Liberalismus war geradezu quantitativ zu messen. Während der deutsche Abgeordnetentag mit seinem 36er Ausschuß in der Einleitungsphase der Schleswig-Holstein-Krise 1863/64 die Eintracht des liberalen Patriotismus demonstrierte, war seine Tagung am 1. Oktober 1865 in Frankfurt am Main der Anfang seines Endes. Da schon die Einberufung dieser Kundgebung als Aktion gegen den Großmacht-Schacher in Gastein und für die Bildung eines schleswig-holsteinischen Mittelstaates unter dem Augustenburger gedacht war, fehlten die liberalen Abgeordneten aus Preußen. Bewußt provozierend, begründeten zwei Prominente des preußischen Liberalismus, Theodor Mommsen und Karl Twesten, ihr Fernbleiben in Offenen Briefen, die sie in der National-Zeitung am 29. und 30. September 1865 veröffentlichten.[13] Auf die Klein- und Mittelstaaten zielend, kannte der durch seine »Römische Geschichte« berühmte Theodor Mommsen kein Erbarmen: »Der militärisch-diplomatische Bankrott des deutschen Partikularismus hat die Qualifikation des deutschen Bundestages während des letzten schleswig-holsteinischen Krieges aufgedeckt, und es ist dies nicht der geringste Gewinn, den derselbe den Deutschen gebracht hat.« Ebenso unumwunden äußerte sich Twesten: »Es ist nicht erlaubt, von den Mittelstaaten, einzeln oder vereint, noch etwas für die Macht und die Interessen Deutschlands zu erwarten.« Beide Politiker suchten eine nationalrevolutionäre, antidynastische Massenbewegung zu verhindern; so mußten sie, wie Mommsen formulierte, eine »definitive ewige Unterordnung unter den preußisch-deutschen Großstaat den sämtlichen Mittel- und Kleinstaaten und insbesondere jetzt den Elbherzogtümern« als Ausweg anraten.[14]

Sicherlich warfen die Liberalen aus den Klein- und Mittelstaaten Mommsen und Twesten nicht zu Unrecht großpreußischen Partikularismus vor. Doch dieser konnte nicht durch den Partikularismus klein- und mittelstaatlichen Formats bekämpft werden, die einzige Alternative zum Partikularismus jeglicher Art war die antidynastische Volksrevolution, vor der aber gerade die Liberalen zurückschreckten. Dieses Dilemma war unauflösbar.

Mommsens und Twestens annexionistisches Großpreußentum schlug zwar den Weg zu Bismarck ein, hielt aber vorerst noch auf halber Strecke inne. Gerade Twesten gehörte in der vielumstrittenen Frage des Budgetrechts zu den Intransigentesten innerhalb der liberalen Fraktion des Preußischen Abgeordnetenhauses, indem er »für die Verwerfung des Budgets nach bloßer Generaldiskussion«[15], also ohne jegliche Detailberatung, eintrat. Die Regierung antwortete mit einem Justizskandal: Durch ungenierte Einflußnahme auf die Zusammensetzung des zur richterlichen Entscheidung berufenen Senats erreichte Bismarck, daß das preußische Obertribunal in rabulistischer Auslegung von Artikeln der Verfassung die Strafverfolgung von Abgeordneten wegen angeblich beleidigender Äußerungen in Kammerreden als rechtlich zulässig erklärte. Diese Aufhebung der Abgeordnetenimmunität betraf ausgerechnet Twesten, der schon im Sommer 1865 den preußischen Gerichten Mißbrauch der Justizgewalt für politische Zwecke vorgeworfen hatte.[16]

Die Bismarcksche Herausforderung führte am 9. und 10. Februar 1866 im Preußischen Abgeordnetenhaus zu zwei parlamentarischen Großkampftagen, an denen sich die Größen der liberalen preußischen Gelehrten und Juristen, unter ihnen Mommsen, Gneist, Waldeck, Twesten und Simson, auf der Höhe parlamentarischer Beredsamkeit zeigten. Begleitet waren diese Parlamentsdebatten von antibismarckschen Protestversammlungen der Berliner Arbeiter.[17] Ganz offensichtlich ging es in jenen Wochen um mehr als nur um das parlamentarische Budgetrecht und um die Redefreiheit der Abgeordneten.

Eine auf Antrag des Liberalen Eduard Lasker eingesetzte Kommission empfahl am 21. Februar dem Abgeordnetenhaus, den Vertrag, den die Regierung im Sommer 1865 mit der Köln-Mindener-Eisenbahngesellschaft über den Verkauf der im Staatsbesitz befindlichen Aktien abgeschlossen hatte, für null und nichtig zu erklären. Politisch ging es darum, daß die Eisenbahngesellschaft durch den Ankauf von Aktien in Höhe von 13 Millionen Talern ohne Genehmigung des Abgeordnetenhauses der antiliberalen Kampfregierung einen ansehnlichen Betrag verschaffte, die damit die Kriegsvorbereitung finanzieren konnte.[18] Krupp in Essen hatte schon 1864 dem preußischen Staat unter ausdrücklichem Hinweis auf die Budgetverweigerung des Abgeordnetenhauses Waffenlieferungen im Werte von ein bis zwei Millionen Talern mit langjähriger Zahlungsfrist angeboten.[19]

In der von den liberalen Abgeordneten in den politisch hitzigen Tagen des Februar 1866 wieder in Frage gestellten Transaktion zwischen Bismarck und der Köln-Mindener Eisenbahngesellschaft tat sich nicht nur ein neuer Streit zwischen dem Abgeordnetenhaus und dem Ministerpräsidenten, sondern auch zwischen den liberalen Politikern und den rheinisch-westfälischen Industriellen auf.

Letztlich ging es darum, ob der bürgerliche Nationalstaat parlamentarisch-liberal oder bonapartistisch werden sollte. Das kam nicht ohne moralisches Pathos in der Rede des bedeutenden Juristen Gneist zum Ausdruck: »Wir wissen, daß der Erwerb diese Welt regiert, daß seit 1850 die Interessen in Europa stärker walten als jemals früher. ... Wir sehen, daß ... ein eigenes Regierungssystem entstanden ist, welches auf sittlich verwittertem Boden alle Faktoren in kluger Berechnung kombiniert, um die Menschen zu beherrschen durch Käuflichkeit, Charakterlosigkeit und die Kurzsichtigkeit der Interessen. Dies neue Götzenbild des Staates ist in Frankreich aufgerichtet, ... Wir wissen aber auch, daß das Götzenbild des Interessenstaates, welches die Völker mit Handelspolitik und Eitelkeit abfindet, nur auf zwei Augen steht.«[20]

Diese deutlichen Hinweise auf den Bonapartismus machen anschaulich, daß in jenen Monaten nicht nur im Adel, sondern auch im Bürgertum um das Problem des Bonapartismus gerungen wurde. Aber trotz bemerkenswerter Reden liberaler Parlamentarier waren die Debatten vom 9. und 10. Februar 1866 nur der Abendglanz des Abgeordnetenhauses aus der Zeit des preußischen Heeres- und Verfassungskonflikts. Zwei Wochen nach den parlamentarischen Fehden und zwei Tage nach dem Kommissionsbeschluß über die Nichtigkeit des Vertrages mit der Köln-Mindener-Eisenbahngesellschaft ließ Bismarck das Abgeordnetenhaus auflösen.

Wieder stellte sich die alte Frage, ob der Liberalismus von der bisherigen Defensive zur Offensive übergehen solle. Der rheinische Bankier Hermann v. Beckerath wollte noch die alte Taktik beibehalten und von den Abgeordneten »nur mutiges Ausharren und Fortarbeiten« verlangen; dabei sollten sie alles tun, damit »das Fortbestehen der Verfassung« nicht gefährdet werde.[21] Liberale wie Twesten aber, der in der Frage der Annexion Schleswig-Holsteins Bismarck sehr nahe stand, wollten gerade in der Verfassungsfrage nicht nur darauf bestehen, daß sie unangetastet bleibe, sondern daß sie sich im Sinne größerer bürgerlicher Freiheiten weiterentwickle. Das verlangten auch die Manifestationen im Lande, die sich jetzt mehrten.

Der Radikalisierungsprozeß in der kleinbürgerlichen und der proletarischen Demokratie trug ohnehin dazu bei, den Liberalismus bisweilen vorwärtszudrängen. Der liberale Abgeordnete Loewe-Calbe hielt bereits Ende November 1865 in einer Berliner Arbeiterversammlung eine Rede, in der er die ungewohnte Forderung nach allgemeinem und gleichem Wahlrecht erhob.[22] Loewe sprach geradezu von einem Wendepunkt, an dem sich die Politik in Preußen befände. Mit seiner aufsehenerregenden Rede reagierte er nicht nur auf die Volksstimmung; er suchte auch eine Brücke zu Bismarck zu schlagen, indem er sich auf dessen Parlamentsforderung zur Zeit des Frankfurter Fürstenkongresses berief. Die rechten Liberalen wollten sich mit Loewes Wahlrechtsforderung keineswegs befreunden, obwohl die »Rheinische Zeitung« behauptete, seine Ausführungen wären »in allen entschiedenen Kreisen unseres Liberalismus« freudig begrüßt worden.[23]

Unverkennbar: sowohl in der demokratischen wie in der liberalen Bewegung reiften seit dem Herbst 1865 die großen Fragen der preußisch-deutschen Politik einer Entscheidung entgegen. Das spürte auch die konservative Partei, der eine Diskussion über die innen- und außenpolitische Lage und die künftige Taktik ebenfalls nicht erspart wurde.

*

Drei Wochen nach Gastein zog der als »Verfasser der Rundschauen« in der »Kreuzzeitung« figurierende Ludwig v. Gerlach in drei Nummern vom 6. bis 8. September programmatische Bilanz des Verfassungskonflikts. Als politische Alternative nannte er: »Preußisches Königtum oder Jahr 1848 – das ist die nächste Frage.« Aber hinter dieses sehr zugespitzt formulierte Machtproblem stellte er sofort die religiöse Frage, die wie ein Leitmotiv in allen drei Artikeln erscheint. Wie so oft polemisierte Gerlach gegen die »frevelhafte Meinung ... als ob das Gebiet der hohen Politik eximiert wäre von Gottes Gesetz«.[24] Den »Glauben an den lebendigen persönlichen Gott« betonend, meinte er, dem bürgerlichen Rechtsstaat fehle »die edle persönliche Treue, die von Herz zu Herz der *Obrigkeit* als dem väterlichen Ebenbilde Gottes anhängt, von dessen Gnade sie uns gegeben ist«.[25]

Ludwig v. Gerlachs Weltbild, immer schon durch pietistischen Dogmatismus begrenzt, nahm in einer Zeit beschleunigter Dynamik der Kräfteverhältnisse zwischen den verschiedenen Klassen und Mächten in Europa geradezu groteske Formen an. Da er die Machtkonstellationen selbst in ihren vordergründigen Erscheinungen nicht richtig einschätzen konnte oder nur von abstrakt-moralischen Prinzipien aus beurteilte, kam er zu keinem umfassenden Konzept einer konservativen Bündnispolitik.

Unverrückt beharrte er darauf, »die hochwichtige und gesegnete Verbindung mit Österreich« zu pflegen, »in welcher mehr Deutsche Einheit und Deutsche Freiheit enthalten ist als in allen Schleswig-Holsteinschen [Vereinen], Turner- Schützen- Sänger- und Nationalvereinen zusammengenommen«. Für ihn war »die intime Einigkeit der deutschen Großmächte« erste Bedingung für die Macht und Einheit Deutschlands. Und zu einer Zeit, da die offizielle Politik Preußens die Revanche für die Demütigung in Olmütz vorbereitete, pries Ludwig v. Gerlach das, was damals geschah, als eine »gute Tat«, als »die definitive Umkehr von einer Revolutionspolitik«.

War von dieser Position aus ein Bündnis des Adels mit dem Bürgertum zum Zwecke einer nationalstaatlichen Einigung ausgeschlossen, so lag für Gerlach die Möglichkeit konservativer Kombinationen mit Arbeiterorganisationen völlig außerhalb des politisch-moralisch Denkbaren. Seine prinzipielle Auffassung von der »Arbeiterfrage«, die er religiösen Fragen »tief unterordnen« wollte, wurde schon damals als sonderbar antiquiert empfunden.[26]

Als ob er Bismarck im Auge gehabt hätte, erhob Gerlach den warnenden Zeigefinger: »Die Unsern sollten sorgfältig jeden Schein vermeiden, als liebäugelten wir mit den argen Schwärmereien *Lassalles*, oder, wie Waldeck den Vorwurf ausdrückt, als ›kokettierten‹ wir mit der ›heiligen Demokratie‹, oder als wollten wir aus irgend einer Aufregung der Arbeiter politisches Kapital machen.« Die prinzipiellen wie auch die politisch-taktischen Auffassungen Ludwig v. Gerlachs in der »Kreuzzeitung« widersprachen so eklatant dem politischen Klima, daß Hermann Wagener, einer der namhaftesten konservativen Abgeordneten und ab Frühjahr 1866 »Vortragender Rat im Staatsministerium«, am 2. November 1865 in der »Kreuzzeitung« eine »Erwiderung an den Herrn Verfasser der Rundschauen« veröffentlichte.

Er wehrte sich gegen den Vorwurf mangelnder Entschiedenheit im parlamentarischen Kampf, zumal es ihn erbitterte, daß dieser Vorwurf von einem Mann erhoben worden war, der in Sachen der praktischen Politik überwiegend nur als Zuschauer galt. Auf Gerlachs politisierende Religionsphilosophie – sofern sie überhaupt diesen Namen verdient – ging Wagener überhaupt nicht ein; er bezog sich vielmehr auf die Zentralfrage der konservativen Taktik, nämlich die Bündnispolitik, und formulierte das Problem folgendermaßen: »Was hat die Regierung, was haben wir zu tun, damit die Masse des Volkes aufhöre, eine tote zu sein, damit es gelinge, lebendige Macht-Elemente zu organisieren und mit sich zu verbinden?« Während er das von den Konservativen anzustrebende Bündnis mit den Arbeitern im wesentlichen unter dem Gesichtspunkt der Innenpolitik betrachtete, sah er eine Verständigung mit den Bürgern vor allem unter dem Blickpunkt der Außenpolitik.

Wagener nahm Rücksicht auf alles, was für die preußische Monarchie lebenswichtig werden konnte, wenn er auch vorsichtig war und seine Gedanken nur andeutete. Er meinte, die Aufgabe der auswärtigen Politik Preußens müsse »von der Tatsache und Erkenntnis ausgehen, daß durch die Veränderung der Welt- und Verkehrs-Verhältnisse sowohl im eigentlich politisch-diplomatischen als auch im sozialen Sinne frühere Gestaltungen und Beziehungen, auch auf Vertrag beruhende, unaufhaltbare und unmögliche geworden sind, ...« Die liberale Idee von der preußischen Führung eines Klein-Deutschlands übernehmend, schrieb er: »Wenn irgend Etwas, so hat das Jahr 1848 den Beweis geliefert, das das Deutsche Fürstentum mit dem Preußischen Königtum steht und fällt, – und wenn nichts desto weniger dieser und jener mehr eitle als scharfsichtige Deutsche Staatsmann gegen das Preußische Königtum und dessen Kräftigung Sturm zu laufen versucht, so zersägt er eben den Zweig, auf welchem er bis dahin seine Seiltänzer-Kunststücke gemacht.«

Wenn Hermann Wagener auch gelegentlich eine abschätzige Bemerkung über die »eisernen Klammern des Cäsarismus« machte, wurde seine bonapartistische Grundhaltung doch deutlich: »Das Wort des Kaisers Napoleon, daß die ›*alten* Parteien ein überwundener Standpunkt‹ seien, hat auch außerhalb Frankreichs seine Wahrheit, und es gilt nicht minder für die inneren Verhältnisse der einzelnen Staaten als für das Verhältnis der Staaten unter sich – – Es nützt um deswillen auch nicht, weder einen mißverstandenen Legitimitäts- und Souveränitätsbegriff galvanisieren, noch sich in die Idylle unwiderbringlich verlorener patriarchalischer Zustände versenken zu wollen.« Friedrich Albert Lange meinte im Hinblick auf diese Kontroverse, in Preußen mache man einen »Sprung aus der patriarchalischen Monarchie in den Bonapartismus«.[27]

Bismarcks Freiheit in der Gebundenheit

Ludwig v. Gerlach, wohl wissend, daß er keinen persönlichen Einfluß mehr auf Bismarck habe, hatte im Oktober 1862 Hans v. Kleist-Retzow und Moritz v. Blanckenburg zu ihm geschickt. Der neu ernannte Ministerpräsident war in den Augen des pietistischen Seelenwächters »ein fetter Bissen für die Welt und den Satan«[28]. Beide Abgesandte sollten versuchen, des Satans weltlichen Klauen diesen »fetten Bissen« zu entreißen, um ihn für ihre eigene Politik einzufangen. Gerlach schärfte Kleist ein: »Predigen Sie Bismarck Katechismus.«[29] Als Zuchtmeister im Innern gegen die Liberalen war ihnen Bismarck durchaus willkommen; aber die Furcht, er könnte eine nationalstaatliche Einigung politisch im Stile des sardinisch-piemontesischen Monarchisten Cavour betreiben, also sich doch auf die sündige Welt der Revolution von oben oder gar von unten in der einen oder anderen Weise einlassen, ließ Gerlach nicht los: »Hauptsachen müssen Hauptsachen bleiben; ich will lieber Portier werden bei einem demokratischen Minister als durch Allianzen mit cavourscher Politik mich beflecken.«[30] Nun, Bismarck las und benutzte zwar den Notizkalender »Die täglichen Losungen und Lehrtexte der Brüder-Gemeine«, den ihm Hans v. Kleist-Retzow alljährlich zu schenken pflegte[31]; aber wenn dieser ihm eifernd in politischen Krisensituationen religiöse Zitate zukommen ließ, ertrug er dies doch nur mit wachsender Ungeduld. Als Kleist-Retzow am 6. November 1863, zu Beginn der Schleswig-Holstein-Krise, mit Bibelsprüchen im alttestamentarischen Stil aufwartete, in denen es nur so wimmelte von Worten antiheidnischer Verdammungswut, schrieb Bismarck an den Rand des Briefes: »O Hans! immer *zornig* mit Gottes Donnerkeil!«[32] Und als im Oktober 1865 Hans v. Kleist-Retzow mit Gebeten Bismarck beschwor, er möge den Verständigungsweg mit Österreich weiter verfolgen, notierte Bismarck am Rande der Eskapaden nur resigniert: »O Hans!«[33] Eine letzte und betont grundsätzliche Zurückweisung aller religiös-konservativen Erziehungs- und Ermahnungsversuche gibt dann Bismarcks Weihnachtsbrief vom Jahre 1865 an den Gutsbesitzer Andrae-Roman. Da schrieb er: Das Gottvertrauen schafft nicht politische Klarheit, sondern politische Klarheit schafft Gottvertrauen. Das war sein Credo, er wollte sich auf den lieben Gott denn doch nicht verlassen, ohne zunächst sehr rational die eigenen Kräfte zu gebrauchen.

Das war Selbstrechtfertigung vielleicht weniger als Selbstvergewisserung; die resümierende Bilanz des Verhältnisses von christlich-pietistischer Religion und preußisch-junkerlicher Politik war eine jener inneren Voraussetzungen dafür, daß er den Entscheidungskampf mit gewohnter Energie führen konnte.

Hermann Wageners Polemik gegen Ludwig v. Gerlach hatte schon gezeigt, daß sich Bismarcks Hilfstruppen aus dem konservativen Lager neu zu formieren begannen. Aber auch liberalkonservative, den sogenannten Altliberalen nahestehende Männer boten dem preußischen Ministerpräsidenten jetzt politische Dienste an; der Lauf der Dinge drängte ihnen mehr und mehr die Alternative auf: Bismarck oder die Volksrevolution.

Theodor v. Bernhardi, ein im ganzen zuverlässiger, informierter und sehr gebildeter Chronist, weiß von dem Rechtsliberalen Georg v. Beseler zu berichten, daß dieser in zwei Gesprächen im Laufe des Februars 1866 eine revolutionäre Erschütterung in Preußen fürchtete. Er verwies auf die »gar nicht hoch genug« anzuschlagende Rückwirkung der Ereignisse in Nordamerika – des Sieges der Union – auf Europa.[34] Und im gleichen Monat Februar meinte der Altliberale und dem Kronprinzen nahestehende Max Duncker: Bismarck sollte nun rasch entschlossen handeln und ernsthaft gegen Österreich vorgehen, denn je schlimmer die Dinge bei uns zu Hause stehen, desto notwendiger werden Erfolge in der äußeren Politik. Bernhardi, so drängte Max Duncker weiter, sollte mit Roon darüber sprechen, um auch seinerseits »zum Kriege zu treiben«.[35] Beide Gesprächspartner waren sich bewußt, daß der hohe Einsatz bei dieser Partie sie nicht bewegen dürfe, dem Kampf auszuweichen: Sie fühlten sich vielmehr aufgefordert, »die alleräußersten Anstrengungen zu machen«.[36]

Diese Altliberalen erwiesen sich als rührige Helfer, deren Interessen in dieser Situation mit denen des Ministerpräsidenten zusammengingen. Sie waren gewissermaßen Bindeglieder zwischen den hohen Militärs, mit denen sie Kontakt hatten, und liberalen Politikern, Publizisten und Universitätsprofessoren. Gestützt auf neo-konservative, liberalkonservative und rechtsliberale Kreise, vor allem aber auf die militärische Führung, konkretisierte Bismarck seine allgemeine Strategie und Taktik für den Entscheidungskampf.

Gegenüber dem historisch immer noch vorwärtsdrängenden liberalen Bürgertum konnte er seine Repressionen nicht verstärken; das haben auch die Altliberalen ausgesprochen. Solche Affären wie die des Obertribunalgerichts, das die Immunität der Abgeordneten praktisch beseitigte, durften nicht zur politischen Leitlinie werden. Angesichts ihres wirtschaftlichen Machtzuwachses und ihrer gesellschaftlichen Entfaltung verbot sich der tolle Gedanke, das Bürgertum vollständig niederzuhalten, geschweige denn auszuschalten.

Bismarck konnte und mußte den bürgerlichen Ansprüchen nachgeben. Er konnte nachgeben, weil sich das Maximalprogramm preußischer Expansionspolitik in Deutschland mit dem bürgerlichen Minimalprogramm nationalstaatlicher Einigung weitgehend deckte – auch in der Stoßrichtung gegen Österreich. Er mußte nachgeben, weil er sonst das Bürgertum nach links, ins revolutionäre Lager, getrieben hätte. Die List der Geschichte war stärker als junkerlich-konservatives Empfinden.

Den Schwerpunkt seiner Diplomatie wie auch seiner Propaganda mußte Bismarck nun von der schleswig-holsteinischen auf die deutsche Frage verlagern. Schon fünf Wochen nach der Gasteiner Konvention hatte er am 21. September 1865 dem Vortragenden Rat v. Keudell diktiert, daß man Mensdorff, dem Nach-

Berlin, Unter den Linden, mit Blick auf das Schloß
Gemälde von Eduard Gärtner

folger Rechbergs an der Spitze des Wiener Außenministeriums, unter Umständen »etwas Schwarz-rot-gold unter die Nase reiben« könnte. »Die schleswig-holsteinische und die große deutsche Frage hängen so eng zusammen, daß wir, wenn es zum Bruch kommt, beide zusammen lösen müssen. Ein deutsches Parlament würde die Sonderinteressen der Mittel- und Kleinstaaten in gehörige Schranken weisen.«[37]

Höchst bedeutsam war auch der vertrauliche Erlaß an den Grafen v. Usedom vom 13. Januar 1866. Hier kündigte Bismarck eine Wendung der politischen Beziehungen innerhalb des Deutschen Bundes an, die seinen Bestand in der bisherigen Form in Frage stellte. Berlin könnte wieder das aufnehmen, was »wir seinerzeit dem Frankfurter Fürstentage entgegensetzten«[38]. Damit spielte Bismarck auf seinen Vorschlag von 1863 an, den Bund durch ein auf Grund des allgemeinen Wahlrechts vom Volk gewähltes Parlament zu reformieren.

Die Frage von Krieg oder Frieden mußte schließlich im Ministerrat wie auch im Kronrat erörtert werden. Am 21. Februar 1866 notierte der Kronprinz in sein Tagebuch: »Im neulichen Ministerrat bei Bismarck, dem S. M. beiwohnte, *soll* B. 3 Alternativen S. M. gestellt haben: entweder *Wechsel des Ministeriums* und *Eintritt eines liberalen,* was S. M. lebhaft zurückgewiesen, oder 2. *Staatsstreich* mit Verfassungssuspension, wovon S. M. auch nichts hören wollte, in der Meinung, seinen Eid ›nach wie vor‹ halten zu wollen, oder endlich 3. *Krieg*, über welche Frage des Königs Ansicht nicht bekannt geworden ist.« Am 23. Februar heißt es: »Große Mißstimmung; man wittert den Krieg, den Bismarck um jeden Preis will.«[39] Die ersten beiden Möglichkeiten widersprechen so eklatant Bismarcks politischer und persönlicher Grundhaltung, daß wir sie nur als taktisch-psychologisches Manöver ernst zu nehmen brauchen: Sie zielen in gewohnter Weise darauf ab, König Wilhelm zu erschrecken, um ihn dann um so gefügiger zu machen.

Der Kronrat am 28. Februar beschloß schließlich diplomatische Maßnahmen zur Vorbereitung des Kriegsfalls. Das offizielle Sitzungsprotokoll hat wohl manches verdunkelt, es stimmt jedenfalls nicht mit den Aufzeichnungen verschiedener Teilnehmer überein.[40] Präzis scheint die Notiz Moltkes die Äußerungen des Ministerpräsidenten wiedergegeben zu haben: »Graf Bismarck bemerkt, daß die inneren Zustände einen Krieg nach außen nicht nötig machen, wohl aber noch hinzutreten, um ihn günstig erscheinen zu lassen.«[41] Diese Aufzeichnung gewinnt um so mehr an Glaubwürdigkeit, als sie sich weitgehend deckt mit dem, was Sybel in seinem Buch »Die Begründung des deutschen Reiches«[42] auf Grund von Materialien und Informationen Bismarcks überlieferte.

Auf Anraten Bismarcks beschloß der preußische Kronrat, eine außerordentliche Mission nach Florenz, der Interimshauptstadt des neuen Königreichs Italien, zu schicken, um ein Eventualbündnis abzuschließen. Kein Geringerer als Moltke war ursprünglich dafür vorgesehen, denn Italiens Bedeutung als Bundesgenosse gegen Österreich hatte Bismarck schon früh erkannt. Auch wenn sich Moltkes Reise durch den Besuch des italienischen Generals Govone in Berlin schließlich erübrigte, ist die Instruktion an den preußischen Generalstabschef politisch eines der interessantesten Dokumente aus der Zeit der Vorbereitung des Krieges von 1866.

Bismarck wollte die holsteinische Angelegenheit lediglich als eine »Episode« der großen deutschen Frage behandelt wissen und fuhr dann fort: »Eure Exzellenz wollen daher die Unterhandlungen nicht von dem Ausgangspunkt der Herzogtümerfrage, sondern von dem der deutschen Angelegenheit eröffnen, indem Sie vorstellen, daß der Moment, diese auf friedlichem Wege wohl schwerlich zu lösende nationale Aufgabe in Angriff zu nehmen, uns ein günstiger zu sein scheine.«[43] Er war sich voll bewußt, daß das bloße Inbesitznehmen der Elbherzogtümer vor dem weltgeschichtlichen Forum die »Aggression«, von der er selbst unverhohlen sprach, nicht rechtfertigen konnte. Daher war ihm sehr daran gelegen, »ein neues und ein im höchsten Grade berechtigtes Element in die Entwicklung zu bringen«, und das schien ihm die »den berechtigten Forderungen der Nation entsprechende Neugestaltung« Deutschlands zu sein.[44]

Der Krieg sollte also die akut gewordene Volkskrisis nicht einfach verdrängen, sondern durch die Schaffung eines Nationalstaats beenden. Bismarck war in der Tat in einer Zwangslage, aus der er sich löste, indem er progressive Teilziele des Bürgertums in einer Weise verwirklichte, die auch den Interessen der preußischen Krongewalt entsprach. Eben dies war seine Freiheit in der Gebundenheit.

In verschiedenen Erlassen und Instruktionen verwies Bismarck auf die den unmittelbaren Konflikten innewohnenden größeren Ziele, so wenn er am 20. März 1866 nach London an den dortigen preußischen Gesandten Bernstorff schrieb: »Aber hinter dieser speziellen Frage der Elbherzogtümer steht die *deutsche Frage.*«[45] Und am 24. März 1866 machte er die preußischen Missionen an den Höfen der deutschen Klein- und Mittelstaaten auf die Bundesreform aufmerksam, die – wie er am gleichen Tag vertraulich an den Gesandten in München berichtete – »unsrer Ansicht nach wichtiger ist als die der Elbherzogthümer«.[46]

Die beiden entscheidenden Maßnahmen, die in der Vorbereitung der Revolution von oben in einem engen inhaltlichen Zusammenhang standen, waren auch zeitlich eng zusammengerückt: Am 8. April wurde das vorerst noch geheime Bündnis zwischen Preußen und Italien unterzeichnet, einen Tag darauf, am 9. April, trat Bismarck mit seinem Vorschlag einer Bundesreform an die Öffentlichkeit.

Bismarck und Govone, letzterer als Vertreter des italienischen Ministerpräsidenten La Marmora, vereinbarten in einem Geheimvertrag, daß Italien für den Fall, daß Preußen nach Scheitern aller Bundesreformverhandlungen Österreich den Krieg erklärte, auch seinerseits verpflichtet wäre, die Waffen gegen Österreich zu ergreifen, das im Falle seiner Niederlage die Provinz Venetien an Italien abtreten müsse. Der Vertrag hatte eine Dauer von drei Monaten; damit war Bismarck gewissermaßen unter Zeitzwang gesetzt, die Feindseligkeiten gegen Österreich zu eröffnen.[47]

Der Bündnisvertrag mit Italien konnte zudem nicht lange geheimgehalten werden. Rüstungsmaßnahmen und Truppenbewegungen in Italien alarmierten die Österreicher und drängten Wien den Gedanken an diplomatische Absprachen auf. Am 7. Mai 1866 – schon vier Wochen nach Abschluß des Geheimvertrages – wußte der österreichische Gesandte in Berlin, Graf Károlyi, zu berichten, daß ihm aus Kreisen der französischen Botschaft Informationen über einen »förmlichen Staatsvertrag« zwischen Bismarck und Govone zugegangen seien. Über die wesentlichen Bestimmungen dieses Bündnisvertrages wurde Károlyi tatsächlich richtig informiert, selbst über die Gültigkeitsdauer von drei Monaten. Um in Wien keine Zweifel an der Authentizität seiner sensationellen Mitteilungen aufkommen zu lassen, schloß Károlyi seinen Bericht mit den Worten: »Diese Information erscheint durch die Natur meiner Quelle sehr beachtenswert.«[48]

Die Indiskretion, von der Károlyi profitierte, wurde durch jene übergescheite Taktik des bonapartistischen Frankreichs verursacht, das beide Großmächte des Deutschen Bundes abwechselnd durch »freundschaftliche« Dienste zur Unnachgiebigkeit und zum Krieg ermuntern wollte – zu einem Krieg, der möglichst langwierig sein und Napoleon Gelegenheit bieten sollte, als Schiedsrichter und Nutznießer aufzutreten. Das diplomatische Ränkespiel chevaleresker Gauner ist im Falle des italienischen Bündnisvertrages ebenso instruktiv wie grotesk.

Es war Napoleon selbst, der im März 1866 durch den Gesandten Nigra die zögernden Italiener fast mit Bonhomie ermunterte, den Bündnisvertrag mit Preußen abzuschließen. Nigra berichtete dies sofort dem preußischen Gesandten v. d. Goltz und beschwor ihn, äußerste Diskretion zu wahren. In gleicher Weise Geheimhaltung beschwörend, gab v. d. Goltz natürlich unverzüglich seine Information an Bismarck weiter. Sein diesbezüglicher Bericht vom 23. März[49] über das ganz interne Gespräch mit der Eröffnung der geheimsten Geheimnisse aus den kaiserlichen Gemächern der Tuilerien in Paris widerspiegelt ein Bild diplomatischer Eitelkeit. Die französischen Diplomaten sprachen und handelten, als ob sie gottbegnadete Exekutoren des Weltgeistes wären. Aber bald verrieten sie ihr Geheimnis in Berlin an den österreichischen Gesandten, um Wien für antipreußische Verträge gefügig zu machen.

Schon Wochen vor dieser Hiobsbotschaft war die Hofburg durch den in aller Öffentlichkeit gestellten Bundesreformantrag

Preußens in Aufregung versetzt worden. Am 9. April hatte Bismarck in einer außerordentlichen Sitzung der Bundesversammlung den Antrag einbringen lassen, es solle ein deutsches Parlament, hervorgehend aus direkten Wahlen und allgemeinem Stimmrecht der ganzen Nation, für einen noch näher zu bestimmenden Tag einberufen werden. Dieses Parlament solle sich mit den Regierungen über die Reform der Bundesverfassung verständigen. Bismarck knüpfte mit diesem Antrag an Vorstellungen an, die er schon früher erwogen und am 22. Januar wie auch am 22. September 1863 in diplomatischen Noten vorgebracht hatte.

Es war offensichtlich, daß das allgemeine und direkte Wahlrecht für die Habsburger Monarchie mit ihren Nationalitäten geradezu ein Sprengmittel sein mußte. Überdies rief die demokratisch dekorierte Parlamentsidee bei den klein- und mittelstaatlichen Dynastien im Deutschen Bund Unsicherheiten und Meinungsverschiedenheiten hervor. Preußen hatte durch seinen geheimen Bündnisvertrag mit Italien vom 8. April, der die Bundesverfassungsreform ausdrücklich erwähnte, und durch seinen Antrag vom 9. April auf Einberufung eines demokratisch gewählten deutschen Parlaments eine Vorentscheidung für den Krieg gegen Österreich getroffen.

So wie Friedrich Wilhelm IV. noch vor der Unterwerfung Preußens in Olmütz 1850 den Unionspolitiker Radowitz entlassen mußte, so hätte Wilhelm I. die wichtige Vorentscheidung vom 8. und 9. April nur rückgängig machen können, wenn er Bismarck ersetzt hätte. Doch der König konnte weder ein liberales Ministerium berufen – das hätte sein Engagement im Heeres- und Verfassungskonflikt sinnlos gemacht und den Sieg des Liberalismus bedeutet – noch entgegen seinen besten Einsichten als Prinzregent in den fünfziger Jahren eine ultrakonservative Regierung mit der alten Kamarilla-Herrschaft einsetzen.

So schwankend der König persönlich sein mochte, im Prinzipiellen mußte er jetzt fest bleiben und sich der größeren Energie und Einsicht seines Ministerpräsidenten beugen. Dieser aber konnte nach den militärischen und politischen Schritten vom 8. und 9. April auf eine kriegerische Auseinandersetzung mit der Habsburger Monarchie nur dann verzichten, wenn diese ihre Waffen schon vor einem Waffengang strecken würde, also freiwillig nicht nur alle Hoffnungen auf eine hegemoniale Stellung in Italien fahren ließe, sondern zugleich auf eine Vormachtstellung im Deutschen Bund verzichtete. Das war kaum zu erwarten.

Habsburg vermochte kein »legitimes Kriegsziel«[50] zu formulieren, obwohl in Wien bei vielen durchaus die zwischen Gefühl und Einsicht schwankende Vorstellung vorhanden war, daß der Bundestag zu reformieren, ja sogar so etwas wie eine Revolution notwendig sei. Es blieb jedoch bei der österreichischen Politik, die politische Offensive Preußens nur abzuwehren und die kaiserliche Präsidialmacht im Bundestag zu verteidigen.

Empört wetterte Graf Blome gegen die »infamen Bundesreformprojekte« und den »frivolen und in seinen Konsequenzen so gefährlichen« Antrag Preußens hinsichtlich einer »Revolution mit dem Parlament«.[51] Einige Monate zuvor war er immerhin Partner Bismarcks bei den Verhandlungen von Gastein gewesen. Ähnlich wie Blome reagierte der österreichische Bundestagsgesandte Freiherr v. Kübeck auf das aus Bismarcks Munde »als frivole Ironie erscheinende Schlagwort ›Parlament‹«.[52]

Durch alle spontane Entrüstung, die Bismarcks politischer Coup hervorrief, brach sehr bald die Erkenntnis dessen durch, was jetzt der Habsburger Monarchie politisch wirklich drohte. Schon am 7. April hatte Blome an die graue Eminenz am Wiener Ballhausplatz, seinen Freund Hof- und Ministerialrat v. Biegeleben, geschrieben: »Wer der öffentlichen Meinung den Puls fühlt, wird mir darin beistimmen, daß das Wort Bundesreform unendlich gezündet und das Interesse für Augustenburg und Holsteins Selbständigkeit in den Hintergrund gedrängt hat. An die Bundesreform hängen sich die Furcht- und Friedsamen, an die Bundesreform klammern sich die Urbayern, welche die Vergrößerung der süddeutschen Großmacht anstreben, Bundesreform ruft die ganze Demokratie, welche darunter Parlament versteht.«[53] Mit diesen ebenso temperamentvollen wie klarsichtigen Worten bestätigte Blome Bismarcks Klugheit, den Konflikt mit Österreich nicht im Zeichen der Elbherzogtümer, sondern der deutschen Frage, eben der zentralen Frage der bürgerlichen Umwälzung, austragen zu wollen. Zwei Tage nach diesem Privatbrief alarmierte Blome in einem offiziellen Bericht, es würden »die unheimlichen Geister der 1848er Revolution beschworen, welche keine Regierung mehr zu bannen vermöge«[54].

Während es die württembergische Regierung fast ausschließlich mit einer kleinbürgerlichen und einflußreichen demokratischen Bewegung zu tun hatte, stand die sächsische Regierung unter dem Ministerpräsidenten Beust einer demokratischen Bewegung gegenüber, die schon stark proletarische Züge trug; dazu kam noch eine selbstbewußte Opposition des liberalen Bürgertums vor allem in der Handelsstadt Leipzig.[55] Die Erinnerung an die Reichsverfassungskampagne von 1849 war in Sachsen noch lebendig. Auf jeden Fall ging hier die Volks- und Oppositionsbewegung, so differenziert sie in sich auch war, über den partikularistischen Horizont der schwäbischen Demokratie hinaus. Schon am 4. April meinte Beust, nach seiner Ansicht seien »die revolutionären Leidenschaften in Deutschland noch zu wenig erstorben und ist das Streben nach Einheit im deutschen Volke noch zu lebendig, als daß nicht das von Gr. Bismarck beabsichtigte machiavellistische Unternehmen vielfachen Anklang finden und den einzelnen Regierungen ... große Verlegenheiten bereiten könnte«.[56]

Als dann am 9. April der Bismarcksche Parlamentsantrag in die Öffentlichkeit kam, warnte Beust davor, die Sache zu verschleppen, »weil jeder Tag Aufschub in der Entscheidung die Agitation in Deutschland durch einzuberufende Volksversammlungen ... usw. vermehren muß«. Der Bismarcksche Antrag könnte »leicht das Signal zur deutschen Revolution werden«. Daher mahnte der sächsische Ministerpräsident Österreich dringend, wie der Gesandte v. Werner berichtet, »daß wir nicht zu sehr früheren Traditionen folgend, uns gegen die Parlamentsidee stellen möchten«[57].

Einen Tag nach dieser Unterredung mit dem österreichischen Gesandten versicherte er zwar, »daß nach seinen Erkundigungen *bis jetzt* hier in Dresden der preußische Antrag auf ein deutsches Parlament nur Lachen erregt, indem man es als eine Derision ansieht, ein solches aus der Hand eines Gr. Bismarck zu erhalten«. Er setzte jedoch sofort hinzu: »Ob aber bei den deutschtümelnden Gesinnungen eines großen Teiles des sächsischen Volkes diese jetzt heitere Stimmung nicht bald in eine ernstere umschlagen könnte, dieses dürfte niemand verbürgen wollen.«[58] Drei Tage nachdem er in Dresden seine geheimen Ängste offen ausgesprochen hatte, schrieb aus Frankfurt der österreichische Bundestagsgesandte v. Kübeck, »daß die Entrüstung und der Hohn, mit welchen der Bismarcksche Antrag in der öffentlichen Meinung aufgenommen worden, nicht lange vorhalten werden«[59].

Da die Entwicklung den besorgten Diplomaten recht gab,

mußte Beust Anfang Mai feststellen, »daß die Parlamentsmanie in ganz Deutschland in großen Proportionen wachse und daß sonach jeder wirkliche oder vermeinte Versuch, ihr entgegenzutreten, dem preußischen Agitator neue Anhänger zuführe«.[60] Und in den gleichen Tagen meinte der badische Minister Baron Edelsheim, sicherlich übertreibend: »Jetzt beherrscht *Bismarck* mit seinem Parlamentsvorschlag nicht nur den Bund, sondern auch das *ganze Deutschland*.«[61]

Während die sächsische Regierung unter Beust und, allerdings aus anderen Überlegungen, die bayrische unter Pfordten es für notwendig hielten, mit der Bismarckschen Parlamentsidee zu manövrieren, erklärte der hannoversche König, halsstarrig wie immer: »Zu einem Parlamente darf es nie und nimmer kommen.«[62] Zwischen diesen Extremen bewegten sich die Reaktionen und Vorstellungen der klein- und mittelstaatlichen Regierungen. Durch Mißtrauen und Mißgunst nach allen Seiten hin – unter sich, zum eigenen Volk und auch zur österreichischen Präsidialmacht im Deutschen Bunde – entwaffneten sie sich moralisch-politisch schon vor dem Waffengang.

Am katastrophalsten für das österreichische Lager war die Tatsache, daß die Vormacht Österreich Preußen nichts Positives entgegenzustellen vermochte; sie konnte wegen ihrer inneren Struktur weder eine radikale Bundesreform noch das Prinzip bürgerlicher Nationalstaaten akzeptieren, wußte nichts dagegen zu stellen als die Bewahrung des Bestehenden.

An dieser Unbeweglichkeit war nicht der habsburgische Vielvölkerstaat an sich schuld, sondern seine Beherrschung durch die Hocharistokratie und den mit ihr verbündeten katholischen Klerikalismus. Sicherlich war auch Österreichs Hauptgegner, der preußische Staat, stärker denn je von einem antidemokratischen Kampfkabinett regiert – regiert in des Wortes striktestem Sinne; aber Bismarck hatte sich im Herbst 1865 – man denke an die Polemik seines damaligen Adlatus Wagener – vom feudalen Konservatismus und protestantischen Klerikalismus demonstrativ und endgültig losgesagt. In Österreich lief die Entwicklung gerade umgekehrt.

Noch vor Gastein, am 30. Juni 1865, wurde das Drei-Grafen-Kabinett Belcredi, Esterhazy und Mensdorff gebildet und nach Gastein, am 20. September, die Februarverfassung von 1861 »sistiert«, also eigentlich annulliert. Das war ein feudaler Staatsstreich. Habsburg zielte jetzt auf einen feudalen Föderalismus und damit auch auf einen Ausgleich vornehmlich mit der ungarischen Hocharistokratie hin. Die Feudalen und Klerikalen nutzten die Sünden des deutsch beherrschten Zentralismus unter der moralischen Verantwortung, aber doch nur fiktiven Herrschaft des ebenso eitlen wie unfähigen Quasiliberalen Schmerling[63] aus, um jetzt möglichst wirksam den Kampf gegen den bürgerlichen (wenn auch noch so bescheidenen und zurückgedrängten) Parlamentarismus und das josefinisch-aufklärerisch erscheinende Beamtentum aufzunehmen. Um Ventile zu schaffen, gestatteten die Staatsstreichler der sacht gelenkten und wirksam bestochenen Presse größere Maulfreiheit.[64]

Von den drei Grafen war der beim Kaiser einflußreiche Moritz Esterhazy, Minister ohne Portefeuille, der eigentliche Kabinettsmacher. Er war ein lässig lebender und steuerhinterziehender[65] Hocharistokrat, der noch ganz in der Vorstellungswelt der Heiligen Allianz und der alten habsburgischen Kaiserherrlichkeit lebte und wirkte; als früherer österreichischer Gesandter an der päpstlichen Kurie zur Zeit der Verhandlungen über das Konkordat hatte Esterhazy seine Zuverlässigkeit unter Beweis gestellt.

Das Haupt der neuen Regierung aber war Graf Richard Belcredi geworden, dessen Bildung und Energie ebenso gerühmt wurden wie seine Verbundenheit mit dem Adel und der Geistlichkeit. Esterhazy und Belcredi waren das hocharistokratisch-österreichische Pendant zu den junkerlich-preußischen Stockkonservativen, die eben in diesen Monaten endgültig in den Hintergrund gedrängt wurden.

Der Außenminister Graf Mensdorff-Pouilly verfügte zwar über weite internationale Beziehungen, aber begrenzte diplomatische Erfahrungen. Als Mann von europäischem Zuschnitt hatte er wenig Sympathie für die, wie er sich selbst ausdrückte, »Miserabilität« der deutschen Mittelstaaten und war durchaus zur Verständigung mit Preußen geneigt – zumal er als Offizier im Generalsrang die militärischen Kräfteverhältnisse nüchtern einzuschätzen verstand.

Als der Chef des Generalstabs, Feldzeugmeister Freiherr v. Hennikstein, im Ministerrat meinte, Preußen wisse, was es wolle, sie aber müßten sich durch andere in ihren Handlungen bestimmen lassen, rief ihm Mensdorff zu, das sei leider die Lage von Österreich.[66] Doch Mensdorffs politische Idee erschöpfte sich in dem Wunsch, der Kaiser in Wien könnte sich mit dem König in Berlin über den Sturz des innerhalb und außerhalb

Preußens verhaßten Bismarck verständigen. Das erschien seinem Wiener Gegenspieler als die Lösung der Krise, zumal Schleinitz, königlicher Hausminister in Berlin und früherer preußischer Außenminister in der »Neuen Ära«, bemüht war, mit Mensdorff in Wien über dessen Schwägerin, Gräfin Gabriele Hatzfeld-Weisweiler, einige politische Fäden zu spinnen; dabei sprach es Schleinitz unumwunden aus: »Stürzen wir den Bismarck.«[67]

Aber eine österreichische Politik, die aller Wahrscheinlichkeit nach dahin führen würde, Bismarck durch einen liberalen Minister zu ersetzen – das wiederum rief jene streitbaren Katholiken auf den Plan, die Mensdorff im Wiener Außenministerium und diplomatischen Dienst gleichsam umstellten und ihn in seiner Handlungsweise einengten. Referent für die deutschen Angelegenheiten war der Staatssekretär Freiherr v. Biegeleben, der das Recht zum unmittelbaren Vortrag beim Kaiser Franz Joseph hatte und schon deshalb als Verfasser der diplomatischen Noten seinen eigenen Außenminister in Streitfällen vor die Kabinettsfrage stellen konnte: Unterstaatssekretär Otto v. Meysenburg, katholischer Konvertit, Bruder eben des badischen Ministerpräsidenten, der in den fünfziger Jahren jenes allerdings nicht langlebige Konkordat abschloß, das unter anderem die Professoren der Universität Freiburg verpflichten sollte, alle mit den kirchlichen Grundsätzen unvereinbaren Lehren zu unterlassen.[68] Pressechef im Auswärtigen Amt war der Hofrat Max v. Gagern, der die Zeitungen, besonders die in den deutschen Staaten, zur Unnachgiebigkeit gegenüber Preußen antrieb.[69] Übrigens war auch einem Bismarck das Wirken dieser drei Katholiken nicht unbekannt; in einem Gespräch mit dem russischen Gesandten Oubril erwähnte er sie namentlich und beklagte ihren antipreußischen Einfluß auf Mensdorff.[70] Zu dieser Gruppe gehörte auch Graf Blome, Gesandter in München. Er fällte über den bayrischen Generalstabschef v. der Tann, der anfänglich Zweifel an der Schlagkraft der österreichischen Streitkräfte zu äußern wagte, ein tiefschwarzes Verdikt: »Es steckt in ihm das ganze Gift des fränkischen Protestantismus.«[71]

Die prorömische Fraktion im Außenministerium und diplomatischen Dienst arbeitete mit dem Ministerpräsidenten Belcredi zusammen. Der Chef seines Präsidialbüros war Bernhard Ritter v. Meyer; ehemals hatte er vor und während des Sonderbundkrieges, des von sieben katholischen Kantonen entfesselten Schweizer Bürgerkrieges von 1847[72], als Luzerner Staatsschreiber fungiert und durfte wegen nicht verjährten Landes- und Hochverrats nicht mehr in die Schweiz zurückkehren.

Diese Situation im Machtgetriebe des Habsburgerreichs veranlaßte Grillparzer zu der Bemerkung, daß Österreich ein zweihundertjähriger Protestantimus fehle, um seine Größe voll zur Geltung zu bringen: »Heute hat es nur Talent zur Musik und zum Konkordat.«[73] Ein solches Österreich mußten die strengen Katholiken als ihre Vormacht verteidigen – gerade in einer Zeit, da sich der Papst in seiner staatlichen Macht geschmälert und aufs höchste bedroht sah und daher die geistige Abgrenzung der katholischen Kirche und ihre disziplinarische Straffung prononcierter denn je vollzog. Es drängte sich die Frage auf, ob man denn mit dem protestantischen und liberalisierenden Preußen in Deutschland und Italien nicht ein für allemal abrechnen könne. Graf Mensdorff berichtete in einem eigenhändigen Privatschreiben an den Grafen Esterhazy Ende April kurz und bündig: »Blome, Biegeleben poussent à la guerre.«[74]

Blome wurde nicht müde, immer wieder vor Augen zu halten, daß in vielen Teilen der Monarchie der Krieg populär und die Volksstimmung in Deutschland Österreich günstig wäre. In der Tat fand die wachsende Spannung zwischen Preußen und Österreich in der Wiener Presse einen lebhaften, gegen Preußen und Bismarck gerichteten Widerhall. Selbst die gegen das Wiener Drei-Grafen-Kabinett opponierenden Kreise standen der Regierung in der deutschen Angelegenheit zur Seite. Kundigen Beobachtern schien es, als ob der Gegensatz zu Preußen alle und alles einte.[75] Im Antipreußentum konnten auch viele Slawen, kaum Magyaren, mobilisiert werden. Blome verglich diese relative Geeintheit in den deutschen und teilweise auch slawischen Kerngebieten der Habsburgischen Monarchie mit der mißtrauischen, ja teilweise geradezu aufsässigen Stimmung, die jedenfalls bis in den Mai hinein in Preußen herrschte. So konnte er mit einiger Überzeugungskraft versichern, daß ein Waffengang mit der Hohenzollernmonarchie nie so günstig für Österreich wäre wie augenblicklich.

Für Blome war nicht Bismarck, sondern der preußische Liberalismus der Hauptfeind. Nur nicht Bismarck stürzen! – das hämmerte er besonders seinem Vorgesetzten Mensdorff ein; dieser Bismarck sei zwar Österreichs hartnäckigster, aber zugleich ungefährlichster Gegner. Nach seinem Sturz könnte nur ein liberales preußisches Ministerium kommen, und ein solches »würde nicht mehr Großpreußentum, aber Kleindeutschland mit Bundesstaat und Parlament auf seine Fahne schreiben. Diesem Programme sich zu widersetzen, ist im Jahre 1866 keine Regierung in Deutschland mehr stark genug.« Das würde sich friedlich verwirklichen lassen. Blome übernahm hier – allerdings mit negativem Vorzeichen – die Argumentation der diplomatischen und höfischen Fronde in Preußen, die Bismarck stürzen wollte, und schlußfolgerte: »Kurz, ein fauler Friede erzeugt die Revolution, während der Krieg uns gerade jetzt günstigere Chancen bietet denn je zuvor.«[76] Unter Revolution verstand also Blome ein liberales Preußen, das sich durch moralische Eroberungen, also auf friedliche Weise, an die Spitze eines deutschen Bundesstaates stellen könnte.

Neben Prokesch-Osten[77], dem alten Gegenspieler Bismarcks in Frankfurt, versuchten auch solche Diplomaten wie der österreichische Gesandte in Stuttgart, Freiherr v. Handel, Mensdorff zu überzeugen, »daß es ohne Krieg und ohne glücklichen Krieg um Österreichs Großmachtstellung unwiderruflich geschehen ist«[78].

Wenn nun auch noch der Berliner Gesandte Graf Károlyi alle Hoffnungen auf einen friedensichernden Zwiespalt zwischen dem König Wilhelm und Bismarck zunichte machte, war es verständlich, daß Mensdorff Ende April stöhnte: »Man treibt von allen Seiten zum Krieg.«[79] In den regierenden Kreisen Wiens und Berlins war zu vernehmen: Nur kein Olmütz wieder! Das lief auf das hinaus, was Blome schließlich am 29. Mai am offenherzigsten aussprach: »Krieg, wir brauchen Krieg, nur Krieg.«[80] So dachte auch sein Verhandlungspartner von Gastein, Bismarck – und handelte danach. Wien und Berlin taten ihr Möglichstes, um den Krieg unvermeidlich zu machen.

Von österreichischer Seite aus ging es um den Krieg gegen die preußische Revolution von oben wie auch gegen die gesamtdeutsche Revolution von unten; es ging um Entscheidungen, die die kommenden Jahrzehnte bestimmen würden. Elementare und umfassende Machtinteressen drängten hier zum Austrag; ihr indirekter Ausdruck waren jene politisch-emotionalen Kriegsmotive, von denen sich die habsburgischen Minister leiten lassen mochten. Das vielzitierte Zarenwort, daß man in Wien »zum Krieg resigniert« war, traf zwar die subjektiven Äußerungen, aber nicht die objektiven Sachverhalte von 1866. Diese beurteilten die verschiedenen Minister zunächst einmal von ihrem Ressortstandpunkt. Darum meinte Belcredi, daß die inneren Schwierigkeiten Österreichs nur durch einen Krieg zu überwinden seien, und gab damit den öffentlich ausgesprochenen Behauptungen Bismarcks recht.[81] Der Finanzminister Graf Larisch machte eine recht zynische Rechnung auf: Man brauche in den nächsten Monaten fünfhundert Millionen preußischer Kriegskontributionen oder, nach einer Niederlage, einen anständigen Bankrott. Am ehesten zielte Esterhazy, der Minister ohne Portefeuille, in seiner lässig-frivolen Art auf den Kern der Sache: Nach der ersten Schlacht werde sich leichter unterhandeln lassen.[82]

Das Desperat-Abenteuerliche österreichischer Minister entging auch nicht dem Herzog von Koburg, der den Wiener Hof genau kannte und schrieb, daß die Minister auf ihn mehr den Eindruck von Spielern als von Staatsmännern machten.[83] Die Massen nahmen solche Erscheinungen zwar nicht so bewußt wahr, ihr Empfinden aber lenkte sie in ähnlicher Weise und untergrub Habsburgs Ansehen. Auch Karl Marx im fernen London bemerkte die »außerordentliche Verkommenheit der Habsburger«.[84]

Österreichs entscheidende Schwäche lag in seinen konservativen Kriegszielen. Während das Bismarcksche Preußen durch den Krieg die Revolution von oben anstrebte und gerade dadurch die Revolution von unten verhindern wollte, kämpfte die katholische Vormacht Österreich bestenfalls für einen modifizierten status quo; Preußen wollte den territorialen Kernbestand der Habsburgmonarchie nicht antasten; die österreichische Führung hingegen war sich darin einig, daß Preußen im Falle eines österreichischen Sieges zumindest in seinen rheinischen, schlesischen und gegen Sachsen grenzenden Gebieten empfindlich beschnitten werden müßte.[85]

Preußen hatte im Geheimvertrag vom April Italien die Möglichkeit eröffnet, sich die Provinz Venetien durch eigene Anstrengungen anzugliedern; Österreich dagegen schloß am 12. Juni einen Geheimvertrag mit Frankreich ab, das im Falle seiner Neutralität gleichfalls Venetien erhalten sollte.[86] Damit wurde Napoleon ein Faustpfand zugestanden, das es ihm möglich machte, die Bedingungen zu diktieren, unter denen er Venetien an Italien weitergeben würde. Er konnte also das Ausmaß der nationalstaatlichen Einigung in Italien, vor allem in Hinblick auf den päpstlichen Kirchenstaat, begrenzen und sich seine Einmischungsrechte in italienische Angelegenheiten sichern. Nach dieser Geheimabmachung über Venetien mußten die österreichischen Soldaten in Oberitalien für eine Sache kämpfen, die bereits aufgegeben war; nicht einmal ihr Oberbefehlshaber wußte, was eigentlich gespielt wurde. Sich selbst brachte die österreichische Diplomatie in die beschämende Lage, von Napoleon jederzeit bloßgestellt werden zu können.

Die Habsburger verzichteten auf alle jene Forderungen nach Bundesreform, die Reminiszenzen von 1848/49 hätten wecken können; aber dies kostete sie die Chance, die relativ günstige Stimmung im Volk auszunutzen und ein Bündnis mit dem Liberalismus einzugehen. Der moralisch-emotionale Impetus Habsburgs im Kampf gegen Preußen war ein historisch rückwärtsgewandter Haß.

Die Volksbewegung. Preußen am Vorabend des Krieges

Nachdem Otto v. Bismarck am 9. April 1866 die Einberufung eines gesamtdeutschen Parlaments vorgeschlagen hatte, gerieten die Liberalen in einen heillosen Widerspruch. Sie konnten und wollten Bismarck in einem Moment, da dieser daran ging, die nationalpolitischen Wünsche des Bürgertums zu erfüllen, nicht mit einer energischen Opposition gegen den Krieg in den Arm fallen; andererseits konnten sie sich ihm, der immer noch gegen die Verfassung regierte und höchst unpopulär war, nicht offen und bedingungslos anschließen. Das Volk gegen ihn zu mobilisieren, war nach wie vor nicht in ihrem Sinne. So war die preußische Fortschrittspartei, die stärkste liberale Partei in Deutschland, zu einer klaren Position nicht mehr fähig; ihr Zentralkomitee hatte sich ohnehin seit 1865 ausgeschwiegen.

Für die Liberalen galt es jetzt, den sich abzeichnenden Krieg zwischen Preußen und Österreich mit einiger Umsicht und Vorsicht zu nutzen. Es gab ja noch genügend Ressentiments und echte Bedenken diesem Bismarck gegenüber. Immer noch und immer wieder waren die Liberalen von Zweifelsfragen geplagt. Steckten hinter Bismarcks offiziell proklamierten Zielen nicht irgendwelche Teufeleien? Hatte der in Ostelbien verwurzelte Junker nicht am Ende in geheimen Absprachen mit Napoleon III. linksrheinische Gebiete geopfert? Der Vertrauensschwund, den die Liberalen seit einigen Monaten erlitten hatten, war im April/

Mai 1866 unverkennbar; schon deswegen hatten sie darauf zu achten, ihn nicht zur politischen Katastrophe werden zu lassen. Sie mußten sich auf Sieg oder Niederlage Bismarcks einstellen und im Auge behalten, im Falle des Bismarckschen Sieges doch noch mit ihm wie von Macht zu Macht zu reden oder – sollte er eine Niederlage erleiden – der preußischen Regierung gegenüber mit den revolutionierten Massen zu drohen.

Aus dem Parallelogramm der sich kreuzenden oder überlagernden Willensbestrebungen und -hemmungen der Liberalen entstand die Losung: Neutralität der Mittel- und Kleinstaaten im Kriege zwischen den beiden Großmächten. In einer auf dem liberalen Abgeordnetentag in Frankfurt am Main am 20. Mai beschlossenen Resolution leiteten die großen Worte gegen Bruderkrieg nur dazu über, die Mittelstaaten von einem Zusammengehen mit Österreich abzuhalten. Mit gutem Grund konnte der liberale Publizist Wehrenpfennig Heinrich v. Treitschke beruhigen: »Sie dürfen sich durch die Umhüllung des Ausschußantrags nicht irre machen lassen, der Kern – die Neutralität – war durchaus im preußischen Sinne gemeint.«[87] Die Neutralitätsforderung der Liberalen unterstützte indirekt Preußen. Sie war geeignet, teils die Mittelstaaten vom gemeinsamen Kampf mit Österreich abzuhalten, teils die latente Kampfkraft der Volksmassen in Reserve zu halten.

Wieder einmal wurde in einer akuten Gesellschafts-, Staats- und dazu noch Wirtschaftskrise der tragische Widerspruch zwischen dem politischen Willen der Bourgeoisie und dem objektiven Können der Arbeiterklasse offenkundig; jene wollte nicht mehr der Hegemon einer bürgerlich-demokratischen Revolution sein, und diese konnte es noch nicht.

Drei Interessensphären der Arbeiterklasse kommunizierten zwar miteinander, wurden aber keineswegs immer gleichzeitig und auf gleiche Weise politisch bewußt und organisatorisch wirksam. Da gab es die von den unmittelbaren Nöten der Industrialisierung diktierten ökonomischen Tagesinteressen; dann die politischen Interessen, die sich durch die objektive Möglichkeit einer bürgerlich-demokratischen Revolution aufdrängten; schließlich die politischen Perspektivinteressen, die auf den Sozialismus hinwiesen. Allein schon die Streikkämpfe des Jahres 1865 hatten beachtliche Teile nichtlassalleanischer Arbeiter dem Liberalismus entfremdet.

Wer aber sollte die von der Fortschrittspartei enttäuschten Arbeiter führen? Von allen besitzenden Klassen waren die konservativen Junker am wenigsten dazu geeignet. Bismarck war bei näherem Umsehen auf die Lassalleaner und auf einige mit diesen verbundene Demokraten angewiesen. Hatte er doch schon Anfang der fünfziger Jahre erkannt, daß diejenigen, die einen einseitigen Kampf gegen das Bürgertum führten, zu gegebener Zeit sehr wohl seine Verbündeten werden könnten. Als er schließlich Anfang 1866 in Geheimberichten erfuhr, daß sich der lassalleanische »Social-Demokrat« in verzweifelten Geldschwierigkeiten befand,[88] war es bei Bismarcks politischem Stil naheliegend, sich dieses Organ durch entsprechende Geldmittel zu verpflichten. In der Tat ist es heute erwiesen, daß J. B. v. Hofstetten, der Mitherausgeber und Mitbesitzer des »Social-Demokrat«, am 6. April 1866 von Bismarck ein unverzinsliches Darlehen von 2500 Talern erhielt. Dies geschah in ebenden Tagen, da Bismarck mit seinem Parlamentsantrag vor die deutsche und internationale Öffentlichkeit trat.

Johann Baptist v. Schweitzer, der Chefredakteur des »Social-Demokrat« und führende Kopf der Lassalleaner, konnte bereits im Gefängnis, aus dem er sehr bald entlassen wurde, seine mit äußerstem Geschick geschriebenen Artikel zugunsten Bismarcks verfassen. Die Quintessenz ihrer Demagogie lag in folgendem: Die liberale Bourgeoisie sei »absolut unfähig«, und ihre »bodenlose Ohnmacht« läge offen zutage.[89] Natürlich war die Bourgeoisie keineswegs ohnmächtig, nicht einmal so schwach, daß Bismarck auf sie keine Rücksicht hätte nehmen müssen. Es war darum pure Großsprecherei, wenn Schweitzer wiederholt erklärte, daß Bismarcks Parlaments- und Wahlrechtsantrag (vor allem mit seinen antihabsburgischen und nationalpolitischen Zielstellungen) »eine Konzession nicht an die liberale Bourgeoisie«[90], sondern an den Allgemeinen Deutschen Arbeiter-Verein gewesen sei – ausgerechnet an jenen ADAV, der gerade damals mit nur knapper Not der inneren und äußeren Auflösung entging. Gerade weil Bismarck möglichst viele Gegengewichte zum Bürgertum brauchte, tat er das Seine, um den lassalleanischen ADAV vor dem Untergang zu retten.

Weil er alle antibismarckschen Bündnisse verhindern wollte, ließ Schweitzer auch keine »Kompromisse mit einer sogenannten ›Volkspartei‹ oder andern Elementen« zu. Die »andern Elemente« waren natürlich solche Politiker wie Wilhelm Liebknecht und August Bebel. Wenn es damals für eine Arbeiterpartei an-

August Bebel (1840–1913)
Als 27jähriger Arbeiterpolitiker bereits im konstituierenden Norddeutschen Reichstag. Bebel verteidigte am 25. Mai 1871 im Deutschen Reichstag leidenschaftlich die Pariser Kommune und erklärte, daß dieser Kampf »nur ein kleines Vorpostengefecht ist, daß die Hauptsache in Europa uns noch bevorsteht«.
Bismarck im Reichstag am 17. September 1878: Seine Stellung zu der sozialen Frage habe sich von dem Augenblick an verändert, »wo in versammeltem Reichstag ... ich weiß nicht, war es der Abgeordnete Bebel oder Liebknecht, aber einer von diesen beiden, in pathetischem Appell die französische Kommune als Vorbild politischer Einrichtungen hinstellte und sich selbst offen vor dem Volke zu dem Evangelium dieser Mörder und Mordbrenner bekannte.«

geblich keine Bündnismöglichkeiten gab, dann stand, wie Schweitzer es formulierte, die Frage, ob Preußen oder ob Österreich in Deutschland herrschen solle; ein Drittes sei »in

Deutschland in diesem Augenblick und bis auf weiteres nicht mehr möglich«. Um es gleichsam unüberhörbar zu machen, wiederholte er es kurz danach: »Nur zwei streitende Teile von entscheidendem Gewicht sind in diesem Augenblick in Deutschland vorhanden: Österreich und Preußen.«

Ganz anders war die moralisch-politische Haltung in jenen Arbeiterkreisen, die unter dem Einfluß von Wilhelm Liebknecht und August Bebel standen. Auch sie traten für eine Trennung der Arbeiter von der Fortschrittspartei ein. Aber gerade weil die politisch bewußtesten Arbeiter nach Unabhängigkeit trachteten, mußten sie die Frage klären, wie sie ihr Verhältnis zu den immer noch oppositionellen Bürgern weiterhin gestalten sollten. Zusammen mit dem ehemaligen Lassalleaner Julius Vahlteich waren sie der Meinung, »daß man den Haß gegen die Bourgeoisie zunächst auf das richtige Maß« zurückführen müsse.[91]

In Sachsen vor allem erreichten die Volksversammlungen Teilnehmerzahlen, die in die Tausende gingen. Liebknecht, politischer Vertrauensmann von Karl Marx, und Bebel, damals schon auf dem Wege zum Sozialismus, beschränkten sich – darin mit Vahlteich einig – auf revolutionär-demokratische Argumente. Aber gerade dadurch schufen sie sich zugleich Möglichkeiten für ihre spätere sozialistische Agitation.

Nicht nur in Sachsen, auch im Rheinland und in Süddeutschland gärte es. Dort hatte die Volksbewegung durch die Befürchtung, Bismarck könnte Napoleon linksrheinische Gebiete opfern, zusätzlichen Auftrieb erhalten. Oft konnte man die Bewegung der Arbeiter von der der kleinbürgerlichen Massen nicht trennen. Im Rheinland entstanden besonders bei der Einberufung der Landwehr kurz vor Kriegsausbruch Tumulte; Arbeiter nahmen auf den Straßen eine drohende Haltung ein. Symptom der Erregung der Massen war das am 7. Mai 1866 verübte Attentat eines süddeutschen Studenten auf Bismarck.[92]

Zur allgemeinen politischen Krise kam die Wirtschaftskrise, die sich zwar seit einiger Zeit angekündigt hatte, aber sich jetzt im Mai fast schlagartig ausbreitete.

In Berlin gab es Mitte Mai 10 000 Erwerbslose, in Mannheim 1000; auch in solchen Städten wie Frankfurt am Main nahm die Arbeitslosigkeit immer größere Ausmaße an. Die Hüttenwerke des Saargebietes entließen 700 Arbeiter auf einmal. In Schlesien waren schon Anfang Mai zwei Kompanien gegen Arbeiterunruhen eingesetzt worden. Ein damals bekannter Demokrat, Wilhelm Angerstein, schrieb im »Deutschen Wochenblatt«, daß nach dem Attentat in Berlin eine »gewitterhafte Stimmung« herrsche, die vor allem durch den allgemeinen Notstand der Arbeiter verursacht werde. Tatsächlich zogen in Berlin Anfang Juni Erwerbslose an mehreren Tagen demonstrierend durch die Straßen und vor das Rathaus. Ihre potentielle Kraft konnte jedoch durch das Fehlen einer erfahrenen und ganz Deutschland umfassenden Partei noch nicht in zielbewußte und koordinierte Aktionen umgesetzt werden, blieb also einer rasch ermattenden Spontaneität überlassen.

Selbst Bebels und Liebknechts unermüdliche Tätigkeit vermochte nicht nachzuholen, was von der Gesamtheit der kleinbürgerlichen Demokraten unterlassen worden war. Gewiß haben diese in den April- und Maiwochen 1866, da jede politische Partei vor unmittelbaren Entscheidungen stand, gleichsam in letzter Minute versucht, eine gesamtdeutsche Parteiorganisation aufzubauen, um auf das Volk stärker einwirken zu können, woran sich führend selbst die erzföderalistischen Demokraten Württembergs beteiligten. Aber es war zu spät.

Die Demokraten waren in aktuellen Fragen weiter zerstritten, so in der Stellung zum Bismarckschen Parlamentsvorschlag, auch in der Frage von Krieg und Frieden und bei der Alternative Österreich oder Preußen. Schon der Verzweiflung nahe, traten Anfang Juni süddeutsche Demokraten, repräsentiert in solchen Blättern wie »Das Deutsche Wochenblatt«, der »Beobachter« und die »Frankfurter Reform«, aus ihrer bisherigen neutralen Haltung gegenüber den beiden deutschen Großmächten heraus und sprachen sich für einen Krieg an der Seite Österreichs aus. Das mit tollkühner Naivität ins Auge gefaßte Bündnis zwischen Demokratie und Habsburgertum barg einen unlösbaren Widerspruch in sich. Nicht nur die Forderung der Demokraten nach Einberufung einer konstituierenden Nationalversammlung schockierte Wien, sondern auch ihre Erklärung, eine Niederlage Preußens müßte »die Erhebung des preußischen *Volkes,* die *Revolution*«[93] zur Folge haben, mußte die Hofburg abschrecken.

Das Fehlen einer organisierten Führung im demokratischen Lager wirkte sich verhängnisvoll auf die Aktionen in diesen Wochen aus. Bebel stellte noch am Ende seines Lebens fest: »Aber da keine klare und zielbewußte Führung vorhanden war, zu der man Vertrauen hatte, auch keine mächtige Organisation bestand, die die Kräfte zusammenfaßte, verpuffte die Stimmung.

Nie verlief resultatloser eine im Kern vortreffliche Bewegung.«[94]

Was hier niedergeschrieben wurde, war keine revolutionäre Nostalgie eines alten Kämpen, ebensowenig wie die zahlreichen Hinweise der Diplomaten vom Frühjahr 1866 auf die Revolutionsgefahr als denunziatorische Halluzinationen abgetan werden können. Auch genügt es nicht, Bismarcks Bemerkung, es sei besser, die Revolution selber zu machen als zu erleiden, als geistreichen Einfall amüsiert zu zitieren. Was oben in Regierungskreisen gesagt wurde, stand mit dem, was sich unten im Volk tat, in Zusammenhang. Diesen zu übersehen, wäre unhistorisch. Preußen war eben gerade deswegen Österreich politisch überlegen, weil es eine positive Antwort auf wichtige nationalrevolutionäre und demokratische Aspirationen geben konnte; es mußte sie auch geben, wenn anders es die verschiedenen Volksschichten, die sich um demokratische Selbstbestimmung bemühten, am Ende nicht zu revolutionären Aktionen zwingen wollte. Bismarcks freier Wille war an die historischen Gegebenheiten und Tendenzen seines Landes und seiner Zeit gebunden.

*

Der äußeren Zersplitterung und inneren Zerrissenheit der oppositionellen Kräfte stand die in Willen und Organisation weit konzentriertere Macht des Bismarckschen Staates gegenüber, der den antihabsburgischen Krieg und damit die Revolution von oben in Szene setzte. Natürlich war auch Preußen in dieser Entscheidungssituation nicht frei von Friktionen; die alte diplomatische und höfische Fronde wurde wieder rege. Personell und konzeptionell bestand sie in ihrer Mehrheit aus Männern der früheren »Wochenblatt-Partei«. Ihr Haupt und präsumtiver Nachfolger Bismarcks war der preußische Botschafter in Paris, Robert Graf v. d. Goltz. Er und der preußische Botschafter in London, Graf v. Bernstorff, waren zwar nicht prinzipiell gegen einen antihabsburgischen Krieg, wollten ihn aber unter den gegebenen Umständen vermeiden, weil – wie Goltz am 26. März 1866 an Bernstorff schrieb – »ihn die jetzige Regierung mit größeren Gefahren zu führen und weniger Aussicht auf politische Erfolge, namentlich in der deutschen Frage, haben würde als jede andere«[95]. Zwei Monate später wurden beide Diplomaten noch heftiger. Bernstorff schrieb von der »wahnsinnigen Bismarckschen Politik« und stellte die rhetorische Frage: Wie »sollen wir einen solchen Vernichtungskampf bestehen ohne Frieden im eignen Lande, gegen den Willen der ungeheuren Mehrheit des eignen Volkes mit der widerwilligen und großenteils widerspenstigen Landwehr und Reserve?«[96]

Die diplomatische Fronde war der Überzeugung, daß man ohne einen Systemwechsel in Preußen die deutsche Frage nicht mit Aussicht auf Erfolg lösen könne und daß ein solcher Systemwechsel wiederum ohne einen vollständigen Personenwechsel unmöglich sei. Das konnte aber nur bedeuten, den König von neuem auf ein liberales oder liberal-konservatives Kabinett zu orientieren. Hier lag der schwache Punkt der Frondeure. Offensichtlich erkannte dies Bernstorff, denn er lehnte es Mitte April ab, an Bismarcks Sturz mitzuarbeiten. Er hielt einen Minister- und ostensiblen Systemwechsel angesichts des habsburgischen Gegners für unmöglich und suchte jetzt in erster Linie einen Krieg zu verhindern. Doch auch darin steckte eine Fehlrechnung; Österreich konnte in dem fortgeschrittenen Stadium seiner Rüstungen Preußen keinen Frieden gewähren, ohne daß es Zukunftsgarantien gegen eine grundlegende Bundesreform erhielt. Wer aber auf preußischer Seite diese Garantie gewähren würde, verspielte jede Unterstützung durch das liberale Bürgertum. In Erkenntnis dieser Zusammenhänge steuerte Bismarck resolut die Bundesreform an – ohne Krieg, wenn es möglich war, mit Krieg, wenn es sein mußte. Er wußte, daß das erstere unwahrscheinlich, das letztere so gut wie sicher war. Des militärischen Sieges war er sich gewiß. Aber konnte er auf den politischen Sieg gegen seine internen Widersacher vertrauen? Hier galt es auf jeden Fall illusionslos zu sein.

Ganz ungeniert bemerkte Bismarck im April dem italienischen Gesandten Graf Barral gegenüber, die ganze preußische Diplomatie arbeite gegen seine Projekte.[97] Er hat dabei kaum übertrieben. Die breite Fronde gegen ihn konnte er unmöglich auf die leichte Schulter nehmen, zumal sie über zahlreiche Verbindungen zum Hofe – zur Königin, zur Königin-Mutter, zum Kronprinzen, zum früheren Außenminister und damaligen Hausminister Graf v. Schleinitz – und über gesellschaftliche Beziehungen verfügte, nicht zuletzt durch Immediatberichte an den König, die Bismarck besonders auf die Nerven gingen. Die Hofclique intrigierte und konspirierte ebenso eifrig wie angstgepeinigt. Mitunter korrespondierten die höfischen Intriganten miteinander nicht ohne Mahnung, ihre Briefe als »corpora delicti« sogleich zu vernichten.[98]

Der Macht der diplomatischen, höfischen und zum Teil auch ministeriellen Fronde waren jedoch bei allen Schwierigkeiten, die sie Bismarck machen konnte, aus drei Gründen Grenzen gesetzt: Einmal waren Bismarcks Opponenten viel zu bewußt preußisch, um eine Krise des Staates zu riskieren. Zweitens waren sie, soweit sie im diplomatischen Dienst standen, immerhin Bismark unterstellt, auftragsgebunden und von ihm zu kontrollieren. Drittens stießen sie im Kampf um die Entscheidung des Königs immer auf die Macht des preußischen Militärapparats, dessen Schlüsselfigur, der Kriegsminister Roon, bedingungslos und überzeugungsstark für Bismarck eintrat.

Was später der Generalstab werden sollte, war damals noch das Kriegsministerium: die entscheidende Institution des preußischen Militärwesens. Es ist, als ob aus Roon Bismarck spräche, wenn er Ende April seinem Freund Perthes schreibt: »In Wien läge man jetzt schon auf dem Bauch, wenn man sich nicht vorlöge, unser ›innerer Konflikt‹ und die damit zusammenhängenden Friedensresolutionen machten uns den Krieg unmöglich. Selbst die Demokratie fängt an dies einzusehen und sich zu schämen. Der Krieg ist unvermeidlich, wenn Habsburg sich nicht beugt, es handelt sich nur noch um den Moment des Ausbruchs, und wir haben bei jeder Zögerung nur zu verlieren; dennoch darf man nichts brüskieren.«[99]

Sicherlich waren manche Generale und Gardeoffiziere aus konservativem Fühlen und Denken heraus gegenüber einem Krieg mit Österreich noch »sehr lau«, wie Vertrauensmänner Ludwig v. Gerlachs im Mai 1866 feststellten.[100] Entscheidend aber für Bismarck war dies: Zum Kriegsminister Albrecht v. Roon gesellte sich nach anfänglichem Schwanken auch der Generalstabschef Helmuth v. Moltke und bereitete die militärischen Operationen vor. Schließlich konnte als Dritter im Bunde der erzkonservative Edwin v. Manteuffel für den Kriegskurs gewonnen werden, immerhin der Militärgouverneur in Schleswig-Holstein, einem unmittelbaren Krisenherd. Faktisch hatten die drei Generale Befehlsgewalt über die gesamte preußische Armee. Ihr formeller Oberbefehlshaber, der König, konnte sich von ihnen weder nach seiner Mentalität noch der Machtkonstellation nach trennen; der Herr einer Institution ist zugleich ihr Knecht.

Mochte der König bis in die letzten Wochen vor dem Krieg schwankend gewesen sein, konnte auch immer wieder seine monarchische Solidarität für Kaiser und Fürsten angesprochen werden, im Entscheidenden überwog doch sein simples Preußenbewußtsein. Darum wurde die diplomatische und höfische Fronde immer unsicherer; Ludwig v. Gerlach, der rocher de bronze des erzkonservativen Legitimismus, mußte nach seinem Besuch in Berlin Ende Mai feststellen: »Aber die zahlreiche und bis in die obersten Regionen hinaufreichende Friedenspartei ist unentschlossen, ohne Zusammenhang und nicht weit davon ..., die Nachtmützen über die Augen und Ohren zu ziehen und auf seufzendes Einstimmen sich zu beschränken.«[101] Ihr Kampf um den König war verloren, bevor er begonnen.

Zusammen mit Bismarck pflegten Roon und Moltke ihre politischen Verbindungen zu den Altliberalen, den rechten Liberalen außerhalb der Fortschrittspartei und dem Gros der Konservativen, die sich von den christlich-legitimistischen Doktrinären vom Schlage eines Gerlach immer mehr trennten. Altliberale und Konservative wurden in diesen schicksalsträchtigen Monaten des Jahres 1866 Bismarcks stärkste Stützen außerhalb des Staatsapparats.

Unter den Altliberalen war Theodor v. Bernhardi in den April- und Maitagen besonders agil. Nachdem er aus eigenem Antrieb für Moltke sogar einen Operationsplan gegen Österreich ausgearbeitet hatte, bot er, gleichfalls aus eigener Initiative, an, nach Hannover zu reisen, um mit Bennigsen, dem Führer des liberalen Nationalvereins, zu reden. Bismarck akzeptierte das und entwickelte Bernhardi gegenüber etwa die gleichen Gedanken wie seinerzeit, 1859, in der Unterhaltung mit dem Liberalen Unruh. Wie damals lief es auf ein Angebot an die Liberalen hinaus, mit ihm in der Frage der Bundesreform und des Kampfes gegen Österreich zusammenzuarbeiten. Allerdings sprach jetzt nicht mehr ein preußischer Gesandter ohne offiziellen Auftrag, sondern der verantwortliche Ministerpräsident, der mitten in einem historischen Entscheidungskampf stand.

Frisch instruiert und von Bismarck überzeugt, versuchte Bernhardi dem zweifelnden Bennigsen beizubringen: »Ja! er (Bismarck – E. E.) kann Krieg führen, zweifeln Sie daran nicht; ich will Ihnen sogar noch mehr sagen: nicht allein kann Bismarck ihn führen, sondern gerade nur ER kann; ein liberales Ministerium, wenn es sonst in diesem Augenblick möglich wäre, könnte nicht! Ein solches Ministerium würde nimmermehr den Widerstand der österreichisch gesinnten Partei in der persönlichen Umgebung des Königs – den Widerstand der Königin-

Witwe und ihres Anhangs – den Widerstand der Augustenburgischen Agenten besiegen, die sich bei uns in einflußreichen Kreisen eingenistet haben. An diesem vielfachen Widerstand würde ein liberales Ministerium scheitern; es könnte nicht Krieg führen und müßte uns nach Olmütz bringen. Gerade deshalb muß Bismarck jetzt unterstützt und gehalten werden.«[102]

In der Tat, eine liberale Regierung – wenn sie überhaupt realisierbar gewesen wäre – konnte mit Österreich weder Krieg führen noch auf Sicherung des Friedens sich verständigen. Das letztere wäre nur unter der Bedingung möglich gewesen, daß sie gerade auf die Forderung der liberalen Bürger nach nationalstaatlicher Einigung über den Weg der Bundesreform verzichtet hätte. Das Menetekel der Olmützer Punktation, der Unterwerfung Preußens unter das österreichisch-russische Diktat von 1850 – das alles tauchte wahrhaftig wieder auf.

Hinter all diesen taktischen Überlegungen stand die allgemeine Revolutionsfurcht. Gleichsam in Vorbereitung des Gesprächs mit Bismarck und Bennigsen suchte Bernhardi auch Roon auf, um ihm hilfswillig zu versichern: »Jetzt kommt es darauf an, daß Herr v. Bismarck seine Stellung behauptet und seine Politik durchführt. Wenn er zurücktreten muß, und in der äußeren Politik nachgeben wird, dann treiben wir haltungslos auf die Revolution zu.«[103] Mit fast den gleichen Worten drückte sich Bernhardi gegenüber Bismarck selbst genauso besorgt wie aufmunternd aus.[104]

Nirgends in diesen Gesprächen findet sich ein Anhaltspunkt dafür, daß Bismarck diesen Zusammenhang nicht gesehen oder ihn gar geleugnet hätte. Nach einem Brief an Goltz vom 30. März 1866 zu urteilen, schien er die Revolutionsgefahr allerdings nicht allzu ernst zu nehmen: »Die ganze Aufregung und Opposition im Lande halte ich für eine oberflächliche, von den oberen Schichten der Bourgeoisie getragene, im Volke durch unhaltbare Zusagen vorübergehend genährte. Im Moment der Entscheidung stehn die Massen zum Königtum, ohne Unterschied, ob letzteres sich gerade einer liberalen oder einer konservativen Strömung hingibt.«[105] Dahinter steckte die Frage, ob die Zugeständnisse an die Liberalen im preußischen Verfassungskonflikt noch vor oder nach der Auseinandersetzung mit Österreich zu machen seien. Bismarck war im Unterschied zu Goltz und der ganzen liberalisierenden Diplomatenfronde davon überzeugt, daß er die innere Situation durchstehen könne bis zu einem erfolgreichen Krieg und dann von einer gesicherten Position aus den Liberalen nicht nur moralisch-politische Genugtuung im Verfassungskonflikt, sondern auch in der nationalen Frage verschaffen könne.

In dieser Frage der politischen Priorität, die letzten Endes eine Machtfrage war, wurde Bismarck von solchen Altliberalen wie eben Bernhardi durchaus unterstützt. Dieser faßte seine dezidierte Ansicht, die sich sowohl gegen die sogenannte öffentliche Meinung wie gegen die nichthohenzollernschen Dynastien richtete, in einem Gespräch mit dem Kronprinzen folgendermaßen zusammen: »Ich will durchaus nicht sagen, daß es nicht eine sehr schöne Sache und in hohem Grade wünschenswert wäre, die öffentliche Meinung für sich zu haben –: aber die Einheit Deutschlands ist eine *Frage der Macht.* Den Geist der Dynastien kennen E. K. H. so gut wie ich; die Dynastien haben in ihren organisierten Machtmitteln, in ihren organisierten Armeen und Finanzen, in der Verwaltung, die ihnen dienstbar ist, große Mittel des Widerstandes – und sie fügen sich gewiß nicht ohne Widerstand.«[106] Die langjährige Parole von den moralischen Eroberungen war also gegenüber den klein- und mittelstaatlichen Dynastien nicht mehr aufrechtzuerhalten; deren Macht mußte geschwächt oder gebrochen werden durch das Volk oder durch dynastische Vormacht. Wer, wie der Liberalismus, die Revolution nicht wollte, mußte die preußische Vormacht, willig oder unwillig, teils als Instrument bei der Durchsetzung der nationalstaatlichen Einigung, teils als Vormund bei der konkreten Gestaltung der politischen Verfassungs- und Machtverhältnisse akzeptieren.

Altliberale und Rechtsliberale unterschieden sich darin, daß jene Bismarck vorbehaltlos und aktiv, diese ihn aber mit Rücksicht auf die öffentliche Meinung nur mit Vorbehalten und indirekt unterstützten. Das drückte der Altliberale Max Duncker in einem Brief an Baumgarten sehr plastisch aus: »Bennigsen, Oetker und wie viele andere wünschen nichts sehnlicher als Bismarcks Erfolg und doch können sie nicht unterlassen, ihm den Knüppel zwischen die Beine zu werfen.«[107] Duncker zog aus seiner politisch-taktischen Auffassung die praktische Schlußfolgerung und gab seinen Posten als Vortragender Rat beim Kronprinzen auf, der mit der Diplomatenfronde sympathisierte. Er stellte sich Bismarck zur Verfügung und wurde während des Krieges Zivilkommissar zuerst in Kassel, dann in Hannover. Bernhardi übernahm schon im Mai für Bismarck eine militärisch-diplomatische Mission nach Italien. Diese Gruppe der altliberalen Bismarck-Protagonisten bezeichnete F. A. Lange als »Partei der Kapitalisten«.[108]

Anders stand es mit der Partei der Junker, den Konservativen. Am 1. April 1866 schrieb der »Bote vom Niederrhein« über zwei verschiedene Strömungen, »die wir kurzweg die Bismarcksche und die feudale nennen wollen«. Die feudale Partei, so meinte der »Bote« weiter, »möchte ohne Zweifel, daß man sich mit Österreich so bald als möglich vertrüge und dagegen die schöne Gelegenheit des Kriegslärms benützte und mit der Verfassung, Volksfreiheit und dergleichen kleinen Störungen der konservativen Weltordnung ganz barbarisch aufräumte. Dagegen scheint uns die eigentlich Bismarcksche Politik noch immer auf einen wirklichen Krieg abzuzielen. Behält diese Richtung noch vier Wochen die Oberhand, so hat sie definitiv gesiegt, denn nach vier Wochen beständiger Rüstung wird der Krieg, nach dem Urteil aller Sachverständigen, unvermeidlich.« Die Bismarcksche Richtung innerhalb der konservativen Partei behielt wahrhaftig die Oberhand und wurde im Mai und Juni in ebendem Maße ausgeprägter, wie sich die Anhänger eines Ludwig v. Gerlach hoffnungslos isolierten.

Unmittelbar nach dem Bismarckschen Parlamentsvorschlag schrieb Graf Adolph v. Kleist, Vizepräsident des berüchtigten Obertribunals, »in Verzweiflung« an Gerlach: »Was sagen Sie zu dieser Wendung von Bismarck? Anrufung der Volkssouveränität!! Bildung einer Konstituante!! ... Unsere Alliierten: nur die Revolution in all ihren Nuancen. Wir sind hier alle vollkommen vor den Kopf geschlagen.«[109] Selbst Ludwig v. Gerlach und erst recht Hans v. Kleist-Retzow hielten es für angebracht, Bismarck von dem Vorwurf, er wolle ein konstituierendes Parlament einberufen, freizusprechen. Doch die »feudale Partei« um Gerlach war entsetzt vor dem verwegen Demagogischen und vor dem Rufe nach Geistern, die man vielleicht nicht mehr los würde. Und eine der »Nuancen« der Revolution war in den Augen der Feudalen – sogar mit einigem Recht – der bürgerliche Liberalismus.

Ähnlich wie die Diplomatenfronde grübelte auch die Gruppe um Gerlach, wie sie den König gewinnen könnte. Bindewald, der schon auf sehr gewagten Intrigantenpfaden wandelte, schrieb am 6. Mai 1866, einen Tag vor dem Attentat auf Bismarck, an Gerlach: »Gelingt es nicht, den König gegen Bismarck zu stärken, so wird das Äußerste schwer abzuwenden sein, da jener im letzten Moment und auf die Drohung des Rücktritts diesem immer nachgibt.« Und in einer Nachschrift abends 21 Uhr ergänzte er noch: Mit Bodelschwingh, dem Finanzminister, »eine lange und eingehende Besprechung gehabt, die bestätigte und belegte, was ich längst angenommen, daß Bismarck den Krieg *will.* Roon unterstützte ihn darin unbedingt und beide hielten den König mit dem Gerede von der Ehre und Würde Preußens etc. dergestalt umstrickt, daß es fast nicht möglich sei, gegen sie und ihren Einfluß anzukommen.«[110]

Bindewald konnte eigentlich nur bestätigen, daß die Bismarcksche »Heißsporn«- oder »Schwindelpolitik« immer mehr Anhänger unter den Konservativen gewann. So schrieb er am 8. Mai: »Es ist alles – nur in erhöhter Potenz – wie vor Olmütz; einer erhitzt sich am anderen und so wird der Schwindel epidemisch und das um so mehr, als die kompakte Opposition, die damals die Kreuzzeitung machte, jetzt fehlt.« Und am 9. Mai: »Umgekehrt greift unter den Unsrigen das Kriegsfeuer weiter; Uhden z. B. und Finckenstein stoßen fröhlich mit in das große Horn.« Am 14. Mai schließlich identifiziert er die Haltung des Herrenhauses mit der »der entarteten Kreuzzeitung und ihrer Partisanen«, also Bismarcks.[111]

Nach seiner letzten Warnung in der »Kreuzzeitung«, in der berühmt und berüchtigt gewordenen antibismarckschen Rundschau »Krieg und Bundesreform«, erhielt Ludwig v. Gerlach neben der kritischen Antwort in der gleichen Zeitung vorwurfsvolle Briefe, gerade von alten persönlichen Freunden und politischen Vertrauten aus der Blütezeit der konservativen Partei. Der alte Adolf v. Thadden zog recht unfeine Vergleiche: »Einen Trost haben wir aber doch und es ist auch noch ein Segen des Mordanfalls auf Bismarck: Daß *Deine Schüsse* auf den jetzt übermenschlich geplagten Bismarck (so und nicht anders werden die betreffenden Stellen der Rundschau ja verstanden) von dem Geknalle des achtläufigen Revolvers übertönt und neutralisiert sind.«[112]

Auch Moritz v. Blanckenburg verglich den journalistischen Angriff Gerlachs auf Bismarck mit dem Attentat.[113] In seinem Brief hat er das politisch entscheidende Stichwort ausgesprochen: Ludwig v. Gerlach hat sich nicht nur von der Partei, sondern auch von der Armee getrennt. Die Armee verband die junkerlichen Konservativen sowohl mit Bismarck und Roon als auch mit dem Monarchen. Galt es zur Zeit von Olmütz, die Armee vor einer vor- und unzeitigen militärischen Auseinandersetzung zu schützen, so sollte jetzt, im Jahre 1866, die reorgani-

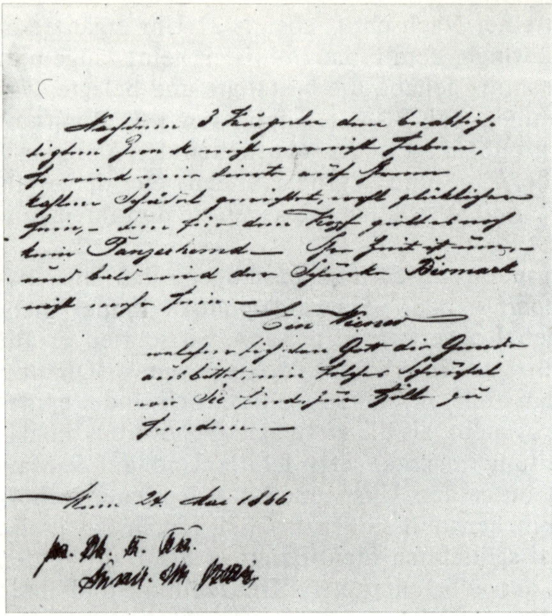

Nachdem 3 Kugeln den beabsichtigten Zweck nicht erreicht haben, so wird mein [illegible] auf Ihren kahlen Schädel gerichtet, wohl glücklicher sein — denn für den Kopf gibt es auch kein Panzerhemd — Ihre Zeit ist um — und bald wird der Schurke Bismark nicht mehr sein —

Ein Wiener
welcher sich von Gott die Gnade ausbittet, ein solches Scheusal wie Sie sind zur Hölle zu senden —

Wien 24. Mai 1866

[illegible]

Drohbrief an Otto von Bismarck 1866

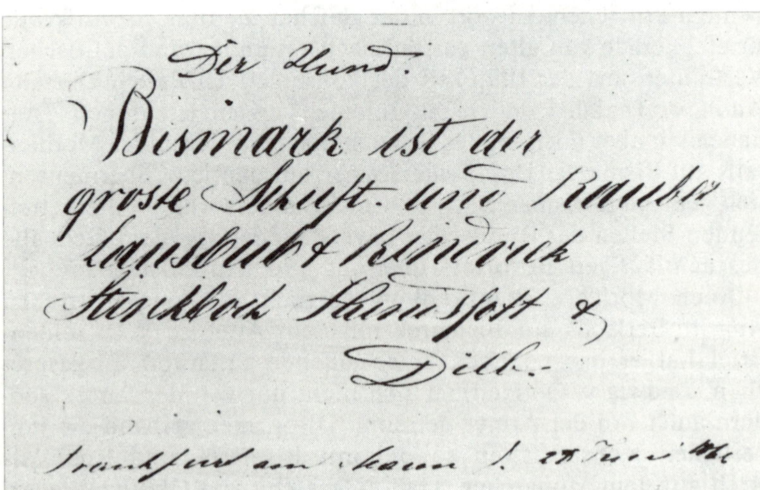

Der Hund.
Bismark ist der grosste Schuft. und Rauber
Lausbub & Rindvieh
Stinkbock Hanswurst &
Dieb.-

Frankfurt am Main d. 28 Juni 1866

Drohbrief an Otto von Bismarck 1866

sierte Armee zu Nutz und Frommen der preußischen Hegemonie in Deutschland ihre große Bewährungsprobe bestehen.

Die altliberale Kerntruppe der Bourgeoisie und das Gros des konservativen Junkertums bildeten zusammen mit der Armee ein Amalgam, auf das sich Bismarck im Kampf gegen seine inneren Widersacher und seine äußeren Feinde fest verlassen konnte. Er handelte 1866 nach dem Gesetz, nach dem er 1862 angetreten war.

In den Wochen nach dem Abschluß des Bündnisses mit Italien und nach dem Parlamentsantrag im Bundesrat mußte Bismarck an der weiteren Gestaltung des Verhältnisses zu Frankreich und Rußland arbeiten. Spätestens 1862 hatte er in aller Klarheit erkannt, daß Frankreich wie auch Österreich – »jedes in seiner Art« – Gegner einer Hegemonialpolitik Preußens in Deutschland sein müssen.[114] Wie er aber den strategischen Hauptfeind, das habsburgische Österreich, in der schleswig-holsteinischen Krise als Verbündeten auszunutzen verstanden hatte, paralysierte er eventuelle Interventionen des napoleonischen Frankreich durch eine hinhaltende Politik ohne verbindliche Zusagen. Napoleon III. versicherte Bismarck seine Neutralität, ohne sich territoriale Zugeständnisse vertraglich ausbedungen zu haben; offenbar wollte er an einen raschen Sieg der preußischen Waffen nicht recht glauben und wiegte sich in der Hoffnung, er könnte nach längerem Ringen zwischen Preußen und Österreich beuteheischend auf den Plan treten. Selbst nach Königgrätz schien Napoleon den Hohenzollernstaat zu unterschätzen. Vieles spricht dafür, daß Napoleons Meinen und Hoffen nur der subjektive Reflex der objektiven Unsicherheit war, in der sich sein Regime inzwischen im Innern und nach außen befand. Er schob die Lösung von Schwierigkeiten vor sich her, und das wußte Bismarck.

Die Politik der Neutralisierung Frankreichs spielte in der unmittelbaren diplomatischen Vorbereitung des Krieges gegen Österreich eine entscheidende Rolle. Mit Rußlands wohlwollender Neutralität, die sogar stark antiösterreichischen und teilweise auch antifranzösischen Einschlag hatte, konnte Bismarck als einer relativ feststehenden Größe im diplomatischen Spiel in den Apriltagen rechnen: relativ, weil Gortschakow immer wieder Anstalten machte, mit Hilfe eines Kongresses und diplomatischer Demarchen (beispielsweise in Italien) eine für Bismarck höchst unerwünschte Politik der Erhaltung des Status quo zu betreiben.[115] Bismarck wußte natürlich sehr genau, daß Rußland wegen seiner finanziellen Schwierigkeiten, die noch durch den Abzug militärischer Kräfte nach dem Kaukasus und dem mittleren Asien erhöht wurden, in Europa nicht sonderlich aktiv werden konnte.[116] Es mußte sich vorerst darauf konzentrieren, die krisenhaften Erscheinungen im eigenen Lande zu meistern. Auch waren die Bestimmungen des Pariser Friedens von 1856 über das Verbot einer kriegsfähigen Flotte im Schwarzen Meer und von Arsenalen an seinen Ufern das entscheidende Hindernis für ein Zusammengehen Rußlands mit den Westmächten.

Doch Bismarck mußte immer wieder Ängste und Bedenken des Zaren zerstreuen, Preußen könnte mit seinem Vorschlag eines deutschen Parlaments und der Einführung des allgemeinen, gleichen Wahlrechts gefährliche Wege gehen. So trug der russische Staatskanzler Gortschakow in einer Depesche an seinen Gesandten in Berlin, Oubril, die Bedenken des Zaren über den preußischen Reformantrag vor.

Das veranlaßte Bismarck, dem preußischen Gesandten in Petersburg, Graf Redern, entsprechende Instruktionen zu erteilen. Mit der Anwendung parlamentarischer Institutionen auf die Bundesverfassung müsse sich ein praktischer Staatsmann abfinden; er könne sich nur zur Aufgabe machen, ihre Auswüchse zu verhindern. »Auch wird sich niemand, der die deutschen Verhältnisse praktisch mit durchlebt, verhehlen können, daß eine nicht geringe Anzahl wirklicher, auch von allen Conservativen empfundener Bedürfnisse vorhanden sind, durch deren Befriedigung die Regirungen der Revolution die Vorwände entziehn, welche ihr auch bei besser gesinnten Eingang schaffen. Auf Einigung der Regirungen darüber ohne die Mitwirkung einer Vertretung der Nation ist aber nicht zu hoffen.«[117] Fast gleichlautende Instruktionen erteilte er dem preußischen Militärattaché General v. Schweinitz. Hier kam der nationalpolitische Aspekt noch schärfer zum Ausdruck. Die kleindeutsche Einigung unter Führung Preußens »müsse und werde unzweifelhaft früher oder später geschehen, und daher sei es besser, wenn es jetzt unter einer konservativen und energischen preußischen Regierung geschehe, wobei die Dynastien der kleinen Staaten viel besser fahren würden, als wenn später einmal ein nationalvereinheitlichtes Ministerium oder die Revolution die Sache in die Hand nähme«.[118] Das alles lief wiederum auf jene bekannte Alternative hinaus: Bismarck oder die Volksrevolution.

In die Verhandlungen mit Rußland spielte auch die rumänische Frage hinein, vor allem hinsichtlich der Vereinigung der beiden Donaufürstentümer Moldau und Walachei und der Wahl eines ausländischen Prinzen als erblichen Thronfolger des im Februar 1866 von konservativen Bojaren und Offizieren gestürzten Fürsten Cuza. Der scheinbar rein spekulative Meinungsaustausch Bismarcks mit dem russischen Gesandten erwies sich sehr bald als eine geschickte Vorbereitung Petersburgs auf die Wahl des Prinzen Karl aus dem Hause Hohenzollern-Sigmaringen. Es kann heute kein Zweifel mehr bestehen, daß Bismarck entgegen seinen Versicherungen gegenüber dem russischen Gesandten diese Kandidatur, die deutlich gegen Österreich mit seinen siebenbürgischen Rumänen gerichtet war, mit Einwilligung Napoleons III. betrieb. Im Hinblick auf den bevorstehenden Krieg kam es Bismarck »in der Donau-Sache *vor Allem* darauf an, sie so zu behandeln, daß Österreich dort nicht alle Streitkräfte fortzuziehen wagt«[119]. Es entbehrt nicht historischer Pikanterie, daß hier der spätere spanische Thronfolgestreit, der als Anlaß für den Ausbruch des Deutsch-Französischen Krieges von 1870/71 herhalten mußte, ausprobiert wurde.

Bismarck bereitete die diplomatische Isolierung Österreichs gleichsam in konzentrischen Kreisen vor. Zum inneren Kreis gehörte das Bündnis mit Italien, das zu aktiven militärischen Operationen führen sollte. In den äußeren Kreis war Bismarcks Thronfolgeintrige in Rumänien einbegriffen, die ebenfalls militärische Kräfte Österreichs band. Die Verhandlungen mit ungarischen Emigranten und Legionären könnte man auch zu diesem System der konzentrischen Kreise zählen; allerdings konnten sie schon deswegen militärisch nicht wirksam werden, weil die Verhandlungen mit Bismarck erst sehr spät – um den 11. Juni 1866 – direkt aufgenommen wurden[120] und Bismarck diese Verbindung doch mehr als Mittel der Drohung behandelte. Das war für ihn um so gewagter, als eine Insurrektion in Ungarn leicht auf Polen übergreifen konnte. Überdies war die Zerstörung der habsburgischen Herrschaft keineswegs Bismarcks Ziel. Seine ungarischen Konnexionen dürfen deshalb nicht, wie dies in der Geschichtsliteratur manchmal geschieht, allzu ernst genommen werden; hier gilt das Hegelwort, daß die Wahrheit der Absicht die Tat selbst ist.

Über der Taktik der konzentrischen Kreise darf das Vielschichtige in der Bismarckschen Vorbereitung des Krieges nicht übersehen werden. Er steuerte nicht geradlinig auf den Krieg zu. »Einförmigkeit im Handeln war nicht meine Sache«, sagte Bismarck fünfundzwanzig Jahre später dem österreichischen Historiker Friedjung.[121] Darum griff er in den Maitagen zwei Vermittlungsvorschläge auf, sowohl die Vermittlungsaktion des Anton v. Gablenz als auch den Konferenzvorschlag Napoleons – offensichtlich mit der Absicht, Wien in eine solche Lage zu manövrieren, in der es beide ablehnen mußte. Der Kernpunkt des Vermittlungsvorschlags von Gablenz war die Teilung des militärischen Oberbefehls über Deutschland zwischen Österreich und Preußen entlang der Mainlinie. Es war klar, daß eine derartige Machtteilung Preußen eine bessere Ausgangsbasis für seine weiteren Hegemoniebestrebungen verschaffen mußte. Und so handelte Österreich von seinem Standpunkt durchaus richtig, wenn es – wie auch in den vergangenen Jahren – darauf nicht einging. Bismarck konnte seinem schwankenden König Österreichs Ablehnung als Beweis kriegerischer Absicht präsentieren. Ähnlich manövrierte er in der Konferenzfrage – mit einem vergleichbaren politischen Ergebnis. Er erklärte sich mit Napoleons Vorschlag der Einberufung einer internationalen Konferenz einverstanden, da Österreich darauf niemals eingehen konnte, wenn auf ihr Gebietsabtretungen behandelt werden sollten.

Am 10. Juni, also in der Zeit, da sich die meisten Demokraten Süddeutschlands, revolutionär bramarbasierend, auf die Seite des finanziell, politisch und moralisch bankrotten Kaiserstaates schlugen, legte Bismarck den Bundesstaaten die Grundzüge einer neuen Bundesverfassung vor. Die Vorschläge enthielten – im Unterschied zu seinem Bundesreformantrag von Anfang April jetzt offen ausgesprochen – den Ausschluß Österreichs aus Deutschland, Gemeinschaft in den großen volkswirtschaftlichen Fragen, Schaffung einer deutschen Seemacht und, um Bayern zu gewinnen und Frankreich zu beschwichtigen, die Teilung des militärischen Oberbefehls zwischen Preußen und Bayern. Natürlich wurde der berühmte Vorschlag vom 9. April hinsichtlich der Einberufung eines Parlaments, beruhend auf dem allgemeinen Stimmrecht, erneut proklamiert.[122] In jener Zeit gab auch ein Achtundvierziger und Freund Lassalles, Franz Ziegler, die Parole aus: Das Herz der Demokratie ist da, wo die preußischen Fahnen wehen.

In der vorletzten Nummer des »Boten vom Niederrhein« schrieb Friedrich Albert Lange: »Im Innern ist bei uns in allen

Friedrich Albert Lange (1828–1875), Publizist, stand 1865/1866 politisch August Bebel nahe und bekämpfte den Partikularismus der schwäbischen Volkspartei.

Ludwig Büchner (1824–1899), Bruder Georg Büchners. 1865/1866 war er politisch im gleichen Sinne wie F. A. Lange und August Bebel aktiv.

Schichten der Bevölkerung und mehr und weniger auch fast in allen Teilen des Landes, ein Umschwung zugunsten der Regierung und des Krieges eingetreten; die Presse mag es eingestehen oder nicht.«[123] Und in der Abschiedsnummer gestand der Herausgeber: »Unser *politischer* Standpunkt – den wir selbst unerschütterlich festhalten – ist in den letzten Wochen von der großen Mehrzahl verlassen worden.« So beurteilte Lange die Lage am 29. Juni; wenige Tage darauf, am 3. Juli, schlug sich die Volksstimmung in den Ergebnissen der Wahlen zum Preußischen Abgeordnetenhaus nieder.

Während die Konservativen im Herbst 1865 nur 38 Vertreter in das Abgeordnetenhaus gebracht hatten, stieg ihre Zahl 1866 auf 123, die der Abgeordneten der Fortschrittspartei hingegen sank von 143 auf 83. Der Stimmenzuwachs zugunsten der Konservativen war natürlich keine Sympathiebekundung für die Gerlachianer, sondern eine solche für die Wagenerianer. Die noch rechtsstehenden Liberalen der Fraktion Bockum-Dolffs bildeten jetzt mit 65 Abgeordneten statt der bisherigen 110 das Zünglein an der Waage. Der Umschwung der sogenannten öffentlichen Meinung Preußens in aktionsbereite Kriegsstimmung zeichnete sich bereits ab.

VIII. Die Hegemonie Preußens

Die Revolution in Kriegsform

Kein Schuß fiel, als am 7. Juni 1866 preußische Truppen in das österreichisch verwaltete Holstein einmarschierten. Einen Tag vorher hatte der preußische Gouverneur, Edwin v. Manteuffel, seinem österreichischen Kollegen in Holstein diesen Einmarsch angekündigt. Beide posierten in konservativer Ritterlichkeit. Die österreichische Brigade verließ Kiel begleitet von den Klängen der habsburgischen Kaiserhymne, die ausgerechnet die Kapelle des preußischen Seebataillons spielte. Der schicksalhafte Krieg von 1866 kündigte sich durch eine chevalereske Farce an.

Das war keineswegs im Sinne Bismarcks, der von Manteuffel erwartet hatte, daß er »etwas Yorck spiele« wie Anno 1813 und – ohne ausdrücklichen Befehl – zu den ersten blutigen Treffen aufbräche, diesmal gegen die Österreicher. Kaum waren in Schleswig-Holstein preußische Tatsachen geschaffen worden, ließ Bismarck den provokatorischen Bundesreformvorschlag vom 10. Juni einbringen, der Österreich in den neu zu gründenden Bund nicht mehr einbezog. Damit waren die Würfel gefallen. Österreich mußte Preußen auf dem Hauptkampffeld, wo es um die Hegemonie in Deutschland ging, großmachtwürdig antworten. Es beantragte beim Bundestag die Mobilisierung der Bundestruppen gegen Preußen.

Am 16. Juni 1866, also zwei Tage nach der Abstimmung über den österreichischen Mobilisierungsantrag im Bundestag, eröffnete Preußen die Kriegshandlungen – zunächst gegen Sachsen, Hannover und Kurhessen. Auf der Seite Österreichs standen alle Mittelstaaten Deutschlands, wie Sachsen, Hannover, Bayern, Württemberg und Baden, während Preußen nur einige kleine thüringische und norddeutsche Staaten zu Verbündeten hatte.

Obwohl ganz Europa seit dem Frühjahr 1866 mit einem preußisch-österreichischen Krieg rechnete, hatten die süddeutschen

Staaten ihre Rüstungen nicht mit der erforderlichen Intensität betrieben. Bayern vor allem schwankte noch lange, welche Entscheidung es treffen sollte; seine Kriegsvorbereitungen wurden nicht allein durch die politische und militärische Führung in München verzögert, sondern auch durch die allgemeine Stimmung im Lande, die weder preußen- noch österreichfreundlich war. Der Widerwille unter den liberalen Intellektuellen Bayerns zeigte sich in den Schwierigkeiten, Ärzte für den Heeresdienst zu rekrutieren.[1] Mitte Juni waren nur in Hessen-Darmstadt und Nassau die Truppen marschbereit. Nicht verwunderlich also, daß die deutschen Mittel- und Kleinstaaten nur geringen Widerstand gegen Preußen zu leisten vermochten. Schon Anfang Juli konnten die preußischen Truppen ihre militärischen Aktionen an diesen mittelstaatlichen Kampfabschnitten erfolgreich abschließen.

Inzwischen hatte Österreich im Süden bei Custoza über die Italiener gesiegt, ohne damit seine Positionen gegenüber Preußen grundsätzlich zu verbessern. Der Hauptkriegsschauplatz wurde jetzt Böhmen.

Die strategische Leitung der preußischen Kriegführung war dem Generalstabschef Helmuth v. Moltke übertragen. Zum ersten Mal in der preußischen Kriegsgeschichte wurden die Operationen auch offiziell vom Chef des Generalstabs geleitet, nachdem dieser am 2. Juni das Recht erhalten hatte, im Namen des Königs selbständig Befehle an die Kommandoorgane zu erteilen. Damit war die Kontinuität zwischen generalstabsmäßiger Vorbereitung und der Führung im Kriege selbst gewährleistet. Auch in der modernisierten Führungsmethodik ging in Preußen der junkerliche zum junkerlich-bürgerlichen, der halbfeudale zum kapitalistischen Militarismus über.

Im Unterschied zum preußischen Generalstab konnte sich die österreichische Heeresleitung nicht auf langfristige Vorarbeiten stützen. Weder für die Defensive noch für die Offensive waren die eigenen und gegnerischen Möglichkeiten gründlich vorbedacht und berechnet.[2] Der österreichische Oberkommandierende Benedek, erst im Mai gegen seinen Willen ernannt[3], wollte die Fragen der Strategie und Taktik nach der jeweiligen Lage lösen. Trotz eigener Zweifel glaubte er, die Schlachten mit ihren Massenaufgeboten – räumlichen Ausmaßen wie nie zuvor – und neuen, industriell hergestellten Waffen ohne wissenschaftlich-generalstabsmäßige Vorbereitung in individueller Entscheidung »aus dem Sattel« heraus leiten zu können.[4]

Helmuth von Moltke (1800–1891)
Seit 1857 Chef des Generalstabs der Armee
Trotz aller Differenzen, insbesondere im Winter 1870/71, sagte Bismarck rückblickend über Moltke: »Das war ein ganz seltener Mensch, ein Mann der systematischen Pflichterfüllung, eine eigenartige Natur immer fertig und unbedingt zuverlässig, dabei kühl bis ans Herz hinan.« – »Moltke war sein ganzes Leben lang in jeder Beziehung ein sehr mäßiger Mann, während ich mein Licht immer an beiden Enden gebrannt habe, besonders in meinen jüngeren Tagen.« (GW, Bd. 9, S. 150)

Nach dem Plan Moltkes und seines Generalstabs waren die preußischen Truppen an der böhmischen Grenze in drei Armeen aufmarschiert, die sich erst im Entscheidungskampf vereinigen sollten. Moltkes Prinzip: »Getrennt marschieren und vereint schlagen« widersprach allen bisher geltenden strategischen Grundsätzen, die verlangten, daß die Zusammenfassung aller Streitkräfte bereits vor der Hauptschlacht gesichert werden müsse. Der rasche Ablauf der politischen Ereignisse im Juni und die Taktik Bismarcks, Österreich als Angreifer erscheinen zu lassen, ließen es nicht zu, die preußischen Streitkräfte schon vor dem Einmarsch ins feindliche Gebiet zu vereinigen. Diese Regelwidrigkeit war zwar ein Wagnis, aber kein Abenteuer; denn Moltke nutzte die ökonomischen und technischen Veränderungen für die preußische Kriegführung aus: die Eisenbahnen erlaubten einen raschen Transport von Truppen; die verbesserten Straßen ermöglichten erhöhte Marschleistungen; die Verwendung des Telegraphen garantierte schnellere Nachrichten- und Befehlsübermittlungen; das Zündnadelgewehr, womit nur die preußische Feldarmee voll ausgerüstet war, verstärkte in außerordentlichem Maße die Feuerkraft und Widerstandsfähigkeit der einzelnen Truppenteile auch gegenüber numerisch überlegenen Gegnern. Moltke vertraute auch auf die durch die Heeresreorganisation der vergangenen Jahre erhöhte Schlagkraft der aus jüngeren Jahrgängen bestehenden und taktisch beweglicher gewordenen Infanterie.

Nach Kämpfen, die mit Ausnahme des Gefechts bei Trautenau sämtlich für die Preußen erfolgreich geendet hatten, begann in den Morgenstunden des 3. Juli 1866 die Schlacht bei Königgrätz. In den frühen Nachmittagsstunden traf die von Schlesien heranrückende und vom preußischen Kronprinzen geführte zweite Armee auf dem Schlachtfeld ein; ihr Stoß in die rechte Flanke der Österreicher brachte die Entscheidung zugunsten der Preußen. Die österreichische Armeeführung verstand jedoch, durch den Aufbau eines starken Artillerieriegels und durch den Gegenstoß der Kavallerie die übermüdeten preußischen Truppen aufzuhalten und eine vollständige Vernichtung der geschlagenen Armee zu verhindern. Mit dem Rückzug der erschöpften und dezimierten Korps der österreichischen Nordarmee über die Elbe und mit der Besetzung des gesamten Schlachtfeldes durch die Preußen endete die Schlacht mit deren Sieg.[5]

Nach der Völkerschlacht bei Leipzig im Jahre 1813 war bei

Schlacht bei Königgrätz

Königgrätz die zweite große Massenschlacht des 19. Jahrhunderts zu Ende gegangen. Auf den blutgetränkten Feldern beklagten die Österreicher am späten Nachmittag über 10 000 Gefallene, 7500 Verwundete und ließen 22 000 Gefangene zurück. Die Preußen hatten etwa 2000 Tote und, hier den österreichischen Verlusten nahekommend, fast 7000 Verwundete. Zum menschlichen Elend der Gefallenen und Verwundeten gesellten sich ausgebrannte und zusammengeschossene Dörfer, verwüstete Fluren.

Rein militärisch verdankte das preußische Heer seinen Sieg im wesentlichen drei Umständen: der überlegenen Feuerkraft des Zündnadelgewehrs, der taktischen Gefechtsstärke der Infanterie und dem relativ fortgeschrittenen Planungs- und Führungsmechanismus. Aber auch die Preußen hatten, nüchtern gesehen, bedenkliche Schwächen erkennen lassen. Ihre Artillerie, ausgenommen die Gardeartillerie der zweiten Armee, war der der Österreicher, die Erfahrungen aus dem Feldzug von 1859 auszunutzen verstanden, technisch und taktisch unterlegen gewesen. Der Ablauf der großen Schlacht hatte offenbart, daß der preußische Generalstab die Truppenführungen auf das Zusammenwirken der verschiedenen Waffengattungen weder im konzeptionellen Denken noch in der Ausbildung vorbereitet hatte.[6] Schließlich war selbst im modernisierten Führungsmechanismus des preußischen Heeres mit seiner hohen Elastizität das wichtige Verhältnis von Befehlsgewalt des Oberkommandos zu den Korpskommandos, von Planung und spontaner Selbstregulierung theoretisch nicht zu Ende durchdacht und praktisch noch nicht eingespielt. Das allzu große Vertrauen in die Spontaneität hinderte den Generalstabschef Moltke an dem Versuch, den Schlachtplan während des Kampfgeschehens im Rahmen des marschtechnisch und operativ Möglichen zu ändern und so einzugreifen, daß der Stoß der zweiten Armee in die Flanke des Gegners zu einem in seinen Rücken hätte werden können.[7]

Dennoch: Die praktische Bewährungsprobe bewies, daß die Stärken des preußischen Heeres seine Schwächen überwogen – jedenfalls im Verhältnis zum Heer des Habsburgerstaates. Trotz der jahrelangen Volksopposition in Preußen, die teilweise bis in die Wochen der Mobilisierung hinein währte, erwies sich die Kampfmoral des preußischen Heeres der des österreichischen überlegen. Die ursprünglich mürrischen und verdrießlichen Männer der Reserve und der Landwehr waren schließlich doch überzeugt, daß sie für die Einigung Deutschlands in die Schlacht ziehen sollten. Und die Widerstandskraft der Klein- und Mittelstaaten war geschwächt, da in ihnen die besitzenden Bürger und zudem viele Militärs den Zielen Preußens Sympathien entgegenbrachten.

Das gesamteuropäische Erstaunen über das, was sich am 3. Juli bei Königgrätz abspielte, steigerte sich hier und da zu heftigen Reaktionen. »Rache für Sadowa« – hieß der französische Ruf nach Vergeltung, dessen Feindseligkeit schon dadurch zum Ausdruck kam, daß nicht die Feste mit dem deutschen Namen Königgrätz, sondern das tschechische Dorf Sadowa ins historische Bewußtsein eingehen sollte. Berühmt geworden ist auch das Entsetzen, mit dem der Kardinal-Staatsekretär des päpstlichen Kirchenstaats, Antonelli, auf die Nachricht von der Niederlage der österreichischen Nordarmee bei Königgrätz in die Worte ausbrach: »Casca il mondo, casca il mondo!« – »Die Welt stürzt ein, die Welt stürzt ein!«

Aber mußte denn Königgrätz tatsächlich die Entscheidungsschlacht des Krieges werden? Bei aller materiellen und moralisch-politischen Schwächung Österreichs waren schließlich seine Ressourcen noch längst nicht erschöpft. So schnell und leicht bricht ein seit Jahrhunderten ausgebildetes Gesellschafts- und Staatssystem nicht zusammen – auch wenn der Grad seiner

Anpassung an den historischen Fortschritt höchst ungenügend ist.

Nur allzubald wirkten sich auf preußischer Seite jene Gesetzmäßigkeiten des Krieges aus, wonach sich der Eroberer durch seine eigenen Anstrengungen schwächt und die Schwierigkeiten der Besetzung eines großen Landes geometrisch wachsen, während der Umfang des besetzten Gebietes arithmetisch zunimmt.[8] Die Versorgung der preußischen Truppenteile mit Lebens- und Futtermitteln, mit Schuhwerk und Bekleidung wurde immer schwieriger und war unzureichend geworden; die Ausbreitung der Cholera im eigenen Heer – schlechter Trost, daß es im gegnerischen Lager nicht besser war – nahm beängstigende Formen an; Pontons und schwere Belagerungsgeschütze für den Angriff auf die Donaulinie waren zu wenige vorhanden; viele Soldaten waren den Strapazen beim Vormarsch im Feindesland nicht mehr gewachsen und wurden Nachzügler, die bei den weiteren Gefechten fehlten. Requisitionen von Versorgungsmitteln für die preußische Armee provozierten schon da und dort, besonders in den böhmisch-mährisch-schlesischen Grenzgebieten, bewaffnete Widerstände, die zu einem antipreußischen Volkskrieg anschwellen konnten.

Militärische und politische Gefahren gab es also noch genug für Preußen. Kriegsminister Roon, der wenige Tage nach Königgrätz noch wohlgemut vom Marsch auf Wien gesprochen hatte, wurde zunehmend kritischer und erklärte es schließlich als Pflicht, »die Kehrseite des glänzenden Bildes, welches man sich im Vertrauen auf das bisherige Glück zu entwerfen geneigt ist, nicht zu verdecken, sondern dasselbe vielmehr scharf ins Auge zu fassen«[9]. Noch nüchterner verhielt sich Moltke. Die Beurteilung der militärischen Lage durch die beiden führenden Generale des preußischen Heeres mußte mitbestimmend werden für ihr Verhältnis zu Bismarck, der sehr bald mit dem König militärisch-politische Differenzen auszufechten hatte.

Als preußischer Ministerpräsident mußte er darauf bestehen, daß Waffenruhe nur zum Zwecke ernsthafter Verhandlungen um einen Präliminarfrieden vereinbart werde. Dies wiederum setzte ein Übereinkommen zwischen Bismarck und Napoleon über eine allgemeine Friedensbasis voraus. Sie sollte getreu der schon längst ausgearbeiteten Bismarckschen Konzeption Österreichs Ausschluß aus einem irgendwie gearteten Deutschen Bund und Preußens Hegemonie in Norddeutschland und vorerst in verdeckter Form auch über Süddeutschland ermöglichen. Gegen eine Hegemonie Preußens in Norddeutschland hatte Napoleon nie etwas einzuwenden gehabt, vielmehr damit gelegentlich gelockt – mit dem Hintergedanken, den Hohenzollernstaat als Werkzeug der eigenen Hegemonialpolitik in Europa benutzen zu können.[10] Jetzt, im Sommer 1866, stand er allerdings unter dem Druck der vom Bismarckschen Preußen selbst geschaffenen Machtverschiebungen.

Die zwischen Frankreich und Preußen ausgehandelten Vorbedingungen für eine mehrtägige Waffenruhe, die zur Vereinbarung der Friedenspräliminarien ausgenutzt werden sollten, wurden am 14. Juli schriftlich formuliert und am 18. Juli von Österreich unter dem Vorbehalt der Wahrung der Selbständigkeit und territorialen Integrität Sachsens, seines treuesten Bundesgenossen, angenommen. Am 22. Juli 12 Uhr mittags trat eine fünftägige Waffenruhe ein, während der in Nikolsburg über den Vorfrieden verhandelt werden sollte. Habsburg machte wahr, was Graf Esterhazy noch vor dem Krieg gesprächsweise frivol dahingeworfen hatte: nach der ersten Schlacht werde sich leichter unterhandeln lassen.

Die Tage der Verhandlungen in Nikolsburg über die Friedenspräliminarien sind für die historische Nachbetrachtung weniger durch das interessant geworden, was sich zwischen den Unterhändlern, sondern, was sich in den höchsten Kreisen der Hohenzollern- und der Habsburgermonarchie zutrug, vor allem aber zwischen Bismarck und König Wilhelm. Die Beziehungen zwischen den beiden waren in jenen Tagen spannungsgeladen und Bismarcks Nerven einer schier unmenschlichen Zerreißprobe ausgesetzt.

Wilhelm wäre gern an der Spitze der Truppen in die alte Kaiserstadt Wien eingeritten und hätte am liebsten den Habsburgerstaat mit Kriegskontributionen und Annexionen »in einigem in die Augen springenden Umfange«[11] bestraft. Aber Bismarck wollte keine Strafaktion, sondern eine politische Lösung der Krise: Brechung der Hegemonie Österreichs in Deutschland, zugleich Erhaltung dieses Österreichs als einer europäischen Großmacht, mit der eine Zusammenarbeit früher oder später möglich sein mußte. Eine Besetzung Wiens, ohne dazu politisch und militärisch genötigt zu sein, lief auf eine Demütigung der Habsburger mit unabsehbaren Folgen hinaus.

Bismarck rang damals, wie er später zusammenfaßte, um die

Einsicht des Königs, daß Preußen auch den aus Deutschland ausgeschlossenen »österreichischen Staat als einen guten Stein im europäischen Schachbrett und die Erneuerung guter Beziehungen mit demselben als einen für uns offen zu haltenden Schachzug ansehen« müsse. »Wenn Oesterreich schwer geschädigt wäre, so würde es der Bundesgenosse Frankreichs und jedes Gegners werden; es würde selbst seine antirussischen Interessen der Revanche gegen Preußen opfern.«[12] Wilhelm wußte einer solch klaren realpolitischen Argumentation gegenüber nur moralisierend aufzutrumpfen und eigensinnig auf einer militärischen Genugtuung für die Armee und Sühne in Form territorialer Annexionen zu beharren. Es war schwer für Bismarck, dem König klarzumachen, daß Preußen nicht eines Richteramts zu walten, sondern Politik zu machen hätte, Österreichs Rivalitätskampf gegen Preußen sei nicht strafbarer als der preußische gegen Österreich.[13] Mit solchen Worten predigte Bismarck zunächst tauben Ohren.

In gekränktem Monarchenbewußtsein machte Wilhelm jetzt Sachsen, das er als den Hauptsünder für den Ausbruch des Krieges ansah, zum Objekt interner Auseinandersetzungen. Er wollte diesen Staat durch territoriale Beschneidungen zugunsten Preußens besonders nachhaltig schwächen, während Bismarck wußte, daß es klüger sei, der von Österreich und Frankreich gemeinsam erhobenen Forderung nach Integrität Sachsens nachzugeben. Um so entschiedener bestand er darauf, mit den feindlichen Staaten Norddeutschlands, insbesondere mit Hannover und Kurhessen, rigoros zu verfahren. Deren fürstliche Souveräne gedachte der preußische König lediglich zum Rücktritt zugunsten ihrer Erbfolger zu zwingen und ihre Länder durch Teilannexionen zugunsten Preußens zu schwächen. Als Bismarck ihm die Kassierung norddeutscher Dynastien und die Totalannexionen ihrer Staaten anriet, war der König von legitimistischen Gewissensbissen geplagt. Schweren Herzens stimmte er endlich der Entthronung der Häuser Hannover, Kurhessen und Nassau zu.[14]

Während all der Nikolsburger Verhandlungstage kehrte König Wilhelm die zwei nur scheinbar einander widersprechenden Seiten seines Legitimismus hervor: Larmoyanz und Entrüstung. Am ersten Verhandlungstag in Nikolsburg, dem 23. Juli, empfing der König den früheren Gesandten in Berlin und jetzigen Friedensunterhändler, Graf Károlyi. Mit »Tränen in den Augen und mit zitternder Stimme«, so berichtete dieser über Wilhelm, »ließ

Er sich über die Verhältnisse und Ereignisse aus, welche zu dem kriegerischen Konflikte zwischen Österreich und Preußen geführt haben«[15]. Tränchen standen dem tatsächlich sentimentalen Wilhelm leicht in den Augen – schon 1859, als er in Berlin den österreichischen Feldmarschall Windischgrätz empfing, hatte er sie vergossen. Wahrscheinlich hat er den Krieg, in dem Staaten, die durch antidemokratische Solidarität verbunden sein sollten, einander feindlich gegenüberstanden, ehrlichen Herzens als »naturwidrig«, wie er sich Károlyi gegenüber ausdrückte, empfunden.

Die widerspruchsvolle Seelenlage König Wilhelms reflektierte die Tatsache, daß monarchische Solidarität bei allen Varianten der bürgerlichen Revolution immer wieder zerstört wurde durch mannigfaltige Interessengegensätze unter den Monarchien selbst. Und da der preußische König weder die allgemeine noch konkrete Problematik durchschaute, schwankte sein Gottesgnadentum beständig zwischen legitimistischer Sentimentalität und Prestigebewußtsein gegenüber anderen Monarchen, zwischen ehrlicher Dankbarkeit und vorwurfsvoller Ungnade gegenüber seinem eigenen Ministerpräsidenten.

In der Frage der Totalannexionen von Hannover, Kurhessen und Nassau war Wilhelm schon am ersten Verhandlungstag umgestimmt; um so mehr glaubte er, es seinem Königsthron schuldig zu sein, in der Österreichfrage unbeugsamen Stolz vor seinem insgeheim gefürchteten Ministerpräsidenten demonstrieren zu müssen. Vielleicht erschien dem König die weise Mäßigung Bismarcks gegenüber Österreich schon deswegen als ungerechtfertigt, weil dieser bei der Annexion norddeutscher Staaten weit mehr Härte an den Tag legte. Hatte der König untertags im Gespräch mit dem österreichischen Grafen Károlyi noch Tränen in den Augen gehabt, so forderte er abends von Bismarck erneut, er möge in den weiteren Unterhandlungen mit eben diesem die Härte des großmächtigen Siegers zeigen. Kein Wunder, daß im Kampf gegen den königlichen Starrsinn Bismarcks seit Monaten strapazierte Nerven versagten und er am Abend des 23. Juli in seinem Zimmer in einen heftigen Weinkrampf ausbrach.

Die auf Biegen oder Brechen geführten Auseinandersetzungen zwischen Wilhelm und Bismarck, die am 24. Juli ihren Höhepunkt erreichten, fanden erst durch vermittelndes Eingreifen des Kronprinzen am 25. Juli ihren Abschluß. Zu bezweifeln bleibt nur, ob denn Bismarck, wie er es Jahrzehnte später in seinen Erinnerungen schilderte, in diesen Tagen im Hauptquartier wirklich einer ziemlich geschlossenen Generalsfronde, die den König bestärkte, gegenübergestanden habe. Die maßgebenden preußischen Generale, die die militärische Lage nach Königgrätz recht nüchtern betrachteten und nicht frei von Sorgen waren, hätten gegen einen Waffenstillstand nur dann opponiert, wenn er einseitig der Kräftesammlung und -umgruppierung des österreichischen Heeres gedient hätte. Darum war es selbstverständlich, daß die Verabredung der Waffenruhe mit politischen Vorbedingungen verbunden war. Im Unterschied zum König waren die Generale mit dem Verlauf der politischen Verhandlungen gerade am 23. Juli durchaus zufrieden.

Noch am Abend des gleichen Tages schrieb Moltke an seine Frau: Er sei »sehr dafür, die erreichten Erfolge nicht wieder aufs Spiel zu setzen, wenn das irgend vermieden werden kann. Und das hoffe ich, wenn man nicht Rache üben, sondern den eigenen Vorteil ins Auge fassen will«[16]. Selbst in der Ausdrucksweise stimmte Moltke mit Bismarck frappierend überein. Roon, der in jenen Wochen noch am ehesten vom Geiste des altpreußischen »Feste druff« erfüllt war, berichtete ebenfalls seiner Frau am 25. Juli: »Am 23. war hier eine Konferenz mit Károlyi und Graf Degenfeld, in welcher man sich über sehr günstige Friedensbedingungen verständigte; der König war gleichwohl nicht ganz befriedigt; niemand wird uns Schwachheit und Neigung für einen ›faulen Frieden‹ Schuld geben mögen; der Herr hat aber, wie wohl keine Passion für die Fortsetzung des Krieges, einen solchen Respekt vor ›faulem Frieden‹, daß er immer noch ein bißchen mehr verlangt, als billig und möglich.«[17] Auch Blumenthal, der Generalstabschef der 2. Armee, äußerte sich am 24. Juli alles andere als scharfmacherisch: »Die Friedensverhandlungen haben ihren guten Fortgang und würde der Friede vielleicht schon geschlossen sein, wenn der König nicht Schwierigkeiten machte, der durchaus will, daß Österreich Gebiet an uns abtrete, was es nur höchstens in der Form als Entschädigung für Kriegskosten tun will. Es ist, als wenn dieser Ehrenpunkt der Stein des Anstoßes wäre.«[18]

Die Meinung Blumenthals gibt auch der Haltung des Kronprinzen, des Befehlshabers der 2. Armee, ihre besondere Beleuchtung; dieser vermittelte zwischen Bismarck und dem König nicht allein als Kronprinz, sondern auch als Angehöriger der Heeresführung. Es gibt keine Belege dafür, daß die Generale in den Tagen von Nikolsburg für die Fortsetzung des Krieges plädierten. Tatsächlich haben diejenigen recht, die meinen, in Nikolsburg war nicht Bismarck, sondern der König isoliert.[19]

Warum Bismarck Generationen von Lesern seines Erinnerungswerks die Legende von einer Generalsfronde gegen seine Friedensbemühungen suggerierte, ist politisch vor allem aus der Zeit zu erklären, in der er es diktierte. Er wußte, daß zu den Kräften, die zu seinem Sturz 1890 beitrugen, die führenden Militärs gehörten. Deshalb war seine falsche Darstellung des Verhältnisses zu den Generalen im Jahre 1866 ein politischer Racheakt gegen den preußisch-deutschen Generalstab der neunziger Jahre.

*

Am 26. Juli 1866 traten in der Wiener Hofburg unter dem Vorsitz Kaiser Franz Josephs die österreichischen Minister und Armeeführer zusammen. Erzherzog Albrecht, Mitglied des Kaiserlichen Hauses und seit dem 10. Juli Oberbefehlshaber sämtlicher österreichischer Armeen, gab sich zuerst unerschüttert und begann seine Ausführungen mit der Erklärung, unmöglich sei eine Fortsetzung des Krieges nicht; den Preußen scheine es eben auch nicht besonders gut zu gehen, meinte er, darum drängten sie auf Abschluß eines Waffenstillstandes.[20] Die Formulierung, daß eine Wiederaufnahme der Kampfhandlungen nicht unmöglich sei, klang nicht gerade siegeszuversichtlich, aber der Erzherzog legte sich nicht fest und ließ schließlich alles im Unbestimmten. Sein Generalstabschef v. John hatte anscheinend die Aufgabe übernommen, sozusagen offene Soldatenworte zu sagen. Ohne Umschweife erklärte er im Ministerrat, die gegenwärtige Lage sei auf längere Zeit unhaltbar.

Es gehörte offensichtlich zum dynastischen Stil des Erzherzogs, andere unangenehme Dinge sagen zu lassen[21] oder gar bei riskanten Missionen vorzuschicken. So steht es außer Zweifel, daß er den Feldzeugmeister Benedek im Mai geradezu bedrängt hatte, das Oberkommando der Nordarmee in Böhmen zu übernehmen, während er selbst zunächst die einen sicheren Sieg versprechende Befehlsgewalt über die Südarmee im Festungsviereck Oberitalien für sich in Anspruch nahm. Nach Königgrätz ließ er Benedek bedenkenlos fallen und spielte den neuernannten Oberbefehlshaber in der Rolle des zu allem bereiten Retters des Vaterlandes. Den Beweis dafür brauchte er praktisch nicht anzutreten. Nicht nur sein eigener Generalstabschef, sondern alle Minister waren gegen die Wiederaufnahme der Kriegshandlungen und ungeachtet mancher Bedenken für die Annahme der Friedenspräliminarien. Auch Kaiser Franz Joseph schloß sich dem an.

Den politischen Kern aller Argumente für den Frieden traf wieder einmal Graf Moritz Esterhazy, der Minister ohne Portefeuille. Zwischen den zwei Möglichkeiten, einer höchst wahrscheinlich nicht glücklichen Fortsetzung des Krieges und einem Friedensabschluß, so bemerkte Graf Esterhazy im Ministerrat, gäbe es noch eine dritte: das Vorhandensein wahrhaften Patriotismus oder Dynastismus; dann ließe sich auf eine glückliche Wendung mittels eigener Kraft noch hoffen. Allein diese dritte Möglichkeit existierte nicht oder doch nicht so, daß man eine begründete Hoffnung darauf setzen könnte.[22]

Die politischen Vertreter des Bürgertums, die die liberalen Mehrheiten der Gemeinderäte der verschiedenen großen Städte bildeten, nutzten die Situation, um die Wiederanerkennung der sistierten Verfassung zu fordern. Ganz offensichtlich konnte nur eine liberale Regierung Schwung und Begeisterung für eine Fortsetzung des Krieges wecken. Aber das ließ die Monarchie nicht zu; sie folgte vielmehr dem Rat des Grafen Belcredi, am 26. Juli, dem Tage der Annahme der Friedensprämilinarien im Ministerrat, den Belagerungszustand über Wien zu verhängen. Die Regierung wollte damit dem bürgerlichen Drängen nach dem Sturz des rettungslos bloßgestellten Regimes ein Ende machen. Das gelang ihr wenigstens vorläufig.[23] Theater und öffentliche Vergnügungen zeigten nichts von Niedergeschlagenheit; die Konzerte von Strauß im Volksgarten waren immer gut besucht.[24] In der Physiognomie der hauptstädtischen Bevölkerung fanden sich auch in den Wochen nach Königgrätz jene von der Bürokratie geförderten Gewohnheiten: Gehorchen und Genießen.

*

Unmittelbar nach Abschluß des Nikolsburger Vorfriedens mußte Bismarck einige Aspekte im Verhältnis von Krieg, Frieden und Revolution erneut bedenken. Am 30. Juli 1866 teilte der preußische Militärbevollmächtigte in Petersburg, v. Schweinitz, mit, daß Rußland an dem Konferenzvorschlag, mit dem es Bismarck schon mitten in den Verhandlungen von Nikolsburg beunruhigt hatte, nach wie vor festhalte.[25] Sofort ließ Bismarck mitteilen, die preußische Regierung sei außerstande, auf die Früchte der errungenen Siege zu verzichten oder die Gestaltung Deutschlands den Beschlüssen eines Kongresses zu unterwerfen, wenn sie nicht eine Revolution in Preußen und in Deutschland herausfordern wolle. Aber er begnügte sich nicht mit dieser defensiven Argumentation, sondern ging zum politischen Angriff über. Die preußische Regierung sei gezwungen, zum Widerstand gegen die Einmischung des Auslands die volle nationale Kraft Deutschlands und der angrenzenden Länder zu entfalten.[26]

Die Zurückweisung des zaristischen Konferenzvorschlags und die Drohung mit einem gesamtnationalen Widerstand waren insofern schon ein revolutionärer Akt, ein Teil der Revolution von oben, als der Zarismus von seinem legitimistischen Standpunkt aus mit Recht darauf verweisen konnte, die deutsche Bundesakte stehe als Teil der Schlußakte des Wiener Kongresses von 1815 unter der Garantie der Signatarmächte, so daß die Bundesverfassung nicht ohne Zustimmung der drei Mächte verändert werden könnte. Bismarck ging auf diese Argumentation nicht ein, weil er wußte, daß er bei der revolutionären Beseitigung des Deutschen Bundestages das deutsche Volk hinter sich hatte. Rußland trat am 3. August von seinem Konferenzvorschlag zurück,[27] nachdem sich Frankreich und England, allerdings aus unterschiedlichen Motiven, von ihm distanziert hatten.

Alle Unstimmigkeiten mit dem russischen Hof waren damit aber noch nicht aus der Welt geschafft. Das Zarenhaus hatte verwandtschaftliche Beziehungen zu den Höfen von Württemberg und Hessen-Darmstadt, weshalb sich der Zar in diesen Fällen zu dynastischer Solidarität besonders verpflichtet fühlte. Prinzipieller als das Drängen auf glimpfliche Behandlung der süddeutschen Kriegsgegner Preußens waren jedoch die Bedenken Petersburgs gegen die preußischen Annexionsabsichten in Norddeutschland, in denen der Zar, vollkommen zu Recht, eine Verletzung des Legitimitätsprinzips sah.

Bismarck ließ durch den König General Edwin v. Manteuffel als Sonderbotschafter an den russischen Hof beordern. Dort mußte sich Manteuffel vorhalten lassen, die beabsichtigte Entthronung ganzer Herrscherhäuser in Norddeutschland werde das monarchische Prinzip in Europa empfindlich schwächen und den revolutionären Gedanken beflügeln. Manteuffel erklärte daraufhin, daß Württemberg und Hessen-Darmstadt billige Bedingungen erhalten würden. Falls Rußland jedoch den preußischen

Annexionen in Norddeutschland widerspräche, könnte Preußen die vorbereiteten Verträge mit Stuttgart und Darmstadt nicht abschließen. Es muß dem urkonservativen Manteuffel schwer angekommen sein, instruktionsgemäß sagen zu müssen, daß Pressionen des Auslands Preußen zur Proklamierung der Reichsverfassung von 1849 zwingen würden. Damit hatte man schon im Juli Frankreich gegenüber gedroht.[28] Das Instruktionstelegramm an Manteuffel enthielt Bismarcks geradezu klassisch gewordenen Satz: »Soll Revolution sein, so wollen wir sie lieber machen als erleiden.«[29]

Der Zar lenkte zwar ein und versicherte König Wilhelm in einem sozusagen brüderlichen Schreiben vom 12. August, daß sich Rußland nie auf die Seite der Gegner Preußens stellen werde. Aber zugleich erteilte er ihm eine moralische Lektion über die Prinzipien einer monarchisch-konservativen Politik.[30] Das rief bei König Wilhelm wieder einmal Skrupel hervor; von neuem quälte er sich und andere mit bohrenden Fragen, ob sich Preußen nicht doch mit Teilannexionen in Norddeutschland begnügen solle. Vergebens: einhellig widersprachen Bismarck und das gesamte Ministerium dem Monarchen in der Sitzung vom 15. August. Am Tag darauf, dem 16. August 1866, mußte König Wilhelm den beiden Häusern des Landtags in einer Botschaft bekanntgeben, daß er zur Annexion von Hannover, Kurhessen, Nassau und Frankfurt entschlossen sei.[31] Das geschah noch vor der Unterzeichnung des Prager Friedens.

Man muß sich fragen, ob Bismarck mit der Revolution gegenüber dem Ausland nur verbal drohte oder ob er sich wirklich in einer Zwangslage befand. Es ist sehr zu bezweifeln, daß er ernsthaft eine Revolution in den »angrenzenden Ländern«, also in Ungarn, Polen und Böhmen-Mähren entfachen wollte, auch wenn er einige praktische Maßnahmen zur Bildung ungarischer Legionen einleitete.[32] Was Deutschland anbelangt, so war er in seiner Willensentscheidung tatsächlich nicht unabhängig von den Kräften, die ein Zurückweichen Preußens vor den europäischen Mächten in Fragen einer nationalstaatlichen Einigung nicht hingenommen hätten. Auch konnte Preußen sicher sein, in einem Abwehrkampf vor allem gegen Frankreich von der Mehrheit des deutschen Volkes unterstützt zu werden. Schon Mitte Juli hatte Bismarck dem preußischen Gesandten in Paris telegraphiert: »Symptome aus bayrischen und badischen Truppen, bei französischer Einmischung zu uns übergehen zu wollen ... Fortschritt und Demokratie in Preußen zu jedem Opfer für Krieg gegen Frankreich bereit, und erscheint volle Entzündung des nationalen Geistes gegen solche Eventualität tunlich.«[33] Aus der damaligen Korrespondenz süd- und norddeutscher Liberaler geht eindeutig hervor, daß Bismarck hier die Lage richtig einschätzte. Er sprach keine leeren Drohungen aus, sondern ernste Warnungen.

Besonders Frankreich fürchtete die Entfesselung der nationalen Kräfte Deutschlands.[34] Napoleon hatte schon 1859, zur Zeit der oberitalienischen Krise, eine Abwehrbewegung des deutschen Volkes von großen Ausmaßen erlebt. Dies hatte er nicht vergessen. Darum bewegte er sich in den Juli- und Augustwochen beständig zwischen einem antideutschen Chauvinismus und der Furcht vor dem Aufflammen einer antibonapartistischen Einheitsbewegung in Deutschland. Auf der einen Seite forderte Napoleon territoriale Kompensationen am linken Rheinufer und Garantien, daß keine Verbindung zwischen Süd- und Norddeutschland zustande komme; die Furcht vor nationalrevolutionären Konsequenzen seiner territorialen Kompensationsforderungen veranlaßte ihn aber auf der anderen Seite, immer wieder zurückzuweichen. Die napoleonische Diplomatie steigerte ihre territorialen Forderungen, die sich anfänglich auf Saarbrücken und Landau beschränkt hatten, bis zu dem geheimen Konventionsentwurf vom 5. August, in dem auch die bayrische Pfalz sowie das linksrheinische Hessen mit Mainz verlangt wurden. Doch bald hatte der Kaiser Angst vor seiner eigenen Courage und bezeichnete bereits am 11. August in einer Unterredung mit dem preußischen Gesandten alles als Mißverständnisse.

Bismarck war, schon um einer national-demokratischen Lösung der deutschen Frage vorzubeugen, ebenfalls zum Lavieren und zu Zugeständnissen gegenüber Napoleon gezwungen. Wenn sich Preußen in Deutschland nicht heillos kompromittieren und eine revolutionäre Situation geradezu provozieren wollte, konnte es Frankreich keine deutschen Gebiete, welchem Staat sie auch gehören mochten, ausliefern; doch Bismarck mußte darauf bedacht sein, eine hinhaltende Taktik einzuschlagen und Napoleon nicht von vornherein alle Hoffnungen auf irgendwelche territorialen Kompensationen zu nehmen. Was den Zusammenschluß des Nordens und Südens Deutschlands zu einem Bundesstaat betraf, neigte Bismarck vorläufig ohnehin zu Konzessionen: Bevor der Norddeutsche Bund nicht konstituiert war, wollte auch Bismarck keine Vereinigung. Nur mußte er um einer zukünftigen Politik Preußens willen die Möglichkeiten einer nationalstaatlichen Einigung unter seiner Führung offenhalten.

Gleichsam mit Blick auf Frankreich und Deutschland sprach Bismarck im August 1866 mit den Vertretern der süddeutschen Staaten; sie auseinanderzumanövrieren und mit ihnen einzeln zu verhandeln war nicht schwer. Da sie mißgünstig untereinander waren, schwankend zwischen Furcht und Hoffnung in ihrem Verhältnis zu den europäischen Großmächten, erreichte Bismarck schon durch das Gewicht des preußischen Sieges neben den Friedensverträgen auch noch geheime Schutz- und Trutzbündnisse mit ihnen – mit Württemberg am 13., mit Baden am 17. und mit Bayern am 22. August. Die vertragschließenden Staaten gewährleisteten sich die Integrität ihrer Gebiete und verpflichteten sich, im Falle eines Krieges »einander ihre volle Schutzmacht« unter dem Oberbefehl des Königs von Preußen zur Verfügung zu stellen.[35] Es war bedeutungsschwer, daß sich der erste Schritt zur nationalstaatlichen Einigung Deutschlands unter Preußens Führung auf militärischem Gebiet vollzog.

Am 23. August wurde schließlich auf der Grundlage der Nikolsburger Präliminarien der preußisch-österreichische Friedensvertrag in Prag abgeschlossen. Preußen annektierte also Hannover, Nassau, Kurhessen, Schleswig-Holstein und Frankfurt, vergrößerte damit seine Bevölkerungszahl von 17,2 (1855) auf 24,6 Millionen (1871) und rundete sein Staatsgebiet, das durch Hannover und Kurhessen auseinandergerissen war, geographisch ab.

Was Bismarck 1866 und danach vollzog, bezeichneten seine Freunde wie seine Feinde als eine »Revolution von oben«.

Heinrich v. Treitschke, liberaler Überläufer und bald Bismarckianer par excellence, schrieb schon am 28. Juli 1866 an seine Frau: »Die Revolution, in der wir stehen, kommt von oben.«[36] Und am Ende des gleichen Jahres, am 1. Dezember, meinte er gegenüber dem Verleger Georg Reimer, halb befriedigt, halb resigniert: »Unsere Revolution wird von oben vollendet, wie begonnen, und wir mit unserem beschränkten Untertanenverstande tappen im Dunklen.«[37] Während des deutsch-französischen Krieges 1870, nach der Gefangennahme Napoleons III. und dem Sturz seines Kaiserreiches hieß es in einem Artikel Treitschkes, daß die deutsche Revolution ihrem Charakter treu bleibe, indem entscheidende Schläge durch kriegerische Kräfte geführt werden unter tatsächlicher Diktatur der Krone Preußens.[38] Ein anderer Rechtsliberaler, der aus der Schweiz stammende Staatsrechtslehrer und Politiker Bluntschli, schrieb im Juni 1866: »Nach meiner Ansicht ist der gegenwärtige Krieg nichts anderes als *die deutsche Revolution in Kriegsform,* geleitet von oben statt von unten, der Natur der Monarchie gemäß.«[39] In ähnlichem Sinn äußerten sich v. Unruh und Heinrich v. Sybel.[40]

Aber nicht nur Rechtsliberale, sondern auch aristokratische Mit- und Gegenspieler Bismarcks betrachteten die Ereignisse als eine Umwälzung, die nach ihrem Empfinden etwas widersinnig Ungeheuerliches an sich hatte. Schon vor der Eröffnung der Feindseligkeiten zwischen Preußen und Österreich hatte Ludwig v. Gerlach den drohenden Krieg selbst im Falle eines preußischen Sieges als ein »Versinken in die Revolution« und den Bismarckschen Vorschlag der Einberufung eines deutschen Parlaments als »grundrevolutionären Versuch« gebrandmarkt.[41] Eineinhalb Jahre danach kam Ludwig v. Gerlachs christlich-konservative Gegnerschaft zu Bismarcks Revolution von oben in einem Brief vom 8. Dezember 1867 an den Hallenser Professor Heinrich Leo, den »Höllen-Breughel unter den Geschichtsschreibern des 19. Jahrhunderts«[42], urtümlicher zum Ausdruck, wenn er schrieb: »Daß Hannover, Nassau und Frankfurt ganz nach den Regeln der Naturgeschichte von Bismarck gefressen wurden, daran habe ich nicht den leisesten Zweifel. Mein Schmerz ist kein sentimentaler Schmerz, daß es kein Hannover, Nassau und Frankfurt mehr gibt, sondern der Schmerz eines preußischen, deutschen Christen, daß meine Partei und mein Vaterland Preußen so schmählich die Zehn Gebote Gottes verletzt und durch das Laster des Pseudopatriotismus Schaden an seiner Seele genommen und sein Gewissen befleckt hat.«[43] Und in seinen »Denkwürdigkeiten« nannte Ludwig v. Gerlach Bismarcks Krieg mit Österreich, der Präsidialmacht des Deutschen Bundes, seine »grundgottlose Haupttat«.[44]

Der österreichische Generalstabschef Freiherr v. Heß, der von Haus aus kein Preußenfeind war, drückte im Oktober 1866 in einem Brief an den preußischen Feldmarschall Wrangel seine Empörung über Bismarcks Politik noch im Tone salopp-militärischer Kameraderie aus: »Nun ist aber die Revolution von oben durch Euch in Mode gekommen. Wehe Euch doppelt, wenn sie Euch nach hinweggespültem Rechtsgefühle in der Flut der Zeiten einmal selbst ergreift! Dann seid Ihr verloren!«[45] Hier sprach weniger der Christ als der Legitimist, der die Vertreibung eines

Königs, eines Kurfürsten und zweier Herzöge mit gutem Grund als einen Schlag gegen alle konservativen Grundsätze mit Zukunftsangst wahrnahm.

Aber auch die demokratischen und sozialistischen Gegner Bismarcks bezeichneten seine Politik und deren Resultate als Revolution von oben, wenn auch mit anderen Akzenten als die Rechtsliberalen und Rechtskonservativen. Noch am Vorabend des sogenannten deutschen Bruderkrieges 1866 schrieb der badische Demokrat Ludwig Eckardt, daß »diese Einheitsfrage eine revolutionäre« ist, die »mithin nur auf dem Wege der Gewalt ... entweder von oben herab ... oder von unten heraus, durch das Volk« gelöst werden könne.[46] Dabei war Ludwig Eckardts Bejahung der Gewalt natürlich nicht identisch mit der eines Bismarck.

Marx und Engels betrachteten die entscheidenden Ereignisse des Sommers 1866 mit dem Sarkasmus überlegener Dialektiker. So hatte Engels schon am 9. Juli gemeint, daß Bismarck »Wege einschlägt, auf denen nur mit liberalen, selbst revolutionären Mitteln voranzukommen ist, und dabei seine eignen Krautjunker ihren eignen Prinzipien tagtäglich ins Gesicht schlagen läßt«[47]. Beide Beobachter in England waren der Meinung, Bismarck sei genötigt, »sich auf die Bourgeoisie zu stützen, die er gegen die Reichsfürsten braucht«[48].

Wandlungen im Innern

Für viele ostelbische Konservative lag die Versuchung nahe, nach den großen Erfolgen der Regierung in den letzten Wahlkämpfen und den noch größeren auf den Schlachtfeldern und diplomatischen Parketts die Liberalen die ganze Macht des königlich-preußischen Staates fühlen zu lassen. In der Tat sorgten der Innenminister v. Eulenburg und vor allem der Justizminister v. d. Lippe dafür, daß das Verordnungsgestrüpp der preußischen Staatsverwaltung immer wieder zum Stolperdraht für liberale Journalisten, Vereinsaktivisten und Stadträte wurde. Verbote und Maßregelungen gehörten zum politischen Leben des preußischen Nach-Königgrätz.

Dennoch: Trotz des materiellen und moralischen Machtzuwachses des Bismarckschen Preußen waren die Liberalen nicht so geschwächt, daß sie leichter Hand geknebelt werden konnten.

Ihre Lebenskraft schöpften sie immer noch und immerfort aus dem sich entfaltenden Bürgertum, das zwar auf seine direkte Machtgewinnung, nicht aber auf seine Expansion verzichten konnte.

Auch räumten die liberalen Politiker und Ideologen nicht freiwillig das Feld; ein offener Verzicht auf den Liberalismus hätte auch Wähler gekostet. Viele Liberale sahen in Wirtschafts-, Schul- und Selbstverwaltungsinstitutionen und im Nationalstaat Möglichkeiten, ein solch öffentliches Leben zu schaffen, das einen freieren Geist sozusagen unmerklich, aber unaufhaltsam stärken könnte. Der Nationalstaat war für sie also nicht allein eine wirtschaftliche Notwendigkeit, er hatte auch eine Erziehungsfunktion.

Bismarck erkannte die Gunst der Stunde: Nach dem Sieg über Österreich, der den allmählichen Ausbau der Hegemonie Preußens über ganz Deutschland auf die Tagesordnung setzte, konnte keine Fortsetzung des Verfassungskonflikts, sondern nur seine Beendigung einen Machtzuwachs bringen.[49] Das Bürgertum, jedenfalls ein großer Teil, konnte aus einem Gegner zum Verbündeten werden. Darum war Bismarck bereit – Schritt für Schritt und mit genügenden Sicherungen –, eine liberale Wirtschaftsgesetzgebung zuzugestehen und den Weg der nationalstaatlichen Einigung zu beschreiten.[50]

In den Wochen und Monaten nach Königgrätz und Nikolsburg versicherte er immer wieder, daß es ihm gerade darum gehe, der nationalen Neugestaltung Deutschlands eine breitere und festere Grundlage zu geben,[51] daß »die Aufgaben der auswärtigen Politik noch ungelöst«[52] seien, Preußen sich nicht am Ziele seiner Politik, sondern an deren Anfang befinde.[53] Es habe zukunftsgerichtet »die nationale Einheit zu suchen und zu pflegen«.[54] Dabei mußte deutlich werden, welchen Platz die Liberalen im preußisch-deutschen Machtgetriebe einnehmen sollten.

Wollte Bismarck diese Probleme in einer den historischen Kräfteverhältnissen angemessenen Weise lösen, mußte er über den engen Horizont konservativer Verwaltungspolitik hinausgehen; es war ihm klar, daß jeder staatsstreichähnliche Ruck nach rechts und jedes konservative Willkürregime in Preußen geradezu lebensgefährlich für die Monarchie werden konnten.[55]

Auch wenn in Preußen die Landtagswahlen einen Rechtstrend gezeigt hatten, blieben viele Kleinbürger und vor allem Proletarier in Volksvereinen organisiert, besonders in Sachsen, Thüringen und in Süddeutschland. Die proletarische und kleinbürgerliche Demokratie erlitt zwar durch Königgrätz eine politische Niederlage, aber sie war im Unterschied zum Früh- und Hochsommer 1849 militärisch nicht niedergeworfen und organisatorisch nicht zerschlagen. In Sachsen waren die Volksvereine und die Arbeiterbildungsvereine so stark geworden, daß ihre Vertreter am 19. August 1866 in einer Landesversammlung zu Chemnitz die Sächsische Volkspartei gründen konnten.

Wenn die machtpolitische Niederlage der Liberalen zugleich den Sieg ihrer nationalen Einigungsbestrebungen gebracht hatte, so stellte Bismarcks Sieg eine empfindliche Niederlage des konservativen Legitimismus und Partikularismus dar. Unter diesen Umständen war für ihn ein Kompromiß mit dem Bürgertum geboten; dem Frieden nach außen konnte einer im Innern folgen.

Wie schon im Januar 1863 sprach Bismarck auch 1866 im Abgeordnetenhaus über »den Weg der gegenseitigen Nachgiebigkeit, der gegenseitigen Anerkennung«.[56] Die Liberalen wußten sehr wohl, daß dieser Kompromiß die Macht der Krone nicht antasten durfte. Aber auch die Konservativen beschwor Bismarck: »... ein Friedensschluß erfüllt niemals alle Wünsche, wird niemals allen Berechtigungen gerecht, – ich kann nur sagen, selbst der glorreiche Friedensschluß, den uns die Vorsehung in diesem Jahr hat machen lassen, läßt nach manchen Richtungen etwas zu wünschen übrig, was man als unerreicht bedauert.«[57]

Der Friedensvertrag im Innern sollte die Indemnitätsvorlage sein, in der die Regierung um nachträgliche Zustimmung zu den während der budgetlosen Zeit des Verfassungskonflikts gemachten Ausgaben ersuchte. Schon Ende Mai 1866 hatte Bismarck darüber mit dem Liberalen Twesten verhandelt, der anschließend eine für die nächste Landtagseröffnung bestimmte Thronrede entwarf.[58] Vierzehn Tage nach Königgrätz hatte der Innenminister v. Eulenburg eine von Bismarck angeregte Besprechung mit Vertretern der Liberalen aus außerpreußischen Staaten, nämlich mit Bennigsen und Miquel aus Hannover, Oetker aus Kurhessen und Biedermann aus Sachsen. Der Innenminister zeigte jedoch wenig Kompromißbereitschaft und setzte sich damit in Gegensatz zu seinem Ministerpräsidenten, der sich fern von Berlin, im böhmischen Hauptquartier aufhalten mußte.

Während der Abwesenheit Bismarcks entstand im Kabinett eine harte Auseinandersetzung über Entwürfe zur Thronrede, die die Indemnität ankündigen sollte. Dem Innenminister opponierte, wohl als einziger, der Finanzminister v. d. Heydt, der Ende Mai Karl v. Bodelschwingh, den Gegner des österreichischen Krieges, abgelöst hatte. Von der Heydt verlangte in der Thronrede das Bekenntnis, daß »nur« durch ein mit dem Landtag vereinbartes Gesetz ein rechtsgültiger Etat zustande kommen könne.[59] Die Position dieses Mannes aus einer Elberfelder Bankiersdynastie, der seine Verbindungen gerade bei der Finanzierung des Krieges bewiesen hatte, war stark. Bismarck sah sofort, was Eulenburg nicht hatte erkennen wollen, daß man sich mit Banken, Börsen und Fabrikkontors überwerfen würde, wenn man Heydt desavouierte. Das Geld, das dem Staate durch Steuern oder Anleihen zufloß, sollte auf gesetzlich geregelte Weise verwaltet und ausgegeben werden. Das Budgetrecht war der neuralgische Punkt nicht allein der liberalen Parlamentarier, sondern auch der bürgerlichen Geschäftleute.

Bismarck mußte die königliche Entscheidung für das Gesetz um Indemnität gerade in den Tagen herbeiführen, als er sich mit König Wilhelm in Nikolsburg wegen Österreich in härtesten Auseinandersetzungen befand. Durch die Unterstützung des Kronprinzen gelang es ihm schließlich, die Einwilligung des Königs für den Thronredeentwurf v. d. Heydts zu erlisten; zunächst hatte der König die politische Tragweite seines Entschlusses wieder einmal nicht erfaßt.[60] Auch Roon, der in Nikolsburg ja anwesend war, sekundierte Bismarck in der Indemnitätsfrage, der damit in der grundsätzlichen Versöhnungspolitik gegenüber dem Rechtsliberalismus einen bedeutenden Repräsentanten der Armee auf seiner Seite hatte.[61]

Die Minister in Berlin gaben ihre Position auch nach der Entscheidung des Monarchen nicht auf. Dagegen einen förmlichen Beschluß zu fassen, konnten sie nicht wagen, aber sie operierten doch mit warnenden Sondervoten, wurden beim König vorstellig und erreichten, daß dieser jetzt auch in der Frage der Indemnitätsvorlage von Zweifeln befallen wurde. In stundenlangen Gesprächen mußte Bismarck den störrisch gewordenen Herrn wieder beruhigen und zum Ablesen der politisch notwendig gewordenen Thronrede bewegen.

Zusätzliche Mühsal erwuchs Bismarck daraus, daß Mitglieder des Ministeriums unter Bruch ihres Amtsgeheimnisses eines der Häupter der Hochkonservativen, Hans v. Kleist-Retzow, über die bevorstehende Ankündigung des Indemnitätsgesuchs in der Thronrede unterrichteten. Dieser Jugendfreund Bismarcks und

Verwandter seiner Frau Johanna hatte im Gegensatz zu Ludwig v. Gerlach den Krieg gegen Österreich und die Annexionspolitik durchaus gebilligt. Aber jetzt, so schrieb er an Bismarck, wo das Ministerium den Kampf mit den Feinden der Monarchie glänzend gewonnen habe, werde das ganze Resultat dieses Kampfes vernichtet, der Siegespreis dem erstaunten besiegten Feinde in den Schoß geworfen. Es wäre eine Schmach vor ganz Europa.[62]

Bismarck stöhnte in einem Brief vom 3. August an seine Johanna: »Großer Zwist im Ministerium über die Thronrede; Lippe führt das große Wort im conservativen Sinne gegen mich, und Hans Kleist hat mir einen aufgeregten Brief geschrieben. Die Leutchen haben alle nicht genug zu thun, sehn nichts als ihre eigne Nase und üben ihre Schwimmkunst auf der stürmischen Welle der Phrase. Mit den Feinden wird man fertig, aber die Freunde! Sie tragen alle Scheuklappen und sehn nur einen Fleck von der Welt«.[63] Das konservative Treiben gefährdete Bismarcks Friedensvertrag in Innern so ernsthaft, daß er Kleist-Retzow mit dem Staatsanwalt drohen mußte.

Nach dem aufgeregten Hin und Her innerhalb der regierenden Kreise der Monarchie wurde der Preußische Landtag am 5. August mit der umstrittenen Thronrede eröffnet. Sie gab zu, daß die Staatsausgaben der letzten Jahre der gesetzlichen Grundlage entbehrt hatten und – das war das entscheidende Zugeständnis an die Liberalen – der Staatshaushaltsplan nur durch ein formelles Gesetz, dem alle gesetzgeberischen Faktoren (Abgeordnetenhaus, Herrenhaus und König) zustimmen müßten, verfassungsgemäß sei.

Aber der König und das Kabinett legten kein Sündenbekenntnis ab; sie versicherten vielmehr, daß der »Staatshaushalt ohne diese gesetzliche Grundlage mehrere Jahre« deswegen geführt werden mußte, weil »Existenzfragen des Staates«, wie unter anderem die »Erhaltung des Heeres und der Staats-Institute« auf dem Spiele gestanden hätten.[64] Die gewünschte Zusicherung für die Liberalen, daß künftig nicht mehr ohne Budget regiert werden solle, erfolgte nicht.[65] Statt dessen gab die Thronrede nur der Erwartung Ausdruck, daß nach der Annahme der Indemnitätsvorlage der bisherige Konflikt für alle Zeit zum Abschluß gebracht werde.

In diesem Sinne wurde dann der Entwurf des Indemnitätsgesetzes Mitte August im Abgeordnetenhaus eingebracht. Wenn diese Vorlage auch das Budgetrecht des Abgeordnetenhauses keineswegs juristisch eindeutig absicherte, war sie doch politisch bedeutungsvoll. Sie war ein entscheidendes Mittel zur Spaltung der Parteien in den Monaten nach Königgrätz und Nikolsburg.

*

Das Verhalten von Kleist-Retzow und seinesgleichen war so unsinnig, daß es die stark angewachsene konservative Fraktion in ihrer Gesamtheit nicht ohne weiteres billigen konnte. Am 28. Juli 1866 brachte die »Kreuzzeitung« eine Notiz, daß »die Herren Grafen Johs. Renard, Frh. von dem Knesebeck Carve und Graf Bethusy-Huc eine Einladung an alle diejenigen Abgeordneten erlassen hätten, die vor allem bei der gesetzlichen Regelung der Armee-Reorganisation und der bedingungslosen Bewilligung des Kriegsanleihens mit Hintenansetzung aller inneren Parteifragen mitzuwirken entschlossen seien«, das heißt an alle die Abgeordneten, welche den Verfassungskonflikt im Sinne Bismarcks beenden wollten.[66]

Den Initiatoren dieser Beratung war nicht bewußt, daß damit der erste Schritt zur Spaltung der konservativen Partei vollzogen war. Obwohl diese »freie konservative Vereinigung«, wie sie sich schon am 29. Juli nannte, die Politik Bismarcks mit besonderem Nachdruck unterstützte, war dieser über die neue Gruppenbildung keineswegs glücklich. Auch Hermann Wagener, der sonst keineswegs mehr feudal-legitimistisch dachte, grollte den Dissidenten. Es wurde für die konservative Fraktion immer schwieriger, die Einheit ihrer Mitglieder wie auch ihre Eintracht mit Bismarck zu bewahren.

Der Fraktionskampf führte schließlich dazu, daß sich die »liberalisierenden Streber« 1867 zur separaten freikonservativen Partei zusammentaten. In ihr waren nicht die Interessen und Denkweisen der ostelbischen Junker, also der mittleren Großgrundbesitzer der preußischen Kernprovinzen, vorherrschend, sondern die der Adligen aus der hohen Verwaltung und Diplomatie, der schlesischen Magnaten und einiger rheinischer Industrieller. Die Freikonservativen unterstützten die preußisch-deutsche Hegemonialpolitik Bismarcks mit allen ihren Konsequenzen, während die ostelbischen Gutsbesitzer mißtrauisch darüber wachten, daß ein deutscher Nationalstaat ihre Positionen nicht schmälerte.

Schon bald nach Nikolsburg meldeten sich die Gruppierungen aus der Industrie- und Finanzwelt zu Wort. Wenn es auch nicht gelang, den liberal beherrschten Abgeordnetentag wieder einzuberufen, so tagte am 4. August 1866 in Braunschweig der Ausschuß des Nationalvereins; am gleichen Tag und Ort traten der Handelstag und der Volkswirtschaftliche Kongreß zusammen. Just am Tag vor der Eröffnung des Preußischen Landtags verlegte der Ausschuß des Nationalvereins seine Beratungen von Braunschweig nach Berlin.

Im »Deutschen Museum« kennzeichnete der Schriftsteller Karl Frenzel prägnant einige Aspekte der Lage: »Durch ihre Vergangenheit steht die Regierung feindlich zu dem Liberalismus, durch den Krieg, den sie geführt, die Annexion, die sie vorbereitet, feindlich zu den Feudalen; der Erfolg, den sie in der inneren Lage errungen, beruht in der Schwächung beider Parteien, in der Bildung einer Regierungspartei, die von Tag zu Tag stärker wird.«[67] Diese Regierungspartei oder, genauer gesagt, Regierungskoalition sollte in der Tat bald die parlamentarische Stütze Bismarcks werden.

Die großbürgerlichen Liberalen, die auf eine Nationalliberale Partei hinsteuerten, waren sich über ihre Positionen im Kräftespiel der Gesellschaft und des Staates durchaus im klaren. Der Hannoveraner Gottlieb Planck, der spätere Generalreferent der Kommission zur Ausarbeitung des Bürgerlichen Gesetzbuches (BGB), ein Onkel des großen Physikers Max Planck, schrieb schon am 20. Juli 1866 an seinen Freund Bennigsen: »Daß Preußen, welches unter diesem Junkerregimente gesiegt, nach dem Siege von selbst eine liberale Regierung erhalten sollte, ist mir innerlich höchst unwahrscheinlich ... Indessen das schadet nichts, bekommen wir nur die bundesstaatliche Einheit von *ganz* Deutschland, so ist das Schwerste überwunden, die Freiheit muß dann eben verdient und erarbeitet werden.«[68] Bennigsen meinte in jenen Tagen: »Auf einige Jahre von Provisorium und Übergangsformen müssen wir uns in der deutschen Frage sowieso gefaßt machen ... Österreich und das mittelstaatliche Lager sind aber ein für allemal gründlich geschlagen. Das ist ein ungeheurer Gewinn.«[69]

Der bayrische Führer der Liberalen, Karl Brater, drückte den liberalen Optimismus noch deutlicher aus. Der »Absolutismus« – er meinte den über diesen sozial hinausgehenden Bonapartismus – würde doch ein Programm ausführen, »das wir für den Liberalismus aufgestellt hatten«.[70] Die Rechtsliberalen erkannten, daß Bismarck aus dem inneren Zwang seiner preußischen Hegemonialpolitik auf ihre Mitwirkung angewiesen war. Darum traten sie für ihn ein und griffen die legitimistischen, partikularistischen und klerikalen Konservativen an.

Die Gedanken, die die rechtsliberalen Vertreter brieflich austauschten, kamen auch in ihrer Publizistik zum Ausdruck. Im August 1866 setzte Sybel in der »Revue des deux mondes« den Franzosen auseinander, die Vernichtung der Fürsten könne nur ein Staatsmann betreiben, für den eine Krone kein Familienbesitz, sondern ein Staatsamt sei. Diese Worte ähnelten so auffallend jenen, die Bismarck in seiner Unterredung mit Twesten am 29. Mai gebraucht hatte[71], daß man annehmen darf, sie seien Sybel in der einen oder anderen Weise hinterbracht worden. So sprach in gewissem Sinne Bismarck aus Sybels Mund. Dieser nannte im gleichen Organ die noch immer in Preußen und Deutschland mächtigen Konservativen und Partikularisten Bismarcks größte Feinde. Eines sei sicher, »daß, wer die deutschen Bestrebungen des Grafen Bismarck erschwert, damit nicht der Sache der Freiheit und der parlamentarischen Verfassung, sondern lediglich den feudalen und legitimistischen Parteien in Deutschland und Europa einen Dienst erweist«.

Die Sybelsche Verteidigung Bismarcks ging schließlich bis zu der These: »Für jeden preußischen Staatsmann ohne Ausnahme wird die Frage der deutschen Einheit unabweisbar zu einer Schule des Liberalismus.«[72] Das hieß nichts anderes, als daß die Liberalen überzeugt waren, Bismarck müsse – trotz allem – bedeutende Interessen des Bürgertums verfolgen. Die List der Geschichte führte ihn eine gute Wegstrecke ins Bürgerliche hinein.

Seit langem machte sich der liberale Wirtschaftspolitiker Otto v. Michaelis wieder in parlamentarischen Wandelgängen und Beratungsräumen bemerkbar. Als Mitbegründer des »Kongresses Deutscher Volkswirte«, Handelsredakteur der »Nationalzeitung« und als Vertrauter Rudolf Delbrücks, der grauen Eminenz des preußischen Handelsministeriums, begründete er vornehmlich vom wirtschaftlichen Standpunkt aus eine Wende der liberalen Taktik und eine optimistische Sicht auf die Zukunft. Er sagte voraus, daß der Norddeutsche Bund demnächst sozial- und wirtschaftspolitische Aufgaben zu lösen habe, bei denen Bismarck die Hilfe der Liberalen brauche. Darauf müsse sich eine liberale Partei einstellen, indem sie sowohl ziellose Nachgiebigkeit als auch unrealistische Obstruktion vermeide. Michaelis verließ dann auch bald die Reihen der Fortschrittspartei.

Die Orientierung der Rechtsliberalen auf Bismarck war nicht allein mit einem Angriff auf die halbfeudalen Konservativen verbunden, sondern auch mit einer verstärkten Distanzierung von den katholischen Klerikalen und erst recht von den Demokraten. Es waren vor allem die »Vossische Zeitung« und die »Nationalzeitung«, die gegen den »Geist der demokratischen Doktrin«, gegen das Zusammenwirken mit den Großdeutschen und Katholiken, gegen die »Koalition der roten und schwarzen Brigade« ihre Invektiven losließen. Dies waren die ersten Scharmützel des späteren Kulturkampfes.[73]

Alles, was liberale Politiker und Publizisten in jenen August- und Septemberwochen des Jahres 1866 in Zeitungsartikeln und Zeitungsaufsätzen über die politische Neuorientierung des Liberalismus schrieben, faßte der Literaturhistoriker Julian Schmidt – seinerzeit Zielscheibe einer heftigen Polemik Lassalles – in einer Broschüre zusammen, die den aufsehenerregenden Titel »Die Notwendigkeit einer neuen Parteibildung« trug. Indem Julian Schmidt die »Hohlheit des modischen Fortschrittlertums« feststellte, zog er die Schlußfolgerung: »Soll die größte Tat der preußischen Geschichte nicht ganz in die Hände der Konservativen fallen – was ein schweres Unglück wäre – so ist es höchste Zeit, daß diejenigen, die an den liberalen Prinzipien festhalten, aber die Einheit und Größe des Vaterlandes über alles stellen, sich von den vermeintlichen Führern, die nichts gelernt und nichts vergessen haben, ein für allemal lossagen und eine neue Partei bilden.«[74] Die bevorstehende Spaltung der liberalen Fortschrittspartei war im August 1866 unverkennbar geworden.

Ein symbolkräftiges Zeichen der Spaltung der Forschrittler war auch der Austritt des Fabrikanten v. Unruh aus ihrer Parlamentsfraktion – eben jenes Unruh, der schon 1859 politische Sonderbesprechungen mit Bismarck hatte. Noch vor seinem Austritt, inmitten der Auseinandersetzungen um die Antwortadresse des Abgeordnetenhauses auf die versöhnlich gestimmte Thronrede, hatte er dafür gesorgt, daß Forckenbeck Präsident des Abgeordnetenhauses wurde.[75] Es war ein politischer Meisterstreich, auf diesen Posten einen Mann zu manövrieren, der einer der Mitbegründer der Fortschrittspartei war und sich daher von seiner Position aus besonders eignete, im Sinne der Annäherung an Bismarck zu wirken, andererseits aber zwischen den verschiedenen Gruppen des Liberalismus zu vermitteln.

Forckenbeck bestand in diesem Geschäft seine politische Bewährungsprobe so gut, daß er schon am 6. September mit nur 35 Gegenstimmen endgültig zum Präsidenten des Abgeordnetenhauses gewählt wurde. Der Führer der Konservativen und Vertraute Bismarcks, Moritz v. Blanckenburg, hatte sogar für seine einstimmige Wiederwahl plädiert. Der Kronprinz wie der Ministerpräsident zogen Forckenbeck zu vertraulichen Gesprächen heran. Wie dieser seiner Frau berichtete, behielt ihn Bismarck nach einem offiziellen Diner »über drei Stunden unter vier Augen bei sich, die heikelsten Staats- und Privatsachen mit einer ganz erstaunlichen Offenheit mit mir besprechend«[76]. Es fiel Forckenbeck wie vielen seiner Zeigenossen schwer, in Bismarcks Offenheit die stärkste seiner Verführungskünste zu erkennen.

Die moralisch-politische Verfassung der Liberalen, insbesondere der Fortschrittler, war so verworren, daß sie es schwer hatten mit der Abfassung und Verabschiedung der Adresse des Abgeordnetenhauses, die die Thronrede des Königs beantworten sollte. Auf seine versöhnliche Ankündigung der Indemnitätsvorlage wollten auch die Liberalen aller Schattierungen, um nicht die Geschäfte der konservativen Extremisten zu betreiben, versöhnlich reagieren; auf der anderen Seite mußten sie, nachdem sie einen fünfjährigen Heeres- und Verfassungskonflikt durchgestanden hatten, vor der Öffentlichkeit ihr Gesicht wahren. Die verschiedenen Adreßentwürfe machten in den Beratungszimmern und Couloirs des Abgeordnetenhauses einige Metamorphosen durch; da griff auch der Präsident Forckenbeck korrigierend und lavierend ein und brachte alles vor König und Parlament zum glücklichen Ende.[77]

Die Liberalen waren nicht nur in taktischer Verlegenheit, sondern auch im Zwiespalt ihres Fühlens und Denkens; imponierte ihnen doch die gleiche preußische Armee, die ihnen für Jahrzehnte die Macht vorenthalten würde. Das kam sowohl in der Adresse des Abgeordnetenhauses als Antwort auf die Thronrede des Königs wie auch in den Worten des offiziellen Berichterstatters, Rudolf Virchow, zum Ausdruck. Sein Auftreten war um so bemerkenswerter, als er zu denen gehörte, die der Fortschrittspartei die Treue hielten.

Seine Mahnung: »Hüten wir uns, den Götzendienst des Erfolges zu treiben!« bedeutete als moralisches Alibi wenig gegenüber seinem Lob der patriotischen Kriegstaten des Heeres: »Daß wir ... ein deutsches Parlament – wenngleich zunächst in beschränkter Form – als ein nahes Ereignis vor uns sehen, wir verdanken es zunächst ... ganz allein den Taten unseres Heeres.«[78] Virchow steigerte sich bis zur Behauptung: »Ich, meine Herren, trage nicht den mindesten Zweifel, zu sagen, daß nach meiner Auffassung unter allen Kriegen, welche die Weltgeschichte verzeichnet, keiner einem Volke zur größeren Ehre gereicht...« Darauf folgte die zage Einschränkung: »Aber ich trage auch kein Bedenken zu sagen, daß ich überhaupt nicht zu den Vertretern des Krieges gehöre ... Aber, meine Herren, die Freiheit vollzieht sich nicht ohne große Konflikte, und ich kann mich nicht der Tatsache verschließen, daß die großen Ereignisse, die wir erlebt haben, eine wirkliche neue Grundlage für die nationalen Bestrebungen geben.«[79] Virchows geradezu repräsentatives Auftreten war eine Zurücknahme seiner Polemik von 1862 gegen die Eisen-und-Blut-Rede Bismarcks. Die preußische Armee war nicht allein dem äußeren Feind gegenüber, sondern auch gegenüber der inneren Opposition Sieger geworden.

Die lange umstrittene Adresse an den König nahm das Abgeordnetenhaus mit großer Mehrheit am 23. August 1866 an, als auch die Unterschriften unter den Prager Friedensvertrag zwischen Preußen und Österreich gesetzt wurden. So wurde der 23. August der Tag des Friedensvertrags mit dem äußeren Feind und des Vorfriedens mit der inneren Opposition, dem die Annahme und Bestätigung der Indemnitätsvorlage am 3. September folgten.

*

Juristisch waren sich Regierung und Abgeordnetenhaus noch keineswegs einig; die Regierung hatte ja lediglich zugegeben, daß die Staatsausgaben von 1862 bis 1866 »der gesetzlichen Grundlage entbehrten«, gestand jedoch nicht ein, daß sie während der Konfliktjahre verfassungswidrig gehandelt habe. Die »Lückentheorie« wurde also nicht zurückgenommen. Politisch ging es darum, ob sich das Abgeordnetenhaus mit dem Weiterbestehen der juristischen Meinungsverschiedenheiten, hinter denen sich die Unterschiede in der staatlichen Machtverteilung zwischen Regierung und Parlament verbargen, resignierend begnügen und angesichts der im Sommer 1866 geschaffenen Lage einen Kompromiß anstreben solle.

In versöhnlichem Geist war Bismarcks Rede vom 1. September 1866 darauf bedacht, »sich jedes Eingehens auf retrospektive

Kritik zu enthalten, sei es Abwehr, seien es Angriffe«. Innern und äußern Frieden miteinander vergleichend, setzte er hinzu: »Ein Friedensschluß würde auch in den auswärtigen Verhältnissen schwerlich zustande kommen, wenn man verlangte, daß ihm von einem von beiden Teilen vorhergehen sollte das Bekenntnis: ›Ich sehe es jetzt ein, ich habe unrecht gehandelt‹.«[80] Doch müßte er nicht Bismarck gewesen sein, wenn er sich jeder Erwähnung der Kräfteverhältnisse enthalten hätte. Darum versicherte er, die Regierung wünsche den Frieden, »nicht weil wir kampfunfähig sind in diesem inneren Kampf; im Gegenteil, die Flut fließt in diesem Augenblick mehr zu unseren Gunsten als vor Jahren; wir wünschen ihn auch nicht, um einer etwaigen künftigen Anklage auf Grund eines künftigen Verantwortlichkeitsgesetzes zu entgehen; ich glaube nicht, daß man uns anklagen wird, ich glaube nicht, daß, wenn es geschieht, man uns verurteilen wird, und wie dem auch sein möge; – man hat dem Ministerium viele Vorwürfe gemacht, den der Furchtsamkeit noch nicht!«[81]

Geradezu Balsam für die liberalen Abgeordneten war es, als Bismarck ihnen dann aber versicherte, daß er »den Aufgaben, welche auch Sie in Ihrer Mehrzahl erstreben, nicht so fern steht, wie Sie vielleicht vor Jahren gedacht haben, nicht so fern steht, wie das Schweigen der Regierung über manches, was verschwiegen werden mußte, Sie zu glauben berechtigen könnte«.[82] Hatte Bismarck früher manches im dunkeln gehalten und nur gelegentlich kurz beleuchtet, so ließ er jetzt, wenn auch immer noch im gedämpften Licht, seine nationalpolitische Übereinstimmung mit den Liberalen erkennen. Damit konnte er an ihre Verantwortung appellieren, im Interesse noch ungelöster Aufgaben in der Außenpolitik Preußens durch Annahme der Indemnitätsvorlage Frieden im Innern zu halten: »Die glänzenden Erfolge der Armee haben nur unsern auf dem Spiele stehenden Einsatz gewissermaßen erhöht, wir haben mehr zu verlieren, als vorher, aber gewonnen ist das Spiel noch nicht; je fester wir im Innern zusammenhalten, desto sicherer sind wir, es zu gewinnen.«[83]

Auch in den folgenden Monaten hielt Bismarck das Gefühl wach, daß eher Waffenstillstand als Frieden herrsche. Vorstellungen anhaltender Kriegsgefahr waren immer noch wirksam.[84] Das machte die Lage derjenigen Abgeordneten innerhalb der Fortschrittspartei, die die Indemnitätsvorlage ablehnten, besonders schwierig. Angesichts einer außenpolitisch keineswegs spannungsfreien Situation Preußens konnten und wollten sie gegen einen im Lande weitverbreiteten Wunsch nach Beendigung des Heeres- und Verfassungskonflikts nicht grundsätzlich auftreten. So kamen auch die oppositionellen Sprecher zu keiner prinzipiellen Ablehnung der Indemnitätsvorlage.

Harkort, Hoverbeck und Virchow verlangten, daß erst ein Staatshaushaltsgesetz für das kommende Jahr, 1867, vereinbart und damit der verfassungsmäßige Budgetzustand wiederhergestellt werde, bevor die Opposition die Indemnität bewilligen könne. Die Argumentation Schulze-Delitzschs schien zunächst prinzipieller Natur zu sein, da er verlangte, daß die Regierung mit dem alten System breche. Tatsächlich ging es ihm im wesentlichen darum, daß die Minister des Innern und der Justiz mit den gewohnten Eingriffen in die Selbstverwaltung, mit der Maßregelung liberaler Beamter und der Fesselung der Presse nicht in alter konservativer Konfliktsmanier fortfuhren.[85] Der Staatsrechtler Gneist vom linken Zentrum stellte in seiner Rede die Forderung nach einem Ministerverantwortlichkeitsgesetz.

Das hatte jedoch nichts mit einer Parlamentarisierung des Staates zu tun – etwa in dem Sinne, daß Minister durch ein Mißtrauensvotum des Parlaments abgesetzt werden könnten. Gneist war wesentlich bescheidener und meinte, eine gesetzmäßige Regierung beginne erst, wenn die eigenmächtige Interpretation des Gesetzes durch die Minister ausgeschlossen sei, vielmehr über »Verfassungsstreitigkeiten überhaupt nicht anders als von Gerichten und nach Gesetzen entschieden werde«.[86] Gneist wollte der Indemnitätsvorlage erst dann zustimmen, wenn ein solches Ministerverantwortlichkeitsgesetz verabschiedet wäre.

Die Bedingungen der Fortschrittspartei für die Annahme der Indemnitätsvorlage waren im Vergleich zu den liberalen Grundforderungen staatsrechtliche Flickschusterei. Damit konnte diese Partei höchstens ihre Anhängerschaft, die ja von der Konfliktszeit geprägt war, recht und schlecht bei der Stange halten, aber nicht zu neuem Kampf formieren. Demgegenüber hatte das, was Bismarck an national- und wirtschaftspolitischen Zugeständnissen zu bieten hatte, selbst für die Arbeiter und Handwerker viel Attraktionskraft.

Das Volk war also verunsichert oder unschlüssig; selbst linksliberale Gegner der Indemnitätsvorlage waren weniger denn je heeres- und staatsfeindlich, mehr denn je sogar preußisch-patriotisch, wie Virchows Lobrede auf die preußische Armee gezeigt hatte; Waldeck war jetzt einer der eifrigsten Fürsprecher der Annexion norddeutscher Länder an das schwarzweiße Preußen. Wo solche Zerrissenheit herrschte, unten bei den Massen oder oben bei den Führungsgremien, war die Versuchung, die Fortschrittspartei zu spalten, unwiderstehlich geworden.

Der politisch klarste Sprecher der Dissidenten dieser Partei war Karl Twesten, der um so überzeugender wirken konnte, als er keineswegs zu den Hätschelkindern des Bismarckschen Ministeriums gehörte. Immer noch schwebte gegen ihn ein Gerichtsverfahren, das der Justizminister v. d. Lippe angestrengt hatte. Es gehörte zur parlamentarischen Regie der liberalen Dissidentengruppe und des mit ihr sympathisierenden Präsidenten Forckenbeck, gerade Karl Twesten als Berichterstatter im Abgeordnetenhaus auftreten zu lassen.

Twesten ging in der Debatte auf die staatsrechtlichen Fragen überhaupt nicht ein, sondern betonte die politischen Zentralpunkte. Der Argumentation Bismarcks folgend, meinte er: »Wir befinden uns in einem Kriegszustande, wenn auch der Friede bereits geschlossen ist; wir brauchen in den nächsten Jahren eine sehr große Armee, wir werden bewilligen müssen, was die Regierung für nötig hält, um zu sichern, was in dem Kriege gewonnen ist, ... um imstande zu sein, jeder Drohung zu begegnen, jede Mißgunst gegen die neue Gestaltung Deutschlands zurückzuweisen.«[87] Wie viele Liberale, berief er sich auf die öffentliche Meinung des Landes, die sich bereits durch die Wahlen im Sommer kundgegeben habe, und »das gehobene Gefühl, welches jetzt unser Volk nach den großen Erfolgen seines Heeres erfüllt«.

Der Rede Twestens lag unausgesprochen das Bewußtsein zugrunde, daß der Kampf der Liberalen um die politische Macht bereits verloren sei.[88] Da die Forderungen nach mehr liberalen Freiheitsrechten vertagt wurden, machte Twesten jetzt erst recht die nationalstaatliche Einigung zum zentralen Anliegen – mit einer Argumentation, in der sich Realismus und Demagogie mischten: »Wir dürfen auf die freiheitliche Entwicklung nicht verzichten, aber die Entwicklung der Macht unseres Vaterlandes, die Einigung Deutschlands, das ist die wahre, die höchste Grundlage, welche wir für die Entwicklung der Freiheit schaffen können, und an diesem Werke können wir jetzt mitwirken.«

Natürlich mußte Twesten auch von den Übergriffen der Regierung sprechen, die die Liberalen während der vergangenen Jahre in die ausschließliche Negation getrieben hätten. Das blieb aber eine rhetorische Wendung, die in die beschwörenden Worte mündete: »Den heiligsten Interessen unseres Vaterlandes wird geschadet, wenn wir uns auch ferner in der Negative halten... In meinen Augen hat das Ministerium Bismarck in den vergangenen Jahren schwer gesündigt gegen das Recht und das Rechtsbewußtsein des preußischen Volkes, aber die Geschichte des letzten Jahres hat ihm die Indemnität erteilt. Sprechen wir sie aus!«[89]

Jeder, der sehen wollte, mußte erkennen, was der Indemnität wirklich zugrunde lag: der militärische und politische Sieg in Königgrätz und Nikolsburg und der weitere Kampf um die nationalstaatliche Einigung unter der innen- und außenpolitischen Hegemonie eines vergrößerten Preußens.

Vorbehaltlos für die Indemnitätsvorlage waren die schon vor dem Kriege mit Bismarck verbündeten Altliberalen und die vornehmlich von Magnaten geführten Neukonservativen. Die Konservativen in ihrer Gesamtheit stimmten zwar für die Indemnitätsvorlage, aber nicht ohne inneres Widerstreben. Hermann Wagener hingegen erklärte, materiell müsse das Parlament zugestehen, daß die Regierung sich insoweit im Recht befunden habe, »als wir Alle auf Tiefste es jetzt bedauern würden und bedauern müßten, wenn die Regierung anders gehandelt hätte, als sie gehandelt hat«[90].

So wie die »Twestianer«, also die liberalen Dissidenten, gefürchtet hatten, sie könnten durch die Opposition gegen die Indemnitätsvorlage und damit gegen die Regierung überhaupt Bismarck nach rechts in die Reihen der »exklusiven Partei« der Konservativen treiben, waren diese von entgegengesetzten Ängsten erfüllt. Wer konnte wissen, ob ihr unheimlich gewordenes Regierungshaupt nicht noch weiter nach links geraten, sich noch prononcierter auf die Liberalen orientieren und ihnen unangemessene Konzessionen machen würde? Die konservative Einstimmigkeit kam daher bedenkenbeladen und ziemlich erzwungen zustande.

Mit 230 gegen 75 Stimmen nahm das Abgeordnetenhaus am 3. September 1866 die Indemnitätsvorlage an. Diese Abstimmung war ein großer Erfolg für die Regierung, numerisch und noch mehr politisch – letzteres dank der Dissidentengruppe innerhalb der Fortschrittspartei. Es gehörte zum politischen Sieg Bismarcks, daß seine stärkste Opposition im Heeres- und Verfassungskonflikt jetzt in sich gespalten war. Von der Fortschrittspartei stimmten mit Ja unter anderen: Forckenbeck, Franz Duncker, v. Kirchmann, Loewe-Calbe, Twesten, ferner die drei Industriellen Hammacher, Werner Siemens und v. Unruh, insgesamt 34 Abgeordnete; mit Nein unter anderen: Frenzel, Hagen, Hoverbeck, Runge, Schulze-Delitzsch, Virchow, Waldeck, Ziegler und selbstverständlich Jacoby, insgesamt 41 Abgeordnete. Vom linken Zentrum stimmten mit Ja unter anderen: Bockum-Dolffs, Bunsen, Grabow und Stavenhagen, insgesamt 42; mit Nein unter anderen: Gneist und Harkort, insgesamt 23. Gegen die Indemnität stimmte ein Teil der katholischen Fraktion; es war vor allem der Theologieprofessor Friedrich Michelis, der mit klerikalem Eifer in der Debatte gegen die Regierung aufgetreten war. So kündigte sich auch vom politischen Katholizismus her, nicht nur vom Liberalismus, der spätere Kulturkampf an.

*

Der sogenannte Friedensvertrag im Innern war ohne Zweifel ein Sieg Bismarcks. Das machte auch das Verhalten des Abgeordnetenhauses gegenüber den drei anderen Regierungsvorlagen deutlich, nämlich der über die 60-Millionen-Anleihe, über die Annexion norddeutscher Länder an Preußen und über das Gesetz betreffend die Wahlen für den konstituierenden Reichstag des Norddeutschen Bundes. Diese Vorlagen wurden bald nach dem Indemnitätsgesetz im September beraten und verabschiedet.

Die Vorlage über den außerordentlichen Kredit von 60 Millionen Talern (unter ihnen ein Staatsschatz von 27 Millionen) für Zwecke des Heeres und der Marine bereitete den Liberalen moralisch und politisch arges Kopfzerbrechen. Ausgerechnet nach der Indemnitätsvorlage, die das Budgetrecht des Parlaments wiederherstellen sollte, verlangte die Regierung eine Anleihe von solcher Höhe, daß sie finanziell eine Zeitlang unabhängig werden konnte. Das jährliche Ausgabebewilligungsrecht des Abgeordnetenhauses war, kaum bestätigt, erneut in Frage gestellt. Jetzt begehrten selbst Forckenbeck und Twesten auf.[91]

Um die liberalen Abgeordneten unter moralisch-politischen Druck zu setzen, nutzte Bismarck sowohl das Vertrauen in seine erfolgreiche Außenpolitik als auch die Angst vor neuen diplomatischen und militärischen Verwicklungen aus. Dezidiert erklärte er den Abgeordneten: »Mit dieser Vorlage richtet die Regierung in der Hauptsache die Frage an Sie, ob Sie Vertrauen zu der bisherigen Führung der auswärtigen Politik haben, ob Sie Zeugnis ablegen wollen für den festen Entschluß des preußischen Volkes, die Errungenschaften des letzten Krieges festzuhalten und zu verteidigen, wenn es notwendig sein wird.« Er sprach davon, »daß in die Kaiserliche Hofburg zu Wien mit dem Frieden der Geist der Versöhnlichkeit nicht so, wie wir es gewünscht hätten, eingezogen ist«[92]. Er verwies sogar auf den Orient, wo sich die Gefahren »sehr plötzlich zu einer ernsteren europäischen Konstellation« herausbilden könnten. Über mögliche Gefahren von Frankreich aus schwieg Bismarck; offensichtlich wollte er den gemäßigten Napoleon gegen die extrem preußenfeindliche Gruppe um die Kaiserin Eugénie und den Außenminister Drouyn de Lhuys stützen; dieser war in der Tat gezwungen, im September 1866 zurückzutreten.

Die Gesetzesvorlagen über die Einverleibung von Hannover, Hessen, Nassau und Frankfurt am Main, schließlich von Schleswig-Holstein, trafen auf keine sonderlichen Schwierigkeiten im Abgeordnetenhaus, am allerwenigsten bei der Linken, die sogar größere Konsequenz verlangte. Während die Regierung die neuen Provinzen nur durch Personalunion mit dem preußischen Staat verbinden wollte, forderte die Linke die volle Annexion und die Geltung des preußischen Staatsrechts für alle neuen Gebiete. Bei einer Personalunion hätte die Krone eine unkontrollierte Hausmacht in den eroberten Gebieten ausüben können. Überdies war bei einer solchen staatsrechtlichen Konstruktion die Gefahr nicht beseitigt, daß die Krone das Annektierte ohne Einwilligung des Parlaments den entthronten Dynastien irgendwann einmal wieder zurückgeben könnte. Von legitimistischen Gewissensbissen blieb der König ja nach wie vor geplagt.

Regierung und Abgeordnetenhaus kamen schließlich überein, daß die volle Vereinigung der neuen Provinzen mit Altpreußen zwar sogleich ausgesprochen, aber das Inkrafttreten der preußischen Verfassung um ein Jahr hinausgeschoben werden solle. In den nächsten Jahren, als die verschiedenen Organisationsgesetze für die neuen Provinzen im Abgeordnetenhaus beraten wurden, verstanden die Liberalen, Bismarck einige Vorteile für das ganze Staatsgebiet abzuringen. In verwaltungsrechtlichen Fragen machte Bismarck eher Konzessionen als im Für und Wider verfassungsrechtlicher Freiheiten.

*

Schon im Spätherbst und Winter 1866 richtete Bismarck sein Augenmerk auf die Beamten, die in den annektierten Gebieten tätig sein sollten. Von jeher sah er die moralisch-politische Einheit des Beamtenkorps als unerläßliche Voraussetzung einer festen Herrschaft an. Unter diesem Blickpunkt ist Bismarcks Vorgehen in Hannover geradezu exemplarisch: er schritt gegen alle renitenten Beamten ein und durchsetzte Hannover mit altpreußischen, vor allem durch Beamtenaustausch. Bismarck wies an, »zur Beschleunigung der Verschmelzung bei gebotener Gelegenheit hannöversche Beamte jeder Klasse möglichst mit Beförderung nach den alten Provinzen zu verpflanzen«. Außerdem sollten »Einleitungen zu treffen sein, um junge Männer, welche sich dem Staatsdienste widmen, aus Hannover in die alten Provinzen zu ziehen und umgekehrt« – notfalls mit Hilfe von Stipendien für junge Referendare. Nicht zuletzt trat er für »eine entsprechende Purifizierung des betreffenden Personals« auf dem Gebiete der Justiz ein, damit er nach Inkrafttreten der preußischen Verfassung »einer preußisch gesinnten Majorität in den oberen Gerichtshöfen durchaus sicher sein« könne.[93] Die Renitenz unter den hannoverschen Beamten sollte die preußische Presse, wie Bismarck anwies, »als junkerhaftes Idiotentum einzelner abgelegter Hofschranzen behandeln«.[94]

Das Abgeordnetenhaus hatte die Annexionen im vollen Bewußtsein und guten Gewissen beschlossen, es vertrete das Recht des neuen bürgerlich-kapitalistischen Zeitalters gegen das alte Recht des feudalen Absolutismus: das Recht der Nation auf staatliche Einheit, die – ähnlich wie in Italien – das Aufgehen der kleineren Staaten in einem größeren staatlichen Zusammenhang verlange, gegen das legitimistisch-partikularistische Staatenbundsrecht von 1815 bis 1820.[95] Darum proklamierte der Fortschrittsparteiler Loewe-Calbe in der Schlußdebatte, stellvertretend für alle Liberalen: »Wir nehmen diese Länder kraft des Rechts der Revolution.«[96] Hatte Friedrich Engels nicht auch vom Recht der Revolution gesprochen? Wie aber stand es mit Johann Jacoby, der sich fast als einziger gegen die Annexion ausgesprochen hatte?

Jacoby hatte Ende August seine Stimme nicht nur für bürgerliche, sondern auch für »staatliche Freiheit« erhoben. Über aller Berechtigung der »nationalen Wünsche und Bestrebungen« dürfe man »nicht vergessen, daß es die ewigen Grundsätze des Rechts, der Sittlichkeit, der Freiheit sind, von denen allein die

Wohlfahrt der Völker abhängt«.[97] Jacoby, einer der großen Festredner im Schillerjahr 1859, war ehrlichen Herzens erfüllt vom Pathos des bürgerlichen Freiheitsdichters, der an die ewigen Rechte glaubte, »die droben hangen unveräußerlich und unzerbrechlich wie die Sterne selbst«. In diesem Moment ging bei Jacoby das bürgerliche Naturrecht eine merkwürdige Verbindung mit jenem positiven Recht ein, das den legitimistischen Partikularismus verteidigte.

Die Verworrenheit der Lage zeigte sich auch im politischen Gerangel um das Wahlgesetz für den konstituierenden Reichstag des Norddeutschen Bundes. Der Bündnisvertrag, den Preußen in der zweiten Hälfte des August 1866 mit 17 norddeutschen Staaten, Klein- und Kleinststaaten, abgeschlossen hatte, war der Sache nach ein Vorvertrag für die Errichtung eines Bundesstaates.[98] Dieses sogenannte Augustbündnis vereinbarte als Wahlgesetz für den zu schaffenden Norddeutschen Bund das Reichswahlgesetz von 1849. Es bestimmte das allgemeine, gleiche, direkte und geheime Wahlrecht, das jetzt für den konstituierenden Reichstag in Form gleichlautender Landesgesetze in Kraft gesetzt werden sollte. Bedeutungsvoll war natürlich in erster Linie die Entscheidung des Preußischen Abgeordnetenhauses. Mit dieser Gesetzesvorlage löste Bismarck sein Versprechen vom 9. April 1866 ein, mit dem er den Krieg gegen Österreich politisch vorbereitet hatte.

Die Fortschrittsparteiler konnten natürlich nicht gegen die Wiederherstellung des Wahlgesetzes von 1849 opponieren; aber sie waren keineswegs davon erbaut, daß in Berlin zwei Parlamente, das Preußische Abgeordnetenhaus und der Norddeutsche Reichstag, residieren sollten. Man brauche, so meinten viele unter ihnen, dem Preußischen Abgeordnetenhaus in Sachen Bundesangelegenheiten nur die Vertreter der übrigen norddeutschen Staaten hinzuzufügen. Die Fortschrittsparteiler wollten für ganz Norddeutschland lieber an der preußischen Verfassung, die ihnen in ihren Tücken und Vorteilen bekannt war, festhalten, als sich von Bismarck auf den unbekannten Weg zum »Sprung ins Dunkle« führen lassen. Auch nach dem Friedensvertrag im Innern trauten sie dem früheren Konfliktminister nicht über den Weg.

Auf der rechten Seite des Preußischen Abgeordnetenhauses waren die Vorbehalte gegenüber dem vorgeschlagenen Wahlgesetz anderer Art; die rechtsliberalen, noch stärker die konservativen und die katholischen Abgeordneten stießen sich am Grundsatz der Wahlgleichheit.[99] Konservatismus und Klerikalismus näherten sich einander wieder.

Die parlamentarischen Wortführer verfielen auf den Ausweg, die Gesetzesvorlage der Regierung unbedeutend zu verändern oder zu amendieren, um sie mit einigem Anstand doch noch mit großer Mehrheit annehmen zu können. Die gesetzliche Voraussetzung für die Wahl zum konstituierenden Reichstag des Norddeutschen Bundes nach dem allgemeinen, gleichen, geheimen und direkten Wahlrecht war gegeben.

Jetzt wurde der Preußische Landtag bis zum 12. November vertagt. Die Parlamentsferien in Preußen erleichterten es sowohl der Regierung als auch den Parteien, sich in der einen oder anderen Weise auf den Kampf um die Bundesverfassung vorzubereiten.

IX. Die Begründung des Norddeutschen Bundes

Die Arbeit an der Verfassung. Der konstituierende Reichstag

Nachdem Bismarck unter größten Spannungen die außen- und innenpolitischen Friedensabkommen abgeschlossen hatte, stand er in den Septembertagen des Jahres 1866 vor einem, wie er selbst sagte, »Nervenbankrott«. Neuralgische Schmerzen und Krämpfe plagten ihn Tag und Nacht. Die Aufregungen der vergangenen Monate hatten an seinen Kräften gezehrt, zumal bereits die ersten Jahre seiner Ministerpräsidentschaft ihren gesundheitlichen Tribut gefordert hatten. Wenn ihn auch das Einarbeiten in die ministeriellen Tätigkeiten nicht über das gewöhnliche Maß hinaus belastete, so hatte er doch sein Amt als ausgesprochener Konfliktsminister angetreten, der sich innen- wie außenpolitisch schwierigen Verhältnissen konfrontiert sah. Der russische Gesandte Oubril und der österreichische Geschäftsträger Chotek stellten besonders im Herbst 1863 eine hochgradige Nervosität bei ihm fest; während seiner Gespräche konnte er offenbar die Gedankenassoziationen, die ihn bestürmten, nicht recht bändigen, so daß man seiner stoßartigen und sprunghaften Redeweise nur schwer folgen konnte.[1]

Überhaupt war das Jahr 1863 überaus schwer für Bismarck. Er konnte keinen sichtlichen Erfolg aufweisen, was seine Gegner natürlich zu besonders scharfen Angriffen ermunterte. Die Konvention Alvensleben war moralisch anrüchig und politisch in ihrer Wirkung noch nicht überschaubar. Dann kam die Schleswig-Holstein-Frage auf ihn zu, wo er die Beweg- und Hintergründe seiner Taktik selbst dem eigenen König verschweigen mußte. Ja sogar in seiner materiellen Existenz durfte er sich nicht unbesorgt fühlen. Moritz v. Blanckenburg, der damals beim Verkauf von Kniephof zwischen Otto und Bernhard v. Bismarck vermittelte, stellte mancherlei juristische Überlegungen wegen der Sicherung von Ottos Vermögen an. Er fürchtete allen Ernstes Konfiskationen »unter der künftigen kronprinzlichen Regierung« und bezweifelte, ob Otto »noch *sehr* lange« im Staatsdienst bleiben könne.[2]

Vieles trug also dazu bei, daß der »Vorrat an Gesundheit«, den Bismarck im Sommer 1862 angesammelt hatte, mittlerweile aufgebraucht war. Obwohl er sich im Herbst 1866 in einem Zustand der Erschöpfung befand, wäre für ihn jetzt eine Erholung in ferner Abgeschiedenheit wie im Sommer 1862 unmöglich gewesen. Die Ausarbeitung der Verfassung des künftigen Norddeutschen Bundes war ihm zu wichtig, als daß er sie ausschließlich anderen hätte überlassen können; ein Erholungsort für ihn mußte also derart sein, daß er dort über das Wichtigste unterrichtet werden und gegebenenfalls eingreifen konnte. So begab er sich nach Abschluß der Landtagsarbeiten und nach dem feierlichen Einzug der siegreichen Truppen, an dem er sich hoch zu Roß in blütenweißer Kürassieruniform als neuernannter Generalmajor beteiligte, von Berlin aus zu seinem Vetter, dem Grafen v. Bismarck-Bohlen, auf Schloß Carlsburg in Vorpommern; dort erreichte ihn schließlich die Einladung des Fürsten Putbus nach Rügen. Aus »einigen Tagen«, die man auf der stillen Insel verleben wollte, wurden Wochen. Im Gartenhaus des Fürsten blieb Bismarck mit seiner Frau Johanna vom 6. Oktober bis zum 1. Dezember 1866.[3]

*

Die allgemeinen Umrisse einer bundesstaatlichen Neuordnung Norddeutschlands waren durch den Bismarckschen Reformvorschlag vom 10. Juli und den Bündnisvertrag der siebzehn Staaten vom 18. August 1866 schon sichtbar geworden. Danach konnten sich diejenigen richten, die Entwürfe eines Verfassungswerks ausarbeiteten. Das waren der altliberale Historiker und zeitweilige Beamte Max Duncker, der demokratisch gesinnte Graf Oskar Reichenbach, dann von Amts wegen Rudolf Hepke, Referent für deutsche Angelegenheiten im preußischen Ministerium für Auswärtige Angelegenheiten.[4] Ende August arbeitete Lothar Bucher, der Steuerverweigerer von 1848, dann Emigrant in England und seit 1864 Mitarbeiter im Auswärtigen Amt, ein Promemoria aus; etwa zu gleicher Zeit überreichte Hermann Wagener vertrauensvoll eine »Verfassungsurkunde für das Norddeutsche Reich«[5]. Diesen Entwurf gab Bismarck nie zu den Akten, machte ihn also den Berliner Mitarbeitern und Ministerkollegen nicht zugänglich,[6] sondern benutzte ihn nur persönlich.

Während Bismarcks langer Abwesenheit von Berlin ergriff der König seinerseits die Initiative und beauftragte Männer seines Vertrauens, Vorschläge für Verfassungspläne zu machen. Da war erst einmal Karl Friedrich v. Savigny, den er seit 1849 kannte, als dieser dem damaligen Prinzen Wilhelm vom preußischen Auswärtigen Amt bei der Niederwerfung des badisch-pfälzischen Aufstandes beigegeben worden war.[7] Später, seit 1864, war Savigny Preußens letzter Bundesgesandter in Frankfurt und schien von daher als »Erbe der Bundestradition« auch sachlich berufen zu sein, in der Verfassungsfrage mitzureden.

Savigny galt auch als Jugendfreund Bismarcks und war in der Tat ein Vertrauter gewesen, der ihm bei der Überwindung einiger Schwierigkeiten nach den Aachener Eskapaden nützliche Dienste geleistet hatte. Je älter jedoch die beiden wurden, desto mehr entfremdeten sie sich menschlich und politisch.[8]

Schon im November 1862 meinte Bismarck Gortschakow gegenüber: »Savigny katholisirt mir zu sehr, und dergleichen nimmt mit den Jahren zu.«[9] Einige Jahre später gab Bismarck zu bedenken, daß Savigny »das Erwerbsleben, auf dessen Entwicklung es jetzt wesentlich ankommt«, sehr wenig kenne, und ein andermal schrieb er über dessen »steifstellige Empfindlichkeit und seine Ungewohnheit im Verkehr mit weniger privilegierten Menschenklassen«.[10] Was aber Bismarck im Herbst 1866 in besonders kritische Distanz zu Savigny brachte, war die Furcht, bei der Erörterung der Verfassungsfragen könnten sich die Königin und der »Coburger« einmischen und zu störenden Meinungsbildungen beitragen. Bismarck konnte nicht verhindern, daß Savigny Anfang November durch eine königliche Kabinettsorder, die von der Königin befürwortet worden war, mit der Ausarbeitung der Bundesverfassung beauftragt wurde. Über diese Vorgänge in Berlin laufend unterrichtet, mußte er daher beizeiten zu verstehen geben, daß er es sei, der am Ende das Sagen habe; er mußte aktiv werden.

Während der Herbstwochen war er durch Ruhe und Abgeschiedenheit von allen Amtsgeschäften, auch durch Jagden und Waldausflüge wieder so weit gekräftigt, daß er seiner Frau kritische Bemerkungen über die bisherigen Entwürfe und damit indirekt Direktiven für Savigny diktieren konnte. So entstand am 30. Oktober das erste »Putbuser Diktat«.[11] Das Ganze wurde Robert v. Keudell, dem Freund der Familie und einzigen Mittelsmann zu den Berliner Ämtern, übergeben. Selbstverständlich beurteilte Bismarck alles, was an ihn im Hinblick auf das Verfassungswerk herangetragen wurde, von seiner politischen Konzeption aus; wußte er doch von Anfang an, was er wollte, schwankte lediglich, wie er taktisch vorzugehen, was er zu umschreiben, zu verschweigen und der zukünftigen Entwicklung zu überlassen habe. Bei dem, was Bismarck in der Zeit der Vorbereitung zur norddeutschen Bundesverfassung niederschrieb oder aussprach, zählt nicht nur das Gesagte, sondern auch das Ungesagte.[12]

Im ersten Putbuser Diktat wies Bismarck darauf hin, daß die bisherigen Entwürfe »zu zentralistisch bundesstaatlich für den dereinstigen Beitritt der Süddeutschen« seien, und fuhr dann fort: »Man wird sich in der Form mehr an den Staatenbund halten müssen, diesem aber praktisch die Natur des Bundesstaates geben mit elastischen, unscheinbaren, aber weitreichenden Ausdrücken. Als Zentralbehörde wird daher nicht ein Ministerium, sondern ein Bundestag fungieren ...«[13] Das Hintergründige dieser Anweisungen lag darin, daß der preußische Minister des Auswärtigen nun mit der gleichen Befugnis wie im alten Deutschen Bund in einem neuen Bund, wo es keine österreichische Präsidialfunktion mehr gab, seine Macht schon rein verfassungsrechtlich ungemein vergrößern konnte, um die verbündeten Regierungen zu beeinflussen und zu lenken.[14]

Im übrigen war Bismarck im Prinzip keineswegs gegen Bundesministerien; sie könnte man »à fur et à mesure« bilden, wie es das praktische Leben erfordere und ermögliche. Die militärischen Fragen sollte man »bis zur Vollendung der Bundesverfassung interimistisch dem preußischen Kriegsministerium« überweisen »und dieses Interimistikum sich verewigen« lassen.[15] War das, was sich auf die Exekutive bezog, bisweilen sehr unbestimmt gehalten, so wurde Bismarck in bezug auf die Legislative bestimmter: »An dem vor dem Kriege verkündeten Programm, daß Bundesgesetze durch Übereinstimmung der Majorität des Bundestages mit der der Volksvertretung entstehen, halten wir fest.« Schon darum trat er dafür ein, daß diesen zentralen Institutionen schnell die Bereiche ihrer Gesetzgebung zugesprochen wurden.

Auch in dem zweiten, ausführlicheren Diktat vom 19. November geht es Bismarck darum, »Anlehnung an das Hergebrachte« in der Verfassung auszudrücken und dennoch Preußen eine »dominierende Stellung« zu sichern.[16] Der föderalistische Bundestag, der durch die Hegemonie eines überragenden Staates, im Gegensatz zum früheren dualistisch organisierten, funktionieren sollte, war als Gegengewicht zu dem auf Grund des allgemeinen, gleichen und direkten Stimmrechts gewählten Reichstag gedacht. Dieser wiederum sollte ein Druckmittel gegen die verbündeten Regierungen sein. Außerhalb jeglicher Diskussion stand die Kommandogewalt des Bundesfeldherrn in Gestalt des preußischen Königs.

Noch in Putbus veranlaßte Bismarck die Mitteilung an die Regierungen, daß Preußen den Zusammentritt des konstituierenden Reichstags für den 1. Februar und den Wahltag für die zweite Hälfte des Januar 1867 in Aussicht genommen habe. Die Verhandlungen mit Preußens Verbündeten über die Verfassungsvorlage sah Bismarck für den 10. Dezember vor; sie wurden schließlich auf den 15. verlegt. Der zu beratende Verfassungsentwurf war jedoch zur Vorlage noch gar nicht bereit. Warum also diese Eile? Offensichtlich glaubte Bismarck durch einen Termindruck die zu erwartenden Einwände leichter überwinden zu können. Erwartete er doch Widerstände vom König, von der Clique um die Königin, von den streng Konservativen, vom Ressortegoismus der Ministerialbürokratie und nicht zuletzt von den fürstlichen Regierungen.[17]

Unter diesen Umständen schaltete er in der Phase der Endredaktion der Verfassungsvorlage alle Mitarbeiter aus, die seinen Gedankengängen nicht folgen wollten oder konnten. Karl v. Savigny hatte zwar pünktlich gearbeitet, aber sein Entwurf war in den Augen Bismarcks einerseits in der Heeresfrage zu unitarisch, ohne Rücksicht auf die einzelstaatlichen Militärkontingente, andererseits zu partikularistisch im Sinne des Weiterbestehens allzu vieler Souveränitätsrechte der Bundesglieder; auch war ruchbar geworden, daß Savigny alles Streben nach Allgewalt des preußischen Ministerpräsidenten beargwöhnte. Hier konnte es keine Kompromisse geben. Bismarck, der am 1. Dezember wieder nach Berlin zurückkam, brüskierte Karl v. Savigny ganz offen, indem er ihn nicht mehr zur Arbeit heranzog, ungeachtet dessen, daß der König diesem durch Verleihung des Kreuzes zum Hohenzollernorden seine besondere Gnade erwiesen hatte.[18]

Zwar nutzte Bismarck in der letzten Phase der Arbeit an der Verfassung die vorher eingebrachten Entwürfe von freien und beamteten Mitarbeitern aus, vermied jedoch jede enge Zusammenarbeit mit Männern, die im hergebrachten Sinne konservativ und klerikal oder, dem entgegengesetzt, liberal waren. Wahrscheinlich trifft die Vermutung zu, daß er durch die Lektüre der von ihm geheimgehaltenen Denkschrift Hermann Wageners veranlaßt worden war, bei den Schlußarbeiten an der Verfassung besonders eng mit Lothar Bucher zusammenzuarbeiten.[19] Weder Hermann Wagener noch Lothar Bucher waren willfährige Werkzeuge; und gerade deshalb konnten sie nützliche Arbeit leisten. Durch ihre originell begründete Ablehnung einer Parlamentsherrschaft und zugleich des Absolutismus kamen sie Bismarcks verfassungsrechtlichen Grundgedanken entgegen und vermochten sie tiefer zu begründen, so Bucher durch seine im englischen Exil verfaßte und 1855 publizierte Schrift »Der Parlamentarismus, wie er ist«.

Das Leitmotiv der beiden Männer, daß die unumschränkte Herrschaft des Parlaments im Sinne des Liberalismus dem Volk nicht zum Wohle gereiche, jedenfalls für die Verhältnisse des Kontinents ungeeignet sei, mußte Bismarck ansprechen. So meinte Bucher, das englische Parlament, das aus den besitzenden Klassen erwachsen sei, hätte sich im Laufe seiner langen Geschichte zu einem Staat im Staate entwickelt.[20] Scharf beobachtend und nüchtern feststellend, heißt es in der polemischen Schrift gegen den Parlamentarismus: »Die moderne Vorstellung, daß die Mitglieder des Unterhauses das gesamte Volk vertreten, kann nur durch eine lange Reihe von willkürlichen Annahmen, von Fiktionen ausgeführt werden. Es ist Fiktion, daß das wahlberechtigte Siebentel der erwachsenen Männer das Volk vorstellt, daß der Wille der Majorität der Wille des Ganzen ist ...«[21] Und als Warnung an die kontinentalen Demokraten und Liberalen schrieb Bucher: »Der Parlamentarismus des Festlandes besteht in einem Kreislauf von Revolutionen. Was würde der Erfolg sein, wenn in dem Musterstaat Sardinien eine neue Wahl der pfäffischen Partei die Majorität gäbe? Ausrottung alles dessen, was die andere Seite des Hauses geschaffen« hat.[22] Im Verfasser dieser antiparlamentarischen Publizistik glaubte Karl Marx schon 1856 einen »preußischen Minister in spe« erkennen zu können;[23] auch wenn es Bucher so weit nicht bringen sollte, führte ihn sein Weg doch in den unmittelbaren Umkreis Bismarcks.

Die politische Amnestie, die Wilhelm I. aus Anlaß seiner Krönung 1861 gewährte, hatte Lothar Bucher die Rückkehr in sein

Heimatland möglich gemacht. Zunächst nahm er Kontakte mit Ferdinand Lassalle auf, der ihn zwei Jahre später sogar als seinen Testamentsvollstrecker bestimmte. Mit Lassalle verband ihn neben der Auffassung, daß man der Bourgeoisie keine politische Macht überlassen dürfe, die Forderung nach Beseitigung des beschränkten und indirekten Wahlrechts. Damit war zugleich eine Brücke zu Hermann Wageners und nicht zuletzt zu Otto v. Bismarcks Vorstellungen geschaffen.

Zwischen Wagener und Bismarck hatte sich im Frühjahr 1864 erneut eine Zusammenarbeit entwickelt, und zwar auf der Grundlage eines reformierten, die Gerlachschen Traditionen überwindenden Konservatismus. Es mußte Bismarck berühren, wenn es etwa in einer Denkschrift Wageners vom 1. März 1864 hieß,[24] es werde keiner Regierung gelingen, »die Opposition der Bourgeoisie – die ja eben die ausschließliche Herrschaft erstrebt, und die sich ihrer Interessen wie ihrer Macht bewußt geworden – anders zu brechen, als indem man sie überwindet«.

Wagener wies indirekt auf die notwendige Beachtung bürgerlicher Interessen hin, wenn er schrieb: »Überwinden aber kann man die Opposition der Bourgeoisie nur dadurch, daß man einmal die berechtigten materiellen Forderungen des – von ihr unterschiedenen – Bürgertums befriedigt und dies evtl. hierdurch gewinnt ...« Dick unterstrich Bismarck daraufhin die Stelle von den »berechtigten materiellen Forderungen des Bürgertums« und schrieb an den Rand: »Welche?« Bemerkenswerterweise unterschied Wagener genauso wie Lassalle zwischen dem kapitalistischen Bürger, dessen Interessen er berücksichtigen will, und dem politischen Bourgeois, den er von der Macht fernhalten möchte.[25] Auch Bucher hat stets das Eigentum des handeltreibenden und industriellen Bürgers respektiert.

Bismarck, dessen ökonomisch-soziale wie vor allem auch politisch-staatsrechtliche Auffassung denen Buchers und Wageners merkwürdig nahestand, ging also keineswegs derart ideologiefrei an die Ausarbeitung der Verfassung des Norddeutschen Bundes heran, wie es gemeinhin dargestellt wird. Gewiß ließ er sich nicht von akademischen Lehrsystemen leiten, doktrinäre Professoren und Bürokraten sollten nicht lange seine Weggenossen sein, vor allem dann nicht, wenn sie ihm aufgedrungen worden waren, wie es bei dem katholischen Konservativen Karl v. Savigny der Fall war. Als vertraute Mitarbeiter lagen ihm eher Männer, die politische und Lebenserfahrung mit theoretischer

Lothar Bucher (1817–1892)
Achtundvierziger. Emigrant. Durch Amnestie Rückkehr nach Preußen. Von Lassalle zu seinem Nachlaßverwalter bestimmt. 1864 von Bismarck ins Preußische Ministerium der Auswärtigen Angelegenheiten berufen. Mit schwierigen Aufgaben und Missionen betraut. Bismarck zu Hans Blum im Oktober 1892: »Ja, ich habe viel an ihm verloren. Lothar Bucher war eine stille, bescheidene, tiefe Natur, mein treuer Freund. Manchmal mein Zensor, mein Mitarbeiter an allem, was Herzblut, gesunden Menschenverstand, klares scharfes Denken erfordert. Viel zu gut war er für die gewöhnliche Depeschenarbeit. Dafür hatten wir die diplomatische Häkselmaschine Abeken...« Zu Wilhelm Gittermann im Januar 1893: »Er war mein treuester Freund und ein vollendeter Gentleman. Er machte es wie das Edelwild; als er den Tod kommen fühlte, sonderte er sich ab vom Rudel.«

und historischer Bildung verbanden. So bot es sich persönlich wie sachlich an, daß die letzte Redaktion des Verfassungsentwurfs Lothar Bucher anvertraut wurde.[26] Bismarck, der sparsam im Loben war und eher mit scharfer Zunge urteilte, fand zeitlebens Worte warmherziger Anerkennung[27] für Bucher.

*

Wie im August 1866 mit den verbündeten Staaten Norddeutschlands festgelegt worden war, mußte die Verfassung einem noch zu wählenden Bundesparlament zur »Beratung und Vereinbarung« vorgelegt werden. Diese verfassungsvereinbarende Volksvertretung sollte sich auf der Grundlage des allgemeinen, gleichen und direkten Wahlrechts konstituieren.

Für diese zum 12. Februar 1867 anberaumten Wahlen mußten sich die Parteien organisatorisch und politisch formieren. Was sich während der Auseinandersetzung über die Indemnitätsvorlage im August vorbereitet hatte, nahm vom Spätherbst 1866 bis in den Februar 1867 hinein Gestalt an. Die Konservative Partei spaltete sich zuerst; aus ihr heraus bildete sich die Freikonservative Partei, in der Adlige aus der hohen Verwaltung und Diplomatie, schlesische Magnaten und rheinische Industrielle tonangebend waren. Die Freikonservativen unterstützten die Außen- und Innenpolitik Bismarcks bedingungslos. Die Konservative Partei, deren Kern nach wie vor die ostelbischen Junker bildeten, trat zwar für eine Machterweiterung Preußens ein; doch zugleich wachte sie darüber, daß die Machtpositionen des ostelbischen Landadels und die ökonomische Sicherheit der mittleren Gutsherrschaften durch die nationalstaatliche Politik Bismarcks nicht gefährdet würden. In der Zeit des Verfassungskonflikts hatten sich die Konservativen im wesentlichen von der Alternative Parlaments- oder Königsheer leiten lassen; davon abgesehen waren ihre Vorstellungen über Weg und Ziel der Politik ziemlich nebulös geblieben. Sie suchten gleichsam einen dritten Weg, Synthesen zwischen einem möglichst reformierten Absolutismus und einer irgendwie gearteten Ständefreiheit, zwischen preußischer Hegemonie und dynastischer Solidarität, zwischen absolutistisch gegängelter Industrialisierung und freihändlerischer Gutswirtschaft. Auf dem Boden eines wirren Antiliberalismus, Legitimismus und Stockpreußentums waren sie oft genug mit Bismarck durch dick und dünn gegangen; aber als sie im Spätsommer und Frühherbst 1866 bei der Lösung der außen- und innenpolitischen Krisis merkten, daß dieser sie an ein Ziel geführt hatte, das ihren Vorstellungen nicht entsprach, wurden sie renitent. Sie spürten, daß der Antiliberalismus, auch wenn er weiterhin preußische Staatsräson blieb, nicht konsequent durchzuhalten war und der Legitimismus Schaden gelitten hatte. Das vergrößerte Preußen an der Spitze eines Kleindeutschlands diente ja doch dem industriebürgerlichen Fortschritt. 1866 war die staatliche und gesellschaftliche Macht des Ultrakonservatismus endgültig gebrochen, mochte er auch noch in manchen Institutionen, Lebens- und Denkweisen weiterleben.

Politisch bedeutungsvoller war die Spaltung der Fortschrittspartei, also der liberaldemokratischen Partei aus der Zeit des preußischen Heeres- und Verfassungskonflikts. Der Teil ihrer Abgeordneten, der für die Indemnitätsvorlage gestimmt hatte, bildete zunächst die Fraktion der »Nationalen Partei«, die sich mit den Liberalen der neugewonnenen Provinzen Hannover und Kurhessen zusammentat, wodurch die Nationalliberale Partei unter Führung Bennigsens entstand. Sie repräsentierte die Industrie- und Handelsbourgeoisie, die zwar wesentliche Konzessionen von Bismarck erreichte, aber sich sonst seiner Herrschaft fügte. »Der Bürger ist geschaffen zur Arbeit, aber nicht zur Herrschaft ...«[28], mit diesen Worten drückte der liberale Historiker Baumgarten die politische Kapitulationsstimmung des Bürgertums in jenen Tagen sehr prägnant aus.

In den Kerngebieten Preußens vollzog sich der Prozeß der Spaltung der Fortschrittspartei in etwas mehr als einem Vierteljahr. Zunächst waren nur die parlamentarischen Vertretungskörperschaften der Partei gespalten; in Stadt und Land blieben die liberalen Wahlkomitees an der Basis im großen und ganzen intakt. In Berlin jedenfalls existierte weiterhin ein gemeinsames Wahlkomitee, das einen Aufruf für die Wahl zum Norddeutschen Reichstag herausgab.[29] Die Entscheidung der Wähler zwischen Rechts- und Linksliberalismus wurde mehr nach der politischen Persönlichkeit des Wahlkandidaten als nach seinem Programm getroffen.

Der langsame und schrittweise Verlauf der Parteispaltung zeigte, wie stark die Fortschrittspartei in den verschiedenen Schichten des Bürgertums, ja sogar der Arbeiter – beispielsweise bei den Berliner Maschinenbauern – verwurzelt war. Zum andern bewährte sich die gesamtliberale Solidarität gegenüber den Konservativen; selbst die Dissidenten der Fortschrittspartei blieben an einer Schwächung der Konservativen interessiert, da sie hofften, so im parlamentarischen Kräftespiel leichter Konzessionen von Bismarck erreichen zu können.

Zur Neugruppierung der bisher im Preußischen Abgeordnetenhaus vertretenen Parteien gehörte auch das immer stärkere Einschwenken der katholischen Fraktion in die Opposition gegen Bismarck. Seine Zugeständnisse an den Liberalismus gingen ihr zu weit, eben weil damals die Kirche ihre Macht durch wissenschaftshemmende Neoscholastik und absolutistische Papstgewalt festigen wollte. Unter diesen Umständen war es ein fast illusionärer Versuch, als Bismarck eine Einwirkung der Kurie auf die Haltung der katholischen Fraktion anregte. In einem Erlaß an den preußischen Vertreter im Kirchenstaat, den Grafen v. Arnim, schrieb Bismarck am 8. Dezember 1866 in einem eigenhändigen Zusatz: »Ich sage nicht zu viel, wenn ich diese kat'exochén katholische Fraktion als die allerfeindseligste im Hause bezeichne, welche selbst die rote Demokratie an Gehässigkeit der Angriffe übertrifft.«[30]

Die rote Demokratie, um mit Bismarck zu sprechen, formierte sich vornehmlich außerhalb Preußens, nämlich in der Sächsischen Volkspartei mit ihrem Chemnitzer Programm vom August 1866. Von Wilhelm Liebknecht und August Bebel geführt, forderte diese Partei »unbeschränktes Selbstbestimmungsrecht des Volkes«, »Volkswehr anstelle der stehenden Heere«, »Aufhebung aller Vorrechte des Standes, der Geburt und der Konfession«. In Abgrenzung sowohl von großdeutsch-partikularistischen Tendenzen kleinbürgerlicher Demokraten Süddeutschlands als auch vom hohenzollernschen Erbkaisertum im Sinne mancher Lassalleaner, etwa eines Tölcke[31], lautete die nationalpolitische Forderung: »Einigung Deutschlands in einer demokratischen Staatsform. Keine erbliche Zentralgewalt – kein Kleindeutschland unter preußischer Führung, kein durch Annexion vergrößertes Preußen, kein Großdeutschland unter österreichischer Führung, keine Trias. Diese und ähnliche dynastisch-partikularistischen Bestrebungen, welche nur zu Unfreiheit, Zersplitterung und Fremdherrschaft führen, sind von der demokratischen Partei auf das entschiedenste zu bekämpfen.«[32] Wenn auch die Chancen, die bürgerlich-demokratische Republik zu erkämpfen, nach der preußisch-obrigkeitlichen Vorentscheidung von 1866 mehr als gering waren, so hat diese Zielsetzung doch dazu beigetragen, den revolutionär-demokratischen Trotz wachzuhalten und eine sozialrevolutionäre Partei vorzubereiten.

Am 12. Februar 1867 fanden die Wahlen zum konstituierenden Reichstag statt. Aus ihnen ging die Nationalliberale Partei mit ihren Führern Bennigsen, Forckenbeck, Gneist, Lasker, Miquel, Sybel und Twesten als stärkste Partei hervor. Sie errang 80 Mandate, wogegen es die Fortschrittspartei mit ihren Führern Franz Duncker, Schulze-Delitzsch und Waldeck nur auf 19 brachte. Als zweitstärkste Partei erwies sich die von Blanckenburg und Wagener geführte Konservative Partei mit 59 Mandaten. Die neugebildete Freikonservative Partei mit Herzog v. Ujest und Bethusy-Huc an der Spitze konnte 39 Mandate aufweisen. Als erster und einziger Sozialdemokrat kam der 27jährige August Bebel in den Reichstag. Im ganzen gesehen, gab dieses Wahlergebnis einen eindeutigen Sieg der rechten Mitte zu erkennen.[33]

Bevor der konstituierende Reichstag über die Verfassung für den Norddeutschen Bund beraten konnte, hatte der Entwurf verschiedene Gremien des preußischen Staates zu durchlaufen, wie Staatsministerium und Kronrat; auch waren Einwendungen des Königs und seiner konservativen Einflüsterer gegen das allgemeine Wahlrecht zu überwinden[34] und schließlich die Zustimmung der nicht annektierten Staaten und Freien Städte einzuholen gewesen.

Der Verfassungsentwurf spiegelte die neuen politischen Machtverhältnisse wider: die beherrschende Stellung des preußischen Staates und seines Militärsystems über die anderen Staaten Norddeutschlands; das Übergewicht der preußischen Regierung, insbesondere Bismarcks, gegenüber dem Parlament. Das Ganze schien nach der Devise verfaßt zu sein: So antiliberal wie möglich und so liberal wie notwendig.

Der Oberbefehl über Armee und Flotte, die Leitung der Außenpolitik, die Entscheidung über Krieg und Frieden und die Ernennung des Bundeskanzlers blieben der preußischen Krone vorbehalten, die das erbliche Präsidium des Norddeutschen Bundes einnahm. Die im preußischen Heeres- und Verfassungskonflikt umkämpften Grundprinzipien der Militärverfassung wurden nun auch für den Norddeutschen Bund für verbindlich erklärt. Daran ließ Bismarck niemals rütteln. Der Bundesrat, die Vertretung der dem Bund beigetretenen Fürsten und Freien Städte, konnte für Preußens Machtstellung niemals gefährlich werden, denn von seinen 43 stimmberechtigten Mitgliedern hatte Preußen 17 Vertreter und konnte – wenn es überhaupt Kampfabstimmungen gäbe – jederzeit Vertreter der zahlreichen kleinen Staaten auf seine Seite ziehen. Der Bundesrat sollte neben dem Reichstag die Gesetze beschließen und ihre Durchführung überwachen. Wie es sich jedoch bereits in den nächsten Jahren und erst recht nach 1871 zeigte, errang der Reichstag in der Gesetzgebung ein entschiedenes Übergewicht über den Bundesrat, der schon rein technisch gar nicht in der Lage war, die zahlreichen Gesetzesvorlagen termin- und sachgerecht zu beraten und zu beschließen.[35]

In dem Entwurf war von einer dem Parlament gegenüber verantwortlichen Bundesregierung keine Rede. Das Wort Budgetrecht kam nicht vor und war auch der Sache nach kaum vorhanden. Der Reichstag sollte zwar auf Grund des allgemeinen, gleichen und direkten Wahlrechts gewählt werden, aber die Frage der öffentlichen oder geheimen Stimmabgabe war noch offengehalten. Man hat den Eindruck, daß Bismarck gerade bei der Wahlrechtsfrage bisweilen Angst vor seiner eigenen Courage hatte.

Die Kompetenzen des Reichstages lagen vor allem auf dem Gebiet der Wirtschaftsgesetzgebung. Die diesbezüglichen Bereiche waren bereits – nahezu wörtlich – in Bismarcks Runderlaß vom 10. Juni 1866 angeführt;[36] nur waren sie dort anders als im Verfassungsentwurf gruppiert.[37] Damals waren unter Artikel VI folgende 5 Punkte erwähnt worden: 1. die Zoll- und Handelsgesetzgebung, 2. die Ordnung des Maß-, Münz- und Gewichtssystems …, 3. die allgemeinen Bestimmungen über das Bankwesen, 4. die Erfindungspatente, 5. der Schutz des geistigen Eigentums. Dann erst waren »die Bestimmungen über Freizügigkeit, Heimats- und Ansiedlungsverhältnisse, den Gewerbebetrieb, die Kolonisation und Auswanderung nach außerdeutschen Ländern« aufgeführt worden. Im Verfassungsentwurf hingegen ist dieser Punkt 6 an die erste Stelle gerückt. Mehr noch: der Entwurf vom Dezember 1866 enthielt im Unterschied zum Runderlaß vom Juni den recht dezidiert formulierten Artikel: »Im Umfange des Bundesgebietes ist der Angehörige eines jeden Bundesstaates in jedem anderen Bundesstaate so berechtigt, als wenn er Eingeborener desselben wäre, und kann in der Ausübung dieser Berechtigung durch die Obrigkeit seiner Heimat nicht beschränkt werden. Es gibt von der Publikation dieser Verfassung ab im ganzen Norddeutschen Bunde nur *ein* Indigenat. Alle dem widersprechende Bestimmungen der einzelnen Landesgesetzgebungen sind aufgehoben.«

Die Vermutung liegt nahe, daß bei der Redaktion dieses Verfassungsentwurfs sozialpolitisch versierte Berater wie Bucher und Wagener die Akzente setzten. Kannten sie doch eher die Bedürfnisse des gemeinen Mannes, der jahrzehntelang auf seiner Wanderschaft und beim Versuch, sich irgendwo in Deutschland eine gewerbliche Existenz zu schaffen, polizeilich schikaniert

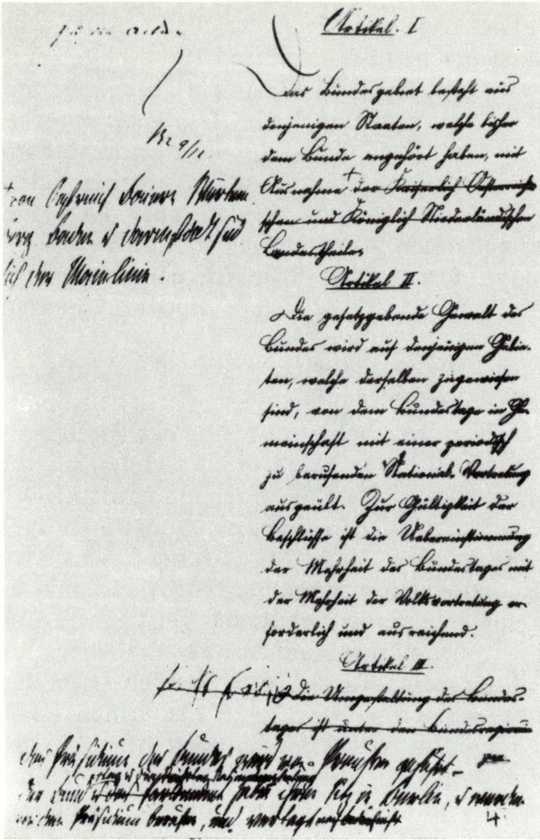

Verfassung des Norddeutschen Bundes
Von Bismarck korrigiertes Konzept.

worden war. Überdies war es ungemein erschwert, wenn nicht gar unmöglich gewesen, den noch weitverbreiteten Wunsch erfüllt zu sehen, »die Rolle des Lohnarbeiters mit der des Kleinmeisters zu vertauschen«, so berichtete auch August Bebel Jahrzehnte später.[38] Indem diese Hindernisse beseitigt wurden, vermeinten die Autoren des Verfassungsentwurfs wohl, materiell einiges getan zu haben, um das allgemeine und gleiche Wahlrecht für die Regierung nicht gefährlich werden zu lassen. Erst nach diesen die halbproletarisierten und kleinbürgerlichen Schichten interessierenden Bestimmungen wurden dann in dem Artikel über die ökonomisch-soziale Gesetzgebung jene Gebiete erwähnt, die für das Besitz- und Bildungsbürgertum von Interesse waren, was Waldeck zu dem Spottwort über das »Zoll-, Telegraphen- und Postparlament« veranlaßte.

Wenn Bismarck auch an den politischen Kernpunkten des Verfassungsentwurfs nicht rühren ließ, so mußte er dennoch im Laufe der Beratungen des sich konstituierenden Reichstags einige Konzessionen im Sinne der Erweiterung der demokratischen Rechte der Bevölkerung, der Kompetenzen des Reichstags und auch der Stärkung der Zentralgewalt machen. Ohne diese Zugeständnisse wäre es den Nationalliberalen ungemein schwer geworden, für den in Bildung begriffenen, unter preußischer Führung stehenden deutschen Nationalstaat außerhalb Ostelbiens propagandistisch einzutreten.

Bismarck mußte einräumen, daß sich die gesetzgeberischen Kompetenzen des Reichstags grundsätzlich auch auf einige Fragen des Militärwesens erstrecken sollten. So kam er mit den Nationalliberalen und Freikonservativen überein, daß das zur Dekkung der Heereskosten vorgesehene Pauschalquantum in Höhe von 225 Talern pro Soldat und pro Jahr und die Festsetzung der Heeresstärke auf ein Prozent der Bevölkerungszahl von 1867 nur provisorisch bis zum Dezember 1871 gelten sollten. Damit war es künftig den demokratischen und liberalen Kräften möglich, die Militärdebatten im Reichstag kritisch an die Öffentlichkeit zu bringen.

Da Bismarck der nationalliberalen Forderung nach wenigstens einem verantwortlichen Bundesminister, dem Kanzler, stattgab, so mußte er auch die moralische Verpflichtung auf sich nehmen, dem Reichstag auf Anfragen Rede und Antwort zu stehen. Dieser jedoch hatte keineswegs die Möglichkeit, dem Bundeskanzler sein Mißtrauen auszusprechen und ihn damit zu Fall zu bringen. Bismarck ließ den Reichstag bei der Gesetzgebung zwar mitwirken und benutzte ihn als Instrument gegen partikularistische Sonderinteressen; aber er war niemals bereit, ihm soviel politische Gewalt zuzugestehen, wie sie ein parlamentarisches Regierungssystem verlangt.

Als Bismarck schließlich die geheime Stimmabgabe konzedierte, war dies der Abschluß einer reichlich vierjährigen Entwicklung, während der er als preußischer Ministerpräsident für ein deutsches Parlament auf der Grundlage des allgemeinen Wahlrechts plädiert hatte; das war um die Jahreswende 1862/63, dann im August 1863 zur Zeit des Frankfurter Fürstentages, schließlich im April und Juni 1866 gewesen. In jener Zeit waren diese Wahlrechtsvorschläge »eine Waffe im Kampf gegen Österreich und weiteres Ausland«, wie Bismarck in seinem Erinnerungswerk schrieb.[39] Doch zu diesem außenpolitischen Aspekt gehörte auch der innenpolitische. Bereits im Juni 1863 hatte Bismarck in Karlsbad einem französischen Diplomaten gegenüber geäußert, es sei in Preußen unbedingt nötig, den Kreis der Wähler zu erweitern.[40] Die Annahme, daß ihn auch die langen Unterredungen mit Lassalle im Juni 1863 in diesem Sinne beeinflußt oder in schon vorhandenen Überlegungen bestärkt haben, ist nicht von der Hand zu weisen.[41] Sicherlich nahm Bismarck Lassalles Phantastereien vom sozialen Königtum nicht ernst, und auf dessen cholerisches Drängen nach Oktroyierung des allgemeinen Wahlrechts ließ er sich nicht ein. Aber Lassalles Hinweis könnte ihn beeindruckt haben, daß im Falle eines Krieges um die Umgestaltung der staatsrechtlichen Verhältnisse in Deutschland viel von der Stimmung der arbeitenden Massen abhängen würde, die durch das bestehende Dreiklassenwahlrecht entrechtet seien.[42]

In einem der letzten Briefe schrieb Lassalle an Bismarck: »Man bestellt *sein Haus, ehe* man in den Krieg zieht«, und erinnerte dabei an das allgemeine und direkte Wahlrecht.[43] Ist es auch kaum glaubhaft, daß Bismarck im April 1866, als er den sensationellen Vorschlag der Einberufung eines Parlaments auf Grund des allgemeinen und direkten Wahlrechts machte, an die Mahnung Lassalles gedacht hat, so könnte dieser doch in der Richtung Anstöße gegeben haben.

Wie ein Strom aus vielen Quellen und Zuflüssen gespeist wird, so war auch der Gedanke, an das von der Paulskirche 1849 beschlossene allgemeine Wahlrecht anzuknüpfen, von vielen Seiten und Personen und aus unterschiedlichen Beweggründen an Bismarck herangetragen worden, bis er sich gegen alle konservativen, liberalen und gelegentlich eigene Bedenken dafür entschied. Dann aber war es schwer, rückgängig zu machen, was historisch Wirklichkeit geworden war.

Die allernächste Zukunft sollte zeigen, daß im deutschen Volk die soziale und politische Bewegung so stark geworden war, daß selbst bonapartistische Wahlmanipulationen nach dem berüchtigten Beispiel Napoleons III. von vornherein unmöglich gemacht werden konnten. Das allgemeine Wahlrecht und – ein wichtiges Moment – die Öffentlichkeit der Reichstagsverhandlungen trugen wesentlich zur politischen Bewußtseinsbildung des Volkes bei. Wahl und Existenz des Reichstages gaben nicht zuletzt den Arbeitern günstige Gelegenheit, ihre Organisationen auszubauen und ihre Agitation zu verstärken.

Die Luxemburger Krise. Die Militärpolitik

Mitten in die Beratungen des konstituierenden Norddeutschen Reichstages drängte sich die Luxemburger Frage, die 1867 bis an den Rand eines deutsch-französischen Krieges führte. Luxemburg war seiner staatsrechtlichen Stellung und seinem ethnologischen Charakter nach in einer eigenartigen, die Interessen und Lebenssphären verschiedener Länder berührenden Situation. Mit den Niederlanden war es in dynastischer Personalunion verbunden, da der holländische König zugleich Großherzog in dem kleinen Land von 200 000 Einwohnern war; es gehörte dem Deutschen Bund an, und die Bundesfestung der Stadt Luxemburg beherbergte eine preußische Besatzung; die Amtssprache war französisch, obwohl nach Überlassung des wallonischen Teils an Belgien im Jahre 1839 der überwiegende Teil der Bevölkerung eine deutsche Mundart sprach und die Zeitungen hochdeutsch schrieben.

1849 hatten die Luxemburger Abgeordneten in der Deutschen Nationalversammlung bei der Kaiserwahl für den König von Preußen gestimmt. Als 1866 der Deutsche Bund gesprengt wurde, sollte Luxemburg nicht in den Norddeutschen Bund aufgenommen werden; aber in der früheren Bundesfestung blieben weiterhin preußische Truppen. Die Mehrheit der Bevölkerung wollte im Grunde ihres Herzens weder für Frankreich noch für Preußen-Deutschland optieren, sondern ihre kulturelle Eigenart und politische Selbständigkeit bewahren. Damals entstand das Luxemburger Lied mit dem Refrain: »Mir wölle bleiwe wat mer sinn.«[44] Bismarck kannte diese Stimmung und gestand in der Reichstagsdebatte vom 1. April 1867, »daß in Luxemburg eine entschiedene Abneigung gegen den Beitritt zum Norddeutschen Bund in allen Schichten der Bevölkerung festzustellen« sei.[45]

Diese Einsicht war wohl einer der Gründe dafür, daß er einen Anschluß Luxemburgs nicht förderte und um dieses Land keinen Krieg mit Frankreich riskieren wollte. Nachdem der französische Gesandte Benedetti im Auftrag Napoleons am 12. Februar

1867, dem Tage der Wahlen zum konstituierenden Norddeutschen Reichstag, erneut auf eine schon lange erwartete Entscheidung in der Luxemburgfrage gedrängt hatte, geriet Bismarck in eine prekäre Lage. Einerseits hatte er während all der Verhandlungen mit Benedetti, der seit Nikolsburg auftragsgemäß Luxemburg als Kompensation für Frankreich gefordert hatte, diesen in einer solchen Weise hingehalten, daß er der kaiserlichen Regierung in Paris ernsthafte Hoffnungen machte;[46] andererseits konnte er nicht dem napoleonischen Frankreich ein Land ausliefern, das von Liberalen wie Demokraten, von Konservativen wie Klerikalen, vom Volke wie von den Dynasten seiner Geschichte und Sprache nach als deutsch angesehen wurde.

In dieser Zwangslage mußte Bismarck sowohl gegenüber dem französischen Kaiser wie gegenüber dem holländischen König ein diplomatisches Verwirr- und Betrugsspiel betreiben, das geheim sein sollte, es aber nicht bleiben konnte. Gegenüber der französischen Erwartung nach Aufhebung der preußischen Besatzung in Luxemburg stellte er sowohl in der Sache als auch in der Verfahrensweise unerfüllbare, die Lösung immer wieder hinausschiebende Forderungen, ließ aber zugleich hoffen, daß Preußen den napoleonischen Wünschen früher oder später entgegenkommen würde.[47] Voller List zeigte sich Bismarck auch in der Frage des Verkaufs von Luxemburg an Frankreich. König-Großherzog Wilhelm in Den Haag war durchaus bereit, sein Großherzogtum gegen eine ansehnliche Summe an Napoleon auszuliefern; gelegentlich witzelte er: »Wenn die Luxemburger unartig sind, verkaufe ich sie einem Juden in Amsterdam.«[48] Bismarck ließ die Verhandlungen über das holländisch-französische Handelsgeschäft so ablaufen, als ob er davon rein gar nichts wisse. Als dann aber der niederländische König, der wegen des auf dem Wiener Kongreß 1815 festgelegten Status von Luxemburg völkerrechtlich gebunden war, in Berlin anfragen ließ, ob die preußische Regierung mit dem bereits ausgehandelten Kaufvertrag einverstanden wäre, antwortete Bismarck zunächst recht unbestimmt.[49]

Noch während der französisch-niederländischen Verhandlungen veröffentlichte Bismarck die geheimen Schutz- und Trutzbündnisse, die er im August 1866 mit den süddeutschen Staaten einzeln abgeschlossen hatte. Indem er diese Bündnisse bekanntmachte, demonstrierte er gegenüber der öffentlichen Meinung in Deutschland seinen gesamtnationalen Willen. Überdies bestellte er unter der Hand eine Anfrage des nationalliberalen Abgeordneten Bennigsen im Norddeutschen Reichstag wegen der Luxemburger Verkaufsangelegenheit. Bennigsens Rede[50] war deutsch-national recht hochgestimmt und erging sich bisweilen in romantischen Reminiszenzen an das Mittelalter, so wenn er von Luxemburg als einem deutschen Land sprach, »aus dessen Fürstengeschlechtern Kaiser für Deutschland hervorgegangen sind«. Doch er zeigte sich realistisch, wenn er konkret auf den napoleonischen Expansionismus hinwies: »Wir haben in dem Grenzlande Luxemburg nicht bloß einen Teil deutschen Bodens zu verteidigen; wir haben da auch eine wichtige militärische Position zu schützen, welche, wenn sie aufgegeben werden sollte, wenn das Land an Frankreich kommen sollte, nicht allein Belgien, sondern auch die deutsche Rheinprovinz stets unmittelbar bedrohen würde.« Es war keineswegs abwegig, wenn er meinte: »Es ist eine nicht geringe Versuchung für das Ausland vorhanden, die Auflösung des Deutschen Bundes zu benutzen, die Zeit zu benutzen, wo eine deutsche Staatenbildung noch nicht fertig geworden ist, wo Kämpfe der inneren Politik ausgebrochen sind in Deutschland, die eigne Machtstellung gegenüber Deutschland zu verstärken. Wenn wir nicht dem ersten Versuche der Art entgegentreten, dann werden die Versuche sich stets wiederholen, und die jetzige Neubildung wird in Deutschland nicht zur Begründung eines starken Bundesstaates, sondern nur zur Fortdauer der alten Zerrissenheit und Schwäche führen.«

Bennigsen erntete begeisterten Beifall im Norddeutschen Reichstag. In seiner Antwort auf die parlamentarische Anfrage und patriotisch gehaltene Rede war Bismarck hingegen – ein Spiel mit verteilten Rollen – um eine versöhnliche Sprache gegenüber Frankreich bemüht. Bereits vor der Parlamentssitzung hatte er sich im Gespräch mit dem französischen Botschafter scheinbar wohlwollend verhalten. Nach dieser von Bismarck selbst inszenierten Reichstagsdebatte, die von der Presse stark forciert wurde, war die Entrüstung gegen Frankreich in der Öffentlichkeit so stark, daß er sowohl den französischen Kaiser wie auch den niederländischen König unter Druck setzen konnte. Am 3. April ließ er in Den Haag erklären, wenn es zum Krieg käme, so werde die öffentliche Meinung »und wir mit ihr die Niederlande in erster Linie als verantwortlich dafür ansehen«. König Wilhelm reagierte prompt mit einem Telegramm des Inhalts: »Abtretung Luxemburgs aufgegeben.«[51]

Napoleon III. war verständlicherweise äußerst erbittert: All seine Bemühungen, mit dem niederländisch-luxemburgischen König-Großherzog Wilhelm handelseinig zu werden und frankreichfreundliche Demonstrationen in Luxemburg zu organisieren, waren vergeblich gewesen; er selbst und seine Regierung fühlten sich von Bismarck hintergangen. In der Tat spottete dieser später darüber, daß Benedetti ihm zugetraut habe, deutsches Land für eine intime Allianz mit Frankreich zu opfern. »Ich ließ ihn sprechen und glauben, ich sei der schlechte Kerl, der sein Land zu verraten fähig sei.« Und dem preußischen König gegenüber gab er zu, Napoleon durch die Vorspiegelungen hingehalten zu haben, er wäre durchaus geneigt, »vom Pfade der Tugend abzuweichen«, man müsse ihm aber Zeit lassen, den widerstrebenden König dafür zu gewinnen. »Daß ich letzteres nie versucht habe, wissen Eure Majestät, aber der französische Glaube, daß ich daran arbeitete, war uns sehr nützlich; à corsaire corsaire et demi.«[62]

Nachdem die Großmächte durch einen Runderlaß Bismarcks auf ihre völkerrechtlichen Verpflichtungen im Falle Luxemburgs aufmerksam gemacht worden waren, fand vom 7. bis 11. Mai 1867 in London eine Konferenz statt. Dort wurde die Neutralisierung Luxemburgs beschlossen und seine Unabhängigkeit unter den Schutz der Großmächte gestellt. Die Fortdauer der Verbindung des Großherzogtums Luxemburg mit dem niederländischen Königtum war für die Zukunft bedeutungslos, zumal diese Personalunion im November 1890 aufgelöst wurde. Mit der Erklärung Luxemburgs zu einem »ewig neutralen Staat« hörte auch die Stadt Luxemburg auf, eine Festung zu sein; die preußische Garnison mußte das Land verlassen, und dieses wurde verpflichtet, die Festungsanlagen zu schleifen und künftig keine anderen mehr zu bauen.

Fragt man, was Bismarck während der ganzen luxemburgischen Krise, die sich vom Spätsommer 1866 bis zum Frühjahr 1867 hinzog, eigentlich gewollt hat, so wird man sich dabei nicht nur auf seine schriftlichen und mündlichen, geheimen und öffentlichen Äußerungen berufen können; sein Verwirrspiel in all diesen Monaten war so groß, daß auch hier das Hegelwort gilt: Die Wahrheit der Absicht ist die Tat selbst.

Zunächst: Im Sommer 1866 sah er die Aufnahme Luxemburgs mit seinem international komplizierten Status in den zu gründenden Norddeutschen Bund nicht vor. Die von Napoleon geforderte Annexion Luxemburgs an Frankreich faßte er zwar in allen Gesprächen mit dem französischen Gesandten Benedetti scheinbar wohlwollend ins Auge, aber er nutzte seine lange Abwesenheit von Berlin und die Vorbereitungen auf die Konstituierung des Norddeutschen Bundes zu hinhaltenden Manövern aus. Tatsächlich wußte Bismarck, daß er die Gründung eines Bundesstaates im Norden Deutschlands nicht durch die Überlassung eines dem preußisch-deutschen Rheinland benachbarten Gebietes an Frankreich moralisch und politisch belasten dürfe. Der nationale Wille des deutschen Volkes richtete sich, wie schon 1859, gegen jeglichen napoleonischen Expansionismus; und das wußte Bismarck sehr wohl in Rechnung zu stellen, so verschlungen seine Wege auch waren.

Krieg mit Frankreich wollte Bismarck im Jahre 1867 auch nicht. Verschiedentlich äußerte er, die Chance günstigen Erfolgs sei kein gerechter Grund, um einen großen Krieg anzufangen.[53] Das ist schwerlich als Demagogie abzutun. Nur trafen solche und ähnliche, bisweilen sehr gefühlvolle Sentenzen[54] nicht den Kern seines politischen Verhaltens. Als Bismarck die französischen Politiker mit leeren Worten abspeiste, wollte er die akute Krise um Luxemburg so lange hinauszögern, bis er die Verfassung des Norddeutschen Bundes im Reichstag durchgebracht hatte. Solange dieser Bundesstaat nicht konstituiert und einigermaßen gefestigt war, konnte Bismarck keinen Krieg wagen, ohne den Liberalen und Demokraten Auftrieb zu geben und den Anschluß der Süddeutschen in den Nordverband ungewollt zu beschleunigen. Dann hätte man sein Verfassungswerk im liberal-parlamentarischen Sinne umzugestalten vermocht. A. O. Meyer hat diese historische Konsequenz so umschrieben: »Ein vorzeitiger Beitritt der Süddeutschen konnte leicht das ganze Werk aus den von Bismarck ersonnenen Formen der Machtverteilung in neue Formen umgießen.«[55]

*

Das militärische Kräfteverhältnis zwischen Frankreich und Preußen war schwer zu beurteilen. Moltke war von der Überlegenheit Preußens überzeugt und deshalb gegen eine Verzögerung des Krieges; fürchtete er doch, daß die französische Armee in den nächsten Jahren ihre technische Erneuerung und militärische Reorganisation beschleunigen und damit Preußens Operationsfähigkeit erschweren könnte. Bismarck hingegen wollte, wie er in seinem Erinnerungswerk schrieb,[56] die bestehende »Wehrgesetzgebung und militärische Erziehung auf alle nicht altpreußischen Landesteile« sich auswirken lassen und meinte: »... jedes Jahr Aufschub stärkte unser Heer um mehr als 100 000 gelernte Soldaten.« Er konnte eine allmähliche Anpassung der Armeen südlich des Mains an das preußische Heer erwarten – trotz der lauen Haltung der süddeutschen Regierungen während der Luxemburger Krise.[57] Immerhin existierten die eben erst veröffentlichten Schutz- und Trutzbündnisse.

Von den Nationalliberalen propagandistisch unterstützt, führte Preußen seine Wehrverfassung in den annektierten Landesteilen und auch innerhalb der Länder des Norddeutschen Bundes ein. Die Truppenkörper der kleinen Staaten wurden kurzerhand in die preußische Armee einverleibt, die ihre Offiziere in die neuen aufgenommenen Einheiten beorderte, während deren Offiziere in den Garnisonen der altpreußischen Gebiete Dienst leisteten. Sachsen, dem nach Preußen größten Land im Norddeutschen Bund, gelang es nach langwierigen Verhandlungen, seine Armee als geschlossenes Kontingent zu bewahren, wobei der sächsische König einige Ernennungsrechte behielt. Anfang des Jahres 1868 waren die beiden letzten sächsischen Städte, Leipzig und Bautzen, von preußischen Truppen geräumt.

Erst jetzt war Sachsen ein vollständig gleichberechtigter Partner im Norddeutschen Bund. Alle Schwierigkeiten, die es bis zum Abschluß der Militärkonvention zu überwinden hatte, gingen nicht von Bismarck, sondern vom preußischen König aus.[58] Wie im Falle Österreichs wollte dieser Sachsen gleich einem Feindesland bestrafen und reagierte gefühlsbetont-moralisierend, nicht politisch-nüchtern wie Bismarck. Wenn die von Heinrich Treitschke und Gustav Freytag mit schriftstellerischer Verve geforderte Annexion Sachsens[59] an Preußen schon wegen der Verpflichtungen gegenüber Österreich und Rußland nicht möglich war, dann mußte Bismarck den Weg der Versöhnung und Gleichberechtigung einschlagen.

Die Vereinheitlichung des Wehrsystems in den norddeutschen Staaten war mit der Annahme der Verfassung des Norddeutschen Bundes staatsrechtlich fixiert. In ihrem Artikel 61 hieß es: »Nach Publikation dieser Verfassung ist in dem ganzen Bundesgebiete die gesamte Preußische Militairgesetzgebung ungesäumt einzuführen, sowohl die Gesetze selbst als die zu ihrer Ausführung, Erläuterung oder Ergänzung erlassenen Reglements, Instruktionen und Reskripte, die Bestimmungen über Aushebung, Dienstzeit ... Mobilmachung usw. für Krieg und Frieden.«[60]

Eine solche Vereinheitlichung des Wehrsystems in Süddeutschland und dessen Angleichung an das norddeutsche war noch nicht möglich. Dennoch wiesen die Schutz- und Trutzbündnisse eindeutig in diese Richtung, da die süddeutschen Staaten von ihren Interessen aus schon angesichts der internationalen Spannungen Lehren aus ihren Niederlagen von 1866 ziehen mußten. Die objektiven Erfordernisse von Militärreformen mußten sich in den nächsten Jahren gegen mancherlei Widerstände durchsetzen. Durch die partikulare Staatsentwicklung in Deutschland und manche geographische Gegebenheiten war das historische Milieu in den einzelnen Ländern des deutschen Südens doch recht unterschiedlich; da machten sich manche Sonderinteressen, wirkliche und vermeintliche, geltend. So konnte sich das Hegemonialinteresse des erstarkten Preußens nicht bei allen süddeutschen Staaten in gleicher Weise durchsetzen, zumal europäische Kräfteverhältnisse zu berücksichtigen waren.

Da gab es Hessen-Darmstadt, dessen Regierung vom Freiherrn v. Dalwigk, einem entschiedenen Gegner Preußens, geleitet wurde. Das Land war seit dem Abschluß des Prager Friedensvertrages staatspolitisch in einer recht verworrenen Situation. Oberhessen, nördlich des Mains gelegen, wurde dem Norddeutschen Bund angeschlossen, jedoch von Preußen nicht annektiert, so daß der im südmainischen Darmstadt residierende Großherzog immer noch Landesherr beider Hessen blieb; aber sein Heer war zweigeteilt, in das vom preußischen König befehligte oberhessische und das dem Großherzog unterstellte, sehr verkleinerte und überdies in einer geographisch exponierten Lage verbliebene südmainische Heer. Die in Paris geplanten und vom preußischen Generalstab zutreffend vermuteten Vorstoßrichtungen der französischen Truppen im Falle eines Krieges zeigten die Gefährdung Südhessens.[61]

Dalwigk mochte in dieser Lage die Hinwendung zu Frankreich als eine Versuchung erscheinen, aber sie war praktisch unausführbar; schon die Stimmung innerhalb und außerhalb des Landes ließ das nicht zu. Selbst am darmstädtischen Hofe war die frankreichfreundliche Politik umstritten; der Thronfolger, Prinz Ludwig, war mit dem preußischen Kronprinzen verschwägert und verfolgte eine der Dalwigkschen entgegengesetzte Politik. Bismarck nutzte diese dynastische Verwandtschaft aus und ermunterte den preußischen Kronprinzen zu Briefen mit sehr weitgehenden Angeboten an Hessen. Wenn er es auch zu einem Antrag auf Aufnahme ganz Hessens in den Norddeutschen Bund nicht veranlassen konnte, gelang Preußen doch der Abschluß einer Militärkonvention; es war die erste mit einem Staat außerhalb des Norddeutschen Bundes. Danach wurden sämtliche Truppen Hessens, nicht nur die nördlich des Mains garnisonierten, dem Oberbefehl des preußischen Königs unterstellt und, von geringfügigen Ausnahmen abgesehen, auf der Basis der preußischen Militärverfassung reorganisiert.

Der am 7. April 1867, also mitten in der Luxemburger Krise, unterschriebenen Militärkonvention folgte wenige Tage später der Abschluß eines Schutz- und Trutzbündnisses, wie es seit den Augusttagen 1865 mit jedem anderen süddeutschen Staat bestand. Die beiden Kammern Hessen-Darmstadts ratifizierten die Vertragsabschlüsse. Die erste Kammer, in der Adel und Klerus vorherrschten, tat es widerwillig; die zweite, in der die Frankreich mißtrauenden und nach einem vereinigten Deutschland strebenden Vertreter des Bürgertums und der Landbevölkerung saßen, waren einer engen Anlehnung an Preußen günstiger gestimmt. Es scheint, daß Dalwigk diese ganze Entwicklung nur ertrug und mittrug, weil er von dem Wunschdenken beherrscht war, daß der Norddeutsche Bund bei einem österreichisch-französischen Zusammenwirken ohnehin keinen langen Bestand haben werde.[62]

Die Schlüsselposition in der weiteren Entwicklung der Beziehungen des Norddeutschen Bundes mit den drei anderen süddeutschen Staaten nahm nicht das anschlußwillige und preußenfreundliche Großherzogtum Baden ein, sondern das Königreich Bayern. Obwohl am 31. Dezember 1866 Freiherr v. der Pfordten als bayrischer Ministerpräsident durch den aufgeschlosseneren Fürsten v. Hohenlohe-Schillingsfürst abgelöst wurde, begegnete Bismarck in den kommenden Jahren wachsenden Schwierigkeiten im Verhältnis Preußens zu Bayern.

Hohenlohe war bereits 1866 als Mitglied der bayrischen Ersten Kammer schlicht und einfach für den Anschluß der Südstaaten an den entstehenden Norddeutschen Bund eingetreten.[63] Der vielzitierte Artikel IV des Prager Friedens hatte schließlich kein Anschlußverbot auferlegt; aber Preußen durfte ein solches Angebot nicht annehmen. Darum war Bismarck stets zurückhaltend, wann und von wem ein solches Ansinnen auch kommen mochte;

er konnte diplomatische Komplikationen mit Frankreich auch noch in dieser Frage nicht gebrauchen, zumal er zunächst den Nordbund festigen mußte. Im übrigen war der bayrische König nicht bereit, Hohenlohes allzu hochfliegenden Anschlußplänen zu folgen. Sein dynastisches Selbstgefühl und die Furcht vor inneren und äußeren Verwicklungen ließen ihn auf der Selbständigkeit Bayerns bestehen; insbesondere mußte er Rücksicht auf den österreichischen Nachbarn nehmen, der unter der neuen Ministerpräsidentschaft Beusts gemeinsam mit Frankreich auf Revanche sinnen konnte.

Was Hohenlohe als Mitglied der Ersten Kammer noch unbeschwert aussprechen und vorschlagen konnte, mußte er als Ministerpräsident umsichtiger und vorsichtiger betreiben. Es bot sich an, die nationale Verbindung des Südens mit dem Norden, von Zollvereinbarungen abgesehen, auf militärischem Gebiet vorzubereiten. Über die Reorganisation des bayrischen Heeres lag bereits der Entwurf des Kriegsministers, des Freiherrn v. Pranckh, vor. In seiner Ende Oktober erschienenen Denkschrift schlug er allgemeine Wehrpflicht und persönliche Ableistung des Dienstes vor, also Wegfall des Auslosens und Aufhebung der Stellvertretung. Er erklärte, daß das Milizheer nach Schweizer Muster den Anforderungen der Zeit nicht mehr entspreche. Prankhs Vorstellungen liefen auf eine Anlehnung an das preußische Militärsystems hinaus; nur wollte er sich mit der zweijährigen, anstatt der dreijährigen Dienstzeit begnügen.

An diese militärischen Reformbestrebungen knüpfte Hohenlohe an und erklärte am 19. Januar 1867 in der Sitzung der Zweiten Kammer, es läge im Interesse des bayrischen Heerwesens, wenn »auch die übrigen südwestdeutschen Staaten zur Errichtung einer gleichmäßigen und kräftigen Heeresorganisation zu bestimmen« wären. Vor allem erstrebte er eine Zusammenarbeit mit Württemberg, da man dort sonst »zu den abenteuerlichsten Reformen schreiten könnte«.[64] Hohenlohe besprach alle diese Fragen mit dem Prinzen Reuß, dem preußischen Gesandten in München, der natürlich auf Anweisungen Bismarcks agierte.[65]

Dieser unterrichtete auch seinen Gesandten in Karlsruhe, den Grafen v. Flemming, über die bayrischen Bemühungen, selbstverständlich im zustimmenden Sinne.[66] Noch im gleichen Monat Januar erörterte Bismarck zudem in einem Erlaß an den Gesandten in München die »gemeinsame Militärreform der süddeutschen Staaten in der Richtung einer möglichsten Annähe-

Karikatur des Wiener »Figaro« vom 11. April 1868
»Die Süddeutschen werden schon auch noch kommen, wir sind ihnen vorderhand nur noch zu liberal!«

rung an die preußische Organisation« in einem noch umfassenderen Zusammenhang.

Die partikularen Interessen, so meinte Bismarck, würden mit den Bemühungen um Zusammenarbeit auf militärischem Gebiet nicht kollidieren: »Wir stehen zu den süddeutschen Staaten in einem anderen, man kann sagen, günstigeren Verhältnis als zu den norddeutschen. In betreff der letzteren erfordert unsere eigene Sicherheit eine straffere Anziehung der Bande innerhalb des Bundesverhältnisses und für uns eine unbedingte Disposition über die Kräfte des Bundes nach innen und außen. Unser Sicherheitsbedürfnis wird aber durch die kompakte Gestaltung des Norddeutschen Bundes und namentlich die Aufnahme Sachsens in denselben befriedigt; und wir bedürfen in betreff Süddeutschlands nicht derselben strengeren Form der Einigung, sondern nur eines unzweideutigen Ausdrucks der nationalen Gemeinschaft, welcher gleichzeitig die Gewißheit giebt, daß die süddeutschen Staaten nicht einer feindseligen Tendenz gegen Norddeutschland, einer Anlehnung an fremde Mächte verfallen, u(nd) daß die Pflege der gemeinsamen materiellen Interessen des deutschen Volkes durch gemeinsame organische Einrichtungen sichergestellt wird... Wir würden auf dem Wege der Verschmelzung so weit gehn, wie Baiern es selbst wünscht; aber wenn diese Wünsche hinter dem Maße der von uns in Norddeutschland gestellten Forderungen zurückbleiben, so wird dadurch die Verständigung mit uns nicht gefährdet werden. Ew. pp. wollen namentlich auch in außeramtlichen Kreisen der etwaigen Besorgniß entgegentreten, als schwebte uns der Gedanke vor, unser Verhältnis zu Baiern jemals nach demselben Muster zu ordnen, an welchem die geographische Lage uns nötigt, Sachsen gegenüber festzuhalten. Zunächst kommt es für beide Theile vorzugsweise darauf an, daß jeder von beiden die Gewißheit hat, im Kriege auf die Streitkräfte des anderen mit derselben Sicherheit wie auf die eignen zählen zu dürfen.«[67]

Die Kabinette von München und Stuttgart sollten »für die Dauer des Status quo in einer solchen Richtung« erhalten werden, daß sie »weder mit Paris noch mit Wien kooperieren und keinen Vorwand erhalten, die geschlossenen Bündnisse bei günstigerer Gelegenheit zu lockern oder gar zu brechen«.[68]

Diese Bismarcksche Politik vorsichtiger Mäßigung erleichterte es Hohenlohe, im Februar 1867 in Stuttgart auf einer Konferenz der drei süddeutschen Staaten die Regierungsvertreter zu Beschlüssen im Sinne einer Angleichung des Militärwesens zu bewegen. Ähnlich der preußischen Militärverfassung sah die Vereinbarung für die süddeutschen Staaten die allgemeine Wehrpflicht vom 20. Lebensjahr ab bei dreijähriger aktiver Dienstzeit vor. Darauf hatte Bismarck in seinem Erlaß an den preußischen Gesandten in München großen Wert gelegt.[69] Ferner enthielt die Entschließung der süddeutschen Minister Bestimmungen über die gleichmäßige taktische Einteilung der Armeen, die Vereinheitlichung der Offiziersausbildung, der Truppenreglements und der Feuerwaffen sowie über die Veranstaltung gemeinsamer militärischer Übungen.[70]

Die Beschlüsse dieser Februar-Konferenz sollten jedoch bald in Frage gestellt werden. Als im März 1867 die Schutz- und Trutzbündnisse der Öffentlichkeit bekannt gemacht wurden, löste dies eine tiefe Erregung bei den Bayern aus, die insbesondere gegen die Bestimmung Sturm liefen, nach der im Kriegsfall die bayrische Armee dem preußischen Oberbefehl unterstellt werden sollte. Hohenlohe war gar nicht mehr in der Lage, das militärische Verhältnis Bayerns zu Preußen, wie er es auf der Grundlage der Einigung der Süddeutschen beabsichtigte, enger zu gestalten. Es war nur noch möglich, die Reorganisation des bayrischen Heeres im Jahre 1868 soweit abzuschließen, daß wenigstens teilweise das preußische Modell berücksichtigt wurde, sonst aber Unterschiede in Dienst- und Präsenzzeit, Bewaffnung und Reglements weiter bestanden. Von Berlin aus durfte an diese Tatbestände nicht gerührt werden, wenn sich die Preußenfeindlichkeit in Bayern nicht noch mehr verschärfen sollte.

Auch in Württemberg ergaben sich bei der Durchsetzung der im Februar gefaßten Beschlüsse über die Heeresreorganisation Schwierigkeiten, wenn sie auch anderer Art waren als in Bayern. Im Volksbewußtsein lebte hier nämlich eine eigenartige Vorstellung von der durch die geographische Lage des Landes begünstigten Sicherheit in militärischen Konfliktfällen. Das fand schon relativ früh literarischen Ausdruck in der auf Veranlassung König Wilhelms I. von Württemberg von F. L. Lindner verfaßten Schrift »Manuscript aus Süddeutschland«.[71] Sie plädierte für ein drittes, wahres, reines Deutschland und verstand darunter den engeren Bund unter Führung der alten deutschen Hauptstämme und jetzigen Königreiche Bayern und Württemberg. Für ihre engere Verbindung – von Baden war dabei gar nicht die Rede – sprachen nach Ansicht des Verfassers die natürlichen Gegensätze zwischen dem offenen Norddeutschland, das zu seiner Verteidigung großer Heere bedürfe, und dem an natürlichen Stützpunkten reichen Süddeutschland, für das die finanziellen Lasten stehender Armeen überflüssig seien, Landwehren würden genügen.

Das war der Ausdruck einer weitverbreiteten Volksstimmung, die bis in die sechziger Jahre hinein wirkte. Es war, als ob große Teile der schwäbischen Bevölkerung die oberrheinische Tiefebene als Glacis und die Schwarzwaldberge als natürliche Festungswälle betrachteten, hinter denen es sich einigermaßen sicher leben ließe. Hinzu kam, daß Württemberg an keine der europäischen Großmächte grenzte und sich daher seine Neigung zu Sonderbündelei noch verstärkte. Das alles war die natürliche und historische Basis für die Popularität des Milizsystems.

Auf drastische Weise meinte Bismarck denn auch, die Württemberger hätten 1866 nicht wie Soldaten, sondern wie Bauernjungen gefochten.[72] Auch der 1864 zur Macht gekommene König Karl, sein Außenminister v. Varnbüler und der Kriegsminister v. Hardegg konnten nach den blamablen Erfahrungen die Notwendigkeit von Militärreformen nicht mehr übersehen; nur wußten sie nicht recht, wie sie diese mit den Traditionen und Stimmungen des Landes vereinbaren sollten. Kriegsminister v. Hardegg war bereits vor der Stuttgarter Februar-Konferenz der Südstaaten für die allgemeine Wehrpflicht, aber er wollte sie mit dem Milizsystem verbinden; das bedeutete vor allem militärische Jugenderziehung und einjährige, auf sechs Jahre verteilte Dienstzeit. Übereinstimmend mit der Meinung des Volkes, das in seinem bäuerlichen und gewerblichen Schaffen möglichst wenig gestört sein wollte, lehnte er ein Heerwesen nach preußischem Muster ab.

Doch gab die von Hohenlohe initiierte und von Bismarck indirekt geförderte Februar-Konferenz in Stuttgart allen schwäbischen Lieblingsideen sozusagen vor Ort einen Stoß. Da alle süddeutschen Staaten mit der Möglichkeit eines militärischen Zusammenwirkens von Österreich und Frankreich rechnen mußten, drängte sich die Frage auf, ob denn Württemberg tatsächlich ein solch politisches Reservat bleiben könne wie die schweizerische Eidgenossenschaft. Auch mußten v. Hardeggs Beziehungen zur württembergischen Volkspartei dem Stuttgarter Herrscherhaus mit seinen verwandtschaftlichen Bindungen an den russischen Kaiserhof mißfallen. Als dann im April 1867 die Luxemburger Krise in ihr akutes Stadium eintrat, verlangte die württembergische Staatsraison die Umbildung des Ministeriums.[73] Der Außenminister und Minister des königlichen Hauses v. Varnbüler blieb; die neuen Männer im Kabinett wurden der Justizminister v. Mittnacht und – was am wichtigsten war – Freiherr v. Wagner, der als Kriegsminister v. Hardegg ablöste.

Albert v. Suckow, ein Vertreter der jungen Offiziersgeneration, gewann auf den König wachsenden Einfluß. Seinen ausführlichen Studien, kritischen Gutachten und seinem unaufhörlichen Drängen war es zu danken, daß der neue Kriegsminister im Jahre 1868 ein Wehrgesetz nach preußischem Muster in den widerstrebenden württembergischen Kammern durchsetzen konnte, allerdings nur mit dem Zugeständnis einer zweijährigen Dienstzeit. Außerdem wurden wie in Baden das Zündnadelgewehr übernommen und das preußische Exerzierreglement eingeführt, wobei Instrukteure aus der badischen Armee Hilfestellung gaben, die ihrerseits seit 1867 von preußischen Offizieren instruiert worden waren.

Die Entscheidung gegen das Milizsystem war sachlich nicht schwer zu begründen, aber politisch in Ländern wie Württemberg schwer durchzusetzen. Doch auch ein Mann wie Friedrich Engels, den man wahrhaftig nicht der Preußenfreundschaft zeihen kann, hat im Januar 1868 »das schweizerisch-amerikanische Milizsystem« nicht zuletzt auf Grund der Erfahrungen im nordamerikanischen Krieg kritisch beurteilt. Er meinte: »Seit Einführung der Hinterlader ist es mit der puren Miliz erst recht am Ende. Womit nicht gesagt ist, daß [nicht] jede rationelle Militärorganisation irgendwo zwischen der preußischen und schweizerischen in der Mitte liegt – wo? Das hängt von den jedesmaligen Umständen ab. Erst eine kommunistisch eingerichtete und *erzogene* Gesellschaft kann sich dem Milizsystem sehr nähern und auch da noch asymptotisch.«[74]

Im Unterschied zu Württemberg und Bayern verlief in Baden die militärische Reorganisation von Anfang an ohne Schwierigkeiten. Gegen das Wehrgesetz sprachen sich in den Kammern nur zwei Stimmen aus. Das Großherzogtum hatte bereits im Februar 1867 ohne offizielle Vereinbarung mit Berlin das Zündnadelgewehr eingeführt. Die Zusammenarbeit machte auf allen Stufen der militärischen Ausbildung kontinuierliche Fortschritte. Bald wurde auch die militärische Freizügigkeit vertraglich festgelegt; das hieß, daß Badener und Südhessen in Norddeutschland und Norddeutsche in den beiden Großherzogtümern ihrer Militärpflicht nachkommen konnten.[75] Bis zum Ausbruch des Krieges von 1870 war die Angleichung an den Norden so weit fortgeschritten, daß das badische Heer dem preußischen fast gleich war.

Die friktionslose Einführung der Militärreformen in einem Grenzland war leicht zu erklären. Es hatte nun einmal seit Ludwig XIV. immer wieder intensive Erfahrungen mit Invasionen gemacht; keine der zahlreichen, von französischen Truppen angerichteten Zerstörungen rechtsrheinischer Städte, Burgen und Schlösser – man denke nur an Heidelberg – war vergessen worden. Und nach wie vor sah man im jetzt französischen Straßburg nicht nur eine Verteidigungsfeste, sondern auch ein mögliches Ausfallstor.

Soweit es in all den Jahren Verstimmungen zwischen Karlsruhe und Berlin gab, lagen die Ursachen bei Bismarck. Er verhielt sich gegenüber Baden zurückhaltend, manchmal fast zurückweisend; von der heiklen Frage des direkten Anschlusses an den Norddeutschen Bund abgesehen, wollte er auch von der konkreten Ausgestaltung des Schutz- und Trutzbündnisses in Form einer Militärkonvention nichts wissen. In einem Erlaß an den Gesandten in Karlsruhe vom 14. Januar 1867 erwähnte er sie »als eine im Hintergrunde liegende Eventualität«.[76] Diese Eventualität wurde nie Wirklichkeit; Bismarck wollte weder zu frühzeitige Komplikationen mit Frankreich noch durch einen Alleingang mit Baden das sich als süddeutsche Vormacht dünkende Bayern unnötig verstören.[77]

Die, wenn auch recht unterschiedliche Angleichung der süddeutschen Armeen an das in Preußen seit dem Heereskonflikt eingeführte und 1866 bewährte Militärsystem rief – anders als in den Regierungen Münchens, Stuttgarts und Karlsruhes – wachsende Opposition innerhalb der süddeutschen Bevölkerung hervor. Vor allem war sie durch die zusätzliche Belastung aufgebracht, die die längere, dreijährige Dienstzeit den Männern und Familien auferlegte, nicht zuletzt aber auch durch die Art, wie die Reorganisation finanziert wurde. Erfolgte sie doch in allen Teilen Deutschlands durch das System der indirekten Steuern statt der von den Demokraten geforderten progressiven Einkommenssteuer. Bismarck hatte sich für indirekte Steuern schon deswegen entschieden, weil sie, einmal bewilligt, ständig einliefen und damit nicht wieder dem Bewilligungsrecht des Parlaments unterlagen. Wichtige Nahrungsmittel, wie Salz und Zucker, garantierten hohe und ständige Beträge. Allein die Besteuerung des Salzes erbrachte 1868 fünfzehn Prozent der Gesamteinnahmen des Norddeutschen Bundes. Durch diese den kleinen Mann belastende Finanzierung der Heeresreorganisation verkehrte sich der demokratische Charakter der allgemeinen Wehrpflicht fast in sein Gegenteil.

Damals kam im politischen Sprachgebrauch der Begriff des Militarismus auf. Die Opposition dagegen war insofern in einer vertrackten Lage, als die gleichen sozialen Kräfte, die die Militärreorganisation mit all ihren Belastungen durchsetzten, den Fortschritt im Sinne des Industriekapitalismus der freien Konkurrenz begünstigten. Die im Norddeutschen Reichstag verabschiedeten Gesetze bewegten sich wirtschaftspolitisch auf der Höhe der Zeit, bahnten der Industrialisierung den Weg. Und das Zollparlament, von so kurzer Dauer es auch sein mochte, erweiterte und intensivierte die Zirkulationssphäre der Wirtschaft. Die nationalstaatliche Einheit war damit erst recht erforderlich.

Rudolf von Bennigsen (1824–1902). Einer der Hauptvertreter des Rechtsliberalismus in der Reichsgründungszeit. Bennigsen 1867 über Bismarck: »Klug ist er, aber schwerlich ohne Falsch wie die Tauben.«

Rudolf von Delbrück (1817–1903)
Bedeutender Vertreter des Wirtschaftsliberalismus. 1867 Präsident des Bundeskanzleramts, als solcher nächster Mitarbeiter Bismarcks.

X. Der wirtschaftliche Fortschritt und die politischen Gegenströmungen

Die Gesetzgebung des Norddeutschen Bundes. Das Zollparlament

Am 16. April 1867 hatte der konstituierende Reichstag die Verfassung des Norddeutschen Bundes mit 230 Stimmen angenommen; gegen 53 Stimmen der welfischen und polnischen Abgeordneten, der der Katholischen Fraktion und der Fortschrittspartei sowie des Sozialdemokraten August Bebel. Nach Zustimmung der verbündeten Regierungen sowie der einzelstaatlichen Landtage trat die Verfassung am 1. Juli 1867 in Kraft. Bismarck wurde Bundeskanzler.

Nachdem der konstituierende Reichstag seine Aufgabe erfüllt hatte, wurde der neue, gesetzgebende am 31. August 1867 gewählt, mit wesentlich geringerer Wahlbeteiligung. Die Zusammensetzung des neuen Parlaments unterschied sich allerdings kaum von der des früheren. Bemerkenswert ist, daß die Fortschrittspartei und beide Fraktionen der sozialdemokratischen Arbeiterbewegung in den neuen Reichstag mehr Abgeordnete schicken konnten als in den alten. Zu August Bebel gesellte sich Wilhelm Liebknecht. Die Lassalleaner gewannen drei Mandate; ihr Hauptsprecher wurde Johann Baptist v. Schweitzer.

Der neue Reichstag des Norddeutschen Bundes leistete fortan umfangreiche Gesetzgebungsarbeit[1], die sich im wesentlichen auf seine in der Verfassung fixierten staatsbürgerlichen und wirtschaftspolitischen Zuständigkeits- und Aufgabenbereiche bezog. Vieles hätte ohne die intensive und fachmännische Vorarbeit der preußischen Ministerialbürokratie nicht vollbracht werden können. Jetzt brach die große Zeit des von Bismarck früher so beargwöhnten Beamtenliberalismus an; aber der Bundeskanzler wußte nun, daß dieser letzten Endes auch im Interesse der machtpolitischen Behauptung der Krongewalt die Rechts- und Wirtschaftseinheit stärken würde.

Die gesetzgeberische Vorarbeit dafür leitete der Präsident des zu Bismarcks Entlastung geschaffenen Bundeskanzleramts, Rudolf v. Delbrück. Ende 1870 schrieb Bismarck seiner Frau über ihn: »Sage ihm der Wahrheit entsprechend, wie dankbar ich seine rastlose und erfolgreiche Arbeit bewundere. Du weißt, daß meine Anerkennungsfähigkeit nicht groß ist, aber dieser kommt mir durch, so daß ich sogar im Brief an Dich davon spreche, den gewöhnlich andere Gedanken als geschäftliche erfüllen.«[2]

Entsprechend dem Verfassungsgebot nahm der Reichstag die Gesetze über die Freizügigkeit an; damit war es jedem Deutschen möglich geworden, sich in allen Bundesstaaten ungehindert von Ortsbehörden niederzulassen, dort Arbeit anzunehmen oder eine selbständige Existenz zu gründen. Auch der Unterstützungswohnsitz wurde gleichmäßig geregelt. Die Beschränkungen der Eheschließung wurden aufgehoben; die Schuldhaft und die Beschlagnahme von Arbeitslöhnen waren nicht mehr möglich.

Mit Freizügigkeit ohne volle Gewerbefreiheit konnte sich das Groß- und Kleinbürgertum noch nicht zufriedengeben; deshalb forderten seine Vertreter beim Bundeskanzler ein liberales Gewerbegesetz und bewirkten, daß am 21. Juni 1869 die umfassende Gewerbeordnung zustande kam. In diesen Gesetzen wurden die alten Zwangs- und Bannrechte aufgehoben. Sämtliche Vorrechte der Zünfte und kaufmännischen Korporationen fielen weg, das heißt, jedermann konnte unbeschränkt nach dem Konkurrenzprinzip ein Gewerbe sowohl auf dem Lande als auch in der Stadt ausüben.

Die Gewerbeordnung faßte auch das umstrittene Koalitionsrecht bestimmter. Die Arbeiter konnten sich jetzt zum Zweck der Erlangung günstiger Arbeitsbedingungen in Gewerkschaften vereinigen und auch das Kampfmittel des Streiks anwenden. Nur den Landarbeitern blieben nach wie vor diese Rechte verwehrt.

Der Verkehr wurde durch die verschiedensten Bestimmungen und Verträge gefördert, so durch den Abschluß von Postverträgen mit dem Ausland, die Einführung einheitlicher Maße und Gewichte, die Aufhebung der Elbzölle und die Unterstützung des Baues der St.-Gotthard-Bahn, das Gesetz über die Nationalität der Kauffahrteischiffe und die Organisation der Bundeskonsulate. Die Rechtseinheit wurde unter anderem durch die Gewährung wechselseitiger Rechtshilfe der norddeutschen Gerichte, die Gründung des Leipziger Oberhandelsgerichtes und das norddeutsche Strafgesetzbuch gefördert.

Die Krönung der Wirtschaftsgesetzgebung des Norddeutschen Bundes war die Aktiennovelle vom 11. Juli 1870; jetzt entfiel für alle Aktiengesellschaften die Notwendigkeit, bei ihrer Gründung um eine Konzession bei den staatlichen Behörden nachzusuchen. Damit fielen die letzten feudal-bürokratischen Schranken in der Entwicklung der großkapitalistischen Produktion.

Wenn gelegentlich vom Januskopf des Preußentums gesprochen wird, so läßt diese Gesetzgebung ganz sicher dessen nationales und liberales Gesicht erkennen.

*

Der Krieg von 1866 und der Zusammenbruch des Deutschen Bundes hatten auch den überkommenen Zollverein erschüttert. Immerhin hatten seine Mitglieder in den kriegerischen Sommermonaten gegeneinander gekämpft; bei Kriegsende jedoch waren die von Preußen annektierten Staaten kurzerhand in seine Zolleinheit aufgenommen worden. Das geschah auch mit Schleswig und Holstein, die vorher außerhalb des Zollvereins gestanden hatten. Gemäß den Friedensverträgen mit den süddeutschen Staaten sollten diese in den zu erneuernden Zollverein einbezogen werden. Die Notwendigkeit, nun eine andere Struktur für ihn zu schaffen, war den süddeutschen Staatsministern deutlich geworden, wenn man vom hessischen Ministerpräsidenten v. Dalwigk absieht, der jede engere Verbindung der Zollvereinsstaaten verhindern wollte. Die verantwortlichen Minister in Bayern und Württemberg wiederum waren bemüht, den jeweils Ersten wie den Zweiten Kammern ihrer Länder Mitbestimmung über die Zollgesetze und auswärtigen Handelsverträge einzuräumen.[3] Doch Bismarck setzte all diesen Projekten die Vorstellung eines gemeinsamen Zollparlaments entgegen, das nach dem allgemeinen, gleichen und direkten Wahlrecht gewählt werden sollte.

Es gehörte überhaupt zu seinen Leitmotiven in den sechziger Jahren, in allen über die Einzelstaaten hinausgehenden Angelegenheiten ein demokratisch gewähltes Parlament mitreden und in begrenztem Maße auch mitbestimmen zu lassen, wie das bereits im Norddeutschen Bund verwirklicht wurde. Auch als nach 1866 zeitweise die Frage eines Südbundes zur Sprache kam, machte er Vorschläge in dieser Richtung. Den Badenern gab er intern den Rat, der möglicherweise von Bayern kommenden Forderung nach einem Südbunde mit dem Verlangen nach einem

Parlament zu begegnen. »Südbund nur mit Parlament«, so schrieb er seinem Gesandten in Karlsruhe, »erscheint uns als die beste Defensive für Baden; es wehrt einstweilen die Kombination ab, die wir als noch bedenklicher betrachten: einen Südbund ohne Parlament«. Überhaupt könne ein Südbund »nie etwas Definitives werden, sondern nur eine Übergangszeit ausfüllen; und die Zutat eines Parlamentes würde diese Zeit abkürzen«.[4]

In diesen Zeilen klingt schon an, daß er den Vorschlag eines süddeutschen Parlaments nicht ausschließlich im eng begrenzt taktischen Sinne meinte, gewissermaßen als Manöver, um die hegemoniale Absicht Bayerns zu durchkreuzen. Schon einen Monat früher hatte er seine Vorstellung in einem weiteren historischen Zusammenhang dargelegt: »Auf *einen* Schlag eine homogene Gestaltung Deutschlands zu erreichen, ist nur möglich im Falle eines Krieges. Abgesehen von dieser Eventualität, die wir weder vorhersehen noch herbeiführen werden, wird die Entwicklung ein oder mehrere Übergangsstadien zu durchlaufen haben. Diese abzukürzen, kann viel geschehen, wenn man sich die Mühe nicht verdrießen läßt, jedes einzelne brauchbare Element festzuhalten und unserem letzten Zwecke dienstbar zu machen ... Ein Moment läßt sich jedoch vorweg als unerläßlich bezeichnen, wenn es nicht bloß zu Konventionen über einzelne, den Südstaaten gemeinsame Einrichtungen, sondern zu einem Bunde derselben kommen soll – ein süddeutsches Parlament.« Dann fuhr er fort: »Die Beseitigung des Bestehenden ist der schwierigste Theil der Aufgabe nationaler Neubildung. Ist das Bestehende, sei es auch durch einen süddeutschen Bund, in Bresche gelegt, so wird das gesunde nationale Leben von selbst aus den Trümmern wachsen. Diese Bresche kann aber nur durch so eingreifende Neubildung wie ein gemeinsames Parlament, nicht durch einen bloßen Bund der Regirungen gelöst werden. Die jetzigen Verfassungen und ihre Landstände sind ebensoviel Zitadellen des Partikularismus. In einem Parlament würden die partikularen Interessen einander neutralisieren und die vereinte nationale Partei in kurzer Zeit die Majorität gewinnen. Außerdem wären die formellen Schwierigkeiten eines Zutritts zu dem Norddeutschen Bunde bei einem süddeutschen Parlament viel geringer als bei vier doppelten Ständeversammlungen.«[5]

Das süddeutsche Parlament kam nie zustande, ebensowenig ein Südbund. Beide scheiterten nicht an Preußen, sondern an den süddeutschen Partikularisten selbst, also den Dynasten und Adelsherren, den Pfarrern und Dorfpolitikern, den städtischen Honoratioren und den redseligen Volksmännern.

Erzwingen konnte und wollte Bismarck ein süddeutsches Parlament nicht, aber er vermochte nach einigen diplomatischen Vorbereitungen ein Zollparlament ultimativ durchzusetzen. So ließ er bereits am 6. Mai 1867 dem Münchener Kabinett sagen, daß ohne gemeinschaftliche parlamentarische Institution mit dem Norden ein gemeinsamer Zollverein unmöglich sei.[6] Als dann am 3. Juni die führenden Männer Preußens und der süddeutschen Staaten zu einer Konferenz in Berlin zusammenkamen, legte Bismarck allen Nachdruck auf eine Volksvertretung, ohne die die Fortsetzung des Zollvereins nicht möglich sei.[7]

Die gesetzgeberischen Kompetenzen im neu zu errichtenden Zollverein sollten in ihrer Struktur denen des Norddeutschen Bundes entsprechen: in Zoll- und Handelsangelegenheiten sollten der Zoll-Bundesrat und das Zoll-Parlament beraten und entscheiden; ausdrücklich war das Recht dieser beiden Organe auf das Zollwesen und auf die für die Sicherung der gemeinschaftlichen Zollgrenze erforderlichen Maßnahmen, schließlich auf die Besteuerung des einheimischen Zuckers, Salzes und Tabaks beschränkt. Damit schmuggelte Bismarck das Kernstück seines Finanzinstrumentariums, nämlich das der indirekten Steuern, vom Norden in den Süden Deutschlands ein.

Am 8. Juli unterzeichneten alle Konferenzteilnehmer den neuen Zollvereinsvertrag und billigten damit die neuen Institutionen, wie Zollbundesrat und Zollparlament. Dieser Vertrag ebenso wie das bislang nur unter den Regierungen ausgehandelte Schutz- und Trutzbündnis bedurften jedoch der Ratifizierung durch die Kammern der süddeutschen Länder. Für Bismarck bildeten das jeweilige Schutz- und Trutzbündnis und die Zollgemeinschaft eine Einheit. Für den Fall, daß der Württembergische Landtag die Bündnisverträge annullierte, drohte er mit der Aufkündigung der Zollgemeinschaft durch Preußen.[8]

Jetzt waren die schwäbischen Demokraten auf den Plan gerufen. Ohne die Vertragswerke einer konkreten Kritik zu unterziehen, lehnten sie sie in ihrer Agitation pauschal ab. Am Ende fielen sie doch um, da die Handelskammern, die für den neuen Zollverein eintraten, stärker waren. Wenn die ökonomische und politische Macht Preußens schon vor 1866 zu berücksichtigen war, dann erst recht danach. Wie in Stuttgart war auch in

München im politischen Widerstreit der Interessen und Meinungen noch manches parlamentarisch durchzusetzen, ehe der neue Zollvereinsvertrag angenommen werden konnte. Erwartungsgemäß erteilten die Landtage in Darmstadt und Karlsruhe den Vorlagen ihre Zustimmung, so daß der erneuerte Zollverein am 1. Januar 1868 in Kraft treten konnte. Aus dem früheren Zoll-Staatenbunde wurde ein Zoll-Bundesstaat.[9] Die süddeutsche Bevölkerung hatte jetzt Abgeordnete zu wählen, die zusammen mit jenen des Norddeutschen Reichstages das Zollparlament bilden sollten, das damit eine gesamtnationale Institution in dem von Preußen beherrschten Klein-Deutschland war.

Bismarck und mit ihm die Nationalliberalen und Freikonservativen erwarteten viel vom Zollparlament. Schon in seiner Reichstagsrede vom 11. März 1867 sprach Bismarck von einer »wirtschaftlichen Gemeinschaft für Gesamtdeutschland« mit solchen »gemeinsamen Organen der Gesetzgebung«, die sich kaum »der Aufgabe entziehen könnten, auch die meisten der übrigen Titel der materiellen Wohlfahrt sowie mancher formalen Gesetzgebung über Prozeßwesen usw. allmählich sich anzueignen, und auch darüber gemeinsame Bestimmungen für ganz Deutschland herbeizuführen«.[10]

Diese hoffnungsvolle Erwartung hegte er auch noch nach der Paraphierung des Zollvereinsvertrags, in dem die Kompetenzen des Zollparlaments scharf eingegrenzt waren.[11] Im November 1867 bezeichnete er in Erlassen an den preußischen Gesandten in Karlsruhe als nächste Aufgabe, in dem zu wählenden Zollparlament das »Verlangen nach Erweiterung des Kreises seiner Berechtigungen, nach dem Heranziehen neuer Beratungsgegenstände zu nähren und zu erwecken«[12].

Am 1. Dezember 1867 äußerte Bismarck gegenüber dem badischen Gesandten, der Zollverein habe zu seiner vollkommenen Entwicklung dreißig Jahre gebraucht. Die Lösung der nationalen Frage werde im Zeitalter der Eisenbahnen und Telegraphen vielleicht nur einen kleinen Teil dieser Zeit in Anspruch nehmen. Er erwarte, daß durch das Zollparlament die Gesetzgebung des Norddeutschen Bundes sich auf Süddeutschland ausdehnen und die Entwicklung auf dieser Bahn rasch und kräftig vor sich gehen werde.[13] »Wir sind überzeugt«, hieß es in einem Erlaß an Flemming vom 3. Dezember, »daß die Entwicklung, einmal auf diese Bahn gebracht, aus sich selber die Kraft zu immer wachsender Geschwindigkeit ziehen würde.«[14] Mag Bismarck manchmal mit kürzeren, mitunter mit längeren Zeitperioden gerechnet haben, auf jeden Fall glaubte er in jenen Monaten, die nationalstaatliche Einigung Deutschlands könnte auf dem Wege friedlicher Entwicklung erreicht werden. Für ihn war das Zollparlament »Kern und Keim für die Anschlußentwicklung«[15].

Da die süddeutschen Anhänger Bismarcks seinen Optimismus teilten, hieß ihre Wahlparole: »Vom Zollparlament zum Vollparlament«. Die liberalen Parteien des Südens sprachen in ihrer Agitation unentwegt von der notwendigen Kompetenzerweiterung des künftigen Zollparlaments. Gerade das provozierte die Gegenaktion, so daß der Wahlkampf sich weniger mit Zollfragen als mit der zukünftigen Verfassung Deutschlands befaßte.[16] Der Widerstand der Klerikalen und quasidemokratischen Parteien gegen die Belastungen der Militärreorganisation war noch verständlich; aber darüber hinaus wurden alle Ängste geweckt, die landschaftlichen, religiösen und staatlichen Eigenarten Süddeutschlands könnten durch das Zusammenwirken mit dem preußisch beherrschten Norden wesentlich beeinträchtigt werden. Von diesen Emotionen her sind die Ergebnisse der Wahlen zum Zollparlament von Anfang 1868 zu verstehen. In Bayern siegte die klerikale Partei, die von den 48 Sitzen nicht weniger als 20 für sich erringen konnte; die Deutsche Partei konnte nur 12 Sitze erlangen. In Württemberg errang die Volkspartei 11 Sitze, die gouvernemental-förderalistische Gruppe erhielt 6. Damit konnte die Deutsche Partei, die der nationalliberalen im Norddeutschen Bund entsprach, keinen einzigen Vertreter in das Zollparlament schicken.

In Baden hingegen erhielt die nationaldeutsche Partei 8 Mandate von den 14 Sitzen, während 6 Sitze die großdeutsch-demokratischen Vertreter einnahmen. Nur in Hessen-Darmstadt verzeichnete die Deutsche Partei einen imponierenden Sieg, indem ihr sämtliche Mandate zufielen.

Im ganzen gesehen vertraten 85 süddeutsche Abgeordnete des Zollparlaments einen prononcierten Partikularismus, so unterschiedlich er auch begründet sein mochte. Hier war Bismarck ein Feind erwachsen, der seine Kraft aus einem naiven Monarchismus, aus vorindustriellen Lebensweisen und Gewohnheiten, klerikalem Fanatismus und Hausmachtinteressen politischer Cliquen schöpfte.

Die Partikularisten

Die erste partikularistische Opposition gegen Bismarck machte sich in dem von Preußen annektierten Hannover recht militant bemerkbar. Das Land war nach 1866 politisch gespalten; einerseits war es eine Domäne der Nationalliberalen Partei, deren Führer v. Bennigsen und Miquel vorbehaltlos für die Umwandlung des Königreichs Hannover in eine preußische Provinz eintraten; andererseits bildete es eine Heimstatt welfischer Renitenz. Bei den preußischen Landtagswahlen 1867 fielen 31 von den 36 hannoverschen Wahlkreisen den gut organisierten Nationalliberalen zu. Diese preußenfreundliche Hochflut ebbte allerdings bald ab, so daß sich bis 1877 nur noch 21 Wahlkreise ununterbrochen von nationalliberalen Abgeordneten vertreten ließen.

Der Abfindungsvertrag konnte den abgesetzten König Georg V. aber zu keiner Thronverzichtserklärung bewegen; im Gegenteil, am gleichen Tag, da das preußische Herrenhaus diesem für den hannoverschen König finanziell günstigen Übereinkommen zustimmte, kündigte er in einer Ansprache zur Feier seiner Silbernen Hochzeit in Hietzing bei Wien die baldige Wiederherstellung des Welfenreiches und des Welfenthrones an; die preußische Regierung sistierte daraufhin den Abfindungsvertrag.

Die Ansprache in Hietzing war nicht die Eingebung eines Augenblicks gewesen, sondern Ausdruck einer tiefen Überzeugung. Als Georg V. kurz vor Ausbruch des Krieges von 1866 durch ein Ultimatum aufgefordert worden war, den preußischen Reformplänen zuzustimmen, lehnte er dies als »Christ, Monarch und Welfe« ab.[17] Die religiös begründete Auffassung seines dynastischen Welfentums legte der König in mehreren Briefen an den Regierungsrat Meding aus dem Jahre 1867 dar.[18] So schrieb er Ende Juni von Hietzing aus: Meine »unerschütterliche Zuversicht, daß der dreieinige Gott in seiner nie endenden Gerechtigkeit mein Reich und Thron wird wieder auferstehen lassen, und mich als König in aller Selbständigkeit und Unabhängigkeit des Landes wiedergeben, steigert sich immer mehr von Tag zu Tag, von Augenblick zu Augenblick ...«.

Wenn auch nicht ohne Skepsis, hoffte er auf die Erneuerung Österreichs und seiner Armee. »Indes das schließliche Gelingen unserer geheiligten Sache ist, nach Meinem Dafürhalten, nicht davon abhängig; denn Frankreich hat ein großes Interesse, die gegenwärtigen Verhältnisse in Preußen und Deutschland, und zwar tunlichst bald, zu vernichten, nötigenfalls selbst ohne die Mitwirkung Österreichs ... Unter Napoleon dem Onkel kämpfte es in erobernder, unter Napoleon dem Neffen in befreiender Absicht, und hat, was damals weniger der Fall war, mit Ausnahme der altpreußischen Provinzen das Mitgefühl und die Beistimmung aller deutschen Völker. Und wo diese Gesinnung sich noch nicht gleich kundgeben kann, wird sie namentlich nach errungenen ersten Erfolgen hervorbrechen, und mittlerweile dürfte Österreich auch so weit gelangen, um für die gute Sache mitwirken zu können.«[19]

Alle Briefe an Meding in jenem Jahre 1867 waren im selben Geist gottbemühender Hoffnung auf französische Intervention und einen »bevorstehenden Krieg« gestimmt. Das macht es bei allem menschlichen Mitgefühl für den hannoverschen König, der schon als Prinz 1833 erblindete, unmöglich, ihn historisch zu rechtfertigen.

Sicherlich entsprangen alle seine Äußerungen einem royalistisch hochgesteigerten und illusionären Gemüt.[20] Aber die Hoffnung auf Krieg, der ein Welfenreich wiederbringen könnte, wurde in der Tat von Frankreich intern immer wieder genährt. So eröffnete der König dem Regierungsrat Meding, was seine Vertrauten in Paris erfahren hätten: »Ihre dienstlichen Berichte ergeben deutlich, daß die Lage und die Verhältnisse der Kaiserlichen Regierung überhaupt, so wie die der Napoleonischen Dynastie und des Kaisers insbesondere gegenwärtig derartig sind, daß es nur eines Funkens bedürfte, um den Krieg herbeizuführen; daß derselbe für den Kaiser erwünscht sei, und daß dieser sich vollkommen in der Lage befinde, denselben aufzunehmen.« Man müsse bereit sein, »damit wenn die Vorsehung für gut befindet den casus belli herbeizuführen, ich augenblicklich bei der Hand bin, als Verbündeter dem Kaiser zur Seite zu stehen, um mit Hilfe seiner mächtigen Unterstützung mein gutes Recht und das von Deutschland unter des Herrn Beistand erkämpfen und ersiegen zu können«[21].

Auch Graf v. Platen, bis 1866 hannoverscher Außenminister, zeigte sich kriegerisch gestimmt. Einem unbedeutenden Schriftsteller, der einen Panegyrikus auf das Welfenhaus mit aktuellem Bezug schreiben sollte, gab er unter anderem eine anonyme Denkschrift in die Hand, in der von Bismarcks Versuch die Rede war, den Krieg zu diesem Zeitpunkt zu vermeiden. »Aber eben, daß er ihn zu vermeiden sucht, ist für die andern der deutliche Beweis, daß sie den Krieg suchen müssen, solange es noch Zeit ist und die Entscheidung bei ihnen steht. Denn der Krieg ist unvermeidlich. Das Prinzip des Staates der Hohenzollern, die Unersättlichkeit desselben, fordert ihn. Es kommt darauf an, den Krieg zu haben, nicht wie bei Österreich etwa, nach dem Ermessen Bismarcks, sondern nach eigener Wahl. – – Der Krieg gegen den Staat der Hohenzollern ist unter allen Umständen, selbst wenn er als Angriffskrieg auftritt, dem Wesen nach ebenso eine Verteidigung, wie der Kampf des Menschen gegen ein Raubtier.«

Die anonyme, aber von einem Vertrauten des Hietzinger Hofes übergebene Denkschrift schien dem Schriftsteller in ihrem kriegstreiberischen und antinationalen Geist so ungeheuerlich, daß er seine Beziehungen mit dem Grafen Platen abbrach und Verbindungen mit preußischen Stellen aufnahm.[22] Unter dem Pseudonym Georg Dippoldiswald wandte er sich direkt an Bismarck, der ihm indirekt antwortete, indem er ihm nebst 100 Thalern Reisegeld die Nachricht zukommen ließ, er möchte sich beim Portier Wilhelmstraße 61 melden. Offensichtlich war Bismarck an internen Informationen über die politischen Vorstellungen und Aktivitäten des Welfenkönigs und seine Beziehungen zum kaiserlichen Hof in Paris interessiert.

Die manchmal recht forciert wirkende Energie, mit der Georg V. seine Mitstreiter anspornen wollte, hatte bereits in der Luxemburger Krise zur Bildung der welfischen Legion geführt. In einer anfänglichen Stärke von 700 Mann war sie zunächst im holländischen Arnheim versammelt: bei der Eröffnung der Feindseligkeiten zwischen Preußen und Frankreich sollte sie zum Angriff auf preußisches Gebiet aufbrechen. Da der ersehnte Krieg nicht ausbrach, war die Welfenlegion sehr bald unerwünscht und wurde im Juni 1867 aus Holland ausgewiesen. Bis Januar 1868 konnten sich ihre Mitglieder in der Schweiz aufhalten, wo man sie aber ebenfalls nicht gern sah. So schrieb die Berner Zeitung »Der Bund« über diese Welfen, »daß eben in der republikanischen Schweiz kein dankbarer Boden für das Verständnis einer Gattung von Patriotismus zu suchen ist, welcher ein so spezifisch royalistisches Gepräge … an sich trägt«.[23] Bald wurden die Legionäre nach Frankreich abgeschoben.

Ihre Zahl schwankte zwischen 700 bis 1000; den adligen Offizieren unterstanden meist ehemalige Handwerksgesellen, gelernte und ungelernte Arbeiter, Tagelöhner, Knechte, teilweise sogar Lehrlinge. Die meisten Legionäre waren im Alter von 19 bis 22 Jahren, einige auch über 30.[24] Im Grunde genommen waren sie mißbraucht worden, und man fanatisierte sie auch weiterhin. Ein Geheimagent teilte glaubhaft mit, daß ein hannoveranischer Hauptmann in einer Ansprache an die Legionäre gesagt habe: »Die Luft riecht nach Pulver, ein baldiger Krieg steht in Aussicht ... Euch wird das beneidenswerte Loos zu Teil, an der Seite der französischen Armee kämpfen zu können.«[25]

Natürlich ließ Bismarck über seine diplomatischen Vertreter wegen der politischen Umtriebe Georgs V. und seiner Anhänger intervenieren.[26] Sogar der Bismarckgegner und österreichische Außenminister v. Beust sah sich gezwungen, dem hannoveranischen König ein Promemoria zu schicken, um ihn auf seine Verletzungen des Gastrechts aufmerksam zu machen. Zur Besänftigung der Regierung in Berlin überreichte Beust dem preußischen Botschafter eine Abschrift dieses diplomatischen Dokuments.[27] Auch die französischen Behörden kamen durch die Welfen in einige Verlegenheit. So entschlossen sie sich schließlich, die Legionäre auf verschiedene Bezirke im Nordosten Frankreichs aufzuteilen.[28] Zum Nichtstun verurteilt, wurden sie dort teilweise Opfer der Fremdenlegion. Die meisten der jungen Leute weigerten sich, die Straffreiheit zu nutzen, die für gemeine Soldaten zugesichert war, und in ihre hannoveranische Heimat zurückzukehren.[29]

Über die soziale Wurzel und geistig-politische Physiognomie dieses unheilvollen Partikularismus gab die »Londoner Deutsche Post« in einer Korrespondenzfolge unter dem Titel »Photographien aus Hannover« Aufschluß.[30] Der Korrespondent verwies auf den »Zersetzungsprozeß des Zunftwesens«; er erwähnte diejenigen Kleinmeister, die früher ihr Monopol dadurch behauptet hatten, »daß sie so viel wie möglich sich gegen das Ansässigmachen junger Kräfte mit Leib und Seele stämmten«, jetzt aber durch »die neue Gewerbefreiheit ... an allen Seiten von den an wirklichen Geschäftsgang gewöhnten ›Preußen‹ überflügelt werden«. Zu den unzufriedenen Zünftlern gesellten sich auch jene Adligen, die »bei der Einverleibung Hannovers in Preußen die Gelegenheit versäumt« hatten, »sich von den Preußen mit offenen Armen aufnehmen zu lassen, wie andere es taten«. Schließlich nannte der Korrespondent noch die Gruppe der »Mucker«, die des Königs Politik, besonders die »jüdischen Mitbürger scharf aufs Korn« zu nehmen, gebilligt hatten.

Was hier in London veröffentlicht und vom preußischen Botschafter v. Bernstorff nach Berlin mitgeteilt wurde,[31] zeigt neben den sozialen und politischen Wandlungen im annektierten Hannover auch die Zersetzungen in der unmittelbaren Umgebung des Königs Georg, den im Laufe der Zeit seine Leute verließen. Selbst ein Vertrauensmann wie der Regierungsrat Meding brach Anfang 1870, also noch vor Ausbruch des deutsch-französischen Krieges, mit dem König. Auch Graf v. Platen, der frühere Außenminister, ging auf Distanz. Und Staatsrat Zimmermann, der eine Emigration abgelehnt hatte, beschäftigte sich schließlich mit der Ausarbeitung von Denkschriften, die er an den Unterstaatssekretär Thile im preußischen Außenministerium nach Berlin sandte.[32]

*

Während der Partikularismus in Hannover vom vertriebenen König geschürt wurde, der an Interessen und Stimmungen in Stadt und Land in fast konspirativer Weise anknüpfte, verlief die Bewegung in Bayern umgekehrt. Hier entstand eine antiunitarisch-preußenfeindliche Aktivität der bäuerlich-kleinbürgerlichen Bevölkerung gleichsam von unten auf; die Bayrische Patriotenpartei, in hohem Maße von den katholischen Geistlichen gelenkt, wuchs innerhalb weniger Jahre zu einer Massenpartei heran. Dabei ließen sich die politisierenden Geistlichen und die ihnen nahestehenden Honoratioren von dem päpstlichen Syllabus von 1864 leiten, der sich vornehmlich gegen den Liberalismus und alle angeblichen Zeitirrtümer wissenschaftlichen Denkens richtete. Die Protagonisten der Bayrischen Patriotenpartei richteten sich also in kirchlichem Gehorsam nach einem Dokument, das in Rom, ultra montes, also jenseits der Berge, entstanden war. »Ultramontan« war das über Jahrzehnte hinweg haftende Etikett, mit dem die Liberalen alsbald ihre päpstlich orientierten Gegner versahen.

Der unmittelbare Widersacher der bayrischen Ultramontanen war die Regierung des liberalisierenden Fürsten v. Hohenlohe, der es wagte, weltliche Privilegien der Geistlichkeit anzutasten und Bayern in engeren Kontakt zum preußisch-protestantischen Norden zu bringen suchte. Nach der schon unwillig hingenommenen Veröffentlichung des Schutz- und Trutzbündnisses im Frühjahr 1867 wurde im Herbst des gleichen Jahres die Regierungsvorlage eines neuen Schulgesetzes zum Kampfobjekt, gegen das die ultramontanen Partikularisten eine Adressenbewegung organisierten und mit publizistischer und parlamentarischer Vehemenz polemisierten. Im Grunde war Hohenlohes Schulgesetz gar nicht radikal[33]; nicht einmal die Trennung von Staat und Kirche war angestrebt. Es ging lediglich darum, die Schulaufsichtsbefugnis der Geistlichkeit einzuschränken. Der Ortspfarrer sollte nicht mehr allein die Kontrolle über die Schule ausüben, sondern mit einer Kommission zusammenarbeiten.

Das genügte, um eine Agitation zu entfachen, die bis ins 20. Jahrhundert hinein für alle katholischen Gegenden Deutschlands wie ein Modell wirkte. Ein Freiherr v. Rotenhan, lange Zeit Regierungspräsident in Franken, schilderte aus eigenem Erleben seinem Neffen, dem preußischen Militärbevollmächtigten v. Grolmann, die Methoden des Klerus. Er »sollte zeigen, welche Macht er noch auf das Volk habe, und deshalb trat er bei den Wahlen in die Schranken und entwickelte – nach seinem Grundsatz: der Zweck heiligt die Mittel – durch jedes dienliche Mittel, namentlich aber immer durch Verdächtigungen der Gegenkandidaten, eine nie vorher gekannte Thätigkeit. Von der Kanzel selbst, in Volksversammlungen, bei Rundgängen von Haus zu Haus wurde verkündet: die Kirche sey in Gefahr; wenn Preußen die Obermacht erlange, würde auch Bayern protestantisch gemacht ...«[34]

Der schulpolitische Gegensatz zwischen Liberalismus und Klerikalismus, der noch Jahrzehnte lebendig blieb, war besonders geeignet, die katholischen Geistlichen politisch zu aktivieren. Ihr Anliegen drückte Edmund Jörg, das geistige Haupt des bayrischen Partikularismus und Klerikalismus, aus, indem er dem Volk das Fürchten lehrte, daß der Liberalismus »rücksichtslos und ohne Not ... über seine innersten Lebensanschauungen und alle süße Gewohnheit seines Daseins hinwegzugehen gedenke«.[35] Und wenn sich dann in den Landgemeinden zu den Geistlichen die Agitatoren des bayrisch-patriotischen Bauernvereins gesellten und über die staatliche Bürokratie und Steuereintreiberei, über die Plackereien des Militärdienstes, mitunter auch über den protestantisch-jüdischen Händlergeist und das aufkommende Fabrikantentum wetterten, dann schien es sonnenklar, daß die Bayern preußisch werden sollten. Herkommen, Bräuche und Sitten wurden so verklärt, daß der alte Heimatsinn zum Partikularismus pervertierte, der im Grunde den Interessen der geistlichen und nichtgeistlichen Honoratioren, vielen Adligen und nicht minder den dorfbeherrschenden Großbauern diente.

Die bayrischen »Patrioten« wußten sehr wohl, was sie bewahren und was sie abwehren wollten, aber sie wußten nicht, wie es weitergehen sollte in dieser Welt der Eisenbahnen, Dampfmaschinen und Telegraphen, und insofern sprach aus ihrem Antiborussismus Zukunftsangst und Modernitätsverweigerung. Von Wahl zu Wahl, ob zum Zollparlament oder zum Landtag, konnte die Bayrische Patriotenpartei ihren Stimmenanteil erhöhen, was schließlich 1870 bis an den Rand der Staatskrise führte.

Die Polemiken gegen den Militarismus gaben sich zwar demokratisch und konnten tatsächlich sowohl steuerpolitischen wie gewerblichen Interessen dienlich sein; andererseits war alles leicht ins Klerikale und Partikularistische umzubiegen, so wenn man Landwehr-Mannschaften bei sogenannten Kontrollversammlungen zum Ausruf anstiftete: »Wir wollen nicht lutherisch, wir wollen nicht preußisch werden.«[36]

Die bayrische Variante des Antimilitarismus schloß bisweilen Sympathien für das bonapartistische Frankreich ein. So sah der »Volksbote«, ein bedeutendes Organ der Ultramontanen, in Napoleon den Garanten der süddeutschen mittelstaatlichen Selbständigkeit. Wie alle fanatischen Partikularisten hofften die Sprecher des »Volksboten« auf die Vernichtung des Norddeutschen Bundes durch einen französisch-preußischen Krieg, in dem Bayern nach Kündigung des Schutz- und Trutzbündnisses neutral bleiben oder auf der Seite Frankreichs kämpfen werde: »Wir wollen nicht Knechte und Vasallen werden, weder der Franzosen noch der Preußen; aber das wird man nicht verwehren können, daß viele in den Franzosen ihre einzigen Schützer gegen preußische Vergewaltigung, ihre einzigen Helfer in der Not, ihre Retter vor der Annexion 1866 und – wenn Gott es will – ihre dereinstigen Befreier von dem unerträglichen Joche des brutalen Preußentums ersehen.«[37] Was sich hier bayrisch-patriotisch gab, war in deutsch-patriotischer Perspektive und vom historischen Fortschritt aus gesehen – Landesverrat. Erst im Ernstfalle mußte sich zeigen, wie sich das Volk praktisch verhalten werde.

Der Agitation der bayrischen Patriotenpartei diente das klerikal-ultramontane Pressewesen. Seinen Ausbau förderten die Pressekomitees an den Bischofssitzen. Edmund Jörg gab die »Historisch-politischen Blätter« heraus. Daneben hatten vor allem der »Volksbote«, dann der »Neue Bayrische Kurier« sowie »Das

Vaterland« großen Einfluß. In ihrem Antipreußentum, Antiliberalismus und ihrer Opposition gegen die Regierung in München waren alle gleicherweise angriffslustig und scharfzüngig; dennoch gehörten sie noch zum »Salon-Ultramontanismus«, im Unterschied zum »Straßen-Ultramontanismus«, der vulgäre Töne anschlug.[38]

Selbst manche Bischöfe wurden von diesem Wortradikalismus abgestoßen; so kritisierte im Herbst 1868 der Bischof von Passau den Redakteur der besonders wild antipreußischen »Donau-Zeitung«, Josef Bucher, wegen seiner »pöbelhaften Haltung« öffentlich von der Kanzel herab. Als sich Bucher jedoch deswegen in Rom beschwerte, sprach sich der Heilige Stuhl gegen den Bischof aus und verlieh Bucher obendrein das Ritterkreuz des Gregor-Ordens. Der preußische Gesandte in München, Werthern, meinte in seinem Bericht an Bismarck: »Die feindselige Agitation gegen Preußen ist somit, und zwar in einem eklatanten Falle, von Rom aus förmlich prämiiert worden und man hat lieber einen Bischof desavouieren, als diesen Tendenzen zu nahe treten wollen.«[39] Selbstverständlich konnte der Bischof von Passau gegen die päpstliche Entscheidung nichts ausrichten. Aber intern sprach er mit dem protestantischen Generalleutnant Freiherrn von der Tann über die ihm zuteil gewordene Kränkung, wohl wissend, daß dieser sowohl die königliche Regierung als auch den preußischen Gesandten in München informieren würde. Im Bericht von Werthern nach Berlin hieß es dann auch, daß der Bischof dem Protestanten gegenüber »vertraulich, aber sehr offen, über die Angriffe« sprach, denen er ausgesetzt sei. »Diese Angriffe werden von bayrischen Bischöfen, von Rom und namentlich von Österreich her gegen ihn gerichtet; sie lassen sich unzweifelhaft auf Jesuitischen Ursprung zurückführen …« Der Bischof in Passau bemerkte schließlich, daß der Erzbischof von Cöln in allen den Fragen, die im Laufe des nächsten Jahres debattiert werden dürften, unzweifelhaft auf Seiten der preußischen Regierung stehen werde, »daß überhaupt seine Majestät sich auf denselben werden unbedingt verlassen können. Ebenso gehöre der Bischoff von Fulda zu den unabhängigen und regierungsfreundlichen Prälaten«.[40]

Der bayrische König reagierte auf diese Vorfälle, indem er den nonkonformistischen Theologen Ignaz Döllinger, der sich schon seit langem gegen die päpstlichen Machtansprüche wandte, zum bayrischen Reichsrat ernannte.[41] In einem früheren Bericht an

Bismarck schrieb Werthern von »der – allerdings nur negativen – Eigenschaft des Königs, die Ultramontanen nicht zu begünstigen«.[42] Die Sorge wegen deren Obstruktionspolitik nahm in den Berichten des Gesandten nach Berlin einen breiten Raum ein, so wenn er notierte, die Regierung Hohenlohes habe sich bei den Debatten in den Kammern »einzig und allein durch die materiellen Interessen der Fabrikanten« durchgesetzt.[43] Ein anderes Mal empfahl Werthern in seinem antiklerikalen Groll als »Radikalmittel« die »Zerstörung des Hauptquartiers der Ultramontanen, die Beseitigung der weltlichen Herrschaft in Rom«. Diesen Satz versah Bismarck mit der Marginalbemerkung: »das glaube ich«; aber als Werthern allzu cholerisch meinte, der Weg, den der Klerus gehe, führe »direkt zum Religionskrieg«, notierte sein Chef ein lakonisches »kaum« an den Rand.[44]

Ungeachtet einer vorübergehenden Verstimmung im Februar 1869 blieb Bismarcks Vertrauen zu Werthern erhalten, der übrigens mit fähigen Mitarbeitern in der Münchener Gesandtschaft, wie dem Legationssekretär Joseph Maria v. Radowitz und dem Militärbevollmächtigten v. Grolmann, in der Beurteilung der bayrischen Verhältnisse voll übereinstimmte. Im Frühjahr 1870 wurde der preußische Gesandte an der Kurie in Rom Harry v. Arnim sogar angewiesen, seine Berichte auch an Werthern zu schicken, der somit, wie er selbst berichtete, mitunter noch vor dem »Zeus Varzinus«, also noch vor dem im tiefen Hinterpommern auf Varzin weilenden Bismarck, unterrichtet war.[45] Werthern las zudem eine »unglaubliche Menge Bücher und Broschüren über kirchliche Fragen«; in seiner Grundhaltung war er nicht nur antikatholisch, sondern grundsätzlich antikirchlich gesinnt. Ihm schwebte eine »germanische« Religion vor, die nicht frei war von Rassismus und Heldenverehrung; in München pflegte er Beziehungen zum Kreis um Richard Wagner.[46]

Trotz aller Aufgeregtheiten v. Wertherns über den wachsenden Einfluß der Ultramontanen in Bayern glaubte er doch feststellen zu können, daß der »überwiegend größte Teil des Volkes ... auf dem nationalen Standpunkte« stehe, jedenfalls in seinen Gefühlen hin- und hergerissen sei zwischen der Furcht, »preußisch zu werden« und der »Bangigkeit vor gänzlicher Isolierung«.[47] Dieses Urteil entsprach auch einer gelegentlichen Bemerkung v. Pfordtens, der die öffentliche Meinung in Bayern für »entsetzlich seicht« hielt, sie schlage oft von einem auf den anderen Weg um.[48]

Angesichts der sich durchkreuzenden Strömungen und mancher Unwägbarkeiten drängte sich Bismarck dreierlei auf: er mußte alles vermeiden, was den König dem preußenfeindlichen Einfluß der Hofpartei und etwa des württembergischen Königs[49] zugänglich machen konnte; dann wollte er die Regierung Hohenlohe moralisch-politisch möglichst stärken und die Verbindungen zu allen von den Klerikalen angegriffenen Offizieren pflegen lassen; schließlich stellte er Überlegungen an, wie er das Volk des süddeutschen Hauptlandes über alle partikularistischen Neigungen und Einflüsse hinweg zu einer national-deutschen Aufbruchstimmung bewegen könnte. Die Zeit dafür war im Sommer 1870 reif.

*

Die württembergischen Demokraten, angeführt von Karl Mayer und Julius Haußmann, trieben ihren Partikularismus, den sie schönfärberisch Föderalismus nannten, so weit, daß sie die Bildung einer gesamtdeutschen Volkspartei bereits vor 1866 verhinderten. Ein solch besonnener Mann wie Leopold Sonnemann von der »Frankfurter Zeitung« sprach vom Verrat der schwäbischen Demokraten »an einer künftigen Revolution«. Lehnten sie doch sogar einen zentralen Ausschuß ab, weil er nach ihrer Meinung im »Widerspruch mit dem Wesen der föderalistischen Volkspartei« stünde.[50] Das Wort vom »Partikularnest«, in dem sich Liberale und Demokraten in ihrem Schwabenlande »möglichst wohnlich« einrichten wollten, kursierte schon in der Reaktionszeit der fünfziger Jahre.[51]

Die württembergischen Volksparteiler machten aus dem Gegensatz von Föderalismus und Zentralismus ein weltgeschichtliches Kampfprinzip. Zentralismus war für sie identisch mit Obrigkeitsstaat, und Föderalismus hieß ihr nationalstaatliches Ideal. So schrieb die »Demokratische Correspondenz«: »Sollen wir die Aufgabe dieses Jahrhunderts auf politischem Gebiet in ein Wort fassen, so lautet's: Versöhnung der beiden Begriffe Freiheit und Nationalität, und die Formel dafür heißt Föderation.«[52] Wenn die schwäbischen Demokraten vorgaben, das föderalistische Prinzip stünde zwischen dem kleinstaatlichen Partikularismus und dem großstaatlichen Unitarismus, dann war dies angesichts der innerdeutschen und europäischen Kräfteverhältnisse ebenso illusionär wie demagogisch. Die an Cato angelehnte Parole von Ludwig Pfau: »Ceterum censeo Borussiam esse delendam« hätte nur dann einigen Sinn gehabt, wenn sich die schwäbischen Demokraten noch vor dem politischen Schicksalsjahr 1866 einer gesamtdeutschen Volkspartei eingegliedert hätten. Indem sie sich aber halsstarrig dagegen sperrten, degenerierte ihre Opposition gegen den preußischen Staat zu einer Feindschaft gegen das preußische Volk.

Am Ende machten sie kaum mehr einen Unterschied zwischen Volk und Regierung Preußens. So konnte es im Stuttgarter »Beobachter«, dem Demokratenorgan, heißen: »Die süddeutsche Volkspartei, die ja der Inbegriff alles Preußenhasses sein soll und es in gewissem Sinne ... auch ist«, sähe in Preußen »den Ausdruck eines falschen Staatsdenkens ... die Verkörperung des bösen Prinzips«.[53] Für diese Politiker und Zeitungsschreiber entsprach der »zollersche Cäsaro-Papismus« der Mentalität der preußischen Bevölkerung; sie warnten vor der Gefahr der »Oberherrschaft« eines »unserem Volke im innersten Herzen antipathischen Volksstammes und seines Adels- und Militärwesens«.[54]

Die ganze Grundhaltung der württembergischen Demokraten zeugte von einer erschreckenden Verflachung des theoretischen Denkens. Sie zitierten wahrscheinlich gern das Verslein von Schiller und dem Hegel, die bei ihnen die Regel seien; nur vergaßen sie dabei, daß ihr Land zwar Weltgenies hervorgebracht hatte, aber sie nicht hatte halten können. Hegel übte nun einmal seine Haupttätigkeit in Preußens Hauptstadt aus und sprach in seiner Antrittsvorlesung von der dortigen Universität begeistert als dem »Mittelpunkt aller Geistesbildung«; und auch Schiller trug sich in seinem letzten Lebensjahr mit dem Gedanken, nach Berlin zu ziehen.

Die schwäbischen Demokraten sahen in der Bismarckschen Revolution von oben fast nur die Militarisierung, aber nicht jene historische Vernunft, die mit der Schaffung des Norddeutschen Bundes die Kleinstaaterei verringerte und mit der liberalen Wirtschaftsgesetzgebung die bürgerliche Umgestaltung voranbrachte.[55] Dieser Seite der politischen Entwicklung gegenüber waren sie blind und leiteten aus Anlaß der Wahlen zum Zollparlament eine Konfrontationspolitik ein, bei der schon die Auswahl der Verbündeten recht prinzipienlos war, indem sie sich mit Kreisen der württembergischen Regierung arrangierten.[56] Im offiziösen Staatsanzeiger war ja zu lesen, daß die Verfassung des Norddeutschen Bundes nur drei Paragraphen habe – Steuern zahlen, Soldat werden und Maul halten. Tatsächlich mischten sich Staatsbeamte in den Wahlkampf ein und stellten die Frage, ob die Wähler Württemberger bleiben oder preußisch werden wollten.[57] Dies war eine Demagogie, wie sie auch in Bayern gang und gäbe war. Der Stuttgarter »Beobachter« variierte den »Staatsanzeiger«, indem er schrieb: »Der norddeutsche Bürger dient, zahlt, kämpft, stirbt; der norddeutsche König regiert, konsumiert, kommandiert, stirbt aber – nie.«[58]

Für die schwäbischen Demokraten, die sonst ihren Gegensatz zu der protestantischen und katholischen Orthodoxie hervorhoben, blieb das Bismarcksche Preußen der Haupt- und Erzfeind. In einem Leitartikel deklarierte die »Demokratische Correspondenz«[59] die Schwarzen als ein »Gespenst, mit dem man große Kinder scheucht«, die »Schwarz-Weißen« (also die Preußen) als eine »Realität, in der sich eine große Gefahr birgt«. In der Tat erschien die Sache »einfach«, wenn gefragt wurde: »Was hat Tabaksteuer mit der Kirche zu thun? was Freihandel mit der Konfession? was die Frage der militärischen Oberhoheit mit der Religion?« Mit solchen Simplifizierungen überspielten die schwäbischen Demokraten die Grundfrage nach der historisch-politischen Rolle der Klerikalen in Italien wie in Süddeutschland in einer Zeit der nationalstaatlichen Einigungsbewegungen. Die Polemik schloß mit einem Angriff auf die »Groß- und Bettelpreußen, diese geistig Aermsten, die immer über die Gefahren geistiger Verarmung zetern«.

Die innere Logik dieses antipreußischen Furors ließ auch schwäbische Demokraten mit dem napoleonischen Frankreich sympathisieren. Bereits im Jahre 1860 machte Karl Marx darauf aufmerksam, daß Karl Mayer in seiner Rede anläßlich der Fahnenweihe des deutschen Arbeitervereins im schweizerischen Neuenburg gefordert habe, »die Franzosen nur über den Rhein zu lassen, weil es sonst niemals in Deutschland besser werden könne«.[60] Eine derartige, von mehreren Deputierten westschweizerischer Arbeitervereine bezeugte Selbstenthüllung veranlaßte Genfer Vertrauensleute zu einem gegen bonapartistische Umtriebe gerichteten Rundschreiben. Mißtrauisch waren die Arbeitervereinler auch deshalb, weil der Redner in Neuenburg mit dem deutschen Emigranten und Genfer Universitätsprofessor Karl Vogt zusammenarbeitete, dem Marx politisch-publizistische Dienste für Napoleon III. nachgewiesen hatte,[61] die später, nach dem Sturz des zweiten Kaiserreichs, sogar als bezahlte bestätigt wurden.[62] Marx attackierte »den schwatzschweifigen

Schwaben *Karl Mayer* aus Eßlingen« als einen der »trautesten Mitstrolche« von Karl Vogt.[63] Der großdeutsche Propagandist Julius Fröbel klagte Vogt und Mayer gleichfalls im Jahre 1860 als »imperialistische Demokraten« an, als »kaiserlich-französisch-kleindeutsche Patrioten«.[64] Selbst Lothar Bucher, damals noch Emigrant, erklärte die Marxschen Anschuldigungen gegen Karl Vogt für vollständig beweiskräftig und schrieb eine zustimmende Rezension für die Augsburger »Allgemeine Zeitung«, die diese jedoch nicht zu veröffentlichen wagte.[65] Auch sonst machte Bucher aus seiner Ablehnung der napoleonischen Einmischungsversuche in Deutschland kein Hehl.[66] Als entschiedener Gegner partikularistischer und vom Ausland geförderter Tendenzen des Partikularismus verfaßte er im Februar 1868 das Konzept eines Erlasses an die Missionen in Dresden, München und Karlsruhe[67] über die württembergische Volkspartei und ihren Einfluß. Natürlich war es ganz im Sinne Bismarcks, wenn er die Gruppe um Karl Mayer als »revolutionäre Partei« denunzierte. Aber der Ärger des preußischen Ministers war ein schlechter Ratgeber, denn revolutionär war der Stuttgarter »Beobachter« wahrhaftig nicht; wenn man gegen die Revolution von oben polemisierte, war man noch lange nicht für die von unten. Auch Marx war grimmig, als er in einem Brief vom Dezember 1867 an Engels über Mayers auch im Ausland gelesenes »Saublättchen«, das »populäre Orakel aller Föderalisten in Deutschland«[68], schrieb.

Im Herbst 1868 gelangte ein Geheimbericht über eine Unterredung mit Karl Mayer und einige seiner Getreuen von Stuttgart nach Berlin.[69] Der Autor verstand etwas von der damaligen Arbeiterbewegung, möglicherweise war der Bericht sogar von Lothar Bucher veranlaßt worden, auf jeden Fall aber durch seine Hände gegangen. Nachdem Karl Mayer, so heißt es da, darüber »peroriert« habe, wie seine Volkspartei »von Tag zu Tag« mehr die öffentliche Meinung gewinne und Württemberg der Hort werde, »von dem die Freiheit und Ordnung sich über ganz Deutschland verbreiten« könne, brachte der Gesprächspartner aus Berlin das »offene Zerwürfnis« der Volkspartei »mit dem größten Theil der Arbeiterpartei« zur Sprache. Deren Beistand sei »doch höchst nothwendig …, wenn die ›öffentliche Meinung‹ gegenüber dem etwaigen Widerstreben der Regierungen auf gewaltsamem Wege in die That übersetzt werden müsse.« Angesichts der »factischen heutigen socialen Verhältnisse« würde die

Volkspartei doch sonst »ein ganz einseitiges Interesse« vertreten und »zu einer reinen Bourgeoispartei« werden. »Hiermit hatte ich«, so der Berichterstatter, »einen Punkt berührt, an welchem Herr Mayer (und ich füge hinzu seine ganze Gesellschaft) höchst kitzlich war. Ich krabbelte doch so sanft und zart, aber er schrie dabei förmlich: er und seine Freunde brauchten die Arbeiter nicht, die Arbeiter seien ›verdorben‹ zuerst durch Lassalle, ... dann durch die internationale Arbeiterassociation und ähnliches ...«

Kommentierend meinte der Verfasser weiter, die Herren der Gesprächsrunde seien eigentlich »liberale Bourgeois, denen ihr schwäbischer Parlamentarismus am Herzen liegt, ... die dem Volke gewiß nichts Böses wünschen, immer jedoch unter der Voraussetzung, daß es sich ruhig von ihnen ›vertreten‹ läßt«. Tatsächlich waren die Honoratioren der Volkspartei, entsprechend der ökonomisch-sozialen Struktur Württembergs[70], im Grunde Klein- oder allenfalls Möchtegern-Bourgeois; sie hatten nicht jene industrielle und geistig-politische Statur der Groß- und Bildungsbürger der Rheinlande und Berlins oder der Magnaten Schlesiens. Was alle politisch wollten, entsprach etwa dem, was auch die Klerikalen wünschten; ob diese von Religion und jene von Demokratie sprachen, es ging beiden um die Erhaltung ihres Einflusses.

Karl Mayer verfügte als Herausgeber des »Beobachters« über das eigentliche Führungszentrum der württembergischen Volkspartei; durch dieses Organ beherrschte er die Parteimeinung.[71] Die Ortsvereine beschränkten sich im wesentlichen auf ihren lokalen Bereich und orientierten sich in der allgemeinen Politik nach der Stuttgarter Zentrale. In den städtischen und ländlichen Gemeinden hatten sie genügend Freiraum, um die Interessen der seit langem angesessenen und sich demokratisch dünkenden Bürger wahren und ihre kommunalen Privilegien gegen die »Hergelaufenen«, die Nutznießer der Gewerbefreiheit und Freizügigkeit nämlich, verteidigen zu können.

Wenn Bismarck in seinem Erlaß vom Februar 1868 vom revolutionären Ferment sprach, das sich aus dem übrigen Deutschland mehr und mehr in Württemberg zusammenziehe, dann drückte der Geheimbericht vom Herbst des gleichen Jahres eine ganz andere Meinung aus. Zusammenfassend heißt es dort: »Ich mag mich auf welchen Standpunkt immer stellen, auch auf den einer Regierung, so muß ich sagen: ›Die deutsche Volkspartei‹

birgt kein einziges Element der Gefahr und es wäre wirklich schade, wenn man ihr durch Verbote oder sonstige Verhinderungen ihren Versammlungen eine Importanz erst künstlich geben wollte, die sie an und für sich durchaus nicht hat.«

Der Autor hatte sicherlich recht, wenn er die moralisch-politische Substanz und historische Perspektive der Volkspartei im Auge hatte; aber er unterschätzte die unmittelbare Gefahr für die nationalstaatliche Einigung. Diese schwäbischen Pseudodemokraten machten zusammen mit den bayrischen und oberbadischen Klerikalen bis in das Jahr 1870 hinein solche Fortschritte, daß ihr Partikularismus in Separatismus überzugehen drohte.

Die sozialistische Linke

»Wer nach den beiden deutschen Revolutionen von 1525 und 1848 und ihren Resultaten noch von Föderativrepublik faseln kann, verdient nirgend anders hin als ins Narrenhaus.« Das schrieb Friedrich Engels mit besonderer Hervorhebung im Schlußteil seiner Schrift »Der deutsche Bauernkrieg«, die er 1870 in zweiter Auflage herausbrachte.[72]

Die Ablehnung des Föderalismus und erst recht des Partikularismus blieb für Marx und Engels eine der Konstanten in ihrer Auffassung der deutschen Frage. Der Föderalismus war für sie angesichts der ökonomischen Entwicklung Preußen-Deutschlands reaktionär, während sie alles, was die Bourgeoisie – vorerst im Norddeutschen Bund – förderte, auch als günstig für das Proletariat ansahen. Auf keinen Fall wollten sie, daß der Kampf gegen die preußische Regierung, die sie nach 1866 als einzigen ernsthaften Gegner einer demokratischen Revolution ansahen, im politischen Bündnis mit den Föderalisten, so lose es auch sein mochte, geführt werde.

Aus diesem Grunde reagierten sie äußerst empfindlich, wenn ihr Vertrauter Wilhelm Liebknecht, der gelegentlich als »Agent« von Marx bespöttelt wurde, Sympathien für die Föderalisten zeigte. Seit August 1867 war Liebknecht Abgeordneter im Norddeutschen Reichstag, gewählt vom sächsischen Kreis Stollberg-Schneeberg und seit Januar 1868 Herausgeber des in Leipzig erscheinenden »Demokratischen Wochenblatts«. Im Untertitel nannte es sich »Organ der deutschen Volkspartei«, wenn es diese auch nur auf dem Papier gab. Tatsächlich war es das Organ der

Sächsischen Volkspartei, die sich schon durch ihre vornehmlich proletarische Zusammensetzung grundsätzlich von der föderalistischen und kleinbürgerlichen Volkspartei in Württemberg unterschied.

Bereits vor dem Erscheinen des »Demokratischen Wochenblatts« hatten sich Marx und Engels in England Gedanken darüber gemacht, wie sie Wilhelm Liebknecht »von groben Böcken abhalten« könnten.[73] Wie stets war Marx im Umgang mit politischen Freunden rücksichtsvoller als Friedrich Engels, der seine Meinung unverblümt zu äußern pflegte.[74] Marx mahnte seinen Freund, bei Liebknecht vorsichtig zu sein, denn dessen Position sei schwierig.[75] Engels formulierte daraufhin die zwei Hauptgesichtspunkte, die er Liebknecht nahelegen wollte: »1. sich zu den Ereignissen und Resultaten von 1866 nicht simplement negativ, d. h. reaktionär, sondern kritisch zu verhalten ..., und 2. die Feinde des Bismarck ebensosehr anzugreifen wie diesen selbst, da sie ebenfalls nichts wert sind.«[76] Schon vorher hatte Engels geschrieben: »Wir können ja dem Bismarck keinen größeren Gefallen tun, als uns mit den Österreichern und süddeutschen Föderalisten, Ultramontanen und depossedierten Fürsten zusammenwerfen zu lassen.«[77] Daher ärgerte er sich über Liebknecht und verdächtigte ihn, »rein süddeutsch-borniert« zu sein.[78]

Wilhelm Liebknecht rechtfertigte sich, er würde über die süddeutschen Föderalisten – offensichtlich meinte er die Anhänger der schwäbischen Volkspartei – denken wie Marx und Engels; aber er könne sich von ihnen nicht ganz fernhalten.

Die Differenz in der Beurteilung der Lage und in der einzuschlagenden Taktik zeigte sich jedoch, als er erläuterte: »*Jetzt* ist Pr[eußen] relativ schwach, schwächer als vor dem Krieg (was die englischen Philister, die allenfalls den Erfolgsgötzen anbeten, auch sagen mögen), deßhalb schwächer, weil die Hannoveraner, Sachsen, Schlesw[ig]-Holst[einer] und zum Theil selbst die Kurhessen und Nassauer sich mit Wollust *jedem* Gegner Pr[eußen]'s anschließen würden. *Über diese Tatsache laßt Euch nicht täuschen.* Wenn man diesen Haß anfacht, die Wunde stets offen hält, verhindert man die Consolidation Preußens und hat für jedes Ereigniß Kräfte zur Verfügung.«[79] Wilhelm Liebknecht hatte die wachsende Opposition gegen Bismarck und seinen Norddeutschen Bund richtig erkannt, nicht aber die Gefahr, daß er angesichts der Schwäche der Arbeiterbewegung unversehens in Abhängigkeit von den Föderalisten und Partikularisten geraten könne. Dennoch: Ungeachtet aller Kritik an Liebknechts Hang zum Zusammenspiel mit den Föderalisten billigten Marx und Engels seine Fundamentalkritik an Bismarck und seinem politischen System. Vor allem waren sie mit der parlamentarischen Taktik einverstanden, »gegen alles ohne Ausnahme zu stimmen«.[80]

Im Unterschied zur Richtung von Wilhelm Liebknecht und August Bebel war die Strategie der Lassalleaner auf Unterstützung Bismarcks in der nationalen Frage ausgerichtet. Sie verfügten bereits seit Ende des Jahres 1864 über eine größere Zeitung, den »Social-Demokrat«, der insbesondere von Arbeitern in Berlin und Hamburg, den beiden größten Städten Deutschlands, gelesen wurde. Der lassalleanische Allgemeine Deutsche Arbeiterverein war bei allen Krisen, die er durchgemacht hatte, noch die festeste Organisation innerhalb der Arbeiterbewegung und verstand es, den Nachruhm Lassalles postum politisch zu nutzen. Johann Baptist v. Schweitzer, Redakteur des »Social-Demokrat« und nun geistiger Kopf der Lassalleaner, stellte nach 1866 fest, der Krieg habe zunächst nur zwischen Habsburg und Hohenzollern entschieden und schließlich zur »Stärkung und Befestigung des spezifischen Preußentums« beigetragen.[81] Von Bismarck grenzte sich Schweitzer insofern ab, als er den deutschen »Einheitsstaat« anstelle eines Bundesstaates forderte und die Parole »Annexion, nicht Bundesverhältnis« ausgab. Die Hauptthese der lassalleanischen Strategie in der nationalen Frage formulierte Schweitzer folgendermaßen: »Wir müssen fortan Preußens Regierung, wenn wir uns nicht in endlosen und ihren möglichen Erfolgen nach sehr zweideutigen Kämpfen erschöpfen wollen, als diejenige Macht betrachten, welche die nationale Einheit zu verwirklichen hat.«[82]

Während Liebknecht und Bebel die Regierung des Hohenzollernstaates frontal angriffen und zum Hauptfeind der demokratischen Revolution erklärten, wollte Schweitzer Bismarck unterstützen und gleichzeitig versuchen, ihn weiterzutreiben. Diese Rechnung ging insofern nicht auf, als die Arbeiterbewegung nicht stark genug war, um Bismarck veranlassen zu können, auf einen Bundesstaat zu verzichten und eine Politik des nationalstaatlichen Unitarismus zu betreiben. Realistisch an Schweitzers Haltung war die Erwartung, daß Preußen noch am ehesten imstande war, die nationalstaatliche Einigung in irgendeiner Form zu realisieren.

Die nationalrevolutionären Zielsetzungen von Liebknecht und Bebel hatten, soweit sie sich auf die nahe Zukunft bezogen, sicherlich illusionäre Züge. So krisenhaft die Stellung Bismarcks innerhalb Deutschlands bis 1870 auch war, es gab allenfalls Chancen für eine partikularistische Zersetzung der deutschen Zustände, kaum aber eine für die revolutionär-demokratische Einigung von unten; die meisten Möglichkeiten einer erfolgreichen Bekämpfung des Partikularismus hatte Bismarck. Andererseits war die Politik von Liebknecht und Bebel insofern nicht abwegig, als sie die antipreußischen Stimmungen, insbesondere in Sachsen ausnutzten, um die Organisierung der Arbeiter zu erleichtern. Liebknecht und Bebel legten durch ihre grundsätzliche Ablehnung der Bismarckschen Herrschaftsform ein politisches Fundament für die Sozialdemokratie der kommenden Jahrzehnte. Darum schied Johann Baptist v. Schweitzer nicht nur aus persönlichen Gründen bald nach der Reichsgründung aus dem politischen Leben aus, während Bebel und Liebknecht ihre Autorität innerhalb der deutschen und internationalen Arbeiterbewegung immer mehr zu stärken vermochten. Die organisatorisch-politische Voraussetzung dafür war die Gründung der Sozialdemokratischen Arbeiterpartei zu Eisenach im August 1869.

*

Lange Zeit standen für den antilassalleanischen Verband der Deutschen Arbeitervereine und die Sächsische Volkspartei die grundsätzlichen und taktischen Fragen der bürgerlichen Freiheit und der nationalen Einheit im Vordergrund des Interesses, und doch drängte sich ihnen immer unerbittlicher die soziale Frage auf, von konkreten Maßnahmen zur Erleichterung der Lage der Arbeiter in der Gegenwart bis zum Problem ihrer Emanzipation in der Zukunft. Die kapitalistische Industrialisierung war in der einen oder anderen Form tagtäglich zu spüren, zumal die Wirtschaftskrise und die ihr folgende Depression mit Arbeitslosigkeit und Lohndrückerei noch einige Jahre nach 1866 auf den Arbeitern und ihren Familien lasteten.

Die lassalleanischen Vorstellungen, man könnte auf die preußische Regierung nicht nur in der nationalen, sondern auch bei der sozialen Frage Druck ausüben und Produktivgenossenschaften mit Staatshilfe einführen, erwiesen sich mehr und mehr als illusionär. Bismarck, der bei Sozialreformen sicherlich Unterstützung von Männern wie Hermann Wagener gefunden hätte, war nach 1866 zu Schritten in dieser Richtung gar nicht in der Lage, ohne in Gegensatz zu den Nationalliberalen zu geraten, deren Unterstützung er dringend brauchte.

Unter diesen Umständen fand die Maxime der 1864 in London gegründeten Internationalen Arbeiter-Assoziation »Die Emanzipation der Arbeiterklasse muß das Werk der Arbeiterklasse selbst sein« immer mehr Anklang unter den Arbeitern. Karl Marx, der die grundlegenden Dokumente der Arbeiter-Assoziation, kurz der Ersten Internationale, formuliert oder umformuliert hatte, konnte sich nicht mehr, wie er seinem Freund Engels schrieb, die alte Kühnheit der Sprache erlauben, sondern mußte Rücksicht nehmen auf die Initiatoren des Londoner Treffens von 1864, wo die Erste Internationale gegründet wurde: die englischen Gewerkschaften und die proudhonistisch beeinflußten Arbeiterorganisationen Frankreichs. Zunächst galt es, an die Punkte anzuknüpfen, in denen sich die verschiedenartigen Arbeiterorganisationen einig waren. Vor allem mußte Marx das Bemühen der politisch aktiv gewordenen Arbeiter nach einer organisatorischen Trennung von der bürgerlichen Demokratie unterstützen, es aber zugleich mit dem Streben nach sozialer Befreiung verbinden. Die unmittelbaren Interessen der Arbeiter mußten auch international solidarisch vertreten werden; das setzte gegenseitige Verständigung bei ökonomischen Tageskämpfen voraus. Da sich diese in jenen Jahren überall häuften, fand die auf dem internationalen Kongreß 1866 zu Genf angenommene Resolution über die Gewerkschaften auch unter Arbeitern in Sachsen und Preußen Widerhall. Der revolutionär vorwärtsweisende Grundgedanke dieser Resolution lautete: »Wenn die Gewerkschaftsgenossenschaften notwendig sind für den Guerillakrieg zwischen Kapital und Arbeit, so sind sie noch weit wichtiger als organisierte Kraft zur Beseitigung des Systems der Lohnarbeit selbst.«[83]

In dieser Situation zunehmender Arbeitskämpfe erschien im Jahre 1867 der erste Band von Marxens »Kapital«. Das Werk traf auf erkenntnishungrige Arbeiter, die sich über ihre Lage und deren Perspektive orientieren wollten, und sie lasen und studierten es in Zirkeln ungeachtet des hohen intellektuellen Anspruchs der Lektüre. Die Schwierigkeiten der Auseinandersetzung damit wurden durch das mit Stolz vermischte Bewußtsein überwunden, daß sich hier ein offensichtlich grundgelehrtes Buch mit der ökonomisch-sozialen Problematik der proletarischen Existenz befaßte.

Erst recht waren natürlich Intellektuelle, die Arbeiterorganisationen nahestanden, beeindruckt von dem Werk, das wertvolle theoretische Traditionen deutschen Geisteslebens würdig fortsetzte. Friedrich Engels schrieb mit spürbarer Genugtuung darüber: »Erst einem Deutschen war es vorbehalten, die Höhe zu erklimmen, von der aus das ganze Gebiet der modernen sozialen Verhältnisse klar und übersichtlich daliegt, wie die niederen Berglandschaften vor dem Zuschauer, der auf der höchsten Kuppe steht.«[84]

Die politische und geistige Atmosphäre war in vieler Hinsicht günstig, als im September 1868 in Nürnberg der Vereinstag des Verbandes der Deutschen Arbeitervereine stattfand. Der Verband konnte inzwischen auf eine fünfjährige Geschichte zurückblicken: 1863 war er noch im Schlepptau des Liberalismus gewesen, 1865 hatte er sich schon von ihm emanzipiert und war für bürgerlich-demokratische Forderungen eingetreten, sogar für die bürgerlich-demokratische Revolution. 1867 stellte er so entschiedene Vertreter wie August Bebel an die Spitze des Verbandes und straffte die Organisation. Jetzt, 1868, erklärte er offen, daß das letzte Ziel nicht die bürgerliche Demokratie, sondern die Abschaffung aller Klassenherrschaft sein müsse. Mochten auch noch viele Auseinandersetzungen sowohl mit den Lassalleanern als auch mit liberalen und demokratischen Arbeitervereinlern folgen, in Nürnberg war eine wichtige Vorentscheidung getroffen für die Gründung der Sozialdemokratischen Arbeiterpartei im August 1869 zu Eisenach.

Der prinzipielle Hauptteil des dort angenommenen Programms stimmte sachlich und vielfach wörtlich mit dem von Nürnberg überein. Die Sozialdemokratische Arbeiterpartei wurde, »soweit es die Vereinsgesetze gestatteten«[85], der Ersten Internationale zugehörig erklärt. Das Programm forderte eine Reihe demokratischer Freiheiten, wie das allgemeine, gleiche und direkte Wahlrecht für alle Männer vom 20. Lebensjahr an bei der Wahl aller Volksvertretungen, insbesondere für die Landtage der Einzelstaaten, ferner die Trennung von Kirche und Staat, Pressefreiheit und Vereinsfreiheit sowie ein Volksheer anstelle des stehenden Heeres. Auf dem nach Eisenach folgenden Kongreß in Stuttgart im Juni 1870 wurde der für die Politik in ganz Deutschland folgenreiche Beschluß gefaßt, das Parlament als Tribüne zur Darlegung und Konkretisierung des sozialdemokratischen Programms zu nutzen und daher einen Boykott des Reichstages abzulehnen.

Die Auseinandersetzung über theoretische und politische Fragen gingen an den Lassalleanern nicht spurlos vorüber. Friedrich Engels billigte selbst einem Schweitzer zu, er habe das Verdienst gehabt, den ursprünglich engen Lassalleanismus durchbrochen und seit dem Erscheinen von Marxens »Kapital« den ökonomischen Gesichtskreis seiner Organisation erweitert zu haben.[86] Die Entwicklung der deutschen Arbeiterbewegung war so beachtlich, daß Marx im Generalrat der Ersten Internationale vorschlagen konnte, den nächsten Kongreß in Deutschland, nämlich in Mainz, abzuhalten. In dieser Zeit ermutigte Engels den Braunschweiger Sozialdemokraten Bracke, indem er schrieb, »daß die Sache in Deutschland unverhofft flott vorangeht. Die einzelnen Erfolge wollen natürlich mühsam erkämpft sein und die das zu tun haben, denen geht die Sache immer zu langsam. Aber vergleichen Sie 1860 und 1870, und vergleichen Sie den jetzigen Stand der Dinge in Deutschland mit dem in Frankreich und England – bei dem Vorsprung, den jene beiden Länder vor uns hatten! Die deutschen Arbeiter haben über ein halbes Dutzend Leute in das Parlament gebracht, die Franzosen und Engländer *keinen einzigen.*«[87]

Die Zerreißprobe

Schon aus Familientradition bewegte sich Bismarck gern zwischen Residenz und Land. So hielt er sich auch im Frühjahr und Frühsommer 1870 des öfteren, mitunter wochenlang, in seinem 1867 neuerworbenen Gut Varzin auf, das tief im Hinterpommerschen gelegen war. Im Dezember 1866 hatte das preußische Abgeordnetenhaus als Dotationen an den Ministerpräsidenten und an hervorragende Generäle in Anerkennung ihrer Verdienste die Summe von 1,5 Millionen Taler bewilligt, von denen 400 000 Taler auf Bismarck fielen. Diese beachtliche Schenkung war ihm mit der allerhöchsten Empfehlung zugegangen, es würde gern gesehen werden, wenn der Empfänger sie zum Erwerb von Grund- oder Kapitalbesitz verwende.

Auch das veranlaßte Bismarck, Varzin zu kaufen, das seinem

Schloß Varzin Zeichnung von Christian Wilhelm Allers

Landschaftsgeschmack voll entsprach. Zufrieden berichtete er am 30. Juni 1867 seiner Johanna: »Es giebt doch sehr dicke Buchen hier, auch Balken und Blöcke, Wüsteneien, Schonungen, Bäche, Mööre, Haiden, Ginster, Rehe, Auerhähne, undurchdringliche Buch- und Eichenaufschläge, und andre Dinge an denen ich meine Freude habe, wenn ich dem Terzett von Taube, Reiher und Weihe lausche, oder die Klagen der Pächter über die Unthaten der Sauen höre.«[88] Freilich, mit dem Schloß, das Johanna ein »verwohntes altes Ungetüm« nannte, war wenig Staat zu machen[89]; auch Bismarck selbst berichtete einmal der Schwester, daß der »Wind heult und das baufällige ›Schloß Varzin‹ wackelt«.[90] Da mußte erst später durch einen Anbau Abhilfe geschaffen werden, der allerdings der Landschaft nicht angepaßt war, was Bismarck wenig kümmerte, denn sein Sinn für Architektur war seit jeher kaum entwickelt. Ihm ging es weit mehr um die Behaglichkeit des Wohnens, einen warmen Kamin, einen schönen Blick auf die Landschaft aus dem Fenster.

Und natürlich war ihm am Wald gelegen, der sich zu seiner unverhohlenen Genugtuung offenbar doch so reich erwies, wie er es ursprünglich nicht angenommen hatte. Dem Bruder schrieb er schon nach den ersten Erkundungen: »Ich habe meine Ermittlungen hier zu Fuß und zu Pferde fortgesetzt und noch manche gute Hölzer dabei entdeckt. Wo der Wald leicht zugänglich ist, hat man nach Bedarf herausgehauen, in steilen Schluchten und Bergen hat man den Bestand nicht gekannt, und der Besitzer ist nie im Wald gewesen.«[91]

So bedeutete Varzin, obwohl es nicht ohne Mühe zu erreichen war – auch mit der Eisenbahn fast eine Tagesreise von Berlin entfernt –, viel für Bismarck. Hier hatte er seinen Zufluchtsort, der ihm notwendige Ruhe nach aufreibenden Staatsgeschäften bot, hier konnte er in stundenlangen Ausritten die strapazierten Nerven entspannen; er vermochte ungestört vom hauptstädtischen Trubel die politischen Konstellationen zu durchdenken, Maßnahmen vorzubereiten, aber auch Direktiven ergehen zu lassen und wichtige Gäste zu empfangen. Zuzeiten schrieb er eifrig Briefe, erhielt er viel Post.

Bisweilen verlangte ihn nach vertrauten Freunden aus der Jugendzeit. Da beschwor er Motley, ihn zu besuchen.[92] Keyserling, der gelegentlich bei ihm einkehrte, hat über eine dieser Begegnungen im Juli 1867 aus Varzin seiner Tochter geschrieben: »Er hat sich hierher zurückgezogen, um ungestörte Erholung zu finden. Aber viel scheint nicht daraus geworden zu sein. Es schießen ihm immer ernste Gedanken durch den Kopf, ewiges Wetterleuchten. Papiere kommen in großer Zahl angeflogen, und wie er sagt, seit fünf Jahren hat er kaum einen Tag ohne Geschäftssorgen.«[93] Im Oktober 1868, als Keyserling wiederum auf der Rückreise vom Urlaub einige Tage in Varzin weilte, erfährt man Ähnliches. Die Gräfin zeigt sich besorgt um Bismarck, »der schlecht geschlafen und dessen Nerven sehr aufgeregt sind von seinen vielen Kämpfen. Nicht umsonst regiert man die Welt!«[94]

Nimmt man nun noch Bismarcks eigene Klagen über Schlaflosigkeit vom Juli 1869 und beachtet den Kontext, in dem sie stehen, so wird vieles erhellt. »Ich habe den württembergischen Minister Varnbüler hier«, so schreibt er dem Bruder, »trabe ihn täglich 4 Stunden zu Pferde und 3 zu Fuß in der Hitze ab und hoffe, der schwäbischen Rinde einige deutsche Keime einzuokulieren. Mir geht es gut, nur schlafe ich keine Nacht von 2 bis 5 und wache eigentlich erst auf, wenn ich 2 Meilen geritten bin.«[95]

Seine persönlichen Angelegenheiten liefen dabei nicht schlecht. Nach dem Erwerb von Varzin wollte er Kniephof dem schon seit langem drängenden Bruder Bernhard überlassen, falls er im Pommerschen »noch etwas zu kaufen« fände. Bereits im Juni 1867 war er »über ein Nachbar-Gut ... im Handel«[96], die Dinge wurden bald perfekt. Und nachdem er seinen Landbesitz geregelt hatte, half ihm sein Privatbankier Gerson Bleichröder[97] nach Kräften bei seinen Kapitalanlagen. Bismarck hatte seit 1859 Geschäftsbeziehungen mit ihm. Wahrscheinlich waren diese, als er Frankfurt verließ, von den dortigen Rothschilds vermittelt worden.

Bis in die zweite Hälfte der sechziger Jahre hinein hat Bleichröder Bismarck nicht allein beträchtliche Vorschüssse gewährt, sondern ihn in allen Fragen von Aktienkäufen und -verkäufen beraten. Da im Juli 1867 Baisse drohte, verkaufte Bleichröder viele der von Bismarck deponierten Effekten (Eisenbahnaktien, Pfandbriefe). Nach den Aktienverkäufen teilte der Bankier ihm am 12. Juli mit: »Es ermäßigt sich dadurch der Betrag meines Guthabens auf Rth. 80.411. 23. Gr. 6 Pf«; wenige Tage zuvor hatte auf Bismarcks Konto das Saldo zugunsten Bleichröders 284.822.15 Pf. betragen.[98] Da Bismarck mit Hilfe seines Bankiers in den kommenden Monaten und Jahren laufend Aktien abstieß, hatte sein Effektenbesitz im Februar 1870 nur noch den Kurswert von rund 86 000 Talern.[99] Was Bleichröder in seinen Geschäftsbriefen politisch berichtete, war sehr dürftig, vielfach klatschhaft und wurde, sofern er Prognosen wagte, von Bismarck mit Unterstreichungen und Fragezeichen versehen, die seine Skepsis bekundeten.[100] Dennoch hielt es Bismarck für nützlich, Bleichröder im Oktober 1868, nach dessen Rückkehr von einer Reise nach Paris, in Varzin zu empfangen; im Gespräch am Kamin ließ sich doch einiges in Erfahrung bringen, was in der französischen Hauptstadt und insbesondere deren Finanzwelt vor sich ging, vielleicht auch, was über den Umsturz in Spanien und die schon aufkommende Thronfolgefrage spekuliert wurde.

Immerhin, es wetterleuchtete bereits bedenklich am politischen Horizont Europas. Bismarck hatte es sehr nötig, seine Angelegenheiten zu ordnen und Kräfte zu sammeln, um sich auf neue aufreibende Kämpfe vorzubereiten, die ihn vor die schwerste Zerreißprobe seines Lebens stellen sollten.

*

Die sozialistische Linke, so sehr sie erstarkte, war vorerst für Bismarcks Politik gegenüber Süddeutschland und den europäischen Großmächten keine Gefahr. Die lassalleanische Fraktion kam ihm sogar in manchem entgegen, selbst wenn sie seine schonende Behandlung mancher Einzelstaaten mißbilligte.

Die aktivsten Kreise der hannoveranischen Partikularisten,

Bismarcks unmittelbarer Macht im Norddeutschen Bund ausgesetzt, waren in die Illegalität und Emigration gedrängt und schon in der ersten Hälfte des Jahres 1870 voll innerer Zerwürfnisse. Hingegen herrschten die Partikularisten in Süddeutschland, insbesondere in Bayern und Württemberg, in einem solchen Maße vor, daß sie gegebenenfalls Bismarcks Pläne zu durchkreuzen und ihn zu einer Änderung der Taktik zu zwingen vermochten.

Der erste Fehlschlag für Bismarck war der Ausgang der Wahlen im Zollparlament. Es sei noch einmal daran erinnert: Von den 85 Abgeordneten der süddeutschen Staaten gehörten jetzt nur noch 35 der liberalen, auf Preußen orientierten Richtung an.

Das zweite Mißgeschick für Bismarck war die Abstimmung über eine von Liberalen eingebrachte Erklärung, die in Beantwortung der Thronrede des preußischen Königs die Hoffnung auf baldige Erweiterung des Zollvereins zu einer vollständigen Vertretung der nationalen Gesamtinteressen aussprach. Eine merkwürdige Mehrheit, bestehend aus preußischen Konservativen, süddeutschen Klerikalen und Volksparteilern, lehnte diese Resolution ab – gegen die Stimmen der Nationalliberalen und Freikonservativen. Der Traum, das Zollparlament könnte zu einem »Vollparlament« werden, war damit schon ausgeträumt. Es blieb bei einer Gesetzgebungsarbeit, die sich auf Zölle, Steuern und Handelsverträge beschränkte.

Wenn damit auch die kleindeutsche Wirtschaftseinheit gefördert wurde, die politischen Bande zwischen Süd- und Norddeutschland waren nach wie vor locker geknüpft. Alle Hoffnungen Bismarcks, dies könnte sich in allmählicher und friedlicher Entwicklung ändern, waren durch die Mehrheiten im Zollparlament fast auf den Nullpunkt gesunken. Noch schlimmer erwies sich ein solches Erstarken der Partikularisten bei den Landtagswahlen in Bayern und Württemberg, daß bereits Errungenes, nämlich die völkerrechtliche Verbindung zwischen Preußen und den Südstaaten in Gestalt der Schutz- und Trutzbündnisse, aber auch die Maßnahmen zur Reorganisation der süddeutschen Armeen, wieder in Frage gestellt schien.

In Württemberg brachten im Juli 1868 die ersten Landtagswahlen nach dem neueingeführten allgemeinen, gleichen und unmittelbaren Wahlrecht einen eindeutigen Sieg für die Volkspartei und den großdeutschen Klub. Diese errangen im neuen Landtag über 40 Mandate, während die Rechte und die Mitte gemeinsam 30 Mandate gewannen. Die Opposition war verfassungspolitisch sicherlich nicht in der Lage, eine Umbildung der Regierung in ihrem Sinne zu erzwingen; gerade deshalb aber bekämpfte sie das dem preußischen System entgegenkommende Wehrgesetz und das Schutz- und Trutzbündnis nicht allein mit parlamentarischen Mitteln. Als im März 1870 der Landtag zusammentrat, überreichten die Volksparteiler eine das Milizsystem fordernde Petition mit 150 000 Unterschriften. Auch die Diskrepanzen um die Auslegung des Schutz- und Trutzbündnisses nahmen zu.

Bereits im Jahre 1867, während der Luxemburger Krise, hatte die württembergische Regierung laviert und erklärt, daß das Schutz- und Trutzbündnis kein unbegrenztes Defensiv- und Offensivabkommen sei; vor allem wollte sie sich das Recht des Prüfens vorbehalten, ob im jeweiligen Falle der casus foederis gegeben sei oder nicht. Bismarck hatte noch vor Zusammentritt des württembergischen Landtages den preußischen Gesandten in Stuttgart in einem Erlaß angewiesen, auf eine klare Stellungnahme der württembergischen Regierung zu dringen. »Herr von Varnbüler werde zugeben«, so meinte er, »daß es ein großer Unterschied sei, wenn ein Kontrahent sage, er sei berechtigt, in jedem einzelnen Kriegsfalle zu befinden, ob er durch den Vertrag gebunden sei, oder wenn er sage, er könne sich Fälle denken, in denen der andere Kontrahent ihm nicht zumuten werde, den Vertrag zu erfüllen ... Das erstere könnten wir von dem Bündnisvertrage, wie wir ihn verstanden, nicht gelten lassen.«[101]

Trotz der preußischen Vorstellungen gab v. Varnbüler im württembergischen Landtag wiederum eine gewundene Erklärung ab, die nicht nur Bismarck zu kritischen Bemerkungen gegenüber dem württembergischen Gesandten in Berlin, Freiherrn v. Spitzemberg, veranlaßte[102], sondern auch die Volksparteiler zu noch heftigeren Angriffen reizte.

Die innere Lage in Württemberg war so gespannt, daß der König die Regierung erneut umbilden mußte. Man sprach vom »Ministerium der Energie«, in dem vor allem der neue Kriegsminister, der preußenfreundliche v. Suckow, den Kurs bestimmte. Während die demokratisch bramarbasierenden Volksparteiler ihre schwäbischen »Partikularnester« verteidigten, wurden einflußreiche Offiziere der jüngeren und mittleren Generation ebenso wie liberale Besitz- und Bildungsbürger (unter ihnen die Tübinger Professoren), ähnlich wie im benachbarten Bayern, zu Parteigängern der Bismarckschen Revolution von oben.

Besonders dramatisch verlief die Entwicklung in Bayern, wo die »Patriotische Partei« im Mai 1869 ihren ersten großen Sieg errang. Im Unterschied zu Württemberg, dem westlichen Nachbarland, galt hier noch das indirekte Wahlrecht. Nach der Wahlprüfung ergab sich für die »Patriotische Partei« die Hälfte der Abgeordnetensitze, also ein demonstrativer Erfolg für den Partikularismus, in dem sich höfische, feudale und klerikale Opposition konzentrierte.[103] Im Grunde genommen hatte das Land über die Stadt gesiegt, die vorkapitalistisch-bäuerliche Wirtschaft[104] mit ihrer kirchlichen Gebundenheit über die beginnende Industriewirtschaft. Mit Ausnahme von Freising, Regensburg und Bamberg konnten die Liberalen alle Städte erobern[105], während die ländlichen Bezirke nahezu Monopolbesitz der bayrischen »Patrioten« waren. Schon im November 1869 waren Neuwahlen notwendig, die den »Patrioten« die absolute Mehrheit in der Zweiten Kammer brachten.

Gegen den Vorwurf der Liberalen, ihre Niederlage sei durch Preußens Untätigkeit bei der Lösung der deutschen Frage verschuldet, mußte sich Bismarck in einem Erlaß an seinen Gesandten, Freiherrn v. Werthern, verwahren, zumal dieser der bayrischen Fortschrittspartei beizustimmen schien. Bismarck verwies auf den »Unterschied zwischen einer aus Schwäche oder aus Gleichgültigkeit gegen höhere nationale Ziele zu erklärende Stagnation und zwischen der wohlerwogenen Zurückhaltung, welche wir der unklaren Geschäftigkeit solcher Bundesgenossen entgegensetzen, die sich zwar eines dunklen Dranges nach Verbesserung der Lage Deutschlands bewußt sind, aber die Mittel und Wege dazu weder anzugeben wissen, noch die Verantwortung dafür zu tragen haben«[106].

In beiden Kammern des bayrischen Landtags wurden nun Mißtrauensanträge gegen den Ministerpräsidenten, den Fürsten v. Hohenlohe-Schillingsfürst, gestellt und angenommen. Obwohl der Rücktritt nach einem parlamentarischen Mißtrauensvotum in der Verfassung nicht vorgesehen war, weshalb der bayrische König und auf indirektem Wege auch Bismarck Hohenlohe zum Ausharren ermutigten, hatte dieser weder den Willen noch die Kraft, der Mehrheit des Landtags zu widerstehen. Wie sollte er auch, da er bereits um Neujahr 1870 von seinem Bruder, dem Kurienkardinal Gustav Adolf Prinz zu Hohenlohe-Schillingsfürst, vertraulich unterrichtet wurde, Paris habe den Heiligen Stuhl gebeten, seinen ganzen Einfluß für die Beseitigung des bayrischen Ministerpräsidenten geltend zu machen.[107] Im März 1870 erhielt der als verkappter Preuße Angefeindete den erbetenen Abschied. Sein Nachfolger wurde der Gesandte in Wien, Graf Bray, wodurch Österreich Aussicht erhielt, wieder stärkeren Einfluß auf Süddeutschland zu bekommen.

Mochten die Führer der Patriotenpartei über die preußischen Hegemonialbestrebungen noch so sehr klagen und das Schutz- und Trutzbündnis als Quelle ansehen, »aus welcher sich das Unheil des Militarismus über die einst so glücklichen Länder Süddeutschlands« ergieße[108], so konnten sie doch nicht wagen, die Aufkündigung der Verträge förmlich zu beantragen. Bei allen Ressentiments gegen die »Saupreußen«, ganz blind war das süddeutsche Volk keineswegs gegenüber der vom französischen Kaiserreich ausgehenden Gefahr. Aber soweit konnten die Partikularisten bayrisch-patriotisch sein, daß sie ähnlich wie in Württemberg verlangen durften, im Ernstfall müsse ihr Land den casus foederis selbst bestimmen.

Die Bündnistreue des größten süddeutschen Landes gegenüber dem Norddeutschen Bund war spätestens vom Frühjahr 1870 an sehr in Frage gestellt. Das mußte Bismarck bei seinem taktischen Vorgehen bedenken und Mittel und Wege suchen, die ein Ausweichen der Regierungen in Württemberg wie in Bayern zumindest erschwerten, wenn nicht gar unmöglich machten; er mußte möglichst solche politische Umstände herbeiführen, die das Volk im nationalen Abwehrkampf mitreißen konnten.

Bereiteten Bayern und Württemberg wegen ihrer wachsenden Abneigung gegen den Norddeutschen Bund wie auch gegen die mit Preußen abgeschlossenen Schutz- und Trutzbündnisse Bismarck große Sorgen, so waren die Schwierigkeiten, die er mit Baden hatten, entgegengesetzter Natur. Unmittelbar nach 1866 bemühte sich der nationalliberale Staatsminister Mathy, der Zustimmung des Großherzogs, des Ministerkollegiums und auch beider Kammern bewußt, um den Eintritt Badens in den Norddeutschen Bund. Nur darin sah dieses Grenzland mit seinen eigenen historischen Erfahrungen Sicherheit vor dem Druck des französischen Kaiserreichs. Da sich Bismarck aber vorerst den badischen Anschlußwünschen gegenüber äußerst reserviert verhielt, gab es manche Verstimmung. Ende Februar 1870 wollte der nationalliberale Eduard Lasker seinen politischen Freunden in Baden dadurch helfen, daß er im Norddeutschen Reichstag eine Entschließung beantragte, die die nationalen Bestrebungen von

Regierung und Volk des Großherzogtums Baden dankend würdigen und über das Ziel eines »möglichst ungesäumten Anschlusses an den bestehenden Bund« freudige Genugtuung aussprechen sollte.[109]

Bismarck jedoch fühlte sich dadurch nur veranlaßt, in der parlamentarischen Debatte dieses Ansinnen scharf zurückzuweisen, wobei er in Schwierigkeiten verschiedener Art geriet. Einerseits durfte er die politische Unterstützung der badischen Nationalliberalen nicht verlieren und mußte Worte der Anerkennung und Zustimmung sowohl für die Regierung als auch für die preußenfreundliche Partei finden. Andererseits hatte er vor Ungeduld zu warnen, die die beiden anderen süddeutschen Staaten als Druck auf ihre Unabhängigkeit, als Einengung ihrer Entscheidungsfreiheit empfinden würden. Insbesondere wollte er weder König und Regierung in München verstimmen noch der partikularistisch-klerikalen Agitation weitere Argumente liefern über völkerrechtswidriges Vordringen Preußens nach Süddeutschland entgegen den Bestimmungen des Prager Friedens. Schließlich war die Laskersche Intervention kurze Zeit nach dem Sieg der bayrischen Patriotenpartei bei den Landtagswahlen gekommen und unmittelbar vor dem für Preußen sehr unliebsamen Sturz Hohenlohes.

Der Bundeskanzler war überzeugt, daß eine faktische Trennung Badens von den anderen süddeutschen Staaten und »eine Einverleibung in den Norddeutschen Bund« die Annäherung des Südens an den Norden nicht erleichtern würde, wenn er auch nicht glauben wollte, »daß in Bayern die Partei, welche Wortbruch und Fremdherrschaft auf ihre Fahne geschrieben hat«[110], je ans Ruder komme. Ohne sie beim Namen zu nennen, gab Bismarck über die bayrische Patriotenpartei aus sehr handfesten Gründen ein vernichtendes Urteil ab; ihr Streben, die Schutz- und Trutzbündnisse bis zur Unwirksamkeit auszuhöhlen, war ebenso unverkennbar wie ihr neuerliches Drängen auf einen zollpolitischen Anschluß Bayerns an Österreich spätestens nach dem Auslaufen des Zollvereinsvertrags 1877.

Auch aus außenpolitischen Gründen war es zweckmäßig, gegen Lasker und dessen Freunde aufzutreten. War Bismarck doch hinreichend darüber unterrichtet, daß in den Diplomatengesprächen in Petersburg, Wien, Paris und London immer wieder die Frage des Anschlusses der süddeutschen Staaten an den Norddeutschen Bund eine Rolle spielte und dabei die Gefahr einer

Kollision mit Frankreich. Alarmierend mußte für ihn vor allem ein Bericht aus London vom 1. November 1869 über ein Gespräch mit dem Außenminister Lord Clarendon sein. Dieser hatte nämlich den preußischen Botschaftsrat v. Katte über seinen Besuch in Paris unterrichtet. Der Kaiser habe geäußert, nur wenn dieses Süddeutschland nicht in den Norddeutschen Bund hineingehe, sei er in der Lage, die in Frankreich noch vorhandene kriegerische Stimmung gegen Preußen niederzuhalten; sollte jedoch Preußen die Einverleibung Süddeutschlands in den Norddeutschen Bund ins Werk setzen, »›alors‹ – dies seien die ipsissima verba des Kaisers Napoleon gewesen – ›les canons partiraient d'eux-mêmes‹«[111]; die Kanonen würden also von selbst losgehen. Vor allem der Eintritt Badens in den Norddeutschen Bund könnte die Gemüter der Franzosen so aufregen, daß der Kaiser zum Kriege gezwungen sei.

Auch der preußische Botschafter in Paris berichtete Bismarck, daß Napoleon strikt gegen einen isolierten Beitritt Badens sei. Der Außenminister Graf Daru habe sich über die Rede Bismarcks gegen Lasker keineswegs befriedigt gezeigt, vielmehr betont, daß der Bundeskanzler von allen Gründen, welche dem Eintritt Badens in den Norddeutschen Bund entgegenstünden, den entscheidendsten, nämlich den Prager Frieden, nicht nur nicht erwähnt, sondern in seinen Ausführungen offenbar absichtlich ignoriert habe.[112] Argwöhnisch verfolgte man also in Frankreich alle Bemühungen, die Verbindungen zwischen Süd- und Norddeutschland auszubauen, und förderten statt dessen alle partikularen Kräfte im Süden wie oppositionelle Bewegungen im Norden.

Auf solche Tendenzen des Kaiserreichs wies eine im Herbst 1868, also noch vor der Zuspitzung der innenpolitischen Krise in Württemberg und Bayern verfaßte Denkschrift hin. Sie stammte von dem früheren hannoverschen Staatsrat G. Zimmermann, der nach 1866 für Preußen arbeitete. Der Autor erinnerte an eine Rede des Napoleongegners und Nationalisten Adolphe Thiers vom Juli 1868, in der dieser ein »Wiedererwachen des föderalen Geistes und Instinktes in Deutschland« für notwendig erklärte zur »Herstellung des europäischen Gleichgewichts«, womit er die Neubelebung des französischen Einflusses meinte. Die Feinde Preußens hofften – so die Denkschrift –, »daß die süddeutschen Staaten immer weiter von Preußen abtreiben und die Pflichten aus ihrer Allianz mit Preußen immer weniger in deren

Augen wiegen je längere Zeit vergeht. Natürlich tun die gegnerischen Großmächte und die nördlichen Partikularisten das Ihrige, um den Main zum Lethefluß für die Verbindung zwischen Preußen und Süddeutschland zu machen.«[113]

Ob Bismarck diese und andere Denkschriften Zimmermanns, wie der Unterstaatssekretär v. Thile dem Autor versprach, tatsächlich zur Einsicht bekam, bleibt fraglich. Aber sicherlich trugen sie dazu bei, im preußischen Außenministerium den Blick zu schärfen für das mehr oder weniger bewußte Zusammenspiel zwischen deutschem Partikularismus und ausländischer Einmischung und den Willen zu stärken, um aus dem Widerstreit der Kräfte eine Lösung für die deutsche Frage zu finden. Den Partikularisten aller Art war es zuzuschreiben, daß nach 1866 – wider ihren Willen – »Deutschland preußisches *Schutz*gebiet geworden, das man vor ausländischen Krallen zu verteidigen hatte«, wie Friedrich Engels später schrieb.[114]

Es war in dieser Lage gewiß nicht im Sinne Bismarcks, den Main zum Lethefluß, dem Fluß des Vergessens deutscher Gemeinsamkeit zu machen. Deshalb unterstrich er in seiner Polemik gegen Lasker und dessen politische Anhänger mit großem Nachdruck, wie einig er mit ihnen über den Zweck sei, den sie gemeinsam erstrebten: »eine Einigung des gesamten Deutschlands«, weshalb der »augenblickliche Norddeutsche Bund« zwar ein »konkreter Ausdruck der Einigung«, aber nur ein »vorübergehendes Stadium« sei. Dann aber kam er auf den eigentlichen Streitpunkt, den er scharf und entschieden umriß: »Über den Zweck sind wir einig; aber über die Mittel sind die Herren der Meinung, daß sie die Auswahl der Mittel, die Auswahl des Zeitpunktes besser verstehen als ich, und ich bin der Meinung, daß ich das besser verstehe als sie, nur *darüber* können wir uns nicht einigen. Solange ich aber Bundeskanzler und auswärtiger Minister bin, so muß die Politik nach *meiner* Einsicht gemacht werden (sehr richtig!), und wenn Sie ihr Steine in den Weg legen, ihr Knüppel in die Räder schieben, so hindern Sie diese Politik, und die Verantwortlichkeit für diese Behinderung, ja selbst für die unzeitige Nötigung, mich auszusprechen, die Verantwortlichkeit für die Folgen tragen Sie, die Antragsteller und Redner, nicht ich.«[115]

Mag man all das mit gutem Grund als Streben nach Alleinherrschaft in der Außenpolitik ansehen, schon die emotionale Diktion enthüllt, daß sich Bismarck in einer Zerreißprobe befand;

da beschworen ihn die Parteien, die ihm zu dieser Zeit politisch am nächsten standen, in der nationalen Politik aktiver zu werden, während die süddeutschen Partikularisten und die Vertreter der ausländischen Mächte eindringlicher denn je vor einer Änderung des status quo warnten.

Die Auseinandersetzungen mit den Nationalliberalen mußten für Bismarck schon deswegen politisch unangenehm sein, weil er sich dem Ende des »Eisernen Etats« näherte. Auf Grund des Kompromisses von 1867 sollten Ende 1871 die Militärausgaben, die rund 95 Prozent des gesamten Bundeshaushalts ausmachten, erneut dem Budgetrecht des Parlaments unterliegen. Hier konnte ein neuer Streit mit den Liberalen entstehen, möglicherweise so erbittert wie einst zur Zeit des preußischen Verfassungskonflikts Anfang der sechziger Jahre. Bismarck hatte sicherlich nicht vergessen, daß damals die Opposition der Liberalen eben wegen mangelnder nationaler Initiative der preußischen Regierung an Schärfe gewann. Um eine Neuauflage dieser Konstellation im kommenden Jahr 1871 zu vermeiden, mußte bis dahin die Stagnation in der nationalen Frage überwunden werden; ein Wiederaufleben des preußischen Heeres- und Verfassungskonflikts im Norddeutschen Bund würde jetzt eine größere Sprengkraft haben als zehn Jahre zuvor. Die Kräfte der Opposition außerhalb des liberalen Lagers waren inzwischen stärker und differenzierter geworden; seit 1869 hatten auch die Arbeiterparteien an Gewicht und Profil gewonnen. Bismarck fühlte sich von allen Seiten gedrängt, Mittel für die Lösung der nationalen Frage bei umsichtiger Beachtung der Kräftekonstellation innerhalb und außerhalb Deutschlands zu finden.

*

So sehr sich die Gefahr eines neuen Konflikts zwischen dem Bürgertum, gleich welcher Schattierung, und der preußischen Krongewalt mit ihrem Hegemonialstreben abzeichnete, beide politischen Kräfte fühlten sich vom erstarkenden Partikularismus und von ausländischer Einmischung behindert, wenn nicht gar bedroht. Im Frühjahr 1870 war es offenkundig geworden, daß man »von der natürlichen nationalen Entwicklung« nicht mehr jene Fortschritte erwarten konnte, die Bismarck noch im Spätherbst 1869 erhofft hatte.[116] Man stand vor der Zeit einer großen nationalen Kraftanstrengung; als Repräsentant der preußischen Krongewalt fühlte sich Bismarck verpflichtet, die nationalen

Ziele des Liberalismus zu verwirklichen, ohne von ihm abhängig zu werden. Daher wollte er so verfahren, daß er die unausweichliche Auseinandersetzung mit dem chauvinistisch erregten Frankreich ohne ausländische Einmischung und partikularistische Sabotage führen konnte; nicht Preußen, sondern Frankreich mußte als Friedensstörer erscheinen.[117]

Unter diesen Umständen waren vornehmlich Methoden intriganter Kabinettspolitik anzuwenden, und dazu bot sich jetzt die spanische Thronfolgefrage an. Im September 1868 hatte General Prim in Madrid eine Militärrevolte inszeniert und die klerikale Königin Isabella gezwungen, Spanien zu verlassen. Sehr bald wurde eine konstitutionelle Monarchie ausgerufen, der jedoch ein königliches Haupt fehlte. Nachdem eine Reihe von Thronkandidaten erwogen worden waren, fiel das Augenmerk auf den Erbprinzen Leopold von Hohenzollern aus dem süddeutsch-katholischen Zweig dieses Geschlechts in Sigmaringen. Möglicherweise hielt man Leopold deswegen für geeignet, weil er Schwager des Königs von Portugal war und man deshalb hoffte, er könnte die Beziehungen Spaniens mit Portugal enger gestalten. Leopold war der ältere Bruder Karls von Rumänien, der kurz vor dem Kriege von 1866 von Bismarck im Rahmen seiner Einkreisungspolitik gegen Österreich protegiert worden war.

Damals hatte die Thronbesteigung des Sigmaringer Hohenzollern in Rumänien die beifällige Zustimmung Napoleons III. gefunden. Nach der spanischen Militärrevolte und dem Sturz der napoleonfreundlichen Isabella hatte sich die Sachlage für den französischen Kaiser verändert. Die unerwarteten Erfolge des Bismarckschen Preußens und der für den französischen Kaiser deprimierende Ausgang der Luxemburger Krise mußten die Regierung in Paris äußerst mißtrauisch und wachsam werden lassen. Napoleon selbst, auf den hohenzollernschen Thronkandidaten hin angesprochen, spielte den Gleichgültigen. Hingegen wurde der französische Botschafter Benedetti im März 1869 von Paris aus angewiesen, Erkundigungen in Berlin einzuziehen, wie die preußische Regierung zur spanischen Thronfolge stehe; zugleich sollte er erklären, daß der Sigmaringer Hohenzoller als Thronkandidat für Frankreich unerwünscht sei.

Mit Bismarck, der sich ausweichend verhielt, kam Benedetti erst im Mai zusammen. Vielleicht war Bismarck im Frühjahr 1869 auch innerlich noch nicht engagiert genug, waren für ihn die politisch brisanten Möglichkeiten dieses Projekts selbst noch nicht völlig zu überblicken. Die neuen Herrscher in Spanien hatten sich im übrigen auch offiziell noch nicht eindeutig entschieden. Neben General Prim war der Staatsrat Don Eusebio de Salazar in der Sache der Thronfolge besonders aktiv geworden. Er reiste im September 1869 nach Deutschland, wandte sich an seinen alten Bekannten, den preußischen Gesandten Freiherrn v. Werthern, in München, der ihn erst damals mit dem Fürsten Karl Anton von Hohenzollern und seinem Sohn, dem Erbprinzen Leopold, bekannt machte. Von seiner offiziellen Position aus konnte von Werthern schwerlich beim preußischen König unmittelbar intervenieren, wie dies der Spanier wollte; v. Keudell erinnerte sich jedoch, daß v. Werthern Bismarck vertraulich über den Besuch und das Anliegen Salazars informierte.[118]

Über die allgemeine Lage in Spanien ließ sich Bismarck durch v. Bernhardi unterrichten, der sich bereits in den April- und Maiwochen des Jahres 1866 durch wertvolle Dienste sein Vertrauen erworben hatte. In der zweiten Hälfte des Jahres 1869 schickte Bernhardi ihm Berichte, die die innere Lage in Spanien ebenso offenherzig wie negativ schilderten. Bezeichnenderweise stellte Bismarck diese wahrlich nicht unwichtigen Dokumente weder dem Kronprinzen und schon gar nicht König Wilhelm zur Verfügung; er wollte sie auf keinen Fall in irgendeiner Weise irritieren. Die Fäden zwischen den maßgeblichen Spaniern und Bismarcks offiziellen und offiziösen Diplomaten waren inzwischen schon so gesponnen, daß am 26. Februar 1870 der spanische Staatsrat Salazar in Berlin mit Bismarck zusammentreffen konnte, um ihm mit mündlichen Erläuterungen einen Brief von General Prim zu übergeben. Die Unterredung fand zwei Tage nach der Auseinandersetzung mit Lasker im Reichstag statt. Auch dieses zeitliche Zusammentreffen läßt die Annahme zu, daß Bismarck von nun an fest entschlossen war, die Thronkandidatur eines der beiden Sigmaringer Hohenzollern, entweder des Erbprinzen Leopold oder des Prinzen Fritz, mit Nachdruck zu betreiben. Die Thronfolgefrage schien geeignet, ähnlich wie im Sommer 1865 der Vertrag zu Gastein mit seinen politischen Widerhaken, zu gegebener Zeit Komplikationen mit dem politischen Hauptgegner hervorrufen zu können. Nach Österreich 1865/66 war es 1870 nun Frankreich, mit dem diplomatische oder militärische Entscheidungen herbeigeführt werden mußten. Damals wie jetzt steigerte die Zuspitzung der Krise auf beiden Seiten die Bereitschaft zum Kriege.

Taktisch war Bismarck zunächst einmal genötigt, den König und insbesondere den Kronprinzen für die Annahme der spanischen Krone durch den Erbprinzen von Hohenzollern zu gewinnen. Nach einem mündlichen Vortrag faßte er seine Meinung im Immediatbericht vom 9. März 1870 zusammen[119]; wohlklingend für Wilhelms Ohren unterstrich er zunächst Preußens Friedensstreben, das er allerdings im Zusammenhang mit der Sicherung der innen- und außenpolitischen Machtposition sehen wollte. Seine Argumentation gipfelte im Appell an den dynastischen Stolz der Hohenzollern, deren Ansehen er bei Annahme der spanischen Krone im Sinne einer »hohen Weltstellung« gesteigert sah, »welche nur in den habsburgischen Antezedenzien seit Karl V. eine Analogie habe«.[120] Während er so die Vorteile in leuchtenden Farben ausmalte, zeichnete er die Folgen einer möglichen Ablehnung düster, warnend vor einem republikanischen Spanien mit revolutionären Bewegungen, die sich von dort ausbreiten könnten. Schließlich empfahl er im Interesse der Geheimhaltung eine Beratung außerhalb des Staatsministeriums, nur im engsten Kreis, zu dem neben Kriegsminister v. Roon und General v. Moltke Vizekanzler und Wirtschaftsfachmann Rudolf v. Delbrück, schließlich Fürst Karl Anton v. Hohenzollern gehören sollten. Auffallender- und geradezu verdächtigerweise wurde auf diesem Konsilium am 15. März 1870 das Problem einer möglichen Kriegsgefahr mit Frankreich sorglich umgangen, vermutlich, um Bedenken Wilhelms I. nicht noch zu nähren.[121]

Insgeheim und vorsätzlich ohne Aktennotizen verfolgte Bismarck die spanische Angelegenheit so weit, daß er Anfang April 1870 neben dem von Moltke bestimmten Major v. Versen seinen Vertrauten Lothar Bucher nach Spanien schicken konnte, einen innerlich und äußerlich an ihn gebundenen Mann, der dennoch nicht die eigene Urteils- und Entscheidungsfähigkeit verlor. Er war, wie Bismarck wohl wußte, von einem tiefwurzelnden Haß gegen Napoleon erfüllt[122], und das verlieh ihm für diese Mission auch den emotionalen Impetus. Selbst, wenn Bucher in Bismarcks letzte Pläne nicht direkt eingeweiht gewesen sein sollte, war er doch klug genug, sie zu erahnen.[123] Das bewies er hinlänglich durch sein geschicktes politisches Manövrieren, als er die am 20. April vom Fürsten Karl Anton und dessen Sohn ausgesprochene Ablehnung der Throndiktatur gegenüber Prim so geschickt herunterzuspielen verstand, daß dieser die Dinge noch keineswegs als definitiv ansehen konnte. Bismarck, der während der Madrider Aktivitäten seines Vertrauten in der Abgeschiedenheit Varzins weilte und dort seinen Aufenthalt wegen einer Lebererkrankung verlängern mußte, vermerkte am Schluß eines Briefes vom 13. Mai an Delbrück, wo er die wahren Gründe der Ablehnungsschreiben aus Sigmaringen sah: »Die spanische Sache hat einen elenden Verlauf genommen, die zweifellose Staatsräson ist den fürstlichen Privatneigungen u[nd] ultramontanen Frauen-Einflüssen untergeordnet worden. Die Verstimmung hierüber lastet seit Wochen schwer auf meinen Nerven.«[124]

*

Der Verlauf der Thronfolge-Affäre wurde im Mai 1870 noch durch andere Umstände erschwert. Napoleon hielt es zur Wiedergewinnung seiner stark angeschlagenen Autorität für notwendig, die liberalen Reformen seines Herrschaftssystems, die er im Laufe der sechziger Jahre in wachsendem Maße hatte zugestehen müssen, durch eine Volksabstimmung billigen zu lassen. Das von der napoleonischen Regierung und Verwaltung angestrebte Plebiszit fand am 8. Mai 1870 statt. Für die Regierung stimmten über sieben Millionen Franzosen mit »Ja«, eineinhalb Millionen entschieden sich für »Nein«. Die Nein-Stimmen wurden vor allem in den Städten abgegeben, in denen man nicht so leicht kontrolliert und geistig bevormundet werden konnte wie auf dem Lande.

Am 15. Mai folgte dem Plebiszit die Regierungsumbildung in Paris. An der Spitze blieb zwar Emile Ollivier, der früher einer der Führer der gemäßigt-liberalen Opposition im Corps législatif gewesen und seit dem 2. Januar 1870 zur Leitung des Gesamtministeriums berufen war. Im Gegensatz zur verkündeten Liberalisierung des Regimes aber kam als Außenminister anstelle des vorsichtig operierenden Grafen Daru der Herzog von Gramont ins Amt, »ein Mann der klerikalen und kriegstreiberischen Coterie«, wie der französische Sozialist Jean Jaurès in seiner Schrift über den Krieg von 1870/71 meinte.[125] Seit Jahren Botschafter in Wien, war Gramont dort bestrebt gewesen, eine antipreußische Allianz mit Österreich zustande zu bringen, zu gleicher Zeit aber war er mit Eifer für die weltliche Herrschaft des Papstes in Rom eingetreten, wodurch er das von vielen am napoleonischen Hofe gewünschte Zusammenwirken mit dem Königreich Italien unmöglich machte.

Mit der Berufung Gramonts versteifte sich die napoleonische Politik gegenüber Preußen-Deutschland noch mehr. In dieser Hinsicht hatte der französische Botschafter in Berlin, Benedetti, schon im Jahre 1868 von seiner Regierung in Paris eine klare Entscheidung in der künftigen Politik gegenüber Preußen-Deutschland gefordert: entweder Unterstützung der Vereinigung zwischen Süd- und Norddeutschland oder Ablehnung. Danach mußte sich auch die französische Bündnispolitik richten.[126] Benedetti neigte mehr zur ersten Alternative.

Der Charakter der Politik Napoleons war nicht allein für die Zeitgenossen schwer zu bestimmen, sondern auch für die nachbetrachtenden Historiker. Während die preußische Hegemonialpolitik als einzigen »Exerzierplatz«, wie sich Bismarck ausdrückte, nur Deutschland hatte, schweifte Napoleons hegemonialer Expansionismus unruhig über Europa. Er richtete sich bald auf Italien, bald auf Polen oder die Donaufürstentümer, intrigierte im Nahen Osten und zündelte sogar auf dem amerikanischen Kontinent in Mexiko. Deshalb sprach man auch schon damals vom Napoleonischen Imperialismus. Historisch progressive Einigungsbestrebungen europäischer Nationen suchte er seiner Hegemonie dienstbar zu machen, indem er sie nie zum deklarierten Ziel kommen ließ. Er trieb dieses Spiel mit Italien ebenso wie mit Polen und in gewissem Sinne auch eine Zeitlang mit Preußen. Es war eine Falschheit, die keineswegs in Napoleons persönlichem Charakter begründet sein mußte, sondern letztlich bedingt war durch den Widerspruch zwischen seinen deklarierten Nationalitätsprinzipien und seinen weit über Frankreich hinausreichenden Hegemonialbestrebungen. Objektiv und subjektiv trieb er so »ein doppeltes Spiel mit seinen eigenen Plänen«.[127]

Gegenüber Preußen, das Napoleon seinem Vormachtstreben durch ein gewisses Wohlwollen bis 1866 gefügig machen wollte, schlug er nach Königgrätz und Nikolsburg, erst recht aber nach der Luxemburgkrise von 1867 einen härteren Kurs ein. Doch auch danach gab es in der napoleonischen Außenpolitik solche Unbestimmtheiten, daß gegensätzliche Ansichten über ihren Charakter nicht verwunderlich sind. Hermann Oncken meinte, daß Napoleons Hauptziel die »historische Rheinpolitik« der Franzosen, also der Gewinn deutschen Landes am Rhein gewesen sei, während Gerhard Ritter die Verewigung des sogenannten Systems der Mainlinie, also die Trennung von Nord- und Süddeutschland, als wesentliche Leitlinie ansah.[128]

Die Kompliziertheit des historisch-politischen Geschehens ist aber mit einem Entweder-Oder nicht zu erfassen. Spätestens nach der Luxemburger Krise war das sogenannte System der Mainlinie bei Napoleon vorherrschend, ohne daß er die alte Rheinpolitik aufgegeben hätte. Jedenfalls lief im Jahre 1870 alles darauf hinaus, daß mit dem Insistieren auf der Mainlinie die nationalstaatliche Einigung Preußen-Deutschlands verhindert werden sollte.

Für diese Politik war Herzog v. Gramont der herausragende Repräsentant. Er stützte sich auf eine breite und mächtige Strömung des Chauvinismus in allen Kreisen der herrschenden Klassen in Frankreich. Napoleon selbst fühlte sich vorangetrieben durch den extremen Flügel seiner Anhänger als auch von der bürgerlichen Opposition unter Druck gesetzt. Er befand sich in einer solchen Situation, daß er sich nicht einmal mehr eine diplomatische Niederlage leisten konnte. Bismarck wiederum war durch die Ernennung des neuen Außenministers in Paris so alarmiert, daß König Wilhelm I. am 23. Mai 1870 an Königin Augusta schrieb: »Bismarck ist sehr inquiet über Gramonts Ernennung.« Unterstaatssekretär Thile berichtete ebenfalls, daß sein Vorgesetzter in Gramonts Eintritt ins Ministerium »ein höchst kriegerisches Symptom« habe sehen wollen.[129] Auch andere Diplomaten registrierten ähnliche Reaktionen bei Bismarck.

Spätestens zu diesem Zeitpunkt wußte Bismarck, daß bei einem Weiterverfolgen der Thronkandidatur eine kriegerische Auseinandersetzung mit Frankreich nicht bloß wahrscheinlich, sondern so gut wie sicher sein mußte.[130] Die Kräfte in Paris, nicht zuletzt in der Armee, die sowohl dem Volk als auch Europa gegenüber Frankreichs Großmachtprestige nicht weiter beeinträchtigt sehen wollten, fühlten sich jetzt gezwungen, dem Hegemoniestreben Preußens in Deutschland ein für allemal Einhalt zu gebieten. Die Erfolgschancen erschienen gerade Politikern wie Gramont, der von seinem bisherigen Posten in Wien die deutschen Angelegenheiten näher beobachtet und beeinflußt hatte, angesichts der Sonderbündeleien in Süddeutschland sehr günstig, zumal ein Eingreifen Österreich-Ungarns immer noch nicht ausgeschlossen werden konnte, obwohl die österreichisch-französischen Allianzverhandlungen und Militärbesprechungen nicht zum Abschluß gekommen waren.[131]

Bismarck war überzeugt, daß er sein Ränkespiel in und mit Spanien im Vertrauen auf die Armee, jedenfalls auf die norddeutsche, und, trotz allem, auf das deutsche Nationalgefühl zu einem erfolgreichen Ende führen könne. Er wußte zwar, daß die Deutschen in ihrem Verhältnis zu Preußen gespalten waren, aber sie konnten einig werden in der Abwehr Frankreichs.

Obwohl Bismarcks Nerven immer noch sehr strapaziert waren, mußte er am 21. Mai aus Varzin zurückkehren. Es ist schwer auszumachen, warum bereits am 23. Mai von den Sigmaringer Hohenzollern gleich zwei Briefe in Berlin eintrafen. Der Erbprinz schrieb an den preußischen Kronprinzen, trotz gewisser auch jetzt noch vorhandener Bedenken könne er sich in den Gedanken einer Kronkandidatur leichter finden als vor zwei Monaten. Aber auch Fürst Karl Anton erklärte dem preußischen Thronfolger, daß »Leopold, wenn die Frage nochmals an ihn herantritt, jetzt derselben sich nicht mehr so abgeneigt wie früher erzeigen dürfte«.[132]

Nach der Aussprache mit dem Kronprinzen über diese beiden Briefe wandte sich Bismarck an den König und legte ihm auch Berichte des Majors v. Versen und Lothar Buchers vor, die selbstverständlich günstig lauteten. Bismarck genügte es, wenn der immer noch recht widerstrebende König in allgemeiner Form der Meinung beipflichtete, daß die ganze Angelegenheit nochmals geprüft werden solle. Falls einer der Prinzen doch geneigt wäre, die spanische Krone anzunehmen, so würde er dem nicht entgegentreten. Damit hatte Bismarck wieder Handlungsfreiheit bekommen, und er wußte sie gleich zu nutzen. Zwei Tage danach, am 28. Mai 1870, ermahnte er den Fürsten von Hohenzollern-Sigmaringen, »die deutschen Interessen« in Rechnung zu stellen, und gab ihm deutlich zu verstehen, daß sein Haus die Pflicht habe, die Verhandlungen mit Spanien wiederaufzunehmen. Diesen Brief ließ er durch Bucher überbringen, der vermutlich zusätzliche Erläuterungen gab.[133]

Ohne Wilhelm I. zu informieren, beorderte Bismarck Lothar Bucher Anfang Juni erneut zu Verhandlungen nach Madrid. Alles war so angelegt, daß die Fiktion einer reinen Familienangelegenheit immer aufrechtzuerhalten war. Mitte Juni nahm Prinz Leopold endlich die Kandidatur für den spanischen Thron an, und König Wilhelm als Familienoberhaupt gab die Erlaubnis dazu. Der lange Zeit unauffindbare Instruktionsbrief erwies sich vor kurzem als ein nach Bismarcks Direktiven von Bucher verfaßter Brief an Salazar, der auch Prim unterrichten mußte.[134] Dem Wunsch der Spanier, Bismarck möge aus seiner Deckung herausgehen, wurde nicht entsprochen.

Das war wohl der Hauptgrund, warum sich Prim, der seine wachsende Besorgnis vor französischen Komplikationen nicht los wurde, gezwungen sah, den französischen Gesandten in Madrid zu unterrichten, daß das spanische Ministerium den Cortes den Hohenzollern-Fürsten als Thronkandidaten vorschlagen wolle. Nach dieser Mitteilung war die »Madrider Bombe geplatzt«, wie es seitdem hieß.

Die Pariser Regierung ließ sich, die Dinge völlig realistisch sehend, auf die Fiktion einer reinen Familienangelegenheit nicht ein; sie wandte sich auch nicht an Madrid, sondern an die wirklichen Urheber der ganzen Affäre in Berlin. Zu diesem Zweck wurden alle diplomatischen Mittel angewandt: Intervenieren des französischen Geschäftsträgers Le Sourd im Auswärtigen Amt zu Berlin; Befragen des preußischen Botschafters in Paris v. Werthern durch den Außenminister Gramont; auch Beorderung des französischen Botschafters Benedetti von Berlin nach Ems, wo sich König Wilhelm aufhielt. Auf dem Felde der Diplomatie gab es vielerlei nervöse Aktivitäten, die den Befehl des preußischen Königs zum Verzicht des Prinzen Leopold bewirken sollten. Das offizielle Berlin aber tat stets, als ob es mit dieser Angelegenheit absolut nichts zu tun habe. Bismarck selbst hielt sich in den Wäldern um Varzin auf und war nicht zu sprechen.

Inzwischen hielt am 6. Juli der Herzog v. Gramont in der Kammer eine allgemein als drohend empfundene Rede. Der Respekt vor der Souveränität Spaniens könne Frankreich nicht verpflichten, es hinzunehmen, daß zu seinem Schaden das Gleichgewicht der Mächte Europas gestört werde, indem eine »fremde Macht« einen ihrer Prinzen »auf den Thron Karls V.« setze; die Interessen und die Ehre Frankreichs dürften nicht gefährdet werden. Er rechne auf die Weisheit des deutschen und die Freundschaft des spanischen Volkes, anderenfalls werde – so erhob Gramont seine Stimme – die Regierung ohne Zögern und ohne Schwäche ihre Pflicht zu erfüllen wissen.

Noch unheilverkündender als die Rede selbst war der frenetische Beifall, in den die Kammer ausbrach: Die äußerste Rechte gebärdete sich angriffslustig, die liberalisierende Mitte, von Napoleons Zugeständnissen halb geblendet und halb eingeschüchtert, ließ sich gern zum nationalistischen Enthusiasmus hinreißen; nur die schwache Linke hielt sich zurück, obgleich auch sie durch das gewagte Spiel der Hohenzollern schockiert war.

War die Kammer schon sturmbewegt, dann wurden draußen, wie Jean Jaurès sich ausdrückte, „die Winde der Tollheit" entfesselt, und die Zeitungen taten das ihre, „daß die Geister jedes Maß verloren".[135] War die anachronistische Erinnerung an Karl V. in internen Briefen Bismarcks ein Mittel, um die Hohenzollerneitelkeit durch den Madrider Königsstuhl zu reizen, so sollte in der öffentlichen Rhetorik Gramonts die gleiche Erinnerung an den spanisch-deutschen Kaiser des 16. Jahrhunderts alle Einkreisungsängste der französischen Nation wecken und die Stimmung zur Siedehitze bringen.

Wilhelm I. war innerlich und äußerlich in einer schwierigen Lage. Er, der von Anfang an die ganze Thronfolgefrage mit Unbehagen betrachtet hatte, bedauerte nun ehrlich, daß man Frankreichs Zustimmung nicht beizeiten eingeholt habe. Vor allem war er über Bismarck ungehalten, weil dieser die Meinung vertrat, jede Nation dürfe ihren König ohne Konsultierung anderer wählen. Als König Wilhelm dann Benedetti am 9. Juli in Ems empfing, äußerte er die offizielle Meinung, er habe als Staatsoberhaupt mit der Sache nichts zu tun und wisse von ihr nur als Chef der Familie. Da ihn Bismarck in seine taktischen Manöver wirklich nicht eingeweiht hatte und dessen Diabolik über sein Begriffsvermögen ging, konnte er bei der zweiten Audienz Benedettis ehrlichen Herzens versichern, er würde einen freiwilligen Verzicht des Prinzen billigen. Undiplomatischerweise fügte er hinzu, er erwarte Antwort auf einen Brief, den er in dieser Angelegenheit nach Sigmaringen gerichtet habe. Merkwürdigerweise erfuhr der König den Verzicht des ängstlich gewordenen Erbprinzen auf die Thronfolgekandidatur zuerst durch ein Extrablatt der Kölnischen Zeitung, das er sofort Benedetti zustellen ließ. Dieser wiederum konnte dem König mitteilen, daß der Verzicht des Prinzen ihm schon seit dem Abend des 12. Juli durch amtliche Mitteilung bekannt sei.

Frankreich schien einen vollen diplomatischen Erfolg davongetragen zu haben. Darüber hinaus konnte es in den Hauptstädten Württembergs und Bayerns eine politische Reaktion registrieren, die keineswegs preußenfreundlich war.[136] Die alte Frage nach dem Casus foederis, dem Bündnisfall, kam wiederum auf und wurde verneint, da der Berliner Regisseur des Madrider Königsspiels kaum zu verkennen war. In Stuttgart sprachen es offizielle Kreise unumwunden aus, daß Bismarck Prim wohl aus dem konfiszierten Schatz des vertriebenen Königs von Hannover gekauft habe. Selbst in den nichtpreußischen oder neupreußischen Gebieten des Norddeutschen Bundes war man über Bismarcks Intrige ungehalten, und auch in den Hauptstädten Europas zeigten sich Diplomatie und Presse über Preußen indigniert und teilweise empört.

Wahrscheinlich war dieser Widerhall einer der Gründe, die die französische Regierung ermutigten, sich mit dem Verzicht der Sigmaringer auf die Hohenzollernkandidatur nicht zufriedenzugeben. Auch sah man sich durch die nationalistisch-antipreußischen Stimmungswellen vorwärtsgetrieben, die seit dem ersten Ruf nach »Rache für Sadowa« immer wieder aufbrandeten und in den Tagen nach der Rede Gramonts in der Kammer schier unwiderstehlich anschwollen. Aber auch die nüchterne Staatsräson sagte den Bonapartisten, daß jetzt oder nie die Stunde gekommen sei, wo sie den preußischen Großmacht-Parvenu stellen und ihm eine entscheidende Niederlage, und sei es nach einem Waffengang, beibringen müßten. Ähnlich hatten die Habsburger im Frühjahr 1866 gedacht und gehandelt.

Noch wußte man in Paris nicht, wie sich Bismarck zu den Entwicklungen der letzten Tage verhalten würde, denn er war immer noch nicht in Erscheinung getreten. Nach seiner Rückkehr aus Varzin am 12. Juli 1870 spät nachmittags beriet er nicht allein mit Roon, Moltke und dem Innenminister Eulenburg, sondern besuchte auch Gortschakow, der sich an jenem Tag in Berlin auf der Durchreise zu einem Kuraufenthalt in Wildbad aufhielt. Anscheinend sprach er mit diesem über eine diplomatische Offensive, die sich insbesondere gegen die scharfmacherische Rede Gramonts richten sollte.[137] Die beiden erwogen, den französischen Außenminister indirekt zu tadeln, indem europäische Regierungen in offiziellen Erklärungen die Mäßigung des preußischen Königs und seines Ministeriums lobend hervorheben könnten.[138] In diesem Sinne sprach Gortschakow tags darauf mit dem englischen und dem italienischen Botschafter, Lord Loftus und de Launay. Loftus setzte sich daraufhin sofort mit dem französischen Geschäftsträger Le Sourd in Verbindung und riet ihm, die Regierung in Paris möge sich mit dem Erreichten zufriedengeben und den konzilianten Geist des preußischen Königs anerkennen. Noch vor Bekanntwerden der Emser Vorgänge berichtete de Launay seinem Vorgesetzten Visconti in Florenz: Gortschakow, der »kaiserliche Reichskanzler erklärte mir, der Krieg sei unvermeidlich, wenn das Tuilerienkabinett Forderungen aufrechterhalte, die nach dem spontanen Entschluß des Erbprinzen jeden Grund verloren hätten. In diesem Falle würde Frankreich isoliert bleiben … Preußen hat seine Pflicht mit einer Selbstverleugnung erfüllt, der nicht Rechnung zu tragen ungerecht wäre. Es ist an der französischen Regierung, diesem Beispiel zu folgen und sich nicht als Provokateur quand même zu erweisen.«[139]

Zweifellos hat Gortschakow seinen alten Vertrauten Bismarck während seines Aufenthalts in Berlin – gerade an dem schicksalsschweren 13. Juli – moralisch-politisch unterstützt. Bemerkenswerterweise regte Bismarck bei Loftus nicht allein die besagte Deklaration der englischen Regierung an, sondern verlangte auch von Frankreich Zusicherungen. »Graf Bismarck stellte ferner fest«, so berichtete Loftus an Granville, »daß die gegenwärtige Lösung der spanischen Frage eine endgültige und befriedigende Erfüllung der französischen Wünsche darstelle und weitere Ansprüche nicht erhoben würden, und wenn ferner nicht eine Zurückziehung der drohenden Worte des Herzogs von Gramont oder eine befriedigende Erklärung darüber gegeben werde, dann würde die preußische Regierung verpflichtet sein, Erklärungen (explanations) von Frankreich zu verlangen«.[140] Damit bereitete Bismarck noch vor Ankunft der Depesche aus Ems den Übergang von der Defensive, in die Preußen geraten war, zur Offensive vor. Es war der gleiche Kurs zur Verschärfung des Konflikts, den auch die Pariser Regierung am 12. und 13. diplomatisch einschlug.

Schon am Nachmittag des 12. Juli, als Bismarck noch gar nicht in Berlin angekommen war, verlangten Gramont und Ollivier vom preußischen Botschafter v. Werther, er möge ein Schreiben an Kaiser Napoleon anregen, in dem sich König Wilhelm wegen der Verheimlichung der Unterhandlungen mit Madrid entschuldigen und gleichzeitig versichern solle, er habe nicht die Absicht gehabt, den Kaiser und Frankreich zu beleidigen. Dieses Schreiben solle dann der französischen Kammer mitgeteilt und publiziert werden. Freiherr v. Werther weigerte sich zwar, ein solches Ansinnen dem König in Ems telegraphisch mitzuteilen, berichtete aber natürlich darüber.

Der französischen Zumutung vom 12. Juli wurde am anderen Tag noch eine weitere hinzugefügt, als Benedetti im Auftrag

Wilhelm I. und der französische Botschafter Benedetti in Bad Ems

Gramonts auf der Brunnenpromenade zu Ems von Wilhelm I. verlangte, er möge auch für künftige Fälle garantieren, nie wieder einer eventuellen Hohenzollernkandidatur zuzustimmen. Das war für Wilhelms Selbstgefühl zuviel; entschieden, wenn auch höflich, lehnte er dies ab. Nachmittags kam dann noch Werthers Bericht über die französische Forderung nach einem Entschuldigungsschreiben; dieses Ansinnen mußte den preußischen König zusätzlich erbittern und als »Insolenz« empfunden werden.

Obwohl nachmittags des Königs Flügeladjutant, Fürst Radziwill, Benedetti auftragsgemäß mitteilte, daß der König durch den Verzicht des Erbprinzen die ganze Angelegenheit als erledigt betrachte, wurde der französische Botschafter durch eine neue Depesche Gramonts genötigt, um eine nochmalige Audienz zu ersuchen. Er sollte die bereits ausgesprochenen Forderungen insistierend wiederholen. Der König war aber nicht mehr gewillt, Benedetti zu empfangen und Zusicherungen zu geben. Doch ließ er, gleichsam als versöhnliches letztes Wort sagen, er billige auf jeden Fall den Rücktritt des Erbprinzen. Damit aber durchkreuzte der Monarch den von der Armeeführung gebilligten Plan Bismarcks, die spanische Thronkandidatur als Ausgangspunkt eines Konflikts mit Frankreich zu nutzen.

Kein Wunder, daß das Chiffretelegramm Abekens über diese Vorgänge in Ems in der abendlichen Berliner Runde, zu der sich Bismarck, Roon und Moltke zusammengefunden hatten, große Betroffenheit auslöste, ja Niedergeschlagenheit, wie Bismarck berichtete. Der Kanzler hatte sich von Moltke versichern lassen, daß die Armee zum Einsatz bereit sei. Durch seine Kontakte mit Gortschakow und die diplomatischen Gespräche während des ganzen Tages war ihm klargeworden, daß der Norddeutsche Bund gegenwärtig nicht allein in einer günstigen militärischen, sondern auch in einer vorteilhaften außenpolitischen Lage war: Rußland war auf Preußens Seite, hielt vor allem Österreich in Schach; England nahm eine neutrale Haltung ein, und Italien hielt sich zumindest vorerst zurück. So war also nahezu sicher, daß ein Krieg mit Frankreich lokalisiert werden konnte. Die Stimmung in Deutschland, selbst im Süden, begann zudem umzuschlagen, wenn auch noch nicht eindeutig für Preußen, so doch gegen Frankreich, von wo Gramonts Drohrede und die chauvinistische Pressekampagne allmählich herüberdrangen und die Deutschen alarmierten.[141] Die Liberalen waren vor allem über das Zurückweichen des preußischen Königs ungehalten; manche ihrer Führer »kochten vor Ingrimm«, und der Hannoveraner Miquel schrieb an Bismarck, das sei Entehrung.[142]

Bismarck war innerhalb von vierundzwanzig Stunden durch Gespräche und Berichte über die politische und militärische Lage innerhalb und außerhalb Deutschlands so weit orientiert, daß er am Abend des 13. Juli hohes Spiel wagen konnte. Wiederum zog er seinen Vertrauten Lothar Bucher heran; von seiner Hand liegt auch das Konzept der Bismarckschen Neu-Redaktion der Abekenschen Emser Depesche vor. Der König hatte darin anheimgestellt, »die neue Forderung Benedettis und ihre Zurückweisung« den preußischen Gesandten und der Presse mitzuteilen. Das gab Bismarck das Recht, die Depesche seinen politischen Zwecken gemäß neu zu formulieren. Sie lautete nun: »Nachdem die Nachrichten von der Entsagung des Erbprinzen von Hohenzollern der kaiserlichen französischen Regierung von der königl. spanischen amthlich mitgetheilt worden sind, hat der französische Botschafter in Ems an S. Maj. den König noch die Forderung gestellt, ihn zu autorisiren, daß er nach Paris telegraphire, daß S. Maj. der König sich für alle Zukunft verpflichte, niemals wieder seine Zustimmung zu geben, wenn die Hohenzollern auf ihre Kandidatur wieder zurückkommen sollten.

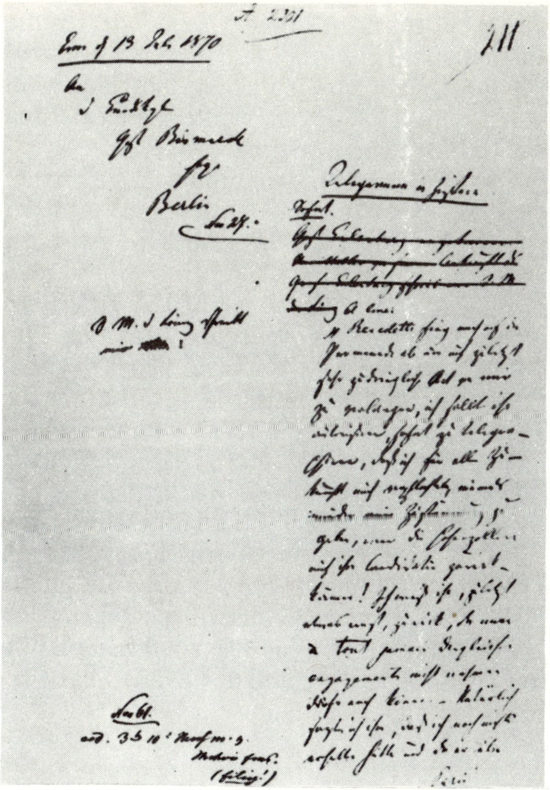

Emser Depesche: Das Abekensche Original

S. Maj. der König hat es darauf abgelehnt, den franz. Botschafter nochmals zu empfangen und demselben durch den Adjutanten vom Dienst sagen lassen, daß S. Maj. dem Botschafter nichts weiter mitzutheilen habe.«[143]

Mit diesem von Berlin datierten Telegramm erreichte Bismarck dreierlei: Erstens erschien der König als ein Monarch, der sich von einem Botschafter nicht bedrängen ließ, sondern entschlossen war; zweitens zeigte sich Preußen, dessen Regierung zum ersten und einzigen Mal seit dem Platzen der »Madrider Bombe« am 2. Juli öffentlich Stellung nahm, als eine Führungsmacht, die sich nicht erpressen ließ; drittens war die französische Regierung vor die Alternative gestellt, entweder die preußische Zurechtweisung kurz vor dem Zusammentreten des Parlaments am 15. Juli hinzunehmen, das die drohenden Ankündigungen des Außenministers vom 6. Juli noch im Ohr hatte, oder an die Ultima ratio zu appellieren, das heißt, eine Kriegserklärung abzugeben. Dazu war Paris nach dem Mobilmachungsbeschluß vom 14. Juli schließlich am 19. Juli gezwungen, wollte die Regierung nicht den Sturz des Napoleonischen Regimes riskieren.

Wer also war der Verantwortliche für den nun unvermeidbaren Krieg zwischen Frankreich und Preußen-Deutschland? Auf der Ebene der Diplomatie hat der durch die Widersprüche zwischen Süd- und Norddeutschland beunruhigte Bismarck mit seinem Engagement in der spanischen Thronfolgekandidatur gleichsam die stille Aggression begonnen; aber in der letzten Phase der ganzen Affaire standen Paris und Berlin im Kurs auf den Krieg einander kaum nach. Die Bismarcksche »Emser Depesche« war die auch zeitlich geschickt gewählte Antwort auf die französischen Herausforderungen vom 6. bis zum 13. Juli. Historisch setzte sich Frankreich ins Unrecht, indem es sich der nationalstaatlichen Einigungsbewegung in Deutschland entgegenstellte. Ein so erfahrener Politiker und Geschichtsschreiber wie Jean Jaurès[144] ließ dieses Urteil in seinem Buch über 1870/71 wie ein Leitmotiv immer wieder anklingen, trotz seines Widerwillens gegen alles Preußische. Doch unter den Auspizien der königlich-preußischen Revolution von oben folgte im Laufe des Krieges der Herausforderung Deutschlands die Demütigung Frankreichs.

XI. Der Krieg und die Reichsgründung

Vom Beginn des Krieges bis zum Ende der Herrschaft Napoleons

Napoleon bemühte sich noch in letzter Minute um Bundesgenossen. Sowohl die österreichische wie die italienische Regierung waren geneigt, ihm beizustehen; die innen- und außenpolitischen Schwierigkeiten, die dem entgegenstanden, waren jedoch zu groß, als daß ein militärisches Eingreifen möglich gewesen wäre. Die österreichische Regierung mußte sowohl auf die Stimmung der deutschsprachigen Bevölkerung Österreichs als auch auf die drohende Haltung Rußlands Rücksicht nehmen. Aus den gleichen Gründen hatten ja auch die Bündnisverhandlungen zwischen Österreich und Frankreich keinen Erfolg.[1] Was Italien anlangte, so konnte Napoleon sich nicht entschließen, das zu tun, was das italienische Volk forderte, nämlich die französischen Truppen aus Rom abzuziehen und damit den päpstlichen Staat zu opfern.

Die zaristische Regierung sympathisierte schon deshalb mit Bismarck, weil sie sich von einer Niederlage Frankreichs die schnellere Aufhebung der Entmilitarisierungsbestimmungen des Schwarzmeer-Vertrages von 1856 versprach. Was England betraf, so war seine Regierung ebenfalls nicht bereit, zugunsten Napoleons einzugreifen, da sie sich von einer Schwächung der militärischen und politischen Stellung Frankreichs in Europa und damit auch in den Kolonialgebieten Vorteile erhoffte. Auf jeden Fall wollte die sonst nicht unbedingt preußenfreundliche Regierung in London dem Streben Napoleons nach der Vorherrschaft in Europa Einhalt gebieten.[2]

So waren die diplomatischen Bedingungen für Preußen-Deutschland denkbar günstig, für das isolierte Frankreich dagegen sehr schlecht. Durch die nach der Emser Depesche bekanntgewordene Garantieforderung und die darauffolgende Kriegserklärung standen Napoleon und seine Regierung vor der europäischen Öffentlichkeit als Friedensbrecher da. Bismarck tat das seine, um diesen Eindruck zu verstärken. Bald nach der Mobilmachung veröffentlichte er den Bericht Werthers vom 12. Juli, der die auf Demütigung Preußens berechnete Forderung nach einem Entschuldigungsschreiben des preußischen Königs an den französischen Kaiser enthielt.[3] Einige Zeit später ließ Bismarck den von Benedetti eigenhändig geschriebenen Vertragsentwurf vom 20. August 1866 dem preußischen Botschafter in London, Bernstorff, zukommen, der das kompromittierende Schriftstück durch die »Times« in Faksimile publik machte. Nach diesem Entwurf sollte die Vereinigung von Süd- und Norddeutschland Preußen zugestanden werden, falls es Frankreich beim Erwerb von Luxemburg und Belgien behilflich sei. Dem Gesandten in Belgien erläuterte Bismarck, daß Frankreich »bis vor nicht langer Zeit daran gearbeitet habe, uns zur Annahme zu bewegen, und erst dann zu einer feindlichen Stimmung gegen uns übergegangen sei, als es die Überzeugung gewonnen, daß es ihm nicht gelingen werde, uns zum Treubruch gegen unsere Bundesgenossen und unsere Nachbarn zu verleiten«.[4]

Napoleon hatte seine Hoffnungen auf die partikularistischen Neigungen der Regierungen Bayerns, Württembergs und Hessens und auf die antipreußische Stimmung großer Teile der Bevölkerung gesetzt. Man erkannte jedoch mit der gleichen politischen Instinktsicherheit wie 1859, daß es jetzt in erster Linie darum ging, den französischen Chauvinismus mit seinen traditionellen Annexionsabsichten und seinen seit Jahrhunderten immer wiederkehrenden Einmischungen in deutsche Angelegenheiten entscheidend zu schlagen. Das deutsche Volk fühlte richtig, daß in jenem Augenblick der Hauptfeind der deutschen Nation und der anderen Völker nicht der preußisch-deutsche, sondern der französische Militarismus war. Kein patriotisch empfindender Deutscher konnte wünschen, daß die französischen Heere auf deutschen Boden kämen, um die staatliche Zersplitterung zu verewigen. Um diesen Preis konnte kein Deutscher die Niederlage des preußischen Staates wünschen, zumal Berlin eine zwar undemokratische kleindeutsche Einigung, aber doch immerhin eine Einigung in Aussicht stellte. Jetzt sah man sich östlich des Rheins vor eine unausweichliche Entscheidung gestellt: entweder sich mit Preußen gegen Napoleon zu stellen und damit die nationalstaatliche Einigung unter Preußens Führung zu unterstützen oder Napoleons Sieg in Kauf zu nehmen und damit jede Einigung, wie immer sie auch geartet sein mochte, für lange Zeit unmöglich zu machen.

Angesichts der nationalen Existenzfrage trat die antipreußische Stimmung in Süddeutschland in den Hintergrund. Wie tief das patriotische Empfinden auch in Gebieten mit noch starken antipreußischen Ressentiments war, beispielsweise in Hannover, zeigt ein Brief Kugelmanns vom 7. August an Karl Marx: »Ich wüßte keinen, außer der bornierten oder interessierten Welfenpartei, die nicht Bonaparte den Untergang wünschen. Alle Beschwerden und Opfer werden freudig ertragen. Die jungen Leute, pflichtig oder freiwillig, drängeln sich mit Ungestüm zu den Fahnen, Privatärzte übernehmen unentgeltliche Behandlung der Verwundeten in und außer den Lazaretten, Privatleute stellen eine größere oder kleinere Zahl von Betten zur Verfügung, um in ihren Häusern Verwundete zu pflegen, allgemeine Beisteuer für die Opfer des Krieges ...«[5]

Angesichts dieser patriotischen Stimmung wagte keiner der süddeutschen Fürsten, den im Schutz- und Trutzbündnis vorgesehenen Bündnisfall mit Preußen abzulehnen. Trotz heftigen Widerstandes einiger Partikularisten, besonders im bayrischen Landtag, nahmen die Volksvertretungen die Kriegsvorlagen der Regierungen an. Die süddeutschen Dynasten verkündeten nacheinander die Mobilmachung und unterstellten ihre Truppen vertragsgemäß dem preußischen Oberbefehl.

Mit der Teilnahme der süddeutschen Staaten am Krieg gegen Frankreich war der erste Schritt zur künftigen Vereinigung mit dem Norddeutschen Bund getan.

*

Solange der französische Bonapartismus, der sich in der damaligen Lage nur an der Macht halten konnte, wenn er die endgültige Schaffung eines gesamtdeutschen Staates verhinderte und dabei möglichst noch die französische Grenze allmählich nach dem Osten vorschob, noch nicht geschlagen war, führte Deutschland einen gerechten Verteidigungskrieg. Dies war das Entscheidende und nicht die Tatsache, daß Bismarck den Krieg durch dynastische Intrigen ausgelöst hatte. Reaktionär gegenüber der Demokratie in Deutschland, vertrat Bismarck gegenüber Napoleon die nationalstaatliche Einigung.

Das waren Gesichtspunkte, nach denen sich die deutsche Arbeiterbewegung in der ersten Phase des Krieges im großen und ganzen richtete. Bebel und Liebknecht enthielten sich bei der Abstimmung über die Kriegsanleihe im Reichstag am 19. Juli der Stimme. Das war eine mutige Tat zweier Arbeiterführer, die sich gegen den nationalistischen Taumel wandten, in den der echte Patriotismus bereits zu Anfang des Krieges umzuschlagen drohte. Dagegen bewilligten die Lassalleaner die Kriegskredite, eine logische Schlußfolgerung ihrer ganzen bisherigen politischen Haltung zur nationalstaatlichen Einigung von oben.

Auch der Generalrat der Ersten Internationale nahm in einer von Marx verfaßten Adresse vom 23. Juli zum deutsch-französischen Krieg Stellung. Er erklärte, daß dieser von deutscher Seite aus ein nationaler Verteidigungskrieg sei; doch müsse die deutsche Arbeiterklasse alles tun, damit er seinen streng defensiven Charakter nicht verliere und in einen Krieg gegen das französische Volk ausarte.[6] Darum verlangten Marx und Engels in den folgenden Wochen, daß die deutschen Arbeiterparteien jeder Annexion von Elsaß-Lothringen entgegenwirken und auf ehrenvollen Frieden mit einer republikanischen, nicht chauvinistischen Regierung, sobald sie in Paris am Ruder wäre, drängen sollten.

*

Nach seinem ursprünglichen Feldzugsplan wollte Napoleon III. ins Maintal vorstoßen, Süddeutschland und Norddeutschland trennen und Österreich, dessen Mobilmachung stets lange dauerte, zum Krieg gegen Preußen gewinnen. Militärische Vorbesprechungen hatten schon im Februar 1870 in Paris mit dem österreichischen Erzherzog Albrecht stattgefunden.[7] Die französische Armee war eine exzellente Kaderarmee, bestand also aus langdienenden Soldaten und war schon in Friedenszeiten – von den beurlaubten Mannschaften abgesehen – auf Kriegsstärke gebracht. Die moderne Industrie Frankreichs lieferte der Infanterie, die die Schlachten ja noch immer entschied, an Feuerkraft überlegene Waffen: das Chassepotgewehr und die Mitrailleuse, die Vorform des Maschinengewehrs. Die Aufstellung der französischen Armeekorps in Lothringen und im Niederelsaß war für den geplanten Angriff gut vorbedacht.[8]

Aber die französischen Dispositionen, die vom eng begrenzten militärischen Standpunkt prinzipiell richtig waren, scheiterten in der praktischen Durchführung. Entgegen den großsprecherischen

Erklärungen des Kriegsministers war die französische Armee nicht marschbereit; es herrschte vielmehr ein organisatorisches Durcheinander, das die vorbereiteten Kriegspläne unwirksam machte. Vor allem versagte die Intendantur; überall mangelte es an Ausrüstungsgegenständen, und die Lebensmittel waren teilweise verdorben. Das war das Resultat einer jahrelangen Günstlingswirtschaft, die ihre Geschäfte zum Schaden der Armee und auf Kosten des Landes betrieb. Die Truppenoffiziere und Unteroffiziere, die einen lebhaften Anschauungsunterricht von den Veruntreuungen und Sorglosigkeiten der militärischen und zivilen Staatsbeamten höheren Grades bekamen, antworteten mit der Vernachlässigung des eigenen Dienstes. Und da überdies die gesamte französische Armee von keinem begeisternden vorwärtsweisenden Ziel getragen war, genügten ihre ruhmreiche Tradition und die urwüchsige Tapferkeit der Soldaten nicht, um alle Unbilden und Friktionen des Krieges durchzustehen.

Am 28. Juli traf Napoleon in Metz ein, aber der Angriff konnte noch nicht beginnen. Die französische Kaderarmee verlor wertvolle Tage und war daher nicht imstande, den Aufmarsch der deutschen Armeekorps zu stören. Dieser ging planmäßig vor sich, wenn er auch wegen der größeren Zahl der Truppen und ihrer stärkeren Durchsetzung mit Reservisten erst später als der Aufmarsch der französischen Kaderarmee zum Abschluß kommen konnte.

Der deutsche Generalstab dirigierte die drei Armeen, in die die deutschen Streitkräfte gegliedert wurden, in Richtung Lothringen und das untere Elsaß; die erste Armee ging an der Mosel vor, die zweite rückte von Mainz, die dritte vom badischen Unterland aus. Es waren nun die deutschen Armeen, die nach Vollendung ihres Aufmarsches mit zahlenmäßiger Überlegenheit zum Angriff übergingen. Den deutschen Truppen in einer Stärke von rund 500 000 Mann standen nur 240 000 Franzosen mit einer Reserve von 50 000 Mann gegenüber. Die Aufstellung des französischen Heeres, die für einen Angriff ausgezeichnet war, erwies sich als katastrophal für die Verteidigung. Jetzt konnten die schon an Zahl überlegenen Deutschen die französischen Armeekorps derart angreifen, daß sie sich untereinander nicht wieder vereinigen, ja nicht einmal mehr im Einverständnis miteinander handeln konnten.

Die erste mörderische Schlacht bei Wörth am 6. August, die jede der beiden Seiten etwa 10 000 Tote und Verwundete kostete, zwang MacMahon, das Elsaß zu räumen. An dieser Schlachtentscheidung hatten die bayrischen Truppen des I. Armeekorps unter dem Befehl des Generals v. d. Tann wesentlichen Anteil. Am gleichen Tage, an dem die Schlacht bei Wörth geschlagen wurde, erstürmten Truppen der ersten und zweiten deutschen Armee mit todesmutiger Bravour die von einem Korps Bazaines besetzten und gut zu verteidigenden Höhen von Spichern.

Die Siege bei Wörth und Spichern, die in ganz Europa Widerhall fanden, leiteten das Ende des zweiten französischen Kaiserreiches ein. Napoleon mußte den Oberbefehl abgeben.

In der Absicht, sein auch moralisch stark angeschlagenes Heer im Schutze der Festung Metz zu reorganisieren, blieb Bazaine dort zu lange. Statt den Rückzug ins Innere des Landes bis Chalons-sur-Marne fortzusetzen, ließ er sich vielmehr von den Deutschen einschließen. Verzweifelte Durchbruchsversuche bei Vionville und Mars-la-Tour am 16. August und bei Gravelotte und St. Privat am 18. August unternahm er dann nicht mit der ganzen Kraft seiner Armee, wenngleich er den Deutschen schwere Verluste beibrachte: es gab 36 000 Tote und Verwundete auf deutscher und 29 000 auf französischer Seite. Besonders verlustreich für die Deutschen war die Erstürmung von St. Privat, wo die fünf am meisten beteiligten Regimenter innerhalb von zwei Stunden fast alle Offiziere und ein Drittel der Mannschaften, die Garde-Infanterie über ein Viertel ihrer Stärke und gleichfalls eine besonders hohe Zahl von Offizieren verlor. Die großen Verluste waren darauf zurückzuführen, daß das Vorgehen der deutschen Kompaniekolonnen dem überlegenen Chassepotgewehr der Franzosen, das dreimal so weit schoß wie das deutsche Gewehr, nicht angepaßt war.[9] Trotz unerhörter Verluste gewannen die Deutschen alle Kämpfe um Metz, weil sie an Zahl überlegen waren, ihre Artillerie weiter und schneller schoß, ihr Opfermut beeindruckend war.

Bazaines Zögern zog die fehlerhafte Strategie MacMahons nach sich, der auf Verlangen der Pariser Regierung die in Metz eingeschlossenen Truppen unverzüglich entsetzen sollte. Die Marschmanöver, die die noch nicht reorganisierte Armee MacMahons ausführte, hatten ihre Einkesselung bei Sedan zur Folge. Die Schlacht begann in den frühen Morgenstunden des 1. September. Die Stellungen der französischen Truppen lagen unter dem konzentrierten Feuer der deutschen Geschütze. Alle

Durchbruchsversuche scheiterten. Inzwischen hatten die Deutschen ihre Gefechtsbewegungen dem überlegenen französischen Chassepotgewehr angepaßt. Während der deutsche Gesamtverlust in der Nachmittagsschlacht von St. Privat über 20 000 Mann betragen hatte, reduzierte er sich in der langen Schlacht von Sedan auf 9000 Mann. Die Lage der eingeschlossenen Franzosen war am Spätnachmittag so hoffnungslos geworden, daß man auf den Trümmern des Schlosses von Sedan die weiße Fahne hissen mußte.

Bei allen Kapitulationsverhandlungen, die seit dem Abend begonnen hatten und zunächst bis in die Nacht hinein dauerten, war Bismarck zugegen und stand Moltke bei, der alle Versuche der französischen Generäle, eine ehrenvolle Kapitulation zu erreichen, zurückwies. Ging es doch um die Frage, ob die in und um Sedan eingeschlossene und in einer hoffnungslosen Lage befindliche Armee in deutsche Gefangenschaft kommen oder unter der Bedingung abziehen dürfe, daß sie während dieses Krieges nicht mehr kämpfe, sich vielleicht in Belgien internieren lasse. Als der französische General Wimpffen politische Aspekte aufwarf, griff Bismarck ein und erklärte: »Wie die Dinge stünden, würde es Torheit sein, wenn man seinen Erfolg nicht voll ausnutzte. Die Franzosen seien ein neidisches, eifersüchtiges Volk. Sie hätten Königgrätz übelgenommen und nicht verzeihen können, das ihnen doch nichts geschadet habe, wie sollte irgendwelche Großmut von unserer Seite sie bewegen, Sedan uns nicht nachzutragen?«[10]

Früh morgens am 2. September traf sich Bismarck mit Napoleon, der um eine Unterredung gebeten hatte. Die Unterredung in einem Weberhäuschen dauerte dreiviertel Stunden. Sie saßen in einem einfenstrigen Zimmer, in dem nur ein fichtener Tisch und zwei Binsenstühle standen, und tauschten dort höflich-verlogene Phrasen darüber aus, daß ja keiner den Krieg gewünscht hätte. Über die Kapitulationsbedingungen konnte Bismarck sein kaiserliches Gegenüber auf den dafür zuständigen Moltke verweisen. Die Bitte des französischen Kaisers, König Wilhelm zu sprechen, lehnte Bismarck mit der Begründung ab, daß dies erst nach Abschluß der Kapitulation möglich sei. Der Kaiser »dachte wohl«, wie Bismarck später erzählte, »an Weichheit und Gutmütigkeit« des Königs. Um 11 Uhr des 2. September wurden im Schloß Bellevue in Frenois die von den deutschen Generälen diktierten Kapitulationsbedingungen unterschrieben.

Weberhaus an der Nationalstraße nach Donchery. Zimmer, in dem die Zusammenkunft von Napoleon III. und Bismarck stattgefunden hat, um über die Präliminarien der Kapitulation von Sedan (1. September 1870) zu diskutieren. Abbildung nach einer Feldpostkarte aus dem Jahre 1917. Aus dem Begleitbrief des im Kriege gefallenen Leutnants Müller (27. März 1917): »In Donchery (wo 1870 Bismarck mit Napoleon III. über die Übergabe von Sedan verhandelte) besahen wir uns diese historische Stube. Der Krieg von 1914 hat das Haus bis auf 2 Gewehrschüsse verschont. Die alte Frau, die 1870 Bismarck und Napoleon zu Gast hatte, lebt noch jetzt. Unter Glas und Rahmen bewahrt sie die Autogramme all der Fürsten (Kaiser Wilhelm, Kronprinz, Napoleon usw.) mit den ihr geschenkten 20 Mark-Stücken auf.«
(Feldpostkarte und Brief wurden freundlicherweise von Frau Inge Gollin, geb. Müller, zur Verfügung gestellt.)

Am 2. September mußten 83 000 Mann in die Gefangenschaft gehen, darunter der Kaiser, ein Marschall, 39 Generäle, 2400 Offiziere; 400 Feld- und 139 Festungsgeschütze mit den dazu gehörenden Pferden, Waffen und Geräte fielen in die Hände der Deutschen. Napoleon wurde in kaiserliche Haft auf das Schloß Wilhelmshöhe bei Kassel gebracht.

Mit der Schlacht bei Sedan war das Schicksal des zweiten Kaiserreichs entschieden. Am 4. September erhob sich die Bevölkerung von Paris und rief die Republik aus.

Der französische Widerstand gegen die Annexionen

Die bürgerlichen Politiker, die sich nach dem Sturz Napoleons in den Vordergrund drängten, bildeten eine Regierung der »Nationalen Verteidigung«. Sie stand unter dem Vorsitz des Generals Trochu. Dazu kamen konservative Republikaner, die großbürgerliche Interessen vertraten, wie Jules Favre und Ferry, Monarchisten orleanistischer Richtung wie Thiers und kleinbürgerliche Demokraten wie Gambetta.

Mit dem Zusammenbruch des zweiten Kaiserreichs entfiel für Deutschland jeder Grund zur Weiterführung des Krieges. Frankreich hatte keine Möglichkeit mehr, sich in deutsche Angelegenheiten einzumischen. Aber die liberalen und konservativen Kräfte in Deutschland wollten den Krieg weiterführen, um Gebiete zu annektieren und Frankreich nachhaltig zu schwächen. In der nationalistischen Presse aller Schattierungen wurde immer vernehmlicher die Annexion der Provinzen Elsaß und Lothringen verlangt; auch in öffentlichen Kundgebungen sowohl im Norden als auch im Süden Deutschlands begann man von der Rückerwerbung der alten deutschen Grenzgebiete zu sprechen. Bereits am 13. Juli schrieb als erstes unter den deutschen Blättern die »Berliner Börsenzeitung«, daß es nach einem siegreichen Feldzug keinem Deutschen möglich wäre, Straßburg noch eine französische Stadt bleiben zu lassen. Auch Diplomaten faßten schon sehr früh ein solches Kriegsziel ins Auge. So berichtete der bayrische Gesandte in Berlin, Freiherr v. Perglas, am 28. Juli: »Thile wünscht, daß die deutschen Waffen das Elsaß zurückerobern, daß dieses Land mit der Pfalz vereinigt werde und Bayern dort künftig die Vormacht Deutschlands bilde.«[11] Daß Baden Einwände gegen solche Vorstellungen erhob und selbst in Bayern Bedenken aufkamen, sei nur am Rande vermerkt.[12]

Bismarcks Grundauffassung zur Annexionsfrage geht indirekt aus einer Bemerkung während der Kapitulationsverhandlungen vor Sedan hervor. Damals sagte er dem französischen General: »Frankreich wird *unter allen Umständen* für die Ereignisse der letzten Wochen an uns Rache zu nehmen bestrebt sein, und dazu müssen wir uns schon jetzt vorbereiten, auch die nötige Stellung uns erwerben.«[13] Bismarck konnte an eine Aussöhnung zwischen Frankreich und Deutschland nicht glauben. Daher war er militärischen und ökonomischen Überlegungen zugänglich, die für eine Annexion französischer Provinzen plädierten, obwohl ihm immer wieder Bedenken über die außenpolitische Zweckmäßigkeit eines solchen Vorgehens kamen und er die feindseligen Ressentiments der Elsässer und Lothringer sehr wohl kannte.

Dieser zumindest zeitweilige Zwiespalt Bismarcks enthüllte sich in seinen Äußerungen gegenüber Moritz Busch vom 4. September und gegenüber Keudell am 6. September, als er die Erwerbung von Elsaß-Lothringen für »politisch unerwünscht«, aber den Besitz der beiden Festungen Straßburg und Metz für notwendig hielt, um den Franzosen einen neuen Angriffskrieg zu erschweren.[14] Dazu sollten auch bei der unfreundlich gestimmten Bevölkerung Elsaß-Lothringens vollendete Tatsachen geschaffen werden, wie Bismarck in einem Immediatbericht vom 12. September 1870 ausführte: »Politisch ist es nach meiner Ansicht von großer Wichtigkeit, die Provinz, deren Abtretung von Frankreich wir verlangen werden, sobald als irgend möglich zu besetzen und unter eine starke Verwaltung zu stellen, wenn auch einstweilen die Hauptstadt der Provinz noch nicht in unserer Gewalt ist. Je rascher und fester wir uns in der letzteren einrichten, um so bestimmter werden wir den Einwohnern derselben wie dem Ausland unseren Willen bekunden, sie zu behalten ...«[15] Im Grunde war die Annexion der beiden Provinzen bereits beschlossene Sache, als man am 21. August 1870 noch vor der Kapitulation in Sedan auf Veranlassung Bismarcks die lothringischen Arrondissements Saarburg, Chateau-Salins, Saargemünd, Metz und Thionville mit den elsässischen Departements Haut-Rhin und Bas-Rhin zum »Generalgouvernement Elsaß und Deutsch-Lothringen« erklärte. Die Erweiterung der Forderungen nach dem lothringischen Erzgebiet kam erst später.[16]

Außenpolitisch beruhigte Bismarck zunächst Petersburg über die beabsichtigte Annexion, indem er am 16. September 1870 seinem Botschafter Heinrich VII. Prinzen Reuß mitteilte: »Wir fordern Elsaß und Lothringen nicht als Vindikation alten Besitzes, wie man von einer Seite dem Kaiser einreden zu wollen scheint, um ihn für die baltischen Provinzen besorgt zu machen, was lächerlich ist; nur Deckung gegen den nächsten Angriff wollen wir.«[17] Bereits am 24. August 1870 hatte er ebenfalls nach Petersburg an Reuß geschrieben: »Bereiten Sie vorläufig den Kaiser darauf vor – nach Ihrem Ermessen direkt oder durch Großfürstin Helene – daß wir ohne Süddeutschland sichernde

Landabtretungen unter keinen Umständen Frieden schließen werden.«[18]

Aber im französischen Volk war der Wille zum Widerstand gegen deutsche Annexionsabsichten sehr stark. Es zeigte sich, daß Frankreich nicht mehr so isoliert war wie zu Beginn des Krieges. England, besonders aber Österreich und in gewissen Grenzen auch Rußland waren nicht bereit, eine weitergehende Schwächung Frankreichs zu dulden. Dennoch kamen die neutralen Mächte Europas nicht dazu, geschlossen aufzutreten, weil die russische Regierung am 31. Oktober die Bestimmungen des Pariser Vertrages vom Jahre 1856 über das Schwarze Meer kündigte. Dies war vor allem gegen England gerichtet.

Während die europäischen Mächte auf jeden Protest gegen die Politik Bismarcks verzichteten, begrüßten die bürgerlich-republikanischen und proletarischen Kräfte Europas die Errichtung der französischen Republik; es begann eine Kampagne zu ihrer Unterstützung. Der Parteiausschuß der sogenannten Eisenacher veröffentlichte bereits am 3. September einen Aufruf, in dem er gegen die Annexion Elsaß-Lothringens protestierte und den Abschluß eines ehrenvollen Friedens mit der französischen Republik forderte. Dem Aufruf war ein Briefwechsel zwischen Marx und dem Parteiausschuß vorausgegangen. In seinem Schreiben stellte Marx fest, daß sich der Schwerpunkt der kontinentalen Arbeiterbewegung durch diesen Krieg von Frankreich nach Deutschland verlagern werde. Gegenüber der Behauptung, daß Elsaß-Lothringen für den Schutz gegen eine französische Invasion notwendig sei, meinte er, der beste Schutz Süddeutschlands läge in der Vereinigung mit Norddeutschland. Die Annexion Elsaß-Lothringens müsse Frankreich früher oder später in die Arme des zaristischen Rußlands treiben und für Deutschland einen Zweifrontenkrieg größten Ausmaßes heraufbeschwören.

Wenn auch der Parteiausschuß die Arbeiterklasse aufforderte, die Kundgebungen und Demonstrationen für Frieden und gegen Annexion »in streng gesetzlicher Weise« durchzuführen, so befahl der Generalgouverneur für Norddeutschland, General Vogel von Falkenstein, die Verhaftung führender Parteifunktionäre in Braunschweig. Dasselbe widerfuhr dem Königsberger Demokraten Johann Jacoby und dem Gutsbesitzer Helbig, als sie sich ebenfalls öffentlich gegen die Annexion von Elsaß-Lothringen aussprachen. Einen Protest unterschrieb auch der junge Franz Mehring, damals Redakteur an der demokratischen »Zukunft«.

Bei der Abstimmung im Norddeutschen Reichstag über eine nochmalige Forderung nach Kriegskrediten lehnten alle sozialistischen Abgeordneten die Regierungsvorlage ab; dabei schlossen sich auch die Lassalleaner den Eisenachern an. Diese Abstimmung fand im Ausland große Beachtung und legte den moralisch-politischen Grund für das hohe Ansehen der deutschen Sozialdemokratie innerhalb der internationalen Arbeiterbewegung der kommenden Jahrzehnte. Hier kündigte sich bereits eine bedeutende Gegenkraft zu Bismarck an.

*

Der Exponent des französischen Widerstandswillens in der provisorischen Regierung, Léon Gambetta, flog Anfang Oktober im Ballon aus dem umzingelten Paris heraus nach Tours, um in Südfrankreich neue Feldarmeen aufzustellen und den weiteren Widerstand Frankreichs zu organisieren.

Vorerst setzten die deutschen Truppen ihren Vormarsch nach Paris und Mittelfrankreich fort. Bereits Mitte September war die Hauptstadt eingeschlosen. Der Festungsgouverneur, General Trochu, unternahm jedoch nichts, um die anfangs bestehende zahlenmäßige Überlegenheit der Besatzung gegenüber der Belagerungsarmee auszunützen, weil nach Auffassung der Bourgeoisie eine Mobilisierung von ganz Paris die Mobilisierung der »Demagogen«, nämlich der revolutionären und demokratischen Elemente, bedeuten konnte. So setzten die deutschen Armeen ungestört die Belagerung von Metz, Straßburg und Toul fort, am 23. September fiel Toul, am 27. September kapitulierte Straßburg.

Im Oktober wurden an der Loire die ersten von Gambetta organisierten Armeen eingesetzt, die von Patriotismus und Opferwillen beseelt waren, aber an militärischer Ausbildung und erst recht an Kriegserfahrung den preußisch-deutschen Truppen weit unterlegen. Mit der Kapitulation von Metz durch Marschall Bazaine am 27. Oktober marschierten 196 000 Mann in die deutsche Kriegsgefangenschaft. Verhängnisvoll war dabei besonders der Verlust an Offizieren und Unteroffizieren, also der organisierenden Kräfte für die nationale Verteidigung.

Bismarcks Streit mit dem Generalstab. Der Waffenstillstand und der Vorfriede

Sedan, Metz, Belagerung von Paris, Vormarsch an der Loire – und dennoch sah die militärische und politische Führung Preußen-Deutschlands noch kein Ende des Krieges. In seinem minutiösen Werk über »Die Operationen der II. Armee an der Loire« aus dem Jahre 1875 resümierte der damalige Hauptmann im Großen Generalstab Colmar von der Goltz (später Reorganisator der türkischen Armee und preußischer Generalfeldmarschall) die militärische Lage im Spätherbst 1870 ohne Beschönigung: »Die französische Regierung der Nationalvertheidigung hatte es trotz mancher Mißgriffe doch vermocht, die Republik zu einer Kraftentwicklung zu bringen, an welche man früher nie geglaubt und von der sich Deutschland Nichts hätte träumen lassen, wenn der Krieg mit dem Tage von Sedan, oder mit dem Falle von Metz sein Ende gefunden. Für die Provinzen spielte hierbei die Thätigkeit der Regierungsdelegation von Tours – oder thatsächlich die Diktatur Gambetta's die Hauptrolle.«[19] Von der Goltz machte die unerwarteten Schwierigkeiten deutlich, die die deutsche Führung zu überwinden hatte: »Während alle Verluste der französischen Armee schnell ersetzt, entblößte Punkte … schnell durch herbeigerufene Neuformationen wieder occupirt wurden, blieben die gegen die Loire gesandten deutschen Korps fortwährend in Thätigkeit und in Berührung mit dem Feinde. Ohne daß ihnen in dieser Kriegsperiode nennenswerthe Ersatztransporte zuflossen, mußten sie die täglich schmelzenden Bataillone doch von einem Gefechtsfelde auf das andere führen.«[20]

Die Deutschen wurden nicht nur durch den Volkskrieg überrascht, sondern auch durch die »jetzt noch weit überlegene Infanteriebewaffnung« der Franzosen. In dieser Hinsicht hatte die deutsche Armee die Kampfkraft des Gegners schlechterdings unterschätzt: »Wohl hatten wir«, schrieb später ein hoher preußischer Offizier, »von den bombastischen Anpreisungen des Chassepotgewehrs genug gelesen, lange ehe der Feldzug ausbrach; aber wer glaubt alles, was die Franzosen von sich rühmen? Man hielt es bei uns für ganz unmöglich, auf der Entfernung von fast einer Viertelmeile von Flintenfeuer überschüttet werden zu können.«[21] Hier erforderte die Realität eine Umstellung in der preußischen Taktik.

Auch in der strategischen Planung Moltkes und seiner Mitarbeiter hatte es bei aller sonstigen Exaktheit eine schwerwiegende Fehlrechnung gegeben, die sich auf die Kriegsdauer bezog. Gewiß war der preußische Generalstab im theoretischen Vordenken und in der praktischen Vorarbeit dem französischen weit überlegen.[22] Das zeigte sich vor allem im Zusammenwirken zwischen dem Hauptquartier und den Armeekommandos, in dem fast reibungslosen Aufmarsch der preußisch-deutschen Armeen, in ihrer strategischen Offensive und der Koordinierung von drei angreifenden Armeen auf dem Schlachtfeld von Sedan. Ein solch kritischer Kommentator wie Friedrich Engels schrieb, daß die Pläne des alten Moltke »die ganze Energie der Jugend atmen«.[23] Doch nach Sedan und Metz zeigte es sich, daß Moltkes Vorstellungen von einer »*großen* und *schnellen Entscheidung*« im modernen Krieg, einer »Generalschlacht«, die den Kriegszweck erfüllen könnte, unrealistisch gewesen waren.[24]

Sedan hatte den Sturz des Napoleonischen Kaiserreichs zur Folge gehabt und war doch keine Entscheidungsschlacht. Der preußische Generalstab, der einen langen Krieg vermeiden wollte, lief Gefahr, ihn durch seine Forderungen nach Annexionen jetzt doch herbeizuführen. Jedenfalls waren selbst nach den vernichtenden Niederlagen Frankreichs seine materiellen und moralischen Hilfsquellen noch nicht erschöpft. Es bewahrheitete sich die These von Clausewitz, wonach der Verteidigungskrieg die stärkere Form des Krieges sei,[25] ebenso wie die Meinung, daß bei der Eroberung eines großen Landes die Schwierigkeiten der Besetzung geometrisch wachsen, während der Umfang des besetzten Gebietes arithmetisch zunimmt.[26] Entgegen Moltkes Vorstellung vom kurzen Kriege zeigte sich die Möglichkeit, daß sich der bewaffnete Kampf zwischen zwei ökonomisch starken und volkreichen Ländern dann zähe und verlustreich hinzieht, wenn beide Staaten gewillt oder gezwungen sind, ihn »à outrance«, wie Gambetta formulierte, zu Ende zu führen.[27]

*

Schon Mitte September 1870 schrieb Moltke seiner Schwester von den Sorgen, die »von einem Tag auf den andern schwer auf dem Gemüth« lasten, und am 20. Dezember meinte er: »Wir haben aber noch schwere Kämpfe zu bestehen, und Schwierigkeiten häufen sich von allen Seiten, die überwunden werden müssen.«[28] Auch Bismarcks wachsende Besorgnis äußerte sich seit dem November in Immediatberichten, die immer mehr Forderungen an den Generalstab enthielten. Zunächst handelte es sich für ihn, wie er am 18. November schrieb, »um die Kenntnis der allgemeinen Intentionen der Kriegführung und um die Möglichkeit, die politischen Erwägungen, da, wo sie notwendig von Einfluß auf die Kriegführung sein müssen, zur Sprache zu bringen. Ganz besonders gilt dies in einem Kriege wie der jetzige, dessen Fortsetzung und Durchführung so wesentlich von den Beziehungen zu den bisher neutralen Mächten abhängt ...[29]

In diesem Zusammenhang sah Bismarck auch die »prinzipiellen Fragen über die Kompetenzverhältnisse und über die Stellung, welche dabei dem für die politischen Resultate des Krieges in erster Linie verantwortlichen Minister Eurer Majestät zu geben wäre ...« Die Lösung dieser Fragen, so versicherte Bismarck, wolle er sich »bis nach dem Frieden vorbehalten«. Nur bat er den König, dem Generalstabe zu befehlen, daß derselbe ihn »von den wesentlichen Zügen der militärischen Pläne und Entwicklung in fortlaufender Kenntnis erhalte« und die Fragen, die er ihm in bezug darauf zu stellen habe, »willfährig und eingehend beantworte«. Noch einmal wies er auf eventuell notwendig werdende »Verhandlungen mit England, Rußland und Oestreich« hin.[30]

Dieses Schreiben vom 19. November an den König, das Bismarck aber noch zurückhielt, warf schon einige Streiflichter auf die umstrittenen Themenkomplexe, insbesondere auf das Verhältnis von politischer und militärischer Führung. Zehn Tage danach übersandte Bismarck dem Monarchen einen wesentlich kürzeren Immediatbericht, der vermutlich mit dem vom Generalstab unabhängigen Kriegsminister Roon abgesprochen war. Er konzentrierte sich auf folgende Probleme: Bismarck befürchtete, daß die neutralen Mächte der Neigung nachgeben könnten, »den Konflikt zwischen Deutschland und Frankreich vor ihr Forum zu ziehen«[31]. Eine solche Gefahr wachse mit der Verlängerung des Krieges, mit dem Hinausschieben der Waffenentscheidung. Diese wiederum sei auch in »den Augen des Auslandes an den Fall von Paris geknüpft«; seine Verzögerung werde »überall im Auslande wie in Frankreich selbst als eine Schwäche Deutschlands angesehen«. Es schien, als ob Bismarck eine Art Versprechen des Generalstabs, das durch die Lehre vom kurzen Krieg gegeben worden war, eingelöst sehen wollte, und so fuhr er fort: »Eure Majestät geruhen daher, es nicht als eine Einmischung meinerseits in militärische Angelegenheiten anzusehen, wenn ich von neuem wage, die Inangriffnahme der Beschießung nicht der Stadt Paris, sondern der detachierten Forts als ein politisches Erfordernis hervorzuheben.«

Am Schlusse des Immediatberichts wies Bismarck auch auf die vielfach erörterte Frage der Aushungerung von Paris hin und meinte dazu: »Wenn auch die *Armee* Eurer Majestät in der Lage ist, abzuwarten, bis der Hunger den Parisern jenen Entschluß aufnötigt, so darf ich ... zu behaupten wagen, daß die *Politik* eine Beschleunigung desselben durch die Beschießung der Forts sehr wünschenswert macht.«[32]

Die von den außenpolitischen Befürchtungen her genährte Ungeduld Bismarcks wurde so stark, daß er Mitte Dezember moralisch recht unrühmliche Vorschläge einer Verschärfung der Kriegführung und Okkupationspolitik machte; vor allem verlangte er ein rücksichtsloses Vorgehen gegen alle Erscheinungen des Volkskrieges. Schon einige Wochen vor diesem Immediatbericht hatte er die Bayern gelobt, daß sie »mit dem Todschießen der Francvoleurs rasch bei der Hand seien«.[33] Dieses barbarische Verhalten hatte die bayrischen Dragoner bereits in Verruf gebracht.

Bismarck führte eine ganze Reihe von möglichen Repressionsmaßnahmen an, so ein ausgedehnteres System von Requisitionen, eine ausgiebigere Beschlagnahme von beweglichem Eigentum, Geiselnahme als Bürgschaft für Kontributionen und für das Wohlverhalten verdächtiger Gemeinden. Sein infamster Vorschlag lautete: »Unmittelbar auf die französische Armee selbst einwirken und einen heilsamen Schrecken verbreiten würde es, wenn es möglich wäre, die Truppen Eurer Majestät daran zu gewöhnen, daß weniger Gefangene gemacht und mehr die Vernichtung des Feindes auf dem Schlachtfeld ins Auge gefaßt würde.«[34]

Den Generalstab erbitterte weniger die moralische Seite seiner Vorschläge als vielmehr sein Unverständnis gegenüber objektiven Schwierigkeiten in der Führung des sich hinziehenden Krieges. Am Schlusse seines Immediatberichtes faßte Bismarck das Schuldkonto, das er dem Generalstabe anlastete, noch einmal zusammen: »Mir sind keine Mittel gegeben, auf Entschließungen bezüglich der Militärischen Operationen in irgendeiner Form einzuwirken. Aber ich bleibe deshalb doch durch meine ministerielle Stellung verpflichtet, Ew. Majestät ehrfurchtsvollst darauf aufmerksam zu machen, daß Allerhöchstdero politische Interessen unter der Schwäche, mit der das Kriegsrecht von Seiten der militärischen Befehlshaber gehandhabt wird, unter der Vertheilung der deutschen Streitkräfte über zu weite Länderstrecken und unter der Verzögerung der Entscheidung vor Paris nach meinem ehrfurchtsvollen Dafürhalten wesentlichen Schaden leiden.«[35] Diese massiven Angriffe Bismarcks vergifteten in den folgenden Wochen das Verhältnis zwischen der politischen und militärischen Führung. Vom Atmosphärischen abgesehen, entstanden aus dem Streit, der seinen Urgrund in der blutigen Dementierung der Lehre vom kurzen Kriege hatte, eine Reihe von sachlichen Fragen, die sich auf die Verhandlungspartner beim Friedensabschluß, auf die Kriegsziele und auf die Abgrenzung der Machtbefugnisse bezogen.

Über die Zweckmäßigkeit eines Artillerie-Bombardements von Paris, sein Tempo und das Ausmaß seiner Vorbereitung stritten sich selbst die Militärs. In Erwiderung auf den Bismarckschen Immediatbericht vom 28. November erklärte Moltke nüchtern: »Die Frage, wann der artilleristische Angriff auf Paris beginnen soll oder kann, dürfte nur auf Grund militärischer Gesichtspunkte zu entscheiden sein. Politische Momente können nur insoweit Berücksichtigung finden, als sie nicht etwas militärisch Unzulässiges oder Unmögliches beanspruchen.«[36] Sachlich war hier Moltke – wie die militärhistorischen Untersuchungen gezeigt haben – unbedingt im Recht. Aber hinter diesem Streit stand die Frage, ob die militärische und die politische Führung dem König gegenüber eine gleichgeordnete Stellung haben oder die politische Führung eine Majordomus-Stellung erhalten solle.

Mit welcher Erbitterung hüben wie drüben, von Bismarck wie vom Moltkeschen Generalstab, gestritten wurde, zeigen einige Vorfälle aus den Dezembertagen. Nach der Niederlage der französischen Loirearmee, die Paris entsetzen sollte, teilte dies Moltke, wie in solchen Fällen nicht unüblich, Trochu, dem Militärkommandanten des eingeschlossenen Paris, mit. Solche brieflichen Mitteilungen galten als verhüllte Aufforderungen zur Kapitulation. Bevor Moltke sie absandte, schickte er keinen Geringeren als den Chef der Operationsabteilung, Bronsart von Schellendorff, zu Bismarck, um dessen Einverständnis einzuholen und danach die letzte Einwilligung des Königs zu erwirken. Es gibt keinen Grund, an Bronsarts Tagebucheintragung vom 5. Dezember zu zweifeln, daß Bismarck der Demarche Moltkes bei Trochu zugestimmt habe.[37] Aber schon kurze Zeit danach entzündete sich an dieser Frage ein Kompetenzstreit, der nur zu verstehen ist, wenn jemand sich im internen Machtkampf behaupten will und deswegen Praktiken der Verdrehung und Dramatisierung anwendet, in denen Bismarck sich allemal virtuos auskannte. Bestürzt notierte Bronsart von Schellendorff am 7. Dezember in sein Tagebuch: »Graf Bismarck fängt wirklich an, für das Tollhaus reif zu werden«, und dann: »... der Kriegsminister meinte höchst naiv, man möge doch die Sache nicht so auf die Spitze treiben, denn bei den direkt entgegengesetzten Angaben meines Berichtes und des Grafen Bismarck könnte doch nur herauskommen, daß einer von uns beiden gelogen. Wer dies gewesen, darüber ist General Moltke wohl nicht im Zweifel.«[38]

Der König hat zwar Moltke und Bronsart von Schellendorff gedeckt, war aber durch die Intervention Bismarcks so weit eingeschüchtert, daß er am 17. Dezember den Befehl gab, Bismarck von den geplanten Operationen, die soeben beschlossen worden waren, in Kenntnis zu setzen, ihn also nicht nur täglich über die vollzogenen Kriegsoperationen und den Stand der allgemeinen Kriegslage zu unterrichten.

Die Spannung erreichte einen dramatischen Höhepunkt, als Bronsart von Schellendorff, der den befohlenen Bericht an Bismarck schreiben sollte, die Ausführung des königlichen Befehls verweigerte; in sein Tagebuch schrieb er mit leicht melodramatischem Anflug: Der »gewohnte Gehorsam hat mich zum Schreiben der Adresse geführt, dann versagte er und das Gefühl der Pflicht, selbst mit Darbietung der eigenen Person, ungehorsam bis gegen den König sein zu müssen, gewann die Oberhand«[39]. Was war das für ein Pflichtgefühl, das sich gegen den militärischen Gehorsam aufbäumte? Bronsart ging es um »prinzipiellen Widerstand«, damit nicht das »Element des einheitlichen Oberbefehls verlorenginge«[40]; darum setzte er seinen Tagebuchnotizen hinzu: »... Letzteres sei aber die unausbleibliche Folge der direkten oder indirekten Heranziehung des Grafen Bismarck zu den militärischen Konseils. Bis jetzt hat der König anderen Einflüssen gegenüber tapfer standgehalten und schließlich stets den Vorschlägen des Generals Moltke seine Bestätigung erteilt; wenn aber nun ein Mann von dem Ehrgeiz und der Herrschsucht des Grafen Bismarck mit hineinkäme, wäre nicht mehr darauf zu rechnen.«[41]

Es ging nicht mehr allein um den einheitlichen Oberbefehl im Krieg, sondern auch um den im Frieden. Das wurde in folgenden Tagebuchbemerkungen deutlich: »Ich erinnerte General von

Podbielski (den Generalquartiermeister) an die schon in den letzten Jahren des Friedens hervorgetretenen Bestrebungen des Grafen Bismarck, einen ungebührlichen Einfluß auf die Militärangelegenheiten zu gewinnen.«

Der Generalstab, an den die Macht immer mehr vom Kriegsministerium übergegangen war, hatte einen bedeutenden Vorstoß Bismarcks zurückgewiesen; damit aber war gerade unter den Bedingungen des noch nicht beendeten Krieges die Machtkonstellation König–Generalstabschef–Kanzler noch nicht entschieden; die Spannungen blieben. Es ging um einen internen Machtkampf, bei dem sich manche sachliche Meinungsverschiedenheiten im Laufe der Entwicklung von selbst gaben. So brauchte man Ende Dezember 1870 über das Artillerie-Bombardement von Paris, das kurz bevorstand, nicht mehr zu streiten; allenfalls zeigten sich noch Zeichen der Ungeduld. Aber das Bombardement warf das Problem auf, wie die zu erwartende Waffenstreckung von Paris militärisch und politisch auszunutzen sei.

In der Tagebucheintragung vom 1. Januar machte Bronsart längere Ausführungen über den Zusammenhang von Kapitulation und Friedenspräliminarien ganz im Sinne der Ende Januar zwischen Bismarck und Jules Favre abgeschlossenen Konvention. Durch militärische Konzessionen sollte die Unterzeichnung der Friedenspräliminarien gefördert, darum auf die volle Kapitulation verzichtet und als Faustpfand im wesentlichen nur die Übergabe aller Forts verlangt werden. Das wahrscheinliche Einverständnis mit Bismarck wurde dabei noch ausdrücklich verzeichnet: »Ich weiß nicht, wie General Moltke über diese Punkte denkt; Graf Bismarck wird sich, wie ich glaube, wenn es zu Unterhandlungen kommt, in meinem Sinne aussprechen ...« Und am 5. Januar heißt es im Tagebuch: »Mit Graf Bismarck ist durch Vermittlung des Geheimrats von Keudell Einverständnis über die Gesichtspunkte bei der etwaigen Kapitulation von Paris erzielt worden.«[42] Eine sachliche Übereinstimmung zwischen Generalstab und Bismarck war also in der Waffenstillstandsfrage durchaus möglich geworden.

Was jedoch blieb, war das Mißtrauen der Generalstabsoffiziere gegen den Kompetenzanspruch des Bundeskanzlers. Darum legten sie sich jetzt – gleichsam gegen Bismarck – in der Frage der Kapitulations- und Waffenstillstandsbedingungen auf die intransigente Version fest. Das deutete sich bereits am 9. Ja-

Otto von Bismarck während des deutsch-französischen Krieges
Skizze von Adolph Menzel

nuar 1871 an.[43] Als die Generalstabsoffiziere am 12. Januar erfuhren, daß der Kronprinz Bismarck und Moltke für den anderen Tag zu sich geladen habe, um zwischen ihnen zu vermitteln, beeinflußten sie Moltke im Sinne des schärfsten Kurses[44], »General Moltke ist dabei, etwas auszuarbeiten; es ist uns noch früh beim Vortrag geglückt, ihm den vom Kriegsminister eingegebenen Gedanken auszureden, daß die kriegsgefangene Armee von Paris in Paris verbleiben solle«. Das hatte übrigens Bronsart am 1. Januar noch selbst befürwortet.

Der Vermittlungsversuch des Kronprinzen am 13. Januar mißglückte schon deswegen, weil Bismarck das Gespräch mit heftigen Vorwürfen an die Adresse Moltkes eröffnete. Er wollte offensichtlich diesen Kampf bis zur Entscheidung führen und sich den Generalstab unterwerfen. In dieser Situation schrieb Moltke seine Denkschrift vom 14. Januar, die im Grunde genommen ein taktisches Kampfmanöver war, um auch den Schein der Unterordnung des Generalstabs zu vermeiden. Bismarck hatte durch sein provozierendes Verhalten gegenüber Moltke in Gegenwart des Kronprinzen die Kluft zum Generalstab nur verbreitert. Dennoch geriet der Generalstabschef immer mehr in die Defensive gegenüber Bismarck.

*

Die militärische Entwicklung verlangte schnelle Entscheidungen über mögliche Waffenstillstandsabkommen und Friedenspräliminarien. Das Artillerie-Bombardement von Paris, das die Deutschen Ende des Jahres begonnen hatten, war militärisch nicht so wirkungsvoll wie die französischen Niederlagen in den offenen Feldschlachten im Laufe des Januar 1871, und zwar bei Le Mans im Südwesten, St. Quentin im Nordosten und an der Lisaine im Südosten bei Belfort. Nachdem das zahlenmäßig unterlegene Korps des Generals von Werder die Ostarmee unter General Bourbaki in einer dreitägigen Schlacht an der Lisaine (15.–17. Januar) geschlagen hatte, wurden alle operativen Pläne, die deutschen Verbindungen zwischen Paris und dem Rhein zu unterbrechen, hinfällig. Letztlich scheiterte alles daran, daß die französischen Truppen größtenteils eilig aufgestellt und marschungewohnt waren, überdies der Eisenbahntransport sehr mangelhaft verlief. Da die zur Verstärkung des Werderschen Korps herangezogenen Armee von Manteuffel der französischen Ostarmee den Rückzug abschnitt, mußte diese am 1. Februar 1871 in die neutrale Schweiz übertreten und sich dort entwaffnen lassen.

Das Scheitern des nochmaligen Ausfalls der Pariser Armee am 19. Januar war für die Provisorische Regierung Anlaß gewesen, die Kapitulation zu beschließen. In einem Immediatbericht vom 14. Januar hatte Bismarck die Frage erörtert, mit wem Preußen in Fragen des Waffenstillstands und des Friedens überhaupt zu verhandeln hätte. Er war sehr geneigt, mit bonapartistischen Elementen ein Arrangement zu treffen. Doch ungeachtet solcher Wünsche mußte er nüchtern feststellen, die Republik habe »den Vorzug, daß sie *vorhanden* ist«.[45] Danach war es nicht mehr verwunderlich, daß Bismarck dem Ersuchen Jules Favres, des Außenministers der Provisorischen Regierung in Paris, nach einer

Unterredung stattgab; sie fand am 23. Januar in Versailles statt. Hier verhandelte der »Zivilist im Kürassierrock«, wie Bismarck von den Generalstabsoffizieren bespöttelt wurde, mit dem französischen Advokaten, der zur emphatischen Rhetorik neigte, über den Abschluß eines Waffenstillstands. Auf beiden Seiten waren also die Spitzen der Armee bei der Verhandlung über eine militärische Frage zunächst ausgeschaltet.

In der Denkschrift vom 14. Januar hatte Moltke nicht allein die Übergabe der Festungswerke verlangt, sondern auch die Besetzung der Stadt Paris, die sich dem Befehl eines deutschen Gouverneurs zu unterwerfen hätte. Sämtliche Adler, Fahnen und Waffen sollten ausgeliefert und die 250 000 Mann starke Besatzung kriegsgefangen nach Deutschland gebracht werden. Das waren Bedingungen, die keine Regierung in der sozial und politisch aufgewühlten Hauptstadt Frankreichs annehmen konnte. Bismarck erkannte das, und so war er von vornherein zu einem wesentlich milderen Waffenstillstand bereit. Schon früher hatte er vom »Stadtarrest« der Pariser Garnison gesprochen, die zwar ihre Waffen abgeben und als kriegsgefangen gelten, aber in der Stadt bleiben sollte. Demütigende Forderungen wie Auslieferung der Adler und Fahnen wurden nicht gestellt.

Noch am Abend des 26. Januar setzte Bismarck – gleichsam in der Rolle des obersten Befehlshabers – den Generalstabschef Moltke von der mit Favre verabredeten Einstellung des Geschützfeuers um Mitternacht in Kenntnis.[46] Am 28. Januar waren beide Seiten nach internen Beratungen soweit, den Waffenstillstand abzuschließen. Die Linientruppen, die Paris verteidigt hatten, wurden mit Ausnahme einer Division entwaffnet und die Mehrzahl der hauptstädtischen Forts ebenso wie die Artillerie den Preußen übergeben. Die preußisch-deutschen Truppen kontrollierten nur vorübergehend den westlichen, vornehmlich von Bürgern bewohnten Teil von Paris bis zur Place de la Concorde; weder das eigentliche Zentrum noch die Arbeiterviertel wurden besetzt, was bedeutete, daß die im wesentlichen aus Proletariern bestehende Nationalgarde intakt und bewaffnet blieb. Ihre Entwaffnung überließ Bismarck der Provisorischen Regierung. Schon die damalige Presse vermerkte, daß Bismarck und Moltke sich hüteten, die preußisch-deutschen Truppen in den Pariser Hexenkessel zu bringen. Offensichtlich wollte Bismarck das Geschäft der Niederringung der Pariser Arbeiter der neuen bürgerlich-republikanischen Regierung Frankreichs selbst überlas-

Erschießung gefangener Kommunarden durch französische Regierungstruppen

sen. Schon im September 1870 hatte er in einem Brief an seinen Sohn Herbert geschrieben, wenn die deutschen Truppen zu früh in Paris einrückten, »so verhinderten wir damit, daß sie sich untereinander entzweien. Lange kann ihr innerer Frieden mit ihrer ziemlich sozialistischen Gesellschaft an der Spitze nicht dauern.«[47]

Die Provisorische Regierung setzte fest, daß am 8. Februar eine Nationalversammlung zu wählen sei, die über Krieg oder Frieden entscheiden solle. Allein schon der kurze Wahltermin war eine Überrumpelung der Bevölkerung. Die monarchistischen Parteien und die konservativen Republikaner propagierten den Abschluß des Friedens; kein Wunder, daß die deutschen Besatzungstruppen die Wahlen nicht behinderten. Die Landbevölkerung und die Kleinstädte wählten vorwiegend monarchistisch. Von den 675 gewählten Abgeordneten waren ungefähr 400 Monarchisten, teils Anhänger der Bourbonen, teils Parteigänger der Orleans, dazu 30 Anhänger des Kaiserreichs; der Rest bestand aus Republikanern, teils von der großbürgerlichen »honetten« Richtung Favres, teils von der bürgerlich-demokratischen Gambettas. Paris allerdings hatte fast nur Vertreter des nationalen Widerstandes gewählt.

Die Nationalversammlung in Bordeaux wählte den 74jährigen, politisch mit allen Wassern gewaschenen Großbürger Adolphe Thiers zum provisorischen Staatsoberhaupt. Nach zähen Verhandlungen nahm er die Friedensbedingungen Bismarcks an, der von Frankreich neben der Entschädigung in Höhe von fünf Milliarden Franken die Abtretung von Elsaß-Lothringen verlangte. Am 28. Februar wurde schließlich der Vorfriede in Versailles unterzeichnet. Seine Ratifizierung wurde am Morgen des 3. März 1871, am Tage der Wahl zum ersten deutschen Reichstag, in Berlin und in anderen großen Städten Deutschlands verkündet.

Nachdem am 6. März das deutsche Hauptquartier Versailles verlassen hatte, siedelten die Nationalversammlung und die Regierung Frankreichs dorthin über. Gerade weil die Nationalversammlung nicht nur unter einem zeitlichen, sondern auch einem moralischen Druck gewählt worden war, vertrat sie nicht die wahre Meinung des französischen Volkes, das sich – wie auch Adolphe Thiers gestand – nur unter einer Republik nationalstaatlich zusammenfinden konnte.

Dank eines Künstlers besitzen wir über die Versailler Nationalversammlung Dokumente von besonderer Art. Gustave Doré, der weit davon entfernt war, sich wie Honoré Daumier zur revolutionären Sache zu bekennen, hinterließ eine stattliche Reihe satirischer Zeichnungen von Abgeordneten in Versailles.[48] Er stellt Typen voll phrasenreicher Arroganz vor, voll egoistischer Anmaßung und heuchlerisch drapierter Machtgier, treffsicher verdeutlicht er die Kontraste zwischen dem, was sie tönend von sich geben, und dem, was ihre Fratzen und ihre Gestik verraten. Man muß sich diese Gesellschaft im wahrsten Sinne des Wortes vor Augen halten, um voll zu begreifen, was sich in den entsetzlichen Maitagen 1871 abspielte.

War schon der Beschluß dieser Nationalversammlung, nicht in Paris zu tagen, eine Beleidigung der kampf- und leidgeprüften Hauptstadt, so folgte die zweite Provokation, als in der Nacht des 18. März Thiers seine Truppen ausschickte, um der im wesentlichen proletarischen Pariser Nationalgarde ihre Kanonen zu entwenden. Jetzt wurden die hauptstädtischen Arbeiter gezwungen, die schon lange propagierte Gemeindefreiheit, die Kommune von Paris, von der Parole in die Tat umzusetzen. Daraus erwuchs binnen kurzem jene weltgeschichtlich wie ein Fanal wirkende Arbeiterregierung. Sie wurde nach zwei Monaten gestürzt, nicht zuletzt, weil das Oberkommando der deutschen Armee vor Paris nach einer Absprache mit dem Stabschef Mac Mahons es zuließ, daß die Versailler Truppen Paris über St. Denis von Norden her, mitten durch die deutschen Linien, angreifen konnten. In der »Blutwoche« vom 21. bis 28. Mai 1871 wurden unter voller Verantwortung Adolphe Thiers, des Gegen- und zugleich Mitspielers von Bismarck, Kommunarden an der Mur des fédérés, in den Arbeitervierteln von Belleville und am Montmartre zu vielen Tausenden erschossen. Gefangene wurden nicht gemacht oder auf ferne Inseln verbannt.

Die Gründung des preußisch-deutschen Reiches

Noch während die nord- und süddeutschen Soldaten in Frankreich kämpften, begannen im Herbst 1870 langwierige Verhandlungen vornehmlich mit den Regierungen in München und Stuttgart, um allen Partikularismen zum Trotz doch noch ein nationalstaatlich geeintes Deutschland zustande zu bringen. Bismarck wollte es durch Anschluß der süddeutschen Staaten an den Norddeutschen Bund und Annahme seiner nur geringfügig zu modifizierenden Verfassung erreichen. Süddeutsche Monarchisten und Partikularisten, die angesichts des im Kriege gewachsenen Nationalbewußtseins in die politische Defensive geraten waren, erwogen die verschiedensten Verfassungsprojekte für einen neuen Bund. In Bayern waren natürlich die Vorstellungen einer stark föderalistischen Staatseinheit am ausgeprägtesten. Auch schien den süddeutschen Dynastien die Stunde gekommen zu sein, territoriale Veränderungen und Grenzkorrekturen zu erreichen. In München dachte man daran, die badische Pfalz der links-rheinisch bayrischen zuzuschlagen und den Großherzog in Karlsruhe mit elsässischem Gebiet zu entschädigen. Bismarck ging jedoch auf solchen »Seelenschacher« gar nicht ein.

Die ersten Unterhandlungen mit München, wohin auch der württembergische Minister kam, führte Rudolf Delbrück, engster Mitarbeiter Bismarcks im Bundeskanzleramt. Das war bereits im September 1870; im Oktober beantragte Baden seine Aufnahme in den Norddeutschen Bund – dieses Mal im Einverständnis mit Bismarck und von ihm unter der Hand veranlaßt. Durch die Siege in Frankreich hatten sich die außen- wie auch innenpolitischen Machtverhältnisse in Deutschland so geändert, daß Badens Antrag nicht mehr, wie noch im Frühjahr 1870, die bundesstaatliche Einigung erschwerte. Frankreich war nicht mehr in der Lage, ein Veto einzulegen, und Bayerns Gegenmanöver waren im Herbst kaum mehr zu fürchten. Vielmehr vermochte jetzt Preußen Druck auszuüben, zunächst auf Hessen. Dort herrschte zwar nach wie vor ein preußenfeindlicher Großherzog und neben ihm der nicht anders gestimmte Minister Freiherr von Dalwigk. Aber angesichts des Einheitsstrebens im Lande und des Thronfolgers am Hofe mußte Dalwigk nachgeben und dem Antrag auf Aufnahme in den Norddeutschen Bund zustimmen. Er schrieb an Heinrich v. Gagern, den hessischen Gesandten in Wien: »Wir weichen einer unabwendbaren Notwendigkeit. Graf Beust wird unsere Lage würdigen und uns das Zeugnis nicht versagen, daß wir die Bresche verteidigt haben, bis wir uns zur Rechten und Linken verlassen sahen.«[49] Der Großherzog selber erklärte resignierend, er müsse nun einmal gute Miene zum bösen Spiel machen.

Soweit Bismarck gegenüber den Königen in Stuttgart und München zu Zugeständnissen bereit war, betrafen sie die Reservat- oder Sonderrechte. Oft wird hervorgehoben, daß er keinen Zwang gegenüber den großen Südstaaten anwenden wollte. In dieser scheinbar liberalen Milde zeigte sich aber gerade der autokratische Zug der Bismarckschen Politik. Widerstände der süddeutschen Fürsten brach er nicht mit Hilfe einer nationalliberal und unitarisch gestimmten Volksmeinung, sondern mit den Mitteln der diplomatischen Intrige und auch der Korruption. Doch ganz fremd war ihm der Gedanke an einen Druck von unten gegen die dynastischen Frondeure und intrigierenden »Tintenkleckser« auch wieder nicht. Als sie ihn zu sehr peinigten, schrieb er noch kurze Zeit vor Abschluß der Verfassungsverträge an seinen ältesten Sohn Herbert: »Wenn nicht ein deutsches Unwetter dazwischen fährt, so wird mit diesen Diplomaten und Bürokraten der alten Schule nichts zu Stande kommen, wenigstens in diesem Jahre nicht.«[50]

Die Abkommen mit den süddeutschen Dynastien kamen doch zustande; Preußens Übergewicht war zu stark. Wie es auch juristisch formuliert sein mochte, praktisch traten sie dem Norddeutschen Bund bei, dem man zunächst den Namen Deutscher Bund gab. Nur einige Reservat- oder Sonderrechte im Militär-, Steuer- und Verkehrswesen konnten sich die württembergischen und bayrischen Herrscher erhandeln; allerdings wurde dem partikularistischen Ehrgeiz nicht bei jedem in gleichem Maße stattgegeben. Den Bayern mußte Bismarck am meisten zugestehen; der König behielt seine eigene Armee und damit die gesonderte Ausbildung und Erziehung der Offiziere. Gegenüber Vorhaltungen, er hätte hier zuviel Zugeständnisse gemacht, meinte Bismarck, am Münchener Kadettenkorps dürfe das Deutsche Reich nicht scheitern.[51] Bayern reservierte sich noch sein eigenes Heimat- und Niederlassungsrecht, und wie Württemberg und Baden hatte jedes dieser Länder seine eigene Eisenbahn. Der bayrische Vorsitz im Bundesratsausschuß für auswärtige Angelegenheiten schien beachtlich zu sein, stellte sich aber später als bedeutungslos heraus, ebenso wie das Zugeständnis an die süddeutschen Könige, ihre dynastischen Herrschaftszeichen in Gestalt der Briefmarken zu behalten, auf denen ihre Köpfe oder die ihrer Prinzregenten bis zur Novemberrevolution 1918 zu sehen waren. Doch welche Reichtümer und Hoheitsrechte den Fürsten Nord- und Süddeutschlands nach 1871 auch verblieben, ihre politische Macht war durch die Revolution von oben gebrochen.

Erst nach dem Abschluß der Verfassungsverträge machte Bismarck die Kaiserfrage zum Gegenstand der Verhandlungen mit den süddeutschen Fürsten. Es galt vor allem, den eifersüchtelnden Stolz des Bayernkönigs zu beachten und auszunutzen. Eitle Leute seien »traitabel«, das war stets Bismarcks Meinung gewesen, daher wagte er den Versuch, den schwierigen Bayernkönig an der Spitze des nach Preußen größten deutschen Staates dafür zu gewinnen, Wilhelm I. die Kaiserkrone anzutragen. Bei diesem von Bismarck hinter dem Rücken des Preußenkönigs vorbereiteten Plan half ihm der bayrische Oberst-Stallmeister Graf Holnstein. Die Szenen dieses Intrigenstücks spielten sich vornehmlich in Versailles ab. Dort gab der Bundeskanzler dem hochgestellten Boten gleich drei Schriftstücke für König Ludwig mit. Das amtliche Schreiben war von Superlativen umrahmt, vom Beginn: »Allerdurchlauchtigster Großmächtigster König!« bis zur Schlußformel: »In tiefer Ehrfurcht ersterbe ich Eurer Majestät untertänigster treugehorsamster Diener v. Bismarck«. Die Kernsätze des Schreibens lauteten: »Bezüglich der deutschen Kaiserfrage ist es nach meinem ehrfurchtsvollen Ermessen vor allem wichtig, daß deren Anregung von keiner andern Seite wie von Eurer Majestät und namentlich nicht von der Volksvertretung zuerst ausgehe. Die Stellung würde gefälscht werden, wenn sie ihren Ursprung nicht der freien und wohlerwogenen Initiative des mächtigsten der dem Bunde beitretenden Fürsten verdankte.«[52]

Im Privatbrief appellierte Bismarck an König Ludwig als den Nachfahren der wittelsbachischen Markgrafen im Brandenburg des 14. Jahrhunderts, deren »besonderes Wohlwollen« seine Vorfahren – man denke vor allem an Klaus v. Bismarck – »während mehr als einer Generation« genossen.[53] Damit wurde so etwas wie nie erstorbenes Vasallentum des Brandenburgers gegenüber dem Wittelsbacher ebenso verklärend wie berechnend in Erinnerung gebracht.

Das dritte von Holnstein übermittelte Schriftstück war der Entwurf jenes Briefes, den Ludwig II. an König Wilhelm I. richten sollte – was dann auch tatsächlich mit einigen Änderungen geschah. Mit diesem sogenannten Kaiserbrief kehrte der bayrische Oberst-Stallmeister zum Bundeskanzler ins Hauptquartier nach Versailles zurück.

Der königlich-bayrische Diensteifer wurde von Bismarck ansehnlich vergoldet. Ludwig II. erhielt für seine Privatschatulle geheime Jahresdotationen, die insgesamt etwa den Betrag von vier Millionen Mark erreichten. Graf Holnstein bekam für seine Vermittlertätigkeit eine Provision von, wie man später munkelte, zehn Prozent.[54] Von der Bestechlichkeit des gräflichen Abgesandten aus Bayern wußte Bismarck schon vor Ausbruch des Krieges. Die preußische Gesandtschaft in München hatte ihm berichtet, daß Holnstein als der »bayrische Morny« bekannt sei[55], womit auf den Halbbruder Napoleon III. angespielt wurde, der als Personifikation monströser Bereicherungssucht galt.

Ohne jede Ahnung, wie Bismarck die Sache eingefädelt hatte, erhielt König Wilhelm den Kaiserbrief. Er war erfreut, daß der Erste der Reichsfürsten ihm den Kaisertitel antrug und damit die Form der Legitimität wahrte. Doch zugleich dämmerte dem Hohenzollern instinktiv, daß mit der Erweiterung der preußischen Hegemonie, des Norddeutschen Bundes zum »Deutschen Reich« und der Ersetzung des prosaischen Titels eines Bundespräsidenten durch den des »Deutschen Kaisers« das traditionelle Preußentum doch Schaden nehmen würde – langsam, aber sicher.

Bismarck aber lag vor allem daran, daß das neuerstehende Reich durch den Kaisertitel ein Integrationssymbol erhalte. Wie immer in Zeiten historisch bedeutsamer Entscheidungen, hatte

Karikatur des Wiener »Figaro« vom 17. Dezember 1870 »Generalprobe in Versailles für den Kaisereinzug in Berlin«

der Bundeskanzler mit seinem königlichen Herrn wieder einmal seine Mühsal. So schrieb er am 12. Dezember 1870 seiner Frau: »Mich plagen die Fürsten mit ihrer Geschäftigkeit und auch mein allergnädigster mit all den kleinen Schwierigkeiten, die sich für ihn in der sehr einfachen Kaiserfrage an fürstliche Vorurtheile und Kinkerlitzchen knüpfen.«[56]

Der Reichstag des Norddeutschen Bundes hatte wie alle Länderparlamente die neue Reichsverfassung anzunehmen, die im wesentlichen der eben dieses Bundes glich. Die Abänderungen bezogen sich fast ausschließlich auf die Sonderrechte der süddeutschen Fürsten. Außerdem wählte der Reichstag eine Deputation von dreißig Abgeordneten, um eine Adresse an den König zu überreichen, mit der »Bitte, daß es Eurer Majestät gefallen möge, durch Annahme der deutschen Kaiserkrone das Einigungswerk zu weihen«[57]. Bevor aber diese »dreißig Kerle« – wie sich das Gefolge unter sich titulierte – ihre untertänigste »Bitte« der Majestät vortragen durften, mußten sie in Versailles zwei

Tage warten, bis nämlich die Zustimmungen aller deutschen Fürsten zur Kaiserwürde Wilhelms I. eingetroffen waren. Vorher wollte Wilhelm I., anders als sein Bruder Friedrich Wilhelm IV. 1849, mit den Parlamentariern nicht einmal zusammentreffen. Nach langen Streitereien über Titel, Wappen, Flagge, Benennungen kam endlich die Kaiserproklamation am 18. Januar 1871 zustande – an jenem Tage, da Friedrich I. im Jahre 1701 in Königsberg zum preußischen König gekrönt worden war.

Im Spiegelsaal des Versailler Schlosses Ludwigs XIV. versammelten sich Fürsten, Prinzen, Generale und Offiziere. Abordnungen der Regimenter mit ihren Fahnen waren erschienen; das deutsche Volk fehlte. Die Hofpredigt und die kaiserliche Proklamation, die den Saal erfüllten, sprachen in selbstgerechtem Pathos von der kriegerischen Ruhmessucht Ludwigs XIV., in dessen Prachtschloß sich alle versammelt hatten. Aber es schien, als ob dieser Ort eine geheime Rache an der Versammlung nehmen wollte, die den neuen Kaiser von Gottes Gnaden erkor; denn ein aufmerksamer Generalstabsoffizier notierte: »Der improvisierte Altar stand einer nackten Venus gegenüber, ein allerdings im Schloß von Versailles schwer zu vermeidendes Verhältnis.«[58]

Bis zum letzten Augenblick hatte sich König Wilhelm I. gegen den Titel »Deutscher Kaiser« gewehrt, um durch das Beiwort nicht den Anschein zu erwecken, als ob das Preußische im Deutschen aufgehen solle; »Kaiser von Deutschland« hatte er heißen wollen, da ihm wohl daran gelegen war, über Deutschland zu herrschen, aber zugleich sagen zu können: Preuße bin ich, und Preuße will ich bleiben! Sein Schwiegersohn, der badische Großherzog Friedrich, umging die Schwierigkeiten, indem er kurz vor der Eröffnung der Feier mit Bismarck absprach, den »Kaiser Wilhelm« hochleben zu lassen. Am Ende der Proklamation schritt Wilhelm an seinem Kanzler vorbei, ohne ihn eines Blikkes und Wortes zu würdigen und drückte den anderen Großen des alten Preußen und des neuen Kaiserreiches die Hand. Kam in dieser demonstrativen Szene nur der Ärger des Augenblicks zum Ausdruck? Die Szene in Versailles symbolisierte nicht den ersten Konflikt, in den der Monarch mit seinem Minister geraten war.

An allen historischen Wendepunkten – 1864, 1866, 1870/71 – mußte Bismarck entweder hinter dem Rücken seines Königs handeln oder seinen Widerstand mit nervenaufreibender Mühsal brechen. Das alles war unvermeidlich, weil hier zwei vonein-

18. Januar 1871 in Versailles
Gemälde von Anton von Werner

ander abhängige Persönlichkeiten wesensverschieden waren. Bismarck hatte stets eine konkrete und situationsbezogene Konzeption erarbeitet; Wilhelm hatte nie eine solche, sondern nur allgemeine Prinzipien, mit denen der harten und komplizierten Wirklichkeit letztlich nicht beizukommen war. Bismarck war auch adels- und preußenstolz, dennoch nüchterner Realpolitiker; Wilhelm dagegen teils sentimental-legitimistischer, teils prestigebedachter Moralist. Recht schwach in seiner Fähigkeit entwickelt, die Dinge zu sehen, wie sie sind, ersetzte König Wilhelm konsequentes Denken durch moralisierenden Eigensinn, der stets durch die Macht der Verhältnisse und mit größter Mühsal gebrochen werden mußte.

Drei Kriege sind unter Bismarcks politischer Leitung von 1864 bis 1870 geführt worden, und keinen hat der spätere »Heldenkaiser« politisch recht verstanden. Er mußte 1864 von Bismarck mit allen diplomatischen Finessen gegen den Augustenburger aufgebracht werden, um mit seinem monarchischen Legitimitätsdenken nicht das ganze politische Konzept zu verderben. Bis zuletzt sträubte er sich 1866 gegen die Auseinandersetzung mit Österreich; so lange, bis Bismarck ihn wieder mit allen Künsten in die Position des Beleidigten und in seiner Ehre Gekränkten hineinmanövriert hatte. Von den Hintergründen der spanischen Thronfolgekandidatur, bei der er von Anfang an widerstrebte, begriff er nichts. Und auch in den dritten Krieg, den politisch denkende Diplomaten schon 1866 voraussahen, ging er unwissend und daher mit dem ihm so nötigen guten Gewissen. Drei Kriege, drei Siege, dreimal gefeiert ein tumber Tor!

Nach der Kaiserproklamation und dem Frankreich auferlegten Vorfrieden gehörte zur endgültigen Konstituierung der Reichseinheit die in der Verfassung vorgesehene Wahl zum Reichstag. Männer unter 25 Jahren und die Soldaten hatten kein Wahlrecht. Dieses Ausschalten aktiver Schichten dämpfte den Wahleifer, so daß nur 50,7 Prozent der Wähler zur Urne gingen.[59] Die festlich gehobene Stimmung, die nach verschiedenen Zeugnissen in der Bevölkerung am Wahltage des 3. März herrschte, bezog sich wohl mehr auf den errungenen Frieden als auf die Reichseinheit, die noch nicht recht ins Bewußtsein gedrungen war.

Die der Bismarckschen Politik am nächsten stehenden Parteien errangen einen sichtbaren Sieg. Die Nationalliberale Partei erhielt 30 Prozent der abgegebenen Stimmen und schickte 175 gewählte Abgeordnete ins Parlament; die Freikonservative Partei (oder Deutsche Reichspartei) mit ihren 8,8 Prozent der Stimmen stellte 37 Abgeordnete. Die linksliberale Fortschrittspartei mit dem gleichen Stimmenanteil von 8,8 Prozent konnte jedoch wegen des Wahlkreis- und Stichwahlsystems 46 Abgeordnete ins Reichsparlament schicken.

Die im wesentlichen im Ostelbischen konzentrierten Konservativen, also die ausgesprochenen Interessenvertreter der Junker, warteten mit 14,1 Prozent der Stimmen und 57 Mandaten auf. Die katholisch-klerikale und partikularistische Opposition konzentrierte sich in der Zentrumspartei, die immerhin schon 18,2 Prozent und fast ein Fünftel der Abgeordneten, nämlich 63, gewann.

Die Nationalliberale Partei[60] hatte zweifellos großbürgerlichen Charakter; ihre Führer waren in verschiedener Weise mit modernen Unternehmungen liiert, wobei zu beachten ist, daß sich besonders in Deutschland schon damals das Bankkapital mit dem Industriekapital zu verflechten begann. Die hervorragendsten Parlamentarier der Nationalliberalen Partei, wie Rudolf von Bennigsen und Eduard Lasker, waren zwar keine Industriellen oder Bankiers, aber praktisch und ideell doch mit dieser Welt des neuen Industriekapitalismus verbunden. Andere Führer der Partei, wie Johannes Miquel, hatten mit der Disconto-Gesellschaft und Ludwig Bamberger mit der Deutschen Bank zu tun, Friedrich Hammacher war Repräsentant der Bergwerksbesitzer aus Rheinland-Westfalen und Victor von Unruh selbständiger Industrieller. Zu den leitenden Köpfen der Freikonservativen Partei gehörten der Schwerindustrielle Ferdinand Stumm aus dem Saargebiet und Wilhelm von Kardorff aus Schlesien.

Waren in der Nationalliberalen Partei und in der linksliberalen Fortschrittspartei neben unmittelbaren Interessenvertretern des großen und mittleren Kapitals auch noch Repräsentanten des Bildungsbürgertums, so in der Freikonservativen Partei Männer des Hochadels, der Diplomatie und der höheren Staatsbürokratie.

Die alte Konservative Partei aber war gerade durch die Fortschritte der nationalstaatlichen Einigung in eine schwierige Lage geraten. Bereits am 24. September 1870 hatte Moritz von Blanckenburg an seinen Freund von Roon geschrieben[61], daß er auf einige Tage nach Berlin gekommen sei, um mit den »extremen (preußisch-partikularistischen) Freunden«, den »conservativen Ultras«, Kontakt aufzunehmen. Anders als großbürgerliche Politiker, die in zeitgenössischen Briefen über die werdende Einheit in begeisterten Worten schrieben, meinte Blanckenburg in einem weiteren Brief an Roon vom 8. November 1870: »Finster und traurig denke ich an die politische Zukunft.«[62] Er war, wie seine Parteifreunde, »über den kopflosen Eintritt von Hessen, Württemberg, Baden in den Bund« konsterniert. Diese »conservativen Ultras« fürchteten, daß »die Majorität des neuen Reichstages vollständig verlaskern muß«, also im Geiste des liberalen Eduard Lasker denken und handeln werde – was auch geschah.

Die große Zahl der Stimmen für die Parteien des großen und mittleren Kapitals und der nationalstaatlichen Einigung zeigte noch einmal, daß die demokratische Revolution von unten 1848/49 und ihre letzte, wenn auch geringe Chance von 1866 entscheidende Niederlagen erlitten hatten. Der historische Fortschritt konnte sich danach nur in der Form der Revolution von oben vollziehen. Der königlich-preußische Revolutionär Bismarck war, wie ihm selbst Karl Marx zugestand, Testamentsvollstrecker der Revolution von 1848, zugleich aber auch Bewahrer ihrer Konterrevolution, insofern er die Prärogative der Krone allzeit entschlossen verteidigt hatte.

In dieser Dialektik von Revolution und Konterrevolution steckte sowohl die Negierung des Absolutismus als auch des Liberalismus. In den Jahren von 1866 bis 1871 entstand etwas Drittes, das gleichfalls auf den Begriff gebracht werden muß. Faßt man sowohl die Verfassungsurkunde als auch die Verfassungswirklichkeit ins Auge, dann erweist sich der schon damals entstandene Begriff des Bonapartismus[63] als zutreffende Kennzeichnung der neuen Herrschaftsform. So verschieden einzelne Erscheinungen des Napoleonismus und des preußisch-deutschen Hegemonialsystems waren, sie zeigten doch gleiche Wesenszüge; beide übernahmen objektiv die Aufgabe, den Industriekapitalismus der freien Konkurrenz durchzusetzen, stützten sich vornehmlich auf die Armee und versuchten, somit machtgeschützt, zwischen den sozialen Kräften und politischen Institutionen zu lavieren und sie im Gleichgewicht zu halten.[64] Die Voraussetzung dieser modernen bonapartistischen Diktatur war die Schwäche der einzelnen Klassen. In Deutschland war das ostelbische Junkertum, der grundbesitzende Kern des Adels, schon aus ökonomischen Gründen nicht mehr in der Lage, die ausschließliche Herrschaft im Staate auszuüben. Das Bürgertum hatte in der Revolution von 1848/49 eine solch folgenreiche Niederlage erlitten, daß es sein ökonomisches Erstarken nur noch ausnutzte, um bei den herrschenden Gewalten wirtschafts- und nationalpolitische Konzessionen durchzusetzen. Für die Arbeiterbewegung aber war, trotz aller organisatorischen und politischen Fortschritte, die Zeit der Revolution noch nicht gekommen.

Die soziale und politische Entwicklung des preußisch-deutschen Bonapartismus brachte eine bemerkenswerte Eigenart hervor. Sein Bonaparte hatte, wie sich Engels einmal ausdrückte, drei Köpfe, »wie der alte slawisch-pommersche Götze Triglaw«.[65] In diesem Dreierverhältnis war der König der unvermeidliche Repräsentant, Moltke der gebildete moderne Heerführer, Bismarck der »Majordomus«, der »moderne Richelieu«, wie ihn die Generalstabsoffiziere, die »Halbgötter«, insgeheim mit Bewunderung nannten.

Bismarck hat sich seine Majordomus-Stellung wohl verdient. Unbefriedigt in der Enge seines altmärkisch-pommerschen Junkertums, trieb es ihn schon früh in die Weite der großen Welt hinaus. Bald hatte er erkannt, daß da nicht nur Könige und Hochadlige agierten, sondern auch Bankiers und Industrielle. Mit ihnen war zu rechnen, ihre Interessen mußten berücksichtigt werden, schon weil anders die des Landadels, der Krongewalt und der Armee nicht gewahrt werden konnten. Diese realpolitische Erkenntnis, die ihn von den meisten seiner Standesgenossen abhob, verstand er in einfallsreiche und klug abwägende, in ebenso phantasievolle wie raffinierte Politik umzusetzen, die alle Kräfte seines Wesens forderte: seine Kombinationsfähigkeit und seine kritische Menschenkenntnis, sein dynamisches Naturell, sein Gottvertrauen und den Teufel in seinem Leibe.

Vielgestaltig und oft widersprüchlich erscheint Bismarck in seinem Wirken, das im wahrsten Sinne des Wortes Epoche machte; bald vorsichtig, bald waghalsig, einschmeichelnd und auch drohend. Er konnte schamlos bestechen, und er konnte auch politischen Kontrahenten imponieren. Es war ihm möglich, bedenkenlos zu lügen und dann wieder in einer in der Diplomatie ungewöhnlichen Weise die Wahrheit zu sagen. Nach langem Überlegen und Abwägen verstand er, im rechten Augenblick die Dinge zu forcieren. Begabt mit der seltenen Fähigkeit, über sich selbst hinauswachsen zu können, ein Vollblutpolitiker, wurde er der Reichsgründer, weil er konnte, was er wollte, und weil er wollte, was er konnte.

Widersprüchlich wie er selbst war auch sein Werk. Bismarcks Grenzen zeigten sich in der Beschränkung auf die Interessenvertretung des Adels und des Industriebürgertums; der sich entwikkelnden Arbeiterbewegung begegnete er mit profundem historischen Unverständnis. Er hat nie wirklich begriffen, daß mit ihr eine neue Kraft in der Geschichte heranwuchs. Die Außenpolitik seines Landes belastete er durch die Annexionen französischer Provinzen, die Armee schließlich stärkte er in einer solchen Weise, daß sie zum Staat im Staate wurde. So bekam das neugegründete preußisch-deutsche Reich[66] einen zwiespältigen Charakter; und es war insgesamt doch ein bedeutender historischer Fortschritt, daß sich die kapitalistische Gesellschaft jetzt ungehemmt von Kleinstaaterei, gefördert durch einen starken Nationalstaat, entwickeln konnte, daß Deutschland nicht mehr Spielball ausländischer Großmächte war. Selbst wenn dem Reichstag die Macht eines bürgerlichen Parlaments fehlte, war er doch als Institution einer klassenzerklüfteten nationalstaatlichen Einheit bedeutungsvoll. Auch die deutsche Arbeiterklasse konnte auf der Basis des geeinten Deutschland ihre Kräfte besser sammeln und den Kampf um eigene politische und soziale Ziele führen; allein schon die Tribüne im Reichstag, die Wahlen, eine eigene Presse selbst unterm Sozialistengesetz, gaben ihr neue Möglichkeiten zur Selbstverständigung und Organisation. Noch war ja nicht entschieden, ob die nationalstaatliche Einigung von 1871 durch eine demokratische Umgestaltung ergänzt und dadurch mit neuem Inhalt erfüllt werden könnte.

Abkürzungsverzeichnis

APP	Die auswärtige Politik Preußens 1858–1871. Diplomatische Aktenstücke, hrsg. v. d. Historischen Reichskommission, 10 Bde., Oldenburg–Berlin 1933–1941
BA	Bismarck-Archiv, Friedrichsruh
Becker	Otto Becker, Bismarcks Ringen um Deutschlands Gestaltung, hrsg. u. ergänzt v. Alexander Scharff, Heidelberg 1958
Eyck	Erich Eyck, Bismarck. Leben und Werk, 3 Bde., Erlenbach–Zürich 1941–1944
DPÖ	Quellen zur deutschen Politik Österreichs 1859–1866. Unter Mitwirkung v. Oskar Schmid hrsg. v. Heinrich Ritter v. Srbik, 5 Bde., Oldenburg–Berlin 1934–1938
FBPG	Forschungen zur Brandenburgischen und Preußischen Geschichte
Gerlach-Nachlaß	Gerlach, Ernst Ludwig v., Von der Revolution zum Norddeutschen Bund. Politik und Ideengut der preußischen Hochkonservativen 1848–1866, hrsg. u. eingel. v. Hellmut Diwald, Göttingen 1970 (Deutsche Geschichtsquellen des 19. und 20. Jahrhunderts, Bd. 46)
GW	Otto v. Bismarck, Die gesammelten Werke (Friedrichsruher Ausgabe), Berlin 1924–1935
Heyderhoff	Deutscher Liberalismus im Zeitalter Bismarcks. Eine politische Briefsammlung, Bd. 1: Die Sturmjahre der preußisch-deutschen Einigung 1859–1870, Politische Briefe aus dem Nachlaß liberaler Parteiführer, hrsg. v. Julius Heyderhoff, Bonn–Leipzig 1925
HHStA	Haus-, Hof- und Staatsarchiv Wien
Huber	Ernst Rudolf Huber, Deutsche Verfassungsgeschichte seit 1789, 4 Bde., Stuttgart 1957–1969
HZ	Historische Zeitschrift
Keudell	Robert v. Keudell, Fürst und Fürstin Bismarck. Erinnerungen aus den Jahren 1846 bis 1872, Berlin–Stuttgart 1901
Kliem	Manfred Kliem, Genesis der Führungskräfte der feudal-militaristischen Konterrevolution 1848 in Preußen, phil. Diss. Berlin Humboldt-Universität 1966
Lindstaedt	Johann Andreas Lindstaedt, Geschichte und Topographie des Dorfes Schönhausen an der Elbe bis zum Jahre 1857 (Universitätsbibliothek Halle/Saale,Handschriftenabteilung)
Marcks, Bismarcks Jugend	Erich Marcks, Bismarcks Jugend 1815–1848, Stuttgart–Berlin 1909
Marcks, Bismarck 1848–1851	Erich Marcks, Bismarck und die deutsche Revolution 1848–1851. Aus dem Nachlaß hrsg. u. eingel. v. Willy Andreas, Stuttgart–Berlin 1939
MEW	Karl Marx/Friedrich Engels, Werke, Berlin 1955 ff.

Meyer, Bismarck	Arnold Oskar Meyer, Bismarck. Der Mensch und der Staatsmann, Stuttgart 1949
Meyer, Bismarcks Kampf mit Österreich	Arnold Oskar Meyer, Bismarcks Kampf mit Österreich am Bundestag zu Frankfurt 1851–1859, Berlin 1927
Müller	Conrad Müller, Bismarcks Mutter und ihre Ahnen, Berlin 1909
PA	Politisches Archiv des Auswärtigen Amtes Bonn
Roon	Denkwürdigkeiten aus dem Leben des Generalfeldmarschalls Kriegsministers Grafen von Roon. Sammlung von Briefen, Schriftstücken und Erinnerungen, 3 Bde., 5. Aufl., Berlin 1905
Schmidt, Geschlecht v. Bismarck	Georg Schmidt, Das Geschlecht von Bismarck, Berlin 1908
Schmidt, Schönhausen	Georg Schmidt, Schönhausen und die Familie von Bismarck, Berlin 1897
Verfassungsgeschichte	Dokumente zur deutschen Verfassungsgeschichte, Bd. 2, hrsg. v. Ernst Rudolf Huber, Stuttgart 1964
ZfG	Zeitschrift für Geschichtswissenschaft
ZStAM	Zentrales Staatsarchiv Merseburg

Anmerkungen

Das Motto-Zitat ist Georg Wilhelm Friedrich Hegels »Enzyklopädie der philosophischen Wissenschaften im Grundrisse (1830)«, neu hrsg. v. Friedrich Nicolin und Otto Pöggeler, Berlin 1966, S. 429 (Philosophische Studientexte) entnommen.

Zu den methodologischen Grundlagen und Arbeitserfahrungen vgl. auch Ernst Engelberg, Forschungs- und Darstellungsprobleme einer Bismarck-Biographie, in: Forschungs- und Darstellungsprobleme einer historischen Biographie. Berlin 1984, S. 9–24 (Sitzungsberichte der Akademie d. Wissenschaften d. DDR, Gesellschaftswissenschaften, Jg. 1984, Nr. 16 G).

I. Herkunft und Herkommen

1 Bismarck an Scharlach am 4. 5. 1836, in: GW, Bd. 14, S. 7.

2 Die wohl früheste Beschreibung des Herrensitzes und seiner Inneneinrichtung bei George Hesekiel, Das Buch vom Grafen Bismarck, Bielefeld-Leipzig 1869, S. 1 ff. – Einen brauchbaren, wenn auch nicht in jeder Hinsicht zuverlässigen Nachweis der reichhaltigen Bismarck-Literatur bietet: Bismarck-Bibliographie. Quellen und Literatur zur Geschichte Bismarcks und seiner Zeit, hrsg. v. Karl Erich Born, bearbeitet v. Willy Hertel, Köln-Berlin 1966.

3 Vgl. Abbildungen und Beschreibungen altmärkischer Dorfkirchen bei E. Wollesen, Beiträge zur Geschichte des Kreises Osterburg, 2. Aufl. Osterburg, Bd. 1 (1937), S. 120, 231 – Bd. 2 (1938), S. 32, 144, 192, 224, 240.

4 Über das Problem der Wehr- und Fluchtkirchen vgl. Hans-Joachim Mrusek, Gestalt und Funktion der Eigenbefestigung im Mittelalter, phil. Diss., Halle-Wittenberg 1958, S. 171 ff. – Georg Scheja, Die romanische Backsteinbaukunst in der Mark Brandenburg. Dissertation, Gütersloh 1939, S. 43 f.; Alfred Schirge, Dom zu Havelberg Berlin o.J.; Wolfgang Gericke/Heinrich-Volker Schleiff/Winfried Wendland, Brandenburgische Dorfkirchen, Berlin o.J., besonders S. 21. – Andere Aspekte der Problematik zeigen auf: H. Müller/Ingrid Reißland (Gräfe), Wehrhafte Kirchen im mittleren Werragebiet, in: Südthüringer Forschungen 3/67, Meiningen 1967, S. 9 ff.

5 Vgl. Georg Dehio, Handbuch der deutschen Kunstdenkmäler. Der Bezirk Magdeburg, Berlin 1974, S. 373.

6 Vgl. Victor Loewe, Die Allodifikation der Lehen unter Friedrich Wilhelm I., in: FBPG, 11, 1898, S. 41 ff.

7 BA, Karton N 3 a.

8 Allgemeine Deutsche Biographie, Bd. 15, Leipzig 1882, S. 445. Im Bismarck-Archiv Karton N 25 das Foto eines Porträts von Hans Heinrich Katte in Galauniform. Vgl. Nr. 91 des Catalogue Raisonné de l'Oeuvre de Fen George Frédéric Schmidt. Londres 1789.

9 Vgl. Die politischen Testamente der Hohenzollern, hrsg. v. Georg Küntzel u. Martin Haß, Bd. I, Leipzig–Berlin 1911, S. 79.

10 Wenn baltische und deutschsprachige Petersburger Zeitungen um die Jahrhundertwende behaupteten, Ludolf August v. Bismarck habe im Dunkel der Nacht seinen Diener für einen Dieb haltend erstochen, dann ist dies eine adelsfromme Lüge, die nicht einmal die offiziöse, 1897 erschienene Familiengeschichte auszusprechen wagte. Die von Herbert v. Bismarck durchgesehenen Druckfahnen dieser von uns mehrfach zitierten, v. G. Schmidt verfaßten Familiengeschichte liegen im Bismarck-Archiv, Karton N 26.

11 Bismarck an die Braut am 4. 3. 1847, in: GW, Bd. 14, S. 74.

12 Schmidt, Schönhausen, S. 115 und Schmidt, Geschlecht von Bismarck, S. 120.

13 Vgl. Heinrich Weber, Auch ein Bismarck, in: Preußische Jahrbücher, 66, 1890, S. 345–385, besonders S. 347 f. und S. 356 f. Der Aufsatz fußt unter anderem auf 450 Seiten handschriftlich hinterlassenen Denkwürdigkeiten. Leider war dieses Manuskript, das auch in Abschrift vorhanden gewesen sei, »trotz eingehender Recherchen« weder im Generallandesarchiv Karlsruhe noch im Hauptstaatsarchiv Stuttgart zu finden. Vgl. jedoch das Aktenstück im Generallandesarchiv: G. L. A. 233 Nr. 26835. F. W. Graf v. Bismarck lebte ab 1853 in Konstanz und verstarb dort 1860. Das Stadtarchiv Konstanz stellte mir dankenswerterweise Fotokopien aus der »Konstanzer Zeitung« von 1860, Nr. 142–144, aus den Akten über das Bürgerrecht und über den Verkauf der Villa Bismarck zur Verfügung. – Vgl. auch Stammbuch des altmärkisch-uradligen Geschlechts v. Bismarck von 1200–1900. Bearbeitet nach eigenen Forschungen von Hermann Hans Valentin v. Bismarck. Erweiterter Neudruck 1974. Bearbeitet durch Heinrich v. Bismarck. Nr. 259. – Ferner: Aufzeichnungen des Generalleutnants Friedrich Wilhelm Grafen v. Bismarck. Karlsruhe 1847 – Die Kaiserlich Russische Kriegsmacht im Jahre 1835 oder meine Reise nach St. Petersburg. Von dem Generalleutnant Grafen v. Bismark. Carlsruhe 1836.

14 BA, Karton N 27.

15 Über die Entwicklung der recht vertrackten Eigentumsverhältnisse vgl. Schmidt, Geschlecht v. Bismarck, S. 143f., 353–369.

16 Copia eines Lehnbriefs, ausgestellt vom Ober-Landesgericht am 4. März 1831 und unterschrieben von Manteuffel im Staatsarchiv Magdeburg, Außenstelle Wernigerode, Rep. H. Briest, Nr. 179, Bl. 21 u. 22.

17 Stadtarchiv Stendal, Chronik der Stadt Stendal.

18 Staatsarchiv Magdeburg, Außenstelle Wernigerode, Rep. H. Briest, Nr. 180, Bl. 7, 17, 21f. (hier wird erwähnt, daß Heinrich Friedrich Wilhelm Achatz v. Bismarck, »der verstorbene Senior, ein leider nur zu bekannter, tief gesunkener, in steter Geldnot befindlicher Mann«, die Lehnbriefe in Berlin versetzt haben soll).

19 Vgl. »Die merkwürdigsten Begebenheiten und Abenteuer aus dem sehr bewegten Leben des Herrn Heinrich Achatz von Bismarck weiland Offizier des Königlich Preußischen Garde du Korps, der Republik Venezuela (Kolumbien), in Kaiserlich-Königlichen Französischen Diensten, später beim Lützowschen Freikorps. Von ihm selber verfaßt und treu gezeichnet«. – 1. Auflage im Selbstverlag zu Magdeburg 1856 (eines der wenigen Exemplare befindet sich im Stadtarchiv Stendal). Siebzig Jahre nach der ersten Auflage, 1926, erschienen gleich zwei Neuauflagen. Das Versprechen der »treuen« Aufzeichnung ist allerdings in mehrfacher Hinsicht nicht gehalten worden.

20 Notiert in einem Exemplar der Heinrich-Achatz-Erinnerungen, das sich in

der Schloßbibliothek von Schönhausen befand. Vgl. ferner Schmidt, Geschlecht v. Bismarck, S. 150ff.

21 Vgl. ZStAM, Rep. 77, XXI, Ministerium des Innern und der Polizei, Acta betr. den Lieutnant Heinrich Friedrich Wilhelm Achatz von Bismarck, den Lieutnant August Isert und den Major von Alvensleben. Vgl. ferner: Rep. 77 Tit. 21, Lit. B. Nr. 10 Beiheft, Acta Ministerialia den vormaligen Volontair Offizier Hch. Friedr. W. Achatz von Bismarck betreffend, 1820–1821.

22 Vgl. Max Lesser, Auch ein Bismarck, in: Neues Wiener Tageblatt, Nr. 191 vom 13. 7. 1897.

23 Schmidt, Geschlecht v. Bismarck, S. 184ff.

24 Ebenda, S. 203f.

25 BA, Karton B 12.

26 Staatsarchiv Magdeburg, Außenstelle Wernigerode, Rep. H. Briest, Nr. 180, Blatt 27.

27 Bismarck an Leopold v. Gerlach am 31. 10. 1855, in: GW, Bd. 14, S. 421.

28 Über diese Frühgeschichte der Bismarcks vgl. Ernst Engelberg, Über mittelalterliches Städtebürgertum. Die Stendaler Bismarcks im 14. Jahrhundert, Berlin 1979 (Sitzungsberichte der Akademie der Wissenschaften der DDR 3 G 1979).

29 Schmidt, Schönhausen, S. 40ff.

30 Valentin v. Bismarck, Die schloßgesessenen, freiherrlichen Geschlechter in der Altmark und ihre Vorrechte vor der gesamten unbeschlossenen Ritterschaft, in: Nachrichtenblatt für das von Bismarcksche Geschlecht, 1930, Nr. 6, S. 1ff.

31 Moritz Busch, Graf Bismarck und seine Leute während des Krieges mit Frankreich. Nach Tagebuchblättern, 2 Bde., Leipzig 1878.

32 BA, Karton N 34 (Expose vom 19. 11. 1878, Abschrift).

33 Bismarck an Gustav v. Alvensleben am 17. 6. 1859, in: GW, Bd. 14, S. 527.

34 Stadtarchiv Stendal, Acta des Magistrats.

35 C. Dunckers Verlag, Berlin 1872.

36 Vgl. Staatsarchiv Magdeburg.

37 Vgl. BA, Karton N 25: Brief Sybels an den Geh. Regierungsrat Dr. Rottenburg vom 2. Mai 1884, die Denkschrift des Geh. Archivrats v. Mülverstedt vom 28. April 1884 mit Marginalien Otto v. Bismarcks und Nachträge Mülverstedts vom 2. Mai u. 17. Oktober 1884. Vgl. Abdruck der Materialien in Bismarck-Jahrbuch, hrsg. von Horst Kohl, Bd. 5, Leipzig 1898, S. 363 ff.

38 Vgl. Rede Kaiser Wilhelms II. im Berliner Schloß vor den Künstlern, die die Denkmäler in der Siegesallee gestaltet haben. Bei dieser Gelegenheit führte der Kaiser in Anwesenheit Kosers aus: »... der bewährte Historiograph meines Hauses, Professor Dr. Koser, ist Derjenige gewesen, der Mich in den Stand gesetzt hat, überhaupt den Herren greifbare Aufgaben zu stellen. War somit die historische Basis gefunden, so konnte nun weiter vorgegangen werden, und nachdem die Persönlichkeiten der Fürsten festgestellt waren, konnten dann auch, auf historischer Forschung beruhend, die wichtigsten Helfer der Herren an ihrem Werke festgestellt werden. Auf diese Weise entstanden die Gruppen, und, gewissermaßen durch die Historie bedingt, fand sich die Form der Gruppen.« Bericht des Berliner Tageblatts vom 19. 12. 1901, Zeitungsausschnitt in »Acta der Stadtverordneten-Versammlung zu Berlin betr. die Errichtung pp. von Denkmälern in der Sieges-Allee«, Stadtarchiv Berlin

Rep. 00, Nr. 1626. Vgl. ferner: Reinhold Koser, Die historischen Denkmale in der Sieges-Allee des Berliner Tiergartens, in: Hohenzollern-Jahrbuch 1898, S. 18–27, und 1900, S. 360 ff.; R. E. Hardt (d. i. Rudolf Herrnstadt), Die Beine der Hohenzollern, Berlin 1960.

39 Deutscher Reichsanzeiger vom 28. 8. 1899, Stadtarchiv Berlin, Rep. 00, Nr. 1626.

40 Walter Flex, Gesammelte Werke, Bd. 2, München 1936, S. 549 ff.; vgl. ferner: Konrad Flex, Walter Flex. Ein Lebensbild. Stuttgart 1937, S. 63ff., besonders S. 75 u. S. 81. Die im gleichen Band enthaltenen Erzählungen »Zwölf Bismarcks« stehen mit ihrem heldenpathetischen oder edelmuttriefenden Schwulst unter aller historischer und literarischer Kritik.

41 GW, Bd. 15, S. 326.

42 Vgl. Karl Heussi, Kompendium der Kirchengeschichte, 11. Aufl. Berlin 1957, S. 241ff.

43 Vgl. Lucien Goldmann, Der christliche Bürger und die Aufklärung, Neuwied-Berlin 1968, S. 21; zur Struktur der Aufklärung besonders S. 20, 28. Horst Stuke, Aufklärung, in: Geschichtliche Grundbegriffe, Historisches Lexikon zur politisch-sozialen Sprache in Deutschland, hrsg. v. Otto Brunner, Werner Conze, Reinhart Koselleck, Bd. 1, Stuttgart 1972, S. 243–342, besonders S. 300f., 315.

44 Vgl. Günter Mühlpfordt, Bahrdts Weg zum revolutionären Demokratismus, in: ZfG, 29, 1981, 11, S. 996ff.

45 Eine große Zahl solcher kirchlichen Leichenpredigten befindet sich im Bismarck-Archiv, Karton N 5–N 10.

46 Carl Alexander v. Bismarck, Gedächtnisschrift auf Christiane Charlotte Gottliebe v. Bismarck, geborene v. Schönefeld. Herausgegeben und mit einer Vorrede versehen von Julius W. Braun. Berlin 1885. Die Originalausgabe der Gedächtnisschrift erschien bei D. C. Franzen, Stendal 1773, ebenfalls drei Nachdrucke in den Jahren 1774, 1775 und 1777.

47 BA, Karton N 31, Ernst Fr. A. v. Bismarck an den Vater am 22. 11. 1783.

48 Vgl. BA, Karton 31, Friedrich A. L. v. Bismarck an den Vater am 12. 7. 1781.

49 BA, Karton N 31, Friedrich A. L. v. Bismarck an den Vater am 1. 3. 1784.

50 BA, Karton N 31, Friedrich A. L. v. Bismarck an den Vater am 18. 1. 1785 und 22. 2. 1786.

51 BA, Karton N 31, Friedrich A. L. v. Bismarck an den Vater am 20. 1. 1784.

52 BA, Karton N 31, einem Brief Friedrich A. L. v. Bismarck an den Vater vom 5. 2. 1784 beiliegend.

53 BA, Karton N 31, Friedrich A. L. v. Bismarck an den Vater am 25. 8. 1785.

54 BA, Karton N 31, Friedrich A. L. v. Bismarck an den Vater am 24. 8. 1786.

55 Reinhold Koser hat in seiner dreibändigen Friedrich-Biographie vieles über die letzten Wochen, Tage und Stunden des preußischen Königs zusammengetragen, aber nichts von einer solchen Episode berichtet.

56 BA, Karton N 31, Friedrich A. L. v. Bismarck an den Vater am 2. 8. 1786.

57 BA, Karton N 31, Friedrich A. L. v. Bismarck an den Vater am 1. 3. 1784.

58 Reinhold Koser, Geschichte Friedrich des Großen, Bd. 3, Stuttgart–Berlin 1914 (Neudruck Darmstadt 1963), S. 550.

59 Vgl. Walter Markov/Albert Soboul, 1789. Die Große Revolution der Franzosen, 2. unveränderte Auflage, Berlin 1975. Man beachte den Buchtitel, der damit den besonderen Charakter der Revolution von unten hervorhebt. Vgl.

ferner: Walter Markov »Die Große Französische Revolution 1789–1795«, in: Revolutionen der Neuzeit 1500–1917, Berlin 1982, S. 111 ff., besonders S. 112, 123 ff., 132.

60 BA, Karton N 27, Karl Alexander v. Bismarck an den Sohn Ferdinand am 15. 2. 1793.

61 Ebenda, Karl Alexander v. Bismarck an den Sohn Ferdinand am 13. 5.1793.

62 Ebenda, vgl. Karl Alexander v. Bismarck an den Sohn Ferdinand am 25. 10. 1793.

63 Ebenda, vgl. Karl Alexander v. Bismarck an den Sohn Ferdinand am 1. 4. 1793 u. 31. 1. 1794.

64 Ebenda, Karl Alexander v. Bismarck an den Sohn Ferdinand am 1. 6. 1793.

65 Ebenda, Karl Alexander v. Bismarck an den Sohn Ferdinand am 24. 7. 1793, 25. 10. 1793.

66 Ebenda, Karl Alexander v. Bismarck an den Sohn Ferdinand am 21. 9. 1794.

67 Ebenda, Karl Alexander v. Bismarck an den Sohn Ferdinand am 16. 7. 1794.

68 Ebenda, Karl Alexander v. Bismarck an den Sohn Ferdinand am 21. 10. 1794.

69 Ebenda, Karl Alexander v. Bismarck an den Sohn Ferdinand am 10. 11. 1794.

70 Ebenda, Karl Alexander v. Bismarck an den Sohn Ferdinand am 18. 6. 1794.

71 Ebenda, Karl Alexander v. Bismarck an den Sohn Ferdinand am 21. 9. 1795.

72 Ebenda, Karl Alexander v. Bismarck an den Sohn Ferdinand am 6. 5. 1795.

73 BA, Karton N 30, Leopold v. Bismarck an den Vater Karl Alexander am 1. 8. 1796.

74 BA, Karton N 31, Ernst F. A. v. Bismarck an den Vater am 16. 1. 1796. Wir geben den Brief, leicht gekürzt, in deutscher Übersetzung wieder: »Wir hatten vor einigen Tagen das traurige Schauspiel, daß man zwei arme Teufel durch die Spießruten laufen ließ ... Man hat sie mächtig malträtiert und der eine von ihnen ist sehr krank. Er spuckt Blut ..., weil der Major ihm sechzig Schläge mit dem flachen Säbel geben ließ. Ich wollte diesem elenden Säufer dreißig dieser Schläge geben können. Man findet beinahe immer, daß die schwachen Leute gegenüber denjenigen grausam sind, die das Unglück haben ihnen untergeordnet zu sein und sich nicht verteidigen dürfen ... Ich war zur Exekution nicht kommandiert und bin darüber sehr zufrieden. ... Aber einige meiner Kameraden sagten mir, ich hätte Unrecht, [dieses Schauspiel] zu vermeiden. Im Gegenteil, es wäre sehr gut, sehr instruktiv, manchmal Unglückliche zu sehen. Sie behaupten, daß die Seele viel von ihrer Kraft verliert, weich und schwach würde. Ist dies wahr? ... Um ihnen zu beweisen, daß man von einiger Nützlichkeit sein kann, ohne Zeuge einer solch barbarischen Strafe zu sein, verschaffte ich den Arrestanten Betten; (jenen) die gezwungen waren auf Wache zu bleiben und von einer Ohnmacht in die andere fielen, ließ ich zu essen und eine Flasche Wein geben, damit sie wieder zu Kräften kamen. Ziemlich zufrieden mit mir, erzählte ich dies jenen Herren und fragte sie, wer mehr getan hätte, um diesen armen Leuten (ihr Los) zu erleichtern: diejenigen, die zu leiden gesehen haben oder ich, der nichts gesehen hat. Aber sie hatten auch schon für diese Leute Sorge getragen und es so arrangiert, daß der wachhabende Offizier ihnen zu essen und zu trinken gab und ihnen alles Nötige verschaffte. Was sagen Sie zu diesem Disput? – Wer von uns hat Recht?« Vgl. auch Anmerkung 99.

75 BA, Karton N 29, Friedrich Adolf v. Bismarck am 8. 12. 1795.
76 Vgl. Müller, S. 38 ff. Wir haben es hier mit einer im konservativen Geist geschriebenen, aber wissenschaftlich ertragreichen Familiengeschichte zu tun. Anregend ist auch die viel früher veröffentlichte Arbeit von Hermann Hüffer, Anastasius Ludwig Mencken – der Großvater des Fürsten Bismarck und die Kabinettsregierung in Preußen, Bonn 1890.
77 Vgl. Müller, S. 104, 107; zum jungen Anastasius Ludwig, S. 109 ff.
78 Vgl. ebenda, S. 141.
79 ZStAM, Schreiben Schulenburgs vom 30. Mai 1782.
80 Vgl. Müller, S. 189.
81 Vgl. Abbildungen bei Müller, nach S. 160, 280, 152.
82 Vgl. Müller, S. 207 f.
83 Zitiert nach: Müller, S. 204 ff. (Hervorhebungen von mir – E. E.)
84 Vgl. Müller, S. 212 ff., besonders S. 215 f.
85 Zitiert nach: Hermann Hüffer, S. 14; vgl. Müller, S. 216.
86 Müller, S. 135 ff.
87 Zitiert nach: Müller, S. 239 f.
88 ZStAM, Rep. 96 B, Nr. 95 ff. (beginnend mit dem November 1797). Vgl. ferner Müller, S. 243 ff.
89 ZStAM, Rep. 96 B, Nr. 104, Bl. 96 f. – 100.
90 Ebenda, Nr. 102, Bl. 9.
91 Ebenda, Nr. 106.
92 Zitiert nach: Müller, S. 200.
93 Ebenda, S.
94 Vgl. Die Werke Friedrich des Großen. In deutscher Übersetzung, hrsg. v. Gustav Berthold Volz, Bd. 7, Berlin 1913, S. 233. Vgl. ferner Ingrid Mittenzwei, Friedrich II. v. Preußen. Eine Biographie, Berlin 1979, S. 157.
95 BA, Karton N 29, Friedrich v. Bismarck an Ferdinand v. Bismarck am 4. 9. 1798.
96 BA, Karton N 29, Friedrich v. Bismarck an Ferdinand v. Bismarck am 30. 10. 1798.
97 Ebenda, Friedrich v. Bismarck an Ferdinand v. Bismarck am 30. 12. 1798.
98 Ebenda, Friedrich v. Bismarck an Ferdinand v. Bismarck am 6. 8. 1799.
99 Kleist an Christian Ernst Martini am 19. 3. 1799, in: Heinrich v. Kleist, Sämtliche Werke und Briefe, Bd. 2, München 1977, S. 479, vgl. auch weiter oben Anmerkung 74.
100 ZStAM, Rep. 22/54 – Acta. Die Beschwerden der Kossäten zu Schönhausen wider den v. Bismarck (26. Februar 1798).
101 Ebenda, Verfügung vom 20. April 1798.
102 BA, Karton L 19.
103 Kirchenbuch im Evangelischen Pfarramt Krevese Krs. Osterburg/Altm. Vgl. E. Wollesen, Beiträge zur Geschichte des Kreises Osterburg. Vierter Teil, 1910, S. 100 u. 134 ff.
104 Vgl. die zahlreiche agrarhistorische Literatur bei Hartmut Harnisch, Zum Stand der Diskussion um die Probleme des »preußischen Weges« kapitalistischer Agrarentwicklung in der deutschen Geschichte, in: Preußen in der deutschen Geschichte nach 1789, hrsg. v. Gustav Seeber und Karl-Heinz Noack, Berlin 1983, S. 116–152 (Studienbibliothek DDR-Geschichtswissenschaft, Bd. 3).
105 Hans Baldeweg, Krevese 956 bis 1956. Zur Geschichte eines altmärkischen

Dörfchens. Hrsg.: Rat der Gemeinde Krevese. Festausschuß für die 1000-Jahr-Feier, S. 58. Vgl. auch Friedrich Wilhelm August Bratring, Statistisch-topographische Beschreibung der gesamten Mark Brandenburg, Berlin 1804, S. 282. (Neudruck Berlin 1968).

106 BA, Karton L 21.

107 Vgl. Ekkhard Verchau, Otto v. Bismarck, München-Zürich 1981. Der Verfasser wirft mir S. 193, Anm. 2, die Bezeichnung »Schönhausen **an** der Elbe« vor, womit ich das Dorf um über 2 km verlagert hätte. Seit Jahrzehnten kümmert sich die postalisch-amtliche Bezeichnung »Schönhausen (Elbe)« nicht um eine adäquate Präposition. Wenn ein solcher mit dem Leben und der Geschichte des Dorfes eng verbundener Chronist wie A. Lindstaedt und mit ihm die Einwohner von altersher Schönhausen **an der Elbe** sein lassen, dann drückt sich darin die jahrhundertelange Erfahrung aus, daß dieser Fluß zum (manchmal auch bedrohlichen) Lebenselement des Dorfes gehört. Die von Verchau vorgeschlagene Bezeichnung »Schönhausen bei Tangermünde« ist nicht üblich, zumal man mit guten Gründen darüber streiten könnte, ob nicht »Schönhausen bei Stendal« angebrachter wäre. »Schönhausen bei der Elbe« wäre die exakteste Bezeichnung. Hier steht Pedanterie gegen Gewohnheit. Im übrigen reicht die Gemarkung von Schönhausen bis unmittelbar an das Ufer der Elbe.

108 Universitätsbibliothek Halle (Saale), Handschriftenabteilung: Geschichte und Topographie des Dorfes Schönhausen an der Elbe bis zum Jahre 1857 bearbeitet von Johann Andreas Lindstaedt. Die 157 Blatt umfassende Handschrift »war ursprünglich im Eigentum des Thüringisch-sächsischen Geschichts- und Altertumsvereins, nachdem die Handschrift im Januar 1879 von Frl. Antonie Lindstaedt für 75 Mark gekauft worden war«. Notiz auf Blatt 65: »Der Verfasser, Conrektor Lindstaedt erschoß sich am 8. 10. 1859 in seiner Laube nach vorangegangener Schul- und Besoldungsdifferenz, die er vorher mit seinem Patronatsherren, dem Außerordentlichen u. Bevollmächtigten Legionatsrat am Frankfurter Bundestag Freiherrn Otto v. Bismarck auf Schönhausen gehabt hatte.« Lindstaedt war auch der Begründer des Schönhausener Chores, bei der Abfassung der Ortsgeschichte arbeitete er mit dem Geistlichen zusammen.

109 Friedrich Wilhelm August Bratring, Statistisch-topographische Beschreibung der gesamten Mark Brandenburg, Berlin 1804, S. 282.

110 Staatsarchiv, Potsdam, vgl. Pr. Br. Rep. 2 – Akten-Nr.: S. 2299, betr. Rindviehbestand in der Kurmark von 1781–1804 (1804 nicht mehr vorhanden) – General-Tabelle vom Viehstande in der Kurmark im Jahre 1803.

111 Vgl. Die Altmark und ihre Bewohner. Beiträge zur altmärkischen Volkskunde, hrsg. v. K. Lehrmann u. W. Schmidt, Stendal 1912, S. 94 u. 96.

112 Vgl. beispielsweise die späteren Separationsakten, im Staatsarchiv Magdeburg, Außenstelle Wernigerode, u. a. Rep. C 20 V Schönhausen, Sep. Nr. 10.

113 Vgl. Eckart Kleßmann, Prinz Louis Ferdinand – ein preußischer Mythos, in: Preußen. Dein Spree-Athen. Beiträge zu Literatur, Theater und Musik in Berlin, hrsg. v. Hellmut Kühn, Reinbeck b. Hamburg 1981, S. 53 ff. (Preußen – Versuch einer Bilanz); Derselbe, Prinz Louis Ferdinand von Preußen 1772–1806, Gestalt einer Zeitenwende, München 1972; Karl Hillebrand, Die Berliner Gesellschaft in den Jahren 1789 bis 1815, in: Derselbe, Unbekannte Essays., hrsg. v. Hermann Uhde-Bernays, Bern 1955, S. 61 ff.

114 Eine einzige Briefstelle aus der Zeit der französischen Campagne kann für

eine vorübergehende Bekanntschaft Ferdinand v. Bismarcks mit dem Prinzen Zeugnis ablegen. So schrieb Vater Karl Alexander an seinen Sohn Ferdinand im Sommer 1794: »Ich bin dem Prinzen Louis im Herzen gut, daß er Dich à propos gespeist und getränkt hat ...« (16. Juli 1794), BA, Karton N 27.

115 Karl Hillebrand, Unbekannte Essays, Bern 1955, S. 13ff., 45ff.

116 BA, Karton N 29, Friedrich v. Bismarcks Briefe v. 1.3. u. 22. 4. 1799.

117 BA, Karton N 29, Friedrich v. Bismarck an Louise v. Bismarck am 4. 12. 1803.

118 Vgl. Müller, S. 277ff., besonders S. 282.

119 Vgl. ebenda, S. 284f. (nach Angaben des Königlichen Hausarchivars Dr. Schuster).

120 Vgl. ebenda, S. 285. Ferner: F. Arndt, Luise Wilhelmine von Bismarck, die Mutter des Fürsten von Bismarck, Leipzig 1875 (Mütter berühmter Männer, 11. Heft), S. 8 f.: Sowohl in der Stadt wie auf dem Lande führte sie beständig ein Tagebuch, in dem sie ihre Erlebnisse niederschrieb, Gedanken aufzeichnete, Betrachtungen anstellte. Dieses Tagebuch ist nach ihrem Tode vermißt worden. Im Bismarck-Archiv (Karton N 32) finden sich nur noch wenige Blätter solcher Betrachtungen der Wilhelmine.

121 Arndt, S. 5.

122 Vgl. Müller, S. 202.

123 Vgl. Wilhelm Mommsen, Die politischen Anschauungen Goethes, Stuttgart 1948, S. 121f.

124 Müller, S. 273.

125 BA, Karton N 29, »Labben am Ruß, eine Meile von Kuckerneß, dem Hauptquartier des Generals L-Estocq, 14. Juli 1807«, Anrede des Briefes: »Bester Bruder«; in einem Postskriptum wird der Adressat gebeten, den Brief an »Bruder Ferdinand nach Schönhausen zu senden«. Da im Brief die Frau von Ernst v. Bismarck erwähnt wird, kann man nahezu mit Sicherheit annehmen, daß dieser der Adressat ist.

126 Zitiert nach: Rudolf Stadelmann, Scharnhorst. Schicksal und geistige Welt, Wiesbaden 1952, S. 80, vgl. auch S. 78, S. 85f.

127 Vgl. Gerhard Ritter, Stein. Eine politische Biographie, Stuttgart–Berlin 1931, Bd. 2, S. 11ff., besonders S. 15.

128 Vgl. BA, Karton L 22, L 19 (Specifikation v. 4. 12. 1809).

129 Der hier angeführte Betrag entspricht einer Aufstellung, die das Comité »zur Regulierung der Kriegs-Steuer in der ehemaligen Provinz Altmark« an das »Gut zu Schönhausen mit dem dazu gehörigen Vorwerk« am 14. Oktober 1811 sandte. In dieser Aufstellung wird vermerkt, daß die für das Jahr 1808 schuldigen Einzahlungen nicht erfolgt seien. Unter den drei Unterschriften des Comité befindet sich auch ein »Bismarck«. Aus einer großen Zahl von Unterschriften in den Stadtratsakten von Stendal geht unzweideutig hervor, daß es sich um die Unterschrift des Maires, d. h. des Domherrn Levin Friedrich August v. Bismarck auf Welle handelt.

130 Zitiert nach: Ludwig Häusser, Deutsche Geschichte vom Tode Friedrichs des Großen bis zur Gründung des Deutschen Bundes, Leipzig 1933, Bd. 3, S. 124.

131 Vgl. Marie Rumler, Die Bestrebungen zur Befreiung der Privatbauern in Preußen 1797–1806, in: FBPG, 33, 1920, S. 179ff. Zur Gesamtproblematik vgl. auch Hanna Schissler, Preußische Agrargesellschaft im Wandel. Wirt-

schaftliche, gesellschaftliche und politische Transformationsprozesse von 1763–1847, Göttingen 1978 (Kritische Studien zur Geschichtswissenschaft, Bd. 38).

132 Vgl. Georg Winter, Zur Entstehungsgeschichte des Oktoberedikts und der Verordnung vom 24. Februar 1808, in: FBPG, 40, 1927, S. 1–33.

133 Vgl. Reinhard Koselleck, Preußen zwischen Reform und Revolution. Allgemeines Landrecht, Verwaltung und soziale Bewegung von 1791 bis 1848, Stuttgart 1967, S. 46f., 71f., 75, 89f., 91, 114f.

134 Klaus Vetter, Kurmärkischer Adel und preußische Reformen, Weimar 1979, S. 146.

135 Ebenda, S. 145.

136 BA, Karton N 29, Friedrich v. Bismarck an Bruder Ernst am 30. 3. 1808.

137 BA, Karton N 29. Friedrich v. Bismarck an Bruder Ferdinand am 1. 4. 1808.

138 Schmidt, Schönhausen, S. 153.

139 Helmut Bock, Schill. Rebellenzug 1809, Berlin 1969, S. 138ff.

140 Walter Bußmann, Europa von der Französischen Revolution zu den nationalstaatlichen Bewegungen des 19. Jahrhunderts, Stuttgart 1981, S. 26, (Handbuch der europäischen Geschichte, hrsg. v. Theodor Schieder, Bd. 7).

141 Vgl. Otto Hintze, Die Hohenzollern und ihr Werk, Berlin 1915, S. 466f.

142 BA, Karton N 32. Die Niederschrift hat den irreführenden Titel »Tagebuch unserer großen Reise von Stolpe nach Danzig«. Tatsächlich sind die darin angeführten Hauptstationen der Reise: Wörlitz, Leipzig, Altenburg, Gotha, Eger, Karlsbad. Auf dem ersten Blatt ist mit Bleistift, offensichtlich von der Hand Herbert v. Bismarcks, notiert: »geschrieben von meinem Großvater Ferdinand«. Inhalt und Schrift des Tagebuchs stimmen mit dieser Feststellung überein.

143 Okresní Archiv, Cheb, Chronik der Stadt Eger und des Eger-Landes von Vinzenz Prökl, II. Band (vom Jahre 1735 bis 1865), S. 982 – Vgl. ferner: »Chronik des Joseph Karg«, Bd. II (1638–1816), S. 206ff.

144 Okresní Archiv, Cheb: Karton 677, Aktenfaszikel: Sr. Majestät Durchreise alhier im Jahre 1812 – Unkosten hierwegen. 1812–1828.

145 Vgl. u. a. Eugen Tarlé, Napoleon in Rußland 1812, Zürich 1944, S. 49ff. und Heinrich Beitzke, Geschichte des Russischen Krieges im Jahre 1812. Leipzig o. J., S. 57ff.

146 Okresní Archiv, Cheb, »Geschichte des Hotels ›Zwei Erzherzoge Eger‹«, Band I, S. 31/32. Die Geschichte dieses Hotels ist eine kalligraphische und buchkünstlerisch ausgestattete Chronik, die 1932 aus dem Familienbesitz an das Stadtarchiv Eger überging. – Am 5. Juli 1812 waren die Majestäten, der Kaiser von Österreich, die Kaiserin von Frankreich und der Großherzog von Würzburg, mit »allerhöchst dero Hofstaat« in Franzensbad, jeweils im »russischen Hause«, im »sächsischen Hause« und im Hotel »Zum Kiebitz«. Einen Tag darauf war in diesem Hotel auch das Ehepaar Bismarck »aus Schönbach im Brandenburgischen«, wie es so schön fehlerhaft vermerkt ist. Siehe: »Liste der angekommenen Kur- und Badegäste im Kaiser Franzensbad im Jahre 1812. Eger, gedruckt und zu haben bei Joseph Kobrtsch.« – Die Liste beginnt mit dem Monat Mai (13 Gäste) und endet mit dem Monat September (29 Gäste) – Im ganzen Jahre: 517 Gäste. – Das Exemplar dieser gedruckten Liste im Museum zu Františkovy Lázně.

147 Vgl. Ernst Moritz Arndt, Erinnerungen aus dem äußeren Leben, in: Arndts Werke, in 12 Teilen hrsg. v. August Leffson u. Wilhelm Steffens, zweiter

Teil, Berlin–Leipzig–Wien–Stuttgart 1912, S. 151: Goethe im Frühjahr 1813 zu Besuch in Dresden: »Der junge Körner war da, freiwilliger Jäger bei den Lützowern: Der Vater sprach sich begeistert und hoffnungsreich aus, da erwiderte Goethe ihm gleichsam erzürnt: Schüttelt nur an Euren Ketten, der Mann ist euch zu groß, ihr werdet sie nicht zerbrechen! – Über die Stellung Goethes zu Napoleon und den Freiheitskriegen siehe Wilhelm Mommsen, Die politischen Anschauungen Goethes, Stuttgart 1948, S. 119ff.

148 Vgl. Liste der ankommenden Kur- und Badegäste ..., 8. August 1812: »Herr Ludwig van Beethoven, Compositeur aus Wien, wohn. zu den 2 gold. Löwen«.

149 Vgl. Stephan Nobbe, Der Einfluß religiöser Überzeugung auf die politische Ideenwelt Leopold von Gerlachs (Befreiungskriege und militärische Karriere). Diss. Erlangen–Nürnberg 1970, S. 39–46.

150 Zitiert nach: Ebenda, S. 40.

151 Ein Beispiel unter vielen: Im Jahre 1815 meldeten sich in dem schon wieder preußisch gewordenen Stendal 40 Handwerkergesellen als freiwillige Jäger. Vgl. Stadtarchiv Stendal, Chronik der Stadt Stendal, angefangen am 1. Januar 1801, S. 15 (30. April 1815): Die freiwilligen Jäger »haben sich sämtlich auf eigene Kosten equipiert«.

152 Schmidt, Schönhausen, S. 157.

153 Auch Theodor Fontane hat 1878 in »Vor dem Sturm«, seinem »Roman aus dem Winter 1812 auf 13« (Theodor Fontane, Sämtliche Werke, 1. Abt., Bd. 1, München 1959) geschildert, daß der König in der Volksgewalt ein »anstürmendes Meer« fürchtet, das, »wenn erst einmal die Dämme durchbrochen sind, unterschiedslos alle gesellschaftliche Ordnung in seinen Fluten begräbt«. (S. 274) Und letztlich ist auch der Hauptvertreter der Feudalkaste im Roman, Berndt von Vitzewitz, als dessen historisches Urbild v. d. Marwitz gilt, recht froh darüber, daß sie einen Krieg haben werden »nach alten preußischen Traditionen«. Selbst wenn er vor einem Volkskrieg nicht so zurückschreckt, weil nach seiner Ansicht »erst das Land und dann der Thron« komme, meint er doch: »besser ist besser«.

154 Schmidt, Schönhausen, S. 157/158.

155 Ebenda, S. 158.

156 Schmidt, Geschlecht v. Bismarck, S. 166.

157 BA, Karton N 30.

II. Bismarcks Werden und Suchen im historischen Umfeld

1 Franz Otto, Das Buch berühmter Kaufleute oder der Kaufmann zu allen Zeiten, Bd. 2, Leipzig 1868, S. 300; vgl. Die Familie Frege in Leipzig und J. E. Gotzkowsky in Berlin, in: Ideale für alle Stände, Bd. II, 2.

2 Ludwig Wilhelm Brüggemann (Hrsg.): Beiträge zu der ausführlichen Beschreibung des Königlich Preußischen Herzogtums Vor- und Hinter-Pommern, Bd. 2., Stettin 1806, siehe besonders S. 169 u. 170: die Beschreibung von Jarchlin, Kniephof und Külz.

3 BA, Karton L 19.

4 Vgl. Auskunft der Zentralstelle für Genealogie der DDR, Leipzig v. 31. 3. 1977.

5 BA, Karton L 19.
6 Vgl. Wojewódzkie Archivum Państwowe Szczecin, 4577: Acta des Königl. Oberpraesidii von Pommern über den Fortgang der Regulierungen der gutsherrlichen und bäuerlichen Verhältnisse. Rep. 60. Acc. 7/1931 Nr. 1224, Blatt 609ff.
7 Ebenda
8 Wojewódzkie Archivum Państwowe Szczecin, Nr. 4282: Acta des Königl. Oberpräsidiums von Pommern, Erlaß vom 24. April 1846.
9 Ebenda, Schreiben aus Coeslin, 9. Juni 1837.
10 Karl Friedrich v. Klöden, Jugenderinnerungen, hrsg. von Max Jähns, Leipzig 1874, S. 303.
11 Ebenda, S. 386f., ferner Allgemeine Deutsche Biographie, Bd. 26, Leipzig 1888, S. 222f.
12 Hans Kraemer, Aus Bismarcks Schuljahren, in: Biographische Blätter, 1. Jg. 1895, H. 1, S. 6.
13 Ebenda, S. 5.
14 GW, Bd. 7, S. 465.
15 Klöden, Jugenderinnerungen, S. 381 u. 384.
16 Kraemer, S. 6.
17 GW, Bd. 7, S. 88.
18 Robert Frhr. Lucius v. Ballhausen, Bismarck-Erinnerungen, Stuttgart-Berlin 1920, S. 85.
19 GW, Bd. 15, S. 5.
20 Klöden, Jugenderinnerungen, S. 387f.
21 Vom jungen Bismarck, Briefwechsel Otto v. Bismarcks mit Gustav Scharlach, Weimar 1912, S. 25f.
22 Marcks, Bismarcks Jugend, S. 56.
23 Ebenda, S. 58.
24 Wilhelmine v. Bismarck an den Sohn Bernhard im Frühjahr 1825, in: HZ, 214, 1972, S. 556
25 Wilhelmine v. Bismarck an den Sohn Bernhard am 15. 6. 1830, in: Ebenda, S. 576.
26 In einem weiteren (nicht genauer datierten) Brief von 1830, in: Ebenda, S. 578.
27 Vollständig veröffentlicht von Charlotte Sempell, Unbekannte Briefstellen Bismarcks, in: HZ, 207, 1968, S. 610.
28 Hedwig v. Bismarck, Erinnerungen aus dem Leben einer 95jährigen, Halle 1910, S. 30.
29 Charlotte Sempell, Unbekannte Briefstellen Bismarcks, in: HZ, 207, 1968, S. 610f.
30 Hedwig v. Bismarck, Erinnerungen, S. 29f.
31 Zitiert nach: Marcks, Bismarcks Jugend, S. 45.
32 Bismarck an M. v. Puttkamer am 21. 12. 1846, in: GW, Bd. 14, S. 46.
33 Wilhelmine v. Bismarck an den Sohn Bernhard 1830, in: HZ, 214, 1972, S. 579.
34 Vgl. Müller, S. 152, 202ff.
35 Zitiert nach: Ludwig Reiners, Bismarck 1815–1871, München 1956, S. 8.
36 Zitiert nach: Marcks, Bismarcks Jugend, S. 75f.
37 Hedwig v. Bismarck, Erinnerungen, S. 86.
38 GW, Bd. 15, S. 6.

39 Manfred Buhr, Der Mut der Wahrheit. 150 Jahre nach Hegel, Berlin 1982, S. 21 (Sitzungsberichte der Akademie der Wissenschaften d. DDR, 8 G, 1982).
40 Friedrich August Ludwig v. d. Marwitz, Ein märkischer Edelmann im Zeitalter der Befreiungskriege, hrsg. v. Friedrich Meusel, Bd. 1, Berlin 1908, S. 672.
41 Ebenda, Bd. 2, 1. Teil, S. 178.
42 Ebenda, Bd. 1, S. 716f.
43 Vgl. Kurt Holzapfel, Revolution und Ausgleich. Zu einigen Aspekten der Julirevolution 1830 in Frankreich, in: ZfG, 27, 1979. 2, S. 111ff.; derselbe, Die Julirevolution 1830 in Frankreich. Meinungen, Kontroversen, Forschungsdesiderate, in: ZfG, 29, 1981, S. 710ff.; Helmut Bock, Die Illusion der Freiheit, Deutsche Klassenkämpfe zur Zeit der französischen Julirevolution 1830 bis 1831, Berlin 1980.
44 Hermann Oncken, Ein Freund Bismarcks: Graf Alexander Keyserling, in: Derselbe, Historisch-politische Aufsätze und Reden, Bd. 2, München-Berlin 1914, S. 108.
45 Friedrich Schulze/Paul Ssymank, Das deutsche Studententum von den ältesten Zeiten bis zur Gegenwart, Leipzig 1910, S. 203.
46 Zitiert nach: Karl Obermann, Deutschland von 1815 bis 1849, Berlin 1961, S. 92.
47 Zitiert nach: Friedrich Schulze/Paul Ssymank, Das deutsche Studententum ..., S. 204.
48 George Hesekiel, Das Buch vom Grafen Bismarck, Bielefeld 1873, S. 92.
49 Helmut Bock, Die Illusion der Freiheit, S. 139ff.
50 Marcks, Bismarcks Jugend, S. 83.
51 Briefwechsel von John Lothrop Motley, hrsg. v. A. Eltze, Bd. 1, Berlin 1890, S. 12f.
52 Bismarck, GW, Bd. 15, S. 5.
53 Marcks, Bismarcks Jugend, S. 89f.
54 Karl Obermann, Deutschland von 1815 bis 1849, Berlin 1961, S. 32; vgl. ferner: Otto Meyer, Kulturgeschichtliche Bilder aus Göttingen, Linden-Hannover 1889, S. 153ff.
55 Briefwechsel von John L. Motley, S. 12.
56 Bismarck an Scharlach am 14. 11. 1833, in: GW, Bd. 14, S. 2f.
57 Marcks, Bismarcks Jugend, S. 97.
58 Briefwechsel von John L. Motley, S. 6.
59 Moritz Busch, Graf Bismarck und seine Leute während des Krieges um Frankreich, Nach Tagebuchblättern, Bd. 2, Leipzig 1878, S. 318. (1. 2. 1871).
60 Marwitz, Bd. 2, 2. Teil, Berlin 1913, S. 223f. (Marwitz an Hardenberg im September 1814).
61 Vgl. Helmut Bock, Bürgerlicher Liberalismus und revolutionäre Demokratie. Zur Dialektik der sozialen und nationalen Frage in den deutschen Klassenkämpfen von 1831 bis 1834, in: Jahrbuch für Geschichte, Bd. 13, Berlin 1975, S. 121.
62 GW, Bd. 8, S. 517.
63 Vgl. Götz von Selle, Die Georg-August-Universität zu Göttingen 1737–1937, Göttingen 1937, S. 246f.
64 Vgl. Lothar Gall, Bismarck. Der weiße Revolutionär, Frankfurt/M.-Berlin-Wien 1980, S. 33.

65 Bismarck, GW, Bd. 15, S. 6; vgl. ferner A. O. Meyer, Bismarck in Göttingen, in: Mitteilungen des Göttinger Universitätsbundes, 14, 1932, H. 1/2, S. 17 ff.
66 Bismarck an Scharlach am 7. 4. 1834, in: GW, Bd. 14, S. 4.
67 Bismarck an Scharlach am 5. 5. 1834, in: GW, Bd. 14, S. 5.
68 Vom jungen Bismarck, Briefwechsel Otto v. Bismarcks mit Gustav Scharlach, Weimar 1912, S. 34 (19. Juli 1835).
69 Bismarck, GW, Bd. 15, S. 6f.
70 Bismarck an den Bruder Ende Dezember 1833, in: GW, Bd. 14, S. 4.
71 Briefwechsel von John L. Motley, S. 18.
72 Bismarck an Olivier Mollmer, zitiert nach: Aus den Tagebuchblättern des Grafen Alexander Keyserling, hrsg. v. seiner Tochter Freifrau v. Taube. Mit einer Lebensskizze, verfaßt von Graf Leo Keyserling, Stuttgart 1894, S. 33.
73 Ebenda, S. 125.
74 Graf Alexander Keyserling. Ein Lebensbild aus seinen Briefen und Tagebüchern, zusammengestellt v. seiner Tochter Helene v. Taube v. d. Issen, Berlin 1902, Bd. 2, S. 598.
75 Bismarck an Scharlach am 14. 11. 1833, in: GW, Bd. 14, S. 3.
76 Briefwechsel von John L. Motley, S. 23/24.
77 Bismarck an Scharlach am 14. 11. 1833, in: GW, Bd. 14, S. 3.
78 Bismarck an Scharlach am 7. 4. 1834, in: GW, Bd. 14, S. 4.
79 Briefwechsel von John L. Motley, S. 56ff.
80 Bismarck, GW, Bd. 15, S.6.
81 Marwitz, Bd. 1, S. 716f.
82 Heinrich Heines Sämtliche Werke, hrsg. v. Oskar Walzel, Bd. 8, Leipzig 1913, S. 360.
83 Vom jungen Bismarck, Briefwechsel Otto v. Bismarcks mit Gustav Scharlach, Weimar 1912, S. 6.
84 Vgl. Marcks, Bismarcks Jugend, S. 93ff.
85 Bismarck an den Bruder Ende Dezember 1833, in: GW, Bd. 14, S. 4.
86 Bismarck an Scharlach am 5. 5. 1834, in: GW, Bd. 14, S. 5.
87 Vgl. Bismarck an den Vater am 25. 1. 1838, in: GW, Bd. 14, S. 12.
88 Bismarck an Scharlach am 18. 6. 1835, in: GW, Bd. 14, S. 6.
89 BA, Bismarck an den Bruder Bernhard am 30. 6. 1836. In diesem Abschnitt konnten 10 unveröffentlichte Briefe, die Otto v. Bismarck an seinen Bruder Bernhard vom 30. Juni 1836 bis zum 19. Juli 1837 – also während etwa eines Jahres – geschrieben hat, ausgewertet werden. Von diesen Briefen finden sich in der Friedrichsruher Ausgabe nur 2 kärgliche Bruchstücke, eigentlich nur aus dem Zusammenhang gerissene Splittersätze. Der 100 Zeilen lange Brief vom 10. August 1836 beispielsweise ist mit ganzen 6 Zeilen vertreten. Eine große Zahl von Originalbriefen hat Bismarck selbst vernichtet, ohne jedoch zu wissen, daß Horst Kohl bereits Abschrift von ihnen genommen hat. Die Fürstin Herbert v. Bismarck forderte die Abschriften von Horst Kohl zurück und ließ sie im Friedrichsruher Archiv sekretieren. Horst Kohl hatte in einem Brief vom 1. 5. 1912 (BA, Karton M 29) dringend die Erhaltung dieser Briefe befürwortet: »Ich weiß nicht, welche von den Briefen Fürst Bismarck vernichtet hat; er hat mir nur gesagt, daß er die Briefe aus der Aachener Zeit bis auf weitere Entschließung nicht veröffentlicht sehen wollte, wenn er auch, wie er hinzufügte, sich keines jemals von ihm geschriebenen Briefes zu schämen brauchte. Die Briefe sind für die Entwicklungsge-

schichte des Fürsten von so hervorragendem Werte, daß ich Sie dringend bitte, sie im Familienarchiv niederzulegen, auch die, welche im Original nicht mehr existieren sollten.« Da Fürst Otto v. Bismarck im Spätherbst 1970 ausdrücklich erklärte, daß mir im Bismarck-Archiv zur Benutzung alles offenstünde, fühlte sich der inzwischen verstorbene Archivar, Herr Studienrat a. D. Plessow, berechtigt, mir Xerokopien der Kohlschen Abschriften zu ermöglichen. Es geht hier nicht um Sensatiönchen, sondern um eine psychologisch und sozial fundierte Analyse eines wichtigen Lebensabschnitts Otto v. Bismarcks.

90 Marcks, Bismarcks Jugend, S. 83.
91 Bismarck an seinen Bruder Bernhard am 23. 12. 1836 – Vgl. noch Brief vom 16. 10. 1836.
92 Zitiert nach: Marcks, Bismarcks Jugend, S. 132.
93 Bismarck an den Bruder Bernhard am 10. 8. 1836.
94 Bernhard v. Bismarck an Otto am 27. 8. 1836.
95 Bismarck an den Bruder Bernhard am 23. 12. 1836.
96 Bismarck an den Bruder Bernhard am 16. 10. 1836.
97 Vgl. Bismarck-Kalender auf das Jahr 1913, hrsg. von Albrecht Philipp und Horst Kohl, Leipzig 1912, S. 74. – Vgl. Bismarck an Scharlach am 6. Mai 1836.
98 Bismarck an den Bruder Bernhard am 2. 11. 1836.
99 Ebenda, undatiert, doch zwischen 3. und 23. 12. 1836.
100 Ebenda, 23. 12. 1836.
101 Ebenda, 12. 3. 1837.
102 Ebenda, 16. 1. 1837.
103 Ebenda, 23. 12. 1836.
104 Ebenda, ein langer Brief, begonnen 12. und 14. März 1837.
105 Ebenda, 23. 12. 1836.
106 Ebenda, 16. 1. 1837.
107 Graf Alexander Keyserling, Bd. 2, S. 598.
108 Bismarck an K. F. v. Savigny am 30. 8. 1837, in: GW, Bd. 14, S. 8f.
109 Alan Palmer, Bismarck. Eine Biographie, Düsseldorf 1976, S. 26f. Der Autor konnte als Engländer diese familiären Verhältnisse besonders verfolgen. Vgl. auch Anmerkung 12 auf S. 430.
110 Bismarck an K. F. v. Savigny am 3. 9. 1837, in: GW, Bd. 14, S. 10.
111 Bismarck an den Vater am 29. 9. 1838, in: GW, Bd. 14, S. 16.
112 Bismarck an den Bruder Bernhard am 10. 7. 1837.
113 BA, Karton D 3, Abschrift eines Bismarckbriefes vom 19. 9. 1837 an den »Hochgeborenen Herrn Grafen« und den »Hochgebietenden Herrn Präsidenten«.
114 BA, Karton D 3, Konzept eines Gesuchs vom 30. 9. 1837.
115 BA, Karton D 3, Amtliches Schreiben vom 21. 10. 1837.
116 Die Herausgeber der Bismarckbriefe der Friedrichsruher Ausgabe (Bd. 14, S. 12) schreckten davor zurück, diese peinliche Stelle im Brief vom 25. Januar 1838 abzudrucken, obwohl sie im »Bismarck-Kalender auf das Jahr 1913«, S. 92, bereits veröffentlicht worden war.
117 Bismarck an Scharlach am 9. 1. 1845, in: GW, Bd. 14, S. 30. – An diesen Brief knüpfte eine schriftliche und mündliche Diskussion zwischen der Fürstin Herbert von Bismarck und dem Bismarck-Biographen Erick Marcks im Sommer 1912 an. Marcks war allem Anschein nach bemüht, den jungen Bis-

marck reiner zu sehen, als dies die Fürstin tat. Hier eine längere Stelle aus ihrem Brief an Erich Marcks (24. Juli 1912): »Ich habe mir auf Ihren ersten Brief hin die Sache mit Miss Russel und Miss Loraine durch den Kopf gehen lassen und kann Ihre Ansicht nicht teilen, daß die Briefe an Scharlach eine unrichtige Darstellung geben. Erstens bin ich immer sehr skeptisch, wenn man mir sagt, daß mein Schwiegervater oder mein Mann eine Sache anders dargestellt haben, als sie wirklich war. Das war gar nicht ihre Art, und für den Humor, der in der Ausmalung einer übertriebenen oder erfundenen Situation liegt (wie Lord Byron es so gerne tat) hatten sie kein Verständnis. Aber abgesehen davon stimmt die ganze Sache chronologisch und nach allem, was ich gehört habe, zu genau, um an ihr zu zweifeln. Im Sommer 1836 spielte die Courmacherei mit Miss Russel; die war 1837 erledigt, denn nach dem, was mein Schwiegervater über sie und die Cleveland erfuhr, kann ich mir nicht denken, daß er die intimen Beziehungen wieder anknüpfte. Dazu kam anscheinend die stärkere Leidenschaft für Miss Loraine. Am 13. 9. 1837 schreibt er ausdrücklich an Scharlach, er sei mit einer ›blonden Britin‹ verlobt (von Miss Russel wissen wir nicht, ob sie blond war), dann kam die lange urlaubslose Reise und 8 Jahre später erzählte er genau, wie diese und die Verlobung ausgegangen ist. Warum soll das falsch sein? Es ist doch sehr unwahrscheinlich, daß er nach dieser langen Zeit etwas erdichten sollte, was ihn gar nicht in ein besonders interessantes Licht stellt. Er sagte mir selber einmal, er sei mit einer jungen Engländerin verlobt gewesen, und malte es humoristisch aus, was aus ihm politisch geworden wäre mit einer englischen Frau. Meine Schwiegermutter stellte sich sehr mißbilligend dazu, und das amüsierte ihn, wie sie überhaupt bis zum letzten Tag nie die Möglichkeit verlor, ihn besser als irgend ein anderer Mensch zu unterhalten.« – Wie aus dem Brief ferner hervorgeht, war die Fürstin bemüht, weiterhin Nachforschungen anzustellen. Erich Marcks zeigte sich in seinem Brief vom 5. August 1912 an allem interessiert und wollte die »Engländerinnenfrage« mündlich erörtern. Vgl. Konzept der Fürstin und Marcks-Brief im BA, Karton M 32.

118 Alan Palmer, Bismarck, Düsseldorf 1976, S. 28.
119 Bismarck an K. F. v. Savigny am 6. 12. 1837, in: GW, Bd. 14, S. 11.
120 Brief vom 25. 8. 1838, BA, Karton N 33. Dieser und weitere Briefe, die sich auf die Liquidierung von Schulden beziehen, befinden sich in einem kleinen Konvolut mit der Aufschrift, geschrieben von Erich Marcks, »Frühe Korrespondenzen an Bismarck. Schönhausen III 05«.
121 BA, Karton N 33.
122 BA, Karton N 33 (Wiesbaden, 6. September 1840).
123 Bismarck an die Braut am 13. 2. 1847, in: GW, Bd. 14, S. 57f. Doch die Schilderung der finanziellen Lage und der Motive seines Weggangs aus Aachen ist in der Friedrichsruher Ausgabe unvollständig wiedergegeben. Vgl. Charlotte Sempell, Unbekannte Briefstellen Bismarcks, in HZ, 207, 1968, S. 610 u. 613.
124 BA, Karton B 12.
125 Bismarck an den Vater am 29. 9. 1838, in: GW, Bd. 14, S. 16.
126 Ebenda, S. 16.
127 Varnhagen von Ense, Tagebücher, Bd. 1, Leipzig 1861, S. 24.
128 Karl Gutzkow, Unter dem schwarzen Bären. Autobiographische Aufzeichnungen, Bilder und Erinnerungen. Berlin 1959, S. 358.

129 Zitiert nach: Preußen. Versuch einer Bilanz, Reinbek bei Hamburg 1981, Bd. 4, S. 179.
130 Zitiert nach: Preußen. Versuch einer Bilanz, Bd. 1, S. 393.
131 Bismarck an den Vater am 29. 9. 1838, in: GW, Bd. 14, S. 15. – (Hervorhebung von mir – E. E.)
132 BA, Bernhard v. Bismarck an Bruder Otto am 14. 9. 1838.
133 Ferdinand v. Bismarck an Sohn Bernhard am 19. 7. 1838. Vgl. Marcks, Bismarcks Jugend, S. 153.
134 Vgl. Wolf Jobst Siedler, Die Tradition der Traditionslosigkeit. Notizen zur Baugeschichte Berlins, in: Preußen. Versuch einer Bilanz, Bd. 2, S. 311ff., besonders S. 312f.
135 Marcks, Bismarcks Jugend, S. 172.
136 Vgl. ZStAM, Rep. 87 B, Nr. 6435, Bl. 141f. – Nr. 6436, Bl. 133 – Nr. 6437, Bl. R 58ff. (genaue Lohnangaben).
137 ZStAM, Rep. 87 B, Nr. 6433, Bl. 147 R.
138 Vgl. Walter Geisler, Die Gutssiedlung und ihre Verbreitung in Norddeutschland, in: Geographischer Anzeiger, Gotha, 23, 1922, S. 250f.
139 K. L. Hering, Über die agrarische Gesetzgebung in Preußen, besonders in Rücksicht auf die Ausführung derselben durch die General-Kommissionen und deren Oekonomie-Kommissarien, Berlin 1837, S. 112.
140 Diedrich Saalfeld, Zur Frage des bäuerlichen Landverlustes im Zusammenhang mit den preußischen Agrarreformen, in: Zeitschrift für Agrargeschichte und Agrarsoziologie, 11, 1963, S. 163ff. – In die gleiche Richtung weisen die Vergleichszahlen, die für die Provinzen Sachsen, Brandenburg und Pommern erarbeitet worden sind; vgl. Rudolf Berthold, Zur Herausbildung der kapitalistischen Klassenschichtung des Dorfes in Preußen, in: ZfG, 25, 1977, S. 556ff., besonders S. 562.
141 Hering, S. 108.
142 ZStAM, Rep. 87 B, Nr. 6433, Bl. 214 R.
143 Diedrich Saalfeld, Zur Frage des bäuerlichen Landverlustes ...
144 ZStAM, es handelt sich um sieben dicke Aktenbände unter Rep. 87 B, Nr. 6433–6439.
145 Vgl. Hartmut Harnisch, Vom Oktoberedikt des Jahres 1807 zur Deklaration von 1816. Problematik und Charakter der Agrarreformgesetzgebung zwischen 1807 und 1816, in: Jahrbuch für Wirtschaftsgeschichte, Sonderband 1978, S. 231–293, sowie Klaus Vetter, Kurmärkischer Adel und preußische Reformen, Weimar 1979 (Veröffentlichungen des Staatsarchivs Potsdam, Bd. 15).
146 Hering, S. 285.
147 ZStAM, Rep. 87 B, Nr. 6434, Bl. 247, Nr. 6435, Bl. 138 f.
148 Vgl. Hering, S. 285ff.
149 ZStAM, Rep. 87 B, Nr. 6433, Bl. 25.
150 Ebenda, Bl. 93.
151 Ebenda, Bl. 110.
152 Ebenda, Bl. 327.
153 Ebenda, Bl. 219.
154 ZStAM, Rep. 87 B, Nr. 6436, Bl. 111.
155 Bezüglich der produktionstechnischen Fortschritte in der pommerschen Landwirtschaft vgl. Bogdan Wachowiak. Die Entwicklung der Landwirtschaft Hinterpommerns in den Reiseberichten des Regierungsrates Haese

aus den Jahren 1835 und 1837, in: Probleme der Agrargeschichte des Feudalismus und des Kapitalismus. Tagungsmaterial vom September 1976. Wilhelm-Pieck-Universität Rostock, Sektion Geschichte 1977, Teil VIII, S. 127ff.

156 ZStAM, Rep. 87 B, Nr. 6436, Bl. 72ff.
157 Ebenda, Bl. 76f.
158 Ebenda, Bl. 150f.
159 Ebenda, Bl. 135f.
160 Ebenda, Bl. 128.
161 ZStAM, Rep. 87 B, Nr. 6437, Bl. 55.
162 Ebenda, Bl. 54.
163 ZStAM, Rep. 87 B, Nr. 6436, Bl. 125f.
164 ZStAM, Rep. 87 B, Nr. 6437, Bl. 54.
165 Ebenda, Bl. 210.
166 ZStAM, Rep. 87 B, Nr. 6433, Bl. 119.
167 Ebenda, Nr. 6436, Bl. R. 151f.
168 Ebenda, Nr. 6433, Bl. R. 242.
169 Ebenda, R. 236.
170 Meyer, Bismarck, S. 33.
171 Bismarck an L. v. Klitzing am 10. 9. 1843, in: GW, Bd. 14, S. 21.
172 Meyer, Bismarck, S. 38.
173 Vgl. Meyer, Bismarck, S. 33; ferner Hans-Heinrich Müller/Hans-Joachim Rock, Herkules in der Wiege, Leipzig–Jena–Berlin 1980, S. 251ff., Erich Jordan, Die Entstehung der konservativen Partei und die preußischen Agrarverhältnisse 1848, München–Leipzig 1914, S. 21.
174 Vgl. Marcks, Bismarcks Jugend, S. 45.
175 Zitiert nach: Marcks, Bismarcks Jugend, S. 157.
176 ZStAM, Rep. 92, Hardenberg, Nr. H 11, Bl. 3/4; vgl. Hartmut Harnisch, Agrarpolitische und volkswirtschaftliche Konzeption einer kapitalistischen Agrarreform, in: Probleme der Agrargeschichte des Feudalismus und des Kapitalismus, Tagungsmaterial vom Sept. 1976, Wilhelm-Pieck-Universität Rostock 1977, Teil VIII, S. 119.
177 Ernst von Bülow-Cummerow, Preußen, seine Verfassung, seine Verwaltung, sein Verhältnis zu Deutschland, Berlin 1842, Bd. 2, S. 161.
178 Zitiert nach: Erich Krauß, Ernst von Bülow-Cummerow, ein konservativer Landwirt und Politiker des 19. Jahrhunderts, Berlin 1937, S. 99 (Historische Studien, Bd. 313).
179 Ebenda, S. 114.
180 Ebenda, S. 151, Maria Fehling, Bismarcks Geschichtskenntnis, Stuttgart 1922, S. 74.
181 Ernst v. Bülow-Cummerow, Preußen, Bd. 1, S. 300.
182 Ebenda, S. 237.
183 Krauß, S. 143 u. 146.
184 GW, Bd. 1, S. 8.
185 Zitiert nach: Marcks, Bismarcks Jugend, S. 231.
186 Vgl. Werner Schuffenhauer, Vorwort zu Ludwig Feuerbach, Gesammelte Werke, Bd. 1, Berlin 1981, S. XIIIf.
187 MEW, Bd. 1, S. 451.
188 Vgl. Karl Obermann, Deutschland 1815–1848/49, Berlin 1961, S. 134.
189 MEW, Bd. 27, S. 412.

190 Vgl. Joseph Hansen, Rheinische Briefe und Akten zur Geschichte der politischen Bewegung 1830–1850, Bd. 2: 1846–1850, 1. Hälfte, Bonn 1942, S. 330 f.
191 MEW, Bd. 8, S. 14.
192 Vgl. Ileana Bauer/Anita Liepert, Zum Differenzierungsprozeß im Liberalismus des deutschen Vormärz. Das Verhältnis zwischen den Junghegelianern und dem »Staatslexikon«, ZfG, 30, 1982, S. 413ff., besonders 422f.
193 MEW, Ergänzungsband, 2. Teil, S. 249.
194 Ebenda, S. 254; vgl. S. 246ff.
195 Bismarck an die Braut am 13. 2. 1847, in: GW, Bd. 14, S. 58.
196 Bismarck an L. v. Klitzing am 10. 9. 1843, in: GW, Bd. 14, S. 21.
197 Bismarck an die Schwester am 9. 4. 1845, in: GW, Bd. 14, S. 33.
198 Bismarck an L. v. Klitzing am 10. 9. 1843, in: GW, Bd. 14, S. 21.
199 Bismarck an O. v. Arnim am 31. 10. 1843, in: GW, Bd. 14, S. 23.
200 Bismarck an den Vater am 28. 7. 1842, in: GW, Bd. 14, S. 18 f.
201 Vgl. Th. Rothstein, Beiträge zur Geschichte der Arbeiterbewegung in England, Wien–Berlin 1929, S. 84 f.
202 Vgl. Mevissen »Englische Zustände« (Rheinische Zeitung Nr. 256 vom 13. IX, 261 v. 18. IX und Nr. 263 v. 20. IX. 1843 7. Vgl. ferner Wilhelm Klütentreter, Die Rheinische Zeitung von 1842/43, 1966, Dortmunder Beiträge zur Zeitungsforschung 10. Band, 1. Teil) S. 26.
203 Palmer, S. 33.
204 Vgl. Bismarck an den Vater am 8. 8. 1844, in: GW, Bd. 14, S. 27.
205 Vgl. Vom jungen Bismarck, Briefwechsel Otto v. Bismarcks mit Gustav Scharlach, Weimar 1912, S. 6.
206 Vgl. Bismarck an H. v. Puttkamer am 21. 12. 1846, in: GW, Bd. 14, S. 46 f.
207 Bismarck an den Vater am 1. 10. 1843, in: GW, Bd. 14, S. 22; Bismarck an O. v. Arnim am 31. 10. 1843, in: GW, Bd. 14, S. 23.
208 Bismarck an L. v. Klitzing am 10. 9. 1843, in: GW, Bd. 14, S. 21.
209 Bismarck an O. v. Arnim am 31. 10. 1843, in: GW, Bd. 14, S. 22; Bismarck an L. v. Klitzing am 10. 9. 1843, in: GW, Bd. 14, S. 21.
210 Bismarck an Scharlach am 4. 8. 1844, in: GW, Bd. 14, S. 26.
211 Bismarck an Scharlach am 9. 1. 1845, in: GW, Bd. 14, S. 31.
212 Franz Mehring, Bismarcks Jugend. Besprechung des Werkes von Erich Marcks, in: Die Neue Zeit, XXIX, 1910/11, 2, S. 601–608, auch in: Gesammelte Schriften Bd. 7, Berlin 1965, S. 268.
213 Zitiert nach Hermann Petrich, Adolf und Henriette v. Thadden und ihr Trieglaffer Kreis, in: Forschungen zur Kirchengeschichte Pommerns, Bd. 2, Stettin 1931, S. 18/19.
214 Ebenda, S. 15.
215 Zitiert nach: Hans-Joachim Schoeps (Hrsg.), Aus den Jahren preußischer Not und Erneuerung. Tagebücher und Briefe der Gebrüder Gerlach und ihres Kreises, Berlin 1963, S. 593 f.
216 Vgl. Karl Barth, Die protestantische Theologie im 19. Jahrhundert. Ihre Vorgeschichte und Geschichte, 3. Auflage, Berlin 1961, S. 466 f.
217 Vgl. Theologisches Lexikon, Hrsg. von Hans-Hinrich Jenssen und Herbert Trebs ..., Berlin 1981, S. 149/150.
218 Zitiert nach: H. J. Schoeps (Hrsg.), Aus den Jahren preußischer Not und Erneuerung, S. 299.
219 Hermann Theodor Wangemann, Geistliches Regen und Ringen am Ostseestrand, Berlin 1861, S. 10.

220 Fritz Fischer, Moritz August von Bethmann Hollweg und der Protestantismus (Religion, Rechts- und Staatsgedanke), Berlin 1938, S. 72 (Historische Studien, H. 338).
221 Ebenda, S. 285.
222 Ebenda, S. 233 u. 271.
223 Kuno Fischer, Hegels Leben, Werke und Lehre, Heidelberg 1901, anders nuanciert vgl. Rudolph v. Thadden, Kirchengeschichte als Gesellschaftsgeschichte, in: Geschichte und Gesellschaft, 9, 1983, 4, S. 598 ff.
224 Staatsarchiv Greifswald, Acta des Königl. Ober-Praesidii von Pommern wegen dem Sektierertum in Pommern. Generalia Vol. 1 und 2, Rep. 60, Acc. 33/1936, Nr. 2052.
225 Staatsarchiv Greifswald, Beschwerde der »sämtlichen Grundeigentümer« der Dörfer: Trieglaff, Zimmerhausen, Cardemin, Trützlaff und Zowen, 25. 3. 1827. Betr. Nichtbestellung eines Predigers und Seelsorgers nach dem Tode des früheren Predigers (25. 3. 1825). Der Verstorbene habe »in seinen letzten Jahren viele Kränkungen in seinem Amte vonseiten der Trieglaffischen Gutsbesitzer« (Thadden und Senfft) erfahren.
226 Staatsarchiv Greifswald, An den Oberpräsidenten v. Sack, Trieglaff am 13ten und Berlin am 17. 11. 1827. Weitere Unterschriften: Caroline Henriette Luise v. Oertzen geborene Mellin für sich und als Vormünderin meiner beiden Söhne; Ida Senfft v. Oertzen; Henriette von Thadden geborene v. Oertzen; Ernst Ludwig v. Gerlach, Königl. Oberlandesgerichtsrat als Besitzer und Patron von Trieglaff; Wilhelmine verwitwete Blanckenburg, geborene von Mellin als Besitzerin und Patronin von Zimmerhausen.
227 Staatsarchiv Greifswald, Schreiben Altensteins vom 6. 3. 1828 und 14. 6. 1828 – Schreiben des Oberpräsidenten v. Sack an den Bischof und Generalsuperintendenten Ritschl, 19. April 28.
228 Staatsarchiv Greifswald, Rep. 60, Nr. 746. An die Regierung Coeslin, Abtlg. des Innern, 1. 10. 1847 über den Antrag der Seehöfer Separatisten auf Anerkennung als geduldete Religions-Gesellschaft.
229 Ebenda.
230 Petrich, S. 35 f.
231 Ebenda, S. 42.
232 Ebenda.
233 Zitiert nach Jordan, Die Entstehung der konservativen Partei, München 1914, S. 140.
234 Petrich, S. 79.
235 Carl Büchsel, Erinnerungen aus dem Leben eines Landgeistlichen, Berlin 1907, S. 80.
236 Staatsarchiv Greifswald, Rep. 60, Nr. 2052. Ein Aktenstück behandelt den Streit zwischen dem Gymnasialdirektor Müller und dem Seminardirektor Henning (also einem Ausbilder von Volksschullehrern) in Coeslin. Müller hat in einer Abschiedsrede die abgehenden Abiturienten, insbesondere die zukünftigen Theologiestudenten, vor dem Pietismus gewarnt – und zwar in Gegenwart des Pietisten Henning. Das Allg. Pommersche Volksblatt stimmte dem Anti-Pietisten Müller zu, indem es sich auf die Abschiedsrede zustimmend berief. Henning, vermutlich auf Anstiften der übrigen Pietisten, verlangte eine Replik. Der Streit zog sich monatelang hin, es wurde sogar gemurmelt, der Gymnasialdirektor Müller würde versetzt. Ob dies tat-

sächlich geschehen ist, geht aus den Akten nicht hervor. Es wurde jedoch in einem Erlaß des Berliner Ministeriums für geistl. Angelegenheiten an den Oberpräsidenten Sack verlangt, »daß das Allg. Pommersche Volksblatt fernerhin keine Aufsätze für oder gegen den Pietismus und Conventikel-Wesen aufnehme, da der Unterdrückung des letzteren nichts schädlicher ist, als wenn es auf leidenschaftliche Weise behandelt zur Partei-Sache wird u. hiezu dergleichen literärische Fehden vorzugsweise führen« (Bln., den 12. 8. 1828).

In einem Schreiben des Oberregierungsrat Müller vom 4. Juni 1828 aus Coeslin an den Oberpräsidenten Sack in Stettin wurde auf einige ideologische Momente hingewiesen:

a) Henning hat in seinem Seminar zur Ausbildung von Volksschullehrern »die von seinem Amtsvorgänger Runge den Lehrern und Zöglingen des Seminarismus empfohlenen Dintersche Schullehrer-Bibel mit Unwillen verworfen u. dagegen jenen – es scheint aus eigener Machtvollkommenheit – die Hengstenbergsche Gegenschrift gegen Bezahlung aufgedrungen ... Was aber sollen die Lehrer u. noch mehr die Zöglinge des Seminarismus davon denken, wenn die öffentlich in Druck erschienene Schrift eines anerkannt u. notorisch sehr verdienstlichen Preußischen Consistorial- u. Schulrates ... auf eine so schnöde Weise, gleichsam als ein ketzerisches Werk, verworfen u. verbannt wird? Wohin wird und muß dies führen?«

»Ein Lehrer der Anstalt (Below) ein sonst recht wackerer u. achtungswerter Mann, ist – wie allgemein versichert wird – von dem Henning bereits für sein Glaubens-System gewonnen. Noch weniger wird es demselben an Jüngern unter dem großen Haufen der Seminaristen fehlen, die dann von hier aus in alle ›Welt‹ gehen u. die Lehre der Zerknirschung u. Verfinsterung überall verbreiten.«

Oberregierungsrat Müller führt auch Beispiele von pietistischer Heuchelei an.

b) Der Berichterstatter hat Angst, daß ein Pietist Direktor des Gymnasiums als Nachfolger von Müller werden könnte. »Dies letztere wäre ein sehr erhebliches Übel, weniger vielleicht in moralischer, als in politischer u. finanzieller Rücksicht, indem hoffentlich sodann alle Väter u. Vormünder, welche das Seelenheil ihrer Kinder u. Pflegebefohlenen am Herzen liegt, dieses aus einer Anstalt entfernen u. von derselben zurückhalten würden, in welcher die trübe u. düstere Lehre des Pietismus getrieben, die Wissenschaft u. selbst die gesunde Vernunft dunkeln Gefühlen u. einem blinden Glauben untergeordnet u. in der Religion u. durch dieselbe, statt Reue, Bekehrung und Trost, Zerknirschung u. Verzweiflung bewirkt wird. Wir würden daher als dann sehr bald den Verfall unsers jetzt kräftig aufblühenden Gymnasiums eintreten sehen.«

»Dabei würden indessen die Sektierer den ersten Zweck, nämlich ein freies Feld für ihr Wirken u. Treiben hier u. in der Umgegend doch nicht erreichen; es würden vielmehr gewiß sehr viele an Stelle des Herrn Müller, wenn er von hier versetzt werden sollte, gerade schon deshalb in die heftigste u. lebhafteste Opposition gegen den Herrn Henning treten, wie denn auch bereits solche Schritte von andern Seiten wirklich geschehen sind u. die öffentl. Meinung hier in religiöser Beziehung wider ihn ist ... Die pietistische Lehre fällt hier am Orte ohnehin auf einen ganz unfruchtbaren Boden, u. derer Gönner u. Beförderer werden hier Fehlernten machen, wenn auch die Zahl derer, welche jene Lehre predigen, verzehnfacht werden sollte. Rücksichts einiger Orte u. Gegenden im Departement verhält s. die Sache leider! freilich anders u. gerade in Beziehung auf diese scheint es von großer Wichtigkeit, daß der pietist. Lehre nicht hier am Orte u. dadurch im Mittelpunkt des Departments ein fester Punkt zur allg. Verbreitg. gegeben werde.«

237 Hellmut Heyden, Kirchengeschichte Pommerns, II. Band: Von der Reformation bis zur Gegenwart, 2. umgearbeitete Auflage, Köln-Braunsfeld 1957, S. 203/204.
238 Ebenda, S. 118, 201.
239 Ebenda, S. 184.
240 Büchsel, S. 37 f.
241 Vgl. Hermann Witte, Die pommerschen Konservativen. Männer und Ideen 1810–1860, Berlin–Leipzig 1936, S. 75; Marcks, Bismarcks Jugend, S. 245.
242 Zitiert nach: Witte, S. 67 f.
243 Marcks, Bismarcks Jugend, S. 244 f.; Meyer, Bismarck, S. 245.
244 BA, Karton B 11, Bernhard an Otto von Bismarck am 27. 8. 1836.
245 BA, Karton M 29, Bismarck an den Bruder Bernhard am 16. 10. 1836.
246 Siehe weiter vorn S. 29.
247 BA, Karton B 116, Marie v. Thadden an Moritz v. Blanckenburg am 7. 2. 1843.
248 BA, Karton B 14, drei Briefe allein im Mai 1843 (1., 16., 25.), dann folgten Briefe gleichen religiösen Inhalts am 22. 6. 1843 und 5. 7. 1843.
249 Marcks, Bismarcks Jugend, S. 261.
250 BA, Karton B 116.
251 BA, Karton B 116, Marie v. Blanckenburg-Thadden an Johanna v. Puttkamer undatiert vom April 1844.
252 Marcks, Bismarcks Jugend, S. 244 ff.
253 BA, Karton B 116, Marie v. Blanckenburg an Johanna v. Puttkamer am 11. 9. 1846.
254 Ebenda.
255 Marie v. Thadden an Elisabeth v. Mittelstädt im Frühjahr 1843, in: BA, Bismarck-Erinnerungen aus den Papieren des weiland Missionsdirektors D. Dr. Wangemann – Berlin. Ihrer Durchlaucht der Frau Fürstin v. Bismarck, geb. Gräfin Hoyos, in hoher Verehrung überreicht von Wangemann, Hauptmann beim Stabe des Altmärkischen Feldartillerie-Regiments No. 40, o. J., S. 4.
256 Marie v. Thadden an Elisabeth v. Mittelstädt am 9. 5. 1843, in: Ebenda, S. 4.
257 Marie v. Thadden an Elisabeth v. Mittelstädt 1845, in: Ebenda, S. 6 f.
258 Marie v. Thadden an Johanna v. Puttkamer am 4. 9. 1846, in: BA, Karton B 116.
259 Goethes Sämtliche Werke, Jubiläum-Ausgabe, Stuttgart–Berlin o. J., Bd. 25, S. 25.
260 Marie v. Blanckenburg an Johanna v. Puttkamer am 25. 1. 1846, BA, Karton B 116.
261 Jean Paul, Sämtliche Werke. Historisch-kritische Ausgabe, Abt. I, Bd. 9, Weimar 1933, S. 287.
262 BA, Karton B 116, Marie v. Blanckenburg an Johanna v. Puttkamer wohl im Juni 1844 (handschriftliche Notiz v. E. Marcks).
263 Ebenda, Marie v. Blanckenburg an Johanna im April 1845.
264 Ebenda, Marie v. Blanckenburg an Johanna, ein langer Brief vom Juli 1845.
265 Ebenda.

266 BA, Bismarck-Erinnerungen Wangemanns, S. 11, 13.
267 Bismarck an Marie v. Blanckenburg am 11. 4. 1846, in: GW, Bd. 14, S. 41.
268 Vgl. Hans-Joachim Schoeps (Hrsg.), Aus den Jahren der Not und Erneuerung, S. 593.
269 BA, Karton B 116, Marie v. Blanckenburg an Johanna v. Puttkamer.
270 Bismarck an die Schwester am 18. 11. 1846, in: GW, Bd. 14, S. 45.
271 Marcks, Bismarcks Jugend, S. 263.
272 Ebenda, S. 321.

III. Im Kampf gegen die Revolution

1 Zitiert nach: Marcks, Bismarcks Jugend, S. 288.
2 Bismarck an die Schwester am 30. 9. 1845, in: GW, Bd. 14, S. 37.
3 Vgl. Bismarck an die Schwester am 18. 11. 1845, in: GW, Bd. 14, S. 45.
4 Vgl. Friedrich Meinecke, Bismarcks Eintritt in den christlich-germanischen Kreis, in: HZ, 90, 1903, S. 314f.
5 Bismarck an den Vater am 11. 5. 1845, in: GW, Bd. 14, S. 35.
6 Zitiert nach: Paul Haake, Ernst Freiherr Senfft von Pilsach als Politiker, in: FBPG, 53, 1941, S. 49f.
7 Bismarck an den Bruder am 7. 2. 1846, in: GW, Bd. 14, S. 38; Bismarck an den Bruder am 23. 2. 1846, in: GW, Bd. 14, S. 39.
8 Vgl. Marcks, Bismarcks Jugend, S. 294.
9 Lindstaedt, Bl. 18.
10 BA, Karton L 20.
11 Lindstaedt, Bl. 19/20.
12 Ebenda, Bl. 118 Rff.
13 Vgl. Marcks, Bismarcks Jugend, S. 294ff.
14 Staatsarchiv Magdeburg, Rep. C. 28 I d, Nr. 456, Bl. 18.
15 Bismarck an die Braut am 4. 3. 1847, in: GW, Bd. 14, S. 74. Vgl. ferner BA, Karton L 19 Lohntabelle:

An Gesindelohn ist fällig bis 24. Juni 1846

Der Inspector Bellin erhält vor 2 Jahr	300	--	--
dessen Frau vor 1 Jahr	50	--	--
der Verwalter Bittelmann	40	--	--
der Gaertner Koch	30	14	--
der Brauer Höft	87	15	--
der Mayer Gerener	15	--	--
der Mayer Grabe	24	8	--
der Knecht Becker	22	12	--
der Knecht Bäker	22	12	--
der Knecht Neubauer	12	12	--
der Knecht Küsel	22	12	--
der Knecht Mangelsdorf	9	--	--
der Knecht Beetz	4	--	--
der Kossäte Witte	2	16	--

die Küchen Magdt	33	--	--
die Vieh Magdt	18	--	--
die als Haus u. Vieh Magdt ist	43	--	--
der Kutscher	130	--	--
Summa	867	5	

16 Bismarck an die Braut am 4. 3. 1847, in: GW, Bd. 14, S. 74.
17 Marcks, Bismarcks Jugend, S. 290f.
18 BA, Karton L 21: Rezeß über die Ablösung von Reallasten durch Übernahme der Rente auf die Rentenbank, Schönhausen, 22. Juli 1852, § 1 (bisheriges Verhältnis).
19 Lindstaedt, Bl. 20/21. Diese Zahlen stimmen, von geringfügigen Abweichungen abgesehen, mit dem Separationsrezeß von 1852 überein; vgl. Staatsarchiv Magdeburg, Außenstelle Wernigerode: Rep. C 20 V Schönhausen, Sep. Nr. 10.
20 Staatsarchiv Magdeburg, Außenstelle Wernigerode, Rep. C 20 V, Schönhausen, Kreis Jerichow II – 770.
21 Lindstaedt, Bl. 22.
22 Ebenda, S. 28.
23 Ebenda, S. 18/19.
24 Staatsarchiv Magdeburg, Außenstelle Wernigerode, Rep. C 20 V, Schönhausen, Sep. Nr. 1–Nr. 13. Die »Separations«-Sachen zogen sich bis Ende der 50er Jahre hin.
25 Ebenda, Nr. 4 (14. Mai 1836), Bl. 87 R.
26 Ebenda, Bl. 88 R.
27 Ebenda, Bl. 86f.
28 Ebenda, Bl. 89 R.
29 Ebenda, Bl. 90.
30 Ebenda, Nr. 13, Bl. 9 R.
31 Brouillon der Grundstücke der Ackerleute vom gr. Ende in Schönhausen. I. Section ... Aufgenommen im Jahre 1847 vom Königl. Feldmesser in Genthin (Rep. C. 20 V, Nr. 7).
32 Staatsarchiv Magdeburg, Außenstelle Wernigerode, z. B. Rezeß in der Separations-Sache der beiden Rittergüter zu Schönhausen, Rep. C 20 V, Schönhausen Sep. Nr. 11.
33 Bismarck an die Braut am 11. 3. 1847, in: GW, Bd. 14, S. 77.
34 Lindstaedt, Bl. 20f.
35 Staatsarchiv Magdeburg, Außenstelle Wernigerode, Rep. C 20 V, 770.
36 Lindstaedt, Bl. 28f.
37 ZStAM, Rep. 92, Nachlaß Karl v. Voss, Nr. 16, Briefwechsel Vol. III 1841–1853, Karl v. Voß-Buch an Leopold v. Gerlach am 9. 4. 1841.
38 Lindstaedt, Bl. 23f.
39 Ebenda, Bl. 14/15.
40 Ebenda, Bl. 23.
41 BA, Karton L 20.
42 Bismarck an Ludwig v. Gerlach am 24. 2. 1846, in: GW, Bd. 14, S. 39.
43 BA, Karton A 13.
44 Abgedruckt bei: Adolf Stölzel, Brandenburg-Preußens Rechtsverwaltung und Rechtsverfassung, Berlin 1888, Bd. II, Anhang, S. 233ff.
45 BA, Karton A 13, Konzepte von der Hand Bismarcks.

46 Ebenda.
47 Ebenda: Abschrift des Protokolls über Verhandlungen auf dem Bahnhofe Genthin am 29. Juni 1847, vgl. ferner Stölzel, S. 243; vgl. zu dieser Problematik auch Helmut Bleiber, Staat und bürgerliche Umwälzung in Deutschland. Zum Charakter des preußischen Staates in der ersten Hälfte des 19. Jahrhunderts, in: Preußen in der deutschen Geschichte nach 1789, hrsg. v. Gustav Seeber u. Karl-Heinz Noack, Berlin 1983, S. 100f. (Studienbibliothek DDR-Geschichtswissenschaft, Bd. 3).
48 Bismarck an die Braut am 8. 5. 1847, in: GW, Bd. 14, S. 86.
49 Bismarck an die Braut am 11. 3. 1847, in: GW, Bd. 14, S. 77.
50 Vgl. Bismarck an Ludwig v. Gerlach am 26. 3. 1847, in: GW, Bd. 14, S. 82.
51 Bismarck an die Braut am 4. 3. 1847, in: GW, Bd. 14, S. 73.
52 Bismarck an die Braut am 28. 4. 1847, in: GW, Bd. 14, S. 84.
53 Bismarck an die Braut am 2. 5. 1847, in: GW, Bd. 14, S. 85.
54 Zur Patrimonialgerichtsbarkeit in Schlesien zu jener Zeit, vgl. Helmut Bleiber, Zwischen Reform und Revolution. Lage und Kämpfe der schlesischen Bauern und Landarbeiter im Vormärz 1840–1847, Berlin 1966, S. 95ff.
55 Bismarck an die Braut am 8. 9. 1847, in: GW, Bd. 14, S. 86.
56 Bismarck an die Braut am 18. 5. 1847, in: GW, Bd. 14, S. 84.
57 Bismarck an den Vater am 29. 9. 1838, in: GW, Bd. 14, S. 15.
58 BA, Bismarck-Erinnerungen Wangemanns, S. 13.
59 Zitiert nach: Marcks, Bismarcks Jugend, S. 332.
60 Hedwig von Bismarck, Erinnerungen, S. 140.
61 BA, Karton B 116.
62 Bismarck an den Bruder am 31. 1. 1847, in: GW, Bd. 14, S. 50.
63 Bismarck an Heinrich v. Puttkamer am 21. 12. 1846, in: GW, Bd. 14, S. 46–48.
64 Vgl. Marcks, Bismarcks Jugend, S. 332f.
65 Bismarck an den Bruder am 31. 1. 1847, in: GW, Bd. 14, S. 50.
66 Zitiert nach der Studie des Stettiner Archivars Hermann v. Petersdorff, Bismarck in Pommern, in »Baltische Studien«, Bd. VII, Stettin 1903, S. 208.
67 Marcks, Bismarcks Jugend, S. 347f.
68 Bismarck an den Bruder am 31. 1. 1847, in: GW, Bd. 14, S. 50.
69 Bismarck an die Schwester am 16. 1. 1847, in: GW, Bd. 14, S. 49.
70 Bismarck an die Schwester am 14. 4. 1847, in: GW, Bd. 14, S. 83.
71 Graf Alexander Keyserling, S. 125.
72 Bismarck an Heinrich v. Puttkamer am 4. 1. 1847, in: GW, Bd. 14, S. 48.
73 Bismarck an den Bruder am 31. 1. 1847, in: GW, Bd. 14, S. 50.
74 Marcks, Bismarcks Jugend, S. 371.
75 Meyer, Bismarck, S. 43.
76 Reinhold v. Thadden-Trieglaff: War Bismarck Christ? Hamburg 1950, S. 24.
77 Bismarck an die Braut am 7. 2. 1847, in: GW, Bd. 14, S. 55.
78 Bismarck an die Braut am 28. 2. 1847, in: GW, Bd. 14, S. 70f.
79 Bismarck an die Braut am 4. 3. 1847, in: GW, Bd. 14, S. 72f.
80 Bismarck an die Braut am 17. 2. 1847, in: GW, Bd. 14, S. 61.
81 Bismarck an die Braut am 21. 2. 1847, in: GW, Bd. 14, S. 64.
82 Bismarck an die Braut am 7. 3. 1847, in: GW, Bd. 14, S. 76.
83 Bismarck an die Braut am 17. 2. 1847, in: GW, Bd. 14, S. 62.
84 Fürstin Herbert v. Bismarck (Hrsg.), Die Brautbriefe der Fürstin Johanna v.

Bismarck, Stuttgart-Berlin 1931, S. 8.
85 Bismarck an die Braut am 21. 2. 1847, in: GW, Bd. 14, S. 64.
86 Bismarck an die Braut am 17. 2. 1847, in: GW, Bd. 14, S. 59.
87 Moritz Busch, Tagebuchblätter, Leipzig 1878, Bd. I, S. 294: Gespräch vom 29. Oktober 1870.
88 Veit Valentin, Geschichte der deutschen Revolution von 1848/49, Berlin 1930, Bd. 1, S. 63f.
89 Vgl. Fritz Hartung, Deutsche Verfassungsgeschichte vom 15. Jh. bis zur Gegenwart, 6. Aufl., Stuttgart 1954, S. 258f.
90 Bismarck, GW, Bd. 10, S. 3.
91 Bismarck an die Braut am 26. 5. 1847, in: GW, Bd. 14, S. 91.
92 Bismarck an die Braut am 24. 5. 1847, in: GW, Bd. 14, S. 90.
93 Bismarck an die Braut am 30. 5. 1847, in: GW, Bd. 14, S. 93.
94 GW, Bd. 10, S. 5.
95 GW, Bd. 10, S. 9.
96 Bismarck an die Braut am 8. 6. 1847, in: GW, Bd. 14, S. 94
97 Bismarck an die Braut am 1. 7. 1847, in: GW, Bd. 14, S. 97.
98 Bismarck an die Braut am 22. 6. 1847, in: GW, Bd. 14, S. 96.
99 Vgl. Karl Obermann, Deutschland 1815–1849, Berlin 1961, S. 188f.
100 Rundschreiben Bismarcks am 17. 7. 1847, in: GW, Bd. 14, S. 98.
101 Bismarck an die Braut am 21. 5. 1847, in: GW, Bd. 14, S. 89.
102 Das Westphälische Dampfboot, redigiert v. Otto Lüning, 3, 1847, S. 289ff., 307ff., 349ff., 367ff., 370ff., 412ff. (Neudruck Glashütten i. Taunus 1972).
103 Allgemeine Zeitung 1847, Nr. 162, S. 1294, Nr. 169, S. 1350.
104 Allgemeine Zeitung 1847, Nr. 167 (Beilage).
105 Meyer, Bismarck, S. 52.
106 Bismarck an die Schwester am 24 .10. 1847, in: GW, Bd. 14, S. 100.
107 Ebenda.
108 Bismarck an den Bruder am 10. 9. 1847, in: GW, Bd. 14, S. 99.
109 Ebenda.
110 Ebenda.
111 Bismarck an den Bruder am 30. 12. 1847, in: GW, Bd. 14, S. 101.
112 Bismarck an den Bruder am 10. 2. 1848, in: GW, Bd. 14, S. 102. Über die Schwierigkeiten, ein konservatives Zeitungsorgan zu schaffen, vgl. Marcks, Bismarcks Jugend, S. 427–429, und Erich Jordan, Die Entstehung der konservativen Partei und die preußischen Agrarverhältnisse von 1848, München-Leipzig 1914, S. 160ff.
113 Mathias Tullner, Der Differenzierungsprozeß zwischen Liberalen und Demokraten in Baden am Vorabend der Revolution von 1848, in: Bourgeoisie und bürgerliche Umwälzung in Deutschland 1789–1871, hrsg. v. Helmut Bleiber, Gunther Hildebrandt u. Rolf Weber, Berlin 1977, S. 169ff.; Franz X. Vollmer, Vormärz und Revolution 1848/49 in Baden, Frankfurt/M. – Berlin – München 1979, S. 8ff.
114 Vgl. Lothar Gall, Gründung und politische Entwicklung des Großherzogtums bis 1848, in: Badische Geschichte, hrsg. von der Landeszentrale für politische Bildung Baden-Württemberg, Stuttgart 1979, S. 11ff.; ferner Helmut Bender, Baden – 1000 Jahre europäische Geschichte und Kultur, Konstanz 1977, S. 144f.
115 MEW, Ergänzungsband II, S. 248.
116 Siehe Illustrierte Geschichte der deutschen Revolution 1848/49, hrsg. v.

einem Autorenkollektiv unter Ltg. v. Walter Schmidt, Berlin 1973, S. 46.

117 Vgl. Einheit und Freiheit, hrsg. v. Karl Obermann, Berlin 1950, S. 215 ff.

118 Zitiert nach: Karl Obermann, Joseph Weydemeyer. Ein Lebensbild 1818–1866, Berlin 1968, S. 118.

119 Walter Schmidt, Einige Dokumente zum schlesischen Weberaufstand vom Juni 1844, in: Aus der Frühgeschichte d. deutschen Arbeiterbewegung, Berlin 1964, S. 30ff.; derselbe, Wilhelm Wolff, Berlin 1963, S. 229ff.; Wolfgang Büttner, Weberaufstand im Eulengebirge 1844, Berlin 1982 (Illustrierte historische Hefte 27).

120 Vgl. Max Nettlau, Londoner deutsche kommunistische Diskussionen, 1845. Nach dem Protokollbuch des C. A. B. V., in: Archiv f. Geschichte d. Sozialismus u. d. Arbeiterbewegung, hrsg. v. Carl Grünberg, Bd. 10, 1922, S. 363–391, besonders S. 367.

121 Vgl. Ernst Engelberg, Das Verhältnis zwischen kleinbürgerlicher Demokratie und Sozialdemokratie in den 80er Jahren des 19. Jahrhunderts, in: Innenpolitische Probleme des Bismarck-Reiches, hrsg. v. Otto Pflanze, München/Wien 1983, S. 26 ff., besonders S. 38 ff. (Schriften des Historischen Kollegs, Kolloquien 2), vgl. ferner ZfG, 30, 1982, S. 590ff.

122 Beachtenswert, was ein Revolutions-Genie wie Lenin über das Verhältnis von Spontaneität und Organisiertheit schrieb, in: W. I. Lenin, Werke, Bd. 26, Berlin 1960, S. 11f., besonders S. 14.

123 Zitiert nach: Jürgen Hofmann, Das Ministerium Camphausen-Hansemann, Berlin 1981, S. 21.

124 Bismarck an den Bruder am 1. 3. 1848, in: GW, Bd. 14, S. 102.

125 Vgl. Hofmann, Ministerium Camphausen-Hansemann, S. 22 u. 23.

126 Zitiert nach: Ebenda, S. 21.

127 Illustrierte Geschichte der deutschen Revolution 1848/49, S. 80 u. S. 158.

128 Vgl. Vollmer, S. 76.

129 Vgl. Valentin, Bd. 1, S. 440f.

130 Ebenda, S. 439 u. S. 442.

131 Ebenda, S. 449.

132 Manfred Kliem, Genesis der Führungskräfte der feudal-militaristischen Konterrevolution 1848 in Preußen, phil. Diss., Berlin, Humboldt-Universität 1966, S. 248ff. u. S. 304. – Diese außerordentlich gründliche, von H. O. Meisner und Karl Obermann betreute Dissertation ist bemüht, soweit es die Quellenlage erlaubt, die Aktivität der militärischen und junkerlichen Kreise in den Märztagen 1848 im Detail nachzuzeichnen. – Vgl. ferner Leopold v. Gerlach, Denkwürdigkeiten, Berlin 1891, Bd. I, S. 130f.; vgl. dazu auch Konrad Canis, Leopold von Gerlach, in: Preußen in der deutschen Geschichte nach 1789, hrsg. v. Gustav Seeber u. Karl-Heinz Noack, Berlin 1983, S. 153ff. (Studienbibliothek DDR-Geschichtswissenschaft, Bd. 3).

133 Kliem. S. 257ff.

134 Ebenda, S. 268f.

135 Valentin, S. 445f.; vgl. ferner Ruth Hoppe/Jürgen Kuczynski, Eine Berufs- bzw. auch Klassen- und Schichtenanalyse der Märzgefallenen 1848 in Berlin, in: Jahrbuch für Wirtschaftsgeschichte, 1964, Teil 4, S. 200ff.

136 Bismarck, GW, Bd. 15, S. 18.; vgl. auch Max Lenz, Bismarcks Plan einer Gegenrevolution im März 1848, Berlin 1930; Gustav Adolf Rein, Die Revolution in der Politik Bismarcks, Göttingen 1957.

137 Ebenda.

138 Lindstaedt, Bl. 78f.
139 Bismarck, GW, Bd. 15, S. 20.
140 Kliem, S. 334.
141 Ebenda.
142 Bismarck, GW, Bd. 15, S. 22; vgl. M. Kliem, Genesis der Führungskräfte, S. 335.
143 Kliem, S. 336.
144 Handschriftliche Beilage Augustas zu ihrem Brief an König Wilhelm I., v. 27. 9. 1862. Bei Egmont Zechlin, Bismarck und die Grundlegung der deutschen Großmacht. Stuttgart 1930, S. 254; vgl. Kliem, S. 336.
145 Gerlach-Nachlaß, S. 87.
146 Kliem, S. 337
147 Ebenda, S. 288f. u. S. 343.
148 Ebenda, S. 285ff., besonders S. 287 u. 288f.
149 Ebenda, S. 345f.
150 Ebenda, S. 346.
151 Bismarck, GW, Bd. 15, S. 22.
152 Roon, Bd. 1, S. 144.
153 Bismarck, GW, Bd. 15, S. 29f.
154 Vgl. Jordan, S. 155; Marcks, Bismarck 1848–1851, S. 25f., Kliem, S. 368; vor allem: Ernst Ludwig v. Gerlach, Aufzeichnungen aus seinem Leben und Wirken 1795–1877, Bd. 1, Schwerin 1903, S. 518/519.
155 Bis jetzt unveröffentlichter Brief v. 23. 8. 1848 im Staatsarchiv Magdeburg, Rep. C 20 Ia Nr. 316, Bl. 105 und 114. Auf diesen Brief hat mich freundlicherweise Dr. Engelhardt, Direktor des Magdeburger Staatsarchivs, aufmerksam gemacht. – Nach Erich Marcks (Bismarck und die deutsche Revolution 1848–1851, S. 27) haben Savigny und Canitz ihren Altersgenossen Bismarck »ausdrücklich und dringlich« gebeten (am 29. März), sich von der Session der Landtags nicht auszuschließen. Er solle helfen, »den legalen Boden zu gewinnen und zu sichern«; er solle allen die Hand bieten, auch den Feinden vom Vorjahre, auch einem Vincke und Hansemann.
156 Gerlach-Nachlaß, S. 87 (30. III. 87).
157 Bismarck an den Bruder am 28. 3. 1848, in: GW, Bd. 14, S. 102.
158 Bismarck an die Redaktion der Magdeburgischen Zeitung am 30. 3. 1848, in: GW, Bd. 14, S. 103.
159 Ernst Ludwig v. Gerlach, Aufzeichnungen, Bd. 1, S. 520f.
160 Ebenda, S. 521ff.
161 Ebenda, S. 520f.
162 Ebenda, S. 521ff.
163 BA, Karton A 13.
164 Ernst Ludwig v. Gerlach, Aufzeichnungen, Bd. 1, S. 521ff.
165 Bismarck, GW, Bd. 10, S. 17f.
166 Ebenda, S. 16f.
167 Bismarck an die Gattin am 2. 4. 1848, in: GW, Bd. 14, S. 104.
168 Bismarck, GW, Bd. 9, S. 387.
169 Marcks, Bismarck 1848–1851, S. 27.
170 Bismarck an die Gattin am 3. 4. 1848, in: GW, Bd. 14, S. 104.
171 Ebenda.
172 Zitiert nach: Marcks, Bismarck 1848–1851, S. 28.
173 Bismarck, GW, Bd. 10, S. 19.

174 Bismarck an Albert v. Below am 12. 4. 1848, in: GW, Bd. 14, S. 105.
175 Bismarck, GW, Bd. 15, S. 28f.
176 Vgl. Valentin Gitermann, Die geschichtsphilosophischen Anschauungen Bismarcks, in: Archiv f. Sozialwissenschaft u. Sozialpolitik, 51, 1924, S. 382ff.
177 Bismarck, GW, Bd. 7, S. 15.
178 Bismarck an den Bruder am 19. 4. 1848, in: GW, Bd. 14, S. 105.
179 Leopold v. Gerlach, Denkwürdigkeiten, Bd. 1, S. 149f.
180 Vgl. Hofmann, Ministerium Camphausen-Hansemann, S. 118.
181 Bismarck an den Bruder am 19. 4. 1848, in: GW, Bd. 14, S. 105.
182 Illustrierte Geschichte der deutschen Revolution 1848/49, S. 108–113, sowie Helmut Bleiber, Die Haltung der Parteien gegenüber der Landbevölkerung in der Wahlbewegung im Frühjahr 1848 in Schlesien, in: Jahrbuch für Geschichte, Bd. 7, 1972, S. 407–457. Derselbe, Bürgerliche Umwälzung und Bauernfrage. Studien zur Rolle der Bauern und Landarbeiter in der deutschen bürgerlich-demokratischen Revolution von 1848/49. Diss. B, Akademie der Wissenschaften der DDR, Berlin 1973.
183 BA, Briefe Bernhard v. Bismarcks an Otto v. Bismarck.
184 Bismarck an General v. Prittwitz am 9. 5. 1848, in: GW, Bd. 14, S. 107.
185 Bismarck an die Redaktion der Magdeburgischen Zeitung am 20. 4. 1848, in: GW, Bd. 14, S. 105f.
186 Vgl. Gerlach-Nachlaß, Einleitung, S. 37.
187 Vgl. Illustrierte Geschichte der deutschen Revolution 1848/49, S. 192ff.; sowie ferner Gerhard Becker, Zur Rolle der preußischen Bourgeoisie nach der Märzrevolution 1848, in: ZfG, 24, 1976, 2, S. 168ff.; Karl Obermann, Zur politischen Haltung der gemäßigten Liberalen am Vorabend und in der deutschen Märzrevolution 1848, in: ZfG, 27, 1979, H. 3, S. 209ff.
188 Valentin, Bd. 2, S. 1ff. u. S. 297ff.; Illustrierte Geschichte der deutschen Revolution von 1848/49, S. 128ff.; Gunther Hildebrandt, Politik und Taktik der Gagern-Liberalen in der Frankfurter Nationalversammlung 1848/49, Diss. B, Akademie d. Wissenschaften d. DDR, Berlin 1983, S. 000.
189 Zitiert nach: Walter Bußmann, Vom Hl. Römischen Reich deutscher Nation zur Gründung des Deutschen Reiches, in: Handbuch der Europäischen Geschichte, hrsg. v. Theodor Schieder, Bd. 5, S. 498.
190 Hildebrandt, S. 617ff.
191 Fritz Hartung, Verantwortliche Regierung, Kabinette und Nebenregierungen im konstitutionellen Preußen 1848 bis 1918, in: FBPG, 44, 1932, S. 3–11. Hartung betonte im Blick auf die Anfangszeit der Nebenregierungen, daß wir an Einzelarbeiten kaum mehr zu erwarten haben, als er geben konnte. Vgl. ferner Kliem, S. 293.
192 Kliem, S. 392.
193 Ebenda, S. 394f.
194 Ebenda, S. 397.
195 BA, Briefe Bernhards an Otto v. Bismarck.
196 Bismarck an Hermann Wagener am 5. 7. 1848, in GW, Bd. 14, S. 109.
197 Bismarck an Hermann Wagener am 25. 8. 1848, in GW, Bd. 14, S. 111f.
198 Bismarck an den Bruder am 21. 6. 1848, in GW, Bd. 14, S. 108.
199 Bismarck an Alexander v. Below-Hohendorf am 3. 7. 1848, in GW, Bd. 14, S. 109.
200 Konrad Canis, Verein für König und Vaterland 1848/49, in: Die bürgerli-

chen Parteien in Deutschland, Handbuch der Geschichte der bürgerlichen Parteien ..., hrsg. v. Dieter Fricke, Leipzig 1970, Bd. 2, S. 730–734, besonders S. 732.

201 Bismarck an Ludwig v. Gerlach am 7. 7. 1848, in: GW, Bd. 14, S. 109.
202 Marcks, Bismarck 1848–1851, S. 56; vgl. auch Gerhard Becker, Die Beschlüsse des preußischen Junkerparlaments von 1848, in: ZfG, 24, 1976, H. 8., S. 889ff.
203 Konrad Canis, Verein zur Wahrung der Interessen des Grundbesitzes und des Wohlstandes aller Volksklassen 1848–1852, in: Handbuch der Geschichte der bürgerlichen Parteien, Bd. 2, S. 786–788.
204 Kreuzzeitung vom 22. 8. 1848, Nr. 45, Beilage; vgl. ferner E. Jordan, S. 263ff. und Marcks, Bismarck 1848–1851, S. 58ff.
205 Jordan, S. 265f.
206 Ebenda, S. 266.
207 Ernst Ludwig v. Gerlach, Aufzeichnungen, Bd. 1, S. 541.
208 Gerlach-Nachlaß, S. 133.
209 BA, Briefe Bernhards an Otto v. Bismarck.
210 Bismarck an Hermann Wagener am 25. 8. 1848, in GW, Bd. 14, S. 112.
211 Vgl. Gerlach-Nachlaß, S. 104 f.
212 Vgl. Marcks, Bismarck 1848–1851, S. 62.
213 Ernst Ludwig v. Gerlach, Aufzeichnungen, Bd. 2, S. 2.
214 Marcks, Bismarck 1848–1851, S. 64.
215 Gerlach-Nachlaß, S. 118.
216 Marcks, Bismarck 1848–1851, S. 64.
217 M. N. Pokrowski, Lamartine, Cavaignac und Nikolaus I., in: Derselbe, Historische Aufsätze, Wien-Berlin 1928, S. 95 ff.
218 MEW, Bd. 5, S. 42 u. S. 79.
219 Bismarck an Alexander v. Below-Hohendorf am 3. 7. 1848, in: GW, Bd. 14, S. 109.
220 Ernst Ludwig v. Gerlach, Aufzeichnungen, Bd. 2, S. 2.
221 Marcks, Bismarck 1848–1851, S. 64.
222 Vgl. Marcks, Bismarck 1848–1851, S. 64.
223 Vgl. Konrad Canis, Der preußische Militarismus in der Revolution 1848, phil. Diss. Rostock 1965, S. 175 ff. besonders S. 179 f.
224 Bismarck an den Bruder am 9. 12. 1848, in: GW, Bd. 14, S. 120 f.
225 Gerlach-Nachlaß, S. 121 (11.X.).
226 Bismarck an die Gattin am 23. 9. 1848, in: GW, Bd. 14, S. 113.
227 Gerlach-Nachlaß, S. 103 f.
228 Zitiert nach: Konrad Canis, Der preußische Militarismus, S. 106.
229 Bismarck an den Bruder am 9. 1. 1848, in: GW, Bd. 14, S. 121.
230 Bismarck an den Bruder am 2. 11. 1848, in: GW, Bd. 14, S. 115.
231 Ebenda.
232 Vgl. Hermann v. Petersdorff, Kleist-Retzow. Ein Lebensbild. Stuttgart u. Berlin 1907, S. 139. Es scheint nicht ausgeschlossen, daß Oldenburg-Januschau die forschen Bemerkungen Bismarcks gegenüber Kleist-Retzow aus dem 1907 erschienenen Buch von Petersdorff kennengelernt und sie in seiner Reichstagsrede von 1910 nur variiert hat.
233 Bismarck, GW, Bd. 15, S. 39.
234 Bismarck an den Bruder am 11. 11. 1848, in: GW, Bd. 14, S. 117.
235 Bismarck an die Gattin am 16. 11. 1848, in: GW, Bd. 14, S. 119.

236 Zum folgenden vgl. Illustrierte Geschichte der deutschen Revolution, S. 236 ff.
237 Bismarck an die Gattin am 16. 11. 1848, in: GE, Bd. 14, S. 119.
238 Ferdinand Lassalle's Reden und Schriften, hrsg. von Eduard Bernstein, Berlin 1892, Bd. I, S. 241.
239 BA, Briefwechsel Bernhard und Otto v. Bismarcks.
240 Bismarck an den Bruder am 12. 11. 1848, in: GW, Bd. 14, S. 118.
241 Ebenda. In diesem Brief vom 12. 11. 48 sind vier Zeilen durch Pinselstriche unleserlich gemacht. Ein solches Verfahren ist bei einer bemerkenswerten Zahl von Briefen im Bismarck-Nachlaß anzutreffen. Vermutlich war hier Lothar Bucher in Zusammenarbeit mit dem Fürsten zur Zeit der Vorbereitung und Niederschrift von »Erinnerung und Gedanke« am Werk. Herr Plessow vom Bismarck-Archiv in Friedrichsruh und der Autor dieser Biographie versuchten mit Hilfe des Hamburger Staatsarchivs das unkenntlich Gemachte doch noch zu erkennen. Doch weder der Eifer der Archivare noch die modernen Apparate führten zum Ziel.
242 Bismarck an die Gattin am 16. 11. 1848, in: GW, Bd. 14, S. 119 f.
243 Faksimile in: Illustrierte Geschichte der deutschen Revolution 1848/49, S. 240.
244 Gerlach-Nachlaß, S. 141.
245 Ebenda, S. 31 ff.
246 Ebenda, S. 143/144.
247 Ebenda, S. 114.
248 MEW, Bd. 21, S. 421.
249 Bismarck an den Bruder am 9. 12. 1848, in: GW, Bd. 14, S. 120 f.
250 Bismarck an die Gattin am 17. 11. 1848, in: GW, Bd. 14, S. 120.
251 Gerlach-Nachlaß, Bd. 2, S. 622.
252 Ebenda, S. 619.
253 Bismarck an den Bruder am 9. 12. 1848, in: GW, Bd. 14, S. 120.
254 Bismarck an den Bruder am 9. 1. 1849, in: GW, Bd. 14, S. 122.
255 Bismarck an den Minister a.D. Ernst v. Bodelschwingh am 27. 1. 1849, in: GW, Bd. 14, S. 123.
256 Bismarck an den Bruder am 10. 2. 1849, in: GW, Bd. 14, S. 123.
257 Franz Mehring, Ein altpreußischer Demokrat, in: Neue Zeit, XXI. Jg., 1. Bd., 1903, S. 545, auch in: Gesammelte Schriften, Bd. 7, Berlin 1965, S. 305 ff.
258 Bismarck an den Bruder am 12. 2. 1849, in: GW, Bd. 14, S. 124.
259 Ebenda.
260 Leopold v. Gerlach, Denkwürdigkeiten, aus seinem Leben, hrsg. von seiner Tochter, S. 285 (7. Febr. 1849).
261 Vgl. Eyck, Bd. 1, S. 120 f.
262 Petersdorff, Kleist-Retzow, S. 155.
263 Gerlach-Nachlaß, S. 127.
264 Bismarck an die Gattin am 2. 3. 1849, in: GW, Bd. 14, S. 125.
265 Bismarck an die Gattin am 29. 3. 1849, in: GW, Bd. 14, S. 126.
266 Bismarck an den Bruder am 18. 4. 1849, in: GW, Bd. 14, S. 127.
267 Bismarck, GW, Bd. 10, S. 27 ff.
268 Karl Friedrich von Savigny 1814–1875. Briefe, Akten, Aufzeichnungen ..., hrsg. v. Willy Real, Boppard a. Rhein 1981, S. 11 f. (Deutsche Geschichtsquellen des 19. u. 20. Jahrhunderts, Bd. 53/I).
269 Gottfried Keller, Briefe, Leipzig 1952, S. 24.

270 MEW, Bd. 7, S. 197; vgl. auch Gunther Hildebrandt, Rastatt 1849, Eine Festung der Revolution, Berlin 1976 (Illustrierte historische Hefte 6).
271 Bismarck an die Gattin am 16. 9. 1849, in: GW, Bd. 14, S. 143.
272 Vgl. Eyck, Bd. 1, S. 125.
273 GW, Bd. 10, S. 37.
274 Bismarck an die Gattin am 23. 7. 1849, in: GW, Bd. 14, S. 131.
275 Marcks, Bismarck 1848–1851, S. 102 f.
276 Otto Hintze, Die Hohenzollern und ihr Werk, Berlin 1915, S. 549.
277 Vgl. Friedrich Meinecke, Joseph v. Radowitz und die deutsche Revolution, München-Berlin 1913, S. 277.
278 Vgl. Kliem, S. 364.
279 GW, Bd. 10, S. 39.
280 GW, Bd. 10, S. 38.
281 GW, Bd. 10, S. 66.
282 GW, Bd. 10, S. 64.
283 GW, Bd. 10, S. 39; vgl. auch Karl-Heinz Noack, Das Bild Friedrichs II. im bürgerlich-junkerlichen Geschichtsdenken während des Kampfes um die Reichseinigung, in: Die großpreußisch-militaristische Reichsgründung 1871. Voraussetzungen und Folgen, hrsg. v. Horst Bartel u. Ernst Engelberg, Bd. 1, Berlin 1971, S. 208.
284 Vgl. Meinecke, Radowitz, S. 409 f.
285 Vgl. Erich Brandenburg, Die Reichsgründung, Bd. 1, 2. verbess. Aufl. Leipzig 1922, S. 324 f.; Otto Hintze, Die Hohenzollern und ihr Werk, S. 554 f.
286 Bismarck an die Gattin am 14. 9. 1849, in: GW, Bd. 14, S. 141 f.
287 Bismarck an den Stadtverordneten-Vorsteher Mens zu Rathenau am 4. 10. 1849, in: GW, Bd. 14, S. 148.
288 Bismarck an den Bruder am 23. 1. 1850, in: GW, Bd. 14, S. 152.
289 Vgl. Brünnert, Das Erfurter Unionsparlament, Berlin 1913.
290 Vgl. Eyck, Bd. 1, S. 146 f.
291 Ebenda, S. 149.
292 Vgl. Walter Bußmann, Vom Heiligen Römischen Reich deutscher Nation zur Gründung des Deutschen Reiches, Stuttgart 1981, S. 513 (Handbuch der europäischen Geschichte, hrsg. v. Theodor Schieder, Bd. 5).
293 Zitiert nach: Eyck, Bd. 1, S. 147.
294 GW, Bd. 10, S. 96.
295 Ebenda, S. 95.
296 Zitiert nach: Meinecke, Radowitz, S. 409.
297 Ebenda, S. 261.
298 Vgl. die Arbeiten des Rechtspositivisten Hans Kelsen, der im Kampf gegen die Sophismen des Naturrechts ein scharfsinniger Verbündeter sogar des Marxismus war: »Naturrecht und positives Recht«, in: »Internationale Zeitschrift für Theorie des Rechts«, 2, 1928 – »Die Idee des Naturrechts«, in: »Zeitschrift für öffentliches Recht«, 7, 1925, S. 221. – Unter dem Einfluß von Hans Kelsen siehe ferner: Ernst Engelberg, Les bases idéologiques de la nouvelle conception de droit international de M. Alfred v. Verdross, in: Revue Générale de droit international public, Paris, janvier-février 1939, S. 37 ff.
299 Bismarck an Scharlach am 4. 7. 1850, in: GW, Bd. 14, S. 161.
300 Vgl. Meinecke, Radowitz, S. 404.
301 Vgl. Karl August Varnhagen v. Ense, Tagebücher Bd. 7, Zürich 1865, S. 393 f. u. 397.

302 Bismarck am 7. 11. 1850 an Hermann Wagener, in: GW, Bd. 14, S. 180.
303 Abgedr. bei: Arno Dorn, Robert Heinrich Graf v. der Goltz, Halle 1929, S. 243 ff.
304 Brandenburg, Die Reichsgründung, S. 330 f.
305 Leopold v. Gerlach, Denkwürdigkeiten, Bd. 1, Berlin 1891, S. 583.
306 Vgl. Hans Mombauer, Bismarcks Realpolitik als Ausdruck seiner Weltanschauung. Die Auseinandersetzung mit Leopold v. Gerlach 1851–1859, phil. Diss. Marburg 1934, S. 13.
307 Leopold v. Gerlach, Denkwürdigkeiten, Bd. 1, S. 651.
308 Ebenda, S. 10 f.
309 GW, Bd. 10, S. 110.
310 GW, Bd. 10, S. 105.
311 GW, Bd. 10, S. 110.
312 Vgl. »Herr v. Bismarck-Schönhausen als Mitarbeiter der Kreuzzeitung« – Beiträge gesammelt u. veröffentlicht von Horst Kohl, in: »Bismarck-Jahrbuch«, Bd. 3, Berlin 1896, S. 415; vgl. ferner Bernhard Studt, Bismarck als Mitarbeiter der »Kreuzzeitung« in den Jahren 1848 und 1849, phil. Diss. Bonn 1903.
313 Leopold v. Gerlach, Denkwürdigkeiten, Bd. 1, S. 559.
314 Vgl. Marcks, Bismarck 1848–1851, S. 186.
315 GW, Bd. 1, S. 99.
316 GW, Bd. 1, S. 514.
317 GW, Bd. 1, S. 515.
318 Gerlach-Nachlaß, S. 251 f.
319 MEW, Bd. 22, S. 516.

IV. Auf politischem Vorposten: Vor und nach dem Krimkrieg

1 Bismarck an die Gattin am 15. 1. 1851, in: GW, Bd. 14, S. 189 f.
2 Marcks, Bismarck 1848–1851, S. 198; vgl. GW, Bd. 10, S. 122.
3 Vgl. Stenographische Berichte über die Verhandlungen der durch die Allerhöchste Verordnung vom 2. Novb. 1850 einberufenen Kammern. Zweite Kammer, Bd. 1, S. 631 ff., S. 639; Bd. 3. S. 533–540. – Siehe ferner Horst Kohl (Hrsg.), Die politischen Reden des Fürsten Bismarck, Neudruck 1969, Bd. 1 (1847–1852), S. 343 ff. Dazu Kohls Vorspann: In GW, Bd. 10, S. 122 wird Bismarcks Bericht vom 20. März nur in einem Satz erwähnt, ohne Hinweis auf die merkwürdigen Begleitumstände. Siehe ferner Erich Marcks, Bismarck 1848–1851, S. 198 f.
4 GW, Bd. 10, S. 116 ff. u. S. 122.
5 Bismarck an die Gattin am 20. 1. 1851, in: GW, Bd. 14, S. 190.
6 Bismarck an die Gattin am 22. 1. 1851, in: GW, Bd. 14, S. 190.
7 Bismarck an die Gattin am 31. 1. 1851, in: GW, Bd. 14, S. 193.
8 Bismarck an die Gattin am 25. 4. 1851, in: GW, Bd. 14, S. 205.
9 Bismarck an die Gattin am 7. 5. 1851, in: GW, Bd. 14, S. 209.
10 Vgl. Ludwig Reiners, Bismarck, München 1956, S. 189.
11 Vgl. Hans Joachim Schoeps, Bismarck über Zeitgenossen/Zeitgenossen über Bismarck, Frankfurt/M.–Berlin–Wien, 1981, S. 47.
12 Ernst Ludwig v. Gerlach, Aufzeichnungen, Bd. 2 (1903), S. 124.

13 Bismarck an die Gattin am 28. 4. 1851, in: GW, Bd. 14, S. 206.
14 Ebenda, S. 206 f.
15 Marcks, Bismarck 1848–1851, S. 123, u. Petersdorff, Kleist-Retzow, S. 170/171.
16 BA, Karton B 14, Hedwig v. Blanckenburg an Johanna v. Bismarck am 7. Mai 1851.
17 H. v. Blanckenburg an Johanna v. Bismarck, 20. Juli 1851, ebenda.
18 Bismarck an die Gattin am 14. 5. 1851, in: GW, Bd. 14, S. 211.
19 Ebenda, S. 211 f.
20 Bismarck an die Gattin am 29. 3. 1851, in: GW, Bd. 14, S. 202.
21 Bismarck an die Braut am 17. 2. 1847, in: GW, Bd. 14, S. 58; Bismarck an die Braut am 11. 3. 1847, in: GW, Bd. 14, S. 78.
22 Zitiert nach: Meyer, Bismarck, S. 86.
23 Ebenda, S. 83 f.
24 Bismarck an den Bruder am 28. 6. 1849, in: GW, Bd. 14, S. 128.
25 Lindstaedt, Nr. 79.
26 BA, Karton L 21.
27 Bismarck an die Gattin am 18. 5. 1851, in: GW, Bd. 14, S. 213.
28 Bismarck an die Gattin am 8. 7. 1851, in: GW, Bd. 14, S. 232.
29 Bismarck an die Gattin am 18. 5. 1851, in: GW, Bd. 14, S. 213.
30 Bismarck an die Gattin am 4. 6. 1851, in: GW, Bd. 14, S. 216.
31 Bismarck an Hermann Wagener am 5. 6. 1851, in: GW, Bd. 14, S. 217.
32 Bismarck an Leopold v. Gerlach am 22. 6. 1851, in: GW, Bd. 14, S. 222.
33 Ebenda.
34 Ebenda.
35 Ebenda.
36 GW, Bd. 1, S. 335.
37 Meyer, Bismarcks Kampf mit Österreich, S. 62 f.
38 GW, Bd. 1, S. XIII.
39 Bismarck an Ludwig v. Gerlach am 28. 6. 1851, in: GW, Bd. 14, S. 228 f.; vgl. für diese Zeit auch die Quellensammlung Preußen im Bundestag 1851–1859. Documente d. Königlich Preußischen Bundestagsgesandtschaft, 4 Bde, hrsg. v. Heinrich v. Poschinger, Leipzig 1882–1885.
40 GW, Bd. 1, S. 20; vgl. ferner S. 61 f.
41 Ebenda, S. 8 (Hervorhebungen von mir – E. E.).
42 Vgl. u. a. GW, Bd. 7, S. 15.
43 Bismarck an die Gattin am 25. 1. 1851, in: GW, Bd. 14, S. 192 (Hervorhebungen von mir – E. E.).
44 GW, Bd. 1, S. 99.
45 Bismarck an Leopold v. Gerlach am 28. 12. 1851, in: GW, Bd. 14, S. 244.
46 Bismarck an Leopold v. Gerlach am 8. 1. 1853, in: GW, Bd. 14, S. 287.
47 GW, Bd. 2, S. 144 (26. 4. 1856).
48 Meyer, Bismarcks Kampf mit Österreich, S. 25.
49 Bismarck an die Gattin am 26. 6. 1851, in: GW, Bd. 14, S. 227.
50 Vgl. Ernst v. Bülow-Cummerow, Preußen, seine Verfassung, seine Verwaltung, sein Verhältnis zu Deutschland, Berlin 1842.
51 Vgl. MEW, Bd. 21, S. 417 f.
52 Vgl. Asa Briggs, 1851, in: From Metternich to Hitler, Aspects of British and Foreign History 1814–1939, hrsg. v. Medlicott, W. N., London 1963, S. 47 ff.

53 GW, Bd. 1, S. 10, 26, 238.
54 Meyer, Bismarcks Kampf mit Österreich, S. 51.
55 Meyer, Bismarcks Kampf mit Österreich, S. 57.
56 Ebenda, S. 44.
57 Vgl. »Herr v. Bismarck-Schönhausen als Mitarbeiter der Kreuzzeitung« – Beiträge gesammelt u. veröffentlicht von Horst Kohl, in: Bismarck-Jahrbuch, Bd. 3, Berlin 1896, S. 415.
58 Meyer, Bismarcks Kampf mit Österreich, S. 58–120.
59 Bismarck an Leopold v. Gerlach am 21. 4. 1854, in: GW, Bd. 14, S. 354.
60 GW, Bd. 1, S. 17.
61 Meyer, Bismarcks Kampf mit Österreich, S. 61, 62, 64, 66,103.
62 Ebenda, S. 111 f.
63 Ebenda, S. 113.
64 Bismarck an die Schwester am 22. 12 1853, in: GW, Bd. 14, S. 336
65 Meyer, Bismarcks Kampf mit Österreich, S. 114.
66 Zitiert nach: Helmut Böhme, Deutschlands Weg zur Großmacht, Köln–Berlin 1966, S. 37.
67 Ebenda, S. 39/40.
68 Bismarck an Leopold v. Gerlach am 22. 6. 1851, in: GW, Bd. 14, S. 223.
69 Ebenda, S. 281.
70 GW, Bd. 1, S. 104.
71 Ebenda, S. 104 f.
72 Bismarck-Jahrbuch, Bd. 6, Berlin 1899, S. 51 f.
73 GW, Bd, 1, S. 180.
74 GW, Bd. 2, S. 126.
75 GW, Bd. 1, S. 220.
76 GW, Bd. 1, S. 250.
77 Ebenda.
78 GW, Bd. 1, S. 105.
79 Bismarck an Ludwig v. Gerlach am 24. 2. 1846, in: GW, Bd. 14, S. 40.
80 Bismarck an Leopold v. Gerlach am 18. 11. 1856, in: GW, Bd. 14, S. 450.
81 GW, Bd. 2, S. 298.
82 Vgl. Richard Augst, Bismarck und Leopold v. Gerlach, ihre persönlichen Beziehungen und deren Zusammenhang mit ihren politischen Anschauungen, Leipzig 1913, S. 10–14.
83 Tagebucheintrag Ludwig v. Gerlachs vom 2. 6. 1854, in: H.-J. Schoeps, Bismarck über Zeitgenossen/Zeitgenossen über Bismarck, S. 315 u. R. August, S. 21.
84 Ludwig v. Gerlach, Bd. 2, S. 180 f.
85 MEW, Bd. 21, S. 408.
86 Rudolf Herrnstadt, Die erste Verschwörung gegen das internationale Proletariat. Zur Geschichte des Kölner Kommunistenprozesses 1852, Berlin 1958, besonders Kapitel 1, Zu Wesen und Taktik des preußischen Junkertums, S. 19 ff.
87 So brachte es der König auch fertig, seinen Generaladjutanten und Kamarillavertrauten Leopold v. Gerlach absichtlich über das in Unwissenheit zu lassen, was er mit Radowitz verhandelte. Vgl. Clausen, Anna, Die Stellung Leopold v. Gerlachs zum Abschluß des preußischen Verfassungswerks unter Friedrich Wilhelm IV., phil. Diss., Leipig 1914, S. 37, ferner S. 40 f.
88 Bismarck an Leopold v. Gerlach am 2. 8. 1852, in: GW, Bd. 14, S. 275

89 Gerlach-Nachlaß, S. 798.
90 Vgl. Hans-Joachim Schoeps, Das andere Preußen, 2. bearb. u. erw. Aufl., Honnef/Rhein 1957, S. 24.
91 Zitiert nach: Ebenda, S. 33.
92 Vgl. ebenda, S. 27.
93 Vgl. ebenda, S. 57.
94 Ebenda.
95 Vgl. Deutsche Revue 1882.
96 Bismarck an die Gattin am 1. 5. 1852, in: GW, Bd. 14, S. 259.
97 Zitiert nach: H.-J. Schoeps, Das andere Preußen, S. 167, Anm. 71.
98 Leopold v. Gerlach, Denkwürdigkeiten, Bd. 2, S. 148.
99 Leopold v. Gerlach, Denkwürdigkeiten, Bd. 1, S. 322.
100 Ebenda, S. 721.
101 Ebenda, S. 793.
102 Friedrich Julius Stahl, Siebzehn parlamentarische Reden und drei Vorträge, Berlin 1862, S. 29.
103 Evangelische Kirchenzeitung, Jg. 1862, S. 654. Vgl. Sigmund Neumann, Die Stufen des preußischen Konservatismus, Berlin 1930, S. 105.
104 Briefwechsel zwischen Ludwig v. Gerlach und Heinrich Leo, in: Konservative Monatsschrift 1904, S. 1132; vgl. Neumann, S. 105.
105 Vgl. Neumann, S. 121.
106 Vgl. Unter Friedrich Wilhelm IV. Denkwürdigkeiten des Ministerpräsidenten Otto Freiherrn v. Manteuffel, hrsg. v. Heinrich Poschinger, Bd. III, Berlin 1901, S. 105.
107 Vgl. Albert v. Mutius, Graf Albert Pourtalès. Ein preußisch-deutscher Staatsmann, Berlin 1933, S. 66 u.68.
108 Ebenda, S. 66.
109 GW, Bd. 1, S. 62.
110 GW, Bd. 1, S. 168.
111 MEW, Bd. .
112 GW, Bd. 1, S. 62.
113 GW, Bd. 1, S. 265.
114 Bismarck an Leopold v. Gerlach am 23. 2. 1853, in: GW, Bd. 14, S. 292.
115 GW, Bd. 1, S. 372 f.
116 GW, Bd. 1, S. 375.
117 Ebenda.
118 GW, Bd. 7, S. 15.
119 Bismarck an Leopold v. Gerlach am 2./4. 5. 1860, in: GW, Bd. 14, S. 550.
120 Bismarck an Leopold v. Gerlach am 25. 1. 1853, in: GW, Bd. 14, S. 327.
121 Bismarck an Leopold v. Gerlach am 19./20. 12. 1853, in: GW, Bd. 14, S. 335; vgl. ferner GW, Bd. 1, S. 457.
122 Bismarck an Leopold von Gerlach am 19./20. 12. 1853, in: GW, Bd. 14, S. 334 (Hervorhebungen von mir – E. E.).
123 Bismarck an Leopold v. Gerlach am 4. 12. 1852, in: GW, Bd. 14, S. 283, (Hervorhebungen von mir – E. E.).
124 GW, Bd. 1, S. 247 f.
125 Huber, Bd. 3, S. 194 f.
126 GW, Bd. 1, S. 425.
127 GW, Bd. 1, S. 265.
128 Bismarck an Leopold v. Gerlach am 25. 11. 1853, in: GW, Bd. 14, S. 328 f.

129 Bismarck an Leopold v. Gerlach am 20. 1. 1854, in: GW, Bd. 14, S. 340.
130 GW, Bd. 1, S. 395 ff.
131 Bismarck an Leopold v. Gerlach am 7. 8. 1855, in: GW, Bd. 14, S. 411.
132 GW, Bd. 1, S. 247. Vgl. auch: Akten zur Geschichte des Krimkrieges, Serie I: Österreichische Akten zur Geschichte des Krimkrieges, hrsg. v. Winfried Baumgart, 3 Bde., München–Wien 1979 ff., sowie Winfried Baumgart, Probleme der Krimkriegsforschung. Ein Studie über die Literatur des letzten Jahrzehnts (1961–1970), in: Jahrbücher für die Geschichte Osteuropas, N. F. , 19, 1971, S. 49–109, 243–264, 371–400.
133 Vgl. N. Rjasanoff, Vorwort zu: »Gesammelte Schriften von Karl Marx und Friedrich Engels 1852 bis 1862«, Stuttgart 1917, S. XXIX.
134 Gentz an Prokesch, 31. 3. 1830, in: Friedrich v. Gentz, Aus dem Nachlaß, Bd. 1, Wien 1867, S. 338. – Vgl. Meyer, Bismarcks Kampf mit Österreich, S. 141.
135 Metternich, Aus den Tagebüchern, S. 82.
136 Graf Thun an Graf Buol, 4. November 1852, Meyer, Bismarcks Kampf mit Österreich, S. 528 f.
137 Bismarck an Leopold v. Gerlach am 7./8. 1. 1853, in: GW, Bd. 14, S. 286.
138 Ebenda.
139 Zitiert nach: Meyer, Bismarcks Kampf mit Österreich, S. 253 f.; ferner Ludwig Schemann, Gobineau. Eine Biographie, Straßburg 1913, S. 415.
140 Meyer, Bismarcks Kampf mit Österreich, S. 128 ff.
141 Ludwig Reiners, Bismarck 1815–1871, München 1956, S. 214 f.
142 Meyer, Bismarcks Kampf mit Österreich, S. 128.
143 Aus den Briefen des Grafen Prokesch 1849–1855, Wien 1896, S. 372: »Dann behaupte ich folgende, bei den Liberalen verpönte Sätze: 1. Klima, Boden und Abstammung bedingen jedem Volke seine eigene Erziehungsweise, ohne welche kein Heil für dasselbe ist. Die Gleichmacherei der Liberalen, ihre constitutions banales sind also zum wenigsten eine Torheit. 2. In Asien ist mehr Glück und gesunder Menschenverstand als in Europa; in diesem dagegen mehr Wissen. 3. Wenn es nun gelänge (was Gott verhüten wolle), Asien auf unsere Weise zu zivilisieren, so würden wir aus einem glücklichen und braven Volke ein unglückliches und verderbtes machen. 4. Das, was man Sklaverei im Orient nennt, ist ein humaneres Verhältnis als das Dienstbotenverhältnis bei uns.«
144 Zitiert nach: Meyer, Bismarcks Kampf mit Österreich, S. 133.
145 GW, Bd. 2, S. 298.
146 Aus den Briefen des Grafen Prokesch 1849–1855, Wien 1896, »La réformation à son tour a amène la révolution politique. Celle-ci amène avec la même nécessité la révolution sociale qui achéve la ruine …« (an Piscatory, 12. Mai 1851).
147 Vgl. Martin Luther in der deutschen bürgerlichen Philosophie 1517–1845. Eine Textsammlung, hrsg. v. Werner Schuffenhauer und Klaus Steiner, Berlin 1983, besonders S. 231 ff.
148 Bismarck an Ludwig v. Gerlach am 1. 5. 1853, in: GW, Bd. 14, S. 304.
149 GW, Bd. 1, S. 355.
150 Bismarck an Leopold v. Gerlach am 20. 2. 1854, in GW, Bd. 14, S. 345.
151 Ebenda.
152 Aus den Briefen des Grafen Prokesch 1849–1855, Wien 1896.
153 Zit. nach: Srbik, Deutsche Einheit, Bd. 2, S. 250.

154 GW, Bd. 1, S. 506; vgl. ferner GW, Bd. 14, S. 370.
155 Meyer, Bismarcks Kampf mit Österreich, S. 217.
156 GW, Bd. 1, S. 427.
157 Bismarck an Leopold v. Gerlach am 20. 2. 1854, in: GW, Bd. 14, S. 345.
158 Aus den Briefen des Grafen Prokesch 1849–1855, Wien 1896, S. 380.
159 Zitiert nach: Reiners, Bismarck 1815–1871, S. 240.
160 Meyer, Bismarck, S. 105 f. – Meyer, Bismarcks Kampf mit Österreich, S. 236 f.
161 Aus den Briefen des Grafen Prokesch, S. 471.
162 Vgl. Huber, Bd. 3, S. 245.
163 GW, Bd. 2, S. 97; Zur Charakterisierung Rechbergs vgl. Meyer, Bismarcks Kampf mit Österreich, S. 277 ff.
164 GW, Bd. 2, S. 142.
165 GW, Bd. 2, S. 221.
166 GW, Bd. 1, S. 516.
167 GW, Bd. 2, S. 120.
168 Bismarck an den Bruder am 10. 10. 1855, in: GW, Bd. 14, S. 418.
169 Bismarck an die Gattin am 2. 9. 1855, in: GW, Bd. 14, S. 414.
170 Bismarck an Leopold v. Gerlach am 15. 9. 1855, in: GW, Bd. 14, S. 415.
171 Ebenda.
172 GW, Bd. 2, S. 286
173 Bismarck an Leopold v. Gerlach am 19./20. 12. 1853, in: GW, Bd. 14, S. 334, vgl. auch Siegfried August Kaehler, Realpolitik zur Zeit des Krimkrieges, Eine Såkularbetrachtung, in: HZ, 174 (1952).
174 GW, Bd. 2, S. 221 f.
175 Bismarck an Leopold v. Gerlach am 2. 5. 1857, in: GW, Bd. 14, S. 465.
176 Ebenda, S. 467.
177 Ebenda.
178 Bismarck an Leopold v. Gerlach am 30. 5.1857, in: GW, Bd. 14, S. 474.
179 Mombauer, S. 63.
180 Bismarck an Leopold v. Gerlach am 30. 5. 1857, Bd. 14, S. 473.
181 Gerlach an Bismarck am 5. 6. 1857, in: Briefe des Generals Leopold v. Gerlach, hrsg. v. Horst Kohl, Stuttgart u. Berlin 1912, S 220.
182 Ebenda.
183 Bismarck an Leopold v. Gerlach am 30. 5. 1857, in; GW, Bd. 14, S. 470 f.
184 Ebenda, S. 471.
185 Ebenda.
186 Ebenda, S. 470.
187 MEW, Bd. 36, S. 238.
188 Vgl. Meyer, Bismarcks Kampf mit Österreich, S. 333.
189 BA, Graf v. Below-Hohendorf an Bismarck am 15. Sept. 1856.
190 Bismarck an Alexander v. Below-Hohendorf am 11. 9. 1856, in: GW, Bd. 14, S. 448, vgl. A. O. Meyer, Kampf um Österreich, 353 f.
191 GW, Bd. 2, S. 337.
192 GW, Bd. 2, S. 301.
193 GW, Bd. 2, S. 317.
194 GW, Bd. 2, S. 317.
195 GW, Bd. 2, S. 320 f., vgl. ferner ebenda, S. 324.
196 BA, Karton B 12, Friedrich v. Bismarck-Bohlen an Otto v. Bismarck am 4. 12. 57, ferner am 3. 11. 87 u. 25. 10. 87. Friedrich v. Bismarck-Bohlen

war der Enkel von Ernst v. Bismarck, dem ältesten Onkel Otto v. Bismarcks.

197 Vgl. Franz Herre, Wilhelm I. Der letzte Preuße, München 1983, S. 240, 263; Karl-Heinz Börner, Wilhelm I., Berlin 1984, S. 127. Derselbe, Die Krise der preußischen Monarchie von 1858–1862, Berlin 1977.

198 Bismarck an die Schwester am 12. 11. 1858, in: GW, Bd. 14, S. 493.

199 Vgl. z. B. Bismarck an den Bruder am 14. 12.1858, in: GW, Bd. 14, S. 496.

200 Bismarck an die Schwester am 10. 12. 1858, in: GW, Bd. 14, S. 495.

201 Bismarck an Gustav v. Alvensleben am 8. 2. 1859, in: GW, Bd. 14, S. 500.

202 GW, Bd. 3, S. 251.

203 Emanuel Lasker, Die Philosophie des Unvollendbaren, Leipzig 1919, S. 101–147, besonders S. 105. Derselbe, Gesunder Menschenverstand im Schach, Berlin 1925, S. 1, 63 ff., 78 ff., 81 f., 98 f.

204 Vgl., Helmut Wolff, Geschichtsauffassung und Politik in Bismarcks Bewußtsein, München/Berlin 1926, S. 118: »Die Voraussetzung, daß der Gegenspieler hinsichtlich des Wertes, den er erstreben und die Mittel, die er dazu anwenden muß, mit der eigenen Beurteilung der Sachlage übereinstimmen würde, hat Bismarck denn auch oft genug, zumal auf die Gesamtverhältnisse der Staaten untereinander erfolgreich anwenden können, wenn das nach allem Erörterten selbstverständlich auch stets nur zu Mutmaßungen führen konnte.«

205 MEW, Bd. 13, S. 8 f.

206 Christian Friese, Rußland und Preußen vom Krimkrieg bis zum polnischen Aufstand, Berlin 1931.

207 Herbert Geuß, Bismarck und Napoleon III. Ein Beitrag zur Geschichte der preußisch-französischen Beziehungen 1851–1871, Köln 1959, S. .

208 Mutius, Albert v., Graf Albert Pourtalès. Ein preußisch-deutscher Staatsmann, hrsg. v. H. Oncken, Berlin 1933, S. 73f.

209 MEW, Bd. 21, S. 431.

210 Arnold Oskar Meyer, Bismarcks Glaube. Nach neuen Quellen aus dem Familienarchiv, München 1933, S. 2; vgl. auch Otto Baumgarten, Bismarcks Stellung zu Religion und Kirche zumeist nach eigenen Äußerungen, Tübingen 1900; Karl Griewank, Das Problem des christlichen Staatsmannes bei Bismarck, Berlin 1953; Siegfried August Kaehler, Zur Deutung von Bismarcks Bekehrung, in: Derselbe, Studien zur deutschen Geschichte des 19. und 20. Jahrhunderts. Aufsätze und Vorträge, hrsg. v. Walter Bußmann, Göttingen 1960, S. 90 ff.; Rudolf v. Thadden, Bismarck – ein Lutheraner?, in: Luther in der Neuzeit, hrsg. v. Bernd Moeller, Gütersloh 1983, S. 104 ff. (Schriften d. Vereins f. Reformationsgeschichte, Bd. 192).

211 Reinhold v. Thadden-Trieglaff, Der junge Bismarck. Eine Antwort auf die Frage: War Bismarck Christ? Hamburg 1950.

212 Bismarck an die Gattin am 3. 7. 1851, in: GW, Bd. 14, S. 229 f.

213 Bismarck an die Gattin am 20. 7. 1864, in: GW, Bd. 14, S. 672.

214 Bismarck an Andrae-Roman am 26. 12. 1865, in GW, Bd. 14, S. 709.

215 Vgl. Eberhard Gothein, Bismarcks Stellung zur Religion, in: Das Bismarck-Jahr, hrsg. v. Max Lenz u. Erich Marcks, Hamburg 1915, S. 24 f.

216 Vgl. Leonhard v. Muralt, Bismarcks Verantwortlichkeit, Göttingen 1955, S. 109. Aufschlußreich sind auch im Bismarck-Archiv lagernde unveröffentlichte »Bismarck-Erinnerungen aus den Papieren des weiland Missionsdirektors D. Dr. Wangemann«, Berlin o. J., S. 27 ff.

V. Der Staatskrise entgegen: Als Gesandter in Reservestellung

1 Vgl. Hans-Joachim Schoeps, Bismarck über Zeitgenossen/Zeitgenossen über Bismarck, Frankfurt/M.–Berlin 1981, u. a. S. 13.
2 Bismarck an Leopold v. Gerlach am 21. 4. 1854, in: GW, Bd. 14, S. 354.
3 Vgl. S. K. Buschujew, A. M. Gortschakow, Moskau 1961 (russ.); S. Semanow, A. M. Gortschakow, Ein russischer Diplomat im 19. Jahrhundert, Moskau 1962 (russ.); Boris Nolde, Bismarcks Petersburger Partner, in: Preußische Jahrbücher, 219, 1929, S. 288 ff.; J. Lewin, Bismarcks Mission in Petersburg 1859–1862, in: Archiv für Politik und Geschichte, 6, 1926, S. 609 ff.
4 GW, Bd. 3, S. 214, ferner S. 201, 280.
5 Bismarck an die Gattin am 4. 4. 1859, in: GW, Bd. 14, S. 511.
6 Zentrales Staatliches Historisches Archiv der UdSSR, Moskau, Fond 828, Op. Nr. 1, Bd. 1414, S. 366.
7 Bismarck an die Gattin am 16. 4. 1859, in: GW, Bd. 14, S. 512.
8 Bismarck an die Gattin am 28. 4. 1859, in: GW, Bd. 14, S. 515.
9 Zentrales Staatliches Historisches Archiv der UdSSR, Moskau, Fond 828, Op. Nr. 1, Bd. 1415, S. 44.
10 Fürst P. Kropotkin, Erinnerungen eines Revolutionärs, Bd. 1, Stuttgart o. J., S. 194 f. (Memoirenbibliothek 1. Serie, Bd. 8).
11 Bismarck an Otto v. Wentzel am 1. 7. 1859, in: GW, Bd. 14, S. 531; vgl. Srbik, Deutsche Einheit, Bd. 3, S. 55 f.
12 Charlotte Duncker an Guido v. Usedom am 8. 4. 1859, in: Max Duncker, Politischer Briefwechsel aus seinem Nachlaß, hrsg. v. J. Schultze, Stuttgart-Berlin 1923, S. 94 (Deutsche Geschichtsquellen des 19. Jahrhunderts, Bd. 12).
13 Vgl. Hans Rosenberg, Die nationalpolitische Publizistik Deutschlands vom Eintritt der Neuen Ära in Preußen bis zum Ausbruch des Deutschen Krieges. Eine kritische Bibliographie, Bd. 1, München–Berlin 1935, S. 20 ff. – Als Fortsetzung: Karl Georg Faber, Die nationalpolitische Publizistik Deutschlands von 1866 bis 1871, Düsseldorf 1963.
14 MEW, Bd. 13, S. 227.
15 MEW, Bd. 29, S. 432.
16 Zentrales Staatliches Archiv der UdSSR, Moskau, Fond 828, Op. 1, Bd. 1414, S. 58 f., Gortschakow am Kisseljew am 5. 5. 1859; S. 108 f., Gortschakow an Kisseljew am 15. 5. 1859.
17 Boris Nolde, Die Petersburger Mission Bismarcks 1859–1862. Rußland und Europa zu Beginn der Regierung Alexanders II. Leipzig 1936, S. 72.
18 Bismarck an die Schwester am 1. 5. 1859, in: GW, Bd. 14, S. 516.
19 Bismarck an die Gattin am 19. 4. 1859, in: GW, Bd. 14, S. 514.
20 Über die Einflüsse, die auf den Prinzregenten wirkten, vgl. Heinrich Ritter v. Srbik, Deutsche Einheit. Idee und Wirklichkeit vom Heiligen Reich bis Königgrätz, Bd. 2, München 1935, S. 360, 368 f.; Karl-Heinz Börner, Die Krise der preußischen Monarchie von 1858 bis 1862, Berlin 1976, S. 55 f.; Derselbe, Wilhelm I. Deutscher Kaiser und König von Preußen, Berlin 1984, S. 109 f.
21 Zentrales Staatliches Historisches Archiv Moskau, Fond 828, Bd. 1415, S. 50.

22 Ebenda, S. 4, an Kisseljew S. 64 f.; an Budberg S. 130.
23 Vgl. APP, Bd. 1, S. 351.
24 Vgl. APP. Bd. 1, S. 344; zur ungenügenden Rüstung Frankreichs vgl. Srbik, Deutsche Einheit, Bd. 2, S. 354 u. 357 f.
25 Nolde, Petersburger Mission Bismarcks, S. 47 f.
26 Vgl. GW, Bd. 3, S. 4.
27 GW, Bd. 3, S. 19.
28 GW, Bd. 3, S. .
29 GW, Bd. 3, S. 22 (aus dem Französischen übersetzt).
30 GW, Bd. 3, S. 25.
31 GW, Bd. 3, S. 33.
32 GW, Bd. 3, S. 35 ff.
33 Ebenda, S. 36.
34 Ebenda, S. 36 f.
35 Ebenda, S. 38.
36 Ebenda, S. 45.
37 Ebenda, S. 50; Bismarck an Gustav v. Alvensleben am 17.6. 1859, in: GW, Bd. 14, S. 527; vgl. Rudolf Schridde, Bismarck und Hannover. Die Gesandtenzeit 1851–1862, Hildesheim 1963, S. 155.
38 Bismarck an Otto v. Wentzel am 1.7. 1859, in: GW, Bd. 14, S. 531.
39 GW, Bd. 3, S. 52 ff.
40 Bismarcks Briefwechsel mit dem Minister Freiherrn v. Schleinitz 1858–1861, Stuttgart 1905, S. 38 ff.; APP, Bd. 1, S. 675, Anm. 5.
41 Bismarcks Briefwechsel mit Schleinitz, S. 40; vgl. Schridde, S. 157.
42 Bismarck an Otto v. Wentzel am 1.7. 1859, in: GW, Bd. 14, S. 531; eine andere Version in: Die geheimen Papiere Friedrich von Holsteins. Erinnerungen und politische Denkwürdigkeiten, Bd. 1, Göttingen 1956, S. 12.
43 Bismarck an den Bruder am 26.4. 1859, in: GW, Bd. 14, S. 520.
44 Bismarck an die Gattin am 11.6. 1859, in: GW, Bd. 14, S. 527.
45 Bismarck an die Gattin am 18.6. 1859, in: GW, Bd. 14, S. 528; Bismarck an die Schwester am 29.6. 1859, in: GW, Bd. 14, S. 530; Bismarck an die Gattin am 9.6. 1859, in: GW, Bd. 14, S. 534; Bismarck an die Gattin am 2.7. 1859, in: GW, Bd. 14, S. 533.
46 Bismarck an die Gattin am 2.7. 1859, in: GW, Bd. 14, S. 533.
47 Bismarck an die Schwester am 29.6. 1859, in: GW, Bd. 14, S. 530.
48 GW, Bd. 3, S. 61.
49 GW, Bd. 3, S. 52.
50 Wilhelm Rüstow, Der italienische Krieg 1859, Zürich 1859.
51 Zentrales Staatliches Historisches Archiv Moskau, Fond 828, Band 1415, S. 349.
52 Vgl. Srbik, Deutsche Einheit, Bd. 2, S. 403 f.
53 Vgl. ebenda, S. 398.
54 Vgl. ebenda, S. 400.
55 Die politischen Berichte des Fürsten Bismarck aus Petersburg und Paris 1859–1862, hrsg. v. Ludwig Raschdau, Bd. 1, Berlin 1920, S. 77.
56 Bismarck an die Gattin am 4.6. 1859, in: GW, Bd. 14, S. 525.
57 Bismarck an Gustav v. Alvensleben am 5.5. 1859, in: GW, Bd. 14, S. 517.
58 Vgl. Srbik, Deutsche Einheit, Bd. 2, S. 405, und M. Paléologue, Les entretiens de l' Impératrice Eugénie, Paris 1928, S. 247.

59 Vgl. Srbik, Deutsche Einheit, Bd. 2, S. 394, und APP, Bd. 1, S. 750.
60 Bismarck an Gustav v. Alvensleben am 5. 5. 1859, in: GW, Bd. 14, S. 517.
61 Hermann Oncken, Rudolf von Bennigsen, Ein deutscher liberaler Politiker, Bd. 1, Leipzig–Stuttgart 1910, S. 273 ff.
62 Ebenda, S. 323 f.
63 Ebenda, S. 325.
64 Zitiert nach: Otto Westphal, Welt- und Staatsanschauung des deutschen Liberalismus, München–Berlin 1919, S. 213.
65 Robert C. Binkley, Realism and Nationalism 1852–1871, New York 1965, S. 138.
66 Zitiert nach: Oncken, Rudolf von Bennigsen, Bd. 1, S. 455.
67 Vgl. GW, Bd. 7, S. 37 ff.; vgl. Eyck, Bismarck, Bd. 1, S. 336 f.
68 Vgl. GW, Bd. 7, S. 38.
69 Vgl. Oncken, Rudolf von Bennigsen, Bd. 1, S. 459 f.
70 Nolde, Petersburger Mission Bismarcks, S. 91 f.
71 Bismarck-Jahrbuch, Bd. IV, Leipzig 1897, S. 154 ff.
72 Vgl. DPÖ, Bd. I, S. 24 f.
73 APP, Bd. 1, Nr. 525, S. 800–802.
74 GW, Bd. 3, S. 65.
75 Ebenda, S. 64.
76 Bismarck an Zitelmann am 8. 8. 1860, in: GW, Bd. 14, S. 560.
77 GW, Bd. 3, S. 142.
78 Bismarck an den Maler Jakob Becker am 11. 7. 1859, in: GW, Bd. 14, S. 535.
79 GW, Bd. 3, S. 259.
80 Kurd v. Schlözer, Petersburger Briefe 1857–1862, hrsg. v. Leopold v. Schlözer, Stuttgart–Berlin 1921, S. 155, 188.
81 Bismarck an den Maler Jakob Becker am 11. 7. 1859, in: GW, Bd. 14, S. 534.
82 Vgl. Schlözer, Petersburger Briefe, S. 205, 207, 211 f., 229 f.
83 Ebenda, S. 230.
84 GW, Bd. 3, S. 152.
85 Ebenda, S. 151.
86 Ebenda, S. 277.
87 Ebenda, S. 85.
88 Ebenda, S. 295.
89 Ebenda.
90 HHStA, P.A.I, Kart. 528 (Nachlaß Rechberg) 4. Alexander v. Hessen an Rechberg am 13. 8. 1859, 17. 6. 1860, 20. 1. 1860.
91 GW, Bd. 3, S. 66.
92 Ebenda, S. 214.
93 Günter Mühlpfordt, Die polnische Krise von 1863. Die Begründung der russisch-preußisch-deutschen Entente der Jahre 1863–1871, phil. Habil. Halle-Wittenberg 1952, S. 121.
94 Vgl. Emile Tersen, Garibaldi, Berlin 1968, S. 105; Wilhelm Rüstow, Der italienische Krieg 1860 politisch-militärisch beschrieben, Zürich 1861, besonders S. 65.
95 Ebenda.
96 GW, Bd. 3, S. 70.
97 Ebenda, S. 85.
98 Ebenda, S. 179.
99 Ebenda, S. 140.

100 Ebenda, S. 147.
101 Ebenda.
102 Ebenda, S. 148.
103 Ebenda, S. 149.
104 Ebenda, S. 312 ff. und 317 ff.
105 Ebenda, S. 319, 315.
106 Srbik, Deutsche Einheit, Bd. 2, S. 289.
107 Bismarck an Albrecht v. Roon am 17. 6. 1861, in: GW, Bd. 14, S. 572.
108 Hermann Oncken, Die Baden-Badener Denkschrift Bismarcks über die deutsche Bundesreform (Juli 1861), in: HZ, 145, 1932, S. 115.
109 Ebenda, S. 124 f.
110 Ebenda, S. 125, 127.
111 Ebenda, S. 128 f.
112 Vgl. ebenda, S. 119.
113 Ebenda, S. 120.
114 GW, Bd. 15, S. 163.
115 Bismarck an Albrecht v. Roon am 2. 7. 1861, in: GW, Bd. 14, S. 570 f. Der Hinweis auf die Vendée findet sich auch in einem Schreiben an den Minister v. Schleinitz vom 10. 12. 1860 (GW, Bd. 3, S. 147).
116 Roon, Bd. 2, S. 64.
117 Ebenda, S. 65.
118 Vgl. Lothar Gall, Bismarck. Der weiße Revolutionär, Frankfurt a. M.–Berlin–Wien 1980, S. 216.
119 Vgl. Heinz Helmert, Militärsystem und Streitkräfte im Deutschen Bund am Vorabend des preußisch-österreichischen Krieges von 1866, Berlin 1964, S. 184 ff., 188 f.
120 Ebenda, S. 196.
121 Gerhard Ritter, Staatskunst und Kriegshandwerk, Bd. 1, München 1954, S. 162.
122 Stenographische Berichte der Verhandlungen des Landtages, Haus der Abgeordneten, Bd. 3; Anlagen zu den Verhandlungen des Hauses der Abgeordneten, 1. Teil, Berlin 1860, S. 935.
123 Vgl. MEW, Bd. 16, S. 58.
124 Roon an Klemens Theodor Perthes am 23. 4. 1862, in: Roon, Bd. 2, S. 73.
125 Ebenda, S. 72.
126 Ebenda, S. 54.
127 Ebenda, S. .
128 Ebenda, S. 87
129 GW, Bd. 3, S. 367.
130 Ebenda.
131 Ebenda.
132 Egmont Zechlin, Bismarck und die Grundlagen der deutschen Großmacht, Stuttgart 1960.
133 Ebenda.
134 Vgl. Meyer, Bismarck, S. 158.
135 Kurd v. Schlözer, Petersburger Briefe 1857–1862, S. 188.
136 Bismarck an Albrecht v. Roon am 8. 6. 1862, in: GW, Bd. 14, S. 592.
137 Roon an Bismarck am 26. 6. 1862, in: Roon, Bd. 2, S. 99.
138 GW, Bd. 3, S. 388 f., und Bismarck an Albrecht v. Roon am 15. 7. 1862, in: GW, Bd. 14, S. 600 f.

139 Roon an Klemens Theodor Perthes am 2. 8. 1862, in: Roon, Bd. 2, S. 108.
140 Bismarck an die Gattin am 11. 8. 1862, in: GW, Bd. 14, S. 611.
141 Bismarck an die Gattin am 10. 8. 1862, in: GW, Bd. 14, S. 610; Bismarck an die Gattin am 19. 8. 1862, in: GW, Bd. 14, S. 612.; Bismarck an die Gattin am 25. 7. 1862, in: GW, Bd. 14, S. 615.
142 Bismarck an die Schwester am 20. 8. 1862, in: GW, Bd. 14, S. 613; Bismarck an die Gattin am 19. 8. 1862, in: GW, Bd. 14, S. 613; vgl. auch Nikolai Fürst Orloff, Bismarck und die Fürstin Orloff. Ein Idyll in der hohen Politik. Mit unveröffentlichten Briefen Bismarcks und der Fürstin Orloff, München 1936.

VI. Der Konfliktsminister

1 Wilhelm Treue, Wollte König Wilhelm I. 1862 zurücktreten?, in: FBPG, 51, 1939, S. 275.
2 GW, Bd. 15, S. 178.
3 Keudell, S. 110.
4 Constantin Frantz, Louis Napoleon, Berlin 1852, S. 104.
5 Shlomo Na'aman/Hans Peter Harstick, Die Konstituierung der deutschen Arbeiterbewegung 1862/63. Darstellung und Dokumentation, Assen 1975, S. 1.
6 Vgl. GW, Bd. 10, S. 190, 251.
7 Ebenda, S. 140.
8 GW, Bd. 10, S. 140, vgl. auch Meyer, Bismarck, S. 185.
9 Franz v. Roggenbach an Max Duncker am 25. 8. 1860, in: Max Duncker, Politischer Briefwechsel, Stuttgart–Berlin 1923, S. 220.
10 GW, Bd. 15, S. 194.
11 GW, Bd. 10, S. 153.
12 Ebenda, S. 155.
13 Ebenda, S. 154.
14 Vgl. Karl Buchheim, Geschichte der christlichen Parteien in Deutschland, München 1953, S. 163.
15 GW, Bd. 10, S. 210.
16 Ebenda, S. 211.
17 Zitiert nach: Walter Bußmann, Das Zeitalter Bismarcks, Konstanz 1956, S. 68 (Handbuch der Deutschen Geschichte, Hrsg. v. L. Just, Bd. 3/II).
18 ZStAM Rep. 92 Nachlaß Zitelmann.
19 Bismarck an Ernst v. Senfft-Pilsach am 23. 3. 1863, in: GW, Bd. 14, S. 638.
20 Bismarck an Heinrich VII. Prinzen Reuß am 23. 11. 1862, in: GW, Bd. 14, S. 629.
21 Verfassungsgeschichte, S. 65; vgl. Huber, Bd. 3, S. 320; vgl. ferner Friedrich Albert Lange, Uber Politik und Philosophie. Briefe und Leitartikel 1862–1875, hrsg. v. Georg Eckert, Duisburg 1968, S. 582.
22 Huber, Bd. 3, S. 308, 347, 350.
23 Bismarck an Rudolf v. Auerswald am 18. 11. 1860, in : GW, Bd. 14, S. 564.
24 Gerd Fesser, Zur Klassenbasis des Deutschen Nationalvereins und zu seiner Haltung gegenüber der Arbeiterbewegung, in: Politik und Ideologie des bürgerlichen Liberalismus im Revolutionszyklus zwischen 1789 und 1917, hrsg. v. Siegfried Schmidt, Jena 1983, S. 46 ff.

25 Eugene N. Anderson, The Social and Political Conflict in Prussia 1858–1864, Nebraska 1954, S. 342.
26 Helmut Böhme, Deutschlands Weg zur Großmacht. Studie zum Verhältnis von Wirtschaft und Staat während der Reichsgründungszeit 1848–1881, Köln-Berlin 1966, S. 128 f.
27 National-Zeitung v. 23. und 24. 10. 1862, jeweils Abendblatt.
28 Friedrich Theodor Vischer an Julius Hölder am 27. 11. 1863, in: Heyderhoff, S. 187 f.; vgl. ferner Gerd Fesser, Linksliberalismus und Arbeiterbewegung. Die Stellung der Deutschen Fortschrittspartei zur Arbeiterbewegung 1861–1866, Berlin 1976; Nadja Süßmilch, Die Entwicklung des Linksliberalismus von 1864 bis 1871, phil. Diss. Berlin 1978; sowie unter regionalem Aspekt Thomas Parent, »Passiver Widerstand« im preußischen Verfassungskonflikt. Die Kölner Abgeordnetenfeste, Köln 1982, S. 89 ff.
29 Heinrich August Winkler, Preußischer Liberalismus und deutscher Nationalstaat. Studien zur Geschichte der deutschen Fortschrittspartei 1861–1866, Tübingen 1964, S. 20.
30 Vgl. ebenda, S. 13 f.
31 Roland Zeise, Die Politik der kapitalistischen Wirtschaftsverbände 1858 bis 1866 – eine Variante zur Politik der liberalen Bewegung?, in: Politik und Ideologie des bürgerlichen Liberalismus ... hrsg. v. S. Schmidt, S. 60 f.; vgl. ferner auch Derselbe, Gemeinsamkeiten und Unterschiede in der politischen Konzeption der deutschen Handels-, Industrie- und Bankbourgeoisie in der politischen Krise von 1859–1866, in: Jahrbuch für Geschichte, 10, 1974, S. 175–221; Derselbe, Zur Rolle der kapitalistischen Interessenverbände beim Abschluß der bürgerlichen Umwälzung in den deutschen Staaten, in: Ebenda, 14, 1976, S. 125–175, sowie Michael Gugel, Industrieller Aufstieg und bürgerliche Herrschaft. Sozioökonomische Interessen und politische Ziele des liberalen Bürgertums in Preußen zur Zeit des Verfassungskonfliktes 1857–1867, Köln 1975; Jürgen Kocka, Unternehmer in der deutschen Industrialisierung, Göttingen 1975.
32 Vgl. GW. Bd. 10, S. 160 f.
33 Gustav Mayer, Bismarck und Lassalle. Ihr Briefwechsel und ihre Gespräche, Berlin 1928; Eduard Bernstein, Einleitung zu Ferdinand Lassalles Reden und Schriften, hrsg. v. E. Bernstein, Bd. 1, Berlin 1892, S. 163; Shlomo Na'aman, Lassalles Beziehungen zu Bismarck. Ihr Sinn und Zweck. Zur Beleuchtung von Gustav Mayers »Bismarck und Lassalle«, in: Archiv für Sozialgeschichte, 2, 1962, S. 55; Derselbe, Lassalle, Hannover 1970, S. 622.
34 Vgl. MEW, Bd. 17, S. 337.
35 Bismarck an Graf v. Bernstoff am 21. 11. 1862, in: GW, Bd. 14, S. 628.
36 Bericht Karolyis v. 5. 12. 1862, in: APP, Bd. 3, S.
37 GW, Bd. 4, S. 40.
38 Vgl. Herbert Geuß, Bismarck und Napoleon III. Ein Beitrag zur Geschichte der deutsch-französischen Beziehungen 1851–1871, Köln-Graz 1959, S. (Kölner historische Abhandlungen Bd. 1).
39 Vgl. Walter Bußmann, Das Zeitalter Bismarcks, Konstanz 1968, S. 70.
40 Vgl. Günter Mühlpfordt, Die polnische Krise von 1863, phil. Habil. Halle 1952, und Felix-Heinrich Gentzen, Großpolen im Januaraufstand. Das Herzogtum Posen 1850–1864, Berlin 1958.
41 GW, Bd. 3, S. 279, 285.
42 Konferenzen und Verträge. Vertrags-Ploetz, bearb. v. Helmuth Rönnefarth, Bielefeld 1953, S. 168 f

43 Vgl. Geuß, S. 88.
44 Mühlpfordt, Die polnische Krise von 1863, S. 268.
45 Deutsches Wochenblatt v. 24. 9. 1865, zitiert nach: Weber, Kleinbürgerliche Demokraten, S. 84.
46 Vgl. Karl Jansen, Schleswig-Holsteins Befreiung, hrsg. v. Carl Samwer, Wiesbaden 1897, S. 151.
47 Vgl. Rolf Weber, Kleinbürgerliche Demokraten in der deutschen Einheitsbewegung 1863–1866, Berlin 1962, S. 98.
48 GW, Bd. 4, S. 240.
49 Bismarck an Robert v. d. Goltz am 24. 12. 1864, in: GW, Bd. 14, S. 659.
50 Vgl. GW, Bd. 4, S. 256 f.
51 APP, Bd. 4, S. 361.
52 GW, Bd. 2, S. 384.
53 GW, Bd. 5, S. 44.
54 Bismarck an Robert v. d. Goltz am 24. 12. 1864, in: GW, Bd. 14, S. 659.
55 Vgl. Otto Graf zu Stolberg-Wernigerode, Robert Heinrich v. d. Goltz. Botschafter in Paris 1863–1869, Oldenburg–Berlin 1941, S. 140–171.
56 Vgl. GW, Bd. 10, S. 248.
57 Bismarck an Albrecht v. Roon am 21. 1. 1864, in: GW, Bd. 14, S. 661.
58 GW, Bd. 10, S. 214.
59 Srbik, Deutsche Einheit, Bd. 4, S. 141 ff.
60 Vgl. L. D. Steefel, The Schleswig-Holstein question, Cambridge 1932, S. 184.
61 BA, Karton M 32 (I), Herbert v. Bismarck an Erich Marcks am 1. 11. 1902.
62 Srbik, Deutsche Einheit, Bd. 4, S. 207–211.
63 Bismarck an die Gattin am 14. 8. 1865, in: GW, Bd. 14, S. 703.
64 GW, Bd. 5, S. 270.
65 GW, Bd. 5, S. 275.
66 Vgl. Herbert Schwab, Von Düppel bis Königgrätz. Die politische Haltung der deutschen Bourgeoisie zur nationalen Frage 1864–1866, in: ZfG, 16, 1966, S. 593.
67 MEW, Bd. 30, S. 426, 429.
68 Ebenda, S. 432.
69 Preußische Jahrbücher, 15, S. 220.
70 Vgl. Heinrich v. Treitschke, in: Ebenda, S. 187.
71 Vgl. ebenda, S. 185.

VII. Im Vorfeld der Revolution von oben

1 Friedrich Albert Lange, Über Politik und Philosophie. Briefe und Leitartikel 1862 bis 1875, hrsg. v. Georg Eckert, Duisburg 1968, S. 381.
2 Vgl. Rolf Weber, Kleinbürgerliche Demokraten in der deutschen Einheitsbewegung 1863–1866, Berlin 1962.
3 Vgl. Rolf Weber, Ultramontanismus und Demokratie in Süddeutschland 1866 bis 1870, in: Die großpreußisch-militaristische Reichsgründung. Ursachen und Folgen, hrsg. v. Horst Bartel und Ernst Engelberg, Bd. 1, Berlin 1971, S. 411 ff. Was Weber hier für die Zeit nach 1866 feststellte, gilt im Prinzip schon für die vorangegangenen Jahre, siehe besonders S. 418 f. und 428 f.

4 Vgl. Bernhard Schulze, Wirtschaftspolitische Auffassungen bürgerlicher Demokraten im Jahrzehnt der Reichsgründung, in: Die großpreußisch-militaristische Reichsgründung, Bd. 1, S. 379 ff., besonders S. 385.
5 Friedrich Albert Lange, Die Arbeiterfrage, hrsg. v. Franz Mehring, Berlin 1910.
6 Vgl. Heinz Hümmler, Opposition gegen Lassalle. Die revolutionäre proletarische Revolution im Allgemeinen Deutschen Arbeiterverein 1862/63–1866, Berlin 1963.
7 Vgl. Weber, Kleinbürgerliche Demokraten, S. 117.
8 Zitiert nach ebenda, S. 230.
9 Vgl. ebenda, S. 230.
10 Der Bote vom Niederrhein. Faksimile-Nachdruck der Jahrgänge 1865/66, Einleitung v. Georg Eckert, Duisburg 1968.
11 Der Bote vom Niederrhein v. 14. 1. 1866; vgl. ferner: Friedrich Albert Lange, Über Politik und Philosophie, Duisburg 1968, S. 111 ff.
12 Deutsches Wochenblatt v. 1. 1. 1866.
13 Heyderhoff, S. 253–257.
14 Ebenda, S. 254.
15 Karl Twesten an Gustav Lipke am 18. 1. 1866, in: Heyderhoff, S. 269.
16 Vgl. Huber, Bd. 3, S. 328 f.
17 Vgl. National-Zeitung v. 17. 2. 1866,; vgl. Herbert Schwab, Von Düppel bis Königgrätz. Die politische Haltung der deutschen Bourgeoisie zur nationalen Frage 1864–1866, in: ZfG, 16, 1966, S. 598.
18 Vgl. APP, Bd. 6, S. 318; vgl. Helmut Böhme, Deutschlands Weg zur Großmacht. Studien zum Verhältnis von Wirtschaft und Staat während der Reichsgründungszeit 1848–1881, Köln–Berlin 1966, S. 190; vgl. ferner MEW, Bd. 31, S. 138 sowie 141, 167, 227.
19 Vgl. Ernst Engelberg, Deutschland von 1849 bis 1871, Berlin 1962, S. 174.
20 Stenographische Berichte über die Verhandlungen der ... beiden Häuser des Landtages. Haus der Abgeordneten, Berlin 1866.
21 Hermann v. Beckerath an Heinrich v. Sybel am 5. 2. 1866, in: Heyderhoff, S. 271.
22 Der Bote vom Niederrhein v. 29. 11. 1865.
23 Wiedergegeben in: Der Bote vom Niederrhein v. 1. 12. 1865.
24 Neue Preußische Zeitung v. 6. 9. 1865.
25 Ebenda.
26 Neue Preußische Zeitung v. 8. 9. 1865.
27 Der Bote vom Niederrhein v. 5. 11. 1865; vgl. auch Wolfgang Saile, Hermann Wagener und sein Verhältnis zu Bismarck. Ein Beitrag zur Geschichte des konservativen Sozialismus, Tübingen 1958 (Tübinger Studien zur Geschichte und Politik 9).
28 Vgl. Arnold Oskar Meyer, Bismarcks Glaube, München 1933.
29 Herrmann v. Petersdorff, Kleist-Retzow. Ein Lebensbild, Stuttgart–Berlin 1907, S. 337.
30 Ebenda, S. 339.
32 BA, Karton B 62, Kleist-Retzow an Bismarck am 6. 11. 1863.
33 BA, Karton B 62, Kleist-Retzow an Bismarck am 22. 10. 1865.
34 Aus dem Leben Theodor von Bernhardis, Bd. 6, Leipzig 1867, S. 239; vgl. die kontroversen Ansichten über die Revolutionsgefahr in den Jahren 1863 bis 1866 bei dem Erzkonservativen A. Wahl und dem Liberalen L. Bergsträ-

ßer: Adalbert Wahl, Beiträge zur Geschichte der Konfliktszeit, Tübingen 1914, besonders S. 57–92; Ludwig Bergsträßer, Kritische Studien zur Konfliktszeit, in: Historische Vierteljahresschrift, 19, 1919/1920, S. 346 ff., besonders S. 368 ff.

35 Aus dem Leben Theodor von Bernhardis, S. 6, S. 244.

36 Ebenda, S. 250.

37 Keudell, S. 228.

38 GW, Bd. 5, S. 357.

39 Kaiser Friedrich III. Tagebücher von 1848–1866, hrsg. v. Heinrich-Otto Meisner, Leipzig 1929, S. 541 ff., besonders S. 543, 411 f.

40 Ebenda.

41 Vgl. APP, Bd. 6, S. 618.

42 Vgl. Heinrich v. Sybel, Die Begründung des Deutschen Reiches, Berlin 1899, Bd. 4, S. 207: »Worauf Bismarck jedoch sehr leise erwiderte, daß die inneren Zustände einen Krieg nicht nötig machten, immerhin dazu beitrügen, ihn günstig erscheinen zu lassen.«

43 GW, Bd. 5, S. 396.

44 Ebenda, S. 397, 399.

45 Ebenda, S. 409.

46 Ebenda, S. 416 f., 419.

47 Vgl. Wortlaut des preußisch-italienischen Bündnisvertrages v. 8. 4. 1866, in: Verfassungsgeschichte, S. 190 f.

48 DPÖ, Bd. V/2, S. 614.

49 APP, Bd. 6, S. 725.

50 Huber, Bd. 3, S. 515.

51 DPÖ, Bd. V/1, S. 439, 453, 449.

52 Ebenda, S. 446.

53 Ebenda, S. 439.

54 Ebenda, S. 454, vgl. auch S. 432.

55 DPÖ, Bd. V/2, S. 618, aus dem Bericht des österreichischen Gesandten in Dresden: »Viel Aufsehen macht hier eine in Leipzig, wie Baron Beust vermutet, durch preußischen Einfluß in Szene gesetzte Schilderhebung der dortigen städtischen Behörden gegen das von der königl. Regierung befolgte politische System. Man war anfangs daselbst soweit gegangen, in der diesfälligen, dem Könige zu überreichenden Petition die Entlassung des Ministers v. Beust fordern zu wollen. Dieses ging zwar nicht durch, allein es ist schlimm genug, daß der Stadtrat und die Stadtverordneten von Leipzig unpatriotisch und kurzsichtig genug sind, ihrem Monarchen zuzumuten, daß er ›die sämtlichen Rüstungen einstelle‹, d. h. mit gebundenen Händen sich in das preußische Lager begebe. Was die Regierung hierauf verfügen wird, weiß ich nicht, nur schien mir der Minister durch den Vorfall nichts weniger als eingeschüchtert zu sein und er versicherte mir, ›er werde die Herren ordentlich bedienen‹. Übrigens darf nicht vergessen werden, daß Leipzig, wo der materielle Kaufmannsgeist ausschließend herrscht, auf dieselbe Weise wie jetzt schon mehrere Male früher, z. B. 1849, aufgetreten ist und hoffentlich in seiner dermaligen Erscheinung im Lande allein steht.«

56 DPÖ, Bd. V/1, S. 421.

57 Ebenda, S. 455 f.; vgl. ferner S. 421.

58 Ebenda, S. 461; vgl. auch S. 469, 491.

59 Ebenda, S. 480.

60 DPÖ, Bd. V/2, S. 567; vgl. S. 579, aus dem Bericht des österreichischen Gesandten in Dresden, Freiherrn von Werner v. 3. Mai 1866: »Denn lebendiger, von allem revolutionären Beigeschmack gereinigter Patriotismus, wie ich ihn in meinen jungen Jahren, in jenen von 1809 und 1813, schon zu erleben das Glück hatte, ist in dieser egoistischen, materialistischen Zeit freilich nicht mehr zu erwarten und am wenigsten bei einem pathetischen, vorwiegend industriellen und doch mit manchen schlechten Elementen untermischten Volke, wie es jenes Sachsens ist. Überhaupt bin ich über den Geist, wie er sich hier zu entwickeln anfängt, nicht ganz ruhig. Auf der einen Seite regen sich die alten Gothaner, auf der anderen ist vorlängst in die Arbeiterbevölkerung durch die Lassallischen Doktrinen ein Geist der Auflehnung gekommen, der nun in dem Bismarckschen Parlament das Schiboleth des Heils zu finden vermeint. Um so erwünschter wäre es allerdings, daß der König unter österreichischer Hilfe sein Land behaupten und seine Feinde verhindern könnte, hier mit emsiger Hand den Giftbaum der Revolution zu pflanzen.«

61 Ebenda, S. 573.

62 Eine mittlere Linie zwischen Sachsen und Hannover nahm Hessen-Darmstadt unter Frhr. v. Dalwigk ein; DPÖ, Bd. V/1, S. 458. Und während Herzog Ernst von Sachsen-Koburg-Gotha den Parlamentsantrag nur für eine »Finte« hielt, betrachtete der württembergische Minister von Varnbüler das Vorgehen Bismarcks als einen Versuch, »in den Mittelstaaten revolutionäre Bewegungen hervorzurufen, dieselben alsdann mit bewaffneter Hand zu unterdrücken und sich so zum Herren von Deutschland zu machen.« Vgl. Bd. V/1, S. 462 u. 457; vgl. ferner Bd. V/2, S. 855.

63 HHStA, vgl. die unveröffentlichten Teile der Denkwürdigkeiten Anton v. Schmerlings.

64 Vgl. Richard Charmatz, Österreichs innere Geschichte von 1848 bis 1895, Bd. 1, Leipzig-Berlin 1918, S. 65.

65 Heinrich Friedjung, Der Kampf um die Vorherrschaft in Deutschland 1859 bis 1866, Stuttgart 1897, Bd. 1, S. 124; vgl. ferner Charmatz, S. 65.

66 Vgl. Eduard v. Wertheimer, Zwei ungedruckte Denkschriften des österreichischen Ministers Graf Mensdorff über das Jahr 1866, in: Preußische Jahrbücher, 180, 1920, S. 325.

67 DPÖ, Bd. V/1, S. 292, 312.

68 Huber, Bd. 3, S. 197.

69 Heinrich Friedjung, Der Kampf um die Vorherrschaft in Deutschland 1859 bis 1866, Stuttgart 1897, Bd. 1, S. 256, u. Huber, S. 384.

70 Archiv der Außenpolitik Rußlands, Moskau, Fonds Kanzlei 1866, g. 29, Oubril an Gortschakow am 6./18. 2. 1866.

71 DPÖ, Bd. V/1, S. 433; vgl. ferner S. 366, 414, 454; Bd. V/2, S. 857, 884, 896, 907, 915.

72 Vgl. den zornigen und kampflustigen Artikel von Friedrich Engels, Der Schweizer Bürgerkrieg, in der »Deutschen Brüsseler Zeitung«, Nr. 91 v. 14. 11. 1847, in: MEW, Bd. 4, S. 391, mit den gehässigen Erinnerungen von Bernhard Ritter von Meyer »Erlebnisse des Bernhard Ritter von Meyer«, hrsg. v. dessen Sohn Bernhard Ritter v. Meyer, 2 Bde. Wien-Pest 1875.

73 Vgl. Eduard Winter, Frühliberalismus in der Donaumonarchie. Religiöse,

nationale und wissenschaftliche Strömungen von 1790–1868, Berlin 1968, S. 289 (Beiträge zur Geschichte des religiösen und wissenschaftlichen Denkens, Bd. 7).

74 DPÖ, Bd. V/1, S. 531.

75 Richard Blaas, Die italienische Frage und das österreichische Parlament 1859–1866, in: Mitteilungen des österreichischen Staatsarchivs, 22, 1969, S. 242f.

76 DPÖ, Bd. V/1, S. 433.

77 DPÖ, Bd. V/2, S. 714.

78 Ebenda, S. 871.

79 DPÖ, Bd. V/1, S. 533.

80 DPÖ, Bd. V/2, S. 803.

81 Vgl. Srbik, Deutsche Einheit, Bd. 4, Stuttgart 1942, S. 384; Heinrich Friedjung, Der Kampf um die Vorherrschaft in Deutschland 1859 bis 1866, Bd. 1, Stuttgart 1897, S. 298f., 283,f.

82 Srbik, Deutsche Einheit, Bd. 4, S. 384.

83 Ernst II. Herzog v. Sachsen-Coburg-Gotha, Aus meinem Leben und aus meiner Zeit, Bd. 3, Stuttgart 1889, S. 484.

84 MEW, Bd. 21, S. 242.

85 Srbik, Deutsche Einheit, Bd. 4, S. 411f.

86 Richard Blaas, S. 241f.; vgl. ferner die dreibändige Aktenpublikation des Instituto Veneto di Scienze lettere ed arti, Il problema veneto e l'Europa 1859. Raccolta di documente diplomatici a commemorare il centenario dell' unione di Venezia e del Veneto allo Stato Italiano, Venezia 1966–1967, Bd. 1, S. 852ff., Bd. 2, S. 951ff., Bd. 3, S. 669ff.

87 Wilhelm Wehrenpfennig an Heinrich v. Treitschke am 20. 5. 1866, in: Heyderhoff, S. 293.

88 ZStAM, Rep. 92, Nachlaß Zitelmann.

89 Johann Baptist v. Schweitzer, Politische Aufsätze und Reden, hrsg. v. Franz Mehring, Berlin 1912, S. 145f.

90 Ebenda, S. 144.

91 Der Bote vom Niederrhein v. 1. 4. 1866, Beilage.

92 Vgl. Julius H. Schoeps, Bismarck und sein Attentäter, Frankfurt a. M.-Berlin-Wien 1984.

93 Frankfurter Reform v. 6. 6. 1866; vgl. Weber, Kleinbürgerliche Demokraten, S. 270.

94 August Bebel, Aus meinem Leben, Bd. 1, Stuttgart 1910, S. 132.

95 Otto Graf zu Stolberg-Wernigerode, Robert Heinrich Graf v. d. Goltz, Botschafter in Paris 1863–1869, Oldenburg–Berlin 1941, S. 425.

96 Ebenda, S. 432f.

97 Ebenda, S. 207.

98 Ein Beispiel unter vielen ist der Brief von Schleinitz an Königin Augusta am 26. 5. 1866, in: Ebenda, S. 434.

99 Roon, Bd. 2, S. 419.

100 Gerlach-Nachlaß, S. 1276, 1282; vgl. auch Konrad Canis, Die politische Taktik führender preußischer Militärs 1858 bis 1866, in: Die großpreußisch-militaristische Reichsgründung 1871, hrsg. v. H. Bartel u. E. Engelberg, Bd. 1, Berlin 1971, S. 153.

101 Gerlach-Nachlaß, S. 1291.

102 Aus dem Leben Theodor v. Bernhardis, Bd. 6, Leipzig 1897, S. 302f.

103 Ebenda, S. 292.
104 Ebenda, S. 297.
105 GW, Bd. 5, S. 429.
106 Aus dem Leben Theodor v. Bernhardis, Bd. 6, S. 336f.
107 Gustav Freytag an Maximilian v. Normann am 16. 2. 1868, in: Heyderhoff, S. 408f.
108 Der Bote vom Niederrhein v. 17. 6. 1866.
109 Gerlach-Nachlaß, S. 1265f.
110 Ebenda, S. 1274f.
111 Ebenda, S. 1275, 1288.
112 Ebenda, S. 1289.
113 Ebenda, S. 1310.
114 GW, Bd. 3, S. 315.
115 Vgl. L. V. Narocnizkaja, Rossija i vojnu Prussiiv 60-ch godach 19 v. za abedinenie Germanii 's verchu, Moskau 1960, S. 99f.
116 Ebenda, S. 75ff., 165ff.
117 GW, Bd. 5 S. 457.
118 Denkwürdigkeiten des Botschafters General v. Schweinitz, Bd. 1, Berlin 1927, S. 208f.
119 GW, Bd. 5, S. 405.
120 Ebenda, S. 549.
121 Heinrich Friedjung, Der Kampf um die Vorherrschaft in Deutschland 1859–1866, Bd. 2, Stuttgart 1898, S. 521.
122 GW, Bd. 5, S. 534.
123 Bote vom Niederrhein v. 24. 6. 1866.

VIII. Die Hegemonie Preußens

1 Vgl. DPÖ, Bd. V/2, S. 708f.
2 Heinz Helmert/Hans Jürgen Uszeck, Preußisch-deutsche Kriege von 1864 bis 1871. Militärischer Verlauf, Berlin 1967, S. 107ff.; vgl. auch Entscheidung 1866, hrsg. v. Wolfgang v. Groote u. Ursula v. Gersdorff, Stuttgart 1966.
3 Vgl. Briefe Benedeks im Anhang zu Heinrich Friedjung, Der Kampf um die Vorherrschaft in Deutschland 1859 bis 1866, Bd. 2, Stuttgart 1897, S. 534ff.
4 Heinz Helmert, Kriegspolitik und Strategie. Studien zur Kriegsführung des preußischen Generalstabs vor der Reichsgründung (1859–1869), Berlin 1970, S. 158, 167f. (Militärhistorische Studien, NF, Bd. 14).
5 Vgl. ebenda, S. 152ff., besonders S. 175–180, 211.
6 Eberhard Kessel, Moltke, Stuttgart 1957, S. 519.
7 Vgl. Helmert, Kriegspolitik, S. 178.
8 Carl v. Clausewitz, Vom Kriege, hrsg. v. Ernst Engelberg u. Otto Korfes, Berlin 1957.
9 Zitiert nach: Anneliese Klein-Wuttig, Politik und Kriegführung in den deutschen Einigungskriegen 1864, 1866 und 1870/71, Berlin 1934, S. 75, (Abhandlungen zur Mittleren und Neueren Geschichte, Bd. 75).
10 Vgl. Herbert Geuß, Bismarck und Napoleon III. Ein Beitrag zur Geschichte

der deutsch-französischen Beziehungen 1851–1871, Köln-Graz 1959, S. 75f., 86f., 104ff., 135f., 149 (Kölner historische Abhandlungen Bd. 1).

11 GW, Bd. 6, S. 81.

12 GW, Bd. 15, S. 277.

13 Ebenda, S. 278.

14 Gustav Roloff, Brünn und Nikolsburg: Nicht Bismarck, sondern der König isoliert, in: HZ, 136, 1927, S. 494.

15 Österreichisches Staatsarchiv Wien, P. A. III 93, Preußen Varia 1866, Friedensverhandlungen, Bericht Karolys an Mensdorff v. 23. 7. 1866, Bl. 363 ff.; ferner Josef Redlich, Das österreichische Staats- und Reichsproblem. Geschichtliche Darstellung der inneren Politik der Habsburgischen Monarchie von 1848 bis zum Untergang des Reichs, Bd. 2: Der Kampf um die zentralistische Reichsverfassung bis zum Abschlusse des Ausgleichs mit Ungarn im Jahre 1867, Leipzig 1926, S. 818.

16 Helmuth v. Moltke, Gesammelte Schriften und Denkwürdigkeiten, Bd. 6, Stuttgart-Leipzig-Berlin-Wien 1892, S. 496.

17 Roon, Bd. 2, S. 473, 452.

18 Zitiert nach: Gustav Roloff, Brünn und Nikolsburg, S. 495.

19 Ebenda, S. 457.

20 Zitiert nach: Josef Redlich, Das österreichische Staats- und Reichsproblem, Bd. 2, S. 811.

21 Heinrich Friedjung, Kampf um die Vorherrschaft in Deutschland 1859 bis 1866, Bd. 2, S. 481f.

22 Vgl. Protokoll in: Josef Redlich, Das österreichische Staats- und Reichsproblem, Bd. 2, S. 812f.

23 Heinrich Friedjung, Kampf um die Vorherrschaft in Deutschland 1859 bis 1866, Bd. 2, S. 354f., 366f., 368f.

24 Ebenda, S. 344.

25 Denkwürdigkeiten des Botschafters General v. Schweinitz, Bd. 1, Berlin 1927, S. 241; vgl. ferner Erich Brandenburg, Untersuchungen und Aktenstücke zur Reichsgründung, Leipzig 1922, S. 694.

26 GW, Bd. 6, S. 92f.

27 Ebenda, S. 100.

28 Ebenda, S. 45.

29 Ebenda, S. 120.

30 APP, Bd. 8, S. .

31 Verfassungsgeschichte, S. 215.

32 GW, Bd. 6, S. 93, 103, 125, 156.

33 Ebenda, S. 55.

34 Max Lenz, Geschichte Bismarcks, München-Leipzig 1913, S. 319.

35 Gustav Roloff, Bismarcks Friedensschlüsse mit den Süddeutschen 1866, in: HZ, 146, 1932, S. 1ff.

36 Heinrich v. Treitschke an seine Frau am 28. 7. 1866, in: Heinrich v. Treitschke, Briefe, hrsg. v. Max Cornicelius, Bd. 3/1, Leipzig 1917, S. 34.

37 Heinrich v. Treitschke an Georg Reimer am 1. 12. 1866, in: Ebenda, S. 103, Anm.

38 Vgl. Heinrich v. Treitschke, Zehn Jahre Deutscher Kämpfe. Schriften zur Tagespolitik, Berlin 1897, S. 329.

39 Johann Caspar Bluntschli, Denkwürdigkeiten aus meinem Leben, hrsg. v. Rudolf Seyerlen, Bd. 3, Nördlingen 1884, S. 160.

40 Vgl. Hans Schleier, Sybel und Treitschke. Antidemokratismus und Militarismus im historisch-politischen Denken großbourgeoiser Geschichtsideologen, Berlin 1965, S. 62ff.
41 Wieder abgedruckt in: Bismarck-Jahrbuch, Bd. 4, 1897, S. 175ff., besonders S. 181, 185.
42 Carl Schwarz, Zur Geschichte der neuesten Theologie, 4. verm. Aufl. Leipzig 1869, S. 300.
43 Abgedruckt bei: Otto Kraus, Aus Heinrich Leos geschichtlichen Monatsberichten und Briefen, in: Allgemeine Konservative Monatsschrift für das christliche Deutschland, Jg. 1894, S. 1124.
44 Ernst Ludwig v. Gerlach, Aufzeichnungen aus seinem Leben und Wirken 1795–1877, hrsg. v. Jakob v. Gerlach, Bd. 2, Schwerin 1903, S. 283.
45 Zitiert nach: Oskar Regele, Feldzeugmeister Benedek. Der Weg nach Königgrätz, Wien-München 1960, S. 479f.
46 Deutsches Wochenblatt v. 1. 1. 1866.
47 MEW, Bd. 31, S. 235.
48 MEW, Bd. 31, S. 240.
49 Vgl. Gerhard Ritter, Die Entstehung der Idemnitätsvorlage von 1866, in: HZ, 114, 1915, S. 42.
50 Vgl. Hermann Oncken, Rudolf v. Bennigsen, Bd. 1, Stuttgart-Leipzig 1910, S. 756; Martin Spahn, Zur Entstehung der nationalliberalen Partei, in: Zeitschrift für Politik, 1, 1908, S. 460, 462.
51 Vgl. GW, Bd. 10, S. 274.
52 Ebenda, S. 278.
53 Vgl. ebenda, S. 284.
54 GW, Bd. 6, S. 255.
55 Vgl. Huber, Bd. 3, S. 367.
56 GW, Bd. 10, S. 289.
57 Ebenda, S. 297.
58 Heyderhoff, S. 497ff.
59 Vgl. Ritter, Entstehung der Idemnitätsvorlage, S. 39.
60 Vgl. ebenda, S. 41.
61 Vgl. GW, Bd. 6, S. 73f.
62 Vgl. Hermann v. Petersdorff, Kleist-Retzow. Ein Lebensbild, Berlin 1907, S. 381f.
63 Bismarck an die Gattin am 3. 8. 1866, in: GW, Bd. 14, S. 720.
64 Verfassungsgeschichte, Bd. 2, S. 85f; Huber, Bd. 3, S. 352.
65 Vgl. Heyderhoff, S. 497ff.
66 Vgl. August Wolfstieg, Die Anfänge der freikonservativen Partei, in: Delbrück-Festschrift, Berlin 1908, S. 317f.
67 Deutsches Museum, 16, 1866, S. 317; vgl. Martin Spahn, Entstehung der nationalliberalen Partei, S. 425.
68 Oncken, Rudolf von Bennigsen, Bd. 1, S. 755.
69 Ebenda.
70 Ebenda.
71 Heyderhoff, S. 497.
72 Zitiert nach der Übersetzung in der National-Zeitung v. 19. u. 20. 9. 1866; vgl. Spahn, S. 406, 409.
73 Vgl. Spahn, S. 424.

74 Vgl. Julian Schmidt, Die Notwendigkeit einer neuen Parteibildung, Berlin 1866.
75 Martin Philippson, Max von Forckenbeck, Dresden-Leipzig 1898, S. 148f., 154. Spahn hat in seiner heute noch bemerkenswerten Arbeit die politische Bedeutung von Unruhs zweifellos unterschätzt. Vgl. Spahn, S. 417f.
76 Zitiert nach: Philippson, S. 156.
77 Vgl. ebenda, S. 154; Spahn S. 420.
78 Stenographische Berichte ... 1866, S. 78.
79 Ebenda.
80 GW, Bd. 10, S. 278.
81 Ebenda.
82 Ebenda.
83 Ebenda.
84 Spahn, S. 431f.
85 Vgl. ebenda, S. 452f.
86 Stenographische Berichte ... 1866, S. 158.
87 Ebenda, S. 196.
88 Vgl. Spahn, S. 429f., ferner S. 239ff.
89 Stenographische Berichte ... 1866, S. 199.
90 Ebenda, S. 165.
91 Vgl. Philippson, S. 157; Spahn S. 448.
92 GW, Bd. 10, S. 287.
93 GW, Bd.6, S. 173f., 200f., 237.
94 Vgl. Keudell, S. 324.
95 Vgl. Huber, Bd. 3, S. 583.
96 Stenographische Berichte ... 1866, S. 263.
97 Ebenda, S. 74.
98 Huber, Bd. 3, S. 645.
99 Ebenda. S. 647.

IX. Die Begründung des Norddeutschen Bundes

1 Oubril an Gortschakow am 3./15. 9. 1863, in: APP, Bd. 3, S. 792; Oubril an Gortschakow am 22. 8./3. 9. 1863, in: APP, Bd. 3, S. 760; Chotek an Rechberg am 24. 10. 1862, in: APP, Bd. 3, S. 56.
2 BA Karton B 14, Moritz v. Blanckenburg an Bismarck am 7. 9. 1863, ferner am 10. 7. und an Johanna v. Bismarck am 1. 7. 1863.
3 Keudell, S. 313ff., vgl. ferner Meyer, Bismarck, S. 341; Gall, Bismarck, 1980, S. 385; Ludwig Reiners, Bismarck 1815–1871, München 1970, S. 698ff.
4 Becker, S. 211ff.; S. 221ff.; S. 231ff.
5 Ebenda, S. 225ff.
6 Ebenda, S. 239.
7 Vgl. Karl Friedrich v. Savigny 1814–1875. Briefe, Akten, Aufzeichnungen, hrsg. v. Willy Real, Boppard a. Rhein 1981, S. 11f.
8 Vgl. ebenda.
9 Zentrales Historisches Archiv Moskau, Fond 787, 1861–1867, Bismarck an Gortschakow am 19. 11. 1862.

10 Zitiert nach: Karl Friedrich Savigny, hrsg. v. W. Real, S. 37 u. 39.
11 GW, Bd. 6, S. 167.
12 Becker, S. 276 u. 279.
13 GW, Bd. 6, S. 167.
14 Vgl. Becker, S. 240.
15 Diese Stelle ist in der Veröffentlichung von Keudell und auch in der Friedrichsruher Ausgabe ausgelassen; erstmals bekanntgemacht bei Becker, S. 241f.
16 GW, Bd. 6, S. 169, 168.
17 Becker, S. 256, 254.
18 Becker, S. 259f., 263.
19 Ebenda, S. 230.
20 Vgl. Fritz Gebauer, Vom Steuerverweigerer zum Gehilfen Bismarcks. Zur politischen Entwicklung Lothar Buchers von 1848/49 bis 1864, in: Die großpreußisch-militaristische Reichsgründung 1871, hrsg. v. Horst Bartel u. Ernst Engelberg, Berlin 1971, Bd. 1, S. 343ff., besonders S. 361.
21 Lothar Bucher, Der Parlamentarismus wie er ist, 2. verb. Aufl., Stuttgart 1881, S. 82.
22 Ebenda, S. 144.
23 MEW, Bd. 29, S. 7.
24 Das Exemplar Nr. 5 der als Manuskript gedruckten Denkschrift ist, wie der Schriftvergleich ergibt, mit Randbemerkungen von der Hand Bismarcks versehen. Vgl. ZStAM, Rep. 92, Zitelmann, Nr. 91.
25 Vgl. Ferdinand Lassalle, Die Wissenschaft und die Arbeiter. Eine Verteidigungsrede vor dem Berliner Kriminalgericht gegen die Anklage, die besitzlosen Klassen zum Haß und zur Verachtung gegen die Besitzenden öffentlich angereizt zu haben, Zürich 1863, abgedr. in F. Lassalles Reden und Schriften, hrsg. v. E. Bernstein, Bd. 2, Berlin 1893, S. 97f.: »So sehr also reize ich die besitzlosen Klassen zum Hasse gegen die Besitzenden auf, daß ich ihnen in einemfort die Unantastbarkeit und Heiligkeit alles einmal erworbenen gesetzlichen Eigenthums der besitzenden Klasse predige und sie zur Achtung desselben ermahne! Wenn aber – fahre ich in jener Broschüre fort – der Großbürger nicht zufrieden mit der thatsächlichen Annehmlichkeit eines großen Besitzes, den bürgerlichen Besitz, das Kapital, auch noch als Bedingung hinstellen will, an der Herrschaft über den Staat, an der Bestimmung des Staatswillens und Staatszweckes Theil zu nehmen, dann erst wird der Großbürger zum Bourgeois, dann macht er die Tatsache des Besitzes zur rechtlichen Bedingung der politischen Herrschaft, dann charakterisiert er sich als einen privilegierten Stand im Volke, der nun das herrschende Gepräge seines Privilegiums allen gesetzlichen Einrichtungen ebensogut aufdrücken will, wie dies der Adel im Mittelalter, wie wir gesehen haben, mit dem Privilegium des Grundbesitzes gethan.«
26 Becker, S. 263, S. 268, vor allem S. 278.
27 Vgl. Hans-Joachim Schoeps, Bismarck über Zeitgenossen – Zeitgenossen über Bismarck, Frankfurt a. M.-Berlin-Wien 1981, S. 121ff. – ferner S. 162ff. über Hermann Wagener.
28 Hermann Baumgarten, Der deutsche Liberalismus. Eine Selbstkritik, in: Preußische Jahrbücher, 18, 1866, S. 471.
29 Herbert Schwab, Aufstieg und Niedergang der Nationalliberalen Partei. Zur Geschichte des Nationalliberalismus in Deutschland 1864 bis 1880, phil. Habil. Jena 1968, S. 110 f.

30 GW, Bd. 6, S. 185.
31 Vgl. seine Artikelserie unter dem Titel »Unser Parteistandpunkt« im »Social-Demokrat« vom 26., 28. u. 31. 10. 1866, 7. u. 9. 11. 1866; ferner: Arno Herzig, Der Allgemeine Deutsche Arbeiter-Verein in der deutschen Sozialdemokratie. Dargestellt an der Biographie des Funktionärs Carl Wilhelm Tölcke (1817–1893), Berlin 1981.
32 Chemnitzer Programm, in: Der Hochverratsprozeß wider Liebknecht, Bebel, Hepner vor dem Schwurgericht in Leipzig vom 11. bis 26. März 1872, Berlin 1911, S. 909.
33 Huber, Bd. 3, S. 648 f.
34 Becker, S. 281.
35 Vgl. Klaus Erich Pollmann, Der Norddeutsche Bund – ein Modell für die parlamentarische Entwicklungsfähigkeit des deutschen Kaiserreichs? sowie Walther Peter Fuchs, Bundesstaaten und Reich. Der Bundesrat, Innenpolitische Probleme des Bismarck-Reiches, hrsg. v. Otto Pflanze, München–Wien 1983, S. 228 u. 247ff.
36 GW, Bd. 5, S. 534f.
37 GW, Bd. 6, S. 188f.
38 August Bebel, Gedenkrede auf Julius Motteler, in: Leipziger Volkszeitung v. 3. 10. 1907.
39 Vgl. Richard Augst, Bismarcks Stellung zum parlamentarischen Wahlrecht, Leipzig 1917, S. 64ff.
40 Gustav Mayer, Bismarck und Lassalle, Berlin 1928, S. 34.
41 Hermann Oncken, Bismarck, Lassalle und die Oktroyierung des gleichen und direkten Wahlrechts in Preußen, in: Derselbe, Historisch-politische Aufsätze und Reden, Bd. 2, München–Berlin 1914, S. 157–192.
42 Gustav Mayer, Bismarck und Lassalle, Berlin 1928, S. 21.
43 Ebenda, S. 21.
44 Becker, S. 400.
45 GW, Bd. 10.
46 GW, Bd. 6, S. 136. Vgl. ferner Becker, S. 404.
47 Becker, S. 410.
48 Vgl. Reiners, Bismarck 1815–1871, S. 772f.
49 Becker, S. 414.
50 Vgl. Hermann Oncken, Rudolf von Bennigsen. Ein liberaler Politiker. Stuttgart–Leipzig 1910, Bd. 2, S. 36ff.
51 Vgl. Meyer, Bismarck, S. 358.
52 Zitiert nach: Becker, S. 410f.
53 Ebenda, S. 414.
54 GW, Bd. 10, S. 386.
55 Meyer, Bismarck, S. 355.
56 GW, Bd. 15, S. 283.
57 Becker, S. 417ff.
58 Fritz Dickmann, Militärpolitische Beziehungen zwischen Preußen und Sachsen 1866–1870. Ein Beitrag zur Entstehungsgeschichte des Norddeutschen Bundes, München 1929, S. 85ff.
59 Ebenda, S. 103ff.
60 Verfassungsgeschichte, S.237.
61 Heinz Helmert, Kriegspolitik und Strategie. Politische und militärische Ziele der Kriegführung des preußischen Generalstabes vor der Reichsgrün-

dung (1859–1869), Berlin 1970, S. 256 (Militärhistorische Studien, NF, Bd. 14).

62 Becker, S. 429.

63 Über die folgenden Ausführungen siehe Huber, Bd. 3, S. 681 f. u. S. 691 f., und die von Otto Becker betreute Dissertation von Ewald Martin, Die militärischen Beziehungen Preußens zu den Süddeutschen Staaten und zu Hessen zur Zeit des Norddeutschen Bundes, Kiel 1939.

64 Ebenda, S. 21 f., und APP, Bd. 8, S. 279.

65 GW, Bd. 6, S. 233.

66 Ebenda, S. 234.

67 Ebenda, S. 240f.

68 Ebenda, Bd. 6b, S. 166f.; ferner S. 452f.

69 Ebenda, Bd. 6, S. 240.

70 Huber, Bd. 3, S. 683.

71 Vgl. Richard Dietrich, Das Jahr 1866 und das »Dritte Deutschland« in: Europa und der Norddeutsche Bund, hrsg. v. Richard Dietrich, Berlin 1968, S. 68–82, 107.

72 Die Tagebücher des Frhr. Reinhard v. Dalwigk zu Lichtenfels aus den Jahren 1860–1871, hrsg. v. Wilhelm Schüßler, Stuttgart-Berlin 1920, S. 241; vgl. Martin, S. 8.

73 Vgl. das folgende in Becker, S. 600, und Huber, Bd. 3, S. 689 f.

74 MEW, Bd. 32, S. 20f.

75 Becker, S. 600.

76 GW, Bd. 6, S. 234.

77 Hermann Oncken, Großherzog Friedrich I. von Baden und die deutsche Politik von 1854–71. Briefwechsel, Denkschriften, Tagebücher, Stuttgart 1927, S. 91.

X. Der wirtschaftliche Fortschritt und die politischen Gegenströmungen

1 Für das folgende vgl. Johannes Ziekursch, Politische Geschichte des neuen deutschen Kaiserreiches, Bd. 1: Die Reichsgründung, Frankfurt a. M. 1925, S. 229f.; Erich Brandenburg, Die Reichsgründung, Bd. 2, 2. verb. Aufl., Leipzig 1922, S. 271f.; Klaus Erich Pollmann, Der Norddeutsche Bund ..., in: Innenpolitische Probleme des Bismarck-Reiches, hrsg. v. Otto Pflanze, München 1983, S. 226ff.; Verfassungsgeschichte, S. 246ff.

2 Bismarck an die Gattin am 16. 11. 1870, in: GW, Bd. 14, S. 800; vgl. Schoeps, Bismarck über Zeitgenossen/Zeitgenossen über Bismarck, Frankfurt/M. 1981, S. 110f.

3 Becker, S.

4 GW, Bd. 6a, S.

5 Ebenda.

6 Becker, S. 575; APP, Bd. 9, S. 74–76.

7 Becker, S. 576, 578.

8 Becker, S. 577.

9 Huber, Bd. 3, S. 635.

10 GW, Bd. 10, S. 327/328.

11 Becker, S. 583.
12 APP, Bd. 9, S. 282.
13 Vgl. Becker, S. 583.
14 APP, Bd. 9, S. 476.
15 APP, Bd. 9, S. 528; vgl. Becker, S. 583f.
16 Becker, S. 584; Otto Pflanze, Bismarck and the development of Germany. The period of unification 1815–1871. Princeton-New Jersey 1963, S. 395ff.
17 Neue Deutsche Biographie, Bd. 6, Berlin 1972, S. 214f.
18 PA, I AAg 29 (Hannover), Bd. 14. Ein durch zwei übereinander liegende Siegel (also wohl zweimal) verschlossenes und ein drittes Mal am 15. 9. 1928 durch einen Verschlußstreifen verschlossenes Couvert enthält acht (teilweise sehr lange) Briefe des Königs Georg aus den Jahren 1866 bis 1869; ein Brief v. 10. 7. 1866 ist an den Minister Grafen Platen, die anderen sieben Briefe sind an den Regierungsrat Meding gerichtet. Es ist anzunehmen, daß Meding bei seinem Übertritt in preußische Dienste 1870 diese Briefe den Behörden übergeben hat, wahrscheinlich an Konsul Dr. Bamberg.
19 Georg V. an Meding am 30. 6. 1867.
20 Georg V. an Meding am 7. 11. 1867.
21 Georg V. an Meding am 2. 9. 1868.
22 PA, I AAg 29 (Hannover), Bd. V; vgl. vertrauliches Schreiben von Werther aus Wien vom 7. 4. 1868 an Bismarck.
23 »Der Bund« v. 14. 2. 1868.
24 PA, I AAg (Hannover) Bd. VI u. VIII.
25 Ebenda, Bd. VI.
26 Bismarck und die hannoverschen Angelegenheiten u. a. in: GW, Bd. 6, Nr. 696, 810; Bd. 6a, Nr. 1043, 1044, 1045, 1055, 1066, 1072, 1074, 1079, 1087, 1088 (Runderlaß v. 3. 3. 1868); 1094, 1117.
27 PA, I AAg 29 (Hannover), Bd. V (Promemoria d. österr.-ungar. Regierung an König Georg, von Beust an den preußischen Botschafter in Abschrift am 20. März geschickt).
28 Ebenda, Bd. VII (Bericht v. d. Goltz an Bismarck vom 21. 5. 1868).
29 Ebenda, Bd. VII (Offene Erklärung an Seine Majestät den König Wilhelm von Preußen mit 775 Unterschriften).
30 Ebenda, Bd. IX, Korrespondenz vom 26. 1. 1870. Die Korrespondenzfolge (I, II, III, IV) wurde auch in der »Zweiten Beilage zu den Berlinischen Nachrichten von Staats- und gelehrten Sachen« (16., 15. u. 18. 2. 1870) wieder abgedruckt.
31 Ebenda.
32 Ebenda, Bd. V.
33 Rolf Weber, Ultramontanismus und Demokratie in Süddeutschland 1866 bis 1870, in: Die großpreußisch-militaristische Reichsgründung 1871, Berlin 1971, Bd. I, S. 417.
34 Pol. Archiv d. A.A. Bonn, I A.A. d. 40, Bl. 092.
35 Zitiert nach: Weber, Ultramontanismus und Demokratie, S. 417, Anm. 13.
36 PA, I A.A. d. 40, Bl. 148 (Bericht d. preuß. Militärbevollmächtigten v. Grolmann v. 21. 4. 1868).
37 Der Volksbote v. 1. 8. 1868; vgl. Weber, Ultramontanismus und Demokratie, S. 428f.
38 Vgl. Weber, Ultramontanismus und Demokratie, S. 419.
39 PA, I A.A. d. 40, Bl. 214 (v. Werthern an Bismarck am 25. 9. 1868).

40 Ebenda, Bl. 238 (v. Werthern an Bismarck am 24. 10. 1868).
41 Ebenda, Bl. 266 (v. Werthern an Bismarck am 22. 11. 1868).
42 Ebenda, Bl. 046 (v. Werthern an Bismarck am 11. 2. 1868).
43 Ebenda, Bl. 113 (v. Werthern an Bismarck am 22. 3. 1868).
44 Ebenda.
45 Brief v. Wertherns an Joseph Maria v. Radowitz am 30. 3. 1870, im Anhang zu Hajo Holborn, Bismarck u. Freiherr Gg. v. Werthern, in: Archiv f. Politik und Geschichte, 5, 1925, S. 486, vgl. ferner S. 475.
46 Vgl. ebenda, S. 485.
47 PA I A.A. d. 40, Bl. 281 (v. Werthern an v. Thile, 7. 12. 1868).
48 Vgl. Holborn, S. 484.
49 PA, I A.A. d. 41, Bl. 158ff., 161ff. (hektographierter Bericht aus München, 28. u. 30. 10. 69).
50 Der Beobachter, Stuttgart, v. 23. 12. 1865, vgl. Weber, Kleinbürgerliche Demokraten, S. 234.
51 Vgl. Dieter Langewiesche, Liberalismus u. Demokratie in Württemberg zwischen Revolution und Reichsgründung, Düsseldorf 1974, S. 259 u. 359.
52 »Demokratische Correspondenz«, Stuttgart, v. 4. 12. 1868.
53 Der Beobachter v. 7. 3. 1869.
54 Langewiesche, S. 412.
55 Vgl. dagegen MEW, Bd. 21, S. 437.
56 Becker, S. 586.
57 Ebenda.
58 Zitiert nach: A. Rapp, Die Württemberger und die nationale Frage, 1863–1870, Stuttgart 1910, S. 220.
59 »Demokratische Correspondenz« v. 3. 3. 1868.
60 MEW, Bd. 14, S. 560.
61 MEW, Bd. 14, S. 385–686.
62 MEW, Bd. 14, S. XXII; vgl. ferner MEW, Bd. 17, S. 306ff., besonders S. 311.
63 MEW, Bd. 14, S. 559.
64 Zitiert nach Langewiesche, S. 327, Anm. 23.
65 Vgl. MEW, Bd. 30, S. 130f., S. 133.
66 Vgl. Die geheimen Papiere Friedrich v. Holsteins, Bd. 1, Erinnerungen und politische Denkwürdigkeiten, Göttingen 1956, S. 58.
67 GW, Bd. 6a, S. 227.
68 MEW, Bd. 31, S. 405; vgl. ferner S. 403 die Bemerkung über »Vogts Freund, den Schwabenmayer ...«).
69 PA, I A.A. b. 92, Bd. 4.
70 Langewiesche, S. 370ff.
71 Ebenda, S. 347.
72 MEW, Bd. 7, S. 413 u. Bd. 16, S. 393.
73 MEW, Bd. 31, S. 413.
74 Vgl. Friedrich Engels' Briefwechsel mit Karl Kautsky, Wien 1955, S. 20.
75 MEW, Bd. 31, S. 412.
76 Ebenda, S. 413.
77 Ebenda, S. 393.
78 Ebenda, S. 402.
79 Wilhelm Liebknecht, Briefwechsel mit Karl Marx und Friedrich Engels, hrsg. v. Georg Eckert, The Hague 1963, S. 82f.
80 MEW, Bd. 31, S. 371.

81 Vgl. die Artikelserie im »Social-Demokrat«, abgedruckt bei Johann Baptist v. Schweitzer, Politische Aufsätze und Reden, hrsg. v. Franz Mehring, Berlin 1912, S. 174ff., besonders S. 181.
82 Ebenda. S. 185f.
83 Die I. Internationale in Deutschland. Dokumente u. Materialien, Berlin 1964, S. 143.
84 MEW, Bd. 16, S. 235.
85 August Bebel, Aus meinem Leben, 2. Teil, Stuttgart 1911, S. 94, bzw. August Bebel, Ausgewählte Reden und Schriften, Bd. 6, bearb. v. Ursula Herrmann, Berlin 1983, S. 246.
86 MEW, Bd. 19, S. 159f.
87 Engels an Wilhelm Bracke am 28. 4. 1870, in: MEW, Bd. 32, S. 679; vgl. Werner Conze/Dieter Groh, Die Arbeiterbewegung in der nationalen Bewegung. Die deutsche Sozialdemokratie vor, während und nach der Reichsgründung, Stuttgart 1966; Dieter Fricke, Die deutsche Arbeiterbewegung 1869–1914. Ein Handbuch über ihre Organisation und Tätigkeit im Klassenkampf, Berlin 1976; weitere Literaturangaben bei Rolf Weber, Forschungen zur deutschen Geschichte 1848–1971, in: ZfG, 28, 1980, Sonderband: Historische Forschungen in der DDR 1970–1980, S. 183f.
88 Bismarck an die Gattin am 30. 6. 1867, in: GW, Bd. 14, S. 727.
89 Vgl. Meyer, Bismarck, S. 385.
90 Bismarck an die Schwester am 25. 10. 1868, in: GW, Bd. 14, S. 743.
91 Bismarck an den Bruder am 30. 6. 1867, in: GW, Bd. 14, S. 727.
92 Bismarck an J. L. Motley am 7. 8. 1869, in: GW, Bd. 14, S. 753.
93 Graf Alexander Keyserling. Ein Lebensbild aus seinen Briefen und Tagebüchern, zusammengestellt von seiner Tochter Freifrau Helene v. Taube v.d. Issen, Bd. 1, Berlin 1902, S. 517.
94 Ebenda, S. 544.
95 Bismarck an den Bruder am 23. 7. 1869, in: GW, Bd. 14, S. 752.
96 Bismarck an den Bruder am 30. 6. 1867, in: GW, Bd. 14, S. 727.
97 Vgl. Fritz Stern, Gold und Eisen. Bismarck und sein Bankier Bleichröder, Frankfurt/ M.–Berlin-Wien 1978, meine Rezension in: ZfG, 29, 1981, S. 270–272.
98 BA, Karton L 22.
99 Ebenda, laut Effektenverzeichnis, das Bleichröder am 16. 12. 1870 Bismarck übermittelte.
100 BA, Karton L 22, Bleichröder an Bismarck am 26. 7. 1870.
101 GW, Bd. 6b, S. 258.
102 Vgl. Huber, Bd. 3, S. 690, vgl. ferner Becker, S. 611.
103 Theodor Schieder, Die kleindeutsche Partei in Bayern in den Kämpfen um die nationale Einheit 1863–1871, München 1936, S. 193.
104 Ebenda, S. 194.
105 Ebenda, S. 210.
106 GW, Bd. 6b, S. 181.
107 Die geheimen Papiere Friedrich v. Holsteins, Bd. 1, S. 38.
108 Huber, Bd. 3, S. 691.
109 Vgl. Erich Brandenburg, Die Reichsgründung, Bd. 2, Leipzig 1922, S. 315.
110 GW, Bd. 11, S. 102.
111 PA, I A.A. b. 92 Bd. 4a.
112 PA, I A.A. b. 92, Bd. 5: v. Werther an Bismarck am 25. 2. u. 12. 3. 1870.

113 PA, I A.A. b. 92, Bd. 5: G. Zimmermann, Gedanken über die auswärtige Politik Preußens im Herbste 1868, S. 34 f. Aus dem undatierten Begleitschreiben des Autors: »Das Schicksal hat mich zu Preußen gebracht, nachdem ich mich mit Andern ein halbes Leben lang bemüht hatte, die Selbständigkeit Hannovers zu erhalten; ich empfange jetzt meinen Gehalt von der königl. Regierung: so erachte ich mich denn auch für verpflichtet, für diese Seite zu arbeiten, so weit mein schwacher Körper es erlaubt und ich mit dieser Thätigkeit meinen früheren königlichen Herrn nicht beschädige.« Aus dem Antwortbrief des Unterstaatssekretärs Geheimrat von Thile (8. 12. 1868): »Es wird mir zur Freude gereichen, die interessante Arbeit auch zur Kenntniß des Ministerpräsidenten zu bringen.« G. Zimmermann hatte bereits am 3. 4. 1868 eine längere, 112 Seiten umfassende Denkschrift über »Die gegenwärtige Lage Preußens...« an das Außenministerium in Berlin geschickt.

114 MEW, Bd. 21, S. 437.

115 GW, Bd. 11, S. 106.

116 GW, Bd. 6b, S. 166.

117 Vgl. ebenda, S. 285.

118 Keudell, S. 437 f., vgl. auch G. Bonnin (Hrsg.), Bismarck and the Hohenzollern Candidature for the Spanish Throne. The Documents in the German Diplomatic Archives, London 1957; Rudolf Morsey, Die hohenzollernsche Thronkandidatur in Spanien, in: HZ, 186, 1958, S. 573–588; Jochen Dittrich, Bismarck, Frankreich und die spanische Thronkandidatur der Hohenzollern. Die »Kriegsschuldfrage« 1870, München 1962, sowie George O. Kent, Bismarck an His Times, Carbondale 1978, S. 69, 145. Josef Becker, Zum Problem der Bismarckschen Politik in der spanischen Thronfrage 1870, in: HZ, 212, 1971, S. 529 ff.

119 GW, Bd. 6b, S. 271 ff.

120 Ebenda, S. 272.

121 Ebenda, S. 274 f., Anm. 6.

122 Die geheimen Papiere Friedrich v. Holsteins, Bd. 1, S. 58.

123 Vgl. GW, Bd. 6b, S. 315.

124 Bismarck an Rudolph Delbrück am 13. 5. 1870, in: GW, Bd. 14, S. 776.

125 Neuausgabe der 1908 erschienenen Schrift von Jean Jaurés, La guerre franco-allemande 1870–1871, Paris 1971, S. 207.

126 Vgl. Heinrich Lutz, Österreich-Ungarn und die Gründung des Deutschen Reiches. Europäische Entscheidungen 1867–1871, Frankfurt/M.-Berlin-Wien 1979, S. 112 f.

127 MEW, Bd. 13, S. 178.

128 Vgl. Hermann Oncken, Die Rheinpolitik Kaiser Napoleons III. von 1863 bis 1870, 3 Bände, Stuttgart-Berlin-Leipzig 1926; Gerhard Ritter, Bismarck und die Rheinpolitik Napoleons III., in: Rheinische Vierteljahrsblätter, 15/16, 1950/51, S. 339 ff.; Gerhard Ritter, Die Politik Napoleons III. und das System der Mainlinie, in: Korrespondenzblatt des Gesamtvereins der deutschen Geschichts- und Altertumsvereine, 1932, S. 178 ff.

129 GW, Bd. 6b, S. 321. 130 Vgl. ebenda.

131 Vgl. Lothar Gall, Bismarck, Frankfurt/M. 1980, S. 428 f.

132 Vgl. Dittrich, S. 387, 389; Eduard v. Wertheimer, Kronprinz Friedrich Wilhelm und die spanische Thronkandidatur (1868–1870), in: Preußische Jahrbücher, 205, 1916, S. 273 ff.

133 GW, Bd. 6b, S. 323

134 Josef Becker, Bismarck, Prim, die Sigmaringer Hohenzollern und die spanische Thronfrage, in: Francia, 9, 1981, S. 435 ff.
135 Jean Jaurès, S. 215 f.
136 Meyer, Bismarck, S. 404 ff.
137 Eberhard Kolb, Der Kriegsausbruch 1870. Entscheidungsprozesse und Verantwortlichkeiten in der Julikrise 1870, Göttingen 1970, S. 109 ff.
138 Ebenda, S. 113 f.
139 Ebenda, S. 117 f.
140 Zitiert nach: Ebenda, S. 115.
141 Ebenda, S. 139.
142 Meyer, Bismarck, S. 408.
143 Reproduktion beider Telegrammtexte in: Propyläenweltgeschichte, hrsg. v. W. Goetz, Bd. 8, Berlin 1930, nach S. 248.
144 Vgl. Jean Jaurès.

XI. Der Krieg und die Reichsgründung

1 Vgl. Heinrich Lutz, Österreich-Ungarn und die Gründung des Deutschen Reiches. Europäische Entscheidungen 1867–1871, Frankfurt/M.-Berlin-Wien 1979, S. 199, 202.
2 Klaus Hildebrand, Großbritannien und die deutsche Reichsgründung, in: Europa und die Reichsgründung. Preußen-Deutschland in der Sicht der großen europäischen Mächte, hrsg. v. Eberhard Kolb, München 1980, S. 9 ff. (HZ, Beiheft 6 NF).
3 Eberhard Kolb, Politische Entscheidungsprozesse und Verantwortlichkeiten in der Julikrise 1870, Göttingen 1970, S. 122.
4 GW, Bd. 6b, S. 418 ff., besonders S. 420.
5 Abgedruckt in: Die Neue Zeit, 33, 1914/1915, II, S. 169.
6 MEW, Bd. 17, S. 3 ff.
7 Vgl. Lutz, S. 149.
8 Heinz Helmert, Kriegspolitik und Strategie. Studien zur Kriegsführung des preußischen Generalstabs vor der Reichsgründung (1859–1869), Berlin 1970, S. 256.
9 Über den militärischen Verlauf informiert detailliert die offizielle Darstellung des Generalstabes »Der deutsch-französische Krieg 1870/71«, 5 Bde., Berlin 1872–1881, sowie kürzer und eingängiger Helmuth v. Moltke, Geschichte des deutsch-französischen Krieges von 1870/71, in: Gesammelte Schriften und Denkwürdigkeiten des General-Feldmarschalls Grafen Helmuth v. Moltke, Bd. 3, Berlin 1891; vgl. auch Entscheidung 1870. Der deutsch-französische Krieg, hrsg. v. Wolfgang v. Groote u. Ursula v. Gersdorff, Stuttgart 1970.
10 GW, Bd. 7, S. 335.
11 Michael Doeberl, Bayern und die Bismarcksche Reichsgründung, München 1925, S. 49.
12 Vgl. ebenda, S. 54, sowie Lothar Gall, Der Liberalismus als regierende Partei. Das Großherzogtum Baden zwischen Restauration und Reichsgründung, Wiesbaden 1968, S. 487 f. (Veröffentlichungen des Instituts für Europäische Geschichte Mainz 47).
13 GW, Bd. 6b, S. 487.

14 Moritz Busch, Graf Bismarck und seine Leute während des Krieges mit Frankreich. Nach Tagebuchblättern, Bd. 1, Leipzig 1878, S. 135; Keudell, S. 457.
15 GW, Bd. 6b, S. 487.
16 Vgl. Heinz Wolter, Das lothringische Erzgebiet als Kriegsziel der deutschen Großbourgeoisie im deutsch-französischen Krieg 1870/71. Materialien über die sozialökonomischen Hintergründe der Annexion Elsaß-Lothringens, in: ZfG, 19, 1971, S. 34–64; Josef Becker, Baden, Bismarck und die Annexion von Elsaß und Lothringen, in: Zeitschrift für die Geschichte des Oberrheins 115, 1967, S. 1–37; Walter Lipgens, Bismarck, die öffentliche Meinung und die Annexion von Elsaß und Lothringen 1870, in: HZ, 199, 1964, S. 31–112; Derselbe, Bismarck und die Frage der Annexion 1870. Eine Erwiderung, in: HZ, 206, 1968, S. 586–617; Lothar Gall, Zur Frage der Annexion von Elsaß und Lothringen 1870, in: HZ, 206, 1968, S. 265–326; Eberhard Kolb, Bismarck und das Aufkommen der Annexionsforderung 1870, in: HZ, 209, 1969, S. 318–356.
17 GW, Bd. 6b, S. 499.
18 Ebenda, S. 475.
19 Frhr. v. d. Goltz, Die Operationen der II. Armee an der Loire. Dargestellt nach den Operationsakten des Ober-Kommandos der II. Armee, Berlin 1875, S. 534 f.
20 Ebenda, S. 539.
21 Prinz Karl zu Hohenlohe-Ingelfingen, Aus meinem Leben, Bd. 4, Berlin 1907, S. 114.
22 Helmert, Kriegspolitik und Strategie, S. 251 ff., 268; Heinz Helmert/Hans-Jürgen Uszeck, Preußisch-deutsche Kriege von 1864 bis 1871, Berlin 1967, S. 181 ff.
23 MEW, Bd. 17, S. 28.
24 Helmert, Kriegspolitik und Strategie, S. 266f.
25 Carl v. Clausewitz, Vom Kriege, hrsg. v. Ernst Engelberg u. Otto Korfes, Berlin 1957, S. 398, 407, bzw. Derselbe, Vom Kriege, hrsg. v. Werner Hahlweg, Bonn 1952, S. 513, 524.
26 Ebenda, S. 629 bzw. 775; vgl. ferner MEW, Bd. 17, S. 256.
27 Helmert, Kriegspolitik und Strategie, S. 267.
28 Helmuth v. Moltke, Gesammelte Schriften und Denkwürdigkeiten, Bd. 6: Briefe, Berlin 1892, S. 485.
29 GW, Bd. 6b, S. 592.
30 Ebenda.
31 Ebenda, S. 603.
32 Ebenda, S. 604.
33 Ebenda, S. 633.
34 Ebenda, S. 636.
35 Ebenda, S. 636f.
36 Helmuth v. Moltke, Militärische Korrespondenz. Aus den Denkschriften des Krieges 1870/71, 2. Abt., Berlin 1896, S. 417.
37 Bronsart v. Schellendorf, Geheimes Kriegstagebuch 1870/71, hrsg. v. Peter Rassow, Bonn 1954, S. 208 f.
38 Ebenda, S. 212.
39 Ebenda, S. 236.
40 Ebenda, S. 235 f.

41 Ebenda.
42 Ebenda, S. 274 f.
43 Ebenda, S. 285.
44 Ebenda, S. 289 f.
45 GW, Bd. 6b, S. 667.
46 Ebenda, S. 677 f.
47 Bismarck an den Sohn Herbert am 7. 9. 1870, in: GW, Bd. 14, S. 791.
48 Gustave Doré, Das graphische Werk, ausgewählt v. Gabriele Forberg, Bd. 2, München 1976, S. 1353–1409.
49 Zitiert nach: Meyer, Bismarck, S. 422.
50 Bismarck an den Sohn Herbert am 12. 11. 1870, in: GW, Bd. 14, S. 799.
51 Vgl. Meyer, Bismarck, S. 426.
52 GW, Bd. 6b, S. 602.
53 GW, Bd. 15, S. 326.
54 Huber, Bd. 3, S. 740; Hans Rall, König Ludwig II. und Bismarcks Ringen um Bayern 1870/71, München 1973.
55 v. Werthern an Bismarck am 11. 2. 1870, PA, I A.A. d. 42, Bl. 104.
56 Bismarck an die Gattin am 12. 12. 1870, in: GW, Bd. 14, S. 803.
57 Verfassungsgeschichte, S. 281 f.
58 Bronsart v. Schellendorf, Geheimes Kriegstagebuch 1870/71, S. 298.
59 Gustav Seeber/Heinz Wolter, Mit Eisen und Blut. Die preußisch-deutsche Reichsgründung, Berlin 1981, S. 195 f.
60 Ebenda, S. 160.
61 Roon, Bd. 3, S. 228 f.
62 Ebenda, S. 250 f.
63 Der Bonapartismus. Historisches Phänomen und politischer Mythos, hrsg. v. Karl Hammer u. Peter Claus Hartmann, München 1977 (Beihefte der Francia, Bd. 6); Lothar Gall, Bismarck und der Bonapartismus, in: HZ, 223, 1976, S. 618 ff.; Gustav Seeber, Preußisch-deutscher Bonapartismus und Bourgeoisie, in: Jahrbuch für Geschichte, 16, 1977, S. 71–118 bzw. gekürzt in: Preußen in der deutschen Geschichte nach 1789, hrsg. v. Gustav Seeber u. Karl-Heinz Noack, Berlin 1983, S. 224 ff. (Studienbibliothek DDR-Geschichtswissenschaft, Bd. 3); A. Kuhn, Elemente des Bonapartismus im Bismarck-Deutschland, in: Jahrbuch des Instituts für deutsche Geschichte, 7, 1978, S. 277–297; Wolfgang Wippermann, Die Bonarpartismustheorie von Marx und Engels, Stuttgart 1983.
64 Ernst Engelberg, Zur Entstehung und historischen Stellung des preußisch-deutschen Bonapartismus (1956), in: E. Engelberg, Theorie, Empirie und Methode in der Geschichtswissenschaft. Gesammelte Aufsätze, hrsg. v. Gustav Seeber u. Wolfgang Küttler, Berlin 1977, S. 279 ff.
65 MEW, Bd. 37, S. 51.
66 Vgl. zur Konstellation von 1871 und der Rolle der drei Hegemonialkriege Hans-Ulrich Wehler, Das Deutsche Kaiserreich 1871–1918, Göttingen 1973, S. 33 ff. (Deutsche Geschichte, hrsg. v. Joachim Leuschner, Bd. 9); sowie Michael Stürmer, Das ruhelose Reich. Deutschland 1866–1918, Berlin 1983, S. 143 ff. (Die Deutschen und ihre Nation); Lothar Gall, Europa auf dem Weg in die Moderne 1850–1890, München 1984, S. 129 ff.; Josef Becker, Der Krieg mit Frankreich als Problem der kleindeutschen Einigungspolitik Bismarcks 1866–1870, in: Das kaiserliche Deutschland, hrsg. v. Michael Stürmer, Düsseldorf 1970, S. 75 ff. Autorenkollektiv u. Ltg. v. Walter

Schmidt, Deutsche Geschichte, Bd. 4: Die bürgerliche Umwälzung von 1789 bis 1871, Berlin 1984, S. 467 ff., 497 ff. (Deutsche Geschichte in 12 Bänden, hrsg. v. Zentralinstitut für Geschichte der Akademie der Wissenschaften der DDR).

Personenregister

Auf die vollständige Aufführung aller erwähnten Personen wurde verzichtet; maßgebend für die Aufnahme waren die historische Bedeutung und die Rolle in der Lebensgeschichte Bismarcks.

Abbildungsnachweis

Archiv des Autors (15); Bismarck Archiv Friedrichsruh (2); Deutsche Fotothek Dresden (1); Deutsche Staatsbibliothek Berlin (5); Landesbildstelle Berlin (West) (1); Märkisches Museum Berlin (4); Museum für Deutsche Geschichte Berlin (11); SMPK Nationalgalerie Berlin (West) (1); Staatliche Museen Berlin, Nationalgalerie (5); Staatsarchiv Magdeburg (1); Universitätsbibliothek Berlin (46).

Lizenzausgabe für die Büchergilde Gutenberg,
Frankfurt am Main, Olten, Wien,
mit freundlicher Genehmigung des
Akademie-Verlages, Berlin

Printed in the German Democratic Republic
ISBN 3 7632 3251 6